ÉTUDES GRAMMATICALES

SUR LES

LANGUES CELTIQUES

PAR

H. D'ARBOIS DE JUBAINVILLE

Membre de l'Institut, Professeur au Collège de France

ET PAR

Emile ERNAULT

Professeur à la Faculté des Lettres de Poitiers, Lauréat de l'Institut

TOME II

GLOSSAIRE MOYEN-BRETON

PAR

Emile ERNAULT

DEUXIÈME ÉDITION CORRIGÉE ET AUGMENTÉE

Avec une préface et les index du tome I

PREMIÈRE PARTIE

(A-G)

PARIS
LIBRAIRIE E. BOUILLON, ÉDITEUR
67, RUE DE RICHELIEU, AU PREMIER

1895

Tous droits réservés

EN VENTE A LA MÊME LIBRAIRIE

OUVRAGES DU MÊME AUTEUR

Étude sur le dialecte breton de la presqu'île de Batz. Saint-Brieuc, 1883, gr. in-8, br.   1 50

Études comparatives sur le grec, le latin et le celtique. I. La voyelle brève « *ou* ». Poitiers, 1885, gr. in-8, br.   1 »

Du parfait en grec et en latin. Paris, 1886, gr. in-8, br.   6 »

De Virgilio Marone, grammatico tolosano. Thesim Facultati litterarum Parisiensi proponebat. Paris, 1886, in-8, br.   3 »

La versification homérique, I. Poitiers, 1888, in-8, br. (Extrait du *Bulletin mensuel de la Faculté des Lettres de Poitiers*).   1 »

Manuel d'ortografe française simplifiée. Paris, 1894, in-8, br. (En collaboration avec M. E. CHEVALDIN.)   3 50

Le mystère de sainte Barbe, tragédie bretonne. Texte de 1557, publié avec la traduction française, introduction et dictionnaire étymologique du breton moyen. Paris, 1888. Librairie Thorin et fils.   24 fr.

Études grammaticales sur les langues celtiques. 1re partie : Introduction, phonétique et dérivation bretonnes, par H. D'ARBOIS DE JUBAINVILLE. Un vol. gr. in-8.   8 »

Les noms gaulois chez César et Hirtius « de bello gallico, 1re série ». Les composés dont *Rix* est le dernier terme, par le même. Un vol. in-18 jésu.   4 fr.

Dictionnaire français-breton, par H. DU RUSQUEC. Un vol. gr. in-8.   20 »

L'émigration bretonne en Armorique par A. DE LA BORDERIE (extrait de la *Revue celtique*). In-8.   1 »

Gwerziou Breiz-Izel. Chants populaires de la Basse-Bretagne, recueillis et traduits par F.-M. LUZEL. Deux vol. in-8.   18 »

Soniou Breiz-Izel. Chansons populaires de la Basse-Bretagne, recueillies et traduites par le même avec la collaboration de M. A. LE BRAZ. Deux vol. in-8.   16 »

Vocabulaire vieux-breton avec commentaire contenant toutes les gloses en vieux-breton, gallois, cornique, armoricain connues. Précédé d'une introduction sur la phonétique du vieux breton et sur l'âge et la provenance des gloses par J. LOTH. Un vol. gr. in-8.   10 »

Chrestomathie bretonne (armoricain, gallois, cornique). 1re partie : breton-armoricain, par le même. Un vol. gr. in-8.   10 »

Les mots latins dans les langues brittoniques (gallois, armoricain, cornique). Phonétique et commentaire avec une introduction sur la romanistation de l'Ile de Bretagne, par le même. Un vol. gr. in-8.   10 »

Monographie de la cathédrale de Quimper (XIIIe-XVe siècle), par R. F. LE MEN. Un vol. in-8° avec un plan.   6 »

ÉTUDES GRAMMATICALES

SUR LES

LANGUES CELTIQUES

II

MACON, PROTAT FRÈRES, IMPRIMEURS.

ÉTUDES GRAMMATICALES
SUR LES
LANGUES CELTIQUES
PAR
H. D'ARBOIS DE JUBAINVILLE
Membre de l'Institut, Professeur au Collège de France

ET PAR

ÉMILE ERNAULT
Professeur à la Faculté des Lettres de Poitiers, Lauréat de l'Institut

TOME II
GLOSSAIRE MOYEN-BRETON
PAR
ÉMILE ERNAULT

DEUXIÈME ÉDITION CORRIGÉE ET AUGMENTÉE
Avec une Préface et les index du tome I

1ère et DEUXIÈME PARTIE
A — (H - V et Errata)

PARIS
LIBRAIRIE E. BOUILLON, ÉDITEUR
67, RUE DE RICHELIEU, AU PREMIER

1896
Tous droits réservés.

GLOSSAIRE

MOYEN-BRETON

PAR

ÉMILE ERNAULT

Professeur à la Faculté des Lettres de Poitiers, Lauréat de l'Institut.

DEUXIÈME ÉDITION

CORRIGÉE ET AUGMENTÉE

DEUXIÈME PARTIE

(H-V ET Errata)

PRÉFACE

1. En honorant du prix Volney mon édition du *Mystère de sainte Barbe*, que suit un *Dictionnaire étymologique du breton moyen*, l'Institut a consacré l'intérêt scientifique des études sur l'histoire du celtique armoricain antérieurement au xviie siècle. Aussi me suis-je efforcé, depuis huit ans, de contrôler et de compléter les résultats, nécessairement imparfaits, d'une première exploration d'ensemble dans ce domaine linguistique. Le présent ouvrage, qui est un supplément au *Dictionnaire étymologique*, a paru d'abord dans les *Mémoires de la Société de Linguistique* de Paris, où il n'occupe guère que 200 pages. Puissé-je avoir réussi à corriger cette ébauche, comme je l'ai agrandie, dans l'édition actuelle qu'un maître éminent, M. H. d'Arbois de Jubainville, a bien voulu m'autoriser à présenter au public sous son haut patronage!

2. L'*Introduction* qui précède le *Mystère de sainte Barbe* exposant les lois principales de la versification du breton moyen, je pensais d'abord reprendre ici cette étude. Mais diverses circonstances ont retardé la publication du *Glossaire*, ce qui m'a décidé à traiter de ces questions d'ancienne versification bretonne dans les tomes XIII et XVI de la *Revue celtique*. Aussi me bornerai-je à noter quelques rectifications à l'*Introduction*.

P. vii. Les deux principes donnés comme résumant le système régulier des rimes intérieures ne suffisent pas; il faut ajouter:

3° Dans les vers, ou parties distinctes de vers, qui sont octosyllabiques, une rime intérieure ne doit pas être seule, si elle se trouve à l'une des deux premières syllabes.

J'avais donc tort de donner, p. ix, le vers d'A. Chénier,

La p-*eur* blême et louche est l-*eur* dieu

pour conforme aux règles de cette versification.

Il semble que dans les cas de ce genre on ait considéré le vers de 8 syll. comme coupé en deux *hémistiches* inégaux, dont le second obéissait aux mêmes lois que son correspondant dans le type ordinaire des vers de 10 et de 12 syll., c'est-à-dire devait présenter un écho à la finale du précédent hémistiche et à l'avant-dernière syll. du vers, comme dans cette ligne de Racine (*Britannicus*) :

Vous êtes emp-*er-eur*, seign-*eur*, et vous pl-*eu*-rez !

Pour prendre un exemple breton, on peut comparer ces trois formes poétiques régulières :

Gant spont oar pen tu hont contaff.
Crenomp gant spont oar pen tu hont contaff.
Holl ez crenont gant spont oar pen tu hont contaff.

P. VIII. La disposition typographique du vers

Ne mem caffaff da vezaff quen sauant

n'y signale que deux syllabes rimant en *em* et quatre en *af, av*; il y a cinq rimes de cette dernière sorte, en comptant *da v(ezaff)*, qui est conforme à la règle.

P. IX. Les quatre vers gallois cités ne se suivant pas, il devrait y avoir un point après chacun d'eux. Dans le titre de l'ouvrage d'où ils sont tirés, il faut lire *genedlaethol* et non *-tho*.

3. Le plan du *Dictionnaire étymologique* comprenait seulement les mots bretons qui se trouvent dans des textes suivis du xve et du xvie siècle. Dans le *Glossaire* je me suis attaché à recueillir les mots, isolés ou non, que fournissent les documents du xiie siècle au xvie inclusivement.

Une autre innovation a consisté à insérer des termes du breton moderne que leurs étymologies — ou simplement leurs affinités avec d'autres langues celtiques, dans les cas où il ne peut être question d'emprunt au français — prouvent avoir existé à pareille époque, malgré l'absence de témoignages écrits. Ces mots ne sont pas là au même titre que les autres, et je n'ai pas toujours essayé de rétablir par conjecture la forme qu'ils avaient en breton moyen ; aussi sont-ils distingués par les caractères typographiques.

Pour justifier l'admission de ces nouveaux venus dans la lexicographie du moyen-breton, il suffit de rappeler qu'il y a forcément quelque chose d'artificiel et d'arbitraire dans la division, d'ailleurs utile et exacte, de l'histoire de l'armoricain en trois périodes, dont la seconde va de 1101 à

1600. La transmission orale du langage n'a jamais souffert de solution de continuité ; c'est par une série de changements peu sensibles que le breton moderne s'est dégagé du breton moyen, comme le breton moyen était sorti du vieil armoricain, le vieil armoricain du brittonique primitif, le brittonique primitif du vieux celtique, et ainsi de suite. Quoique portant la même étiquette, l'idiome breton parlé en 1600 ressemblait à celui de 1101 beaucoup moins qu'à celui de 1601. Le bon sens l'indique, la vie de beaucoup de Bretons ayant chevauché sur les deux siècles consécutifs. Il y a d'ailleurs des preuves palpables du fait.

Des éditions bretonnes du xviie siècle reproduisent fidèlement celles du précédent, à part certains détails de prononciation ; c'est à peu près la seule différence qui sépare les deux rédactions de Ste Barbe (1557 et 1647), du Grand Mystère de Jésus et des Poèmes Bretons (1630 et 1622). Aussi ai-je cru pouvoir utiliser pour mon premier recueil les *Novelou ancien ha devot*, « Noëls anciens et pieux » dont il ne reste qu'une édition de 1650. Ces rééditions du xviie siècle étaient faites dans un but pratique, pour être lues par le peuple ; il faut donc que la langue du siècle précédent soit restée intelligible aux premières générations parlant ou entendant parler le « breton moderne ».

Il est certain aussi que des mots, attestés seulement en vieux breton, ont persisté plus ou moins longtemps dans la période suivante. Mais ici nous manquons de données sûres, tandis que la présence d'une expression dans le langage actuel peut souvent mettre hors de doute son existence à l'époque immédiatement antérieure.

4. Voici par exemple un nom de la vesce sauvage, *gwek*, que j'ai entendu dans plusieurs localités trécoroises, mais dont je n'ai pu découvrir par ailleurs d'exemples que dans deux manuscrits, le plus ancien datant de la Révolution. Il existait donc à l'époque où Le Gonidec publiait son *Dictionnaire celto-breton ou breton-français* (Angoulême, 1821) ; cela n'a pas empêché cet auteur de l'omettre, soit ignorance, soit oubli.

Il est impossible de méconnaître l'identité de *gwek* avec le gallois *gwyg*, qui vient directement du latin *vicium* (prononcé *wikioum*). Il est donc plus que probable que *gwek* remonte, par un moyen-breton *guec* et un vieux breton *uic*, au lat. *vicium*. Pour lui refuser une antiquité de trois cents ans au moins, il faudrait y voir un emprunt fait au gallois après le xvie siècle, ce qui n'est appuyé par rien.

Mais, dira-t-on, pourquoi ne lit-on pas ce *guec* dans le *Catholicon* ? C'est que les auteurs de ce vénérable monument de la lexicographie bretonne ont, comme leurs successeurs, ignoré ou omis par oubli nombre de mots ; bien des textes de leur temps en font foi. Il ne faut pas moins leur savoir gré de nous apprendre qu'au xve et au xvie siècle on appliquait déjà au genre de plantes en question trois de leurs désignations actuelles : *becc, charroucc* et *pes logot*. Au commencement de la période moderne, le traducteur du *Nomenclator* nous en fait connaître une quatrième, *besançc*, qui semble avoir péri depuis.

Ni lui, ni ses devanciers ne donnent les noms vannetais : *piẓel* (que je crois pouvoir attribuer au breton moyen, voir *Gloss.*, v. *pesacẓ*), et *jargerêll* (« vesceron » l'A.). Ce silence n'a rien d'étonnant; il est la règle pour la plupart des mots qui sont aujourd'hui spéciaux au vannetais. Ce n'est pas une raison suffisante pour croire que ce dialecte s'en soit enrichi dans les trois derniers siècles. Ainsi les auteurs du Catholicon, comme le poète à qui l'on doit Ste Nonne, n'emploient comme nom du chanvre que *canap, canab*; mais on peut prouver que le vannetais *coarh* = gall. *cywarch* existait déjà sous cette forme, en l'an 1586 (*Gloss.*, v. *quarc*).

Il est bon de remarquer que ces inductions sur l'âge de mots non attestés directement sont souvent confirmées par d'autres témoignages probants. Si le moderne *ac'hubi* occuper, embarrasser, = gall. *achub*, ne se montre nulle part en moyen-breton, où il devait s'écrire **achubiff*, il a des titres plus anciens : un heureux hasard a conservé une glose en vieux breton qui explique le latin *occupat* par *acupet*. Pour *ansavet* reconnu, c'est le moyen-breton lui-même qui appuie les raisons tirées des autres langues néo-celtiques, en présentant le composé *diansaf* renier.

5. Des preuves décisives sont venues justifier après coup plusieurs de ces hypothèses, au cours d'une exploration méthodique des anciens registres paroissiaux de la basse Bretagne, que j'ai pu poursuivre l'année dernière, grâce à la confiance si honorable pour moi, du Comité des Travaux historiques, avec le bienveillant appui du Ministre de l'Instruction publique, M. Poincaré. Les documents ainsi recueillis sur l'histoire du breton moyen comprennent surtout des noms de familles et de lieux, des gloses, et des fragments manuscrits d'une grammaire latine rédigée en breton. Mais il n'a pas été possible d'incorporer cette masse de matériaux dans le *Glossaire*; ils feront l'objet d'une publication spéciale.

Cette exploration, encore inachevée, m'a démontré aussi l'existence au xvie siècle de mots que je n'avais pas mentionnés au *Glossaire*, faute d'en connaître l'étymologie.

Elle m'a, de plus, confirmé dans cette idée, que l'ensemble des noms de famille actuels remonte au delà du xviie siècle, et peut, en conséquence, nous renseigner, du moins quant aux racines, sur les ressources du vocabulaire en breton moyen ou en vieux breton. Diverses raisons m'ont empêché de tirer de ce fait, dans le *Glossaire*, les conséquences qu'il comporte, et qui auraient pu m'entraîner logiquement dans bien des erreurs.

6. Il y a, parmi les mots non attestés que j'ai admis, une catégorie pour laquelle je dois exprimer quelques réserves ; ce sont les dérivés. Par suite de la ressemblance générale des lois de la dérivation dans les idiomes néoceltiques, il peut se faire qu'un mot, matériellement identique à son synonyme cornique ou gallois, soit néanmoins de formation récente en armoricain. Il fallait peut-être dire quelquefois que tel mot était possible, et aurait été compris en moyen-breton. On peut à ce sujet reprocher au *Glossaire* des hésitations et des contradictions ; c'est qu'il était difficile de se laisser guider ici par autre chose que par le sentiment qu'on se fait du génie de la langue.

Il faut reconnaître que les lexicographes d'alors, comme leurs successeurs, sont un peu dans la même situation ; et que certains dérivés attestés dans le Catholicon ont dû être suggérés moins par l'observation directe du langage usuel que par le désir de mettre un équivalent breton, souvent d'ailleurs intelligible et bien frappé, en regard du mot français ou latin. Il y a des auteurs récents, comme Le Gonidec, et le rimeur des étranges *Barzounegou var drubarderez Jusas*, qui ont abusé de ces mots plus ou moins arbitrairement forgés. Le Dictionnaire de l'A. en a un certain nombre, contre lesquels d'ailleurs il proteste de temps en temps ; par exemple, après avoir traduit « exheredation » par *dizéritageadurr*, il ajoute : « Encore un Substantif baroc ». J'ai entendu pourtant, de la bouche de conteurs bretons illettrés, des mots de cette sorte, amenés par l'entraînement du récit ; et M. l'abbé Hingant a exprimé dans sa *Grammaire* des réflexions justes sur la légitimité de certains néologismes, peu connus par l'unique raison qu'on a rarement l'occasion d'en faire usage.

J'ai multiplié à dessein les citations du breton moderne donné comme tel, et non comme devant remonter à trois siècles. Ici encore, on remarquera des inégalités fâcheuses ; elles proviennent en partie de ce que je n'ai pas toujours disposé des mêmes ressources bibliographiques pendant le temps qu'a duré la composition du *Glossaire*.

7. J'ai puisé très sobrement à une source qui paraissait devoir être d'importance capitale pour mon ouvrage : les mots donnés par le P. Grégoire de Rostrenen comme du breton d' « autrefois ». Bien que j'aie eu l'occasion de parler de cette question, principalement au § 5 de la troisième *Étude vannetaise* publiée par la *Revue Morbihannaise*, je crois utile d'y revenir, avec nouveaux détails. Je livrerai donc ici aux méditations des lexicographes bretons, mes confrères — non sans avoir tâché d'en tirer profit pour moi-même — l'histoire des mensonges plus ou moins inconscients commis par un honnête religieux qui avait ce péché en horreur,

dans un dictionnaire où il donne cet exemple du mot : « Le Démon est le père du mensonge, et des menteurs. »

Voici ce qu'il nous dit, dans l'« Explication des abréviations » qui précède le *Dictionnaire françois-celtique* :

« *Als*, c'est-à-dire, *alias*, autre fois. Cette abrevation (*sic*) se met pour faire entendre que le mot suivant a été d'usage, et ne l'est plus que je sache, en la Bretagne Armorique, quoi qu'il le soit dans la Galle, comme je l'ai vû dans le Dictionnaire, et dans quelques autres Livres Bretons de ce païs-là. On met cependant cet *als*. non-seulement pour faire voir que nôtre langue n'a pas toûjours été si stérile en expressions qu'on veut nous le faire accroire, mais de plus pour faire connoître la racine de plusieurs mots tant bretons que françois qui en sont derivez ou composez : souvent même l'on y trouve la veritable signification de plusieurs surnoms, et de noms de très anciennes Maisons ».

Accordons au capucin breton la louange qu'il mérite. Il a eu plusieurs idées excellentes. D'abord, en constatant que la langue de l'Armorique n'avait pas toujours été telle qu'il la trouvait en usage de son temps, et que le breton du pays de Galles en différait aussi, il s'est élevé à cent piques au-dessus de tous les celtomanes passés, présents et futurs ; car pour ces messieurs le celtique, tels qu'ils le savent ou l'imaginent, échappe absolument aux conditions générales du temps et de l'espace.

Ensuite, il a voulu, dans un dictionnaire consacré principalement à l'armoricain moderne, faire une place, mais une place distincte, au breton d'un âge antérieur. En ceci, il a, au point de vue scientifique, dépassé Le Gonidec, qui, dans un ouvrage de même nature, nous offre pêle-mêle du breton moderne et du breton plus ancien, ce dernier surtout peu sérieusement contrôlé.

Ainsi, l'intention du P. Grégoire était bonne, et son plan général assez judicieux. Mais l'exécution a été très défectueuse pour la partie ancienne du vocabulaire, ce qui a parfois amené des erreurs, même dans la partie moderne.

8. Le premier tort du savant capucin a été de manquer de précision et d'exactitude, en indiquant les sources de ses *alias* ou mots du breton d'autrefois. Il déclare que ces termes, qu'il suppose avoir été perdus par l'armoricain, existent toujours dans le breton d'Angleterre, ce qui est faux.

Il y a, en effet, quatre autre sortes d'*alias*, que son livre ne distingue en rien de ceux dont la provenance est galloise. Ce sont :

1° Des mots extraits de textes en moyen-breton ;

2° Des formes imaginées par l'auteur, mais que lui avaient suggérées les catégories précédentes ;

3° Des mots qui ont existé, mais en dehors du gallois et du breton ;

Et 4° des mots que l'auteur n'a pris ni dans le gallois, ni dans le breton, ni dans aucune langue humaine, et qui sont le produit fantastique de l'étymologie *ad libitum*.

9. Les *alias* d'origine galloise se dénoncent quelquefois par leur orthographe : tels sont *ffug* fard, *ffruyn* frein, *llun* image, portrait, représentation, ressemblance, *rhyn* enchantement, hiéroglyphe, mystère.

C'est aussi le cas du mot que l'auteur introduit, v. *gué*, avec une formule différente : « On a dit. *Rhyd. id ě, rhed, dour-rhed*. » On a dit en effet, et l'on dit encore *rhyd* gué, mais en gallois et non en breton. Si le Dictionnaire de l'A. donne au *Supplément* : *rith, ritt* m. gué, et *ėr ritt* à gué, c'est que l'auteur a été induit par le P. Grégoire dans une erreur qu'a facilitée le mot breton *red*, vannetais *rit*, cours, course. Le P. Grégoire y avait pensé aussi, car *dour-red* signifie, comme il le traduit lui-même, « eau courante ».

La concordance de son entre un mot breton réel et un *alias* peut, en effet, altérer chez l'auteur le sentiment de la différence essentielle de ces deux catégories. Voici un exemple :

« Macule, tache soüillure, *Magl*. p. *maglou*. (ce mot est vieux et ne se dit plus gueres que pour macle.) »

Je vois dans cet article une annexe fâcheuse au domaine des *alias* gallois. Il y en a quelques autres du même genre. On lit v. *adverbe* : « *Rag-verb*, *Rhagverv* » ; ce dernier mot est purement gallois, l'autre en est la transcription bretonisée par l'auteur. De même « pronom » est rendu par *rhag-hanv*. p. *rhag-hanvou* ; « electre, metal composé » par *elydr*, mots dont la provenance galloise est pour moi évidente.

Magl est aussi purement gallois que les *alias fagl* flamme et *bagl* p. *baglau* bâton. S'il n'est pas présenté comme ceux-ci, c'est, d'abord, parce qu'il est le seul mot breton cité pour traduire « macule » ; on vient de voir que le signe *ăls* a été omis dans plusieurs cas semblables. Ensuite, c'est qu'il s'est fait, dans l'esprit de l'auteur, une illusion semi-consciente sur l'existence de ce mot dans la langue actuelle, parce qu'il l'assimilait au mot réel *magl* macle. On peut reconstituer à peu près ainsi la série de ses raisonnements, d'après les traces qu'ils ont laissées, et les préoccupations habituelles de l'auteur :

« J'ai entendu en breton *magl*, c'est certain. Qu'est-ce que cela voulait dire ? « macle, fruit d'eau ». Ah ! voilà l'origine de ce mot français. — Mais je crois bien aussi avoir remarqué pour ce breton *magl* un autre sens, applicable à la prédication. J'y suis ! cela veut dire « macule, tache ». Ce mot français et le latin *macula* en viennent évidemment. —

« Ce second sens, dont le rapport au premier doit être curieux — il faudra que je l'étudie un jour, à ma récréation — ce second sens, où donc l'ai-je pris ? L'ai-je lu dans un texte gallois, et dois-je le mettre aux *alias* ? Ou bien l'aurai-je entendu quelque part ? Ma foi, je n'en sais trop rien. Mais ce n'est pas étonnant qu'un tel mot n'ait pas souvent frappé mon oreille ; c'est qu'il est devenu peu usité : il est si vieux ! »

Cette notion de la vieillesse de certains mots est pour le P. Grégoire en relation intime avec l'idée des *alias*. Pourquoi déclare-t-il que « *rhévyn* est très ancien dans la Langue », mais qu'on dit *ruyn* en Léon et en Vannes ? C'est, je crois, qu'après avoir écrit *rhévyn* d'après le gallois, pour en faire un *alias*, il a entendu ensuite cette prononciation *revin*, ou quelque chose d'approchant ; mais il a négligé de supprimer l'*h* gallois dans ce mot et ses dérivés, ce qui trahit leur destination primitive [1].

Au point de vue linguistique, l'hypothèse d'un breton *magl*, qui naturellement serait le fils, et non le père de *macula*, n'a aucune vraisemblance : ce mot latin eût donné *mael*, en van. *mal*.

Cependant le jugement du P. Grégoire sur *magl* a eu plus de succès qu'il n'en méritait. Le Dictionnaire de l'A. l'a copié presque textuellement : « Macule *Magle*, est très-ancien, et ne s'entend plus guères que pour, Macle ». M. Loth, *Les mots latins dans les langues brittoniques*, p. 183, attache trop d'importance à cette assertion de l'abbé Cillart, qui est un vain écho de son devancier. Du reste, quand cet auteur vannetais parle de mots surannés, il s'appuie, sans le dire, sur les *alias* du P. Grégoire ; je crois l'avoir montré dans les *Études vannetaises*, p. 27, 28. S'il ne le cite pas, c'est qu'il n'aimait point « ce Gros Dictionnaire », dont il fait une critique outrée au commencement de sa préface. Mais rien n'indique qu'il ait eu en mains un seul document sur le vannetais ancien. Il n'est même pas prouvé qu'il y ait eu des livres en ce dialecte à l'époque du breton moyen, comme M. Loth l'a supposé ; on peut voir à ce sujet mes articles de la *Revue Morbihannaise* « Sur un ancien livre vannetais » (1894).

10. L'orthographe galloise va nous permettre de découvrir des *alias* dissimulés dans d'autres recoins de l'œuvre du P. Grégoire.

On lit, v. *dague* : « *Dager*. p. *dagerou*. *dag*. p. *dagou*. Frapper avec une dague. *Dageri*. pr. *dageret*. *dagui*. *dago*. ppr. *daguet*. » Comment se fait-il que, contrairement à ses habitudes, l'auteur ait représenté ici quatre fois le *g* dur par un *g* devant *e* ? S'il avait entendu ces mots en breton, il

---

[1] Il affirme, au contraire, v. *veu*. que « le mot *veu*. p. *venou*, ne se dit en Breton que depuis environ 70 ans » ; peut-être parce que l'expression n'est pas dans le Catholicon. Mais on la trouve dans deux autres textes du moyen-breton.

les aurait écrits *daguer*, etc. Mais il ne les a pas entendus; il les a lus en gallois; qui sait même s'il n'a pas cru qu'ils se prononçaient par un *j* ?

Voilà la preuve qu'un *alias* méconnu peut sortir de sa place régulière, après le breton, et se glisser par fraude en tête d'un article, pour lequel il n'y a qu'une seule expression moderne.

Le cas se représente, à mon avis, pour *alcan*. On lit, v. *laiton* : « *Laton. alcan* », par une omission accidentelle du signe *als* avant ce dernier mot. Arrivé à l'article *oripeau*, l'auteur, qui n'avait plus conscience de cette grave lacune, traduit : « *Feilhëur alcan. feilhëur laton* », donnant cette fois, à l'intrus, le pas sur la vraie expression bretonne. Mais quand l'erreur, comme ici, n'a laissé aucune trace matérielle, elle n'est pas facile à dépister, et le doute reste quelquefois permis.

J'ai pris pour un *alias* gallois en rupture de ban, et par conséquent j'ai exclu du *Glossaire* le mot *alan* qui, chez Grégoire, traduit seul « petasite, plante », et qui précède *lousaoüen ar pas*, v. *tussilage*. Il m'est suspect parce qu'à *pas d'âne* l'auteur ne le mentionne point et donne *pau-marh, troad-marc'h, lousaoüenn ar bas, triñchin Bro-saus*. *Pau-marh* est, comme sa forme l'indique, une expression vannetaise; elle a perdu son étiquette et changé sa place régulière, comme les *alias* cités plus haut. Deux des traductions qui suivent se trouvent déjà dans le *Nomenclator*, la source principale de Grégoire pour les termes de botanique; ce texte porte, p. 94 : « patte à cheual, *trinchen bro-saux, troat march* ». Je crois que le P. Grégoire, après avoir épuisé son répertoire de mots bretons pour traduire le vulgaire « pas d'âne », a cherché une expression plus relevée, qui répondît aux mots savants « pétasite », « tussilage », et que dans sa mémoire ou dans ses notes il s'est présenté un mot gallois, qu'il aurait dû marquer d'un *äls*. D. Le Pelletier, qui a quelquefois d'utiles observations sur les noms de plantes, ne connaît pas cet *alan*. Il est vrai que Troude le donne; mais il n'a pas l'air de le bien connaître, il en fait un féminin dans son *Dictionnaire français et celto-breton* de 1842, comme dans son *Nouveau Dictionnaire pratique français et breton* de 1869, et un masculin dans son *Dictionnaire breton-français*. Il est probable qu'il l'a pris à Grégoire, comme il lui a emprunté *alkan* laiton, ce qu'il reconnaît au Dictionnaire français-breton, mais non à l'autre. La présence du mot *alan* dans la *Flore de Bretagne* du Dr Liégard, Paris 1879, p. 83, ne prouve pas grand'chose non plus, il peut provenir des recueils de Troude. Une récente découverte de M. Stokes a démontré que le mot existait en vieux breton (*Zeitschrift für celtische Philologie* I, 19, 21). Si l'un de ses garants pour le breton moderne l'avait réellement entendu, il devait exister en moyen-breton. On vient de voir les raisons qui me font mettre en doute la valeur scientifique de ces témoignages.

L'omission de la mention *als* devant des mots qui se présentent ainsi à tort comme du breton moderne observé directement par le P. Grégoire, sur ce point témoin judicieux et digne de foi, n'est pas une simple hypothèse plus ou moins plausible : il y a des cas où on peut la faire toucher du doigt.

Ainsi on lit, sans *alias*, « *fyertr.* p. *fyertraou* » châsse, après une autre expression bretonne composée ; mais aux mots « biere », « cercueil », et « brancard », le même *fyertr* est donné comme *alias*, avec un pluriel en *au*.

Au mot « combat », on trouve ce paragraphe final : « Lieu de combat. *Luydd. camp.* » Mais *camp*, pl. *au* est donné avec *als*, au sens de « combat » ; de même *luydd* au sens de « lutte », et (avec un plur. *luyddau*) « armée ».

Cet exemple a l'avantage de nous montrer qu'on doit étendre à certains paragraphes l'observation faite plus haut sur les articles où le P. Grégoire n'emploie que des *alias*, sans jamais le dire, parce qu'il ne connaît pour le moment aucune expression moderne rendant la même idée. Voilà pourquoi je suis plus sceptique que les deux illustres celtologues qui ont admis (*Revue celtique* III, 283 ; *Urkeltischer Sprachschatz*, 276) l'exactitude du renseignement fourni par le P. Grégoire, v. *rampart*, dans ce paragraphe : « Rampart fait de pieux. *Güall. oüal* pp. *aoü* ». Je vois là un *alias* d'origine galloise, comme *luydd* et *camp*, avec un pluriel comme *fyertraou*.

Je ne crois pas non plus que le mot *kaouz* fromage, cité par M. Loth, *Les mots latins dans les langues brittoniques*, d'après le *Manuel breton-français* de Toullec, existe réellement en breton. L'auteur de ce Manuel a dû le prendre à Le Gonidec, qui lui-même l'a emprunté, comme *dager* et *dagéri*, comme *alkan*, etc., au P. Grégoire ; mais chez ce dernier *caüs* est donné comme *alias*, et l'auteur l'avait pris au gallois.

Comme on pouvait s'y attendre, il ne manque pas d'erreurs dans la section galloise des *alias* du P. Grégoire. Ainsi *feutur*, *fitur* « étaim, laine à carder, et à filer », devrait être à « étain, espece de metal ».

11. Les *alias* qui sont extraits de textes en moyen-breton auraient pu être fort instructifs, l'auteur ayant eu à sa disposition de précieux documents qui ont péri depuis. Mais il aurait dû faire ce qu'a fait souvent son ami D. Le Pelletier : citer ses sources avec tous les détails utiles, et donner au besoin le contexte, pour permettre de contrôler ses interprétations. Il a complètement négligé ces soins indispensables.

Il donne, par exemple : *cosquor* lentement ; *cosqor* à petit bruit ; doucement, sans bruit, paisiblement. S'il disait dans quel ouvrage il a lu cela, nous aurions chance de pouvoir aujourd'hui vérifier son assertion. Son silence sur ce point peut faire supposer qu'il a trouvé ce sens dans un texte à nous inconnu. Mais comme il ne signale pas un autre emploi de *cosquor*, le seul que ce mot ait dans nos textes : « famille, gens, troupe », j'en conclus qu'il a mal compris quelque passage où le contexte ne le guidait pas suffisamment. Une investigation plus complète du breton de son temps lui eût montré que la vraie place de *cosquor* n'était pas aux *alias*. D. Le Pelletier a trouvé ce mot encore en usage hors de Vannes; le Dictionnaire de l'A. donne *coscorh* serviteurs, et à Sarzeau on dit actuellement *goskôr* dans le même sens (voir *Dict. étym.*, v. *coscor*).

Les différentes langues qui ont fourni des gloses au breton moyen ont donné au P. Grégoire l'occasion de se tromper, et de tromper ceux qui le suivent aveuglément.

Il donne, aux *alias*, *qeusvez* serrure, cadenas, parce qu'il a trouvé dans le Catholicon *queusuez* mègue, petit-lait, traduit par le latin *serum*, et qu'il a confondu ce mot avec *sera*.

Il cite de même *gourffenn* impudent, qui a perdu toute honte, parce que le Catholicon donne *gourffenn* comme synonyme de *diuez*, et qu'il a pris ce mot pour l'adjectif *divez* éhonté, au lieu de l'ancien nom *diuez* une fin.

Ce qui est plus grave, c'est qu'il donne sans le noter comme *alias* le mot *ezeff* bissac, parce qu'il a lu dans le Catholicon *ezeff* « besaigue », c'est-à-dire « besaiguë », ce qu'il a confondu avec « besace ». Au mot « besace », il avait mis seulement : « *Biçxâc'h*. p. *biçzeyér*. *maletenn*. p. *maleténnou* »; à l'article « bissac », ces mots sont suivis de *ezeff*, sans indication de pluriel; disposition qui est l'indice d'un *alias*, cf. l'art. « cadenas » : « *Cadranaçz*. p. *cadranaçzou*. *cadranad*. p. *cadranadtou*. *äls*, *qeusvez* ». *Ezeff* n'a pas l'aspect d'un mot moderne; on attendrait, du moins, une variante *eze*. C'est en effet la forme que nous trouvons, avec son sens réel, chez D. Le Pelletier, qui, pour n'être pas breton de naissance, n'en a pas moins fait de bonnes observations sur la lexicographie bretonne : cet auteur donne *eze*, *neze* doloire. Le Gonidec, dans son *Dictionnaire breton-français* de 1821 (2e édition 1850), mentionne *ézef* bissac, besace, en ajoutant : « Je ne connais ce mot que par le Dictionnaire du P. Grégoire. » Aux mots « besace » et « bissac » de son *Dictionnaire français-breton* (paru après sa mort, en 1847), il donne *ézef* sans aucune réserve, avant *maléten* et *bisac'h*, et il l'emploie dans deux exemples!

Le même « législateur de la langue bretonne » a été trompé par un autre idiome qu'on est exposé à rencontrer dans l'interprétation de l'armoricain; je veux dire le haut breton ou langage vulgaire de la Bretagne française. Le dictionnaire français-breton de Le Gonidec traduit « framboise » par *tel* (avec *l* mouillé) et *flamboez* ; ce dernier est flétri d'un astérisque, comme emprunt au français. Mais au Dictionnaire breton-français, l'auteur déclare ne connaître ce mot *tel* que par le vocabulaire du P. Maunoir. Or voici ce qu'il y a dans le livre du P. Maunoir : « *teill* frambois ». Bullet, qui est loin d'être toujours un modèle de critique, doit être cité honorablement ici pour avoir, dans son *Dictionnaire celtique*, donné exactement le passage en question, et ajouté, avec plus de prudence scientifique que de correction grammaticale : « C'est ainsi qu'un vieux Dictionnaire Breton rend ce mot en François, que je ne trouve point dans nos plus vieux Dictionnaires. » Si nous ouvrons le *Dictionnaire de l'ancienne langue française* de M. Godefroy, nous y verrons que *fembroi*, *fambroy*, etc., voulait dire « fumier », et que ce mot existe encore dans le Finistère et les Côtes-du-Nord, sous la forme *fremboy*. *Teill* veut donc dire « fumier », c'est le substantif, d'ailleurs bien connu, du verbe *teilat* que le Catholicon traduit « fambreer, l. stercorare ». On dit dans les Côtes-du-Nord « *framboyer* un champ », pour « y répandre du fumier ».

L'*Archæologia Britannica* de Lhuyd a inséré, p. 180 et suivantes, une traduction anglaise de la grammaire et du vocabulaire du P. Maunoir, par Williams. Cette traduction contient l'erreur qui vient d'être relevée ; on lit, p. 212 : « *teill* a raspberry ». Il y en a, du reste, bien d'autres : sans sortir de cette page, je trouve « *treval*, a sparrow », c'est-à-dire « moineau » au lieu de « moisson » (à St-Brieuc, « moisson » se dit encore pour « moineau ») ; « *treuzel* a tortoise » (« une tortue », au lieu de « tortu, tors ») ; « *treust*, Powder, dust » (« poudre, poussière », au lieu de « poutre ») ; « *voar laë*, Below » (« dessous, en bas », au lieu de « dessus, en haut ») ; sans parler d'autres fautes, comme l'intrusion de « *teneuder*, slenderness », mot gallois et non breton, etc.

Des méprises semblables ne sont que trop fréquentes en linguistique. M. Stokes a signalé dans la *Grammaire comparée* de Bopp une étymologie donnée faussement à un mot irlandais parce que l'auteur en avait pris la traduction anglaise *race* pour « race » au lieu de « course ». On trouvera dans le *Glossaire*, v. *sllabeza*, une erreur de la *Grammatica cellica*, 2e éd., provenant de ce que le Dictionnaire français-breton de Le Gonidec avait donné dans un seul paragraphe les équivalents bretons des sens très divers du français *barbouiller*.

Soyons donc précis dans l'explication des mots ; et n'oublions pas qu'en lexicographie l'omission d'un détail insignifiant pour l'auteur, peut être préjudiciable au lecteur, même fort instruit. Cela ne m'étonnerait pas que plus d'un philologue se trompât sur le sens de « la tonne », qui traduit *tonnen*, pl. *tonnat*, dans le Dictionnaire de Chalons, réédité par

M. Loth, et entendît en français ce que l'auteur primitif a dit en gallo (cf. *tonnen*, pl. *tonnat*, avec l'article *un donnen, en donnat* gazon Chal. *ms*; voir Gloss., v. *tonnenn*).

12. Pas plus pour les *alias* d'origine bretonne que pour ceux de provenance galloise, le P. Grégoire n'a suivi une règle fixe, en ce qui concerne la transcription. Tantôt il maintient l'orthographe ancienne, tantôt il l'arrange à sa façon; nous avons vu qu'il écrit *cosquor* et *cosqor*, *qeusvez*.

Dans *enerdiguez* « enfin, à la fin », il n'y a d'autre indice apparent d'un *alias* que la place du mot, après deux autres traductions; ce n'est pas moins un autre exemple certain d'omission du signe *als*, car l'expression est prise au Catholicon, sa forme moderne eût été *en erzivez*.

En écrivant *vuël* humble, au lieu de *vuel*, que porte le Catholicon, le P. Grégoire ne se doutait pas de l'importance du petit remaniment qu'il imposait à cet *alias*. Le tréma ne se mettant jamais entre deux consonnes, il indiquait ainsi la prononciation *vuel* à la façon moderne, avec *v* consonne et *u* voyelle; mais en réalité on prononçait *uvel*. En effet, la première syllabe rime toujours en *uf*; le mot se fait précéder de la forme *hac* et non *ha*, et; il a des variantes *uffuel*, *ufuel*, etc. Le Gonidec n'a pas manqué d'accueillir ce mot *vuel* dans son Dictionnaire français-breton, où, selon son habitude pour cet ouvrage, il ne dit ni qu'il le tient du P. Grégoire, ni que le P. Grégoire ne le connaissait point par l'usage.

Il n'est pas toujours mauvais de changer l'orthographe d'un texte qu'on édite, ou même de le modifier plus profondément : mais ce n'est pas en pareille occasion qu'on doit « faire sans dire ».

Dans la réédition, si utile d'ailleurs, que M. Loth vient de publier du dictionnaire breton-français de Chalons, on lit : *anlandêt* expert, habile. C'est une bonne correction, et une mauvaise lecture, le texte portant *anlnadêl*, = *anlandêtt* l'A., du franç. *entendu*; cf. *dianlant* (homme) qui a la conception dure Chal. *ms*.

On pourrait citer dans le même livre d'autres fautes de ce genre moins faciles à excuser. Dans l'Appendice, qui donne des extraits du dictionnaire français-breton ms. de Chalons, on trouve, p. 100 : *fallaër* coquin; j'ai lu *fallacr'*, ce qui correspond au moy. bret. *fallacryez* maléfice, etc. (voir Gloss., v. *fall*); et, au mot *accoquiner*, *falläer* (distraction due à une réminiscence de *fal* et *laer*, mauvais voleur ?).

La page 99 présente diverses méprises. L'une est signalée au Glossaire, p. 611, note; en voici d'autres :

Danevelein conter, raconter. J'ai lu *daneuelein* conter; *daneüel* raconter.

Deantet alignement. Le ms. porte *dean'tet*, ce qui a l'avantage d'indiquer que la syllabe *an* n'est pas nasale.

Diampresein « desdaigner ». J'ai lu *diampresein*, ce qui est confirmé par le mot voisin *diampresour* « desdaigneur ».

Diamsel entrevue. Le ms. porte *dramsel*, et avec raison. Le sens n'est pas « action de se voir mutuellement, visite », idée rendue plus haut dans le texte par *güeleu*; c'est le substantif du verbe *entrevoir*, traduit *hanter güelet*, littéralement « voir à demi ». Cf. *dram-sélein* « entre-voir » l'A., etc., voir *Gloss.*, v. *dam-*.

Damenein adoucir. Le passage cité traduit « implacable » par *n'heller quet de zoucat* ou *damenein*, c'est-à-dire « qu'on ne peut adoucir, apaiser ». La préposition *de* (*da*) est, en breton, tantôt employée, tantôt omise après le verbe « pouvoir »; mais puisqu'elle est ici dans la première traduction, il y a tout lieu de croire qu'elle se trouve aussi dans l'autre; c'est ainsi que le P. Grégoire rend « implacable » en dernier lieu par « *ne aller qet da guñhât*, ou, *da beoc'hat*, ou, *da habasqât* ». *Damenein* était donc ici à corriger en *d'amenein* et à mettre sous la lettre *a*. C'est le verbe *amenein* abattre, abaisser (les voiles) Chal., *ameine* abaisser, *ameinnein* abaisser la voile l'A., du franç. *amener*.

Ur c'hofter une bedaine. Je n'ai pas pris de note sur ce mot. Cela me fait croire que le texte porte, sans doute peu lisible, l'expression *ur c'hof teu'* ou *teü*; Chal. écrit dans son autre dictionnaire : « *coff teü*, bedaine, gros ventre ».

D'après ces deux derniers exemples, on voit que l'historien d'une angue est exposé parfois au danger de prendre deux mots pour un seul. Voir encore l'explication proposée pour *treudigueh*, *Gloss.*, v. *tra*, et ce qui est dit de *tennaëc* aux *Errata*, v. *tennaff*.

Une autre expression mal coupée a donné lieu au mot fantastique *alia* certes, chez Le Gonidec; c'est *né alia* non certes, ibid., qui n'est autre que *néal ia* ah bien oui! Voir *Gloss.*, v. *leal*.

13. *Qui spernit modica, paulatim decidet*, dit l'Écriture (*Ecclésiastique*, XIX, 1); et inversement : *Qui fidelis est in modico, et in majori fidelis est* (st Luc, XVI, 10). Un genre d'inexactitude plus grave que les fautes de transcription ou de lecture consiste à inventer partiellement ce dont on prétend avoir un garant assuré. L'exagération est, dit-on, le mensonge des honnêtes gens; mais quand on a l'honneur de déposer devant la science, il est essentiel de réprimer ces écarts d'imagination.

Le P. Grégoire, dans ses *alias*, n'a pas eu assez souci de ne dire « rien que la vérité »; il ne se faisait pas scrupule d'y ajouter de son cru, sans bien s'en rendre compte.

Voici un de ses *alias* d'origine bretonne : *fraff*, pl. *fraffed* « corneille picotée de blanc ». Faut-il croire, d'après cela, qu'il ait lu ces deux formes dans un document du moyen-breton? Il est plus probable qu'il a tout simplement transcrit avec une orthographe qu'il jugeait ancienne le breton moderne *frao* pl. *fraved*; nous ne trouvons aujourd'hui en moy. breton que *frau*, dont le plur. devait être **frauet*.

C'est, en effet, une manie de l'auteur de multiplier ces formes en *ff*, là même où elles ne sont nullement dans l'habitude du moyen-breton. Au mot « cheveu », *bleffen*, pl. *bleff* est donné comme *alias*; au mot « poil », nous lisons : « On écrivoit. *bleffenn*. p. *bleff*. »; au mot « velu » : « On écrivoit. *bleffecq*. » Le P. Grégoire aurait été, je présume, aussi embarrassé que je le serais, de prouver cette assertion; et pourtant les mots en question sont loin d'être rares en breton moyen. D'ailleurs le dernier devrait être au moins **bleffec*. J'en dirai autant des *alias liff* pl. *liffou* couleur, *liffaff*, part. *liffet* donner couleur (le plur. *liffou* doit être suppléé d'après le moderne *livou*; mais on eût écrit **liuou*); et de *beff*, dans l'*alias liff beff* couleur vive, v. *couleur*; cf. « on écrivoit, *beff* », v. *vif*. En nous disant de même qu'on écrivait *yuzeff* et *juzeff* juif, *naff* neuf, *glaff* pluie, *glaffaff* pleuvoir, *teffel* se taire, part. *taffet* (et *teffet*, forme doublement suspecte), *lyffer*, *lyffour* teinturier, *malff* mauve, *halff* salive, *erffenn*, *erff* sillon, *nerffenn* nerf, l'auteur nous donne de l'orthographe du moyen-breton une idée si manifestement erronée, qu'on ne peut pas l'en croire sur parole, dans les cas analogues où son témoignage serait intéressant s'il était digne de créance; par exemple à « sureau », « on écrivoit : *scaff. scaffenn* »; et à l'*alias riff* froid, froidure.

14. Non content de se tromper sur le sens, et de nous tromper sur l'orthographe du mot ancien *queusuez*[1] petit-lait, dont il a fait *qeusvez* serrure, cadenas, il aggrave encore son cas, en ajoutant l'*alias qeusvezaff* « cadenasser », mot qu'il n'a lu nulle part, et qu'il tire arbitrairement de *qeusvez*.

L'*alias pavyod* plur. *pavyoded* « banquier, qui tient la banque », provient du Catholicon, où on lit « *pauiot* banquier »; mais l'autre traduction par le latin *banchale* montre que *pauiot* est une faute d'impression pour *paniot*, = v. franç. *paniol* housse placée sur un banc; le pluriel devait être **paniodou*.

Au mot « âme » on trouve les *alias eneff* pl. *eneffou*; *anaff* pl. *anaffou*, *anaffoun*. Les deux premières formes et la dernière existaient seules en breton moyen; les deux autres ont été suggérées au P. Grégoire par la recherche d'une apparente régularité grammaticale.

---

[1]. Le premier terme de ce composé (= v. bret. *cosmid*) est le mot breton dont le correspondant gallois a donné lieu à l'*alias caüs* de Grégoire, et, par suite, au *kaouz* de Le Gonidec; on ignore à quelle époque il a cessé d'être employé seul.

L'*alias doët* porté, est aussi un barbarisme forgé par lui, d'après le modèle du moderne *douget*, inf. *dougen*, sur l'ancien infinitif *doen*, qu'il écrit *doën* (comme *vuël*).

De même, après avoir cité simplement comme *alias hem amuyn* s'aider et *amuyn* assister, il lui donne, au mot « secourir », un participe *amuyet*; mais *amuyn* est un *alias* gallois, dont le correspondant breton eût été **amoen*, et qui ne pouvait faire au participe *amuyet* ni en gallois ni en breton. Cela n'a pas empêché l'auteur du Dictionnaire de l'A. de fabriquer à son tour, sur ce fantastique *amuyet*, un nouvel infinitif vannetisé *amuyein* et un substantif *amui* m., pl. *eu*, en ajoutant que ce dernier « a cédé » à *secour*.

La tradition de ces façons d'agir ne s'est pas perdue. Le Gonidec, qui ne connaissait « *ezeff* bissac » que par le P. Grégoire, comme il a, du moins, la loyauté de l'avouer dans un de ses dictionnaires, ne se fait pas faute d'assigner d'office à ce mot le genre masculin, et un pluriel en *iou*. De même il gratifie le prétendu « *tel* framboise », dont on a vu plus haut la genèse, de l'imposant cortège des formes suivantes : *telen* une seule framboise, pluriel *telou* ou *telennou*; *telen* framboisier, pl. *telenned* !

15. Les deux dernières sortes d'*alias*, qui sont encore moins recommandables que les autres, ont pour cause l'étymologie, ou plutôt le mépris de l'étymologie; car on va directement contre l'idée et contre l'expression de ce mot, en « disant la chose qui n'est pas ».

En pareille matière, le P. Grégoire n'avait de guide que sa fantaisie et celle des celtomanes qu'il avait lus. Frappé de la concordance de l'*alias* (gallois) *llun* image avec le nom français de la lune, il en donne cette raison (v. *ressemblance*) : « parce que la pleine Lune représente un visage. » Il a aussi un *alias llun* « lune », inspiré en partie par le breton *dilun* lundi, et le tire de *leun* plein, « parce que les Gaulois adoraient la Pleine Lune ».

Certains *alias* sont d'origine gauloise, comme *ambact* serviteur, du v. celt. *ambactos*, qui serait devenu **amaez* s'il eût survécu en armoricain, comme il survit encore dans le gall. *amaeth*. Le P. Grégoire lui prête un pluriel *ambacted*, anachronisme comparable au latin d'écolier *agreabilis* pour **adgratabilis*.

D'autres sont grecs : *drus* chêne; ou gréco-latins : *gigas* géant; celui-ci est accompagné d'un pluriel *gigased*, qui n'est guère plus mauvais que *ambacted*.

Il y en a de latins : *fur* voleur. Ce mot n'existait en breton qu'au sens de « sage », qu'il a encore; le P. Grégoire donne lui-même comme *alias fur èn guïr* (jurisconsulte), savant en droit, ceci est pris au Catholicon, où il y a *fur en guir*.

16. Une erreur plus compliquée se trouve au mot *gué*, qui est traduit « *Gûe*. p. *gûeou*. *guevded*. *gueffded*. (Van. *gue*. p. *gueëu*.) *als*, *rodoed*... On a dit. *Rhyd...* » Ce *guevded*, *gueffded* aurait dû être présenté comme *alias*, car l'auteur, bien qu'il n'en dise rien, le connaissait seulement par les noms de lieu qu'il explique ainsi :

« Cos-guéauded, ou plûtôt, *Coz-guevded*, qui veut dire, ancien gué, mechant gué... ; simple Chapelle sur le Leguer, où étoit autrefois la ville de Lexobie... »

« Gueaudet, Nôtre-Dame du Gueaudet, ancienne Eglise au milieu de la ville de Quimper. *Ar Gueauded*. *ar guevded*. *an Intron varya ar guevded* (*id' ë*, gué des deux rivieres d'Odet, et de Theyr.). »

L'auteur a sans doute commencé par interpréter *ar Gueauded* « le gué de l'Odet », comme il explique *Guemené* par *Gue-menez* le gué de la montagne ; puis le nom de *Cos-guéauded*, dont il a fait *-gueffded* par amour du double *f*, a obscurci en lui le souvenir de cette composition, dont il n'a plus gardé que la première idée, celle de « gué », seule applicable aux deux noms à la fois.

Mais les détails mêmes où il entre font voir que le sens de « cité » conviendrait aussi bien, et c'est le seul qui s'accorde avec l'histoire du mot. On trouve au XIIIe siècle *Cozgueodet*, de *coz* + *queodet*, du lat. *civitatis* (prononcé *kiwitătis*) ; l'*i* qui précède la syllabe accentuée est tombé comme dans *trinded* de *trinitătis*, et en franç. *santé* = *sanitătem*. Le changement de *q* en *g* est une conséquence de la composition ; de même dans *ar gueauded* nous avons, non un masc. *gueauded*, mais un fém. *queauded*, avec mutation régulière après l'article, comme dans *an drinded*. Voir H. d'Arbois de Jubainville, *Études grammaticales* I, 24, 42.

Dans ces cas, comme on le voit, il s'agit de mots qui ont eu une existence réelle ; seulement ils étaient étrangers au breton, sauf le dernier, dont le sens était tout différent de celui qui lui est attribué par suite d'une fausse étymologie.

17. Mais, parmi les mots d'« autrefois » donnés par Grégoire, il y en a aussi qui ne sont d'aucun temps ni d'aucune langue ; ils résultent d'une explication arbitraire de mots appartenant, soit au breton, soit à un autre idiome.

Ainsi *nedel* nouveau, d'où le P. Grégoire tire *nedelecq* Noël, a été, au contraire, extrait de ce dernier, non par le langage vivant du peuple, mais par la plume d'un lettré qui s'est fait ce beau raisonnement : *Noël* dérive du « mot d'autrefois » *neu* neuf, nouveau ; donc *nedelecq* doit avoir une origine semblable. Or si l'on retranche le suffixe connu *-ecq*, il reste *nedel*. Donc *nedel* est un vieux mot breton qui s'gnifiait « nouveau ». Le malheur est que cette argumentation pèche par la base. *Noël* vient du latin *natalis* (*dies*), et *nedelecq* en est également dérivé; le P. Grégoire eût pu le soupçonner, puisqu'il reconnaît dans sa préface que le breton a emprunté au latin « plusieurs termes de dévotion ».

Citons encore les étonnants noms de la terre *tit*, *at*, *er*, etc., dont le P. Grégoire nous livre heureusement le secret, car il serait difficile de le retrouver par des inductions raisonnables : cette engeance est née de la décomposition de mots comme *Titan*, *Titèn*, *Tit-dèn* « homme de la terre » (!); *at-ead* athée (!!); *er-myd* ermite, « quasi solus super terram » (!!!).

Voilà où les rêveries étymologiques peuvent conduire un lexicographe, d'ailleurs très estimable et très instructif, lorsqu'il parle de ce qu'il sait pertinemment.

Cette tradition des étymologies en l'air n'a pas péri non plus en Bretagne. On ne saurait trop recommander, à ceux qui sont travaillés de cette maladie, de séparer comme le P. Grégoire, et avec plus de soin que lui, les faits linguistiques de leur temps, sur lesquels ils peuvent être des témoins dignes de foi, et les choses qu'ils savent ou croient savoir, soit par intuition, soit par divers procédés d'analyse linguistique, de valeur inégale.

18. Les philologues ont introduit l'excellente habitude, qui devrait être une règle absolue chez les Bretons plus qu'ailleurs, de noter d'un astérisque tous les mots qui ne sont pas attestés par une autorité réelle. Les lecteurs sont ainsi prévenus d'avance contre des méprises possibles, de la part même des plus consciencieux linguistes; car toute science humaine est bornée, elle a ses lacunes, ses incertitudes, ses illusions; et l'on peut, sans crainte de se tromper cette fois, appliquer à l'étude historique des langues la pensée de l'*Imitation* (I, III, 4) : *Omnis speculatio nostra quadam caligine non caret.*

M. Gaidoz, le savant fondateur de la *Revue celtique*, a raconté la bévue d'un illustre celtologue d'outre-Rhin qui expliqua très doctement par l'ancien gaulois le mot *Encina*, qu'il lisait au bas d'une gravure représentant une antique statuette. Il y voyait une inscription donnant le nom du dieu gaulois de la mort; c'était la signature du graveur[1]!

---

1. La famille de cet artiste étant d'origine espagnole (*Revue celtique* IV, 478), c'est à cette langue qu'il faut demander le sens de son nom. *Encina* veut dire « chêne », et vient de *iticina*, dérivé du lat. *ilex*, *ilicis*, qui a donné d'autre part en italien *elce*, en languedocien *euse*, *yeuso*, et en franç. *yeuse*. Un peu de pratique de l'épigraphie eût préservé le linguiste de cette méprise, car l'« inscription » qu'il lisait, *Rev. celt.* I, 2, commence par une majuscule, ce qui en dénonce le caractère moderne. Il ne se trompait pas, d'ailleurs, en attribuant à l'époque gauloise un mot voisin de *encina*. M. Whitley Stokes, dans son excellent *Urkeltischer Sprachschatz* (Gœttingue 1894), admet un vieux celtique *ankena* nécessité, ancêtre du

Un exemple moins connu (je ne l'ai vu signalé nulle part) va montrer que les celtisants ne sont pas seuls exposés à ces mésaventures.

M. Gustave Kœrting, dans son *Lateinisch-romanisches Wœrterbuch* (Paderborn, 1891), ouvrage estimé à bon droit, et auquel ce *Glossaire* se réfère souvent, ayant eu à traiter, p. 573, de l'italien *porcospino* porc-épic, profite de l'occasion pour ajouter entre parenthèses : « Le mot ordinaire est *istrice*, qui remonte sans doute à *hispidus*, et représente quelque chose comme *hisp(i)tricem (?) ». Le savant romaniste n'oubliait ici qu'une chose, la première que le bon sens commande en pareil cas, c'est d'interroger la source principale de l'italien : le latin. Cette langue possédait déjà le mot *hystrix*, gén. *hystricis*, qui n'a rien à faire avec *hispidus*, étant emprunté au grec ὕστριξ. *Hispitrix est donc une hypothèse aussi brillante qu'inutile et fausse. Mais son auteur, bien qu'il n'en vît que le côté spécieux, a eu grand soin de la donner simplement pour une construction hypothétique, et d'indiquer les causes qui le rendaient victime de cette illusion d'optique. Il a même multiplié les expressions typographiques du doute avec une conscience qu'on souhaiterait de trouver toujours chez les celtologues : il est plus facile de vérifier l'existence d'un mot en latin qu'en gaulois !

19. A la décharge des anciens dictionnaristes bretons qui viennent d'être mis en cause, il faut dire qu'ils ont étudié avec un zèle méritoire cette langue qu'ils aimaient et que, malgré leurs erreurs, ils nous aident beaucoup à connaître. Ce n'était pas toujours leur faute si l'idée qu'ils se faisaient de son histoire était peu conforme à la réalité ; leur but principal n'était point, d'ailleurs, d'écrire cette histoire. Leur point de vue, pour être différent de celui des linguistes, n'en est pas moins légitime et louable. Tandis que l'adepte de la grammaire comparée envisage l'état présent d'un idiome avec l'intention d'en scruter le passé, le grammairien puriste, quand il a l'esprit réformateur et le dogmatisme d'un Le Gonidec, tient les yeux constamment tournés vers l'avenir. Il a l'ambition d'enno-

---

vieil irlandais *écen*, gallois *angen* (bret. moyen *anquen* souci, aujourd'hui *añken*, van. *añkin*), et parent du grec ἀν-άγκη. La prévention qui a fait prendre ainsi de l'espagnol pour du gaulois était favorisée par une coïncidence fortuite, telle qu'il s'en produit très souvent. Un Armoricain qui entendra l'espagnol *tambien* aussi (du lat. *tam bene*), le flamand vulgaire *par â* pour vous, l'allemand *Bügel* étrier, pensera tout naturellement au bret. *tam bien* petit morceau, *parâ quoi*, *bugel* enfant ; *ilemalat* veut dire, dans la bouche d'un Alsacien, « il est malade », et dans celle d'un Polonais, « quel âge a-t-il ? » (*ile ma lat*) ; etc., etc. Mais ce qui est, chez un celtiste sérieux, un quiproquo tout à fait accidentel, devient la règle générale pour le celtomane : celui-ci déclare, par exemple, que le grec σελήνη lune vient du celtique *sel eu e* regarde au ciel, sans s'apercevoir que le « celtique » *e* est du breton moderne, qui, sous cette forme, ne remonte pas à trois cents ans. Cette façon grotesque d'écrire l'histoire des langues dénote une compétence égale à celle d'un historien qui regarderait Alexandre le Grand comme le fils de Napoléon.

blir sa langue, de lui donner pleine conscience d'elle-même, de lui apprendre à disposer sagement de ses propres ressources, à les augmenter au besoin, et à renoncer aux éléments grossiers ou étrangers qui altèrent son génie propre ; enfin, il veut la soumettre à une culture méthodique, sans reculer devant les expédients artificiels, pour arriver à en faire la digne expression d'une littérature originale.

Après tout, l'avenir n'a pas trahi les espérances qui soutenaient Le Gonidec dans son labeur obscur et opiniâtre : il les a même largement dépassées, sans les réaliser à la façon dont il l'entendait. La synthèse qu'il avait entreprise et menée à bout était très prématurée ; elle ne s'appuyait pas sur une investigation assez approfondie des trésors dont dispose réellement la langue. Cet organisateur n'avait qu'une idée fort incomplète de la province linguistique sur laquelle il s'arrogeait une autorité dictatoriale. Aussi le breton s'est-il dégagé, sans efforts, du cadre rigide où l'enchâssait ce systématique grammairien qui a manqué, à un degré remarquable, du sentiment poétique, si essentiel à l'esprit breton.

Mais Le Gonidec eut un élève dont il put être fier à juste titre, et chez qui les plus merveilleuses facultés du poète étaient jointes à d'autres qualités solides dont jusque-là le génie breton avait semblé peu capable. C'était le vicomte Th. H. de la Villemarqué.

20. Certes, l'œuvre de cet écrivain illustre prête à bien des critiques. Sa publication la plus connue, le *Barzaz Breiz*, est, comme le Dictionnaire français-breton de Le Gonidec, une synthèse prématurée ; elle a le défaut de ne pas faire un départ exact entre les hypothèses brillantes et les pièces plus ou moins justificatives de ces hypothèses. C'est pour cette raison que je n'ai pas admis dans le *Glossaire* des mots de ce recueil qui auraient dû y trouver place, s'ils avaient été bien observés. Mais en cela je n'ai fait que suivre les conseils de l'homme excellent à qui l'on doit ce livre fameux, sur la critique verbale duquel on peut voir, du reste, la troisième de mes *Études vannetaises*. Le v^{te} Th. H. de la Villemarqué ne faisait aucune difficulté de reconnaître devant moi que pour son *Barzaz Breiz*, comme pour ses additions aux dictionnaires de Le Gonidec, il lui est arrivé souvent d'être trompé par des correspondants, et aussi par les prestigieux mirages de son imagination. Dès la première lettre qu'il m'a adressée, et qui est rédigée en breton, il me disait que beaucoup de choses publiées par lui n'étaient que des « copeaux bons à jeter au feu », *n'edint nemet skolpou mad da deurel enn tan*; grande leçon d'humilité qu'il donnait ainsi à un débutant dans la carrière scientifique !

Ce serait très injuste de ne voir en lui, même en s'en tenant au point de vue spécial de la linguistique, qu'un continuateur de Le Gonidec, et un partisan du dangereux système des *alias* inauguré par le P. Grégoire. Il est le premier Breton qui ait été converti à la saine méthode linguistique, par l'apparition de la *Grammatica Celtica*; et depuis cette date mémorable, il a fait les plus méritoires efforts pour remplir les *desiderata* de la science à l'égard de l'armoricain. Grâce à lui, de nombreux textes du breton moyen ont été soustraits aux causes de destruction qui les menaçaient, et rendus accessibles aux linguistes. Les traductions qu'il en a faites ont une tout autre valeur que celles de Le Gonidec. Avec le plus louable désintéressement scientifique, il a fait publier par M. Stokes et par moi d'autres documents de la même époque, dont il avait pris copie.

J'ai reconnu publiquement la part considérable qui lui revient dans mes deux principaux ouvrages sur le breton moyen, le *Dictionnaire étymologique* et le *Glossaire*; sans lui, l'un n'eût pas même été entrepris, et l'autre serait beaucoup moins riche en renseignements anciens. Il n'a pas tenu à lui, d'ailleurs, que les précieux matériaux qu'il me fournissait si libéralement ne fussent plus abondants encore : mais avec toute l'éloquence que lui inspiraient son ardent dévouement à la science armoricaine et la vive affection dont il m'honorait, il n'a pu venir à bout de certaines obstinations, aussi irraisonnées que déraisonnables, à tenir soigneusement la lumière sous le boisseau.

21. Quelques-uns de ceux qui, mieux inspirés, ont bien voulu me communiquer des textes bretons, ou me renseigner sur le langage actuel, sont morts pendant l'impression du *Glossaire*; on y lira à ce propos, avec le nom du v[te] de la Villemarqué, ceux de Luzel et de Milin, qui resteront toujours chers aux amis de la Bretagne.

J'ajouterai à ceux qui sont cités au cours de l'ouvrage l'abbé Le Bourdellès, mort recteur de Trévérec; M. l'abbé Le Pennec, professeur de breton au séminaire de St-Brieuc; mon beau-frère, M. l'abbé Héry, et mes anciens élèves M. l'abbé L. Leclerc, MM. F. Vallée et E. Lemière; que tous ces obligeants collaborateurs veuillent bien recevoir mes meilleurs remercîments.

J'ai contracté d'autres obligations que je me plais à reconnaître, envers M. Riou, maire de Guingamp, M. Le Baudour, maire de Pédernec, M. Marcel, greffier à St-Brieuc, et MM. les Secrétaires des mairies de Tréguier et de Quemper-Guézennec, pour la complaisance qu'ils ont eue de faciliter mes recherches dans les archives confiées à leur garde, alors que je me présentais à eux sans la recommandation officielle que j'ai obtenue depuis.

Enfin, je remercie les savants français et étrangers qui m'ont fait parvenir leurs travaux sur les langues celtiques, disséminés dans des publications périodiques dont plusieurs ne m'auraient pas été accessibles. J'ai tâché de m'instruire à leurs leçons, de les citer exactement pour ce qu'ils ont apporté de personnel à nos communes études, et de ne les contredire qu'à bon escient, comme je demande à l'être moi-même ; car ils m'ont appris, par leur exemple, à ne pas aimer mes propres erreurs plus que celles d'autrui.

Kerfot, près Paimpol, août 1896.

ÉMILE ERNAULT.

ÉTUDES GRAMMATICALES

SUR LES

LANGUES CELTIQUES

II

MACON, PROTAT FRÈRES, IMPRIMEURS

ÉTUDES GRAMMATICALES

SUR LES

LANGUES CELTIQUES

PAR

H. D'ARBOIS DE JUBAINVILLE

Membre de l'Institut, Professeur au Collège de France

ET PAR

Emile ERNAULT

Professeur à la Faculté des Lettres de Poitiers, Lauréat de l'Institut

TOME II

GLOSSAIRE MOYEN-BRETON

PAR

Emile ERNAULT

DEUXIÈME ÉDITION CORRIGÉE ET AUGMENTÉE

Avec une préface et les index du tome I

PREMIÈRE PARTIE

(A-G)

PARIS

LIBRAIRIE E. BOUILLON, ÉDITEUR

67, RUE DE RICHELIEU, AU PREMIER

1895

Tous droits réservés

GLOSSAIRE

MOYEN-BRETON

PAR

EMILE ERNAULT

Professeur à la Faculté des Lettres de Poitiers, Lauréat de l'Institut

---

DEUXIÈME ÉDITION

CORRIGÉE ET AUGMENTÉE

PREMIÈRE PARTIE

(A - G)

La deuxième partie contiendra la Préface du tome II
et les index du tome I
des ÉTUDES GRAMMATICALES SUR LES LANGUES CELTIQUES

GLOSSAIRE MOYEN-BRETON

ABRÉVIATIONS

gl.	glose; indique des mots du vieux breton (avant 1100).
v. br.	vieux breton. Pour l'indication des sources, voir Loth, *Vocabulaire vieux breton*, Paris, chez Vieweg, 1883.
moy. br.	moyen-breton. Quand il n'y a pas de références précises, on les trouvera dans l'ouvrage suivant.
Dict. étym.	*Dictionnaire étymologique du breton moyen*, à la suite de mon édition de *sainte Barbe*.
B	*Mystère de sainte Barbe*, Paris, chez Thorin, 1888.
C	*Catholicon* (*Cms*, manuscrit latin 7656 de la Bibliothèque nationale; *Ca*, édition de 1499; *Cb*, édition in-4°; *Cc*, édition de 1522; cf. *Revue celtique*, I, 395, 396).
Cathell	*Vie de sainte Catherine*, Rev. cell., VIII, 76-95.
H	*Middle-Breton Hours*, edited... by Whitley Stokes, Calcutta, 1876.
J	*Le Grand Mystère de Jésus*... par le vicomte Hersart de la Villemarqué, membre de l'Institut, Paris, 1866.
N	*Vie de sainte Nonne*, Rev. celt., VIII, 230-301, 406-491.
P	*Poèmes bretons du moyen âge*, publiés... par le vicomte H. de la Villemarqué, Paris, 1879.
M	*Le Mirover de la Mort*, S. Frances Cuburien, 1575. M. de la Villemarqué m'a communiqué une copie partielle de cet ouvrage. Cf. Loth, *Annales de Bretagne*, II, 255, 437; *Chrestomathie bretonne*, 294.

Catech.	*Catechism hac instruction... composet en latin gant M. P. Canisius,... ues a sociele an hanu Jesus. Goude ez eus un abreget uez an pez a dleer principalafu da lauaret en prosn an offeren dan tut lic, troet breman quentafu a latin en brezonec gant Gilles K(er)anpuil Persson en Cledguen Pochaer hac Autrou a Bigodou.* A Paris. Pour Jacques Keruer.... 1576. Cf. *Middle-Breton Hours*, 58; H. de la Villemarqué, préface du *Dict. franç.-bret.* de Le Gonidec, p. *lviij, lix.*
Catech. b	*Catechism da uezafu lauaret pep sul dan tut licq en prosn an offeren... Grael quentafu en gallec gant M. R. Benoist... person en S. Eustach en kaer a Paris hac iuez praticquet en dioces a Aniau troet en brezonec gant G. K. P. e. cl. P. quentafu.* Cf. H., 59. Les chiffres se rapportent à une copie partielle de ces deux ouvrages, faite par M. de la Villemarqué, qui a bien voulu la mettre à ma disposition.
Nl	*An novelou ancien ha deuot.* Quimper-Corentin, 1650. M. de la Villemarqué a publié ce texte, avec traduction, t. X-XIII de la *Revue celtique.*
Nom.	*Nomenclator communium rerum propria nomina gallico idiomate indicans... Auctore HADRIANO IVNIO Medico, in vsum Studiosorum Societatis Iesv.* En cette derniere Édition a esté adioustée la Langue Bretonne... [par] Maistre GVILLAUME QVIQVIER de Ros[coff] En faueur de Messieurs les Escoliers des Colleges de Quimpercorentin et Vanes. A Morlaix chez George Allienne... Et à Quimpercorentin en sa boutique. M.DC.XXX.III. (Le Privilège est daté du 27 May 1632. Je dois à M. de la Villemarqué l'indication de ce curieux ouvrage, qui se trouve à la Bibliothèque nationale, coté Réserve, P. X. 13.)
Anniv. de Trég.	*Reperloire des rantes et leuees conten(ues) au grand-rantier des ãnniuersaires de lesglise cathedralle de treguer*, ms. de 1540, conservé aux Archives des Côtes-du-Nord, série G, papier. Les mots cités sont des noms de personnes, à moins d'indication contraire.
Quoatg. (1)	*Le livre de compte de Cristofle le Maoult abbe procureur recepueur et gouuerneur de la confrarie n(ost)re damme de Quoaigoluezou fondee et dottee en lesglise de nostre dame*

	dudict Quoatgoluezou estant en ceste citte de Lantreguier (du 15 août 1535 au 15 août 1536).
Quoatg. II	*Le livre de compte françois Le bleiz* (du 15 août 1546 au 15 août 1547).
Quoatg. III	*Le livre de compte de Lancolot gaultier* (du 15 août 1548 au 15 août 1549). Ces trois mss., non paginés, sont à la mairie de Tréguier.
Reg. Guing.	Baptêmes de 1540 à 1613, en deux registres, dont le second commence au f° 173, avec l'année 1579. Le commencement de 1601 se trouve au f° 250. Les mots cités sont des noms de famille.
Reg. Péd. (1)	Registre des baptêmes de 1565 à 1613, mairie de Pédernec (Côtes-du-Nord).
Reg. Péd. II.	Registre conservé à la mairie de Pédernec, contenant les mariages de 1584 à 1612, et les enterrements de 1586 à 1640. Il y a trois paginations différentes; je distingue la seconde de la précédente par l'addition d'un *a*, et je ne tiens pas compte de la troisième qui commence après 5 *a*. A moins d'indication contraire, les formes citées d'après ces deux registres sont des noms de personnes. Les chiffres entre parenthèses désignent l'année.
Reg. Plouezec	Baptêmes de 1558 à 1583; au greffe de Saint-Brieuc.
Reg. Quemp.	Registre conservé à la mairie de Quemper-Guézennec (Côtes-du-Nord), contenant les baptêmes de 1583 à 1613. Les premiers f°s, dont beaucoup sont détachés, n'ont pas de numéros; une pagination commence avec l'année 1599, je la note ainsi : 1ª, 2ª, etc. A la fin du registre quelques feuilles, en sens inverse des premières, ont été réservées aux baptêmes nobles; je les note 1ᵇ, etc. A moins d'indication contraire, les mots cités sont des noms de famille, et antérieurs à l'an 1601.
Chrest.	*Chrestomathie bretonne*, par J. Loth, Paris, chez Bouillon, 1890.
M. lat.	*Les mots latins dans les langues brittoniques*, par J. Loth, Paris, chez Bouillon, 1892.
Nobil.	P. de Courcy, *Nobiliaire et Armorial de Bretagne*, 3ᵉ édition, Rennes, 1890.

D	*Doctrinal ar Christenien*, Morlaix, 1628. M. de la Villemarqué a bien voulu me communiquer ce livre rare.
bret. mod.	breton moderne.
Maun.	P. Maunoir.
Gr.	P. Grégoire de Rostrenen.
Pel.	D. Le Pelletier.
Gon.	Le Gonidec.
L'A.	Dictionnaire vannetais dit *de l'Armery* (par l'abbé Cillart).
tréc.	trécorois.
van.	vannetais.
gall.	gallois.
v. irl.	vieil irlandais.
Rev. celt.	*Revue celtique*, Paris, chez Bouillon.
litt.	littéralement.
prob.	probablement.
v.	*sub verbo*, au mot.
G. B. I.	*Gwerziou Breiz-Izel*, de M. Luzel, 2 vol., Lorient 1868 et 1874.
Chal.	Dictionnaire breton-françois du diocèse de Vannes... composé par Feu Monsieur de Châlons, recteur de la paroisse de Sarzeau... Revû et corrigé depuis la mort de l'auteur. Vannes MDCCXXIII.
Chal. *ms.*	Dictionnaire français-breton du dialecte de Vannes, par Chalons, manuscrit de la Bibliothèque nationale, fonds celt., n°s 67-70 ; cf. *Rev. celt.*, XI, 360.

D'autres abréviations de titres d'ouvrages seront expliquées en note.

Les **caractères gras** indiquent les mots du moyen-breton qui manquent au *Dictionnaire étymologique*, du moins à leur ordre alphabétique ; les CAPITALES, ceux qui ne se trouvent pas dans des documents du moyen-breton, mais qu'on peut attribuer à cette époque par suite de leur étymologie, de leurs rapports avec d'autres langues celtiques, ou de quelque raison tirée de la phonétique.

A

1. *A* s'ajoute (avec mutation faible, comme en gallois) à l'interrogatif *ped* combien? pour en faire un exclamatif : *a-bed hiny* que de personnes! *a-bed traou* que de choses! Gr., *a bet-hini o deveus clevet* combien ont entendu, Le Bris, *Reflexionou profitabl var ar finvezou diveza,* chez Y. J. L. Derrien, p. 3; *a bet Lesen* que de lois Intr.[1] 462, *a béd loen* que de bêtes Gon., *Grammaire celto-bretonne*, Paris 1807, p. 254, etc.

Cette expression s'est mêlée avec le synonyme *hac a hiny, hac a draou.* Gr., *ac a veach* que de fois, *ac a c'hrassou* que de grâces *Bali*[2] 130, où *a* est *a* 2 : de là *ac a bet ini* combien de gens 198, *ac a bet pec'hed* que de péchés 63, *ac a bet merzer o d-euz* que de martyrs ont 129, *ac a bet o d-euz* combien ont 160, *hag a béd dismégans* que d'outrages Gon., *Bizitou* Saint-Brieuc 1867, p. 3; cf. *nag a bet all*, que d'autres, *Feiz ha Breiz* 1874, p. 160, col. 2.

Une autre confusion, avec *bed* monde, a donné lieu à la variante *ar-bed traou* que de choses! Gr., cf. *an bet a error* B 125, = prob. « que d'erreurs! »

Le Gonidec expliquait *a béd* par *a* 2, ce qui ne satisfait guère quant au sens. L'interjection fait d'ailleurs changer l'interrogatif en exclamatif, dans *a pebez soulacc* quel soulagement! B 726; *ha pébez ti* quelle maison! Hingant, *Eléments de la gram. bret.*, Tréguier 1869, p. 196 (cf. *ha brasa ti* quelle grande maison! *ibid.*). Voir *meurbet*.

---

1. *Introduction d'ar vuez devot.* Quimper, Y.-Y.-L. Derrien (traduit par Ch. Le Briz, prêtre du Léon; approbations de 1710).
2. *An ene christen e bali an eê*, Landerneau, Dumoulin; approb. de 1860, 1866 (par V. Roudaut, curé de Ploudiry, nommé p. 380).

2. *A. Sergent a troat*, sergent à pied, C*b*, v. *matez ; a enor da* (oraison) en l'honneur de, Cathell 35 ; *á*, *à* ib. 2. *An gouuizeguez a hanot* « la science de toi », i. e. ta science 7, cf. *an g. a nezy* 11, *an humilité auezy* (lis. *anezy*) 1, *han quenet anezy* 6, cf. 34 ; *an ornamentou anezaff* 5, cf. 25, *ar graç ac'hanoc'h*, *ar madelez*... *ac'hanoc'h* D 137, *an Ascension anesa* 74, *an hano santel aneza* 90, *ar pec'het anezy* 103, *ar maro anezo* 96, *àpalamour*... *dan ignoranç invincibl eux anezo* 88-89 ; *e tiscuezas dre an ear aneza ar joa a zante*, il montra par son air la joie qu'il ressentait, *Bali* 207 ; voir *an* 2.

Ce mot entre dans de nombreuses locutions : *à goudeuez* par la suite D 187 ; *à guel d'an doüar* en vue, près de la terre, 191, *à vel da ur merery* en vue, à côté d'une ferme 188, *a vel d'ar quær ma* 192 ; *conduy à het ar lesenn* mener en laisse 193 ; *à palamour d(a)* à cause de 187 ; *à penn teir guez* par trois fois 192 ; *euit ez strincquaff pelloch à sé* pour le lancer d'autant plus loin, Nom. 185 (voir *ar* 2).

Sens partitif : *setu a tut armet* voilà des gens armés, passage ancien cité Pel., v. *kéfer ; e rit c'hoaz a vad* (après votre mort) vous faites encore du bien, *Bali* 204, *da ober c'hoas a binijen* pour faire d'autres pénitences 160, cf. 162 ; *dindan a bep seurt amzer* par tous les temps 85, *den a neb heny* un homme quelconque B 175.

A 2 paraît répondre au grec ἄπο, cf. Whitley Stokes, *Urkeltischer Sprachschatz*, Gœttingen 1894, p. 4. — Voir *a* 1, *a* 12, *aba*, *adal*, *aneze*, *ansavet*, *hubot*, *mar* 3, *meurbet*, *pe* 2, *ves*.

3 et 4. *A : à*, lequel ; particule verbale, Cathell 2. Voir *arriu*. M. Stokes identifie *a* 4 et *a* 2, *Urk. Spr.* 4.

9. *A* de ton, Cathell 7, 31 ; *an froez a coff* fructus ventris tui, H 4, *pardon a pechedou* (demande) pardon de tes péchés, 11. *A* après *en* avait simplement le sens de *da*, ton : *en a ty* dans ta maison, H 18, *en a holl deuotion* 20, *en a holl eufryou* Catech. 8 au lieu de *ez (ty)*, v. irl. *it*, gall. et cornique *yth* ; cf. *eñ da dy*, *eñ da dy-de* chez toi, Gr., gall. *yn dy dŷ di*. En vannetais, on dit encore *en ha ti*, mais on ne s'en tient pas là : *he peenn* (lever) ta tête, *he boænn* (accroître) ta peine, en 1745, *Rev. celt.*, VII, 344, etc., cf. *Chrest.* 445. Voir *Rev. celt.*, XI, 353, 354 ; XV, 153.

10. *A* (je) te (ferai reine), Cathell 29 ; *me à badez* je te baptise, D 130.

11. **A** : *à les* la cour D 157 (*ar lés* 130, *ar læs* 194), *à Leonis* les Léonais 196 (*ar Leonisset* 195, *ar Leonistet* 196); *à lavaret Religieuset-ma* lesdits religieux 72, *da lauaret ent-ma* (lis. *sent*) auxdits saints 79; *euelare beo* comme les vivants 45 (*an re miserabl* 170).

11. **A** = français *à*, dans *affaut*, a faute, à défaut de; *affet*, à fait, tout à fait; cf. *à james*, à jamais, D 46, 172; van. *acoup, acoubic*, tôt, tantôt, en parlant de l'avenir, l'A., *monet a coup ahont, a coup aman* aller çà et là, *a cobic* « tantôt auec le futur » Chal. ms., du v. fr. *a cop, acoup*, promptement, tout à coup; *a plad caer* (battu) à plate couture, Chal. ms., superlatif du fr. *à plat;* a-bocan-caire de volée, d'emblée, l'A., de **à boucan*, cf. haut breton *boucanadent* sens dessus dessous, Alcide Leroux, *Bulletin archéologique de l'Association bretonne*, t. V, Saint-Brieuc 1886 (= *boucan* + *à dent*); *ameine* m. commodité, proximité; *ém* —, à ma portée, *enn e amène* à sa bienséance l'A.; *eit bout gǔel én amén d'hé honsidérein* afin d'être plus à l'aise pour la considérer, *Voy. mist.*[1], 95; *diameine, diaméne* qui n'est pas à sa bienséance, à sa commodité l'A., *diamein* Gr.; *diamen* (un quartier) éloigné, *L. el l.*[2], 124, *ur vro diamén* un pays étranger. *Voy. mist.* 11, *er vro diamen-zé*, Manuel de Guyot-Jomard, Vannes 1867, p. 100; h. bret. *émain* adresse; normand du Bessin, *amin* commode, facile, Joret, v. fr. *amain* adroit, *a main* à portée, *bien a la main*, commode, agréable, Godefroy, auj. *à la main*, Littré (s. v. *main*, 9°), etc. Pet. tréc. *pop tra 'n i apart* chaque chose à sa place, séparément, cf. « pour lors, je me dis à mon à part que je pourrais me procurer un autre chien », J. Moineaux, *Les tribunaux comiques*, 4e série, 1889, p. 5.

Ab fils, dans des noms propres comme *Abélard*; cf. Renan, *Rev. celt.*, I, 265-268. Comparez à *Abeguile, Abeghile, Rev. celt.*, I, 267; II, 72, l'expression *map eguile* fils de l'autre, terme d'injure, B 380. Je suppose qu'ici « l'autre », masculin, ne fait pas allusion à une naissance adultérine, mais désigne plutôt le diable, comme cela arrive en français; cf. *Mélusine*, VI, 29.

Il n'y a pas de rapport phonétique simple entre *map eguile* et

---

1. *Voyage misterius de inis-er vertu*, Vannes chez Galles (par l'abbé Marion, né à Arradon en 1759, cf. Delalande, *Hædic et Houat* Nantes 1850, p. 39-41).
2. *Livr el labourer... Géorgiques bretonnes* par M. Guillome, recteur de Kergrist, Vannes 1849.

Ab-eguile; un *m* initial ne tombe jamais en breton. Nous avons là une conséquence du doublet syntactique *map eguile* et *vap eguile*, *vab eguile*; c'est cette seconde forme *vap*, *vab* qui a perdu son *v*, résultat lui-même d'une mutation régulière, en certains cas, de l'*m* primitif (*map*, fils = v. irl. *mac*).

Les mêmes faits se sont produits en gallois, où il est plus facile d'en suivre l'évolution, parce que dans la transcription de cette langue on tient compte depuis plus longtemps des mutations initiales.

Une règle constante, en gallois, veut qu'immédiatement après un nom propre [1], on change de forte en faible la première consonne muable d'un adjectif qui le qualifie habituellement, ou d'un substantif en apposition qui le détermine : *Hywel dda*, Hywel le Bon (prononcez *tha* par *th* anglais doux, de *da*); *Alecsander fawr*, Alexandre le Grand (prononcez *vaour*, de *mawr*); *Dafydd frenin*, David le roi (de *brenin*), etc. [2]. Exemples en gallois moyen, cités par la *Grammatica celtica*, 2ᵉ édit., p. 196 : *Cadwgawn vras*, Cadwgawn le gros (de *bras*); *Kelydon wledic*, Kelydon le prince (de *gwledic*), etc. Il n'y a donc rien que de très régulier dans les locutions de la même époque comme *Owein uab Uryen*, *Madawc uab Maredud*, etc., où *uab*, prononcez *vab*, remplace *mab*, fils (*ibid.*).

La *Grammatica celtica* remarque que de cette forme *vab* on a tiré, en gallois, *ab*, *ap*, et elle compare avec raison le pronom enclitique *i*, moi, de *ui*, *vi*, écrit aujourd'hui *-fi*, par mutation de *mi*. Le mot *merch*, fille, est devenu de même, dans les expressions généalogiques, *erch*, d'où *vch*, *ach* (Rev. D. Silvan Evans, *Dictionary of the welsh language*, t. I, 1887, s. v. *ach*).

---

1. La *Grammatica celtica* enseigne que l'affaiblissement en question a lieu en général quand un substantif en suit un autre avec lequel il est mis en apposition. Mais le seul exemple cité où il y ait d'abord un nom commun, *llech narmor* (lapis marmor) semble s'expliquer mieux par « pierre de marbre » comme le breton moyen *men mabr*, B 382-383, en petit Tréguier *men marp*. Le mot *llech* étant féminin, nous aurions là un exemple ancien en gallois de la règle de mutation qui fait dire en breton *poan benn* « mal de tête » (de *penn*), en cornique *fynten woys* « fontaine de sang » (de *gwoys*), et en v. irl. *iol cholno* « voluntas carnis » (de *colno*). Le gallois actuel prononce de même *eglwys Dduw* « église de Dieu ». M. Loth a montré, *Annales de Bretagne*, I, 353, que la mutation de *m* et de *b* en *v*, en pareil cas, est quelquefois écrite dès l'époque du vieux breton : *ran Uilian*, en 797, = *villa Bilian* en 826; *Kernenazleuc* en 1389, etc.

2. Sur l'origine de cette règle, voir *Rev celt.*, XI, 208, 365, 366; XV, 385.

La page 197 de la *Grammatica celtica* constate qu'une charte bretonne du xi⁰ siècle porte *Kadou mab David, Guenn mab Gualch,* etc. Mais cela n'empêchait pas de prononcer *vab*; la preuve, c'est que l'on trouve en vieux breton, au ix⁰ siècle, *Abbrit, Abgar* (Cartulaire de Redon), où *ab* dérive de *vab* dans des locutions analogues : comparez *Riuallen mab Euen,* xii⁰ siècle, *Rev. celt.*, II, 76, à *Abeven, ibid.*, I, 266.

Du reste, il est important de remarquer que, malgré l'assertion contraire de la *Grammatica celtica*, la loi de mutation initiale dont l'affaiblissement de *mab* en *vab* est un cas particulier, existe en breton aussi bien qu'en gallois.

D. Le Pelletier écrit, au mot *barz*, *Riwal Varz* « Riwal le barde », dans un ancien dicton relatif à un ménestrel ambulant du commencement du xvi⁰ siècle; cf. *Rev. celt.*, IX, 380; XIV, 219, 220. *Pipi gouer* « Pierre paysan », de *kouer*, est l'équivalent breton de « Jacques Bonhomme »; cf. *Yan Gorfat* « Jean-ventrée », de *korfat*, sobriquet d'ivrogne (*Chanson nevez var sujet an efferrien,* col. 3). Il n'y a donc pas de raison pour séparer, par exemple, le breton *Iann Vadezour* « Jean-Baptiste » du gallois *Ioan Fedyddiwr* (de *badezour, bedyddiwr*).

Autres exemples, avec des adjectifs : *Per goz* et *Pipi goz* « le vieux Pierre » (de *koz*), etc.; cf. Hingant, *Éléments de la grammaire bretonne,* Tréguier, 1869, p. 45; *Rev. celt.,* VII, 48; *Kelenn-goz,* G. B. I., I, 88; *ar Vilaudri goz,* 464, 466, 468; *Olier baour* « le pauvre Olivier », 496. On écrivait en breton moyen *Dioscorus bras* « Dioscore le grand », B 3, contrairement aux habitudes du gallois (*Cadwgawn vras*); mais on prononçait *Dioscorus vras*. L'usage actuel pourrait à la rigueur en faire foi, car cette mutation après un nom propre masculin paraît en contradiction avec une autre loi qui maintient l'initiale primitive après un nom commun masculin, et si elle n'avait pas de raison d'être historique, on ne voit pas du tout comment elle aurait pu s'introduire dans le breton moderne [1]. Mais nous en avons la preuve positive dans un Noël franco-breton du xvi⁰ siècle, cité par M. Chardon, *Les Noëls de Jean Daniel,* Le Mans,

---

[1]. C'est probablement à cause des locutions comme *ann den koz* « le vieil homme » que les Trécorois disent quelquefois '*nn Ollier koz* « le vieil Olivier », G. B. I., I, 412, *al Lintier koz,* 532, 540; *ar Vilaudri koz,* 464; *Mezarnou koz,* 478; *ar Bibau-koz,* 420, etc. On dit aussi *Iann Badezour*.

1894, p. LXVI : on y lit *jobec vilhan*, c'est-à-dire évidemment *Jobic vihan*, « le petit Joseph », de *bihan*.

Après avoir montré que *Petr map Ailard a dû devenir déjà en vieux breton *Petr vab Ailard, il reste à prouver que le passage de cette dernière expression à la forme historique *Pezr Abaelard* est conforme à la phonétique bretonne.

La chute du *v* s'observe bien clairement, en breton, dans des mots tels que moy. bret. *mezier*, ivrogne, léon. *mesier* et *mezvier*, tréc. *meðier*, même racine que le grec μεθύων; léon. *morvous* et *morus*, vann. *morous* (cheval) morveux, Grég.; vann. *orviantan* et *oriantan*, m. orviétan, l'A.; *arko*, lit clos, à Quemper-Guézennec, du fr. *alcove*; *duies*, avives, D 88, Nom. 27, *avyés*, vann. *ayvés*, Gr., *ayvés*, Chal., *aïvéss*, f. l'A., *auiés* (et *auiués*), Chal. *ms.*, petit Trég. *aviech* (*avivés* Maun.), etc.; cf. mon *Étude sur le dialecte... de Batz*, p. 16, et *Rev. celt.*, VII, 308 et suiv.; voir *breyen*.

Mais, pour serrer de plus près la question, nous ne nous occuperons ici que des cas où le *v* disparu était lui-même une transformation de *m* ou *b*.

1° Cas où cette transformation de *m* ou *b* en *v*, supprimé plus tard, avait sa raison d'être dans une mutation régulière :

Arzel, nom d'un saint en 1637 = *Arthmael* IXe siècle (d'Arbois de Jubainville, *Études grammaticales*, I, 3*); *Izenah* « Lileaumoine » l'A. v. *Vannes*, aujourd'hui id. (l'Ile aux Moines), de **inis-venac'h*, en 856 *Enes-Manac* (Rosenzweig, *Dictionnaire topographique... du Morbihan*); *Lesaelec*, en 1399, auj. *Lesvellec* = *les vaelec* « la cour du prêtre »; auj. *Lézélannec*, au XVIe siècle *Lezvenallec* « la cour de la genetaie »; auj. *Lézot*, en 1503 *Lesvot* (Rosenzweig, *ibid.*); tréc. *Plouilliau*, Ploumilliau, G. B. I., I, 262, 264, = *Plouuilleau*, reg. Péd., 171 (1599).

Bret. moy. *heuiziquen*, désormais, auj. *hiviziken*, composé de *bizviken*, jamais (au futur), à jamais, cornique *bys vycken*.

Vann. *ne ou ket*, il ne sera pas, de *vou* pour *bou* = léon. *bezo*; *de onéd*, à aller, l'A. v. *dequoi*, et au Supplément, s. v. *piquet*, et même *d'ounet*, id., Chal. *ms.* s. v. *déloger*; *monet, ounet* « aller »; *é ounet el é zonnet* (on paye à un courrier les frais de) son retour comme de son aller, v. *retour*; cf. *de monnet*, sans mutation, *Buhé er sænt*, 1839, p. 135, 146, 310, 588, et en haut cornouaillais *m'oc'h 'ont*, vous allez, *Barzaz Breiz*, 1867, p. 386, de *emaoc'h o voñt* « vous êtes allant ». Une conséquence de cette chute accidentelle du *v* en vannetais, c'est que ce dialecte le rétablit parfois là où il n'avait pas disparu. Ainsi *da bout* « à être » se prononçant régulièrement *de vout* et *de out*, *da gouzout* « à savoir », est devenu non seulement *de out*, mais aussi *devout*, fréquent dans le *Dict.* de l'A.; voir, par exemple, s. v. *scrupule*; *devoud*, au Supplément, s. v. *débouillir*.

2° Cas où la transformation de l'initiale en *v*, supprimé ensuite, n'est pas directement justifiée.

D'après ce qui précède, on voit que le nom d'*Abélard* n'eût dû être *Abaelard* que dans certaines locutions, telles que *Pezr Abaelard*; lorsque ce nom commençait une phrase, par exemple, sa forme régulière aurait été *Mabaelard. Mais il est bien certain que même alors on disait *Abaelard*, par généralisation de l'état construit. C'est ainsi que les Vannetais disent *vennein e brañ*, je veux, au lieu de *mennein*, d'après *me (a) venn*, les Léonais *va*, mon, de *ma*, etc.; cf. *Rev. celt.*, VII, 42, 251; XV, 385, 386.

Il y a, du reste, d'autres exemples bretons de la disparition complète d'un *v* initial venant par mutation de *m* ou *b*. Ainsi le latin *memoria*, fr. *mémoire*, devait donner en breton *mevor; cf. gall. *myfyr*, irl. *meamhuir*. Par suite de mutations initiales régulières, *mevor est devenu *vevor, puis *evor*, dans les locutions suivantes : moy. bret. *drennenor* « par cœur »; *dre' n évor*, Grég., littéralement « par la mémoire »; *didan neuor*, id. Maun.; *dian évor*, *dian eñvor*, Gr., mot à mot « sous mémoire ». Après *dindan* « sous », on change généralement l'initiale de forte en faible : *dindan boan* « sous peine » (*édan boéne*, l'A. v. *renderie*); *dindan guz* « à couvert », *dindan veli an diaoul* « sous la puissance du démon », *Devocion d'ar galon sacr*, Saint-Brieuc, 1851, p. 247, etc. Il devait en être de même en breton moyen, quoiqu'on écrivît *didan poan*, *endan cuz*, etc., puisque cette mutation existe aussi en gallois moderne : *dan do* « à couvert » (de *to*); en gallois moyen et en cornique (cf. Z², 680). Le P. Grégoire a encore *an évor* « la mémoire », et le composé *dieñvor*, sans mémoire, ce qui est régulier.

Mais il donne aussi *cahout évor* ou *eñvor vad* « avoir bonne mémoire », et le dérivé *evori* « délibérer », pour lesquels on attendrait *cahout* *mévor et *mevori. Les formes commençant par *e* pour *ve-* étant beaucoup plus fréquentes que celles en *me-*, ont fini par supplanter celles-ci. Le mot *ivoreiñ* se dit encore, au sens de « se souvenir ».

Dans *evor*, comme dans *avies* et *aïves*, avives, la chute d'un des deux *v* primitifs pourrait sembler un phénomène de dissimilation; mais il n'en est pas de même pour les cas suivants :

Emprenn, pl. *ou* « rayon de roue » Maun., autre pluriel *emprou*, Gr., tréc. *empro* (cf. de *Coëtnempren*, s^r dudit lieu, xve, xvie siècle, Nobil.?); de *un *vemprenn*, plur. *ann *vemprou*, de *memprenn*, f. = gall. *mymryn*, atome, miette, petit morceau, du lat. *membrum*, membre; cf. bret. moy. *dimempraff* et *diuempraff*, disloquer, démembrer, bret. mod. *dihompra*, Gr., Goñ., *dishampra*, vann. *divambreiñ*, *diampreiñ*, Gr., *dihamprein*, « déboëtter », *dihamprédein*, disloquer, l'A. (ce dernier est dérivé du participe passé *dihampret* du précédent). Quant à l'*a* de ces formes vannetaises, il se retrouve dans *ampren*, pl. *eu*, rayon d'une roue, Chal. *ms.*; cf. *hampreiñ*, « remboëter, remettre un os disloqué », Gr.

Van. *diorbleiñ*, émonder, Gr., *diolbrein*, l'A., quelquefois priver, dépouiller, en général (cf. *Barzaz Breiz*, 369), variante phonétique de *divelbrein*, démeubler; cf. *meulbre*, meuble, l'A., *meurbl*, *merbl*, Gr., du français (voir *coustelé*).

Van. *andaivrec*, pl. *-raigui* « le grand fumier » Chal., *andaivréc* le grand fumier ou monceau, l'A., *andaiurec* engrais Chal. *ms.*, *andévrecg*, pl. *-régui*, monceau de fumier, Gr., *andévrek*, f. Goñ., dim. *andaivraignig*, couche de jardin, l'A. Même terminaison que dans van. *téylecg*, tas de fumier, Gr., de *teil*, fumier; reste *andévr-*, f. fumier, du français *main-d'œuvre*. La suite des sens est établie par l'anglais : *manure*, engrais, de *to manure* « engraisser », anciennement « labourer », du v. fr. *manouvrer*, travailler des mains; cf. *manouvrage*, labour, culture, God. Le dialecte de Batz a gardé, en même temps que *eñdevrek*, fumier, = van. *andévrek*, tas de fumier, le primitif *eñdeivr*, fumier, et le verbe *eñdevrat*, fumer la terre, étendre de l'engrais.

Le son *ai* (*é* fermé) est la prononciation vannetaise régulière du français *eu*; voir *eufr*. Le breton *eñdeivr*, *andaivr-(ec)* ne diffère de l'anglais *manure* que comme le fr. *main-d'œuvre* diffère de *manœuvre*.

Le moy. bret. *uase*, vase, *va se* « là », *vahont*, *vahunt* « là-bas » (racine *ma, man,* lieu), est aujourd'hui *aze, ahont (anhont, Voy. mist.* 25). Mais il y a à tenir compte de l'influence analogique du mot *aman* ici, gall. *yman* (différent de van. *vamen* dans *a vamen* d'ici, B. e. s. 5, *à vama,* l'A., p. 2, qui se rattache à *vaze, vahont*) : cf. *aman hac aount*, çà et là, Nom. 256, 325.

Voir *adern, bet nary.*

Aba. A pa, depuis que, Cathell 5 ; *a ba voé an éternité,* (engendré) de toute éternité, Catech. 6 v, *à paoue* depuis D 36, *à paoué* 136.

Abaff. Le Chal. *ms* porte, s. v. *abestir* : « Les bas Bretons disent *abaffein* ; il se dit ici d'un homme dont le courage et les biens diminuent, et de la pluie ou du vent qui diminuent, *abaffed é er glaü,* en *aüel.* » De même s. v. *hébéter,* le mot *abaffein* est suivi de la mention b. br. (bas breton, par opposition au breton de Vannes). *Abafder* timidité, *Mellezour an eneou,* Landerneau, 1845, p. 47, tréc. *abofter, Mezellour an ineo,* Saint-Brieuc, 1831, p. 52.

On peut assimiler à *abaff* le van. *ambah* honteux, à Ing(uiniel), Chal. *ms.,* cf. van. *ambaff,* étourdiment Gr., et le mot *albahen* manie, Queru(ignac), qui se lit deux fois, avec un exemple, Chal. *ms.* Pour l'insertion de *l,* cf. *ur uoulb* un murmure, Chal. *ms.,* = tréc. *boubou,* cf. *Rev. celt.,* XIV, 270, 278 ; *hulmein* humer, Chal. *ms.,* du fr. Voir *luchedaff.*

Abaisset, ébahi, cf. v. fr. *abayssement,* ébahissement ; Godefroy, *Dict.* (Complément). Voir *achap.*

Abardaez soir D 71 ; pet. tréc. *abadërves* soirée (par assimilation à *dërves* journée).

Abarz dedans, C*b,* v. *ebarz; a barz,* v. *emellaff.* Pet. Trég. *ralegein war ar barz* (ou *war an destum*) tourner le pied en dedans en marchant, opposé à *war ar méz,* en dehors.

Abassat N1 267 doit être pour *ambassat* ambassade, cf. v. fr. *abbassadeur,* ambassadeur, God., *Compl.* ; *dilacc ez caccas dan cas abassat* voudrait dire : « (Hérode les convia tous trois à venir chez lui), envoyant aussitôt pour cela un exprès », cf. J 179 b.

Abati, abbaye, C*ms.*

Abec cause ; bret. mod. *kaout abek,* trouver à redire. Ce nom paraît provenir du verbe *abecki* « répéter par dérision les propres paroles d'une personne, qui a mal parlé, en la contrefaisant » Pel., *abegout an dud*, blâmer les gens *Bali* 235 ; du français *abéquer* pris au sens de « donner un coup de bec », cf. *rebéquer*?

ABER confluent, embouchure Gr.; havre, entrée ou embouchure de rivière où la mer entre, Pel.; pl. *you* Gr.; f., Gon.; mot propre au Léon selon Le Men, *Rev. celt.*, II, 75, n. 2[1]; *broüen mor, broüen an aber* « ionc marisc, l. iuncus leuis, mariscus » Nom. 87; cornique et gall. *aber*, v. gall. *aper, oper*, de *od*, cf. anglais *out* et *ber*, cf. lat. *ferre*, Rhys, *Rev. celt.*, VI, 45; voir A. Holder, *Altceltischer Sprachschatz*, s. v. *atiboron*.

Littré a comparé à tort *aber* au franç. *havre*, voir *auv*. Le v. fr. *aberhavre* God. semble provenir d'une glose « *aber*, havre ».

Abeuuffr lech, abreuvoir C*ms*. — **Abillamant** *da hoary*, l. hec ludex, ludicis, C*ms* (habillement pour jouer), étymologie fantaisiste de *lodix* d'après *ludus*; *abillement*, habits, C*b*, v. *jangler*, pl. *habillamantou*, Nom. 320; *en em abilleur*, on s'habille D 15. — *Abyt doubl*, vêtement double, C*b*, *habit* D 86, 187, pl. *abidou* 106, *habidou* 193, Nom. 310. — (*Abondancc*) *habundancc*, C*b*, v. *gourfauterecat*. — (*Abostol*) *fals apostol*, faux apôtre, C*b*.

Abr, âpre, C*b*, v. *cruel ; terzyen abr*, fièvre aiguë, C*b*, C*c* (*apr*, âcre, âpre Nom. 278, 279) du fr. *âpre*, avec affaiblissement du *p* devant *r*; cf. *d* pour *t* dans le br. moy. *cedr*, sceptre. Dans ce dernier mot, le *p* a disparu; le breton adoucit souvent les accumulations de consonnes dans les mots français : moy. br. *poubr*, pourpre ; mod. *achited*, architecte, Gr., *alcanges, lousaouen au* (lisez *an*) *grauel*, « alquequanges, baguenaudes », Nom. 85, *alcangés, lousaoüen an mæn-gravel* alkekengi, coqueret Gr., *met sepet*, excepté G. B. I., I, 210, de *nemet *ekseptet*; van. *taraire burhequin*, vilebrequin ou virebrequin, l'A., *lizbricquin, guilbricquin, libriquin* Nom. 196, etc.

Abrant sourcil, ramené à un type celtique *abrant-, Urkelt. Spr.* II, 187, ne devait pas garder le *b* intact, plus que le gaélique moderne *fabhra* : ainsi le gaul. *gabro-*, chèvre, v. bret. *gabr*, a donné en bret. moy. *gafr*, gaél. mod. *gabhar*. Le gall. *amrant*, qui semble

---

1. Bullet dit, *Mémoires sur la langue celtique*, t. II (Dijon 1754), p. 4, que « dans le diocèse de Vannes ce mot a encore une autre signification, c'est celle de torrent »; je ne sais où il a pris cela.

compliquer la difficulté, contribuera à l'éclaircir, si nous remarquons que le maintien d'un *b* tout semblable se montre dans le nom des *Abrincatui*, et paraît tenir également à la nasale suivante. Le verbe cornique *hembronc* il conduira, *hembrynkys*, *hombronkys* conduit, etc., indique le même traitement phonétique que le gall. *amrant* (pour **ambrant*, par assimilation populaire à *am* + *grant?*). Le cornique *hebrenciat*, chef, et le gall. *hebryngydd*, id., *hebrwng* conduire, accompagner, cadrent avec le bret. *abrant*, cornique *abrans*; ces *b* auront été maintenus par l'influence des formes parallèles ayant *mb*. Enfin le bret. moy. *hambrouc*, conduire, participe *hanbroguet*, offre une variante intéressante en ce qu'elle prouve l'ancienneté de cette incertitude de prononciation dont témoigne le cornique. Le cas de *hambrouc* pour **havrounc* est, d'ailleurs, assez voisin de celui du bret. moy. *di-ansaf*, renier, pour **-azanf*; voir *ansavet*.

Abreget, (un) abrégé (de), H 58, cf. *abréich*, pl. *ou*, Gr.; du fr.

Absance, absence, C*b*, v. *map*. — **Absolution**, absolution, H 50, du fr.; *absoluifu* absoudre H 49, *absolvi*, *absolf* Gr., mot savant. — **Abstination**, abstinence, Cathell 22; *absteny à* s'abstenir de D 172; *astinant* sobre, Chal. ms., v. *passer*.

Abusifu abuser H 48, 50, *abusy* D 156, *abuzy* 129, *abusi* Grég.; **abuseryen**, trompeurs, Catech. 8 v; *abusant* (bonheur) décevant D 155; *abusation*, prévarication, Chal.

Acc. Le son du *c* doux différait de l'*s*, comme le montrent les rimes; il est probable qu'il était analogue au z espagnol. Le *ç* breton se fait souvent précéder d'une nasale : *manançz* menace, *jçza*, *biñcza* « isser » (hisser) Gr.; van. *doñcicq*, *doucicq* doucement Gr., *peissell* crochet dans un mur d'étable, *peincell* pieu l'A., du v. fr. *paissel* = *paxillus*; *pleiżell* des plies l'A., *plincet* abbé Delalande, *Hœdic et Houat*, Nantes 1850, p. 71, pet. Trég. *moñselin* mousseline (*mouçzelina*, *mouçzilina* Gr.), *kalon moñselin* santé délicate, etc. Voir *dazsonaff*, *scoaz* et *Rev. celt.*, XI, 353-356; XV, 154; *Revue morbihannaise*, II, 247, 248.

Acceptifu accepter, Catech. 5, *-ti* D 139. — *Accomplissafu*, accomplir, H. 5.

Accuser, accusateur Nom. 299, Cms. (*Accusaff*, v. i. *accuser*; lisez *Accuser*, v. i. *accusaff*; cet article suit l'art. *Accusaff*). Pl. *accusurien*,

D 158. — *Accustumanç* habitude D 120, *-nçz* Gr. — (*Acecc*) *asce,* assez, C*ms, azces, Cb,* v. *hanter.*

Ac'h D 197, *Ac'h é gouelet Leon* 196, *quær Occismor* ibid., *Occismor* = *Castell Paol* 192; auj. *Coz-Castell-Ac'h,* (Finistère), v. bret. *Achm, pagus Achmensis,* Vorganium, capitale des *Oxini, Ossismi,* cf. Loth, *Mémoires de la Soc. de Linguistique* de Paris, V, 154; *Chrestom.* 96 ; A. Longnon, p. 294, note 1 de ma traduction du *Manuel de géographie ancienne* de H. Kiepert. On lit en français du xve siècle *Acre, Arch. de Bret.* VII[1], 115, 132, etc., *Acreleon,* 43, 63, 68, etc., de *acn pour *acm ? Brizeux a employé la forme savante *Occismor* = *Occismorum* : « l'héritier d'Occismor » *Œuvres* 1860, t. II, p. 57.

Achanteur, enchanteur, C*ms; -ter,* f. *es, Cb,* v. *diuinaff;* pl. *anchantouryen* D 87. — *Achap* échapper D 154, Gr., v. fr. *achaper,* God. *Compl.* — **Acheuabl,** terminable, *Cb,* v. *lermen; achiff, fournis,* fini; *achiuamant,* accomplissement, C*ms,* van. *achiment* Gr., *achémant* fin, *B. er s.* 22; **achiuer** dans *Lachiuer,* reg. Quemp. 4[b], 4[b] v, = v. fr. *acheveur,* celui qui achève, God., *Compl.,* cf. angl. *achiever.*

Ac'hubi, occuper, embarrasser; *ahup, ac'hup,* occupé, embarrassé; *gwrec ac'hup,* femme enceinte Pel. ; *éñbi,* embarrasser, *diëñbi,* débarrasser, *diëüb,* débarrassé, Gr.; *dieñb,* débarrassé, et s. m. débarras; *dieñbi,* débarrasser, Gon. ; on dit à Plounérin, en Cornouaille, *diabui puilhoro,* recueillir, enlever des débris (de **di-abuc'hi* par métathèse pour **di-ac'hubi* = *dieübi ;* voir *auv, paluhat, spontaill*). V. br. *acupel,* gl. occupat; gall. *achub,* prévenir, sauver; du lat. *occupare.* L'adj. *ac'hup* est venu du participe passé *ac'hubel* ; .ce procédé est fréquent en breton. On dit en trécorois *divi,* las, de *diviet,* lassé; cf. *Rev. celt.,* IX, 372, 373 ; *rañplis,* plein, de *rañpliset,* rempli ; *akwit* (enfant) qui marche bien, qu'on peut laisser seul, de moy. br. *acuytet,* dégagé, sauvé ; dans le dial. de Batz (Croisic) *añpeich,* enceinte, litt. « empêchée », cf. *ac'hup,* etc. *Atil;* terre chaude, cultivée et fertile, Pel., mot cornouaillais, Gon., champ de bonne terre attenant ordinairement à la maison de ferme, Troude, a dû commencer par être

---

1. *Archives de Bretagne, recueil... publié par la Société des Bibliophiles Bretons et de l'histoire de Bretagne, tome VII. Lettres et mandements de Jean V, duc de Bretagne,* de 1431 à 1440. (Nantes, 1894.)

un adjectif qualifiant *douar*, terre, et remplaçant de même un participe **atilet*, du v. fr. *atillié*, préparé, arrangé, bien armé, bien équipé, mis en état; *atil*, m. armure, équipement, provisions, God.; cf. ital. *attillarsi*, se parer. Voir *contrainy, couyornn, dilloenter, gouruez, tro*, et *Dict. étym.*, v. *abois*.

Achus accusation J 103, *ac'hus* accuser Gr., cf. gall. *achusiaid*, accusatif, du lat. *accusare*.

Acoustrement, vêtement, accoutrement, Cathell 17 ; du fr.

Acquet soin, ruse, du v. fr. *agait*. Le son dur de la gutturale se retrouve dans la forme *aqueteurs de chemins* « voleurs qui attendent les passants sur les grands chemins », Dict. roman 1777[1], = *agguetteurs de chemins* God. Il a dû y avoir confusion avec le mot *acquêt*; cf. *aguesteurs de chemins*, et *acquaistour* sergent, huissier (celui qui *acquaiste*, saisit par ordre de justice), God. Ceci expliquerait le *t* des dérivés *aqetus* assidu, *aqueti* être assidu, Grég., cf. moy. bret. *requetiff* requérir, de *requet* requête, à côté de *aquedus, aqedi*, Gr., cf. moy. bret. *guedaff* guetter, *guedour* guetteur, de *guet*, guet. Dans le vers *An Ælez dre acquit gand lid mac'h imite* D 52, « qu'il imite les anges soigneusement, avec zèle », *acquit* est le franç. *acquit*, avec un sens très voisin du bret. *acquet*. Voir le mot suivant.

Acquisition acquisition, H 13, du fr.; cf. *acquisita* acquérir D 31, *-ysita* Gr., *-tèr*, van. *-tour*, acquéreur, *acquyd*, pl. *-ydou, -ygeou*, acquêt, Gr. *Acquittet* acquitté D 53, 158, *en em acquit en é dever* il s'acquitte de son devoir 69, cf. v. fr. « qui... se acquitterent moult bien en leur nouvelle chevalerie », God.; *en em akuita diouz poaniou* se délivrer de peines Bali 128 ; van. *hemb acquit* (bonnes œuvres) sans mérite, sans droit à une récompense Choæs 13, *mérit acquittus* le mérite qui justifie, qui expie, 124. Voir *acquet, ac'hubi*, et *Dict. étym.*, v. *acuyt*.

(*Aczoupaff*) *azsoupaff*, chopper, Cb, v. *trabuchaff*; cf. *assoupladen* faux-pas, achoppement, Mo. ms[2] 230 ? En petit Tréguier, *asouplañ*

1. *Dictionnaire roman, walon, celtique et tudesque, pour servir à l'intelligence des anciennes Loix et Contrats...* par un Religieux Bénédictin de la Congrégation de S. Vannes... A Bouillon, M.DCCC.LXXVII.
2. *La vie du patriarche Jacob et de ses enfants* (p. 1-110); *Histoire de Moïse et des Ysraelites dans le desert* (p. 111-236). Manuscrit daté de 1832, et signé Jacques le Quellec, de Pontrieux ; j'en dois la connaissance à l'obligeance de M. l'abbé Auffray.

veut dire enfoncer, par exemple dans un sol mou (cf. moy. bret. *soublicq*).

Adal depuis (un temps) D 33, 81, *a dal* 28 ; *à dal* depuis (cet endroit), 35, voir *entresea*. La variante *an-dal ma* dès que, du moment que, aussitôt que, *Intr*. 200, 217, 221, *andal mar* 173, doit prob. son *n* à l'analogie de mots comme *andra*, tant que.

Adan, pl. *adañet* et selon quelques-uns *adañhet*, certain oiseau assez semblable au hibou. On dit en ce pays que cet oiseau fait son nid dans la terre, Pel. ; *hadan*, pl. *ed* rossignol, *hadan-vor*, rossignol de muraille, Gr. Le Gon. donne *adan*, m., qu'il a entendu sans savoir au juste quel oiseau il désigne. Cf. v. br. *attanoc*, gl. musca uolitans ; pl. *atanocion*, gl. alligeris ; gall. *adan*, aile, f. ; grec πετηνός, volatile, πετηνά, oiseaux. Le *Nomenclator* porte *hadan, eausticq-baill*, rossignol, p. 40 ; *hadan mor*, rossignol de mur, 41.

A dare, de nouveau, Cathell 5, *adaré* D 131, *à darre* 136.

Adeo, *adiu* adieu N 1074, *adiu* D 140 (un adieu 172); *adie*, Bali 178.

Adern en dialecte de Batz (Croisic), « œillet contenant l'eau saturée qui doit servir à l'alimentation des œillets à sel », *adærn*, m., l'A. au supplément, s. v. *marais*, d'où le français local *aderne*, qui est dans le *Supplément* de Littré ; de *(*un*) *vadern*, mutation de *badern, du bas latin *baderna* « caldaria in qua conficitur sal », Du Cange, d'où le vieux français *baherne* ; cf. *Rev. celt*., VII, 309. Voir *ab*.

Le *Dictionnaire général de la langue française* par Hatzfeld, Darmesteter et Thomas (1891), rapproche *aderne* du breton *darn* morceau, qui me semble tout différent.

Adiabel, de loin, C*ms* (et non *-ell*); *a di a pell*, lointain, C*b*, v. *hyr*.

Adit. M. de la Villemarqué traduit, avec doute, un *adit* par « un auxiliaire », *Rev. celt*., XIII, 140, et tire ce mot du v. fr. *addit*.

Adjoutet ajouté D 119, cf. 62 ; inf. *aioutaff* C, *adioutadur*, additamentum C*b*, C*c*.

(*Administraff* -trer) *ami*- C*ms*, dans les *ad*- ; *administration*, -tion D 15, 104, 133. — **Admiration**, -tion, Cathell 16, *admirabl* -able

D 195; *admiret* étonné, plein d'admiration, Jac.[1], 7, 40, Mo.[2], 252, *asmired* admiré *Bali* 368.

Adoriff adorer H 9, *-ifu* 8, 9, *-y* D 39, 129, *-i* Gr. ; prés. *adoromp* H 8, *adorer* 7, *adoer* il adore C*b*, v. *cristen*; *adorabl* -able D 58, 134, *-apl* Gr.

(*Adreff*), *à dree* par derrière D 157. Pet. Trég. *dreñvoc'h* plus en arrière ; *lak 'nañ dreñvañ ma elli*, mets-le tout à fait au fond ; *dreñvet mat*, qui a bonne mine, bonne tournure par derrière ; voir *entresea* et *Dict. étym.*, v. *atreffa*. M. Loth identifie ce mot au gall. *adreff*, à la maison, *Rev. celt.*, VII, 197 ; VIII, 4 ; *Chrestom.* 186 ; ce qui est contestable à cause du sens, comme la comparaison de l'irl. *druim dos*, l'est au point de vue phonétique. Van. *ardran ; ar honn tran* derrière nous, *ar é zran* derrière lui l'A, etc.

Aduent avent H 25, 26, 30, 31, 53, *azvénd, avénd*, van. *aveént* Gr., *aveenntt*, l'A., v. fr. *les advenz*, God., *Compl*. Ce mot a servi à désigner en vannetais le mois de décembre, *miss enn aveentt*, l'A., comme en basque *abendu, avendo*.

Aduersser adversaire, ennemi, H 48, 49, *an aduersser* le diable 15, *adverseur* ennemi D 43, *-sour*, 61, pl. *aduersouryen* Nom. 293 ; *adversité* adversité D 62, pl. *ou* 89, 180, *aduersiteou* Cathell 28 ; **advertissement** avertissement Catech. 8 v, du fr. — *Aduocat, auocat* avocat C, *auocat pe aluocat* Nom. 298 ; fém. *aduocadez*, H 45.

Aegrus, plein d'aigreur, l. *acetosus*, C*b*, v. *guin*.

(*Ael*), *el* ange N 756, pl. *ælez* D 25.

Aenep contre, 3 syl., J 79, 93 *a enep* 66 b ; *à henep* D 187.

Aeren lier. Voir *ere*.

(*Aes*) *ober* **eassemant**, faire ses besoins, C*b*, v. *official*, tréc. *ézemañd*, aise.

Aeurus heureux, 4 s. D 119.

Æzenn, dim. *-ic*, zéphyr, vent doux et agréable, Gr., *aezen, aez*, léon. *eaz* id. et vapeur chaude, exhalaison Pel., *aezen, ezen* f. Gon. ; cf. gaél. *aiteal*? ou du fr. *aise*, cf. basque *aize, aise*, vent ?

---

1. *Trajedi Jacob... reizet gant A. L. M. Lédan*, Morlaix 1850.
2. *Trajedi Moyses, lezennour an Hebreanet, reizet gant A. L. M. Lédan* ; à la suite de *Trajedi Jacob* (p. 140-310).

Af, aff, un baiser = mod. *aff,* pl. *ou* Gr. ; *affet* baiser C*ms,* = mod. *affet* Gr., cf. *affedenn* baisure, marque du pain qui a été pressé au four Gr. Le pet. tréc. *añeq,* caresse, terme enfantin (prononcé *añ* nasal + *eq* par *k* palatal), doit être le diminutif de **añ,* autre prononciation admissible pour *aff.*

Afer affaire H 20, *affer* D 119, pl. *ou* Cathell 19, Nom. 224, D 15, *affer* besoin Maun., *affer, æffèr,* pl. *you* affaire, *æffer* besoin, *æfferic* petite affaire, *an afericq-hont* (t. burlesque), eau-de-vie, Gr., auj. *afer,* affaire, du fr. ; cf. *effereet,* au *Dict. étym.*

Affectio, -tion Cathell 4, *affection* f. : *y,* D 97.

Affo vite, peut venir de *fo,* ardeur = v. fr. *fou, fô,* ou de **fo* = gall. *ffo,* fuite, du lat. *fuga,* Loth, *Ann. de Bret.,* VII, 358.

Agnus Dei : *an diuezafu A. D.,* le dernier *Agnus Dei,* H 55, *an agnus dei* D 145 (mots latins).

Agreman, aigremoine, C*ms.*

Agroasenn églantier, au xiv° siècle *augrosent,* gl. bodegares, M. d'Arbois de Jubainville pense que c'est une mauvaise leçon pour *angroesenn* (*Rev. celt.,* X, 147, 148). M. Loth, *Ann. de Bret.,* VII, 239, rapporte *agroasenn* à **ăcrēnsis* ou à *ăcrēstius,* compromis entre *agrestius* et *acris*; je crois que cette seconde forme eût donné ç et non *s,* voir *egrecc.* La nasale qui est venue s'intercaler entre l'*a* et le *g* (*amgroaz, añgroaz,* Gr., etc.) est due peut-être à l'influence d'un autre nom de plante : cf. *angroüés,* épine vinette, Chal. *ms*; *amgroas, ambroas* « lauréole, lat. daphnoides, offic. laureola, cuius gustatu accenditur os et guttur » Nom. 83 (gall. *ambros,* ancien anglais *ambrose,* = ἀμβροσία, S. Evans). Notons que le nom propre Ambroise, bret. moy. *Ambroas,* est aussi en bret. mod. *Amgroaz,* Gon.

Aguillelen aiguillette C*ms, acquillelen* D 28.

Ahanen, ahannenn d'ici, de *a-han-* et *henn* ceci, cf. *beta-henn* jusqu'ici (ce lieu ou ce temps), *evél-hèn* ainsi Gr. ; en van. *a hanne-ze* de ce lieu-là, et *a-hanneman* d'ici Gr., *ahanemann* l'A, etc., sont des formations semblables.

La variante *ahanan* J 52 b, cornique id., a peut-être subi l'influence de *aman* ici ; cf. gall. *oddyma* d'ici. Un autre compromis entre *abanen* et *aman* est, je crois, *ac'h-amen* fi ! Gr., v. *fi, ainsi, ac'h-men* Trd, = « hors d'ici ! » cf. angl. *out with him*, etc. ; voir *ama*, et *Dict. étym.*, v. *amen* 2.

Selon Grég., on dit *a c'hanenn* d'ici, en haut Léon et à Saint-Paul ; *ac'halenn* à Roscoff, *ac'hann, ahann* en bas Léon, Trég. et Corn. Le mot *ac'halen* Mo. 279, *ac'hallen* 277, *ahalen Bali* 249, *a-c'halen Trub.* 60, par contraction *alen* Mo. 282, doit être *ac'hanen* influencé par *alese* de là, moy. bret. *a lech se, alesse*, cf. *ac'halese* id., *Feiz ha Breiz* 204 ; cornique *alemma* d'ici, *alena* de là.

Quant à *ac'hann*, d'où *ahan'ta* eh bien donc Gr., *ahan* Pel., etc., il est possible qu'il vienne de *a henn* = gall. *o hyn*, et que son second *a* soit dû au synonyme *ahanen*.

A hano, de là, Cathell 5, *a hane*, 31, *ahane Cms* ; *ac'hane neuze* à partir de ce moment, G. B. I., I, 28. De *a* 2, et *han-*, voir *hanbout*. Les Vannetais disent *a inou*, cf. gall. *odd yno*.

Ahel essieu, axe, cf. *Rev. celt.*, IV, 145 ; *Urkelt. Spr.* 6. De ce mot dérive **ahellec**, dans le n. d'ho. *Lahaellec*, Quoatg. 4 v, *Lahellec*, Quoatg. III, 6 v, qui existe aujourd'hui encore à Plounérin (on prononce *An ahellec*).

AHOEL, du moins, vann. : *Buhé er s.* 63, *ahoelc*, l'A., etc., de la particule *a* et de **hoel*, cf. gall. *chwyl*, un tour, une fois ; *chwylu*, tourner ; moy. bret. *hoalat*, attirer. Voir ce mot.

AÏNESET, limande, poisson de mer. Nom. 46, *aynès*, pl. *ed*, Gr., *ainez*, f. Gon. Je suppose que *aïnes* vient du lat. *asinellus* par l'intermédiaire d'une forme française : M. Godefroy donne *aniel*, petit âne, Jaubert *âine*, âne, et en provençal *aineou*, petit âne, est le nom d'un poisson d'eau douce (le chabot, *cottus gobio*), Honnorat ; Mistral l'écrit *ainèu, einèu, einet*. L'ancien son français *aï* persiste de même en breton dans *aïmant*, l'aimant, Nom. 249, 252 ; *traïtour*, traître, Nom. 328, moy. bret. *trahinaff*, traîner, *iahinaff*, gêner, torturer, *playcenn*, une plie, tréc. *plaïs* ; *caymand*, bélître, Gr., cf. fr. *quémander*, et *Rev. celt.*, XV, 356. On trouve même *naïn*, un nain, Nom. 267, *deyn*, daine, Gr. (mais *demm*, daim, Gr., moy. br. *dem*).

Aiornaff, ajourner *Cms*.

Alan Alain, C, etc. ; dim. **Alanic**, n. pr., Cartul. de Quimper, XIVe s., *Chrest.* 187, Gr. ; c'est aussi le nom qu'on donne au renard, Gr.

Alegoric, allégorique, C*ms*. — *Alexandrië*, -ie, Cathell 3, 11.

Alhuezaff, « fermer de serrure », C*b*, v. *sparll; alc'huez* clef D 86 ; pet. Trég. *alc'houeo'n ti vorn* (les clefs du four) taches de charbon, de suie, etc. sur la figure.

Aly il conseille, H 47 ; l'infinitif ne se trouve pas dans H. *E alyet* son alliée, sa parente par alliance, H 50 ; *allianç* alliance, parenté D 154, pl. *aliançou* 124.

Alies souvent C, *allies* D 141 ; (baptiser) plusieurs fois 131.

All autre. En bret. moy. ce mot a failli être supplanté par *arall* qui a le dessous aujourd'hui, sauf en vannetais, où il existe pourtant : *al* Chal. *ms*, *all* l'A., *unan d'en al* l'un à l'autre, L. *el lab.* 124, voir *eguyle*. *Keit all a ioa* il y avait si longtemps ! *Bali* 38 ; pet. Trég. *war an tu all e ban* (je descends l'autre côté), je me fais vieux ; *ma deuont, mad ; ma deuont ket, mad all*, s'ils viennent, c'est bien ; s'ils ne viennent pas, c'est bien aussi. Voir *guers*.

Alleget allégué, *allegacion* allégation C*ms*. — *Alouer* bailli, du v. fr. *aleoir* serviteur, lieutenant de sénéchal, God.

Alouret doré C, *alaouret* D 194, peut venir de *ar-ouret* par dissimilation, comme dans *aldôrn* = *harzôrn* poignet Gr., van. *alhuêrhein* = *arhuêrhein* offrir la marchandise, l'A. (gall. *goreuro* dorer); cf. bret. moy. *gourcher* et *goulc'her* couvercle ; *arazr* et *alazr* charrue; *tarazr* et *talazr* tarière ; *emparazr* et *empalazr*, empereur ; mod. *fulor*, fureur Gr. (*furol*, *Æl mad*[1] 101, 132, 248, *furor* 258), van. *gourdrousus* menaçant, *gouldrousein* menacer Chal. *ms*, etc. Dans *Arzul, Arjul*, mot très connu en petit Trég. comme nom de famille, c'est le second *r* qui a été changé (v. bret. et gall. *Arthur*); voir *argourou*, *Artzul, reter, rigueur, regret*. Quelquefois, il y a eu chute d'un des deux *r* ; voir *arzornn*.

Alumell, alumelle, lame C. Ce vieux mot français *alumelle* voulait dire aussi « omelette » ; de là le bret. *alumenn* et *alumenn vyou*, omelette, Gr., *-men*, f. Gon. ; petit Trég. *alumen uo*, en Goello *alimen uo*; cf. le messin *almén*, lame de couteau.

Il y a en trécorois deux mots *alumétezen*, f., pl. *alumétes*, qui ont

---

[1]. *Æl mad ar vugale, composet e gallec gant A. Arvisenel... troel e brezonec gant an autrou K(er)amanach... Person Montroulez* (Morlaix, chez Guilmer, 1836).

des origines différentes : l'un vient du français *allumette*, de *ad*, *lumen* (= *allumnettesen*, Nom. 164, plur. *alumettés*, 310; *ellumetesen*, pl. *ellumetés* Gr., *alumetés* Maun.); l'autre, qui désigne une sorte de gâteau appelé aussi *alumette* à Saint-Brieuc, à Brest, à Niort, à Melle, à Aubenton (Aisne), à Poitiers, etc., etc., vient du vieux français *alumette*, omelette; cf. l'exemple cité par M. Godefroy, « *alumette* frite au sucre. » La racine est la même que celle du breton *alumenn* et du fr. *omelette* (de *amelette* pour *alemette).

Les pâtissiers distinguent l' « alumette glacée » de l' « alumette fourrée », et savent que le mot n'a qu'un *l*.

Alumy, allumer, C*b*, v. *tan*; *tiz̃ mat a lum*, bien vite (i. e. *alum*), P; **alumidiguez** *e luxur* « enflammation de luxure », C*b*, v. *byllicat*. Voir *alumell*.

Alusoner, aumônier, C*ms*; la forme *alusonnier* du *Dict. étym.* est une erreur. *Alusenou*, aumônes, C*b*, v. *pinuiz̃igaez̃*, D 111, sing. *alusen* 98, 102, 111, dim. plur. *alusennouigou*, *Intr.* 321. Le sens du petit trécorois *muoc'h aluzoñn a ve* on a plus de mérite, *Rev. celt.*, IV, 146, existait en v. fr. : « c'estoit greigneur aumosne que d'aller à S. Jacques, » Du Cange s. v. *eleemosyna*.

(2. *Am*) *a meux*, que j'ai, j'ai, Cathell 7, 8, 28.

6. **Am-**, préfixe = gaul. *ambi-*; voir *ambludet*, *amdere*, *amdu*, *am-liou*, *amprefan*, *amz̃aô*, *ansavet*.

Ama, ici, C*ms*. *Dindan tri de amàn* dans trois jours d'ici, sous trois jours, Mo. 254; *dont da güittat amàn* quitter ce pays-ci, Jac. 114. L'expression *aben eis té amañ*, dans huit jours d'ici, pourrait provenir d'un mélange de deux locutions : cf. gall. *yn mhen wythnos* et *wythnos odd yma*. Voir *ab*, p. 13, *ahanen*, *guers*.

Le van. *ama* eh bien l'A., Chal., Chal. *ms*, *L. el Lab*, 226, or, l'A., n'est-ce pas, *Manuel* de Guyot-Jomard, 2ᵉ éd. Vannes 1867, p. 81, est différent, et vient de *ba* ah! et *mat*, *ma*, bien; *Rev. celt.*, XI, 189; cf. *deitt ma*, bienvenu, *Rev. celt.*, VII, 350.

Amail, émail, C*ms*.; cf. v. fr. *amaillier*, émailler, God., *Compl.* — **Amand**, amande, C*b*, v. *knoenn*, du fr. Le Chal. *ms* donne *amand* à Sarzeau, ailleurs *alamantés*. — *Amantifu* arranger, réparer, H 46; *en em amanty* s'amender, se corriger, D 168, *amandamant* amendement, conversion 157.

Ambassader, ambassadeur Nom. 298, *-dour* 298, 204, *-deur* D 62, pl. *-deuryen* Nom. 204. Voir *abassat*.

Ambludet. Pel. donne *ambleudi*, fouler aux pieds le blé pour en ôter la terre qui y est attachée, et, d'après un dictionnaire ms., *ambludi eit* frotter du blé ; Troude : *ambleudi* au Conquet, *ambludi*, *ambrudi* près de Brest, fouler le blé noir avec les pieds pour le débarrasser de certaines pellicules qui altèreraient la farine.

Amdere (peine) excessive, B 334, *amsere* inconvenant D 124, proprement « peu convenable ». Ce préfixe négatif *am-* (cf. le diminutif *dam-*) reste intact en breton moderne, et ne peut répondre au v. irl. *am-*, mod. *amh-*, gall. et cornique *af-* (de **am-* pour *an-* devant un *p* primitif, selon M. Stokes, *Urkelt. Spr.* 11). Il est identique au gall. *am-* bien que celui-ci renforce, au contraire, la signification du terme suivant (cf. *Amhedr* nom breton du xiie siècle, *Chrest.* 188, qui signifie sans doute « très hardi » plutôt que « peu hardi »). C'est que le mot a développé en gallois les sens de « tout autour, de tous côtés, tout à fait » ; et en breton ceux de « à côté, à l'opposé ». Comparez, par exemple, au gall. *amlwg* tout à fait clair (formé comme ἀμφιλύκη), le breton *amc'houlou* « contre-jour, lumière opposée à quelque chose » Gr., « contre-jour, endroit opposé au grand jour » Gon., d'où par extension « obscurité, privation de lumière, ténèbres » Gr., Gon., van. *amoleu* id. : *èr sclærdér èl én amoleu Choæs*[1] 191, tréc. *am-c'holo* (paroles) obscures, Sainte Tryphine[2] 314 ; de même *am-heaul* crépuscule, Gr., *amhéol* Gon., de *heaul* soleil ; voir *amdu*, *am-liou*.

Voici d'autres composés analogues à *amdere* ; quelques-uns peuvent avoir remplacé d'anciennes formations par *an-* ou par *av-* :

amcredul incrédule, *Aviel* 1819[3], IV, 8, *amgredig*, *angredig*, incrédule, défiant, *Suppl. aux dict. bretons*, Landerneau 1872, p. 48, *amcredurez*, *amgredi* incrédulité 89 (gall. *anghred* incrédule, de **ancred-*, cf. irl. *ancretem*) ;

---

1. *Choæs a gannenneu... Edition nehué. É Guénet,...* 1835. Cf. mes *Etudes vannetaises*, Vannes, chez Lafolye, 1894, p. 58.
2. *Sainte Tryphine et le roi Arthur*, mystère breton.., publié... par F.-M. Luzel, Quimperlé 1863.
3. Voir *Rev. celt.*, XI, 188.

amgristen adj. et nom, qui n'est pas chrétien, en cornouaillais, Trd (gall. *anghristion*);

amgestr (cheval) difficile à manier, (homme) fantasque, (affaire) épineuse, Gr., *amjestr* Trd, de *gestr*, geste, cf. léon. *mar doc'h añjest*, si vous êtes incertain ; *heb añjest*, sans doute (*amjust*, *amzest* précaire, du Rusquec) ;

amlavar qui parle difficilement, *Suppl. aux dict. bret.* 48 (gall. *aflafar* qui ne parle pas, muet, v. irl. *amlabar*);

amsént désobéissant Gr., *amzeñt*, *amseñt* Gon. ; *hamzend* Trub. 172, *hamsentus* 210; *amzentidigez* désobéissance, *Histoariou... an Tad Bonaventur*, Saint-Brieuc, 1857, p. 15 ;

amzesc, *anzesc*, qui apprend difficilement, *Suppl. aux dict. bret.*, 48, *un amzesqu'* un hobereau Chal. ms (gall. *annysg* ignorant) ;

Léon. *amzivin* doute, incertitude (*me so en amzivin*, je suis dans l'incertitude), de *divinout* deviner, cf. v. fr. *adevine*, conjecture.

M. de la Villemarqué donne, dans le dict. fr.-bret. de Le Gonidec, un tréc. *amgrauz* affable (3 syll.) : cf. *am-c'hreuz* (rime en *uz*) « (démarche) déplaisante », (action) étrange, Sainte Tryphine 300, de *gra* il fait (v. bret. *amgruit*, *emgruit*, profit). On dit en petit Tréguier *dic'hreus* à Trévérec, *dic'hreuch* à St-Clet (2 s., *eu* franç.), qui n'est pas difficile sur la nourriture ; mais c'est un mot différent, dérivé de *greujañ* engorger, engouer : *greujet* engoué, qui a peine à respirer, à parler.

A Saint-Mayeux, le verbe *amc'horo* veut dire « finir de traire les vaches » (pet. Trég. *perc'horo*).

AMDOR, *añdor* m. abri Trd, *amdoren* f. paravent, meuble pour s'abriter, du Rusquec, cf. gall. *amdo* abri, irl. *imthuge* vêtement, breton mod. *goudor* abri, moy. *godoer* petit lit.

AMDU, *amzu*, mauvais côté, *Rev. celt.*, V, 126 : *en dorner ze zo ar i amdu* ce batteur travaille du mauvais côté, Saint-Mayeux (à Trévérec, on dit *enep d'i du*, litt. « contre son côté ») ; mot formé comme le gall. *amduog*, « inclined to all sides » ; voir *amdere*.

Amguin. En — B 394 peut signifier en arrière, à rebours ; ou bien c'est « douloureusement », comme semble l'indiquer l'autre passage, B 736, où *amguin* veut dire « misérable, malheureux » ;

cf. *var an tu guin, a c'hin*, à rebours Gr., *ann tû-gin* l'envers, *a-c'hin* à rebours Gon., van. *ênn tuin caire* à l'envers, *Rev. celt.*, VII, 342, pet. Trég. *war an tu gin* : au fig. *gin* m. chagrin, mauvaise humeur, tristesse, *gina* se chagriner, se tourmenter, *ginet* chagrin, triste, bourru, Gon. En ce cas, l'*u* de *amguin* était muet. Si, au contraire, il se prononçait, je comparerais le v. bret. *erguinit*, gl. tirannica auctoritate molirentur, gall. *gwŷn*, douleur, tourment. Voir *quynnet*.

Amy. Ami, ami l'A, pl. *et* Chal. *ms*, v. *appui ; amiess*, amie l'A, *amiablemant*, aimablement D 192 ; *vn amator da antiquité*, amateur d'antiquités Nom. 306 ; *amitié*, amitié D 92, *amité*, amitié, amour B. *er s.* 72, *amite* 495, *amintiaich* Gr. Cet *n* peut être dû à l'*s* du v. fr. *amistiet* : Cf. *eñtocq*, estoc, *eñtoff*, étoffe Gr. ; voir *etabl*.

Amiegues, sage-femme D 28, *amyegués, emyegués*, van. *mamdyegues* Gr., *mamdigués* Chal. *ms*, cf. *Rev. celt.*, VIII, 32. M. Stokes a expliqué ce mot par *am*, avec le correspondant du lat. *jacio* (*Beitræge* de Kuhn et Schleicher, V, 221) ; j'en ai proposé une autre étymologie peu convaincante. Il pourrait être dérivé du fr. *amie* (cf. gall. *cristionoges* = chrétienne). Mais je crois plutôt qu'il se rattache aux noms gaulois de femme *Ammia, Ammaia, Ammaca*, étudiés *Urkelt. Spr.* 16 ; cf. l'allemand *heb-amme*.

AM-LIOU zain, adj., couleur d'un cheval, du Rusquec, *Dict. fr.-bret.*, Morlaix 1883-1886 ; *amliw*, de diverses couleurs, multicolore, en haut cornouaillais, Loth, *Rev. celt.*, X, 348 ; pet. Trég. *amlivan*, changer de couleur, en parlant des récoltes ; *n'e ke me amlivet*, ce n'est qu'à moitié peint, cela déteint ; gall. *amliw*. *Am-* exprime ici l'idée de variété, diversité ; cf. *amprefan*.

Amloary, ambary. Ambloarin, douleur, Sainte Tryphine 256. Voir *Rev. celt.*, XV, 364.

Amnesaeguez, voisinage, C*ms, ameseguez*, C*b*, v. *contigu ; amesec*, voisin, *ibid., amesecq* Nom. 300, pl. *ameseyen* D 167 ; voir *oade*.

AMOËTT, idiot, jauru, *amouétt* étourdi, imbécile, *amouætt* niais, stupide, *amouaitt* benêt, pl. *-aidétt*, dandin, l'A ; *amoêd*, adj., 2 syl., sot, Guerz. *Guillome*, 159, *amoædiguiah* sottise, *amouaidiguiah* niaiserie, bêtise, *amouêdiguiah* imbécillité, l'A., *amoêdage* 3 syl., id. *Choæs* 133, *amouêdage Voy. mist.* 51, etc.; peut s'expliquer par **am-voet* (cf. moy. bret. *dimiziff* marier, de **demwexiff, Rev. celt.*, VII, 309), de *ani(bi) + v. bret. *muoet* « orgueil », dans *amuoet* (Stokes) ou *amuoed* (Loth), gl. *fastu*, cf. les noms v. bret. *Uuor-moet*, etc., *Chrest.* 152, v. irl. *miad*, gl. fastus; voir *Rev. celt.*, IV, 340; *Urkelt. Spr.* 205. L'irl. *aimid*, gaél. *amaid*, sotte, v. irl. *ónmit* sot, doit être différent, comme le montre le gall. *ynfyd*.

Amonnetaff, admonester ; gr. amonestaff (lisez -ter), C*ms*; *admonetas*, il exhorta, Cathell 13 ; prés. *admonet*, H 49. — *Amoureux*, amoureux C; *Amoureux*, reg. Péd. 226 (1611), *Amoreux* 220 b (1609), *Amouroux* 174 b (1600), 183 b (1601), *L'amouroux* 20 (1628); **amouroustet**, amourette, Am. v. *orghet ; ur beuuraig... a amourousdet*, philtre amoureux D 102, auj. id., van. *amourustæt*, *Choæs* 136.

Ampar, impair, du fr. ou du lat., Loth., *Ann. de Bret.*, VII, 208.

Amparllet mat, bien emparlé, C*ms*, *emparlet*, Cathell 11.

Ampechifu, *ampechif*, Catech. 5, *ampech*, *ampechi*, empêcher D 101, *ampeschamant*, empêchement Nom. 291, *empechamant* C*b*, v. *dale ; am-* H 18,57, Catech. 5; voir *ac'hubi*. *Ampeig* répond au v. fr. « *empesche*, empêchement, obstacle », *Dict. roman, walon...*, par un Religieux Bénédictin... A Bouillon, 1777. On lit en fr. *impeschement*, empêchement, *Arch. de Bret.*, VII, 127 ; cf. *impechaff* au *Dict. étym.* — *Amplastr* C, *ampalastr* Nom. 277, emplâtre.

Ampoesonaff, empoisonner, C*b*, v. *venim* ; *ampoësouni*, van. *ampoesonneiñ*, id., Gr., *ampouison* poison, *Guerz. Guill.*, 137 ; *ampoësonerez* empoisonnement, *Cat. imp.*[1] 70.

Ampouent Nl 109 (*Rev. celt.*, X, 43). *Dre e mam, hon* — « par sa mère, notre appui », ou peut-être « (toute) notre vie », = *ampoeñt*, moment, époque Trd, *d'an ampoent ma* au moment où, Almanach du Père Gérard (1791)[2], p. 24, etc., du fr. *en, point*.

Amprefan. Van. *amprehon*, insecte, être misérable, *Choæs* 72 ; pet. tréc. *añprévan*. Ce mot contient, d'après M. Stokes, une préposition *an-*, cf. ἀνά. Je crois que c'est plutôt *am-* avec sens de généralité et nuance dépréciative : « insecte quelconque », cf. *amrevus, amrēus*,

---

1. *Catechis evit an oll ilizou emeus an Impalaërdet a Franç... E Sant-Briec, E ty L. J. Prud'homme...* 1807; XII-148 p.
2. Je dois à l'obligeance de M. Quellien la communication de cet ouvrage, sans doute assez rare. La première page de l'exemplaire manque, ce qui fait que je ne puis citer exactement le titre.

fretin, rebut, chose vile et de moindre prix, racaille, Gr., de *réüsi*, van. *refusein* refuser Gr.; voir *am, am-liou*. Pel. donne aussi *ambréan*; cf. *Rev. celt.*, VII, 148.

Ampser, temps, *a pelloch ampser* depuis plus longtemps, C*b*, v. *pellahat*; pl. *amzeriou*, Catech. 8 v. M. Ascoli tire *amser*, v. irl. *aimser*, de *ámmisser, *ád-messera, quasi *admensio, ad-mensura* (*Archivio glottologico*, VI, XLI); cf. *Urk. Spr.* 10, 209. *Amser* était féminin en bret. moy. (cf. N 1282), et il a d'ordinaire ce genre aujourd'hui. Pourtant on lit au masc. *ar pévar-amser* et *ar pévar amser*, les quatre saisons, Gr., v. *saison*, comme en gall. *y pedwar amser; eus an eil amser deguile*, de temps à autre, *Cat. imp.* 39; et cette dernière expression existe encore en petit Tréguier.

Amzaô, facile, en cornouaillais (H. de la Villemarqué, dans le *Dict. bret.-fr.* de Le Gon.); *emzao*, avantageux, comparatif *emzavoc'h*, *Supplément aux Dict. bret.*, Landerneau, 1872, p. 75, Moal; = bas vann. *anzaw*, capable de, que M. Loth a comparé au v. br. *amsauath*, gl. uicarius (de *am*, cf. gall. *am*, pour, et *sau-*, même racine que lat. *stare*). Cf. *ensauu*, avantage, profit, avec 1re syll. rimant en *en*, D 154 : *Ne day da den ensauu euit caout avanç*, Lavaret... aucun homme n'aura avantage, pour s'exempter de la mort, à dire (que...). En cornique *amsevy*, soulever.

1. An, le, la, les, article, cf. *Rev. celt.*, XV, 105 ; *Urk. Spr.* 293. *Toul an lan*, reg. Quemp. 15, 18 v, *Toullanlan* 18 v, *Toulallan* 15, *Toullelan* 8ª ꝟ (*Toulenlan* en 1613). *Ar rouanez* les rois H 53, *ar bourreau*, B 449*-550*, *ar c'hoarach* la cire (pour les offices) D 69, *an croasyou*, les croix 104; *ar yuno*, les jeûnes 112, *ar* devant *l*, 25, 32, 44, 81, 85, 90, 93, 100, 104, 108, 130, 151, 152, 192, 193, 194, 195, 196; *an*, 61, 169; *ar* devant *s*, 22, 82, 83, 108, 127, 138, 186, 187, 189, 194, 195, 197; *an* 69, 81, 84, 95, 105, 106, 110, 112, 127, 172, 178; voir *a* 11. Le C*ms* a en un mot *antraman, antuman, antubont*, cf. *antrase*, Cathell 3. *Au eff*, le ciel, 2. *A venim*, le venin C*b*, *Keramanach* n. de lieu, reg. Quemp. 2 v, *Keranmanach* 32; cf. *Rev. celt.*, III, 396. *An* ne peut rimer en *en*, J 18, v. 6; au lieu de *mervel gant an poan*, il faudrait quelque chose comme *meruel yen en poan*. Aspiration de *c* après l'article masculin (cf. *Rev. celt.*, XIII, 243), en 1435 : « un hostel... nommé *Map an Haluez* », et « *Map en Haluez* » (2 fois), *Arch. de Bret.*, VII, 114.

Sens locatif : *an tu dechou*, (assis) au côté droit H 6, *an tu dehou*, D 19, 22, 37, 49, *an tu deou* 117 ; *ho colloqui an tu cleiz*, les mettre du côté gauche 38 ; *an imitation d(a)*, à l'imitation de, 62, *an divez*, à la fin, 170 ; voir *en* 1.

2. *An* : *an Daufin an Treindet*, le Fils de la Trinité D 52, *an Auter ar Croas* 29, *an delivrançq an den* 29-30 ; *an tut an brose*, les gens de ce pays-là, C*b*, v. *scourn*.

3. *An* : *an douas te*, n'étais-tu pas B 290.

5. *An*, et le, Cathell 4.

6. *An deueux* qu'il a H 14, qui a 59 ; voir *eux* 2.

7. *An* de *a* 4 et *en* : *an scriptur an lauar* l'Ecriture le dit, H 5 ; *Doue... an deueux roët* Dieu a donné 16 ; *nep an deueux* celui qui a, 58.

Anaffuon H 35, *anafuon* 34, *anaoûn*, âmes des défunts D 77.

Anclin, muable, fléchissable, l. flexus, a, um ; **anclinadur** l. flexibilitas, **anclinus**, plein de muableté, l. flexuosus, C*b*, v. *stoeaff*; *anclinet* (l'homme est) poussé (à croire, par la foi) D 17 ; *acclinein*, fléchir les genoux, faire la révérence, Chal.

Ancoë, la luette, vann. Gr., *hancoüé* Chal. *ms*, *añkoé*, *añkoué* m. Gon., de *angoed* = *angëd*-; cf. lat. *angina* et moy. bret. *concoez*, gourme à la gorge, étranguillon, *Rev. celt.*, VII, 314. Voir *encq*.

Ancoffhat. *Na laqua en ancofua*, ne mets pas en oubli, Catech. 8 v. Le C*b* a, s. v. *couffhat*, **accoffnechat**, oubliance = léon. *añkounac'hat*, oublier ; cf. *en em ancmec'h*, il s'oublie, D 177, *anconec'h*, oubli, 143 ; *ancounachaën*, oubliance, Nom. 257 ; *ancoûnhamant*, oubliance Maun., van. *ancoa*, *ancoüeheh*, *ancoumant*, oubli Chal. *ms*, *ancoüeheneh*, v. *obscurité;* *ancoüehonni*, oubliance, *en ancoüehenec*, insciemment Chal. *ms*, *ancoëha* oubli, *Choæs* 25 ; tréc. *encouaes* 3 s., r. à *assambles*, Jac. *ms*, 60. Voir *couff*; sur la particule *an*-, cf. *Urk. Spr*. 13.

Andre, reg. Péd. II, 1ᵃ (1586), *Andreu*, 5 (1587) ; *Andreff*, reg. Péd. 139 b (1591), 148 b (1595).

Anduillenn, andouille, C*ms*. Cf. *Ann. de Bret.*, III, 251. — *Andurifu* souffrir, Catech. 10 v, *-ri* D 140, *-ry* 150 ; fut. *-ro*, H 10, 12.

Aneffne, *anneffn*, *anneff*, enclume. On lit *hanneu*, Nom. 196 ; *anneu*, *anvez*, *anve*, van. *annëu*, *annean*, *anneen* Gr., *annean*, *anneen*, Chal., *anneu*, *anean* Chal. *ms*, *annean*, *anan*, *enan* f. l'A., *ané*, L.

el L. 26 ; *annéô, annev, anvez*, van. *annéañ*, f., Gon., *anne, anneo*, f. Trd, *anheo* Trub. 261, pet. Trég. *añne*, m. ; vieux cornique *ennian*, plus tard *anuan*. Voir *Indogermanische Forschungen*, IV, 274, 275.

Aner, pl. *ou, o*, corvée ; *èn aner*, en vain ; *aneri*, faire des corvées, Gr. ; *aner, aneur*, corvée Pel., *aner* Maun. ; m., pl. *anériou* Gon. Le cornouaillais *anjeret*, triste, inquiet, a peut-être la même origine, cf. fr. *angarié*. Voir *Rev. celt.*, XIV, 309, 310.

Anezaf : ordrenet mat an ezaff ehunan, bien ordonné en soi, C*b* ; *hep douèt aneza* « sans doute de cela », i. e. cela n'a pas de doute D 155. Cf. *Urk. Spr.* 4,35. — *Aneze*, d'eux, Cathell 12. — *Anezo : pet so anezo-y*, combien y en a-t-il D 127. M. Stokes compare an- dans ces mots à l'irl. *an-air*, de l'est, etc., de *$\ast$á(p)o-na*, *Urk. Spr.* 4.

Angau. Aniau l'Anjou, H 59 ; *Angers* Angers, D 169. — *Anha*, Anne, C*ms*.

Anhez, annhez, annez, logement, demeure ; *annhezaff, anhezaf*, établir, installer, habiter, part. *annezet. Anneza* loger, demeurer, D 155, mod. *annéza* meubler Gr., gall. *anneddu*, résider ; de *$\ast$an-sed-*, formation celtique répondant à l'allem. *ansitzen, ansiedeln*, ἀνιδρύω. Le mot *annezer*, « la crasse des mains rarement lavées » Pel., *ouné- zer, ounnézer* m. « la crasse qui vient sur la peau, soit au visage, soit aux mains, etc. » Gon., peut-être pour *$\ast$anhezoer* (cf. moy. br. *ounner = annoer*, génisse, voir *oade*) ; l'allemand *ansitzen* se dit en parlant de la crasse, de la poussière qui s'attache, par exemple aux habits. Voir *anoet*.

ANHUNE, insomnie, réveil l'A., gall. *anhun*, mot formé comme *insomnium*.

Anneual, animal, C*ms*, *aneuall*, C*b*, v. *quein ; un ene brutal hac aneual*, l'âme (devient) tout animale, *Intr.* 350 ; *anevalein, anevalat*, abêtir, rendre stupide, *eneualein*, abrutir Chal. *ms*. — *Anniuerser*. Le C*ms* a *amniuerser* ; j'ai lu de même en fr. *anniuersaire* dans un ancien titre conservé à la cathédrale de Lannion. — **Annuyancc**, ennuyance, C*b*, v. *ourgouill*, du fr. ; *annuy* ennui, malheur D 52, 139, 155, 161, *anuy* 97, 119, *anvui* Mo. 209, pl. *anuiou* D 171, *anviou* 143 ; *anvius* ennuyeux, pénible 155.

Anoet, le froid, C*ms*, *anoüet, eroüet* id., *anoüedein*, enrhumer, *anoüedus, eroüedus* « froidureus », *annoüedus, eroüidus*, frileux, Chal.

ms, aneouédus qui donne du froid, l'A., *annoëdicq* frileux, Gr., *anouëdic* Pel. (voir *manier*) ; cornique *anwos*. Litt. « grand souffle », cf. cornique *an-auhel*, gall. *enawel* tempête, irl. *anmhór* très grand, etc., cf. *Chrest*. 106 ; voir *anhez, aouit*. L'adj. ANEOUÉDĒC, frileux, l'A. (*anouédek*, peu usité, Gon.), gall. *annwydog*, peut répondre au nom propre v. br. *Anoetoc, Chrest*. 106.

Anoncaff, annoncer, C*b*, v. *messaiger ; anonczaff*, C*c* ; *Annonciation* -tion D 70.

Anquen douleur, irl. *écen* nécessité, est expliqué par **ankend*, cf. ἀν-άγκη, et séparé de *ancou* mort, = **ankevo-*, *Urk. Spr*. 32, 328.

ANSAVET, (débris de naufrage) reconnus, réclamés (par quelqu'un), D 105, *anzaf, anzao, anzavout*, avouer, *anzaff diracg an dud*, réclamer, revendiquer Gr., *añsavout, añsav, añsaô* id. Gon., van. *ansduein* avouer hautement (sa foi), *Guerz. Guill*. 60 ; gall. *addaw*, promettre ; *addef*, avouer ; de **a-dam-*, comme le v. irl. *ataimet*, profitentur de **ad-dam-*, cf. moy. bret. *diansaf*, renier, et *gou-zaff*, auj. *gouzañv*, souffrir. Il paraît y avoir, dans *añsav*, métathèse de la nasale (pour **azañv*), cf. *Rev. celt*., VIII, 509 ; voir *abrant*. On lit *amsao*, avouer, *Æl mad* 36, *amsavont*, ils avouent, 35, etc., *amsaer* on avoue, *Cat. imp. vij*, sans doute par confusion avec les composés de *am*.

Ant raie, voir *cornandonn, bandon, yell*. Van. *antt*, « raye d'un sillon », *antt, andeenn*, raie entre deux champs, *andeenn* « rayeure », rayon (de lumière), *andeennétt*, rayé, *andeennein à sclærder*, rayonner, *gobér andeenneu ér face*, écharper, l'A., à Sarzeau *añdienn*, pl. *añdeu*, sentier ; voir *Rev. celt*., III, 239 ; IV, 146. Peut-être le van. a-t-il confondu avec *ant* un autre mot venant du fr. *andain*, cf. esp. *andana*, file, rangée : on lit *andænn falhourr* f., « andain », l'A., *Sup*.

Le van. *anrott* m. pl. *-odeu* ornière, *anrott, anrod* « voye de charrette », l'A, *arrotênn*, s. v. *quarter*, ne vient pas de *ant rot*, *Rev. celt*., III, 57, mais répond à *añreuté*, embourber, dans la Côte-d'Or (E. Rabiet, *Le patois de Bourberain*, p. 7) ; *anroté* (se dit d') « une roue engagée dans une ornière », *Dictionnaire de la langue romane, ou du vieux langage françois*, Paris 1768, etc.

ANTEL, tendre (des pièges), p. *antelet*, Gr., *añtel*, Gon., gall.

annelu, id., *annel,* f. piège, cornique *antel, antell,* ruse, tentation, irl. *indell,* tendre, préparer, attelage, *innil,* piège, *intleda,* insidias, etc., *Rev. celt.,* VII, 147. Perrot, *Manuel* (livre de l'élève), donne *antell,* m., piège, filet. Le vann. *annæll,* f. (filet) dans *meni-annæll,* f. ableret, *annæll de chivra,* haveneau, *annæll de bisqueta,* étiquette, l'A. *Suppl.,* est une variante du même mot, s'il ne vient pas de **hav'nel* = haveneau.

Anten, *antienn,* antienne, H 32, *anten,* 34, f. : *gant he oreson,* 37 ; pl. *antenou* 32. *Antienne* D 76, van. id. f., pl. *antienneu* l'A. ; du fr.

Anterina, accorder (une requête), D 67, part. *anterinet* 62, *hanterinet* 166 ; *anterinançz,* intégrité (de la confession, etc.) Gr.

Antiphon, antienne, C*ms, anthiphon* C ; pl. *antifoneno* dans une chanson connue, *Magnificat Plouc'ha.* — **Antiquite** -té H 48, du fr. — *Antoan. Anthon,* Antoine, H 38. — **Antreprenet** entrepris, Catech. 10 v, du fr. — **Anuenimet,** envenimé, C*b,* v. *venim,* du fr.

Anuoat. Annoat, tenaise, C*ms,* après *antuhont.*

Aon, peur, C*b, auon,* Cathell 27 ; *aonyc,* peureux, C*b,* v. *euzic ; aounnic,* id., C*ms, aounich,* id., Nom. 31, *aounyc,* id., C*c,* v. *crenaff ;* terrible, C*b,* v. *cruel ; aonus,* plein de crainte, v. *dougaff.* Tréc. *aouenn,* peur, 2 syll., G. B. I. I, 256, 280 ; pet. tréc. *beañ dinañn i aoñn,* litt. « être sous sa peur », être inquiet, avoir toujours peur ; *fé nëb oñn,* ma foi, sans doute. Voir *Urk. Spr.* 50.

Aourr enflure aux mains ou mal aux yeux, Chal., *aouitt,* m. engelure ; enflure aux mains ; mal aux yeux, bordés de rouge, l'A. ; *aouidd,* Gr., *aouid* m. Gon., mot vann. L'A. donne encore à *aouitt* le sens de « mules, engelures aux talons ». D'un moy. bret. *azoet = gall. *addwyd,* apostème, cf. *cornwyd,* id. Le dernier terme de ces composés est le même que dans le moy. bret. *an-uoet, anoet ;* voir ce mot. La diphtongue vannetaise *oue, oui* (et non *ue, ui*) montre que le simple *gouet vient de **vēt ;* cf. sanscrit *vâta,* ἀήτης, vent, ἄημι souffler, zend *aota,* froid. L'irl. *feth* air, souffle, vient de **veto-* (*Urk. Spr.* 263) ; cf. le rapport de l'irl. *fine* au breton *gouenn,* race, Loth, *Rev. celt.,* XIII, 507, 508. Les préfixes *an-* et *az-* alternent encore dans le bret. moy. *annoet,* temps, gall. *addoed.*

Aparaillet, prêt, disposé à, Cathell 29.

Apoe, appui : *apuy* H 47, D 134, *appuy* 40; *appuyet*, appuyé 18, cf. 67. Un dérivé de ce mot est *apouëilh*, pl. *ou*, auvent, Gr., *apouel* (par *l* mouillé), m. Gon., du v. fr. *apoielle*, *appuielle*, f. appui, garde-fou; « l'*apuiail* de la fenestre », God. — **Apoenter**, apaiseur, médiateur, C*b*. — *Apolina* (sainte) Apolline, H 40.

Apostolic, apostolique C*c*, C*ms*, *appostolic* C*a*, *apostolicq* D 85.

Appaessaff, apaiser. — *Appanteice*, appentis, C*ms*. — *Apparchant da costenn*, 1. lateralis, C*b*, v. *teulenn*. — *Apparence*, -ence, C*b*, v. *fluaff*, *-ance* convenance, H 10, *aparanç* D 133; *apparant*, apparent 194.

Apparitoer « paritoire » plante, Nom. 86; *apparitor* « appariteur, bedeau », 288.

Appartenançou, dépendances (d'un palais) D 194. — *Appellatif*, -if, C*b*, v. *engueruell*. — **Applicabl**, -e, C*ms*; « Dunoy dict **Aplicant** », en 1588, reg. Quemp. 12, = qui s'applique, soigneux ? Jaubert, *Glossaire du centre de la France*, 2ᵉ éd., donne « ouvrage ben *appliquante* », qui demande beaucoup d'application. Mistral, dans son *Dictionnaire provençal*, cite *aplicant* « ennuyeux, fâcheux, en bas Limousin ». En vieux français, *aplicant*, *applicquant* signifiait plaideur : « *aplicant* plaideur, *litigator* », *Dict. de la l. rom.* 1768; mais aussi « (joyeux) » ou « (terrible) compagnon »; cf. God.

Appotiquaer, apothicaire. Pl. *apoticqueuryen* D 107. — *Appotum*, *apotum*, apostume. *Apostum*, *apotum*, Nom. 264; voir *bescul*.

Apret. *A bret*, à temps, Gw., v. *iêla*; *raesin a bret*, raisin hâtif, C*b*.

Aproff, éprouver. Tréc. *ampro* G. B. I., I, 208; *approuv ann doktor*, consulter le médecin, 492. Ce mot dérive, par le français, du lat. *probare*; il n'en est pas de même du van. *aproquin*, éprouver, avérer, *approque*, m., pl. *eu*, épreuve, *aproquér*, qui éprouve, l'A., dont l'origine est, je crois, le v. fr. *aprochier*, assigner à comparoir, *aprochier de*, actionner pour, accuser de, God., cf. *reprocher*; *aprocher* son droit, le prouver, La Curne de Sainte-Palaye; *aprochement* d'amour, i. e. marque, témoignage d'amour, God. = van. *aproquemand* (essai), l'A., v. *combinaison*. *Approuvet* (mariage) approuvé, légitime, Catech. b, 9; *aprophetoch*, plus probable, Cathell 16 (*approuff*, approuver Maun., *approufet* D 88).

2. **Ar-**, particule dans *aruor, arzorn*, etc.; cf. *Urk. Spr.* 35. A souvent en breton moderne, par exemple dans le petit Tréguier, un sens diminutif (cf. *Rev. celt.*, IV, 147) : *ar-vaill*, qui fait le sot, *ar-zod*, espèce de fou, *ar-vrun*, brunâtre, *ar-velen*, jaunâtre (cf. *he bleo zo war velen*, ses cheveux tirent sur le blond, Sainte Tryphine 192); *ar-du*, noirâtre (gall. *arddu*, très noir); *ar-wenn*, blanchâtre (gall. *arwyn*, très blanc); *ar-c'hlaz*, verdâtre, bleuâtre (gall. *arlas*, à l'extrémité bleue), etc.; cf. *dar-*. En vieux breton *ar-* avait plutôt, comme en gallois, un sens intensif : *arocrion* gl. atrocia.

Un autre emploi de *ar-* se montre dans *arvar*, doute, *beza arvar*, van. *bout èn arvar*, douter Gr., *harvari* id. Trub. 152, *beza ê mar, var mar, var var*, être en doute Gr., moy. bret. *voar mar*, en danger; pet. Trég. *en argoll*, en danger de se perdre, comme la récolte par un temps pluvieux : *mad e labourat dë zul, pë ve 'n est en argoll*, il est permis de travailler le dimanche, quand la récolte est en danger, cf. pour la forme le gall. *argoll*, perte totale, et pour le sens *ar gwympo*, sur le point de tomber, etc.; voir *arguila*.

Chal. ms donne, s. v. *muable* : « *suiet de changein, ar vols* », prob. de **ar-voulj*, du fr. *bouger*.

On peut ajouter le van. *arouarecq* qui est de loisir Gr., *arouarec'* Chal. ms, *aroüarec* Chal., Chal. ms, *arouarêc* id., oisif, *ar ouarêc*, désoccupé l'A., *groeit ar oüarec, ar ou goüar* (les beaux ouvrages veulent être) faits à loisir, *ar me gouar*, à mon aise Chal. ms; *um arouareguein*, se désoccuper l'A., Suppl.; *arouarigueh, ouareguieh, oüar*, loisir Gr., *goaregueh, gorgueh, goüar, oüar* Chal. ms, *ouariguiah, ouarr* l'A., *aroüarigueh*, oisiveté Chal., Chal. ms, *arouaregueah* 4 s., *Guerz. Guill.* 41; moy. br. *gorrec*, lent, *goar*, doux, gall. *arwar*, doux, calme, et douceur, tranquillité.

Ar devient quelquefois *al-*, voir *alouret, arbenn, coustelé*; cf. *allerh* « (abboyer) après », *allanne*, l'année dernière, Chal. ms.

L'emploi de *ar-* alterne parfois avec celui de *a-* : *arvoualc'h*, assez D 127, 111, *aruoalch* 124 (rime à la 1re syl. de *archant*, cf. pet. tréc. *'warc'h*), *ar voualc'h* 96, *ar voüalc'h* 16, 131, 179, *ar goualc'h* 169, *arvoalc'h* Quiquer 1690, p. 3, 37, *aroualc'h* 83, 85 (*avoalc'h* 37); *arhoalc'h* (et *avoalc'h*), van. *erhoüalh* Gr., pet. Trég. *ma' rwac'h*, assez bien; *a-drê*, van. *ardrañ*, par derrière Gr.; *pelloch á sé*, d'autant plus loin, Nom. 185, van. *güêll-arzé*, tant mieux l'A., *güel arzé* et *azé* Chal. *ms*, *güel a se* v. *bon* (*arzé* B. *er s.* 46, 412, etc.); *a-gil* et *ar-gil*, en arrière, etc.; voir *arsaill*.

La particule *er-* est parente de *ar-*, cf. *Urk. Spr.* 37 : *en em arbedi*, prier, se recommander à Dieu, *Feiz ha Breiz*, 12 juin 1875, p. 147, = *erbedi*, moy. bret. *erbet*. Voir *har*.

Arabat. *Arabad eo*, il ne faut pas, Gr., v. *hauteur*, Gon.; *arabat e vize e dislavaret*, il ne fallait pas la démentir (ou elle se fâchait), *Bali* 231; *arabet eo examina*, il ne faut pas examiner, *Cat. imp.* 43, *arabet eo differi*, *Aviel* 1819, 1, 170, *arabet vo... sevel*, il ne faudra pas se lever, Mo. *ms* 195, *arabard vou dallé* (tarder) Jac. *ms* 7, pet. Trég. *âbad*, à Plouha *abard; arab eo credi*, il ne faut pas croire, *Buez ha vertuziou sant Joseph... gant... Kerlan person Pouldreuzic*, 2ᵉ éd., 1868, p. 23, *arab eo ober*, *Mellezour ar galoun-zakr ...gant ...Kerlan, person Plouzané* (1879), Brest, p. 146, *arab eo e ve diez ho penn*, il ne faut pas que vous vous inquiétiez 157; cornou. *rabad eo... trahissa, Disput... Jakez Lamrog* 46, tréc. *rabat e heo sellet*, Mo. *ms* 123, *rabat vo rein da hout* 190; *rabet e nem glem*, il ne faut pas se plaindre, Penguern VII, 336; van. *erbat é pleguein*, il ne faut pas plier, Chal. *ms*, v. *accabler*, et avec un autre sens : *arrèbadé*, « je ne saurais qu'y faire », Chal.; *erbad e mès ridéq*, j'ai beau courir, *Voy. mist.* 103; *erbad oai dehi grateah caër*, elle avait beau promettre 85, *er bad oai bet teign seèllét*, j'eus beau regarder 62; cf. *arabad*, « qui est inutile, » de la Villemarqué, *Dict. de Gon.*

J'ai eu tort de faire deux articles à ce mot; le sens « horrible », « défendu », provient de l'idée de « sottise, sornette », d'où aussi *arabadus*, hautain, et dans l'île de Batz *arabad*, hauteur, manière absolue, selon Gr. Le gall. *arab*, joyeux, plaisant, pourrait bien être différent. Grég. écrit *rabadyez* pl. *ou* babiole (*arabadiez* Pel.); cf. le haut breton *rabâter*, rabâcher ?

Arall, *aral*, autre, *Cms*, v. *en; arall*, Cathell, 16, *aral*, 11; van. *èn tural* au delà de, *B. er s.* 74, *quement-tral* (en faire) autant 68, *réral* d'autres 226; *un arall, un arel, un érell* un autre, *en erell* l'autre, pl. *er re erell; en eil hac en aral* l'un et l'autre Gr. Cet auteur donne aussi en dehors du van. *an arall* l'autre, pl. *ar re arall*. Les formes *arel, érell* sont proprement des pluriels = gall. *ereill, eraill*, cornique *erell, erel*. Voir *all, degrez*.

Araoc (bossu) par devant, C*ms* ; *a raoc*, avant, C*b*, v. *donet*.

Arat. Aret, labouré, C*b*, C*c*, v. *bom* ; *alazr*, charrue, C*b*, v. *lost*, Nom. 316 ; **arerez**, motuosité, l. glebositas, C*b*, v. *moudenn*.

ARBENN : van. et cornou. *en arbenn* à l'encontre, Trd, à la rencontre, pet. Trég. ; *war arbenn* à la rencontre, Trd, *war ar benn* Gon., van. *monet ar ben a v. b.* avancer, aller au devant de qqn, Chal. *ms*, *enn-arbænn*, *Rev. celt.*, VII, 348 ; *dré en arben* (*a*) par le moyen de, *Guerzenneu eid esc. Gu.* 1857, p. 66 ; *dré en arbèn* m(*a*) par la raison que *B. er s.* 227 ; *e yé en arben d'é berdégueu* (ses vertus) devançaient, hâtaient l'effet de ses sermons, 231, *arbennein* disputer, contredire, *Imit. hur Salvér* 281, obvier l'A., *arbennein doh* s'armer de constance contre (le malheur), Chal. *ms.*, *arbeennein* bien ménager ce que l'on a pour l'avenir, Chal., cf. *diarbenn, dialbenna*, aller au devant, débouter, Gon., *dont d'hen diarbren* venir à sa rencontre, *Histoariou* 224, *va dialbennet oc'h-eus* vous m'avez prévenu, *Vocab. nouv.* Quimper, 1778, p. 108 ; gall. *ar ben* au sujet de, *erbyn* contre, v.-irl. *ar-chiunn*, litt. « devant la tête ».

ARBOELL, *arbouell* m. ménagement, épargne, *-a* ménager, en cornouaillais Gon., *arbouëll* épargner, Gr. ; *arbouillein* ménager l'A., *arbouillein, arbouill* « épargner, ménager (sans égard au temps avenir) », Chal., *arböelein, arboüilein, -illein* id. (voir *Rev. celt.*, XI, 360), *arboüillanç* lésine Chal. *ms*, cf. gall. *arbwyll* raison, prudence.

Arch guele, chaslit, C*ms*, *arc'h-güele* Gr. ; *arch an tut maru*, bière (des morts), C*b*, v. *lech* ; *arc'h* bière, Gr., *arch'* Chal. *ms*, *archet* Nom. 199, pl. *archedou* 283 ; *archedet* mis en bière, *Son. Br.-Iz.*, II, 162 ; *Archeder*, n. de famille (décès, Guingamp, en 1693), = celui qui fait ou vend des cercueils. Voir *harch*.

Archantus, plein de monnaie, l. pecuniosus, C*b*, *arganteus* pécunieux, Chal. *ms*, pet. Trég. *arc'hantus* (chose) qui rapporte de l'argent, cf. v. fr. *argenteux*, God., *Compl.* ; *archanter*, argentier C*b*, C*c*, argenteur (banquier, changeur), Nom. 296, *argantier* C*a*, *arganter* C*ms*, cf. *Argancher* n. pr. au XVIe s., René Kerviler, *Répertoire de bio-bibliographie bretonne*. *Arc'handhed* le quatrième essaim (qui est rare), Grég., litt. « essaim d'argent » ; ce mot, composé à la façon ancienne, paraît indiquer un moy. bret. *archanthet.

Archdiagoun, archidiacre, C*ms*, et non *arch di-*; *arryagoundy* pl. ou archidiaconé Gr.; *é Dioces, pehini à divisas é teir arrihandi-se. Leon ac'h ha quimilidilly* (Saint-Paul) divisa son diocèse en ces trois archidiaconés : Léon, Ac'h et Quemenet-Elli, D 197.

Archenaff chausser, C, *arhenein* Chal. *ms*; vocabulaire cornique *orchinat*, chaussure. M. Ascoli compare le v. irl. *acrann* id. et le gall. *achre* couverture, vêtement. Cf. lat. *ocrea* ?

AR-ENEP : *voar an tu à renep* (pieds tournés) en dehors, Nom. 273, *lakât holl war tûherenep* tout bouleverser, faire une révolution, *Trub.* 211, cf. *an-tu-war-enep* le côté opposé, Pel.; irl. *airinech* façade, gall. *arwyneb* surface. Le van. *garinép* m. envers, *tu garinéb*, verso, l'A., paraît devoir son *g* à la prép. (*g*)*oar*, sur; cf. gall. *ger bron, gar bron*, devant, irl. *for brú*, sur le bord; bret. moy. *garlostenn*, perce-oreille, gall. *gorlosten* (même formation que le van. *gourloste*, m., coyau ou chanlatte, l'A.).

ARGADI, agacer, Maun., Pel., Gon., huer, chasser en huée, Pel., *argad*, huée, troupe de paysans armés contre les loups, etc., Pel.; m., huée, cri pour effrayer le loup, Gon., *argadenn*, incursion Gr., *argarden* attaque *Trub.* 114; de **are-catu-*, cf. *Et. gram.*, I, 48.

ARGARZI, *ærgarzi*, van. *argaheiñ*, détester, Gr., *argarza*, id., *argarzi* « harcer les chiens après quelqu'un », Maun., *hargarzi* irriter (Dieu) *Trub.* 82, *hargarzidighez* chose odieuse 244, *-zedighez* 266; *hargarzus* abominable 81, 112, 244, *ar-* Gr.; van. *en argarh pehet marvel*, l'affreux péché mortel, *Choæs* 13 (cf. *en infâm p. m.*, 12). Proprement « rejeter », du préfixe *ar-* et de *carza*, nettoyer, purger, curer; cf. le nom *Diargarth*, Cartul. de Quimperlé, *Chrest.* 202.

ARGOAT, *Argôet, Argot*, en cornouaillais, Pel., *Argoad* m. Gon., la pleine terre, le pays des forêts, par opposition à *Arvor*, le pays maritime, la côte; *Argôeder, Argoder* Pel., *argoader* Gon., habitant de cette région; van. l'*Argoët*, XVIIe et XVIIIe s., comté, dans le Morbihan, Rosenzweig, *Dict. topogr.*; cf. gall. *argoed* f.

Argoez, intersigne C, *argouez*, miracle N 902, voir *coar; oarez* P 235, par métathèse de *aroez*, avec rime de la 1re syll. à *hoar*, cf.

Rev. celt., XI, 357. La leçon *oarez* est appuyée par deux vers imités de ce passage, qui se lisent D 155, str. 14 :

> *Breuzr na c'hoar diouch ourez anevezet,*
> *Goude ma vez er bez ur bloavez gourvezet*

lisez *diouch oarez ne vez anevezet* : litt. « frère ni sœur d'après aucun signe n'est reconnu, après avoir été dans la tombe une année étendu ». — Voir *oade, aruoarz*.

Argourou, dot C, Maun., *argobrou* Maun., *argouvreu* Chal., *argöreu, argorou, argoureu,* Chal. ms, *argouvreu* m., l'A, *argoulou, argourou, argobrou,* Gr. ; *argourouaff,* doter C, *argouraoui, argobraoui,* Maun., *argoureüein* Chal. ms, *argouvrein,* Chal., l'A., part. *argouret,* Chal. ms, v. *mariage*. Du van. *argouvreu* vient le haut breton *agouvreux,* ménage de la mariée (Ille-et-Vilaine), *Rev. celt.*, IX, 371. Les formes qui ont *b* le doivent sans doute à l'influence de *gobr,* prix (cf. gall. *amobr, amobrwy*). Voir *alouret*.

Arguamant argument, Cms, pl. *argumentou,* Cathell 13.

Arguila, reculer Gr., *arghila* Pel., van. *arguileiñ* Gr., cornique *argila*; cf. van. *ar güile* à reculons, Chal. ms., *ar guil,* hors de Van. *var guil* Gr., irl. *ar cúl*. Le dict. de Chal. donne *a guile,* à reculons, mais aussi avec le pron. possessif, *ar me hile*.

Arhme, van., saxifrage, casse-pierre Pel., *arrme* Gr. ; masc., l'A, *arc'hmé, armé* Gon., cf. gall. *archmain,* m., autre plante maritime, *Statice armeria*.

Arhoaz. Le Cms a *arahoaz,* demain, entre *arabl* et *arall; bede oar hoaz,* jusqu'à demain, Jér., v. *war; vararc'hoas ar beure* (venir) demain matin, Mo. 156 ; à Lannion *warc'hoaz*.

Arhuerhein, offrir de la marchandise pour en sonder le prix Chal., *arhuêrhein, alhuêrhein,* l'A., de *aruerzaff,* gall. *arwerthu* vendre aux enchères ; voir *alouret*.

Arlehuein, racommoder, rafraîchir un outil Chal., *arléhuein,* rafraîchir un outil de fer, l'A., *arlehueiñ,* van. Gr.; *arlehuein,* carreler des souliers, l'A., *arlehour* pl. *arlerion* (raccommodeur), v. *savetier; arleuhour,* réparateur, *arleu,* réparation, l'A., de *ar-leff-, cf. moy. br. *dileffn*, rude, raboteux (non poli), allem. *schleifen*; voir *libonicq*, et *Rev. celt.*, VIII, 505.

Arm, airain, Cb, v. *metal*, Nom. 248; *arm*, *arem*, Gr. L'*m* du latin *æramen* est resté dans ce mot, d'origine française, comme dans *alum*, alun (l. *alumen*); *liam*, lien (l. *ligamen*).

Armennat, sorte de redevance, Cartul. de Quimperlé, *Chrest.* 188. M. Loth compare le vannetais *menad* « perrée », mesure de capacité; voir *taruenat*, *menatt*, et *Rev. celt.*, XIV, 287.

Armèrhein, *armêrh*, ménager, user avec réserve, l'A., *armerheiñ*, épargner, van. Gr., *armerhein*, se ménager (un instant), *Imit.* 453; *armerh* « ménager ce qui a été mis entre nos mains »; pl. *eu*, ménagement, épargne, *amerhein* épargner, Chal., *amerhein*, *amerrein*, épargner, ménager, lésiner, Chal. ms; *armêrh* ménagement, épargne, l'A., *amerh*, *amerh'* id. et lésine, Chal. ms. Cf. gall. *armerthu*, *darmerthu*, pourvoir; voir *merzout*, *arzorm* et *Rev. celt.*, IX, 375; XI, 360.

Arnodi, commencer, essayer à bien faire quelque chose, Pel., *Trub.*[1] 74, *harnodi* 119, *harnot* il commence 265, *darnodi a ra chana*, il commence à se reposer, 38; cf. gall. *arnodi*, noter.

Aros, poupe, van. Gr., Chal., *aross*, m., l'A., *aros* est aussi cornouaillais, Gon., *aroz* en ce dialecte, *Barz. Br.* 237; cornique *airos*, v. irl. *eross*. M. Ascoli pense que le sens premier de ce mot était « hauteur », d'où « pars navis altior ». M. Stokes voit là deux mots différents, *Urk. Spr.* 37, 298. Son explication de *eross* « poupe » par *(p)arei-sosto-* n'est guère satisfaisante pour le sens (=allem. *Vor-sitz*); celle de *eross* « hauteur » par *(p)erostu-* rendrait compte de l'autre emploi du mot, cf. πέρας enfin. On peut admettre aussi un composé *(p)ero-sto-*, pendant de *(p)ro-sto-*; voir *ros*.

Arriu. *Chede ary*, B 164 ne veut pas dire « te voilà arrivé », mais « voici ce que tu feras », = *chede arry* B 730, cf. *Dict. étym.*, v. *a* 3.

Arsàu, repos, cessation, répit, relâche, *Guerz. Guill.* 44, 45,

---

1. *Barzounegou var drubarderez Jusas, en henvor eus a viçzion Sand Marlin, Roel e mis Maë 1847. Y. M. Gwasket e Montroulhes, e ty A. Lédan. 1847.* A la p. 11, le nom de l'auteur se lit en toutes lettres : *Y. Moal, Persoun Sand-Marlin eus a Vontroulez.*

arsaw, id. *L. el lab.* 12, *arsau*, m., pl. *eu*, l'A., dim. *arsaouig*, v. verset, *arsaô, arzaô*, m. Gon.; *arsaw* cesser, *L. el lab.* 52, *mar arsaw ar é ruan*, s'il cesse de ramer, 18, *n'arsau quet a droein*, il ne cesse de rôder, *Guerz. Guill.* 4; gall. *arsaf* station, cf. irl. *airisem*, arrêt, repos; voir *Rev. celt.*, XI, 486.

Arsaill « arsaillir », *Cms*; *asailher*, on attaquera (futur), B 658; *arsaöt*, assaut, Jér. v. *ribâot*; voir *ar-* 2.

Art, art Cathell 29, *un ar Magiq*, un art magique, D 86, f. : *anezy*; pl. *ardou*, arts Cathell 3, Nom. (à la table), N 1098; artifices J 80; *ardus* artificiel, C*b*, v. *mecherour*; **artifiç**, artifice, art, Cathell 5, *artificiel*, artificiel, D 131, *artisanet*, artisans 69; *artist*, artiste, homme de génie, J 177. Le P. Grégoire donne *arz* pl. *arzou* et *ard* pl. *ardou*, van. *ardéü*, art; *arzus, ardus*, artificiel; *artiviçz*, van. *artifiçz*, artifice. On dit en petit Tréguier, *beañ dinañn i art*, être aux aguets; *hénnez 'n euz art fall*, il prépare un mauvais coup; *artizañnein*, faire de la menuiserie. Cf. *Rev. celt.*, IV, 147; XV, 338.

Artzul n. de famille, reg. Quemp. 3 v; *Artulus*, prénom latinisé : *Artulus Sallaun* en 1600, 8ᵃ v, *Artulus Moyesson* en 1601, 13ᵃ; *Arzul*, n. de famille, Tréguier (naissances, de 1660 à 1669); *Arzur*, à Pleumeur-Bodou, listes électorales de 1894; en petit Tréguier *Arzul, Arjul*; v. bret. et gall. *Arthur*. Voir *alouret, porz*, et Holder, *Altceltischer Sprachschatz*, s. v. *Arturus*.

ARVAL, « moute, droit de moute, communément réglé au seizième, » Gr., *arvale*, m. l'A., gall. *arfal* m. Ce mot est différent de *arreval*, pl. *ou* « mounée, la provision ordinaire qu'on porte à moudre au moulin », Gr., *arréval*, m. mouture, Gon. (*atreval* Pel.), *eureuvel*, *Son. B. I.*, II, 202, Jac. *ms.* 56, m. : *daou pe tri heureuvel* 93, pet. Trég. *erañvel*, = **ar-ro-mal*, cf. gall. *rhyfalu*, moudre beaucoup. Mais on les a parfois confondus : *arval*, « mouture », *Vocab. nouv.* Quimper 1778, p. 23; van. *arval*, mouture, Trd.

ARUEL, querelle, noise, Chal. *ms.*; mot employé en outre *ibid.*, v. *bosse, ergoter, partir, playe; aruellour* ergoteur, Chal. *ms.*; cf. gall. *arfail* destruction, *rhyfel* guerre; moy.-br. *bell, bel* bataille, violence, douleur, v. celt. *Belatu-cadros*, épithète de Mars; v.-irl. *atbail* il périt. Cette racine, que M. Rhys tire de *gvel*, anglo-saxon *cwel-*, angl. *to kill* (*The Hibbert Lectures* 1886, p. 38), a pu se mêler, en breton, avec le lat. *bellum*.

Aruez il considère ; air, aspect, prob. de *ar* et *beza* être, voir *Rev. celt.*, XI, 461 ; cf. *beza arveset* être attentif, vigilant, D 162 (l'avant-dern. syll. rime en *ez*).

Aruarz, fascination, N 1476. La forme *aruoazou* qui se lit deux vers plus haut est probablement le pluriel de ce mot, et non de *aruoez*, signe ; *eguit aruoa(r)zou de plouaff* peut signifier « malgré les prestiges qui le frappent ».

ARZELL, jarret Pel., *arzel*, m. Gon., a été comparé au lat. *artus* (gall. *erthygl* articulus). Je crois qu'il tient plutôt au fr. *ars*, « le pli qui se remarque à la réunion de la poitrine et du membre antérieur du cheval », au XVᵉ s. *ars*, *arcs*, Littré ; cf. v. fr. *arcel¹* caveau (arceau), et *arselettes*, guêtres, dans une chanson bressane citée par M. Tiersot, *Hist. de la chanson populaire en France*, Paris 1889, p. 155. En petit Tréguier, *arzel*, f., veut dire en général un quartier (d'animal) : *eun arzel gik*, une pièce de viande.

Arzornn, poignet, Cms, *azorn*, Cb, v. *dorn* ; *harzorn*, Nom. 23, pl. *arzournaou*, D 149. *Azorn* = *azôrn*, van. *azourn*, *aourn* Gr., *azornn*, *aornn*, *aournn* l'A., Sup., *aournn* Rev. celt., VII, 340 (où la citation de l'A. est inexacte), vient de *arzorn* par une dissimilation différente de celle qui a donné *aldôrn* Gr., voir *alouret*. Cf. *Malargez*, en 1630, de *Marlargiez*, *meurzlargiez* ; van. *amerhein* de *armêrhein*, *argaheiñ* de *argarzi*, voir ces mots ; van. *leurhé* de *leur-guær*, aire d'une ville, *Rev. celt.*, XV, 388.

Ascloedenn. *Escleut*, copeaux, Nom. 196 ; *ascloëd*, *æscleud*, Gr. (et non *ascleud*, M. lat. 134) ; *asklóéd*, *askleûd*, Gon.

Ascol (fleur de) chardon, Cb, v. *glan* ; *ascollen* Cms ; *asquol biniguet*, chardon béni, Nom. 80.

Asq cornière Cms, *ask*, pl. *ou* incision... sur les angles d'une pièce de charpente pour arrêter le cordage qui sert à la suspendre, Pel. (l'auteur ajoute d'autres sens qui viennent d'une confusion entre *eun ask* et *eun nask*) ; *ask*, m. entaille, coche, Gon., van. *hossque* m. l'A ; gall. *asg* f. M. Loth propose d'expliquer ce dernier par une forme celtique **ac-sca*, qu'il compare au lat. *ascia*, *Ann. de Bret.*, VII, 210. Cf *Keltorom*. 108, 109.

Asquell crochenn, g. huette ou frasoye, C*ms*, cornique *asgelli grohen*.

Asquet, asqueut (r. *et*), doit être séparé de *astut*; voir *squet*.

Asquipet. Van. *aquipet* (les bourreaux l'ont) arrangé, mis en cet état, *Choæs* 71 ; *aquipaj* équipage (d'un vaisseau), *Vocab. nouv.*, Vannes 1863, p. 10 ; cf. v. fr. *aquipper* équiper, God., *Compl.*; voir *astandart*.

Asquornn, os, C*b*, v. *ezn; asquorn*, Nom. 21, *ascourn* D 149, pl. *eskornou* à Châteaulin, *Rev. celt.*, V, 185 ; **ascornec** dans *Lascornec*, Anniv. de Trég., XIV, = *asquornecq* « bien membru » Nom. 272, cornique *asgornec*, osseux, gall. *asgyrnog*. *Ascorned rust* osseux, *Suppl. aux dict. br.*, Landerneau 1872, p. 60 (cf. angl. *strong-boned*).

Assamblaff, assembler, C*b*, v. *compellaff; assemblaff*, conjoindre, C*b*, f° xli v° ; *assamblaff*, ensemble, C*b*, v. *tomaff; assembla*, v. *den; asamble*, 3 s., Jac. *ms*. 104, v. fr. *assemble*, God., cf. *Rev. celt.*, XI, 363 ; *asambles*, ensemble, Nl p. 108, *ansambles ganta*, en même temps que lui, D 34, *assembles* 31, 99 ; **assamblé**, assemblée Catech. 6 v, D 39. — *Assantamant* (et non *-ment*), assentiment C*ms*.

Assez, il s'assied, C*b*, v. *prouostiez; asez* il est assis, H 6. M. Loth remarque que *asezaff*, = cornique *ysedha*, gall. *assedda, asseddu*, ne vient ni de *assĭdo*, ni de *assīdo*, et s'expliquerait par une composition celtique *ad-sĕd-* (*Ann. de Bret.*, VII, 210). Mais *assĕd-* également usité en bas latin, pourrait être l'origine de ces mots ; cf. moy. bret. *goursez*, délai, gall. *gorsedd*, trône, du lat. *sĕd-* et non du celt. *sĕd-*, qui devient en gall. *hedd*, bret. *hez*, voir *anhez, ehoazyet, hezaff*.

Le tréc. *assedet etre ter vandenn* partagés en trois groupes, G. B. I., I, 64, cf. 60, 62, doit venir du v. fr. *asseter* asseoir, placer, disposer, ital. *assetare*; cf. van. *assaitte*, solage, exposition l'A., *assætte* m. exposition, situation, *Sup*.

Association, g. id., C*b*, v. *compaignun*. — *Assomption*, l'Assomption D 70 ; *an assomption eux an humanité é Doué*, 49. — *Assury*, assurer (que), Cathell 13.

Astal, cessation, relâche, surséance, Ouessant et bas-Léon, Gr., m. discontinuation, interruption, Gon., gall. *attal*, arrêt, obstacle, de *at-dal, *az-dal, moy. bret. *dal*, tiens.

Astandart. Cf. v. fr. id., étendard, God., *Compl.*

1. Astell, certaine mesure pour les grains; *astellat*, le contenu d'une telle mesure. « A Lesneven, c'est demi-boisseau : et au Conquet, même diocèse de Léon, c'est le boisseau entier » Pel., *astellad*, un demi-boisseau plein, en bas Léon Gr., *astel*, f. pl. *astellou*, mesure d'un demi-boisseau environ Gon.; de **az-tel*, gall. *tél*, mesure de capacité, 5 ou 8 boisseaux; mot formé comme *azrann* subdivision Gr., *asrann* f. Gon., gall. *adran*, f. etc.

2. Astell, attelle, éclat de bois fendu, *astellenn* id., pl. *æstel*, *æstellennou*; *astell-youd*, attelle, bâton pour mêler la bouillie, *astell-grampoes* « attelle, espatule pour tourner les crêpes sur la galetoire » Gr.; à Saint-Clet *astell*, instrument que Gr. appelle « attelle platte et aiguë pour pesseler du lin », *astelat*, pesseler; gall. *astell* f. planche, éclat de bois, pl. *estyll*, cornique *astel*, irl. *astal*, du b. lat. *astilla*; cf. Dict. étym., v. *estell*.

Asten, étendre, Cb, v. *tennaff*. — Astrologian, astrologue, *astronomian*, astronome, Nom. 303; **astrou**, astres, écrit *à strou* Nl, p. 107.

Astut : an astud (les grands et) les petits D 154, 164, v. fr. *astud*, astucieux, habile, Dict. étym., p. 403; gall. *astud*, attentif, diligent.

Astuz, vermine, Pel., m. Gon.; cornou. *astu*, Pel., *amstu* poux, Gr.; van. *anstu*, vermine, l'A.; Gr.; *astut* Gr. est une faute pour *astuz*, comme le montrent les dérivés *astuzi*, verbe, *astuzus*, adj. ibid.; pet. Trég. *astur*; Etudes vannet. 80; voir Rev. celt., XIV, 308. Cf. vocab. cornique *stut*, gl. culex, dont le *t* final peut représenter *z* doux; gloses d'Oxford 2 *arstud*, cuspis; gall. mod. *cystudd* douleur (componction), gall. moy. *kistut*, *custud*. M. Loth tire ce dernier mot du latin *custodia*, M. lat. 158, mais le sens est bien différent. Tous ces mots viennent plutôt de **stōd*, **steud*, piquer, pousser, frapper, comme le gothique *stautan*, allem. *stossen*; cf. *stössig* (animal) qui frappe de ses cornes.

Atorn guenn, atour Cms; *atourneu*, affiquets Chal. ms. Grég. donne *atourm*, pl. *atourmou*. — **Attrapancc**, attrempance, l. modestia, Cb, v. *manier*; du fr. — **Auchunement**, aucunement, Catech. b 9, van. *aucunemant*, Chrest. 336, du fr. — **Augment**, il augmente, *augmanter* est augmenté, Catech. 10 v, cf. Chrest. 324, *augmentation* -tion D 78, 189, du fr.; *Augustus*, Auguste, empereur, Cathell 35.

Ausaff, préparer ; *pe-naux* comment, cf. *Rev. celt.*, IV, 147. Ces mots sont rapprochés, *Urk. Spr.* 195, de l'irl. *nôs*, coutume, expliqué par **nomso-*, cf. νόμος, *numerus* ; mais cette étymologie n'explique pas *neuz*, qu'il est bien difficile de séparer de *-naux*. Voir *diez̦nes*.

Autel, autel, C*b*, v. *pistin*, du fr. Le v. br. *costadalt*, gl. aeditui aecclesiarum, doit contenir le mot *auter* ; cf. Du Cange : « æditutus custos... altaris ». Sur la chute d'une syllabe finale contenant *r*, voir *goaz̦, kirin*. **Auteric**, petit autel, C*b*, v. *pillic*. Le v. fr. a eu aussi des formes en *er* ; on lit *austier*, *Archives de Bret.*, VI, 114, au XVe s. ; *auter, autier*, etc., God., *Compl.*, v. *altel*.

Autenn, rasoir. D. Pel. donne *auten* rasoir ; couteau pliant ; *falc'h-auten*, faucille sans dents. Selon le P. Grég. « dans le dialecte de Van., *autenn* veut dire couteau, et en celui de Léon, rasoir » ; le *Dict.* de l'A. traduit pourtant « rasoir » par *auteenn*, f. pl. *eu*. La racine peut être la même que dans l'irl. *art*, pierre, gaul. cisalpin (acc. pl.) *artuas* « les pierres (sépulcrales) », cf. *Urk. Spr.* 19. M. Rhys rapporte *autenn* à une autre origine : grec ἄρδις pointe, allemand *erz̦* airain (*Lectures on welsh philology*, 2e édit. Londres 1879, p. 416, 417). M. Bezzenberger, *Urk. Spr.* 21, part de **(p)altani-*, et compare l'allem. *spalten*, sanscrit *paṭ*, fendre, etc. Mais je crois que l'*l* est ici relativement récent, bien que commun aux langues néo-celtiques ; car le bas latin a emprunté au celtique une forme de ce mot qui avait conservé l'*r*. On lit en effet (en latin), dans les trois éditions du Catholicon, s. v. *ganiuet* (canif) : « *artanus*, scapellum ; » dans le Catholicon manuscrit, *artauus* ; dans le *Vocabulaire cornique* : *artauus*, kellillic (i. e. couteau), *Gramm. celt.*, 1080, l. 1-2, cf. p. 297, l. 23 ; dans les *Vocabula in pensum discipuli* : *artuum* cultel (i. e. couteau), *Gr. celt.*, 1062, l. 2. Ces trois textes différents ont cela de commun qu'ils présentent des traductions de mots latins en des langues celtiques, de sorte qu'à la rigueur on pourrait regarder *artavus* comme une fantaisie latino-celtique, du genre de *ciuium* « fraise », *minichya* « asile », *Rev. celt.*, VII, 101. Mais l'un au moins de ces mots *artanus* et *artavus* a réellement existé en bas latin. Le Catholicon de Jean de Gênes donne *artavus*, canif ; le dictionnaire de Du Cange fournit encore d'autres exemples. Un manuscrit cité dans le même ouvrage traduit *artanus* par l'italien *lo temperatore*. Il y a, même dans l'édition Favre, un article qui dit en latin : « *Arcavus*, encrier ; voir *scarpellium*. » Il faut lire : « *Artavus*, canif ; voir *scarpellum*. » Le texte auquel il est fait allusion, tel qu'il est imprimé au mot *scarpellum*, porte à l'accusatif pluriel *artavos*. Je suppose que le basque *artazi*, ciseaux, a la même origine ; pour la terminaison, cf. *askazi*, parent ?

Auteriteaff, autoriser, C*ms*, *authoritez* autorité Catech. 8 ; *an brassaff* **auctoriset** *an pobl*, le plus autorisé au peuple, l. primor, C*b*, v. *quentaff*; **autreadur**, consentement, v. *guingnal*, **autreer**, C*c*, *autreur* C*b*, consenteur, l. fautor, v. *favor ; autheur* auteur D 39, 92, *autorité* autorité 100, *authorité* 42, 103. — *Autramant*, g. id. C*ms*, Cathell 10, D 141 ; *aultramant* autrement dit, H 51 ; voir *pe* 1.

Autrov bras (grand seigneur) ; *autroenz* (lis. *-oniez*) domination, C*ms*, v. *didan ; autrounez*, seigneurs, Cathell 5, *autronez* D 177, *autrounes* 190 ; *dre autroniez bras*, noblement, C*b*, *entre dou entroniez*, en la fin de deux seigneuries, C*b*, v. *diuidaff*. Le masculin *dou* est surprenant ; *aotrouniez* est féminin selon Le Gonidec. *Autrouniez*, *autrouniaig*, seigneurie, Nom. 228 ; van. *eutrunieh*, Chal. *ms*. Voir *Urk. Spr.* 21.

Aualeuc, dans le n. pr. *Avaleuc, Avalleuc*, xve s., R. Kerviler, *Répert. gén. de bio-bibliogr., Avalleuc, Arch. de Bret.*, VII, 227 ; *Avallec*, nom de lieu du Morbihan, = « pommeraie », cf. *Rev. celt.*, VIII, 139 ; gall. *afalleg* f. pommeraie, cf. bret. *avalennec* id. Gr., *avalêc* f., [pl.] *avalégui* pommier, l'A. Pel. donne *avalot* pommeraie, verger ; cf. la famille bretonne *L'Avalot*. Cette terminaison vient de *-oet*, lat. *-ētum*, comme dans *Halegot*, reg. Péd. 84 b (1581), de *salicētum* (cf. *Rev. celt.*, VII, 315 ; XIV, 321.) Comme elle ne s'ajoute pas d'ordinaire aux mots d'origine celtique, on peut supposer qu'elle est provenue ici d'un synonyme *Pomoroit, Pumurit*, etc. *Chrest.* 158, 226, tréc. *Pañvrit, Peurit*, de **Pumoroit = *pōmār(i)-ētum*, en franç. *Le Pommeret, La Pommeraie*, etc. dans le Morbihan (Rosenzweig, *Dict. topographique*) ; cf. *Olivrit*, voir *oleau*. Sur l'origine du mot *aval*, voir *Urk. Spr.* 11.

Auampie (avant-pied), C*ms* ; *auancy* faire avancer (qqn) D 118.

AVANCQ, pl. *ed*, bièvre, espèce de castor ; castor, Gr., gall. *afanc*, irl. *abac*.

Auaricc avarice H 47. — *Aue Maria (un —)* 35, *an Ave Maria* 3, f. : *hi* D 62, cf. *Rev. celt.*, XIII, 240. *Goude en avé*, après la salutation de l'ange D 20 ; *teir Ave, Bali* 173.

Auelyou vents Nom. 220, *avelou* Gr., Pel., Gon.; *el un aüeladen* (il s'est enfui) comme tous les *mille* Chal. *ms*, litt. « comme un coup de vent »; pet. Trég. *dustu pe mou avel* dès que j'aurai l'occasion ; *rein avel* donner le moyen. Cf. irl. *ahél* vent, *Urk. Spr.* 22. Voir *avre*.

Auentureux, g. id., *Cb*, v. *fortun*; *avanturyou*, aventures D 87.

Auyel évangile H 22, 54. — *Auisaff. Me a meux adviset translatifu* j'ai eu l'idée de traduire, Catech. 5 ; *pa avisé ...evisenn*, quand (la Vierge) pensait, savait que je serais (affligé) D 173.

Auoeaff : *aduoeo* il reconnaîtra (Dieu) Nl p. 109. — *Auoeltriez* H 50, et non *av-*; *aoultr* homme adultère, *aoultriez, aoultries* crime d'adultère D 103, *avoultriez* 102.

Auoun, fleuve, *Cms*; sur l'étym., voir *Idg. Forsch.*, IV, 141.

AVRE, havre, aujourd'hui, Saint-Brieuc, Gr.; *avre* « c'est du mauvais breton que l'on parle encore un peu dans un coin du diocèse de Saint-Brieuc, ainsi que me l'a appris le R. P. Grégoire, » Pel. Ce mot se dit encore à Lannebert, en Goello; il vient de *av're*, **a-veure*, gall. moy. *avory* « demain », cornique *avorow* « demain », *avar* « de bonne heure »; cf. irl. *imbárach* « demain matin »; composé de *beure* « matin ». Cf. *diavlé*, jamais, par rapport au présent, haute Cornouaille, Gr., de *di* et *avre*, aujourd'hui. Ce n'est peut-être pas le *di* privatif, mais celui de *diabarz* en dedans, *diavés*, en dehors, etc.; une négation devait accompagner ce mot *diavlé*, comme ses synonymes ; voir *bet nary*.

Pour la chute de l'avant-dernière syllabe dans *av're, diav'le*, on peut comparer *afflet*, badin, léger, volage; mot entendu seulement en bas Léon par Le Pelletier, inconnu à Le Gonidec, s'il est pour *av'let*, de *avelet*, éventé. Mais on peut aussi voir dans *afflet* le participe d'un verbe **affla* du latin *afflare*, ou **affli*, du v. fr. *afflire*, abattre, accabler (affliger) ? Cf. *e veze afflet hac arretet ar violanç* la violence (de Saül) était calmée et arrêtée (par les chants de David), *Intr.* 400, anc. éd.; *Poulaflet* nom de lieu en 1421, *Archives de*

Bretagne, publiées par la Soc. des Bibliophiles Bretons, VI, 78 ; *de Kernafflen*, n. d'ho., xvɪᵉ s., Nobil.

Auron, aurone C, Nom. 78, *auroun Cms*, prononcé sans doute par *v* consonne : *avron*, *afron* Gr., Trd, *afronenn* Trd.

Auv, foie, *Cms*, *affu*, *Cb*, v. *elas* ; *eü*, Nom. 21, *ehu* à Douarnenez, *Rev. celt.*, V, 158, van. *aü*, *éü* Gr. (cf. *éübi* de *ac'hubi*, occuper; *hergui* contester, discuter, *Trub.* 58, de *argui* Gr.; *vn heur*, variante de *un aur*, un havre, Nom. 243; van. *qéhut*, avoir, Gr., de *cahout*, *mëud*, mouton, Gr., de *maout*; pluriel *-eu*, de *-aou*, etc.). Voir *dastum*. *An* **Avuenec**, reg. Péd. 15 b (1567), cf. *douar avuennek* mauvaise terre qui colle, à Langoat, Pleudaniel (*Rev. celt.*, IV, 147), à Trévérec *avuek*.

Az eux, tu as, Cathell 14, 24, *a hens*, 9, *ac'heux* D 125 ; *az bezet*, aie, Cathell 18, *na vezet*, n'aie pas, 27.

Azcaret, aimer derechef, *Cb*.

(*Azeul*, il adore), *ezeul*, *Cb*, v. *idol*. Pour l'adoucissement de la première syllabe, la deuxième restant intacte, cf. les pluriels moy. bret. *querdenn*, cordes, *Cb*, v. *lestr*, du sing. *cordenn* ; *questell*, châteaux, de *castell*, etc. La différence entre *azeul* et *ezeul* s'observe dans le moy. bret. *chom* et *chem*, il reste (auj. *chom*) ; *digor* (auj. id.) et *diguer*, il s'ouvre (cf. gall. *ymegyr*) ; *ro* et *re*, il donne (gall. *ryd*, *rhydd*, *dy-ry*), léon. *ro*, van. *ra* ; *sco* (auj. id.) et *sque*, *squæ*, il frappe ; *tal*, il vaut, et *tel* dans *nedel bichanoch*, l. quominus Ca, *nedèl bihanoch*, *Cms*, léon. *tal*, tréc. *tel* dans *ne del mann*, il ne vaut rien. Elle s'observe entre le bret. moderne et le bret. moy., ou entre différents dialectes actuels, dans *koll*, il perd, moy. br. *quell* (gall. *cyll*) ; *gall* et *gell*, il peut, moy. br. *guell* (corniq. *gyll*, gall. *geyll*, *geill*) ; *kav*, il trouve, moy. bret. *quef* (corniq. *kyff*, gall. *ceiff*, *caiff*) ; léon. *dalc'h*, tréc. *delc'h*, il tient, moy. br. *delch*, *Cb*, v. *leffr*, *meuy*, etc., *delc'h*, Quiquer, 1690, p. 9, 10, 11 (gall. *deil*), cf. br. moy. *quendelch* il garde; *fall* et *fell*, il faut, il manque, moy. br. *fell* ; *lam* il enlève, moy. br. *lem* ; *marv*, il meurt, moy. br. *meru* (corniq. *merow*) ; *sav*, il se lève, moy. bret. *seff*, *sef* (corniq. *seff*, gall. *saif*) ; *tav*, il se tait, moy. br. *teu*, *teo* (inscr. en lettres gothiques, *Rev. celt.*, I, 406) ; *anav* et *éné*, il connaît, Gon., *hene*, *Gramm.* de Grég., p. 71, *ene*, *eneff*, p. 144, moy. br. *ezneu*, *ezneo* ; léon. *galv*, il appelle, tréc. *gelv*, cf. *Mezellour an ineo*, Saint-Brieuc, 1831, p. 91 (gall. *geilw*, corniq. *gelow*). Un exemple de ce phénomène, en vieux breton, est, je crois, *aarecer*, gl. cianti = *a arecer* « qui excite »; *-arecer* est le verbe correspondant à l'adj. v. br. *arocrion*, gl. atrocia, même racine que *ocerou* et *aceruission*, gl. hirsutis. Le lat. *cianti* pour *cienti* est pris au même sens que dans le vers de Virgile (Énéide, VI, 165) *Ære ciere viros Martemque accendere cantu*; cf. v. irl. *do-r-acràid*, gl. exacerbavit, corniq. *dyegrys*, ébloui (fr. *aigrir*, au fig.; angl. *eager*). *Azuly*, adorer, Cathell 5, *azeule*, adore-le, 5, *adeulet*, adoré, 18. Gr. donne *azeuli ezeñs* encenser, litt. « brûler de l'encens »; si cette locution a réellement existé, elle doit provenir d'une réminiscence du lat. *adolere*. Pel. et Gon. ne connaissaient *azeuli* que par les livres. M. Stokes a comparé l'irl. *áilim* je prie, *Urk. Spr.* 20, cf. 51; je crois, comme M. Loth, *M. lat.* 130, qu'un emprunt du lat. *adorare* est plus probable.

Azgreunyaff, agrener, l. aggrano, C*b*, v. *greunyaff*.

Azliuet « surtaint », C*b*, tréc. *hadlivet*, reteint, part. de *hadlivañ*, gall. *adliwio*. Voici d'autres composés du même préfixe, qui sans aucun doute était plus répandu que ne l'indiqueraient les textes (cf. *Rev. celt.*, IV, 155, 156; XI, 461; voir *daz-*) : *soubennic* AZ TOM, gélatine, Nom. 55, van. *soubeenn attuêm*, potage réchauffé, l'A., gall. *cawl attwym*; *læch pehiny a sant á az prat*, lieu marécageux, Nom. 233, *placc á sante á az prat*, marais, marécage, 246.

Aznauoult, connaître, Cathell 34, *aznaout* Nom. 303, *anvout* Mo. *ms.* 138, *anvezont* ils connaissent *Cat. imp.* 44, p. *aznauezel*, Cathell 5, prés., 2ᵉ p. sg. *ezneuez*, 34, impér. *ezneou !* 21, fut. *annauezo*, 13, cond. *aznaffe*, 4; *ezné*, il connaît, D 23, 1ᵉ p. pl. *esnevomp*, 63; *e zeo anoudec penaus* (après l'avoir examiné) il reconnaît que, *Cat. imp.* viij, pl. *anaoudeyen* (parents et) connaissances *Feiz ha Br.* 27 janv. 1872, p. 410, *anaoudeien*, Bali, XI; *aznauoudeguez* connaissance Catech. 4 v, H 15 (et non *aznav-*), *aznauodeguez* Catech. 4 v, *aznaoudegez* Catech. 4 v, D 68, 91, 94; 4 syl., 171; *en — eux* en reconnaissance de 194; *aznaoudiguez* 29; *hep anaoudeguez* (ils sont) sans connaissance, pâmés Jac. 124; cf. *Rev. celt.*, XI, 463.

Azr : *aër viber*, serpent d'eau, *vn aër, viper*, vipère, Nom. 51.

Azrec, contrition. M. Bezzenberger tire ce mot de **ati-(p)reko-*, cf. l. *de-precari*, *Urk. Spr.* 9, et en sépare le goth. *idreiga*. *Arreum* doit aussi être différent.

Azroüant, démon D 53, *azraoüant* 16, 60; *azzonant*, Cathell 1 (lisez *azrouant*).

Azvent avent D 81, van. *aveenit* m. id. l'A., *avëent* décembre Gr., *miss enn Aveenntt* l'A., du lat. *adventus* (gall. *adfent*, de l'anglais). Voir *aduent*.

B

Bac, *bag*, bateau, C*b*, v. *lestr* ; f. : *bag pesquezres* (bateau de pêche) Nom. 150.

BAC'HA en Léon « saisir, confisquer et mettre en séquestre les bêtes de pâturage trouvées en dommage, jusques à l'amende payée » Pel., D 105 ; renfermer, retenir enfermé Pel., emprisonner Gon.; *bac'h* lieu renfermé, sans air ni clarté Pel., *bâc'h* f. id., prison, cachot Gon., masc. dans *eur bac'h tênval* un sombre cachot, *Trub.* 74 (*e bac'h a laka* il met en prison 170) ; *toull-bac'h* prison, cachot Trd. Cf. gall. *bach* f., coin, identique prob. à *bach*, m. croc, bret. moy. id., auj. *bac'h*, f., que M. Stokes rapproche de l'angl. *back* et du sanscrit *bhaj*, *Beiträge* de Bezzenberger, XIX, 45 ; *Urk. Spr.* 160.

Bachelier, -ier, C*ms* ; *baçelyer en lesennou* Nom. 304, *baçelyer en armou* « bachelier aux armes », nouveau soldat 291.

Badezyant, baptême, H 51, 52, *badizant* Cathell 17, *badizyant* D 42, 120, *-ziant* 127, *badyzyant* Nom. 224; fém. : *goel anvadizyent*, épiphanie, C*b*, *goel an vadizyent*, C*ms*, *goel an vadizyent* Ca, *gouel an badezyant* H 53, van. *er Vadiennt* l'Epiphanie, l'A. v. *lune*, *gouil er Vadienn* l'A.; *tud hemb badiènt* païens B. er s. 158 ; *baptismal* baptismal D 132. L'inf. *badezaff* n'est pas dans H.

Badin, badin, Am., v. *picol*, *badinerez* f. badinage *Æl mad* 135, van. *badinaich* id., *badinour* badin Gr. ; du fr.

4

Baeguelat bêler C, *beguelyat* Gr., *beghella* Pel., pet. Trég. *bégelat*. Le simple *baeguiat est devenu BÉYAT Gr., van. *behiat, beiat* id. Pel., cf. argot rochois *héogal* crier, *Rev. celt.*, XV, 357. *Beaical* bêler, *beaiquereah* bêlement l'A. semble provenir d'une onomatopée plus récente.

Baeleguiez, beal-, prêtrise, *Cms, bel-, Cb*, v. *esancc; bæl-* D 144; *bealec*, prêtre, *Cb*, v. *orcel, belec*, v. *amit*, H 7, 42, *beleg* 17, 49, 50, 55; pl. *belegyen*, Gw., v. *teür; bælec* D 25, 139, pl. *bæleyen* 42, *beleyen* 139, 161; en 1302 *belec*, en 1406 *baellec*, *Chrest.* 189; à Sarzeau *bialêg*, *Rev. celt.*, III, 56, à Batz (Loire-Inférieure) *bélek; Le Bellec*, reg. Péd. 51 b (1574), 74 (1579), 98 (1584), reg. Plouezec II, 10 v, v, *An Bellec* reg. Quemp. 6 v, *Baellec* Quoatg. II, 2; III, 10, *Beallec* 11 v, *Baeleuc Arch. de Bret.*, VII, 48; *K(er)anbaellec*, n. de lieu, Anniv. de Trég. 8 v; *Le Belegou*, reg. Guing. 5; dim. *belegik*, *G. B. I.*, I, 146. M. Loth doute de l'explication par le lat. *baculus, Ann. de Bret.*, VII, 213, et cite en gall. moyen *baloc, balawc*, cf. *Rev. celt.*, III, 399. Voir *binizien*.

Baffec (*Le*), n. de famille, reg. Plouezec 9 v, = *báffeq*, pl. *-egued*, baveur, baveux, Gr.; voir *baus*.

Bagat : *baguat* troupe *Cb*, v. *gre*.

Bagol (vivre) joyeusement D 123, gaillard Gr.; sain de corps, (fille) robuste et gaie, *bagos, bagoz* alerte, gaillard Trd., cf. *Le Bagousse*, n. de famille en 1730, Rosenzweig, *Inventaire-sommaire des archives... Morbihan*. Paris 1877, p. 198, à Sarzeau *bágous* fauvette, *Rev. celt.*, III, 59. De *mag-*, comme moy. br. *bel* soule = *mell; bangounell*, pompe, Gr. [1] = *mangounell*, baliste, Gr.; gall. *magnel*, canon, du v. fr. *mangoneau; bougre*, ingrat Trd. = v. fr. *maugré*, malgré; cf. *Rev. celt.*, VIII, 528. Le changement inverse, de *b* en *m*, a lieu dans le petit Trég. *mugañ*, agiter dans l'eau de lessive, voir *buga; mein minéres*, pierres de taille, à Pontrieux, de *benerez*. Il est possible que *bauche*, pl. *eu*, pièce pour rire Chal., m. farce, l'A., van. *bauch* pièce, tour Gr., soit plus primitif que *mau-*

---

1. L'échange de *b* et *m* a été favorisé par des confusions provenant de ce que ces deux sons se changent régulièrement en *v* dans les mêmes circonstances grammaticales. Le *Nomenclator* donne avec mutation abusive *vangounellat*, vider l'eau (dans un navire), l. sentinare (p. 152).

genn, pl. *ou*, conte, fable, Gr., *maugen*, Pel.; cf. en argot français *se baucher*, se moquer, *Rev. celt.*, XIV, 283. Voir *bihin*.

Baguet poche ou bourse J 210; bourse, sacoche Am. v. *drouin*; voir *dinet*. Le mot *baquet* bagage, Am. v. *bàg, distac*, paraît influencé par le franç. *paquet* (bret. *pacq, pacqad*, van. *pacqed* Gr.). Le passage de J 210 est altéré par deux transpositions qui ont détruit les rimes intérieures des deux premiers vers. Je crois qu'il faut lire :

> Rac ne deux netra en baguet :
> Pan deuhymp arre vihet pae(e)t ;
> Ne quolhet diner, ma credet.

Cf. *Rev. celt.*, XIII, 232, 233, 235.

Bahu, C*ms*, doit bien signifier « bahut » : on lit le pluriel *bahuou* « bahuz », Nom. 27. La dentale finale est restée dans la variante *bahud*, pl. *bahudou*, Gr.; cf. moy. br. *contredit* et *contredy*, *deduyt* et *deduy*, *respit* et *respy*; *filéen* « filé » (de pêcheur, pl. *filennou pe rouegou*), Nom. 174. Une troisième forme *bahus*, pl. *bahusou*, Gr., vient du pluriel français *bahuts*; cf. *Rev. celt.*, VI, 389. De même *absolut* absolu D 29, 56, Gr., = *absolus* (homme) absolu, (humeur) impérieuse Chal. *ms* (*resoluss, rejoluss* résolu l'A.) ; cf. *hu*, pl. *huyou* et *hus*, pl. *husou* chasse aux loups Gr. (huée). Voir *plet*.

Baill. Bail, reg. Péd. 44 b, 144 (1573, 1594); *An Bail* 16 b (1568), *Le Bail* II, 3ª (1588), Anniv. de Trég. 2 v, *Le Baill* reg. Quemp. 6 v; cf. *Urk. Spr.* 163, 164.

Baizic, « jaloux, comme une mère l'est de son enfant, s'impatientant de son absence. On donne cette épithète à celles qui caressent trop leurs enfants : on l'applique même à certaines bêtes », Pel. ; *pe gezek reiz, pe gezek beizik, spontik* ou de bons chevaux, ou des chevaux ombrageux, peureux, *Feiz ha Breiz* 18 mai 1872, p. 122, col. 1 ; *beizik, amjest, spountik* (jument) ombrageuse, difficile, peureuse, *Da ganaouen ann aotrou Morvan, diskan*, Quimper 1872, p. 68 ; *quen eveziant ha quer beiz eus he dessein* si attentive et si jalouse de (remplir) sa résolution, *Intr.* 352, anc. éd. De **gw-eizic* = *gou-*, particule diminutive, et *oaz*, gall. *aidd* jalousie, cf. gall. *eiddig*, jaloux, comme moy. br. *buguelenn*, petit houx = *goëguelenn*, Gr., de **gwo-qelenn* ? Voir *bezin, mouien*.

Balauenn erch flocon de neige, est le même mot que *balauenn* papillon. Cf. argot rochois *papilhono*, neige, provençal *parpaiolo* flocon de neige, etc. *Ét. bret.*, IX, 41 (*Rev. celt.*, XVI).

Balazn. Balan genêt Nom. 169, *balaen* balai 165 ; *Ploebalannec*, n. de lieu (en franç.), 1421, *Archives de Bret.*, VI, 81. *Balandu* est une erreur de lecture pour *Halanau* corrigée par M. Loth, *Chrest.* 105. Voir ibid. 189, 190; *Urk. Spr.*, 161.

Balch *Arch. de Bret.*, VII, 249, reg. Péd. 129 (1590), *Le Balch* 91 b, 96, 120 b, II, 33 (1582, 1583, 1588, 1639), *Arch. de Bret.*, VII, 228, *Balchou*, Anniv. de Trég. 29 ; *balc'h* âpre, rude, altier, (yeux) fiers, (côte) escarpée, Pel., arrogant, farouche, étourdi, (œil) hagard, Gon., cornou. *balc'h he c'henou* (il resta) tout déconcerté, tout interdit, Trd ; (chose) sotte, Rannou, *Quelques chants bret.* 4, en Léon maladroit, qui brise tout; gall. *balch* fier, superbe, v. irl. *balc*, fort, puissant. M. Stokes a comparé le lithuanien *smarkùs* ; mais il y a d'autres explications possibles : 1° *balc* = **balg*, de **balgos*, cf. vieux haut allem. *bëlgan*, s'enfler, s'irriter, gaul. *bulga*, sac de cuir (voir *bolc'h*); 2° *balc* = *balcos*, grec φολκός, bancal (il ne manque pas de mots qui, comme en grec στρεβλός, désignent tantôt un défaut physique, tantôt un travers d'esprit). Voir *Urk. Spr.* 163.

Bale et *baly*, se promener, Am. v. *fringa*; *bali* « barbecane » C, *baly* Cc, *bali* « rabine » Maun., allée de grands arbres Pel ; *balegou*, *balirou*, saillies, larmies, l. *proiectura*, Nom. 142, *balecg*, *balir*, saillie, avance d'un bâtiment, *baled*, auvent, Gr., v. fr. *balet*, poitevin id., gall. *balog*, f. « pinacle, turret ». Le sens du haut cornouaillais *balecq*, répugnance, Gr., provient sans doute d'une association d'idées analogue à celle de l'expression trécoroise *zaillet 'ra më c'halon* « mon cœur saute » (*salit*) = j'ai peur.

Baller, reg. Péd. 106 b, 144 b (1585, 1594); *An Baller* 15, *Le Baller* 32 (1567, 1571), *An Baler* 1 (1565), *Le Baler* 25 b, 32 b (1570, 1571); prob. « danseur », comme *Coroller*, Nobil. III, 265 ; cf. *bal*, bal D 96, *bal-Gerné*, danse particulière aux Bretons, décrite par Gon.; cornou. *ober eur bal*, danser, *Barz. Br.* 357 ; *bále*, m., bal, l'A.; du fr.

1. *Ban* : *banó* truie Nom. 34.

2. **Ban** éminence, saillie, hauteur, dans *Banenberen* en 1398, cf. *Bangâvre* « côte de la chèvre », nom d'une falaise, Morbihan, etc., *Chrest.* 189; dim. plur. Le **Banigou** en 1413, Rosenzweig *Dict. du Morbihan*, p. 156; gall. *ban* f., irl. *benn* pointe, corne; voir *benny* 1.

Le cornouaillais *er vann* (jeter des pierres) en l'air Trd, pourrait contenir ce mot, cf. cornique *avan* en haut. Mais il s'explique aussi par *bann* pl. *ou* jet, jetée, rayon (d'un dévidoir), rayon (du soleil), écheveau (de fil), Pel., m., aile (de moulin), pousse (d'arbre), airée (de blé) Gon., colonne (d'une page), ranche (échelon), volet (de fenêtre), f. l'A.; culbute Gr., *banne* id. l'A.; verbe *banna* jeter bien haut en l'air, hausser, culbuter, Gr., van. *bannein* id., chanceler, incliner l'A., cf. v. *élever*, *bannet* lancé *Barz. Br.* 179, du v. fr. *band*, *bander* : l'expression *a-vole-vann* (sonner les cloches) à la volée Trd = provençal *a bandòu*, verbe *abàndi*, Mistral.

Banel f. venelle Gon., *banell* f., pl. *ou* Gr.; *ur goenell'* un cul-de-sac, Chal. *ms*; voir *Chrest.* 190.

Bannhe, goutte, C*ms*, v. *can*; *ur ban* D 111.

Banq, tablete, l. scamnum, -yc, petit banc, C*b*, **banquer**, banquier, l. hoc banchale, C*b*, v. *pauiot*; *banquet* banquet D 141; auj. *bañk*, m., du fr. Voir le suiv.

Banves banquet, van. *baneuez* pl. *banhuezieu* noces, dial. de Batz *banezeo* id.; *Rev. celt.*, XI, 191, 192. L'A. donne *banhuéss* m. banquet, pl. *-ézeu*, *-ézieu*; Gr. fait *banvez* fém. dans *banvez vihan* petit festin = *banvezicq*. L'irl. *banessa* gl. nuptiae, *bainfheis* f. « a wedding feast » O'Reilly, auquel a pensé M. de la Villemarqué, a au moins autant de droit à être comparé que le français *banquets*, dont la gutturale serait restée (cf. le mot précédent). Avons-nous ici un vieux composé celtique *bena-vestis, « repas de la femme », quasi gall. *bun-wést, cf. *Urk. Spr.* 278 ? Voir *eben*.

Bara couccoucq « pain à coquu, cocu, coquois » Nom. 90, *bara coucoucq, amann couccoucq, triñchin coucou, triñchin coad* « pain de cocu, ou alleluya, petite plante qui se mange en salade » Gr., gall. *bara can y gwcw, bara can y gog*, oxalis acetosella; *bara an ezn, becq an ezn* pain d'oiseau, Nom. 92, *bara an ezn, becg an ezn* pain d'oiseau, pourpier sauvage Gr.; *baru* (lis. *bara*) *ouch* « pain de pourceau »

Nom. 83, gall. *bara'r hwch* « sowbread, Cyclamen Europæum. Voir *Urk. Spr.* 162.

Barach rente ainsi nommée en Malguénac, 1461, *Chrest.* 190; M. Loth compare, avec doute, le léon. *baraz*, moy. bret. id. cuve, baquet.

Baradoes : *barazoes*, paradis, C (et non -*zazoes*); *baradoes an grachet* (paradis des vieilles femmes, lieu chaud et bien abrité) Nom. 233. Voir *Chrest.* 190.

Barazat *dour*, baquet plein d'eau, écrit *barazates doures* dans un texte de la fin du xvie s., Loth, *Ann. de Bret.*, III, 251, cf. *Rev. celt.*, XIV, 290; *barazad*, f. Gon., Trd.; **Barazer** n. d'homme depuis le xve s., R. Kerviler; *barazér* barattier Gr., *barazer* tonnelier Gon.; cf. le nom haut breton *Baratier*, xive s., *Nobil. de Bret.*

Barbier, barbier, C*ms*, *barbèr* Gr.; *An Barbier*, reg. Péd. 17 (1568); *barbet* (un) chien barbet, D 193, *barbed* Gr., du fr.; voir *barff*.

Barff barbe, *barffec* barbu, avec un *o* au dessus des *ff*, pour indiquer les variantes *baro*, *baroec*, C*ms*; *baruec* C*b*, v. *quaezour*, *Le Barhuec*, Anniv. de Trég. 25 v; *baro-guëz*, *barvou guëz* « mousse d'arbre » Gr.; *barü er gué* mousse Chal., cf. gall. *barfau 'r derw* « tree lichen or moss, Lichen plicatus »; **Barver** où en français *Barbier*, n. d'homme depuis le xive s., *Nobiliaire de Bret.*, *barvèr* barbier Gr.; **Baruet**, *Barvet*, *Le Barvet*, n. d'homme xive et xve s., R. Kerviler, = *Le Barbu*, P. de Courcy; du lat. *barbatus*, cf. *Barbé*, nom ancien en Haute Bretagne, et *Rev. celt.*, III, 400; pet. Trég. *barvet mad*, qui a une bonne barbe, etc.

Bariller (*Le*), n. d'ho., *Arch. de Bret.*, VII, 154, d'où *Kerbariller* n. de lieu, Morbihan; dérivé de *barill* baril, cf. *Barazer*.

Barlen, giron, gall. id., de la rac. *bher, porter, comme le goth. *bar-ms*, avec des suffixes différents (cf. lat. *ger-ulus*, *fig-ulinus*, bret. moy. *hygoulen*, etc.).

Barn f. : *ar Varn* le jugement D 23, dim. *ur varnik* G. B. I., I, 164; *barneur* juge D 36, 103, pl. *-eurien* 112.

1. *Barr* m. : *bar scuber* vergette à nettoyer Nom. 170. Sens atténuatif ou négatif : *ne manas barr* il ne resta rien Jér. v. *marr*;

emploi tout opposé : *hen deveus eur bâr muioc'h a vadelez* il a beaucoup plus de bonté *Trub. Jus.* 82. Dial. de Batz *hao-bar* haut, plein jusqu'au bord ; cf. *barret... a enor* comblé d'honneur Jac. 110, *bâret... a enor* Mo. 185 ; *barr an enor*, *ur barrad enor* le comble des honneurs, *barra* combler Gr. **Barrec** dans *Botbarrec*, n. d'ho., Anniv. de Trég. 6 v, *K(er)barrec* n. de lieu 7 v, = *barrec* branchu Gr., *barrek* plein à déborder, Sauvé, *Proverbes*, 712. Voir *carrec* et *Urk. Spr.* 173.

Barzic, *Le Barzic* n. pr., XIVe s., R. Kerviler, *Barzic* reg. Péd. 144 b, 148 b, 163 b (1594, 1595, 1598), dim. de *barz* ménétrier, fém. *barzes*, C*b* v. *jangler* ; *Le Bartz*, reg. Plouezec, 15 v, 16, 19 v. Sur l'étym., voir *Urk. Spr.* 162 ; *Idg. Forsch.*, IV, 275.

Bas : *lequeat d'ar bas* (temples) mis à bas D 197 ; *kaczet hozac'h d'ar bâz* (plus d'une femme a) ruiné son mari *Trub. Jus.* 198 ; *ur bazou stam-gloan* une paire de bas de laine G. B. I., I, 358 ; pet. Trég. et Goello *eun dén baz a speret*, *eur bazeñ*, un sot ; à Pontrieux *komz bas*, parler bas.

Baspatian, Vespasien, Prise de Jérusalem, Pel., v. *euit*. — **Bataillaff**, batailler, C*b*, v. *storm*, *battailliff*, Nom. 193. — **Batelleur**, g. id., f. *-es*, l. ioculator C*b*, *batelour* Nom. 305, pl. *-ouryen* 306 ; *hoari* **batellerez** « iouer de bateaulx », l. ioculor, C*b*.

Bau. Dim. *An* **Bauic**, reg. Péd. 16 (1567). *Bauu'* timide, *bauanté* timidité ; *bau' deumm* tiède, *deur bau' deumm* eau tiède Chal. *ms*. Cf. *mavy-camm*, *mavy-gamm* m. goutte sciatique Gr., *mavy-gamm*, m. Gon., dérivation semblable à celle de *glas*, *glasicq*, *glisy* crampe, goutte-crampe Gr., moy. bret. *glisi*. La variante *mamm-camm*, Gr., *mamm-gamm* f. Gr., Gon., provient d'une étymologie populaire par *mamm* mère ; cf. *Mélusine*, IV, 495.

Baudic n. d'homme, XIVe s., R. Kerviler ; dim. de *baut*, généreux.

Baus pl. *you*, f. : *ur vaus*, en bas Léon litière qu'on met dans la cour et dans les chemins à pourrir pour faire du fumier Gr., *bâos*, *mâos* Pel., *baoz* pl. *baosiou* en 2 syl. Gon., *baoz*, *bauz*, f., *eur vauz*, d'où en haut breton *un vau* Trd. ; cf. *war ar beoz* à la campagne, dehors, sur la rue, dans l'argot trécorois de La Roche, *Rev. cell.*, XIV, 278. Ce mot rappelle le fr. *boue*, gall. *baw*. Le bret. *baff*, van.

bao, baü, bave Gr., *bau* f. pl. *baoueu* l'A. vient prob. du fr. *bave*. *Baouec,* ancien nom de famille bret., doit être syn. de *Le Baveux*, autre nom connu ; voir *baffec, libonicq*, et M. *lat.* 137. D'un autre côté, il est difficile de séparer *baus* du moy. br. *beauselenn* « fiente de beste menue » C, *beuzeul, beuzel, bouzel,* van. *bouzil-seüt* bouse Gr., *beuzel* m. Gon., *bouzile* m. l'A., cornique *busl*, (gall. *biswail* pour **biwsail ?*) franç. *bouse*.

BAUT et *vaut,* pl. *ou,* van. *veüt,* pl. *eü,* voûte ; *vaut* et *baut,* pl. *ed,* van. *véüt,* pl. *ed,* tortue, Gr. ; *vaoüt,* voûte, Nom. 144, pl. *vaotou* 126, *vaoutet* (caverne) voûtée 230 ; *veut,* pl. *eu,* voûte, pl. *veudétt,* tortue, l'A., du bas lat. *volta* ; voir *bols*.

Une autre forme du même mot est le van. *bauje,* m. pl. *eu,* arche (d'un pont) : *tri vauge veutétt,* trois arches voûtées, l'A., s. v. *pont*. Le pluriel *baujeu* vient de *baut* et est à *bautou* comme le léon. *pec'hejou,* tréc. *pec'hejo,* péchés, est au moy. bret. *pechedou,* van. *pehedeu* (de *pec'het*) ; cf. bret. moy. *hynchou,* chemins, léon. *heñchou,* tréc. *hiñcho,* mais van. *heñteu,* de *heñt. Baujeu,* à son tour, a fait changer le singulier *baut* en *bauje*. De même, en trécorois, *parouj,* paroisse, et *néj,* nid, sont des variantes de *parous, neiz,* amenées par les pluriels *paroujo* (tréc. *paros,* pl. *parojo,* Gr.), *néjo,* nids (léon. *neiziou*) ; cf. en petit Tréguier *abavañch,* abat-vent, du plur. *abavañcho.* Je suppose une raison analogue dans *asconch* instruction, doctrine, enseignement Pel., à côté du trécorois *en askoñt,* parce que, voir *Rev. celt.,* XI, 183 ; XIV, 269 ; moy. bret. *rioig* et *riot* = fr. *riote* ; tréc. *depoch* dépôt Jac. *ms* 52, cf. *tourmanchet* tourmenté 6 ; van. *bouge,* bout (*bouge er moyéle,* le bout du moyeu, l'A., s. v. *roue*), etc. Voir *degrez*.

BAZ île de Batz D 192 = *Baitha insula, Chrest.* 97, cf. 108.

Beaul cuve Nom. 148, *beuul* 157, *béaul* pl. *you* Gr., *béol* f. Gon., gall. *baiol, baeol* m., voc. corniq. *baiol,* du b. lat. *bajula*. — *Becç, besançc* vesseron, l. aracus, Nom. 75 ; *beçc, veçc, besançc,* « visse, vesse », l. vicia 76 ; voir *faffen, pesaçz*.

Bechenec n. de famille bret., XVIe s. R. Kerviler, reg. Péd. 179 (1600) ; dérivé de *bechenn* cornette C.

Beda Bède H 44, 55, lat. *Beda*.

BELA *gouazy* bouleau, boule, l. betula, Nom. 104. Cette traduction, certainement fausse, a pu être amenée par la ressemblance de *bela* et *betula*. *Bela gouazy* semble avoir signifié « jusquiame des oies », cf. gall. *bela* jusquiame, *llewyg yr iar* id., litt. « défaillance de la poule » (angl. *henbane*).

Beler cresson rappelle beaucoup le latin (ou gaulois ?) *berula*, d'où le fr. *berle*. M. Zimmer cherche à l'irl. *biror* une origine germanique, *Zeitschr. f. deutsch. Alterth.* 1888, p. 289.

Bell, bataille, f. : *Doe an vell* (*Doees an bell*), C ; *bellous* (et non *-our*), combateur, l. bellator, f. *belloures* (et non *-ez*), Cms. Voir *aruel*.

Belli, bailli, Cms, v. *alouer; an velly* le bailli, Nom. 243 ; *ad* (lis. *an*) *autrou' r velly* Monsieur le Bailli, *ar velly bras* le grand Bailli Gr. ; *Le Véli*, n. d'homme, le même que *Le Baillif*, xve, xvie s., *Nobiliaire de Bret.* ; *Le Bailliff*, Anniv. de Trég. 24 v, *Le Baylyff* 25. Ce *v* vient sans doute de la confusion entre *belly* 1, m., bailli, et *belly*, 2, f., = « bailie », puissance ; van. *bili* domination (de Satan), *Guerz. Guill.* 60 ; tyrannie *L. el lab.* 58.

Belost en 1424, nom de lieu du Morbihan, auj. Beloste, Rosenzweig, *Dict. topogr.* ; *belost*, *bilost*, pl. *ou* croupière Gr., *bélôst*, *bilôst* m. croupière, croupion, avant-dernier Gon., composé de *lost* queue avec le même préfixe que dans *bigoffecq* ventru Nom. 272, Gr., *bigofec* « qui a deux ventres » Maun. ; van. *biouéll*, *biouile* et *goéll*, *goéle*, *gouile*, m. ferment, levain, l'A.

Benaff couper est, selon M. Osthoff, *Idg. Forsch.*, IV, 273, 274, différent de ἔπεφνον, et appartient à la racine *bhei*, d'où φιτρός, v. lat. *perfines*, perfringas, v. bret. *bitat*, gl. resicaret ; moy. bret. *bouhazl* hache, *gousifyat* ; épieu.

BENDEL moyeu Nom. 180, *bendell*, *pendell* Gr., *bendell* en Léon, Pel., *beñdel*, *peñdel* m. Gon. ; de *bedel* = *botellus, cf. bas lat. *bottus*, d'où le gall. *both* f.

Benefiç bénéfice (ecclésiastique) D 106, pl. *ou* id. 144, les bienfaits (de Dieu) 85, 180 ; *nep so beneficiet* celui qui a un bénéfice ecclésiastique H 33, du franç. ; *benhuec*, instrument, C, Maun., = v. corniq. *binfic*, gl. beneficium ; gall. *benffyg*, *benthyg*, un prêt, du lat. *beneficium* ; cf. *Rev. celt.*, IX, 372 et 373. Pour la relation des sens, cf. van. *presste*, m. ameublement, pl. *préssteu*, effets, l'A., du fr. *prêt*. La forme *benfec*, réclamée par M. Loth, se lit, *Trub.* 226 ; voir aussi *dameub*. Cf. *Rev. celt.*, XIV, 310, 311.

Benig « benigne » (doux), C*b*, v. *humen*, *benign* D 179, du fr.

1. *Benny* « corne, cornemuse », dérive prob. d'un ancien *ban* « corne », gall. *ban* corne et cor, trompe ; voir *ban* 2 et *Rev. celt.*, IX, 372, 373.

2. *Benny* bobine, cf. *bann* jet, rayon, etc., voir *ban* 2.

Ber bihan, *beric* brochette, Nom. 163.

Beraff couler C, BERAT goutte D 111, 130, *bêrat* Pel., *berad* m. Gon., *a veradigou* par petites gouttes *Intr.* 288 ; gall. *berad* m. action de couler.

Bergez, verger, C*ms*, *beurgé*, Mo. *ms* 156, pl. van. *berjéieu*, L. *el lab.* 80 ; pet. Trég. *eur veurjead avalo*, un verger plein de pommes.

Berniaff, élever, C*b* v. *vhel* ; *bernignaff*, C*ms* ; *bernou*, monceaux Nom. 28, *bergnou* 232, *bereigneu* L. *el lab.* 44.

Bernard Bernard H 23, Cathell 1.

BERNOUT, importer, van. *berneiñ*, Gr., cornique *ny vern*, cela ne vaut pas la peine, *bern*, souci, chagrin, gall. *brwyn*, irl. *brón*, tristesse ; de **mrón*, cf. goth. *maurnan*, se soucier ? *Brón* et *brwyn* sont comparés à βρύχω, *Urk. Spr.* 187.

Berr-ez-garr homme à courtes jambes Nom. 273 = *Berregar* nom de famille du Finistère depuis le XVIIe s., R. Kerviler, auj. *Berrehar*, *Le Courrier du Finistère*, 26 juillet 1894, p. 4 ; *Berrhesea* en 1500, A. Dupuy, *Hist. de la réunion de la Bret. à la France*, II, 473, *Beresay* reg. Péd. 134 (1591), *Beresai*, décès Guing. 1714, *Berezai* 1742, prononcé auj. *Berzé* = « à la robe courte », comme *Robe court*, reg. Guing. 33, 35 v, cf. *Brazeben* XVe s., R. Kerviler, = « à la grosse tête », etc., voir *bihan* ; *berr-alan* m., van. *ber-henal* asthme, *berr-alani* avoir la courte-haleine, BÈRR-ALANEQ, *bèrr-alanus* asthmatique Gr., gall. *byranadlog* ; BERBOËLL, *barboëll*, *barboëllidiguez* inconstance Gr., *berboell* m. id., légèreté, étourderie Gr., gall. *byrbwyll* m., BERBOELLIC volage Maun., *berböellicq* inconstant, qui a l'esprit volage et léger Pel., *berboëllicq*, *bar-* Gr., gall. *byrbwyllig* ; *berr-velled* vue courte Gr., *ber-velet* myope, *Æl mad* 184 ; *berr-wéled* m. myopie, *berr-wél* myope Gon., cf. gall. *byrwela* myope. Le Berre, reg. Quemp. 3ᵇ v; Ann. de Trég. 21. *Berr* a été expliqué par *bhersos, parent du grec φάρσος portion, cf. *Beitr.* de Bezz., XIX, 47; *Urk. Spr.* 173.

Berry, le Berry, C*ms.*

Bers il défend D 40; *nigun na torret ma bers*, que personne n'enfreigne ma défense, Jér. v. *terri.* Le Chal. *ms* a *berhein* défendre, *goüel berhet* fête gardée. J'ai entendu à Saint-Clet un vieillard dire *berzañ* au sens de commander, obliger à faire qq. ch. (à Saint-Gilles, *berzañ* défendre).

Beru du bouillon, Jér. v. *soub, bero* bouillon Maun., *berò* bouilli Nom. 60; van. *ur berw goaid* une irritation, *Guerz. Guill.* 58; *berwein* (on voit les abeilles) être en mouvement, *L. el l.* 160.

Berz dans *am drouc berz*, J 87 = par mon malheur : Gr. donne *drouc-berz* malheur, cf. *groet eo e garran bers*, il a fait son plus beau coup, sa prospérité va finir, Jac. *ms* 12. On dit en proverbe, à Plestin :

> Pa ve kistion da ober berz
> E well finese evit nerz

« quand il s'agit de faire merveille, mieux vaut habileté que force ». C'est le van. *bærh*, prospérité; *gobérr bærh*, prospérer, l'A.; *berh*, issue, succès, *ean a oura berh*, il fait flores, *groeit berh* (les armées ont) fait de grands progrès, Chal. *ms*; *ne brei ket berh* (un arbre sans tête) ne fera que triste figure, *L. el lab.* 70; on peut ajouter *n'ou pou quet berh arnan* vous n'aurez pas de pouvoir sur moi *Choæs* 136. Cf. v. br. *Berth-, Chrest.* 109, 190; gall. *berth*, perfection, beauté; beau, riche, *berthawc* opulent, irl. *Flaith-bertach*, goth. *bairhts* clair, angl. *bright*, etc., *Urk. Spr.* 170.

Bes, doigt, voir *bis* 2.

Bescont. An Bescond, reg. Péd. 3 b, 13, *Le Bescond* 34 (1565, 1567, 1571).

Bescul, g. fil, C*ms*, entre *bescoul* et *besquenn*. Peut-être s'agit-il du panaris; cf. v. fr. *fi, fy, fil* espèce de maladie contagieuse pour les bœufs et les vaches, Godefroy; petit tréc. *pourfilh* m., par *l* mouillé, sorte de mal au doigt, qui met en danger de perdre l'ongle, mais qui est moins grave que *ar veskol*, le panaris (du v. fr. *porfil*, *pourfil*, profil, bordure) ?

La ressemblance du bret. *bescol, bescoul (bescul)* chenille, panaris, avec *bes*, doigt, peut provenir d'une étymologie populaire, de même que le rapport du gall. *bystwn* panaris à *bys twn*, doigt rompu.

L'origine de ces mots est peut-être le fr. *apostume* qui a donné aussi en bret. moy. *appotum* (voir ce mot). L'*l* de *bescol*, etc., proviendrait de l'*r* de la variante française *aposture, anposture*, infection, God., d'où aussi le petit tréc. *añpustul*, homme timide, *Rev. celt.*, IV, 146 (pour le sens, cf. le fr. *emplâtre*; Maun. traduit par « apostume » le mot *pugnés*, qui en breton moyen est une épithète injurieuse). Comparez encore *ampufur*, paralysé, *Testamant nevez*, trad. Lecoat, 1883, p. 175 (*Ian*, V, 3). Enfin il est permis de soupçonner que le *c* de *bescol* est dû à l'influence analogique de *caul*, chou, dans *preff an caul* chenille C, *preñv-caul, viscoulen-gaul* chenille verte, *prêv-caul* panaris Gr. On lit *bescout, biscoul* « chattepeluë », Nom. 49.

Besque, sans queue, *Cb*, v. *golff, besq* C, Maun., *besch*, Cartul. de Quimperlé, *Chrest.* 190. Le *Cms* a, s. v. *balbouzer* : Item balbutiens, tis. b. *besgue*; lisez probablement g. *besgue* (bègue). Le P. Grégoire donne *besq*, capot, écoué; *besqi*, écouer; *besqi, besqa*, écourter. *Besq* paraît formé du préfixe roman *bis-*, fr. *bes-*, qui a un sens dépréciatif : bret. *bescorni, biscorni*, écorner; *beoc'h bescorn*, vache écornée, qui n'a qu'une corne, Gr. = *bis* + *corn; bestéaud*, bègue Gr., *besteaut* Nom. 270, Maun., *bisteaud*, Alm. du P. Gérard 36, pet. tréc. *bestiaot*, = *bes* + *teaud*, langue. Le *k* final de *besq* pourrait être provenu de composés tels que *bescorn*, d'autant plus que le sens ordinaire de *besq* est celui qu'a dû avoir **bis -caudatus*. Ou bien faut-il comparer *besqell*, sillon plus court dans le guingois d'un champ, pl. *besqellou* Gr., pet. tréc. *béskelo*, à Plougonver *beskoudou*, cf. *Bisquello* nom de lieu, Morbihan; fr. *biseau;* biais, oblique (*besqellec*, Gr.), poitevin *en bisquois*, de travers?

Besquenn dé. *Béssquênn* « robbe de noisettes, de glands » l'A. Ce mot doit être drivé de *bes* doigt, comme *dorguenn* anse, de *dorn* main (cf. gall. *bys-eg*, gaél. *meur-an*).

Bestial, g. id.; **bestialite**, g. id., *Cb*, v. *aneual*.

Bestout dans *bouet bestout* debvoir de manger, payable le lendemain de Noël à Radenac, 1416, 1450, archives des forges de Lanouée, *Chrest.* 192. D'après *boet march* devoir une redevance, 1519, ibid., litt. « nourriture de cheval », je suppose que *bestout* dérive du l. *bestia* ou du v. fr. *beste*, et signifie « bestiaux ». Cf. bas lat. *bestum* ?

1. Bet monde, f. : *enn hy* B 320, *enny* D 155, *iny* Mo. *ms* 199; *he* N 244, 245, 1280; *diou ved : unan... heben, Trub.* 68 ; m. : *daou ved* 327. *Bed*, H 46 ; *an betholl* tout le monde (se trompe), Cathell 9. Même racine que *beu*, lat. *vivus, Urk. Spr.* 165.

2. Bet. *Betama*, jusqu'ici, *Cms* ; *bede* jusqu'à D 26, *beder-pen* jusqu'au bout 21, *bedegenna* (faire venir) à lui, vers lui 144. Van. *bet* jusqu'à, *Choæs* 7, *bed* 37, 112, *beéd* 23 ; *bed que ne vein* jusqu'à ce que je sois 39, 3ᵉ pers. plur. *bet ke ne veint, L. el l.* 154, voir *quen* 3 ; *beta goudé* jusqu'à plus tard 14, *beta n'en dei en dé* jusqu'à ce que vienne le jour *Guerz. Guill.* 63, *betag oh* jusqu'à vous 108, *betag er gouhoni* 56, *bed hac é Daul Choæs* 26, etc. *Ma bété* (venir) vers moi, Mo. *ms* 202, *va bete* Mo. 302, *d'am bete* 304, *dam beté* Jac. *ms* 69, *em bete* Jac. 62 ; *neveté* vers lui Jac. *ms* 31, *evété* 78, *hen beteg, Miz Mari* Lannion 1863, p. 11 ; *en hon bete* jusqu'à nous, *Aviel* 1819, I, 25, etc. Voir *entresea*.

BETANIC, *beloena*, « germandrée, chesnette, l. chamædrys, trissago, quercula, serratula », Nom. 81, *betanicq*, *betoëna* germandrée, *betonicq* f. bétoine Gr., *bentônic, bentôni, arventôni, erventôni* Pel., *bentonik* f. Gon., Trd, *betoin, betonig* m. l'A., *betonic* m. Chal. *ms*; gall. *betain, biton*, m., moy. irl. *bitoine, Rev. celt.*, IX, 228 ; lat. *betonica*.

Bet nary, dans *da gloar bet nary bizhuicquen*, à la gloire éternelle, M 57 v°, et *eno... ne vezo muy Angoes nac esgoar bet nary*, là il n'y aura plus d'angoisse ni de peine, jamais, 58 v° (*Dict. étym.*, v. *nary*), est un synonyme de *bizhuyquen*, qui a les deux sens de « jamais » (au futur) et « à jamais, éternellement, éternel ». *Bet nary* a un correspondant exact dans le cornique *bynary, bydnar, byner, venary, vyner,* Z² 621, qui s'emploie de même pour le futur : « à jamais ».

C'est la même famille que le bret. moy. *biscoaz*, jamais (au passé); *byzhuyquen*, jamais (au futur), à jamais, auj. *biskoas, birviken*, et que le bret. mod. *biken*, id. : mod. *a bado biqen, Buez santez Genovefa*, Lannion, 1864, p. 15, *a bado birviquen, Trub.* 66, tréc.

a bado biken, qui durera toujours ; van. *e badou birhuiquin*, *Officeu*, 105 ; *birhuiquin é vou conzet*, on parlera toujours, 93 ; tréc. *pa vez bikenn hen laret d'in... na oufenn bikenn da gredi*, quand tu serais toujours à me le dire, je ne saurais jamais te croire, G. B. I., 1, 82. Cf. aussi moy. br. *heuiziquen*, dorénavant (voir *ab*), et les mots suivants : *feteiz*, aujourd'hui ; vann. *bité*, maishui ; *énéh*, certes. Nous allons les traiter ici, pour mieux faire ressortir leur parenté, qui ne saute pas aux yeux tout d'abord.

1° Le moyen breton n'avait pas la forme *feteiz*, mais bien *vetez*, dont le sens exact était « d'aujourd'hui, dès maintenant, désormais » : *euit vetez*, B 268, est employé comme synonyme de *da donet*, à l'avenir, B 266. M. de la Villemarqué a parfaitement rendu *vetez... an bech man Ne dougaf tam*, J 133, par » je ne pourrai jamais porter ce fardeau » ; *vetez* répond à *a breman* « à présent, déjà » dans le vers qui suit « (Laissez-moi ici) car déjà je suis harassé ». Le P. Maunoir donne *veteiz* « meshuy » ; D. Le Pelletier écrit *feteis* « aujourd'hui » ; le P. Grégoire, *veteiz* et *feteiz*, dans des phrases qu'il traduit « il ne viendra pas *maishuy* » ou « d'aujourd'hui » ; « d'aujourd'hui il ne partira ». En petit Tréguier, *feté* « aujourd'hui » ne s'emploie qu'avec l'idée du futur. C'est ainsi qu'on trouve *fete*, G. B. I., I, 8, 140, 402, 494, 556. Malgré le sens du futur, le verbe peut être aussi au présent, comme *ibid.*, 212, 464 ; cf. Rev. celt., IX, 380 et 381.

2° L'initiale primitive a été mieux conservée par le vannetais et le dialecte de Batz. Le Dict. de l'A. donne *maishui : bité* ; et *bité ne dau* « il ne se taira d'aujourd'hui » ; on dit dans le dialecte de Batz : *ked biterh a zrouk* « pas du tout de mal » ; *ne veneñ ke biterh* « je ne veux pas du tout » et, avec une acception plus primitive, *me forh ke biterh lakel mouid abars* « je ne puis plus rien mettre dedans » (*Étude sur le dial. de B.*, p. 32). Dans ce dernier langage, l'ancien *z* doux est parfois traité, à la fin des mots, comme s'il était dur (*Étude*, p. 16) ; rien n'empêche donc d'identifier la seconde syllabe de *bité*, *biterh*, *feteiz*, *vetez* et *fete*.

Ce mot, qui présente des formes si divergentes, me semble être composé de **bith-dez* « jamais en (ce) jour » ; cf. cornique *byteweth* (Meriasek, v. 1148, 1480) = *bys* + *deweth*, journée.

Les mots employés comme adverbes ou comme prépositions sont

exposés à perdre plus ou moins complètement leur forme radicale, par suite de l'usage fréquent de l'autre prononciation ; c'est ainsi qu'on trouve déjà en moyen breton *breman* « maintenant », de *pret* « temps » ; *bepret* « toujours », de *pep* « chaque », etc. De même **goar* « sur », vieux gallois *guar* = gaul. *ver*, est toujours écrit *oar* ou *voar ;* **cant* « avec » (vieux gallois, *cant ;* cf. vieux breton, *cent-et* « avec toi » ; *er-cent-bidite* « tu reconnaîtras ») est toujours écrit *gant*, et ces formes ont été légitimes, à l'origine, dans des cas comme *di-oar* « dessus », *di-gant* « d'avec »[1]. Il n'y a donc pas trop à s'étonner de la généralisation de *vetez*, doublet syntactique de **bitez* = van. *bité*, dial. de Batz *biterh*. On trouve en moyen gallois *vyth* et *byth* « jamais » dans des constructions qui ne différent pas essentiellement, cf. Z^2 620 ; et souvent en cornique *venary* « à jamais » remplace la forme radicale *benary* = moy. bret. *bet nary*, sans que la mutation soit justifiée par l'influence d'un mot précédent.

Quant à l'*f* du breton moderne *feteiz*, *fete*, altération du *v* de *vetez*, il a des analogies par exemple dans le dialecte de Batz, où l'on dit *a fou* « qui sera », de *a vou* (*Étude*, p. 26 ; cf. aussi *Rev. celt.*, III, 237) ; mais surtout dans le vannetais *fouéric* « blet, blette », Dict. de l'A., au Supplément ; ce mot est le diminutif de *voer* « fade » et « fat », en Goello *euver* « fade » (par exemple à Tréméven) ; en petit Tréguier *euver* « lâche, fainéant, canaille » = gall. *ofer* « vain » ; cf. lat. *amarus* (voir *goaz*).

Le bret. moy. *vet nos* « ce soir », *vez nos* « cette nuit », aujourd'hui *fenoz*, est probablement une imitation de *vetez*, pris dans le sens de « aujourd'hui ». Le trécorois *vid nos*, littéralement « pour la nuit », est une altération due à une « étymologie populaire », que j'ai eu tort de prendre au sérieux dans mon *Dictionnaire étymologique*. Une autre perturbation du même genre, causée par le mot *fet* « fait », a donné naissance à la locution *a fet nos* « de nuit », que D. Le Pelletier cite, d'après un vieux dictionnaire, comme variante de *fet nos* ; van. *a fæd-noz* pendant la nuit, *Officeu* 172.

3° La ressemblance étroite des sens du vannetais *éneh* avec ceux

---

[1]. On peut soupçonner aussi, dans plusieurs de ces cas d'affaiblissement de consonnes initiales, l'influence de l'accent qui frappait la deuxième syllabe et amenait ainsi la prononciation à se relâcher sur la première.

de *bité, biterh*, ressortira des citations suivantes du Dictionnaire de l'A. : *N'er groein quéd ; énéh n'er groein* « je ne le ferai pas ; du tout point » (Supplément, s. v. *tout*) ; *nenn-déss quéd, énéh n'enn-déss* « il n'y en a point du tout » (Suppl., s. v. *point*) ; *n'enn-déss quéit talvédiguiah ur blanc* ; *énéh n'enn-déss* « il n'a pas, certes, un sou vaillant » (s. v. *vaillant*) ; *distill énéh à zistac* « volubilité de langue[1] ».

Si maintenant nous interrogeons le cornique, ce frère jumeau de l'armoricain, nous y trouvons l'expression *bynytha, benytha*, souvent adoucie, sans aucune influence d'un mot précédent, en *vynytha, venythe, vynythe* (cf. Z^2 621) ; le sens est le même que celui de *bynary*, etc., « semper, unquam ».

Pour identifier le vannetais *énéh* avec le cornique *venytha, venythe* (cf. plus haut le breton moyen *vetez*), il n'y a pas grande difficulté phonétique. La voyelle finale sera tombée, comme dans *bydnar, byner*, variantes corniques de *bynary*. Le *th* cornique est tantôt doux, tantôt dur ; mais il doit être dur dans *venytha, venythe*, sans quoi son correspondant serait simplement tombé en vannetais.

Reste la chute du *v* initial. C'est un phénomène qui, comme nous l'avons vu au mot *ab*, est loin d'être inconnu en breton. De *vou* « il sera », mutation de *bou* = *bezo*, la phonétique vannetaise tire à la fois *ou* (cf. *énéh*) et *fou* (cf. *feteiz*).

On a vu que les expressions qui commencent par *bit*(*h*) sont souvent accompagnées d'une négation, qu'elles renforcent. Peut-être dans *bet nary* le mot *nary* est-il une ancienne expression négative, formée de *na + ri* = gall. *rhif*, nombre, v. bret. *ri*[*m*] ; voir *dezreuell*.

Quant au van. *énéh* = *venez, cornique *bynytha*, on peut l'expliquer par *bit ni-t ta « *nunquam* ou *minime* (*hoc*) *est*. Voir *Rev. celt.*, XIII, 351.

M. Loth explique le bret. moy. *vetez, vel nos, vez nos*, haut cornouaillais *fesnos* cette nuit, van. *a fæd-noz*, etc., par le gall. *fed*, doublet de *hyd* le long de, durant, bret. *hed*, *Rev. celt.*, XV, 96, 97. Mais le savant linguiste n'a même pas essayé de prouver cette

---

[1]. C'est seulement pour ce dernier exemple qu'on pourrait, à la rigueur, se demander s'il ne contient pas une abréviation de l'expression *enn-néarh* « infiniment » ; *enn-neaih, enn-néh* « à merveille, merveilleusement », l'A., dont le sens propre est « terriblement, furieusement » (= léon. *en euz* « en terreur ») ; voir *disaour*.

alternance phonétique de *h* et *v* dans les deux langues. Je crois *fed* différent de *hyd*; ce doit être une mutation de *bed* = bret. moy. *bet* 2, ou de *med* « unto », S. Evans, « to, unto, as far as », Spurrell, même racine que le bret. *metou*.

Beu. A vefu (il) nourrit H 14, *a ueuo* (il) vivra 34, *her maz uefuo* tant qu'elle vivra 14 ; *bevet ôn hep rebech* j'ai vécu sans reproche Jac. 90 ; *beuançc* victuailles Nom. 289, *bihuanç* nourriture *Guerz. Guill.* 1, etc.

Beuez coupable, cf. *Urk. Spr.* 174. Troude, *Dict. fr.-bret.*, p. xxxv, nie l'existence de *bevez* au sens de « bienfait, faveur » ; cf. Moal, s. v. *aubaine*. Mais il ne s'appuie que sur une interprétation possible de la phrase *goall-gannet eo bet, bévez eo* « il a été bien battu ; c'est bien fait, il le méritoit bien », Gr., v. *faire*, sans s'apercevoir que Grég. a encore *bévez eo evitâ* « c'est bien *emploîé*, c'est bien fait pour lui ». On lit aussi *eur bevez e oa d'in kaout lod euz ar zoubenn* « c'était aubaine pour moi que j'eusse ma part de la soupe », Sainte-Tryphine 204 ; passage donné par Troude, sans référence, v. *aubaine*. Le Gon. fait *bévez* du fém., mais c'est parce qu'il ne le connaissait que dans cette phrase : *bévez eo évit-hañ*, « c'est bienfait pour lui » ; Gr. donne encore *bévezi*, consumer, dissiper. L'identité du *bévez* moderne avec le moy. bret. *beuez* n'est par certaine ; on peut songer à tirer le premier de **benfaez* = *benefactum*, cf. *ivern* = *infernum*.

Beurag, breuvage, C*ms*, *beuvraig* D 100, *beuvraich* 151, pl. *-ou* 87.

Bez, tombe. Pl. *biziou* Cb, v. *violaff*, *bezyou* Nom. 283 ; *bezat*, enterrer, C*ms*. Le van. et tréc. *bév* « tombe », cité *Rev. celt.*, VIII, 493, 498, ne vient pas nécessairement du v. br. *beb*, gl. *tumuli* : cette forme peut se rattacher à *bez* ; cf. *beuvein* « noyer » en petit trécorois, *beuvin*, part. *beuvet* Mo. *ms* 125, = van. *béein*, léon. *beuzi*, moy. bret. *beuziff*, gall. *boddi* ; trécorois *kleve* « glaive », léon. *kleze*, moy. bret. *clezeff*, gall. *cleddyf* ; vannetais *guihue* (en une syllabe, *guiü* par *ü* consonne) « sauvage », de **gueu* = léon. et moy. bret. *guez*, gall. *gwydd* ; cornouaillais *nenve* elle filait, *nenverezet* fileuses, *Kant. Zan-Vek*[1] 35, etc., cf. *Rev. celt.*, III, 235 ; V, 128 ; VII,

---

[1]. *Kantikou Zan-Vek zavet gant ann Otrou Guitterel* (2ᵉ éd., Prud'homme 1890). *Zan-Vek* est Saint-Mayeux, en Cornouaille, cf. p. 33 de ces Cantiques.

152; voir *cleuz, quehezl*. M. Loth a signalé un phénomène semblable dans le gall. *diviau* « jeudi », qu'on écrit *dydd-iau* (*Rev. celt.* VII, p. 173, n. 2).

Quant au haut vannetais *bened* « cimetière » (*Rev. celt.* VIII, 493), il vient, non de **bevned*, mais de *bered*, forme restée en tréc. et en léon. et qui correspond au moy. bret. *bezret* (f. : *he* H 35) et au gall. *beddrod*. Le Dict. de l'A. traduit « cimetière » par *vérraitt* et *vénaitt*, m.; on lit *vainaid* au Supplément, s. v. *catacombes*. Pour le changement d'*r* en *n*, comparez : van. *senæcein, senæçatt*, sérancer; *senæsse, selæsse*, f. regayoir, *senæce*, f. serans, l'A. (cf. s. v. *pesseler, regayer*, et au Suppl. *habiller*), du franç. *serancer*; van. *tacqeneein*, ruminer, léon. *dazqiryat, dazqilyat*, Gr., moy. bret. *dazquilyat*, voir *tarauat; aminal*, amiral; *aminalès*, amirale; *aminautéz*, amirauté, Gr., van. *admiral, admirauté*, l'A.; van. *minaql*, miracle, léon. *miraql*, Gr.; bret. moy. et mod. *turzunell*, tourterelle. Ce phénomène n'est pas étranger au gallois (cf. *Rev. celt.* VI, 31); on le trouve aussi en d'autres langages (à Montbéliard, *fenonche* = *furoncle*; Contejean, *Glossaire du patois de Montbéliard*, 1876). Voir *cloutegelofle, daroueden, dezreuell, mouien*.

1 et 2. *Bezaff*, être, avoir. *Da uezaff* à être H 59, *da uezout* 3; *bezet... pe* soit .., soit, ou D 62. Au lieu de *bizhyt* 2ᵉ pers. du pl. du futur (*Dict. étym.*, p. 229, l. 30), lisez : *pan uizbyt* « quand vous êtes » (au présent), H 41 = *pan uizbit* H 55; 1ʳᵉ pers. fut. *uizifu* H 45 (et non *vi-*), 2ᵉ *uizy* 11; cond. *ez uemp* 59, *pa uent* 52. *A uezo* tu auras 12, *ne vezo quet* tu n'auras pas Catech. 7 v; *da vez couf* aie souvenance 8, *da uez couf* H 20 (et non *vez*); *non bezet* n'ayons 14, 15, *ho bezet* ayez Catech. 8 v. P. 230, l. 19, du *Dict. étym.*, lis. *á ny hon bemp* « oh! si nous eussions »; cf. *Rev. celt.* IX, 262. *Ez vihont*, ils furent, Cathell 15, *maz vezomp*, pour que nous soyons, Nl 446 (rime en *omp*), cond. *auye*, Cathell 25, *auy he* 24, *ez vichsent* 29; *ez vehe*, (quoique) tu aies, 29; *hoz boa*, vous aviez, N 296, *nem boe*, je n'eus, 447; *n'hon byse* que nous n'ayons, Jér. v. *elböet*. La quatrième conjugaison bretonne (cf. *Rev. celt.* IX, 245, 246) est employée dans le *Doctrinal* : *beza é tleomp*, nous devons, p. 26, litt. « être que nous devons », ou « être nous devons »; *beza é musureur*, on mesure, 30; *beza er galveur*, on l'appelle, 39, (*beza co*, c'est, litt. « être il est », p. 45, appartient plutôt à la sixième conjugaison,

cf. *Rev. celt.*, IX, 248). Il est donc possible que D. Le Pelletier ait eu raison de traduire *bez a gret mat* par « vous faites bien », dans un passage de la Vie de saint Gwenolé. Le verbe être est employé à la cinquième conjugaison dans *bezaff a ra* (variante *gra*) *daou*, il y en a deux, Catech. 7 v; cf. van. *bout ara*, il y a, Chal. *ms* v. *auoir*, dial. de Batz *boudra*, etc. (*Etude*, 24, 25). Voir *Urk. Spr.* 159, 160, 165 ; *Rev. celt.* XV, 94.

Bezeuenn, bouleau, C*ms*. Voir *bela*.

Bezgoaz jamais (au passé) H 4, C*b*, v. *yeugaff* ; *bezcoaz* Cathell 13, *bizgoaz* 16, voir *biscoaz* au *Dict. étym.*

Bezin goémon, van. *behin*, ne pouvant être parent du grec φῦκος, qui est d'origine sémitique (Wharton, *Etyma latina* 39), je l'expliquerais à présent par **gou-ethin*, du v. bret. *ethin*, gl. rusci, gall. *eithin* bruyère, plante épineuse, irl. *aittenn* etc., de *ac-t-*, cf. lat. *acutus* ; voir *baizic* et *Urk. Spr.* 5.

Bigarre, (vêtement) bigarré, C*b*, *bigarret* id. Nom. 109 ; (homme) bizarre, d'humeur difficile, *Intr.* 192 ; (étoffe) rayée, Chal. *ms*. Le premier de ces mots vient du français, cf. *pare*, guéri, d'où *parea*, guérir, Gr., du fr. *paré*, prêt ; le second a été bretonisé, cf. moy. br. *paret*, cuit, d'où *parediff*, cuire, du lat. *paratus*. — **Bigot** reg. Péd. 132, *An Bigot* 6 b, 20 b, *Le Bigot* 30 (1591, 1566, 1569, 1571); van. *bigod*, pl. *ed*, bigot, Gr., du fr.

Bihan, petit. *Bigan* C*b*, v. *eur*, *bian* D 155, *emâ bian ce petit, cet enfant* Jac. 95, pet. Trég. *héme bihen* ; *baguic uihan*, petit bateau, C, *Byen-he-pen*, à la petite tête, Cart. de Quimper, *Chrest.* 191, voir *berr* ; van. *er bihan a le peu*, le trop peu de *B. er s.* 43, 590, *en dé bet bihan dehou disquen* ce fût peu pour lui, il ne se contenta pas de descendre 1, *quer bihan* si peu 11, 39, 49, 92 ; *bihannoch* moins C*b*, v. *quement*, *e bianoc'h cren evit un heur* en moins d'une heure D 124, *bihannoh* moins (affligé) *B. er s.* 21, *bihannoh a* moins de 94, *a vihannoh passein* à moins de passer 1, *d'er bihannan* au moins 12, *ar biana poent* le moindre point D 23 ; *Bihannic* n. de famille XIIIe s., R. Kerviler, *En Bihanic* reg. Guing. 40, *Le Bihannic* 58, *er vianic* (elle faillit mourir) jeune, *Bali* 231 ; *bihanneat* diminué, C*b*, *-anheat* C*c*, *bihanos* il diminua Cathell 34 ; *biannez* misère D 161 ; *bianez* 125 ; *bihannidigaez*, amoindrissement ; *dauihanhaff*, au moins, C*ms*, *da bihanafu* H 17. Sur les dim. en *an*, voir *Urk. Spr.* 111.

Bihin, réplétion, *carguet a vihin, un den bihinec*, replet, Chal. *ms*; id., s. v. *satiété; vn beninec*, charnu, Nom. 267, lisez *behinec* (cf. *peniny*, qui, Nom. 319, faute d'impression pour *pehiny*); vocabulaire cornique *mehin*, lard, gall. *mehin*, lard, graisse, *mehinog*, gras; irl. *mass*, excellent, beau; *muc mas*, pourceau en bon état. Ce mot irlandais, dont le comparatif est *maissiu*, peut répondre au superlatif latin *maximus*, de *$mag's$-* = sanscrit *máhas*-, grandeur (Brugmann, *Grundriss*, II, 169, 387); les formes bretonnes seraient à l'irlandais à peu près comme le lat. *vet-er-inus* au sanscrit *vat-s-ás*.

Bily cailloux C*b*, v. *men*, dim. pl. *biliennigou* D 191; *pott-bili* pot de grès l'A.

Binizien, bénir, C*ms* = b. lat. *benedictionis*, comme *millizyen*, maudire = *maledictionis*; voir *penet, quinizyen*; part. *benniguet* H 56, *byni-* 36, *sparff dour binni-* C*b*, *beni-*, *bini-* D 53. Un autre infinitif du même verbe est *biniguaff* « bieneurer », 1. beo, C*b*, v. *eurus*; de là *dre* **binidiguez** « bieneurement », 1. beate, ibid., pour *$biniguidiguez$, cf. van. *belledigueh* « sacerdoce », *beledigueh* « prestrise », Chal. *ms*, à côté de *beleguieh* ibid. = moy. bret. *baelegu-iez*; voir *guenn*, et *Rev. celt.* XI, 464. **Biniguer** reg. Péd. 156, *Bigniguer* 145 [bis], *An Biniguer* 3 b, *Le Biniguer* II, 6 (1596, 1594, 1565, 1587); = « bénisseur ».

Biou. Van. *hui bieu men digol*, = *hui a renca em digolein* « vous me devez quelque *réparation* » Chal. *ms*. Ce mot est parent de *piou*, qui. Voir *Rev. celt.* XI, 477; XV, 339.

1. *Bis* bise, vent du nord-est, etc., *Rev. celt.* XII, 417, 418; au superlatif *eunn avel ar bisa* un vent du nord-est très froid, Trd.

2. *Bis* et *bes* doigt C*b*, bis an yot (le doigt de la bouillie), l'index Nom. 23, *byz-ar-iod* Trd, gall. *bys yr uwd*. C'est le van. *biss*, pl. *bisiétt*, « baye » (fruit) l'A. *Sup.* Voir *bescul, besquenn*, et *Chrest.* 110, *Urk. Spr.* 175.

Bisag visage, C*b*, v. *spazaff; bisaich, visaiche*, Cathell 34; voir *visaig*.

Bisourc'h, chevrette (syn. de *yourc'hès*, féminin de *yourc'h*, chevreuil), Gr., id. et *bichourc'h*, Pel.; *bizourc'h*, Gon.; van. *bouiorh*, l'A. La première syllabe de ce composé répond au franç. *biche*; la comparaison des deux dialectes bretons pourrait indiquer une forme antérieure **bwith* = **bĕtt* (*bouiorh* serait pour **bouih-yorh*).

Bissach, besace, C*b*, v. *squerb, biçzac'h*, Gr., de *bis* + *saccus*. *O deus bet o bissac'h ganti*, elle a éconduit ces amoureux, *Rimou* 57.

Bissest, -us, bissextile C*ms*; *dez an biseaust* « le jour de la bissexte » Nom. 225; *biséaust, bisĕst* m. Gr. Cette diphtongue *eau* doit être venue de *eu* : v. franç. *bisieutre* malheur = *bissêtre, bissexte*. — *Bitail*, vivres C*ms*.

Bizhuyquen. *Nep na hoarz bizuiquen*, celui qui ne rit jamais C*b*, f° XIII v°; *biruiquen* D 34, *birviquen* 40, toujours, à jamais 124, 140, 161, 162, 164, 172; *ma na comser biquen aneza* (comment aimer Dieu) si on ne parle jamais de lui 178-179. La p. 178 finit à la syll. *bi-*; peut-être le texte portait-il *birviquen*. Van. *berhuequin*, *Histoer... J. C.* 11. Cf. *à vezo james* il sera toujours, à jamais, D 163; sens négatif : *à het james* jamais (il ne verra Jésus) 125, *james* 22, 45, 84, 193. Voir *bet nary*, et *Rev. celt.* IX, 380, 381; XI, 97; XIV, 308.

Bizyan, Bizyen, C*ms*.

Blancouyer (*Le*) Ann. de Trég. 30, = « celui qui ramasse des sous, mendiant, » cf. gall. *ceiniocwr* ? La formation rappelle le moy. bret. *besouyer* celui qui fait des anneaux, de *besou* anneau. Le mot *blanc*, m. sou, du fr. *blanc*, est surtout vannetais, cf. *Rev. celt.* XV, 356, 357. Il fait au plur. *blancqed* Gr., *blanquĕtt* l'A.; une variante en *ou* n'a pourtant rien d'improbable; voir *diner*.

Blaouah, m. pl. *eu*, épouvante, atrocité l'A., *B. er s.* 743, *ul laironci blaouah* un vol odieux *Voy. mist.* 7; *blaouahein* frémir d'horreur 120, 121, *blaouahein doh*, avoir horreur de; *blaouahuss*, atroce, *blahouahuss*, formidable, l'A., *blanhoehus L. el l.* 46, *blaouahet* terrifié *Choæs* 85, etc., cf. gall. *braw, brawch*, frayeur; *brawychu*, effrayer; *brawychus*, peureux; *Rev. celt.*, VI, p. 390. M. Thurneysen suppose que la racine de *braw, brawch* est la même que celle du lat. *frango*. Le changement de *r* en *l* est fréquent en breton; voir *bescul*.

Blashat, goûter, C*ms*. Au dessus du second *a* il y a deux *s*, pour indiquer une variante *blassat*. *Blas* veut dire odeur, J 231; ce sens est resté en van. : *ur vlas ponner*, une mauvaise odeur, *L. el lab*.

150, 172, *vlaz er gazeg* 126, *er hoed ivo vlazer*, la bourdaine à l'odeur désagréable, 62, *anal vlazer*, 32, etc. *Blazet-mâd* (nourriture) qui a bon goût, *Historiou eus ar Bibl*, Brest 1853, p. 66. Voir *Rev. celt.* XI, 111, 113 ; *Urk. Spr.* 221.

BLÉ faible, débile, en Trég., selon Gr., Gon.; Trd donne *ble* comme vannetais. De **blez* = gall. *blydd* tendre, délicat ?

Bleç péché D 129 ; *bleczaff* blesser, C*b*, v. *gor*, *blessa* Cat. *imp.* 56, part. *bleczet* H 45 ; **bleczadur** action de blesser 50. Van. *blesse*, m.; blessure, plaie, *Choæs* 68, au fig. 17, pl. *blesseu* 181. Voir *Rev. celt.* XI, 354.

BLÉGEAL, *bleugeal* beugler Gr., *bléjal* Gon., id. ; *bleugal* bêlement, beuglement, *bleugat* (bêler) Nom. 215, cf. *Rev. celt.* XIV, 272 ; cornique *blattya* (anglo-saxon *blaetan* bêler ?)

Blein sommet ; v. bret. id., *Rev. celt.* IX, 419. Différents mots cités à cet article sont étudiés *Urk. Spr.*, 171, 186, 211. Contre l'assimilation du bret. *blenchou* sommets, au gall. *breiniau* privilèges, p. 171, on peut voir *Rev. celt.* VII, 147, cf. XI, 352.

Bleizi loups, XVᵉ s., *Rev. celt.* II, 212 ; *bleizy dof* loups garous Nom. 280, sing. *den bleiz* 280, *den-bleiz* Pel., *den-vleiz*, van. *deen bleydet* Gr., *bleiz-garv*, *bleiz-garo* Gr. Cf. *Rev. celt.* XV, 388.

Bleuec, chevelu, C*b*, v. *toussaff*, *blevoc* (main) velue *Intr.* 236 ; *bleuen*, cheveu, C*ms*, Cathell 17, **Bleuenec** reg. Péd. II, 2 b, *Le Bleuenniec* 20 (1585, 1628) = chevelu, ou velu ; cf. gall. *blewynog* piloselle, veluette. M. Stokes rapporte ce mot à la racine de φλύω, ἀναφλύω. Cf. *Urk. Spr.* 187.

Bleuzff, fleurs, C*ms*, avec un *o* au dessus de *ff* (voir *barff*) ; *bluzuec*, plein de fleurs, C*ms*, *bleuecq* fleuri Nom. 77 ; *bleuzuaff* fleurir, part. *bleuzuet*, C*b*, v. *neuez* ; *bleunuen* fleur Nom. 68, *bleuzuen*, pl. *bleuzu* 77 ; *vn tocq bleuzuiou* chapeau de fleurs 78, *diçcul bleuzyou* pâques fleuries 226, *sul ar bleuiou* Cat. *imp.* 119, *sule er blayeu* le dimanche des rameaux l'A. Grég. traduit « sainte Fleur, ou sainte Flore » par *santès bleuzven* ; cf. « ... le Couron filia... et florentiae, vulgo bleuzuen perrot », reg. Quemp. (17 juin 1613). Voir *Rev. celt.* VIII, 139.

Bleuin activement, vivement B 40, dérivé de *bliou* prompt, vif, en basse Cornouaille, *blim* en Trég., selon Pel.; *blyou* alerte Gr.; tréc. *blîm, blîn* vif, dispos Gon., van. *un deen bliu'* « un bon reioüi » Chal. *ms*. On peut ajouter le dérivé *blific* délicat Maun., *blificq* délicat, qui a le goût délicat, friand, pl. *blifigued* Gr. Le nom propre *Blesvin, Blévin*, paraît être différent. Cf. gall. *blifaidd*, rapide, *blif* instrument pour lancer des pierres, de **blib*, vieux français *bible*, bas-lat. *biblia* et *blida*. *Blif* est comparé à φλίβω, *Urk. Spr.* 188, et à βλῆμα, *Idg. Forsch.* IV, 266.

BLIN faible, débile, en Trég., selon Gr.; v. br. *blin* mou, pl. *blinion*; *blinder* mollesse; gall. *blin* fatigué; *Rev. celt.* IV, 338; *Urk. Spr.* 188. C'est peut-être le même mot que *blîn, blin* (viande) « trop délicate, qui n'est pas assez solide pour nourrir des personnes robustes, et de gros travail »; *blîn* ennui, Pel., quoique l'auteur indique l'*n* comme nasal.

Blisic « soeff, l. blesus » C, cf. le n. d'homme *Bilsic* XVᵉ s., *Nobiliaire de Bret.*, et le cornouaillais *milzin*, synonyme de *blizik* délicat, qui ne mange pas de tout, selon Gon. Cf. *Urk. Spr.* 221.

Bloez, an; *abloeaz an bloeaz*, d'année en année; *anbloezman*, cette année; *doubloazyat*, espace de deux ans; *gluzifyat* (et non *-iat*), annuelier, C*ms*; *an blozman* C*b*; *bloavez* année D 155; *bloayou* années 185. *Bloazyat* est resté dans le van. *blaiad* m. année, *L. el l.* 70, 90, récolte 8, pl. *eu* 26; *bloaziatdic* « annuelier » est le dim. du gall. *blwyddiad*, qui a un an. Ambroise Paré a écrit *vn bloa so*, il y a un an, cf. *Rev. celt.* XV, 150, 152-154. Voir *Urk. Spr.* 188.

Blonec. Le C*ms* porte seulement *Blouhec* avec un *n* en haut, après l'*u* (avant le mot *Blont*) et *Blounhec*, avec un *n* au-dessus de l'*h* (après le mot *Blot*); il traduit « suif de porc ». Le Nom. a *bloanec* oing, p. 180.

BLOT tendre Maun., mou Gr., *blôt, blôd* tendre, délicat, mou Pel.; *blôd* Gon., *blott* l'A. M. Thurneysen assimile ce mot à l'irl. *bláith, mláith* mou, doux, de **mláti-*, même racine que bret. *bleut* farine (*Keltoromanisches* 46), cf. *Urk. Spr.* 213. Mais l'*o* de *blot* rend ce rapprochement douteux. *Pêr blot* Gr. rappelle aussi le fr. poires *blettes*, en Berry *blosses*. Cf. *blougorn* bouvillon Gr., *blougorn, blogorn* m. Trd, = « aux cornes molles ».

Blouch. Le *Blouch*, reg. Quemp. 12ᵃ v (1601), *blouc'h* sans poil, en bas Léon pur et net, Pel.; dim. **Bluchic**, cart. de Quimperlé, *Chrest.* 191.

BLOUHI *un den eüs e vöet* blâmer un homme de ce qu'il mange, lui reprocher sa nourriture Pel.; peut venir de **bloeaff* = gall. *blyngu* irriter, de *blwng* revêche, de mauvaise humeur, adj.; affront, subst. (cf. *stoui* baisser, moy. br. *stoeaff*, gall. *ystwng*). Pel. dit qu'en plusieurs provinces voisines de la Bretagne « faire le *blou* » signifiait « rechigner ». Cf. *Urk. Spr.* 188.

BLUIT « du blit, porrette rouge, l. blytum » Nom. 80, *bluyt* m. blette Gr.; gall. *blithan*.

Bo! bo! interj. B 28; *bo!* interj. de dédain, de mépris, *Rimou* 24; cf. gall. *bo* et *bw*, interj. pour effrayer, angl. *bo! boh!* et le suiv. — *Böa* « cri d'exhortation, d'encouragement », Am. Dans la citation de Pel., *Böa, Böa hassit brema, disquit ho cadanç*, le premier *böa* devait finir un vers; le reste est exact, sauf *hassit* pour *hastit*.

Boas coutume, v. irl. *béss*. Sur l'étymologie, voir *Urk. Spr.* 174, 335; *Idg. Forsch.* III, 77; *Rev. celt.* XIV, 69, 351.

Boce nœud (du bois) Cms, *boçc, boçen* bosse, enflure Nom. 263, *boçz* pl. ou bosse, Gr., *boçen* peste D 61, *modeu bocennus* les mœurs détestables (du monde) *Voy. mist.* 126; **bocet**, l. squarosus Cms, *boçzet* bossu et part. de *boçza* bossuer (la vaisselle), faire une bosse à (la tête) Gr.; *boczu* et *bossu* bossu (et non *bozcu*) Cms; **Boseuc** en 1420, *Bossec* en 1503, 1532, n. d'homme, cf. le nom de lieu *Kerbosec*, R. Kerviler; *An Boseuc*, XIVe s., *Chrest.* 192, = *delyen bossecq* « feuille crenée » Nom. 96, *bosséc* bossu Chal., *boçzecq* montagneux, bossu, pl. *boçzegued, boçzéyen*, f. *boçzegués* Gr., (bâton) plein de bosses Gr.; *boçzât* devenir bossu, *boçziguern* bosse à la tête, *boçziguerni* bossuer Gr.; pet. Trég. *boseal* casser des mottes de terre, *Rev. celt.* IV, 149. Voir *bozennenn*.

Boc'h joue, D 133; *boch-ruz, boch-ruzicq* « gorge rouge » Nom. 41, *boc'h ruz* Maun., *boc'h-ruz* Pel., *boh-ruz, bohicq-ruz*, van. *boruïcq* Gr., d'où prob. le haut-bret. *boulou, bourlou*, cf. *Rev. Morbih.* III, 337, 338; **Bohic** ou *Boc'hic*, n. d'homme, XVe s., *Nobil. de Bret.*, = « petite joue », gall. *bochig;* **Bochec** reg. Plouezec 4 (1560), reg. Guing. 48, = *boc'hecq* joufflu Gr., gall. *bochog*.

Boeden (moelle d'une plume), *boden* bon (d'une noix); **boeta**, nourrir, C*ms*, *boüetaff* (*an moch*) Nom. 180; *bouet* nourriture Cathell 21, pl. *boedou* H 17, *bouetou* Nom. 314, *bouegou* 260; BOËD-HOUIDI petite herbe fort mince qui croît dans les eaux vives Gon., gall. *bwyd hwyaid* « duckweed, duck's meat, *lemna* », Silv. Evans; *Boëdëc* n. d'homme xvᵉ s., *Bouédec* xvıᵉ, R. Kerviler; cf. *Rev. celt.* IV, 149; *Chrest.* 192.

Boest boîte C, *bouestl* Nom. 176, *bouestul* 168, pet. Trég. *goest*, f., pl. *goecho*.

Boing *da guelchiff* « baing a lauer », C*b*, *bayn*, bain, pl. *baynnou*, Nom. 319, *bainnou*, 246, du fr.

BOLC'H, cosse de lin, Gr., *belc'h* Pel., pet. Trég. *bolc'h*, id., *bolc'het mad* (lin) qui a une grosse enveloppe; gall. *bul*, id., v. irl. *bolg*, outre, gaulois *bulga*, sac de cuir; cf. allem. *balg*, peau et gousse. Voir *Urk. Spr.* 177; *Idg. Forsch.* I, 325.

Bolongier dans *Kerbolongier*, Anniv. de Trég. 16 v; *Le Boullongier*, *Arch. de Bret.* VII, 110, *Ballongier* reg. Quemp. 12ᵃ (1601), = *boulounger* boulanger Nom. 312, *boulonjer* Jac. 10, *boulanjer* 38, *boulonger* Gr.; *bouloungery* boulangerie Nom. 129, *-ongery* Gr., du fr.; cf. *Rev. celt.* III, 57; XIV, 272; XV, 360.

BOLOSS, *poloss* prunes communes et d'un goût fort aigre, *irin poloss* prunes de haie, prunelles Pel., *polos*, *polotés*, *polotrés* prunes sauvages Gr., *polos*, *bolos* Gon., Trd, van. *plorce*, *plorcénneu*, sing. *plorcënn* l'A., à Sarzeau *belorsienn*, *Rev. celt.* III, 55; pet. Trég. *polost*; *daulagad polos* des yeux noirs et petits Gr. Gall. *bwlas*, *eirin bwlas*, irl. *bulos*, fr. *belosse*; cf. Holder, *Alt-celt. Sprachschatz*, v. *bulluca*.

Bols arc de pierre, l. *fornix* C, *bols*, *vols* voûte Gr., *vols* Maun., *bolsa*, *volsa* voûter Gr.; *bolzein* courber l'A.; *bolsenn* fente d'une paroi, *bolsenni* crevasser Maun., *bolzenë* fente d'une muraille, *bolzennein* crevasser, *ur vangoir bolzét* un mur crevassé Chal.; *bolzétt* courbé, *bolzéc* courbe l'A., d'où le nom de famille *Bolzec*, *Le Bolzec*, xvıııᵉ s., R. Kerviler. M. Loth tire avec raison *bols* d'un vieux franç. **volser* (= **volutiare*), d'où *voussoir*, *voussure*; *Ann. de Bret.*, VII, 215.

Bombancc bombance C*c*, *boubancc* C, *bombanç* pl. ou D 155, *bombans*, r. *anç*, 126.

Bon jour 1ᵉ syl. r. *on*, Am., v. *stracoüillan;* **Bonauentura** (saint) Bonaventure H 33, *Bonavantura*, *Bonavèntura* Gr.; **Boniface** Boniface H 42, *Bonfface* 41. Du fr.

Bonnet, g. id., l. birretum, *Cms* (après *bounn*, et s. v. *disgruyat*); *boneder* bonnetier Nom. 311. — *Bordel* g. id. *Cb*, v. *placenn; bordelleur* g. bourdeller, houlier, v. *gadales; bordeller* Nom. 326; voir le suiv. — *Bordeur*, bordure, *Cms*; *bord*, rive, bord, *Cb*, v. *margin*; *bort*, v. *ourll*; *bord*, pl. *ou* Gr., *diegus dreist ar bord* paresseux outre mesure *Trub.* 305, *bordou* frontières Alm. du P. Gér. 66; du fr. Cf. les n. de lieu du Morbihan *Borderhouat* (bord du bois), *Borderune* (bord de la colline); au xvᵉ s. *Bortifouen* (le bord, ou la « borde », la cabane, la métairie du hêtre); *Borthenry* (la borde d'Henri), auj. Bordéry, Rosenzweig. Voir le précédent.

Born n. d'homme, xiiiᵉ s., cf. *Kerborn*, dim. **Bornic** depuis le xiᵉ s., R. Kerviler; *Bornic*, *En Bornic* rég. Guing. 54, *Le Borgnic* Quoatg. 6 v, cf. la forme française *Borgnet;* van. *reiñ bornicq* assoupir Gr.

Borzevellecg grosse grive Gr., *boursavelec*, *morzavelec* Pel., *borzévellek*, *borzavellek*, *morzévellek* m. Gon., dérivé de *bortivellum* = *vortibellum*, *vertibellum*, cf. fr. *bartavelle;* Loth, *Ann. de Bret.*, VII, 216.

1. **Bot** propriété, résidence, hameau, dans beaucoup de noms de lieu, depuis le v. bret., *Chrest.* 110, 192; *Rev. celt.* III, 402, comme *Botbleiz* « la demeure du loup », seigneurie, xviᵉ s., Rosenzweig; de là aussi les noms d'homme *Bot* xvᵉ s., *de Botmeur* xvᵉ s., R. Kerviler; en petit Trég. *rein bôt*, donner asile, *rein bôt d'ën dud d'ën im welet, d'ën im glevet*, ménager un rapprochement, un rendez-vous; Gr. a *rei bodenn da ul laër*, receler un voleur. Gall. *bod* f., demeure, employé en composition dans des noms de lieu du nord du pays de Galles; cf. *bod* être, bret. *bout*, allem. *bauen* habiter, bâtir. Voir *Urk. Spr.* 179.

2. **Bot** touffe, bouquet d'arbres, buisson : *du Botderff* ancienne famille, xvᵉ s., R. Kerviler, *Le Boterff*, dim. *Botervic* et *Bodicderff*, localités du Morbihan, Rosenzweig, de *derff* chêne; *Botgarz* n. d'homme, xvᵉ s., R. Kerviler, de *garz* haie; *de Botloré*, n. de famille xvᵉ s., *Bolloré*, *Boloré* xviiiᵉ, *Kerboloré* xvᵉ, R. Kerviler,

Botloré n. de lieu du Morbihan, Rosenzweig, de *loré* laurier, etc.; *bot ræsin* grappe de raisin, *bot gués* touffe d'arbres, *boden spern* « extrémité d'espine » Maun., *ur boud biʒinn-glaʒ* « une branche de varech vert » G. B. I., I, 132, pl. *bodou, bodennou Bali* 8, BODÉC touffu l'A., comparatif *bodéquob Voy. mist.* 56 ; etc. Ce mot est de formation identique au précédent, mais la racine y est prise au sens de « s'enfler, se grouper », cf. allem. *Bausch*, grec φύσκη et φυταλιά. Il paraît y avoir eu influence de *boug* sur *bot*, dans quelques dérivés : *vn bogen* « buissonnière » Nom. 237, *ur vogen* buisson *Intr.* 227 ; Gr. donne *bodad* et *bochad* touffe, petit bosquet, *bodennecq* et *bochennecq*, touffu. Ceci permet d'assimiler à *bodéc* le nom *Bogec*, reg. Péd. 203 (1605).

Botes. Bottes soulier, pl. *boutou, bouttou, bottou* Nom. 117, *coʒ botteyer* vieilles savates 118 ; *bottesennecq* pied bot, qui a les talons gros, l. *scaurus*, 273.

Boucel n. de fam. xvie s. R. Kerviler, = van. *boucel* f. joue Chal., *boucell* id., *boucelléc, boucélléc* joufflu, *boucélléguenn* mouflarde l'A; cf. les noms propres *Bouguen* xviiie s., *Bouguenec* en 1618, R. Kerviler. Du lat. *buccella*.

BOUCG, *boug*, mou, Gr.; *boug*, molasse, l'A., *boug-treaʒ* sable mouvant Gr., v. br. *buc*, pl. *bocion* ; irl. *bocc* ; cf. angl. *bog*, marais. M. Stokes tire **bukos, *bukkos*, de **bugnós* plié, allem. *gebogen*, etc. *Urk. Spr.* 180. Voir *clogoren*.

Boucher, reg. Péd. 137 b, 156 b, 176, II, 9 b, *Bouscher* I, 202 b (1592, 1596, 1600, 1604, 1605) = boucher; voir *Dict. étym.*, v. *bocer*.

Bouchic n. d'homme xve s., *Bouic* xve, xviie, *Bouhic* xixe, R. Kerviler, *Bouchic* reg. Guing. 225 ; *bouchyc* petit bouc C*b*.

1. *Boucl. Boucle* boucle, C*a*, v. *nadoeʒ*; *boucl* C*b*, C*ms*.

Bouczouyn, « le dispenseur de la nef », l. *naustrologus*, C*b* et C*c*, v. *merdeat*; de l'angl. *boatswain*, avec une prononciation plus littérale que celle d'aujourd'hui.

Bouder, reg. Péd. 27 b, 127 b, 148, 172 b, *An Bouder* 11 (1570, 1590, 1595, 1600, 1567); *bouder* celui qui bourdonne, qui murmure, Gon., f. *bouderes* bourdon, insecte, Nom. 48; voir *bouderic* au *Dict. étym.*

Boug an gaffr barbe de chèvre C, par *g* doux, *bouch* m. touffe, toupet, bouquet, assemblage Gon., du v. fr. *bouche*, faisceau de branchage, cf. bas-lat. *buscum*, bois, angl. *bush* buisson. *An Bougen*, reg. Péd. 4 b (1565), **Bougiec** 39 (1572) = « la touffe » et « touffu », cf. *bogen* et *Bogec*, s. v. *bot* 2.

Bougeden, bourse, Am. v. *scoet*, Nom. 119, *bougedenn Son*. Br.-Iz., I, 283 ; du v. fr. *bougette*.

Bouguenn, f. joue Gr., *-enn*, id., *bouguénêc* joufflu l'A., de *būca, cf. l. *bucca* et moy. br. *boch* ; voir *boucel*.

Bouyll dans *penn bouyll* Cms, *penn boyl* C eau chaude qui jaillit de terre ; *ur bouill-dour* un rejaillissement d'eau Pel., *eur bouill goad* (de son nez jaillit) un flot de sang, Luzel, *Roué ar Romani*, 14 ; *bouilliou... a dan*, des tourbillons de feu, Æl mad 179 ; *ur bouil moguet* une vapeur, un nuage Intr. 192 ; *bouillad moged* grande quantité de fumée, cornou. *rei bouill d'ar bier* faire mousser la bière, *bouill* (yeux) vifs, vive (répartie) Trd ; van. *bouill* m. pétillement ; adj. pétillant, bouillant, actif, fringant, irascible, (esprit) brillant, *bouil* prompt, *bouille* courageux, courageusement, *rescontt*, *bouill* repartie, l'A., *Le Bouil*, reg. Quemp. 8ᵃ v ; dim. *Le* **Bouillic** n. d'homme, xvᵉ s., Nobil., *Boullic* en 1604, reg. Quemp.; *bouilldætt* vivacité, *bouillein* pétiller, *bouillartt* m. orage, tempête l'A, cf. v. *contrat*; *bouillarduss* orageux, tempêtueux, *bouilleenn-dro* gouffre, l'A.; *bouilhus* colère, emporté G.; du fr. *bouillir*.

Boulc'h, m. entamure Gr., *boulh*, m. l'A.; *güin boulha, barriq' boula* vin en perce Chal. ms ; gall. *bwlch*, entaille ; cf. irl. *balg*, fente (Thurneysen).

Boungors, *pongors*, butor, Gr.; *pongorss*, m. l'A., *boungors*, Nom. 38, *bon-gors* Pel. id.; *boñgors*, *bouñgors* f. butor, et homme stupide, lourd, maladroit Gon.; petit Trég. *moñgors*, m., maladroit ; cf. gall. *bwn*, *aderyn y bwn*, *bwmp y gors*, irl. *bunnan*, butor.

Bourbell qui a de gros yeux Maun., Gr., pl. *bourbelléyen* Gr., celui dont les yeux sortent trop dehors Pel., *bourbellec* celui qui regarde si fièrement... qu'il semble que ses yeux vont sortir de sa tête Pel.; *Bourvellec* n. d'homme, à Lorient, xviiiᵉ s., R. Kerviler ; moy. bret. *dispourbellet* écarquillé.

Bourchisses, bourgeoise, C*ms*; *bourg Rosgo* le bourg de Roscoff D 192, *bourg na ploue* bourgeois ni paysan 157; dim. **bourhyc** dans « Maistre Yues de K(er)bourhyc », Anniv. de Trég. 11; *bourk* m. G. B. I., I, 22. Léon. *bourg*, van. *bourh*, ailleurs *bourc'h* selon Gr., *bourc'h* f. Gon., *bourh* f. l'A., cornou. *borc'h* f. *Barz-Br.* 331 ; pet. Trég. *bourk*, m. Gall. *bwrch*; du lat. *burgus* et du fr. *bourg*, cf. Loth, *Ann. de Br.*, VII, 216.

Bourdon est employé N 1914 comme équivalent de *baz* bâton, 1917; mais il s'agit de la Mort considérée comme voyageant par le monde (v. 1916); cf. *bourdon*, pl. *ou*, bourdon, bâton de pèlerin, Gr. De là **Bourdonec** reg. Péd. 38 b, 98, *Bourdonnec* 153 b, *Bordonec* 133, *Le Bourdonec* 37 b, *Le Bourdonnec* II, 19 b (1572, 1584, 1596, 1591, 1572, 1626); *An Bourdonec* 3, 8, 9 b, 13 (1565, 1566, 1567), *An Bordonec* 3 (1565); *Le Bourdonec*, reg. Guing. 128 v.

Bourgoinonnes, bourguignonne, C*ms*.

Bourgon bourgeon, C*b*, *bourgoun* Nom. 98, *bourgounaff* bourgeonner C*b*, *bourgonaff* C*c*, *bourionnaff* C*a*; *bourjonn*, *bourjonnet*, (lait) mari Trd. — *Bourreau* bourreau C, pl. *bourreyen* Cathell 27, f. *boureves*, *Avantur.* 23 ; *bourreuery* assassinat B 704 ; *bourreved* tourmenté *Bali* 289.

Bourz m. bord (d'un navire) Gr., *bours*, v. *aborder*; *bourh* m. l'A., *borh* B. *er s.* 58; cf. gall. *bwrdd* m., id. et table, mot d'origine germanique.

Bouteguer « faiseur de coffins », C*b*, v. *paner*.

Boutin n. de fam., xve s., R. Kerviler, reg. Péd. 8 b, 56 (1566, 1575); banal, commun Gr., Gon., cf. *butin* au *Dict. étym.*

Boutoiller g. id. C, *boutailher* échanson Gr., *Trub.* 126, pet. Trég. *boutoulher*, *boustoulher*; *Le Boutouiller* n. d'homme, xve et xvie s., *Nobil.*; bas léon. *boutouilh*, bouteille Gr., *Boutouil* reg. Guing. 109 v, *Boutoill* 114; dim. **Boutouillic** n. d'homme, xve s., *Nobil*, *Boutoullic* reg. Guing. 21 v.

Bouueter (étable), C*ms*.

Bouzar, sourd, voir *bozar*.

Bouzellov, boyaux, C*ms*, *bozelou*, C*b*, v. *dauat*; sing. *bouzelenn*, v. *reffr*.

Bôz, f. le creux de la main, Gon., *boçz* Gr., *poze, pod*, l'A.; tréc. *boz*; irl. *boss, bass*; cf. grec ἀγοστός, de *α-γϝοστος, et lat. *gestare*? Voir *Rev. celt.* VIII, 33. Le gall. *boss*, dont j'ai parlé à cet endroit, manque au dictionnaire de Silv. Evans; mais il se trouve dans ce proverbe « redolent of rustic observation », conservé par un ms. du XIVe s. : *Cos din y taeawc ynteu a gach yth voss* (Κρυπτάδια, II, 376, 377). Cf. *Urk. Spr.* 178; *Bezz. Beitr.* XIX, 320; *Idg. Forsch.* IV, 288, 289.

Bozar, sourd, C*ms*, v. *clouce*; *bouzart*, r. *ar* D 168; *bouzard* sourd, *bouzara* être sourd Maun.; *bouzar* sourd, *bouzard* qui ne veut pas écouter Gr.; *a ro skouarn vouzard* il fait la sourde oreille, r. à *zoudard, Gouel ar republik*, chez L. Prud'homme, p. 2; *Le Bouzar*, reg. Péd. 100 b (1584), dim. *Bozaric* reg. Quemp. 3, *Le Bouzaric* reg. Guing. 224. Cf. *Rev. Morbih.* III, 338.

Bozennenn. Le C*ms* a « *boczennenn* g. meleuc l. meloda » (et non *boez-*). Le *cz* est plus exact que *z*, le mot venant de *boce* : pet. Trég. *bosen*.

Ce mot diffère de *bôzen* f. œil de bœuf ou fausse camomille, Gon., *bozenn* chrysanthème Trd, par *z* doux, comme le montre la variante *boënn* f. œil de bœuf, l. *boaria* Gr. (cf. gall. *byddon* f. bétoine, aigremoine?).

Braguesen, *braguesennou, braguesou, bragou* chausses, braies, Nom. 116. Ces mots sont d'origine française (*bragues*).

Il en est de même de *breoll*, pl. *you*, « deux crocs de fer attachez à l'aissieu » (d'une charrette) Gr., *bréol* m. Gon., du v. fr. *braiel, brael* m. ceinture pour consolider les cloches, syn. de *brayer*, cf. *braiels cargues* God., = lat. *bracale, bracarium*, bandage, Du Cange. Le sens spécial de *breoll* rappelle le fr. vulgaire *brager* « attacher le corps de la charrette à l'essieu », Cte Jaubert, *Gloss. du centre de la France*.

Braguez, germe, C*b*, v. *quellidaff*, Gr.; *bragueza, braguezi*, germer, Gr., gall. *bragur, blagur, balgur, baglur*, germe; cf. *bragodi*, fermenter, *brag*, malt (gaul. *brace*, irl. *braich, mraich*)? En haut-breton « la peaumelle n'a pas débragué » = l'orge n'est pas sortie de l'épi (Sébillot, *Contes des marins*, Paris, 1882, p. 261, 267); mais ceci peut répondre à *divragueza* déculotter Gr. Cf. *Urk. Spr.* 220.

Brall branle, sorte de danse : *un brall doubl*, Am. v. *mibin*, cf. *beza brallet* « être brandillé », dans un vers qui, d'après son rythme, doit appartenir à la même pièce, Pel., v. *mall*; *brall* m. branle, action de branler, *rei ar brall*, donner le branle (à une affaire), *brall*, *brall-camm*, *brœll*, *brœll-camm* m. branle, sorte de danse en rond, *brall*, pl. *ou* branle, lit suspendu Gr.; *brêlle* f. branle, l'A., *braile* chancellement l'A., *Sup.*, d'où au fig. *brœll* f. improbation *Sup.*, *turull er vrêll* rejeter la faute l'A., cf. v. *attribuer*, en tréc. *e tolont ar brald dec'h-u*, *Avant.* 44. *Branliff* branler, Nom. 179.

Bram. Le Cms a *brimyat*, avec un signe d'abréviation sur l'*i*; peut-être pour *bri(m)inyat*. Voir *Urk. Spr.* 183.

Bran corbeau. Sur l'étym., voir *Urk. Spr.* 182; *Idg. Forsch.* I, 48.

Brancel (branle), Cms.

Branell. A ce mot se rattache le nom propre *Branellec*, XVIIIe s., = *branellek* celui qui marche avec des béquilles Gon.; au XVIIe s. *Brennellec*, R. Kerviler.

Braouézec n. pr. depuis 1589, R. Kerviler. P. de Courcy a expliqué *Le Braouézec* par « l'emporté »; cf. *broëzek*, *brouëzek* emporté, un peu colère Gon., *brouëza* se mettre un peu en colère, *brouëz*, pl. *ou* petite colère, mouvement de colère qui passe vite Gr., *broez*, *brouez* f. emportement Gon.; *brouër* 2 s. rage, fureur *G. B. I.* I, 72 (*Ar bleizdi-mor*). Même racine que le v. irl. *bruth* chaleur vive, colère, gall. *bruth* tumulte, le lat *fervor*, *furor*, le bret. moy. *beru* bouillon, *brout* ardent, etc. Pour le sens du nom propre, cf. *An Buannec*.

Bras grand, gros; f. *brases* grosse, enceinte, adj. : *ar groaguez à so brases* D 112, *ar groaguez brases* 146, *an graguez brases* Nom. 260, *graguez vrasés* Gr. (subst., *han groaguez... brasesou* B 661). *Bara* BRAS-ÆTH pain bis, pain de paille, pain pailleux Nom. 57; *braset* « bled mêlé, dont on fait de gros pain de ménage : quelques-uns n'y mettent que l'orge et leségle. Dans un vieux Dictionnaire on lit *Bara-braseth*, gros pain », Pel., *bara brased* « pain bis, pain fait de son et de seigle » Gr.; *brazéd* ou *bráz* m. « blé ou grain mêlé, dont on fait du pain de ménage; méteil » Gon.; prob. de *bras-ed* gros blé; cf. gall. *brasliain*, linge grossier, etc. *Le Bras*, reg. Péd. 44 b

(1573); dim. **Brasic** 130 b, 148 (1591, 1595), *Brassic* 79 (1580), *Le Brasic* 50, 79, 111 (1574, 1580, 1586), *Le Brassic* 37 b, 56 b (1572, 1575); *brasicq* grandelet Gr. *Brassafu* le plus grand, Catech. 7 v. Cf. lat. *grossus*, etc., *Urk. Spr.* 183; *Idg. Forsch.* IV, 266.

1. *Bre*, m., colline, hauteur, se dit encore en cornouaillais : *kiarc'het oar ar bre*, montez par là. On trouve dans les noms de lieu composés, ce mot *bre* (xive et xve s.), et aussi le dérivé *bren*, *bran* (xiiie-xve s.), gall. *bryn*, Chrest. 192, 193.

2. BRE peine, difficulté, répugnance, douleur, déplaisir, travail; *bre ew d'eza bale* il a de la peine à marcher, ou à peine marche-t-il, Pel., *bré* m., pl. *ou* Gon., *bré*, Trub. 301, *bréa* travailler 303, *brea* id. 158, tourmenter (Job dans son corps, etc.) 24, *brehit* travaillez xvii, etc. Peut-être de *brez, gall. *braidd* à peine, comme l'a supposé Pel. Le même auteur dit avoir entendu en Léon *bréou* la goutte, maladie, et y voit un pluriel de *bre*, = « douleurs »; mais c'est peut-être l'adj. *breo eo* « il peut à peine parler », en cornouaillais selon Troude, pour *brewet* brisé, rompu.

2. *Brech. An bræch, an vreach bian*, la petite vérole, Nom. 264; pet. Trég. *brec'h du*, typhus.

Breyen bara miettes de pain, *Cb* v. *pastel*; *an briennennou*, Nom. 58; *ur breyennennic bian* une petite miette, une parcelle, D 148. Voir *brusun*.

Breyn, pourri; **breinadur**, pourriture, *Cb*, v. *loet*, *breinadur*, *breineh* Chal. *ms*; *prenn na brin quet* bois impourrissable, *Cb*. Cf. *Urk. Spr.* 183, 220.

Breiz-bras, *Breis-bras* la Grande Bretagne, *Breis-isel* la Basse Bretagne D 185.

Brell « breme » (et non breive), C*ms*, i. e. brème, poisson d'eau douce; *brell*, pl. *ed*, perche, poisson d'eau douce, Gr.; m., Gon.; *brellet*, perches, Nom. 46. Probablement de **bres-l-*, diminutif du mot qui a donné en van. *barz*, m., pl. *étt* « bar » l'A. (fr. *bars*, dimin. *barset*, Littré); et en fr. *brème*, d'où bret. *brem*, pl. *et* brème, Nom. 45. Un autre dérivé breton de la même racine (germanique?) est *braocq* « bar », Nom. 46, *braoc* Gr., *brdoc* Pel. = *brah-oc, de **brax-*?

Breman. Mæin poset ha lecquæt breman en ô het bremaia à costez, pierres posées tantôt en longueur, tantôt de côté, Nom. 139. Ce *bremaia* doit contenir le mot *ia* oui ; voir *Rev. celt.* XIII, 356.

BRENIT, ouverture d'un habit, Maun. ; *brennit*, sein, poitrine, Pel. ; *brennyd, prennyd*, Gr. ; *brennid*, m., Gon., dérivé de *bronn*, mamelle ; devait se trouver J 46 *b*, v. 5 ; voir *Rev. cell.* XIII, 235. Sur l'étym. de *bronn*, cf. *Urk. Spr.* 184.

Brenn, du son, cf. v. irl. *doeprennim* je coule, *brunnim* je jaillis, même racine que bret. moy. *beru* du bouillon, lat. *furfur*, etc., *Urk. Spr.* 172.

BRENNIC « certain coquillage de mer, qui s'attache aux rochers que la mer mouille » Pel., *brennik, brinnik* certain coquillage de mer univalve Gon., haut bret. *bernic, berni, bernin*, patelle, Sébillot, *Tradit. et superstit. de la Hte-Bret.*, II, 266 ; gall. *brennigen*, irl. *bairnech*, de *barenn*, rocher, selon M. Stokes, *Urk. Spr.* 162. Il est difficile de séparer le franç. *bernacle*, angl. *barnacle*, que M. Max Müller rapporte au lat. *perna*, *Nouv. leçons sur la science du langage*, t. II, p. 291 de la trad.

BRESA chiffonner, froisser Gon., *fars bresel* ou *brezel*, pâte mêlée de sucre et d'œufs, et cuite au four, *brezer-mein* casseur de pierres sur les routes Trd, *brecza* fouler, endommager (les récoltes) *Trub.* 238 ; cf. l'irl. *brissim* je brise. Le bret. *breuzat* pesseler Gr., Trd, doit être différent et venir du fr. *braisser* ; Gr. donne encore en fr. *braisse*, pesseau (cf. *breussier* « ouvrier qui travaille le chanvre », Jaubert).

Breselec « porte-bataille », 1. belliger, C*b*, v. *bellaff* ; *Breselec* surnom en 1279, v. bret. *Breseloc*, *Rev. celt.* III, 402 ; **breselhat**, guerroyer, C*b* v. *sclaerhat* (pet. Trég. *brezelein*, cf. *brezelli*, Bali 232). Voir *Urk. Spr.* 185.

Bresq, dissipé, distrait. Cf. *bresquign*, moucher ; *-er*, moucheur, Maun., *bresqenn* et *bresqign*, part. *bresqennet* « moucher, parlant des bestiaux que les mouches font courir » ; *-qign* « moucher, parlant d'un homme qui paroît fort affairé, et qui court çà et là » Gr., *bresken, -kign*, Pel., cf. *Rev. celt.* IV, 149 ; gall. *brysg*, alerte, vif ; irl. *briosgaim*, sauter, tressaillir ; angl. *brisk*, alerte ; *to brisk up*, s'animer. Voir *dispingneus*. Pour le suffixe de *bresquign*, on peut comparer en pet. tréc. *floqignal ra 'n dour* l'eau clapote (dans un étang agité, dans une chaussure percée, etc.); *floqignal ra më zreid 'n em boto* mes pieds sont trop au large dans ma chaussure, cf. morvandeau *floquer* : « ses pieds floquent dans ses sabots » (de Chambure, *Gloss. du Morvan*).

Breton adj. : *ar christenyen breton*, les chrétiens bretons D 66. Le vannetais seul emploie ce mot pour désigner la langue : *breton Guénèd*, le breton de Vannes. Cf. *er babreton*, le bas-breton, par opposition au breton vannetais, *Vocab. nouveau*, 1846, p. 139.

Breuguedenn, rot, -diff, roter, C*b*, v. *tarloncaff*; *breugueudi, breugueusat, beurleugueusat*, van. *berguesat, bregaseiñ*, Gr., *berguessein, -ssale*, l'A., *bergassale, bergussale*, v. *flatus*; pet. Trég. *beugisal*; cf. angl. *to belch*, id.? et bret. *breugui*, braire, Gr. *Breugui* et *breuguediff* supposeraient un primitif **brāc-*, variante peut-être de *brag-*, d'où fr. *braire*; v. irl. *braigim*, gl. pedo; bret. moy. et mod. *bram*, pet; cf. allem. *brechen*, vomir. Le bret. *braëllat*, braire, Gr., vient de **bragill-are*; cf. **bragulare*, fr. *brailler*. Peut-être le *c* de **brāc-* est-il sorti de formes où le *g* avait été accommodé à un *t* suivant : cf. irl. *bruchtaim*, eructo, vomo, gall. *brythar*, rot. Un autre dérivé de cette racine est le bret. *brugli, bruilli, bruilla*, vomir Pel. (en parl. des petits enfants, Gon.).

Breulim, meule pour aiguiser, -*aff*, aiguiser, C*ms*, avec un *o* au-dessus de l'*u* de chacun de ces mots (léon. *breolim*).

Breutat provoquer, C*b*, v. *goapat*; **breutaus**, litigieux, v. *tencen*. On dit encore *brëtaus* à Carnac, en bas vannetais. Pet. Trég. *bea zo breujo entreé* il y a un débat, une dispute entre eux. Cf. *Urk. Spr.* 169.

Breuzr Bernard, Frère Bernard, (carme) D 185; *breuzr* prêcheur Nom. 282, *cador an breuzr* chaire de prêcheur 198, pupître 200, *breurz* frère C*b* v. *germen*; *breuzriez* confrérie, f. : *homa*, D 69, pl. *ou* 68; *breuzries* 72. Le van. *brediah* id. Chal., *bredieh* Chal. ms, *berdiah* f. l'A., paraît venir de **breuderiaez*, gall. *brodoriaeth*; voir *manier*. On dit en petit Trég. *daou vreur omp* nous sommes frères (ou bien selon les cas, *breur ha c'hoar*, ou *di c'hoar omp*) pour « nous sommes dans le même cas » (nous logeons à la même enseigne).

Breuet brevet C; *ur brevet benac evit staga ous ho gouzougou* (ceux qui reçoivent des sorciers) un charme à mettre à leurs cous D 87 ; Borel cite en français *breuel*, charme, au mot *bruesche*.

Un équivalent de ce *brevet* est *brëou* m. pl. magie, sortilège, charme, enchantement Gon., *breou, brevou* Trd ; *dén a vreou* sorcier Trub. 145. C'est le même mot que *brëou* « brevet, écrit qui contient la grace, ou le don que le Roi fait » ; *brëou, ur breou, brëff* « bref, brieux » (congé de commissaire pour naviguer) ; *brëou* « naulage, ce que paie un passager pour passer l'eau » Gr., *breou* péage, l. naulum Nom. 203, *brëou* Gon. ; cf. *bref*, pl. *breffou* bref, lettres du pape Gr.

BREZEC et *bresic*, empressé, qui a hâte, impatient, prompt, précipité Pel., *brezek-ha-brizik, brezik-ha-brezek, brezik-brezek* et *brezek-brezik* « se dit d'une personne très empressée, très remuante pour ne rien faire », Trd, cf. gall. *brys* hâte, *brysiog*, empressé.

Brezell maquereau C, *breisel* pl. *breisili* Pel., *bresell*, pl. *bresily, brisilly* Gr., *brézel* m. Gon., pl. *bridilli*, à l'île de Sein, *Rev. celt.* V, 159, van. *berhéle* pl. *berheli* m. l'A., vocab. corn. *breithil* mulet, gall. *brithyll* truite ; cf. le bret. *briz*, gall. *brith*, tacheté. Il est singulier que le basque ait un mot fort rapproché, *berdella*, au sens de « maquereau » (Dictionnaire de van Eys) ; cf. aussi le v. fr. *bresil*, hareng : « macer sicut alec, sec comme bresil », Sermon de Michel Menot sur l'Enfant prodigue, éd. de 1526, dans les *Mémoires des Antiquaires de France*, t. VI, p. 450.

Brezonec le breton H 2, 3, 8, *brezonnec* (abrégé) breton, en langue bretonne D 66 ; *e brezonnec, é brezonec*, en breton 137, = *brittonicos.

Bry, égard. Van. *douguein bri d(e)*, favoriser, l'A., cf. *Rev. celt.* V, 268 ; *Urk. Spr.* 185 ; *Keltorom.* 50.

Brigantet brigands D 21, *brigandet* 149 ; sing. *An Brigant*, reg. Péd. 5, 20 b, *An Brigand* 9 (1565, 1569, 1566).

Brignhen, gruau C, *bringhon* Cms, *brignen* Maun., Gr., m. Gon. = corniq. *brynnian* ; le gall. *rhynion* doit être différent. En petit Trég. *eur vrignoñnen* veut dire une miette, un petit morceau. Cf. v. fr. *brignon*, croûte de pain.

Briz, (robe) rayée mi-partie, C ; *per christen mat* (poire de bon chrétien), *vn peren briz-ruz*, Nom. 68 ; *bris*, de différentes couleurs, van. *brih, breh,* Gr.; gall. *brith*; cf. moy. bret. *brech,* variole. Pet. Trég. *me e briz më zac'h* je mange de tout, je ne suis pas difficile; *brizenn* f. celle qui a des taches de rousseur; *An Briz* reg. Péd. 3 b (1565), *Le Briz* 57, 75, 105 (1576, 1579, 1584); **Brizec** 152, 172 b (1596, 1600), *Le Brizec* 101 b, II 29ᵃ b (1584, 1637) = van. *amser brihec, brehec,* temps pommelé, Chal. *ms,* v. *fardé,* gall. *brithog.* Cf. *Chrest.* 193.

Bro pays C, pl. *broezou* 3 syl. B 131, *broeziou* Cathell 11, *broezyou* 12, Nom. 238, *broezyou, broyou* Gr., *broïou, broeziou* Pel. Cette syll. *ez* doit répondre à *ydd* dans le pluriel gallois *bröydd;* elle a pénétré, par analogie, dans le dérivé *bröezis* gens du pays, compatriotes, en léon. selon Pel.; Gr. donne *broëzis ar sevel-heaul* comme syn. de *an dud eus a vroëzyou ar sevel-heaul,* les Orientaux. Le moy. bret. n'a que *brois, broys; va brois* D 141. *Bro-saos,* la Grande Bretagne D 185; *Brouerec,* le pays vannetais, Gw.v. *to.* Pet. Trég. *sellet dë gé brozaout,* (regarder le pays des vaches), avoir la tête baissée.

Broch, blaireau, voir *Urk. Spr.* 185, 186. A l'ancien sens de « pointe » se rattache sans doute le petit trécorois *'n on vroc'hañ,* se brouiller, se fâcher, en parlant de deux personnes; *bro'ched e,* il est fâché (litt. « piqué »); *broc'hadek,* pique, brouillerie : *broc'hadek zo trehé,* il y a de la brouille entre eux. Cf. gall. *brochi,* se fâcher, s'irriter, *broch* fâcherie, colère.

Brocher reg. Guing. 3, reg. Péd. 97 b, 123 b, 133 (1584, 1589, 1591), *An Brocher* 11 b, 12 (1567), *Le Brocher* 89 b, 114 b (1582, 1587); mod. *broëcher* brocheur, tricoteur, Gr., *brocher laou,* embrocheur de poux, tailleur, à Braspartz, *Rev. celt.* V, 186, cf. XIV, 274; du fr.

Bronnec (*En*), reg. Guing. 50; *bronnecq* mamelu Gr., gall. *bronog.* Voir *Urk. Spr.* 184.

Brotiquin brodequin, *brotiquinaff* chausser de brodequins C*b* v. *heus; brodiqin* pl. *ou* Gr.

Brouczaff, broczaff germer C, *brouzaff* C*b, brouza, brouçza, bronçza, brousta,* van. *bronceiñ* bourgeonner Gr.; voir *bruncen.*

Broudaff aiguillonner C*ms,* et non *brondaff; broudein* (voir un semis) poindre, *L. el lab.* 66, (un bouton) pousser, 86; **Broudic,** Anniv. de Trég. 29 v (auj. id., prononcé *Broudeq*); *Broudyc* 10 v;

dim. de *brout*, pointe; *broud ou flemeu* la pointe de leurs dards (aux abeilles) L. *el lab.* 154. La racine peut être la même dans *broz* petite cotte de femme, corset; voir *Urk. Spr.* 173, 182.

Brouillaff brouiller *Cb*, cf. *brouillart* brouée, brouillard, bruine Nom. 219, dim. *broüillardicq* giboulée, ondée de pluie 220; *broüilleiç* brouille, brouillerie, querelle D 178 (*brouilléiz skritur* surcharge, mots remplaçant d'autres, du Rusquec); *broüillerezou*, *paperassou broüillet*, « bordereaux, brouillarts, [l.] aduersaria » Nom. 2, *broüilhed* pl.-*egeou* brouillard, essai d'un écrit, brouillon Gr.

Brout ardent. Le dérivé *broutac'h* « chaleur étouffante, telle qu'on la sent dans l'été dans les tems de tonnerre », d'où *laës broutac'het*, lait tourné, fermenté, aigri par la chaleur excessive, Pel., paraît tiré d'un verbe **broutahat*, cf. gall. *brytäu*, chauffer, comme le léon. *añkounac'h* oubli, de *añkounac'hat* oublier. On lit *ar broutac'h* l'ardeur (des passions), *Miz Mari* 3ᵉ éd. Lannion 1863, p. 34; *brwd*, m., a ce sens en gallois. Voir *Braouézec*. Cf. aussi gaél. *bruthainn*, chaleur lourde; v. irl. *bruthnaigim*, gl. furo.

BRUCQ bruyère et neprun, burguespine, l. ramnus, Nom. 104, *brug*, pl. *òu* bruyère, *bruguenn* pl. *ou* brin de bruyère, *brugueg* pl. -*egeou* lieu plein de bruyère Gr.; *brûk*, *brúg* m. Gon.; *Bruguec*, nom de lieu du Morbihan. De *brūc-*, altération romane du celtique **vroicā*; cf. *Rev. celt.* VII, 315, 316. Une variante avec *c* doux, est **Bruczec** ou de la Bruyère, n. d'homme, xvᵉ et xvɪᵉ s., *Nobil.*

Bruncen *an caulenn* « broisson de choul », *Cb*, *brouçz-caul*, pl. *brouczou-caul* « broccoli, petits rejetons de vieux choux qu'on mange en guise d'asperges », Gr., du fr.; voir *brouczaff*. Voici d'autres exemples de l'alternance de *ou* et *u* dans des mots voisins: *bruscoagou* arbrisseaux Nom. 236, *bruscöat* bocage Pel., *bruscoad*, *broscoad*, *brouscoad* Gr.; *brus-guezen* arbrisseau Nom. 96, *brusgüezenn*, *brousgüezen*, pl. -*guez* Gr.

BRUSUN, *brusunennou*, *brusunadennou*, Gr., *brusunadou* Nom. 58, Gr., miettes, sing. *brusunenn*, *brusunadenn* Gr.; *bruzunen*, *bruzun*, Gon.; gall. *briwsionyn*, pl. *briwsion*, cf. *briwysion*, *briwys*, id., de *briw* brisé, d'où *briwionyn* miette, moy. bret. *breyenenn*. Le vannetais semble répondre par un *h* à l's de ce mot: *berhonneenn*, *burhuneenn* brin, *berhunenn*, *burhunn* miette l'A., *berhonen*, pl. *berhon* miette Gr., *berhonnênnein* émier, *berhonnein* broyer l'A., *brehonneiñ* Gr. (léon. *brusuna* Gr., *bruzuna* Pel., gall. *briwsioni*). Mais il me paraît probable que ces mots répondent à *briwion* et non à *briwsion* : cf. bas vannet. *braounen* f. brin Gr., prob. pour **brewionen;* de là **brehonen,* *berhonen;* les formes qui ont *u* ont peut-être subi l'influence du léonais. Voir Urk. Spr. 185, 187.

Brut : *hep brut* sans bruit, humblement D 169; *goal brut* mauvais renom 113; *bruit* bruit Cathell 3.

Brutuguen fumier Nom. 133. Pel. ne donne pas *bütughen*, mais *burtughen*, et en Léon *butughen*, « amas et monceau d'ordures et d'immondices, de fumier »; *bretuguenn* monceau de fumier Gr. Peut-être ce mot correspond-il au gall. *budrogen* femme malpropre, de *budr*, *budrog*, sale; les principales étapes auraient été **burdogen*, **burdugen*, *burtugen*, *brutugen*. Pourtant *buzuguenn* ver de terre, peut en être une variante, et le vannetais indique ici une forme plus ancienne en *-iguenn*. Le gallois montre une assimilation semblable dans *buddug*, *buddugol*, victorieux, = *buddig*, v. gall. *budicaul*.

BUAL buffle, pl. *ed* Gr., m. Gon., gall. *bual*, m. du lat. *bufalus*. Le van. *buffe* m., pl. *buffétt* l'A., vient du fr.

Bualyer, fenestre, l. rima, C*ms*.

Buanecat, contrarier, C*b*, v. *goapat*, *buaneguez*, courroucer, v. *trist*, *-gaez*, C*c*; *-guez*, se courroucer, C*b*, v. *richinaff*; *An Buannec*, reg. Péd. 4 b (1565). BUARET ou *buharet*, vent qui, dans les beaux temps, tourne avec le soleil, Pel., = gall. *buanred*, à la course rapide. Pour la chute de l'*n*, cf. *Peros* de *Penros*; v. bret. *Uuenran*, *Uuerran* et *Uueran*, Chrest. 175.

Bucell mugissement C, *brucell* Ca, Cc; *bucellat* mugir C, *brucellat* Cb, Cc; *brunçellat*, *bruncellat* « buglement », l. mugitus, rugitus Nom. 215; *bucellat*, *mucella* Maun., *bucellat*, *buñcellat*, *mucellat*, *muñcellat* beugler, mugir, meugler Gr., *bucella*, haut Léon *bruncella* Pel.; van. *mucellat* Gr., Chal. *ms*, *buceellat*, *bucêllatt*, *bucêllein*, *brunêllatt*, *bruhêllatt* l'A. Le prototype peut être **bucillare*, cf. **buculare* = bugler, beugler; les formes qui ont *r* le doivent à quelque analogie (*breugui* braire?). L'*h* et l'*n* des deux dernières formes vannetaises peuvent provenir de *th* pour *ç*.

Buch, vache, C, *byeuch*, Cb, v. *ounner*, *bieuch*, *biech*, Nom. 33, 35, *byoc'h, beoc'h, buoc'h, beuc'h*, Gr.; *buguell*, berger, Cc, v. *grocc*; *buga-lez* enfants H 8, *bugale* 49, 53 **bugaleerez**, enfance, Cb, Cc, v. *map*; **bugaleadur** « appartenant à enfant », Cb, ibid. (lisez « enfantillage»); **bugaleus**, plein d'enfance, Cb, ibid., *bugaleërez*, *bugaleaich*, enfance, Gr. M. Osthoff rapproche la seconde partie de *bu-guel* du gothique *haldan* garder (des troupeaux), *Idg. Forsch.* IV, 281-283. Voir *buguel-nos*.

Le plur. *bugale* enfants semble employé pour le sing. dans *va bugale*, Am. v. *rambre* et *taw*; cf. les locutions *poan vugale* (être en) peine, en travail d'enfant, Gr., pet. Trég. *pevar mis bugale zou gañti* elle est enceinte de quatre mois; van. *poëne à vugalé* mal d'enfant l'A, *poenë a vugalé* Chal.; *a vugale* dès l'enfance Gr., *a vugalé*, Chal.; voir *degrez*.

Bucl, g. bucle, l. bubalus, Cms, *boucl* « boucle », dans les *bu-*, Cb.

BUGA fouler quelque chose avec les mains, part. *buguet* Gr., *buga*, *bugat* « fouler dans l'eau les hardes que l'on lave » Pel., pet. Trég. *milgañ* agiter dans l'eau de lessive (voir *bagol*); BUGAD m. pl. *ou* buée, lessive Gr., van. *bugatt* pl. *-adeu* l'A., *bugât* Chal., bas-van. *bigoad*, Loth, *Mots lat.* 140; *bugadi* faire la buée, *bugadèr* buandier, *bugadérez*, *bugadery* buanderie Gr.; cf. it. *bucato*, esp. *bugada*, fr. *buée;* orig. germanique (moy. haut allem. *büchen*, auj. *bauchen* lessiver).

BUGAD ostentation, jactance, parade, Pel., m. Gon.; BUGADI se vanter, se glorifier Gon., Trd, *en em bugadi* Maun., *en-em bugadi* Pel. (il faudrait *en-em vugadi*). Ces mots paraissent différer des précédents, et correspondre au gall. *bugad* m. bruit confus, *bugadu* menacer, se vanter, cf. aussi *bugunad* mugissement; lat. *fucus* bourdon, etc., *Urk. Spr.* 175.

BUGUEL-NOS « fantôme, vision » Nom. 280, « esprit folet, lutin », pl. *buguelyen-nos*, van. *bugul-nos*, pl. *bugulyon-nos* Gr., *bugulnoss* pl. *bugulion-noss* l'A., *bugul nos* « fantôme de nuit » Chal.; *buguel nos* « fantosme » Maun., *bughel-nos* « fantôme qui paroît, ou que l'on croit voir pendant la nuit; mot à mot, enfant de la nuit, qui n'a d'existence que dans l'imagination des gens timides » Pel. L'interprétation me semble trop raisonnable pour être juste : ceux qui ont donné son nom au *buguel-nos* croyaient à sa réalité. Le Men cite,

Rev. celt. I, 422, 432, d'autres noms analogues d'êtres fantastiques : *bom-noz* « élévation de nuit » (sur la poitrine des dormeurs), cauchemar ; *letern-noz* lanterne de nuit, *tan-noz* feu de nuit (feu follet) ; *bouffon-noz* farceur de nuit, esprit follet, synonyme de *bugel-noz*, que l'auteur traduit « garçon de nuit ». Mais avant d'être de ces « esprits familiers qui rendent service aux personnes qu'ils affectionnent, et qui font toutes sortes de malices à celles qui les ont offensés », il se pourrait bien que le *buguel-nos* ait été une apparition nocturne, plus ou moins effrayante. C'est ce que montre le gallois *bygel nos* « phantom, hobgoblin », composé, nom de *bugail* = bret. *buguel*, mais de *bygel*, pl. *ydd* m. « bugbear, scarecrow », cf. *bygwydd* m. « hobgoblin », et peut-être *bygwl, bygwth*, menace.

Buhez vie, Cathell 1, *buez* 3.

Buyll bulle C, *buill* Cc, Maun., *builh* m. et f., pl. *ou* Gr. ; *buyllet* bullé l. bullatus C; *büilher* m. bullaire, recueil de bulles Gr. Ce son mouillé, qui ne se trouve pas dans *bull* bulle (du pape) H 50, D 69, 105, 140, existe aussi dans quelques formes italiennes où on l'explique par un mélange de *bulla* avec *bullio* (Körting, *Lateinisch-romanisches Wörterbuch*, 1891, s. v. *bulla*).

Bulbuenn pustule C*a*, C*ms*, *burbuenn*, charbon, maladie C*b*, v. *glouenn*, van. *burbuenn*, pl. *burbuat* « lentille de visage, éleveure » Chal.

Bulsun navette de tisserand Nom. 172, *burzunn* Chal., *burjunn*, pl. *ieu* l'A.; voir *mouien*. M. Loth, *Mots lat.* 140, tire ce mot du v. fr. *bolzon, bulzon*, grosse flèche dont l'extrémité se terminait en fer, verrou.

Burzudus (lieu) saint C*b*, *burrudus* (vie) merveilleuse D 185. Le van. *burhut* presque Chal., *burhud Voy. mist.* 12, *berhud* 68, *bruhut*, *Choæs* 130, est identique au nom *ur bruhut* un miracle 169, etc. : des locutions comme *bruhut ne varhue*, « [c'est] miracle qu'il ne meurt pas » (sous le poids) 62, (cf. « C'est merveille que ne s'ocist », Marie de France, Lai de Lanval, v. 344) on a passé à *bruhut jamæs ne zai* presque jamais il ne venait 130, *burhut hanni ne bréz monèt* presque personne ne daigne venir, *Off.* 26 ; *ne zaibré burhut nitra* il ne mangeait presque rien *B. er s.* 691 ; et sans négation *ma culemb berhud quement èl ma havancemb*, (tellement) que nous reculions presque autant que nous avancions, *Voy. mist.* 68. La négation est, au contraire, un produit de l'analogie dans *casi ne varhuas* il pensa mourir, *B. er s.* 222.

Le van. *burhudein* raconter (une chose merveilleuse) *Apparition* 21, cf. 20, résulte sans doute d'un mélange du nom *burzud* et du verbe *bruda, brutat* « ébruter » Maun.

But « bute » C*ms, an budou* « la bute, l. agger »; *an but* le but, le blanc Nom. 239; *laqit butou dèze,* marquez-leur des limites qu'ils ne devront pas franchir, Mo. 254; *but, bunt* m., pl. *ou,* but Gr.; *Goarem ar Buchennou* ou *Goarim ar Runiou* (la garenne des buttes), lande dans la commune de Spezet; Le Men, *Archæologia Cambrensis,* oct. 1860.

Buzuguenn ver de terre C*b, buzughen,* pl. *buzuc, burug, buhug* Pel., van. *buhiguen,* pl. *buhigued, buhug* Gr.; sing. *buhiguenn* l'A., pl. *bihuegued* « arenicole des pêcheurs, lumbricus marinus », en fr. du pays « les bugues de mer », abbé Delalande, *Houat et Hædic* 70, pet. Trég. pl. *buzuk* et *muzuk; buzugeneiñ eun dra,* bousiller, faire lentement une chose. Le fr. *bugue,* haut bret. *buyeñ Rev. celt.* V, 219 a dû subir, pour le sens, l'influence de ce mot breton (cf. v. fr. *buhen* m. charençon, nielle, God.; angl. *bug* punaise). *Buzuguenn* remonte peut-être à **burzugen,* par *z* dur, de *burtugen,* voir *brutuguen;* cf. *butughen* pour la chute de l'*r*.

C

CABANAT *gloan* « lopin de laine, ou flocquez », l. floccus, Nom. 120, cf. gall. *cobyn* touffe, *cop* sommet, *copa* (f.) sommet, touffe, crête; esp. *copo* flocon de neige, *copete* toupet, sommet, fr. *coupeau,* etc., lat. *cupa.* La même relation d'idées se montre entre le van. *toupennad gloan* « floccon de laine » Gr. et le gall. *tobyn* sommet (cf. fr. *touffe, toupet,* etc.). *Cabanat* a pu subir l'influence de *cap 2*; voir ce mot.

Cabaret cabane C; *cabareder* cabaretier Nom. 312.

Cabell touccecq (chaperon de crapaud), champignon Nom. 85, pl.

quebell touçceguet 70, 100; pl. *qebell-touçzecq,* van. *qabeleü-touçzec,* Gr., *cabellou touceg, Intr.* 406, anc. éd.; dim. *Le* **Cabellic**, n. d'homme, xve s. *Nobil.;* de **capellus*. De là **Cabellec** reg. Péd. 47 b, *Le Cabellec* 31 (1574, 1571); van. *cabelléc* m., pl. *-éguétt* alouette l'A., *cabelec* pl. *-egui* Gr., *Kerancabellec,* n. de lieu du Morbihan, en 1426, auj. *Kerabellec,* dict. topogr. de Rosenzweig; = **capell-āc-,* cf. ital. *lodola cappelluta, cappellaccia,* alouette huppée.

Cabitenn, capitaine, C*ms; Cabiten* reg. Péd. 34, *Le Cabiten* II, 19 b, *Cabitan* 16[a] b (1571, 1626); *Capiten* I, 179, 190 b (1600, 1603), *Cappiten* 131 b, 144 b (1591, 1594).

Cablus coupable = **cav'llōsus* selon M. Loth, *Mots lat.* 141.

Cabon chapon C, pl. *cabonnet* C*b*, v. *donaesonaff; Le Cabon* reg. Péd. II, 35 b (1641). Du fr. *capon* selon M. Loth. *Koz kabon* est en petit Trég. une injure, souvent amicale dans la bouche des enfants.

Cacc. Cacz mener Cathell 6, *tace* 26, prét. *caças* 3, *cazcas* 27, cf. 30; *cazcet* rejeté C*b*, v. *repellaff; chacc* chasser, v. *compellaff;* pet. Trég. *kas, kas war rok,* aller vite; *caçç* rapidité « selon le nouveau Diction. », Pel., cf. *Rev. celt.* IX, 379; du v. fr. *casser,* Loth.

Cachet. Cahet, C v. *teil;* cf. *Rev. celt.* V, 219, 220.

CACOUS, pl. *yén,* ladre vert; cordier, en terme injurieux, *cacousés* femme ladre Gr., *kakouz* nom injurieux des cordiers et des tonneliers, qui passent pour lépreux, comme descendants des Juifs, *kakouzéri* f. corderie, tonnellerie Gon., *kakouziri* f. léproserie, *G. B. I.,* I, 264; du h. bret. *cacous,* fr. *caqueux,* formes attestées depuis le xve s. et latinisées en *cacosus,* voir Du Cange, v. *cagoti.* M. Kœrting a proposé, *Lat.-roman. Wört.* 1453, de tirer le fr. *cagot* du breton *cacadd* lépreux; il avait sans doute en vue le mot *cacodd* pl. *cacodedd* ladre, que Grég. donne comme suranné, et qui aurait bien besoin d'un autre garant. Rosenzweig a tiré le fr. *cacous, caqueux, caquins, cagots, cagueux, cagous,* du mot *caque,* tonneau. « Si nous nous rappelons le rôle essentiel du tonnelet ou barillet dans la vie des premiers lépreux du moyen-âge, cette étymologie nous paraîtra toute naturelle » (*Bull. de la Soc. Polymathique* du Morbihan, 1871, p. 147); cf. Pel., v. *cacous.* On lit en franç. « un cacou », plur. « les cacous », A. Bouet, *Revue bretonne,* I, 167 (Brest, 1843).

Cadarn, cornique id. Le gaul. *catu-* bataille, n'a rien à faire avec κάμνω; voir Fick, *Vergl. Wört. der indog. Spr.* 4ᵉ éd. p. 425. Le v. bret. *Catoc* est devenu *Cadec*, rég. Péd. 21 b, 230 (1569, 1612), *Quadec* 214 b, 219 b (1608, 1609).

Cador an tut nobl chaire de nobles, C*b*, v. *pulpitr*; *monet dan cador* aller à la selle, Nom. 261.

Caff, cave, C*ms*.

Caffou. *Cauaou* D 164, *cavaou* 124, 175, 2 s., douleur, deuil, malheur; *cavaouus* triste, malheureux, 164, *cafaus* pénible 170; *d'o pec'hedou... cavanus* (lis. *cavaouus*) qui regrettent leurs péchés 119, 3 s. La forme *cafu*, cité encore *Rev. celt.* XV, 153, ne se trouve pas en moy. bret.

Caffout. *Enem caffout* (*euel gruec*; *e manier frances*) « soy auoir », se comporter C*b*; *caffont* trouver Cathell 5, *cafout* H 53, *cafet* avoir 54, trouvé 46; *ne gaffor* on ne trouvera, Am. v. *pâr*; voir *quaffet*, et *Urk. Spr.* 68.

Caher chair sans graisse C doit être indépendant du fr. *chair*; cf. cornique *keher* (Meriasek), gall. *cyhyr* muscle, *cyhyryn* frustum carnis non pinguis, Davies. De **co-ser-*, cf. lat *consero*, συνείρω?

Cahun. *Cahun*, *cuffun*, *caffunyez*, *cuffunyez* couvre-feu, l'action de couvrir le feu, avant de se coucher; *caffunouer*, *cuffunoüer*, pl. *ou* couvre-feu, instrument à couvrir le feu; *cahuni*, *caffuni*, *cuffuna an tan* couvrir le feu de cendre pour le conserver, van. *cuhuneiñ en tan* Gr., *cahuni* Maun., *cunein* l'A.; *en hem guffuna en e vele*, van. *him guhunein* se couvrir au lit, tête et tout Gr.; cf. *en krafenn ann tan*, « dans la cendre du foyer » G. B. I., I, 90. Peut-être du lat. *camīnus*, avec changement d'*i* en *u* sous l'influence de *hun*, sommeil.

Caillaraff, souiller de boue, C*b*, v. *fanc*, *cailhara* Gr.; CAILHAR « menuë bouë sur la surface de la terre seulement » Gr., pet. Tréc. *kalharen* boue, cornique *caillar*.

Caillauenn caillou C, v. fr. *caillau*; CAILHASTR dans *mæn-cailhastr* gros caillou Gr., *méan-kalastr* par *l* mouillé, caillou Gon., gall. *callestr* f. silex, cornique *cellester*; d'où **Kallastruc** n. de lieu, XIIIᵉ s., Chrest. 194.

CALADUR pl. *you*, en bas Léon dévidoir à rouet Gr., *caladur* et *keladur* « dévidoir, machine qui sert à dévider le fil, la laine et la soye, et tourne horizontalement. En Léon on donne ce nom à une autre machine qui tourne perpendiculairement et sert à peu près au même usage » Pel., *kaladur* m. Gon., de **calatōrium*, dérivé de *calare* (pour *chalare*, χαλᾶν), Loth.

Calch. *Guinic bihan, guinic calch en dorn*, petit vin, Nom. 62. Voir *Rev. celt.* VII, 156, VIII, 36. *Gallien*, pl. *et*, aiguille, poinçon, mot usité particulièrement dans l'île d'Ouessant, selon Pel., vient peut-être, par mutation, de **calyen*, cf. gall. *colyn* aiguillon, etc. Voir *Urk. Spr.* 81.

Caledenn, l. *callus*, cor, C*ms*, Gr., *-den*, Nom. 227, de *calet*, dur ; cf. fr. *durillon*; *calledet* dureté Mo. *ms* 188, van. *caleded* Gr. Voir *Urk. Spr.* 72, 73.

Caleir. *Calizr* calice Nom. 159, D 134, pl. *ou* r04; voir *vellis*.

Calon. *Calaoun* cœur, Nl 48, cf. *e ol galaon e him gau' de bep pardon, e ol galonigueh e monet de bep pardon*, « ce qu'il a de plus à cœur, c'est d'aller à tous les pardons, » Chal. *ms*, pl. *kalaounou* Trub. *XVI*, *calonou* Catech. 8 v; *caloned mad* doué d'un bon cœur, *Sup. aux dict.* 60. *Le* **Calonec** n. d'homme XVᵉ s. Nobil., *An Callonec* reg. Guing. 50; *calounecq*, van. *caloñnecq* qui a du cœur, courageux Gr., *calonnec* Pel., van. *kalonek* (avoine) pleine, *L. el lab.* 34, gall. *calonog; kalounwask* f. crève-cœur, dépit, *Trub.* 256, 262 ; *calon-losq am'eus* « la bile me brûle le cœur, d'indigestion » Gr., pet. Trég. *kalon-dé*, mal au cœur, (de *devein*, brûler).

Calquen eugen, nerf de bœuf, Nom. 136, cf. moy. br. *calch*, veretrum; voir. *Rev. celt.* VII, 156; VIII, 36. De là *calqennet*, frappé de nerf de bœuf, Mo. 200, 201, *calquenet* Mo. *ms* 149.

Cals doctement, très doctement, Cathell 6; *calz meurbet* très (aimé), Mo. 144; *kalz kablus* très coupable *Trub.* 112, *kalz bras* (se moquer) beaucoup 94, cf. 114; *cals e cafan songal* je trouve dur de penser... Mo. *ms* 137, *cals eo consideri* il est dur de voir 158 (cf. l'emploi de *bras* grand, au sens d' « étrange »); van. *calss* l'A., *cal a vern* qu'importe ? Pel., à Sarzeau *kan a dra* (pas) grand chose *Rev. celt.* III, 54. L'origine de ce mot ne semble bien éclaircie ni *Et. gr.*, I, 23, ni *Rev. celt.* VII, 152. Pel. donne *calsa, calza*, amasser; *cals à doüar calshet* beaucoup de terre amoncelée, « dans un vieux livre », *calsaden* bloc, amas, monceau, qu'il compare, non sans quelque vraisemblance, au fr. *chaussée* (=*calciata*).

Caluez, reg. Quemp. 3, *Calluez* 3 v, *Le Calluez* reg. Plouezec 6 v; voir *quiluizien*.

1. *Cam. Vn cam*, *gil-cam*, un boiteux Nom. 273, cf. *Rev. celt.* IV, 64; *Quam*, reg. Quemp. 15 v, auj. *Cam; ha gamdroïeu* tes sinuosités *Guerz. Guill.* 69, = *he gantroyeu Choæs* 150, *ou hamdroieu* leurs méandres *L. el lab.* 62, *kamm-drôiuz* de travers, oblique Gon., cf. gall. *camdro*, faux détour; *cammaff* courber, boiter *Cms.* Voir *Urk. Spr.* 78, 79 ; *Idg. Forsch.* IV, 267.

Camamil « camamille » C, *cammamill* Nom. 81, *cramamailh*, *cramamilla* Gr.

Camblit. Dizyou camblit jeudi saint *Cb*, v. *coan, diziou camblit* D 70, *diziou camblid* 133, *dez yaou hamblit* H, *yaou guemblyt, gamblyt, emblyt, amblyt*, van. *yëu gamblyt, amblyt* Gr., cornique *duyow hamlos, hablys*, gall. *dydd Iau cablyd*, irl. *caplait*. M. Loth propose de tirer *caplait* du lat. *capillatio*, *cablyd* de *caplait*, *camblos* du lat. *complētus* (dans le sens du fr. « le jeudi absolu »), et *camblit* de *complītus* (cf. *comblidou* complies D 71), avec influence d'une étymologie populaire par *cambr lid*, « la chambre de la solennité, le cénacle » (*Mots lat.* 141). On ne peut pas constater de perturbation phonétique causée par cette étymologie populaire, non plus que par celle que j'ai admise *Rev. celt.* VIII, 31 (van. *er rieu hemb lid*); il en est autrement pour le van. *rieu el litt* et le tréc. *ar iaou humblik*, ibid. 32.

Cambr, chambre, f. : *teir cambr Cb* v. ty, pl. *camprchou* Mo. 209; dim. *cambric* D 191, *campric* 188, f. : *separet... an eil, diouz hebéen, anezo*, 189.

Campy, intérêt de l'argent, usure, Gr., cf. s. v. *prêter ; voar campy* (bailler) à usure, Nom. 206, *voar camby* (argent pris) à intérêt, 202; *kampi*, m. Gon., du gaulois latinisé *cambium* (cf. fr. *change*); cf. irl. *lucht gaimbin*, usuriers. Le bret. *kémer war gampi* (Gon., Bible, *Proverb.* XXII, 7) rappelle beaucoup l'italien *prendere a cambio*. Sur le changement de *b* en *p* après une consonne, cf. *Rev. celt.* VII, 145 et suiv. Un doublet phonétique de *campy* est le moy. bret. *quem*; *kemm*, m. change, troc, Gon.; *ober quem oc'h quem*, troquer, Maun.;

vann. *quemb-ob-quemp*, mesure pour mesure, *quemb*, m., choix, l'A., *quem ob quem* « troc, troc », Chal. *ms*, *quêmb*, différence, *Officeu*, 84, 176. Il y a en breton d'autres doublets du genre de *campy* — *quem*(*b*) =*cambium*, comme (*comps*) *e cusuli*, chuchoter aux oreilles, Maun., *e cusul* en secret D 139, moy. bret. *cusul*, conseil, auj. *kuzul*, du lat. *consilium;* moy. bret. *outrachi* (N 1144'), *outragy* outrage, et *outraig;* voir *damany*. Cf. moy. br. *fizy*, *fisi* (en une syllabe) et *fiz*, fie-toi, il se fie, *Rev. celt.* IX, 381; vann. *discléri*, *Off.* 130, *disclæri*, 164, il déclare; moy. br. *dyscler*, impératif *disclaer;* vann. *heli*, il suit, moy. br. *heul;* vann. *e hum boéni*, il s'efforce, *Off.* 118, en trécorois *e poagn*, par *gn* doux; moy. br. *na pariuri* et *na paiur*, ne te parjure pas.

Campoulen reg. Guing. 102, =*campoullen*, *campoull*, *camboull*, vallée, vallon, Pel., *campoulenn* boue Gr.; cornou. *kampoull*, *kamboull*, vallée, tréc. *kampoulen* boue, Gon. De *cam* et *poull*, « fosse courbe » ?

1. **Can.** *Cana* chanter D 153, 161; *an re acanef* ceux qui chantaient, Cathell 3; *canoenn* chant, Cms, entre *cannat* et *canon*. Van. *laret ar gan* (messe) chantée, *L. el lab.* 206, pet. Trég. *hénez lar ket i overn war gañn* (il ne dit pas sa messe en chantant), il ne raconte pas ses affaires, il agit secrètement.

2. **Can**, gouttière, C, Maun., pl. *-you*, Nom. 142, 144; *cann an dour* le fil de l'eau, Maun.; *can*, vallon Nom. 231, pl. *-you*, Gr., *canien* « vallon par lequel passe un ruisseau qui rend la terre fraîche, humide et fertile », mot rare, sauf chez les vieillards, Pel.; *can*, CANOL, canal, Gr., *canol*, Nom. 239 id., *ur ganol*, *Intr.* 117, anc.éd., *quenaule*, pl. *eu*, chenal, l'A., *Suppl.*, gall. *canol* m. centre (du lat. *canālis*); CAON gouttière, pl. *caônyou* Gr., gall. *cawn* roseaux, de *cāna pour *canna*, cf. *Rev. celt.* XIV, 312; léon. KANOUC'HEL rigole dans une prairie, d'où *kanouc'hella* irriguer (je tiens ces deux mots de M. Milin) = *cannuncellus*, dim. de *canno*, cf. ital. *cannone*, *cannochio*, et le nom de lieu franç. *Chenonceau*, même rapport qu'entre « *penonceaulx* ou escuczons de noz armes », *Archives de Bret.*, VI, 23, cf. 187, auj. *panonceau*, et l'ital. *pannocchia* panache du millet, etc., prov. *panonio*, lat. *panucula*, *panu(n)cellus;* voir *Rev. celt.* XIV, 313-315. Voir *canastr*, *comm*.

3. *Can. Loar can* lune brillante H 46, *guencann* tout blanc 45; *ar c'han demeus e c'hloar* la splendeur de sa gloire, *Aviel* 1819, I, 59. Cf. lat. *candidus*, Urk. Spr. 90.; voir *Dict. étym.*, v. *cann. Canorczs* reg. Plouezec 21 v, *Le Canours* 16 doit signifier « ours blanc », cf. v. bret. *Orscant.*

Canaber n. d'homme, xive s., *Nobil.*; *canaber* chardonneret Maun., pl. *-éryen* Gr., pet. Trég. *kanapâr* m., dérivé de *canap* chanvre.

Canastr lin graites, l. napta C*b*, C*c* (entre *caz* et *cazes*); *cazas lin* Ca; *calastr, canastr* « le bois ou tuyau du chanvre, tant en grandes parties qu'en petites » Pel., *kanastr* m. Gon.; *kanastr, kalastr*, pl. « menus brins de la tige du lin, poussière du lin, du chanvre broyé » Trd.; *Poulcanastroc*, nom d'une côte en Lambézellec, Finistère. M. Loth croit *canastr* d'origine celtique, *Mots lat.* 143; j'y verrais plutôt un dérivé du lat. *canna*, avec le même suffixe que le tréc. *pelhast* peau, pelure, Rev. celt. IV, 164; cf. gall. *conyn* tige, *cawn* roseaux, voir *can* 2. *Cazas* paraît être un autre mot que *canastr*.

Cancr écrevisse, cancre; *cancrenn* chancre, cancer C; voc. corniq. *cancher* gl. canccr; du lat. *Crancq pe cancr* « cancres » Nom. 44, *crancq* pl. *ed* Gr., *krañk* m. Gon., cf. Rev. celt. VII, 44, gall. *cranc* m., pl. *-od*, dim. *crencyn*; provençal *cranc*, cf. ital. *granchio* de **cranculus*; v. franç. *cranche, cranque, crancre*, cancer.

Cannaff. *Emcannaff* combattre, C*b*, v. *storm*; *henth cannel* chemin battu, Nom. 238; *caneresicq an dour* lavandière, bergeronnette 40. Le Men, parlant de la croyance bretonne aux « lavandières de nuit », Rev. celt. I, 421, dit qu'on les appelle *couerezou* ou *cowezerezou-noz*, et qu'il « trouve ce mot écrit au pluriel *Cauuerezou*, dans un titre de 1460 ». Il faut lire sans doute *cannerezou*, plur. de *cannerez* action de battre C*b*, qui a bien pu signifier aussi blanchissage, comme le van. *cannereah* m. l'A., *cannereh* Gr. (cf. gall. *cànu*); le nom des lavandières devait être *canneresou* par un *s*. On dit en pet. Trég. *kañnerezed-noz*, lavandières de nuit.

Cannat a meuly « parole ou annonciation de louange », C*b* v. *quimyngadez*; **cannadur**, l. legatio, C*b* v. *laes*; id., pl. *ou, you*, ambassade, commission, Gr.; *canat* messager Mo. ms 230, *ganat*

231, *gannet* Jac. *ms* 95, cornique *cannas*. Voir *Urk. Spr.* 77, 78, 331; *Zeitschr.* de Kuhn, XXXIII, 153-156.

Canon g. id., l. *tormentum*, *Cms*, du fr.

Cant. Quant cent D 68; *cauet*, centième, *Cms*, avec un signe d'abréviation sur l'*a*. Le nom *Cantden*, fabrique de Tréguier, comptes des distributions 1442-1454, f° 177 v (Archives des Côtes-du-Nord) signifie littéralement « cent hommes ».

Caoutr dans *contell-gaoutr* coutre, pl. *contellou-gaoutr* Gr., van. *queudre* m. pl. (*queudr*)*eu* id. l'A.; pet. Trég. *kaout* m., mauvais couteau; du l. *cultrum* (Loth, *Mots lat.* 155).

1. **Cap**, cap ou tête, pointe, en v. bret., *Ann. de Bret.*, II, 245; *enés Cap-Sizun*, « l'isle de Cap Syzun », Gw. v. *tallout*. Mot resté dans la locution trécoroise *war gab i rer* qui se dit, par exemple, d'un chien assis (*oar gab he revr*, Quellien, *Annaïk* 59), et qui est analogue à *war benn i c'hlin*, à genoux, litt. « sur la pointe de son genou »; du lat. *caput*. Le mot *cabrida* rider son front, se renfrogner Pel., rappelle les composés comme **capum virare = chavirer*, Körting; Gr. donne *cabrida*. Le cornouaillais *caben*, pl. *cabou* et *cabennou*, cime ou sommet d'une montagne, mot rare cité par Pel., semble dérivé de *caput* ou **capum*, bien qu'il rappelle aussi *cabanat*.

2. **Cap** dans *penn gap freill* l. cappa *Cms*, *pengap freil* chape de fléau (l'armure des deux bâtons d'un fléau à battre le blé) Pel., *pengap* m., pl. *pengabou* Gon.; pet. Trég. *pen-kap*, *pen-gap*, m., pl. *peno kap*, capuchon; du lat. *capa* pour *cappa*. C'est sans doute de ce second mot *cap* que dérive le nom *Le* CABEC, reg. Quemp., en 1613. — *Capital* (péché) capital, H 47; *er Quær Capital* dans la ville capitale D 190.

Car. Le pluriel *kerent* s'emploie en dial. de Batz pour le sing., au sens de « parent ». Pl. *keront*, G. B. I. I, 350, 482, etc. *Me a garhe* je voudrais B 592; *querhomp* nous aimerons H 9; *carentez* amour 45. *Karañte* est masc. en pet. Trég. au sens d'amant : *eur c'harañte d'ei*. *Carentezus* charitable D 53, *caranteus* 119. *Le Caret* reg. Quemp. 4, 20, *Caret* 20, = « aimé ». **Caradoc** XIVᵉ s., *Chrest.* 195, *Caradec, de Caradeuc*, XIVᵉ, XVᵉ, *Nobil.*, *Caradec* reg. Péd. 1, 16 (1565, 1567), *Carradec* 183, 191 (1601, 1603), v. br. *Karadoc*,

n. d'homme, = *Caratācos; karadek* aimable, aimant Gon., Trd, cf. *Rev. celt.* XI, 188, gall. *carodog*, charitable; **Karentuc**, n. d'homme, Cartul. de Quimperlé, *Chrest.* 195, = *carantecq* affectionné, cordial Gr., *karañtek* Gon., Trd; cf. *de Trégarantec*, s[r] dudit lieu, XIVe s., Nobil.; *carantélez* amabilité Gr.

Carantor *en Brouerec* « Carantôer au pays de Vannes », Gw. v. *to*, vulgairement Carentoay, Pel.; *Carantor*, Cart. de Landévennec 40, auj. Carentoir.

Carboucl escarboucle, *Cb*, v. *glouenn*, du v. fr. *carboucle*, cf. *Rev. celt.* XIV, 314.

Carc'haryou « les carcans qui entourent les meules » (d'un moulin) Gr., *carhaliou, carheliou* « grand cercle ou caisson qui entoure, ou enferme la meule supérieure d'un moulin, de sorte que le bled ni la farine n'en sortent pas » Pel., *karc'hariou, karc'haliou* « les deux cercles de fer qui entourent les meules d'un moulin » Gon.; v. br. *carchar* prison, gall. *carchar*, corniq. *carhar*, du lat. **carcarem* pour *carcerem*. C'est ainsi que le van. *chartre* m. « carcans qui entourent les meules (d'un moulin) » l'A., vient du fr. *chartre*, prison. Voir *dicarc'her*.

Cardeellatt, *cardeellein* fumer une terre l'A., *kardelat L. el l.* 120, KARDEL m. engrais 38, 66, cf. gall. *cardail* « car-dung; land manured with dung carried to it on a drag or sledge »; *cardeilo* « to carry manure with a drag; to manure with car-dung » S. Evans; moy. bret. *carr* charrette, *teil* fumier.

Cardinal, g. id. *cardinalez*, cardinalité, *Cms.*; entre ces deux mots il y a un article qui semble être **cardinner** (ou *cardinier?*), l. *hic cardinurbi. Cardinalet*, les cardinaux D 154; *vertusiou cardinalet*, vertus cardinales Catech. 8.

Carg charge, f. : *honnez* D 196, *carch Cms*; **carguerez**, farciement, l. farcimen, *Cb* v. *farsaff*. Pet. Trég. *karget*, touché, ému.

Carnou *rouncèet*, les sabots des chevaux, Nom. 182, sing. *carn*, Cartulaire de Landévennec 38, *qarn*, Gr., gall. *carn*, pl. *au*, gaul. **carnu* (= lat. *cornu*), d'où κάρνυξ, trompette. **Carnec**, reg. Quemp. 4ª, reg. Péd. 228 (1611), = *qarnecq* qui a aux pieds de la corne, ou de la chair durcie comme de la corne Gr., *karnek* Gon., gall. *carnog. Carna* se former en corne, et improprement amasser de la neige sous ses pieds Pel., *karna* Gon., *carnein* s'endurcir l'A., *carnet* brûlé, desséché *Choæs* 152 *Pedenneu*, Vannes 1869, p. 139, 143, *carnét Voy. mist.* 109, *carnéhuein* encuirasser, *carnéhuett* cautérisé l'A., *Sup.*, (terre) durcie, l'A., *carnéuétt* (plaie) cicatrisée, *Sup.*, v. *chiron*; *carnéuigueu* callosité, *carnuss* calleux *Sup.*; cf. *sec'h-corn* très sec Gr. (sec comme de la corne), et le fr. *racornir*.

Carr, charrette. **Carer**, 1. *rotarius*, *Cms*, entre *carre* et *carres*, *Le Carrer* n. d'homme, xve et xvie s., *Nobil.*; *qarrer*, charron, Gr.; CARRENT petit chemin où une charrette seule peut passer Pel., *karreñt* m. Gon., *qarr-hend* chemin où les charrettes peuvent passer Gr., *Carhent*, *Carrent* n. de lieu, Cart. de Landévennec 18, 34; **Carric** reg. Guing. 241, *Caric*, surnom en 1247, *Rev. celt.* III, 404, = *qarricq* petite charrette Gr.; *carriguen* chariot, Nom. 179. Voir *cardeellatt*, et *Urk. Spr.* 72.

Carrac, g. carraque, c'est une grande nef, *Cms*. Ce mot diffère sans doute du gall. *corwg*, irl. *curach*, latinisé en *curuca*. Voir Stokes, *Remarks on the celtic additions to Curtius' Greek Etymology...*, Calcutta, 1875, p. 8; *Urk. Spr.* 93; Loth, *Les Mabinogion*, I, 80; Devic, *Dictionnaire étymologique des mots d'origine orientale* (réimprimé à la suite du *Supplément* de Littré), s. v. *caraque*.

CARREC, rocher, écueil, pl. *kerrec*, Pel., auj. id., f.; *sylva Carrec*, Cart. de Landév. 45; v. gall. *carrecc*, v. irl. *carric;* cf. v. irl. *cloch*, f. pierre, grec κρόκη, lat. *calx*, bret. moy. *croguenn*, écaille, etc. (Windisch); voir *cragg*, et *Urk. Spr.* 72.

Un ancien *c* primitivement entre voyelles devient dans les langues bretonnes *c, g,* et dans les idiomes gaéliques *ch;* un ancien *cc* donne, au contraire, en breton *ch*, et en gaélique *cc, c*. Il n'y a donc identité entre *carrec* et l'irl. *carric* qu'autant que l'un de ces mots serait emprunté à l'autre. Mais cette explication, donnée par M. Thurneysen, *Keltoromanisches*, 96, n'est nullement probable, parce que le celtique avait à la fois les deux suffixes *-icos* et *-iccos*, qu'il employait concurremment, après les mêmes racines : *Litavicos* et *Litaviccos*. De même pour les autres suffixes, comme *Litucios* et *Lituccios*, etc.; cf. Z[2], 171, 172. *Carrec* est dans le même cas que *blonec*, saindoux, cf. irl. *blonac* : il a un suffixe par un seul *c*, tandis que son correspondant gaélique avait originairement deux *c*. Mais, dans l'intérieur même des langues bretonnes, on trouve de ces sortes d'alternances :

Moy. br. *groach*, vieille femme = *v(i)racc-*; et *groec*, pl. *groaguez*, femme = *v(i)raci-*. Le v. irl. *fracc* répond à *groach* pour la forme, et à *groec* pour le sens;

Bret. du XIII° siècle *kenec*, éminence, *Rev. celt.* VII, 58, en 1316 *Quenec* (-*Ysac*), Rosenzweig, *Dictionnaire topographique... du Morbihan*, p. 308, gall. *cnwc, cwnwc* = *cunuc-*; et v. br. *cnoch*, br. moy. *quenech, knech*, léon. *kreac'h* = *cunocc-*, v. irl. *cnocc*. Cf. gallois *tywyll-wg* et *tywyll-wch*, obscurité ;

Bret. du XIII° siècle -*odec*, -*ozec* (-*ozauc*, -*ozoc*), homme marié, chef de maison, *Rev. celt.* VII, 205, irl. *aithech* = *[p]oticos*, cf. grec (δεσ)ποτικός; et -*ozech* (-*ozouch*), ibid., auj. *ozec'h, ozac'h* = *[p]oticcos*, plur. *ezec'h* = *[p]oticci* (pour le *z*, voir *gouzavi*);

Moy. bret. *callouch*, auj. *kalloc'h*, (cheval) entier = *calluccos*; et bret. mod. *qellecq, qellocq* id. Gr., moy. br. *Callec, Le Quellec*, n. d'homme, v. irl. *caullach* = *calluācos ;* bas léon. *gauloc'h* Gr., *gaoloc'h* Gon., qui a de grandes jambes = *gabluccos*, et cornouaillais *gaolek*, irl. *gablach* = *gablācos*, *Rev. celt.* VIII, 36. D. Le Pelletier donne, au mot *bâr*, un proverbe où *gleborac'h*, lisez *gleboroc'h*, mouillé, rime à *barroc'h*, comblé; il voit à tort dans ces mots des comparatifs : ce sont des variantes de *gleborek*, *Rev. celt.* III, 68 = gall. *gwlyborog*, et de *barrek*, ibid., 66. A *gleboroc'h* comparez la terminaison de *guidoroc'h*, dernier né. Voir *mèll*, *min* 1, *miod*, *galloud*.

Le moy. br. *houch*, porc = *succos*, le moy. br. *buch*, vache = *boucca;* cf. lat. *suculus, bucula*, de *sucos*, *buca*; voir Brugmann, *Grundriss*, II, 248, 250, 251. Voir aussi *clogoren, hubot*. M. Stokes, *On the assimilation of pretonic* N *in celtic suffixes*, explique le celtique -*cc*- par -*c-n*- ou -*g-n*- devant une voyelle accentuée.

Carres, g. chavreau, C*ms*, entre *carer* et *cart*, qui est suivi de *carv*, cerf. C'est probablement un doublet de *quarreau*, carreau, C, mais formé du pluriel fr. *carreaux* (voir *bahu, flambes, aïneset*). De là le nouveau singulier (proprement singulatif) *vn quarresen*, un carreau, Nom. 138, pl. *carresennou*, ibid. Gr donne *carrezenn, car-*

rauzenn, van. *carre*, carreau de marbre, etc.; *carrez*, *carre*, carreau ou carré de jardin.

Caru cerf, *caruguenn* peau de cerf C; *caro* cerf, *carues* biche, *carufic* faon Nom. 31, *caru volant* cerf-volant 48. *Le Carou* reg. Quemp. 8ª ; cf. *Bot derou* et *Le Botderu*, voir *deruenn*. *Qarv-radenn*, van. *carvecg* sauterelle Gr., gall. *carw y gwellt*.

1. *Caruan an neut* la roue de laquelle on empelotonne le fil, Nom. 172; gall. *carfan* et *carfen*.

2. *Caruan. Carvann* et *carvenn*, pl. *ou*, gencive Gr.; *Le* **Caruenec** reg. Quemp. 3ᵇ v, *Caruennec* ibid., 7 v, auj. *Le Carvennec*; = *karvanek* celui qui a une grosse mâchoire, Gon.

Carzaff, curer (les dents), Nom. 176, *carzer*, cureur (de latrines), 324; *carzdént*, cure-dent Gr., tréc. *karzañ*, curer, gall. *carthu*; voir *argarzi* et *scarza*.

1. *Cas. Casou*, (les) cas (réservés) H 49, *casyou* Gr.

2. *Cas. Cassa* il hait, Cb v. *gueleuiff*; *quassaus da quement en incito da pec'hy*, qui hait toutes les occasions de péché D 181. Voir *Urk. Spr.* 68.

Casec. Quesequennet juments, Nom. 321; *qesecqenned*, à l'île de Batz et en van. *qesecg*, Gr.

Castaing, *Cms*, entre *cassoni* et *castell*; châtaigne?

Castell-Paol Sᵗ Pol de Léon D 192; *de Castellou*, sʳ dudit lieu, xvᵉ et xvɪᵉ s. *Nobil.; an questell* hune, l. *carchesium*, Nom. 152; *e hobér castelleu èl loër* faisant des châteaux dans la lune (en Espagne) *Voy. mist.* 148.

Casty il châtie H 47 ; peine, humiliation D 139, du v. fr. *casti, chasti* réprimande, *Mots lat.* 145.

Castr-*egen*, *castren*, nerf de bœuf; « quelques-uns... disent aussi (*castr*) d'un nerf de taureau » Pel.; *castregenn*, pl. *ed*, et *castrenn*, pl. *ed*, *ou*, nerf de bœuf, Gr., *castr egen* Maun.; *castret mat* « (un homme) entier, tout frais », Nom. 272, *castret-mad* mâle, viril, courageux Gr., *kastret* « qui a les reins forts », en cornouaillais (Troude); *digastret* (porc) châtré, Nom. 33; gall. *castr* « horse's organ of generation ». Du lat. *castrare* : la différence des sens entre *castratus* et *castret* est semblable (mais inverse) à celle qui sépare *plumatus* de *plumé*. On trouve au XIVe siècle le nom breton *Castreuc*, *Ann. de Bret.*, II, 529; cf. *an Callouch*, *en Calloch*, 528, auj. *Calloch*, et le nom (*Le*) *Quellec*.

Catechism catéchisme H 58, 59, *catecis*, *catecism* Gr., van. *catechim*, *Guerz*. *Guill. IV*; *catechisaff* catéchiser D 189, du fr.

Cathell Catherine, *Cathell* 1, *Kathelin pe Kathell Cb*; cf. *Rev. celt.* IV, 158. — *Catholicquet*, (les) catholiques H 58; *catolic*, adj., 7.

Caulec, n. d'ho.; fabrique de Tréguier, Comptes de distrib., 1442-1454, fos 178, 187 v, etc. (Archives des Côtes-du-Nord), = *caulecq* f. « le quartier des choux dans un jardin, ou courtil à choux » Gr.

Caus cause C, *caos* D 101; *mont var gaoz un all* interrompre quelqu'un, *e tistroe brao ur gaoz* il détournait adroitement la conversation, *Bali* 191, *evit o c'hos cojou* malgré leurs mauvaises raisons Mo. 250; *causeant*, causeancier, pl. *ed*, Gr.

Caut bouillie C, *cot* colle, *cauta* coller Maun., *caüt*, *caöt*, *côt* colle de farine, et aussi sorte de bouillie; « quand nos villageois veulent coller quelque image, ils prennent de leur bouillie » Pel.; du lat. *cal'dus*, Loth, *Mots lat.* 144 (autre étym., *Urk. Spr.* 92). De là sans doute le composé **Cautper** en 1458, *Leincautper* 1412, *Leinhautper* 1417, auj. Linhoper, dans le Morbihan (Rosenzweig), = *caut-per dous* poire musquette Nom. 68, *coz-per* « cornille, l. cornum », 69, *coz-pér*, poires sauvages Gr., *kôz-pér* Gon., *cosper*, « quelques-uns disent *cotper* » Pel. (tréc. *koper* m. cormier, Trd). Gr. donne aussi *col-pèr*, on dit en pet. Trég. *koc'h-pér*, ce qui ne peut s'expliquer par la phonétique seulement. **Cautpirit** en 1413, auj. Copérit dans le Morbihan (Rosenz.), = « lieu planté de poiriers sauvages »; le nom d'homme de 1420, lu « le Cartepereuc » et « le Cantpereuc », *Archives de Bret.* VI, 59, doit être **Cautpereuc**, id.; cf. *perec*, l. piretum, C, et « la terre de la Cormeraye », *Archives de Bret.* VI, 194. Pour le traitement du *t*, on peut comparer le nom d'homme de *Coaitquen*, ibid. 210, de *Coetquen* 65, de *Coatquen* 120, de *Coesquen* 193, 267, de *Coaisquen* 121, 181, de *Coaesquen* 198, de *Couesquen* 71, 145, de *Coaysquen* 307, de *Quoaesquen* 161, etc. (de *Coiquen* 211); *Deuzmat* XVe s., *Duetmat* XIVe, « bien-venu », *Chrest.* 203; cf. *Rev. celt.* VII, 160, 161. Pour les suffixes *-euc* et *-it*, voir *Aualeuc*, *perenn*, *queluezec*, *Quistinit*, et *Dict. étym.*, v. *beus*.

Cauel chameau C, *camel* Ca, *caual* Nom. 30, pl. *cauallt* (lis. *caualet*), 87.

Cauel, berceau, C*ms*, v. *bandenn*.

Cauernn, caverne C*ms*, *cauarn* D 193, *cavarn* m. : *pevar*, 32. **Cauet**, cage, l. *cauea*, C*ms; caoüed*, f. Gr., *caoüet*, Nom. 35, du latin *cavāta*, *Et. gram.* I, 45, ou de *cavitas*? Van. *caouideell* f., l'A.

Caz. *Cazunell* souricière = *cattōnāria, prov. *catouniero* chatière, poitevin *chatounère*, morvandeau *chatenére* (de Chambure), etc., cf. *Rev. celt.* XIV, 320. *Gaz!* interjection pour chasser le chat, Trd, paraît venir de *a gaz, voir *a* 1 ; cf. gall. *druan!* pauvre créature! *o druan!* (moy. gall. *och a truan* « heu miser » Z^2 758).

Cazre beau, Cathell 6, 14, 18, 22, *caëzr* D 23, 45, *compser carz* bien parlant, C*b*, v. *nobl*; f. *cazres* P 173; *cazrhaet* embelli Cc, *caz-rhet* C*b*, v. *nettat*; *coaer* beau Jac. *ms* 12, *amen so quen carroch* et moi-même, qui plus est, 1 (cf. *zoken* même et *zo koañtoc'h*, qui plus est); *carran* le plus beau, 12.

-ce. Le C*ms* écrit ainsi les mots suivants qui, par ailleurs, finissent ordinairement en *-cc* : *abstinance, abundance, accordance, arrogance, assurance, audiance, auarice* (v. *chetiff*), *balance, bece* (*vece*, s. v. *charronce*), *beniuolance, Boece, boubance, cace, cence, cheuance, Clemence, coce, concupiscance, consciance, constarace, depandance, dice, disacordance, disciplinance, discordance, dispance, doetance, douce, edefice, esperance, essence, experiance, face, fallace, finance, Galice, grace, Grece, groce, hace*.

Cedulennic, (petite) cédule, C*b* v. *protecol*.

Ceffn, moutarde; en marge : *cezo*, C*ms*; *sezu*, Nom. 92, *seün*, Chal. *ms.*, v. *seneué*; *sauç guet oignon ha moustard'*, *guet cezo* « sauce robert », v. *sauce*; *ceon* « selon le nouveau Dictionnaire », Pel.

Celebrifu célébrer, dire la messe H 50.

Celestel céleste D 196, *celestiel* 58, *-iell* Cathell 9.

Cernaou : an Ifern he — (on verra) l'enfer et ses cachots (ou ses cercles?) Nl, p. 108; *cernet* enfermé (dans l'enfer) D 140.

Certen, certain, certes; 1re syll. rime en *art* B 597 (cf. J 68, v. 7); c'est le même mot que le tréc. *zaltin*, avare, regardant (proprement sans doute « exact, minutieux », comme *piz*) *Rev. celt.* IV,

170; *saltin* homme brutal et grossier, Moal, cf. *Mélusine*, VI, 66. Cette prononciation rappelle le champenois *désalté* pour *déserté*, E. Rolland, *Recueil de chansons pop.* IV, 37.

Cesar César, Cathell 12, *Cæsar* 6. — *Cessaff* cesser 31; *ne cess... oc'h illumina ar bet* (le soleil) ne cesse d'éclairer le monde D 84.

Chabistr chapitre d'un couvent, f. : *enhy* N 180; *chapistr* chapitre (d'un livre) Catech. 5 v; *jabist, jabistr,* van. *chabistr* Gr. — *Chacç* chiens Cathell 29, *chasseal* chasser, aller à la chasse Nom. 30; *chache-peurerion* chasse-coquin, chasse-gueux l'A., cf. *Rev. celt.* VII, 251, 252; VIII, 526; IX, 379.

Chadennaou chaînes D 149; dim. *chadenic*, Cathell 2.

Chaffault échafaud C, *chaffaut* Cc, *chauffaut*, g. chauffaux, l. machina, Cms, *chaffot* Cb, v. sig, *chaffôt*, Nom. 128, 132; van. *chalfaud*, B. er. s. 587, pl. *chalfaudeu* 411. — *Chamois*, g. id. — *Champaingne* -agne, Cms. — **Champart**, Cms, entre *chamois* et *champ*; *champard, campars*, champart, droit seigneurial, Gr. — *Chanc* -e. — *Chandelor* -eure Cb, -lour H 26, 30, 31. — *Chang. Seinch* changer D 94, 154, 162, 172, *sench* 72, part. *senchet* 175, inf. *ceiñch, ceñch, cheñch, cheiñch* Gr.; *sengeamant* changement D 49. Pour la dissimilation du *ch* initial, cf. *re sich var ar pinigen*, trop chiche, avare de pénitence, D 141.

Chapell chapelle Cb, *chapel* f. : *enny*, D 70, dim. *chappelic* 188; *chapelet* chapelet m. : *try* —, pl. *chapeledou* 69; **chapporon** dans *K(er)anchapporon*, nom d'une pièce de terre, Anniv. de Trég. 5 v = *chappourouñ da douguez* (lis. *-en*) *cauaou*, chaperon de deuil, Nom. 112, du fr.

Charnel (péché) charnel, Cb, H 50. — *Charreter* -ier Cms, *charater* Cb, v. *puncaff*. — *Charronce*, vesce. — *Chastelen*, g. id. Cms, *Chastelen* reg. Guing. 120 v, reg. Péd. 187 b, *An Chastelen* 15 b, *Chastelain* 217 b (1602, 1567, 1608). — *Chastete* -té H 47, -tez 3, -té D 72, 177; cf. *Rev. celt.* XV, 153. — *Chausser* chaussée Nom. 239, pl. *ou* 243, cf. *Rev. celt.* XIV, 309; XV, 153.

Chede. Sur *chede ary* B 164, voir *arriu. Cheda* voilà Pel., *Prep. d'ar maro* 69. Van. *ché*, Celt. Hexapla I, 15; *ché mé touchand kand vlai* j'ai bientôt cent ans, *L. el lab.* 32.

Cher. Chermat, n. pr., reg. Guing. 86 v, voir *ren; Jesus e ra chér d'er vugalé* Jésus aime les enfants *Choæs* 134, *guet chér doh Jesus* par amour pour Jésus 164, *ur fal cher* (génisses qui ont) la mine méchante, *L. el. Lab.* 104.

Cherlamen Charlemagne, 2ᵉ s. r. *am*, Gw.

Cheuance, argent. *Cheuance* n. pr., reg. Guing. 52 v; *Ar Chevanz*, G. B. I., II, 406; de là **Cheuancer** reg. Guing. 39 v.

Chomm « mansionier, l. mansionarius » *Cb*, v. *mansion*, lisez prob. **chommer**; *choum* il reste, Nom. 300; *chom hep caret* ne pas aimer (son ennemi) *Trub.* 114, *chom eb ober evel ar re-all* ne pas faire comme les autres, *Æl mad* 153; **chommidiguaez**, station, Cc, -*guez*, *Cb*, v. *arretaff*.

Chotat soufflet, répond au provençal *gautada*, v. fr. *jouée*, ital. *gotata*; le gall. *cernod* est formé de la même façon.

Choucq ez troat son cou-de-pied, Nom. 273; van. *é souq er manné* au pied de la montagne *Voy. mist.* 80; pet. Trég. *choukañ butun*, priser; cf. *Rev. celt.* IV, 150; XI, 355.

Christenyen chrétiens Cathell 3, 4, *chres-* 18, *chis-* 28, 30, *chrystenien* H 59; *christenez* chrétienté D 72; *Christoff* Christophe H 38.

CHUFERE, hydromel, tréc. (*Rev. celt.* IV, 150), de **cuféré*, que j'ai indiqué à tort comme employé par Brizeux, et qui semble venir de *kufr* (Barz. Br., 46) comme le van. *coustelé*, gageure, de **coustl*, gall. *cywystl*. *Kufr* est une métathèse pour **kurf* = corniq. *coref*, *coruf*, gall. *cwryf*, v. irl. *cuirm*, gaul. κοῦρμι (lisez *cŭrmi*), grécisé en κόρμα, et latinisé en *curmen*, Du Cange. Voir *Urk. Spr.* 94.

C'HUIRINNAT hennir Maun., *c'huyrinat*, van. *huirhineiñ* Gr., *c'houirina* Gon., -*nat*, Barz. Br. 105. Pel., s. v. *c'hwirinna*, donne ce mot comme peu connu; on dit en petit Trég. *c'hwirignal*. Cf. gall. *chwyrnu* ronfler, s'ébrouer, voir *Urk. Spr.* 323.

Cierg, cierge, *Cb* v. *quentaff*, du fr. — *Cim. Sing* singe, Nom. 34. — *Cimant* -ent, *Cms.*

Cing. Cyn signe Nom. 39, 40.

-*cion*. Le *Cms* donne cette terminaison aux mots suivants, qui ailleurs finissent en -*tion* : *allegacion, appari-, appella-, assigna-, colla-, confirma-, constella-, constitu-, contempla-, decep-, delecta-,* de-

libera-, descrip-, diffini-, discre-, dispensa-, disputa-, dissen-, dissi-, mula-, distribu-, diuina-, epyloga-, estor-, excusa-.

Circuyt circuit C*b*, v. *quelch*; circuit C, *cercuit* N 1084. — *Cirurgien, surgien* chirurgien C, *cirorgien* C*b*, v. *gouly*, pl. *chirurgianet* D 107; *churgian* Nom. 302 (cf. angl. *surgeon*).

Citte cité, Cathell 17; *ciuil* civil H 49, *civil* (justice) civile D 95, *civilité* civilité 189.

Ciuellenn, g. ciuelle, C*ms*; voir *Sublec*.

Claffhat « débiliter ou être malade », C*b* v. *sembldet, klañvaat*, tomber malade, Trd, *klanwat* L. el *lab.* 136, 172; *clefuet* maladie C*b*, v. *staut*; *cliyffyen*, les malades, Cathell, 31, gall. *cleifion*; CLANDY lazaret, Nom. 128; m. maladrerie, XVII*e* s., *Bull. de la Soc. polymathique du Morbihan*, 1871, 1, 149; de *clafdy, *claffdy (comme *nesafdet, nesaffdet*) = gall. *clafdy*, hôpital.

Claffier, clavier, Am. v. *stoc, claouyer* Gr.; du fr.

Clauda (saint) Claude H 38, *Clauda, Glauda,* Bali 188, *Glauda,* dim. *Glaudaïcq* Gr., *Glaoda, Gloda,* dim. *Glodaik, Glodic,* Moal, du fr. Pour l'*a*, voir *finesaff, rae*.

Clazec reg. Quemp. 7*a* v, *Le Clazec* 2*a* v, dérivé de *claz*, cf. gall. *cloddiog*, qui a des fossés; voir *cleuz*.

Cleauet, entendre, C*ms*.

Cleffiff, boiter, C*ms*, cf. *Urk. Spr.* 103.

Cleiz. Cleihat, g. gauchart, l. *mantinus,* C*ms*; sur la chute du *z*, cf. *Rev. celt*, XV, 152, 153.

CLEYZ, *cley* m., *gleyz, gley,* mouron Gr., *kleiz,* hors de Léon *klei* Gon.; *kleiz* Trd, Liégard 329, 330, *clais* Pel., cf. gall. *clais,* scabieuse des champs.

Clemmaff redarguer, *clemmus* injurieux C*b*, v. *jniur; climichat* pleurnicher C*ms*, *clemmichein, -chale, -chatt* « chesmer, gémir » l'A.

Cleret : *guin* — « pimant », C*b*, du fr. vin *clairet*; *cleron* clairon, D 164.

Clet. Lec'h cled abri à couvert du vent, de la gelée Gr., *er c'hraou... e ver kled,* dans l'étable on est à l'abri, *Kantikou Zan-Vek* 34, KLE-

DOUR abri v, 35, gall. *clydwr*. Cf. irl. *clithe*, gl. apricis, rapporté à la racine du lat. *calere*, *Urk. Spr.* 331.

Cleusenn, (vieil) arbre creux, doit être séparé de *cleuz*, fossé, et vient du franç *creux* (= b. lat. *crosus*), cf. *cruss* creux, vide l'A., puisqu'on dit en tréc. *kleuzen*, (vieille) femme décrépite, *kleuz*, creux (*cleus*, van. id. Gr.), mais *kleû*, fossé. Voir *blaouah* et *cleuz*.

Cleuz, fossé, pl. *ou* dans le n. de lieu *Coetancleuzou*, reg. Péd. II, 1ª (1586). *Cleuz*. gall. *clawdd* = *clād-*; un autre dérivé de la même racine, sous la forme **clăd-*, est CLAZ, l'endroit... où l'on cesse de bêcher, ce qui fait une fosse ou crevasse; CLAZA, couper la terre, faire une tranchée, Pel., van. *claouein*, *claouatt*, creuser, l'A., *é zivouguèn clahuét*, ses joues creuses, *Voy. mist.*, 141, *clahuét oai hé divoûguén guet en dar* 116, 117; gall. *cladd*, *claddu*; cf. *Chrest.* 37, 116, 198. Pour le changement de *z* en *ou* et *u* demi-consonnes, cf. le verbe van. *spaouein* l'A., *spaoueiñ* (et *spaheiñ*), Gr. = léon. *spaza*, tréc. *spaañ*, *spahañ*, gall. *ysbaddu*, du lat. *spado*; *tiuein* atteindre, Chal. *ms*, = léon. *tizout*; voir *bez*, *naouein*. **Clezier**, *cledier*, XIIIᵉ s., *Rev. celt.* III, 405, v = *kleûzer*, *kleûsier* celui dont le métier est de faire des clôtures autour des champs; fossoyeur Gon., cf. gall. *cloddiwr*. CLEUZIAT, reg. Quemp. 11, reg. Péd. 190 b, *Cleuizat* 220 b, *Le Cleuiat* II, 24 (1603, 1609, 1630), *Le Cleuziat* reg. Quemp. 13 peut avoir eu le même sens. On a comparé à *cleuz* le lat. *clădes*, le grec κλαδαρός, etc., *Beitr.* de Bezzenberger, XVI, 241; *Urk. Spr.* 81, 82. Voir *Clazec*.

Clezeu, *cleze*, *cleau*, glaive, Nom. 183, *cleu*, 184, *cleze*, r. *e*, Am. v. *treus*; *clezu* 2 s. Nl 218, *claonv*, *Bali* 209; pl. *clezéyer*, Nom. 309, *clezeyou* Mo. 263; van. *ur hlean*, 1 syl., *L. el lab.* 10, *ur glean*, *Choæs* 95, 177; pl. *gleanier* 3 s. *L. el lab.* 56, *er hléaniér* 2 s., *Guerz.* Guill. 172, *guel a blaniér* 140. Voir *Urk. Spr.* 82; *Idg. Forsch.* IV, 267.

Clezrenn glace C, pl. *ou* glace qui couvre la superficie de l'eau Gr., *clezra* glacer Maun., se glacer, parlant de la surface de l'eau Gr., *klezret* (mains) engourdies par le froid *G. B. I.* I, 266, 268, etc.; van. *scléreenn*, f. pl. *sclér*, glace qui ne fait que couvrir la superficie de l'eau l'A., *sclezrenn* ratoire (ratissoire Cc) à raire blé mesuré C, *clezren*, pl. *clezrad*, *clezr*, les barres, dans une charrette

Gr., *clezren, clezr*, pl. *clezrennou, clezrou*, les branches ou perches dont on fait les claies Pel.; *klerenn* f. la principale pièce de bois dans une claie Trd ; gall. *cledr, cledren* corps plat, douve, bardeau, grille, etc. M. Loth rejette avec raison l'explication par le lat. *clatri, Mots lat.* 150. Il y a peut-être parenté entre ces mots et le v. irl. *clár* chose plate, table ; voir *Urk. Spr.* 100, 101.

Cloarec. Clouarec reg. Guing. 221 v, *Cloerec* 48, v (cf. la forme française *Clerc* 48 v), *Kerancloerec*, nom d'une métairie, *Arch. de Bret.* VII, 143 ; *Le Clarec*, en 1613, reg. Quemp.; *clouar* clercs *Cb*, v. *compaignun*, du lat. *clerus*, voir *youst, suget* ; cf. *Rev. celt.* XI, 364 ; *cloarecïcq* clergeau Nom. 287, *cloarecïcq quæz* « pédant qui prend garde aux enfants » 304.

Cloch, cloche. *Clech*, reg. Péd. 2, 16 (1565, 1567), *Clec'h* 28 (1570), *An Clech* 86 b (1581) doit être le pluriel de ce mot (P. de Courcy a expliqué *Clec'h* par « clerc », ce qui n'est pas admissible). Gr. donne *cleyer*, van. *clehér, cloheü*, tréc. *clêc'hy*, haut cornou. *clec'h* cloches ; on lit *el lehérr*, l'A. *Sup.*, v. brider. Voir *clogoren* et *Urk. Spr.* 103.

Clocucc, sourd ; le *Cms* a *clouce*, avant *cloch*.

Cloet, g. claye, l. *hec cleda* ; *clodeat* (herser), *Cms* ; *cloüet* claie, *cloüeden da cloüedat douar*, herse, Nom. 178, *cloüeden* natte 169, *an glouet pe an gril* la herse, le gril d'une porte de ville 242 ; pl. *cloüedou, cloüedennou* barreaux 146, *cloüegennou* claies 140, van. *clouedenneu d'onnet ar en deur* radeau, Chal. *ms.* Voir *Urk. Spr.* 101.

CLOGOREN « bouteille ou bouillon » (sur l'eau), l. *bulla*, Nom. 221, *clogor*, yeux du fromage, 61, *clogorennaff* « vessier » (la peau), 276 ; auj. *klogoren* ampoule, bulle, gall. *clogoren*, bulle, *clogor*, ampoule. Même racine que bret. *kloc'h* cloche. Pas de difficulté pour le sens : une ampoule s'appelle en franç. « une cloche » (et aussi « une cloque ») ; en gallois *cloch y dwfr*, litt. « la cloche de l'eau », veut dire « bulle sur l'eau ».

Quant à la forme, *clog-or(-en)* est dérivé, cf. *toc'hor* (voir *toc'h*), *guidoroc'h*, de *cloc-*, b. lat. *cloca*, variante de *clocc-* (bas lat. *cloccà*, moy. bret. *cloch*, fr. *cloche*) ; comparez *bouguenn*, joue = *buc-* à côté de *boch* = l. *bucca*, fr. bouche ; *cachet* = κακκάω, et *cagal*, crotte = *cacul-*, cf. κακκάω, lat. *caco* ; *bach*, croc = gaul. *becco* (fr. bêche), et *beguec*, pointu = **becăcos* (M. Thurneysen pense que le bret. *bec* vient du français); *nach*, nier, cacher = **nacc-*, et *nacat*, cacher, refuser, de **nag-ha* pour **nac-ha*, cf. gall. *nagu*, nier; *grac'hella* et *graguella* entasser Gr., *graguella* Maun., voir *groachell*. Nous avons parlé, au mot *carrec*, de divergences entre le breton et l'irlandais, provenues de ces alternances. En voici d'autres exemples :

Moy. br. *luchedenn*, éclair, de **lucc-* pour **luc-* = v. irl. *lóche* (lat. *lucens*), cf. *luguerniff*, briller = **luc-ern-*, v. irl. *lócharnn*, lat. *lucerna*;

Cornouaillais *loc'h*, étang, marais, Pel., de **locc-*, pour **locus* = v. irl. *loch*, lat. *lacus*, cf. moy. br. *laguenn*, lac, fosse;

Moy. br. *techaff*, je fuis (gall. *techaf*), de **teccam* pour **tecami* = v. irl. *techim*. La variante régulière **teg-* ne se trouve plus dans les idiomes bretons. Inversement, le v. br. *buc*, mou, auj. *boug* = **bucos*, et l'irl. *bocc* = **buccos*. Voir *carrec*, *hubot*.

CLOGUE, *cocqle*, *cocqloa*, f. cuiller à pot Gr., *kok-lôa*, f., *klogé*, van. *kok-lôé*, *koklé*, Gon.; pet. tréc. *kloge*, cornouaillais *kloga*. M. Loth, *Mots lat.* 151, propose de voir dans ce mot un descendant du lat. *cochleare*, dont la terminaison aura été influencée par le mot *loa*, cuiller. Mais comme il n'y a pas trace de l'*r*, je crois qu'il vaut mieux partir de *cochlea*, d'où par métathèse **clochea* (dim. ital. *chiocciola*, etc., Körting 1956).

Clopenn. *Cloppennec bras* têtu Nom. 267. Le gall. *clopen* crâne, d'où *clopenog* sot, est féminin, et paraît tenir à *clob*, nœud, *clopa* tête. *Clopenn* est plutôt pour **cloc-penn*, cf. gall. *penglog*, f., de *clog* rocher, irl. *cloch* pierre; cf. irl. et gaél. *claigeann*, crâne.

Clos un champ, un clos, en 1500, A. Dupuy, *Hist. de la réunion de la Bret. à la France*, Paris, 1880, t. II, p. 472, 474, à Sarzeau id., *Rev. celt.* III, 49; *closaff*, *clossaff*, enclore, enfermer, **closser**, g. enclosseur, l. *inclusarius*, Cb v. *quenderchell;* **clotur**, clôture, v. *quae*. Du fr.

Clouar, tiède, et souvent « doux, miséricordieux »; cf. van. *ur sèl cloar*, un regard miséricordieux, *Canenneu aveit er mis Mari*, p. 22; *er huérhiès cloar*, la douce Vierge, *Boquet-lis*, 16, 18.

Cloutegelofle, l. *gariofilus*, Cms, du fr. *clou de girofle;* cf. *tach girofl*, Maun., *genoflenn*, *taich genofl*, Gr.; *giroufle*, *gilaufle*, l'A. *gi-*

rofle; *giraufle*, m. violier ou giroflier, *gilouflée*, f. giroflée l'A.; *genofflen*, pl. *-offl*, œillet, Maun.; *genoflen*, pl. *-ofl*, giroflier, œillet, *-oflés*, giroflée, Gr.; Borel donne *genoufriere* « un œillet de gyroflée », forme qu'il a dû emprunter à quelque patois français. Cf. en Hainaut *génoflée*, giroflée, wallon *jalofrène*, œillet (Littré); v. fr. et rouchi *genofe, genofre*, girofle (Scheler). Nous avons vu s. v. *bez* des exemples bretons du changement de *r* en *n*. Ici il a pu se faire un mélange des formes venant de *girofle, giroflée*, avec celles venant de *genièvre, genévrier*; cf. *genoflecg*, œilletterie, lieu planté de différents œillets; *genévreg*, genévrier, Gr.; *gwézen jinofr*, « sabine, espèce de genévrier », Du Rusquec. Le *Nomenclator* donne : *taigou genofl*, clous de girofle, 72, *genofl*, œillets, 80, « giroffle iaune, l. viola lutea, Plin. », 94, et *geneura* « geneure où genieure, l, iuniperus », 105.

Cludenn. *Clut an yer* poulailler, Nom. 133, CLUDA, *clugea*, van. *cludeiñ, clugeiñ* se jucher Gr., *kluda, kluja* Gon., *clugat* Nom. 133; v. br. *clutam* gl. struo, gall. *cludo* entasser, gaél. *cliath* « to tread, as the male, in poultry »; le tréc. *kludan* a ce sens, Quellien *Chansons et danses des Bretons*, 205 ; voir *yob*, et *Urk. Spr.* 102.

Coabren, couabren, 2 syl., ciel (*couabren* nuée Nom. 219, pl. *coüabrennou* 221). Ce mot peut ne pas venir de *couffabrenn* pour **com-oabl-*, mais bien d'une variante **co-abl-*. Autres contractions analogues, où le son *o, w* se maintient : moy. bret. *coezffuiff*, s'enfler, léon. *koeñvi*, 2 syl.; *concoez*, étranguillon, *coruo*, profit (*Dict. étym.* p. 403); tréc. *koanze* (être sur son) séant, 2 syl. Voir *coëvenn, convoc, couasez, coustelé*. Sur la relation de **com-oabl* et **co-oabl*, voir *couff*.

Coagal, *coagal*, part. *-guet*, croasser Gr., *koagat* Trd, *koagat* 2 s., G. B. I., I, 74, *koaga* 2 s. Gon., 3 s. Barz. Br. 221, *goagat* 3 s., 388; originairement « coasser » ? De **coac-*, onomatopée, comme en allem. *quaken* coasser, etc. Gr. donne aussi, pour « croasser », *goac'hat, ouac'hat* (=*goachat* C), et *goagal*, qui doit être un compromis entre *coagal* et *goac'hat*; Pel. a *göaghat*, s. v. *gwac'ha*.

(*Coaill*), *coiall*, caille, Cms, *Le Coail*, Anniv. de Trég. 29 v, auj. id., pron. *Ar C'hoalh*. Le bret. a gardé l'ancien *w* (ital. *quaglia*), comme dans *coacha*, cacher, van. *-cheiñ*, Gr., pet. tréc. *koach* (ital. *quatto*, pressé; voir *discoazcaff*) et dans le van. *coüailheiñ*, cailler, Gr.; *coaillein* l'A. (ital. *quagliare*). On lit *caillet*, des cailles, Mo. 241, forme empruntée au français; cf. *Rev. celt.* IV, 159. Sur la même alternance de syllabes initiales goa- et ga-, voir *Rev. celt.* XII, 416, 417.

Il n'est pas si facile de se rendre compte du rapport du van. *coairatt* m. charrée (cendre de lessive) l'A., *coëret*, *coüëret* Pel., *koeret*, *koerat*, cornouaillais *koarat*, *kouarad* m. Trd, en pet. Trég. *koerat*, au fr. *charrée* normand *cārée*, qu'on tire de **carrata*. Le breton suppose plutôt *quadrata*; mais cela peut tenir à une anciennne « étymologie populaire » ayant eu le résultat pratique de distinguer l'ancien **carratt* = charrée de son homonyme *carratt* m. charretée l'A, *qarrad* Gr. M. Joret donne comme dérivé du norm. *cārée*, le nom masc. *cārié*, *cārou*, « morceau de toile carré qui recouvre le linge dans la cuve et sur lequel on place la cendre qui doit être lessivée », *Mém. de la Soc. de ling.* III, 397; la méprise qui a transfiguré **carrat* en **coazrat* serait-elle provenue de la forme carrée de cette toile? Le norm. *cārié* répond au franç. *charrier* « grand et gros drap qui contient tout le linge d'un cuvier » l'A., d'où le van. *charrouère* pl. *-rieu*, m., l'A.

On dit en petit Tréguier *koeradiñ chaouden*, attacher contre le fond extérieur d'un chaudron des cendres de lessive, pour empêcher la bouillie de se brûler. Le verbe du pet. Trég. *karañ* se brûler en s'attachant à la casserole (en parlant du lait, d'un ragoût, etc., en haut breton *ourser*, v. franç. *aourser*), cf. *Rev. celt.* IV, 158, appartient peut-être à la même famille que *charrée*, dont il serait phonétiquement plus près que de *coairatt*; pour le sens, cf. la définition du Dict. de l'A. : « charrée, cendre dont on a tiré les sels et qui reste au fond du cuvier ».

Coanticq, joli, Am., v. *mistr*; *coantig*, *marc'harid coant* belette, *coanticq* écureuil (pl. *-igued*), Gr.

Coar. *Euel e coar* N 902 doit répondre à la locution fr. « comme de cire ».

Coat (croix en) bois D 16, *quoat*, C v. *azr*; *Le Couat* reg. Quemp. 2 v, *Le Chouat* reg. Plouezec 11; plur. *Coadou*, reg. Péd. 128, *Koatou* 36, *Coaldou* 176, 207 bis b, *Coaldno* 218 b (1590, 1572, 1600,

1606, 1609), *An Coadou* 9 b, 12 b, *Le Coadou* 30, *Le Coado* II, 31 (1566, 1567, 1571, 1638); **coadyc**, petit bois, C*b*, v. *forest*, *koedig*, L. el Lab. 202; *Coadyc* Anniv. de Trég. 20, *Le Quoadic* reg. Guing. 58, *Le Coetdic* (copie du xviie s.), *Arch. de Bret.* VII, 228, *Penhoatdic* n. d'ho., VII, 211; *coaidænn coarh*, f. « chenevolte » (lis. « chenevotte ») l'A. *Sup.*, gall. *coeden* f. arbre; tréc. KOATA, ramasser du bois, gall. *coeta*; **coadus**, plein de bois, C*b*, v. *forest*.

COAZA, van. *coaheiñ*, consumer, diminuer... à force de bouillir, Gr.; *cöaza*, diminuer, déchoir, périr, dépérir, Pel.; tréc. *koahañ*, diminuer, s'affaisser; gall. *coethi*, raffiner, de *coëth*, purifié, raffiné, du lat. *coctus*.

(*Coazrell*), *cozrell* « carrel de soliers », C*ms*, **hoazrellaff**, semeller, l. solero, C*b*, C*c* v. *sol*; *cozreller* corroyeur Nom. 312; de *quadrellum, dim. de *quadrum*. Voir *coroll*.

COC'HEN, balle (d'avoine), peau, pellicule (de fruits, etc.), taie (sur l'œil), petite crème qui se forme sur le lait doux chauffé, Pel., *koc'hen* f. écorce extérieure, croûte légère; au fig., extérieur, apparence, Gon.; probablement du lat. *concha*, *cocca, comme le franç. *coque*, *cocon*; cf. gall. *cwch*, *cychedd*, concavité, *cychu*, couvrir. Voir *couc'h*.

Cocic, petit curculion, C*b*, v. *preff*.

Coesel (molendinum) en 1202, *Rev. celt.* III, 405; *milin cöajel*, moulin dont la roue qui est à l'eau tourne perpendiculairement et l'essieu horizontalement. C'est la mode ancienne, Pel., *milin koajel* Gon.; v. fr. *choisel*.

COËVENN, crème, Gr.; *coaiveenn*, f. et m. l'A.; tréc. *koavon*, f., 2 syll., de **co-* et d'un correspondant du gall. *hufen*, crème? Le moy. bret. *counezaff*, faire la lessive, tréc. *koue*, lessive, 2 syll., cf. gall. *cyweddu*, arranger, semble prouver que le son *o* ou *ou* de cette préposition peut subsister en breton, même quand il n'y a pas contraction; ce qui appuie le rapprochement fait par M. Thurneysen entre le breton *koc'hu*, halle, moy. bret. *cochuy*, « cochue » (*cochy 'n quicq* boucherie, Nom. 243; haut bret. *cohue*, halle) et le gall. *cychwyf-*, agitation. Voir *coabren*. Le gall. *huf-en* = **saim-* répond à l'allemand *seim*, mucilage, crème, vieux haut allem. *seim*, *saim*, miel vierge, comme l'a montré M. Rhys, *Lectures on welsh philology*, 2ᵉ éd., p. 99; cf. aussi le grec αἶμα (Fick, et Brugmann, *Grundriss*, II, 348).

Coezaff. *Enem coezaff* entrechoir, l. intercedo, C*b*, v. *squegiaff*; *cozaff a vhel e penn da quentaff*, choir de haut, la tête devant, C*b* v. *trabuchaff*; *couezo* H 58, *couezu* 59; part. *moguer cozet* C*b* (*coezet* C*c*); *coüeas* il tomba D 27; *na guessé dach pechin* de peur qu'il ne vous arrive de pécher Jac. *ms* 22; *na goaissé da ur ré béan ous ou chilo* de peur qu'on ne nous écoute 7, *na goessé d'ar blaisi bean o devoret* de peur que les loups ne les aient dévorés 3, etc. Voir *Urk. Spr.* 75.

(*Coezff*, enflure), *coezaff en bouzellou*, C*ms*; *coeffnet* gras, enflé, C*b*, v. *lardaff*; *couezfuiff* enfler Nom. 265, *couezfuadennic calet* « bossette dure » 264.

Cof ventre H 59; **coffat**, ventrée, portée, C*c* v. *guenell*, auj. id. m.; *vn coffec bras* ventru Nom. 272. Cf. *Rev. celt.* III, 405; XI, 186. M. Loth a montré que *coff* ne vient pas de *cophinus*, *Mots lat.* 151. L'origine peut être une forme voisine plus simple : cf. morvandeau *coffer*, boursoufler, faire un vide, former un creux, de Chambure.

Coffinonou *lien*, g. chaussement de lin, C*c*, *caffinonou*, C*b*; pl. de *cophinon*, chausson, C*b*, C*c*, v. *archenat*, *cofignon*, Gr. m., l'A.; dans la Suisse romande *cafignon*, souliers de lisières, v. franç. *escafignon*, escarpin, God.

1. *Cog*. *Coq* g. id., ou jau, ou jal, ou gal, C*ms*; *coc*, Gw. v. *gourchemnen*. Voir *Rev. celt.* IV, 159. Le van. *cog-enn-an* m. huppe l'A., *coguenan* Gr., *coghenan* Pel., n'est pas un composé signifiant « coq de l'été », cf. Rol. *Faune pop.* II, 102; c'est un dérivé analogue au van. *coguennec* alouette Gr., *coghennec* Pel., cf. *Rev. celt.* III, 54; proprement sans doute « alouette huppée », de **cogen*, cf. fr. *cocarde*. Il est probable que **Cocenneuc**, n. d'homme, XVᵉ s., *Nobil.*, est une variante de *coguennec* : cf. *Bruczec* à côté de *brugec*; *bouguennad* et *boucellad* soufflet Gr.

Cogitation, g. id., pensée, C*b* v. *pridyri*; du fr.

Coguçzenn, pl. -eū, *coguçz* nuage, brouillard, en van., Gr., *cogussenn* pl. -*usse* l'A.; dim. *cogussennig*, *Guerz. Guill.* 150; *amser... cogussec* temps pommelé, Chal. *ms*, v. *fardé*; du b. lat. *coqucia*,

« cucullus, capitis tegmen », cf. v. fr. *coqusse*. Les deux idées ne sont pas si éloignées qu'elles en ont l'air; cf. *er hogus en des, el ur vantel, Goleit ol er rehier* les nuages, comme un manteau, ont enveloppé les rochers, *L. el lab.* 46, 47; « le pâtre promontoire au chapeau de nuées », V. Hugo, *Les Contemplations*, éd. Hetzel, t. II, p. 154; « ces sommets... limpides comme un cristal ou sombres et enveloppés d'un effroyable chapeau de vapeurs », Renan, *Hist. du peuple d'Israël*, XIe éd., I, 186; anglais (« these mountains) will gather a hood of gray vapours about their summits », Washington Irving, *The sketch-book, Rip van Winkle*; allem. « Der Mythenstein zieht seine Haube an », Schiller, *Guill. Tell*, acte I, sc. 1.

Coin angle Cb, v. *pemp*; *couinnaff archant* frapper monnaie, Nom. 206. Cf. *Le Cogniec*, n. d'homme XVIIe s., *Nobil*.

Col, colle, **colaff**, coller, Cb v. *gludaff*; van. *coll* Gr., *colle* m. colle, *côlein* coller l'A. Du fr. — **Colery** (se) mettre en colère, Cathell, 17, *coleret*, irrité, 24, *colleret* D 125; *colerus* violent, emporté Mo. 146, *B. er s.* 65; du fr.

Coll. Em coll (j'ai reçu l'absolution) pour ma perte, pour mon malheur D 138, 2e pers. *é coll* 139; *coll-calon* m. découragement l'A.; *ez guellif* (lis. *quellif*) je perdrai J 193; *colen* je perdais D 139; *coll bugalé* avorter 100; *collez* avortement Nom. 263, avorton, né avant terme 10, Pel.; dim. *collédic* Pel., *colladen* perte, fausse-couche, Pel. Voir *Urk. Spr.* 82, 95, 331.

Collater, g. collateur, l. *collectarius*. — *Collaterall* -al, Cms.

Colofenn, paille; — *guenan*, ruche, Cms; *colo*, paille, Cb v. *guinyenn*; *colch* et *colo*, paille, Nom. 57; *coloëcg* f., van. *colovecg* paillier, meulon de paille Gr., *kôlôek* Gon., *ur golanuec*, Chal. ms; *golvêc* f. meule l'A., *golvaiguic* f. fretille, petite meule de paille, etc., *Sup*. Voir *guenn, luchedaff*; *Mots lat.* 142, 151, *Chrest.* 199.

COLOREN, noix de terre (bunium), Pel., pl. *kéler*, Gon., pet. Trég. *kerl*, gall. *cylor*, irl. *cularán*, *Rev. celt.* IX, 228, cf. H. de Villemarqué, *Les bardes bretons*, 105, 184, 185. De *carul-an-*, cf. grec κάρυον, noix, etc.? D. Le Pelletier donne aussi *crann*, qui peut venir de *car-ann-*, et qu'il explique ainsi : « espèce de noix de terre, ou racine noueuse et entrelacée, que l'on dit être bonne pour guérir les panaris... On dit *crann doüar,* noix de terre, *crann lann,* noix de lande... *Crann...* signifie aussi la racine de la fougère, restée en terre après que la tige est coupée. »

Colory, voir *jolory.*

Com. *Menez Com,* Menez Hom, Gw., v. *tisa.*

Comancement commencement Cathell 18, cf. 7, *commançamant* D 24, *commanc* il commence H 36, *comencc* Cathell 3, prét. *comanças* 16, *comm-* 5, 20; verbe écrit par deux *m*, B 5, 62, 64.

Comander, v. i. *gourchemen,* C*ms*, **commandement**, g. id., C*c* v. *gourchemenn, comnandamant* D 23, 128.

Combat, combat, Cathell 13, **combaty** *oute,* combattre contre eux, 14, auj. id., f. du fr.

Combout dans *tricombout* maison de 3 chambres C, = *combout* m., *cambout,* pl. *comboujou, comboudou, camboutou* maison ou pavillon, qui consiste en une seule chambre, ou cuisine, avec un galetas Gr.; *kembot, kombot,* m., pl. *-otou, -ochou* étage, terrasse Gon., v. br. *compot* division territoriale, gall. *cwmmwd;* voir *Chrest.* 119, 110; *Rev. celt.* XI, 461. *Combout* reg. Péd. 74 b, 131 b, 138, 145 (1579, 1591, 1592, 1594), *Combot* 96 b (1583), auj. id.; de là **Comboudec** 153 b, 181, *Combodec* 70 b, 78 b, 82, 182 b, *Le Combodec* 96 (1596, 1601, 1578, 1580, 1601, 1583), = gall. *cymmydog,* voisin.

Comeras il prit, Cathell, 4, 31, *coummeret* prendre Nom. 156, 193, *coumeret* 194; voir *quempret.*

Cомм pl. *ou* auge Gr., *komm* m. Gon., *commad* augée, plein une auge Gr. Ce mot est identifié au gall. *cafn, Et. gramm.* I, 59. M. Loth rejette cette explication, *Mots lat.* 151, 152; il compare *comm* au gall. *cwm* vallée, cornique *cum,* mot d'origine celtique comme le fr. *combe,* etc., cf. les *Beitr.* de Bezzenberger, XIX, 63; *Urk. Spr.* 93. Voir *can* 2, *commoull.*

Commanant pe quemaes (louage) C*ms*; *ober commanant,* « faire conuenances » C*b*. — *Commin, counin,* cumin C*ms*.

Commoull. Commol obscurité Maun., *commoll, commoull* nuage, obscurité du ciel, nuées épaisses et noires Pel., van. *coumoulenn, camoulenn* nuage, pl. *camoule,* l'A.; tréc. *koumoul;* bret. moy. *com-*

moullec (caverne) obscure, léon. *commoulloc*, Pel. ailleurs *commollec* obscur, sombre Pel., *commolec* obscur Maun., gall. *cymylog* nuageux, van. *camolec* honteux l'A. M. Loth, *Mots lat.* 155, sépare ces mots du lat. *cumulus*, et suppose une relation avec le bret. *koumm*, m. vague de la mer Gon.; ce dernier est rapproché du celt. *cumb-* vallée, *Keltorom.* 55; voir *comm*.

Compaingnon -agnon, f. *-aingunes*, C*ms*; *compaignon* C*b*, v. *escop*; f. *-es* (elle n'a pas sa) pareille Cathell 12; *compaignunou* compagnons D 189, *-agnunou* 186; *-ainunez* compagnie C*b*, v. *bagat*, *-ainnunez* Cc, *-aignunes* C*b*, *-agnunez* D 110, 161, pl. *-aignunezou* 61; *caffout compaingnunez guerches*, corrumpre pucelle, C*b*, v. *luxur*. — *Comparageaff*, comparer, **comparation**, g. id., l. *-tio*, C*ms*; *é comparæson dezy* D 68. — *Comparissafu* comparaître H 46. — *Compazr* compère. H n'a que le plur. *comparzyen*, p. 52. Voir *Rev. celt.* XIV, 300, 301. — **Complydou** complies H 31, 32, 36, *complidou*, *-igeou*, *-egeou* Gr.; voir *camblit*.

Compos, (cousin) germain, C*b* v. *germen*, auj. id.; *breuzr coumpes* frère germain Nom. 332, *coumpesaff* égaler (aplanir la terre), 178. — *Compos* composer C*b*, **composerien** compositeurs, imprimeurs Catech. 5, *vn composer da farçou* (auteur de farces), Nom. 302.

Comps. Drouc comps médire; *drouc compser*, médisant, C*b*, v. *tennaff; compseur* parleur, v. *foll; compset*, parlé, C*ms*; **compsabl**, (parole) raisonnable, C*b*, v. *logician*; racontable, *compsidiguez* narration, v. *ezreuell*; **compserez**, l. *verbositas*, v. *guer;* **compsus**, disant de bouche, v. *guenou*. *Da gomps*, ta parole J 78; à parler, B 37; *coumps* il parle Nom. 302.

Concepuet conçu H 3, 5, 59.

Conciergery -rie C*b* v. *mestr*. — *Conclusionou* -ions Cathell 5. — **Concubinabl** -naire, l. *-nalis*; **-iner** -naire, f. *-ineres*, dim. **-ineresic** C*b* v. *serch*. — *Concupiscens* -ence H 14, *-isçanç* D 103, *-iscanç* 28.

Conduyff conduire C, v. *gopra*, part. *conduet* D 151, *en em conduo* il se conduira (bien) 173, *cunduas* il mena (une vie austère) 189; *conduise* il conduirait Cathell 13; *cunduer* sergent Nom. 289, *conducteur* (Dieu, le) maître (du monde) D 191. *Conduyaff* n'est pas dans H.

Conferi conférer, comparer D 128, *conferi à eure é dessein, ouz é Mæstr* il communiqua son dessein à son maître 188, *confer* il confère (la grâce) 127 ; cf. Cathell 20. — *Confermet* confirmé, affermi ib. 9, 27, *confirmafu* -mer H 52. — *Confesseomp* nous confessons Cathell 16, -*ssay* tu confesseras H 17, *cofesseet* confessez ! (3 s.) D 141, *cofesseur* confesseur 138 ; *confession* -ion, 129, pl. *cofessionou* 89, *confessional* -al 109 (*ar govezion*, id. G. B. I., I, 62) ; **confiteor** le confitéor H 60, D 137, cf. *Rev. celt.* XIII, 247 ; voir *Dict. étym.* v. *coffes*.

Confondet confondu Cathell 15, D 141, *conffusion* confusion H 10. — **Conform** -e H 11, D 97, 114, **conformite**, g. id., C*b* v. *furm*, *conformo* il (se) conformera D 57. — *Confort.* C*onffort* confort, soutien H 6. — **Conioent** « conjointure », -et « conjoint », **conioentus** « coniuntiff », l. compagineus C*b* v. *joentaff, conjointet gant* uni à D 18. Du fr.

Connerj, c'est propre nom, l. *hic gonerus, ri*, C*ms*, cf. *Rev. celt.* XIV, 273 ; XV, 354.

Conniffl et *conicl*, lapin C, *couniffl*, C*ms* ; *conniffl* et *conniql*, Gr. ; *counicl, counifl* Nom. 31, *counicll* 175 ; *connifl* « lapreau » Maun. ; auj. *konifl*, Trd (pet. tréc. *koñnif*) et *konikl*, lapin, Trd ; *conniffell*, pl. *ed* lapereau Gr., *konifel* Trd. Ces mots sont d'origine latine ; le français *connifle*, f., « mollusque testacé bon à manger », que Littré donne sans autre explication, est peut-être un terme local du littoral breton. Le rapport de *conicl* à *koñnif* se retrouve entre le v. bret. *cornigl* « corneille », du latin *cornic(u)la*, et le trécorois *ar c'hornif*, Ricou, *Fablou*, 1828, p. 14, 75, 123 ; *ar gornif*, 14 (2 fois), 75 (*ar c'horneil*, 14, 75, vient du français ; cf. *cornaillen* « cornille », Maun.).

Sont-ce là des doublets phonétiques? M. Loth semble disposé à le croire, *Mots lat.* 152. Je supposerais plutôt un échange entre les deux terminaisons latines (*i*)-*culus* et (*i*)-*bulus* : cf. bas lat. *ducibulus* pour *duciculus* fausset (bret. moy. *doucil*, v. fr. *douzil*, gall. *dwsel*) ; *crucibulum* en regard du v. fr. *croissel*, bret. moy. *creuseul*.

L'échange inverse se montre dans le b. latin *venaculum* (d'où le v. br. *guinuclou* épieux), pour *venabulum*; dans *fundiculum* (d'où *founill*, voir ce mot) pour *fundibulum*; on trouve en bas lat. *acetabulum* et *acetaculum*, vinaigrier. Voir *Rev. celt.* XIV, 312.

Ce passage analogique a été favorisé, d'ailleurs, par certaines coïncidences peut-être en partie fortuites : franç. *racler* et *rafler*, *renâcler* et *renifler* (en Berry *renicler*, Littré ; van. *renaflein* renifler, Chal. ms.) ; cf. *escornicher* et *écornifler*, *ronchier* et *ronfler* [1].

M. Loth dit que le haut vannetais *coulin*, lapin, représente le v. fr. *connin*; je pense que *coulin* (cornouaillais et van., Grég.), *koulin* Gon., *couline* l'A., vient du v. fr. *connil*, comme *foulin* entonnoir Gr. de *founill*, etc., voir *paluhat*.

Consciancz -ence H 17, 48, *conciancc* 14, *conscianç* D 114. — **Conseillafu** conseiller Catech. 10 v, glosé par *cusuliafu*; *conseiller* un conseiller D 106, *counsailler* Nom. 295, pl. *yen* 294, *consailher* Gr.; *consailh* conseil (assemblée) Gr., *conseil* f. *Choæs* 87, 205 ; du fr.

Consideration, g. id. C*b* v. *ententaff*, D 85 ; *consideriff*, considérer, C*b* v. *sellet*, Nom. 224, -*ifu* H 21, 51, 56, -*ry* D 124, -*ri* 188.

Consomifu passer, employer (un jour) H 10, *consommé* (le bien du prochain) détruirait (insensiblement le nôtre) D 179 ; du fr. *consommer* ; voir *cousoumen*.

Constantin nobl, C*ms*. — **Consulter**, consul, C*b*.

Cont comte D 192, *comt* 177, *contach Leon* le comté de Léon 192. — *Contel*, couteau, C*ms*, *coutell*, *countell*, Nom. 184, pl. *countellou*, 157, et *cantill*, D 152 (rime *ill*), van. *couteélleu* et *quenntéle* l'A., gall. *cyllyll*, cf. Rev. celt. XIV, 307. **Conteller**, reg. Péd. 24 b (1569), = *conteller* coutelier, Gr. Pet. Trég. *kontelian 'n aman* couper le beurre avec un couteau pour en enlever les cheveux ; van. *ur goutel voem*, coutre de charrue, L. el lab. 16. Les formes qui ont *n* viennent du b. lat. *cuntellus*, Loth.

Contemply, contempler, Cathell 5.

Contenancc (mauvaise) action, 2ᵉ s. r. *an* B 783 ; *contananсс* N 1892 doit vouloir dire (je ne fais pas de) façons, (je n'ai pas de) ménagement ; *ober contanançzou* faire des cérémonies, *hep contananç* sans façon, *contananсèr* révérencieux, *contanançzus* cérémonieux Gr.;

---

1. Le wallon *r'nonfler* « renifler » paraît un mélange de *ronfler* et de *renifler*. Le bret. *rufla* que Scheler tirait de *roufler*, se rattache bien plutôt à *renifler*, familièrement *r'nifler*, d'où *rifla*, le breton n'ayant pas de son initial *rn* ; puis *rufla* renifler, respirer fortement, *ruffla* humer Gr.

hep bar contanansin sans rien ménager, Mystère du St-Divi (ms. à M. Luzel), *contananç* pompes (de ce monde) D 155, *contenamant* le contenu, la teneur (d'un cantique) 127. — *Contentaff* contenter C*b*, v. *recompensaff*, *contantifu* H 14; *contentamant* -ement D 164, *-antamant* 195.

Contradaff n'est pas dans H, mais *contracter* on contracte, 52. *Me gontrado deàn Peadra da veva* je lui fournirai de quoi vivre Jac. 109. *Contrat* g. id., C*c*.

Contrainy, contraindre, Cathell 13, *contraignez*, tu contrains 14, *-gne*, contraindrait 19, *-aign* il contraint D 48, *-aing* 99, part. *contraignet* 195, *contraign* (être) contraint 187, Æ*l mad* 21, *contraign* la contrainte D 86, *ar c'hontraign*, Père Gérard 53, *er hontraigne* B. *er s.* 65; pet. Trég. *ur c'hontrain* une contrainte d'huissier; du fr. — **Contrefort**, g. id., C*ms*, du fr.

Contrell contrairement, en sens contraire, Cathell 25, *countrol* contraire Nom. 295, *ar control* le contraire D 86, *é contrel* au contraire B. *er s.* 231, 232, *control da rebeli* loin de nous révolter (soumettons-nous) Jac. 75; *contrel* revêche, contrariant C*hoæs* 160, *contrellan* le plus contraire G*uerz*. Guill. 56. *Contraria* (venir sans) résister, *contraria... d(a)* contredire, résister à (la volonté divine) D 190. M. Grammont sépare en fr. *contralier* de *contrarier*, *Mém. de la Soc. de ling.*, VIII, 340, 341.

Contrepoent. *Ober* — contrechanter, l. occino, C*b*; du fr. *contrepointe*.

Contreslec, l. *h(e)c matrix*, C*ms*, entre *contre* et *contrefort*; pour *contreflêc*, i. e. *contreflenc*, =*contre-flanc?

Contronec, plein de vers, C*ms*.

Conuenabl convenable, **conuenabltet** « conuenableté » C*b*, dans les *cou-;* comp. *convenaploc'h* D 67, sup. *-apla* 29.

Conuerssifu converser, avoir des rapports H 49, *conversation* -tion D 180; pet. Trég. *kât koñvers* avoir des rapports, s'entendre avec qqn; *derc'hen eur c'hoñvers* tenir un commerce, un négoce. Il y a eu là confusion avec le fr. *commerce* (*koumerz*, Moal).

Conuinquet, convaincu, Cathell, 13, du fr.

C*onvoc ar vilin*, piquer le moulin; *convoc ar melin* « battre le moulin », Maun.; *convoc, conhoc*, piquer avec le marteau une pierre dure, afin de lui donner la forme requise; et aussi une meule de moulin, Pel.; *convocq ar vilin*, part. *convocqet*, lever la meule pour la piquer, Gr., s. v. *moulin;* = gall. *cyfhogi*, aiguiser, *cyfhogi maen melin* piquer une meule; même racine que le lat. *acus, ācer*, voir *eau-gui, heug*. Le bret. a aussi les formes contractées : *couga* « battre le moulin », Maun.; *couga ar vilin*, part. *couguet*, Gr., *conk*, Pel., qui peuvent se rapporter à une variante ancienne commençant par *co-* et non par *com-;* voir *coabren*.

On peut expliquer par les mêmes éléments les mots *coaga, coagri* bossuer, *coaguenn* bosse à la vaisselle Gr., *koaga, koagra, koagri, koagen* Gon., cf. gall. *cyfegydd* pic, pioche, v. gall. *cemecid*. Pour l'r de *co-agr-i*, cf. gall. *eh-egr-u* se mouvoir rapidement, etc.

Coquou coucou *Cb, cocou Cc; coucou, coucoueq* Nom. 39, *coucouq*, f., pl. *coucougued*, van. *coucou*, pl. *coucoüed* Gr.; *coucou* f., *er houcou* dans un exemple, l'A.; *er goukou* L. *el lab*. 40, cornou. *ar goukou Bleuniou-Breiz*, Quimperlé 1862, p. 176, 182, 184; *Barz. Br.* 493; onomatopée, gall. *cwcw, cwcwg*, f., angl. *cuckoo*, allem. *kukuk*; lat. *cuculus*, grec κόκκυξ, etc. *Coc, Ca*, répond au gall. *cog*, f. Cf. *Urk. Spr.* 89. Voir *bara*.

Corden, corde, *Cms*, v. *chap;* pl. *querdeynn, Cb; quordennou* et *querdinn*, Nom. 213 ; *cordenner* cordier 309, *Le Cordenner* Quoatg. II, 11 v. — *Coriandren* coriandre Nom. 73.

Cormes gl. cornus, XIVᵉ s., *Rev. celt.* X, 147. M. d'Arbois de Jubainville pense qu'il faut lire *cormel*, au sing. *cormelenn* cormier (p. 148), van. *pireenn-cormêll* f. corme ou sorbe, et cornier, l'A.; mais *cormes* s'explique bien sans correction, par le pluriel français *cormes*, cf. *orañjes, peches*, etc., *Rev. celt.* VI, 389.

1. *Corn* corne, emprunté au latin, selon M. Loth, *M. lat.* 152; regardé comme celtique, *Urk. Spr.* 79. *Qorn qaro* corne-de-cerf, plante, Gr., *korn-karo* m. Trd, gall. *corn y carw. Cornec* reg. Quemp. 8, *Le Cornnec* reg. Plouezec 2, *cornec* cornu C, gall. *cornog*; pet. Trég. *korgnek* (répondre) de travers, hors de propos, cf. gall. *corniog* cornu. *Goall-gorned*, qui a des cornes terribles, *Sup. aux dict.* 60; *ur hornad doar nehué* (ouvrir) un sol inconnu L. *el lab.* 12 CORNIC petite corne, Pel. v. *cornighell, qornicq* Gr., etc., gall. *cornig*, cf.

Rev. Morbih. I, 363, 364; *Rev. celt.* VII, 44; XIV, 217, 218. Voir *corniguell*, etc.

Cornandonn, g. id., ou nain, Cms, après *cornet*; *cornandoun*, Nom. 267; *corrandon*, Ca, *coranandon*, Cb, Cc; = « nain de ruisseau », (*cor-handon*, *cor-nandon*), et « nain du ruisseau » (*cor-an-andon*, *cor-'n-andon*)? Le trécorois *handon*, m., source, vient de **nantu-n-*, cf. gaul. *nanto* gl. valle, *Nantu-ătĕs*, etc. (voir bret. moy. *ant*, raie, au *Dict. étym.*). Le gall. *cornant*, ruisseau, ravin arrosé = *cor-nant*, petite vallée (cf. *cor-lyn*, petit étang, etc.) et est composé comme *cor-nand-*(*-onn*), *corr-and*(*-on*). Cf. Le Men, *Rev. celt.* I, 227; Loth, *Annales de Bretagne*, III, 144. Voir *corricq*.

Cornhart (cornard); **cornadis**, cornardise, l. *imbellia*, Cms, v. *coton*; *cornemuser* « cornemuseur » Nom. 306.

Corniguell toupie C, *qerniguell*, *qorniguell* f. Gr.; CORNIGUELLAT, part. *-et*, van. *corniguelleiñ* pirouetter, tournoyer Gr., *kornigella* Gon., gall. *cornicylla*; d'un b. lat. **cornicilla*. M. Loth pense, *M. lat.* 148, que l'origine de *corniguell* est *cornix* influencé par *coronis*; je crois que c'est *corn*; cf. haut breton *cornichet* toupie Pel., gall. *corn tro*, *chwilgorn*[1]. Pour le sens, on peut comparer le lat. *cornua* appliqué aux sinuosités des fleuves, etc. Voir *querniguell*.

Cornouec (*auel* —), al's *auel mor*, Cms, *avel gornaucq*, *cornaucq*, *cornaouëcq*, van. *cornocq-isél*, ouest, vent d'Occident, Gr.

Coroll danse, danser, *choroll* Cb, v. *danczal*; Le **Coroller** n. d'homme XVe et XVIe s., Nobil., *coroller*, van. *corollour* danseur Gr., *korol* danse *L. el lab.* 100, pl. *kroleu* 30. Troude donne *koroller* « pelletier, marchand de cuirs... nom de famille ». Mais, bien que Grég. ait *coroller*, pl. *corolléryen*, *corollidy* « taneur qui vend du cuir en détail », je crois ce mot identique à *cozreller* corroyeur Gr., voir *coazrell*. Une forme intermédiaire se montre dans *Coreller* reg. Guing. 150 v.

Corph corps Cathell 27, 28, 31, pl. *ou* 29, *corfou* D 33, 116, H 15, 19, 59, et non *corfo*); *Corfdenmat* reg. Quemp. 3, cf. *unnec demeus a gorfou mat* onze gaillards solides Jac. 121; van. *arlerh corv en ove-*

---

1. *Kornouriez* sorte de toupie organisée, à Sarzeau, *Rev. celt.* IV, 159, peut signifier « celle qui fait du bruit », cf. *cornal* retentir, sonner, *Choæs* 93, etc. (fr. *corner* aux oreilles).

ren après le milieu de la messe *Guerz. Guill.* 7, cf. gall. *trwy gorff cydol y dydd* durant tout le cours de la journée.

En Trég. *korf-balan* corset de paysanne fait « avec de la toile de lin trempée dans une décoction d'écorce de genêt (*balan*) qui la teignait en rouge tirant sur le jaune », Luzel *G. B. I.*, I, 334 ; pet. Trég. *korvenn* f. corsage ; *corken* habillement des paysannes de Cornouaille Pel., *korf-kenn*, *korkenn* m. corps de jupe ou corset sans manches Gon. (dérivé de *corf* comme *dorgenn* de *dorn*); pet. Trég. *korvenn* m. rebord dans le fond de la cheminée pour mettre les trépieds, etc.

De CORFEC corpulent Maun., *-ecq* Gr., gall. *corffog*, vient en van. *corveguein*, *corvegale* ivrogner l'A. (pet. Trég. *ober eur c'horvat*); Gr. donne aussi *corfiguell* corpulence, *corfiguellus* corpulent. CORVELEAH m. épaulette, brassières sans manche, au sud de Vannes, l'A. *Sup.*, dial. de Batz *korvelerh* f. « corps », taille (d'un cotillon) = *corffelaez, gall. *corffolaeth* personnalité. CORVIG petit corps *Guerz. Guill.* 176, *L. el lab.* 158.

Corporal corporel H 53, *-rel* D 15, 61, *corporell auter* « les corporeaulx de l'autel » C*b* (*corporal* « corporal » Nom. 289, *coporal* caporal 293, v. fr. *corporal*).

CORRIG nain Maun., *-icq* pl. *-igued* Gr., *coric* pl. *-ighet* Pel., v. br. *Coric* n. pr., Cart. de Redon 209, gall. *corig* f. Ce dim. de *corr* (*Cor*, reg. Péd. 132, 149, en 1591, 1595 ; reg. Quemp. 7 v, *Cor*, *Corre* 11, *Le Corre* 3ª, *Corre* Anniv. de Trég. 16, *Le Corr* reg. Quemp. en 1611) a lui-même pour dim. *corrigan* et *corrigant* nain, pl. *-aned* et *-anted*, van., Gr., *corrigantt*, id. pl. *-andétt* l'A.; *corriguan* pl. *-annet* pygmée Chal. *ms*; *corriganès* naine, van. Gr., *-annéss* l'A. Mot comparé au lat. *curtus*, *Urk. Spr.* 80.

Corsset, corset, C*ms*.

Coruen, C*ms* (tourbillon) ; *coruenten auel* tourbillon de vent, Nom. 220; cf. *Urk. Spr.* 93.

Coruoadur, profit, C*b* v. *profit*; *coruo* N 1902; voir *Rev. celt.* VIII, 506; *Urk. Spr.* 197, 198.

Cosgor, famille, C*ms*.

COUASEZ 3 s. le séant : *en é couasez asezet* (un ange) assis D 175, *koazez*, *koañzez* Trd, *kevasez*, *kefasez* Pel., *cavasez*, *cavase* Gr., (*cava-*

sez van. selon Pel.), *kavazez* m. Gon., Trd, pet. Trég. *koañze* 2 s., pl. o : *oañn 'n o c'hoañzeo*, ils étaient assis; de **co-assed* et **com-assed;* voir *coabren, couff, couffabrenn. Cavas* fourchon (d'un arbre), l'endroit où les branches se divisent Gr., *kavas* m. Gon. semble venir de *cavasez* comme *dias* de *diasez;* voir *diasezeur.*

Coubl. Vnan á ve soupl á coublou « joueur de souplesse, faiseur de soubresauts », Nom. 322 ; *coupl-cam*, chevronneau, soliveau, pl. *couplou cam*, l. *capreoli*, 143 ; *couboul*, coin de bois qu'on fait entrer de force dans le centre d'une meule de moulin, Pel., gall. *cwpl*, chevron, cf. *Rev. celt.* VII, 311.

Coûc'h « couverture de rûche, soit peau, écorce, planche ou paille, etc. », en Léon, Pel.; *kouc'h*, m., « consiste ordinairement en un toit en paille non tressée, disposé en cône », Gon., gall. *cwch gwenyn* alveare, *cwch*, bateau; voir *coc'hen*. M. Loth, après avoir vu dans *couc'h* un correspondant celtique du grec κόγχος, *Mém. de la Soc. de ling.* VII, 157, 158, est plus favorable à l'explication par le latin, *Mots lat.* 155 ; cf. Kœrting, v. **cocca, concha.*

Couff, mémoire; gall. et corniq. *côf*, = **co-me(n)-*; cf. v. br. *com-min*, gl. *annalibus*, pluriel d'un nom formé comme le lat. *com-miniscor*. Le rapport de *commin* à *couff* est donc le même que celui de *quemaes* à *queuaes* « conuenant ou champ » C = **com-mag-* et **co-mag-*; voir *coabren*.

L'*n* du bret. moderne *koun*, souvenir, plus rarement *kouñ* selon Troude, *koun* et *kouñ*, Gon., *couñ*, Gr., n'a pas la même origine que l'*n* de *commin* : c'est un son qui était d'abord tout nasal et qui s'est dégagé de *ff* moy. bret. = v. br. *m*. D. Le Pelletier nous dit que *coûn* « sonne *Coûnh*, c'est-à-dire, *Coûm*, dont *m* n'a point le son plein, mais comme *n* suspendue par une aspiration presque insensible à l'oreille. Nous en avons des exemples en françois, où nous disons *Don* pour *Dom*, *Dain* pour *Daim*, *Essain* pour *Essaim*, etc. ». Voici d'autres exemples d'*n* plus ou moins purs, de provenance semblable :

Vann. *han-azé* dans *ar é han-azé* « à demi couché ou assis au lit », et pour le féminin *ar hi han-azé*, l'A. s. v. *séant*, cf. *couasez*. L'*h* initiale, mutation régulière de *k* dans la seconde seulement de ces expressions, s'est généralisée, comme le montre la première, cf. *hoa-*

reis = *quadragesima* et *hinvis* = *camisia*. Il en est de même de *hanbuhé*, viager, l'A., qui est exact dans *ém han buhé*, pendant ma vie; *eid hi han buhé*, pour sa vie (à elle), s. v. *douaire*, et dans *eid er han vuhé*, pendant la vie, s. v. *installation, installer*, *ér han buhé*, id., s. v. *usufruit, usufructuaire* (cf. *é gan vuhé*, pendant sa vie à lui, au Suppl., s. v. *morte-paye*), mais non dans *énn é han buhé*, pendant sa vie à lui, s. v. *usufruitier*. Cf. *enn antulér*, le chandelier l'A., à Sarzeau *enn antulir;* van. *deu antulérr*, Rev. celt. VII, 326, moy. bret. *cantoeller*, voir *coazrell;*

Caniblenn, nuage, pl. *canible*, l'A., *eur gounabren* Mo. 272, à Saint-Mayeux *konaben; counouabr*, Pel. = *com-oabr, cf. *ar c'houñabr*, Gr.; moy. bret. *couffablen*, etc., Maun. donne *coñabren*, pl. *coñabr*, nuage, et *coñabren* pl. *couabr* nuée, cf. Rev. celt. VII, 313;

Kenep, Pel., *qeneb*, Gr. (jument) pleine, de **com-eq-*; cf. gall. *cyfab, cyfebr, cyfebol*, et bret. *keflue, keule*, Pel., *qeufle, qeule*, Gr., *queuflé*, Nom. 33 (vache) pleine, gall. *cyflo*. D. Le Pelletier remarque que *kenep* « seroit mieux écrit *kemep* ou *kevep*, ou enfin *kênhep*, qui est plus du bon usage ». Les deux premières formes qu'il propose sont purement étymologiques, mais la dernière représente une prononciation réelle, analogue à celle de *couñh*, dont nous avons vu plus haut la description;

Kenwalen, ragoût, Pel., de *com-hoalen pour **com-haloen;*

Léon. *karann*, j'aime, *ounn*, je suis, etc. Gon. (tréc. *karañ*, *oñ*). = br. moy. *caraff, ouff*, de *caram, *oem; petit Tréguier, *d'eign*, à moi = moy. br. *diff; dibeign*, manger, van. *débreiñ*, Gr., *daibrein* l'A. = moy. br. *dibriff*, v. br. *diprim*, etc.

On trouve rarement, en moyen-breton, *aff* rimant avec *an* : *bezaff* — *en stat man* Nl 72, *traman*—*guellafu* H 11, *aman*—*guellhafu* 2.

Le développement de plusieurs de ces *n* provenant de *ff* a été sans doute favorisé par diverses analogies : ainsi *ken-* est une forme du préfixe *com-, con-*, phonétiquement justifiée devant une dentale, et *karann, ounn* peut avoir subi l'influence de l'imparfait *karenn, oann*. A côté de *an-coff-hat*, oublier, il y avait en moy. br., comme on l'a vu, un mot *ac-coffn-echat*, de **an-co-mn-*, qui se rattache à une forme plus complète que *couff*, et qui prouve l'ancienneté du léonais *añ-koun-ac'hat*. Il est bien possible que ce composé ait influé sur le simple, *koun* pour *kouñ*. On lit *couffahat*, se rappeler, C*b*, v. *memorial*.

Couffabl. On lit *coulpabl* coupable, D 100, 101, H 12, *coulpabl ...a pep fortun hac enoue* 14 digne de tout malheur (cf. lat. *reus est mortis*).

Couffabrenn, nue, est pour *qev-oabl-, à peu près comme *qeufle* (vache) pleine, Gr., pour *kev-leue; cf. *keflue*, Pel. D. Le Pel. nous a conservé la forme plus complète *counouabr*; voir *couff*. Il est difficile de croire que le moy. bret. n'ait pas eu des formes analogues à *couffoabr-, puisqu'on trouve en v. bret. : *camadas*, gl. *habilis*, de *com-adas*, v. irl. *comadas*; et en bret. mod. :

Kavaillen, tout mets mal apprêté, Trd ; *qavalenn* et *qevalenn*, soupe, Gr.; léon. *kevalen*, mauvaise soupe, Pel., *queualen*, soupe, *quevalen*, brouet, — *mat*, bonne chère, Maun., *quefallen*, du jus, Nom. 55 ; de *com-hal(o)en* (vann. *halenn*, sel, cf. *Rev. celt*. VIII, 509);

Quiuilin, coude, *-at*, coudée, Maun.; *qeffelin*, -*ad*, Gr.; gall. *cyfelin*, de *com-elin;*

Qivyoul, plaintif, mot de Léon, Gr.; *kivioul*, brusque, bourru, fâcheux, farouche, incommode, Pel.; *quivioul* fantasque, *Intr*. 410, anc. éd.; proprement « volontaire », de *com-ioul;* cf. v. br. *aiul* gl. *ultro*. Le Gonidec ne connaissait pas ce mot par l'usage; cependant l'auteur du *Supplément aux dict. bret.*, Landerneau, 1872, donne *kivioul*, incommode, p. 89;

Na gruflusk ket, ne bouge pas, *G. B. I.*, I, 132; moy. br. *queulusquiff*, mouvoir, de *com-lusc-. Voir aussi *couasez*, *qevatal*.

Le fait a lieu, du reste, avec une autre forme du celtique *co-*, *com-*, *con-*, dans le moy. br. *quinizyen*, offrir, *quennigaf*, j'offre; gall. *cynnygaf*, de *con-d-uc-am*; moy. br. *condon* = pl. *koundouniou*, profondeurs, Trd (*an mesou coundoun*, jachère, Nom. 234, *doüar coundoun*, id. Gr.), de *doun*, profond; *cunuc'ha*, gémir Pel., *kunuc'ha* id. Trub. 94, — *oc'h Doue* se plaindre à Dieu 209, *ho c'hunuc'ha* les accuser, se plaindre d'eux 216, cf. gall. *uch*, soupir, bret. *huanad*. Peut-être le mot *cunuda*, se plaindre à la manière des poules, Pel., est-il composé de même avec bret. moy. et mod. *yudal*, crier, hurler, van. *udein*, gall. *udo* (cf. bas léon. *cunugenn*, injure, Gr., léon.

et cornou. *keunujen* imprécation Pel.; *keûnujenn* f. Gon.). Voir *Cunudec, cuntuyll*.

De même dans des mots venus du latin : *cundui*, conduire, Gr. Voir *couyornn, qivygea*.

Couffaut et *jointur*, tout vng, C*ms* = cornique *chefals*, membre, qui est comparé au gall. *cyfaillt*, ami v. (br. *Comalt-car*) et au gall. *cyfallëu*, joindre, Z² 1066. Mais *cyfaillt* est rapporté à la racine *al* nourrir, *Urk. Spr.* 87 ; *couffaut, chefals* représentent plutôt **com-(p)alto-*, cf. irl. *alt* articulation, *ad-com-la* « adjungit », allem. *falte*, etc., *Urk. Spr.* 41. Ceci paraît plus probable que de supposer dans *couffaut* quelque erreur pour *counbant*, nœud (des plantes), Nom. 76, *coumband*, pl. *coumbanchou*, « neu de tuïau de blé, de roseau, de cannes », Gr.

Coufforcher, couvre-chef, C*ms*; cf. *couffuerchez* et *couricher*. Le Nom. a *couriger* couvrechef, p. 115. Du fr. *couvre-chefs*, et au XIIIᵉ s. *queuvrechiers*, *Rev. celt.* XIV, 308, 309. Aux échanges de -*ez* et -*er* cités à cette page, on peut ajouter *scourgez*, van. *scourgér* et *scourge* fouet Gr.; cf. *mortez* mortier, C, Gr.; voir *Rev. celt.* XV, 153.

Cougoull « froc ou gonne » C, pl. *you* coule, froc Gr., gall. *cwcwll*; dim. **Cougollic** reg. Guing. 25 ; **cougoullec** dans *Kerhongoullec*, n. de lieu, *Arch. de Bret.* VII, 213, lisez *Kerhougoullec*, = gall. *cwcyllog*, *cycyllog*, vêtu de la coule ; *cougoulyet eo* il a pris le froc, Gr., cf. gall. *cycyllu*. Pel. définit *cougoul* : « un très-vil habillement, dont les gens de la campagne se couvrent la tête et le corps dans les tems de pluie..... Une quatriéme sorte de *Cougoul*, est une peau de loup, dont se couvrent les excommuniés, quand, selon les contes des vieilles, ils vont courir pendant la nuit. » Voir *M. lat.* 153.

Couhadic, petite pluie, C*b*, v. *glau*. Voir *Urk. Spr.* 74.

Couillec reg. Péd. 4, *An Couillec* 5 b, 13 b, *Le Couillec* 30, *Le Couyllec* II, 3ª (1565, 1567, 1571, 1587), Ann. de Trég. 17 v, *Coillec* reg. Péd. 34, *An Coillec* 4, 5, 19 b (1569, 1565, 1568) ; imitation du correspondant français de l'it. *coglione*. Ce mot existe en petit Trég. dans *katekouyek*, (de *katek kouillek*), homme qui s'occupe des travaux des femmes (en haut breton un *coqueret*, un *colas*). *Kateq* a seul le même sens, et vient de *Katel* Catherine; cf. *Rev. celt.* IV, 158. Un autre dérivé breton du v. fr. *coil* est en pet. Trég. *kouyenad*, f., grande quantité (d'argent, d'or); et absolument *eur gouyenad*, une fortune.

Couyornn, dans *senyff e cornn couyornn ornet*, var. *couviorn*, P 275, vers qui veut dire, je crois, « sonner de sa belle (et) *magnifique* trompette », ou bien « de sa trompette *magnifiquement* ornée », est identique à l'adj. *coujourn*, par lequel le P. Grég. traduit les mots « propre », « (personne... bien) ajustée », « alerte » et « dispos »; Troude donne encore comme cornouaillais *koujourn*, propret, dispos, bien portant. Cette forme moderne indique que dans *couyornn* l'*y* se prononçait *j*, cf. *conyur*, conjure, dans le même poème (*Buhez mabden*), str. 241. La première syllabe de *couyornn*, *koujourn*, est la préposition *co-*; le second élément *-yornn*, *-journ*, paraît se retrouver dans *jourdoul*, sain, mot du haut Léon selon le P. Grégoire. *Jourdoul* serait pour **diurnatulus*, diminutif de **diurnatus*, dérivé du lat. *diurnus*, et *couyornn*, *koujourn* viendrait de **co-diurn(et)*. Cette association d'idées rappelle la locution familière « beau comme le jour ».

Quant à l'apocope supposée qui, d'un participe **codiurnet*, aurait fait tirer l'adjectif *couyornn*, *koujourn*, c'est un procédé assez fréquent, connu aussi en italien[1], et dont voici des exemples : moy. bret. *achiu* et *achiuet*, achevé, aujourd'hui *achu*, *achuet*; *a lum* (lisez *alum*) et *alumet*, allumé, auj. id.; *arriu* et *arriuet*, arrivé, auj. *arru*, *arruet*; *fournis* et *fournysset*, accompli (fourni), auj. id.; *digor* et *digoret*, ouvert, auj. id.; cf. *en nos-tremen* la nuit passée, *Intr*. 102, anc. éd.; *tap* attrapé, *Rev. celt*. XIV, 217. Le choix entre ces doubles formes est loin d'être toujours indifférent, cf. Hingant, *Grammaire*, p. 85, 86. Pour exprimer un état plus ou moins durable, on se sert de l'adjectif : « il faut qu'une porte soit ouverte ou fermée » se dit, en petit Tréguier, *red e d'eun ôr bean dyôr pe zeret*. Par conséquent l'emploi où s'est fixé *koujourn* justifie sa forme adjective.

Nous avons vu que *couyornn* peut être un adverbe dans le vers qui nous l'a conservé. Le mot *fournis* se trouve employé ainsi, en moyen-breton; comparez, en petit Tréguier, *tremen* « plus de » : *tremen ugen' 'la*, plus de vingt ans = *ugen' 'la tremenet*, vingt ans passés. Voir *ac'hubi*, *darnic*.

---

1. Cf. Joh. Schürmann, *Die Entstehung und Verbreitung der sogenannten « Verkürzten Partizipien » im Italienischen*. Strasbourg 1890.

Coulet. Le van. CAO͞LEIÑ, *céüleiñ* cailler Gr., *ceulein* prendre par présure l'A. (par *c* dur) = **coulaff*, gall. *ceulo*, de *coāg'lare*, cf. *Mots lat.* 145.

Coullm colombe, Cathell 21. Voir *Urk. Spr.* 92.

Couloux B 462, *coulous* tant bon C, *colous* Cms; *couls eu* autant vaut B 711, *coulz pe goulz* un jour ou l'autre, *Rimou* 58; *coulsgoude* cependant D 35, 100, *coulscoude* 46, 186; *cours* cours (de philosophie) 186, *é cours* pendant (le service divin) 95, *é cours hac en amser* en temps favorable 31; *courserion* des corsaires *Voy. mist.* 24. Voir *cronicquou*, *quen* 1.

Coultr « coultre de charrue » C vient du fr.; voir *caoutr*.

Count, compte, -*aff*, compter Cms, *count*, *conchenn* conte, pl. *counchou*, *conchou*, *conchennou* Gr., voir *baut*; *contadelo* contes, fariboles Jac. *ms* 45.

Courageux g. id. Cb; -*gus*, v. *bras*; *courachi* avoir du courage *Bali* 206, *courageamb* prenons courage *Voy. mist.* 74.

Courentin. *Chorentin* Corentin H 39; cf. *Urk. Spr.* 169; *Rev. celt.* VII, 309, 310. Le v. bret. cité à cette page semble être *cou-uuant-olion*, voir *Rev. celt.* XIII, 249.

Couricher, voir *coufforcher*.

Courrater (entremetteur) Cms; *courranter* H, 11, doit être pour *courrauter* (courtier de chevaux, Nom. 316); *courater*, *coureter*, *couroter* entremetteur, interprète et médiateur entre un Français et un Breton dans les foires Gr.; *courrettour* « courrettier », *couratoureb* courtage Chal. *ms*; *kouracher* rebouteur, renoueur, du Rusquec.

Courrig. *Ha dezaff scler en e seruig Euel louen e guisien lig Hep courrig ho em obligont* M f 56, = ils se vouent à son service, en hommes liges, irrévocablement, cf. *discourrich*, *digourrich* incorrigible Gr., *courrigaff* corriger C, *corrigeo* il corrigera D 44.

Courtes, reg. Péd. 144 (1594), *Courtoyx* reg. Plouezec 16, *Le Cortoyx* 18 v; *courtesi* courtoisie D 189, *courtisi* 2ᵉ s. r. *es* 158, *courtoisy* Cms (gall. *cwrtais*, *cwrteisi*); *court* une cour D 188, *court* m. pl. *courdeu*, cour qui n'est point murée, *courd er roué* la cour du roi l'A.

(*Courz*) pl. *touser an courzou*, tondeur, Nom. 319 (cf. *Ancien théâtre françois*, t. X, Paris, 1857, p. 353; *Ann. de Bret.*, IV, 164, 165); f. dans *eur gours-gris*, *Son. Br. Iz.* II, 88, cf. 11; pet. Trég.

piqed e i c'hours d'ei, elle est enceinte. Peut-être le Chal. *ms.* fait-il allusion à une forme vannetaise de ce mot, quand il dit, s. v. *chanure* : « coarh, mais on m'assure qu'en basse Bretagne coarh est un mot fort sale, et on dit, canap, pour signifier du chanure, c'est à quoi il faut prendre garde ». Du lat. *cadurdum*, Gloss. Isid ? Ou cf. gall. *croth*, voir *Urk. Spr.* 99, 100.

COUSOUMEN, *gouzoumen* le sacrement de confirmation Pel., léon. *cousumenn, cousemenn* f. Gr., *cousoumena, gouzoumena* confirmer Pel., léon. *cousumenni, cousemenni* Gr., de *consummare*, qui avait le même sens en latin ecclésiastique, comme le montre Pel. — **Couster** reg. Péd. 176, *Le Couster* 103 (1600, 1585) = prob. « celui qui coûte ».

COUSTELÉ, f. gageure, l'A.; van. *coustele, coustle*, léon. *claustlé, claustre* Gr., *klaoustré*, f. Gon., cf. gall. *cywystl*, de *co*- et *goestl*, gage; voir *Rev. celt.* XV, 153. Pour la contraction, voir *coabren*.

Dans les formes non vannetaises, la préposition *co*- est devenue *cla*-, par suite probablement de la fusion de doublets *coustle* et **clouste*. Cf. *kruflusk*, bouge ! pour *keflusk*; voir *couffabrenn*.

En vannetais, le même phénomène est arrivé au second élément de *coustle*, qui est *gloëstr*, vœu, Gr., *glœstre* l'A. = br. moy. *goestl*, resté dans les autres dialectes; cf. fr. *esclandre* = v. fr. *escandle*, lat. *scandalum*. On peut ajouter les exemples suivants :

Cornouaillais *fustl* et *flustr*, fléau pour battre le blé; — *prenestr*, fenêtre, Gr., de *penestr* et *prenest* (lat. *fenestra*); — *baltramm*, fronde, Gr., *baltam, batalm*, Gon., *battalm*, Nom. 186, *betalm*, Gr., de *baz*, bâton, et *talm*, fronde, comparez la formation du gall. *ffon dafl*;

Alfo, délire, rêverie d'un homme qui a le transport; *dre alfo* brusquement, sans considération, trop chaudement, Pel.; cornou. *alfo, elfo*, délire, rêverie d'un malade, Gr., *alfô*, m., cornou., Gon.; *alfôi*, tomber en délire, en fièvre chaude, rêver, Pel., Gon.; *alfoï, elfoï, beza alfoët* ou *elfoët*, Gr., *a[l]foet*, Pel. *Alfô* peut avoir subi l'influence du mot *fo*, ardeur; mais je crois qu'il a la même origine que le vannetais *arfleu*, fureur, l'A., colère, rage, *Buhé er s.*, 88; *arflëhuein*, être en fureur, *arflëuein doh*, s'acharner sur, l'A., *ou arfleuein... énep dehou* les exciter contre lui, *B. er s.* 233, *arfleuas*, il irrita (une lionne), 102; *arfleuet* (taureau) furieux, 732, (mer) irritée, *Guerzenneu*, 164. Cette origine commune de *alfo* et *arfleu* me semble être le français *affres*. Le sens originaire se montre encore dans *arfleuet* « effrayé », Chal. *ms*, avec la mention Queru., c'est à dire Quervignac[1].

Pour la métathèse de deux consonnes consécutives, dans *alfo* pour *afro* (cf. espagnol *olvido*, oubli), comparez : *mytra* (et *meurta*), myrte, Gr.; moy. bret. *ogrou*, orgues; voir *chufere*. Le rapport de *alfo* à *arfleu* = *affres* rappelle celui du moy. br. et léon. *ogrou* au vann. *orglezeu* = *orgues*, mais il est possible que l'*l* de *orglezeu* vienne du second *r* d'une forme *orgres* = lat. *organos* (cf. *ordre* = *ordinem*). Il y a métathèse aussi dans *en em acourti*, s'accoutrer, D 110, pet. Trég. *kourtaj*, accoutrement, à moins que l'origine de ces mots ne soit *acculturare*, comme le suppose Scheler; alors *acourti* pourrait être pour *acoultri*.

En dehors des cas où peut agir la métathèse, il ne manque pas d'exemples bretons d'*r* ajoutés sous l'influence d'un autre *r* ou d'un *l* : *iardrin*, jardin, Nom. 236, trec. *jardrin*, *sardrinen*, sardine (haut br. *jardrin*, *sardrine*, cf. franç. *perdrix*); *arbricos*, abricot, Nom. 68 abricotier 105, *couldry*, colombier, 133, moy. br. *coulmy*, léon. *gueltle*, *gueltre*, grands ciseaux, de *guelteff*, Rev. celt. VII, 310, 311; van. *mirbiliag*, puérilité, Chal. *ms*; dial. de Batz *bardrac'h*, *bardras*, f. battoir (en patois du pays « un *bardra* »; cf. poitevin *badras*, m.) = *battaras*, massue, Nom. 185, *battaras*, id. Gr., *bataraz*, f. id., Gon., du franç. *matras* (Thurneysen). Cf. *milfler* de *milfer* millefeuille, Gr., pour *milfel* (d'où gall. et cornique *minfel*), et *Étude sur le dial. de Batz*, p. 17. Voir *ehuedez*.

Couetis, convoitise, *Cms*, cf. J 12, 87; *counetis*, Cathell 1; *covetus*, convoiteux *Cms*; *convoicti* tu convoiteras Catech. b, 9 v.

Couuent couvent D 188, 189, *couvent* 198, *convent* 78, 172, 186, pl. *convenchou* 98; *pelec'h ez oc'h bet kouantjet* dans quel couvent avez-vous été instruite G. B. I., I, 432.

---

1. Dans *memes eau arfleïet* « je lui ai donné la poussée » Chal. *ms*, *arfleïet* paraît être différent de *arfleuet*, et venir de *alueïet* : *un alueïet*, (ce n'est qu')une vraie cruche, un étourdi Chal. *ms*, de *ar-* et *bêye* étourdi l'A.

Couuj repas C*ms*, *convy* Jac. *ms* 69 ; *confia* convier D 118, *confiet* convié, invité, appelé à 167, *confy*, il convie, invite 164 ; cf. *discouvi* renvoi, renvoyer, déconvier, *digouvïein* rebuter l'A.

Coz, reg. Péd. 7 (1566), *Quoz* reg. Quemp. 7 v, 29 v ; *Cozden* reg. Péd. 13, 86 b, 109, 226 b, II, 2ª b (1567, 1581, 1586, 1611, 1587), *Cozten* I, 109, 151, II 2ª (1586, 1565, 1586), *Couzden* I, 141, 144, 177, 180 b, 189, 205 (1593, 1594, 1600, 1601, 1603, 1606), *Couzten* 169 b, (1599) = « vieil homme », van. *ur hoh dén un vieillard Voy. mist.* 35. *Le Cozle* reg. Guing. 154, *coz-leue* taureau, Nom. 35, van. *deu gouhlai tarw L el lab.* 124, pl. *kouhlaieu* 106 ; *an coz marchat* la friperie ou le vieux marché Nom. 243, *ar c'hoz varc'had, ar goz varc'had, ar goarc'had* Gr., c'est le nom d'une commune des Côtes-du-Nord ; *coztremeniet* « ancien passé », l. pristinus, C*b*, v. *guez aral*, cf. tréc. *koz-dimet* anciennement marié, etc. ; *coznj*, vieillesse, C*ms* ; *Le* **Cozic** n. d'homme xvᵉ, xvɪᵉ s. *Nobil.*, *Arch. de Bret.* VII, 240, reg. Quemp. 1ª, 2ᵇ v, Quoatg. 4 v, *Cozic* reg. Péd. 9, 10 b, 16 b (1566, 1567), etc., *Quozic* reg. Quemp. 3 v, *cozicg* vieillot, pl. *-igued*, van. *cohicq* pl. *ed* Gr. ; *vn cozyat* un vieux rêveur Nom. 12, *cozyad* vieillard Gr. *Coz* devant le nom n'exprime pas toujours le mépris : *coz-yar* et *yar coz*, vieille poule Nom. 39, *coz seruiger* vieux serviteur 320, *coz dleou* vieilles dettes 202 ; *vn coz edefiçc* un vieil édifice 139, *vn coz moguer* un vieux mur 141, *coz ostillou* vieux outils 156, *auser da coz bottaou* savetier 312.

Cʀᴀᴄǫ-ᴏᴜᴀᴛ sarcelle Nom. 37, *cracq-houad*, Gr., *krak-houad* m. Gon., gall. *crach-hwyad*.

Craff g. (manque) ; *contell* **crafferes**, l.*castapole*, *lis*, C*ms*, **criffyat**, gratter, C*b*, v. *roingnenn* ; **Craffer**, reg. Péd. 25, 122 (1570, 1589), *An Craffer* 6 b, 9 b, 10, 16 (1566, 1567), *Le Craffer* 69 (1578), *Le Crafer* reg. Guing. 112, = litt. « gratteur » ; cf. *crafat*, Maun., Gr., gall. *craffu*, gratter, graver.

Ce *craff* est identique à *craf*, égratignure, Pel., et à *craf nados*, point d'aiguille Maun., plur. *crefen-nados*, Pel. Ce pluriel est imité de ceux des anciens thèmes neutres en *men-*, cf. *Rev. celt.* VIII, 525. La racine paraît être germanique, comme dans le moy. bret. *crapaff*, ancrer, *crapat* Maun. ; cf. *craban*, griffe, *crabissa*, égratigner, *mont voar e craboçcou*, aller à quatre pattes, Pel. ; *crapin*, *crampinell*, f.

grappin, Gr., *crampinell*, croc pour accrocher navires, 1. *manus*, Nom. 153, au figuré « attraits », Gr., *krapinella*, harponner, Trd. Voir *crauat*.

CRAGG, *mæn-cragg*, grès, *pod cragg* pot de grès Gr., *krâg* m. Gon., cet auteur cite en Cornouaille *Méné kragou* « la montagne aux grès »; gall. *craig* rocher, pl. *creigiau*; cf. *carrec*.

CRAI, trop fermenté, aigri; (pain) fait de blé échauffé dans le grenier, Pel.; van. *cré*, *cri* (pain) qui n'est pas assez levé, Gr., *cré*, *Vocab.* 1863, p. 46; gall. *crai* recens, infermentatus, rudis; *crai*, *croyw*, *cri*, azymus, Davies; cornique *kriv* cru, cf. v. h. all. *hrâo*, auj. *roh*, angl. *raw*, etc.

CRAMMEN en Léon, ailleurs *cremmen* crasse qui se forme sur le corps Pel., *cremen* Maun., *krémen* f. crasse, surtout au visage Gon., pet. Trég. *kramen* f. crasse, en particulier dépôt que laisse le lait dans un vase : *kramen léz ribot*; gall. *cramen* f. croûte sur une plaie; cf. v. fr. *cramme*, chrême, prov. *craumo*, *crèumo*, crasse, malpropreté, sédiment, *craumo de la tésto* crasse de la tête, Mistral, du lat. *chrisma*. L'emploi religieux du mot ne paraît pas en breton, mais le gall. a *crysfad* m. confirmation.

Crang, crachat, *crauchet*, cracher, C*ms*, entre *crampoezenn* et *crapât*; *cranchat* cracher, r. ad, Am. v. *gargaden*; *pazint crachet* quand ils ont craché, D 150.

CRAOU *nados*, trou d'aiguille Maun., *crāo nados*, Pel. (*craoüen an nadoez* « l'œil de l'aiguille », Nom. 170; *kraouen-nadoz*, f. Gon., etc.), gall. *crau nodwydd*, irl. *crò snáthuide*, gaél. *cró snáthaid*, mannois *croae snaidey*. Ce mot subit parfois en breton l'influence de *clou*, ferrement (voir *Dict. étym.* s. v. *clou*). Il n'a rien à faire avec l'italien *cruna d'ago*, qu'on tire du lat. *corona*; peut-être vient-il de *cr-u-*, qui serait à χείρω comme *tr-u-* d'où τρύω, τρυμαλιά, est à τείρω.

CRAUAT gratter Maun., *cravat*, participe *-et*, Gr., van. *craouatt*, part. *-ètt*, *craouein* l'A., gall. *crafu*; CRAUELL f. sarcloir Chal. ms, *cravéll* f. pl. *eu* l'A., *cravell* van. Gr., gall. *crafell* f., pl. *au* grattoir, racloir, *crafellu* gratter; voir *craff*, et *Urk. Spr.* 96.

Creanczou (les) points de foi H 19, auj. *Kreañsou*, du fr. *créance*; voir *credo*, *cridiff*.

Createur, créateur, Cathell 21, D 187; *creation* création 24, 54, 93.

Crech crépu. On lit ce mot *Barz. Br.* 217, mais c'est sans doute une méprise pour *krec'h* montée, voir *Revue Morbihannaise* I, 364; cf. les noms de lieu *Penknech* Anniv. de Trég. 17, *Crecheleon* en 1421, *Archives de Bret.* VI, 65. On dit en petit Trég. *krèïyet, krèhiet* 3 s. ridé, froncé (syn. de *krizet*), prob. pour **crec'hillet*, dérivé de *crech*. Le cornique *crehyllys, cryhyllys*, ébranlé, pourrait être le même mot.

Credo (le) credo, H 53, Catech. 6, D 18; f. Gr., *credo*, f., l'A., gall. *credo* m. et f.; emprunt savant au lat.

Cref, fort, (adj.), *Cms; cre* (serrer) fort *Cb*; *creou*, rempart (litt. « des forts »), Nom. 239; *creffat* « forcer » *Cc*, v. *nerz*. Voir *Urk. Spr.* 96.

Creis, craie, *Cb*.

Crenaff trembler. *Crena* D 125, 158; r. en *en*, 169; *crenna* 152. Bien que Gr. écrive *crezna* (avec *z* prononcé « comme un demi E », v. *frisson*), la 1re syll. ne rime jamais en *ez*; sur P 263, voir *crezz*.

CRENIAL, *crenia, crainia* « se rouler à terre à la manière de certaines bêtes, et se dit aussi des hommes », Pel., *krégna* Gon., gall. *crain* jacere, volutare se, Davies, auj. *creinio*; *dygreinio*, ramper, *digrain*, action d'errer çà et là. De **c(o)r-an-ya-*, même racine que moy. bret. *crenn*, rond, v. irl. *cruind*; cf. *Urk. Spr.* 93. Voir *diascren*.

Cresq (croissance, Gr.), *dre* — l. multipliciter, *Cb*; il croît, v. *figuesenn*; inf. *crisquyff*, v. *bras; qicq-cresq, cresqenn*, pl. *-ed* et *-ou* « excressence » Gr., pet. Trég. *kreskerez*, f. pl. *ed*, envie, petite peau près des ongles. *Cresq* il croît *Cb*, v. *juinenn; en em gresqui a rayo evit o difen* (le soldat) se multipliera pour les défendre, P. Gérard 65; cf. *Rev. celt.* XI, 123. M. Loth, *Mots lat.* 154, hésite à reconnaître dans ce verbe un emprunt latin, parce que l'*e* breton suppose un ancien *ĕ* et non *ē*; mais la réduction de **croesq* en *cresq* n'a rien de phonétiquement inadmissible : cf. moy. br. *groec* et *grec* femme, *gruech* et *grech* ciron, *groaet* et *graet* fait, etc.; on pourrait invoquer d'ailleurs l'analogie fort naturelle des verbes comme *pidi* prier, part. *pedet*, dont la première syllabe ne présente jamais de diphtongue.

Crestenen crème Maun., crème et toute superficie qui se forme comme la crème; la glace qui commence à se faire sur une eau tranquille Pel., *krestenen*, plus souvent *kristinen* f. Gon.; *craust* m. pituite Gr., *kraost* Gon.; cf. gall. *crêst*, *cresten*, *crystyn* croûte; prob. du lat. *crusta*. *Kristinen* peut représenter régulièrement *crūsta*, forme qu'admet M. Kœrting; le rapport de *craust* à *crūsta* rappelle celui de *douar fraust* terre en friche Gr., *fraost* Gon. (moy. bret. *frost*) à *frūstum*, d'où le fr. *fruste*. On lit *krusten* f., croûte, L. el lab. 190.

Creusseul, croissel, Cms; *creuseul* lampe Nom. 166.

Crezz, avaricieux, *creznj*, avarice, Cms. *Pep dez creny ...so e teyg*, P 263, lis. *crezny* (la 1re syll. rime à *dez*).

Crial, hucher, Cms; *cri* cri, C, v. *garm*. — *Crichen*, chrétien, Cb, v. *neuez*, van. *crichen*, Gr.; *vnan a graf an bezyou, eguis cristian an dour* l. libitinarius, bustuarius, fossoyeur, Nom. 283; voir *christenyen*.

Cridiff. *Crydi dit* te croire, Cathell 9, l'inf. *crediff* n'est pas dans H. *Cred* il croit H 4, 5, 7, 59. *Credicq* crédule Gr., cf. moy. bret. *hegredic*, voir *amdere*, *discredicq*; credus id. Gr., gall. *credus* croyant.

Cridyenn, frisson, Gr., *cridien*, Nom. 267, Maun., *cridyen* f. eau dans le vin, à Landivisiau, Gr., v. *commère*; v. br. *crit*, même rac. que *crenaff*, trembler.

Crimou crimes, Cathell 32, D 125, *criminal* (justice) criminelle 95.

Crin sec, desséché, aride, crina rendre ou devenir sec et aride, crinder sécheresse, aridité, *crinen* chose sèche : homme fort maigre, arbre sec; léon. *dastumi crin*, ramasser les broussailles, les menues branches mortes Pel.; *krîn*, *krina*, *krinen* f. Gon. Grég. a *scrina* dessécher, v. n., et regarde comme surannés *crin* aride, *crinded* aridité. Pel. remarque que « nos Bretons ne disent point *crin* au sens d'avaricieux »; Gon. donne *krîn* avare, et *krinded*, *krinder* m. sécheresse, aridité, avarice. On lit *krign* avare, Trub. Jus. 281, 286, *krigner* id. 282, *krignder* avarice 283, *dilezi he grign*, quitter son avarice 285 ; il y a là au moins influence du moy. br. *cringnat* ronger, *cringner* rongeur. Gall. *crin* sec, avare, *crino* se dessécher, *crinder* aridité, avarice, *crinwydd*, menu bois sec ; v. gall. et irl. *crin* sec, par *i* long ; participe de la même racine que le sanscrit *çrā* cuire (Stokes).

Cris, g. crise, recours, C*ms*, entre *crisquiff* et *crisaff*, *criz* pl. ou froncis, fronçure, *cris* raccourcissement Gr.; *crissaff* (recourser, rider, retrousser), C*b*, v. *tronczaff*; *kriset* ridé; (abeilles) engourdies (par le froid) *L. el lab.* 170. Ce mot est rattaché à l'irl. *cris*, ceinture, et au gall. *crys* id., et chemise, *Urk. Spr.* 99; en ce dernier sens *crys* répond au bret. moy. *cres*, cf. franç. *crés*, f. « ancienne sorte de toile de Bretagne », Littré.

Cristoff, Christophe, C*ms*, voir *christenyen*.

Croas. *En groas* en croix, J 174, P 76; *an grouasse* cette croix 74; *an-groes*, xve s., *Rev. celt.* II, 209; *croyx* Cathell 17, *croaix* 32; van. du xvie s. *croes-hento* carrefours, *Rev. celt.* II, 210, *croes en hent, ur groes hent, croesen heent*, pl. *croes hendeu* « quarrefour » Chal. *ms*, gall. *croeshynt*; *croaz pren* (et non *croaz-pren*) H 45, litt. « croix de bois », mais sans doute pour un ancien composé *croaspren* « bois en croix » = gall. *croesbren*; *croasiou* des croix D 16, *-you* 76; **Crouas-sec** reg. Guing. 161 v, *En Croassec* 137, 143 v, *En Croasec* 120 v, *Le Croasec* 113, *Le Croesec* 19 v, 25 v, 28, *Le Croeseq* 130 v, = gall. *croesog* qui a une croix, (un) croisé. Voir *cros*.

Crocedant reg. Péd. 113, 116, 127, 137 b (1587, 1588, 1590, 1592), *Crocezdant* 124, *Crocezant* 150 b (1589, 1595) = « sa dent (est) un croc », ou « sa dent mord »; voir *crûg*.

(*Crochenn*, peau), *crouc'hen* Gw. v. *reün*, pl. *crochennou*, Nom. 312, *crechin*, 109, 168, 311, *crechinner*, 112, voir *Urk. Spr.* 99. Ce mot rappelle le v. h. all. *chursinna* fourrure, russe *korzno* manteau, etc., cf. Miklosich, *Etym. Wœrterb. der sl. Sprachen*, v. *kürzno*.

Croeadur enfant, m. : *a coff e mam* C*b*, v. *emiegues*; *dou* — C*c*, dou *croadur* C*b*, v. *guenell*; *croüadur* id. D 186, *crouadurien* enfants Jac. 122, Mo. 224; *crouadur* créature C*ms*, *croüadur* D 53, pl. *croüadurien* 18, 24, 39, *-yen* 63; f. *crouadures* (Marie était) une créature 36; *croueer* créateur Cathell 4, *crouerr* 5, *croueur*, Nl 300, *croüeur* D 25, 65, 151, *croas* il créa 94. Pet. Trég. *aboe oañt krouel gant o mam* depuis que leur mère les a mis au monde, se dit des enfants et des petits des animaux; cf. *krëët*, né, à Sarzeau, *Rev. celt.* III, 53; *kronéaj* germes (des pommes de terre) L. *el Lab.* 40; espagnol *cria* couvée et enfant en nourrice, etc. *Croeaff* est pour **creaff*, gall. *creu*, du lat. *crĕare*. La diphtongue est-elle venue par imitation des cas comme *groec* et *grec* femme, voir *cresq*? J'ai cherché à l'établir par des exemples *Rev. celt.* IX, 374. M. Loth *Mots lat.* 153, 154 rapproche *croadur* créature, vocab. corniq., qu'il explique, si je l'entends bien, par une contraction de *crĕātura* en **crētura*. Je ne sais si *croadur* n'est pas une erreur, le vocab. cornique ayant *creador* créateur, et le cornique plus récent *creatur*, créature; en tout cas **crētura* ne rend pas compte de la forme la plus ancienne en breton, *croeadur*.

Croguen sant Jacques, coquille de saint Jacques, Nom. 46, pl. *creguin, creguing, creguinn*, 43; *melhuenn* **croguennec** « limas o escailles, l. testudo » C, *melfeden croguennecq* limaçon Gr.; *Croguenec* reg. Péd. 73 b (1579); gall. *cragenog*, crustacé; voir *Urk. Spr.* 99.

Cronicquou chroniques, Cathell 35; *coronicquou Rev. celt.* VIII, 230, épenthèse assurée par la mesure du vers; Gr. ne donne que *coronicq*, pl. *ou*. Cf. *darrasscle*, grive, de *drassqle*, l'A.; *duluf* truite, de *dluz*, *Rev. celt.* V, 126, 128; *turucq* turc, de *turcq*, Gr.; moy. bret. *couloux, coulous*, aussi bien, de *coulx, couls*.

CROS (grand) bruit, querelle, CROSA quereller, faire grand bruit Pel., à St-Clet *krôzal* gronder, disputer; *Le* CROSER reg. Péd. II, 31ª (1638), *krôzer* celui qui murmure, grondeur, querelleur Gon., cf. gall. *crwysedd* dispute *Rev. celt.* V, 268; prob. de *crwys, croes*, croix, comme en angl. *to cross* être en désaccord.

Peut-être *crozal* croasser Gr., *krôza* Gon., *crozérez* croassement Gr. est-il différent et provient-il d'une onomatopée, comme en fr. *croasser*, en angl. *croak*, etc.

Croum, courbé bas devant, *Cms; cromaff*, recourber, Cb, v. *pant*; *croummell*, anse, f. Nom. 159.

CRUBUILL sein, *crabuillat* (lisez *cru-*) plein son sein Maun.; *crubuilh* (pl. *ou*), *crubuilhad* Gr., *crubüill* estomac, sein de l'homme, jabot de l'oiseau, *crubuillat* Pel.; *krubuill* f. jabot des oiseaux, partie des vêtements qui correspond à l'estomac, -*ad* ce que peut contenir cette partie des vêtements; grande quantité : *eur grubuillad vugale*, une fourmilière d'enfants Trd ; cf. gall. *crombil, cromil* (et *crul*?). Pel. cite *corpeüil* estomac des bêtes, dans le langage vulgaire du Maine ; Troude donne un cornouaillais *krepez* m. devant de chemise, qui peut avoir la même origine, prob. germanique : cf. angl. *crop, craw*, allem. *kropf*.

Crucify crucifix H 41, 55, D 173 ; m. et f., Gr. ; *-fi Choæs* 51, *-fix* f. 45 ; *-fyet* crucifié H 41.

Crūg pl. *crughet* « sorte d'insecte, dit vulgairement en quelques provinces petit scorpion, qui est une espèce d'escarbot, qui lève sa queuë fourchuë lorsqu'on le touche, et que l'on croit être venimeux, et dangereux par sa piqûre, surtout au bétail ; d'où vient que les paysans appellent leurs bêtes *böet ar-crug*, pâture de scorpion » Pel.; *crucg*, pl. *crugued* m. et f. « scorpion, insecte venimeux, noirâtre, qui pique par sa queuë » Gr., *gruc* Maun., *krûk, krûg* f. Gon.; *huill-crug* m. scorpion, pl. *-guétt* l'A. ; *eur c'hruk-sec'h* un harpagon, avare, *Bombard Kerne* 40 ; *kruga* racornir, donner la consistance de la corne, du Rusquec. Ce mot appartient à la même famille que le moy. bret. *creguiff* prendre, crocher dans ; mais ce dernier représente un ancien **croc-* tandis que *crūg* vient de **crōc-*, cf. gall. *crugo* vexer ; **crōc-* est une variante légitime de **crōcc-* que M. Körting pose comme base du fr. *croc, crocher*. Pour le sens de *kruk-sec'h*, on peut comparer l'expression du pet. Trég. *eur c'hrog ranp zou war hênes*, litt. « on n'a qu'une prise glissante sur lui », qui se dit d'un débiteur peu solvable.

Cuden, écheveau Maun., Gr., Pel.; *cuchenn*, touffe (de cheveux), poupée (de lin), Gr.; gall. *cudyn*, boucle de cheveux, v. gall. pl. *cutinniou*, gl. *condylos*; **Cudennec** reg. Guing. 247 v. = gall. *cudynog* bouclé, aux cheveux bouclés.

Cudennēc, sombre, sournois ; *hurennêc*, id., et renfrogné ; *hurênnec*, morne ; *hurennein*, renfrogner ; *hurenn*, nuage ; *cudennereah* et *hurennereah*, taciturnité, l'A. ; vann. *cudennecq* (un homme) sombre, *hurennecq* (un esprit) sombre, (le temps est) sombre, Gr., *hurunêq* (silence) farouche, *Voy. mist.* 57.

En vannetais un *k* initial peut alterner quelquefois avec un *h* ; cf. *candaiein* et *handaiein*, persécuter, l'A., voir *couff*. Mais ici il semble y avoir une différence réelle entre les deux formes. *Hurenn*, nuage, rappelle le bret. *haillen*, brume, brouillard, Pel. (d'origine germanique, cf. l'angl. *haze*? on dit en haut breton *hérée* dans le même sens), et le gall. *hudd*, ombre; quant à *cudennéc*, il serait composé de **co-hud-*, comme le gall. *cyhudd*, ombre. Le *d* et l'*r* alternant entre voyelles peuvent, en vannetais, tenir lieu soit d'un *d* celtique = *th* doux breton (*hidiü*, *hiriü*, aujourd'hui = *hizio*), soit, plus rarement, d'un *t* celtique = *d* breton (*ludu* et *luru*, cendres). Voir *coäbren*.

Cudurun, tonnerre, Cc, v. *taul*, Nom. 222, *cudurun* et *curun* Maun., pl. *curunou* D 145; *mæn curun*, *men cudurun*, pierre de tonnerre, 252; **cudurunaff**, foudroyer, Cb, v. *foultr*. Ce mot rappelle le provençal *crum*, *crun* nuage, nuage orageux, mais *crum* paraît plus ancien, si l'on en juge par les dérivés : *crumado* nuée, brume, etc. *Cudurun* est peut-être dû à un mélange de *curun* et de *taran*.

Cuerfe, couvre-feu, l. *ignitegium*, Cb v. *tan; pa soner cœurfe* quand on sonne l'angélus D 71; *cuërfe*, *qeulfe* couvre-feu, léon. *sini qeulfe*, *senni quërfe*, sonner l'angélus du soir, Gr., du fr. Le Ca à *couurefeu*.

Cuezaff, se repentir, Cb, v. *nichiff*, p. *quezet*, v. *azrec; queuzi da* avoir regret de, Intr. 68, anc. éd., *queusiff* s'efforcer C, *eguyt quement reux maz queussenn* quelque effort que j'aie pu faire, J 218; *cuezeudic*, repentant Cc, v. *pinigaff*, *cuezudic* triste Cc, *cuezudicat* être triste Cb v. *ancquen*, **cuezus** repentant, v. *pinigaff*, (mystères) douloureux D 73; *bezit qeuziat bras da* ayez grand regret de, Mo. 289; *queuz flam* regret cuisant D 162, *cueus* 22, *cueuz* Cc v. *pinigaff*, *cun* Jac. ms 5, 100, *cunf* Mo. ms 228; voir *dibunaff*.

Cuffaelez douceur Cms, v. *hegaratet*; Le Cun, reg. Guing. 137 v. Le v. irl. *cóim*, cher, a été rapproché par M. Windisch du gothique *haims* village, allem. *heimat* patrie, angl. *home*, etc., cf. Rev. celt. XIV, 351. Le v. irl. *macc cóim* « cher fils », moy. irl. *maccoem* jeune homme, rappelle le bret. *tat cuf* bisaïeul, Nom. 333, *tad cuñ* Gr., gall. *tad cu* grand-père.

CUILL (enfant) potelé Maun., *cuilh* dim. *-icq* gras, Gr., *kuill* Trd; peut-être du verbe CÜILHA accourcir, resserrer Gr., pour **cul-ya-*, dérivé de *cul= gall. *cul*, étroit, maigre, cornique *cul*, v. irl. *cóil*. *Cüilha* (cf. gall. *culo* rétrécir, *culiad* amaigrissement) est le même mot que *cuilha* froncer, faire des plis avec l'aiguille Gr.; *cuill* veut dire proprement « dont la peau est rétrécie, fait des plis », c'est ce qu'on appelle en pet. Trég. *kochet*, sans doute du fr. *coche*, entaille. Pour le rapport de *cuill* à **cul-ya-*, voir *touign*. Cf. v. bret. *culed* maigreur, gall. *culedd*, irl. *côile* id., grec κοιλία cavité? Voir *Urk. Spr.* 88.

Cuytat quitter C*ms*, *cuyttat* C*b*, v. *pardonnaff*; *quit* glose le mot *exampt* exempt, Catech. 10 v.

Cuntuyll cueillir C*ms*, *cutuill* Maun., part. *-et* D 87, dial. de Batz *kuidel* recueillir (du sel); **cuntuil** dans *Kerguntuil* reg. Péd. 174 b, II, 33 (1600, 1630), *Kerguntuill* I, 187, *Kercuttuil* 230, *Quercunctuil* II, 31ᵃ b (1602, 1612, 1638) = *cutüilh* cueillette Gr., *kutul* par *l* mouillé, m. Gon.; v. br. *contulet, cuntuelet, cuntelletou*, gl. *colligas, collegio, collegia* (*Rev. celt.* XIII, 249, 250); cornique *cuntullys* assemblé, *cuntellet* réunion Z² 901, gall. moy. *cynnullaw*, mod. *cynnull*, réunir, recueillir. De *con-t-u(e)l-*, cf. irl. *com-ul, com--ol, com-th-in-ól* assemblée; cet *ól* est expliqué par **(p)ok-lo-*, lat. *pac-iscor* etc., *Urk. Spr.* 237, ce qui rappelle le gaul. *Oclicnos*, *Rev. celt.* XV, 237. Voir *duyll, couffabrenn*.

Cunuc'ha gémir Pel., de **con-uch-*, cf. gall. *uch* soupir, irl. *uchtat* ils soupirent, etc., *Urk. Spr.* 54; voir *couffabrenn*.

Cunudec reg. Guing. 145 (en 1572), cf. le nom actuel *Ar C'hunuder*, à Ploumilliau; cunuda se plaindre à la manière des poules Pel., etc., de **con-ud-*, voir *couffabrenn*. En pet. Trég. *kunudañ* veut dire « commérer, médire ».

Curabl curable C*b*, v. *oignamant; curatorag* curatorage C*b; ar person pe é curé* le recteur ou son vicaire D 145, cf. 115; pet. Trég. *kuriuzein an dud*, interroger curieusement les gens.

Curaill g. id. C*ms* (*couraillou* entraille C).

Curieus « g. curial, de court »; *ez curius*, l. curialiter, C*b*, v. *les*, du fr. — *Curunaff* couronner C*b*, v. *palm*.

Custot gardien Cathell 28, emprunt savant au l. *custos* (v. br. *costad*). — *Custum* coutume C*ms*; péage, l. vectigal, C*b* v. *passaig*; *engoustum* (être) dans l'habitude, coutumier, Ambroise Paré, voir

Rev celt. XV, 150, 152; *enem custumaff a bresel* s'aguerrir, *Cb* v. *marhec.*

Cusuler un conseiller, *Cb* v. *secreter; cusuliou* conseils Catech. 8, *-liafu* conseiller 10 v, p. *-et* D 97; *er cusulyas da* il lui conseilla de D 188; voir *campy.*

Cuz. *Cuzer an laëzroun* recéleur Nom. 328. Voir *Urk. Spr.* 89.

Czutal siffler, *czutell* sifflet C, *sutell an gouzoucq* le sifflet Nom. 20, *sutterez* sifflement 215, cf. *chutelat* téter, etc., *Rev. celt.* IV, 150; XI, 355; onomatopée, comme l'esp. *chotar.*

D

1. **Da**, à, adoucit l'initiale suivante : *dauihanaff,* au moins, C (*da biana* D 113); *danetta* verslui 190, *d'a-guyt* (envoyer) chercher, Jér. v. *evit. Mam da doue* mère de Dieu H 4, 59 (tréc. id.), *crouer dan nefu ha dan douar* 5. *Confirmet da miraclou* (Eglise) confirmée par des miracles 48 (van. *dallet... d'en diaul* aveuglé par le diable *Choæs* 50; tréc. *na pa oa coaniet d'inn* quand j'avais soupé, *Ann. de Bret.* II, 63; fr. « mangé aux vers », « c'était bien dit à lui »). *Difu* à moi H 45, *din.* id. Grég., D 174, 190, *dign* 177, *dit* à toi, N 55, *dyt,* Nl 560, Gw. v. *baz; dict,* Cathell 6; *dezan* à lui D 18, *deza* 48, *desa* 46, f. *dezy* Cathell 6, 13, *dezi* 9, 23, *dizy* 13 (*deze* 6, lis. *dezi*), *dizi,* Bali 226; *deomp* à nous, 1 s., D 52, *deompny* 23, *dimp* H 3, 4, *dymp-ny* M f 4; *deoc'h* à vous 1 s. D 52, *d'oc'h,* Jér. v. *cousr, dihuy,* B 495, N 1550, J 7, 56, 117 (var. *dichuy*), 118 *b* (1re syll. rime à *gue-neoch*); *lech dat* (lis. *da*) *breutat,* Cb. Voir *dy, tarauat,* et *Urk. Spr.* 132.

1 bis. **Da**, particule verbale, avec le subj., *Dict. étym.,* p. 403; *da uezo graet ho uolontez* fiat voluntas tua H 2; *Doe daz* (*dza,* C*ms*) *saluo,* Dieu te salue (sauve), C, *Doue da vo meulet* Dieu soit loué G. B. I., I, 162, *da vo... meulet... Doué* Mo. *ms* 181, *da ranno on hallon* que notre cœur se déchire 138, *da vezo milliguet ar momet hac an dé* maudits soient le moment et le jour 222, pet. tréc. *Doue hag ar Werc'hez d'o péou* que Dieu et la Vierge vous récompensent; *da viu*

miserable que je sois maudit (si...) Mo. *ms* 175, 213, Jac. *ms* 11 ; van. *er marv d'e reudo* la mort te roidisse Gr.; v. irl. *do*, slave *da*, cf. *Rev. celt.* XI, 99, 100.

2. DA. *Da ebahyssaff*, (tu devrais) t'étonner, Cathell 5. Ce serait là un gallicisme, mais il est bien probable qu'il faut lire *da* [*hem*] *ebahyssaff*, comme *da hem maruaillaff a grez* et *da hem maruaill*, ibid., cf. § 29. *Dn* (lis. *da*) ton, 4. *Da uez* aie H 20 (et non *vez*).

4. DA, joie, plaisir, Pel., *dâ* m. Gon., *mar deo dâ evithan* s'il le veut bien *Trub. VIII, dâ eo evidoc'h eun dên a ghevridi* ce que vous voulez, c'est un homme d'affaires, *o veza dâ gheneoc'h kaout* comme vous voulez avoir 330, *dâ he vezo... da Zoue* (la femme modeste) sera agréable à Dieu 198, cf. 124, 194, 260, 320 ; *hervez m'her c'havo dâ pe zroug* selon qu'il la trouvera bonne ou mauvaise (mon orthographe) *IX*; *Damarhoc*, xiie siècle = bon chevalier, Loth, *Ann. de Bret.* II, 378; cornique et gall. *da*, bon; gaul. *Dago-vassos* = fr. « Bon-vallet ». Cf. ταχύς? Voir *enta* et *Beitr.* de Bezzenberger, XIX, 64; *Urk. Spr.* 140.

DAËL, dispute, Gr.; de *dazl*, v. br. *dadl*, réunion, v. irl. *dál*, f., quasi *θε-τλη, cf. gaul. *Con-da-te*, confluent? Voir *ren* et *Urk. Spr.* 139, 140.

Daffar, matériaux. *Dafarou* ustensiles, *Suppl. aux dict. bret.* 107; vann. *dafar*, matériaux, Chal. *ms*, *daffar* (provisions), s. v. *nourrir*, et dans les phrases « (s'embarquer sans) *biscuit* »; « (avez-vous) de quoi », *ibid.*; cornique *daffar*, occasion, de *daz-* et lat. *parare*; cf. *Rev. celt.* VII, 155.

Daffnet. Damnet damné H 13, D 90 (1e s. r. *am*, 123, 138), *daunet* 31, *daonet* 32 ; *damnation* -ion 29, 103, 135, *daunation* 138.

Dal, tiens. *Derchel*, tenir, C*ms*, v. *chetiff, delchell* H 57; *dalchet do lauaret* tenu, obligé de les dire 33, fut. *dilchiff*, J 63 *b*, 2e p. *dalchy* Catech. b 9, impér. *dilchyt*, J 158, *ho hem delchet* tenez-vous Catech. 8, *darret* tenez Jac. *ms* 41, pet. tréc. *dar*, tiens; *dalc'h* il tient D 114, *delch* Nom. 174, 262, H 42, *delech* 52, 55, *delchomp* nous tenons 13 ; *ne delch nemet enomp na disquomp* il ne tient qu'à nous d'apprendre Catech. 4 v, *an lig pe' n bluen â delch na da an luguen* (lis. *higuen*) *dan gouelet* (le liège ou la plume qui empêche l'hameçon d'aller au fond) Nom. 174; DALCH juridiction Nom. 203, *a béhani é oé en dalh* *dob* (leur salut), qui dépendait de *B. er s.* 161, *dalc'h* m. tenue, maintien, domaine Gon., *hep delc'h* sans retenue *Miz Mari* 1863, p. 115, cf. gall. *dal* action de saisir, de tenir; **dalchadur**, l. tenacitas, *Cb*, *dalc'hadur* abstinence (de qq. ch.) Gr. Voir *Urk. Spr.* 149, v. *derg*, et 150, v. *delgos*.

Daladur doloire C, *daradurr* m., pl. *eu* herminette l'A., corniq. *daladur*, du l. *dolatorius* (b. lat. *dolatoria*, prov. *dóuladouiro*, *dalouèri*, f.).

Dalaes. En dalaes, B 148* ne veut pas dire « là haut »; la rime en *es* montre que l'expression est différente de *dialahez*. C'est une faute pour *en palaes* « dans le ciel », cf. B 672.

Daleydiguez, oisiveté, *Cb*, v. *lent*, action de tarder, v. *diuezat*; **daleus**, tardif, v. *chom*.

DALLEDA, *daleda*, étendre des hardes, du blé, etc., au soleil, pour les faire sécher, Pel.; *daledaff* « nettoyer », dans un vieux dictionnaire, selon Pel., qui pense qu'il faut entendre « faire sécher ce qui a été lavé, nettoyé ». De *d-az*- et *ledaff*, étendre.

DAM-, *dem-*, un peu, presque, à demi, dans *dam-gas* « presque haine », *dam-welet*, entrevoir, Pel., *dem-c'hlas*, verdâtre, *demzu*, noirâtre, *demfauta*, fêler, van. *dramüellet*, *dramselleiñ* entrevoir, *dramsell* œillade, Gr., *dram-sèle*, m. l'A.; *dam-glèvet* entr'ouïr, entendre à demi Gon., *dram-c'hoennet* sarclé, G. B. I., I, 540; *dem-c'huero* (paroles) un peu amères *Bali* 10, *dem-dost* assez près, Rolland, *Rec. de chans. pop.*, IV, 28, *damdostik* tout près *Rev. celt.* X, 372, a *dremdost*, *Ann. de Bret.* VIII, 237, *dembrest* bientôt (après), *Emg. Kergidu* I, 120, II, 233, etc., v. br. *demguescim*, gl. conflictum; gall. *dam-*, *dym-*, autour, mutuellement : *damglywed* « to feel impulse », *dymweled* « to visit », irl. *doimm-*, *timm-*, de *do-* ou *to-*, *ambi-*. Voir *dameuh*.

Damany domaine, puissance; puissant, glorieux. M. Loth tire ce nom d'un v. fr. *demanie, *domani, de *dominium*, et croit qu'il s'est confondu avec l'adj. v. fr. *demaneis* fort, alerte, *M. lat.* 159. Cette dernière explication ne semble guère plausible, le passage d'un nom au sens adjectif étant assez commun : voir *Dict. étym.* v. *belly* 2, *gloar*, *outraig*. L'expression *goas damen* serf C, litt. « serf de domaine » (cf. *campy*) est devenue en vannetais *damén* : *Énou Jesus zou damén, Aveit omb dré garanté* là (dans l'église) Jésus est prisonnier par amour pour nous, *Choæs* 147. Le *Damany* existe comme nom de famille. On lit *domani* autorité, domaine, *Miz Mari* 1863, p. 120.

DAMANT, souci, Maun., peine, inquiétude D 125, (sans) ménagement 173, cf. 141; *gant damant nauent* pour éviter la peine d'être... 100; plaindre quelqu'un, haute Cornouaille, selon Grég.; van. *demanteiñ, damanteiñ*, id.; *damanti*, van. *demanteiñ*, se plaindre, Gr.; *demante*, id., B. e. s., 104; *demant* plainte, *Choæs* 68; du v. fr. *se démenter*; b. lat. *dementare*, *Rev. celt.* V, 268. C'est probablement la pensée de ce mot qui a fait écrire *menn namanthe*, B 296, je le payerais, au lieu de *amanthe*, voir *Dict. étym.*, s. v. *amantaf* (du fr. *amender*). La même confusion paraît se trouver aussi dans le vers *M'tamanto hi c'horf d'hi fec'het*, afin que son corps expie son péché, G. B. I., I, 110. Voir *habasq*.

Dames, dame; je suppose qu'il faut lire ainsi au lieu de *lames*, P 270. Cf. van. *dame*, dame l'A., *dam*, *Livr bug. Mari* 413, B. er s. 17, pl. éd 9, 153. Gr. donne *dam* pl. *ou dame*, terme de jeu; on lit *un dames* une dame (au jeu de cartes), Bibl. Nat., f. celt. 19, f° 22 v (myst. de l'Enfant prodigue, 1815). Cf. encore *an dam* « l'herbe au chat » Gr., *dam* m. Trd.

DAMEUH, le « renuoy », du rayon, du soleil ou du vent; réfraction; — *en ebaul*, — *en aüel*, réfléchissement ou réflexion du soleil, du vent;... *a oura un — doh m'en deulagat* (les rayons du soleil qui tombent sur cette fontaine) « reiaillissent » contre mes yeux; *ober — es en duemder, el lagaden ebaul*, répercuter la chaleur ou la lumière; — *ac er son*, retentissement, resson; — *er son*, un son réfléchi; — réverbération; *ober dameuh*, et peut-être *dameuhein*, réverbérer; *ober dameuh*, peut-être dirait-on *dameuhein*, réfléchir, quand un corps frappant contre un autre est repoussé, Chal. ms. On y lit encore *dameuh* « répercussion de lumière, de vent, ou de chaleur », et l'auteur ajoute : « Je n'ai encor veu personne qui connoisse ce mot. Je ne sai par ou il m'est venu. » Il semble correspondre à un gallois *damwth*, de *do-am-gwth*; cf. *ymwthio*, se pousser. On peut comparer aussi le vann. *damoucheiñ* Gr., *dammoucheiñ* l'A., chiffonner, *dramouilheiñ* Gr., *dramouillein* l'A., patiner, manier, = gall. **damwthio?* Trd donne un cornouaillais *drammouilla* chiffonner. L'*r* n'a rien de surprenant, après ce que nous avons vu à *dam-*, cf. *Rev. celt.* IX, 380; quant à l'*l* mouillée, je ne sais s'il faut y voir une transformation du son *y* (cf. *penfillou* instruments, *Alm.* de 1876, p. 28, pour *benvi(y)ou*), ou bien l'effet analogique d'un autre verbe **damoulyein* mouiller (van. *dammoul* moite, un peu mouillé, Pel.).

Dançal, danser, Am. v. *fringa*; *dancc*, danse; **danczadur** « trepissement », l. strepitus, Cb, v. *tripal*; **danczer** danseur H 11, auj. *dañser*.

Dant dent, m. : *stecquiff an eil dant ouz eguile* grincer des dents Nom. 214, voir pourtant *dibry*; auj. m.; *Le Dantec* reg. Guing. 94; pet. tréc. *eun dañtad ouspen* un cran de plus, un peu plus; *te teus eun dañtad warnañ* tu le surpasses, tu lui es supérieur.

Daoust dit *pete* (lisez *pe te*) *a sacrifio… pe a anduro*, (choisis :) ou tu sacrifieras…, ou tu souffriras (des tourments) Cathell 23; *daoust did pe gouitad da lezenn, pe vont er mor*, choisis : ou de renoncer à ta foi, ou d'aller dans la mer, G. B. I., I, 122, cf. 18; *daoust d' ac'h pe… pe*, choisissez : ou de…, ou de, 4, 6, cf. Mo. 259, 306; proprement « [c'est] à savoir à toi, à vous ». Le verbe *être* est même exprimé dans *daoust ez eo dec'h-c'hui pe gik-gad, pe gik-glujar*, littéralement « à savoir c'est à vous ou chair de lièvre, ou chair de perdrix », i. e. choisissez, ou du lièvre ou de la perdrix, G. B. I., I, 19. D. Le Pelletier a *ddoüst, dâust* (2 syll.) « c'est ce que nos Bretons disent, en donnant la liberté de choisir »; et *divis d' oc'h, deüs d' oc'h* « vous avez le choix », s. v. *diwis*.

Les mots « à toi, à vous » peuvent aussi se sous-entendre, et l'alternative être remplacée par une interrogation de caractère plus général : *daoust pehini a gemërot*, voyez lequel vous prendrez; *daoust pêtrâ a rèot*, voyez ce que vous ferez, Gon.

Quelquefois aussi il n'y a pas d'interrogation réelle, et *daoust*, etc., veut dire simplement « n'importe », devant une expression semblable, pour la forme, à celles que nous venons de citer : *daoust pe en articl an marou, pe en necessite arall*, soit à l'article de la mort, soit dans une autre nécessité, Cathell 30; *diust pe ozec'h pe gruec*, soit homme, soit femme; *dyust pe dre occasion bennac ve*, par quelque occasion que ce soit (casuiste breton, Pel. v. *diust*); *diust pe quer bras, na pe quer caëzr benac vé*, quelque grand et quelque beau qu'il soit, D 23, *diust pe da deisné* quelque jour que ce soit 72, (mal écrit *diur* 69); *douis petra leret* quoi que vous en disiez, Jac. ms 9; *daoust petra reot*, quoi que vous fassiez, Troude; *daoustañ pegen krén e 'nn avel*, quelque fort que soit le vent, petit Tréguier; *deusto péh quer bourrabl*, quelque agréable que, *Voy. mist.*, 25, *daoust da bini* (vœu fait à Dieu ou aux saints), n'importe auquel *Trub*. 152; *dime och en antier daoist â chuy â so contant* vous m'appartenez, que vous le vouliez ou nous, ms. de S*t* Devy.

De là encore deux autres sortes d'expressions. L'une exprime le doute, comme *daoust hag-héñ* ou *daoustañ, daousañ 'g-héñ 'vou braw an amzer?* Savoir si le temps sera beau? Je ne sais, ou qui sait, si le temps sera beau? (pet. Trég.); *daouist hag yn allo* savoir s'il pourra, Jac. ms 13; *douis eta petra o deus deus anevé*, que peuvent-ils donc avoir de nouveau? 89. L'autre est *dius dezaff*, malgré lui, B 381; *deüst, divis, daoust* ou *dioust d'an avel* « nonobstant le vent », Gr., van. *deüst d'en aüel*, Gr.; *deuss, deustou* « quoyque » l'A. *Deustou* = tréc. *daoustañ*, proprement « malgré cela »; *deustou ma, deusto (ma)*, quoique, = « malgré cela que »; pour le sens neutre du pronom suffixé, cf. *eno*, là (*enn-hañ*, dans lui); *ac'hano*, de là (*anezañ*, de lui). On lit *deust de guement-ce*, malgré cela, *Voy. mist.*, 28, et *deusto de guement-ce*, 69; *deust en droug* malgré le mal *Choæs* 212, et *deustou d'hé ol rustoni* malgré toute sa rigueur 15; *deuston ne greska tam* quoiqu'il ne grandisse point *L. el l.* 32; *daouest ma out calet*, quoique tu sois fort, quelque fort que tu sois, Mo. 245; *daoust a ma zoa* (il trahit) quoiqu'il fût (un apôtre), *Trub*. 105.

Le vieil irlandais *duús, dús* correspond au breton *dius*, etc.; il s'emploie dans les interrogations indirectes, devant *in*, est-ce que, et devant un mot interrogatif : *iarfigid dús cia port*, s'informer *pour savoir* quel endroit, etc., Z² 747, 748. *Dús, duús* = *do fhius*, *do vissn (de *do vid-tū); le breton *dius, deuss, dewis* vient de même de **do-viss-*. Le *t* de *daoust, deust* est une addition inorganique, amenée surtout par le mot *da, te*, qui suit si souvent. Voir *eust* et *Rev. celt.* XI, 363.

Darbareryen aide-maçons Nom. 179; voir *tarauat*, et *Rev. celt.* VII, 148, 149.

Darbout faillir, être sur le point de Gon., cornou. *darbodi* faire des mariages, darboder entremetteur de mariages Gr., *darbôder* Gon., darvout accident Gr., advenir Gon., *darvezout* Gr., etc., gall. *darbod* préparer, *darbodwr* homme prévoyant, *darfod* cesser, de *d-ar-* et *bout* être, cf. *dareu* et *Rev. celt.* XI, 461, 462.

Darem, d'airain, l. ereus, *Cb*, du fr. *d'airain*; cf. *dauantaig, dauantur, doliff*; *en forest Darden*, dans la forêt des Ardennes, *Pev. m. Em.* anc. 384; *Costez d'Or* la Côte d'Or, *Conferançou* 26; *eur coz chasseer d'Afriq* un vieux chasseur d'Afrique, *Histoar... deus a vue... Mac-Mahon*, par Iann ar Minous, str. 8; *er c'hour d'assise* à la cour d'assise, *Guerz... eun den... crucifiet*, Tréguier, v^e A. Le Flem, p. 4; *daccord* d'accord *Choæs* 184; et sans élision : moy. bret. *defaet*, de fait; mod. *dememes* de même *Intr.* 113, 218, etc., *toudememes* id. 80, etc., anc. éd.; *pouës ingal, dememes*, poids égal, Nom. 209.

Dareu, dare, prêt. *Daro dar bouet ar qui bean torret ma fen* cette maudite bête (ânesse) a manqué me faire casser la tête, Mo. ms 230; *daro eo dimp bout tiet* nous avons manqué attraper (notre malheur) Jac. ms 60, *ma voa daro dézé ma lazan* si bien qu'ils allaient me tuer 100, *daro voué demp semplan* nous pensâmes nous évanouir 91; voir *darbout* et *Rev. celt.* VII, 148. *Er guël ag er mameu e zariw ou goehiad* litt. « la vue des femelles brûle leurs veines » (des taureaux) *L. el lab.* 124; cf. la suite des sens de *parediff* cuire = gall. *parodi* préparer.

Dargut « est joint à *Astudic*, très-chétif. Et je crois qu'il signifie *court*, ou ce qui est en partie caché » Am. v. *dargut; un dargut ac ur Luguder* « un manchot et un fainéant » Am. v. *lugut*. Ces deux explications de Pel. sont erronées; *dargut* doit signifier « endormi, indolent », cf. *dargud* sommeil, assoupissement Gr., sommeil léger, m. Gon., *argudi* sommeiller Maun.

Darnic, petit morceau, Cathell 33. *Darnou*, B 575, ne signifie pas « lambeaux » mais « fatigué, brisé », adj. apocopé; cf. *darnou*, las; *darnaouiet*, lassé, ennuyé, Maun., part. de *darnaouï* ennuyer Gr. (comme *bréou*, fatigué, qui n'en peut plus, Gr., de *breouet*, brisé). Voir *ac'hubi, couyornn*. *Me labour... e chomehé hoah darn* mon ouvrage resterait inachevé *L. el l.* 62. *Enn darnn muihan* la plupart l'A., *darn a nebai* quelques-uns d'entre eux *Guerz. Guill.* 119, *eme* *darn* disent quelques-uns, Fables de Goësbriand, Morlaix 1836, p. 15, comme en latin *pars; darn ho pizied* l'un de vos doigts G. B. I., I, 194, cf. J 5. Voir *Urk. Spr.* 147.

DAROUÉDEN, *darvoéden, dervóéden* f. dartre, pl. *daroued, darvoéd, dervoéd* Gon.; *dervoëden*, pl. *dervoëd*, van. *derhouyden*, pl. *derhouyd* Gr.; pet. Trég. *eun darweden*, pl. *tarwed*. Ce *t* paraît appuyé par le gall. *taroden*; mais il a pu provenir, dans les deux langues, de l'analogie des mots formés du préfixe *dar-, tar-*; voir *tarauat. Deredewez* « dartre (furoncle, herpès, etc.) », Sauvé, *Prov.* 909, en petit Trég. *eun deredéves*, nom d'une sorte de dartre, rappelle à la fois *daroueden* et *denedeo*, que Sauvé a traduit « dartre chancreuse »; Grég. a *an denedéau* « caterre, fluxion sur les yeux »; *an denedeo* est un nom de maladie, D 88; sur *n* pour *r*, voir *bez*. La racine doit être la même que dans l'angl. *tetter*, sanscrit *dadru, dardru* (fr. *dartre*). Voir *Urk. Spr.* 148.

Dars « gueon, l. vide in *munus* », Ca, Cb. Le Men a supposé que « gueon » était pour « guerdon », à cause sans doute du mot latin *munus*; mais le synonyme latin de *dars* et de *gueon* manque ici, et *munus* doit être un équivalent plus ou moins exact en breton, puisque le Catholicon est un dictionnaire breton-français-latin. Le vrai sens de *dars* est dard, poisson de rivière, *darz*, pl. *ed*, Gr., Gon., Trd, pet. Trég. id., van. *tarzet* « tarzes », Delal., H. et H. 71, du fr. *dards* (voir *bahu*); cela concorde avec *munus*, qui veut dire en breton « frai, alevin », Gr. Cf. moy. bret. *dart*, pl. *dardou* dard, trait; *daret* éclairs Nom. 222, *dared* G. B. I., I, 58, sing. *dareden* Maun., pet. Trég. *dardet tomder* éclairs de chaleur, épars; *dardeneu* arbustes, *Devis étré un doctor hac ur bégul*, Napoléonville, p. 7.

DASPUGN amas, amasser, voir *penguen*.

Dastum, joindre (les mains, de joie), Cb; *destum*, prendre (dans des filets, au figuré), Cathell 10, cf. *destumet er prison* Jac. 7, *er prison dastumet* 8, mis en prison; **dastumer** *da fieux*, cueilleur de figues, Cb; assembleur, fém. *-es*, Cb, v. *destriz*. On dit en petit Tréguier *kerzet war destum*, marcher les pieds en dedans, cf. *Rev. celt.* IV, 169; pour le changement d'*a* en *e*, sous l'influence d'un *u* à la syllabe suivante, cf. *achu, echu*, achevé; *arru, erru*, arrivé; *alum, elum*, allumé; *avu* et *evu* (Nikol. 719) foie; voir *ac'hubi, auv*, pen-

guen. Cf. *versug* vers, du côté de, *Sin ar groaz*, Landerneau, 1869, p. 125, 174, de *var-zu'g*, voir *entresea*. On peut comparer un effet analogue de l'*i* dans le tréc. *meign*, ils sont = léon. *emaiñt; groei, grei*, il fera = léon. *grai*, etc. De *d-az-* et **tum*, cf. irl. *tomm*, petite colline, grec τύμβος, *Urk. Spr.* 135.

Daulphin, g. id., C*c*, v. *morhouch; daoffin*, Nom. 45 ; *Daufin* le Fils (de la Trinité) D 52, 151, cf. « Me diras-tu si Dieu seul est son père, Et si c'est son Dauphin? » *Nouv. recueil des plus beaux Noels*, Poitiers chez Barrier, 1838, p. 126; *an* **dauphine** le Dauphiné C*b*, v. *morhouch*.

Dauantaig (et) de plus, Cathell 18, *davantaig* plus D 32, 94, *mar quemeront netra davantaig ho gobr* s'ils prennent rien en plus de leurs gages 106; du fr. *davantage*. — **Dauantur**, l. intestinus, a, um, g. dedans ou dauenture, b. *abarz pe dauantur*, C*b*, v. *ebarz*; il faut sans doute entendre « [mal] d'aventure ». Du fr.; cf. *darem*.

D*a*zcor, rendre, van. *dacoreiñ*, Gr., *dacorein*, *dacore* id., *dacor* m., pl. *eu*, livraison *dacorein* livrer l'A., *dakor* rendre L. *el l.* 126, suppurer 136, *daccor* restituer *Guerz. Guill.* 55, rendre (le bien pour le mal) *Pedenneu* 136, rendre (compte) *Choæs* 83, *hum zacor d'em haranté* se rendre à mon amour 7, *hum zacor* se rendre, se soumettre, se convertir 124; cornique *dascor*, de *do-*, *to-*, et cf. gall. *adgori* (irl. *athchuirim* je rapporte); bret. moy. et mod. *digor*, ouvert; v. br. *ercor*, coup, etc., voir *Urk. Spr.* 90. *Dazcor* est identique au v. irl. *taidchur*, retour, cf. Stokes, *The old-irish glosses at Würzbourg and Carlsruhe*, Londres, 1887, t. I, p. 11, 243; voir *tarauat*.

Dazcrenaff, C*c*, *dazg-* C*b*, v. *terzyenn* (trembler de fièvre); de *daz-* et *crenaff*.

D*a*zre, *daëre* basse marée Gr., *daéré*, *daré* m. id. Gon., *dére*, en bas Léon *dezrez* le poisson de mer qui reste sur le rivage, quand la marée est fort basse Pel., prob. de *d-az-*, cf. gall. *dad-lif* reflux, *dat-tro* retour en arrière, etc., et de *re*, cf. bret. moy. *ren* conduire, part. *reet; deren, diren, quantren, adarre, doare;* lat. *rego*, etc.; *Rev. celt.* VI, 26-29; *Urk. Spr.* 231. Sur la finale *ez* pour *e*, cf. *Rev. celt.* XV, 153.

Dazrou. Darhou, larmes; *darhouyff*, pleurer, C*ms*. entre *darempre-diff* et *darnn*; *dazlaoueux* « plourable » C*b*, v. *goelaff; dazlou*, 1ᵉ s. r. *al*, D 124.

Dazsonaff « resoner » C*b*; cf. van. *dassonein* résonner, retentir *Choæs* 93, *dasonein* L. el l. 122, *dason* id. 22, écho 44, etc., *dasson-nus*, retentissant, *Voy. mist.*, 43. La forme *daczon* écho C justifie la nasale de *danson* bruit (retentissant) Pel. (voir *acc*); cf. *danchorcher* il sera ressuscité P 277, *dázprenaff* racheter C*b* (*á* représente *an*).

De- = gall. *dy-*, v. bret. *do-* à, vers, dans le moy. bret. *denessat* approcher, *deren* amener, etc.; a souvent été remplacé par *di-*. Ce changement, qui par ailleurs n'est pas inconnu dans la phonétique bretonne (cf. *Rev. celt.* VI, 390), avait ici l'inconvénient de faire coïncider *do-*, à, vers, avec *di-* = gall. *di-*, qui exprime, au contraire, l'idée de séparation, éloignement. La forme *de-* s'est assez souvent maintenue en vannetais; voir *dibarz, digoezaff*, etc. Rien ne montre pourtant qu'elle ait eu beaucoup de force d'expansion en ce dialecte; les composés qui lui sont propres peuvent, en général, remonter au breton moyen. En voici des exemples :

Dechaired recueilli, réuni, l'A. v. *Clémentines, dechairrétt* v. *cano-niste*, part. d'un verbe = *deserraff* (*chairrein* ramasser l'A., etc.);

Delahein flanquer, *delahein unn taule* « singler » l'A., de *delazaff*, gall. *dylathu* = *do-slatt-*;

Dessaouein, dessau cultiver (des arbres), *dessaouein, dessaoue* élever (du plant; des enfants), *dessau matt* éducation l'A.; *desaw* élever (des troupeaux) L. el l. 102, *dessàu* (des enfants) *Choæs* 31, part. *dessàuet* 56, = *dissàuet*, *Guerz. Guill.* 102 ; *deçzaoüeiñ, deçzaü* élever du plant Gr. (cf. la formation de *diorren*, part. *diorroet* id., hors de Vannes, Gr.).

Sur une autre variante *ti-* de la même préposition, voir *taraual*.

Deandet, décanat, C*ms*.

Deaoc dîme C, *deaug* C*c*, *deoc* D 104, pl. *deogou* 80; *deaogaff* dîmer C*ms*, *deauga* payer ou percevoir la dîme Pel., *deaugui*, van. *-gueiñ* Gr.; *Le* **Deauguer** n. d'homme XVᵉ et XVIᵉ s., *Nobil.* = *deau-gher* dîmeur Pel., *deauguer*, van. *-gour* Gr. L'explication de ce mot par *demk* pour *dec'ma*, *Et. gr.* I, 13, ne rend pas compte de la diphtongue; je crois qu'il faut séparer *deaoc* du v. br. *decmint* gl.

adecimabit et du gall. *degwm* (cf. *decimou* dîmes D 80), et le rapprocher de l'irl. *deac* dix (en 2 syllabes); voir *carrec*.

Debaill (faire) fi B 488, *debaillaff* maltraiter 466; de là DEBAILLER reg. Guing. 251 (en 1601), *Le Debailler* 253.

Debatus, contentieux, C*b*, v. *striffaff*.

Decbloazyat, dix ans, C*ms*.

Deceda décéder D 125, *decedy* 154. — *Decepuer* trompeur C*ms*, *deceuer* C, *deceueur* C*b*, v. *barat*; *decevanç* tromperie D 155, 171.

Deche (destruction) C, cf. *dichet* déchet Nom. 202; cornou. *dichei* dépérir Trd.

Declaration, g. id., C*b*, D 136, du fr. — **Decoret** honoré H 46, -*ry* tu vénèreras 11; *decori* décorer, orner, *decorded* décoration, ornement Gr., *an decor* le luxe, la toilette Bali 190; du fr.

Dedalus, Dédale, C*b*, v. *ty*. — *Dedyet* consacré H 9, -*iet* id. D 104, -*iaff* je (me) consacre (à Marie) 172; *dedication* dédicace (de l'église) Nom. 225, *dedi* id. Bali 357, *dedy*, pl. *ou*, *dedivand* pl. -*añchou* Gr.

Deffault défaut C*ms*, *deffaut* D 79, *defaut* 44, pl. *ou* difformités 44, misères, peines (de l'enfer) 160. — *Deffyn* fin, terme P, *difin* fin, accomplissement Gr., Bali 158, Jac. 30, Mo. 247, *bété difin ar bet* jusqu'à la fin du monde, Jac. *ms* 110, *d'an difin* enfin Trub. 51; *diffinition* C, *definition* D 70, définition.

Defloration défloration H 50, du fr. (*diflouradur*, -*durez* Gr.).

Degrez, degré, f. : *peder* —, Cathell 2; pl. *iou*, ibid.; *degré* D 63, 144; van. *derguëye*, pl. *derguëyeu*; *dergay*, pl. *ëu*, degré, escalier, van., Gr., *dregueye*, escalier; *derguëye*, pl. -*éyeu*, degré, l'A., léon. *derez, delez*, m. Gon.; *derez*, pl. *you*, degré, Nom. 147; *derez*, pl. *dereziou* et *diri* Maun., *derez*, Bali 148, pl. *ou* 87, 147. Pour la métathèse, voir *coustelé*. Le singulier vannetais *derguëye* doit son *y* final à l'influence du pluriel *derguëyeu* = *degrezyou*; cf. léon. *diri*, escalier, m. Gon., mot qui a franchement la forme du pluriel et le sens d'un collectif, et le vrai singulier vannetais *dregué*, degré ou montée, Chal. *ms*. On dit de même à Trévérec *godey* ourlet, et à Pédernec *bouc'halh*, hache, pour *godel, bouc'hal*, à cause des pluriels *godeyo, bouc'halho*; cf. *dizurch* désordre Trub. 340, du pl. *dizurchou* 341.

Voici d'autres exemples de l'influence du pluriel sur le vocalisme du singulier :

Van. *ouein*, agneau (pl. *oueinnétt*), l'A.; *oin*, Gr.; la forme régulière est *ouéne*, l'A., *oën*, Gr., plur. *ein*, Gr., l'A. (moy. bret. *oan*, *oen*; plur. léon. *ein*); — vann. *terv*, taureau, pl. *terüy*, Gr. (moy. br. *taru*; léon. *tarv*, pl. *tirvy*, Gr.); — vann. *güiss*, vassal, *güis*, redevancier, plur. *güizion*, *güision*, l'A.; le véritable singulier est *goass*, que donne le même auteur, avec un pluriel nouveau *goazétt* (moy. br. *goas*, pl. *guisien*, *guysion*; *gouaset*, garçons, hommes, Nom. 130, *goaset*, 144; le P. Grég. donne *goas*, pl. *güisyen*, et en vann. *goas*, pl. *güisyon*, *güisyan*; le ms. de Chalons *goas*, pl. *goésion*, *goazet*, redevancier, *gouizion*, vassaux, *goazet*, valets); — van. *quiff* souche, pl. *quiveu*, et *quéff*, pl. *quéveu* l'A., léon. *qeff*, pl. *qeffyou*, *qivyou* Gr., moy. br. *queff*; — vann. *keih*, cher, chéri, adjectif avec des noms singuliers[1] et pluriels (le sing. est régulièrement *quéah*, l'A.; *qeah*, Gr.); léon. *keaz*, pl. *keiz*; moy. br. *quaez*, captif, malheureux; en petit Tréguier l'adjectif est toujours *kés*, invariable, par une généralisation inverse de celle du vannetais; — petit Trég. *mîn*, pierre, plur. *mein*; léon. *mean*, pl. *mein*; *mîn* a dû être à l'origine une variante du pluriel; — vann. *treidy*, étourneau, pl. *treidyed*; léon. *dred*, pl. *dridy*, Gr.; moy. bret. *tret*, sing. Le *Dict.* de l'A. conserve à *treidi* son sens propre de pluriel; il donne pour singulier un dérivé de celui-ci, *treidieenn*; et cite aussi un autre pluriel, *treidiétt*. L'histoire du nouveau singulier (proprement singulatif) *treidieenn* (cf. *silienn*, une anguille, du plur. *sili*) est exactement celle du mot du petit Trég. *brinienn*, f. corbeau (du plur. *brini*; autre singulier, ancien, *bran*). Voir *arall, bugale*, s. v. *buch, neff*.

Pour l'influence du pluriel sur la consonne finale du singulier, voir *baut*.

Dehasta « dépêcher, hâter d'aller, de sortir » Gw. v. *hast*; cf. *dehast* et *dihast*.

Deia, de ia, deja, tout de suite, déjà. *Desia* D 132, 152, 143; *disia* 187; voir *deza, goadyza*.

DELÈ « le bois traversant le mât », l. *antenna*, Nom. 152, *dele, delez*, f. vergue, pl. *ou, you*, Gr., pl. *delezou, deléou*, Pel.; v. br.

---

1. Par exemple *Doué ha mem bro*, 10; *Timothé*, Vannes, 1876, p. 440.

deleiou, gl. antemnarum; cornique *dele*, irl. *deil, del*; rac. *dher, dhel*, tenir (parce que les vergues retiennent les voiles)? Ou cf. θάλος? Voir *dleizen* et *Urk. Spr.* 149, 150.

Delivrer libérateur D 33.

Dellezaff, mériter, C*ms*, *dellit* id. H 52, part. *delezet* D 174, impér. *delesomp* 156; *delit* mérite, subst. 22; *dre e* **dellez** selon son mérite H 7; cf. gall. *dyled* dette, droit, van. *delé* dette, *deliein* devoir l'A., moy. bret. *dle* et *dleout*; *Urk. Spr.* 155.

Dellyouaff « fleurir, l. verno », C*b*, v. *neuez*; cf. *delé*?

Delt, humide, cf. irl. *dealt*, rosée, f. O' Reilly.

Demerite, mériter, Cathell 33, *demeritet* démérité D 38; du fr.

Demes, daine, C*ms*. Ce mot breton est regardé, à tort, je crois, comme celtique, *Urk. Spr.* 142. Voir *aïneset* et *Rev. Morbih.* I, 140.

Demesel demoiselle C, *ann nemesell* B 415; sur cette mutation nasale, cf. *Rev. celt.* III, 237, 238, 58; voir *demorant, despez, dor, dou, douar, yell*. — *Demorant boet*, reste de viande, C*b*, v. *terriff*; pl. *demorantou*, pièces (de drap), Nom. 119, *an demorant* le reste D 58, 186, *an omorant*, Mo. *ms* 190, *an nemorand*, van. *en damourand*, Gr.; *demeuranç* (faire sa) demeure, D 131, -*ance* B. er *s*. 39, *Choæs* 201 (5 syl.); *damurance* 185, *dameuranç*, *Guerz. Guill.* 23.

Den. An toull maza an hues a den, pertuys de corps par ou ist la sueur, l. porus, C*b*, *pa vez an den* quand on est D 15 (= *pa en em cafeür* quand on se trouve, etc. ib.), cf. *Rev. celt.* XI, 189; **denielez**, humanité, C*ms*, par métathèse de *deneliez, gall. *dynoliaeth*; voir *oade* et *Urk. Spr.* 154.

Denessat, approcher, C*b*, v. *amneseuc*, C*c*, cf. Cathell 34; *dinesset!* var. *de-*, B 66; van. *dénessat* l'A., *denecheiñ* Gr., gall. *dynesäu*; voir *de-, tarauat*.

Denis, Denis, C*ms*.

Depechaff. Dipechaff dépêcher, C, v. *espediaff*. — *Depoill. Despoil* « despoillement » C*ms; depoüillet* dépouillé D 151.

Depos. En em deposi eux é Escopty se démettre de sa charge d'évêque D 197.

Derch adj. P 173, B 35, cf. 199, est peut-être à séparer de *derch* aspect, façon, et du v. br. *erderh* gl. euidentis. Le sens peut être, en effet, « noble, élevé »; Pel. donne *derc'h* « qui est, et se tient élevé debout et tout droit »; cf. gall. *derch* élevé, de *dyrchu* monter, pour *dyrchafu*, van. de Sarzeau *tòreign* frapper, *Rev. celt.* III, 233, cornou. *darc'h* frappe, *Barz. Br.* 21, tréc. *o tarc'h eur flipai*, en détachant une ruade, *Son. Br. Iz.* I, 42, ailleurs *darc'hav* etc:, voir *tarauat. Derc'h, derc'h ar. choad* « le plus dur du bois » Gr., *derc'h ar c'hoad* m. Gon., *derc'h* « le bois parfait ou la partie la plus dure sous l'aubier » Trd, paraît être le même mot. Voir *Rev. celt.* XV, 222, 223.

Dere amène B 415, est identique au gall. *dyre*, *dere*, viens, *Rev. celt.* VI, 26; voir *de-*, *dazre*, et *Rev. celt.* XI, 468, 469. *Ma dere* mon devoir G. B. I., I, 426; *dérët* convenable, r. *et*, *Trub.* XIV; *dereabl* id. *Æl mad* 155. *Direo* il conviendra, *Miz Mari* 1863, p. 6. Voir *diren*.

Deruenn, pl. *deru* chêne. *Le Botderu* reg. Quemp. 28, *Boderu* 8ᵃ v, *Bot derou* 16, *Le Bottderu* 24ᵃ (en 1603); *dêrhueenn-spaignn* chêne-vert l'A.

Descuez, montrer. *Deuscuenz* il montre Cathell 4; *descuezont beza* ils se montrent (ingrats) D 94, *à discuezas* (une clarté) parut, se montra 167, *disguezet* exhibé *Cb*, *disguezer* on montre *Cb*, *Cc*, v. *amonetaff*, *discuezher*, on montrera, 2ᵉ syll. rime en *eux*, B 720; *descuezer*, montreur, *Cms*; *un disco caër* de belles apparences, *Voy. mist.* 74.

Desert désert et *desertaff* déserter, viennent du français; *deserz*, *desers*, désert (van. *deseerh* m. l'A.), du l. *desertum*. Il faudrait *diserz cf. gall. *diserth*, mais l'échange entre ces initiales *de-* et *di-* est des plus fréquents : cf. van. *diseertein* l'A., *diserteiñ* Gr. déserter (ailleurs *deserti* Gr., on lit *dizerti* s'échapper de l'école, Nikol. 239); *dizoled* désolé Bali 308, du fr., etc., voir *Rev. celt.* XIV, 319. Pl. *Deserzou*, reg. Péd. 88 (1582).

Desesperifu désespérer H 48, subj. *-rhe* 7, du fr.; voir *disesper*.

Desfail, défaillant, contumace, *Cms*. — **Desordonet** (désir) désordonné, coupable H 14, du fr.; cf. *desordreu* désordres *Choæs* 4, = *disordreu* *Guerz. Guill.* 71.

Despez dépit, r. *ez* J 178, N 800, *despes* r. *es* 442; *despezus* méprisable C*b*, Gr.; bas léon. *despès* dépit Gr.; *un despet vras*, un grand regret, Mo. *ms* 229; voir *Rev. celt.* XIV, 319, 320, et *Dict. étym.*, v. *despitaff*. *En drouc-esped da* nonobstant Gr., = *èn drou-zesped da* Gr., de **drouc-desped*, comme *drou-zivez* male-mort Gr., *drouzivez* déroute Gon. de *drouc divez* mauvaise fin. Grég. donne aussi *èn desped da*, mais on dit en Trég. *en espét da* et c'est de là que vient, par analogie, la forme *èn drouc-esped*.

Desserz, le désert. — (*Destrizer*, qui contraint), *di-*, C*ms*. — **Determin** : *dre determin* « determinement », C*b*, v. *acheff*.

Deuaff. *Duet*, tu viens, Gw., v. *baz*, est pour *duez* (r. *ez*). *Deü* il vient D 17, 31; *deuet* (mot) venu (de tel autre) Cathell 1, *deuzo* ils vinrent 11. *Duetmat* nom de femme, XIVe s., *Deuzmat* XVe, Chrest. 203, = « bien venu ». Voir *donet*, *hubot*.

Deuruout. *Ne deuzeur quet*, elle ne veut pas, B 231*, pour *ne deuruez? nem deurie quet*, je ne voulais pas, 287*, est proprement un conditionnel, cf. *noz deurye*, ils ne voudraient pas, Cathell 3. *Map Doué... n'en deürvoué quet caout*, le fils de Dieu ne voulut pas avoir, D 27; *deruezout* vouloir Maun.; *deurvezit* veuilllez (croire) Jac. 136, *deurveit ma partiimp* permettez que nous partions 91. *Nem deur*, cornique *ny'm dér*, gall. *nymtawr*, peu m'importe; cf. v. irl. *nimthā*, non meum est. Le pronom de la 2e pers. pl. de *c'huy o teur*, vous voulez, s'étant assimilé à la voyelle suivante, *c'hui euteur, eurteur*, a été méconnu; on a dit *c'hui a euteur*, et pris *euteur* pour une 3e pers. sing. à l'impersonnel; de là *euteurvout*, daigner, part. *eutcurvëet*; voir *Rev. celt.* IX, 266. Cette agglutination rappelle celle du fr. *je* dans le verbe *jordonner*. (Cf. Darmesteter, *De la création des mots nouveaux dans la langue française*). Voir *ren*. On lit *a huy noz deur* ne voulez-vous pas H 58; *n'en deveux deurvezet* il n'a pas voulu Catech. 5.

Deualher, (les montagnes) seront abaissées, Nl p. 108, van. *devalein*, descendre, *devale* m. descente, déchet, *deval* abaisser, *heennd ar zévale* chemin en descendant, *devaleenn* f. coteau, colline, vallée, *devalênnic* vallon l'A., du fr. *dévaler*.

Deuez dans *en deuez* il a = *de-*, *do-* avec le verbe « être », cf. gall. *dyfod* venir; voir *Rev. celt.* XI, 458, 459, etc.

Devoat 3 s. J 224 b; le contexte indique le sens « avec empressement, en se hâtant » ; cf. van. *deouiein, deoui* se dépêcher, *deoui* presse, empressement l'A., irl. *deibheadh* hâte, O'Clery.

Deuot dévot H 22, 32, *deout* 41 ; *deuotion* dévotion 20, 47.

Dez quent dech, avant-hier, Cms. A *deyz en deyz*, de jour en jour, Cb, *diz* v. *eur* ; *dez, deiz* Nom. 224 ; *dez an debocherez, de an bara collet* l. hilaria, jour de pain perdu, 226, *ez dez-mat-declzoll* (lis. *decholl*), (payer) son beiaune, sa bienvenue 205 ; *dezyou gouel* jours de fête 225, *dezyou* D 71, *deizyou* 70, 88, *deiziou* 78, 82, 88, 112, *deveziou* (faire ses) journées, travaux de journalier 107 ; sing. *dezuez* P 183 (et non *deruez*); *derves*, r. *ez*, D 54; *dizul*, dimanche, Cc, *dizsul*, Cb, v. *autrou, diçcul* Nom. 225 ; *dillun* lundi, *demeurz* mardi, *demercher* mercredi 225, *dizyou*, jeudi, Cb, v. *coan, diziou* Nom. 225 ; *derguener* vendredi 225, *derguener an croas* le vendredi saint 226, *desadorn* samedi 225. Voir *dou*, et *Rev. celt.* XVI.

Deza B 691, 798 n'est pas une variante de *deia*, mais se décompose en *de* pour *te*, tu (ressembles), tu (iras), + *za, eza* donc; cf. *les teza* laisse (toi) donc J 201 b ; *ez cresteste za* (comment) aurais-tu donc cru P 126; voir *goadyza*.

Dezreuell, raconter, C, de **dazrivell*, = **do-ate-rīm-*; cf. *ezreuell* id. = gall. *adrifo, edrifo*, recompter; cornique *daryvas, deryvas, derevas, dyryvas*, déclarer, faire savoir, publier, gall. *dyrifo*, énumérer, = v. irl. *dorīmu*, j'énumère, *mó turim*, gl. [major] quam potest hominem (sic) narrare, cf. *lia tuirem ocus aisnés* « overmuch... to recount and declare » (Stokes); voir Windisch, *Irische Texte*, I, 500, 859; v. irl. *rīm*, nombre, gall. *rhif*, cf. ἀριθμός, *Urk Spr.* 234. L'évolution des sens est la même que dans le français *conter*, de *compter*.

Le préfixe très rare *dez-* a été remplacé par *diz-, dis-*, dans *dizreuel* raconter Maun., redire, répéter Gr., *disrevel* conter, raconter, décrire, révéler, part. *disrevelet, disreveli* déceler Gr., *disrével, disrévella* Gon., cf. pet. tréc. *dizro mat* étrennes, pour *dezrou*, *Rev. celt.* VIII, 31. A son tour *disrevel* a donné lieu à la variante *disnevel*, part. *-elet* raconter Gr., voir *bez*. Il faut citer encore les variantes *dannevel, danével* réciter, raconter, révéler un secret Pel., *daneüel* raconter Chal. ms, *danevel, dianevel* part. *-elet* décrire Gr., *danévella, dianévella* réciter, narrer Gon. *Dan-* = *d-az-r-* et *dian-* = **do-az-r-*;

l'absence de formes avec *a* en moyen-bret. n'est pas plus étonnante que dans *diezpes* (voir ce mot). L'initiale *d-az-r-* a survécu dans *dazrevella*, *darhevella*, « parler plusieurs ensemble, conversation de femmelettes et gens semblables, qui parlent confusément, et sans s'entre-entendre » Pel., *dasrévella*, *darévella* id., *dasrével*, *darével* m. brouhaha, bruit confus de paroles Gon. La ressemblance de ces mots avec l'anglais *revel* est fortuite ; le fr. *révéler* a pu influer sur plusieurs des précédents.

Un autre verbe s'est parfois confondu avec *dezreuell* : c'est celui qui présente les formes *deñvès*, *difrès*, *divrès* contrefaire Gr., *denvez*, *denvéza*, *difrez*, *difréza* Gon.; *drefez*, *defrez*, cornou. *devrez* Trd ; pet. Trég. *teurves*, id.; van. *dambrézein* relever l'A., *danbriss'* contrefaire (le chant du rossignol) Chal. *ms* v. *rossignoler ; ind e zambris er-ré-ral* ils imitent les autres *Voy. mist.* 75, *dasson dambrisus* écho imitateur 124; *dambrezein*, *diambrezein* répéter ce qu'un autre a dit, pour s'en moquer Chal., Pel. Selon Gr., *diambrezeiñ*, *dambrezeiñ* signifie « redire, divulguer », sens dû à l'influence de *dezreuell*. *Disnevel* contrefaire Gr., *disnével*, *disnévella*, id. Gon., doivent, au contraire, leur forme à *dezreuell* ; il en est de même, sans doute, de *denevel* contrefaire, part. *-elet* Gr., qui représente *derevel* comme *danevel* = *darével*. Voir *ezreuel*.

Dezrou mat, étrennes, pl. *dezrouou mat; dezrouff*, commencer, Cms (ap. *dezrouet*).

Dezuyff, pondre, Cms; *vn guis ez deffe dozuet è perchil* « une coche qui a cochonné », Nom. 59.

Di-, *dis-*, particule privative, des plus usitées. Voici quelques-uns de ses composés qui peuvent remonter au xvie siècle, sans qu'on en ait de preuves positives :

Diabaf sans crainte D 124, *diabaffi* déniaiser Gr.; *diabui*, *diéübi*, etc., débarrasser, de *diac'hubi*, voir *ac'hubi* (gall. *diachub*, qu'on ne peut sauver) ; *dialan*, *dianal* sans haleine, *dialanat* perdre haleine, part. *-et* Gr., van. *dianaleiñ* respirer Gr., *an ear a zizhalanez* l'air que tu respires *Rev. de Bret., de Vendée et d'Anjou*, janv. 1891, p. 49; de *dialazn*, *dianazl*, gall. *dianadl; diamesec* (lieu désert et) retiré, litt. « sans voisin », D 188; *diannoëdeiñ* échauffer, devenir chaud, van. Gr., *dianeouédein* échauffer un peu, *deure dianeouidèti* etc., eau panée l'A., *dianoüedein* désenrouer, s'échauffer Chal., gall. *diannwyd* non gelé; *diañtel* détendu, débander, *diañtella* détendre, débander Gon., gall. *diannel; diasten* détendre (des cordes) Nom. 213;

Dibaoues cesser Maun., *dibaoües* Gr., *dibaouéza* Gon.; *dipaoues* sans cesse, à jamais D 164; *dibaut* rare Gr., *dibaot* Gon., *dipaut* D 60; *dibec'h* non coupable Maun., *dibeh* innocent van. Gr., *dibeac'h*, r. *ac'h*, Trub. 89, Rouanez *dibec'h flamm crouëd* = Regina sine labe originali concepta, Bali 306; gall. *dibech; diberc'hen* qui n'a pas de maître Gon., (peuple) sans chef Jac. 137, *diberc'henn* (enfant) trouvé Trd; pet. Trég. *pen diberc'hen*, veuve; gall. *diberchen; dibluñ* sans plumes Gr., *diblu* Trd, gall. *diblu, dibluf; dibluñva, dibluña*, van. *diblueiñ, dibluat* plumer Gr., *diblua, displua* Gon., gall. *dibluo*, moy. bret. **dipluff* et **dipluuaff*, cf. *displuenna... ar bokedou roz* effeuiller les roses Bali 154; *diblusqua* Maun., -*qa*, van. *diblesqat*, -*qeiñ* peler, éplucher Gr., cf. gall. *dibligo; dibobla*, tréc. -*añ, dibobli*, van. -*eiñ* dépeupler Gr., gall. *dibobli; dibobl* dépeuplé, sans peuple Gr., gall. id.; *dibréd* m. contre-temps Gon., gall. *dibryd* inopportun; *dibrès* (être) de loisir; tranquille, tranquillité, Gr., gall. *dibrys* sans hâte; *dibur* impur Gr., gall. id.;

Dic'hreunya, égrener Gr., *discreinein* Chal., *disscreinnein, disscruniein* l'A., (on devait écrire **digreunyaff*), cf. gall. *dironi* s'égrener; *dicontananç : poan* — peines continuelles, sans répit D 161;

Didailh difforme, laid, Gr., *ditaill* (fantôme) horrible D 138, *didaill* exempt d'impôt, de tribut Mo. 150, *didail* Mo. ms 114; *didarza*, van. *didarheiñ* sortir, crever, parl. d'un abcès Gr., *didarza* sortir, éclore, etc. Gon., cf. gall. *didarth*, sans vapeur, ou mieux *dydarddu* éclater, s'élancer (de *do-*); *didor* infatigable Pel., *didorr* id., et qui n'est pas fatigant Gon., *didor* tranquille Kant. Z. V. v, 35, gall. *didor* non brisé, non interrompu; dans *obten didorr da eneou* obtenir du soulagement pour les âmes (du purgatoire), Nikol. 740, on a plutôt une formation semblable au gall. *dydori* briser; *didroad, distroad* sans pieds Gr., gall. *didroed; didrouc'ha* déchiqueter, découper Gr., Gon., gall. *didrwch* non coupé; *didrous* sans bruit Gr., tranquille, patient Choæs 133, gall. *didrwst;*

Diempen écervelé Gr., Pel., *diempenni* désentêter Gr., cf. gall. *diymenydd; dievez* négligent, imprudent Pel., Gr., *dievezded* imprudence Gr., *dre dieuezdet* par négligence D 79, cf. *Rev. Morbihannaise* I, 138;

Difrouëz, van. *difroeh, difreh* infructueux, stérile, Gr., gall. *diffrwyth*, cf. *difrouezidiguez* f. stérilité, disette Jac. 64;

Digabel (*Le*) n. d'ho. en 1623 et 1649, *Inventaire-sommaire des archives* ...*Morbihan*, V, 298, 311, auj. id., cf. *discabell* nu tête, *-a*, van. *-eiñ* décheveler, décoiffer Gr.; *digabestr* sans licol, indépendant Gon., *digapestr* déchevêtré Gr., *digabest L. el l.* 122, *digabestra* débarrasser du licol, délivrer Gon., *digapestra* Gr., gall. *digebystru*; *digaloun* sans cœur Gr., tréc. et gall. *digalon*; *digam* (peuplier) effilé *L. el l.* 78, qui n'est pas boiteux, *digamañ*, redresser, cesser d'être courbé, pet. Trég., gall. *digam* non courbé; *digoll* indemnité, indemniser Gr., gall. *digoll* sans perte; *digorniañ* écorner, adoucir les angles, pet. Trég., *discorni* Gr., *diskorgnet* (rochers) déchirés (par l'orage) *Trub.* 46, *discorn* sans corne Gr., gall. *digorn*; *digoust* sans frais Gr., *digoustaplan* le moins coûteux *L. el l.* 152, *digoustein* indemniser Chal., gall. *digost* sans frais; *digrohennein, digrouhennein* peler, écorcher Chal., *discroc'henna*, Gr., *digroc'henna*, *diskro-* Gon., cf. gall. *digroeni*; *diguemesq* pur, sans mélange Gr., gall. *digymmysg* non composé; *diguh* (cœur) candide, *diguhereah à galon* m. candeur l'A., gall. *digudd* non caché; *diguiga*, van. *diguigueiñ* décharner Gr., gall. *digig* sans chair;

Dihesq, *dihesp* inépuisable Gr., *dihæssque* intarissable l'A., *dihesq Choæs* 185, etc., cf. gall. *dihysbydd*;

Dilæz qui n'a pas de lait Gr., *dilez* Gon., gall. *dilaeth*; *dilaoüen* non joyeux, sans joie D 53, *dilaouen* (peines) terribles 161, gall. *dilawen* désagréable; *dilavar* sans parole, muet Gr., Gon. Trd, gall. *dilafar*; *dislavar*, van. *dilar* dédit Gr.; *dilen* élire Maun., *dilenn* choisir, Gr., Pel., Gon., mot formé comme *élire*, de *lenn* = lat. *legenda*;

Dionnennaff écumer, ôter l'écume Nom. 163, *dionnénna, dionnénni* Gr., *dizeoni* Trd, de **dieonennaff*, gall. *diewynu*;

Dirann indivis Gr., Gon., *dirannapl, dirannus* indivisible Gr., *o diranna en ho pedennou* les oublier, ne pas leur faire une part dans vos prières *Bali* 270, gall. *diran* qui n'a point de part; *direiz* déréglé, van. *direih* Gr., cf. gall. *digyfraith* sans loi; *direol* déréglé Gr.,

Gon., gall. id.; *diroesta* « desembrouiller » Maun., *direustla* débrouiller Gr., *diroestla*, Pel., *direusti ur goustians fall* décharger sa conscience *Bali* 55, gall. *dirwystro* débarrasser;

Discanaff fringotter Nom. 214, *discana* détonner, se dédire, déchanter, changer d'avis Gr., *disscannein* déchanter l'A., *diskan* m. refrain, et au fig. rétractation Gon.; — *discandal* (bonheur) infini, sans limite, sans crainte D 23; — *discred*, incrédule; soupçon, pl. *ou; discridi*, van. *discredeiñ* soupçonner Gr., *discredi* ne pas croire (une vérité) *Bali* 94, *diskredi Trub.* 107, *discredus* soupçonneux, incroyable Gr., *discredapl* incroyable, *discredançz*, *discredenn* incrédulité Gr.; gall. *digred*, qui ne croit pas, voir *discredicq*;

Diseur 3 s., r. *ur* malheureux D 82, *diseur*, *diseurus* id., *diseur* pl. *you* malheur Gr., *dizeur* m. Gon., *diseuri* causer du malheur Gr.;

Dishualaff désentraver, « dans un vieux livre », Pel. v. *hual*; *dishuala* Gr.;

Disloncqa vomir Gr., *dislonca* Pel., *dislouñka* Gon., gall. *dislyncu*;

Dispafalat « bavoler » Maun.; *pa vez an diu-asquel ò dispafalat* « battement des ailes » Nom. 36, *dispafala* se rouler sur la terre, marcher sur les mains, se traîner Pel.;

Distalmeiñ s'emporter, ruer, van. Gr.; gall. *didalm*, incessant (ou peut-être de *do-*); — *distei*, *distoï*, van. *distoeiñ* découvrir, ôter le toit Gr., *distoï G. B. I.*, I, 134, gall. *didoi; disto* (étable) sans toit *Choæs* 207, gall. *dido;*

Disurz pl. *ou, you*, désordre Gr., cf. gall. *diurddas* sans dignité;

Divarv, *divarveq*, sans barbe, Gr., gall. *difarf*; — *divec'hia* décharger Gon., *divehein* Chal. etc., gall. *difeichio*; — *divézvi* désenivrer Gr., pet. Trég. *divé* qui n'est pas ivre, gall. *difeddw*; — *divoas* désaccoutumé Gr., (assemblées de nuit) insolites, mauvaises *Trub.* 168, cf. 145, gall. *difoes* sans mœurs; — *divoëd* insatiable Gr., (épi) vide, *Buez Joseph* 11, gall. *difwyd* sans nourriture; *divouidein* dévorer la ration des autres, creuser (des écuelles) l'A., *divoëda* canneler Gr., *dibouedet* (colonne) cannelée Nom. 141; — *divoulc'h* non entamé Trd, Gr., gall. *difwlch*; — *divro* sans patrie, qui est hors de son pays Pel., gall. *difro* exilé; *divrôi* dépayser, bannir Pel., *divroëin* Chal., gall. *difröi*;

Dizeilla perdre ses feuilles Bali 176, *diseillenna ar bokedou roz* effeuiller les roses 154, *diselya* Gr., cf. gall. *diddail* sans feuilles; *dizouara* déterrer, exhumer, et neutr. sortir de terre Gon., *disoüara* déterrer, découvrir une chose cachée Gr., *dizoüara* exhumer (de vieux mots) Trub. XV, *dizoüarein* déterrer Chal., *dizoar ag er porh* quitter le port L. el l. 62, gall. *diddaiaru* déterrer.

Dy là, avec mouvement, D 160, corniq. *thy*, doit être identique au v. irl. *di* à elle, voir *da* 1; cf. le masc. *lotar dó* ils allèrent là, *Irische Texte* I, 487, et le bret. *eno* là (hors de la vue), sans mouvement, litt. « dans cela ». Ce mot s'est combiné avec diverses prép. : moy. bret. *diraz y* devant elle, gall. *rhagddi* (et *rhagi*), etc., et même avec *da* : bret. moy. et mod. *dezi* à elle, cornique *dedhy*, gall. *iddi*. Peut-être y a-t-il un phénomène analogue dans l'irl. *esti* « ex ea », à côté de *essi*. En pet. Trég., *di* ne s'emploie guère qu'après *hann* d'ici. Les Vannetais ne le connaissent pas; ils disent *d'énou Choæs* 167, cf. *toste d'inou* près de là B. er s. 11, de même que *a inou* de là, voir *a hano*.

Diabel, de loin, C*ms*, *a diapell*, C*b*, v. *reiff*.

Diabolic -ique B 446*, *dyabolic* C*b*, *diabolicq* D 178; du fr. — **Diacret** diacres C*b*, v. *cambr;* D 148.

D<small>IADAVI</small>, manquer d'haleine et de respiration; étouffer, défaillir, Roussel, chez Pel.; cf. v. br. *dieteguetic*, gl. (populus a principe) distitutus? Pour le rapport des sens de *dieteguetic* (peuple) privé (de chef) et *diadavi* « perdre haleine », comparez les mots bretons qui viennent du lat. *deficere* : *diffiet* « (archevêché) vacant », Sainte-Nonne, 1742; vann. *dihuiguêt* « fatigué, épuisé »; gall. *diffygiol*; tréc. *diviañ* « s'épuiser, se tarir », etc. La racine verbale dans *dieteguetic* a été comparée avec raison au gall. *adaw, gadaw,* laisser. Si *diadavi* est différent, on peut le dériver de **di-atam-*, cf. allem. *ausathmen*, grec ἀτμός, etc., *Urk. Spr.* 8.

Diaeren, v. i. *paeaff*, C*a*; *diaeren, dieren,* délier, l. solvo, C*b*, v. *paeaff, dilloenter*; part. *diereet*; **diereer,** délieur, l. solutor, C*b*, de *di-* et *aeren*. Cf. *Dict. étym.*, s. v. *disaeren* (avant *disaczun*).

Diaesdet, malaise, C*ms*; *dyeas* « mesayse », C*b*, v. *anes, va lemel* *a zies* me tirer d'embarras, *Avantur.* 43, *dies* mal à l'aise D 164; *diæzemanteu* incommodités, difficultés *B. er s.* 25.

Diagon : *Le —*, n. d'homme, xve s., *Nobil.*; *diagon* diacre, pl. *diagōned* Gr., voc. corniq. *diagon*, gall. id., du lat. *diaconus*.

Diaguent : *contrel a diaguent* « subcontraire, l. succontrarius » C*b*; *diaguent*, auparavant D 25, 198, Gr., avant, prép. D 72, Gr., *diaquent* adv. D 27, 34, 122, *à diaguent* id. 34; *ar Rouanez hon diaguent* les rois nos prédécesseurs *Discl.* 5; de *di*, *a*, *quent*.

Dyamant, diamant, C*ms*. — *Diampeschaff* délivrer, C*b*; *diampechan* le plus vite possible, au plus tôt Jac. *ms* 66.

Dian-, préfixe dans *dianéaust* automne Gr., *dianéōst* m. Gon., proprement « suite de la moisson », comme *diben-eaust*; voir *didan*, *dezreuell*. Cf. gall. *dyanerch*, *anerch*, dédier, cornique *dinerchy* saluer, de *do- an-*, voir *anhez*, *anoet*. Le van. *en dianneu* le bas Chal., Chal. *ms*, *enn d.* l'A., *dianneu* en bas v. *sou-bassement*, *dianeu* 3 s., Guerz. Guill. 46, *a zianneu* par le bas Chal., *a zianeu* d'en bas Chal. *ms*, *dre-zianneu* par dessous l'A., cf. v. *sapper*, semble venir aussi de *do-an-nou*, cf. *ar zineu* en pente, voir *dinou*.

Dianc échapper D 158, il échappe 154; *diancq* égaré 73; *hep dianc* 140, *hep diancq* 157, sans remède, sans qu'on puisse échapper; on dit à St Clet, en petit Tréguier, *beañ 'ma diañk dutañ* je ne l'avais pas, je le regrettais. Cf. *disanc* libre, non gêné ni retenu Pel.; van. *dihanquein* « fournir à son travail » Chal., litt. « sortir de presse », suffire à une besogne (encombrante); gall. *diengu*, cornique *deanc* échapper; voir *Rev. celt.* VII, 146. M. Stokes tire ce mot, non plus de la racine de *encq* étroit, mais de celle de l'irl. *do-ícim* j'atteins, *Urk. Spr.* 31, ce qui est moins satisfaisant pour le sens.

Dianteg, non *entaché* de mal, devait se prononcer *diañtej*; le P. Grég. écrit *dieñtaich* et *diantecq*, sans tache. Ce dernier peut venir d'une variante plus ancienne.

Diaparz : *fermadur a diaparz* « interclusion », C*b*, v. *serraff*, cf. *fermaff a barz* « entreclore » ibid., *diabarz ha diaveas ar muryou à Rom* (les sept églises qui sont) dans les murs et hors des murs de Rome D 79; léon. *a ziabarz*, en dedans, van. *en diabarh a* dans l'intérieur de Guerz. Guill. 64, etc.

DIAR de dessus : *diar er mezeu* de dessus les champs; *diar e varu* après sa mort Chal., *diar scan* à la légère *Voy. mist.* 11, *a ziar* de dessus, de sur *Choæs* 20, à cause de *B. er s.* 77; *diarben* à cause de *Celt. Hex.* I, 3; III, 8; *a ziardro* (les malades) des environs *B. er s.* 26, etc., cf. gall. *oddi ar* (hors de Vannes *dioar*, *divar*; voir *digoar* au *Dict. étym.*).

Diarauc « precession, dauancement », C*b*, avant, v. *ober*, *diaraoc*, C*c*, v. *leenn*, *a diaraoc*, C*b*, v. *lestr*, d'avance, v. *diuinaff*, *a diarauc* (marcher) devant, C*b*, *a diaraouc*, v. *quemeret*; *diaraoc* auparavant D 48, 156, *diaroc* ci-dessus 76, 148, *diarauc* id. H 15, *an diarauc-amâ Princet* les ci-devant princes, etc., *Tad Gérard* 64, *an diarauc-amâ noblanç* 68, *diaraugui* prévenir, devancer Gr., *er c'hasyeo diaraugèt dre' l Lezen* dans les cas prévus par la loi *Discl.* 9, *diaraoguet gant* (ils entrent) précédés de (la princesse) Mo. 180, *diaraoghet* (un enfer) anticipé *Trub. Jus.* 331; *diaraoguen*, tablier, devantier, Nom. 114.

DIARBENN, *dialbena*, *dialben ur re*, van. *diarbeennein* prévenir, aller au devant de quelqu'un Gr., à Lannion *diarbenn; ho diarben dioc'h* les préserver de *Trub. Jus.* 63; cf. gall. *dyerbyn* recevoir, s'opposer; voir *arbenn*.

DIARROS descente rude, tertre Pel., m. descente, pente, chemin qui va en descendant, pl. *iou* Gon.; voir *diar* et *ros*.

Diascorn reg. Péd. 122, 137 b, *An D.* 3 b, 7, 11 b, *Le D.* 32 (1589, 1592, 1565, 1566, 1567, 1571) *Diascornn*, *Le D.* 112 (1587); *diascorn* désossé Gr., *diaskourn* sans os Gon., gall. *diasgwrn*.

DIASCREN, demeurer renversé sur le dos, sans pouvoir se relever, ni se retourner, Pel., de *di-*, *az-*, et *crenial*.

Diasezeur, impositeur, C*b*, de *diasez*, fondement = **di-assid-*, et d'où, par apocope, *en diaz*, en bas, Maun., *an diaz*, le bas, l'enbas (d'une maison), van. *en dias*, id., *en dias*, *d'endihas*, *d'en guias*, en bas, Gr., *enn-guiass* le dessous l'A., *d'enn-guiass* en bas, *dre zenguiass* par en bas l'A., *Suppl.*, v. *cul-de-lampe; diazen* vallon, Chal. *ms.* C'est ainsi que le moy. br. *acc*, beaucoup, vient de *acecc* = franç. *assez*; cf. *ymperlin* impertinent Mo. *ms* 145, *inperlin* 149; *parich* m. et *parichimin* parchemin Gr. (moy. br. *parchemin*).

Diautren « contrepeter, contredire », C*b*, v. *bram*; de *autren* = octroyer ; voir *disäotren*.

Diauancc a dissuader de B 743, *diavancç* reculer Maun.

Diaueas : *quen ebarz, quen diaueas ar Quear à Rom* en dedans et en dehors de la ville de Rome D 78, *diaveas* 79, *eux à diaveas bro* du dehors, de l'étranger 95, *à diavez bro* (hommes) étrangers 116, *à diaues bro* Nom. 204, *an diauesouryen* les étrangers 187, auj. *diavés*, de **diauaes* (*di, a, maes*), d'où *diauaesour* étranger C.

Diaznauout « decognoistre » C*c*, v. *diaznaout*, méconnaître, Gr., *dianaout* Trub. Jus. 107, *dianaoüein* Chal., *dishanåuein* méconnaître, renier *Choæs* 174, impf. *dishanåuai* 165 ; **diaznaoudeguez** ignorance Catech. 4 v, *dianaoudeguez*, *disanaoudéguez*, van. *dianaüdiguch* méconnaissance Gr. ; cf. gall. *diadnabod*, non reconnu.

Dibarz choisir Gr., gall. *dybarthu* séparer, cornique *dybarthy* id. ; cf. van. *debeairh* m. contingence l'A. (idée d'échoir) ; de **do-part-*, même racine que le v. bret. *guparth* gl. remota, *gupartolaid* privilège, etc. ; *Rev. celt.* XI, 117.

Dibenn fin, achèvement, but (de l'âme), Trub. 80 ; *diben-eaust* automne Maun., *dibenn-éaust* Gr., van. *diben-est* Pel. ; gall. *dyben* fin, conclusion, de *do, penn* (confondu avec *dibenu* décapiter, Urk. Spr. 143).

Diblas, r. *aç*, J 11, lis. *digraç?*

Dibleu, sans poil, C*b* v. *tingnous*; *dibleuaff* « peler » (épiler), **dibleuer**, peleur, C*b*, v. *compilaff*.

Diboel, fureur ; *-aff*, forsenner, C*ms* ; *diboel* rage, *diboelli* enrager Maun. ; *ur galon dibouilad* un cœur inconstant, Voy. mist. 69 ; gall. *dibwyll* sans esprit.

Diboubou N 1616 a été traduit « bourre » dans l'édition de l'abbé Sionnet, p. 171 ; c'est la source de Troude pour son article « *diboubou*, s. m. Bourre ou espèce d'étoupe », comme on le voit à son dict. fr.-bret., s. v. *bourre*, où il donne : « *bourell* m. ; *diboubou*, m. s. N. » Ce mot est le pluriel de **diboup*, composé sans doute de **poup*, parent du fr. *poupée* de chanvre, prov. *poupado de canebe*. Gr. explique le fr. *poupée* par « portion préparée de lin, ou de chanvre, suffisante pour une quenouillée ».

Dibry manger, Cathell 21, *dybry* 19, *an dibriff a gra bugale munut*, l. papo, C*b*; *dybriff*, v. *boet*; *dribri* Jac. ms 3; *dent debreresou* « dents maschoires », Nom. 20 (le suff. fém. *es* est dû à l'imitation du franç., voir *dant*); *dibryat bras* grand mangeur, C*ms*; *débrage* nourriture Mo. *ms* 223.

Dibunaff, dévider, C*b*, C*c*, v. *pellenn* semble venir de *dēpānare*, provençal *debanar*, italien *dipanare*, dont l'origine est le latin *pānus*, fil de tisserand. Dans ce mot breton très usité (au fig. *dibuna geier*, débiter des mensonges, *Suppl. aux dict. bret.*, 80, etc.) il y a partout un *u* (van. *dibunein*, petit Trég. *dubunañ*, à S*t* Clet *dibuni*), pour lequel on attendait *e* ou *a* en Vannes, et ailleurs *eu* ou *o*; aussi M. Loth suppose-t-il, *M. lat.* 160, une confusion entre *dēpāno* et *dēpōno*. Mais il suffit de voir là une généralisation exceptionnelle d'une variante de prononciation facile à constater dans des cas comme les suivants :

Seul, (tréc.) *sul*, d'autant (plus), Gr., gall. *sawl*; *peuri*, (cornouaill.) *puri*, paître, *Barz. Br.* 178 et 5, 105, 402, gall. *pori*, de *pawr*; *breugi*, (bas vann.) *brugein*, braire, voir *breuguedenn*; tréc. *keu* et *kûñ*, regret, gall. *cawdd*; *feunteun* et *feuntun*, fontaine, etc.

Voici des exemples de la même alternance en moyen-breton : *bluzuec*, plein de fleurs (voir *bleuzff*); *breutat* et *brutat* plaider ; *treus-* et *truspluffec*, traversin; *esteuziff* et *estuziff*, éteindre; *meur* et *mur* (P 284, rime *ur*), grand; *leun* et *lun*, plein; *cuezeudic* et *ceuzudic*, triste, *cuezeudicat* et *cuezudicat*, être chagrin. En vieux breton, on trouve aussi la terminaison *-uc* = *-euc*, de *-ācos*, cf. d'Arbois de Jubainville, *Études grammaticales sur les langues celtiques*, I, 23*, 24*.

En dehors des cas où il y avait primitivement *ā*, l'alternative d'*eu* et *u* est fréquente : moy. br. *dimeulus* et *dimulet*, illaudatus; *lieu* et *liu*, couleur; *testeuni*, témoignage, *testuniaff*, témoigner; *peur* et *pur*, très; *azeuliff* et *azuly*, adorer; *yeun* et *yun*, jeûne (van. *yeun*, ailleurs *yun*); *meuy* et *mu*, muid; *deuy* et *duy*, il viendra; *vrz* et *eurz*, ordre (van. *eurh*, ailleurs *urz*); *heur*, heure, rime en *ur* N 1319. Le mot *feur*, qui rime toujours en *eur*, et qui est auj. *feûr*, m., prix, taux, proportion, vient du v. fr. *feur*, auj. *fur*; voir *run*, *plustrenn*.

La même incertitude a donné lieu en français aux « rimes de

Chartres », auxquelles M. l'abbé Bellanger a consacré un intéressant chapitre de ses *Etudes historiques et philologiques sur la rime française*, Angers, 1876, p. 266-273. Nous disons encore *bleuet* et *bluet*. Cf. *Romania*, V, 394-404; Meyer-Lübke, *Gram. des l. rom.*, t. I, p. 484 et 302 de la trad.; *Rev. celt.* XIV, 313.

Dicaczç. Digaçet amené D 169, *digaccet* Cathell 14; *digæce* envoyait 21, *digaços* envoya 33 (cf. *bihanos* 34, *dougos* 31, ce sont, je crois, des fautes d'impression); *an digaçcerez à coat* « apportement de bois » Nom. 188. Van. *digass, -ein, degasscin* Chal., *dégass* Guerz. Guill. 162.

Dicarc'her (*Le*), n. d'homme xve, xvie s., Nobil., gall. *digarchar* non emprisonné, libre; voir *carc'haryou*. *Le Digarc'her* est interprété « le défricheur », Nobil. III, 265; mais il faudrait alors *digarzer*, qui a pu signifier « nettoyeur ».

Diçc dé à jouer, m. : *try* —; pl. -*ou* Nom. 194; *diçou* D 86.

Dicolouaff, l. *palleo* Cc, *digolouaff* « espailler, l. *pallo* », Cb v. *dougaff* (ôter la paille, *colo*).

Dycoumeret, dyquemmeret. *Diguemer* reçois H 71; van. *deguemér vat* bonne réception, *diguemerein erbat* bien traiter Chal., *de guemer* bienvenue *Choæs* 56, *diguemér* Guerz. Guill. 102, *diguemer* recevoir 104, *deguemer L. el l.* 160. Voir *tarauat*.

Didalchus, l. *incontinens*, Cb; *dideureul* (rejeter), Cms, *teureul ha diteureul an bolot* donner ou jeter l'esteuf Nom. 195; *distaoled* rendu, restitué *Bali* 65; pet. Trég. *distoladen*, bâtard.

Didan. Didannaff, dindanaff sous lui, Cb, v. *tribun; dindannaff*, v. *decurion; an gueus dindan* « la lèvre de dessous », Cb. Gr. donne *didan evor* et *dian evor* (dire) par cœur; il est possible que ce dernier soit différent, voir *dian*.

Didotrin, celui qui ne peut rien apprendre, Cb v. *quelenn*.

Dydreu an mor « au travers de la mer », Jér. v. *corr, treu didreu*, de part en part, Pel.; cf. *vn mæn à tremen treu di-dreu an mur* « pierre passant les deux parts du mur », Nom. 139, *mont didreu* « traieter », *didren* (lis. *didreu*) *ar pont* au delà du pont, *treu didreu* (transpercer) tout outre, *treu dizreu* de part en part, Maun., van.

didrai de part en part, *toullein didrai* transpercer l'A.; gall. *traw*, au delà.

Diegraff desenaigrir C, *diégra* cueillir des grappes de raisin pour faire du verjus Gr.

Dien, crème Maun., *dienn* Pel., Gr., m., Gon.; *dyen*, Nom. 65; van. *dihenn*, Gr.; cornique *dehen*, m.

Dyen certes H 45; gall. *dien* qui se meut aisément, agile, fougueux, vigoureux, agréable, certain; cf. v. irl. *dían* rapide, gaél. *dian* agile, fougueux, violent, sanscrit *dīyati*, voler.

Diescusabl, inexcusable, B 790.

Dieuc, oiseux; dieucyc, petit oiseux; *dieucat*, être oiseux, Cb, v. *vaen; diecq* paresseux Am., v. *lozn, dieg* D 178, *dieguy* paresse 122, *dyeguy* Gw., v. *stoüet*.

Dieznes misère, D 165; la 2ᵉ syll. rime en *ez*, 164; *dieznez* Cb, v. mendiant, *dyeznez* Cc; *dienes* (j'ai) peur (que), *Son. Br. Iz.* I, 36. Le van. *diánnéss* m. id., et le tréc. *diañnes* regret, montrent que le second *e* provient d'une assimilation à la voyelle suivante; *diaznes* = gall. *diadnes*, de *adnes* secours, cf. *Rev. Morbih.* I, 138. *Ad-nes* semble composé de la même racine que *nawdd, nodded*, refuge, protection, v. bret. *nod* dans *Nodhail*, irl. *snádud*, etc., voir *Urk. Spr.* 315. Une forme *nās, avec la voyelle de *nawdd* et la consonne de *ad-nes*, peut se trouver dans *aos*, pl. *you* canal, lit d'une rivière, d'un ruisseau Gr., *aoz* f. Gon., dont un sens plus général apparaît dans la locution proverbiale *na ti nag oz*, (n'avoir) ni maison, ni domicile. Pour l'alternance de *z* doux avec *s*, et la chute de l'*n*, cf. *neuz, ausaff*.

Difæçon déréglé D 165, brutalement 151, *difeçonnet* défiguré 150; cf. *Rev. celt.* XI, 354. — *Diffamet* sali, souillé D 150 (le v. fr. *diffamé* avait ce sens, cf. Bon. des Periers, II, 83); *diffamatoar* diffamatoire D 109.

Diffenneur défenseur Cb, v. *caus; diuenner*, v. *pidiff; difennet* (fêtes) chômées H 16. — *Differy* différer D 169, *differant* un différend, dispute 178, différent Cb, *diffarant* adj. Nom. 213, *different* Catech 10 v; differancifu distinguer (différencier) 8 v; pet. Trég. *ne ket gwel diferañt* il n'est pas bien mauvais; *diferiñ* ne pas consentir, refuser.

Diffeth, *difed*, XIII² s., *diffe*ʒ XIVᵉ-XVIᵉ, *Chrest*. 202, dans *kaer diffeth*, = v. bret. *difeith* dans *Barbdifeith* barbe inculte, sauvage; gall. *mor diffaith* mer démontée, voc. corn. *mor difeid* gl. pelagus; gall. *diffeith* désert, solitude, corniq. *dyveith*, du lat. *defectus*; litt. « non cultivé, non travaillé ». Le van. *a ziffeah-cair* tout à fait, entièrement, sans réserves, *Choæs* 117, 121, 130, 137, *a ziffeah-caër, Guerzenneu eid esc. Guén.* 1857, p. 91, 93, doit contenir ce mot, *diffeah* = *difaeth*; sur la liaison des sens, voir *disaour*.

Difficulté -té D 111, pl. -ou 69 ; *diffilcuté* Mo. ms 148, 178, *difilcuté* 183, *difilcute* Jac. ms 37, *difficuté* 31 ; Gr. ne donne que *difelcud*, pl. *ou*.

Diffigo 2ᵉ s. r. *ij*, il manquera, s'épuisera, fera défaut P 284, *disych*, lis. *difych* il manque Nl 350, du l. *deficio*, comme *diffiet* etc., voir *Rev. celt*. IX, 372, 373 ; cf. *displigaff* déplaire (par *g* doux), de *displicio* pour *displiceo*.

Difforch *diouch an feiz* l. scisma Cb ; *difforch* medier, l. medio, *-et* divisé, *difforcher*, f. *-es* médiateur Cb, divisant ou départant aucune chose, v. *diuidaff*; *difforc'h diouz vr crouadur* avorter Maun.; van. *diforhein* distinguer, discerner, trier, séparer, mettre à part Chal., *difforh* Choæs 205, *diforh* L. el l. 116, 136, id.; *diforh* distinction 142, *Voc*. 1863, p. v; *difforh* (elle est le) choix, la préférée (de sa mère) *Celt. Hex*. VI, 9.

Diffossyat « defouyr terre, l. defodio », Cb, de *fos*, fosse.

Diffraeet délivré, arraché; cf. van. *hum zifræein a zoh-t'ou* me débarrasser de lui, *Voy. mist*. 75.

Diffretaff harceler, houspiller N 284, *hen difreta-'ra* (Satan) le tourmente (un possédé) *Trub*. 25 ; *difreta* remuer, *en em zifreta* gesticuler fort, se démener Trd.

Diflaich bouger, Am. v. *flach; diflach* Pel.

Difournis dépourvu (de); cf. van. *dillad diffournis* habits immodestes *Choæs* 87; *un diffornis tihouel a blaouahus* « un chaos d'affreuses ténèbres » Guyot-Jomard, *Manuel* 2ᵉ éd. p. 5.

Difroncqa, souffler du nez, *difrouncqa*, sangloter, Gr., *difroñka*, Gon., van. *difroncqal*, *difroncqeiñ*, Gr., *difroncale*, l'A. id., et *difronquein*, ébrouer; *a ziffroncle marh* « à étripe de cheval », ib.

Suppl.; guet rage int e ziffronquai ils écumaient de rage *Choæs* 73 ; *difrunka* jaillir, parl. du sang, des larmes Trd, de *di-* et du v. fr. *froncquier, fronchier, frouchier,* renifler, ronfler.

Difurm, difforme, *Cms*; *difform*, Cathell 23, *diform* Mo. 262; *en em vodeli var difurm ur Roue* prendre modèle sur la difformité d'un roi, *Tad Ger.* 37 ; *deformité* difformité D 44.

Digalloud, impuissant, *Cb*, *dygalloet*, Jér. v. *galla, dic'halloud*, Gr.; *dihelan* la plus faible *L. el l.* 158.

Digant d'avec. *Digaut*, Cathell 22 ; *diant* de la part de, Jac. ms 101; *digantafu* de lui H 12, *diguenech* de vous 2.

Digarantez « non humain », *Cb*, v. *humen*; *digarante* (cœur) sans amour, *Kant. Z. Vek* 40; *digernez* cruel, impitoyable *Nikol.* 258, 276, *digarnez* sanguinaire du Rusq.

Diglocet (fève) écossée, *Cb*, v. *boeden*, part. de *diglocza*, Gr., van. *diglossein, diglosse*, et *diglorein, diglore* l'A., *digloreiñ, diglorenneiñ* Gr.; voir *clozrenn* au *Dict. étym.* Cf. *disclossein* éclisser, l'A., *disclocétt* disloqué v. *renouer, dissclocétt* v. *remettre* ; *disclosset Choæs* 78.

Dignite -té C, *dignité* D 30, 65, 154, pl. *ou* 197, van. *dinité B. er s.* 312; *dign* digne H 23, D 67, voir *din*.

Digoëdet n. d'ho. en 1555, *Inventaire-sommaire des archives du Morbihan*, t. V, p. 25, *Le Digouëdet* en 1569, IV, 79, = prob. *divoadét*, van. *dioèdet* saigné, part. de *divoada*, van. *divoëdein* Gr. Cf. *Digouëdec*, expliqué comme l'opposé de *Gouëdec* « sanguin », *Nobil.* III, 268 (gall. *diwaed*, non sanguin).

Digoestlaff, *terriff goyunez* « briser vœu ou oster deuotion aux saints », *Cb*, *divoëstla*, dégager, Gr.

Digoezaff advenir C, voir *Dict. étym.* v. *dicoezas*. Ce mot est tiré du lat. *decedere*, avec le gall. *digwyddo*, M. lat. 160; mais la forme galloise est *dygwyddo*, qu'appuie d'ailleurs le vannetais : *degoehas* il arriva *L. el l.* 30 (part. *digouëhet Guerz. Guill.* 139). Le sens répond mieux aussi à *do-* qu'à *di-* : cf. *e laka de zégoeh er grefad doh er gué* (ils) font cadrer les greffes avec les arbres, *L. el l.* 90; *degoeh ...guéen doh guéen* (de façon que) les arbres répondent aux arbres, 68.

Digor. Galery digor, ha digor caër « galerie ouverte, et à la découverte » Nom. 131, *digoroh* (fleurs) mieux épanouies *L. el l.* 42; *an digorou braz*, les cérémonies, le faste mondain *Bali* 196, *digueoreu cair*, *Choæs* 116.

Digoulmaff, dénouer, *Cms*.

Digouris. An Digoris reg. Péd. 2 b, *Dioris* 63 b, *An D.* 9 b, 13 b, *Le D.* 30, 36, 112 (1565, 1577, 1566, 1567, 1571, 1572, 1587), *Diouris* II, 14ª, *Le D.* 33, 34 b (1625, 1639, 1641).

Digouuiziec, ignorant, *Cb*, -*zyec*, v. *neonn*, *diouïzyecq* Gr., tréc. *diwiek*.

Digouzaffus « souffrable; insouffrableté », *Cb*, lisez « insouffrable », = *diouzâvus* insupportable Gr., *dic'houzañvuz*, Gon.; *calet ha dic'houzaon e quênver* dur et intolérant à l'égard de, *T. Ger.* 68, gall. *dioddef* sans souffrance.

Digryziadur exacerbatio *Cb* v. *diegraff*, de *criz* cru; cf. *digriañ gwin*, faire chauffer un peu le vin, pet. Trég.

Diguegaff, épeler, l. sillabo; *dre digueg*, l. sillabatim; **digueger**, l. sillabificus, *Cb*, v. *sillabifiaff*; *diguech*, épeler, assembler les lettres, Maun., *diguech*, part. *digueget* épeler, nommer ses lettres l'une après l'autre pour en composer des syllabes; *diguech ar bater*, bénir un malade ou une bête incommodée; guérir par des oraisons, en vertu d'un pacte, Gr.; *digheis*, *dighich*, épeler, Pel. Le sens propre est « séparer, distinguer », et l'étymologie la même que celle du vannetais *digueigein*, démêler, l'A.; *digaiget*, séparé, Chal. *ms*. (s. v. *inséparable*); cf. *digueinge*, pur, sans mélange, l'A.; de *di-*, et van. *caigein*, *queigein*, *ceigein*, mélanger, confondre, l'A., etc. = *queigea* et *quigeout* (*ouz*), rencontrer, Maun., moy. br. *quisout* (*ouz*); cf. gall. *cydio*, unir.

Digunvez « (paroles) qui, d'ordinaire, ne sortent pas de notre bouche, en bien ou en mal », à l'île de Batz, selon Trd; *digenvez* solitaire, éloigné, désert, *leac'h digenvez* solitude, lieu désert, du Rusquec; semble venir d'un moy. bret. **diguenuez*, (cf. v. br. *dicombit*, sans partage) composé de **quenuout* être ensemble (cf. gall. *cydfod*) comme *digouzuez*, *ditaluez* de *gouzuout*, *taluout*, pet. Trég. *dizañuve* inconnu, de *aznauout*. Voir *Rev. celt.* XI, 461, 464, et *discomboe*, *combout*.

Dyguys, difforme, Am. v. *euz, dighis* (puni) cruellement, Gw. v. *ghis; enem diguisaff*, se déguiser, Cb, v. *gueen*.

Dihauall dissemblable, Cb, v. *pemp*; voir *disheuelep*.

Dihegar (la mort) impitoyable, Gw.; *dihegarat* (regret) inutile, sans bon effet M 162.

(**Dihinchaff**, égarer), *dich-*, Cms; *dihencha deus al lesennou* s'écarter des lois *Discl.* 10; *hi e zihentas* elle changea de chemin, fit un détour (pour nous éviter) *Voy. mist.* 57.

Dihoant. *Dic'hoand* tiède, sans zèle *Trub.* 174, 302; *dic'hoantec* forcé, sans le vouloir D 154, *dihouantêc de labourat* sans goût pour le travail *B. er s.* 27; *dic'hoant* dégoût *Cat. imp.* 70, *dic'hoanteguez* id. 143; gall. *dichwant* sans désir.

Dihoarz (*Le*), n. d'ho., à Surzur, *Arch. de Bret.* VII, 164, *dic'hoarz* sérieux, qui ne rit pas Gon., cf. gall. *dichwerthin*.

Dihodein, *dihaudein* monter en épi, épier Chal. ms, *inhodein* Chal., cornou. *evodi* Pel., *dioda*, van. *inhodeiñ* Gr., *divodein, invodein, inhodein* id., *divodd*, pl. *divodeu* action de monter en épi l'A.; composés des prép. *do-* et *in-*; le second terme répond au gall. *hodi*, monter en épi. L'étymologie par *di-gueauta* « sortir de l'état d'herbes » Gr., a amené Gon. à donner *dic'héota*, tout en reconnaissant que « plusieurs disent *diota* ou *dioda* ». Les variantes qui ont *v* paraissent avoir été influencées par *bod* touffe, par lequel Pel. explique *evodi*. La racine de *hodi* semble la même que dans *hedeg* id., et voler (idée de s'élancer), cf. *dyhedeg* planer; v. gall. *hedant* ils volent, πέτονται, *Urk. Spr.* 27; pour la voyelle, *hodi, dihodein* rappellent ποτάομαι, πωτάομαι. Pour l'*h*, cf. *adan, hadan*.

Dihouarnaff, déferrer, Cms, entre *dihuezaff* et *dihunaff*.

Dihuesaff, desuer, l. exudo, vel est sudorem emitto, Cms.

Dihuezaff, v. i. *huezaff*, Cms.

Dihun, insomnie, Cb, v. *cousquet*; *en dyhun*, dans la veille, Jér., auj. id., gall. *dihun*; *dyhunet* éveillé Gw., v. *hun*; *divun* s'éveiller *Æl mad* 12, pet. tréc. *divun, duvun*, éveillé, cf. cornique *difune* éveiller, *dufun* éveillé.

Dihuzaff consoler, *dihuz* bien, commodité, cf. le nom v. br.

Dihudgar, Cart. de Redon 913; gall. *dyhuddo* apaiser, *huddo* couvrir, ombrager; pet. trég. *dihuet*, *dihud* amusement, *dihuediñ*, *dihudiñ* amuser, distraire, de *dihuzet, *dihuzedi-; voir *cudennec*.

Ce mot diffère de *divus* amusement, pl. *ou* Gr., *dihas* (lis. *dihus*, après *dihuna*) et *diuus* amuser Maun., *dihus*, *divus* amuser Gr., *divus*, *dius*, *divuz*, *diuz* Pel., *dius* Trub. 150, *divuzi Buez hor Zalver*, ab. Henry, p. 29, dérivé de *musal* s'amuser, muser Gr.

Diioent, non conjoint, Cms.

Dylamet sorti, Gw. v. *estlam*. Voir *dylein*.

Dilechet disloqué D 21, 151, *dileac'ha* transporter (des montagnes) Trub. 108, *dilec'hi*, *dislec'ha*, *dislec'hi*, van. *dileheiñ* disloquer, démettre Gr., *dilec'hi*, *dilec'hia* id. et se déplacer, partir Gon., cornique *dilecha* partir, gall. *dilëu* déplacer.

Dilection (œuvres de) dilection, amour, charité H 15, *va ol delection* mon amour, Avant. 35; du fr.

Dylein var. *dylem* (recevez la palme... que le roi du ciel vous) envoie (par moi) P 39. La vraie leçon doit être *dylem*, cf. *lem* il tire P 33; *Doe en dilamas* Dieu le fit venir J 4, *dilamaz* P 45 « elle partit » ou « il emmena », ce dernier sens, plus probable, est appuyé par la variante *dicacas*.

DILERC'H après, derrière, adv. Pel.; m. le reste (des autres); *war va dilerc'h* après moi Gon., pet. Trég. *dilerc'het* attardé, retardataire; cornique *dellarch* en arrière, moy. bret. *adilarch*, *adilerch*.

Dilesell. *Non dilaez da uezout temptet* ne nous laisse pas être tentés H 3, *ann exces heuz* (var. *houz*) *dileset* quittez cette pensée criminelle B 772.

Diligant, g. -ence, l. -encia Cms; *diligeant* diligent Catech. 5, D 172, 180, 181, sup. -*a* 175; *diligeanç* diligence 57, 107; *diligancç* Cathell 6, -*gencç* 17; -*geancz* H 47, Catech. b 9 v. — *Dilingnez*, qui dégénère; -*aff*, forligner. — *Diliuraff*, délivrer, Cms. *Dilivaraff* n'est pas dans H, mais le part. *diliuret* p. 3, cf. 6.

Dilloenter, délier, p. *dilloeet*, Cms; DILLO, tréc. et cornou. vif, actif, diligent, Trd, Moal, *e-dillo* promptement Trd; proprement « expeditus », adj. tiré du part. *dilloeet*, *dilloet* comme *goullo* vide, de *goulloet*, part. de *golloenter* (gall. *gollwng* et *dyllwng* lâcher, cornique dyllo). Ces mots armoricains ont ll venant de hl, sl, comme en grec ἄ-λληκ-τος. M. de la Villemarqué a ajouté au Dict. de Gon. le léon. dilô m. activité, vivacité, qui doit être dillo pris substantivement.

Diloh dégel, dilohein dégeler Chal., l'A., mot van.; de *di-log- (voir trẻ); cf. irl. díolughadh consomption, destruction O'R., même rac. que doluigim je remets, legaim je fonds, gaël. leaghadh dégel, v. br. acomloe gl. insolubile (voir discomboe); bret. moy. leizyaff mouiller, gall. dadlaith dégel, anglo-sax. leccan arroser etc., cf. Urk. Spr. 246.

Dilug. Delug déluge D 93.

Diluzyaff, démêler, Cms; pet. Trég. dilu (garçon) dégourdi, hennez oar i diluo, ou i diluio, il sait se tirer d'affaire; gall. diludd, non obstrué.

Dimanac'h : Le —, en franç. Le Dimoine, n. d'homme XVe et XVIe s., Nobil., = « ancien moine », cf. di-brovincial ex-provincial, di-laquéss ex-laquais, l'A., Sup.; Le Divellec n. d'ho. en 1769, Inv. des arch. Morbih. V, 409, de belec prêtre; Diverc'hez, opposé à Le Guerc'h (vierge), Nobil. III, 268.

Dimanchet « émanchié », Cb, v. milguin, diuaing (habit) sans manche, Nom. 111, 113, du fr. — **Dimembraff** démembrer Cb, v. trouchaff, -bret sans membres Cb, diuempra disloquer Maun.; voit ab.

Dimenn. Diuennaff demander, mander, Cb, v. mennat.

Dimeulus, non louable, **dimulet**, non loué, l. illaudatus, Cb, diveulus « déshonorable », Gr.; e disvendi la blâmer, Intr. 159, anc. éd.; irl. díombolaim I dispraise O'R.

Dimeur, non mûr, Cb, diveür, Gr. — Diminuiff ô canaff « diminuer en chantant, fringotter », Nom. 214, an dimunu le déchet 202.

Dimizifu mariage, se marier H 51, demeza je me marie 57, inf. dimizy D 88; dimizyff mariage, Cb, v. canonic, gouris; demezabl, nuptial, v. natur; « partenant a mariage », l. conjugalis, v. priedelaez; nubile; -zer, épouseur, Cms.

Dimoder, dimoderancc, desattrempance, l. intemperies; tra di-

modér, **dimoderet**, non attrampé, l. intemperatus, C*b*, v. *temperaff*; *dimoderaff* « desattremper, l. immoderor », C*b*.

Din (fêtes) chômées D 82, *dign* id., r. *in* H 11; *can cazr ha dign* « chanterie de dignité », C*b*, v. *quinyat*; voir *dignite*.

Dinam. *Dinnam* sans faute, innocent D 159; *dinamet* guéri de son infirmité, exorcisé *Trub*. 29.

Dinatur (peine) horrible D 149, 162; *dinaturet* dénaturé, cruel Jac. 35.

Dineric, petit denier, **dinerus** plein de deniers, C*b*, v. *mouneiz*. Le nom d'homme v. bret. *Dinaerou*, Cartul. de Redon 4, 37, doit être identique à *dinerou* deniers B 46 (voc. corniq. *dinair* denier), du lat. *denarius*; cf. le nom actuel *Guénegou*, qui peut être un ancien pluriel de *guennec* sou. En même temps que *dinérou*, Gr. donne *dinéred*, van. id., avec la terminaison de pluriel affectée aux êtres animés; cf. *blancqed* des sous, van. Gr., *guënnéyen* des sous, *pistoled* (et *pistolyou, pistolou*) des pistoles Gr., moy. br. *pistolet*; *lyarded* (et *lyardou*) des liards, *louïsed-aour* des louis Gr., pet. Trég. *louizedaour*; voir *Blancouyer*. *Scoëdéyen* (à côté de *scoëjou*) des écus Gr., est une imitation analogique de *guënnéyen*.

Dyners, faible, Gw. v. *gloas*, auj. *dinerz*, van. *dinerh*, gall. *dinerth*; **dinerzaff**, énerver, C*b*, v. *spazaff*, *dinerza*, van. *dinerheiñ* Gr., **dinerzus**, énervé, C*b*, v. *sembldet*.

Dineruennaff, trancher les nerfs, C*b*.

Dinet. *Ead he va drouin, chetu me dinet* « ma drouine est perduë, me voilà dégarni, (ou diné) » Am. v. *drouin*; la première explication est seule admissible. *Dinet* signifierait litt. « nettoyé » pour *dinetet, cf. *dizec'h* desséché Gon., Trd, de *dizec'het*. On pourrait songer aussi à lire *medi net* (voilà) qu'elle est nette, vide; mais le vers suivant appuie la leçon de Pel. : c'est *Ne m'eux na baguet, yalc'h na bougeden*, je n'ai ni sacoche, ni bourse, ni bougette.

Dineuezaff, l. innovo, C*b*, *dineveza* renouveler Gr.

Dinigal, envoler, C*b*, *dinigeal*, venir en volant, Gr.; voir *dyvalau*.

Diniuerabl, innombrable, C*b*, *dinivérapl*, Gr. — *Dinoaes* « non nuysable », l. innocius, C*b*, v. *innocent*.

Dinou g. decursion, l. fluor, C*b* v. *fluaff*, *a dinou* (pleurer) abondamment J 190; **dinous**, versable, l. versilis, C*b*, v. *treiff*; *dinaou il découle*, Cathell 31, *dinou* H 2 (pas d'inf. *dinoet*, ni dans H ni ailleurs); *dynaouet digant* (vertu) venant de (Dieu) Catech. 7; *é dinaqué* lis. *dinaoué*, (c'est folie de croire que le Ciel) verse (ses bénédictions sur) D 177, *dinaou* (le mal) vient (par le péché) 43, *e goal hinchou... dinaouet* (pécheur) descendu dans de mauvaises voies 123; *dinaoui* sortir, estre cause Maun.; *dinaoüi*, *dinou* couler en bas Gr.; van. *dinaoüein* pulluler, *dinaouein... a neué* repulluler Chal. ms, *dineu* pente, *ar zineu* en pente l'A.; tréc. *dinamour*, *diamour*, le courant de l'eau G. B. I., I, 204, pour *dinaou an dour*; cornique *denewy* répandre. Ce mot est comparé à l'irl. *snigim* dégoutter, sanscr. *snehati* se mouiller, Urk. Spr. 316.

Dioardreff : *a* —, (entrée) par derrière, C*b*, v. *guichet* (van. *diardran* l'A.).

Diocesou diocèses Catech. f. 4 v.

Diopinius « inopinable », C*b*.

Dioueret, être privé de. Ce doit être le sens de *diouret*, C*ms*, entre *diouguelroez* et *dipennaff*; pet. Trég. *diouret*; *dioüret*, Trub. 316; *diouret* (3 s.) perdre (un père) Jac. ms 107; Maun. donne *dioueri* se passer; perdre (son père). Van. *diovér*, *diovérein* se passer Chal., *diovir* id. Choæs 110, *diovér* excédent, superflu, privation Chal.; f. 3 s. misère, privation *Guerz. Guill.* 23, 55, *diover* famine L. el l. 160, *dioverdet* dénuement, privation de *B. er s.* 66, 140. Cf. Rev. celt. VII, 313; XIV, 311, 312; voir *euver*.

Diougan 3 s. : *hep* — sans avertir, sans prévenir D 154, *diougan*, 3 s., promesse, Jac. ms 11; *diougani* promettre, menacer Maun.; *diogan* il promet H 57 (et non *diougan*; pas d'inf. dans H); *diouganer* prophète Trub. XVIII, 24; *diouganed* prophètes 24, 49, *dioü-* XIV.

Diouguel, sécurité, l. confugium, C*b*, v. *techet*; *diouguel*, sûr, C v. *sur*; voir *Goagueller* et Urk. Spr. 82, 83.

Dious ar mintin (quand on se lève) le matin D 15, *diouch* 22, (mesurer) à (l'once) C*b*, *diouz* C*c*; *eren diouch an tnou* lier par en bas C*b*, *diouch an deiz* (qui se loue) pour la journée, v. *gopra; dio uchreng*, lis. *diouch reng* (il met) en ligne de compte Cathell 2. *Diouz ma finve* (il montrait,) en remuant (les lèvres, qu'il comprenait) *Bali* 182 ; *dious m'am eus cresquet* à mesure que j'ai grandi (en âge, j'ai grandi en malice), *Aviel* 1819, I, 155 ; pet. Trég. *duz më larou* selon ce qu'il dira (cf. *euz ma laro* id. *G. B. I.*, I, 256). En 1450 *dyeuch*, *Chrest*. 202, v. br. *diurth* 125. Cf. *Rev. celt.* XI, 363 ; XIV, 312.

Dipacient, impatient, **dipaciantet**, impatience, C*b*, *dibatiantæt*, id., *Voy. mist.* 78.

Dipedenn : *tra* — non priable, l. inexorabilis, C*c*, **dipedennus**, non apaisable, C*b*, *dibedennus* inexorable Gr. (*dibed* qui ne prie pas, *Trub.* 226).

Dipenet décapité, Cathell 30, *dispennet* 26, cf. *dispensont* 27 ; DIBENN qui est sans tête, van. *dibeenn* Gr., *dibenn* étourdi Gon. etc., gall. *diben*, cf. irl. *dicheannach*.

Dipintaff « despaindre, effacer », C*b*.

Dipouruoe, v. i. *dibourue* (dépourvu), C*ms*. — *Diprofit*, l. importunus, C*b*, v. *fals*. — *Dipton*. *Diphtongou* diphtongues Catech. 5.

Dipunis, non puni ; sans punition, l. impunitas, C*b* ; *dibunis* impuni, *dibuniz* impunité Gr.

Diqueinaff, rompre, couper le dos ou l'échine, C*b*, *digueina* Gr.

Diquemenn l. remando C*b*, *diemennet* mandé Jac. *ms* 101.

Diquemerabl, irrépréhensible, C*b* (*digémeruz* imprenable Gon.).

Diqueulusq, sans mouvement, l. immotus, C*b*, *digueflusq*, paisible, Gr.

Dirac (prendre) devant, i. e. avant, adv., C*c*, avant H 24, 54 ; *dirazafu* devant lui 48, *dirazaff* Cathell 22, *dirazomp* devant nous 13.

Dirason sans raison, C*b*, v. *petition* (2 fois).

Direbech irréprochable D 150, *direbreche Voy. mist.* 54, *direbech*, *direbechus* Gr.

Diredec accourir Gr., *deridein* l'A., gall. *dyredeg* courir çà et là, de *do-.* Un autre *diredecq*, découler, de *di-*, donné par Grég. au sens figuré, s'emploie aussi au propre : *ar re a oa var al leac'h a zirede an daelou eus o daoulagad* les larmes coulaient des yeux des assistants, *Bali* 228.

Diren conduire J 58 (sur ce passage corrompu, voir *Dict. étym.*, v. *rep*); *dire* il amène B 211, *dirèn* ramener part. *direët* Gr.; *direer* rameneur C, *direèr* Gr.; *dirènadur* action de ramener Gr. Voir *dazre*, et *Dict. étym.*, v. *deren*, *ren*.

Direnn goar, pl. *dirennou coar*; van. *direen coêr*, *direnn mêl*, *direen mil*, pl. *éu* rayon de miel Gr., *diren-goar* Gon., *direnn-goar*, *direnn vel* Trd, cf. gall. *dil mêl*, dim. *dilyn mêl*, m. Pel. croyait *diren-cöar* spécial au van.; on lit en ce dialecte *diren mile* et *tirenn mêl*, Chal.; *diren-mêl* Celt. Hex. IV, 11, *dirèn* V, 1; *terennic*, *tèrenn* f. l'A., *en déren* L. el lab. 154, 160, pl. *tereneu* 160, 166, *tereneu* 166. Gon. rapproche *diren* de *delien* feuille, cf. le syn. *follen coar* Maun., *follenn coar*, *follenn-mèl* Gr., etc. J'assimilerais plutôt ce mot au van. *delin*, pl. *ieu* fusil, morceau de fer bien acéré sur lequel on frappe pour tirer du feu l'A., *delin* pl. *èu* Gr., qui est hors de Vannes *diren* Maun., Pel., f. Gon., *direnn* pl. *ou* Gr., sans doute par l'influence d'un autre *diren* morceau d'acier, tranchant d'un outil Pel., cf. gall. *duryn* bec. L'idée commune à *direnn goar* et *delin* est celle de lame, chose plate; la racine peut être celle du lat. *dolare* tailler, aplanir. Le van. *tereneu en heol* rayons du soleil L. el lab. 40, 78, 86 est-il un mot différent, dont l'attraction aura transformé *direnn* en *tèrenn*? Il est plus probable qu'on a imité l'ambiguïté du fr. *rayon*; sur *t* pour *d* initial, voir *tarauat*.

Direuerand « non révérend, irreverens », *Cb*.

Dirhaes, atteindre, *Cms*, *dirès* Maun., *derez* Fables de Goësbriand 15, etc., cornique *drehedhy*; de *do* + *(p)ro-seid-*, comme en gall. *(cy)rhaeddu*, *dyhaeddu* et *haeddu* atteindre, mériter; sanscrit *sidhyati*, *prasidhyati*, cf. *Urk. Spr.* 295. L's armoricain peut être une terminaison d'infinitif, cf. *gorto-s*.

Dirigaez, g. estre en sault, *Cms*, entre *dirhaes* et *dirobaff*; dérivé de l'adj. **diric*, en cornouaillais actuel *dirik* (vache) en chaleur, cf. *gouentrik* (jument) en chaleur, ibid., Moal; gall. *terig* ardent, (animal) en chaleur, *terica* être en rut, d'où les composés *caterig* catuliens, catulire, *hwch ryderig* sus subans, catuliens, Davies. Dans ce mot, dérivé de *taer*, l'affaiblissement de l'initiale paraît dû à la généralisation de mutations régulières après un nom féminin ; *buch diric* pour *buch* + **teric*. Cf. *Rev. celt.* XV, 391. Voir *lech*.

Dyroudet expulsé, relégué (dans un cercueil) P 262, litt. dérouté ; *diroudein* perdre, égarer à dessein un animal dont on veut se débarrasser, en pet. Trég.; *dirouda*, van. *dirouteiñ, dironteiñ* mettre en déroute Gr.

Disaczun, dégoûtant, cruel = *disaçun* insipide Maun.; pet. Trég. *dizasun* (terre) sans engrais, syn. de *didemps* ; van. *disaçun* (chose) hors de saison, *saçun* saveur, *saçun mat* ragoût, Chal. *ms.*

Disäotren Am. : *D'a c'hôary, va paötr, a d'a disäotren* « pour jouer, mon garçon, et pour... peut-être, et *pour décroter*. C'est le Maître qui parle à son valet. » Pel. La virgule après *c'hôary* est sans doute fausse ; le premier hémistiche contient l'expression actuelle *c'hoari i bôtr*, faire son jeune homme, s'amuser, et le sens de *disäotren* doit être quelque chose d'analogue, litt. « se décrasser ». *Disäotren* paraît être le mot *disautra* débarbouiller Gr., *dizaotra* Gon., ayant subi, pour la finale, l'influence de *diautren*, **disautren*, contredire.

Disaour, amer, cruel = van. *diseur*, passionnément; *dizeure*, exorbitant, extraordinaire, -ment, à merveille, à ravir (se dit mieux en mauvaise part), l'A. Cf. van. *ur predégourr horrible*, un bon prédicateur, l'A., v. *effroïablement* ; haut bret. *un monsieur abominable*, un grand, un beau monsieur ; voir *diffeth*.

Disciplet disciples D 188, *discipled* B. er s. 67, etc., voir *Dict. étym.*, v. *disquiff*. — *Disclaryaff* déclarer C*b*, v. *accusaff, comps* ; *discleration* déclaration, manifestation *Cat. imp.* 117 ; *disclérier* interprète (des songes) Jac. 64.

Discoazcaff N 272 doit différer de *discoazyaff* désépauler C, et signifier « débusquer, faire sortir (une bête) de sa cachette » ; cf. *scoacha* se blottir, *scoachet, coachet* (homme) caché, (dissimulé) Gr., *lagad koachet* regard sournois L. el lab. 32, tréc. *koachet 'n o koañze* asseyez-vous, *koach* cacher; v. fr. *esquachier, quaicher*, auj. écacher, cacher; angl. *to squash*, écraser, *to squat* s'accroupir, esp. *acacharse* ; ital. *quatto* tapi, etc., de (*ex*)*co-actus* ; voir *scoace*.

DISCOGUELLA secouer, déplanter, Maun., Gr., *discoghella* arracher, secouer pour arracher, ou pour tirer ce qui est serré et engagé dans un lieu étroit Gr., cornou. *diskogella* secouer, ébranler, arracher doucement, déplanter Gon., dim. du gall. *dysgogi*, remuer, cf. *ysgogi* id., irl. *scuchim*, *foscoichim* je m'éloigne, *foscugud* (acc.) séparation (même rac. que σκάζω, angl. *to shake*, etc., avec *c* pour *ng* ?).

Discomboe 3 syl., la 2ᵉ rime en *on*, N 120; *dicomboe* 320. Le contexte suggère la traduction « humble, humblement », mais ce peut être aussi une cheville, un explétif de sens vague et général, comme « entièrement, tout à fait, certainement ». Je crois que l'acception primitive était « sans association, sans partage », et que *disconboe, dicomboe* est proche parent du v. bret. *disconbit, *discombit, dicombit, dicomit*, latinisé en *disconbicio*, Cartul. de Landévennec 56, *discumbitio* 57, *dicumbitio* 2, 3, etc.; voir *digunvez, diuoé*.

La finale *boe* est signalée, *Chrest.* 110, dans les noms du Cartul. de Redon *Dosarboe, Riskiboe* et *Erispoe*, avec un signe de doute pour ce dernier; M. Loth propose, également avec doute, d'assimiler -*boe* au gaul. *bogio-*. Je décomposerais plutôt *Ris-kib-oe, Ris-chib-oe*, cf. *A-chib-oe, A-cheb-ui, A-keb-oe* et *Dis-ceb-iat*. Quant à *Dosarboe, Dosarboi*, j'y vois le préfixe *dos-*, gall. *dys-*, et une formation *ar-boe* très voisine de *Ar-bid-oe, Aruidoe*; cf. *Uur-uidoe* (gall. *gorfod, dyorfod* vaincre). De même *E-ris-poe* peut se rapprocher de *Ris-uidoe*. Le terme -*bidoe*, -*uidoe*, -*uedoe*, -*uedoi*, est expliqué *Chrest.* 109 [1], cf. 190 par le radical *bid* du verbe être; -*boe* doit dériver de la même façon du radical *bu*. *Di-com-b(w)-oe* est ainsi une formation semblable au v. bret. *acomloe* gl. insolubile, de *an-com-lo-oe* [2].

Le suffixe -*oe* se montre aussi en dehors des verbes : v. br. *Uuokamoe, Treb-uuo-cammoe*, nom de lieu, cf. gall. *camwy* détour, perversion; *Uuor-cantoe*, nom d'homme, cf. gall. *canwy* splendeur; *Ri-uuaroi, Ri-woroe*, v. gall. *Guaroe, Gur-guarui, Chrest.* 172, cf. gall. *gwarwy* plaisir, jeu (v. gall. *guaroiou, guaroimaou* théâtres, bret. *Goariva* n. de lieu Loth, *Rev. celt.* XII, 281).

---

1. Les noms donnés à cette page ne contiennent, comme premiers termes, que des adjectifs ou des substantifs (il faut ajouter *Anau-uedoe*); mais nous venons de voir deux composés de prépositions.
2. M. Stokes a proposé, *Beitr.* de Bezzenberger, XVIII, 88, de rapprocher le v. bret. *bedoe, bidoe*, du picte *Béde* et du gaul. *Bedaios*.

Cette terminaison -*oe*, -*oi*, représente régulièrement un *ē* celtique ; on peut l'assimiler au gaul. -*ēio*- dans *Nammeius*, *Derceia*, etc. Le nom v. bret. *Carui*, rapproché de *caru* cerf, *Chrest.* 114, répondrait mieux au gaul. *Careius*, *Careia*, qui devait signifier quelque chose comme « capable ou digne d'amour ». Il est difficile de ne pas rapprocher le suffixe de même sens qui se trouve en v. bret. dans *inaatoe* gl. *ineundum*; au XIIIe s. *Karadou* n. de femme, Loth, *Mém. de la Soc. de Ling.* VI, 68 ; cornique *caradow* aimable, gall. *caradwy*, v. irl. *carthi*, cf. *Grundriss* II, 1426, 1427.

Discord (*Le*), Anniv. de Trég. 19 ; *discort* impie J 86 b.

Discoueniant « inconuenient, non competant », C*b*.

Discredicq, *discridicq* soupçonneux Gr., *discredic* mécréant Chal. *ms*, *discridic* Maun.; pet. Treg. *diskrideq* méfiant, peu crédule ; cornique *dyscrygyk* incrédule; voir *discred*, 158.

Discuyz, non las, C*ms*.

Disculya dénoncer, révéler Gr., *diskulia* et *diskula* par *l* mouillé Gon., *disculia* montrer Maun., *disculit* lis. *disculi* il révèle D 109, *e cusul*, *ma em disculsaé'h* si vous aviez révélé mes péchés en secret 139 ; *disculyer* dénonciateur Gr.; cf. v. bret. *esceilenn* gl. *cortina*, irl. *scáil* ombre ? Ces deux mots sont rapportés à la racine de *squeut*, *Urk. Spr.* 308.

Dyscurlu P 248, prob. « fétide, en décomposition » ; *discurlu*, « infect » mot suranné Gr., paraît formé de *dis*- (=*dos*-, voir *discomboe*), et *grullu* blé noirci intérieurement, « bled foudré », en basse Cornouaille, Pel.; voir ce mot.

Disesper désespoir Catech. 4 v, *disesperancc* J 88 ; *disespèr*, van. *desespèr* Gr., *disansspoire* l'A.; du fr.; voir *desesperifu*.

Disfaczaff, effacer, p. *-acet* C*ms*, *dispacc* C*b*, v. *pentaff*; *diffacein* biffer l'A., du v. fr. *desfacier*. — *Disfizaff*, se défier, C*ms*.

Disglau « essauue de maison, l. cindula », C*b*, v. *planquenn*; *disc'hlao*, *disglao*, van. *dilaü* abri à couvert de la pluie; *disc'hlavyer* pl. ou parapluie Gr.

Disgruyzaff, arracher, C*ms*; voir *disheritaff*.

Disguely *guen*, bâiller, C*c*, v. *bazaillat*, *disleui guen* Maun., *dis*-

lévi-güeñ, *dislévi-yen*, Gr., *dislevighen*, *dislevihen*, Pel.; gall. *dylyfu gên*. *Disguely* est une fausse notation de **disveli*, imitée des cas où il y avait une mutation, comme *diguir*, infidèle (prononcé *divir*). **Disveli* vient, par métathèse, de *dislevi*, voir *paluhat*. Le préfixe *dis-* montre que les Bretons ont expliqué un ancien **dilevi gen* d'une façon analogue au lat. *os diducere* ; le gallois témoigne d'un autre *di-*, = v. bret. *do*. La seconde partie du mot peut être **slib* glisser, d'où bret. moy. *dileffn*, gall. *dilyfn* qui n'est pas uni.

Disheaul, ombrage; **disheaulyaff** « vmbrer, l. vmbro », Cb, v. *squeut*, *diseaulyaff* s'abriter du soleil, Nom. 115, *dishéaulya*, van. *dichauleiñ* Gr.; *e dicheol* à l'ombre (des arbres) *Trub.* 40 ; *lacaat un diseolen var e ben* mettre un abri au dessus de sa tête *Bali* 193.

Disheritaff déshériter, C etc., *desheritaff* Cb ; *diserita*, *diseritout* Gr., pet. trec. *dizeritañ*, *diziritan*. Je crois que c'est le même mot qui, sous les formes *diziritein*, *disiritan*, *disiriqan*, signifie dépérir, s'étioler, sécher (sur pied). Gr. a *disherya*, tomber en décadence (et *dishilya*, voir ce mot), *disheryadur* (et *dishilyadur*) dépérissement; Pel. donne *diseria* périr, manquer, en parl. du blé qui ne lève point hors de terre; *diserier*, « certain gros ver, qui étant sous la terre, coupe la racine du bled, et le fait périr » ; cf. *dizeria* dépérir *Trub.* 240, Trd, *dizéria* Gon. *Disherya* est dérivé de *dishear*, *dishær* sans hoir, sans héritier Gr., *dizher* Gon., Trd, pour **disaer*. Cf. *diséremantt* m. déshérence l'A. Le van. **diserein* n'a pas le sens de *dizeria*, dans *ur gleinhuétt disérétt*, *ur gleinhuétt enn-déss disérétt* (une maladie qu'il a surmontée), l'A. v. *convalescence*, *convalescent*; cf. Chal., v. *dizairéd* : c'est plutôt le fr. *digérer*. L'A. donne *dizerein* digérer, et *dizérein* « essuier, supporter » ; *dizéréreah* digestion, *dizizérereah* indigestion (*dizéruss* digestif, Sup.).

La variante trécoroise, *da serina* à dépérir (faute de nourriture) qui se trouve deux fois *Ann. de Bret.* VII, 246, pourrait faire soupçonner que *diseria*, qui a subi l'influence de *dishilya* et, surtout, de *disheritaff*, est en réalité composé d'un correspondant du gall., *serio* dessécher, brûler; mais celui-ci vient de l'anglais *sear* et doit être récent. D'ailleurs le passage du sens « déshériter » à « périr sans postérité, dépérir, s'étioler, » est assez naturel. Gr. traduit « deshériter » et « exhéréder » par *disc'hrizyenna*, qui veut dire proprement

« déraciner », et cette application figurée existait en moy. bret. : *disgruizyennet* déshérité, Cb.

Disheuelep inouï B 744, extrêmement 693, *dishaval* différent Catech. 10 v, *Choæs* 102, superl. *dishaval bras* D 132 ; *scrihuet dishaval doh* écrit autrement que *Voc.* 1863, III ; *dishênvel* au contraire *Trub.* 78, *disevel* (faire) autrement *Bali* 27, différence 154 ; voir *dihauall, disleber.*

Dishilya égrener Gr., *dishilio*, tréc. *dishilian* s'échapper, fuir, comme le blé d'un sac percé, d'un épi, ou d'une gerbe quand la sécheresse l'en fait tomber par grains, Gr. cité par Pel. v. *dishillan* ; cornou. *dihila, dishila* par *l* mouillé, s'égrener, H. de la Villemarqué dans le Dict. de Gon. ; cornou. *dishilia, dishilla, disilla* égrener, s'égrener, etc., Trd ; part. *disillet, Miz ha buez santes Anna, gant...* Peron... Brest 1877, p. 7 ; van. *hint... ou dihiliai itré ou dehorn* ils les égrenaient (les épis) entre leurs mains, *Hist... J.-C.* 90 ; pet. Trég. *disilhañ, disiyañ*, s'égrener. Cf. gall. *dihil*, sans postérité, de *hil* f., *sil* m. race, v. irl. *stl*, de *$s\bar{e}$-* = lat. *$s\bar{e}$-men*. La formation est la même que dans *dihadein* égrener Chal., de *had* = lat. *satum*.

Dishonest (et non *-cst*) C, *dishonnest* Cb, v. *luxur, disonnest*, Cms, déshonnête ; **dishoneur**, déshonneur, Cb, v. *pechet*. — *Disych*, il manque, fait défaut, Nl. 350, lisez prob. *difych*, comme *diffigo*, P 184, cf. *diffiet* ; voir *Rev. celt.* IX, 372 et 373.

Disleber défiguré Maun., Gr., *dislebera* très contrefait ; *dislebe-rançz, disleberded* exténuation, *disleberi* s'avilir Gr., *en hem disleberêt* (il s'était) avili *Trub.* 72. Ce mot, que Pel. n'avait pas entendu et que Gon. déclare « fort usité » (v. *disléber*), rappelle le moy. bret. *diheuelebet* défiguré, inf. *dishêvelebi* Gr., cf. *dishêvelebecqât* id. Gr. Cependant il ne peut guère venir de *dis(heve)leber* : le cornique *defaleby*, défigurer, déformer, qui semblerait appuyer cette contraction, contient le même élément final que le gall. *dy-falu, cy-falhau* (à côté de *cy-hafalhau*) assimiler, mais le bret. mod. *vel* (pour *evel*), comme = cornique *val, mal*, gall. *fal, mal*, n'a pas donné de composés de ce genre. *Disleber* peut s'expliquer par *dis-liq-er-*, cf. irl. *álic, adlaic* agréable, goth. *galeiks*, allem. *gleich* semblable, etc., cf. *Urk. Spr.* 251. Le bret. *hevelep* tel, tellement, cornique *hevelep, hyvelep* ressemblance, expliqué de trois autres façons *Rev. celt.* II, 192 ; *Et. gram.*

I, 49, 52, et *Gloss. moy. bret.*, 1ʳᵉ éd., v. *glec'h*, doit être un ancien *com-he-lip, *kevhelep = gall. *cyffelyb* semblable, dont l'initiale aura été assimilée à celle de son synonyme *haval, hevel*. La terminaison adjective *-er* n'est pas commune (*tener* vient du latin); on la retrouve dans *euver*.

Disliu. Diliuet, l. infucatus, C*b*.

Dismegancç impudence Maun., *-ançz*, pl. *ou*, Gr., *-anç*, Pel., affront, *-ansus* déshonorant, *Emgann Kergidu.* II, 285, *dismegus*, id., *Intr.* 184; *dismeg* (cœur bas et) lâche, 310; v. br. *Kenmicet*, Cart. de Redon 75; cornique *dismigo*, se défier, soupçonner, gall. *dirmygu* mépriser, *myg* honoré, *mygr* majestueux, glorieux, irl. *dímicin* déshonneur, mépris, *Beitr.* de Bezz., XVIII, 62.

Disolo, découvert, C*b*, v. *trabuchaff*; découvrir, v. *noaz*; il découvre (sa tête) D 26; *ne ro disolo ebet dezan* elle ne lui fait aucune ouverture, ne lui explique, ne lui déclare rien *Aviel* 1819, I, 72, *dizolo* (propos) libres, scabreux, scandaleux *Trub.* 231.

Disouc'henne (cette pièce d'or m')aiguiserait, (me) donnerait de l'activité, Am., v. *souc'h*; de *souc'h*, émoussé, obtus, Pel., Gon.; en petit Tréguier *dizoac'het*, fringant, cf. *Rev. celt.* IV, 151. Maun. donne *disoucha* « eueiller » qui peut être à corriger en *disouc'ha*; mais la correction n'est pas certaine, car il y a un mot *soucha* se blottir, se tapir, dormir légèrement Gr., pet. Trég. *chouchan*; cf. *dizoucha, dijoucha* se montrer après s'être caché derrière quelque chose Gon.

Disouzenaff reprendre C*b*, *dissouzanaff* C*c*, v. *caus*; *disaouzani* rassurer ou détromper, Am., *disaouzanet* délivré de la frayeur, Gw. v. *saozan*.

Dispans une dispense D 112, *dispensateur* dispensateur, celui qui administre (un sacrement) 115, pl. *dispensatoret* 68; *dispensser* il est permis (au chrétien) H 10.

Disparty, séparation, *ez disparti* « séparamment », *ouch dispartiaff* séparément, C*b*, v. *separaff*; *dispartias* il partagea D 197; *tri damm paper disparti* trois morceaux de papier séparés *Nikol.* 27, *disparti* séparer *L. el l.* 158, *Guerz. Guill.* 82, séparation *Choæs* 54, 91, *hemb disparti* (je vous la donne) sans partage, sans réserve 44.

Dispenn, déchirer, ne vient pas de *dis-* et *penn* tête; le sens de « détruire, perdre », est secondaire. Ce mot est expliqué, *Chrest.* 52; M. lat. 161, *Urk. Spr.* 167, par **dis-ben*; mais l'*n* de *benaff* « couper » n'est jamais redoublé, tandis que celui de *dispenn* l'est ordinairement. L'origine de ce dernier mot me semble être le v. fr. *despenner*, *despaner* « déchirer, dépouiller, mettre en pièces », dont nous avons gardé le dérivé *dépenaillé* (« panaches… tout brisés, tout dépenaillés de coups », xvie siècle, Littré); cf. *dépeniller* le fumier, « l'écarter dans les champs » Jaubert, *Gloss. du centre de la France*. *Despenner*, *despaner* et le breton *dispenn* représenteraient un bas latin **dispannare*; on trouve, dans le même sens, *depanare*, *depannare* (*drappis et calciamentis depannatis*, ann. 862, Du Cange). La racine est le latin *pannus* « morceau d'étoffe ». *Dispen va roujou*, m'en retourner, *Rimou* 41 ; *ober dispenn o roud d'an dud* faire reculer, traverser les desseins des gens (mal intentionnés) *T. Ger.* 56 ; *dispenet* déchiré, *Cathell* 24, 25.

Dispingneus, qui dépense, *Cms*; *disping*, écrit auj. *dispign*, dépense, vient du lat. *dispendium*, à peu près comme le fr. *Compiègne* de *Compendium* et *Bourgogne* de *Burgundia*. Le br. moy. *dispingnus* « qui dépense » répond exactement au lat. *dispendiosus*. Le représentant bret. du lat. *dispendere* « despendre » serait **dispenn*[1]; cf. *asten* de *extendere* « estendre » ; *diskenn* de *descendere* « descendre ».

Le son *gn* doux est encore produit en breton par l'influence d'un *i* ou d'un *y* sur un *n* précédent, dans les pluriels tels que *ar pasigner* « les degrés » *Intr.* 8, *paseigner* Gr., du sing. *pasenn* (dérivé du français *pas*) ; *barriñer*, Gon., *barreigner*, Gr. « des barres », (*an barrinner* « iointure, l. commissura nauis », Nom. 152), sing. *barrenn*; *gwaliñer* « verges, fléaux, aunes » et aussi « anneaux », Gon.; *goaleigner*, Gr. (*gwalinier*, bagues, *G. B. I.*, I, 426), du sing. *gwalenn*, moy. bret. *goalenn*, qui a tous ces sens ; *guëzreigner*, glaces (de miroir), pl. de *guëzrenn*, Gr.; cette terminaison de pluriel est en breton *-ier* (*-yer*) : moy. bret. *baz* « bâton », plur. *bizier*, *bizyer* (deux syll.), aujourd'hui id., etc.; voir *forchyc*, *goalen*, *ialch*.

---

1. Pel. donne le sens de « dépenser » à *dispen*, mais ce sens doit dériver de celui de « perdre, détruire »; nous avons vu que ce mot veut dire proprement «mettre en lambeaux, déchirer » (= **dis-pannare*). Inversement, *dispign* est un intrus dans « *Dispenn* (ou *Dispign*) *ar c'haz*, le partage du chat », titre d'une chanson, Quellien, *Chansons et danses* 202.

Le changement de *en* en *ign* a lieu devant d'autres suffixes commençant par *y*. Ainsi *kignat* « écorcher » (*e guignat* « l'écorcher », *Intr.* 236), participe moy. bret. *quingnet*, est pour **ken-yat*, de *ken* « peau », qu'on trouve dans les composés comme moy. bret. *caruguenn* « peau de cerf »; *buguenn*, Gr., van. *buhqueenn*, pl. *eu*, f. « peau de vache », l'A.; tréc. *maousken* « peau de mouton », etc. De même *stigna* tendre, Maun., *stigna, stegna* « tendre, roidir »; *stegn*, roide, Gon., moy. bret. *stinn* (rime en *ign*) « extension (d'une famille) », de **stenn-ya*, où **stenn* = lat. *extendere*, d'où aussi le br. moy. *astenn*. Voir *bresquign, distribilla, grynol, quimingadez, touign*.

Dispos (se) disposer D 153, *disposition* -tion 29, 144.

Displigaff déplaire, de **displicio*, voir *pligaff*; *displigeable* déplaisant *B. er s.* 5.

Dispourbellet « reboule, l. recuticus » C, *disbourbellet* « celui qui a les yeux sortant de la tête, soit naturellement, soit par application ou colère » Pel., *daoulagad dispourbellecq* de gros yeux, *dispourbella an daulagad* ouvrir beaucoup les yeux Gr. L'origine de ces mots me semble être le lat. *reburrus*, dont le préfixe *re-* a été remplacé par son équivalent breton *dis-*; cf. tréc. *distroñsañ* retrousser. Le *p* qui suit vient d'un *b*, comme le montre le syn. *bourbell* (voir ce mot); un renforcement semblable a lieu dans *dispac'hat, dispill*, voir *diuach, distribilla*, et même dans le v. bret. *E-ris-poe*, qui est à *Ris-uidoe* comme *dispilh* à *divilh* (voir *discomboe*); *Erispoe* est devenu en moy. bret. *Irispoe, Ylispoe, Ylisploe, Chrest.* 215, cette dernière forme est due à une étymologie populaire d'après *ylis ploe* église de campagne (N 1511). Quant à la terminaison, on peut rapprocher *bourbellec, dispourbellecq* du pet. tréc. *teurbelek* ventru, syn. de *teurek*; *skarbelek* celui qui traîne les pieds, qui butte, ou qui se frappe la cheville du pied en marchant (*Rev. celt.* IV, 166), van. *scarbléc* qui a de longues jambes l'A. (*ur jardelec* escogriffe Chal. *ms*) de *scara* courir vite et à grands pas Pel., voir *scarra*.

Disprisaff, desprizaff (et non -*saff*), mépriser *Cb*, *disprisa* Cathell 1; *despriser* (et non *dis-*) « desprisable » (i. e. méprisant), *Cb*; *dispris* mépris Catéch. b 9 v, *disprich* T. Ger. 46; *disprigeanç* id. D 69, 114, 126, *disprisance B. er s.* 161, *disprisable* méprisable 31, *disprigel* méprisé Trub. 111. — *Disputeñ ouz*, discuter avec, Cathell 12.

Disquennadur, déclivité, C*b*, v. *dependancc*. Pet. Trég. *ze ra disken ë boet*, cela fait digérer.

Disquientaff « forsenner » C*c*, v. *diboell*, *disquientus*, celui qui ne peut rien apprendre, C*b*, v. *quelenn*.

Disquifu... a uez instruire de, Catech. 5 v, *discquifu*, *discquif* apprendre 4 v; *desq* il apprend C*b* v. *leenn*, *desqc* apprends, Cathell 5; *desquebl* 1. docilis, C*b*, v. *quelenn*, *disquib* disciple D 186, *disqibl*, van. *disguibl* apprenti Gr., pl. *disquibien* D 28, 34, 131, *-yen* 187; *descadurez* enseignement, doctrine 179, apprentissage Gr.; *descadeurien* novices *Intr*. 158; le suffixe de ce dernier mot rappelle celui du gall. *dysgadur*, pl. *on*, élève, apprenti, mais la rencontre peut être fortuite.

Dyssafar, sans bruit, Gw. v. *saffar*; *dissafar* (lieu) tranquille Choæs 145, *dissaffarroh* (lieu) plus tranquille *B. er s*. 67.

Dissention, g. id., C*b*, v. *alumiff*. — **Dissimulancc**, feinte, trahison, C*b*, v. *ober*; *dissimulifu*, -ler H 47.

Dissiuout « cuydance, l. secta », *disiuout* « opiner, avoir cuidance », C*b*, v. *opinion*; *diçzivoud*, pl. *ou*, hérésie; *diçzivoud*, pl. *aou*, secte, multitude attachée à une opinion, *diçzivouder*, novateur, mots surannés, selon Gr. Cf. moy. br. *deseuout* penser, *deseu* pensée, auj. léon. *dezo*, résolution, cornique *desef* désirer, gall. *deisyf*, *deiseb*, demande. J'ai tiré *deseuout* du lat. *de + sapere*, mais il correspond plutôt à l'irl. *tesbuith*, manquer, *teseba*, qu'il manque, cf. *eseba*, id., de *to* ou *do* (voir *tarauat*), *ex* et *bu* (être); voir *ezeuêlt*. Le *b* du gall. *deiseb* est dû à l'analogie de mots comme *ateb*, réponse. L'association des sens de « manquer, désirer, demander, penser », est naturelle; cf. bret. moy. *mennat*, « souhaiter, demander, penser ». Voir *tauantec*, et Rev. celt. XI, 462; XV, 361.

Dissolit, celui qui fuit l'école, l. *discolus* C; *disolit* déréglé Maun., insolent Gr., *disolitamant* déréglement Maun., van. *dissolitte* dissolu, libertin, *dissolite* grivois, grivoise, *dissolittemantt* libertinage l'A. J'ai comparé à tort le van. *solitte* persuasion (sollicitation). *Dissolit* doit être formé comme en fr. *insolite*, mais avec influence des mots « insolent » et « dissolu »; voir le suivant.

Dissolut (luxure) dissolue C*b*, *disolut* insolent Gr. (voir *dissolit*);

dissoluet, avec *u* prononcé *v*, (mariage) dissous D 103. Du fr.; cf. *absolut* absolu Gr.

Dissonn (jeu) mou, (coups) peu fournis B 592, mot différent de *dison*; cf. *dizounna* déroidir Gon.

DISSTILLEIN, *disstill* débiter, parler; détailler; conjuguer; *disstill*, pl. *eu*, m. débit, facilité de parler; *disstill ag er homzeu* prononciation, l'A., *distill ag ur ro* émission de vœux, Sup.; *disstill ag enn treu é particulier* détail, *disstill caire* dissertation l'A., cf. s. v. *emphase*, et Sup. v. *fleuretis*; *disstillour caire* disert l'A. M. Loth rapproche ces mots du gall. *distyll* action de dégoutter, jusant, du lat. *destillo*, Mots lat. 161. Les sens ne sont pas, en effet, incompatibles, cf. cette phrase d'E. Desjardins, *Mélanges Renier* XVIII : « Son débit lent, intermittent, rebutait ceux qui ne sentaient point la valeur de chaque mot tombé de ses lèvres; il ne répandait pas la vérité, il la distillait. »

DISTAOUEL, indolent, mou, à l'île de Batz, Trd, se rattache à une forme léonaise analogue au van. *disstaouein*, apaiser; voir le mot suivant. Cf. gall. *tawel*, calme, tranquille, et v. br. *taguel-guiliat*, gl. *silicernium*.

Distavaff, calmer = van. *disstaouein* « appaiser »; *disstau*, rapaiser, l'A. (c'est ainsi qu'il faut lire, *Rev. celt.* VII, 507); *distaoüein*, apaiser, Gr. On dit en petit Trég. *tawed é' glá*, la pluie a cessé; cf. *na dawaz a oela* (jamais) elle ne cessa de pleurer, G. B. I., I, 502; *lao tout ha na voel qet* tais-toi, ne pleure pas Mo. 174, *tavit da c'hrosmol* cessez de murmurer 244, *tavit ho canvou* cessez vos lamentations Jac. 86. Voir *distaouel, gouzavi*. Le van. *distannein*, apaiser, *disstannein*, l'A., *distonein*, id. Pel., pet. Trég. *distann*, amortir, adoucir une sensation vive, léon. *distana*, Gon., a pu subir l'influence de *tan*, feu, cf. *didana* « oster le feu » Maun., *didana* Pel., *distana* Gr., éteindre (la chaux); mais à l'origine il y avait là un doublet phonétique comme dans van. *ineü* et *ineañ*, âme = *eneff*; *neaihue* et *nean*, nage, l'A., de *neuff* = *(s)nā-me*.

Distempret détrempé C; *dizempra* détremper Maun.

Dysten P 263, -*nn* 278 (sans) rémission, consolation, cf. fr. *détente*; DISTENN, *distenna* étendre par force Gr., *dissteenne* détirer,

-*nnein* détirer, débander l'A., *distenet* (glu) étendue L. el l. 160 ; voir *distingaff* 2.

Dister. *Euit dister* occasion pour un motif léger D 103, *evid disterdra* pour une bagatelle Trub. 98 ; *disterder* insignifiance ; bassesse, condition chétive D 30, 59, 91, Jac. 89 ; *distérach*, babiole Gr., *dissterage*, dim. *dissteragig* m., l'A.; *distervez* petitesse Gr., *disteruez* « non valeur, avilissement » Pel.; la façon dont ce mot est écrit par *u* pour *v* peut faire supposer que Pel. l'a copié sur un texte ancien. Pour le suffixe, cf. *unvez* unité Gr., Gon., *squyzvez* lassitude Gr.; voir *tez*.

1. *Distingaff* distinguer C; *distincq* distinct D 24 (2 fois).

2. **Distingaff**, destendre, l. distendere. Item, c'est moult tendre, Cms; de *distendo* + *ya*-, cf. *dysten*; voir *dispingneus*. Cf. *disteigna* débander Gr., pet. Trég. *distignañ* défaire, déranger.

Distreiff. *Dyzröet* retourné Gw. v. *tro*.

Distribilla. Cette forme seule doit être dans Am., et non pas *istribilla*. *En em distribilla* se brandiller, *a distribill* suspendu Maun., *e zistribill* (la loi reste) en suspens T. Ger. 41 ; *a zistribilh, distribilh, a istribilh, istribilh* suspendu Gr. La syll. *tri* est peut-être la préposition *tre*; en tout cas elle a été ajoutée : cf. DISPILL qui est suspendu Maun., *dispilh, a zispilh, ispilh, a ispilh* Gr., pour *dis-bill, cf. *divilh, a zivilh* suspendu Gr.; *goualen á vez á diuil ouz an scouarn* l. inauris, « bague pendant au tendron de l'oreille », Nom. 170; *diuscouarn lausq á diuill* oreilles lâches et pendantes 271 ; *diuillounat* pendre, être suspendu 28, *diuilloun an quillecq* la barbe d'un coq, l. palea 36 ; *en em dimillōna* se démener Maun.

Pel. *a dibillōna* se pendre ou suspendre, et Gr. *èn hem dibilhona*, se démener; cf. *dibil* (par *l* mouillé) vite, rapide, H. de la Villemarqué dans le Dict. de Gon., cornou. *dibill* ingambe, leste, agile Trd, et peut-être le tréc. *marc'h ambilh* cheval qui est le premier de l'attelage Gr. Ajoutons le van. *e zibill* (il) émonde L. el l. 90, *dibilhour* émondeur, *dibilhadur* émondes Gr., formé à peu près comme le lat. *frondator*; proprement « celui qui enlève ce qui pend (aux arbres) » cf. *scourrou* émondes, *scourra* pendre, suspendre Gr.

L'origine de tous ces mots se montre dans le bret. *bill*, garrot pour attacher et contenir par force la charge d'une charrette Pel., du fr. *bille* id.; *divilla, *dispilla est proprement se délier, se détacher, d'où branler, brandiller; cf. provençal *desbiha, debilha* desserrer la liure d'une charrette, ôter le garrot qui la tordait; lancer avec force, Mistral. *Diuillounat*, etc., se rattache au prov. *bihoun, bilhou*, bille, garrot, *bihouna, bilhouna* biller. Voir *dispourbellet, diuach*.

Le *b* qui paraît dans *dibill, dibillona*, etc., peut être celui d'un franç. *débiller* (cf. *diguiza* déguiser Gr., forme française, pet. Trég. *dic'hijan* forme bretonne). On peut soupçonner aussi l'influence analogique de *dispill* etc., et même de celle du mot tréc. *en pign* en suspens, van. *é spign, Livr bug. Mari* 50, *en pign, in pign* (doh) Chal. ms v. *pendant, filet*, moy. bret. *pignat, pingnat*, (écrit aussi *pinnat*) monter, auj. id., de *penn-yat*, du lat. *pendere*, cf. Rev. celt. IV, 165, voir *dispingneus*; le pet. tréc. *tivignal* pendiller Rev. celt. IV, 168, semble un mélange de *divill* et de *dibign-*, cf. gall. *dibynu* être suspendu, dépendre de.

Distrizet e orin « estrinte de son orine », l. hec stringeria C (le vrai sens est « atteint de strangurie »); *scuyz distryzet* fatigué à n'en pouvoir plus, Gw. v. *stris, distrizet* (vapeur) dilatée (par la chaleur), *Fanch-Coz* 8; *distryza* élargir Gr.; v. br. *distrit* austère; Cf. Dict. étym., v. *destriz*; Rev. celt. VIII, 506.

Distro. Dyzroet détourné, Gw. v. *tro*; *distry* se convertir, Cathell 29; *distroou en mar* (lis. *mor*), détroits Nom. 228; *n'euz distro ebe d din* il n'y a pas de guérison pour moi Bali 208.

Distrugus, destructif, Cb, v. *techet*; *distruyaff* détruire, v. *midiff, squingnaff*; *distruich* abatis, pl. *-uigeou* Gr., *distruch* (lieu) stérile Trub. 15; du b. lat. *destrugere*, ital. *distruggere*.

Distuch, sans plume, Cb, *distuc'h* Gr.

Disuyncall, récalcitrer, frapper du pied comme fait le cheval, Cb, v. *squeiff*; *disvincqal, disvincqa* regimber Gr., dim. *diwinkelat* pendiller, s'agiter en l'air, pet. Trég.

Ditaluezhat, non valoir, Cc, did-, Cb, v. *taluout, ditalffezhat*, rendre malheureux, *ditalffez*, malheureux, v. *gennuidic*; **didaluoudec**, de nulle valeur, v. *neantat*; *ditaluoutdeguez*, l. improbitas, v. *fals, ditalvoudeguez* fainéantise D 178, *ditalvez* paresseux 178; *didalvez, didalvoudecq* fainéant Gr.; *didalvoudek* inutile, Trub. 127, *didalvoudus* id. 132; *didalveza* faire le fainéant, *didalvoudecqdt* devenir fainéant, *didalvoudéguez*, *didalloudéguez*, van. *didalvedigueh* fainéantise Gr.

Ditechet enfui B 373, *dydec'het* Gw. v. *tec'h*.

Ditennaff, attraire, l. *atraho*, C*b*, v. *tennaff*, *didenna* attirer Gr., gall. *dydynu*.

Diteudaff, ôter la langue, C*b*, *dideoda* Trd, cf. *Barz. Br.* 122.

Ditreusouyaff, mettre hors le seuil, l. *elimio*, C*b*.; ôter le seuil, Cc.

Ditruez « non pitié, déloyauté » C*b*; sans pitié D 22, 157.

1. *Dius* malgré, voir *daoust*.

2. *Dius*, *diusaff* élire C*b*, *dius*, *diusa* Gr., *dius* élection C, pl. *ou* Gr., *dihus*, v. actif; *diusapl* éligible, *diuser* électeur; *an dius* l'élite (de la jeunesse) Gr. Voir *Rev. celt.* XIV, 311, 312.

Dyu, deux, f., H 55, *diou* (1 syl., r. *i*) *guen*, lèvres J 80; voir *dou*.

Diuach croc (*diuac'h* Maun.) est prob. composé de *bach*, id., comme le gall. *dyfachu* accrocher. Si **divac'ha* n'existe pas en breton, il y a du moins un mot très voisin, *dispac'hat* remuer la terre, Maun., dict. bret.-fr., « escarter » dict. fr.-bret., remuer Gr., *dispac'h* « remuement de gens ou de terre », tumulte Maun., bruit *Trub.* 43, révolution, f., XVII, etc., cf. gall. *ysbach* serre, griffe. Le rapport de *dispac'hat* à **divac'ha* rappelle celui de *dispill* à *divill*; voir *distribilla*, *dispourbellet*. En van. *dispeah* 2 syl. discorde, querelle, *Guerz. Guill.* 58, *L. el l.* 156, paraît être *dispac'h* influencé par *péah* paix l'A.

Dyvalau laid, odieux, a été comparé au gall. *dywal* terrible; mais le *v* du tréc. *divàla* lent, indolent, *divalavàt* devenir lent, ne répond pas bien à un *w* gallois. On pourrait penser à une forme romane du lat. *valere*, cf. *diualo* « un vaut-rien », Maun.; mais le suffixe serait bien étonnant. Je suppose qu'il faut partir d'un adj. *malavo-s, mou, faible, qui serait à *malu-s comme en grec ταναό-ς (moy. bret. *tanau*) à ταvu-, lat. *tenu-is*. **Malu-*, grec μῶλυ-ς, lat. *moll-is*, paraît représenté en gall. par *mâl* doux, gluant, cf. *malw-oden* limaçon, bret. moy. *melhuedenn*. Le tréc. *divàla* signifierait litt. « très mou », de *do-*, et le léon. *divalo*, van. *divalàu* mauvais, horrible *Choæs* 145,

182, *Guerz. Guill.* 78, *divalaw* L. *el l.* 108, 124, serait proprement « qui n'est pas doux », de *di-* (cf. les deux sens de *dinigal*, etc.).

Diuanne, gouttière, dim. -yc, C*b*, v. *can*; *dibannech*, dégouttement ou gouttière, v. *banne*; *divannéh* sans pluie l'A.

Diuer « ce qui chiet de gouttiere », C*b*, v. *can*; dégouttement, C*c*, v. *banne*; *diver an dour* l'écoulement de l'eau, *Fanch-Coz* 11; *diuareden glaò* (lis. *diueraden*) goutte, *diuezadur glaò* (lis. *diueradur*) égout, dégout, Nom. 221; van. *divirr, divirein* couler, dégoutter l'A., *divir Choæs* 23, *devir* L. *el l.* 188, *dever* 160, id.; fut. *devirou* 188, prés. *e zivér Choæs* 208, etc.; gall. *dyferu* dégoutter.

Diuerclaff, dérouiller, C*ms*, *dimerclaff* C*b*, *dimerglaff*, v. *liff*.

Diuerraff abréger C, prés. *diber* M 5, fut. *diverrin* B. *s. Genov.* 27, *diverrât* abréger, *diverradur* un abrégé, *divérrér* abréviateur Gr., *diverra an amzer* passer le temps, se distraire *Bali* 272, *diver-amzer* passe-temps, amusement 222, van. *deverrein, deverrále* s'ébattre, se divertir, *devǽrrein* récréer l'A., *devǽrral Voy.* 46, *e més... devǽrreit* je me suis amusé 28, *devérrance* f. passe-temps, *devǽrrance* récréation, *devǽrruss* récréatif l'A.; gall. *dyfyru* raccourcir, et *difyru* amuser, *difyrus* divertissant.

Diuers. *An divers usaig* l'usage divers, Catech. 5 v.

Diuez fin. *Diveza* dernier D 156, *an diuizaff dlé* la dernière dette Nom. 207, *var an divezadou* (ne penser à la mort qu') au dernier moment *Bali* 8-9. *Diuez* est expliqué *Urk. Spr.* 144, 269, par *dé-vedo-n* cf. goth. *gavidan* lier, gall. *gwédd* joug, ou sanscrit *vadh* frapper. Le gall. *gweddill* reste, débris, ferait pencher pour la seconde hypothèse; on peut aussi partir de *dé-vid(h)-*, cf. lat. *divido, viduus*, gall. *gweddw* veuf, v. irl. *fedb* veuve.

Diuezet, éhonté, C*b*; *divezet, divézus* impudent Gr., voir *dimez* au Dict. étym.

Diuinitez divinité H 9, *Divinité* D 24, 65; *figurieu divinadélléq* figures emblématiques *Voy.* 88. — *Diuis* « ditie », l. *dictamen*, *diuisaff*, l. *dicto*, **diuiseur** « diteur », l. *dictator*, C*b*, v. *lauarez*; *deuisa, ober castell... e bresell*, deuiser chasteaulx... en guerre, C*b*.

Diuisquaff. Diguischaff dépouiller, C*b*, v. *noaz*.

Diuoe certes, sérieusement, vraiment, doit être composé de *do-*

et d'un adjectif verbal tiré de *bu*, être; voir *discomboe, dispourbellel*. Cf. les participes futurs du verbe être, gall. *bodadwy*, v. irl. *buthi*.

Divout : *az divout* à ton sujet J 112 b, van. *a zivout* au sujet de B. *er s.* 13, 188, etc., *a-zivoud* l'A., v. *intendance; a hé divoud* à son sujet à elle *Voy.* 73; *ar é zivoutt* l'A. v. *sot, ar hou tivoutt* v. *sujet.* Composé de *bout* être; cf. v. irl. *fobith* à cause de; *Rev. celt.* XI, 458.

Dizomag, sans dommage, Cms.

Dizonaff sevrer C, *disóna*, van. *disôneiñ* Gr., *dizonnidigaez*, sevrage, Cms. Ce mot n'est pas composé de *denaff* téter C, *dena*, van. *deneiñ*, *dineiñ*, Gr., tréc. *dénañ*, = v. irl. *dínim*, *Urk. Spr.* 146; il répond au gall. *diddyfnu* sevrer, proprement « déshabituer », de *dyfnu*, être habitué, qui a pris aussi le sens de « téter », par l'influence de *diddyfnu*; cf. *annyfnad* manque d'habitude, *dyfnad* habitude, *dyfneual* être habitué. En pet. Trég. *didoñnañ* sevrer, veut dire aussi « perdre une habitude »; voir *gourdon*. Ceci suppose un v. bret. *domnam* j'habitue, qui peut répondre au v. irl. *damnaim* je dompte, δάμνημι, *Urk. Spr.* 141; cf. vieux norois *temja*, dompter, et aussi habituer (Stokes, *The Bret. Gl. at Orleans*, n° 196).

Dizornnet, sans mains, Cms.

Dizour, l. fluctuatio, C*b*, v. *fluaff*, gouttière, v. *can*; *an toul dizour*, « l'ossec », l. sentina, Nom. 151; **dizouraff**, l. defluo, C*b*, v. *fluaff*, *dizoura* « dégouster » Maun.; **dizourer**, v. i. *rigol*, Cms (rigole), **dizourus**, l. defluus, C*b*, v. *fluaff*, *didourus* (miel) fluant, C*b*; léon. *dizoura*, couler, petit Trég. *didourañ*, cf. *Rev. celt.* V, 126; van. *mein dizeurérr* culiere l'A., *Sup*.; gall. *dyddyfru* arroser. Avec *di*- privatif : *disour, disourecq, disourocq* sans eau Gr., *dizour* Gon., gall. *diddwfr, diddwr; disoura ar prageou* ôter l'eau des prés Gr., *dizoura* Gon., pet. Trég. *didourañ*.

Dizuaff « desnoircir », C*b*, *disua*, van. *disueiñ* ôter la noirceur Gr., pet. Trég. *diduañ*.

Dleez tu dois, Cathell 4, *dlees* tu devrais 5, *dleffen* je devrais 9, cf. *Rev. celt.* VII, 235; *dle* dette, m. : *e paeaff* Nl 287; pl. *dleou* D 59, 98; tréc. *tennañ glé*, contracter une dette.

DLEIZEN, pêne de serrure, verrou que la clef pousse et retire,

Pel., loquet, Maun., dleyzenn, cleyzenn, ar c'hleyzenn, Gr., dleizen, kleizen, f. Gon., Trd, pêne, de dleiz- = v. cornique delehid, gl. sera, gall. dylaith, sorte de verrou ; cf. delè. Pour la gutturale de cleyzenn, cf. cornou. gleüien et dleüien truite, Gon.; tréc. gle pour dle, dette.

Doanger, danger, Cms, *Vie de sainte Anne*, ms. du siècle dernier, appartenant à M. Bureau (cf. *Rev. celt.* V, 327, 328), fol. 74 v°, 79 v°; cf. *danger* et *dongerus*. *Danger* danger D 15, -us dangereux 60, 110.

DOCHAL grogner (comme une truie). Nom. 216, doc'hal Gr., doc'ha, hoc'ha Gon.; gall. dych, och, grognement. C'est une onomatopée; cf. *ar moc'h... a doc'he, a zoroc'he hag a oc'he* les pourceaux grognaient, Emg. Kerg. I, 125, 126; *Mélusine* IV, 495.

Doctement, doctement, Cathell 6, *docteur*, docteur, Cb, v. scol, **dotrinabl** « doctrinable », l. doctrinalis, Cb.

Doelez, déité, Cms, *douelez* Catech. 6 v ; *doel* divin, *does* déesse Cb, v. loar, Cc, *douees* Cathell 18, *doueou* dieux 5, *doneou* 4, *douéou* D 23. *Doue* paraît avoir 2 syl., H 11; cf. *Rev. celt.* XVI, 170-172.

Doen. *Douen* porter Nom. 185, *douguen* 179, 185. Pel., au mot *doughen*, cite deux passages de Gw. qui contiendraient l'infinitif *douguen* ; mais il s'agit de l'emploi de ce verbe, et non de sa forme, de sorte qu'il a bien pu rajeunir celle-ci. Cette induction est confirmée par la citation complète du premier passage en question, s. v. *gwél* : *Douguen tenn pynygen scafha goelaf gant caffou* est un alexandrin trop long d'une syllabe, il faut lire *douen*. *Doug* il porte Cc, v. banier. *Mary en em dougas* Nl 8 est, je crois, à corriger en *eu en dougas*, c'est Marie qui la porta. *Ez eth myc a dycquys ma noz* « que ma nuit a passé dans un profond et extraordinaire (sommeil) » Gw., v. mic. Cette citation et cette traduction de Pel. ne peuvent pas être exactes. Faut-il lire *dyguis* je passai (la nuit) ? Cf. *a-doucq, a-deucq, a-docq, é-doucq*, etc., durant, pendant Gr.; *canaff á docq-cam á vizyou vhel á vizyou isel* chanter en fausset Nom. 214. Sur l'étym., voir *Urk. Spr.* 113.

Doetus, douteux, Cms, doutant Cc, *comps douetus* parole ambiguë Cb, *doueteux* Cathell 23, *doubteux* g. id., l. hesitabundus; *ez doet* douteusement Cb; *douétou* doutes D 23, cf. 126; *douetanç* doute 125, 142, 17, f. : *homa* 18.

Doffaff, g. dōteur (lis. dompter), C*ms*, l. *domo* ; *doeuaff*, dompter ou priver, C*b*, après *doetus*.

Dogan. **Doguet** n. d'homme, xve s., *Archives de Bret.*, VI, 99, 114, 138, 143, 144, 166, 169, 220; VII, 229; *doguet, dogan*, « cornar » Chal. *ms*; cf. le surnom *Dogan* au xive s., *Chrest.* 202. On dit en Trég. *dogan, dogen, heli-dogen, heri-dogen*; voir *ere*.

Doliff : *eol* — C*b*, du fr. *d'olive*, voir *darem*; on lit *eaul oliff, eol oliues*, Nom. 65.

Domaig. Doummag dommage C*ms*, -*aig* D 105, -*aich* 150, -*ag* 110, pl. *domageou* 105; **dommaigeux**, g. id., C*b*, -*ageux*, v. *dampnaff*; *domagus* D 62. — **Domiua** (lisez -*na*), dominer, Cathell 23, *domination* -tion D 108; **dominical** (oraison) dominicale H 53 ; du fr.

Donæson don D 17, pl. *ou* 39, 63, *donn-* 133 ; *donnaeson* don C*b*, du v. fr. *donnaison* (*Archives de Bret.*, VI, 50); *donaesonner*, donneur, C*ms*, -*ssoner*, f. *e*%, C*b*, v. *reiff* (f. *es*, C*c*); **donaessonabl**, donnable, l. *datiuus*, C*b*, *donesoniff*, faire des présents, Nl 514, *donaesony*, donner (prébende), C*b*.

Donet en mat, a bien venir, l. *provenio, donec quaezourec* l. *pubeo* C*b*, *donnet da bezaff rust* devenir rude C*c*, *donnet ac'hano* sortir de là D 164; *donné-matt* m. bienvenue l'A., pet. tréc. *mone-done* aller et retour, *ne deuàn eus va souez* je ne reviens pas de mon étonnement Mo. 236; *dont a reas ne glaske mui* il en arriva à ne plus chercher (que) *Bali* 233 ; *donedigues* la venue (de J.-C.) D 32, *an donnediguez mat* la bienvenue Nom. 160, *paëaff ez donediguez mat* payer son béjaune 205; voir *deuaff*. Cf. *Rev. celt.* XI, 124, 459, 480.

Donoet Donat, *donoeder* l. *donatista*, C*b*.

Dor porte f. : *mont an eil dor de ben* aller d'une porte à l'autre D 112; *an nor* B 416, J 217, *an or* N 479; *e'o nor* est la porte Nl 102; pl. *an oryou* 28. L'autre pluriel *dorojou* Trd, Mo. 212, *Trub.* 4, etc.; van. *doredëu* Gr., *doradeu* l'A., doit répondre au cornique *darasow*, du sing. *daras*, plus anciennement *darat*, cf. Z² 840. *An dorzell* la serrure, la clôture Nom. 146; *dorzell* pl. *ou*, van. *dorhell* serrure Gr., *torsell* Pel.

Dornn main C*ms*, *dournn* C*b*, v. *cant* ; *dourn* C, v. *meut*, D 15 ; *daouzourn* mains Cathell 2, *daezorn* 5, *dauzorn, an naudorn* C*b*, v.

milguin; an daoudorn, v. *dastum; an noudorn,* v. *ioa; an noudournn,* v. *bell; daou dourn* D 87, *daou dorn* 17, *daouzourn, daouzôrn, daoüarn* Gr., *daoüern Trub.* 54, 68, 115, 155, etc., van. *deüourn, deüarn* Gr., *deourne* l'A.; *dournaff* battre, *Cb,* v. *fraeill; dournat* et poignée de blé, v. *malazn;* **Dornadic** reg. Quemp. 26 v, Quoatg. 6 v, Anniv. de Trég. 22 v, etc., *dornadic* petite poignée Nom. 210; *dorguenn,* anse de seau, *Cms; dourguenn,* id., Gr.; *dourguen* ou *crammailler,* « cremilier, lat. climacter », Nom. 163; *dourneelleu,* f., les deux branches de la charrue, l'A; *Dornec* n. d'homme, xve et xvie s., Nobil., *Le Dornec* reg. Quemp. 10 v, = gaul. *Durnācos,* cf. *Rev. celt.* II, 104; DOURNER, *dôrner,* van. *dournour, dornér* batteur de blé Gr., gall. *dyrnwr.* Voir *Urk. Spr.* 148.

Dou. An nou les deux N 1380, cf. J 202; *dan nou troat* 136 b, *han naou troat* 121 b, éd. 1622; *dan nouglin* B 176-177, *dan naou glin* N 900; *ann ou* B 299, *an ou* 287; voir *dornn;* f. *diu* C, adoucit : *deuguell Cb, Cc,* v, *faezcenn; dyffronn* Cathell 26, *di-* 27; *ann niou aven* J 79, *an nyouabrant* B 456; **dou troadec,** à deux pieds, adj., *Cc, daou troadec, Cb;* **douglinus** « a genoill », l. *genicularis;* **douzec-uet,** douzième, *Cb; an daoudec dezyou* les quatre temps H 17, cf. 4, *an daouzec deziou* D 111, cf. 83, *an daoudec deziaou* Catech. b, 9 v. Voir *demesel, hubot, yell.*

Douar terre C, *donuar* Cathell 4; *en nouar* sur la terre; (ne savoir) aucunement, J 151, *en noar* N 20, *enouar* B 282; *roen noar* N 1019; *douar* 2 s. D 125, *doüar* 2 s. 52, 53, 118, 120, 152, 164; 1 s., 155; *an doüar bras* le continent 191; pl. *douarou* 195; *douaret* terrassé (par la tentation) 60; *doüara* abattre, coucher par terre; aborder, prendre terre Gr.; DOÜARECQ terreux Gr., gall. *daiarog.*

Douaren n. d'homme xvie s., *Le Douarain* xve, xvie s., Nobil., *Archives de Bret.,* t. V, p. 141, *Lettres de Jean V,* (xve s.) Nantes 1889, *Touaren* p. 26, *Le Touarren* t. IV, p. 91; *douaren,* pl. *ed* petit-fils, f. *-ès* Gr., mot devenu, depuis, propre au dial. de Vannes : *doarein, doaran* l'A., *doaran, Er Vretonèd* 18, etc., mais qui se trouve souvent, francisé, dans des documents trécorois du xve et du xvie s. : « feu Guill. Prigent douarrain feu Jean Tugdual » Anniv. de Trég. 74, « hoyr et douarrain dudict » 71 v, fém. *douarraine* 58 v; « led. douarain dud. feu Lucas » Quoatg. 2 v; fém. *douuaranne,* testament de « noble homme Jehan Rogier sieur de Kerangarou », du 12 décembre 1559, au presbytère de Quemper-Guézennec, p. 7 ; « ses douuarannes », « ses filles douuarannes procrees par deffunctz Yuon et Jehan Rogier ses enffens », 4. Le jurisconsulte Douaren, né en 1509 à Moncontour, diocèse de St-Brieuc, est appelé *Duarenus*, Eutrapel I, 61. De *do-*, *to-*, et d'un correspondant du gall. *wyr* petit-fils, cf. v. irl. *haue*, lat. *puer ;* cf. *Rev. celt.* XV, 361.

Doubierer (*Le*), en fr. *Le Nappier*, n. d'homme, xvᵉ s., Nobil., = « fabricant ou marchand de nappes » ; de DOUBIER, f. nappe, en pet. Trég., *douzier* 2 s., f. : *hy*, J 49 b, *an dousbier*, Quiquer 1690, p. 17 ; *un doucher venn* une nappe blanche, *Bali* 170 = v. fr. *doublier* « serviette, petite nappe » Du Cange ; « nappe pliée en double, nappe en tout genre, serviette, linge de table » God. ; V. Hugo fait remarquer que, dans l'archipel normand, « une nappe est un *doublier* » (*Les travailleurs de la mer*, éd. Hetzel, I, 55). Cf. *unum dupleare*, xivᵉ s., traduit « un doublier ou nappe de double œuvre » par A. Le Prevost, *Mém. de la Soc. des Antiquaires de Normandie*, vol. XIII, 1844, p. 96, 98. Voir *toupyer*, *doubl*.

Doubl. Comps doubl, doublement parler C*b*, *calon doubl* cœur faux D 120, *un doubl pec'het* un double péché 92 ; *a cant doubl*, centuple, *crisquiff a cant doubl*, centupler, C*b*, Doue do renta dach en cant double Dieu vous les rende au centuple, Mo. *ms* 209 ; *doublaff e peuar*, quadrupler, C*c* ; *duoblaff e p.*, C*b* ; *doublet e p.* « double en quatre », l. *quadruplex* ; *doublaff e seiz* « doubler en sept », l. *septuplo* ; **doubledenn**, synonyme de *sourcot*, C*b* ; cf. *doublætte*, m. pl. *-teu* « subgronde ou severonde » l'A.

Douce doux C*ms* v. *comps*. *Doucz* doucement H 46, vers 1, doit être remplacé par son syn. breton *huec*, cf. *Rev. celt.* XIII, 234. Cette pièce est plus régulière que les autres du même recueil (il y a eu transposition des vers 2 et 3, p. 45). *Douch* doux, heureux, r. *ouç* D 165, comp. *douzzoc'h* T. Ger. 42 ; *doucesic*, « doulcete », l. *gliscerium*, C*ms* ; **douceur**, (il est mon) bonheur, Cathell 18 ; *douccʒat* adoucir C*b* ; *douçder* douceur D 83, 173. — *Doucil. Doulcil*, g. id., l. *clepsydra*, C*b*, C*c*. — *Dougeancz* crainte Catech. 4 v, *-eanç* D 61, 153 ; *Le Douigiet*, reg. Péd. 30 (1570).

Dougueur, porteur, C*b*, v. *pot*, *douguer*, f. *es* (*da dour, da coat*, d'eau, de bois), C*b*; voir *doen*.

Doum, dom, C*ms*.

Doun, profond, C*ms*, **dounhat**, « profonder », l. *profundo*, C*b*.

Dourec, abondant en eau, C*b*; « fluvieux », v. *fluaff*, (pleurer) beaucoup, *Intr*. 407, anc. éd., tréc. *c'houezañ, gwelañ dourek* suer, pleurer abondamment; *dour dom* eau chaude C*b*, v. *gorgaff*, cf. *Rev. celt*. XV, 388; pl. *dourou*, *Intr*. 409, anc. éd.; *dour guin* eau mêlée de vin D 131; *dour-mel* « breuvage d'eau et de miel », Nom. 65, cf. *dour erc'h a ra* il fait de la pluie et de la neige, pet. Trég.; *dour-læz* petit-lait Gr., v. fr. « eaue de laict »; *dour deru*, du gui, Nom. 100 (*dour-dero*, van. *deur-derv*, Gr.) ; *dourguy*, loutre, Nom. 46, *Le Dourguy* n. d'homme, xve s., Nobil., gall. *dyfrgi*, irl. *doborchú* qui s'emploie aussi comme nom propre, cf. *Rev. celt*. XIII, 294, voir *quy*; *dour-yar*, poule d'eau, Nom. 39, gall. *dyfriar;* an **Dourdy** n. d'un courtil, xve s., *Chrest*. 202 = « maison d'eau »; DOURLEC'H abreuvoir Gr., gall. *dyfrle* lit d'une rivière; DOURA, *dourea*, abreuver, thème en *a*, *Rev. celt*. XI, 112, *douraff* Nom. 180, van. *deüra, deüreiñ* Gr., gall. *dyfrhau* arroser; *Le Dourher* n. d'ho., de 1712 à 1723, *Inventaire...des archives* du Finistère, t. I, série B, p. 241, *douraër* porteur d'eau Gr., van. *deurérr* voie d'eau l'A. Voir *Urk. Spr.* 153, 154.

Dourpilat frapper à grands coups P 579; *torbilat* briser Moal, léon. *torbilat* frapper, selon M. Milin; *o torpilad* « (le pauvre matelot est jour et nuit) à se trémousser (sur deux bouts de planche à se bercer) » *Son. Br. Iz*. II, 302. Cette traduction semble peu exacte; je prendrais *o torpilad* et *o ruskellad* au sens passif : « (le matelot est) rudement cahoté, et balancé ». Composé de *pilat* et du préfixe *dour-*, *tor-*; voir *tarauat*.

Dracc, cf. *drast*; voir *drastaff, druill*.

Draffl, draffle ou huysset, C*ms; ur draf* une clôture d'ais pour se garder du vent, Nom. 145.

Dragoun, -on, C*ms*.

Dram, g. javelle, C*ms*; *dramm*, pl. *ou*, Gr., irl. *dream*, cf. gr. δράγμα; *Rev. celt*. VIII, 525; *Urk. Spr*. 149.

Drant dispos, alerte, éveillé Am., gai, enjoué Gr., *drant* Gon.; *dranticq* un peu gai, *dranded* enjoûment Gr. Ces mots paraissent abrégés de *drilhant* enjoué, *drilhanticq* un peu gai, *drilhanded*, *drilhander* enjoûment Gr., du v. fr. *drillant* sautillant, étincelant, part. de *driller*; on dit encore à Montbéliard *drillie* briller, Contejean, et en prov. *driha*, *drilha* aller vite et légèrement, être en jubilation; *drihant*, *drilhant* alègre, dispos, agile, Mistral (cf. fr. *drille*). La syll. *ilh* a pu être traitée comme un suffixe inutile; cf. le rapport de *dispenn* au fr. du centre *dépeniller*.

Drapen «......Item h(e)c xeropellina, ne, vel xerapellina, xerapelline, et veteres pelles vel veteres vestes, b. *de esfyou* » (?), C*ms*.

Drasql, pl. *ed*, van. id., grive Gr., *drasq* mauvis Maun., *drask*, *draskl*, m. grive Gon.; *drasqual*, *drascal* petiller Maun., *drasqla*, van. *drasqal* petiller, étinceler, *drasqla* petiller d'impatience, d'émotion, Gr., *draska*, *draskla* Gon., pet. Trég. *drask*, grive; femme étourdie, pl. *driski*; de **trascl*, v. br. *tracl*, gall. *tresglen*, f., prob. de **trosdl-*, cf. lat. *turdela*, angl. *throstle*. Voir *cronicquou*.

Drastaff. En pet. Trég., on dit *drastuz* embarrassant, (blé) difficile à couper, à ramasser. Cf. l'ancien anglais *drastes*, résidu des grappes pressurées, v. fr. *drasche*, auj. *drêche*? Voir *druill*.

Dre par, pour *gant*, comme en van., H 2, 3; *de deffaut par l'erreur*, la faute (de), Cathell 35: *dreyzi* par elle, 1; *gounezet dre pidiff* acquis par prière C*b*; *dreizafu* par lui H 7, *dreiza* D 30, 102, 143, *dreiz omp* par nous 85, *dreizomp* Mo. 204, *dreizo* par eux D 127. *Dreist emboa meritet* plus que je n'avais mérité D 173.

Drèau coqueluche Gr., *dréô* m. Gon., *dreo* m. Trd, *drihuë* m. l'A.; cf. gaél. *triogh*, *triugh*, f., écossais du nord *triuthach*, irl. *trioch*, *triugh*. Le mot breton n'étant jamais cité qu'avec l'article, *an dréau*, il se pourrait que ce fût un féminin **tréau*; du reste, *dr-* initial pour *tr-* n'est pas rare. Le gall. *trew* éternuement, doit être différent.

Drelec (*Ann*), n. d'ho. en 1477, *Inv. des arch.* du Finistère par Le Men et Luzel, série A, p. 13; cf. drella, *drelli*, *trella*, *trelli* s'éblouir, parl. des yeux Moal, cf. v. *étourdir*; *drelli a ra*, *drelled eo va daoulagad* mes yeux s'éblouissent *Sup. aux dict. bret.* 82. Cette phrase rappelle le gall. *mae'm llygaid yn teryllu*, de *teryll* éblouissant, même racine que *tèrig* ardent, voir *dirigaez*. Mais il vaut peut-être mieux comparer le gaél. *dreall* flamme, torche, *dreallsach* feu brillant, visage enflammé. De **drec-sl-*, cf. v. h. a. *zoraht* clair? M. du Rusquec donne *drellerez* f. acuité; voir *drem*.

Drem, la vue, les yeux : *me cret é guel va drem brema, Ur speç hydus* je crois que mes yeux voient un fantôme hideux D 138; *a vel drem* a vue d'œil Maun.; *droucq am eus ém dremm*, j'ai mal aux yeux, *dremm zu* des yeux noirs, *dremm ruz* « des yeux rouges, comme ceux du cochon », Gr., cf. le surnom v. bret. *Drem Rud*, Cart. de Landévennec 54. Cf. *Rev. celt.* IV, 299; *Urk. Spr.* 149; voir *Drelec*.

Dren : *piguaff gant dren* « poindre despines » Cb; c'est prob. un singulier pris au sens général. Le singulatif *draenen* se montre dans *Rosdraenen, Rostrenen*, XIIIᵉ s., *Rostreinen* XIVᵉ, Chrest. 202 = « colline de la ronce », auj. en fr. *Rostrenen*; gall. *draenen*. Plur. *drein* épines D 150, *dreyn* Cb; dim. *drenic*, *drenyc* Cb. *Dreynnec* spinetum Cms; *du Drénec*, sʳ dudit lieu, xvᵉ, xvɪᵉ s., *du Dreneuc*, sʳ dudit lieu xvᵉ s., Nobil., cf. *Rev. celt.* VIII, 139. *Drenec* « bar, lubin », poisson, Nom. 46, *dræneq* Gr., pl. van. *dreinneguet*, Delalande 70; cf. gall. *draenog* hérisson. Voir *Urk. Spr.* 155.

Dresen épine J 109 b, *drezen* Maun., pl. en pet. Trég. *dréñs*; du **Dreseuc**, sʳ dudit lieu xvᵉ s., *du Dreizec* sʳ dudit lieu xvᵉ, xvɪᵉ s., Nobil., *drezecq* roncière Gr., *drézek* plein de ronces Gon., irl. *dreasach* id.; cf. *Rev. celt.* VIII, 137, 138; XII, 294. Voir *Urk. Spr.* 156.

Dreu joyeux. *Dreu* reg. Guing. 25. On pourrait comparer l'irl. *dreán* roitelet (Gloss. de Cormac), gaél. *dreathann*, gall. *dryw* (cf. bret. *laouenan*, de *laouen* joyeux). DRÉAUCQ, *dréeucq*, ivraie Gr., *draok, dréók* m. Gon., gall. *drewg* f., peut dériver de *dreau* « un peu yvre » Gr. Cf. wallon *drawe* folle ivraie; haut-breton *drèu* f. sorte de mauvaise herbe, fr. *droc*, *Rev. celt.* V, 221.

Drouc costez mal de côté D 88, *droucsperedou* les malins esprits H 3, *drouc ha mat ganta* bon gré mal gré D 197, cf. *G. B. I.*, I, 28, 130, *drouc ha mat diganta* id., D 190, *droucou* péchés H 60, *drougueu* impôts l'A., cf. v. *subside, partisan*; *à beuu drouc* (ceux) qui vivent mal D 41; *drouccomps*, médire; *drouccustum*, mauvaise coutume; *drouchanf*, mauvais renom, Cms, *drouc ober* mal faire Cb, cf. G. B.

I., I, 162, 188; *drouc oberer*, malfaiteur, *Cb*, v. *milliguet*; **drouc comser** « maldisant », **drouc lauarer** *e hentez* « mesdisent daultruy »*, Cb*, v. *echarnaff*, **drouc songer** « contumelieux, homme mal pensent », v. *jniur; drouch fauor* mal faueur *Cb, droucvsag* « malvsaige, l. abusus », v. *abusion*; **drouchat** pervertir, *droucguiez* « mauluaistie », *Cb, drougueahus* (enfants) méchants, *Voy. mist.* 66. *Le Droucpaet* Anniv. de Trég. 15 (= « mal payé »); *drouc acquisitet* (bien) mal acquis D 114, cf. *G. B. I.*, I, 68; *drouc quemeret* (bien) pris injustement D 114; *ar quemenerien... etc. à drouc quemer un dra benac notabl eux ar pez avez roet dezo da travel* les tailleurs, etc., qui détournent à leur profit une part notable de ce qu'on leur donne à travailler 107, *en em drouc-qemer* se méprendre, se tromper *Aviel* 1819, I, 167; *hon deus e zrouc-preseguet* nous avons médit de lui *Cat. imp.* 108; *drouc-c'hraçz* disgrâce, = *drouc'hraçz, droulaçz, droulançz,* adversité, etc., *Rev. celt.* XI, 354. Nous avons vu, sous *despez*, d'autres exemples de la chute du *c* de *drouc*. Cf. le nom actuel *Droumaguet*, = *Droucmaguet* reg. Péd. 208, *An D.* 13, *Drouc maguet* 201 (1607, 1567, 1605), litt. « mal nourri »; *Droulazet*, 1691-1756, *Inv. des Arch.* du Finistère I, série B, p. 183, = *Le Drouclazet* en 1692, p. 289, *Le Drouglazet* en 1760, p. 406, litt. « mal tué »; *droulivet, drouk-livet* pâle Gon. **Drouklamm** m. disgrâce, malheur, infortune, Gon., gall. *dryglam*. Voir *roe, sant*, et *Urk. Spr.* 157.

Druill. On dit en pet. Trég. et en Goello (à Trévérec et à Tréméven) *mond d'an druill*, aller au triple galop; à Pédernec, *mond druill-dras*; cf. *Mélusine* IV, 495. A *an druill dracc*, B 477, comparez encore *drouill-drast* (débiter) à la hâte (un discours), *Meulidiguez qeguin....,* par Le Bail, 1807, p. 14; cf. *Rev. celt.* XI, 355. Cf. encore *ann dud a varve dioc'h ann druill* les gens étaient enlevés (par la peste) *Nikol.* 223; *paotred dioc'h an drul* des gaillards solides, sans peur (rime *ul*), *Trub.* 53. On peut rapporter à la même famille le nom *Le* **Druillennec** reg. Péd. 71 b (1578), *An Druillennec*, XVIIe s., *Invent. des archives* des Côtes-du-Nord, par J. Lamare, Série B, p. 78; = *truilhennecq, truilhecq* couvert de guenilles Gr., *truillennec, truillennoc, truillec, truilloc* délabré, dont les habits sont en lambeaux Pel., *trulennek, trulek, trulaouek* par *l* mouillés Gon., cornou. *truillennok, truillok* id., *ki truillennok* chien barbet dont le poil est long et crotté Trd; de **trullien** xvɪᵉ s., *Ann. de Bret.* III, 251, *truilhenn* guenille, pl. *truilhennou, truilhou*, Gr., etc.; en pet. Trég. *druyenek, druyen, druyo*. Le gall. *dryll* morceau est comparé à θραύω, *Idg. Forsch.* II, 369, *Urk. Spr.* 158.

Duah (*doh*), habitué à l'A. s. v. *rompu* et *Suppl.*, v. *amazone, emmariné, duëh L. el l.* 118, *dueh (de huèlèt)* 120, comp. *duehoh* 108; *duahein* « stiler », l'A., s'étourdir (un peu sur les malheurs), *Suppl.*; part. -*hètt, me zuaha* (*doh*), je m'aguerris, l'A.; *hum zuéhat* s'habituer Guerz. *Guill.* 140, *dueha* il s'habitue *L. el l.* 66; cf. gall. *doeth*, sage; du lat. *doctus*. Pour le sens, on peut comparer le vers de Molière (*Tartufe*, act. V, sc. VII) :

Et je suis, pour le ciel, *appris* à tout souffrir.

Duat, g. noir, l. *hoc atramentum* Cms, *duad* du noir de fumée Gr., Gon., *duot* blé charbonné Gr., gall. *duad* cirage; **duhat**, ennoircir Cb, v. *teffalhat*; Le **Duïc**, n. d'homme, xvᵉ s., Nobil. (cf. *Duigou* id., ibid., reg. Péd., 4, *Duygou* 16, en 1565, 1567) = *duik* noiraud, *Rev. celt.* IV, 80. *Duedal* reg. Guing. 139 v etc., *Duegain* décès Guing. en 1741, baptêmes 1747, 1749, semblent signifier « au front noir », « au dos noir ». *Duedal* existe encore à Plounérin; on prononce *Dudal*, sans doute d'après *du-dall* (nuit) très noire.

Duche, duché, Cms, *Duché* D 197; *dugach*, Mo. 306.

Duyll lin « poignée de lin » Cb, *duylh lin* id. Gr., tréc. et léon. *tull, tuill*, f., un poids de lin, un certain nombre de poignées de lin mises en paquet pour porter au marché Pel. Ce mot rappelle à la fois *cuntuyll* et le gall. *dull, dill* pli, *dullio, dillio* plier, irl. *dùal* pli, frange, boucle, comparé au goth. *tagl* cheveu, *Urk. Spr.* 152.

E

É son, au sens réfléchi : *é lesas ... é lacquàt d'ar maro*, il se laissa mettre à mort D 30, *nep à ra é paea diou vech* celui qui se fait payer deux fois 108; cf. *he toüelher c'hoas ar re-hall hac he-unan* on trompe encore les autres et soi-même Trub. 246, *pa weler e man ar* *fazi ganthâ* quand on voit qu'on a tort 310, etc. *Effolaez* sa folie (à elle) B 643, *elli[s]quiff* je la brûlerai 567, *er restadig nerz* son petit reste de force, le peu de force qui lui restait (à elle) *Bali* 230; cf. *Rev. celt.* VII, 154, 155.

EAL poulain, pl. *ealed, ealaou*; *ealañ* pouliner, en St Brieuc, selon Gr.; tréc. *éal*, pl. *ed, éalañ* Gon.; j'ai entendu *éal* m. 2 s. poulain, pl. *eayen*; *eayein* poulinier. Cf. corniq. *ehal* « pecus, jumentum », de **(p)esal*, v. h.-all. *fasal* « fœtus »; gall. *ehelaeth, helaeth* ample, étendu, abondant, dérivé comme en v. irl. *alachta* « prægnans » (gaél. *alaich* se multiplier) et *ro-macdacht* « superadulta » (bret. *matez* servante). Gr. a aussi *eala* vêler; ce sens est dû à l'influence d'un autre mot, voir *hallaff*. Cf. *Rev. celt.* II, 409; VI, 485, *Urk. Spr.* 43. *Eal* est comparé, ibid. 326, cf. 329, et *Beitr.* de Bezz. XX, 25, au gall. *ael*, irl. *ál*, couvée, de **(p)agl-*; mais la métathèse de la diphtongue *ae* répugne au dialecte de Tréguier; voir *lech*.

Eaost, août, C*ms*; *eaust* C*b*; **eaustet**, cueilli, v. *treuat*; *eaustiff fouen*, tourner le foin avec les fourches, Nom. 84, *eosti* moissonner *Bali* 222, *um æstein* mûrir l'A.; *fies eausticq*, figues hâtives, Nom. 70, pet. Trég. *per éstek* poires précoces, *moâl est*, mûres du mois d'août. La forme la plus ancienne du mot se trouve dans le nom v. br. *Aostic*, IXe s., *Chrest.* 106, cf. *Lestic* ou *L'Estic*, XVIe s., Nobil., *Lestyc* Anniv. de Trég. 6, *Lestic* reg. de décès Guing., en 1635, etc., auj. id., pron. *An Estik*; *estic* XIIIe s. *Chrest.* 203, *eaustic, eustic* rossignol C, *éausticg*, van. *esticq*, m., pl. *-igued* Gr., *éostik* hors de Léon *estik* Gon., pet. Trég. *esteq (-balh)*; gall. *eos*, f., rossignol, *awst* m. août, de **Agustus*, cf. ital. *agosto*, etc. Pel. ne voyait pas la liaison des deux idées; il prétend que cet oiseau « ne paroît pas au mois d'Août, ni au tems de la Moisson ». Cependant Buffon a dit des rossignols : « Au mois d'août les vieux et les jeunes quittent les bois pour se rapprocher des buissons, des haies vives, des terres nouvellement labourées...; peut-être... ce mouvement général a-t-il quelque rapport à leur prochain départ ». *An* **Estour** reg. Péd. 110, *An Ostour* 79 b (en 1586 et 1580), auj. *Le Nestour*, = *eauster*, van. *æstour* moissonneur Gr.

EAŪGUI, *éaugui*, van. *auguein*, rouir, s'altérer en demeurant dans l'eau; *cauguet, eaug*, roui; *eauguet eo ar c'hicq-ma, blas an eaug a so gand ar c'hicq mâ* « cette viande est rouie pour avoir été longtemps dans l'eau », Gr.; *eoghi*, mûrir, *eog*, mûr, amolli, attendri, *frouez eog*, fruit mûr, bon à manger, Pel.; *eauguein* rouir, l'A.; en petit Tréguier *dour og*, eau où l'on a roui le lin, *og gañd ar gousket*, accablé de sommeil. De **ehauc-* = **ex-ācos* « qui a perdu sa saveur âcre »; gaul. *exacon*, petite centaurée (Pline, XXV, 31) dont on faisait macérer les tiges dans l'eau, cf. *Bulletin de la Faculté des lettres de Poitiers*, VII, 22 et suiv., *Urk. Spr.* 26. Comparez *dieuc*, v. gall. *diauc*, paresseux = **di-āc-* (lat. *ācer*, grec ὠκύς). Le rapport de *eaug* à *dieuc* est le même que celui de *ec'hon* à *dianc*, cf. *Rev. celt.* VII, 146. Le gallois *ehegr*, rapide, paraît venir de **ex-ācr-* avec *ex-* intensif. Voir *convoc*, *heug*.

EAUR, *eaufr* ancre Nom. 153, *héaur* Gr., *héôr* m. Gon.; *eorya* jeter l'ancre, *coryet* lisez *eoryet* ayant jeté l'ancre D 191; v. bret. *aior*, gall. *heor* f., v. irl. *ingor*, du lat. *ancora*.

Ebahyssaff, (s')ébahir, Cathell 5, part. *ebahysset* 6, *ebahisset* 7; *abaisset* C, etc., du fr.

Ebarz, *abarz*, dedans, Cb, *ebars* avant (de faire) D 88, *ebars ma pignas* avant qu'il montât 35; cf. *Rev. celt.* IV, 152; XI, 363. Pet. Trég. *ze zou barz ie*, il faut tenir compte de cela, n'oublions pas cette clause, cette condition.

Ebatou plaisirs D 171 Trd, etc., mot mal expliqué Z^2 894. Il est employé comme une sorte d'adj. dans *sonjal pegen ebat oa he doare ...ha pegen ebat e vije* penser combien son sort était et serait heureux B. ar z., Nikolas 252.

Eben, l'autre, f., Cb, v. *mur*; *e ben* B 619; corniq. *yben*, *hyben* l'autre, f. et m. *Ben* doit répondre ici au v. irl. *ben* femme, gaul. *-bena*, *Rev. celt.* XII, 177, cf. gall. *benyw*, *bun*, corniq. *benen*, voir *banvez*; grec γυνή, béot. βανά, etc., *Urk. Spr.* 167. « (Sa femme), sa compagne à lui » serait **e ven*; mais *e ben* s'est fixé dans la forme signifiant « sa compagne à elle », « le second de deux objets féminins ». C'est ainsi qu'inversement *e gile* l'autre, litt. « son compagnon à lui » se dit aussi pour « son compagnon à elle », ce qui devrait être **e c'hile*; cette dernière mutation n'a même pas lieu en vannetais, où *egile* tient lieu de *eben*. Le gallois a, de même, généralisé la forme (*y*)*gilydd*, qui a passé, non seulement au fém. sing., comme en vannetais, mais aux trois personnes du pluriel : *ein gilydd, eich gilydd, eu gilydd*. Le v. irl. avait conservé la distinction des personnes et des nombres : à coté de *achéle = egile*, il disait, par exemple, *frimcheliu* (j'agis semblablement) aux autres, litt. « à me compagnons » ; *arceli* (faisons comme) les autres, litt. « nos compagnons », etc., Z² 365. Les mots *ben* femme et *céle* mari étaient souvent associés en irlandais : *bancheli* épouse ; *cor mna sech a ceili* contrat de femme sans son mari, etc. Voir *e guyle*, en 1.

Ebeul, poulain, Cms, entre *euangelist* et *euel* ; indice de la prononciation actuelle, *eubeul*. Le P. Grég. ne donne que *heubeul*, van. *hebél*. Cf. Rev. celt. IV, 153 ; XI, 362.

Ebil. Gr. donne *hibil*, cheville (de bois ; de fer ; du pied), pl. *hibilyen*, *hibilyou* ; à St Mayeux on dit *hibilhen* plus souvent que *hibilhaou*, et l'on donne aussi à ces mots le sens de « riens, bagatelles ». Cf. le plur. gall. *ebillion*. Ibiliaff, « commettre quelque péché grief, ... mis au rang des différentes espèces de magie », dans un casuiste, Pel. v. *ebilia*, *= hibilya*, van. *-yeiñ* cheviller, mettre des chevilles Gr., *hibilia* Gon., gall. *ebillio* ; Hibiliec décès Guing. en 1700, *Nebillec* 1758 (pour *an ebiliec), = « chevillard » (cf. Rev. celt. V, 127, n. 2). Voir Urk. Spr. 5.

Ecclesiastiq, -ique, Cms, -icq D 100 ; *eclesiastic* C, v. *ilis*. — *Eceuaff*, excepter, Cb, *eceptaff*, Cc, part. *exceptet* D 72, 135, *exceueur* on excepte 41 ; **excepteur**, exceptif, l. *exceptorius*, Cb.

Echec. Le nom du jeu est *eschet*, pl. *eschedou*, Nom. 194, *echedou* Gr.

Ec'hon (bas-Léon), ample, spacieux, étendu, Gr. ; gall. *ehang*, de *ex-* négatif (cf. moy. br. *ehanffn*) et de *encq*. Cf. Rev. celt. VII, 146.

Ecuson : *armet gant* — Cc, *armet a —*, Cb, v. *scoet* (armé d'un écu).

Edefiaff, bâtir, Cc, *edi-* ; **edifius**, édifiant, Cb ; *edefiç*, édifice, Cathell, 5, pl. *edeficzou*, Cb, v. *Troe* ; *edificatif* (homme) édifiant D 180.

Edy. *En lech maz hedy* là où il y a, Catech. 5 ; *edoae* il était Cathell 25, *edoay* 33, *edoy* 27, 34, *edoæ*, *edoa* 3.

1. *Eff. An Tat, hac effe so,* le Père est-il, D 24, *hac é en deveux* est-ce qu'il a 28, *hac ée so ret* faut-il (prier) 65. *Caré* aime-le 81. Voir *Urk. Spr.* 33.

2. *Eff*, ciel; C*ms*, C*b* (*neff* B, etc.) ; *o Env!* Mo. 220; *o eff*, Mo. *ms* 166; voir *Urk. Spr.* 192 ; *Idg. Forsch.* II, 54-56.

Effect effet H 60; r. *et,* 12 ; pl. *effegeou* D 143, *efegeou* 146 ; *loennet efectus ha piquant* bêtes nuisibles et piquantes, Mo. *ms* 155.

Effn. Efn (vie) droite Catech. 8 v, corniq. *eunhinsic* « justus » ; v. bret. *eunt* « aequus » ; cf. moy. br. *guir-ion*, v. irl. *fīr-ián*, etc., *Urk. Spr.* 44. L'*f* vient d'une voyelle *ou*, comme dans *naffn, naon* faim.

Efornaff. Iffourn da iffournaff « paelle, l. pala, infurnibulum » Nom. 173 ; *ifourn, ifórn,* pl. *you* pelle de four Gr.

Egabl, éguables, l. *equabilis*; **egalder**, égalité, C*b* (équipollence, v. *equipollaff*) ; **egalhat**, faire égal ou égalitez (esgaler, l. *penso*, v. *pridyri*) ; **esgalite**, égalité, C*b* ; *esgal ouz* égal à, H 5.

Eghin « germe de blé semé, commençant à sortir de terre; bourgeon d'arbre », Pel.; *héguin,* germe, Gr.; *hégin*, m., Gon., Trd; *eghina,* germer, Pel., *higuida* (lisez *higuina*), Gr., *hégina*, Gon., Trd ; gall. *egin,* germes, *egino,* germer. Pel. donne aussi *kina*, germer « dans les vieux livres *queinaff* » ; mais où voit, s. v. *eghin,* qu'il s'agit sans doute simplement d' « un vieux dictionnaire » ; « germer » était peut-être une erreur pour « gémir ». Il est probable que *An* **Héguynen** n. d'ho. en 1477, *Inv. des arch. du Finistère,* t. I, Série A, p. 13, = le gall. *eginyn,* germe. De **ac-in-,* même rac. que *bezin, tamoüesen, eaugui,* etc.; cf. l'emploi du fr. *pointer* pour « germer ».

Egit, Egypte, C*ms*; *égip* Jac. *ms* 26, *igip* (r. en *ig*) 18, *Egipté* 3 s., r. *é* 106, Mo. *ms* 181, *Egypté* 165. **Egiptien**, g. id., C*c*, pl. *Egyptianet,* gitanes, bohémiens, D 87.

Egorant B 121, voir *Rev. celt.* XIII, 233.

Egrecc : *verius a aualou egrecc,* verjus de pommes sauvages, l. *agresta, e,* C*b*, *égraich,* Gr.; *égras,* m. Gon., Trd, du v. fr. *egresse*; voir *agroasenn.*

Eguet, voir *entresea, euit,* et *Rev. celt.* XI, 196.

Eguetou = *ergueteu, er gueteu* « tantôt, avec le passé », Chal. *ms*, *er guentou* Mo. 198, Jac. 100, *ar guento*, r. *o*, Jac. *ms* 77; cf. moy. br. *aguetou*, cornique *agensow, agynsow*; voir *Rev. celt.* X, 482; XI, 350. Le ms. de Chalons donne comme synonyme *inteu, inteü*, qui doit avoir une origine différente, cf. tréc. *enn-deo*, déjà, selon Troude (et le gall. *ynte* donc, *ai ynte* sinon ?).

E guyle, l'autre, m.; *a lech de guyle*, d'un lieu à l'autre, C*b*, v. *accusaff, tremen; anneil tu heguile*, un côté et l'autre, C*ms*; *an eil de guile* B 203-204; *heguile* H 52. On lit *a vn queffrann heguille* « a une part et a l'autre », C*b*, v. *anneil heguile*, quoique *queffrann* fût du féminin. Les Vannetais emploient de même *éguilé*, au lieu de *eben*, qu'ils ne connaissent pas : *tair pluën en eile goudé éguilé*, (il prit) trois plumes l'une après l'autre. B. er. s. 4, *en eil doh é gélé* l'une à l'autre, L. *el lab.* 170, cf. *Voy. mist.* 86; ils disent aussi, par exemple, *unan arlerh en aral*, l'une après l'autre, Timothé, 228, *unan arlerh en al*, L. *el lab.* 92 (cf. gall. *llall*). On trouve également avec des mots fém., en v. gall. *or carn di cilid*, Z² 407, et en gall. mod. *o'r wlad bwy gilydd*, *Rev. celt.* VI, 57, etc. Sur l'étym., cf. *Beitr. de Bezz.* XVI, 241; *Urk. Spr.* 75. Voir *ab, eben, hentez*.

Ehanaff, s'arrêter (*heana* D 159, 171) = **ex-san-*; cf. irl. *cumsanad*, repos, etc., Z² 872, *Rev. celt.* VI, 139, et grec ἀνύω, sanscrit *sanomi* ? L'explication de *cúmsanad* par *stan-*, ἱστάνω, *Urk. Spr.* 311, obligerait à séparer ce mot du breton. Un autre composé **di-san-* se montre dans *ne zianae ho supplia* il ne cessait de supplier *Cat. imp. vij*.

Ehoazyet, reposé à midi, l. *meridiatus, a, um*, C*c*. Ce mot, comme le gall. *echwydd*, tranquillité, léon. *ec'hoaz*, repos du bétail au milieu du jour, van. *hiaouai*, m. id., l'A., *anhoé* L. *el l.* 132; en parl. des hommes, 102; à Sarzeau *añoué*, méridienne *Rev. celt.* III, 239, représente un gaulois **ex-sēd-*, cf. lat. *de-sideo, de-sidia, sēdare, sēdes*. L'*ē* celtique avait une variante *ī*, cf. *Rev. celt.* IX, 123; de là le v. irl. *sīd*, paix = *sīdos (d'où *Sidonius*), lat. *sēdes*. Le gallois *hedd*, paix, vient, au contraire, de *sĕdos = grec ἕδος, de même que le moy. br. *hezaff* que le Catholicon explique par *pouez* (*cessare*), cf. gall. *heddu*, tranquilliser. Cf. le gaul. latinisé *essēdum* (*ex-sĕdon) char de guerre, composé comme ἕξεδρος; voir *anhez*.

Eboc saumon C, *eheuc* C*b*, C*c*, *eaucq* Gr., l'A., *eucq* Gr.; cf. *Rev. celt.* V, 274; XV, 99, 354; voir *qeur-eucg*.

Ehuedez, *huedez* alouette C; *Le Heuedez* Quoatg. 8, etc., Francoys *Leueder* Anniv. de Trég. 25 ; voir *Rev. celt.* XIV, 308, 309. Grég. donne les formes en *es*, *alc'huëdes*, *c'huëdes*, *ec'huëdes* comme servant de pluriel à celles en *er*, *alc'huëder*, *c'huëder*, *c'huëderic*, mais Maun. fait synonymes *huedés* et *c'hueder*, comme Gon. *ec'houédez* et *ec'houéder*, *c'houédez* et *c'houéder*, *alc'houédez* et *alc'houéder*. On lit au plur. *evelderet*, Mo. *ms.* 182. On dit à Ploëzal *elc'houedour*, en pet. Trég. *déveder*, voir *ilyeauenn*. M. Loth, *M. lat.* 131, pense que l'*l* de *alc'houeder* « peut être venu d'une influence française, ou d'une confusion avec un autre mot de sens voisin ». C'est plutôt une addition phonétique amenée par l'*r* suivant; cf. *alc'houilten* aiguillette Gon. = *acuilhetenn* Gr.; voir *coustelé*, *merzout*, *mous*.

(*Eyen*, sources N 1794), *euyenenn*, source; *euyenennaff*, 1. *scateo*; *euyenennus* « sourdement deaue » (lisez « plein de sources »), C*b*, v. *penn boyll*; cf. *eonaff*.

Eil second, forme des composés qui peuvent être anciens, comme *eil-virvi* rebouillir Gon., gall. *ail ferwi*; *eil-c'heria*, *eil-c'heriat*, *eilgeriat oc'h* raisonner, prétendre avoir le dernier (litt. « le second ») mot avec qqn Trd, *eilgeria Rev. de Bret.* et *de Vendée* fév. 1869 ; *eilgeriat* répliquer, répondre (à un journal), *Feiz ha Breiz* du 13 janv. 1872, p. 395, cf. gall. *geirio* énoncer. On dit *eil-henañ* le second en âge, le plus âgé moins un, etc., cf. « le second meilleur cheval d'Erin » Loys Brueyre, *Contes pop. de la Grande Bret.*, Paris 1875, p. 73 ; angl. *the second best* (testament de Shakespeare). Pet. Trég. *'n im heilañ* se remplacer, se relayer, cf. gall. *eilio* seconder.

Eyntaff, veuf, f. *-es*, C*ms*, *eintaues*; *eintaffdet*, veuvage, C*b*.

Eizuet D 70, *eizvet* 194, l'octave (d'une fête).

Elanvet, 2° s. r. *an*, N 61, 585, 951, étant toujours employé avec *an Speret glan*, le St Esprit, pourrait être une ancienne épithète imitée de Παράκλητος, et signifiant « souvent invoqué » litt. « beaucoup nommé », de *elu-anm-*, quasi πολὺ ὀνομαστός. Cf. v. irl. *hua ilanmmanaib*, a multis nominibus Z^2 858, et les noms gall. *El-fyw*, *El-gnou*, *El-guoret*; voir *illur*. L'explication de M. Stokes, *Beitr.* de Kuhn V 220, par le fr. *élevé*, n'est plus soutenable. Le mot *elhañva*, prononcer, que M. de la Villemarqué a ajouté au dictionnaire breton-fr. de Le Gonidec, doit provenir du dict. franç.-bret., où il est écrit *elhanva*. Là sa présence s'explique par une méprise du grammairien breton qui, dans l'édition de la *Vie de sainte Nonne* par l'abbé Sionnet, Paris 1837, avait ainsi rendu, p. 9, le premier passage cité plus haut : « par la foi que j'ai dans les paroles prononcées par l'Esprit saint, l'ange du monde ». Il aura pris, sur cette traduction, une note attribuant à *elanvet* le sens de « prononcé », puis conclu à un infinitif *elanva, qu'il a écrit *elhanva* d'après *hano*, nom. Mais dans les deux vers en question il n'y a d'autre forme de participe que *elanvet*, qui est traduit par « l'ange du monde », ainsi qu'aux deux autres passages, p. 65 et 103.

Elas, gésier, foie, cœur = irl. *eclas*, estomac, jabot, cf. Stokes, *The old-irish glosses at Würzburg and Carlsruhe*, 1887, I, 351 ; corniq. *glas* estomac.

Elboet faim Jér., M 58 v, famine Maun., *eoull boet* 2 s. faim B 232, *ilboëd* Gr., *hirboet* Mo. 287, *hirboed* 239, *hir bouet* Mo. ms 182, *hirbouet* Jac. ms 19, *bir boët* famine 58 ; *ilboéd*, *elboéd* m. faim, famine, disette Gon., gall. *ellbwyd*, m. Ce mot rappelle le v. fr. *herbot*, *herbout*. Voir *hubot*.

Elemant élément D 187, pl. *-ntchou* Jac. 13, *ellamancho* Jac. ms 3 ; *dour elementar* eau pure D 130, 131. Cf. *Mélusine*, VI, 66.

Elestrenn. **Elestreuc** nom d'une paroisse, *Arch. de Bret.* VI, 139, 178 ; doit signifier « lieu plein de glaïeuls ».

Elguezec, qui a un grand menton, Cc.

Eloquencç, éloquence, Cathell, 7, *locançz*, Gr. ; *loquançz*, *Buez santez Genovefa... en tri act*, Lannion, 1864, p. 18, cf. *loquant*, éloquent, 17, du fr.

Eluen tan, étincelle, Cms, Maun. ; **eluennaff**, l. *scintillo* ; **eluennec**, *scintillosus* ; **eluennic**, petite étincelle, Cb ; *elvenn*, *elyenenn* étincelle Gr., pet. Trég. *elvadenn* f., pl. *o* ; *elvennou an eol* les rayons du soleil, *Fanch-Coz* 6. Gall. *elfen* f. élément, principe, *elfen dan* étincelle, du lat. *elementum*, cf. Loth *Mots lat.* 163, 164, 236 ? Gr. donne *elfenn* m., pl. *ou*, élément. Voir *euvlen*, *fulen*.

Em. **Emrentet**, l. *deditus* (qui s'est rendu), Cb ; *en em torret*, interrompu, *dre enem terriff* « entreposément », l. interpolatim (i. e. en s'interrompant), v. *souillaff, enem clasq*, enquérir (litt. « s'enquérir »), v. *encerg, goulenn; lech denemp tenaff* (lieu pour se retirer), v. *anclinaff; em empliget ouff*, je me suis employé, dévoué, J 57; *me so ma em roet*, je me suis donnée, Cathell, 18; *ma em humiliaff*, m'humilier, 7; *da hem repenty*, te repentir, 29; *da hem maruaillaff a grez*, tu t'émerveilles, *da hem maruaill!* 5 (voir *da*, 2); *e nem meuly*, se glorifier, 7; *de nem colery*, à s'irriter, 17; *pan oa en nem auiset*, quand il se fut remis, 6; *euel maz eo bezet e ncm* (lisez *nem*) *offret*, comme il s'est offert, 24; *e nem maruaille*, il s'émerveillait, 6; *e nem taulas*, il se jeta, 20; *nadoa quet hem discleryet*, elle ne s'était pas déclarée, 26; *eguit hem lazcaff*, pour se lacer elle-même, Cb, v. *clezeff*; *ez sem gouarnissas*, elle se munit, Cathell, 4; *he sem recomandas*, elle se recommanda, 13; *hoz em goarniset*, munissez-vous, 17. Cf. *Rev. celt.* VIII, 36 et suiv.

Emahint, ils sont, Cathell, 5; *e maz* il est H 49 (et non *emaz*); voir *dastum*.

Emban, ban, C, *embanneur*, l. preco, Cc.

Emboudenn. Imbouden ente, greffe, Nom. 97.

Embreguer, 2ᵉ syll. rime en *et* : *pasout cousquet da embreguer*, p. 6 de Sainte-Nonne (*Rev. celt.* VIII, 236) « pendant que tu es endormi près d'ici », littéralement « tout joignant, à toucher »; *embreguer*, manier, toucher, Maun., façonner (la pâte), Introd., 322, cf. 301; *imbergærein*, remuer, *imberguérein, ambreguérein*, manier, l'A.; *embreguer*, manier, part. *embreguet* Gr., *embrega* peu usité, *embregher* embrasser, manier, agir, travailler, entreprendre Pel., cornou. *embrega, embregi* dompter (des animaux), cf. van. *embrennein* entreprendre Trd; *embrega ann armou* manier les armes, *Buez ar z. gant ann ao.* Nikolas, 1894, p. 701. J'ai comparé, avec doute, *ambrougher*, *embrougher*, guide, Pel.; van. *ambrégour*, interprète, Gon. (dict. franç.-bret.); moy. bret., *hambrouc*, conduire. M. Loth tire *embreguer* du lat. *imbrac(c)iare*, Mots lat. 164; on peut objecter que le breton n'a d'autres infinitifs en *er* que ceux où il y a métathèse, comme *melver*, mourir, de *mervel, teuler*, jeter, de *teurel*, etc., voir *paluhat*. Peut-être la conjugaison de ce verbe a-t-elle été d'abord : infinitif **embregder, embreder* (P. 243; la 2ᵉ syl. de *embreguer* rime ordinairement en *et*), avec la terminaison de *goullon-der* vider ; participe *embreguet*, cf. *goullo-et* ; puis, par analogie, on aura dit *embreguer*, part. *embregueret*, cf. bret. mod. *goulonderet*.

Emdiuadet (hôpital pour nourrir) des orphelins, C*b* ; sing. *emziuat*, C*ms* (à la fin des *em-*), C*b*, C*c* (même place).

Emeler *an or*, C*ms* entre *emellaff* et *emerillon*. Il est probable que *an or* veut dire « l'or », cf. *forg an or* « la forge d'or », C*ms* ; *emel*[*l*]*er* doit signifier « qui mêle, qui combine ».

Emerbedy : *me a pet em emerbedy* je te prie que tu me recommandes P. 205, var. *e merbady*. Ce mot n'est pas certain, on peut corriger le passage en *en em erbedy* ; voir *en 2*.

Emezy Mary, Marie dit, P 24, litt. « dit-elle, Marie » ; *emme an Autronez*, disent les seigneurs D 194. Cf. *Rev. celt.* XI, 192, 465, 466, 476, 477.

Emgann : *appellaff a emgann* provoquer C*b*, *gueruel en emgann*, provoquer au combat, C*c*, v. *apellaff* ; *emgann*, van. *himgann*, Gr., de *em*, *cannaff*.

Emholch, chasser, C*ms*, *emolc'h* chasser, *buoc'h emolc'het* vache pleine Maun., *hemolc'het* chassé *Trub.* 25, *hemolc'h* r. à *peoc'h*, (en enfer il n'y a que) confusion 209, *emolch*, la chasse, Nom. 174 ; **emelchyat**, veneur, l. venator, C*b*. Voir *Urk. Spr.* 302.

Emyegues, sage-femme, C*c*, voir *amiegues*.

Eminant, (combat) imminent, Cathell, 13, (éminent, excellent D 63, 180), du fr. Inversement, on a *i* pour *e* dans *e Iminanç* Son Eminence (le Cardinal) *Cat. imp. xj*, *e Imminanç viij*.

Empalazres, impératrice, C*ms*, C*b*, *empalazreres*, C*b*, v. *gourchemenn* ; *emparazr*, empereur, C*ms*, v. *curun*, *impalaëzr* D 146, 185, *impalaezr* (et *ampereur*) Nom. 284, *impalazr*, D 157, Cathell, 3, *impalarz*, 5, 10, 12, 14, 16, 22, 23, 26, 32 ; **empalazrdet**, empire, C*b*, *impalardet* (2 fois), Cathell, 35.

Empedif je souhaiterai, dans Maistre Pathelin, *Rev. celt.* XVI, 194, 195 ; composé de *em-* et *pidiff* ; cf. *emerbedy* ?

EMPENN, cerveau, cervelle, Pel., Gr., gall. *emenydd*, *ymenydd*, cornique *empinion*, *impinion*, irl. *inchinn*, *inchinne*, de **in-penn-io-*, (et *eni-qenn-), formation celtique analogue au grec ἐγκέφαλος. Le van. *impinion*, (sa) pensée, *Barz. Br.* 367, doit être une variante de *ompinion*, van. *opinion*, opinion, Gr. (moy.-bret. *opinion* et *ompinion*).

-*en*. Le C*ms* donne cette terminaison aux mots suivants, qui par ailleurs finissent ordinairement en -*enn* : *aguilleten*, *aman-*, *ausill-*, *bech-*, *besqu-*, *bleyn-*, *broenn-*, *carvgu-*, *cedul-*, *cencl-*, *columpn-*, *cord-* (v. *chap*), *corre-*, *cors-*, *coruent-*, *couh-*, *coulourd-*, *crib-*, *crogu-*, *decretal-*, *deru-*, *duzle-*, *elestr-*, *emboud-*, *enes-*, *gargad-*, *glastann-*, *guez-* (v. *bleynen*); *pluff-* (v. *boeden*); *prun-* (v. *cneau*). On lit *asten*, étendre, C*b*, v. *tennaff*.

1. *En. Guisquet in burell*, vêtu de bure, C*ms*; *in prison*, (être) en prison, C*b*; *e pep amser* en tout temps H 3; *abloeaz an bloeaz* « de an en an » C*ms* (*abloez en bloez* C); *hep faut, emguiryonez*, sans faute, certainement, C*b*, cf. B 366; *ez try manier* « triplement » (en trois manières), C*b*, *ez quichen*, à côté, Cathell, 20, par confusion orthographique, car *ez* n'est pas synonyme de *en* en ce sens; voir *en* 6. *En fin* enfin D 168, *er fin* 21, 83, 108, 166; *eleac'h mave* au lieu qu'il serait (mieux) 88, *eleac'h mavent* où ils sont 78, *er lec'h ma* (un sentier) où (il passa) 191; *é brezonnec* en breton 46, *é particulier* en particulier 31, *& goal stat* en mauvais état, en état de péché 159, *é buhez* dans ta vie 23; *é Lymb* dans les limbes 33, *é lymbou-se* 32; *er Barados* 140, *er vezret* 104, *er schol*, *er squiantou* dans les sciences 186; *ermæs* à la campagne 88, *ermeas* hors de 39, *er meas* 177, *ermeas eus* 121; *er bet-man* en ce monde 21, *er bet* aucun 23, 25, 28, 29, 64, 80, 90, 91, 99, 100, 113, 114, 121, 134, 177, 179, 186, *erbet* T. Ger. 45, van. *erbet*. Voir *enep*.

2. *En*, que, est explétif devant pronom complément ou devant *em*, adverbe de sens réfléchi (pronominal); mais, dans l'expression *en em*, *en* est quelquefois aussi le pronom personnel « le, lui » (*en* 3); *Rev. celt.* VIII, 44-46, 82, 83; Loth, *Chrestom. bret.*, 476. Le dictionnaire manuscrit de Chalons porte, au mot *que* (je rajeunis l'orthographe du franç.) : « Quand on se sert d'*E*. pour ce que entre deux verbes, si le mot qui suit commence par une voyelle, on met *En*, ou *Em*. On dit que vous avez raison, *larein arer en boües raison*. Comptez-vous que vous l'aurez, *ha hui a gont' en hou pou ean*,...*en hou pou y*. Je compte que je l'aurai,...*em bou ean*. Je

crois qu'il me voit,... *emgüel,*... qu'il m'aime,... *em c'har*; ...qu'il te voit, ...*en hé cuel*; ...qu'il t'aime, ...*en he car.* » L'auteur confond ici *en* « que » avec *em* « me ». Il ne faudrait pas croire non plus, d'après ses exemples, que *en* ne se mette pas devant le pronom régime de la première personne du singulier; cf. *inou,*... *en em havehet,* [c'est] là que vous me trouverez, *B. er s.* 259, etc.

3. *En receuas* il le reçut D 189, *en roas* 193, *en supplient* 195; *er supplias* 193, *er bleç* 101, *er caç* 141, *er care* 186, *er clevet* on l'entendait 193, *er condusont* 197, *me er contanto* 125, *er guelas,* 22, *n'ergra* il ne le fait pas 91, *er greont* 93, *er geure* il le fit 198, *er c'heure* id. 194.

4. *En meyn,* les pierres, C*ms*, v. *benaff*; *en douar* H 2, *en pechet* 14; *entrase,* cela; *en re,* ceux, Cathell, 5; *en,* xive s., *er* xve, Chrest. 203. *Etren nanauon* B 615; *eo namser* N 647, *voan nampech* 677. Voir *en* 6.

6. *En,* signe d'adverbe, diffère de *en* 1 = v. br. *in,* et est le même mot que *ent,* et *ez* 2, v. br. *int*; adoucit l'initiale suivante : *en fat,* bien, Cathell, 16, 23; *infat,* 13, de *en vat pour *en mat* (Cathell, 17), *er vat,* Nom. 220, *ervat* D 86, 91, 119, *eruat* 33, *ervaat* 198, *ar fat* Jac. *ms* 11, léon. *ervad,* tréc. *erfat,* van. *erhat,* cf. cornique *yn fas*; la première syllabe de *en mat* rime en *ent,* Nl 272; cf. *ez mat,* J 45 *b,* et Rev. celt. III, 235. Sur *en griz,* P 269 = gall. *yn gri,* voir *griz.* La mutation se trouve encore notée dans *ez veo,* N 286 = *en beu,* M 7 v°, cf. *é verr,* tantôt, Gr., *ez vihanik* dès l'enfance, *B. ar z. Nik.* 62, *ez-vihanik* 163. *En special,* spécialement, H 33, 52, M 3 = *ez special,* Cb, *ez specyal, ez spicyal, ispicyal,* Gr., *é spécial, Voy. mist.,* 30, tréc. *ispisial.* M. Loth a comparé à l'*en* adverbial breton l'irl. *in,* devant les voyelles *ind,* qui a le même emploi, et qui est le datif de l'article, Rev. celt. XV, 105, 106; cf. II, 213. Voir *ent, enta.*

Encerg, exercitement, l. *exercitium*; encerche ou indagation Cb, exercice, Cc. — *Enchardaff,* charpir laine, Cc; **encarder** « œuureur en laine », l. *lanifex,* Cb, v. *glan,* cardeur et fileur en laine Pel., *Lincarder* baptêmes Guing. en 1625; pet. Trég. *inkardein,* carder, et aussi s'agiter, gigotter.

Enclasq, enquête, Cb, *inclasç,* rechercher, s'informer, Cathell, 28, *en clasc,* 3; *en clasquet,* examiné, B 414; voir *em.*

Enclinet, enclin, C*b*, v. *mennat*.

Encq, étroit, Gr., *einq*, l'A., *hencq*, Nom. 158, 228, 242, *henq*, *Aviel* 1819, I, 150, *enk* B. ar z., *Nik.* 708, 763, gall. *yng;* eñgroës, *iñgroës*, *iñgros*, foule, *ingros* presse Gr. = gall. **yngrwydd*; même racine que le lat. *ango, angustus*. La forme *iñgroë* que j'ai citée *Rev. celt.* VII, 315, d'après la seconde édition du *Dictionnaire* du P. Grégoire (Guingamp, 1834), est dans celle-ci une faute d'impression pour *iñgroës*.

Endan, sous, C*b* (*didan*); *indan*, Nom. 197; *enn-édan*, le dessous, l'A.

Enderu soir, gall. *anterth*; voir *Rev. celt.* V, 128; *Chrest.* 133.

Endiferant, indifférent, C*ms*; *indifferamant* indifféremment D 193. — *Endurez*, tu endures, *Cathell*, 21, *enduras*, il souffrit, Nl 248. — **Eneas**, Énée, C*b*, v. *Julius*.

Enefu âme H 17, 46, *ene*, D 17, r. *é* 158, 162, f. : *dezy* 159, cf. *diou ene Trub.* 17; *anehi* se rapportant à *inean*, *Voy.* 87. Pl. *eneou* D 144, *-éou* 32, 97.

Enep. *Eneb* visage H 45, *a enep* contre 33, *a eneb* 33, 42, 43, *à henep* D 43, *a henep Cathell*, 14, 17, 35, *he henep*, contre elle 30, *é henep* contre lui D 30, *ó henep* contre eux 16, *non* (var. *o'n*) *enep* contre nous J 216, *en oc'h eneb* contre vous *Bali* 69; cf. *Rev. celt.* III, 239.

Enesenn mor, île; *enesenn dour*, île en eau douce, C*b*; *enes baz* l'île de Batz D 192; **Enesigou** n. de lieu, xve s., *Arch. de Bret.* V, 189, = « petites îles », sing. *enezennik* Nikolas 95; *enesis* insulaires D 198, Gr., sing. *enesad* Gr.; *enesyad*, pl. *-sidy*, *enesour* pl. *-ouryen* Gr., voir *Urk. Spr.* 46.

Enestimabl, ineffable, *Cathell*, 20.

Enet, carnaval, jours gras, Pel., *ened*, *ezned*, Gr., cornique *enez*, gall. *ynyd*, irl. et gaél. *inid*, mannois *innid*, du lat. *initium* (commencement du carême). Voir *lotrucc*.

Englenaff « aherdre », cf. v. h. -all. *klënan*; voir *glawren*, et *Urk. Spr.* 120.

Engrauadur « encharneure » C, *eñgravadur*, *eñgraffadur* f., *eñgraff* gravure, *eñgraffi*, *eñgravi* graver, *eñgraver*, *eñgraffour* graveur Gr.;

engravet gravé (dans mon cœur), Mo. *ms* 131 ; pet. Trég. *añgravet*, avare. On lit, Peng. VII, 37 v°, cette note au crayon : « tud *ingravat* qui regardent de près et ne donnent pas ».

Enguehentadur, ensemblement d'homme et de femme, l. coitus; engendreure, l. genitura; **enguehenteur**, engendreur, C*b*; *enguehentet* « encharnez », v. *incarnation; enguentet hag œngendret* Catech. 6 v; *enguenta* engendrer Maun.

Eno, là, M 58 v ; on lit *quement à yelo dy* et *quement à yel eno* tous ceux qui iront là, D 164. Voir *entre*, et *Rev. celt.* XI, 196.

Enoe, ennui, C*c*, *enoue* H 4; **enoeus**, ennuyeux, C*b*; *enoieff* (lis. -*eiff*), chagriner, C*c*, v. *nichiff*, *enoeaff*, ennuyer, C*b*, v. *doanyaff*, avoir ennui, v. *ourgouill*, part. *enouet* D 101; voir *annuyancc*; cf. *Mélusine* V, 308. — **Enorabl**, honorable, C*b*, D 144, **enorablement**, honorablement, Cathell, 31 ; *enoriff*, honorer; *enorou*, honneurs; *enorus*, vénérable, C*b*, puissant, v. *maieste*; *henoriff* j'honorerai H 57. — *Enorm*, -e, C*b*, H 12, 49, D 136. — **Enrage**, enrager, être furieux, Cathell, 17. — **Ensain**, enseigner, C*b*, v. *mestr;* *enseigna* Cat. imp. xij, *ansaignein*, *Voy. mist.* 54. — **Ensemble**, ensemble, Cathell, 29 ; **ensembli**, assembler, 12. Du fr.

Ent effn, droitement, justement, l. recte, C*b*, *an traman ent effn* « cil mesmes », v. *heman* (=*ez effn*, v. *custum*), *endeun*, tout franc, franchement, Pel.; tréc. *brema deon*, il n'y a qu'un instant, G. B. I., I, 118, cf. *adeven* Jac. *ms* 40. Grég. écrit *èn déon*, même, v. *outre*; Gon. *endéeun* et *enn-déeun*, *enn-déon* (moi)-même, etc.); décomposition fausse, mais qui a dû se faire instinctivement bien des fois depuis que *ent* a été supplanté par *en*. Il est probable que cette étymologie populaire a donné lieu à des variantes de *eeun* qui ont un *d* préfixé : *deün* droit, adj., *Kant. Z. Vek* 32; van. *deannein hoüah*, *eannein*, selon quelques-uns *eünnein* « redresser », Chal. *ms*; *dun* droit adv. *L. el l.* 156. Voir *en* 6, *enta*, *ilyeauenn*. Cf. *Rev. celt.* II, 213; III, 239 ; IX, 382; XV, 106.

Enta. *Eta* donc D 48, 102. *Enta* paraît venir de **ent da* bien (Stokes); *eza*, de **ez za* pour **ez da*; voir *da*, *en* 6 et *Rev. celt.* XI, 356.

Entendement, g. id., intelligibilité; *entent*, apercevoir ou entendre; -*ntaff*, entendre, l. intendo, C*ms*, *ententet eu* s'entend, bien entendu

H 50; **ententidiguez**, intellection; **ententionus**, intentionnable. — *Enterrament*, -*ement*, g. id. C*ms*, -*amant* D 198, pl. -*anchou* 71; **enterreur**, g. id. — *Enterroguet*, interrogé, C*b*. — **Enteruallaff**, l. interuallo, faire ou dire par intervalles, C*b*; *in*-, intervaller, C*c*. — **Entierement**, entièrement, Cathell, 20, du fr.

1. *Entre uase*, C*ms*; *entreeno*, C*b*, entre là; *intre*, entre, C*b*, v. *abrant*, *diuidaff*; *intreze*, entre elles, Cathell, 25, *entreze*, 34, *entrezo* entre eux D 46, *entré daou* entre temps, pendant ce temps 187. Lorsqu'il y a deux régimes, le pronom prend la forme absolue : *eñtre c'huy, ha me*; *eñtre ê ha hy, eñtre eñ, hac ij*, Gr.; il devait en être ainsi en moy. bret. C'est, sans doute, cette préposition qui se trouve employée comme adj., dans *tud hentré* les petits *Trub*. XIV, etc.; cf. pet. tréc. *étre' n daou* (entre les deux), médiocre. *Ma merc'h etre-c'hena*, G. B. I., I, 160, veut dire « la seconde de mes trois filles »; masc. *mab entre-henan* 182, 184, cf. *Abel, e vreur hentrenan* Jac. 78. Le pet. tréc. *hañter-henañ*, le second de trois frères, est refait d'après l'idée de « demi-aînesse ». Voir le suivant.

2. **Entre** *mazeu*, tant qu'il est, H 42, diffère de *entre*, entre = lat. *inter*, et vient de *en* = lat. *in* et *tre, dre* = lat. *trans*. Ce mot subsiste en bret. mod. : *etre ma vin*, tant que je serai, Mo. 256, *entre vin*, Jac. ms 83; *entre viot*, tant que vous serez, Jac. 114, *é-tré ma heëllét*, pendant que vous pouvez, *Voy. mist*. 143, *é-tré eëllét*, id. 138, *é-tré-dai*, pendant qu'il est, 72, *étré oai*, pendant qu'il était, 131, *é-tré oair bet*, pendant qu'on fut, 26; *en-tré garehet* aussi longtemps que vous voudrez *Choæs* 46. Cette locution *entre* est employée comme préposition dans le petit trécorois *entr' ann dé*, tout le jour, *Rev. celt*. IV, 152.

Le simple *dre* a le même sens : *drez vizimp*, tant que nous serons, N 476, *drez great*, pendant qu'on faisait, Nl 558, *drez guillif pat*, tant que je pourrai durer, J 33, *dre ma cuntunuot*, tant que vous continuerez, Jac. 40. On trouve aussi *tre* : *tre ma padou*, tant qu'il durera, Le Joubioux, *Doué ha mem bro*, Vannes, 1844, p. 18, 20; *tré ma vihuein* tant que je vivrai, *Guerz*. 1857, p. 66. C'est le correspondant du gall. *tra* : *tra yr ydyw hi yn ddydd*, pendant qu'il fait jour, *tra fum*, tant que je fus, *tra fwyf*, tant que je serai, etc.

Le breton présente de même un *a* dans la variante suivante de *entre* : *èn dra allañ*, autant que je puis, Gr., *endra edo*, pendant qu'il était, *Instruction var...* ar *Rosera*, par Le Bris, p. 262, 274, 276, *endra ho pezo*, tant que vous aurez, 339, *endra vévinn*, tant que je vivrai, *endra badinn*, tant que je durerai, Le Gonidec, *Grammaire*, 1807, p. 17, *endra* dans la nouvelle édition, *andra* et *eñdra* dans le Dictionnaire du même auteur, *eñdra*, Hingant, *Gramm.*, 33, *eñdra*, *eñdra ma*, Troude; *andra*, tandis que, pendant que, Pel., *hendra*, Am., id. s. v. *endra*. Cf. *'tra bado*, tant qu'il durera, *Barz. Br.*, 512.

Le rapport de *entre* et *eñdra* à *dre* est le même que celui de *en qeit a ma vevas*, tant qu'il vécut, Jac. 28, cf. 60, Mo. 213, *en qeit ha ma chommit*, tant que vous restez, 251, *en-qeit m'am bo*, tant que j'aurai, 199, à *qeit ha m'hor bo*, tant que nous aurons, 243, *qeit ha ma vin*, tant que je serai, Jac. 41, *qeit ma vin*, 39, *qeit ha ma é abret*, tandis qu'il en est temps, Mo. 246; *qeit, qeit ha*, aussi longtemps que (bret. moy. *quehit*), répond exactement au gall. *cyhyd ag, cyd ag, cyd*.

Les deux mots *dre* et *quehit*, que nous venons de voir en composition avec *en*, se combinent aussi entre eux dans le vannetais *tréquehent ma vein*, tant que je serai, *Voy. mist.*, 107 (ce dialecte a gardé le disyllabisme primitif de *qeit* : *quehèd-cen*, si longtemps que cela, *Histoer a vuhe Jesus-Chrouist*, Lorient, 1818, p. 8 = tréc. *keit-se*; cf. *peguehent*, combien de temps, *Voy. mist.*, 28, *peguehent-amzér*, id. 9).

Un autre synonyme formé du même élément initial que *entre*, *eñdra*, *enqeit*, est *enpad, epad* : *enpad ma vo*, tant qu'il sera, Jac. 54, *enpad ma ve*, tant qu'il serait, 75, *epad ma omp*, tant que nous sommes, 18, *epad ma vin*, tant que je serai, 86, *epad vin*, id. 107, *epad n'ho qüelàn qet*, tant que je ne vous vois pas, 46, de *pat, pad*, durer, durée. En même temps que conjonction, ce mot est préposition : *enpad hon oll bue*, pendant toute notre vie, 106 = *epad hon oll vue*, 16, *enpad oc'h holl bue*, pendant toute votre vie, 114 = *oll epad ho pue*, 15; *enpad eur pemzec de*, pendant quinze jours, 82; en tréc. *epad an noz, 'pad an noz*, pendant toute la nuit; cf. vann. *abad enn nos* (de *a* et *pad*). *En* se trouve de même devant le syn. franç. *durant*, dans le van. *en durant ma vihuein* tant que je vivrai *Choæs* 199, *en durant me vivein* 210, cf. *durant ma vihue* tant qu'il vit 127; voir *guers*.

Nous avons vu plus haut des exemples du verbe *pad* conjugué près *eñdra*; en voici après *entre* : *entre bathe* (variante *pathe*) *ma passion*, tant que durerait ma passion, J 39; *etre pado 'r guernez*, tant que durera la famine, Jac. 76. Il s'est fait en vannetais un mélange de *entre*, *eñdra* et *enpad*, *abad.*, dans *én drebad ma oé*, pendant qu'il était, *Officeu*, 141, 195; *én drebad-men*, pendant ce temps-ci, 183, *en drebad-men*, 154, *én drebad-hont*, en ce temps-là, 163, 171, *in-drebad-ze*, id., *Histoer*... J.-C., 161. M. de la Villemarqué a donné *eñdra-badsé* et *tra-bad-sé* dans le Dictionnaire bret.-fr. de Le Gonidec.

Mais, en dehors du vannetais, c'est une voyelle nouvelle, *o*, qui apparaît à la seconde syllabe de ces locutions où *pad* ne se conjugue pas : *etro pad va bue*, pendant toute ma vie, Mo. 180, *entro pad e vue* (sa vie), 171, *etro pad hor bue* (notre vie), 295, cf. 238, 261; *etro pad ho pue* (votre vie), 270; cf. Jac. 4, 14; *enn tro pad he vue*, Rev. de Bret. et de Vendée, 1885, p. 213; *etro pad ur seiz vloaz*, pendant sept ans, G. B. I., I, 198. Ce vocalisme n'est pas une raison suffisante pour séparer ici *-tro* de *-tre*, *-dra*, car on le retrouve avec certitude dans les deux expressions suivantes :

1º V. bret. *pou-tro-coet* = « pagus trans silvam » et *pou-tre-coet*, cf. Loth, *Ann. de Bret.*, II, 381, 423, 424;

2º Bret. moy. *tronnos*, *tronos* « après demain », C, auj. *tronoz*, *añtronoz*, demain; van. *en trenoz* le lendemain, *en trenoz-arhoah* après-demain, *Voc.* 1863, p. 54; gall. *tranoeth* = *trans noctem*. On voit que *añtronoz* est formé de *in* + *trans*, comme *entre ma*, *eñdra*, *entro pad*; les Vannetais disent *en trenoz*, le lendemain, *Voy. mist.* 21, 49.

Il y a en vannetais une locution qui renchérit sur *entro pad* : *tro fin pad er suhun*, pendant toute la durée de la semaine (chanson contre le café, dans les papiers de Dufilhol, dont je dois communication à M. Gaidoz), cf. français « dès le *fin* matin », etc.; « Euryale... arrive au but le *fin* premier », Scarron, *Le Virgile travesti*, livre V, etc.; pet. tréc. *ken a vinvoeltre*, *ken a vindaone* (il courait) à perdre haleine, ou (il faisait un bruit) à tout casser, de *fin* et *foeltr*, foudre, *daoni*, damner, etc. La rédaction trécoroise de *Chanson ar c'hafe* (chez Ledan) porte, p. 2, l'expression intensive équivalente *tout etro pad ar siun*.

Il est difficile de ne pas voir cette même forme *tro* = *trans* dans *atro en dé*, pendant le jour, *Boquet-lis*, 19, *en tro nos* (dormir) toute la nuit, Jac. ms 13, *ê tro 'n amser n'er grañ*, jamais je ne le fais, Gr., bas-vannetais *tro mare e sarre enn de*, comme (litt. pendant le moment que) le jour se couchait, *Barzaz Breiz*, 341, cf. 166; tréc. *tro ar c'huz heol* (demain) au coucher du soleil, 167; pet. tréc. *entr'ann dé*.

Je crois qu'on peut ajouter *trotant*, N 794 (voir ce mot), que j'ai à tort identifié avec le fr. *entre-temps*. En effet *temps* eût donné en breton *tañs*, cf. tréc. *pasetañs* = passe-temps; le second élément dans *trotant* est le même que dans le v. fr. *entretant*, cependant, espagnol *entretanto*, = *inter tantum*.

Il y a en vannetais un adverbe *intertan*, cependant, pendant ce temps, *Histoer...J.-C.*, 8, 11, 361, *é-tretant*, en attendant, *Voy. mist.*, 38, *é tretant* 156, *n'enn-dé nameid atretantt* (litt. « qui n'est qu'en attendant »), L'A. v. *préparatoire*; ce mot devient conjonction dans *é-tretant ma*, en attendant que, jusqu'à ce que, *Voy.* 118, *é tretant ma*, *Officcu*, 94, 108, 149, *én tretan er scuille*, en attendant qu'il le versât, *B. er s.* 2, *én tretand ne blasei* en attendant que (l'herbe) verdisse *L. el Lab.* 128, et même préposition dans *é tretant en espérance eurus* (vivons saintement...) en attendant l'espérance heureuse (=*expectantes beatam spem*), *Off.* 137. On trouve aussi l'adv. *etre-tant*, cependant, hors du vannetais, par ex. *Mis maë*, Brest 1854, p. 177; *e tretant*, *Intr.* 114, anc. éd. Il serait téméraire d'affirmer que le franç. *entretant*, = *inter tantum*, n'est pour rien dans ces expressions, surtout dans les premières; mais l'influence du breton *entre*, *eñdra* = *in-trans* apparaît clairement aussi, quand on réfléchit que le *tro-*, du moyen-breton *trotant*, qui s'y rattache de si près, ne peut pas venir de *inter*.

Cf. v. fr. *entresqu'a*, *tresqu'a*, *tresqu'en*, jusqu'à, jusqu'en = (*in*)-*trans-quam*; *tresque vint*, jusqu'à ce que vint, *Chanson de Roland*, vers 162. Voir *entresea*, *her*, *tre*, *trotant*.

Entrebazet « entrechieles, ou interposez », l. *intercalaris*, re, *Cb*, v. *squeul* (de *baz*, bâton, échelon). Un composé de *entre*, qui n'est pas, comme *entrebazet*, imité du français, est *entremar* m., doute Trd, *enn entremar* (rester) hésitant, dans l'indécision, *Nikolas* 704. On voit que la consonne initiale de *mar* est restée intacte. Il y a eu adoucissement dans le corniq. *entredes* gl. cauma, de *tes* chaleur; les deux traitements se trouvent en irl., cf. *Urk. Spr.* 30.

Entre lazidigaez « entretuance » l. internecatio, C.

Entrelesell « entrelessier », l. *intermitto, Cb*, v. *lesell*.

Entreny, lisez **entreteny**, entretenir, traiter (comme une servante), Cathell, 23, auj. *añtreteni*, du fr.

Entresea *hac occident*, vers l'occident, Cathell, 5, *entreseaff hā neff*, vers le ciel, 30; *eñtreze, étreze, treze, èntreze ha, vers, eñtreze hac ennañ, eñtreze-'g ennā*, vers lui, Gr., *entrezec an dezert*, vers le désert, Mo. 229, *entrezec ha Balaac*, 303, *entrezec hac an êe*, vers le ciel, 310, *entrezec hac eno*, vers là, Jac. 118; *en ho treseg* vers vous, *Miz Mari* chez Le Goffic, 3ᵉ éd. 1863, p. 65. Je pense qu'il faut décomposer ainsi : *en-tres-ec*.

En est la préposition ; *tres* répond au latin *trans*, et doit peut-être son *s* au v. fr. *tres* (voir *entre ma*).

Quant à *e, ec*, on peut comparer : moy. bret. *bete, bedec*, jusqu'à, cf. *bet*, id., v. gall. *bet, behet, byhet*, de **co-et* (cf. Rhys, *Rev. celt.* VI, 57, 58); moy. br. *goude*, après, v. gall. *guetig, gŭotig* = **vo-eti-g* (cf. gaul. *etic*, et, inscription d'Alise?); *a-dalecq* depuis, Gr., vann. *a-dall*, Gr., bret. moy. *adal* (de *tal*, front); tréc. *adrec*, derrière, Mo. 251, *a-dreg, B. s. Genov.*, 10; léon. *adre, adreñ* ; moy. bret. *adreff* ; cf. *eguet*, que après un comparatif ?

De même que *bet* a donné lieu en moy. bret. à *bedec* et *bet hac* (van. *bet-hac, Voy. mist.* 32, 55, *bet ha*, 42, *bedac Histoer J.-C.*, 7, 8, 12), **en-tres* est devenu *entrezec*, et en petit Trég. *teus ak* (et même '*sā, Rev. celt.* V, 127). Puis ces deux formes se sont mêlées dans *eñtreze hac*, etc. La préposition *ha, hak*, qui est probablement apparentée à *-e, -ec*, répond au gall. *a, ag*, avec. Cf. gall. *tua, tuag*, vers, de *tu*, côté, bret. *varzu an êe*, vers le ciel, Jac. 120; *varzu hac ennoc'h*, vers vous, Gr. (avec une autre préposition, comme dans *eñtreze hac ennoc'h*); voir *dastum*. Le bret. *ebarz en, ebarz, 'barz*, dans, est analogue au gall. *parth â, parth ag at*, vers.

Cette prép. est restée seule en dialecte de Vannes, surtout dans le bas-vannetais, devant l'article et les adjectifs ou pronoms possessifs qui commencent par une voyelle, *Vocab. v. bret.* 28; *ag* en 1693, *Chrest.* 327-331, *ac* 328-331 ; *ag é livre* (se servir) de son livre l'A., *ag é ... hac ag é*, et aussi *ag é ...hac a é* de son ...et de son *B. er s*. 198; *ag ou* (le soin) de les (soulager) ibid., de leur 201, mais *a ou* de leur, de les 188, etc., *ag er hârein* (ne penser) qu'à l'aimer *Guerz. Guill*. 68, = *a er hârein*, *Choæs* 149. De même avec la particule *hum*, assimilée à un pronom : *e vire doh... ag hum gorromplein* (cela) empêche (le cœur) de se corrompre *B. er s*. 192 (cf. *Rev. celt*. VIII, 45). Le mot est répété sous deux de ses formes, *ag, e*, dans *lan ëu er fosellëu ag e zëur*, les fosses sont pleines d'eau Gr. Voir *Urk. Spr*. 31 ; Rhys, *The outlines of the phonology of manx gaelic*, 1894, p. 141.

Le vannetais dit, selon Grég., *treçza, treçzac, etreçza*, du côté de ; *etreçza men?* de quel côté? Mais ce dialecte emploie de préférence *tremañ, tremâ, tremâ ha*, vers, Gr., *trema oh* vers vous, *Boquet-lis* 19, *trema, Voy. mist*. 10, 26, etc., qui se montre aussi parfois en cornouaillais : *tra-m-an tréac'h*, vers le haut, *tra-m-an traon*, vers le bas, *Almanach* de Léon et de Cornouaille, 1877, p. 32; *tre ma'nn nec'h* (regarder) en haut, *Barz. Br*. 239, etc., voir *tre*.

On dit, du côté de Carnac, *dremad*, vers ; cf. *dremehad*, id., *Histoer... J.-C.*, 7, 9, 160, 170, 171, *dremehad en naüvet eure*, vers la neuvième heure, 361, de *drema + at* = gall. *at*, cf. *parth ag at* (et les formes bretonnes avec *et*, comme *bet*, citées plus haut?). D'autres traces de cette préposition *at*, en vannetais, sont : *tremeinein ebiatt*, passer par auprès, l'A., *tremeine ebiatt*, passer par devant, v. *friser*, de *ebiou + at*; *a costiad de*, à côté de, *Voy. mist*. 108, 130, *a costiad-teign*, à côté de moi, 71, *a costiad demb*, à côté de nous, 123, *a costiad temb*, 68, de *a coste + at*? Voir *grez*.

Enfin le P. Grég. donne comme synonyme de *eñtreze hanter-guenveur* « vers la mi-janvier », la locution *é-tro hanter-guenveur*, où la ressemblance avec le mot *tro* « tour » peut bien être trompeuse, **in + trui = trē* donnant régulièrement *entro*; voir *entre ma*.

Entrestouaff « entrecliner », l. *interclino*, Cb, v. *anclinaff*.

ENVEZ, *enwez*, prononcé *enn-vez*, anneau que l'on fait entrer de force sur le manche d'un outil, d'un couteau, etc. Pel., *envez*, m. et f., pl. *envésiou*, Gon., *Dict. fr.-br*., *envez*, m., *Dict. br.-fr*., virole, *eñvez*, m. Trd = v. br. *inues* gl. amentu, pl. *innbisiou* gl. ammenta, ammentis, *Rev. celt*. XI, 90; de *in*, dans, et *bes*, bis, doigt, explication que m'a suggérée M. Wh. Stokes, comparez en grec δακτύλιος, bague et cercle autour d'une pièce de bois. Le gall. *enfys* (et *enfysg*), f., arc-en-ciel, pourrait être le même mot.

Enuironaff, environner, *Cb*, v. *treiff*, part. Cathell, 24; *enuronet Cc*, v. *treiff*; *anuirounet* Nom. 127, du fr. — *Enuius*, envieux, *Cb*, v. *duaff*.

Eol. Heaul huile, *heauler* « huillier », marchand d'huile, Nom. 314.

Eonaff, écumer, **eonus**, écumeux, *Cb*, v. *spoum*; *eonennaff*, écumer « dans nos vieux livres », Pel.; ÉONEK écumant Gon., v. br. *euonoc*, gall. *ewynog*. Voir *eyen* et *Urk. Spr.* 53.

Eoull, e — de sa volonté; **eoullec**, volontaire, *Cb*; *am eoul*, *Cms*; voir *youll, elboet*.

Eozen = v. bret. *Eudon* s'est confondu avec *Ewen, Iwen* = *Eugenius*; Loth, *M. lat.* 164, 218.

Epaf, épave, *Cms*, du fr. — **Epilogaff**, -guer, *Cb*; -*guaff*, *Cc*, p. -*guet*. — **Epistolen** *sant Stephan* épître de (la fête de) saint Etienne, Nl, N° XLV, *ebistolenn* Gr.; du lat. *epistola*. — **Equiuocation**, g. id., *Cb*.

ERBED *e bara a-ra* il ménage et épargne son pain, en Léon, selon Pel., gall. *arbed, arbedu*, épargner, cf. v. irl. *airchissi, arcessi* parcit, indulget.

Erbet. H a seulement : *erbedafu* je recommande, 46; *emerbedet* recommandez-moi, 45. *Hon erbet* Nl 98 ne signifie pas « notre recours », mais « elle nous recommande », comme l'a compris M. de la Villemarqué. Voir *ar, emerbedy*; cf. B 724. Sur le préfixe *er-*; voir *Urk. Spr.* 35, 37.

Erch, *herch* neige, Nom. 222; **erchaff**, neiger, *Cb*; voir *Urk. Spr.* 18.

Ere, licol; **ereadur**, liement, lien; **ereer**, lieur; *ereer da coat*, ouvrier... qui lie fagots, f. *es*; *eren*, lier (p. *creet*), *Cb*, J 70, B 455, *erenn*, *Cb*, v. *aguilletenn*; *ereiff*, id. Nom. 136; *ereou* liens D 141, cf. 195. De là **Hereec**, reg. Péd. 146, *An Ereec* 89 b, 93 b, 101, *Lereec* 102 b (1595, 1582, 1583, 1584, 1585), Anniv. de Trég.

39, auj. id., pron. *An Ereek.* Cf. lat. *cor-rigia?* Voir *Rev. celt.* I, 95 ; *Urk. Spr.* 233.

J'ai cité, *Dict. étym.*, v. *ere*, cinq exemples de *ere* et un de *e ry*, dans le sens de (pendre) par (le cou), (traîner) par (les cheveux), en moy. bret. Cette préposition existe encore. On dit en petit Tréguier *sklainañ, chaînañ, heri t'i grêv, heli t'i grêv, hei d'i grev*, traîner par les cheveux ; à Guenezan *heli he vleo*, à Plouha *hel d'i vlê* ; à Pontrieux, Prat, Magoar, *koñdui eun dén heli e vri, heli e vrec'h*, conduire quelqu'un par le nez, par le bras. Cf. *deut ...ahely o scoarn clé*, que je vous traîne par l'oreille gauche (pour vous noyer), Mo. *ms* 125 ; *heli he vrec'h* (tiré) par le bras, *Mezellour an ineo*, Saint-Brieuc, 1831, p. 137 ; *heli he zroad* (traînée) par le pied, 138 ; *en ping nerri e dreid* (ils l'ont attaché) suspendu par les pieds, *Fallagries ar gommun*, par J.-M. en Nent (de Kerien), chez J. Haslé, p. 3. Cette expression existe aussi en vannetais : *E vêêt taulet er fanguek En ari bouton hou lavrek*, vous serez jetés dans la boue par votre bouton de culottes, *Rev. de Bret., de Vendée et d'Anjou*, fév. 1891, p. 153. Elle pourrait bien se trouver à l'origine des locutions suivantes, que des étymologies populaires ont diversement déformées :

1° *A heli-ketan*, à l'envi les uns des autres (van.) *Rev. celt.* VII, 321 ; en haut Léon *mont alegenta* courir, à qui sera le premier, selon M. Milin, cf. *tis-tis alegenta* (courir) bien vite, à qui mieux mieux, *Marvaillou grac'h-koz*, Brest 1867, p. 47 ; *halégatik*, à qui mieux mieux, à l'envi, mot ajouté par M. de la Villemarqué dans les deux dictionnaires de Le Gonidec ; *aligatik*, à l'envi (cornouaillais), Troude ; *ali genta!* à qui arrivera le premier ! (cri aux jeux d'enfants) Luzel, chez Ad. Orain, *Glossaire patois d'Ille-et-Vilaine*, Paris, 1886, p. xi. M. Luzel a vu ici le mot *ali*, conseil ; les Vannetais croient sentir dans *a heli-ketan* leur mot *heli*, suivre ; je penserais plutôt à une combinaison de *a, heli = e ry* (en s'attachant) et *queti-quelan*, à l'envi (van.) l'A., *keti ketan*, *Livr el lab.* 22, etc., de *kenta*, premier ;

2° Pet. Trég. *moñd helibini*, aller à qui mieux mieux ; *helebini, helbini*, émulation ; cf. *dre helebini*, à l'envi, *Histoariou* 235, et *Rev. celt.* IV, 156 ; de *heli = e ry*, et *peb-ini*, chacun : « en s'attachant (à se suivre) les uns et les autres » ?

Le léonais *elbic*, émulation, à qui mieux mieux, que donne D.

Le Pel., d'après Roussel, avec l'exemple *elbic a ra*, il conteste, il veut l'emporter par émulation, semble différent : cf. v. franç. *alebiqueux*, pointilleux, querelleur, Godefroy (*eil-bika*, riposter, *Suppl. aux dict. bret.*, Landerneau, 1872, p. 101, litt. « piquer à son tour », pourrait être un arrangement nouveau de l'expression *elbic a ra*). — Voir *dogan*.

ERLAÑNE, *herlañne* l'année dernière, pet. Trég.; *erleune* à Pontrieux; van. *allanne* Chal. *ms* (léon. *varlene* Gr., *warléné* Gon., à Lannion *warleune*), gall. *erllenedd, ellynedd*, cf. bret. moy. *heulene*, cette année. Voir *Rev. celt.* XV, 153.

Erllecguez, l. hoc mutuum, C*ms*. M. Stokes se demande, *Urk. Spr.* 36, si ce mot n'est pas emprunté à l'irl., parce qu'il présente la gutturale de *linquo*, qui aurait dû devenir *p, b*. Mais il y a des exemples de *q* devenu *k* en breton; voir *hesq*. Le latin a également *licet* à côté de *linquo*; cf. Brugmann, *Grundriss* II, 961.

Ermitag, -age C*b, hermitaig* D 188. — **Erratic**, -ique, l. -icus, C*b*.

Erv, sillon, C*ms*; latinisé en *erua*, f., XIVe s., *Chrest.* 203; *vn heru douar sauet entre diou haut* sillon, terre élevée entre deux rayons, l. porca, pl. *hiruy*, Nom. 235, *erwi*, L. *el l*. 12.

Esanccaff, encenser; **esancer**, encenseur, C*b; ensensier*, g. id., l. ignibulum, Cc, v. *tan; esancier* C*ms, esensouer* 3 syl. G. B. I., I, 288, *ezançouer* 4 s., pl. *ou* Mo. 271, *essensouer* Mo. *ms* 211, pet. Trég. *egzeñsour*, encensoir; *essance*, encens, C*ms, esans* Mo. *ms* 201, *ezanç Guerz. Guill.* 115.

Escop. Esquebyon, Esquebien, XIVe s., *Chrest.* 203, auj. *Esquibien*, n. de lieu du Finistère; *esqibyen* évêques Gr., gall. *esgobion*; dim. **escobic** dans le nom *Lescobic* XVe, XVIe s., Nobil.; *escopty* évêché, diocèse H 17, Nom. 228, D 170.

Escren, escrin, l. antipyrgium, C*ms*, après *eclips; scrin, crin*, pl. *ou*, écrin, cassette, Gr., *scrin* Nom. 168; *da scrin ho caloun* à votre santé, litt. « à la partie la plus intime de votre cœur » Gr. *Escren* doit venir du fr.; *scrin* peut, comme le gall. *ysgrin*, se rattacher directement au lat. *scrinium*.

Escumunugaff, lire ainsi cet article du *Dict. étym.* : **Escumunu-**

gaff, excommunier, C, *vs-*, p. *-guet,* C*b,* *ex-,* C, *iscumunugaff,* C*b,* v. *millizyenn, ys-;* v. *malediction;* part. *isqumunuguet* D 41, 95, 100, *an —, n'o deveus* les excommuniés n'ont 42 ; **escumunuguenn,** *ex-, vs-,* C, *es-, us-,* Gr., excommunication, du l. *excommunicare;* **excommuniet,** *-ié,* J 164 b, H 49, 56, D 104, *excomu*[*niet*] H 56, *escomuniet* Vocab. 1863, p. 4, *excomuniquet* Catech. b, 9 v, **excommunication** *-tion* H 50, du fr. On lit *isquimunuen* excommunication D 41, cf. le verbe van. *squemuniein,* subst. *squemunication* l'A.

Esenn, ânes, C, v. *mirer,* C*b,* v. *goelaff,* auj. *ézen,* du lat. *asini.*

Esou (fille) effrontée, ou révoltée, B 357; cf. *essüent, esuent* « opiniâtre, indocile, désobéissant, mutin. On le dit principalement des enfants », Pel. Voir *essou.*

Espar singulier, extraordinaire, bizarre, H. de la Villemarqué, dans le dict. bret.-fr. de Gon.; *Barz. Br.* 192 (cornou.); *goude ken espar donezon* après un don si singulier, *Kant. Z. V.* 3; de *ex-* et *par,* cf. *dispar.*

Esper espoir, désir D 153, *en esper ho coffes* pour, dans l'intention de les confesser 109; *a houi so esperet da* (pour savoir) si vous avez l'intention de, Mo. *ms* 225; *esperance* g. id. C*b,* v. *fizyaff, -ancz* H 15, 50, *-anç* D 17.

Espernabl, espernables, l. parcus. — *Espicc,* épice; **espicerie,** (g. id.) C*b; bara a ves ispicery* pain d'épice Nom. 312, *ispicer* épicier 302. — *Espet* dans *berr espet* P 82, 179, est une mauvaise orthographe pour *respet* (*ber respet*) comme l'a fait remarquer M. Loth, *M. lat.* 120. — *Espurget,* expurgé, C*b.* — *Essay,* g. id., C*b,* v. *taffhaff, eshaff,* essayer, C*b,* v. *blam.* — **Essenciel,** g. id. C*b, -ntiel* D 91; *essanç* essence 24, 39.

Essou. *Mar bez essou,* s'il y a place (si tu paies la redevance?), dans la chanson du voyer de Quimperlé, *Bulletin de la Soc. archéol. du Finistère,* XV, 362 (voir *gour*); cf. *ober ichou,* faire place, à Douarnenez, *Rev. celt.* IV, 62. Ceci rappelle *esou* (voir ce mot), et *eusouion,* gl. gestatorum, xiie s., *Academy,* 1890, p. 46; *Rev. celt.* XI, 215. Voir *issu.*

Esteuziff, éteindre, C*b, estuziff,* C*ms.*

Estimation, g. id., C*b, estimi,* penser, Cathell, 22.—*Estoar,* C*ms,* *estoar pe hystor*, histoire, pl. *hystoryou, -iou, meur a hystor*, C*b*; *estor*, C*c*, *histoar*, Cathell, 32. — *Eston* crainte, malheur D 165; d'une manière étonnante, terriblement, fortement 141, *an estonussa* le plus effrayant 138. — ESTR, *estré* de plus que, van. *estroc'h* Gon., *estrevitoun, estregued-on* « autre ou autres que moi » Gr., *istre carantez* outre l'amour (du travail, il faut encore...) *Guizieg*. 7, *istre ze* outre cela, de plus, Mo. 285; cf. *Et. sur le dial. de Batz*, 37, 38. M. Loth, *M. lat.* 124, voit dans ces mots un correspondant celtique du lat. *extra*; un emprunt me semble plus probable : cf. anc. poitevin *estre son gré*, Boucherie, *Le dialecte poitevin au* XIII*e* s., 1873, p. 367. *Estranger*, f. *es* forain, étranger C*b*. **Estrenhaet** séparé, retranché (de l'Eglise), mot employé deux fois Catech. 6 v.

Et, blé, C*ms*, C*b*, v. *forch, dornaff*; *eet*, C*b*, v. *talvoudeguez*, D 108, 187, *éet* 105, 187, *é et* 187. Même origine que dans *eteau* tison : cf. sanscrit *pitu* nourriture, *pitu-dáru* arbre résineux, grec πίτυς pin, *Urk. Spr.* 45. Voir *guiniz, reter*.

Etabl, bon, de bonne qualité, ne vient pas du fr. *équitable*, mais du v. fr. *estable*, qui a un sens analogue dans le passage cité par M. Godefroy, « spirit *estable* » = « spiritum rectum », Ps. L, v. 11. Pour la chute de l's, cf. moy. br. *detin* = fr. *destin*; *detal, delry*, prob. de *d'estal, d'estri*; *eñtocq* estoc Gr., *entocq* (coups d')estoc, Nom. 193, *impiot* épieu (de chasse) 175, *impyod* pl. *ou* Gr., du v. fr. *espieut* (pour la nasale, cf. *eñtoff*, étoffe, Gr.; pour l'assimilation de l'*i*, cf. bret. mod. *impiloc*, épilogue). On trouve en moy. bret. *amonetet* et *amonestet* admonesté, *amoneter* et *amonesteur*, celui qui admoneste; les formes sans *s* de ce mot sont les plus nombreuses. *Arret* arrêt, *arretiff* arrêter, ont, à cette époque, leur seconde syllabe rimant en *et*; il en est de même pour *hep arreta* sans arrêter, sans cesser D 161, *pa em arreta* quand je m'arrête, je médite (sur) 141, *dalchet... en arretou* tenu prisonnier (aux arrêts) 118. Grég. donne *arred* et *arest*, van. *arrest*; cf. *arrestet... èn é selleu*, réservé dans ses regards, *B. er s.* 200.

Eternell -nel Cathell 20; **éternité** -té Catech. 6 v, *Eternité* D 15, 126, *eternitez* Gr.

Ethimolog, étymologie, C*b*.

Eu il est. *Eou* Gw., v. *mac'ha*; *ez*, lis. *eu* Nl 473. *Ahané eo hoary* (litt. c'est par là qu'il faut jouer), voilà comme il faut agir, Mo. *ms* 197.

Eucharisty -tie H 51, -*tie* Catech. 7 v, du fr.

Eufr œuvre D 18, oeuffr H 11, pl. œuvrou D 63, 82, œurou, tœuurou, Cathell 2, eufryou H 53, oefryou 15, oeffryou 10, oeufryou 16; dim. **euffryc** C*b*; *euvraich* ouvrage Gr., voir *offrag*.

On lit *vacançc, dez eurabl* « vacance, jour férié, l. nefastus » Nom. 224, par suite d'une erreur, pour « jour ouvrable ». Le verbe *euuriff* œuvrer C = *eûvri* avaler (un breuvage) *Trub.* 339, (un remède) 270, au fig. *eul louzou re ziez da eûvri* c'est une pilule difficile à avaler, XI ; *haoun bras hen deûs d'he lounka, d'he heûvri re vuan* (le gourmand) a grand peur de l'avaler trop vite (un bon morceau) 243 ; van. *aivrein* avaler, l'A., boire, parlant de la terre, etc., *Sup.*; *ævrein drammeu*, user de médecine, cf. v. *pilule, électuaire; œvrein* boire (le calice) *Choæs* 172 ; *aivradurr* m. manducation, *aivradur ag er vréh* insertion de la petite vérole l'A., *Sup.*, du v. fr. *œuvrer, ovrer*, travailler, opérer, agir. Le développement en breton d'un sens tout spécial a son parallèle en anglais, où *to inure*, habituer, vient du vieux mot *ure* : *to put in ure* « mettre en usage », litt. « en œuvre ». Sur le van. *andaivréc*, parent de l'angl. *manure*, voir *ab*.

Eugenn, eg-, C*c*; *egen, eug-,* C*ms*, bœuf; *egen* D 105, *égenn* 185, *ægenn* 191 ; pl. *eugennet* Nom. 316, *ejin* à Plouhinec, *Rev. celt.* V, 163, cf. XIV, 306-308 ; voir *hoguen* 1, *subget*.

Eur, heure, pl. *-you, -iou,* C*b, heuriou*, v. *horolog*; f. : *teir pe pedeir eur* D 173.

Eureugou, noces, C*b; can an neureuiou,* C*ms; eüret* mariage D 80. Ce mot peut être composé de **eu-rit* = **avi-(p)ri-t-*. Sur *eu-*, « favorable », cf.lat. *aveo*, etc., voir *Chrest.*129, *Urk. Spr.* 23 ; pour **(p)ri-t-*, zend *fritha* amour, allem. *freien*, cf. *Urk. Spr.* 233.

Eureux, heureux, C*b*, Cathell, 15 ; *heur* bonheur H 48.

Eust, malgré, B 392*, n'est pas = *deust, dius*, voir *daoust*; c'est une faute de la seconde édition de Sainte-Barbe, pour *euit* (cf. *Dict. étym.*, s. v. *eguit*, l. 6, 7).

Eustach (saint) Eustache H 59, du fr.

EuvER (goût) fade, à Tréméven (en Goello); paresseux, négligent (mot très méprisant) à Trévérec, Tressignaux, Plouha (en Tréguier); *euveret eur c'halei*, quel calice amer, *Devocion d'ar galon sacr a Jesus*, Saint-Brieuc, 1851 (réimpression d'un ouvrage de 1835), p. 93; voir *goaz* 3. C'est le même mot que le van. *voère*, fade; *voire*, insipide; *voaire*, douceâtre, l'A.; (vin) liquoreux (au *Suppl.*); *voire brass*, bien fat (s. v. *voir*); cf. *Suppl.* s. v. *begnina*; dim. *fouéric*, blet, blette, *Sup.*; = gall. *ofer*, vain; cf. lat. *amarus*. C'est l'origine du bret. moy. et mod. *dioueret*, manquer, être privé de. Voir *bet nary*, et *Rev. celt.* VII, 313. Le double sens de cet adjectif breton ne permet guère de le séparer du gall. *of*, cru, v. irl. *om*, grec ὠμός. M. Ascoli rapproche le gall. *ofer* du v. irl. *ōbar*, *uabar*, vanité, *uaibrech*, vain, *Glossarium palaeo-hibernicum*, dans l'*Archivio glottologico*, vol. VI, p. cxxxi. Voir *disleber*.

EuvLEN le plus subtil, le coton du lin que l'on peigne Pel., *euflen*, *euvlen* f., pl. *euflennou* et *eufl*, atome, corpuscule, petite poussière qui vole aux rayons du soleil, duvet qui s'élève du lin en le peignant, etc. Gon. M. Loth, *M. lat.* 164, compare le gall. *oflyd* prêt à se décomposer. Je penserais plutôt à *eflyn*, *efnyn*, m. atome, particule menue.

C'est peut-être ici qu'il faut classer *elwenn* morceau, miette, G. B. I., I, 80, qui rappelle aussi *eluen*; cf. *ulven* f. le menu coton ou duvet qui s'élève du lin, en le peignant, du fil, en le dévidant, Gon.; cet auteur dit que l'on donne aussi à *ulven* le sens de *elven*, étincelle. M. Loth voit dans *ulven* un mot différent de *euvlen*, de *eluen* et de *fulen*, et compare le gall. *ulwyn* cendre, charbon. Cf. *Urk. Spr.* 53, 47.

1. *Eux* de D 15, 36, 70, 115, 138, 143, *eus* 135, *eux à* 16. *Ameux* de 23, 26, 42, 64, 65, 66, 69, 70, 71, 78, 79, 88, 113, 115, 136, 143, 151, 157, 164, 165, 173, 192, *ameus* 124, 153, *ameux à* 84, 118, est peut-être un mélange de *eux* et *ames*, voir *ves*. Gr. donne *emeus a*, *demeus a*, *dimeus a*, *dimès a*, *eveus a*; cf. *dimeus a o chervad* (merci) de votre hospitalité Jac. *ms* 69, *dimes ha e verit* de son mérite 90, *a dimes* (le plus haut) de (ses princes), Mo. *ms* 168; on dit en Trég. *dimeus*, *demeus*.

2. *Eux*. E *meuxy* je les ai (méprisés) Cathell 7, *am euz* j'ai H 60;

ma na heux si tu n'as pas 16; *en deueuz* il a 6, *he deueuz* elle a 48; *nep en deueux* celui qui a *Cb*, v. *loacr*, *nep en deueus*, v. *elas*, *nep en deueuz*, v. *auu*; *nep en deuez* celle qui a (2 jumeaux), v. *guenell*; *gruec ez deu⁹ bezet bugale Cb*; *he deues*, *hez deues* elle a, Cathell 1, *mar hoz deuez* s'ils ont 14; *ez eus* il y a H 58, *mar deus* s'il y a 57; *pep tra en deffe son* tout ce qui a un son, *Cb*, v. *cloch*; *en defuoue* il eut H 46, *en deffoy* il avait Cathell 35, *en defoy* 13, *en deffoye* 21; f. *he deffoy* 22, *he deffoye* 19, pl. *ho deffoy*, *hoz deffoy*, *ho deffoye* 15; *en deffoye* il eut 20, f. *he deffoye* 6, 15, pl. *ho deffoe* 15; *ez uezo* tu auras 5, *ho deuezo* ils auront 30, *he defie* elle aurait 20, *hac en hoz de vie* et qu'ils auraient 11. L'emploi du sing. est remarquable dans cette phrase : *na tremen en tu hont dan limitou* ancien pere *an deveux laquaet da tadou* Catech. 8 v, = ne transgrediaris terminos antiquos, quos posuerunt patres tui, Prov. XXII, 28. Voir *Urk. Spr.* 44.

1. **Euz**, horreur; *dre euz*, horriblement, *Cb*; van. *eaih* m. abomination, *eah* horreur l'A., voir la note p. 64; *euzus* horrible Pel., van. *eahuss* l'A., *ehus* abominable Gr., affreux Chal., *eaihuss* l'A.; *goal-euzus* très épouvanté, Jac. 100. Ces mots sont comparés au lat. *odium*, Ét. gram. I, 48*, 56, mais l'irl. *úath*, le cornique *uth*, *euth* horreur, le gall. *uthr* horrible, *aruthder* terreur, prodige, indiquent *ōt-, *ōtt- (de *pou-, cf. lat. *pavor*?). Le van. *eah* peut s'expliquer par *eoh = *euth, cf. *peah* paix de *peoch*, *peuch*. En ce cas la ressemblance de *eah*, *eahus* avec les syn. gall. *aeth*, *aethus* est fortuite, car ces derniers doivent venir de *ac-t- pointu, poignant, voir *bezin*.

2. Euz mou, amolli, qui n'est ni solide, ni ferme, en cornou. Pel., dim. *euzic* mollet ib.; pet. Trég. *heu*, fade, de *heuz, gall. *hawdd* facile, *hawddfyd* plaisir, bonheur, *haws* facilité, plus facile, v. irl. *asse* facile; de *(p)ād- et *(p)ad-s-, cf. irl. *adhas* bon O'Clery, gall. *addas* convenable, approprié, *Urk. Spr.* 86. Un rapport du même genre se montre, par exemple, en irl., entre *snaidim* couper, et *snass* coupure. Voir *diezmes*, *razas*.

Euangelist évangéliste C, **evangelic** évangélique Catech. 8, -*icq* D 130.

Euelhent, ainsi, *Cms*, *euelhen* H 24, *evelhen* D 154, *avelen* Mo. *ms* 149, dim. '*veleneq*, comme ci, à Pontrieux; *evelse* D 24, *evalse* 24, 142, *eval-se* 162, *heve'-se Truh.* 330, pet. Trég. '*ve-se*, dim. '*veseeq*, comme ça ; *eval* comme D 26, *evaldaff* comme lui 179, *evaldomp* comme nous 80, *eveldhi* comme elle, *Nikolas* 769 ; *evel te da hunan* (tu aimeras ton prochain) comme toi-même Catech. 7 v ; *avel* Jac. ms 62, *evel quent a goudé* tout de même, comme avant 21.

Eueres, buveuse ; **euerez**, buverie, l. *potatio*, Cb ; *effaff*, boire, Cms, v. *dinou*, Cathell, 21, *effa*, 19, *euafu* H 18, *efuo* 8, *effuo* 13, rimes o ; *David leshanvet Aquarius, eff-dour* David surnommé « buveur d'eau » D 186.

Euez. Ezuez attention H 46, *-hat* prendre garde 13 (et non *ezv-*) ; *yvizyant ouz pep seurt à pec'hedou* attentif à éviter tout péché D 181 ; *evezyand*, vigilant, pl. *ed* surveillant Gr., *eveziant* vigilant Nik. 142, 727. Malgré la forme *var eve* (être) en garde Cat. imp. 106, 107, 136, le *z* de *euez* doit être dur : pet. Trég. *éves*, cf. van. *éuëh, énéuëh* garde l'A., *eüeh* Chal. ms. Le van. *diavis* téméraire, Rev. celt. I, 96, est différent, et vient du fr. *avis*, cf. Rev. Morbih. I, 138.

Euidance, évidence, Cb.

Euit pour B 41, etc., *evit* D 15, *ivit* 129, 142, *avit* Jac. ms 64 ; *eguidomp* pour nous H 58, *evit domp* D 65, *evitto* pour eux 92 ; *evit* malgré 95, 154, *evit nep excus* malgré toutes les excuses 106, *evit an daou troat da beza goadet* quoique les pieds fussent en sang 150, *evitto da gouella* quoiqu'ils pleurent 162, cf. G. B. I., I, 170 ; *evit ma òn bian* quoique je sois petit Mo. 247, *evit n'el lavare qet, e roe da entent* sans le dire, il donnait à entendre, *Aviel* 1819, I, 283 ; *euitse*, pourtant, Cb ; *euit se*, pourtant, Cathell, 7, *euitse* 34, *euitce, euit ce*, 5, *yuitce*, 7, pet. Trég. *vi-se mañn, vi-s' mañn*, cela ne fait rien ; *'ta wi-ze* qu'importe ? *han 'ta vi-se ie*, ma foi ! *Evit* que après un comparatif D 83. Voir Rev. celt. XI, 192, 196, 481. Pet. Trég. *n'oñ qe vit-añ* je ne suis pas capable de lutter avec lui, *n'oñ qet evit ober ze*, je ne suis pas capable de faire cela ; cf. le vers du *Misanthrope* (acte II, sc. 5) : « Le sentiment d'autrui n'est jamais pour lui plaire ». Ce mot s'emploie aussi comme une sorte d'adverbe (cf. fr. *jusqu'à*) : *Mes evit ar pesqet a zo maro bremâ* quant aux poissons, ils sont morts Mo. 206 ; *evit qement a ràn zo a grenn inutil* tout ce que je fais est inutile 207 ; *evidon so contant* je suis content Jac. ms 91, *vit sé a so serten* c'est certain 12, *evit sé so serten* Mo. ms 235 (la locution française existe aussi : *evit ar boulanger henes a vo crouguet* quant au boulanger, il sera pendu Jac. *ms* 43); *wit ho puhe na gollfet ket* vous ne perdrez pas la vie G. B. I., I, 350, *wit ho skeï na c'houlenfenn ket* je ne voudrais pas vous frapper 522, *wit-ʒe na refet ket* vous ne ferez pas cela 46, *wit d'ar pardon* au pardon, *wit en iliz* à l'église (vous n'irez pas), 336, 326, *wit a oad* (j'étais jeune) d'âge 110; *wit mar d'on-me si je suis* 288, *wit pa en defe* quand il aurait 440, etc.

Euitafu éviter H 49, *evita* D 142, 153; *ahuitein enn ahuél* éviter au vent, l'A., *Sup.*; du fr.

Eulechen, cest vng arbre, l. *vlmus, vlmi, Cms; evlec'hen, uloc'hen*, pl. *evlec'h, uloc'h*, orme, Gr., *guezen euflach*, id., Nom. 107, peut-être pour **ulv-lec'h*, lieu des ormes, du lat. *ulmus*, ou pour **ulm-acc-*, par métathèse, cf. gall. *afall-ach*, verger, pommeraie. Voir *eʒlen*.

Eulen, cest vng arbre, l. *coluis, Ca, Cb; evlenn, evor*, bourdaine, Gr., *evor, envor, efor, evo*, id., Pel. Le *Nomenclator* donne : *efflen, effl*, peuplier, l. *populus alba*; *efflen du*, peuplier, tremble, l. *populus nigra*, p. 106; *heuor*, aune, l. *alnus, heuor du*, aune noir, l. *alnus nigra*, 104; *an euor guen, lou guys* « viraire, veratre, ellébore blanc », l. *veratrum album, elleborus albus*, 94; *an efflout*, mort aux chiens, l. *colchicum, offic(inis) hermodactylus, bulbus agrestis*, 82, Gr. Cf. irl. *ibhar, iubhar, if, iubhar-talamh*, genévrier, *iubhar-sleibhi*, armoise (voir *Rev. celt.* IX, 234); gall. *efwr, efyrllys*, berce. Il semble y avoir eu en breton confusion entre *evor* = gaul. *eburo-*? et *effl* = **ebl*, cf. lat. *ebulum* (du fr. vient *ubl* hièble Nom. 107, *hubl* Gr.). Ces mots rappellent en outre le gaul. *jubaros* ou *ioumbaroum* ellébore noir (glose à Dioscoride); le grec ἐλλέβορος, et l'allem. *Eberesche* sorbier, *Eberraute* aurone.

Euor, mémoire, *drenneuor*, alias, *didanneuor*, par cœur, Cb, *dre neuor*, Cms, *didan effor*, Cb, v. *couffhat, didaneuor*, v. *guer*; voir *ab*.

Examin, examine! Cathell, 23, part. *-et* D 150. — *Exampl* exempt Catech. 10 v, D 21, *exant* D 180, *exent* C, *esant* J 141 b; *exempt* id.; libre, dégagé (des liens du démon) H 3 *examti* exempter D 111, p. *-et* 53, 64, *examption* exemption 111, *eximet* exempté J 127 b. — **Exaucet**, exaucé, Cathell 30, D 67, du fr.

Excellance g. id., Cc, v. *sourmontaff; -anç* D 68. — **Exces**, *eces*, excès. *Excessif*, excessif D 112. — *Excitte* il excitait Cathell 17, inf. *excitaff* C, part. *ecitet* B 752. — *Excus* excuse H 16, D 94, *escus* C*b*; *excus* excuser, v. *vituperaff*; *escuset* excusé D 111, *excusabl* -able 112.

Executy, exécuter, Cathell 24. — **Exerce** *inging*, exercer engin ou engigner, C*b*, *exercifu* exercer H 40, fut. -*czo* 12, impf. -*ce* Cathell 35, **exercit** *a scol*, exercice d'école, C*b*, C*c*, *exerciç* D 95, pl. *ou* 45, 186; *eserci*, *eccelci* exercer, *esercicz*, *eccelcicz* exercice Gr., *ekselsis* L. el l. 122, du fr. — *Exhibaff*, exhiber, C*ms*.

Exiget, -gé. — **Exonyaff**, l. *exonio*; **exonyer**, f. *es*, l. *exoniator*, C*b* (de *essony*).

Experiancz expérience Catech. 4 v, *esperyançz* Gr. — *Explettiff*, -étif, C*ms*. — **Expliquet** -qué H 53, inf. *esplicqa* Gr., *esspliquein* l'A., du fr. — **Exposition**, g. id. — *Expressaff*, expresser, l. *exprimo*, C*b*, voir *espressif* au *Dict. étym.*

Exquis, étrange, horrible; cf. v. br. *inardotas escis*, gl. *flagitium*; *in* serait l'article et -*ardotas* = gall. *arddodas, substantif de *arddodi*, imposer. Pour le sens de *escis*, exquis, auj. *iskiz*, cf. *tonrmanchou exquis*, Cathell, 23 = lat. *exquisita supplicia*; on lit *isquis* (punir) sévèrement D 54. *Escis* peut venir du latin; ce serait une apocope de *escisetic (cf. moy. br. *doff*, apprivoisé, v. br. *dometic*).

Extrem extrême D 28, *an extrema-onction* l'extrême-onction 143.

1. *Ez. Eseo* qu'il est D 40, *ec'heuré é renta eno* il se fit mener là 192, *ec'h acquisit* il acquiert 43, cf. 16, 25, 42, 55; *effe* (nous ne disons pas) qu'elle soit 65, pour *ez ve*; dans *pe evit tra c'hoaz effe bet instituet* pour quelle autre raison a-t-il été institué 133 *effe* doit être, au contraire, pour *eu-eff*, auj. *ef-heñ*; *er ra* il fait 122, *hoas eo* (lis. *e o*, 2 s.) *suplian* je vous prie encore, Jac. *ms* 108, cf. *Rev. celt*. VIII, 45. Voir *Urk. Spr.* 25.

2. *Ez.* Voir *en* 6.

3. **Ez** te : *am corff ez henoriff* je t'honorerai de mon corps, *ez uezo* tu auras H 57, gall. *yth*; cf. *az* 2.

Ezeff besaiguë, cf. *Rev. celt*. VII, 311, 312; *Urk. Spr.* 315; voir *naouein*.

Ezeuêtt, m. disette; *ezeuæltt*, regret de n'avoir plus une chose; *ezehuætt*, manque, besoin, disette, l'A.; *dischen èn dônnan ezeuèd*, tomber dans la plus profonde misère; Guerz. Guill. 59, = gall. *eisiwed*, manque, indigence (Rev. celt. IX, 73), dérivé de *eisiw*; cf. irl. *easbadh*, défaut, de *ex, bu*; voir *dissiuout* et Rev. celt. XI, 462.

Ezlen, tremble, Cms; corniq. *aidlen*, sapin; cf. irl. *aidle*, thème *aidlenn-*, planche, tablette; *aidle gualand*, la partie de l'épaule qui se rattache au cou (Zimmer, Zeitschrift de Kuhn, 1888, p. 112) = *plancqenn ar scoaz*, omoplate (litt. la planche du cou), Gr.; *planquenn-sqoai*, l'A.; tréc. *planken ar skoa*. *Elf*, bardeau, planche de bois, ais, ais que l'eau pousse pour faire tourner la roue d'un moulin à eau, pl. *elfennou*, Pel.; *elveenn, alveenn*, f. pl. -*vatt*, jantille, aileron d'une roue de moulin, l'A. pourrait être le même mot : cf. *lirzin* et *livrin*, joyeux; M. Loth compare le fr. *auvent*, b. lat. *alvennus*, M. lat. 132. Le P. Grégoire donne *ezlen, efflen*, tremble, pl. *ezl, effl, elo*; Pel. *elf, elv, elw*, léon. *el, ezl*; Maun. *elo*. Voir *eulechen* et *eulen*, mots qui ont peut-être influé sur *ezlen*.

Eznetaerez, oisellerie, l. *aucipium*; *eznic*, petit oiseau, Cb, *ezenn goaz*, oison, Cb, v. *gars*, *pep ezen goez*, geline sauvage ou toute volaille, v. *nigal*; An **Eznès**, An *Esnès*, *Aneznez*, n. de femme en 1488, Dupuy, Hist. de la réunion II, 475, = *heznes*, poulette, Nom. 39, *ez nes Affriqua*, géline d'Afrique, 38, *eznés*, « on prononce : *eenès* » poulette Gr., *enès*, v. *poularde*.

Ezommec, indigent; -*at*, être indigent, Cms; *yzom*, besoin -*ec* (besoigneux), Cc, v. *quaez*; *izom* besoin D 66, 116, 128, *izomp* 105, *ezom* 132; *izomaccæ* lis. *izomecca*, r. *ec*, *a*, le plus indigent 117.

Ezreuel, raconter, Cms; -*ell*, Cb, *ezr euel*, Nl 37, voir *dezreuell*.

F

Fable, g. id. Cms, **fablus** (fabuleux), fabulaire, l. -*laris*, -*re* Cb; *flabenner* fabuliste *Feiz ha Breiz* du 8 oct. 1870, p. 281, cf. v. fr. *flabe*, fable, Borel; pet. Trég. *flapen*, *ffapennach* paroles en l'air, rimailles. — *Fabriquet*, (les) fabriques (des églises) D 104. —

Facc, m. (*dou*), C*b*, *facz* H 3, *é faç en Ilis* (se marier) devant l'Eglise D 145, dim. **faccyc**, C*b*, *facçic laouen* beau semblant, *facçat* soufflet Maun. (ital. *facciata*; voir *chotat*), dim. *façadic* Cat. imp. 84, *façatât* souffleter Jac. 25. — *Fach* fâcherie, haine D 168, *faschet* fâché 123, 150, *facheriou* chagrins, douleurs (de la maladie) 143, *facheriss* fâcherie Voy. *mist.* 152. — *Faciloc'h* plus facile, plus facilement D 44, 66, 122, *facilité* facilité 32, 68, *facultéou* facultés (de l'âme) 24, f. : *distincq an eil dious he ben anezo. Facil e sonjit sans doute vous pensez que, Rimou* 14, pet. tréc. *fasil e* c'est évident, *fasil e d'it*, id., abréviation de *fasil e d'it konpren* cela t'est facile à comprendre, qui se dit aussi. Il n'a pas le positif, mais seulement *facilhafu*. — *Faczon*, C*b*, *enfaiczon aral*, d'autre façon, C*ms*, *facon*, C*b*, v. *lies, musur*; f. : *teir feçon* D 104, pl. *fæçoniou* 85.

Fae. *Faë* Trub. 79, *faë* 86, *fea* 52, 133; r. *en a* 172; *diwar fea*, r. *a*, par mépris, 128, 167; *fea*, Æl *mad* 86. Cette forme ne paraît pas conforme à la phonétique. Elle peut provenir, soit d'un dérivé **feaüs = faëus* dédaigneux Gr., soit de quelque analogie; voir *quea*, *foi*.

Faeczen, fesse, C*ms*, *faezcenn*, C*b* (entre *faculte* et *faessant*), van. *fesseenn*, f. id., *faissænnétt mat* (cheval) bien croupé, l'A. *Sup.*; voir *fesquenn*, *penestr*, et Rev. celt. XI, 354. — *Faessent*, faisan, C*ms*, f. *fessantes*, C*b*, v. *yar*.

Faez, vaincu, C*b*, *faiz*, C*ms*, v. *emrentaff*; *fezaff*, vaincre, C*b*, v. *confitaff*, convaincre, v. *confort*, Cathell 12, Nom. 193; **faezeres** (victorieuse), l. victrix, C*b*. Voir Urk. Spr. 288.

Faffen, fève, C*ms*, *fauenn*, C*b*, v. *boedenn*; dim. **faffuennyc**, C*b*; *favaçz*, Jér., Pel. traduit « pâte ou pain fait de fèves », mais c'est peut-être « tiges de fèves »; cf. *favas*, la tige des fèves, Gr., normand *favas*, id.; *fauaçc*, *colofaf* « fauas », l. fabæ scapus, fabalis stipula, Nom. 75, 76; on lit « febues orge seigle vecze chappons poulles fauaz et pesaz », dans une pièce du 11 août 1551, conservée aux archives de St-Brieuc (E. 2500; Pordic et Lantic). Cf. *advenas* paille d'avoine, Dict. roman, 1777. Voir *becç*, *pesaçz*.

Falchun. Le Nom. n'a que *faocoun* 39, *faocaun* 36, du fr. *faucon*. Voir M. lat. 166.

Falern (le mont) Falerne, C*b*, v. *guin*.

Fall. Ez fell deomp nous voulons Cathell 16 ; *mar fel dimp* H 16 ; *ar plac'h pehini a fell da zimizi* la fille qu'on veut épouser *Intr.* 130 ; *petra feller lavaret* que veut-on dire *Cat. imp.* 28, *ar faculte da fallout* la faculté de vouloir, *perac e ze fallet da Zoue* pourquoi Dieu a-t-il voulu 24 ; voir *falsaff, M. lat.* 166, et *Rev. celt.* XI, 465-468, 478. *Eguit ho cafout dré* **fallentez** pour les avoir injustement, Catech. b, 9 v.; *fallentez*, méchanceté Maun., *falléntez*, van. *fallante* Gr. Peut-être y a-t-il dans le Catech. b une faute pour *falsentez*. Gr. donne à *falséntez* fausseté un équivalent van. *fallante*. FALLACR vilain, laid, infâme, sordide Maun., Pel.; *ar brassa fallacr* le plus grand criminel *T. Ger.* 59 ; cf. *Rev. celt.* IV, 153 ; *fallat* devenir faible *Choæs* 34, *fallet* 48, *falat* dégénérer *L. el l.* 18 ; *fillidiguez*, van. *fallidigueah, -gueh* faiblesse, accablement Gr.

Falpen. Felpen lopin, morceau Nom. 43, 56, pièce Maun., du v. fr. *felpe, ferpe, frepe, pelfe*, etc. Au fr. *fripe*, d'où *friper*, etc., se rattachent en petit trécorois *vliben, vlipen*, lambeau, *roben en mil vlipen* robe toute déchirée ; *flipezen*, lobe de l'oreille ; Trd donne *flip ar skouarn*, m. Cf. Körting, n° 3221 ; *Mém. de la Soc. de ling.*, VII, 41, 42. Voir *penestr*.

Fals faucille, vient d'un v. fr. **fals*, selon M. Loth, *M. lat.* 167.

Falsaff, fausser, **falsidiguez**, falsification, C*b, falsifia* falsifier (une marchandise) D 107. On lit *ffaussonier*, H 50, (*faussonier*, à l'index, p. 77) ; c'est un nom d'agent, dans une énumération qui en contient d'autres (*losquer, piller, suffocquer*), mêlés à des infinitifs ; =*fausonier*, faux écrivain, C*c*, plur. van. *faussonnerion* en 1693, *Annales de Bretagne*, III, 412 ; « estre usurier public et manifeste, faulx saulniers, et fabriqueur de faulzonneries », Archives des Côtes-du-Nord, B 270 (Châtelaudren, en 1520) ; pièce citée par Corre et Aubry, *Documents de criminologie rétrospective, Mœurs judiciaires et criminelles de l'ancienne Bretagne*, p. 164. *Faos* faux D 108 ; *faussiff*, fausser (une couleur) Nom. 122. — *Familiarament*, familièrement, N 49 ; *famill* famille D 111, pl. *familou* 112, 178, cf. *Rev. celt.* IV, 469. — **Fanccaff**, embouer, C*c*, p. *fanquet*, C*b* ; **fanquec**, boueux, C*c*, *fancquec*, C*ms*, **fancus**, plein de limon, C*b*, *fancqus*, v. *hent*, *fanguss* boueux l'A. ; *vr fancquiguel, vr plaçc den em* *fancquaff*, fondrière ou bourbier, Nom. 133. — *Fanoill*, fenouil, C*ms*; FANULGON m. matricaire, à l'île de Batz, selon Trd, chrysanthème inodore, Liégard ; gall. *ffenigl y cwn* id., litt. « le fenouil des chiens ». Voir *Rev. celt.* XIV, 313-315. — *Fanon* l. maniplus C, *fanol* pl. *you* manipule, fanon de prêtre Gr., *fanol* m. Trd (avec dissimilation d'un des deux *n*, cf. *canol* canon, van. *canon* Gr., moy. bret. *canon*). — *Fantasi* imagination, hallucination D 138, *faltasi* amour ingénieux, sollicitude 174, opinion Maun., **fantastic**, -tique, C*ms*.

Faout (fente), C*ms*, entre *fantastic* et *fardel* ; *fant*, C*b*, C*c*, à la même place, lisez *fa(o)ut* ; **feutiff**, « faindre », l. findo, v. i. *fraillaff*, C*ms* (*fauta*, fendre, « on prononce presque *faouta* », van. *feuteiñ*, Gr.) ; cornique *feldzha*. En pet. Trég. *fôtañ* veut dire verser, répandre sans le vouloir, comme du blé d'un sac fendu, ou du cidre d'un verre trop plein. Je doute maintenant que ce mot soit identique à *foetañ*, dissiper (son bien), cf. *Rev. celt.* IV, 153, qui doit venir du fr. *fouetter*. *Fôtañ* serait-il un doublet de *vaoutañ*, fendre ? L'association des deux idées est assez naturelle, comme le montre cette petite chansonnette populaire :

> *Gen-e-gen-e-egen, Mari Vrochen,*
> *Toull e' zac'h, fôted ë brenn !*

« *Genegenegen*, Marie Broche, le sac est percé, le son répandu ! » Mais *fôtañ* peut être aussi pour **fautraff*, variante de *feutraff* filtrer, cf. *feltra* répandre des choses solides Gr., éparpiller, jeter en l'air plusieurs petits corps Pel.

Farce, bourde, **farceur**, iangleur, C*b*, v. *treill*, *farcer* « trufleur », C*c*, v. *gou*; f. *farceres pe barzes*, C*b*, v. *jangler*; **farserez**, farciement ou réplétion, C*b*, v. *farsaff*; *farci farceu, güir é en drase* « raillerie à part, cela est vrai », Chal. *ms; ober françou, ha comedienniou profan* D 96 ; *fars an oll* (devenir) la risée de tous, *Rimou* 27. — *Fardel*, -deau, C*ms*; pet. Trég. *fardelat diyat* grande quantité de linge (à laver, etc.).

FASCLE m., pl. *fascleu*, fusée d'aviron, l'A., Suppl., *fassqle*, anneau d'aviron l'A., *faskl* Trd. M. Loth rapporte ce mot à un lat. **fasculus*, dérivé de *fascis*, M. lat. 167.

Fataff défaillir, être ébahi ou troublé, C, *fata*, van. *fateiñ* Gr., répond au b.-lat. *fatuari*, « desipere ». Le van. *vattein, vâtein,* l'A., paraît tenir au moins son *v* de *vapidus*, car en ce dialecte l'*f* initial ne devient point *v.* Cf. *Romania*, XVII, 287, 288.

Fau, coat fau forest de fous, C*b, fauen,* hêtre, C*ms, fawen* L. et *l.* 74, *faw* id. 62, hêtres 70; FAVENNEC n. d'ho. XVIIIe s., *Inv. des arch.*, Finist. Série B, p. 181, *favenneg* pl. *ou* faye, lieu planté de hêtres, *faôennek* Gon., *favecq* id., dim. *faveguicq* Gr., *faouéguic* m. l'A., du lat. *fagus; le* **Faouet** en 1448, *le Fauouet* en 1398, Rosenzweig, *Dict. topogr.* du Morbihan, auj. *Faouet*, n. de lieu, *er Fawouit* L. et *l.* 44, =*faouëd*, pl. -*ëdou*, -*ëjou* faye Gr., *faoued* Gon., de *Fagetum*, Cartul. de Redon 301, 532; dim. *Le* FAUOËDIC n. de lieu, XVIIe s., auj. *Le Faouëdic*, Rosenzweig, *Dict. topogr.*, =*faouëdicq* petite faye, pl. *faouëdouigou* Gr. *Faouëdeg*, pl. *ou* faye Gr., est un mélange de la formation latine *faouëd* et du dérivé breton *favecq*. Voir *fouyn* et *M. lat.* 167.

Le v. bret. *Faubleid, Foubleth*, n. de lieu, expliqué par *fau, fou* hêtres, *Chrest.* 129, signifie plutôt « l'antre, la tanière du loup », cf. gall. *ffau*, cornique *fow*, du lat. *fovea*.

Faut : *é faut an autraou* (si vous pleurez) pour l'absence, la mort du Seigneur D 175, *faot* faute 111, 137, 171, pl. *faotou* 158. En pet. Trég., *fôt* est l'expression ordinaire pour dire « faim »; cf. le morvandeau *aifaudi*, affamé (de Chambure, *Glossaire du Morvan*, Paris 1878).

Fauorabl -ble C*b, favorabl* D 170; **fauorisafu** favoriser H 47; **fauorus** *e drouc*, fauteur en mal, C*b, favorapl, favorus* favorable Gr.; *faveur* faveur D 62, 101, *faver, favor* Gr., pl. *faveuriou* D 146; *ar favorisett* le favori 62; *favori, faveri*, van. *favoriseiñ* favoriser Gr.

Fazi : *o divise fazi oc'h en em incommodi*, ils auraient eu tort de se gêner *Intr.* 151; *faziou* fautes, dim. *faziouigou*, 325; *faziaff* faillir, faire banqueroute Nom. 207, *fazia* se tromper D 23, 118, *fazié* (son cœur) défaillait 152, *fazius* (être) coupable 124. L'inf. *fazyaff* n'est pas dans H.

Felloni, félonie, C*b*, -*nj*, C*ms*. — *Femel*, -elle, C*c, den femenin* « homme féminin », C*b*, v. *spaz, ar sex femenin*, Mo. ms 121; *fimellen* une femme D 87.

Fenicc (île qui s'appelle) Fenice, Cb, v. ruz.

Fenna répandre (un liquide) Maun., Pel., fenna Gr., au fig. ar vertuz demeus an Ol-Galloudec en em fenno varnoc'h evel ur sqeud, virtus Altissimi obumbrabit tibi, Aviel 1819, I, 31; gall. ffynu produire, prospérer, du lat. fundo, M. lat. 172.

Fentis feinte D 109, feintis 34, feintise 132, seint, lis. feint, feint, simulé 107; dre fentis pour s'amuser Jac. ms 14.

Fer dans Fergant Chrest. 204, = gall. ffêr cheville du pied, irl. seir talon, grec σφυρόν, etc., Urk. Spr. 301. Cf. encore Fermarch Anniv. de Trég. 19, de march cheval; et le dérivé fereuc dans Branfereuc n. de lieu, en 1598, Inv. des arch. Morbihan V, 158, Le Ferec n. d'ho. xviie s., Inventaire-sommaire des archives des Côtes-du-Nord, par J. Lamare, série B, p. 79.

Ferial, ober — pe ober gouel, ferier, festiner, Cb.

Fermm, ferme, M 57 v; **fermaff** « fermer », l. firmo, Cb, ferm, il ferme (le sépulcre), v. bez, fermet fermé D 28, 36; **fermadur**, clôture, Cb, v. serraff; **fermder** « fermeté », l. soliditas, Cb. — Ferrament, ferrement, Cb.

Fesqen, fesqad, van. gerbe Gr., feschen, Er Vret. 22, etc., fousquen, pl. fouesquenou Jac. ms 12, faouesquenou 3 s., 13; pet. trec. vësken, à Tressignaux vosken; cf. gall. ffasg, faisceau; du lat. fascis. Voir mouien.

Fesquenn, fesse, Cb, v. faezcenn, fesqenn, f. van. id. Gr., pl. fesquennou, Nom. 22, du fr. Je doute qu'il y ait composition avec *quenn, peau, d'où caruguenn, peau de cerf, C. Cf. pet. Trég. lousken, salope, de lous, sale. Voir besque, faeczen.

1. **Fest** fête Cb, pl. ou Nom. 225; **festabl**, festiuel, l. -ualis, -le; festaer, festiuant, joyeux; **festaff**, festoyer, l. festiuo, Cb; voir Rev. celt. XIV, 284, 285.

2. **Fest** (je suis) fortement (désireux), Jér., cf. cornique fest yn lowen, très joyeusement, très volontiers. Le P. Grégoire donne comme surannés fest, festet, fixe, déterminé, arrêté; cf. gall. ffest, rapide; origine germanique : angl. fast, ferme, stable, et rapide, rapidement; allem. fest solide; goth. fastan, fixer, maintenir, etc.

Fetys reg. Péd. 137 b, *Faitis* 146 b, 155 b, 176, 189, *Le F.* 126 (1592, 1595, 1596, 1600, 1603, 1589), *Faitys* 143, 184, *Le Fatis* II, 10ª (1593, 1601, 1623), *Le Fetiz* I, 109, 115, 120 b (1586, 1587, 1588); *fetiçz* épais, massif Gr., *fétiz* Gon., *fétisse, faitisse, fælisse* dense, solide l'A., *faitissein* écrouir, *faitissadurr* écrouissement *Sup.*, du v. fr. *faitis* capable, convenable. Habasque dit qu'on appelle *toiles fétis* des « toiles de ménage, fortes en fil et serrées que l'on confectionne dans les environs de St-Brieuc » (*Notions... sur le littoral... des Côtes-du-Nord*, II, 171).

Feuntenyou, fontaines, *Cb*, *-eunyou* H 47 (et non *-enyou*), Catech. 8; *Poulanfenteun* n. de lieu, Anniv. de Trég. 16; *Penfentenyou* reg. Péd. 94, 107 b (1583, 1586), *-enniou* 125 b, *-aignou* 145(bis) (1589, 1594), *-eniau* 95 b, 116 b, *-enyau* 91 (1583, 1588, 1582), *Penfantaingnou* 129 b (1590); **Fentenigou,** *Faintenigou*, n. de lieu, xvᵉ s., *Archives de Bret.* V, 189 = « petites fontaines »; *feunteunyouïgou*, Gr. Voir *nebeudic*.

Feur : é pep —, à tous égards ? D 125, *feûr*, prix, estimation *Trub.* 90, le prix (de notre rançon) 72; (du sang innocent) 101, (de la trahison) 97; m. : *daou* (deux) parts de maux, le lot (de deux) 170; *va feûr a zo peûr-c'hreat* ma tâche est remplie 348; du v. fr. *feur, fuer*, Mots lat. 168.— **Feutraff**, feultrer, l. filtro, *Cms*, p. *feltret*, *Cb*; voir *faout.*— *Feuzr* « forreure ou pane, l. foderamentum », *Cms.* — *Fez, feiz*. On lit *ffez* foi H 50; *feis* D 40, *feiz* f. : *homa*, 46.

Fiacr. On lit *sant fiacr* H 39.

Fichell, *Cms*, espieu, *Cc*, *fichella* fourgonner, van. *fichelleiñ, ficheiñ, fichall* id. Gr.; *fichal* frétiller, se trémousser Gr., *ficha* ébranler, agiter Pel., **Ficher** reg. Guing. 137 v, =*ficher* frétillant, *fich-fich, fich-e-lost* id., van. *fichér* celui qui remue Gr.; cf. le n. pr. de même sens sans doute *An* **Fichant** en 1539, *Inv. des arch.* Finist. Série A, p. 9, auj. *Le Fichant*. Centre de la France *fichau*, pieu, Jaubert, *Sup.*; provençal *fichouiro* tout ce qui sert à ficher, à fixer, à attacher; *fichouira, fichourla* harponner, aiguillonner; fourgonner, farfouiller, vétiller, ne rien faire qui vaille; *ficho-e-trais*, mouvement du pied qui entre et sort, lorsqu'on porte un soulier en pantoufle, Mistral.

Fidel fidèle, adj. H, D 180, *fider*, r. *er*, Jac. *ms* 25; *fidelet* les fidèles Catech. 10, D 40, adv. *fidelamant* 178; *fidelité* fidélité 92, *fidelded* Gr.

Fiesen (figue), C*ms*, -*nn*, C*c*, *fyesenn*, C*b*, v. *bras*; *fieux*, figues; *guezenn fieux*, figuier, pl. *guez fieux*; *a fieux*, de figuier; **fieusec**, le lieu où sont figuiers, et l. ficosus g. plain de figuez (ou de fiz, *a ficus pro morbo*), C*b*. Je pense que cette dernière explication ne se rapporte qu'au lat. *ficosus*. Le P. Grég. donne *fyesen*, figue, pl. *fyés*, van. *figuezeen*, pl. *figuez*; *fyezenn*, van. *figuezeën*, figuier; *fyezecg*, fi-guerie, lieu planté de figuiers; et *ficq*, *fic'h*, *droucq Sant fiacr* (fistule à l'anus), s. v. *ulcère*.

Fifilus : *dou lagat scaff*, *fifilus*, « yeux ligiers mouuans », C*b*, v. *loacr*; *fifila*, bouger, changer de place, Pel.; *ur fifil hac ur sourci bras*, beaucoup d'agitation et de souci, *Introd. d'ar v. dev.*, 361. Sorte d'onomatopée, comme en fr. du XVIIe siècle « le *frifilis* des feuilles » (Littré, v. *frou-frou*); à Montbéliard *se ferfillie* se parler à l'oreille, chuchoter, Contejean.

Figuratiff, g. id., C*b*; *figuriou* figures D 32, -*you* 30. — **Filer**, filière, l. lictimar, aris, C*ms*; du fr. Cf. *Rev. celt.* XV, 364.

Filip et *Phelippe*, l. Filippus, C*ms*, *Philip* H 7, D 76, *Phelip* reg. Quemp. 3ᵃ, *Phelipes* reg. Guing. 2. On désigne ainsi le moineau, sans doute par imitation de son cri; Pel. donne *chilip*, *philip*, *phlip*, *slip*, passereau, moineau, et Troude *filipat*, crier comme les moineaux. Il en est de même en anglais; cf. Shakespeare, *King John*, I, 1. — **Filosophic**, philosophique; *studiaff* **philosoph**, philosopher, étudier philosophie, C*b*, **philosophiaff**, philosopher, C*c*; *philosophi* -phie, D 186.

Fin, enfin H 49; *finyou* fins (dernières) Catech. 8; voir *finesaff*.

Finch, figment, l. figmentum, *dre* — l. ficte; **finchabl**, finctable, l. fictilis; **fincher**, feigneur l. fictor; **finchus**, plein de feintise, C*b*. — **Finesaff**, finesse, Cathell 10, *finessaff*, Nom. 206, pl. *finesseou* 188, auj. *finesa*, *finese*, du fr., cf. *Rev. celt.* XI, 363; *finvuez* fin (dernière) D 153, pl. *finvezou* 154. *Finfoultra*, *disparfinfoultra* foudroyer, cf. *disfoultra*, *parfoultra* et *foultra*, id. Gr., etc., voir *entre ma; finouc'hella* fouir la terre comme les cochons; la labourer légèrement avec la charrue Gon., de *fin* + *houc'hellat* tourner la terre, parlant des pourceaux Gr., de *houc'h* pourceau, comme *gozellat* tourner la terre, parlant des taupes Gr., de *goz*; cf. l'argot rochois *porc'hellat*, *Rev. celt.* XIV, 276. Voir *Clauda*, *rae*.

Fistulus, l. fistulatus, -losus, C*b*. — **Fizyabl**, loyal, l. fidens; confiant, l. confidens, C*b*, *-ziaff*, se fier, C*ms*, *fy-*, v. *esperance*; *fizyance*, confiance, C*ms*, *fizïancz* Catech. 7; *fiziancz aff* C*b*, *fizanczaff*, C*ms*, *fianczaff*, C*c* (après *fistul*), fiancer; *fizyanchaff*, fiancer ou affier, C*b*.

Fizyol filleul C, *fillor* N 995, *fillor*, f. *-es*, D 145; *filhor*, *filyor*, van. *fignol*, *filhol*, *fryol*, *filhor* Gr., cf. *Rev. celt.* V, 126. Voir *toupyer*.

Flac épuisé, vidé, voir *Rev. celt.* XIV, 285.

FLAC'HA v. n., cornou. verser, en parl. des blés Trd, paraît représenter un bas lat. *flaccare = ital. *fiaccare* rompre, *fiaccarsi* s'affaiblir, s'énerver, dérivé de *flaccus*, flasque, pendant, ital. *fiacco* faible, fatigué. *Flea* verser, en parl. du blé, Gr., Trd, *fléa* Gon. est, je crois, différent, et dérive d'un adjectif correspondant au morvandeau « épi *fleu* », « plante *fleue* », qui n'a pas de rigidité, qui aurait besoin de soutien (de Chambure); cf. fr. *flou*, *fluet*. On peut rapporter à la même origine le nom *Le Flao* en 1692, *Inv. des arch.* Finist. Série B, p. 289; cf. *eur Vari flao* une femme sans ordre Trd, pet. tréc. *flaon*.

Flachec (*Le*), Anniv. de Trég. 32 v, auj. *Flahec*. Ce nom peut être identique à *flac'hek*, qui a de grandes mains Trd, *flahæc* l'A., de *flac'h* creux de la main Gr., Gon., *difflah* les deux mains, pour prendre qq. ch. l'A., cf. *flahatt* f. jointée *Sup*. M. Loth rapproche l'anglo-saxon *flasc*, *flax*, sorte de vase ou de bouteille, *Rev. celt.* XIV, 30; Pel. a *flasc* flasque, adj., et bouteille plate, poire à poudre, flacon. *Le Flahec* peut aussi dériver de *flach*, béquille; cf. *Branellec*.

Flaig, *flachaff*, bouger, peut être le fr. *flageoler*, sans suffixe de diminutif; cf. moy. bret. *dispenn* = dépen(aill)er, *cringnat* = grign(ot)er. Cependant rien ne prouvant l'ancienneté de *flageoler* dans le sens de « trembler de fatigue ou de faiblesse », il vaut mieux tirer le mot breton du v. fr. *flachir*, *flaschir*, *flaischir*, *flaquir*, rendre flasque, s'amollir, s'affaiblir, cf. prov. *mi cambo flacon* les jambes me manquent, *flaqueja*, *flaquia* etc., être flasque, flageoler, fléchir, Mistral.

Flambes, peuar — so alumet, B 573; lisez probablement *flambeau* et *enaouet*, voir *Rev. celt.* XIII, 234; *flamboues*, Nom. 166; **flamichenn**, flammèche, C*c*, *flemmichênn* id., *flumicheenn* bluette, *flemmichuss* flamboyant, *flumicheennein* étinceler, *flumicheennuss* étincelant l'A., *flammicha* flamboyer Gr., tréc. *vlamijañ*; FLAMMYA id. Gr., cf. gall. *fflamio; flammaff*, flamboyer, C*b*; *flamou* flammes D 125; FLAMMEC n. pr. actuel à Ploubezre, cf. gall. *fflamiog* enflammé.

FLAMOAD tithymale Gr., m. épurge Gon., Trd, Liégard, pet. Trég. *vlamgoat*; gall. *ffleimgoed, fflamgoed* f.; ce mot semble composé de *fflaim*, lancette, et *coed* bois. F*flaim* répond au bret. moy. et mod. *flem* aiguillon; le sens chirurgical paraît conservé dans FLAÑCHA fendre, inciser une plaie (et faire des pans à un habit) Trd, pet. *vlañchañ* couper, tailler, en médecine, cf. G. B. I., I, 384, d'où *flañch* m. incision sur un corps animé Trd, prob. de *flamja-, cf. gall. *ffleimio* percer avec une lancette; voir *Rev. celt.* VII, 147. Cependant *flañcha* peut aussi venir du mot technique *flacher* entailler, creuser par incision, dont parle M. de Chambure, *Gloss. du Morvan*, v. *flâchou*; cf. *craiñchat* Gr. = cracher.

Flanc, flanc, C*b*, v. *bouzellou*, Pel., du fr. — *Flanesen* flanet C*ms*; ce doit être le v. fr. *flaonnet*, *flannet*, *flanet*, dim. de flan, champenois *flanet* espèce de petite tartre, God.; cf. « les flannetz, les tartelettes », B. des Périers, II, 265. — *Flater* « fraudeux, homme qui porte faveur à deux diverses parties »; *flaterez* « doubleté », C*b*, v. *doubl*, *flatterez* « flattement » des cheveux, *pa ô flatter* quand on les flatte, (caresse) Nom. 215; *flatra* flatter, *flatrer* flatteur, *flatrerez* flatterie Maun.; *hep flatal an dissô* (dire) sans ménagement, avec franchise, Mo. *ms* 149, *flaicquet* dénoncé Jac. *ms* 8, *flater* dénonciateur 9, *flatier* 14, Mo. *ms* 132. — *Flaut*. *Fleüt*, flûte, Nom. 212; cf. pet. Trég. *vlutenn*, f. pl. *o*, bec, goulot (d'un pot); van. *flahouid*, *flaouit* flûte, flageolet, fifre L. el *l*. 70, 194, *flaouitein*, sonder (du beurre), *futéale*, sonder pour savoir, pressentir quelqu'un, l'A., *prean flaouitérr*, artison, artuson, l'A., *Sup.*, ce dernier mot = Le FLEUTER, XVII⁰ s., *Fleuteur* XVIII⁰, *Inv. des arch. Finist.* Série B, p. 223, 234; *fleutaer* joueur de flûte Maun., *flaütaër*, *fleü-*

ter, flaüter, van. *flaouïtour* Gr. Pour la chute d'un *l* dans *fluteal*, cf. *fourdillis*, lis, Nom. 86, 88, *fourdilys glas* flambe Gr. = *flourdelis* C; *fanella, flanella* flanelle, Gr.

Flear, puanteur, C*b*, v. *louffaff, flaer*, ordure, v. *souillaff; fleriaff*, puer, C*b, flaerius*, puant, C*c*, **fleryance**, punaisie, l. pu[ti]ditas, C*b*. — **Fleum**, l. flegma, **fleumaff**, habunder en fleume, l. flegmatizo, C*b*.

Floch (Le), reg. Quemp. 2ª, *Floc* 18, 30; dim. *Le* **Flohic** en 1232, *Rev. celt.* III, 410; en 1607, *Inv. des arch. Morb.* V, 425; tréc. *vloc'hik*, celui qui monte bien à cheval, *Rev. celt.* IV, 169. Voir M. *lat.* 168.

Floig, (sans) abri Nl 459, *Rev. celt.* XIII, 151, *flosg* (donner) asile (aux voleurs), *Ar mystériou ...euz ar réligion*, Brest 1843, p. 322, 323, *fllogerrien* recéleurs 322, *flogerrien* 323, de l'argot fr. *fourgue*, recéleur L. Rigaud, *fourguer* vendre à un recéleur, F. Michel ? Cf. *Rev. celt.* XIV, 285.

Flotic, petite flotte, C*b*. De *flot-ya-* est venu *floja, flogea* « flotter, être flottant, être tremblant comme certaines terres dans les lieux marécageux », Pel., *flojeal* flotter (à tout vent de doctrine), Le Coat, *Ephes.* IV, 14.

Il faut séparer de ces mots le verbe *floda* caresser, cajoler Pel., *flod* (cela) flatte (les passions) *Æl mad* 182, qui rappelle le picard *flaud*, mou, flasque.

Flour dans *merch flour*, tendre fille N 327, paraît venir de l'ancienne construction cornique *an verhes flour*, « des filles la fleur », du v. fr. *flour*, M. *lat.* 168, 169. — **Fluus** fluant, l. fluuidus C*b*; *flux* le flux de la mer D 191.

Foaryou, foires, C*b, foariou* D 95, *faryou* Nom. 225; tréc. *forloc'h*, champ de foire, Quellien, *Chansons et danses des Bretons* 53, 54, *forlac'h* Luzel, *Mélusine* IV, 465, de *foar-lec'h*.

FOENWEIN enfler, s'enfler *L. el l.* 18, 126, *foüanïein* Chal., *fouanhuein* bouffir l'A., *foanouein* (s'enfler d'orgueil), v. *présomption*; part. *foénhuet* Choæs 72, *foénvet* 208, *foenvet L. el l.* 44, *foüanüet, fouenüel* Chal. ms; FOENW enfle, maladie des porcs *L. el l.* 140, *foüanü', foüenüe, foüanüadur* enflure Chal. ms, *fouan, fouanhuadur* m. bouffissure, *foan, foeinhuë* m. hydropisie l'A., *foenwour* (bourgeois) vaniteux *L. el l.* 14; *foëñüicq, fouëñüaduricq* petite enflure Gr.; de **huezviff*, corniq. *bothfy*, cf. moy. bret. *coezffuiff*; voir *coabren*.

Foi fi! Ann. v. *mec'hi*; hélas! v. *piou; foüy, foëy, féc'h*, van. *fah* Gr., cf. gall. *ffei, ffi*, allem. *pfui*, etc.; voir *fae*, et *Dict. étym.*, v. *fy*.

Foillez, feuillée, C, *fouillez*, C*c*, g. feilles, C*ms*, *foullez*, g. foillee, C*b*, *foillezet*, plein de feuilles, C*ms*, *fouillezet pe delyet*, id.; **foillezer**, effeuilleur, l. frondator, C*b*. Cf. *fouilleza*, effeuiller, éparpiller, s'éparpiller, J. Moal; *fouillezo* il dissipera (le bien), *Intr.* 390; voir *Rev. celt.* XI, 197; XV, 364.

Follaff, folloyer l. stultizo, **follentez**, forsennerie; **follyc**, petit fou, C*b*, *Follic* reg. Péd. 71 b, 128 b, *Le F.* 35 b, 94 b (1578, 1590, 1571, 1583); *follezou* folies D 185, *folinage*, pl. *eu*, fredaine l'A. (cf. gall. *ffolineb*); *hé fol amourustæt* son fol amour *Voy. mist.* 53, cf. 10, 92, *Rev. celt.* XI, 187; *Le Foul* reg. Plouezec 12. — *Fonce*, fons pour baptiser, C*ms*, *fond, font*, l. baptisterium, C*b*, *an fount, an mæn fount* Nom. 198, *ar fond* D 130, id.; *fond* fond (de l'enfer) 174; *fondet* fondé 16, 89, 197, *fondateur* fondateur 67, *foundatour* Nikol. 136; *foundæsoun*, fondement d'un édifice, Nom. 141. — **Fondaff**, fonder (i. e. fronder), C*c*, *fontaff*, C*b*, v. *talm*; du v. fr.

Fonnaff, augmenter, C*b*, après *fulenn; funnaff*, v. i. *crisquiff*, C*ms*, après *fulort* (*founny*, que tu augmentes N), auj. *founna*, abonder; *fonnein*, avanger l'A., *ne fonnai quet deign ou honsidérein ol*, je ne pouvais, je n'avais pas le temps de les regarder tous, *Voy. mist.*, 118; du fr. *faonner*; v. fr. *faonant, feonant, fedunant* (femelle) pleine. Le v. fr. *faonable, feonable, founable* « qui produit des faons », au fig. « fécond »; God., haut-bret. *fonable* (plat) très nourrissant, God. = van. *fonœble*, qui avange l'A., *fonabl*, abondant, *Officeu*, 114, *fonaploh*, plus vite, *Er Vretonèd hag er gouvernemant*, Vannes, 1871, p. 39; cf. *fonnius*, dru et épais, Maun., -*uz*, vite, *G. B. I.*, I, 134; *fonn* abondance, *ar fonn muya* la plus grande part, *ober a ra fonn* il abonde Maun. Ces mots avaient été ramenés à *fundere*, H 89, et à *fecundus*, *Et. gram.*, I, 8. M. Loth, *M. lat.* 172, identifie *fonna* avec *fenna*, gall. *ffynu*, et *fonnus* avec le gall. *ffynus* productif, abondant, admettant seulement l'influence possible de *fonabl*, dont il reconnaît l'origine française.

Forchyc, fourchette, l. furcella, *Cb*; *forchyc da ober tan*, fourchete a feu, l. vertibulum, *Cc*; *forchic*, *Cb*, v. *paluesenn*; *forchicq pe fourchettés*, Nom. 163, *forhicq* petite fourche Gr., gall. *fforchig*; *ferchyeur*, fourches, *Cc*, *ferchyer*, Nom. 84; *forchennou*, fourches levées pour tendre des filets, 174; FORC'HEC fourchu Maun., *-ecq* Gr., gall. *fforchog*; FORC'HELL pl. *ou* fourchette (pour décharger le soc de la charrue, etc.) Gr., du lat. *furcilla*.

Forestag, forestaige; *forester*, forestier, *Cb*, *forestour* Gr., *Forester* reg. Péd. 4 b (1565), *An Forescheur* en 1506, Dupuy, *Hist. de la réun.* II, 490, cf. le n. propre actuel *Foricher*. — *Fornaes*, *Cb*, v. *effornaff*, fournaise; *fornesyc*, petite fournaise, *Cb*, *fornn*, four, *Cb*, *Cms*, *fornier*, f. *es* fournier, *Cb*, *fornnier*, *Cms*, **fournic**, petit four, *Cb*. Le *Cc* a *fornn an aour*, forge d'or, entre *forestag* et *forgaff*.

Fornicateur, qui fait fornication, *Cb*, *-cacion*, *-tion*, *Cms*. — *Fortunet*, *fortunet mat*, heureux, *fortun mat* chose heureuse, bonne fortune *Cb*, *fortuniou* malheurs D 168.

Forz : *a forz* (enlever) de force, *Cb*, v. *quemeret*; *tra... great a forz*, forfait, délit, v. *committaff*; *fors traou* beaucoup de choses D 106; **forzadur**, efforcement, l. conamen, *Cb*, v. *queusiff*; *forzaff*, efforcier, l. molior, *Cb*, v. *enclasq*; *ne douff* **forzus**, je ne fais pas de résistance (?), Jér., v. *seade*. Pet. Trég. *eur pot a voel forz* (de *foellr forz*) un homme sans souci; *ra qe vorz penôz c'ha mann bet*, il est indifférent à tout. Voir M. lat. 169.

Fos, fossé, Jér., v. *saçun*; *fossyou*, fosses, **fosseur**, faiseur de fosses, *Cb*, *foseur*, fosseieur, *Cc*; *fosyat*, fouir, *Cms*, p. *fossyet*, *Cb*; *ur foziad gleu* un fourneau de charbon L. *el l.* 48; *fozel* fosse *Voc.* 1863, p. 13, *fojel* fossé L. *el l.* 24, *fozellatt*, *fosellein* fosseyer de la terre dans un jardin l'A., *fosellein*, *fosellat* fouiller, fouir la terre comme les pourceaux Chal. ms. Cf. van. *flossquérr*, f., pl. *-érieu*, fossé, *flosquêr dizeurérr* « trenchée », l'A., dim. *flossquic* l'A., s. v. *ravin*, de *foscl* = *fossicula*, comme *clasq*, chercher, gall. *clasgu*, *casglu*, = *quæsiculare* ?

Fouacc, fouace, fouacer, qui fait les gâteaux, *Cb*, v. *goastell*, du fr. — *Fouen*. FOENNEC prairie Maun., *foënnecq*, *-eucq*, *-ocq*, pl. *foënnéyer* Gr., *foennek*, *fouennek* f., pl. *foennégou*, *-éier* Gon. id., *foennéc*

f. fenil l'A., gall. *ffwynog* f. prairie (cf. roumain *finaṭ*); *foüennery* fenil, Nom. 133.

Fouin, g. id., l. hinulus, C, *fouyn* Cms; *foüin* fouine Nom. 33, *fouin* f., pl. *ed* Gon., H. de la Villemarqué; du fr., qui dérive de *fāgus*; cf. le suiv.

FOUYN pl. *ed* fauvet, *fouynes* pl. *-esed* fauvette Gr., *fouin* m. fauvette mâle, *fouinez* fauvette femelle Gon., tréc. *fouin*, *fovin*, fém. *fouinez*, selon Trd. Ce mot rappelle le fr. *fauve*, cf. prov. *fauvino* nom qu'on donne aux vaches de couleur tirant sur le fauve, Mistral; mais il se rattache plutôt à *fāgus* comme l'ital. *fanello* linot; voir Kœrting 3105, 3106; cf. v. fr. *favine*, *fauvine* faîne, en Berry *fouine*. Le bret. a en ce sens FOUIONNEENN f., pl. *fouion* l'A., *fionen*, pl. *fion* Gr., Gon., qui rappelle surtout le prov. *faioun*, Mistral. Un correspondant plus direct du fr. *faîne* est le dérivé bret. *finigen* pl. *finich* Gr., *finijen*, pl. *finijennou*, *finich*, *finij* Gon.; qui a donné lieu à de singulières déformations : *filvijen* pl. *filvijennou* Pel.; en Goello *fibien*; plur. en pet. Trég. *bilbich*, voir *penestr*. Gon. a entendu *kivich*, forme assimilée à *kivich* du tan. On dit à Tressignaux *babilotes*, peut-être sous l'influence d'un dérivé de *babi* guignes, cf. Rev. celt. XV, 348.

FOULAT *aüel* coup de vent Chal., *fourrat auel* tourbillon de vent Nom. 220, *fourat auel* Maun., *fourrat-avel* Pel., *fourad avel* Gr., *fourrad-avel* bouffée de vent, *fourradus* (vent) impétueux, (homme) turbulent Gr., *fourradenn avel* vent doux et léger Trd, cf. ital. *folata di vento* (voir Kœrting 3293ª, p. 803). — **Fouler** *da mezer*, foulon des draps, Cb, *fouleur da m.*, Cc; *fouliff*, fouler, Nom. 172, 128, *fouleryen* foulons 229, *foulerez*, maison de foulons, 128; *a foul* en foule D 169. — *Foultr*, foudre D 35, 145, *fouldr* Nom. 222; le Cb a *foltr*, et non *foldr*. *Foeltr bini ac'hanomp ne lezfe en bue* il ne laisserait en vie aucun de nous Jac. 30, voir *forz*, *mer diaoul*; *foeltrit dé o fenn* cassez-leur la tête Mo. 155. Voir *finesaff*. Pet. Trég. *c'houez eur voeltr*; horrible odeur, et aussi *c'houez eur voegnq*, de **voent*, cf. *ignq* ils sont, etc.

FOUNILL, entonnoir, Maun., Gr., m., par *l* mouillée, selon Troude, *founil* Pel. = gascon *hounilh*, m. (d'où le basque *unil*; cf. espagnol *fonil*, id.), de b.-lat. **fundiculum* pour *fundibulum*.

M. Skeat, *Etymological dictionary*, Oxford, 1882, était disposé à tirer l'anglais *funnel*, entonnoir, du gall. *ffynel*, id., auquel il cherchait une étymologie celtique, par la raison que « le latin *infundibulum* est bien loin ». Mais ce mot a été remplacé historiquement par *fundibulum* (gl. χώνη, gloss. Philox.); sur la vraisemblance d'une variante *fundiculum, voir *conniffl*. Aussi l'auteur a-t-il eu raison de renoncer à cette explication dans son Supplément. Le bret. *founill*, *founil*, est aussi devenu par métathèse *foulin*, Gr.; voir *paluhat*. — (*Fourcel*, forcier), *forcel*, Cms, dans les *four-; forcer*, *-rr*, m., tiroir, chétron, écrin, l'A. — *Fourmante*, Cc, Cms, dans les *four-; form-*, Cb, dans les *four-* (*formante*, -tee, Ca). — *Fourondec*, fromage, Cms, dans les *four-*; *fouloudec*, Cb s. v. *fourmag*, et après *fournissaff*; il y a aussi *fouloudec byhan*, petit fourmaige, ibid.; *fouloudec*, 2 fois, aux mêmes places, Cc; *carer forondec goac*, Cms; voir M. lat. 169, 170. — *Fouzaff*, g. foutre, Cc, g. foutraff, l. futuo, Cb (cf. *ebataff*, gal. ebatraff, Cc); *fouzaff*, b. foutre, Cms; *fouz-læch*, lupanar, Nom. 129.

(*Fraeill*, fléau), *freill*, (*fust*) *freil*, Cms; *freill an legat*, Cb, après *fricaff*, *friell an lagat*, Cms, même place; *freilh al lagad*, le coin de l'œil, Gr.

Fraës, l'anus, le fondement, mot du bas-Léon, Gr., *fraez*, m. mot inconnu hors de Léon, Gon., du lat. *fractus*, comme fr. *fesse* de *fissa*; cf. *Rev. celt.* XIV, 316. *Fractus* est l'origine du v. fr. *fraite*, brèche, fente; membre *frait*, rompu, d'où van. *fraedétt*, perclus, maléficié l'A., *fredet* Choæs 141; *guêndre-fraedic*, m. sciatique, l'A.; cf. *refaedein* refaire la viande sur le gril, la faire revenir l'A., *refaidein*, Sup., v. *échauder*, marmitier, du fr. *refait*.

Fraez, l. facundus, Cms, *freaz* « curieux en parler », Cb, v. *courtes*, « doux en parler », v. *comps*; *frez* (chercher) soigneusement, Am. v. *quezour*.

Fragan, n. pr. Fracan, Gw. v. *gweza*; cf. *Rev. celt.* III, 411; Chrestom. 98, 130.

Fragil, fragile, faible (femme), Cathell, 9, D 124, Choæs 120, *fragilité* fragilité D 58, du fr.

Fraillaff fendre C, *frailla* casser Maun., **frailder** *an douar*, fendence de terre, Cb, v. *taol*; *me a fraill a garante* litt. j'éclate d'amour, *Rev. de Bret.*, *de Vendée et d'Anjou*, janv. 1891, p. 48, cf. *me a ran euz ho karet* G. B. I., I, 436. Du v. fr. *frailler*, briser, lui-même du b. lat. *fragilare*.

Franc, franc, libéral ; *franchys*, liberté, franchise, C*b* ; **franchat**, affranchir, C*c*, p. *franqueat* ; *mab, merch francqueat*, l. libertinus, -na, filz de franchy, fille de franchye, ou franchye nouuellement, *goas, goases francqueat*, affranchi, -ie, C*b* ; *franch* franc, libre Mo. ms 199, cf. *Rev. celt.* XIV, 271. — *Francces*, françois, v. i. *gall*, C*b*, *Franç isyen* les Français D 185, voir *oberer* ; *France*, g. id. C*ms*, **francezaff**, l. franciso, franciser, soi avoir en matière de François, C*b*.

Fraternel, g. id., C*b*, v. *breuzr*, du fr.

Frau, chouette, C, *frao*, chouette, corneille, Maun.; corneille picotée de blanc, Gr.; *fraô*, chouette ou choucas, Nom. 41, graille, 38; gall. *ffreu*, corneille, choucas; même origine que le fr. *freux*, *frayonne* ? Cf. *M. lat.* 170; *Urk. Spr.* 317.

Frealset délivré D 187, *frell* franc, Quiquer 1690, p. 145, cf. *Rev. celt.* VII, 153. O'Reilly donne comme vulgaire en irlandais *frialta* « free, freed ».

Fregaff, l. climagito, lis. clumagito ; **fregerez** *ozech*, *fregerez graguez*, C*b* (subagitatio). *Fregerez* donne à penser que *fregaff* se prononçait *frejaff*; car le *g* moy. bret., qui peut être dur ou doux devant *a*, est généralement doux devant *e* non suivi de *u*. On pourrait donc comparer le mot du pet. Trég. *vréjañ*, jeter en répandant, disperser (par exemple des graines), d'où *a-vréj*, en répandant, en éclaboussant; *alo douar vréñj*, pommes de terre éparpillées; de *fret-ya*, cf. moy. bret. *fret* et fr. *frétiller* ? Cependant *fregerez* peut aussi être une notation inexacte, comme *alleget* C*ms* pour *alleguet*, allégué; d'autant plus que le breton moderne a un verbe *frega*, déchirer, en basse Cornouaille, Pel.; crever, déchirer, Trd; trec. *vrêgañ*, *vreugañ*, qui doit venir du lat. *fricare* frotter, cf. v. bret. *frec*, vapulabunt. On lit *freg* il déchire, *Kant. Z. V.* 16 ; *fregañ henchou louz*, passer par de mauvais chemins, se frayer une route fangeuse, 35, cf. fr. *frayer*. Cette seconde explication de *fregaff* est appuyée par l'ital. *fregare* « auch in obscœnem Sinne » (Kœrting 3450); voir aussi N. du Puitspelu, *Dict. étym. du patois lyonnais*, s. v. *frecautau*.

Fremail, g. id., C*ms*, *-aill*, C*c*. — *Frenaesi*, frénésie, C*ms*, *-nesi*; *-aff*, C*c*, *-naisiaff*, mettre hors du sens C*b*, *frenesiet* irrité, hors de soi D 21, 125, **frenaisius**, frénétique, hors du sens, C*b*, *-nesius*, C*c*, **frenatiq**, id., C*b*, *frenetic* D 115; *frenesy* accès, fièvre 98, *frensy* « rêverie, radotement », Nom. 256, cf. angl. *frenzy*; pet. Trég. *fernezial*, rêvasser.

Frequentaff, fréquenter, **frequentatiff**, g. id., C*b*, v. *hastiff*; *frequanty* fréquenter D 129, du fr. — **Freseder** fraîcheur, rafraîchissement Catech. 8.

Fry, nez, C*ms*, *frieuc bras*, qui a grand nez; *frieuc hyr*, qui a long nez, C*c*; *vn fryec plat*, camus, Nom. 270.

Friant : boet —, viande délicieuse, C*c*; **friandis** (manger) des friandises C*b*, v. *lichezr*; *dre friandys*, délicieusement, **friantaff**, « delicier », l. oblectare, C*b*; *friantis* choses friandes *Choæs* 146, *friantage* gourmandise 41, friandises, bonbons Chal., *fryantaich* friandise, van. *-ach* bonbon; *fryantaat* devenir friand, faire le friand, *fryanticq* mazette, cheval ruiné, terme ironique, Gr.

Fricaff froyer C, *frica* mettre en pièces Maun., *fricqa* écraser Gr., tréc. *friqan*, *vruqañ*; du v. fr. *friquer* frotter, frapper, M. lat. 171. — *Frim* gelée, *sclaçc frimmet* glace, gelée Nom. 221.

Fringal, gambader, Am., pet. Trég. *vringal*, du fr. *fringuer*, d'où *fringant*; v. fr. *fringaler*, danser. Cf. *fringotiff*, fringotter Nom. 214, *fringoli* fredonner Maun., Pel., gazouiller, parl. des oiseaux, B. s. Gen. 31; prov. *fringouta* et *fringoula*.

Fringinnaff, C*ms*, *-ina*, casser, Gr. — *Fris* sotte, folle, Am., cf. *frisen* fille de mauvaise conduite, et frise, ratine, sorte d'étoffe Pel.; *un abit fris, isquis, a pris isel* un habit de frise, grossier, de peu de valeur D 172. — *Friuoll*, frivole, C*ms*, *frioul* D 163.

Froan narine C, *fron* C*b*, f. Nom. 29, Maun., Gon., *froun*, *frenn* Gr., *froen* Gon., *frènn* l'A., *fren* Chal.; gall. *ffroen* f. id., v. irl. *srón* nez, rapproché de ῥέγκω, ῥύγχος, Urk. Spr. 318. Cf. Rev. celt. XV, 361. FRONEK qui a de larges narines Gon., Trd, *fronok*, *fronellek* Trd, gaélique *srònach* qui a un long nez; *frounell* pl. ou narine Gr., *fronel* Gon., *fronell* f. Trd; FRONAL renifler Trd, cf. gall. *ffroeni*; *frounella* nasiller, *frounadur* action de nasiller, *frounèller* nasilleur Gr., *fronella* enfler les narines, *froneller* celui qui enfle ses narines, nasillard, *fronellérez* action d'enfler les narines ou de nasiller Gon.

Froezaff, fructifier, *Cb*, *frouëza* Gr., gall. *ffrwytho*; *froiz* (plein de) fruit, *Cb* v. *enguehentaff*; *fréhein*, FRÉHIGUEIN féconder, l'A., *Suppl.*, de **froezigaff*, gall. *ffrwythigo*; FROUÉZEK fructueux Gon., gall. *ffrwythog*; *frehegi* vergers *L. el l.* 90; FROUÆZAËR fruitier, marchand de fruits Nom. 313, *frouëzaër* f. *ès* Gr., *fréhaour* f. *ess* l'A., gall. *ffrwythwr*; FROEZ-LEC'H, *froüezérez* fruiterie Gr., quasi gall. **ffrwythle*; *frouëzennicq* petit fruit, *frouëzaich* fruitage Gr.

Froiset, broyé, *Cms*; voir *Rev. celt.* XIV, 315, 316. Je crois que le bret. mod. *freuz*, tumulte, dont le *z* reste en trécorois, répond à ce mot, et non au gall. *ffrawdd*, *Rev. celt.* XI, 92. Le bas van. *fraoulat* battre, frapper à coups redoublés, est rapporté, M. *lat.* 170, à la racine du gall. *ffrowyllu* agir avec fureur, brandir, *ffraw* agitation, qui est sans doute aussi celle de *ffrawdd*. Je crois que *fraoulat* vient plutôt de quelque forme du franç. *frôler* : normand du Bessin *freûlé* frôler, battre, cf. *Rev. Morbih.* III, 22; centre de la France *frôler* battre, étriller, frotter, *frôlée* volée de coups, Jaubert, etc. C'est proprement un diminutif de *frotter* : cf. le lyonnais *fretollia* volée de coups, de *freto* id. (N. du Puitspelu) = moy. bret. *frët*.

Frost. Cf. « les maisons frostes et desherbregées », *Archives de Bret.*, VI, 171, c'est à dire « abandonnées »; « les maisons estoint ... froustes et inhabitées » VII, 132; « led. lieu de Kerfago... estoit frost et inhabité », 214; « nottred. ville est en grand partie frost, inhabitée » 37; « et icelle ville estre presque froste et inhabitée » 40; « lesser lad. ysle froste et inhabitée » 116; subst. : « par ces presentes anoblissons touttes et chascune les sallines, fossez, vasseres, frostz, baulles que lad. Katerine et led. Jacquet avoint et tenoint de nous... en nostre terrouer de Guerrande » 41; « les salines, frostz, baules... en nostre terrouer de Guerrande » 54. *Fraost* (terre) inculte, stérile *Trub.* 46, *lien frost* (sacs de) canevas *L. el l.* 190, *frostat* devenir trop légère, en parl. de la terre 38, *frostage* m. gatine l'A., *Choæs* 149. Voir *crestenen*.

Froter « grateux », *Cb*, v. *dibriff*; *Froter* reg. Quemp. 2 v, *Le F. Anniv.* de Trég. 35 v; *frottet* frotté D 148.

Frou (*Du* —) reg. Péd. 164 (1598), v. br. *Freu-dor*, v. gall. *Freu-dur*, Chrest. 131, van. *fræuenn* f., quelque chose en petite quantité, l'A., v. *mince*; *ur fræuênn glouéh* un tant soit peu de rosée, *fræuenn sclærdérr* petite lueur, dim. *ur fræuênnic coêtt* (une lamelle de bois), v. *placage*; proprement « une goutte », gall. *ffrau*, cornique *frow* courant, effusion. Voir *Urk. Spr.* 301, et les deux articles suiv.

Frouguein, *friguein*, uriner, Chal. *ms*; *frouguein* l'A.; *froucq* urine, *froug* m. pl. *frougueu* pissat (« moins honnête que *staute*, *treah* »), *frougadeéll* creux plein de pissat, *frouguérr* pisseur l'A. Cf. gall. *ffrwg*, violence.

Frout ruisseau, courant, xive, xve s., *frot* xiiie, Chrest. 204, 205, v. br. *frut*, *frot* 131; *froud* torrent, courant d'eau, *frouden-avel* vent impétueux, tempête, Pel., *froudenn* « het », l. volupe *Cb*, fantaisie, caprice, verve, Gr.; *froudennus* fantasque, bizarre, *froudénnyez* bizarrerie Gr.; *Le* **Froudec** reg. Péd. 27 b (1570) = irl. *sruthach* « full of streams », gaél. id., « streaming »; cf. le nom pr. *Frodic*, Cartul. de Redon 33. Gall. *ffrwd*, f., torrent, irl. *sruth*, cf. φύσις; *Urk. Spr.* 318. Voir *Rev. celt.* IV, 153.

Fructifiaff, -ier, *Cc*, du fr.

Fubuen, moucheron, *Cms*, papillon Maun., -*nn*, g. papillon, *Cc*; *fubü*, sauterelle, l. locusta, Nom. 48; *fubuet* moucherons, à Trévérec, *furbuet* à Tréméven. Voir *Rev. celt.* XVI, 213.

Fulen tan, étincelle, *Cms*. Le fr. *fule* que donne le *Ca* doit être pris au breton, bien qu'il rappelle les formes italiennes *fulena*, *folena*, *favalena* flammèche, qui se rattachent à *favilla*, étincelle; cf. Körting, s. v. **falliva* et *favilla*. M. Stokes a tiré *fulenn* du lat. *favilla*; M. Loth rejette cette explication, *M. lat.* 171, et compare le v. fr. *feuline*, grand feu allumé le premier dimanche de carême. Faut-il plutôt voir dans *fulenn* un mot celtique, une métathèse de **uvlenn*, **uflenn* = gall. *ufelyn*, étincelle, cf. irl. *óibell*, *áibell* (*Rev. celt.* IX, 233, 241); voir *eluen*, *euvlen*? Grég. donne *élvenn*, *elyenenn*, *ulyenenn*, *fulenn*, bluette, Maun. *fulen*, *fulien*, bluette; Pel. *fulen*, *fulien*, étincelle, pl. *fulat*. M. de la Villemarqué m'a appris qu'en Cornouaille on appelle *fulen* d'un village la plus jolie fille de l'endroit. On lit *úlfen*, étincelle, *Intr.* 248, anc. éd.

Dans cette hypothèse, le rapport de *fulen* à *ulven* pourrait se retrouver entre *felu-mor*, algue, Nom. 79, goémon, Gr., et le lat. *ulva*. Le v. fr. *feulu de mer*, m., algue, God., serait d'origine bretonne, de même que *goémon*. Cf. *filit* « sorte de goémon, ou algue longue comme une corde, et fort grasse », Pel.; m. Trd. D'un autre côté, *feulu* pourrait être une forme normande de l'adjectif *feuillu* : cf. *fieule* feuille, en patois du Bessin, *Mém. de la Soc. de ling.* IV, 66.

Fulen s'emploie parfois pour renforcer une négation : *na fulen na greskont* et ils n'augmentent point du tout en nombre, *Ar brotestantet enn hon bro*, chez Prud'homme, str. 8.

Fulort, g. maisonnette, l. gurgulium, gurgucium; *buron ha* —, tout vng. — *Funnyen*, corde, Cms.

Fur, ez —, sagement, comp. *ez furoch*, sup. *ez furaff*, Cb; **furic** dans *K(er)enfuric*, reg. Guing. 46 v, *Kerfuric* en 1688, *Inv. des arch.* Finist. Série B, p. 315, *Furyc* en 1539, Série A, p. 10, *Furic* en 1689, Série B, p. 285, v. br. *Furic*, Chrest. 131 =*furicq* un peu sage Gr.; **Furet** xve ou xvie s., *Inv. des arch.* Côtes-du-Nord, Série E p. 1, xviie ou xviiie s., Série B p. 113, v. br. *Furet*, Cartul. de Redon 277, =*fured* furet, pl. *ed, ou* Gr., m. Gon., *fured, furik* Trd, gall. *ffured*.

Furm, forme, f. (*diou, peder*); *dre* —, conformément, — *botes*, forme de souliers, — *heus*; **furmeur**, formeur, **furmidiguez**, faicture, l. plasmatio, Cb; voir *Dict. étym.*, v. *fourm*. On lit *furm* forme (f. : *homa*) D 130; *form*, 44, 86; *formet* formé, *formas* il forma 27. *Furm* provient d'un mélange du lat. *forma* (gall. *ffurf*, cornique *furf*) et du fr. *forme*.

Fusil, g. id., Cms. — *Fust*, bâton, Cc; Le **Fustec** en 1539, *Inv. des arch.* Finist. Série A p. 7; en 1668, *Inv. des arch.* C.-d.-N. Série E p. 130 = « embâtonné, armé d'un bâton »? Selon P. de Courcy, Nobil. III, 267, *Fustec* voudrait dire « qui a de grandes quilles » (i. e. de grandes jambes). FUSTER donneur de coups de bâton Gr., celui qui frappe fort, matamore Gon., gall. *ffustwr*, celui qui donne la bastonnade.

G

Gac reg. Péd. 87, 133 b, *An. Gac* 3 (1581, 1591, 1565), reg. Quemp. 1 v, *Le Gac* 3 v, reg. Péd. 55 (1575), reg. Plouezec 10, Anniv. de Trég. 14 v, Quoatg. 5 v, III, 9; xve s., Nobil.; surnom en 1235, *Rev. celt.* III, 411; *gag Cms*, sans explication, entre *gaitell* et *gale*; *gâk, gâg*, bègue, Gon. : **gagoill**, g. baigue, C*b*, *gagouil*, v. *courtes, gagouill*, C*c* « mal parlant », *gagoillon* C, *gag, gagoüill* Pel., *gagouill* Maun., *gagoüilh*, Gr.; *gagouillat* balbutier, *Intr.* 80, anc. éd.; pet. tréc. *gragouyat*, grasseyer, van. *gague, gaguillautt, gagautt* bègue, arrêté de la parole, f. *gagaudéss, gaguillaudéss, gaguilléss*; *gaguillaudein* bégayer, grasseyer, l'A., *gadeliaudein, lanternein*, (il ne fait que) ravauder, Chal. *ms*, etc.; cf. *Rev. celt.* XVI, 220. *Gac* doit être une onomatopée, comme en gaél. *gag, gagachd* difficulté de prononciation, *gagach* bègue; irl. *gaggach* id., *gaggan* caquet O'R.; cf. encore gall. *cecian* bégayer, fr. *gaga*, caqueter, angl. *gaggle, cackle*, etc.

Gaeus gai, joyeux, Nl p. 109; *guyé* gai Jac. 113, *guié* 44, cf. *Rev. celt.* XI, 189, 190, voir *gueltresenn*.

Gaffryc, petite chèvre, C*b*, *gaufric* chevrette Nom. 31; *gauzr-mor* « sauterelle, cheurette, guernelle, l. squilla gibba », Nom. 47; cf. *Rev. celt.* XIV, 317. *Gabro-* de *gam-ro-*, Urk. Spr. 105.

Gafl, *gawl, gäul*, la séparation des cuisses, ou des branches, Pel.; *gaul*, fourchon (d'un arbre), **gaulgam** boiteux des deux côtés Gr., gall. *gaflgam* bancal; *gaulgamma* boiter des deux côtés Gr., pet. Trég. *gaol ar bis*, f., la peau entre les doigts, *gaolad*, pl. *gaolajo* enjambée (*gaoliad* enfourchure des jambes, *gaoliata* marcher à grandes enjambées Trd); *gauli*, fourcher, se fourcher, parlant d'un arbre, Gr.; v. bret. *morgablou*, gl. aestuaria, Loth, *Rev. celt.* XI, 210, 211; gall. *gafl*, v. irl. *gabul*, cf. v. lat. *gabalus*, gibet, croix. Sur le cornou. **gaolek**, qui a de grandes jambes, H. de la Villemarqué, en bas Léon *gauloc'h* Gr., *gaoloc'h* Gon., voir *carrec*.

Le mot *gaolod*, pl. *ou* « fourche à deux fourchons et à long manche. » Gr., van. *gavélodd* « fourche à deux brocs et à long manche », *gavelott* « harpon pour darder la baleine », l'A., vient du v. fr. *gavelot*; cf. Thurneysen, *Keltoroman.*, 63, 64.

Gaign charogne, t. de mépris Am., *gaign*, *caign* charogne, corps d'un animal mort et corrompu Gr., pl. *ar gaignou*, *Intr.* 222; une forme plus ancienne se trouve dans le nom Anne *Legahaignou*, ms. daté de Brest, 1713, cité par MM. Corre et Aubry, *Docum. de criminol.* 75. *Gaing an chaçc hac an b[r]iny* (proie des chiens et des corbeaux) *Nom.* 328. Du fr. *gain*, *gagner*; v. fr. *gaaigne*, *gagne*, *gain*, profit, butin, *gaignart* violent, pillard, voleur; cf. le dérivé breton *vn gaingnaouaër, an heny a eul ez tam* « un patelin, qui suit les lopins, l. parasitus, gnatho, assecla mensarum » *Nom.* 328.

Gaitell, *Cms*, sans explication, entre *gaffr* et *gag*; cf. bret. mod. *Gaïl*, Marguerite ? Il y avait un v. fr. *gaitel*, cachette.

Gale galère C, **Galeer** reg. Péd. 170 (1599), *Le Galléer* xve, xvie s. Nobil., = tréc. *galéer* galérien, cf. *galeour* Gr.

Galery, galerie, *Cb*, v. ale. — *Galilée* 4 syl., (en) Galilée D 175.

Gall, (un) français, *Cb*, auj. id.; *Gall* reg. Péd. 179 b, *Le Gal* 40 b (1601, 1572), *Le Gall* xve s., Nobil., et dim. *Le* **Gallic** reg. Quemp. 8^a v, *Arch. de Bret.* VII, 237; *An Gallic*, xiiie s., *Rev. celt.* II, 209; **Gallou** reg. Quemp. 10 v, *Le Gallou* 20; pet. tréc. *in Gall*, en pays français. Maun. a *gall*, pl. *gallaouet*, « François »; Pel., *gall*, pl. *galloüet*. M. Loth voit dans ce mot un terme celtique, en gallois *gal*, « étranger, ennemi », et compare l'irl. *Gaill* Anglais; *M. lat.* 172, 173; *Rev. celt.* VI, 115. Cf. « ou païs de Bretaigne Gallou », *Arch. de Bret.* VI, 190; « procureurs de Bretagne Gallo et de Basse Bretagne » 138, « de Bretaigne gallou et de Bretaigne bretonnant » 121.

Galloud, puissance, puissant; *-out*, pouvoir, *-oudus*, puissant, *-ussec* (sic), plus puissant, sup. *-ussaff*, *Cb*, *-ussa* D 53; **galoudec**, puissant, *Cc*, v. bras, *Le Guallouideuc*, *Le Gallouedec*, n. d'homme, *Archives de Bret.* VI, 172, *Le Galloudec* xve, xvie s., Nobil., *Galloedec* fabrique de Trég., Comptes des distrib., 1442-1454, f°s 64, 67 v, etc. (Arch. des C.-d.-N.), cornique *galluidoc*, *gallosek*; *gallou-*

déguez, galloudez, van. *galloudigueh* puissance Gr.; *an pez a galler da lauaret,* ce qu'on peut dire, C*b,* v. *comps; à allé da caout* qu'il pourrait avoir D 109, *ho devise gallet da caout* ils auraient pu avoir 44; *gallafu* je peux Catech. 5, *na quell* il ne peut, C*b,* v. *cousquet, ne ell* H 49, *a ell* ib.; *guelhet* vous pouvez B 413; *gualle,* il pouvait, Cathell, 6, *guellsomp,* nous pûmes, 7; *guillifu* que je puisse H 46. Voir *Rev. celt.* XI, 187, 362, 466, 470, 474, 479, 480.

GALPEROUET. Sieur et dame du Galperouet, en 1611, *Inv. des arch.* du Morbihan, IV, 297, auj. *Galperoué,* cf. *Calpérit, Calpirit, Dict. topogr.* du Morbihan; composé de *piretum,* qui a dû avoir un sens analogue à celui de *Cautpirit,* voir ce mot; cf. *er galpiren goudask* le poirier sauvage *L. el l.* 62. *Col pèr* poires sauvages Gr., est peut-être plus près de *kalpiren* que de *coz-pèr.*

Galver (*Le*), en 1279, = celui qui appelle, *Rev. celt.* III, 411, cf. gall. *geilwr*; voir *gueruell.*

Ganet, voir *guenell.*

Gant, avec, par. *Guant,* Cathell, 5, *ganteuy,* avec Devy, N 835; *gant* (prier) pour, Nom. 199, cf. *Rev. celt.* IX, 385. *Guenefu* par moi H 60, *guenez* avec toi 3, 46, *gantafu* avec lui Catech. 5, *guenec'hu* par vous D 53; *gant anezhe* avec eux, Κρυπτάδια I, 361. *Gant a reoc'h,... na rit netra eneb deza* quoi que vous fassiez, ne faites rien contre lui, *Bali* 152; cf. *Rev. celt.* IV, 154.

GAR- dans le van. *garinép* m. envers l'A., *en tu garinep* à l'envers Chal., a été expliqué, v. *ar-enep,* par un mélange analogique de *ar-* et de *goar* sur. Mais cette hypothèse est contredite par le gall. *gar* ou *ger gwyneb, ger gwydd, ger bron* en présence de, *ger llaw* tout près, *gerag* dans la direction de, *gerfod* présence, *gerfydd* par, en s'attachant à; ces mots se rattachent au v. irl. *gair* voisin (cf. Z² 691), mod. *gar* près de. La ressemblance de *ger bron,* moy. gall. *geyr bron,* avec l'irl. *for brù* sur le bord, est trompeuse, le correspondant de *bron* poitrine, étant en irl. *bruinne.* Il est possible que le mot *ger, gar,* ait la même origine que l'irl. *gerr* court, gall. *gerran* nain, voir *Urk. Spr.* 112; l'irl. *gar ria* peu avant, *garit iarsin* peu après, rappelle l'emploi analogue de l'allem. *kurz,* angl. *shortly.* C'est peut-être aussi ce mot qu'on trouve dans les formations irlandaises comme *gardthair* arrière-grand-père, *garmhac*, *gormhac* petit-fils O'R.

Plusieurs mots bretons paraissent aussi formés d'un préfixe *gar-* : moy. bret. *garlostenn* perce-oreille, auj. id., gall. *gorlosten*, de *lost* queue ; tréc. *garguell* houx Gr., *gargel* m. Gon., pet. Trég. *gargal*, de *quelenn* id. en bret. moy. et mod.; *garlisen* sole, plie Pel., voir *leizen*.

GARAN, grue, oiseau, pl. *ed*, Gr., f., Gon.; *gran*, grue, machine, Pel., cornique et gall. *garan*, f. grue, oiseau, gaul. *tri-garanus*, grec γέρανος f. Ce mot peut être identique à *garan* « instrument à caver bois », C, *garan*, pl. *ou*, jabloire, *garen*, pl. *ou*, jable, rainure, Gr., f. Gon., cf. *garaner*, jabloir, Gon., *garonnerr* id., *goarennein*, jabler, l'A.

Gardis. On lit *gardiz*, (homme) intrépide, G. B. I., I, 68; *gardis*, joyeux; *amser gardis*, mauvais temps, Maun.; *gardis* rude, âpre, piquant, Pel.

GARHPREN (f.), pl. *-nneu* aiguillon, pour charruer Chal., *carprenn*, *casprenn*, *carpenn*, pl. *ou*, la fourchette pour décharger le coutre et le soc Gr. v. *charrue*, *cars-pren* petite pièce de bois pour nettoyer le soc Pel., *karz-prenn*, *kazprenn*, *karprenn*, *karpenn* m. Gon., =*carzprenn*, gall. *carthbren* m., litt. « bois à nettoyer », cf. le syn. *baz carzeurès* Gr., voir *carzaff*. Le g van. vient d'une étymologie populaire d'après *garzou* aiguillon : cf. le syn. *garheu graspennec* Chal., *garheu-grasspeennéc* et *garhouin-grasspeennéc* l'A. v. *eguillon*. L'adj. *graspennec* est lui-même dérivé d'une autre variante de *garhpren* : *graspen* (f.) Chal. ms v. *aiguillon*, *graspeenn* f. l'A. v. *charrue*, *grasspeenn* v. *eguillon*, cf. *gasspreenn* f. curoir, fourchette pour curer la charrue l'A. La préservation en vannetais de l'ancien z sous la forme *s* au lieu de *h* est due à l'influence analogique d'un mot spécial à ce dialecte : *grasspein* effleurer, enlever très peu de peau; frayer, toucher légèrement l'A., *fréh graspétt* fruit entiché, *graspadur* excoriation, *graspereah* éraflure Sup. *Grasspein* paraît provenir de la combinaison de deux mots qui ont donné en ital. *grappare* saisir et *raspare* râper, emporter; cf. en cette langue *graspo* rafle, à côté de *raspo*.

Garllantes, guirlande, *-et* (enguirlandé), Cms ; **Garlantesec** reg.

Péd. 29 b, 68, 126 b (1570, 1578, 1590), *An G.* 8 b, 22 (1566, 1569), *Le G.* 53 b (1575) = « enguirlandé »; **garlantesic**, petite guirlande, C*b*; *garlantez* danses Maun.

Garmet, crier ou pleurer comme enfants; — *ouch goelaff*, en pleurant crier, cri en pleur, l. eiulatus; **garmeur**, crieur, C*b*.

Garnn : *bede* —, P 267, lis. *bed e garnn* (être utile) jusqu'à son charnier (i. e., jusqu'à sa mort)? *Garnn* serait pour *carnn, de *carnel*, *carner, ossuaire. Voir *autel*, *goaz* 3, *manier*.

Garr jambe C, dim. **Garic**, n. d'homme, xv*e* et xvi*e* s., Nobil., var *garic-cam* à cloche-pied Pel., etc.; **Garec**, en fr. *Jambu*, n. d'homme, xv*e*, xvi*e* s., Nobil., *Le Garrec* en 1539, *Inv. des Arch.* du Finistère, Série A, p. 8; *Archives de Bret.* V, 170. GARHOÜASK « mal très douloureux, qui vient aux doigts, presque semblable au panaris », *cargöask* « mal fort douloureux qui vient aux doigs, mais moins dangereux que le panaris » Pel., *gâr-wask* m. mal très douloureux qui vient aux mains, aux jambes, etc., c'est une espèce de crampe ou de goutte Gon.; *garhoüasca* serrer, étreindre, saisir et tenir fortement; donner la torture, la question, *gargwaski* presser, étreindre, donner la torture... sans spécifier en quelle manière; mais c'est apparemment mettre les coins aux jambes Pel. Il est probable, en effet, que le mot est composé de *garr*; cf. *minwask* et le gall. *ewinwasg* panaris. Voir *Urk. Spr.* 107.

Garredonaff, guerredonner, C*b*.

Garv, dur, C*ms*, *garuder*, rudesse (du fil, de la toile), C*b*, v. *neudenn*; *garduudet* (lis. *garuudet*) rigueur D 126. Voir *Urk. Spr.* 107.

Garz buisson, avait dans le Morbihan un pluriel *garzo* en 1562, et *garheu* en 1572, *Et. gram.* I, 44* (gall. *garthau*); on lit *guirzyer* D 108; *guirzyer*, van. *garhëu*, Gr.; « au sir de *Garspern* », « le sir du *Garspernn* », en 1455, copie de 1511, *Inv. des arch.* du Finistère, série A, p. 56, de *garz spern*, haie d'épines; **garzaf**, accroître buissons, l. fructificor; **garzus**, plein de buissons ou épines, C*b*.

Le Gartz reg. Quemp. 24ᵃ, en 1603, est prob. le même mot, bien que, comme nom commun, il soit féminin, comme le gall. *garth*. Sur un autre mot *garz* rebouteur; niais, maladroit, cf. *Rev.*

celt. XII, 417; on lit *guerset* gars, jeunes gens Jac. *ms* 9, 11, 21, 57. Voir *yell,* et *Urk. Spr.* 115.

GARZOU, aiguillon, van. *garhëu,* Gr., *-eu* l'A., gall. et cornique *garthou;* paraît d'origine germanique : vieux haut-allem. *gartja, gerta,* auj. *gerte,* baguette; gothique *gazds.* Cf. encore *kast,* aiguillon d'abeille, *kastañ,* piquer, mots usités en petit Tréguier. Voir *garhpren* et *Urk. Spr.* 108.

Gat, gad, lièvre; dim. **gadic,** *Cb, ur c'hadic,* f., *Introd.* 115, pl. *gadonnigou* levrauts Gr.; *ar gadoun* les lièvres *Intr.* 148, *gadon, guedon,* Gr., *ghedon* Pel. L'A. donne *gatt,* et *geætt,* lièvre pl. *gadon; hanter-gatt* f. levraut; Maun. *gadouña,* chasser aux lièvres, Pel. *gadôna.*

GAUNAC'H, stérile, Maun.; vache qui ne porte plus de veaux, pl. *gaunéyen,* Gr.; *gâunec'h, gaunac'h, gounec'h, gaunec'hen* « bête femelle qui est un an sans porter de fruit..., on le dit même d'une femme », Pel.; *Le Gaonac'h* n. d'ho., 1635-1638, *Inv. des arch.* du Finistère, Série B, p. 57; de **g(h)au-n-accā,* cf. grec χαύναξ, vain, orgueilleux, menteur, dérivé de χαῦνος, vain, frivole, vide, venant lui-même de χαϝ, racine à laquelle on peut rapporter le bret. moy. *gou, gaou,* mensonge, cf. *Urk. Spr.* 108. Le pluriel *gaunéyen* viendrait mieux d'une variante **gaunec,* voir *carrec.*

GAUSAN, mite, Pel., cornique *goudhan,* v. gall. pl. *goudonou,* auj. *gwiddon;* cf. irl. *fineog.*

GAUET, *iauet,* joue, Nom. 19, *gauedat, iauedat,* soufflet, 24, *javed, gaved,* pl. *ou,* mâchoire, *javedad, gavedad* coup sur la mâchoire Gr.; *javed* f., « quelques-uns prononcent *gaved* », mâchoire, joue, Gon., *jañvet* joue, *Vocab.* 1778, p. 48, pet. tréc. *jave,* gorge, poitrine, du lat. *gabata,* cf. moy. bret. *chot,* joue. Les formes par *j* peuvent avoir subi l'influence du français *joue* (et *jabot*?). Voir *Rev. celt.* XIV, 317, 318. M. Loth, *M. lat.* 180, semble citer d'après le dict. de Godefroy un v. fr. *jao* que je n'ai pas pu y trouver.

Generaltet, généralité, *Cb,* **generation,** génération, **genitif,** génitif, v. *enguehentaff; generalité* caractère de généralité (d'une confrérie ouverte à tous) D 69 ; *ar generation eux an ilis* la fondation de l'Eglise 18, *genese* la Genèse 84.

Genouefe, Geneviève, C*ms*; *Genouefa* H 40 (et non -*vefa*). L'*e* français mi-muet devient assez souvent *é* en breton : *rube-rubene*, de but en blanc, (aller) de bonne foi (se dit en raillant), Gr., *rubérubené* (sent un peu le jargon), Gon., du fr. populaire *ribon-ribaine*, bon gré mal gré, *Dict. de l'Académie* de 1694 (cf. l'onguent *mitonmitaine*, etc.; *Rev. celt.* XVI, 178, 179); *chantre*, morbleu, Trd, du fr. *diantre*, *ober fougué* (faire parade), Nom. 119, du fr. *fougue*, etc. (*foug* vanité, *Nikol.* 220, 281); cf. *Rev. celt.* VIII, 526; IX, 379. Je ne crois pas que *gogea*, railler, suppose un fr. *gogayer, *gogoyer, *Keltorom.* 101 : ce verbe dérive de *goge*, raillerie = v. fr. *gogue*, comme *fougea* de *fouge*, *chaseal* de *chase*, chasse, etc.; cf. *pavea*, paver, de *pavé* = fr. *pavé*, Gr., *hunvréal*, de *hunvré*, rêve, etc.

Genticq, gentillette, Am., v. *mistr*; *den gentill*, gentilhomme, C*ms*.

Geoffret, Geoffroy, l. Godefridus, C*b*. — **Geometrien**, g. id., C*c*. — *Gerues*, Gervais, C*b*, *Geruais* Anniv. de Trég. 12. — *Getoer*, g. getton, l. nummus, C*b*, *gettoër* Chal.

Gybyer gibier. L'origine de ce mot français est très controversée (voir Körting, n° 1599, et Jeanroy, *Annales du Midi*, VII, 134, 135); le bret. mod. a *giber*, van. *gibér*, Gr., *gibére* l'A., *jiber* L. *el lab.* 24, cf. 102; *giber* Chal. *ms*, gibier; *gibér* ou *gibe* venaison l'A. (sans doute avec *e* final muet, voir *manier*); van. *qicq giboëçz* gibier Gr., *giboës* id. Chal. *ms*, cf. *giboéss*, *giboéssa* chasser l'A., *jiboes* L. *el lab.* 134, *giboesein*, *giboesat* Chal. *ms*, *eine giboësér* oiseau de proie Chal., etc. (pour la diphtongue, cf. *giboyer*; pour la sifflante, *gibecière*, bret. moy. *gibicer*, *gibecer*).

Gigant, géant, C*b*, v. *enquelezr*, pl. *et*, C*b*; *gigant*, pl. *ed*, Gr.; *giant* Nom. 267. — *Gilles* Gilles H 58; « Egidia (vulgo Gillette) », n. de baptême en 1611, reg. Quemp.

Gingambr, C*b*, C*c*, g. gingibr, C*b*; *gingebr*, g. gingebre, C*ms*.

Glac'haret affligé D 120, regretté Pel., inf. *glac'hari* Pel., Gr., *glaharein* l'A., cf. gall. *galaru* se lamenter; GLAC'HARUS affligeant, lugubre Gr., qui regrette Pel., *glaharuss* l'A., cf. gall. *galarus*; *glac'haric* petit regret; petite bouteille que l'on sert pour retenir encore un peu de temps à table ceux que l'on ne laisse s'en aller qu'à regret Pel., *glaharric* chopine, mot burlesque, l'A., v. *pinte*. Cf.

Rev. celt. IV, 154; VIII, 35, 36; *Urk. Spr.* 108; *Idg. Forsch.* IV, 287. Voir *gueler*.

1. *Glan. Courag glan* « fainct couraige » C*b*; GLANDED pureté Gr., cf. gall. *glendid*.

2. *Glan*, laine, C*b* (après *gin*, lis. *glin*), Nom. 311, *glòan* 310; *glanec*, non tondu, C*b* v. *toussaff*, *An Gloannec* en 1539, *Inv. des arch.*, Finist. Série A, p.7; *Le G.* 1692, Sér. B, p. 289; *Gloénnec* 1694, p. 293, gall. *gwlanog* laineux; *glanennec*, qui a laine, C*b*; cf. tréc. *glañn* (pour *gloan*). *Gloanenn* un poil de laine, pl. *gloañnennou*, *gloan* Gr., *glouannênn* f. pl. *eu* l'A., gall. *gwlenyn* flocon de laine; GLOAÑNER celui qui travaille en laine Gr., *glouannérr* l'A., *gloannour* écardeur Chal., gall. *gwlanwr; gloañnaich* lainage Gr., *glouannage* m. l'A., *gloañnéguez*, *gloañnery* l'action de travailler en laine Gr., *glouannereah* m. l'A.; *gloana* se couvrir de laine Gon. Voir *Urk. Spr.* 276; *Idg. Forsch.* I, 47, 48.

Glann, rive, C, *claign*, Pel.; de là *diglaigna*, déborder, et dans « le nouveau dictionnaire » *dic'hlagna*, inonder, *dic'hlagn*, inondation, Pel.; *dillan*, regorgement, *dillaniein*, regorger, *linſat deur dilan*, « regas d'eau », Chal. *ms*. Le cornou. *dishillan, dishillon* « le dernier flot de la mer montante », Pel. = *diẓic'hlan*, « fin du débordement », de *diẓic'hlania*, litt. « dé- déborder ». Cf. *Rev. celt.* XI, 352; *Beitr*. de Bezzenb. XIX, 84; *Urk. Spr.* 120.

Glas (Le), Anniv. de Trég. 3 v, dim. *Le* **Glasic** 10 v, 23 v, cf. *glazik* m. pigeon ramier, Trd; plur. *glasiguennet, glasiguet*, Chal. *ms*, v. *biẓet; glasicq* verdaud, verdelet Gr., voir *glisic*; **glasardic**, petit lézard, C*b*; *glaser*, verdeur, C*ms*. Le *Nomenclator* donne : *glasard, ran glas*, « croisset, verder », l. *rana viridis*, 47 (cf. *glaẓarded*, grenouilles, *Bomb. Kerne*, 40); et *lesard*, lézard, 51. Ce dernier vient du français; *glasard* peut être aussi le mot *lézard*, mais accommodé au breton *glas*, vert, et gris; *glaẓard*, verdâtre, et brun, cf. *Rev. celt.* IV, 154; *glasard* grison, celui dont les cheveux commencent à blanchir; verdâtre, bleuâtre Gr. Pel. nous apprend que *glasard*, lézard vert ou lézard gris, était aussi de son temps un nom appliqué à la grenouille; voir *gurlass*. Il faut sans doute joindre à ces noms d'animaux *glosard* « verdon, l. curruca » Nom. 39, *glosard*, pl. *ed* « fauvet », f. *glausardès* fauvette, Gr., *glôẓard*, mâle de la fauvette, f. *ez*, Gon., malgré le changement de voyelle (cf. *Rev. celt.* III, 50; voir *paterou*).

Une altération plus étrange se montre dans le van. *blass-hoarhein* « rire du bout des dents, sourire »; *blass-oarh*, un sourire, l'A. = *glasc'hwerzin* « souris, ris forcé et feint », mot à mot « ris vert, ou pâle », Pel., gall. *glaschwerthin* « subridere », « to simper »; cf. *o c'hoarzin-glaz, Barz. Br.*, 239. Voir *baizic, gluizyffiat*.

Citons encore les formations suivantes : *glas-dour*, van. *glas-dëür* tout à fait vert; gris d'eau, ou gris vert Gr., *glas teur L. el l.* 44; *glâz-wenn* gris Gon., gall. *glaswyn* d'un blanc bleuâtre; *glâz-ruz* violet Gon., cf. gall. *rhuddlas, glasgoch, cochlas*; *glas-duet* (pierres) grises, d'un vert noirâtre, *Trub.* 46; *glasaour* loriot, *glaséntez*, van. *glasadur, glasded* verdeur, *glasenn, glasyen, glasvez* verdure, *glasvezi*, verdoyer, Gr., *glasvesi Intr.*80; *glasvezus* verdoyant Gr., voir *dister*; *glazenn* f. gazon *G. B. I.*, I, 108, pl. *ou Bali* 39; *glasat* devenir vert *L. el l.* 38, *glazein* haïr, *glassein* avoir de l'aversion, ind. prés. *glaza, glassa* l'A., *glassanté* haine Chal. *ms.* Cf. *Rev. celt.* XI, 183, 506; XVI, 229; *Urk. Spr.* 119.

Glauaff, pleuvoir, *Cb*, *glauuaff, Cc*; **glauec**, pluvieux, *Cb*, gall. *gwlawog*; **glauic**, petite pluie, *Cb*, *glaoicq bihan* Nom. 221, pl. *glàuigueu Guerz. Guill.* 67, *glàuégueu Choæs* 152. *Glau* est expliqué par **vo-lav-*, cf. lat. *luo, lavo*, *Urk. Spr.* 249; voir *glec'h*.

Glawet, sing. *glaweden* « bouse de vache que les pauvres gens de la campagne préparent et font sécher au soleil pour faire du feu, dans les cantons où le bois est rare », Pel., *glauoëd*, bouse pour brûler, Gr., *glaoed, glaoued*, m. Gon., gall. *glaiad*, sing. *glaiaden*, id., Davies, auj. *gleiad*, f., *gleiaden*, cornique *gloas*, id.; irl. *glaïl*, tourbe? O'Donov.; cf. Loth, *Vocab. v.-br.*, s. v. *gletu*.

Glawren, *glaouren*, bave, pituite, salive, Pel., *glaourenn, glaour*, bave, glaire, Gr., *glawri*, baver, Pel., *glaoüra, glaoüri*, Gr., cornou. *glaouraseni*; cf. gall. *glafoer, glyfoer*, bave. Je doute que ce mot vienne de **vo+lib-*, lat. *libare*; la forme galloise devrait être, en ce cas, *gwlyfoer. Il semble que le type gaulois ait été **glib-* (pour **glibh-*, cf. allem. *kleber*, gluten, gomme, etc., *kleben*, coller, être gluant, v. h.-all. *chlîban*), ou **glim-* (cf. v. h.-a. *chlîmen*, enduire, grec γλαμάω, être chassieux?). En tout cas, la racine serait la même que dans le grec γλοιός, le lat. *glus, gluten,* l'allem. *klei* ; cf. moy. br. *englenaff,* s'attacher ?

Glazron, Grallon, Gw., v. *moez, Glazren,* v. *bez,* par métathèse de **Grazlon, *Grazlen,* d'où *Graslon* 1418-1535, *Inv. des arch.* des Côtes-du-Nord, Série E, p. 38 ; *Graslen, Archives de Bret.* V, 18, voir *paluhat.* Cf. *Glasren,* n. d'homme, xve et xvie s., Nobil.; *de Coatglazran,* reg. Péd. 229 b (1611), *Quoatglazran* n. de lieu, Anniv. de Trég. 25 ; auj. *Glaëran* à Ploubezre, *Glaëron* à Plouaret. *Glazren* semble être un nom de baptême, en 1539, *Inv. des arch.* du Fin., Série A, p. 8.

Gleb, mouillé, Cb, après *glud* ; **glebder,** moiteur, v. *fluaff; glebour,* moisteté, Cb; *gluebor* Cms ; GLEBORECQ humide Gr., *gleboroc* Pel., gall. *gwlybyrog,* voir *carrec ; gluybiaff,* mouiller, Cms, *glibiaff, glybyaff,* mouiller, Cb, *glibya* tréc. *glybyañ,* et *gleba, glueba, gloëba,* van. *glebeiñ, gluebeiñ, gloebeiñ* Gr., *glebia, glepia* Trd, pet. Trég. *glebañ,* gall. *gwlybio* et *gwlybu,* cornique *glybyé; glibyadur,* moiteur, Cb v. *deltaff, gluypiadur,* Cms; **glybyus,** g. embuz, l. imbutus, Cb, *glibyus* et *glebus* sujet à mouiller Gr., *glubuss* qui mouille, *glubereah* m. action de mouiller, *glubage* mouillure l'A., *glibyadenn* rosée, petite pluie douce, dim *-icg* Gr. ; voir *glec'h,* et *Urk. Spr.* 285.

GLEC'H : *lacquât pis ê glec'h,* ou *ê gleac'h,* détremper des pois, GLEC'HI ou *gléac'hi pis,* id., Gr., pet. Trég. *gleiañ pis, lakat pis dë c'hleiañ;* gall. *gwlych,* humidité, *gwlychu,* mouiller. De **vl-icc-,* cf. *gliz,* rosée, gall. *gwlith* = **vl-ic-t-;* le rapport de *glec'h* à *gliz* rappelle celui de moy. br. *brech,* petite vérole, gall. *brych,* f. *brech,* tacheté, de diverses couleurs, v. irl. *brec,* à moy. br. *briz,* g *brith,* v. irl. *mrecht,* id. La racine de *glec'h* et *gliz* peut se trouver encore dans *gleb, gloeb,* v. gall. *gulip,* v. irl. *fliuch,* humide = **vl-iq-us,* d'où lat. *liquere* (= **vliquere,* cf. *suadere,* de **suadus, suavis*); pour le suffixe, comparez lat. *antiquos*; et dans *glau,* pluie, gall. *gwlaw* = **vl-av-*; voir *glueiz.* Cette racine *vl-* serait le degré réduit de *vel,* variante de *ver,* d'où grec οὖρον, sanscrit *vâri,* etc. Je doute que l'irl. *flesc* soit identique à *glec'h, gwlych,* du moins pour le suffixe.

Gleur, lueur ; cf. *illur,* brillant, et gall. *eglur*; v. br. *Glur, Drichglur* « à l'aspect brillant ». M. Loth a tiré *-glur* du lat. *glōrius,* M.

lat. 173 ; M. Schuchardt a fait remarquer, *Literaturblatt für germ. und rom. Philologie* 1893, n° 3, qu'il faut ajouter à *-glur* le v. irl. *gluar* brillant, et que ces mots rappellent beaucoup le v. norois *glora*, angl. *glare*, ce qui rend douteuse l'explication par le latin. La racine peut être la même que dans *gloëau*. Voir *Urk. Spr.* 333.

Gleurc'h, pl. *o*, galettoire, en Trég., Gr., auj. id.; de **gloerc'h = *gou-lerc'h*, cf. gall. *golwrch*, *golyrchaid*, boîte? Voir *goulazenn*.

Glew, *gleo*, en cornouaillais manche de charrue, Pel., gall. *llawlyw*, id., de *llaw*, main, et *glyw*, dirigeant.

Glin. *Oar e daoulin* (quelqu'un) à genoux, Cb, v. *querzet*; *dan nou* (et non *non*) *glynou* (plusieurs) à genoux, P 102 ; *Le* Glinec, xviie ou xviiie s., *Inv. des arch. Finist.*, Sér. B, p. 198, = « qui a de gros genoux », cf. gall. *gliniog*, gaél. *gluineach*. Voir *Urk. Spr.* 120.

Glisic pl. *glisighet* petit saumon de la grandeur d'une sardine, à Châteaulin, Pel., *glysicg* pl. *-igued* petit saumon, jeune saumon, *gliziguen*, pl. *glizigou*, *glizicq* anchois Gr., *glisig* m., pl. *-iguétt* anchois l'A., dérivé de *glas*, cf. gall. *gleisiad* saumon, et *glasfaran* jeune saumon, composé de *maran* saumon; voir *guenn*. Glizin bleuet, en petit Trég., mot qu'on ajoute à *glaz* pour spécifier qu'on prend cet adj. au sens de « bleu » (cf. la note *Rev. celt.* IV, 162); *glizinn* m. bleuet G. B. I., I, 440, = cornique *glesin* pastel, gall. *glaslys* id., *glesin* pelouse.

Gliz, rosée (après *glud*, *gleb*), Cb, *gliz pe gluiz*, Cms; *gluizus*, plein de rosée, Cb, *amser gluizus* ou *glizus* temps qui donne ordinairement de la rosée; *glizenn*, *gluizen*, van. *gluihen*, *gliheen*, *gluëhen*, *glouëhen* (goutte de) rosée, pl. *gliz* etc. Gr., gall. *gwlithyn*; *glizennicg* petite rosée, pl. *glizigou*, van. *glihennicg*, *gluëhennicg*, pl. *glihiguéü*, *gluëhenniguéü* Gr. Voir *glec'h*.

Gloar gloire, 2 s. D 167; *gloir* Cms. L'expression française « à la garde de Dieu » est devenue en breton « à la *gloire* de Dieu » : *da c'hloar Doue*, (tu vas) à la garde de Dieu, Mo. 162, 173, *en gloar ar guir Doue*, (partons) à la garde du vrai Dieu, 228; *e gloar Doue*, (laisse-moi) à la garde de Dieu, E. Rolland, *Recueil de chansons populaires*, IV, 25, str. 15. (Grég. donne *bézit eñ goard Doue*, Dieu vous garde). *Ar gloriustet* l'orgueil, Jac. *ms* 3.

Gloasadur, collision, *enem gloasaff* « entreblecer », C*b*, v. *pistigaff; gloaset* affligé D 150.

Gloat. *Le* GLOADEC en 1769, *Inv. des arch.* Finist., Sér. B, p. 373, = « qui a du bien »; gall. *gwladog* rustique; voir *Urk. Spr.* 262.

GLOËAU, *glouaihue, gleau, gloàu*, rare, van., *Rev. celt.* VII, 314, *gloahue*, B. *er s.* 218, *glouaihuë, Voy. mist.* 31, *gloaihuë*, 49, dim. *glouaihuiq*, assez rare, 127 = v. gall. *gloiu*, limpide, v. irl. *glé*, brillant, v. bret. *-gloeu; gloiatou*, gl. nitentia, gaul. *Glevum*, auj. *Glowcester*; cf. grec χλιαίνω échauffer, l. *helvus*, angl. *glow*, *gleam*, etc., rac. *ghel*? Voir *Urk. Spr.* 119; *Idg. Forsch.* II, 370. On peut ajouter le bret. *ar gloévenn* (m.), *ar vloevenn* (f.), pl. *ou*, van. *gloüéüénn*, ampoule, Gr., *gloaiuênn*, pl. *eu* l'A., *gloüeuen*, pl. *gloüeuat*, pustule, Chal. *ms*, cf. L. *el l.* 140; de **glei-v-*, comme *gloëau*; et sans doute aussi le van. *ur gluah-lagad* un coup d'œil, B. *er s.* 139, cf. les deux sens de l'angl. *glance*, du grec λεύσσω, etc. *Gluah* peut représenter **glei-cc-*, cf. v. irl. *glicc*, sage (perspicace, comme en lat. *prudens*?) Voir *gleur*.

GLOESTR', *ur gloestr'* m. vase Chal. *ms* v. *cloistre; glouistr guiguen* batterie de cuisine Chal. *ms*, *glustr* vase, *Boquet-lis* Vannes 1852, p. 3, pl. *glustreu* B. *er s.* 90, de **goulestr* « petit vase », cf. v. bret. *gufor* petit four, etc.; voir *goulazenn*, *gleurc'h*. *Er luestr* la cour, dans le dial. de Batz, paraît être un mélange de *les* et de *gloestr*.

Glosaff, gloser, **gloseur**, g. id., **glosic**, petite glose, C*b*.

Glouher (*Le*), n. pr. XVe s., *Chrest.* 206, *glaoüaër* charbonnier Gr., *gléuaére* l'A., pet. Trég. *glowar*, cf. gall. *glöwr*. Léon *ruzglaou*, rouge comme du charbon; van. *gouaitt-gleu*, ensanglanté, l'A., *goaid-gleu*, *Voy. mist.*, 103, *goaidët-gleu*, 109. On dit à Quemper-Guézennec : *evid an disterañ spoñt a sko ar c'hlaouen en em c'halon*, à la moindre alarme je suis frappé comme d'un coup au cœur; cf. l'emploi de *glühen* au figuré, en allemand ? Voir *Urk. Spr.* 120.

Gloutonj, gourmandise, C*ms*; **gloutoniaff**, l. crapulor, C*b*, *gloutonnya* faire le glouton Gr. Cet auteur donne *glout* et *gloust*, glouton, pl. *glouted, glousted* et *glousta* faire le glouton ; pour l'addition de cet *s*, voir *boutoiller* ; *Rev. celt.* XVI, 227. *Gloutec guet quic* carnassier Chal., *ms*, cf. gall. *glythog* avide.

Glud, g. *gluz* ; *dre glud* conjointement, l. glutinanter, *Cb* ; dim. **Gludic** n. d'ho. 1420, *Arch. de Bret.* VI, 2, *Le Gludic* Quoatg. II, 6 v ; III, 6, auj. id. ; GLUDEC, *gludoc*, glutineux Pel., *gludecq, gludennecq*, gluant Gr., *gludeennêc* crasse, adj. l'A., cf. gall. *gludiog* ; *gludenn* gluau Gr., *gludon* Pel. ; *gludenna*, van. *-eiñ* gluer Gr. ; corniq. *glut* glu, du lat. *gluten*.

Glueiz. Ca, mot non traduit, doit être le même que *gleyz*, *gley*, avec l'art. *ar c'hleyz, ar c'hley, lousaouën ar c'hley* mouron, l. anagallis Gr., gall. *gwlydd, gwlyddyn*, cornique *glêdh*, irl. *fliodh, fligh* O'R., irl. moy. *flidh Rev. celt.* IX, 235, gaél. *fliodh*, mannois *flee*, d'un gaul. **vlid-* qu'on peut comparer au gall. *gwlydd*, pl. *ion* tiges tendres, *gwlydd* tendre, doux, *gwlaidd* doux, mouillé ; cf. *gleb, glec'h* ? J'ai donné, sous *cleyz*, une autre explication fondée sur cette dernière forme que cite Gr. et qu'on trouve seule écrite après lui : *kleiz* m. Gon., Trd, Liégard, du Rusquec, *clais* Pel., hors de Léon *klei* Gon. Mais le *k* vient sans doute de ce que *ar c'hleyz* peut appartenir à un masc. *cleyz* aussi bien qu'à un fém. *gleyz*. *Glueiz* représente un v. br. **gulid*, cf. *feiz* foi, v. br. *fid*.

Gluesquer, grenouille, *Cms*, entre *gloir* et *glorifiaff* (il devait y avoir d'abord *gloer, gloesquer*) ; voir *guescle*.

Gluizyffiat, *Cms* ; *gluzifyat* (et non *-iat*) « annuelier », s. v. *bloaz* ; voir *glas*.

Gneuiff, apparoir, C, *gneniff*, *Cb*, *gueuiff*, *Cms*.

Go levé, fermenté, *goaff* lever, en parl. de la pâte C, *ghéi* pétrir, *gôi* fermenter Pel. Ce mot est tiré de **vo- yes-*, cf. gall. *iâs*, ébullition, grec ζέω, etc., *Urk. Spr.* 223 ; mais il serait bien extraordinaire que cet *y* n'eût pas laissé de trace en breton. Voir *Belost*.

Goa, g. desconfortement, l. ve interiectio, *Cb* ; *an habec eus goa Jusas* la cause du malheur de Judas, *Trub.* 91, *gwa* (le même) malheur 161. Voir *goadyza*.

Goabienn (petite anguille), *Cms*, *gab-*, l. hec gabio, gabionis, *Cb*, *gobien*, *Cc*.

Goacat, être mou; amollir; **goacyc** « un petit mol » (un peu mou), *Cb*.

Goachat. Gouachat, crier comme les petits enfants, Nom. 216, cf. lat. *vagire*? Voir *coagal*.

Goadyza, P 260, ne peut répondre au moderne *gaodisa*, se moquer (du fr. *gaudir*), surtout à cause de son χ, cf. *Rev. celt.* XI, 356. Je pense qu'il faut lire ce vers : *Den crez, goa de za dyouz a rez*, litt. « homme avare, malheur à toi donc d'après (à cause de) ce que tu fais », avec une première rime intérieure de *crez* avec *de z(a)* ; cf. *goa me za* malheur à moi donc, J 126, etc. Voir *deza*.

Goagronenn, g. polocier, *Cms*, entre *goagrenn* et *goalchaff*; tréc. *grégoñnen*, prune sauvage, Gr., pet. Trég. *groegonen*, id., irl. *fraechán*, airelles, *fráech*, bruyère, de *vroicā* = grec ἐ(ϝ)ρείκη. La forme *goagronenn* a subi une métathèse; cf. *guescle* = *gluesque* grenouille. Voir *Rev. celt.* VII, 315, 316.

Goagueller (*Le*), Anniv. de Trég. 25 v; Evêché de Trég., chap. de la Cathédrale, fondations, liasse E. 2746, (Archives des C.-d.-N.), copie d'un acte de 1592; = « celui qui se gare, prudent », cf. gall. *gwagelu* agir avec précaution, *gwagelyd*, *gogelyd* éviter, irl. *fochelim*; voir *diouguel*.

Goalarnn, auel goalarnn, *Cms*, *auel galern*, vent de galerne, l. septentrio, *Cc*, *auel gualernn*, *Cb*; *goalorn*, *goalern*, nord-ouest, Gr. (*gualern*, *Ca*), *gwallarn*, vent de nord-ouest, Pel.; van. *er holern* l'ouest, *Rev. Morbih.* I, 90, etc. Ce mot est expliqué par *guo-clez-n-*, *Et. gram.* I, 22; *Urk. Spr.* 101; je le crois plutôt d'origine française, cf. *Rev. celt.* XII, 416, 417. Il a pu, toutefois, se faire un mélange de *galern* avec *goaglez*, ce qui aura donné d'un côté *goalern*, et de l'autre GWALEZ « le vent du nord, ou en général tout mauvais vent », Pel., cf. gall. *gogledd*, nord (de *guo-* et *cledd*, bret. *cleiz*, gauche), irl. *fochla*.

Goalchadur, souleté, l. saturitas, **goalchtet**, souleté, l. satietas, **goalchus**, soulable, l. satiabilis, *Cb*; irl. *folc* abondance, cf. lat. *volgus*, *Urk. Spr.* 286.

Goalchet, lavé, l. lotus; **goalchadur**, laueure, l. lavatio; *goalcheres*, lavandière, *Cb*, *golfez*, battoir, *Cb*, *Cc*, *goulchidigaez*, ablution,

Cms, goual chidiguez D 129, *goalc'hi* laver 130; *goalch* expiation, pardon D 498 ? cf. *gwalc'h* pardon *Trub.* 92, 109, *gwalc'hi* pardonner p. v. Voir *guinhen, Dict. étym.,* v. *guelchiff* et *Urk. Spr.* 285.

Goalen, verge, *Cb*, v. *guinyenn, goalenn* bâton D 193, *goualem* (l'espérance est le) soutien (et l'appui des pêcheurs) 50; *e voal* sa verge (de Moïse) *Cat. imp.* 7; *gouélen* fléau *Choæs* 212; pl. *goalennier*, verges, *Cb*, v. *lestr, goualinner*, Nom. 96, *goulinner* 172, voir *dispingneus*; **goalennec**, l. vibicosus, plein de verges; **goalennic**, petite verge, *Cb*; *goüalennat*, aune, Nom. 211. Ce mot est tiré de la rac. *vel*, tourner, entourer, *Urk. Spr.* 275, 276, cf. irl. *felmae* haie, etc.; voir *goalenn*.

Goalenn anneau N 1767, plur. *goaleigner* D 106, *goüallinner* Nom. 309, *goalinier* Mo. 259; cf. moy. irl. *foil, fail,* = grec ἕλιξ, ornement de forme ronde, collier, bracelet, bague, rac. *vel*, tourner; *Rev. celt.* XIV, 351; *Urk. Spr.* 275, 276.

1. *Goall, gouall* mauvais D 113, *gouallequeat* maltraité, attaqué, *er goal lequea* (les oiseaux) l'endommageaient, le blé 187, *goall sontet* (lis. *fontet*) mal fondé 60; *e voual grogo enoc'h* il vous mordra cruellement *Intr.* 248, *m'en em goall-gundufe e agencet* si ses agents se conduisaient mal, *Tad Ger.* 23; *goal-vlasein* puer l'A.; pet. Trég. *n'e ket eur gwel zarmonner, gwel-zarmonn ket* il ne pêche pas très bien, *gwel-gare ke 'ne* il ne les aimait guère, *gwel-deb ket* il ne mange pas beaucoup, etc. *Gouel afferou* actions mauvaises, infamies, Jac. ms 10. Voir *Urk. Spr.* 275.

Goallecat « despriser », l. negligo, *Cb*; Le Gouallec n. d'ho., 1554, *Inv. des arch.* du Morbihan, V, 296. Van. *a pe hoalle*, quand (cela) manque (et non « manquait »), *B. er s.* 229; irl. *faill* négligence; voir *Zeitschrift* de Kuhn et Schmidt, 1893, p. 304; *Urk. Spr.* 275.

GOAM, *gouam*, (sans article), la femme, parlant d'une femme mariée, en terme de mépris ou de raillerie, Gr.; femme en général, dans l'argot (breton), Gr.; *gwamm*, Gon., Trd; *gouam neucz eureuget*, la nouvelle mariée, Nom. 12, *gouam*, paillarde 327; *gwam*, pl. *gwammou, gwammet*, courtisane, femme débauchée, dim. *gwammig*, pl. *gwammouigou*, Dict. ms de Coetanlem; = goth. *vamba*, uterus, cf. moy. h.-allem. *wempel*, v. gall. *gumbelauc, Rev. celt.* II,

141; dans l'argot trécorois de La Roche *gwammel*, femme mariée, etc., *Rev. celt.* VII, 44; de là le haut breton *couamelle*, bavarde, *Rev. celt.* IX, 370, 371; vendéen *goimelle*, femme dégingandée, *Mém. de la Soc. des antiquaires de l'Ouest*, XXXII, II, 151. Voir *Urk. Spr.* 262.

GOAN, faible, Gr., *gwân*, menu, délié, grêle, (tige de blé) trop faible, van. id. Pel., GOANDER, *goannidiguez* faiblesse Gr., van. *goanedigueah B. er s.* XIV, etc.; GOANNAT s'affaiblir, *Guerz. Guill.* 54, tomber, en parl. du vent, *L. el l.* 158; cornouaillais *gwanec*, mou, souple, pliant, Pel.; gall. *gwan*, faible, délié; irl. *fann*; gall. *gwan*, *der* faiblesse, *gwanhau* affaiblir, cf. le suiv.

Goanaff et *poignant*, tout vng, *Ca*, *poignat*, *Cms*; l'auteur pensait à « être poignant », ou à une variante de *poingnaff*, l. *pungere*. C'est sans doute le sens originaire de *goanaff*, châtier, tourmenter, *goanet* puni D 140, *gwana*, presser, affliger, châtier, Pel.; cf. gall. *gwanu*, piquer, percer. Voir *Urk. Spr.* 259.

Goap, *goab*, moquerie, dérision; **goapadur**, provocation, *Cb*; **goapaer**, moqueur, *Cb* v. *richinaff*, pl. *goabaëryen* Nom. 239; *Le Goaper* n. d'ho. en 1782, *Inv. des arch.* du Finist., Série B, p. 369, adj. *skrigneu goaper* ricanements moqueurs *L. el l.* 32 (voir *blashat*, *muntr*, *tromperez*); **goapaus**, moqueur *Cb*, *goapus Guerz. Guill.* 60, *goapet*, moqué, *Cb*, *goapaet*, *Cc*.

Goarant, me en —, je l'affirme, je l'assure, B 559, *goüarantet* garanti D 169, *garantet* 158; *bezit goarant* soyez(-nous) favorable, protectrice 53.

Goarec. *Gouarec an euff*, *gouarec an glao*, arc-en-ciel, Nom. 219; *Le Goareguer* reg. Plouezec 20, *Le Guareguer* 17 v.

Goarniset, garni, *Cb*, v. *taul*, *garnisset* D 169, **goarnison**, garnissance, l. *munitio*; *garnison*, g. id., l. *munitorium*, **goarnissadur**, garnissement, *Cb*.

Goas, f. *goases*, serve; **goasic**, petit serf *Cb*, *goazicg* pl. *-icgued* mousse, page de vaisseau Gr.; *goasoniez*, servitude, *Cb* (gall. *gwasanaeth*). Par suite de l'influence du pluriel double de *goas*, moy. bret. *guysion*, van. *güizion*, gall. *gweision*, de *guys-*=*weis*, gaul. *vassi*,+*-ion* =*-iônes* (cf. gall. *mab*, fils, pl. *meib*, et *meibion*, bret. *mibien*), *güiss* est devenu un sing. en van.; voir *degrez*. A cette forme se rattache *güisiguiah*, servitude, vassalité, *güiziguiah*, f. pl. *eu*, vasselage, hommage, l'A. (cf. *bugaleach*, enfance, plus usité que *bugeliach*; le second pluriel *bugaleou*, Gr., Trd, faisant parfois traiter *bugale*, enfants, comme un singulier). Le gaul. *vassos* est comparé au grec ϝαστός citoyen, *Urk. Spr.* 278.

Goascaff, *goaschaff*, *goschaff*, étreindre, C*b*, *goastaff*, g. destrains, l. destrictus, C*ms*, **goaschadur**, étreinte, C*b*, *gouascadur teu*, jus épais, Nom. 278, cf. *goasqedenn*, coulis, Gr. Pet. tréc. *gwaskan war i anken* prendre sur soi, retenir l'expression du chagrin qu'on ressent. *Gwaska* veut dire tousser, dans quelques cantons des Côtes-du-Nord. C'est, je crois, à cette racine qu'il faut rapporter le bret. *goasqadenn var an héaul*, *var al loar*, f. éclipse de soleil, de lune, Gr. (cf. *gwascaden*, défaillance, angoisse, Pel., *goasqadenn*, entorse, Gr.), plutôt qu'à *goasquet*, abri, proprement ombrage, qui donnerait une interprétation plus scientifique que populaire. Deux des synonymes donnés par le P. Grégoire se rattachent au même ordre d'idées : *mougadenn en héaul*, litt. « étouffement dans le soleil »; *fallaënn en héaul* (indisposition, défaillance). Quant à *tevalder var an héaul* = ténèbres, obscurité sur le soleil, c'est une description et non une explication du phénomène. Notons qu'en breton l'idée d'obscurité ne se montre jamais dans le mot *goasquet*, etc.; le v.-br. *guascotou* veut dire « ombrages frais », il glose *frigora* dans le passage de Virgile « umbras et frigora captant ». Cf. sanscrit *vâhate* presser, etc., *Urk. Spr.* 260. Voir *goasquet*.

Goasquet, abri. V. br. *guascotou* et non *goa-*; van. *goüasqedenn*, abri, Gr., *goasqedennein*, abriter, ombrager, *Voy.* 80, cf. 53; pet. Trég. *goasketoc'h*, plus à l'abri. La forme *goasc*, dans *o choudori e goasc ur garrec*, se mettant à l'abri d'un rocher, *Bali* 194, vient de l'influence de *goascaff*.

Goastaff « degaster follement », C*b*, v. *prodic*; **goastadur**, destruction, degastement, l. consumptio, **goaster**, gasteur, l. depopulator, C*b*, *goasteur*, gasteur, dissipeur, C*c*. Voir *Rev. celt.* XIV, 317. — **Goasteller**, qui fait les gâteaux, C*b*.

Goat, sang; *nep a car goadaff*, celui qui aime effusion de sang, C*b*, *goadet* (pieds) ensanglantés D 150; *goadeguen*, boudin, v. *laez*; GOA-

DECQ sanglant, van. *goédecq* id., sanguin Gr., *Le Gouadec*, en fr. *Sanguin*, n. d'homme, xvııe s., Nobil., gall. *gwaedog*. Pet. Trég. *goadañ ra i dent*, en français du pays « ses dents saignent » = l'eau lui vient à la bouche, il en a grande envie.

1. *Goaz*. **Goazennic**, petite veine, **goazennus**, plein de veines, *Cb*; *gouazenn* veine Nom. 176, pl. *gouaziet* D 25 ; *goazredenn*, ruisseau, l. *riuulus*, *Cb*, *gouzredenn*, petite eau, l. *undula*, v. *dour*; *goazz* « ruisseau », *Cms*; *goacdour*, l. *scatebra*, *scaturigo*, entre *goacol* et *goadaff*, lis. *goaczdour*? *Goazenn an deiz*, aube du jour, *Cb*, *Cc*, v. *mintin*, *goazenn an-héaul*, rayon de soleil, Gr. « A Sarzeau, on dit *goareden*, *goareten* » (ruisseau), Chal. *ms*. Au xıııe s. *guoeth*, *goeth*, ruisseau, au xıve *goez*, au xve *goaz*, *goez*, f. : *an goez vihan*, voir *Chrest*. 206 ; à Sᵗ Clet *gwarajen*, id., pl. *goasiou-red* torrents Gon., gall. *gwythred* cours d'une rivière, *gwythreden* ruisseau (cf. bret. *dourred* cours d'eau, eau courante); Chal. *ms* donne *ur oüaratan deur*, le fil de l'eau. Dim. **goazic** dans *guern an goazic bihan*, acte de 1539, sur le parchemin formant la couverture du registre II de Pédernec, *goazicg*, *goüëzicg*, van. *goëhicg* Gr., *goëhig*, *Guerz. Guill*. 69, *goehig* L. el l. 116. **Goazec** plein de ruisseaux, adj., ou lieu plein de ruisseaux, subst., dans *Trégoazec* sʳ dudit lieu, xve, xvıe s. Nobil., *Le Goazec* n. d'ho. en 1539, *Inv. des arch*. Finist. Série A, p. 7, cf. van. *goahëc* marécageux, *goah* f., pl. *goahégui* marécage l'A., marais *Sup*. (comme en gall. *gwlawogydd* pluies, sing. *gwlaw*). On lit *en eur goaffrec ... da beuri* et *er goafrecq o peurin* (sept vaches grasses) paissant dans un marais Jac. *ms* 44, et l'on dit à Pontrieux *gwaflek* f. marécage, bourbier; à Trévérec *wafles*, pl. *wafléjo* signifie une fondrière. Il semble y avoir là un mélange de *goacgrenn* fondrière, molière Gr., *gwagren* f. Gon. avec *goaz'lec*, voir *Goetheloc*. Cf. *Urk. Spr*. 271.

Le nom d'homme *Gouezou*, xve s., que M. Loth explique par « veuf », *Chrest*. 210, pourrait être un pluriel de *goez*, ruisseau : cf. *du Gouëzou*, sʳ dudit lieu, par. de Carantec, xve, xvıe s., Nobil., et *Le Goaziou*, reg. Péd. II, 34ᵃ b (1640). Le correspondant régulier du gall. *gweddw* veuf eût été en bret. moy. *guezu : cf. *mezu* ivre, gall. *meddw*.

2. *Goaz* oie, de *geg-dâ* selon *Urk. Spr*. 109 ; cas d'allongement non étudié par M. Strachan, *Bezz. Beitr*. XX, 1-38.

3. *Goaz pe goazoch*, pire, plus mauvais; *an goazaff*, très mauvais, Cb; *goazhet bell* =, je crois, « quel cruel désastre », P 265, dans cette strophe :

    1. Dre an dra man hanvet[,] goazhet bell[!]
       Myl conscyance so en brancel;
       Goal soyngaff mervel ez fellont [;]
       Eynn guenn ho em hastenn quentrat,
    5. Hac a claf quen scaff han affuat,
       Quen coz hac ho tat ne pathont.

J'ai ajouté trois signes de ponctuation ; je suppose, de plus, qu'au vers 4, *Eynn* doit se lire *Y enn*. Je traduirais en conséquence :

    1. Par cette chose[que j'ai]nommée (l'avarice), quel cruel désastre !
       Des milliers d'âmes sont agitées;
       Faute de penser à la mort, elles pèchent;
       Eux (les avares) dans [des draps] blancs s'étendent bientôt
    5. Et tombent malades, aussi faibles que la brebis;
       Ils ne vivront pas si vieux que leur(s) père(s).

La cupidité est en effet désignée deux fois à la strophe 263 : dans *Pep dez creny*, lisez *crezny* « avarice », dont la première syllabe fournit ici une de ces rimes intérieures surabondantes que recherche l'auteur (cf. *Rev. celt.* XIII, 231); et plus loin, dans *dre splet convetys* « par l'effet de la convoitise ». Pour cet emploi de *hanvet*, nommé, cf. Sainte-Barbe, str. 6, v. 1. Il paraît y avoir dans cette strophe que nous étudions une réminiscence de saint Luc, c. XII, v. 20.

La synérèse *Y enn* en une seule syllabe est conforme aux habitudes de la versification du moyen-breton, et en particulier du poème dont il s'agit (*Buhez mabden*); cf. *duy an*, str. 230, v. 2; *pa ez*, 231, v. 6; *so a*, 233, v. 3, en une syllabe; *a aznaffe*, 3 syll., 235, v. 4, etc.

Le mot *goazhet* « combien mauvais », est identique au gall. *gwaethed*, id., et « aussi mauvais »; il se rattache au comparatif irrégulier *goaz* « pire », comme *guelhet* « combien bon » à *guell* « meilleur ». Le breton moyen ne présente ce suffixe exclamatif *-et* que dans un troisième mot, *cazret, caezret, caezrhet*, combien beau. Un autre indice du peu de vitalité qu'avait ce suffixe dans les dialectes du breton moyen qui nous ont laissé des documents en texte suivi, c'est que ces adjectifs viennent toujours immédiatement avant leur nom, qui est toujours monosyllabique, et qui toujours termine un vers; leur suffixe -*et* fournit donc la rime intérieure. C'est visiblement la cause qui faisait avoir recours à une forme tombant en désuétude.

Le contraste est frappant entre ces faits et ceux qui se passent en vannetais moderne. Ici le suffixe -*et* est parfaitement vivant; il s'ajoute aux adjectifs et aux adverbes, et se prête à des formules variées, comme le montreront ces exemples : *caërret ur mélodi,* quelle belle mélodie, *Guerzenneu eid ol er blai,* Vannes, 1864, p. 101; *o na caërret un nehuélet,* ô quelle belle nouvelle, 106; *cairéd unn dra,* quelle belle chose, l'A. v. *que; o na caërret ur santimant,* oh! quel beau sentiment, B. er s. 21; cf. 126, etc.; *eurusset ur stad,* quel état heureux, 132; *na brasset léhuiné en dés,* quelle grande joie il a, 105; *o nac agréaplet e vehé de Zoué ur satisfaction èl-cé,* oh! qu'une pareille satisfaction serait agréable à Dieu, 96; *o na doucet-é merhuel én ilis,* oh! qu'il est doux de mourir à l'église, 134; *avantajusset, necessærret,* 34, *amiaplet,* combien aimable, 20; *decriettet,* combien décrié, 82; *calettet,* combien dur, 60; *bihannet,* combien petit, 132, et adverbialement : *bihannet e comprenamb-ni* que nous comprenons peu, 108, etc.; *lourtæt é homb-ni hum drompét,* que nous nous sommes lourdement trompés, Voy. mist. 118; *quirræt é coustét teign,* qu'il m'a coûté cher, 125; *caërræt,* combien beau, 7, 8, 106; *peurræt,* combien pauvre, 8; *na brassæt ur folleah,* quelle grande folie, 72; *malheurussæt tud,* quelles malheureuses gens, 85; *marveillussæt,* combien merveilleux, 83; *doucæt,* combien doux, 11; *cummunæt,* combien commun, 3; *scannæt é er yàu a the lezén,* que le joug de ta loi est doux, 74; *o miseraplæt ur guær,* oh! quelle ville misérable, 127; *terriplæt ur hombat,* quel combat terrible, 71; *horriplæt,* 64; *tristæd ur circonstance,* 22; *huéquæt,* combien doux, agréable, 80; *truhequæt,* combien misérable, 42; *bihanniquæt é,* qu'il est petit (le nombre .....), 31, du diminutif *bihannic; caeret é,* qu'il est beau, *soled é,* qu'il est sot, Chal. ms, v. *que, sodet é* v. *sot, terriblet é ur jotad* « c'est là un vilain soufflet », v. *soufflet; falléd ul livre hani,* le mauvais livre que celui... l'A., s. v. *casuiste; na bràhuet ha coant é-*

ous « que tu es belle et que tu es agréable », *Celtic Hexapla*, VII, 6, sans répétition du suffixe, cf. *o na tristet ha glaharet* = « o quam tristis et afflicta », *Guerz... Guill.* 141, mais *o nac amiaplet, na caërret-è er vertu....!* oh que la vertu est aimable, qu'elle est belle, *B. er s.* 20; *caërret-é-hi* qu'elle est belle, *villet-é* qu'elle est laide, *Choæs* 20, *ô terriplet vou-ean* oh qu'il sera terrible 37, *terriplæd ur momant* 91, *doucæd un espérance* 137, *doucæd e vou laret* qu'il sera doux de dire 143; *pellet-é ean* qu'il est loin 120; *liesset en e mès-mè laret* que de fois j'ai dit, *Pedenneu* 196, anc. éd. (1844); *difforchetet é* qu'il est défiguré Chal. *ms; splannet ne zeli bout Mari* combien Marie ne doit-elle pas être brillante *Guerz. Guill.* 150; *ged braset plijadur* avec quel grand plaisir, *L. el lab.* 22, etc., etc. La grammaire vannetaise de Guillome parle de ce suffixe *-et*, p. 121, 122, cf. 125.

La terminaison *-et* reste intacte à Sarzeau, *Rev. celt.* III, 235; elle semble s'être perdue dans le dialecte de Batz, où elle eût probablement donné *-eit*. Une prononciation semblable se montre dans *na pinhuiqueit donæzoneu* quels riches présents, *Guerz. Guill.* 137, *tinirreit dareu ne scüiller* quels tendres pleurs ne verse-t-on pas, 15 (= *tinærret dareu e scuillèr*, *Choæs* 112), mais c'est peut-être par confusion avec les participes *pinhuiqueit* enrichi, *tinirreit* attendri.

On ne peut pas affirmer que l'emploi du suffixe exclamatif *-et* en moyen-breton soit nécessairement un archaïsme ou une imitation du vannetais. Car le dialecte de Tréguier s'en sert quelquefois : on lit *euveret eur c'halei*, quel calice amer, *Devocion d'ar galon sacr a Jesus*, p. 93; voir *euver, bet nary*.

Le Brigant, qui ne savait que le trécorois, cite plusieurs fois cette terminaison *-ed*, dans ses *Élémens de la langue des Celtes*, 1779. Il distingue, p. 3 et 4, cinq degrés de comparaison pour les adjectifs :

« *just*, Positif, juste, françois, et justus latin.
« *justig*, Diminutif, un peu juste.
« *justoh*, Comparatif, plus juste.
« *justan*, Superlatif, le plus juste.
« *justed*, Admiratif, qu'il est juste[1] ! »

---

[1]. Le même exemple se trouve dans ses *Détachemens de la langue primitive*, Paris 1787, p. 29.

P. 25, il donne pour exemple d' « admiratif » *néapled* (de *néabl*, qu'on peut filer).

Il est à remarquer qu'il note, p. 31, « les cinq degrés de comparaison » parmi les traits caractéristiques de la langue bretonne.

A la page 28, il nomme les quatre dialectes du breton armoricain : pour lui « la *Trécorienne* » est « la plus briève, la plus pure et la moins altérée » ; « la *Vannetaise* » est « la plus défigurée et la plus écartée de l'original ».

Voici, du reste, des exemples de la terminaison *-et*, en trécorois :

O Doue carret chans
Ocheux Jouachin hac o priet ha chuy;

litt. : « O Dieu ! quelle belle chance vous avez, Joachim, et votre épouse et vous », *Vie de sainte Anne*, ms., fol. 33; cf. *carret gracs hon euz nif*, quelle belle grâce nous avons, fol. 69.

O Marie buguel quer brasset perplexzité
Teriplet eur combat a so e volonté;

litt. : « ô Marie, chère enfant, quelle grande perplexité ! Quel terrible combat est dans ta volonté ! » *Ibid.*, fol. 56 ; cf. *brasset eur charitté*, quelle grande charité (a la pauvre Anne), fol. 84.

Sel brauet discourer ha furet vn ostis
So arriu ouz ma zy da goullen logeis;

« voyez quel beau parleur et quel sage hôte est venu chez moi demander à loger » ; *ibid.*, fol. 64 v°.

La tragédie de *Nabuchodonozor*, ms. que M. Bureau a bien voulu me communiquer, comme le précédent, contient, fol. 28 v°, une chanson de berger dont le dernier couplet commence ainsi :

Dousset eur calm goude quer bras tourmant;

« Quel doux calme après si grand tourment ! »

Ce ms. porte, fol. 50 v°, la date de 1804 avec le nom du propriétaire, Jacques-Yves Le Floch, de Tréglamus. Le dialecte de la pièce est nettement trécorois (*vesoint*, ils seront, fol. 19 v°, *voint*, id., fol. 20, etc.).

Je lis encore, dans Jac. *ms* : *hâ brasset un offance* ah quelle grande offense, p. 8; *finet ur compaignon* qu'il est fin, le gaillard, 20; *plesantet un excuse* la plaisante excuse! 73; *favoraplet ur goms*, quelle parole favorable, 51; *excécraplet ur crime* quel crime exécrable 33; et dans Mo. *ms* :

sellet mou supplie
Carret ur gouabren so ous on conduin,

regardez, je vous prie, quelle belle nuée nous guide, p. 173; et

Na ellom quet avoalch donnet da déplorin
Pa songan essetet eo dont danem daonin

nous ne pouvons assez nous affliger, en pensant combien il est facile de se damner, p. 218[1].

Remarquons que, d'après ces exemples, la proposition exclamative peut, en trécorois, dépendre d'une autre proposition, ce qui, je crois, n'a pas lieu en vannetais.

Le superlatif breton a aussi ces deux emplois de l'exclamatif : *picolañ tud !* = *picoled tud !* quels grands hommes! *finâ pautr !* quel fin drôle! Gr.; *brasa dén !* quel grand homme! *kaera gwéz !* quels beaux arbres! Gon., *Gram.* 84, etc.; *crouet en e imag songet carran presant* (Dieu vous a) faits à son image, pensez quel beau présent, Mo. *ms* 131; *o songal estranchan un huré em boa bet* en pensant quel songe étrange j'ai fait, Jac. *ms* 45; tréc. *braoa plac'h oc'h-c'hui !* la jolie fille que vous êtes! *Son. Br. Iz.* I, 222 (l'exclamatif qu'on attendrait dans le passage vannetais correspondant, est remplacé par un diminutif : *koantik oc'h-hui !* comme vous êtes jolie *Barz. Br.* 466, *coantic oc'h-c'hui ! Son. B. I.* I, 220).

Ces deux suffixes ainsi équivalents, *-a* et *-et*, se sont mêlés en trécorois, ce qui a donné le nouvel exclamatif *-ad*, signalé *Rev. celt.* IV, 145. Une chansonnette populaire bien connue à Pléhédel et commençant par *Pasepie karo* (passe-pied carré) contient ce vers :

---

1. On trouve *na brasset mistèr*, quel grand mystère, dans *Nouelennik nevez*, Lannion, v° Le Goffic, 1866, p. 6, mais ce cantique est traduit du vannetais, et présente des vannetismes comme *é canant* ils chantent, *ar* sur, 7, etc. Le passage *na kaeret eunn dra* quelle belle chose, en haut cornouaillais, *Barz. Br.* 357, appartient à une ballade que M. de la Villemarqué croit d'origine vannetaise (p. 362).

kaerañt e më dén, que mon homme est beau! On prononce aussi *kaeret e*.

Le ms. du mystère de saint Divi, que M. Luzel m'a obligeamment communiqué en même temps qu'une copie qu'il en avait faite, présente des exclamatifs en *at* : *ho carat eur mirac*, ô quel beau miracle! fol. 33 v° (= *o kaera ur mirakl*, vers 1634 de la copie); *carat eur miracl*, id., fol. 35 (= *kaera da ur mirakl*, copie, v. 1705); *horiblat eun den*, quel homme horrible, fol. 26 v° (= *orrupla da un den*, copie, v. 1253).

Cette analyse instinctive de -*at* en -*a*+*d'* = *da* préposition, explique l'emploi de *da* lui-même dans *kaera da barkad kerc'h* quel beau champ d'avoine, *Alm.* 1876, p. 93; cf. *Son. Br.-Iz.* I, 66, 128, et, par extension, dans *meur da galon a gra diez*, que de cœurs elle met en peine! *G. B. I.*, I, 496; *meur da hini* beaucoup, combien (d'autres) *Rev. celt.* V, 191; *pebeuz da estlam*, quel effroi! *G. B. I.*, I, 60, 66, *pebez da esklam*, Peng. VII, 165.

M. de la Villemarqué a inséré dans le *Dict. bret.-franç.* de Le Gonidec l'article suivant : « *Máted*, superlatif régulier, mais peu usité, de *mâd*, bon... »; cette forme est celle de l'exclamatif vannetais : cf. *matet un deen*, « la bonne pièce! » Chal. ms, v. *pièce*; *na matet oh* que vous êtes bon, *Guerz. Guill.* 113. Le correspondant du bret. moy. *guelhet* semble avoir péri.

Il n'en est pas de même de celui de *goazhet*, qui existe encore au moins en petit Tréguier : *gwaset è tom!* et *gwasad é tom*, il fait terriblement chaud!

La terminaison -*et* est traitée comme les autres suffixes de comparaison, et comme la terminaison verbale -*at*, c'est-à-dire qu'elle fait ordinairement doubler la consonne finale, si c'est *l*, *n*, *r*, *s*, *t*, changer -*bl* en -*pl*, etc. : van. *bihan*, petit; *bihannoh*, plus petit; *bihannan*, le plus petit; *bihannet*, combien petit; *bihannat*, devenir ou rendre petit, ou plus petit, etc. C'est l'effet d'un *h* qu'on trouve souvent écrit avant ces suffixes : moy. br. *bihannaf*, *bihanhaf* le plus petit; *bihannat*, *bihanhat* apetisser; *pelhoch* plus longtemps; v. gall. *hinham* gl. patricius, *scamnhegint* gl. levant, v. bret. *mergidhaam* gl. hebesco. Cet *h* a été expliqué par l'accent qui frappait la syllabe suivante; mais dans l'un de ces cas il provient régulièrement d'un *s* : *hinham* (bret. moy. *henaff* aîné, mod. *hénañ*) = v. irl. *sinem*, de *se-

nisamos, cf. lat. *pulcherrimus* de *polcrisumos, Thurneysen, *Zeitschrift de Kuhn* XXXIII, 552. En gallois, les consonnes finales se changent de faible en forte, devant la terminaison *-ed* = moy. bret. *-(h)et*, vann. et tréc. *-et*.

Th. Aufrecht a, en 1856, identifié le suffixe gallois *-et*, *-ed*, qui marque soit l'égalité, soit l'exclamation, avec la terminaison sanscrite *-vat*, qui exprime l'idée de similitude ou de ressemblance (communication à la *Philological Society* de Londres, citée par le Rev. Th. Rowland, *A grammar of the welsh language*, 3ᵉ édit., Bala, 1865, p. 42). Mais on attendrait plutôt, en ce cas, **-guet*, **-wed*.

Ch. de Gaulle a signalé, en 1867, l'identité du suffixe gallois *-ed* et du suffixe vannetais *-et* (*Société d'émulation des Côtes-du-Nord. Congrès celtique international tenu à Saint-Brieuc en octobre 1867. Séances. — Mémoires*. Saint-Brieuc, 1868, p. 256).

M. Rhys a proposé de voir dans cette terminaison galloise *-(h)ed* le correspondant du comparatif d'égalité irlandais *-ither ocus*, *-ither fri*, où *-ther* n'est autre que le suffixe celtique **-ó-teros* = grec -ό-τερος : ainsi le gallois *teced* « aussi beau » viendrait de *teg-hédr, comme *brawd* « frère » de *brawdr (*Lectures on welsh philology*, 2ᵉ édit., Londres, 1879, p. 231, 232).

M. Loth a traité du suffixe vannetais et gallois *-et* dans les *Mémoires de la Société de linguistique de Paris*, t. V, 1882, p. 26, cf. *Rev. celt.* XI, 206, 207 ; il l'identifie avec celui du v. gall. *pimphet*, cinquième, etc.; *caërret* « combien beau » serait proprement un superlatif.

Dans son *Archivio glottologico*, *Supplementi periodici*, I (1891), p. 53-72, M. Ascoli a montré que le sens du comparatif d'égalité n'est pas restreint en irlandais aux cas où *-ither* est suivi de *ocus* ou *fri*, mais qu'il est le seul que possède ce suffixe, où l'on avait vu à tort un comparatif de supériorité, et qu'en cela le celtique a conservé un trait primitif altéré par le grec et le sanscrit. M. Schulze a signalé, *Quaestiones epicae*, 1892, p. 301, 302, plusieurs cas où le sens ancien paraît encore en dehors du celtique : sanscrit *açvatara* (presque cheval), mulet; lat. *matertera* (presque mère); il a fait remarquer que si μελάντερος veut dire « plus noir », Iliade XXIV, 94, μελάντερον ἠύτε πίσσα Il. IV, 277, signifie « presque aussi noir que la poix ».

L'étymologie de M. Rhys, qui a été appuyée par M. Stokes, *The neo-celtic verb substantive*, p. 27, et admise par M. Ascoli, me paraît la plus satisfaisante au point de vue de l'histoire des sens. De l'idée du comparatif d'égalité on peut aisément passer à des formules exclamatives. Ainsi nous disons en français : « Pierre est grand *comme* Paul »; cf. « *Comme* Pierre est grand ! »

De même, en breton, *ken* peut, avec l'adjectif au positif, exprimer aussi bien le comparatif d'égalité que le superlatif d'exclamation; il en était ainsi en bret. moy. (voir *Dict. étym.*, v. *quen* 1). En allemand, *wie* rend à la fois ces deux idées.

Mais au point de vue phonétique, il y a quelque difficulté à tirer le gallois *teced* « aussi grand » de **teg-hêdr*. Car, si cette chute de l'*r* peut se justifier par les mots gallois *brawd* « frère », *arad* « charrue », elle ne se comprend pas si facilement en breton, où l'on a *breuzr*, auj. *breur*, vann. *brer*, et *arazr*, auj. *arar*, *aler* ; on attendrait donc en cette dernière langue **cazrhezr*, **caërrer* « combien beau », de **cadrôt'ros*, et non pas *cazret*, *caezrhet*, *caërret*.

Je crois que *cazret*, *caezrhet*, vient de **cadhréter*, par suppression de la dernière syllabe -*er*. Voir *autel*, *kirin*, *manier*.

D'un autre côté, la première voyelle du v. irl. -*ithir*, moy. irlandais -*ither*, seule restée dans le gallois -*ed* et le breton -*het*, ne s'explique pas suffisamment par un $\breve{o}$. Il est plus naturel de partir de **-iteros*, dont l'*i* devait s'appuyer surtout sur des thèmes en *i*, comme en latin *dur-iter* d'après *brevi-ter* (cf. Ascoli, p. 60).

Des deux sens du gallois *gwaethed*, « combien mauvais ! » et « aussi mauvais », le breton ne connaît que le premier, qui est le moins ancien. Toutefois, s'il n'emploie plus comme tel le vrai « comparatif d'égalité », il y a des preuves que cette formation ne lui a pas toujours été étrangère.

En effet, la synonymie ancienne de *goazhet* et *quen drouc*, qui subsiste encore en gallois (*gwaethed* et *cynddrwg*, aussi mauvais), a donné lieu à deux sortes de formations intermédiaires : **quen goazhet*, et *quen goaz*. La première existe en gallois moyen et moderne; la seconde en breton actuel, où *ken goaz* veut dire « aussi mauvais » et « si mauvais, tellement mauvais », littéralement « si pire » : *ker hoüas hac eul laër* aussi mauvais qu'un voleur, Trub. 236; *qen goas* *gouli* « plaie si terrible (que...) », Ricou, *Fables*, p. 117 [1]. Comparez encore bret. mod. *kerkent*, aussitôt, litt. « aussi plus tôt » au gall. *cynted* et *cyn gynted* id.; et bret. moy. *quenlies*, mod. *kelliez*, aussi nombreux, litt. « aussi plus nombreux »; v. gall. *morliaus*, gl. *quam multos!* litt. « beaucoup plus nombreux ».

Il y a une classe de comparatifs d'égalité qui est restée assez nombreuse en breton; ce sont les composés de la préposition *con* avec des substantifs; voir *quen* 1.

Le suffixe de *goaz-het* peut seul, je crois, expliquer la forme trécoroise *bennaket* « quelconque », G. B. I., I, 530, 542, etc., de *bennak, pennac*, id.; toute terminaison *-et* eût donné *bennaget*. Ici *-het* n'a le sens ni du comparatif d'égalité, ni de l'exclamatif. Mais il faut observer qu'en gallois *-ed* a encore d'autres emplois accessoires : ainsi *pelled* « combien loin! » (= van. *pellet* id.) et « aussi loin », entre dans les locutions interrogatives : *pa belled? pa gyn belled?* combien loin? bret. *pegen pell?* ou extensives : *er pelled fo, pa belled bynag fo* si loin que ce soit, quelque loin que ce soit, bret. *pegen pell benag e vo*. Voir *pe* 2.

Le mot *goaz* est rattaché au sanscrit *vakra* courbe, etc., Urk. Spr. 260.

Gobelet. Gobeledicq bian petit gobelet, Nom. 160.

Godec (*Le*), reg. Guing. 213 ; *Inv. des arch.*, Morbihan IV, 287; XVe, XVIe s. Nobil., *Codec*, reg. Péd. 29 (1570), devait être synonyme de *asclezec* « celuy qui a geron ou sain » C; **godell**, panetière, Cb, v. *bara*; *godel*, pochette, Nom. 119, auj. poche, f., pl. *godelo* G. B. I., I, 372, *godellit* ramassez (votre mouchoir), *Avant.* 25; GÔD, *côd*, le sein, l'intérieur des habits sur la poitrine, Pel., *gôd, kôd*, m., id., et poche, Gon.; *godd* m., pl. *eu* raccourcissement, froncis, *godein*, froncer, raccourcir par couture, faire des plis à une robe pour la raccourcir, l'A.; gall. *cod* f. sac; cf. angl. *cod*; voir *degrez*.

Goel, fête. Pl. *gouelyou* Nom. 225, *goüeliou* D 70, 189, cf. *gouliat*, ébat, Maun., *gouliat, gweliat, gwiliat* « danse sur une nouvelle

---

[1]. Par une rencontre bizarre, on dit quelquefois en français *si pire* : « Je me demande comment d'autres artistes pourraient s'y prendre pour faire avaler à quinze cents spectateurs, bénévolement assemblés, tant et de si pire chicotin. » L. Kerst, dans le *Petit Journal* du 13 fév. 1895, p. 3, col. 2.

aire », Pel.; van. *gouiliadeenn*, feu de joie, l'A. (cf. v. *artifice*), à Sarzeau *gouriadienn Rev. celt.* III, 55; v. corniq. *guilat*, joyeux; van. *gouil-miquèle* octobre l'A. v. *mois*, pet. trec. *gourmiqel* la Sᵗ Michel, cf. *Rev. celt.* XVI, 226.

Goeladur *bugale* « pleurement d'enfants », *Cb*, v. *garm; goelann*, g. *canias*, l. *ulula*, *Cms; guelomp* pleurons D 156; **goelus**, plorable, plein de deuil, l. *plorabilis, luctuosus*, *Cb; goeluan, goluan*, pleurs, *Cc*, *goueluan* D 53, 119, 161, *goüeluan* « cri » Nom. 215; **goeluanus**, pleurable, plein de lamentation, *Cb*, *govelvanus, de amser tremenet, drouc impliget ganta é pec'hedou* D 180, cf. 126. Voir *Urk. Spr.* 285.

Goelet. *Goulet Leon* le bas Léon, D 191; *goüeled* fond *Cat. imp.* 110, *goulet* 72. De la même racine vient GWELEZEN lie, bourbe, vase qui se forme au fond d'une eau dormante Pel., *gwélézen* f. lie, limon, sédiment, dépôt Gon.; le gall. *gwaelod, gwaelodion* a le même sens, mais *gwelezen* rappelle mieux, pour la forme, le gall. *gwaeledd*, bassesse, misère. Voir *Urk. Spr.* 259.

Goestl, gaiges, ostaiges, l. *obses*, *Cb*, *goesta*, *Cms*; *goestloyer*, l. *stipendarius*, *Cb* (cf. *Blancouyer*). Voir *coustelé*.

Goetheloc n. de lieu au XIIIᵉ s., *Chrest.* 206, dérivé de **goezel** dans *Tregoezel*, Anniv. de Trég. 17, *de Trégoëzel*, ou *de Trévouëzel*, sᵗ dud. l., XIIIᵉ-XVᵉ s.. Nobil., =*gwazell* « terrein où passe un ruisseau qui rend une vallée fertile en pâturages. Ce nom est rare, et se donne aussi à des lieux marécageux abandonnés au gros bétail pour le pâturage. Plusieurs prononcent *gwezell* » Pel.; *gwazel, gwézel*, f., pl. *-llou*; terrain fertilisé par des ruisseaux, Gon.; voir *goaz* 1.

Goez guinyenn, vigne sauvage, *Cb*; *gouez* (olivier) sauvage, *Cb*.

Goezreu, maladie des yeux, C, « caterre, fluxion sur les yeux » Gr., *goezren Cms*.

Goezuaff, matir, flétrir, *Cc* (*goeffaff* C); part. *gouenvet* 2 s., 1ʳᵉ r. *en*, D 124; *goëzvi, goëvi, goënvi*, van. *goëveiñ, gouïveiñ* Gr., *gouivein* l'A., pet. Trég. *gwéñveign*. Le van. indique une ancienne initiale *vĕ, *vei, voir *aouitt, gouen*. Le gall. *gwyw* flétri, expliqué par *vi-v-, cf. l. *vietus, Urk. Spr.* 281, pourrait aussi venir de *veis-, voir ibid. 265. Le *z* de *goezuaff* rappelle le *th* de l'irl. *fiothaighim*, O'R.

Goff (Le), Anniv. de Trég. 15, reg. Plouezec 14 v, *Le Gouff* 4, 10, Quoatg. 6 v, reg.Quemp. 4 ᵇ, *Gouff* reg. Guing. 3, *Gof* 18 ; *go bihan,* petit feuure, *Cb,* pl. *gueuing* « mareschaux », Nom. 229, *guefin*, à la table, gall. *gofaint*; dim. **Goffic,** reg. Péd. 91, *Le G.,* II 2 (1582, 1585), Anniv. de Trég. 8, *Le Gouic* reg. Plouezec 6 v, *Le Goïc* Quoatg. III, 3 ; cf. *Kerangoffic,* XVIᵉ s., auj. *Kergouic,* Rosenzweig, *Dict. topogr... du Morbihan; Kernec'hangoyc* (lis. *Knech-*) n. de lieu, en 1539, *Inv. des arch.* Finistère Série A, p. 12, *Quenec'hangoyc,* p. 11, *de Gouvello,* n. d'ho., en franç. *des Forges,* XVᵉ, XVIᵉ s., Nobil., *Le Gouvello* en 1576, 1599, *Inv. des arch.* Morb. IV, 5 ; V, 1 ; **gouelic,** petite forge, *Cb* ; GÔVÉLIA, *gôfélia* forger Gon., van. *govélliatt* l'A., *gouéliad Voc.* 1863, p. 50, cf. gall. *gofeilio, gefeilio.*

Goyunez, vœu, pour **gwo-iunez* ; cf. gall. *eidduned,* vœu, v. br. *edeiunetic* gl. desideratrix, *Ediunet* n. pr.; *Adiune...,* insc. de Gr.-Bret., etc., *Rev. celt.* XI, 352, 353.

Golchedenn march, g. pannel, *Cc* ; *golchet poent* (courte-pointe), *Cms, Ca* (et non *golchet poente*).

Golcheres lavandière C, *golher* dans *Kergolher* n. de lieu en 1595, *Inv. des arch.* Morbihan V, 133 = *goël'her,* van. *golhour* laveur Gr., gall. *golchwr; Guolchti* Cartul. de Landévennec 30 = « lavoir, buanderie », gall. *golchdy,* mot formé comme *candy* buanderie Gr. Voir *guelchiff* au *Dict. étym.,* et *Urk. Spr.* 285.

Golo, couvrir, couverture (de lit), *Cb ; golo apep tu,* de toute part couvert, v. *treiff, goloet* couvert, v. *toenn* ; **goloadur,** couvrement, l. operimentum, *Cb (gueleiff,* couvrir). Cf. *Urk. Spr.* 283, 257.

Golou, lumière. *Dez mat goulou* bien le bonjour, B, N ; cf. *bemdezc'houlou,* tous les jours que Dieu fait (luire), *Kanaouennou santel,* 1842, p. 195. *Goulou* lumière D 72 ; des cierges, des chandelles 88, *goulou coar* des cierges 111 ; *vn goulaouyer,* celui qui fait des chandelles, Nom. 309. *Preff geuleuyat,* ver luisant, *Cb,* gue-, *Cc; gueleuif,* briller, *Ca,* v. *glou.* Le gall. *goleu* est expliqué de trois façons différentes *Urk. Spr.* 256, 262 et 281.

Goluann, passereau, *Ca, golvan,* dim. **goluannic,** *Cb; -van, -ven,* id., pl. *guelvin,* Gr., pet. Trég. *golveni* ; v. br. *golbinoc,* gl. rostratam ; v. gall. *gilbin,* gl. acumine ; corniq. *gueluin,* irl. *gulban, gulpan,* bec. Cf. *Urk. Spr.* 115, *Idg. Forsch.* IV, 105, 106.

Gonn, truie, B 593. Le *Dictionnaire du vieux langage françois,* de Lacombe, Paris, 1766, porte « *Gone* ou *Gore,* truye »; cf. « *Gone,* s. f. *Gonée,* adj. f., femme mal vêtue, méprisable ; personne mise sans goût », en patois du Jura, *Mémoires de la Société royale des Antiquaires de France,* t. VI, Paris, 1824, p. 158; *gogno,* truie, dans la Creuse, fribourgeois *godna,* E. Rolland, *Faune pop.*, V, 216 ; *gonelle,* c'est une injure, *goinon* et *goignon,* cochon, Borel, 506; van. *gonne,* charogne, l'A., cf. *gown,* Shakespeare, *Henri V,* acte III, sc. III.

Gônvor en léon. : *dreist gônvor,* au dessus de la mesure, Pel.; *goñvor* m. mesure, bord, *dreist goñvor* outre mesure Gon., *gonvor faos* fausse mesure, *Trub.* 207. Pel. et Gon. ont aussi la forme contractée *gôr, dreist gôr.* Du lat. *gomor,* d'origine hébraïque. Ces formes bretonnes ne s'emploient pas au sens propre : le latin *gomor* est traduit, *Exode* XVI, 16, par Le Gonidec *eur gomor,* par M. Le Coat *eun homer,* avec la glose *gomor;* cf. *Histoariou* 26, *eur muzurad hanvet gomor* avec *gomor* en italique (il est question de la manne). Delvau, *Dictionnaire de la langue verte,* v. *barrique,* nous apprend que dans l'argot des francs-maçons « bouteille ou carafe » se disait autrefois: « *Gomorrhe,* du nom d'une mesure juive qui indiquait la quantité de manne à récolter ».

Gopra, gopraff, louer, souldoyer, l. stipendio ; **gopraer,** souldoyer, l. stipendarius, C*b,* -aeur, C*c* ; **gopryc,** petit loyer; *goprou,* loyers, C*b.*

Gor abscès, pl. -*ou,* -*you,* van. -*eü* Gr.; *gôriou* tumeurs Mo. 208, dim. *goric,* (petite inflammation), pl. *gorouigou* Nom. 265 ; *feaz gant ar c'hor* accablé par la chaleur, *Bali* 192; **gorus,** plein de clous, C*b;* yar *goreres, pehiny a ve è gorr,* poule qui couve, Nom. 39, *er gorerezed* les bourdons L. *el l.* 164, cf. 166, les faux-bourdons 172, *er goraj* les couvées 172 ; *ar goradur eus ar guenan* les nymphes des abeilles, *Intr.* 366; gall. *gôr* pus, irl. *gur* id., et couvée, *guirin* pustule; cf. provençal *gor* apostème, abcès, Mistral. Voir *guyridic.*

Gorecq tardif, Nom. 29, au XIIIe s. *Le Gorec* et *Gorrec,* nom d'homme, *Rev. celt.* III, 414; *Gorrec* reg. Péd. 24 b, *An G.* 11 b, 19 b, *Le G.* 26 (1569, 1567, 1568, 1570), voir *Dict. étym.,* v. *goar* 1.

Goret. La phrase citée par Pel. est ainsi chez le P. Maunoir, *Dict. fr.-bret.,* s. v. *mais : ne halldn goret an drase,* je n'en puis mais ; c'est le correspondant exact de l'anglais *I cannot help it*, de *help* aider, secourir.

M. Stokes propose, *Urk. Spr.* 282, d'expliquer par la même composition celtique *vo-ret-* = lat. *suc-curro* l'irl. *foirthiu* gués (acc. plur.) et le gall. *gored* m. « a fishing weir ». Le breton a également GORED, pl. *ou*, van. *eu*, « goret ou gord, construction dans une rivière pour prendre du poisson, surtout des anguilles » ; *coz-gored, ur c'hoz-gored, ur gored torret* « un vieux goret, un gord ruiné par les eaux » Gr., *gored* m. « gord, pêcherie que l'on construit dans une rivière » Gon. La forme *goret* en français se lit encore dans le dict. de l'A. : « goret... pour prendre du poisson, saumons, etc. » ; « gord, ici goret », *Sup.*; Larousse la donne comme usitée en Provence, au sens de « parc », en terme de pêche; Mistral n'a que *gourg, gourd*, etc., gouffre, cuvette d'un jardin, réservoir, etc., qui répond au fr. *gord*, du lat. *gurges*, cf. en Anjou *gourdaine* gord, etc., de Chambure, *Gloss. du Morvan*, v. *gôr*. L'origine celtique de *gored* est appuyée par le gall. *cored* f., gord, v. gall. et v. bret. *coret* barrage de rivière, écluse, cf. *Chrest.* 120. *Coret* paraît composé de la prép. *co-* et du même mot que *g(w)o-ret*. Ce second élément peut être différent de *redec* courir : les sens de l'irl. *foirthiu* et du v. bret. *coret* permettent de rapprocher le v. bret. *rit* gué, allem. *furth* etc., *Urk. Spr.* 38.

Gorgaff *dour dom*, gourt deaue profonde, l. *gurges, tis*, C*b*, du fr. *gorge*; voir *finesaff*.

Gortos. *Gourtos*, attendre, C*b*, dans les *gor-*; **gourtosediguez**, « attente désirée », C*b*. La locution *gourtos saeson da donet* litt. « attendre le moment à venir », pour « que le moment vienne », J 37 b, se disait aussi en français : « Ses compagnons... attendoyent la chaleur à s'abbaisser », des Periers, II, 157 ; elle existe encore en breton; cf. *da c'hortoz lein da darewi* en attendant que le dîner soit prêt G. B.I., I, 438.

Gou. *Dre guir, pe dre gaou* à bon droit ou à tort D 60, *gaouyat* menteur 90, *Gouyat*, surnom au XIIIe s., *Rev. celt.* III, 415 ; *gaouyer* id. Catech. b 9, adj. dans *ydolou gouyer* idoles mensongères B 432, cf. 108, voir *blashat, goap, muntr*; **gouyadyc**, petit menteur, C*b*. Voir *Rev. celt.* XIV, 320, 321 ; *Urk. Spr.* 108. L'emploi de *gaouiat* pour miroir, *Rev. celt.* XVI, 225, a lieu, par plaisanterie, hors de La Roche, par exemple à Trévérec.

Gouaff hiver, Nom. 223; gouaffyc, petit hiver; **gouaffus**, g. moyson dyuer, l. hoc hibernum, ni (ce mot ne peut pourtant être qu'un adjectif, voir *guerchus*); gouaffhat hiverner, l. hiberno, C*b*, *gouauaff*, hiverner, Nom. 190, pet. tréc. *goañva*, soigner pendant l'hiver; **Goaffuec**, n. d'homme, xvᵉ, xvɪᵉ s., Nobil., =*gouaffuec* (fruits) d'hiver, Nom. 66, *gouïanuec* (appartement, manteau) d'hiver Chal. *ms*, *goañvek* hivernal Gon.; ce nom est le contraire de *Haffec*.

Goudese, après ce, C*b*, Cathell 6, cf. 7.

Goudoer, petit lit C*ms*, après *gobr* (*godoer*, C). Cf. *goudor*, *goudorenn* abri *Sup. aux dict. bret.* 72, *goudor*, *goudour* m. Trd; *goudori* abriter *Trub.* 6; voir *goasquet*; gall. *y' nghodo*, à couvert.

Gouel lestr, voile de navire, C, v. *lestr*; voir *Dict. étym.*, v. *goel* 2.

GOUEN race (de chiens, etc.), Nom. 30, *goüen*, 321; race, *a oüen mat*, de bonne race, Chal. *ms*, *a-c'houen eo deza*, il tient de race, Perrot, *Manuel, livre de l'élève*, p. 74, *ar vouenn* la race Nikol. 152, etc., v. bret. *coguenou*, gl. indegena, irl. *fine*, auquel on a comparé le v. h.-allem. *wini*, ami. Cf. *Rev. celt.* VIII, 504; XI, 353; XVI, 214, 215. M. Loth a identifié *gouen* =*vein-nā* et *vein-dā* avec l'irl. *fiann* qu'il explique par « confrérie militaire », *Rev. celt.* XIII, 507, 508. Voir *Urk. Spr.* 265, 270.

Gouffrou gouffres, Nl, p. 108; du fr.

Gouher, riuulus, C*b*, v. *riuyer*, *ar gouer* le ruisseau, f. : *hé sourcen*, D 42; *goüer*, *ur hoüer*, pl. *gouerieu*, *goereu*, ruisseau, Chal. *ms*, etc., gall. *gofer*, de *vo-ber-* = ὑποφέρομαι, cf. *Rev. celt.* VII, 312.

Gouhereff juillet C, *gouere* Nom. 224, *gouezre* T. Ger. 61, 62, *gouëzre*, *gouëro*, *gouhere*, van. *gourheneuñ*, *gourhelin* Gr., *gourhélin* l'A. Voir *Rev. celt.* XVI, 190, 191.

Gouhez, bru, femme de frère, l. glos, C*c*.

Gouhinaff, engayner, l. vagino; **gouhiner**, gaynier, l. vaginarius, C*b*; *gouin*, *gouchin* gaîne Nom. 157; *gouhin* trousse d'arpenteur, l'A. Voir *Urk. Spr.* 261; *M. lat.* 175. On lit la forme peut-être bretonisée « couteaulx sans guehynes » en 1455 (copie de 1511), *Inv. des arch.*, Finistère, Série A, p. 57.

Gouyender m. fraîcheur Gr., *gouiender* Pel., Gon., quasi gall. *go-ieinder*, petite froidure.

Goular, fade, insipide, et en léon. amer, Pel., auj. id.; peut-être un doublet de *clouar*, tiède, pour **glouar* = grec χλιαρός, ou bien un correspondant du gall. **golar* « un peu doux », de *gwo-* et *llar*.

Goulazenn, latte, C; van. *goulahenn*, l'A., *glouahenn*, Gr., de **vo-slatt-*; cf. *gloestr'*, *gleurc'h*.

Goulenn (recherche), C*b*, v. *encerg*, *goulennou* demandes, questions D 23, 54, 83; *goullenn*, demander, v. *anclinaff*; goulenner, demandeur, requéreur, v. *mennat*, *pidiff*, Nom. 299; goulennic, petite demande; goulennidiguez, indagation, C*b*; *goulennision* des demandeurs, Chal. *ms* v. *obséder*. *Goulenn* paraît être un ancien **gouven* = gall. *gofyn*, influencé par le mot *ioul*, volonté : ceci expliquerait la double forme et le double sens de *goulennañ* et *goulañ*, « je demande » et « je veux ».

Goulerchi tarder, rester après les autres, et les suivre de loin Pel., *goulerc'hi* (et *gourlerc'hi*) musarder, être toujours en retard, *goulerc'her* (et *gourlerc'her*) musard Trd; de *guo-* et *lerch*.

Goulfenn, l. Goluinus, C*ms*, Ca, C*b*; *Goulchen* (ap. *goulenn*), g. Gouin, l. Goluinus, proprium nomen, C*c*; *Gouluenn* et non *-venn* H 38; voir *luchedaff*; Rev. celt. XI, 137, 143; Chrest. br., 210.

Gouli, plaie, C*ms*, *gouliaff*, *-lyaff*, blesser, C*c*, goulier (qui blesse), goulyic, petite plaie, goulius, plein de plaies, Ç*b*.

Goullec (*Le*), n. d'homme, xv*e*, xvi*e* s., Nobil.; *Goulec*, décès Guing. en 1741; *goulec*, *goullec*, avec l'article *ar-hioullec*, lieu, poisson de mer, Pel. Cet auteur compare le gall. *gwawl* lumière, cf. Urk. Spr. 262, 263; Gon. remarque qu'il n'y a « pas de poisson qui répande la nuit plus de clarté phosphorique ».

Goullo, vide, C*b* (dans les *gol-*), vague, v. *treiff*; *-et*, vidé, inf. *goullonder*, C*b*, *golloenter*, C*ms*; goullous, épuisable, vidable, C*b*, v. *puncaff*. Pet. Trég. *eur veach c'houlou*, un voyage inutile; *eur c'hamet goulou*, un pas dans le vide, un faux pas, et fig. une bévue; cf. *kamed goulho*, id., Trub. 38, *kamhed goulho* 220. Voir *dilloenier*.

Goultrenn (fanon de taureau), C*ms*. La variante *goultenn* est sans doute plus ancienne; pour l'addition de l'*r*, cf. léon. *beultrin* = fr. *bulletin* (E. Rolland, *Recueil de chansons populaires*, IV, 25, str. 13), etc. On lit *goul'* fanon d'un bœuf, Chal. *ms* (voir *telt*); *goulten* f., *L. el l.* 104. Il faut séparer ce mot du van. *colette*, fanon (de bœuf) l'A., qui vient du fr. *collet*. Peut-être *goultenn* vient-il d'un dérivé du fr. *goule*, *gueule* : cf. morvandeau *gôlaingne* « enflure... au bas du visage, au menton, à la gorge... se dit également... des animaux » ; *gôlée* « boursouflure à la gorge, chez les moutons », de Chambure.

Goumon, goémon, C*a*, C*b*, C*c*; c'est une manière d'herbe qui tient aux rochers à la mer, C*c*; v. irl. *famuin*.

Goun, gond, après *goum*, C*ms*, C*c*; *gon*, même place, C*a*, C*b*.

Gounj, fils de neveu ou de nièce, l. *pronepos*, C*ms*, entre *goun* et *gounidigaez*; *gourny*; *an trede gounj* le tiers neveu, l. *abnepos*, *filius pronepos*, C*b*; *gourny*, C*a* (et non *gourmy*; même place). L'auteur primitif pensait à un mot *gou-ni* = petit-neveu, qui a été remplacé par *gour-ni*, proprement « grand neveu » (cf. l'angl.) : *gourniz*, Pel. id., van. *gourny*, Gr., *gour-ni* petit-neveu, *gour-yondre* grand-oncle, l'A., v. *arbre*.

Gounit, gagner, gain ; *-idec*, lucratif, gagnant, l. *lucrosus*; gaigneux, — *en douar*, cultiveur de terre, C*b*; *-euc dan douar*; *gounideguez*, cultiveure faite en terre C*c*, — *an douar*, C*b*; *Gonidoc*, XIV*e* s., *Chrest.* 207, *Gounidec* reg. Péd. 139 b, *An Gonidec* 17 b (1593, 1568), *Le G.* reg. Quemp. 5ª; *gonezet* vaincu (par les instances de) D 198; van. *me ounias ar nehi d'em gortoz*, je lui persuadai de m'attendre, j'obtins d'elle qu'elle m'attendît, *Voy. mist.*, 57; *gounezet d'ar feiz* converti *Nikol.* 62. L'inf. *gounit* n'est pas dans H. Voir *Urk. Spr.* 116.

Goupener, oreiller, *sah goupener*, soüille d'oreiller, Chal. *ms* (c'est ainsi qu'il faut lire, *Rev. celt.* VI, 389), de *goubennez, gall. *gobennydd*; v. gall. *gubennid* = *vo-penn-io-*.

Gour, cordon, dans un aveu de 1502 étudié par M. de la Villemarqué, *Bulletin archéologique de l'association bretonne*, 1858, p. 215 (voir *essou*); *gôr*, m., cordon, menue corde qui sert à en faire une plus grosse; corde de paille dont on fait les ruches, et certaines corbeilles, *ur gorden a tri gôr* une corde de trois cordons, Pel.; pl. *iou* Gon. L'ancienneté de cette seconde prononciation paraît résulter de la devise de la « frairie blanche » de Guingamp, *fun tri gor a vech ez torrer*, = funiculus triplex difficile rumpitur, Ecclésiaste IV, 12, car c'est un vers moyen-breton avec rime intérieure. Cependant B. Jollivet, Les Côtes-du-Nord, Guingamp 1856-1859, t. III, p. 62, donne cette devise sous la forme *fun tri neud* (Le Gonidec a traduit le passage *eur gorden a dri gôr*; M. le Coat, *ar gorden a deir c'hordennik*). Cf. irl. *gùaire* cheveu, crin de la queue d'un cheval, *Bezz. Beitr.* XIX, 87 ?

Gourchemen, *gourchemennaff*, commander, **gourchemennabl**, commandable, **gourchemenner**, commandeur, f. *-ez*, commanderesse, l. imperatrix; **gourchemennidiguez**, indition, annunciation, l. inditio, iussio; **gourchemennus**, commendatif, l. commendaticius, *Cb; gourchement*, commandement, *Cms*, v. *empalazr*, *Cb*, v. *dec*; m. : *daou*, *heman*, Catech. 7 v; f. : *teir Gourc'hemen* D 84 (auj. masc.); *e c'hourc'hemen*, (recevez) ses compliments, Jac. 88; *gourhemenas* il commanda Cathell 6; part. *gourchemmennet* H 57.

Gourd, roide, Cc. Voir *Rev. celt.* XIV, 286.

Gourdadou aïeux, ancêtres Gon., van. *gourdadeü* et *gourdadieü* Gr., *gourtadieu* id. et bisaïeul, *gourgourtadieu* trisaïeul, cornou. *gourgourtadiou* bisaïeul Pel., cf. gall. *gorhendad* bisaïeul, etc.

Gourdon habitué, versé, *gourdon d'unn dra* coutumier du fait l'A., adj. apocopé de *gourdonet*, participe de *gourdonaff*, gall. *gorddyfnu* habituer, cf. *gorddyfn* habitude; *dyfneual*, être habitué; voir *dizonaff* et Z² 907.

Gourdrous, menace, *Cb*, pl. *-ou Cb*, D 99, *goudrousou*, Cc; *gourdrouset* menacé D 150, *gourdouse* menaçait 162, *gourdrouzer* menaçant *Trub.* 44.

Gourem, ourlet, bordure, Pel., pl. *ou* Gr., m. Gon.; *gouremi*, *gouremenni* ourler Gr.; gall. *gwrym*; cf. v. gall. *guorimhetic* gl. arguto, angl. *rim* bord ?

Gouren, lutte, *Cb*, lutter Nom. 206.

Gour-enès, pl. *gour-enesy* presqu'île, van. id. Gr., *gourenezen Kant. Z. V.* 39, *gour-enezenn Nikol.* 95, *gour-énez* f. Gon., *gouriniss*, f., pl. *-izi* l'A.; gall. *gorynvs*, f.

Gourfauterecat, abonder = *gour*+**pauter* pour **paut-der*, multitude, nom tiré de l'adj. *paout* et = léon. *paoder, paodder*, m. Gon.; +*-ecat*, cf. moy. br. *bresel-ecat*, guerroyer, *heuelebecat*, ressembler, *testeniecat*, témoigner, *compaignunecat*, accompagner (*accompaignunecquat* D 71, part. *-queat* 35, cf. 188), *dereadecat*, convenir, *autroniecat*, dominer, de **autroni* = gall. *athroni*, philosophie, d'où *athroniaeth*, id., f., moy. br. *autroniez*, seigneurie (voir *autrov*). Le suffixe *-ecat* s'est formé de la soudure des deux terminaisons *-ec* (d'adj.) et *-at* (de verbe); cf. *trugar* et *trugarec*, miséricordieux, *trugarecat*, avoir pitié. Le mot **gourfauter* abondance semble se trouver dans le nom *Goulfoter*, décès Guing. en 1644, bapt. en 1641, 1660; pour la dissimilation du premier *r*, cf. *gourcher, goulc'her*, couvercle.

Gourfenn, une fin, Cms; voir *gouzavi*.

Gourfoullet, cahoté, meurtri, B 474; van. *gourfouleiñ*, chiffonner, Gr., *guerfouleiñ*, Gr., *-ein* l'A., *groufoulein*, id., fouler, foupir, Chal. ms, du v. fr. *gourfouler, gourfoler*, frapper, battre; cf. Du Cange, s. v. *affolare* 2. Le mot existe encore en haut breton : M. A. Leroux explique *gourfoulé* par « meurtri, ou plutôt durci par un frottement prolongé »; cf. *garfouler, gourfouler*, fouler, abîmer, abattre, *Vocab. du Berry* (par le Cte Jaubert).

Un autre composé semblable se montre dans *goursaöta* perdre, ruiner Pel., part. *goursaötet*, adj. apocopé *goursaöt* Pel., cf. *goursailler* (et *garsouiller*) gâter, abîmer, saccager, Jaubert, *Gloss. du centre de la France* (même rapport qu'entre *arsaill* assaillir et *arsaöt* assaut).

GOURGAM zigzag, van. Pel., boiteux, *cam-gourgam* boiteux des deux côtés Gr., *cam-gour-gam* l'A., litt. « très courbé, très boiteux »; cf. gall. *gogam*, un peu courbé, irl. *fochamm*, = **vocambos*.

GOUR-GLEUZ pl. *you* « fossé imparfait, ou ruiné, demi fossé, turon », van. *gourgle* pl. *yëu* Gr., *gourglé* pl. *yeu* « fossé si ruiné qu'il n'y reste que les vestiges » l'A., litt. « grand fossé »; a remplacé **gougleuz* = gall. *goglawdd* petit fossé, v. irl. *fo roichlaid* effodit.

GOURGREINNEIN trembloter, *gourgreinnuss* tremblotant l'A., mélange de **gourgrenaff* = gall. *gorgrynu, gorchrynu*, trembler beaucoup, et de **gougrenaff*, trembler un peu. Voir *gournat*.

Gourhedaff, étendre les bras, Cb, Cc.

Gourheet, C*ms*, l. luniosus, C*b* (ladre), participe de *gourhea*, devenir ladre, Gr.

Gourhiziadur, hennissement, C*b*, -*zyat*, hennir, C*ms*.

Gouriar reg. Péd. 132 b, *Gouryar* 217 b, 229, An G. 19 (1591, 1609, 1611, 1568), cf. gall. *coriar* perdrix; même rapport qu'entre *gourhouad* sarcelle Trd et le gall. *corhwyad*. *Cor* veut dire « nain »; *gour* est un préfixe de même sens. On dit à Sarzeau *er gouliar* la perdrix, ce qui s'expliquerait aussi bien par **cour-iar* que par le van. *cluyar* Gr., l'A.; cf. *Rev. celt.* III, 53, 55, 235.

Gouris, ceinture, ceignement, C*b*. pl. *ou, gouriser* celui qui fait des ceintures Nom. 312. *Gouris* est assimilé au gall. *gwregys*, corniq. *grugus*, de **vrec-*, cf. (ϝ)ράκος, Urk. Spr. 287; il viendrait mieux d'une variante **vrecc-*, attestée par l'irl. *braiccin* redimiculum. **Gruechis* se sera réduit à **gourhis, gouris*, comme en gallois **gurechaint* citons, bret. *grec'hend*, est devenu **gwrhaint, gwraint*; cf. encore bret. mod. *goured* brasse, de *gourhet*; voir *gruech, gourrin, clogoren*. On trouve aussi *guris* en cornique moderne.

Gourlam. *Ma c'halon a c'hourlam* « mon cœur bat précipitamment », S*te* Tryphine 160; gall. *gorlamu* sauter par dessus, irl. *forlaimh* saut.

Gourlann, mousse de eau, l. muscus, C*ms*, après *gourm*; *gourleun*, C*b, gourlen* C*a*; rivage de la mer; « les ordures que la pleine mer laisse, en se retirant, le long du rivage, ce qui montre jusques où elle a monté » Pel., cf. Trd, v. *gourlenn*. Ce mot doit être identique à *gourlano* m. le moment où la marée est pleine Trd, *gourlanô, gorlanô* Gon., van. *gourlarhuë* m. « premier commencement de jujant », l'A., v. *marée, gourlarhue* « haute-eau », l'A. Suppl., gall. *gorllanw* m. id., voir *lano; gourleun* m., van. *gourlan, gourlain* haute mer, quand la marée est pleine Gr., *gourleûn* m. Gon.; gall. *gorllanw, gorlanw* id., *gorlenwi* remplir entièrement, *gorllawn, gorlawn* tout à fait plein, irl. *forlàn*. Pour le rapport des deux sens en breton, voir *dazre*.

Gour-lesqi, charbonner, brûler un peu, part. *gour-losqet* Gr.; pet. Trég. *gourlosk* et *goulosk*, ou *it gourlosket*, blé charbonné; gall. *gorlosgi* brûler beaucoup, et brûler la surface; *golosgi* brûler un peu Voir *gouzavi*.

Gourlonca, *gorlonca, gorlounca* « avaler trop à la fois, en sorte que ce que l'on veut avaler ressort » Pel., *gorlouñka, gourlouñka* Gon., gall. *gorlyncu* engloutir, avaler avidement.

Gourmandis, gonrmandise, *Cb*, v. *gloutony*.

Gournat, part. *-net* cribler, van. *gourneiñ* Gr., gourner pl. *you, croëzr-gourner* en haute Cornouaille « crible gros, le plus gros qu'il y ait » Gr.; cornou. *gourna, gournéria*, van. *gournein* cribler, cornou., plus rarement van. *gourner* m. gros crible, cornou. et van. *gournériad* m. plein un gros crible Gon. Pel. paraît avoir entendu une forme plus ancienne *goûrenna* qu'il donne, v. *gouren*, comme usitée en Léon et Cornouaille, en traduisant « agiter, par exemple un tamis, pour faire passer la farine ». Ce mot doit répondre au gall. *gwegrynu, gogrynu* cribler, cf. *gogrynwr* cribleur, *gwegryn, gogryn* petit crible, *gwagr, gwogr, gogr* crible (composé comme en bret. moy. **gou-gr-enaff* trembler un peu, voir *gourgreinnein*) ? Pour la suppression de la voyelle qui suivait l'*r*, cf. *peg-gourn* croc-en-jambe Trd, de *gouren* lutte ; *gwarm* lande, 1 syl., *Trub.* 47, = *goarem* m. *T. Ger.* 43, pl. *gouaremou* Bali 218, van. *gouarêm* f. *Voc.* 1863, p. 15 ; pour la chute du second *g*, voir *elas*, et *gwalez*, s. v. *goalarnn*.

Gourre, au dessus, l. hec superficies ; pinaculum, sommet ; *an gourre a vn heom*, l. cinus, ni, la sommette du heaume ; *oar gourre Cb ; an gorre quentafu a corf... Iesus Christ* l'élévation H 55 ; *gourrenn*, lever, *Cnus, gouren*, p. *gourroet*, *Cb*. M. Stokes a lu un *g* au dessus du lat. *extollit*, *The breton glosses at Orleans*, 2ᵉ éd., p. 52 ; c'est peut-être l'initiale de ce mot, cf. *gurre* (et non *gorre*), gl. fulciuntur. *Oar gourre*, dessus, par dessus, *Cb*, v. *lacat*, *oar ourre*, v. *bezaff*, *Cc*, v. *treiff ; gourrenni*, lever (ma tête), Mo. 236, *goureomp*, élevons (nos voix), 237. *Gourren* est tiré de **ver-ris-ana*, cf. angl. *to raise*, Mid.-Bret. *Hours* 79 ; je crois qu'il vient de **ver-reg-n-*, cf. lat. *surgo* ; gall. *dwyre* se lever, apparaître, *dwyrain* orient, *dwyreol* se levant, *dwyreiniol* oriental, etc., voir *dazre*. Le sens du cornique *gorré, gora* mettre, vient sans doute de « mettre sur, appuyer ». L'*o* de la variante bretonne *gourroet* pour *gourreet* est dû à l'analogie d'autres verbes comme *troet* tourné. Voir *dessaouein*, p. 148 ; *gousiza*.

Gourrenn, f. sourcil Trd, *gouren* Gr., pl. *ou ; gourennou* paupières Maun.; de *gour-* et **grenn*, anc. gall. *grann*, cil, paupière, v. irl. *grend*, barbe, moustache, v. fr. *grenon*, etc., cf. *Keltoromanisches*, 64, *Bezz. Beitr.* XIX, 85, 86; *Urk. Spr.* 118; voir *mouien*.

Gourrin-*d'orr* pl. *gourrineu-d'orr* linteau l'A., *gourin* pl. ou Gr., Pel., m. Gon., diffère du moy. br. *goulyeau* barre, et répond au gall. *gorhiniog* f. linteau, litt. « qui est au bord supérieur », de *gor* et *hin*, cf. v. gall. *ór cléd hin* gl. limite leuo, irl. *ind* bout, allem. *Ende*, *Urk. Spr.* 33. Le gall. dit aussi *hiniog uchaf* et *rhiniog uchaf* f. linteau, litt. limite, seuil supérieur, comme en lat. *superum limen*; *rhiniog* est composé de **(p)ro-*, comme l'irl. *rind* pointe; et *eminiog*, *amhiniog*, f., montant de porte, de *ambi-*.

Goursez, tard, Cc.

Gour-veau demi-ivre, gris l'A., mélange de **gourvezu* très ivre, gall. *gorfeddw*, et **gouvezu* un peu ivre, gall. *gofeddw*.

Gourvenn, envie, haine, rancune; regard fier; *gourvennus*, envieux; *gourventus*, dédaigneux, Pel., *gourven* m. envie, *gourvenhus*, *gourvenhec* envieux, *gourvenha* être envieux Trub. 289, gall. *gorfyn*, *gorfynt* m. envie, irl. *formad* m., id., composé analogue au grec ὑπερμενής insolent; cf. *Urk. Spr.* 284.

Gouruez, gésir; *gouruez*, couché, Cc, l. cubitus, a, um, Cb (adj. tiré par apocope du part. *gouruezet*, voir *ac'hubi*, *couyornn*); **gouruezus**, gisant, Cb; van. *gouruéein* et, par une double métathèse, *him gouiurein* « se vautrer », Chal. *ms*.

Gousifyat, épieu, C, dans les *gous-*; mieux écrit avec un z, *gouzifyad* par le P. Grég. (plur. *-ou* et *gouzifidy*, ib.); dérivé de **gouzif*, gall. moy. *gudif*, auj. *gwyddif*, serpe, tréc. *gwif*, f. pl. *o*, fourche à deux doigts, à pied long, *Rev. celt.* VII, 311, 312. Malgré l'*m* du v. bret. *guedom*, gl. *bidubio*, et du v. corn. *uiidimm*, gl. lignismus, il est impossible de séparer ces mots de l'irl. *fidba*, gl. falcastrum, et celui-ci du bas latin *vidobium*, δικε[λ]λα, Gloss. abb. Floriacensis, chez Vulcanius, *Thesaurus utriusque linguæ*, col. 270. Un texte que cite Du Cange porte : « illud... ferramentum vocant rustici *bidubium*, *quod a quibusdam falcastrum vocatur*, quod in falcis similitudine curvum sit ». M. Thurneysen a reconnu dans *vidu-bi-(on)* un composé gaulois signifiant « ce qui coupe le bois ». De là le fr.

vouge, etc.; W. Meyer, *Gram. des l. romanes*, p. 45 de la trad. Cf. v. h. a. *uuidubil* rabot. Voir *benaff*.

Gousiza, *gousia, goussia* baisser, abaisser Pel., *gouziza* Maun., Gr., van. *gouziein* Chal., l'A., Pel., *-yeiñ* Gr., *gouzi, gousi, gousiein* l'A.; *gorregousi* machine qui sert pour lever la meule supérieure d'un moulin Pel., *gorrégouzi* m. Gon.; du lat. *subsidere*, avec remplacement de *sub-* par son correspondant celtique *gou-*, cf. bret. moy. *goursez* retard, gall. *gorsedd* siège supérieur, trône, du lat. *supersedere* avec substitution de *gour-* à *super*. Voir *gouzer*.

Goustat doucement Maun., Pel., en bas Léon *gustat* doucement, sans précipitation et sans bruit Pel., *gouëstad*, dim. *-icq*, *goustad*, dim. *-icq* Gr., *goustadic* Maun., doucement, sans se presser l'A., tout doucement, quelques-uns disent *gostadic* Pel. Voir *gwastaven*.

Goustellet (blé) mis en meules G. B. I., I, 82; pet. tréc. *goustelat glann* f. grosse pelote de laine; *Yan i c'houstel*, terme d'injure; *chakat i c'houstel* gronder, être grognon, cf. *vn counter da fablou, baffarder, vn chaoc è coundlé gabeur*, bailleur de bons tours, baveur Nom. 329. Ces mots semblent indiquer un celtique *vo-stel-* = ὑποστέλλω, cf. pour le sens συστέλλω, allem. *aufstellen*. Le v. bret. *Stlinan*, gall. *cy-stlynan* famille, race, *cystlwn* affinité, rapport, alliance, v. gall. *istlinnit* gl. (nuntius hæc...) profatur, irl. *sluindim* je nomme, je désigne, Urk. Spr. 314, 315, peuvent s'expliquer par un dérivé *stl-und-* de *stel*, cf. *kr-und-* rond de *kur*, Urk. Spr. 93.

Goustilleur, g. id., Cb.

Gout le goût H 50, Chal., en pet. tréc. id., et *goutab* (mets) de bon goût; *goust* (avoir du) goût (pour) Choæs 41 ; du fr.

Gouuarnn, Cc, v. *leuyaff, gouarnn*, gouverner, Cms, Cc, *-arn*, Cb, *-aff*, avoir gouvernement, présidence, l. presideo, Cb, *gouarn* il garde H 8 (pas d'inf. dans H); *nep he gouarnn* celui qui le gouverne, (le dromadaire) Cb, p. *gouuarñnet*, Cms, *-arnet*, Cc; **gouuernadur** *an lestr* « gouvernance de nef », *gouernal*, gouvernail, Cb, *gouuernal*, Cc, *-nement*, g. id., Cb, *gouarnamant* (donner en) garde Catech. 5, *ar g. eux é Monaster* la direction de son monastère D 195; **gouuerneur**, g. id., Cb *gouuerneur an lestr*, gouverneur de nef, Cc, v. *reuf-*

fyat, gouerner, C*b*, *gouuarner*, C, v. *rector*, *goüarneur* (Dieu,) maître (du monde) D 191, 192, *gouvoarner* Jac. *ms* 88; van. *goarnein* gouverner, garder, *goarnn* conserver, *goarnation* f. commandement, conservation l'A., cf. *Rev. celt.* VII, 314.

Gouzafu souffrir Catech. 10 v, part. *-et* H 6, 59; *dre gouzaff* l. passibiliter, *-ffuet*, souffert, *gouzaffus*, patient, l. passibilis, paisibles, souffrables C*b*, mod. *gouzavus*, *Ann. de Bret.* VIII, 240; *gouzyffyat*, patient, souffrant, C*b*, *-ifyat*, C*ms*.

GOUZAVI, *-aui*, avertir, admonester, Maun.; *gouzaw, gouzawi, gozaoi*, avertir, donner avis, signifier, susciter, *gouzaver*, avertisseur, Pel.; *gouzaoui*, avertir, mot expliqué dans la Préface des *Kanaouennou santel*, Saint-Brieuc, 1842, p. IV, et employé p. 107, dans la guerz de *Kathel gollet* : ... *gouzaouet d'ober* (Marie-Madeleine m'a) avertie de faire (une bonne confession). Cf. v. br. *guoteguis*, gl. *conpiscuit*. L'idée d' « admonester » a dû venir de celle de « réprimer » (cf. franç. *réprimande*); voir *distavaff*. Il y a deux façons d'expliquer le *z* de *gouzawi*, qui devrait être **goudawi* :

1° Un *t* primitif entre voyelles aboutit parfois à *z* doux, en breton moderne et même en breton moyen (*Rev. celt.* V, 126); non seulement dans les mots latins comme *couzoing*, coings, du lat. *cotoneus*, *mezer*, drap, du lat. *materia* (cf. polonais *materya*, étoffe), mais aussi dans des mots celtiques : *guinuizic*, bienheureux = **vindo- bituicos* (voir *guenn*);

2° Il peut y avoir eu une confusion entre les deux préfixes *gou-* et *gour-*, dont le second aspire quelquefois l'initiale suivante; alors *gouzawi* serait pour **gour-thaw-i*, cf. gall. *gorthaw*, taciturnité, patience, comme en bret. moy. *goufen* « une fin » vient de *gourfen*; voir *gounj, gourdrous, gourlann, gour-lesqi*, etc.; gall. *gorynys* et *göynys*, presqu'île.

GOUZER litière (sous les animaux) Maun., Pel.; m. Gon., pl. *you* Gr.; *gousel* dans « le Nouv. Diction. » Pel., *gouzell* pl. *you* Gr., *gouzel* Gon., id.; *gouzeria* faire la litière Pel., *-ya* Gr., *-éria, -élia* Gon., pet. Trég. *gouzilhan*, d'où *gouzilh* litière. Pel. donne en trécorois *gouzia* éparpiller en général, *gouziaden* couche de paille, etc.; Gr. a *gouzyadenn* et *gouzelyadenn* f. litière. De **gouser* = irl. *fosair*, cf. gall. *gwasarn* litière; *gwasarnu*, irl. *fosernaim* étendre, = **vo-ster-*

nâmi, cf. grec ὑπόστρωμα, ὑποστρώννυμι etc., voir *Urk. Spr.* 283. Il est possible que *gouzia, gouzyadenn* aient subi l'influence de *gousia* abaisser, voir *gousiza*.

Gouziblaff, l. grundo, grundas; gouziblenn, gouttière de maison, l. hoc bricium, cii. Idem hec grunda, de, C*ms* (entre *gouzaff* et *gouzouc*). Peut-être le *z* vient-il d'une erreur graphique pour *r* : cf. *gourib*, bord du toit qui dépasse le mur, Dict. *ms*. de M. de Coëtanlem, *gourip*, f., alaise ou alèze, planche ajoutée, du Rusquec, de *guo-* et *ribl*, rebord d'une muraille, Gr.?

Gouzoguec (*Le*), n. pr. = « qui a un grand cou », xv*e* s., *Chrest. br.*, 207; *gouzouguec*, goîtreux, qui a un grand gosier, Nom. 271, cf. *Gozegec*, surnom en 1258, *Rev. celt.* III, 415; *gouzougou* des cous, D 87; GOUZOUGUENN collerette, collet de femme Gr., gall. *gwddwgen* cravate. Même racine que dans l'irl. *fedan* attelage, gall. *gwêdd* joug, goth. *gavidan* lier etc., *Urk. Spr.* 269.

Gouzout, savoir, *gouzuizyec, gouui-*, savant, C*b*, *gouizyec*, v. *fur, gonuiziec*, v. *nobl*, Cathell 5, *goüiziec* D 24, *goviziec* 45 ; *gouuizyeguez, gouizyeguez*, science, C*b, gouuizeguez* Cathell 7, *gouvizyedeguez* Catech. 5.; *gouezieguez Intr.* 250; *hervez é gouezveguez* (lis. *gouezyeguez*) à son escient D 92. *Gouvezo* il saura 5, *gouffe* il saurait H 57; *tra na gouffet da lauaret*, ce qu'on ne peut dire, C*b*, v. *ezreuell*, cf. s. v. *coulm;* *tra na gouffet chenchaff*, non muable, C*b*. Voir *daoust*, et *Urk. Spr.* 264.

Gouzroucquet, baigner, gouzroncqueder, baigneur, C*ms*, *gouzronquederes*, baigneresse, C*b*, gouzronquadur, bain, l. balneum, C*c*, gouzrou lech, id., C*b*. Voir *Urk. Spr.* 139.

Goz, taupe, v. br. *guod, Rev. celt.* XI, 90; van. *go, ur huän*, pl. *goet*, Chal. *ms; go, ur ô*, pl. *goétt* l'A.; *un o, Voc.* 1863, p. 23; *er hâ, L. el l.* 18; *goza* prendre des taupes Gr.; *gôza, gôzéta* Gon.; GOZÈR taupier Gr., *gôzer*, GÔZÉTER Gon., *gôétaour*, f. *éss* l'A., en Goello *gôetâr*, gall. *gwaddwr, gwaddotwr*, gaél. *famhoir; gozard* taupin, qui a le teint et les cheveux noirs, f. *és; gozunell* taupière, machine à prendre les taupes Gr. Le rapport avec le roumain *guziü* taupe, doit être fortuit; les formes celtiques indiquent un primitif **vad*. Voir *finesaff*.

Gozroff, traire, C*c*, v. *quelorn*.

Gracc, nep a goar — an mat so great dezaff, celui qui sait gré du bien qu'on lui fait, C*b*, v. *greabl; graç* grâce, Cathell 6, pl. *-acou*, C*ms*, *-açcou*, C*c*; *gracieux* gracieux Cathell 6, *gratius* D 180; *dre gracieustet*, gracieusement, C*b*. — **Graffaz** *rodellec*, brouette, *graffraztreus*, civière, C*ms*, *grauaz*, C*c*, C*b*, v. *doen*; cf. *Rev. celt.* VII, 309; XII, 418; *M. lat.* 153. A Trévérec *grañvaz*, f., civière (pour porter du fumier); *grañvajek*, à Lannion *gravazellek*, (marcher) en écartant les jambes.

GRAË, *craë* grève, avec l'article *ar c'hraë* Gr., *kraé, graé*, m. Gon., *greanenn* sable C, pet. tréc. *greañnen* grain de sable, cf. *Rev. celt.* IV, 154; gall. *graian* sable, *graienyn, greienyn, graenyn*, grain de sable, irl. *grian*, *Rev. celt.* V, 245, de *ghr-i-*, d'où χρίω, etc., cf. Per Persson, *Studien zur Lehre von der Wurzelerweiterung und Wurzelvariation*, Upsala 1891, 103, 104. Voir *gro*.

Graguillat (l. garrire) C*b*, v. *jangler*, cf. *graguellat* caqueter, bruit de poules, l'A.

Gramelian, grammairien, C*ms*. — **Grapou** des grappes, C*b*, v. *diegraff*; du français.

Grat, a — mat, de bon gré, C*b*; *gratuit* gratuit D 17. — **Grauell**, *grauiel*, gravelle, maladie..., C*ms*, **graueleux**, g. id., l. *arenosus*, C*b*. — *Grazal*, g. grec, un livre à chanter, l. *gradale, graduale*, C*b*.

Gre, haraz de grosses bestes, C*ms*, gall. *gre* f. troupeau de chevaux, haras, cornique *gre*, irl. *graigh*; M. Loth pense, *M. lat.* 174, que ce mot peut être celtique, cf. *Urk. Spr.* 117. **Great** (je connais leur) troupe, (des bêtes sauvages) N 275, gall. *gread*.

Gref, *nebeut — vng pou grief; — a son* grief sonnent, l. *grauissonus*; *greuaff*, être grief, C*b*, *greffaff*, C*c*; **greuentez**, grièveté, l. *gravitas*; **grefuidiguez**, l. *gravedo*, pesanteur ou grief; *traezou greuus* (celui qui dit) grièves choses, C*b*, *greveustet* grièveté Mo. *ms* 203. Voir *toupyer*.

Grenaden, « pommier de grenade », C*b*, *guezenn grenat*, id., C*c*; *aual grenadenn*, grenade, pomme grenade, C*b*, C*c*, *aual greunades* Nom. 254, *ruz euel aual grenaden*, rouge comme une grenade, C*b*, *beuurag a aualou grenades*, « beuvrage de pommes grenades, » v. *sistr*.

Gret, J 117 *b* et Nl 119 semble avoir signifié proprement « chaleur, ardeur », comme *grues*, *gres*; cf. van. *grétt*, m. ardeur, vivacité, l'A. (*crétt*, v. *courage*, *ardemment*; *Sup*. v. *fervemment*; *crett*, v. *courageusement*), *grèd*, zèle, B. e s., XIV, 1, etc., *gredus*, zélé, 27. Ce mot rappelle l'irl. *grád*, amour; même racine que l'angl. *greedy*, passionné, allem. *gern* volontiers, gothique *grêdus* faim? *Gret* peut aussi répondre à l'irl. *grith* ardeur, cf. *Bezz. Beitr.* XVIII, 86. Voir *Urk. Spr.* 111, 112.

Greun, grains, C*b*, *bernn geran*, C*ms*, *grun Intr*. 208; **greunennic**, petit grain, C*b*, pl. *greunigou*, *Intr.* 407, **greunyer**, grannyer, l. granarium, C*ms*; *grynol*, Gw., Pel., v. *eus*, *gryñol*, Gw., v. *grignol*; *grignol*, grenier, van. *grannyel*, Gr., *grignol*, *grignel*, coffre à mettre le blé, Pel.; petit Trég. *gregnel*, grenier; *grinnol*, *gringnel*, Nom. 129, pl. *grignolou* D 108, *ar grignelou*, Jac. 7, *griniello* Jac. *ms* 79, *greniello* 81. *Greun* est sans doute celtique; *greunyer* est français, au moins de terminaison; *grygnol* est français, sauf que la finale -*ol* peut être latine. Voir *reter*.

Greun, l. grunitus; *eurchat pe* **greunaff** « grunir », C*b*, *greunna*, grogner, parlant des pourceaux, Gr., du lat. *grunnire*. Cf. *groüin vn ouch*, groin de porc, Nom. 28, *grouing*, menton, 19, pet. Trég. *groñch*, menton, dans l'argot trécorois de La Roche *grun*.

Grez, temps, J 129, voir *Dict. étym.*, s. v. *serz*; cf. van. *é-gré Moïse*, du temps de Moïse l'A., *é gré er Bayannétt*, du temps des païens, v. *olympiade*; *é gré er roué Herod, Aviel revé St Maheu troeit... dré Christoll Terrien*, Londres, 1857 (chap. II, vers. 1); *e oüé groeit en dra se en amser, é grat er feu Roué* « cela se faisoit sous le Roi deffunt », Chal. *ms*, v. *sous*. D'après ce que nous avons vu au mot *entresea*, il est possible que *é grat* vienne de *en grez at.

GREZN alerte dispos Gr., *grén* Gon., *Trub.* 131, *grean* 88, cf. gall. *greddf* nature, disposition, gaél. *greadhuinn* joyeuse compagnie, *greadhnach* gai. Voir *Urk. Spr.* 118, v. *gred* et *grendô*.

Griffoun, griffon, C*ms*.

Grigonczat an dent, grincer des dents, C, **grigonc** grincement (des dents) Nl p. 107, *grigounçc* « crisement », l. stridor, Nom. 214 (mal écrit *cugounçc an dènt*, grincement de dents, 214); *grigounçc*, cartilage, tendrillon, 14; *grigonçz*, cartilage, Gr., *grigonç*, pomme sauvage, petite pomme âcre Pel., *o c'hrigonch va esqern*, à grignoter mes os, Mo. 212; *grigonczet houhent* ils furent dévorés (par des lions) Trub. 251. Je crois que ces mots viennent du fr. *gringotter*, fredonner, peut-être avec influence du sens de *grignoter*. Pour la terminaison de *grigonczat* = *gringot-yat*, on peut comparer *pigoçzal*, van. *pigoçzat*, Gr. = fr. *picoter*. Sur la métathèse de la nasale, voir *ansavet*; le P. Grégoire donne *grigonczat*, *grignoczat*, et Maun. *gringonçal*, grincer. Enfin le rapport des idées « fredonner » et « mâchonner » est assez naturel; cf. Brizeux, *Histoires poétiques*, l. IV (*Un vieux ménétrier*) :

> Toujours comme une fleur qu'on roule entre les dents
> Il avait à la bouche un air des anciens temps.

Grissill, grêle, Cms, **grisillaff**, grêler, **grisillus**, plein de grêle, Cb.

Griz : *mar tremen en griz e lizer*, P 269. Voici, je crois, le sens du passage : « L'homme doit examiner soigneusement le fardeau du péché (i. e. ses péchés graves), bien et sans retard; [il doit examiner] s'il suit rigoureusement sa religion (litt. : s'il passe sévèrement sa lettre) »; voir *lyzer*. L'expression impropre *tremen* a été amenée par la recherche d'une seconde rime intérieure, avec *en griz*. *Griz* rimant ici en *iz*, ne peut être le mot *gris*, gris, Gr. *En griz* est plutôt l'adverbe de *criz*, cru, cruel; cf. gall. *yn gri*, crûment, rudement, de *cri*. Voir *en* 6.

Gro grève; « il y a auprès de Landevenec une pointe de grève, en forme de sillon, nommée de tems immémorial *Gro-säos*, grève d'Anglois ou des Saxons » Pel., *groa*, *croa*, avec l'art. *ar c'hroa* Gr., *krôa*, *grôa* m., hors de Léon, Gon.; **grouanec**, pierreux, Cb, v. *men*; *grouanenn*, petite pierre, v. *pry*, pl. *bernn groan*, Cb, *grouan*, Cc; *grouan*, du sablon, Nom. 140, *grouanennou mein* de toutes petites pierres Intr. 402; **grouanenic**, *-yc*, petite arène, Cb, *ur groüadennic bian* un petit grain de sable D 68; *grouuanus*, sablonneux, Cms. Gall. *gro* grève, cailloux, sing. *gröyn*, de *ghr-u-*, cf. moy. h. allem. *grû-z*, auj. *Griess*; voir Urk. Spr. 117.

Le van. *grosole* m. gravier, *grosolênn* f. grain de gravier l'A., adj.

gresolêc (granuleux), s. v. *crotte*, est d'origine germanique (moy. h. all. *griezel* petit grain), comme le franç. *grès*, d'où en pet. Trég. *griziênn*, *grizion*, grains de sable, *Rev. celt.* IV, 154. Voir *graë*.

Groachell, amas (de bois), *Cms*, *Cb*, *grachell* (et non *-el*), *Cc*; *grachell pe bern foüen*, tas de foin, Nom. 84; gall. *gwrÿch* haie, cf. irl. *fraic* bouclier, Bezz. Beitr. XIX, 79. Voir *clogoren*.

(*Groaet*, fait), *gruet*, *Cms*, v. *bezaff*; *grouet*, v. *diuinaff*; *groat*, *Cb*, v. *encerg*, *diuinaff*; *great*, *Cb*, v. *quaez*, *turgenn*; *groeat* Cathell 4, *grœat*, *gritat*, 5, *graet* H 2; *greomp* nous faisons 57, *graeomp* faisons 15; *maz grear*, où l'on fait, *Cb*, v. *venim*; *groer*, v. *bleut*; *pa gra auel*, quand il fait du vent, v. *son*; *graff* il fait, Cathell 8; *groae* il faisait 3; **groabl**, faisable, *Cb*. La mutation est souvent notée dans ce verbe : *pez araff*, B 740, *me a ra* je fais H 60, *caret a ry* tu aimeras Catech. 7 v, *na ret* ne faites Nl 171 (*na gret* 170); elle est prouvée par la rime dans *a graff* N 20, *a grif* J 21, 95 b (1re syll. r. *ar*), *nen grez* N 1562, lisez *ne rez*, 1re syll. r. *er*.

GROESKO ce qui reste quand on a coupé la fougère, etc.; débris qu'on recueille dans les champs pour les brûler et en faire du fumier, en Goello, *Rev. celt.* IV, 155, cf. gall. *gwrysg* branches, sanscrit *vṛkṣá* arbre *Urk. Spr.* 286.

GROH, grotte, antre, van. m., Gr., *Voc.* 1863, p. 13; f. l'A., B. *er s.* 23, L. *el l.* 210; pl. *-eu*, 116, *-ieu*, dim. *-ig*, l'A., *grohigueu*, petites grottes, *Voy.* 66; *grohet* (vipère) cachée (sous la pierre) *L. el l.* 134, cf. 170; de **groth*, du b.-lat. *grupta*.

Gruec, femme, *greuc*, *Cb*, v. *morzet*; *ozech gruec*, *Cms*, *Cc*; *bron grec*, *Cms*, *grec* Cathell 6, D 102; dim. **grueguic**, *Cb*, tréc. *grwegik*. Voir *Urk. Spr.* 286, 287.

Gruech, *grech* ciron, cf. gaél. *frid*, *frideag*, irl. *frid*, dim. *frideog*; prob. de **vr-i-*, **ver* tourner, cf. lat. *vermis*, etc. Voir *gouris*.

Grues, sein, poitrine, prob. identique à *groës*, f. chaleur, Gr., van. *groéss*, ardeur du feu, l'A., *ur brouiz ponner* une chaleur étouffante L. *el l.* 44, 140, 196, cf. *grouezuz* ardent *Kant. Z. V.* v, 26; gall. *gwres* chaleur, même racine que *gor*. Voir *gret*. Cf. encore le van. *gress'*, prompt, diligent, Chal. *ms*, à Pontivy vite, activement, différent de *groéss*, âpre, ardent, l'A., *tan-groés* feu dévorant *Choæs*

34; gall. *gres*, chaud, irl. *gresaim*, exciter (Stokes, *Remarks*, 40; *Urk. Spr.* 118).

GRULLU, blé noirci intérieurement, en basse Cornouaille, Pel., voir *dyscurlu*; sans doute de l'argot français, *grelu*; m. blé, F. Michel, *Études sur l'argot*, 1856, voir *Rev. celt.* XV, 366.

Gruyabl, *gruiabl*, cousable; *gruiat*, coudre, C*b*. L'inf. n'est pas dans H, mais le part. *gryet*, p. 45.

Gruyzaff, C*ms*; *-ziaff*, C*b*, enraciner; *-zyenn*, racine, C*ms*, *-zienn*, C*c*, *grizyenn*, C*b*, v. *queff*, *magadurez*; *grizyen* D 121, pl. *grizyou* 189; **gruizyennus**, plein de racines, C*b*; *gruizennus*, C*c*.

Gueabl, bon à testre, l. textilis; *guiat*, ouvrage de tisserand, *guiader*, tisserand, C*b*, *guiadeur*, C*c*, v. *caruan*; **guiaderez**, tessure, l. textura, C*b*; *gueden* hart, voir *Revue Morbihannaise* II, 244-247, *Urk. Spr.* 268, 270, et *Academy*, 25 août 1888, p. 120.

GUEC de la vesce, Jac.*ms* 93, *gwec*, *gweg*, dict. *ms.* de Coëtanlem, v. *benç*; trécorois *gwek*, gall. *gwyg*, du lat. *vicium*.

Gueder, épieur, guetteur; *guedou*, aguets, l. insidiæ; **guedus**, insidieux; *guit*, v. i. *guedaff*, C*b*.

Gueffret, *auel* — vent de midi, l. auster, C*ms*, C*b*, *auel guefret*, C*c*; *guevret*, *guevred*, sud-est, Gr.; van. *er guivred* le sud-est, *Rev. morbih.* I, 90; cf. *Rev. celt.* XII, 413, 414.

Guefl gueule est séparé de l'irl. *bil* bord, par M. Stokes, *Urk. Spr.* 335, cf. *Keltorom.* 86. **Guefflec** reg. Plouezec 8, 10 v, *Le G.* 2, 2 v, 5 v, 8, 10 v, 14 v, 21, *Le Gufflec* 9 v, = *guéoleq*, pl. *-léyen*, celui qui a une grande bouche Gr.

1. **Guel**, regard, l. visus, C*b*; *guellet*, voir, v. *queulusq*; vu que, puisque, Cathell 9, *guelet penaos* id. D 36; *guelloch*, lis. *guelsoch*, vous vîtes, B 452*; *gouelet* voir D 93, *gouello* il verra 158, *guillint* ils verront Nl, p. 106. Cf. *Urk. Spr.* 276, 277; *Rev. celt.* XV, 94, 95; voir *güilgat*.

2. **Guel** reg. Péd. 28, *An G.* 4, 9 b, 16, 20 b, *Le G.* 42, 54, 71 (1570, 1565, 1566, 1567, 1568, 1573, 1575, 1578), *Guiel* 129, 169 b, 224 b, *An G.* 4 b, *Le G.* 25, 71, 126, 128 b (1590, 1599, 1610, 1565, 1570, 1578, 1589, 1590), *Guyel* 147 b, 188 (1595, 1602), était l'équivalent du fr. *Brun* 163, 224 b, *Le B.* 58 b,

87 b, 166 b, cf. le composé *Guielderch, Guyelderch*, xiv⁰ s., *Guelderch* xv⁰, *Chrest.* 210; = *guell* bai, Maun., bai, roux, *bléau guell* rousseau, van. id. Gr., *guêll* roussâtre, rousseau l'A., Gr., *ghell*, Pel., *eur goabren hiell* un nuage sombre, *Trub.* 61; gall. *gell*, brun, v. irl. *gel*, blanc, cf. *Andagelli* (gén.), inscr. de Gr.-Bretagne; voir *Chrest.* 42, 98, 132; Stokes, *Remarks on the celt. add.*, p. 18; *Urk. Spr.* 112.

Gueldas, Guidas, l. Gildasius, *Cms*; *Gueltas, Cc*, Maun.; *Goe-* (dans les *Gue-*), Guydas, *Cb*, *Gildas* N 453; cf. *Rev. celt.* XI, 136, 141, 142, *Chrest.* 208.

Gueleic petit lit Nom. 166, *guëleicq* couchette Gr.; *gueliuout*, couche, gésine, *Cb*; *grec e guiliuout a bugale*, l. puerpera, v. *map*; *gwilloudi*, accoucher une femme, Mo. 160, *gueleodin* id. Mo. *ms.* 121. Voir Stokes, H 79; *Urk. Spr.* 246; *Rev. celt.* XV, 226.

Gueler bière à porter les morts C, voir *Rev. celt.* VIII, 35, 36; IX, 383. Le traitement de ce mot peut faire soupçonner que *glachar* douleur, n'est pas venu phonétiquement de **galar*, mais a subi l'influence d'un autre mot (**lachar* = gall. *llachar* lueur?).

Guell ve guenef, j'aimerais mieux, *Cc*; *guellvegueneff, Cb*; *guel*, meilleur, *Cc*, *gwel eu dymp*, il vaut mieux pour nous, Jér., v. *dibenni*; *guelhat*, faire meilleur, *Cb*, v. *mat*; *lacquat guellat dezo*,... *à ur clevet* les faire guérir d'une maladie D 98. Pet. Trég. *well-was* en moyenne, l'un portant l'autre; *weleq*, à peu près (dim. de *gwell*). Voir *Urk. Spr.* 276.

Guelouuenn, sangsue, *Cms*; *quelouen, guelouen*, Nom. 49, irl. *gil*, cf. *Bezz. Beitr.* XIX, 83; *Urk. Spr.* 112.

Gueltresenn guêtre C, pl. *guietrou* Nom. 117, pet. Trég. *yetro*; voir *gaeus, guel 2, guenn, gueun, gucuel*, et *Rev. celt.* XII, 414.

Guen, faux visage, l. larua, *Cms*, entre *guelouuenn* et *guen*, joue; *guen pe diguiset*, faulx visage, *Cb*; *gueê pe diguiset, Cc* (même place).

Guen, joue; *guenoucam* (bouche torte); *guenouec*, gouliart, *Cms*, *-ouecc*, coillart, *Cc*; **guenouet**, goillart, l. buccatus; **guenouyc**, petite bouche, *Cb, guenouff*, bouche, v. *huerz*, cf. pet. Trég. *génoñ* : *koucañ rei i c'henoñ dut-añ*, « sa bouche en tombera », = il en meurt d'envie.

Guenanen n. de famille, reg. Quemp. 4; **guenanennic**, petite abeille, C*b*; pl. *guenanigou*, *Intr.* 366. Voir *Urk. Spr.* 259.

Guenell, enfanter; *deliuuret a poan* — délivrée d'enfantement, C*b*; *gueüell*, C*ms* (dans les *guen-*), *ez ganet*, il fut enfanté Nl 25; *an langaig* **guinydic** *ha maternel* la langue maternelle Catech. 5, *guinidicq*, van.; *ganedicq* natif (de) Gr.; **guynidiguez**, naissance, C*b*, *guinidiguez*, v. *magadurez*; (déesse de l')enfantement, v. *loar*; *ghenidighez vad* naturel vertueux, *Trub.* 314; van. *gannedigueah* naissance *Choæs* 157, *gannédiguiah* l'A.; *guiniuaelez*, naissance C*b* (4 fois), C*c* (2 fois); *guiniualez*, C*ms*; *guiniuelez* naissance H 3; *ar quinivelez* l'enfantement D 28 (2 fois), la naissance 27, *ar quiniveles* 73, *ar quinivelez eux hon Salver* 17, *ar Quiniuelez* 70, la Nativité; *dez an quiniuelez* (jour natal) Nom. 224; *guenevelez*, *Buez s. Jos.* 1868, p. 21; voir *Dict. étym.*, v. *ganet*.

GUENEU « manque de ce à quoi on étoit habitué » (van.) l'A., avec un proverbe contenant ce mot; cf. v. irl. *gann*, *gand*, rare, chétif, qui est en petite quantité, *Urk. Spr.* 106. Pour le suffixe, cf. *guéleu* m., entrevue pour conclure un mariage, l'A.

Guenhaenn, verrue, C*b*, *guennaën* Nom. 266, *guenhoenn*, C*ms* (cf. van. *ur huynoënn* fistule lacrymale, pl. *huynoënnëu* Gr., *huinòënn* f., pl. *eu* fistule l'A., *gwinoen*, *winoen* Pel.); **guenhaennus**, plein de verrues, l. *verrucosus* C*b*. On peut ajouter GWENANEN verrue, en Cornouaille, selon Pel., *gwénanen* Gon., van. *guihnannænn* f., pl. *eu* l'A.; pet. Trég. *gwenañnen*, pl. *gwenañn*; *gwenañnet*, qui a des verrues; cf. gall. et cornique *gwenan*.

Guenn, *per unicam sillabam* [i. e. *gen* par *g* dur, et non *güen* avec diphtongue], cognet pour fendre bois, C*b*; *guen* pl. *guennou* coin Maun., pet. tréc. *yen*, cf. *Rev. celt.* VII, 250; *Urk. Spr.* 110.

Guenn en lagat, le blanc de l'œil; *guennvy*, blanc d'œuf, C*c*, *guenn vy*, C*b*; *guender*, blancheur, C*ms*, C*b*; *guenngolo*, septembre, C*b*, C*c*; *guennuedic*, bienheureux, C*c*; *guenuidigaez*, félicité, C*ms*, C*b*, *guiuidiguezou* béatitudes Catech. 8; *vguent* **guennec**, vingt sous, C*b*, v. *franc*, *guenneuc* C*c*, *guennec*, Nom. 208, sou; van. GUÉNNĒC, pl. *guënniguétt* m. merlan l'A., cf. Gr., Pel.; van. *guënnig* m., pl. *-uéll* gardon l'A., *guënnicq*, pl. *-igued* gardon; hors de Vannes, saumon blanc Gr., cf. Pel.; *Le Guennec* n. d'homme, en fr. *Blanchard*, xvᵉ s., Nobil., reg. Quemp. 14, reg. Guing. 59 v, *Guennec* reg. Péd. 194 (1604); *Le* GUENNIC en 1697, *Inv. arch. Fin.*; Série B, 295, cornique *gwynnec, gwydnac* merlan, écossais *fionnag*; (gall. *gwyniad* saumon blanc, cf. *brychiad, gleisiad*, voir *glisic*); *guennerés* lavandière Nom. 311, *guennourés Voc.* 1863, p. 52; *guennerez an mogueryou* « blanchissure de parois », Nom. 137.

Le mot *guennuedic, guennuidic, guinuidic*, semble être pour **guenvededic* = gall. *gwynfydedig* (*gwynuydedig, Ystoria Charles*, éd. Rhys, p. 5), béni (cf. moy. br. *binidiguez*, bénédiction, pour **bendigidigez*, voir *binizien*). Dans la locution *guennvet ...an mam*, heureuse la mère, J 174 (différente de *guenn bet... an heny*, heureux celui, M 58), *guennvet* est un adjectif apocopé du participe régulier **guenvedet* = gall. *gwynfydedig*; cf. tréc. *dañ, dañvet*, apprivoisé, = v. gall. *dometic*; voir *ac'hubi, couyornn*. Les expressions comme *guenn e bet*, heureux est son sort, J 236, se retrouvent en cornique et en gallois; cf. les noms celtiques de Grande-Bretagne, *Dagobitus* (*Bitudaga* à Bordeaux) et *Vendesetli, Vennisetli*, où sont employés comme équivalents les mots *bitus*, monde (= bret. *bet*) et *sētlon*, âge, vie (bret. *hoazl*); *vindos*, blanc (bret. *guenn*) et *dagos*, bon (bret. *da*).

Le bret. moy. *guenngoloff, guenngolo*, septembre, = **vindocalamos*, « paille blanche », est devenu en vannetais *güenhole*, Gr., *güen golo*, *güen olo*, septembre, Chal. *ms*, et *guenol*, septembre, *gunol*, automne : *er gunol ma*, « cest' automne », ibid., v. *automne, proposer*. Cette chute bien constatée de la voyelle finale en vannetais peut servir à confirmer l'explication de *énéh*, certes, par le cornique *benytha*, *venytha* (voir *bet nary*). Cf. l'apocope plus hardie *un taol dis* une chose rare, extraordinaire, *Bali* 92, pour *dispar*.

Une autre variante du même mot se montre, je crois, dans le nom du prétendu prophète *Gwinglaff, Gwingláf*, Pel. v. *orzail, gnou, bagat*; = **guin-galaff*, en cornique *gwengala, gwyngala* (Meriasek). Voir *Rev. celt.* XIV, 221-225; *Urk. Spr.* 265.

Le vannetais *güen-hoarh*, m. sourire, *Voy.* 49, *güen hoarh, Burhudeu en Intron-Varia é Lourdes*, Vannes, 1873, p. 6, 9, 12, 16, contient peut-être, au lieu du mot *guenn*, blanc, un correspondant du gall. *gwên*, sourire, cf. *Chrest.* 140; *Urk. Spr.* 270. Voir *guiniz*.

Guenneli, hirondelle, C*ms*, C*b*, C*c*, *guennily*, *guimmily*, Nom. 40, *gwennili* Sauvé, *Prov.* 919, pet. Trég. *gweneri*, *Rev. celt.* XVI, 233, 234, *guenel* m. L. *el l.* 40, 148, *guignelen* f., pl. *guignéli Voc.* 1863, p. 19, *gwinidel* f. *Kant. Z. V.* 17; *guimily*, *guïnily*, *guënnély*, van. *guignél*, *guënnelicg* Gr.; voir *Urk. Spr.* 261.

Guentaff an net, éventer le blé, C*ms*, *guentaff*, purger blé, C*b*, v. *croezr*; *guentat* p. -*tet* C*b*; (cendre) jetée au vent D 44; **guentabl** *pe santus*, odorable, C*b*.

Guentl, la goutte, C; *gue*, C*ms*, v. *banhe*, *guentel* 1 s. D 125, van. *güenndre* l'A. id.; *guentr* douleur de nerfs; *guentlou* tranchées Maun.; *pa vezont var guentlou à bugale* D 146. La première syllabe de ce pluriel rime en *ec* dans *gruec oar guentlou*, P 180; cf. tréc. *war oenklo*, G. B. I., I, 382, 384, 388, *war-oeñklo*, Trd; pet. Trég. *war winklo*. *Guentl*, douleur de l'enfantement, N 894 (et non *quentl*, faute d'impression, *Rev. celt.* VIII, 408).

Guenuer, janvier, C*b*.

Guer, mot, dim. **gueric**, C*b*. Pet. Trég. *eun dén d'i c'hir*, un homme de parole; *ken kent ag ê' gir*, aussitôt dit que fait.

Guerbl, caple, 1. glans, C*b* (bubon). Le P. Maunoir donne en bret. *guerbl*, glande, et en français *verbre* (*Dict. françois et breton armorique*, p. 123), qu'il traduit en breton par *goagren*. C'est probablement un mot gallo emprunté au bret. de Léon *vn verbl*, inflammation, flegmon, Nom. 263; voir *mynhuiguenn*. Le v. bret. *guerp* gl. stigmate [lepr(a)e], que M. Loth avait lu *goerp*, cf. *Rev. celt.* VIII, 493, 497, 498, a été comparé par M. Stokes au gall. *gwarth* reproche, et au lat. *vereor*; il rappellerait plutôt, quant au sens, le lat. *varus*, bouton, pustule, cf. *varix* (*Urk. Spr.* 274). M. Stokes a rapporté, avec doute, le bret. *gwerbl* au lat. *verbera*, *Beitr.* de Bezzenberger, XVIII, 76.

Guerc'heset vierges D 172, sing. *gverches*, *gverhes* Cathell 1; *ar Verc'hes*, D 78; **guerchus**, 1. virginosus, a, um, lieu plein de vierges, C*b*; *cafout guerchtet merch*, corrumpre pucelle, C*c*, v. *luxur*; *guerc'hedet* D 28.

Guerelouänn, l'étoile du matin, C*b*, C*c* (*guelelouenn*); *an verelaouen*, l'aube du jour, 1. aurora, Nom. 227; *Verelaouen, stereden an deiz* = « stella matutina », *Bali* 305; cornique *byrlûan*. Voir *Rev. celt.*

XII, 415, 416. M. Stokes a comparé (*Gloss.* de Cormac), le gall. *gwawr*, irl. *fáir*, aurore.

Gueryn. C'est sans doute de ce mot qu'il s'agit au passage cité par Pel., v. *ker* : « on trouve *Queryn* dans la Destruct. de Jérus., où il peut marquer les parents ». Voir *Urk. Spr.* 272.

Guernn, aune, *Cc*, *Le Guern*, en fr. *de Launay*, n. d'ho., XVIe s., Nobil.; dim. **guernic**, dans *Penguernic*, n. de lieu en 1583, *Inv. des arch.* Morbihan IV, 288; « dame... du *Guernic* », en 1585, V, 423; *guernn lestr*, mât, *Cms*, *Cc*, pet. tréc. *eur wernien*, pl. van. *gurni*, *Voy.* 23, cf. *Rev. celt.* IV, 155; *guernec*, aunaie, *Cc* ; *guernnenn*, aune, *Cms*. *Guern* aune est comparé à ἔρνια et *guern* mât à ῥαπίς, *Urk. Spr.* 274.

Guers da ober cousquet an bugale, chanson qu'on chante aux enfants pour leur faire dormir; *guers great oar an maru ; guersou hacr*, des chansons vilaines, *guersou*, des vers, *Cb*, v. *quaez*; *guersyou* (et non *guerzou*) H 23 ; f. : *ur vers* un chant, cantique D 127 ; **guersyc**, petit vers, *Cb*, *ar-wersic* la chansonnette Pel., gall. *gwersig* f., courte leçon.

Le mot *guers* se trouve aussi dans *gwers-gwentl*, *ur vers-ventl*, colique subite et violente, tranchées aiguës, mais de peu de durée, Pel.; *ar verz mañ*, van. *er üerh-mañ*, de longtemps, Gr. v. *long*, *erhuêrh-ma*, id., l'A., *er c'huers ma*, il y a quelque temps, Chal. *ms*, v. *renouer*; *er huers man*, d'ici à longtemps, *chetu aüeit guers amser*, *aüeit er huers man*, en voilà pour longtemps, v. *temps*; *güer so*, il y a longtemps, v. *trotter*, *n'endes quet güerso*, il n'y a pas longtemps, v. *temps*; *a üerço*, depuis longtemps, *Voy. mist.*, 28, 102, etc.; *a huerço vras*, depuis bien longtemps, *Guerzenneu*, 1864, p. 24; à Saint-Mayeux *eur uerz amzer zou*; gall. *gwers*, f., espace de temps, cf. *Rev. celt.* VI, 390.

Le mot *so*, il est, il y a, étant très souvent ajouté à *guers*, a fini par faire corps avec lui; et, perdant conscience de la composition de *guerso*, on y a ajouté encore une fois le même verbe *so* : *quer güerso so*, depuis si longtemps, Chal. *ms*, v. *temps*, *güerso so*, depuis longtemps, v. *servir*, *guerso so*, v. *trolle*, *guersosou*, v. *recherche*, *güerço zou*, *Voy.* 92, *guerço zou*, l'A.; cf. *pel-zo sou boe* il y a longtemps de cela, à Trévérec, Pédernec, etc.

On peut comparer cette répétition à celle de la préposition *en* dans le vannetais *èn ingorto*, dans l'espoir, en attendant, *Voy. mist.* 19, cf. *ingorto*, id., 25, = *en gortoz*; et dans le trécorois *en em*, *'n em*, dans mon, *en es*, *'n es*, dans ton (*'n es kalon*, dans ton cœur, G. B. I., I, 432) = léon. et moy. bret. *em, ez (e-m, e-z)*, cf. *Rev. celt.* III, 239, *en em servich* dans mon service, se lit déjà, D 178; en espagnol *con tigo*, avec toi, = *cum tecum*, etc.

Autres exemples de formations pléonastiques : van. *beta bedig er gospereu* jusqu'aux vêpres, *Rev. de Bret.*, de *V. et d'Anjou*, 1892, p. 398; petit Tréguier *egile-all*, l'autre, m., = *egile*; *ibén-all*, l'autre, f., = *ibén*; *ar reo*, ceux, *ar re-mao*, ceux-ci, *ar reo-ze*, *ar re-zeo*, *ar re-zao*, *ar re-nezao*, ceux-là, = *ar re*, *ar re-ma*, *ar re-ze*, *ar ré-nes*; *kininterves*, cousine, = léon. *kiniterv*, moy. bret. *quiniteru* (*he c'hiniterves* sa cousine, *Miz Mari* 1863, p. 66). *En generalamant* (tous) sans exception, Mo. 252, est un mélange des deux expressions françaises « en général » et « généralement »; cf. *en brefamant* brièvement Mo. *ms* 196, *en porneant* en vain 52, 155, *en durant on bué* durant notre vie Jac. *ms.* 3; *en partout* partout, *Miz Mari* 1863, p. 183, *e partout* 165; voir *bet*, entre 2, *so*.

Gueruell, appeler; *galu* (action d'appeler), Cb; *galuer*, on nomme, v. *ruz*; *gueluer* appeler Cathell 9, *gueruel* H 17, *-ell* 10. Voir *Galver*.

Guerz ha pers, vert et bleu, Jér.; *liou guerz, pe euel ouz an guezr* « couleur de verre, ou semblable à verre », Nom. 123, *guezr* de couleur de verre Maun. (*guezr* C). Van. *guerh* vert L. *el l.* 194; GURLASS lézard l'A., *gurlaz* Chal., Gr., Pel., f. L. *el l.* 148, *un urlaz Voc.* 1863, p. 23, pl. *gurlazi* Chal., l'A., *gurlazétt* l'A., = gall. *gwyrddlas*, bleu-vert (Loth). Voir *Urk. Spr.* 281.

GÜERZ, f., van. *güerh* vente Gr., *gwerz* vente, prix Pel., *gwerz un anouer-bloa* le prix d'une génisse d'un an, G. B. I., I, 230, pet. tréc. *gwerz butun*, en fr. du pays « de l'argent de tabac », pourboire, gall. *gwerth* vente, prix, valeur; **guerzabl**, vendable, Cb, *guerzeur*, vendeur, Cb, v. *holen*, f. *guerzeres*, v. *perenn*; *guezr*, il vend, v. *coulourdenn*. Cf. *Urk. Spr.* 273, 274.

Guerzider, fuseiller, **guerzidic**, petit fuseau; *ober guerzidiff*, faire fuseaux, Cb; *güerzidy*, van. *güerhedy*, Gr.; *guénn gourhédi* fusain l'A. = « arbre à fuseaux », all. *Spindelbaum*.

Gues, guys truie Nom. 34, *gues* C, tréc. *gwis*, pl. *gwizi*; v. br. *guis*, cornique *guis*, irl. *feis*; M. Stokes compare le sanscrit *vatsa*, lat. *vitulus*, etc., *Bezz. Beitr.*, 1893, p. 75; *Urk. Spr.* 268.

Guescle, v. i. *gluesque*, Cc. Voir *goagronenn*.

Guespet, guêpes, Cms; *guespetaër*, guêpier, oiseau, Nom. 40.

Gueun, r. *eun*, vallée? Nl, p. 108; *ar yuniou* les plaines, *Trub.* 45. Cf. *Urk. Spr.* 260, 261.

Gueure, il fit B 124, *guere* Cathell 1; cf. Nl 75; *à eure da batissa* qu'il fit bâtir, D 189.

Gueusic, petite lèvre, Cb; *gueusiec*, qui a de grosses lèvres, Cms. Cf. *Idg. Forsch.* IV, 286, 287.

Gueutaff, herber, Cb, v. *lousouenn*; *An Lyors Guéanteuc*, nom d'un courtil en 1500, Dupuy, *Hist. de la réunion* II, 474, lis. prob. **gueauteuc**, = *guéautecq* herbu Gr., *gueautêc* l'A. Des deux étymologies données *Urk. Spr.* 277 et 332, la première me semble seule possible. Voir *Rev. celt.* XVI, 205.

Gueuel (*Le*), reg. Plouezec 19, Anniv. de Trég. 16, *Le Guieuel* reg. Quemp. 5ᵃ v, 6ᵃ v, *Le Guieffuel* en 1603 = « jumeau ».

Gueuell, tenailles, Cms; cf. *Urk. Spr.* 105.

Guéver (*Le*), en fr. *Le Gendre*, n. d'homme, xvᵉ, xviᵉ s. Nobil., tréc. *gever* gendre selon Gon. et Trd; cf. *Et. gram.* I, 113*, 33, 50. Maun. a *geuer* gendre, mais ce ne peut être qu'une faute pour *gener* genre, cf. *gêner* genre (de poissons), Nom., à la table. Voir *Idg. Forsch.* IV, 87 et suiv.

Guez, a — e —, fois à fois, l. vicissim, Cb; *a neil* —, tour à tour; *guezarall*, autrefois, Cms, *guez arall*, Cb, *guezall* D 197; *nebeut a guez*, guère, l. raro, Cb, v. *tanau*; *liesguez* plusieurs fois D 129, *lies guech* 143; *ur vez* une fois 82, 138, *guech* 198, *ur viage* Jac. ms 105, *beage al* autrefois 76, *beage al* 92 (ia et ea en 2 s.); pl. *a viziou*, tantôt, parfois, Nom. 214, *aviziou*, D 112. *Guez* glose le bret. *un veag*, Catech. 10 v. Voir *Urk. Spr.* 266.

GUEZEL : *bugalé guezel*, enfants nouveau-nés ou tout jeunes, D 100; *gwezell* en Cornouailles enfant abandonné, qui ne peut s'aider en rien, *buguell gwezell*, enfant tout petit, tendre et faible, et en Léon *gwezell*, enfant tout nouveau-né, Pel., d'où *diwezella* ou *divezella*, prendre soin d'un tel enfant et l'allaiter pendant que sa mère est en couches, Pel. De **gou-ezel*, cf. gall. *eiddil*, mince, tendre, faible? M. Fick a comparé *eiddil* au lat. *petilus*, ce qui souffre difficulté, à cause du *dd*. Peut-être la racine est-elle la même que dans le lat. *edo*, *edulis* (avec le sens de *exesus*, cf. gall. *ysiant*, consomption). Le nom d'homme *Gouëzel*, xvie, xviie s., Nobil., peut être différent; cf. *Rev. celt.* X, 353; *Chrestom.* 208.

Guezennic, petit arbre; *lech* **guezus**, lieu où croissent arbres, *Cb*; *ar guezen*, *ar vezen* l'arbre D 64.

Guezun, fort à rompre, *Cms*; *gueznodennic* petit sentier D 191.

Guezrennou, *guezr*, verres, GUEZRER vitrier Nom. 310, *güezraër*, *guezraeur*, van. *güeraour* vitrier, *güezreur*, *güezrer*, van. *güezrour* verrier Gr., gall. *gwydrwr* vitrier.

GUYC, bourg, en léon. « toujours joint au nom de la paroisse », Gr., *Guicchastel*, *ar saoson er galvu brema VVinchester*, Guicchastel, les Anglais l'appellent maintenant Winchester, D 189; *daou vikad eus an eenvou* deux citoyens du ciel, *Trub*. 58; v. br. *guic*, *Chrestom. br.*, 134, cf. 210; cornique *gwic*, du lat. *vicus*, comme le gall. *gwig* un bois, irl. *fich* terre, Bezz. *Beitr.* XIX, 76.

Guichaff, esquiver; item vito,...euito, *Cb*, entre *guimelet* (qui devait être **guibelet*, cf. *guibelëtte* f., foret, l'A.) et *guichet* (*guinchaff*, *Cms*, *Cc*). Cf. v. fr. *guanchir*.

GUÏC'HAT, piailler comme les poussins, Gr., *lez da wic'h*, cesse ta plainte, se dit aux petits enfants, Dict. de Coëtanlem; gall. *gwichio*, crier, *gwich*, f. cri. On peut expliquer **Guichellec** n. d'ho. en 1539, *Inv. arch. Finist.*, Série A, p. 7, par « criailleur », cf. la formation de *houpellat*, syn. de *hoppal* « houper » Gr. Je verrais aussi une dérivation de *gwic'h* dans *güigour* bruit d'une charrette, *güigourat*, part. -*ret* faire le bruit d'une charrette Gr., *gwigoura* faire du bruit comme une porte dont les gonds sont rouillés, et comme une charrette dont l'essieu n'est pas graissé, Pel., *guigourat* Maun., cf. le rapport de *cloc'h* à *clogoren*.

Guichet, guichet, *Cms*, *Cb*; *grach an guichedou*, sage-femme, Nom. 13, *grac'h an guichedou* (burlesquement), Gr., cf. « vne matrone et sage femme, que le vulgaire appelle Madame du guichet », *Serées* de G. Bouchet, Lyon 1615, l. II, p. 165.

Guidafu, guider H 16, du fr.

Guydal (piailler), n'est pas le même que *guïc'hat* (et non *quichat*), voir ce mot : c'est plutôt l'ancienne forme de *gueida, gueiza,* gazouiller, parlant des oiseaux, *guéyda, guéyza* ramager Gr., *geiza, geida* Gon.; cf. gall. *gythu,* murmurer, irl. *gott, god* gl. blaesus, *Urk. Spr.* 113.

Guidoroch, le dernier cochon, *Cb*; *guidoroc'h,* id., *ar güidor,* le culot, Gr., *guidoroc* Maun.; burlesquement *ar guidor-oc'hicq, ar guidor,* le petit doigt, Gr.; même racine que *goude* après, gall. *gwedi*?

Guïlàr, guïlær f., pl. *you,* issue, sortie d'un village, espace attenant au village Gr., *gwiler* place publique dans une ville, un bourg, un village Gon., du lat. *villare,* M. lat. 231; dim. *Guileric,* nom de villa, Cart. de Redon, 350.

Guilchat tondre, *guilcher* tondeur C, *Le Guilcher* reg. Quemp. 1ª, 2ª, 2ª v, 6ª, *Le Guillchier* 16ª v, en 1601. Cette dernière forme peut être regardée comme un indice de la prononciation par *ch* français, cf. pet. tréc. *diwelchañ kôl* effeuiller des choux, *Rev. celt.* IV, 151. Les formes du v. bret. *guiliat* tondue, *guiltialou* tonsures, appuient aussi cette explication. Mais Grég. n'a que *guïlc'hat* tondre, faucher, *guïlc'her* tondeur, *güilc'hadur* « tonture des herbes d'un pré »; de même chez Gon. *gwilc'ha, gwilc'hat* faucher, *gwilc'her* faucheur, *gwilc'herez* m. action de faucher. Peut-être ce *c'h* est-il dû à l'influence du mot suivant.

Guilgat an daoulagat cligner les yeux Nom. 18; *güilgat* et *cüilc'hat,* avec ou sans *an daoulagad,* part. et, cligner, *güilgadur, cüilc'hadur* clignement Gr., *gwilc'ha, gwilga* cligner, guigner, loucher, *gwilc'hadur, gwilgadur* m. clignement, action de loucher, *gwilc'her* celui qui a l'habitude de cligner, louche Gon., cf. gall. *gwylch* apparence, *gwylchu* sembler, et l'ancienne glose *guelch* « aspectum », *Urk. Spr.* 277. Voir *guel* 1, *guilchat.*

Guilhelmm, Guillaume, *Guillemmet, Cms*; *Guillerm* D 194; **Guillermou** Anniv. de Trég. 13; **Guillou,** en fr. *Guillaume,* n. d'homme, xvᵉ, xviᵉ s., Nobil.; dim. **Guillouic** reg. Quemp. 5ª; **Guillermic** reg. Péd. 19, 19 b, 75 (1568, 1579), reg. Guing. 43 v. Voir *Rev. celt.* XVI, 186.

Guïm, regain, van. Gr., *guim*, Chal. *ms*; *er blein ag er guim*, le haut des herbes, *Apparition* 12; *er güim-men* ces herbes, plur. : *ou goarnis* il les orne (de fleurs) *Choæs* 149; *guemen* f. regain *L. el l.* 114, *guémen* 116, pl. *guemeneu* 124; *ur üimèn*, une prairie, un herbage, *Voy.* 89; tréc. *lakad ar zaoud d'ar gwenim*, mettre les vaches au regain, se dit à Ste Tréphine; = ital. *guaime*, v. fr. *gaïn* (d'où *regain*), cf. « prez guimaulx sont qui portent herbe deux fois l'an », *Gargantua* I, IV, voir God., v. *gaaigneau*; origine germanique (Diez, *Etym. Wörterb.*, 4e édit., 176).

Guyn, *guin*, vin; **guinic**, petit vin; *vn guin bihan quemesquet*, un petit vin mêlé, *Cb*; *guynou*, vins, Jér. v. *fin*, *guin ardant* « eau-de-vie, eau ardente », Nom. 63; *guinienn*, vigne, *Cms*; *lech a goez guiny*, lieu à vignes sauvages, l. *vitiligo*, *ginis*; *an guiny* (lier) les vignes, *Cb*, *guini*, v. *plantaff*, *guyni*, v. *squegiaff*; **guinus**, plein de vins, *Cb*, *guynus*, *Cc*; *guinienner* vigneron Nom. 96; van. *güinyéc*, pl. *-egui* vigne l'A., *guinieg* f. 3 s., *L. el l.* 12, *ur güiniég Voc.* 1863, p. 16; *güiniégourr*, pl. *-guerion* vigneron l'A.; *um uineitt* (tonneau) enviné, aviné, l'A., *Sup.*

Guingnal a nou lagat, guigner des yeux, *Cms*, — *an noulagat*; *guingnaff guant an penn*, guigner de la teste, l. *conquinisco*; **guingnadur**, signe fait de l'œil, *Cb*.

Guinhen al's guelhyen, v. i. *breinder*, *Cb*; *guelyenn*, l. *hec tonsa se*, *Cms*, entre *Gueldas* et *guelouuenn*; *güellyen*, *güellyen-moc'h*, van. *goulion*, lavure, Gr., *guelyen*, Nom. 34; gall. *golchion* (cf. *guelchiff*, laver). *Guinhen* est donc différent de *güignen*, aubier, Gr. C'est probablement une variante de *guelhyen*, d'où *guelyenn*, d'où *gweillenn* (par *l* mouillé, prononciation du petit Tréguier), puis **guegnenn* (par *gn* mouillé), *guignen* (*guinhen*). Cf. van. *fignol* filleul Gr.; à Tréméven *kabignôwet* petites morues, du fr. *cabillaud*.

Guinhezr, veneur, C, *guinaër*, *guinezr* Nom. 317, du lat. *venator*, voir *Chrest.* 210. C'est une corruption de ce mot que Pel. donne ainsi : « *Gounhers*, chasseur. Je ne l'ai trouvé que dans un seul dictionnaire assez ancien ».

Guïniz froment, van. *güinih*, *gunih*, *guneh*, *gunuh* froment; *güinizen*, van. *gunehen* grain de froment Gr., f., plant de froment *L. el l.* 40, gall. *gwenithen*, *gwenithyn* grain de froment; GUÏNIZECG, pl.

-*egou* terre ensemencée de froment Gr., *gwinizek* f. Gon., *guneheg* L. el l. 38, gall. *gwenithog* fertile en froment. Voir *Dict. étym.*, v. *guenn* 2..

Le premier élément de ce mot est *guenn* blanc; la fin pourrait bien n'être pas le mot *et* blé, mais un suffixe répondant à celui de l'irl. *cruithnecht* froment (Z^a 805); cf. le rapport du bret. *briz*, tacheté, gall. *brith*, à l'irl. *brecht*.

Guyou n. d'ho., *Arch. de Bret.* VII, 54, *guyou* gai, enjoué Gr., *gwiou* Gon., *guiw* 1 s. L. el l. 222; *guyouder* gaieté, *guyouïcq* un peu gai Gr., prob. identique au v. bret. *uuiu* digne, *Chrest.* 176, gall. *gwiw*, cornique *gwyw*, v. irl. *fiu*; cf. gaul. *Visu-rix* (et le grec ἴσος, crétois ϝισϝος?)

Guypat, petit-lait, *Cms*.

Guir. Fur en —, savant en droit, *Cb*, *an hol guyr* tout le droit, v. *leffr*, *barnn heruez guyer* juger selon droit et raison *Cb*, *dreis guyr* contre toute justice J 79; *eit guir larèt* à vrai dire *Voy. mist.* 27; *gurionnez* vérité *Cms*, dans les *gui*-; *guiryonez* Cathell 9, *guyronez* 2, cf. J 14; *em' guyryonez* par ma foi, Jér.; *Le* **Guyriec** n. d'ho. en 1539, *Inv. arch. Finist.* Série A p. 7, 12, en 1691, Série B p. 286, *An Guyreuc* en 1477, Série A. p. 13, *guiryecq* véritable, qui dit vrai Gr.; GUIRYET vérifié Gr., *gwiria* assurer (son salut) *Trub.* 318, gall. *gwirio* vérifier; *guiryus* juridique, *guiraour*, pl. *yen* jurisconsulte Gr.

Guyridic, sensible, qui sent, qui souffre, J 111, D 162, auj. id., *goridik Nikol.* 11, 230, *gueridic* (goutte) douloureuse Chal. *ms* v. *nouer*; même rac. que *guiri*, *gori*, couver Gr., *guiriff*, mûrir (en parl. d'un abcès) Nom. 275, *bronn-goret* inflammation au sein D 88. Voir *gor*, *iuin*.

Guisquadeur, vêtement, *Cms*; *guiscamant* H 18, *Cb*, v. *losl*, *guisquament*, v. *belh*; pl. *guiscamauchou*, 3ᵉ s. r. *aut*, D 124.

Guittibunan tous sans exception H 5, *guytibunan* 7 (et non *guity*-); *guiti*- D 132, *guyti*- 148; *kouitip unan Trub.* 278, *koüitipunan* 142.

Guiufher, écureuil, *Cb*; *guifher*, *Cc*; *guicher*, *Cms*, après *guyat*; *guicher*, Nom. 34; *gwiber*, quelques-uns prononcent *gwic'her*, Pel., cf. prob. le nom *Le Guybair* en 1539, *Inv. arch. Finist.* Série A p. 11 ; voir *luchedaff*.

GWASTAVEN crème légère qui se forme sur le lait doux chauffé ; la superficie grasse et blanche de quelques liqueurs, Pel. ; prob. de **guo-sta-m-in*, cf. moy. br. *gou-sta-d-ic* (coup) modéré, gall. *gwastad* uni, constant, irl. *fossad* ferme, *Rev. celt.* XIV, 443, *Urk. Spr.* 283. Voir *goustat*.

H

2. *Ha* et, dev. voyelle : *anneu ha anneuffenn*, Cms; *hag* H 46; *hac* dev. *uar pen* ib.; *h'an* et le, D 22. *Ha pan* B 316 veut dire sans doute « et si », avec une virgule après le mot précédent *rahenn*. *Ha*, que, après un comparatif d'égalité, s'emploie quelquefois aussi avec un comp. de supériorité : *furoc'h hag enna* (lis. *hen na*) *valeaz* nul homme plus sage que lui ne marcha (sur la terre), *Rev. historique de l'Ouest*, 4ᵉ année, 4ᵉ livraison (1888), 2ᵉ partie, p. 136 (dans une chanson populaire); *koulsoc'h ha me*, mieux que moi, *Barz. Br.* 223 ; *ur barner mat... n'oura cont a vnan muiac* (lis. *mui ac*) *un al* « un bon juge ne fait *acception* de personne », Chal. ms; *n'euz ket er vro Koantoc'h plac'h ha Rozik Kerno*, *Rev. de Bret., de V. et d'Anjou*, oct. 1892, p. 312. Voir *entresea* et *Urk. Spr.* 328.

3. *Ha* ton, après *en* : *en ha parres* H 16, *en ha sicour* 17 ; cf. *haz vezet* aie J 141 b; voir *a* 9, *az*.

Habasq facilement, comp. *-squoch*, sup. *an habasquaff*, très légèrement; *habasq da digeraff* « chose ligiere a digerer » Cb, *facil ha habasq da vezafu pardonet* facile à pardonner Catech. 10 v; *credet habasq* croyez-le bien P 220 (variante); *Habasque*, en fr. Le Doux, xvᵉ, xviᵉ s., Nobil.; *an habascder ha rezder an langaig guinydic ha maternel* la facilité, la clarté de la langue maternelle, Catech. 5; habasqdet souefueté, l. suavitas, Cb; van. *abasquet é en aüel*, le vent s'est rassis ; ce mot *abasquet* « est bon pour signifier tout ce qui marque diminution » Chal. ms.; *habasqaat* s'humaniser, *habasqicq*, van. id., doucement, facilement Gr. Pel. a écrit *habask* en citant Am., qui ne devait pas avoir ce *k*. Cf. corniq. *hebasca*, douceur, Meriasek vers 3753; gall. *hybasg* facile à nourrir, du préfixe *he-*, bien, et de *pasqa*, paître, nourrir, donner la becquée, Gr., gall. *pesgu*, du lat. *pasco*.

L'assimilation de l'*e* à un *a* voisin est un phénomène assez commun en breton : *caffarn* caverne Nom. 229, *charratter* charretier, 111 ; *matalas* matelas, 167, pl. *matalassou* 312 ; *rapatasser* fripier 311, du fr. *rapetasser*; *travarser* traversin de lit, 167, *letanand* lieutenant, *diffarant* différent Gr.; pet. Trég. *harach* chènevottes de lin, etc., à Sᵗ Clet *karach*, van. *harech* Chal. ms., *hellest*, Rev. de Bret., de V. et d'A., mars 1892, p. 215, du v. fr. *areste*; v. bret. *camadas* et *comadas*, gl. habilis, etc. Voir *cabanat, couffabrenn, hacane, sanab, tauantec, tenaillou*.

Il y a des cas où un ancien *a*, altéré en français, a été conservé ou rétabli en breton, grâce à un autre *a* dans le même mot : *alabastr*, albâtre, Nom. 123, *canaffas*, canevas, 108 ; *dauanger*, devantier, 119, *garan*, tanière, 229 (= garenne, v. fr. *garane*), *hallabarder* hallebardier 298, *savater* savetier 312, et prob. *tranquanart* « tracquenart, guilhedin » 32, *briz-tracqanard* haquenée Gr. Voir *tourz*.

Habil da coezaff « habile a cheoir »; *habitaff* habiter C*b*, cf. Nl 459 ; **habitant** habitant C*c*, pl. *habitantet* D 25 ; **habitation** habitation C*b*; *habitacion* C*ms*; *habitud* habitude D 120.

Hacane haquenée C, v. *regue*; *haquene*, C*b*, v. *march*; *hanquane* Nom. 32, pet. Trég. *hannkane*; *hincqane* Gr.; du fr.

Hacrat être laid, enlaidir, C*b*; ordoyer, v. *hoaruout*; *hacrhat*, maculer, v. *soillaff*; être ord, C*c*; **hacrder** « laidure » C*b*, v. *diffurm*; non pureté, v. *puraff*, cornique *hacter* laideur; *hagr* laid Cathell 33.

Had semence ; **hadeur** *da compsou* semeur de paroles C*b* ; *hadaf* semer C*a*; *haderez* semaille Nom. 234 ; *haden* semence (des arbres) L. el l. 62, gall. *haden* une graine.

Hael. *Heal* généreux, 2 s., r. à *cal(on)*, D 119 ; à *dazl(ou)* 124 ; voir *lech*.

Haezl manche de charrue C*c*, *hael*, C*b* ; HEALAT, *hælat*, part. *-let*, gouverner la charrue Gr., *helan* diriger *Kant. Z. V.* v, 5 ; voir *lech*.

Haffus estival C*b*; *amser hañvus* temps d'été, en une autre saison Gr.; **Hanffuec,** -haffec, -havec XIVᵉ s., -hanvec XVᵉ, n. de lieu, v. br. *Hamuc,* auj. Hanvec, *Chrest.* 135, 212, = (*frouëz*) *hañvecq,* (fruits) d'été, Gr., voir *gouaff.*

Haio interj., cri de détresse, dans *Le Privilège aux Bretons,* lisez *haiou,* mod. *ayou,* de *ha !* et *iou !* (d'où bret. moy. *youal* crier); voir *Rev. celt.* XVI, 185, 186.

Halaczonnou melin, Cms entre *hal* et *hace; halaczon* entre *hacr* et *hanaff,* Cms, Cb, *halazcon,* Cc.

Halegen saule en 1263, *Chrest.* 212; *Le* **Halegoet** Ann. de Trég. 20 v, *Halegot* reg. Quemp. 5 = « saulaie », voir *Aualeuc* et *M. lat.* 177, 178; HALEGUECG pl. *-egou* saulaie, saussaie, Gr., *halégek* f. saussaie, et adj. abondant en saules Gon., gall. *helygog* n. et adj.

HALLAFF *un-leüe* faire un veau, *leüe halet* veau fait et né, texte cité par Pel.; *ala, hala* vêler, en qqs. endroits faire un poulain Pel., *ala,* van. *aleiñ* vêler, agneler Gr., à Sᵗ Brieuc *alo* pouliner, *alet eo ar gasecq* la jument a pouliné, *alet* ne se dit ailleurs que de la vache, Gr. La forme *eala* vêler Gr. est due à l'influence d'un autre mot, voir *eal.* Cf. gall. *alu* vêler, agneler.

Hambrouc conduire, est expliqué par *han-* dans le gall. *han* autre, *hanfod* exister, *ohanafi, ohonafi* de moi, irl. *sain* autre, allem. *sonder* etc., *Urk. Spr.* 289, 290; cf. bret. moy. *hanbout* manière d'être, *ahanof* de moi; le gall. *hebrwng* contiendrait un autre préfixe. Mais le rapport du gall. *hebrwng* au cornique *hembronk* se retrouve entre le cornique *abrans* et le gall. *amrant*; voir *abrant* et *Rev. celt.* XVI, 188. Sur la seconde partie de *hambrouc,* cf. Z² 797; *Et. gram.* I, 30; *Urk. Spr.* 186.

Hanafat, mesure (de miel), Cartulaire de Quimperlé (XIIᵉ-XIIIᵉ siècle), *Chrest.,* 212. Diez, *Et. Wœrt.* 610, a tiré ce mot du v. sax. *hanig-fat* et M. Kœrting l'a suivi (N° 3871); mais c'est bien plutôt un dérivé du bret. moy. *hanaf,* coupe, hanap, comme l'expliquait le dictionnaire de Trévoux. Pel. donne : « *Anap,* petite mesure à grains, blé ou autres. *Anapat,* le contenu de cette mesure. Ce nom est fort commun en Bas-Léon : et les titres de l'Abbaye de S. Mathieu près le Conquet font connoître que ce terme est ancien ». Cf. Du Cange : *Hanafat mellis...* Gall. Une hanapée de miel »; avec citation d'une charte de 1107, où *hanafat mellis* glose *ciatos*; on lit *duos ciathos mellis* et *quatuor hanapos mellis* dans d'autres textes, *Chrest.* 212.

HANDÈEIN « faire peur, faire décamper, c'est proprement obliger quelqu'un à coup de pierre ou de bâton à se retirer » Chal.; *handaiein, candaiein* persécuter, *handay, canday* persécution, *handaiourr, candaiourr* persécuteur l'A. M. Loth a proposé de comparer *handèein* au gall. *andwyo* mettre en désordre, démolir. La première partie de *handèein, candaiein*, paraît être plutôt la prép. *con-*; voir *couff, cudennêc*. La seconde rappelle le gall. *twyo* arrêter, cerner, d'où *andwyo, ys-twyo*. On peut aussi rapprocher *candaiein* du v. bret. *docondomni* nous écartons (M. Stokes lit *docordomni*). Peut-être l'autre mot van. *hudéal, hudeein* huer Chal., *hudayein* l'A., est-il un mélange de *huer* et de *handèein*.

HANDON, source, Le Brigant, *Élémens de la l. des Celtes*, 1779, p. 37; *andon* id., *Histoariou* 199; sillon, *Soniou Breiz-Izel*, 1890, I, 18, 112; *hant*, rayon, l. *sulcus*, f. (*diou* —), Nom. 235, pl. *hanchou*, 239, de *nantu-*, voir *cornandonn, yell*.

Hanff, nom, Cms, entre *hanaff* et *hanter*; *hanu*, Cb, même place; m. : *dou hanu*, Cb; *hanou*, Cathell, 1; *hanoff*, 25, 29; *hanuu* D 129, 177, *hano* 15, 93; 2 s., r. *an* et *o*, 81; pl. *hanuou*, Cb, v. *doe, hanvou* D 26, cf. *Rev. celt.* XI, 486; *hanuer*, nommeur, f. *es*; *hanuus*, renommé, Cb; *hanuet, hauuet*, nommé, Cathell, 35, *hanfuel* H 46. Voir *Urk. Spr.* 33, 328.

Hanter cant, cinquante, Cc; *hanter cantuet*, 50ᵉ Cb, *hanter-cantvel* D 37; van. HANTERÈC *er veiterie* partiaire l'A., gall. *hannerog* partageant; **hantereur**, médiateur, Cb, *-erer*, Cc, f. *es* Cb, *hanterour*, van. id. Gr., gall. *hannerwr* partageant; *hanter antrenn* « soubzentrer », Cb; *vn heur ha anter* une heure et demie Nom. 227, *vn ounçe ha anter* une once et demie 210, *vn troattat ha anter, try guennec ha anter* 211. Voir *entre*.

HAÑVESQENN, *hâv-*, vache sans lait et sans veau, Gr., *hanvesk* (vache) qui passe une année sans faire de veau, ou qui avorte, Pel.; *avesk* vache qui n'a jamais porté, femme stérile, selon Roussel cité par Pel.; irl. *samaisc* jeune vache, génisse de deux ans. De *samo-sisqā*, quasi gall. *hafhesp*, stérile pendant une année, un été ? On peut songer aussi à un dérivé *samaski-*, de l'année. Un suffixe semblable se trouve en petit Tréguier dans l'adj. *koadesk* dur comme du bois, en parl. des carottes, des betteraves, van. *avaleu coëdasq*, *coudesq*, *coudasq* pommes sauvages Gr., sing. *avalen coudasq* Chal.; *er galpiren goudask* le poirier sauvages L. *el l.* 62, *gué goudask* sauvageons 88, *freh goudask* fruits sauvages 12, superl. *er freh goudaskan* 90, *er gué doudasquan* Guerz. Guill. 116, de *coat* bois.

Pel. donne aussi en cornouaillais *ravesken*, *ranvesken* « vache qui manque une année à faire un veau, ou... qui avorte. On le dit aussi des autres femelles ». Cette variante a dû être refaite sur l'idée de « à moitié stérile », cf. *qilhocq-rangouilh* coq à demi chaponné Gr.

Hap : *dre hap*, l. *arreptim*, Cb ; du radical de *happaff*, happer.

Har, sur, en vannetais moyen (1554), d'Arbois de Jubainville, *Rev. celt.* II, 213, van. mod. *ar*; gall. *ar*, gaul. *are*, cf. grec περί, παρά. Le van. avait aussi, au XVI° siècle, le syn. *ouar*, qu'il a perdu depuis, et que les autres dialectes bretons ont seul conservé : à côté de *Har-her-pond*, sur le pont, M. d'Arbois de Jubainville cite *Lan-ouar-er-stancq*, lande sur l'étang (1572). Voir *ar-*, *arhoaz*, *her*, *larauat*, *voar*.

L'*h* est très sensible en pet. Trég., dans *hargas* chasser, expulser, congédier (*argas*, Histoariou 202, part. -*et*, 2), de *ar-caç*; *herlañne* l'année passée, voir *erlañne*.

Harch den maru, châsse, Cc; *harchet*, Cb, voir *arch*; du fr. *arche*, dim. ancien *archete*.

Hardy hardi H 48, *hardizhat*, encourager, l. *animo*, *hardiztet*, hardiesse, Cb, v. *courag*, *hardizdet* D 194 ; van. *hardéhatt*, devenir ou rendre hardi, *hardéhtædd*, hardiesse, f. l'A., *hardisson* Mo. 207, *ardiance* Mo. ms 154 ; voir *maru*.

Harluaff, harceler, mot suranné selon Gr.; *harlua* bannir, chasser quelqu'un d'un lieu ; conduire par honnêteté ceux qui sortent d'une maison ; guider ; reconduire ; « ce mot n'est qu'en Léon, je doute même s'il est dans le bas Léon », Gr., *herluet* (David a) chassé (ses ennemis) Trub. 110 (pour l'*e*, voir *ac'hubi*, *auv*, *dastum*, et *Rev. celt.* XVI, 230, 231); cf. v. br. *arlu*, gl. *proibuit*; gall. *arluo*, arrêter, proprement encombrer, de *llu*, armée, v. irl. *slóg*, gaul. *Catu-slogi*; *Rev. celt.* VIII, 506; *Urk. Spr.* 320, 321. Voir *Luzier*.

Harpeur, joueur de harpe, f. *harperes*, C*b*.

Harsa, arrêter, C*c*; *men harz*, pierre bornale, C*ms*, *an mæn hartz* frontière ou lisière, *vn mæn harth* borne, Nom. 238; *en hars*, auprès (du tabernacle), Mo. 267.

Harzal (aboyer) Nom. 216, cf. gall. *arth* ours, gaul. *arto-*, grec ἄρκτος; *Urk. Spr.* 19, 170.

Hastat, se hâter, C*ms*, v. *ampressaff*, *enem hastaff*, id. C*b*, *hastet*, agile, v. *buan*; **hastiffdet**, soudaineté, hastiveté; *ent* **hastiz**, hâtivement, C*b*, cf. J 115; *froez hastiz meur* « hastiff mature », l. precoquus, C*b*, v. *raesin*; *hastiz e comsou* « qui dit souvent », l. frequentidicus, v. *daremprediff*; **hastizdet**, l. celeritas, v. *buan*; *hastihuë* hâtif l'A., *hastiff, hastiz* Gr. Ce dernier vient du fr. *hastifs*; voir *coufforcher, Juyff*.

Haual ouch, ressemblant à, C*b*, *ouz*, C*c*; *haffual*, C*b*, v. *cas*, *hanual* H 12 (et non *hanval*), *hanval ouz* Catech. 7 v, *heuell*, Cathell, 5; *haualaff*, *haualout ouch*, ressembler à, C*b*; *haualoutoutaff*, lui ressembler, v. *tat*; *a heuel ouch*, qui ressemble à, v. *lousouenn*; *haualder*, figure ou semblance, v. *figur*; *heuelebedigaez*, ressemblance; **heuelebdet**, id., v. *ober*; *e heuelep*, a la semblance, l. instar, C*b*; *euelep feczon*, de telle façon que, Cathell, 25; *heuelep...maz*, si bien, de telle sorte que, 22, *heuelep ma*, 34; *heuelep...ez deuz*, si bien qu'il vint, 6; avec négation *euelep na* 15, *heuelep...na* 16, *heuelep [n]a* 34; *hac eff so hevelep en em retiret..., na dema muy é nep lec'h* s'est-il retiré de façon qu'il ne soit plus nulle part D 36, *hevelep dre an eff, ec'h ententeur* de telle sorte que par le ciel, on entend, *hevelep, lavaret Doué, ne alle quet pec'hy ... à so unan eux é perfectiounou* de sorte que l'impeccabilité est une perfection de Dieu 25, *hevelep* de sorte que 27, 45, 59, *hevelep maz* 17, *hevelep ma* 94, 101, 103, *hevelep, ma* 190, *hevelep...ma* 186, 187, *hevelep,...ma* 48, *hevelep na chome*, de façon à ce qu'il ne reste 25, *hevelep na deus* de sorte qu'il n'y a (pas) 134, *hevelep, ne deux bet* de sorte qu'il n'y a pas eu 29, *hevelep...na* 186; *huilidiguez* ressemblance 54, pour *heuelidiguez*, que Gr. écrit *hêvelediguez*, van. *bañvaledigueah*. La formation insolite du mot *hevelep* l'a exposé à diverses altérations : *en evellec fesson* Mo. *ms* 156, *un evellec* *miracle* 153, cf. Jac. *ms* 10; *tud en o hevellet* r. *et* des gens comme vous 19, *eur famil evel o henvellec* une famille comme la vôtre (r. *Joseph*) 81; *guenit na da hénévélec* (r. *en et*) avec toi ni avec tes pareils, Mo. *ms* 212. Le vieux breton avait à la fois *hamal* et *hemel*, semblable, *Chrest.* 136. Voir *disleber* (cf. le n. d'ho. *Cunalipi* gén., sur une inscription de Grande-Bretagne), *nep.*

Haznat évidemment D 167, (savoir) bien 105, *haznad* 170, *aned eo* c'est évident *Bali* 184; *haznatat*, apparoir, *Cms.*

He- particule répondant à l'irl. *su-*, gaulois et sanscrit *su-*, dans le moy. bret. *hedro, hegar, hegas, hegredic*, etc., voir *habasq, hegléau, hegué, helavar, hesent*.

Cf. *hedorr*, facile à rompre, *hegoll*, facile à perdre, à Landerneau (*Rev. celt.* IV, 156; *Suppl. aux dict. bret.*, 60), *everz*, facile à vendre (d'où *dieverz*, difficile à vendre), *Suppl. aux dict. bret.* 60, 107 = gall. *hydor, hygoll, hywerth*.

Heaol, heol, soleil, Cathell, 5.

Hebiou, Cathell, 34; *tremen e biou*, passer outre, *Cb*; *tremen... dre biou ti Gakist* passer près de chez Cakiste *Histoariou* 10; *o vont abiou* (on voit les forces, la santé) s'en aller, *Bali* 5; pet. Trég. *'búo*. A S¹ Mayeux *guelet ar biòjao*, voir les environs.

Hebreist hébréiste C, *ebreist Cms, ebre* hébreu C, *oll bugale Hebre* Mo. 167, *an nation Hebre* 150, *mutinet a Hebre* rebelles hébreux 198, *Hebreanet* Hébreux 197, D 93; *hebreu* Jac. *ms* 27, *ebreu, ebrean*, Mo. *ms* 114, pl. *hebreannet* Jac. *ms* 69, f. *hebreannes* Mo. *ms* 128.

Hec. Cf. *hegal, ober an heg*, agacer Gr., *ober ann heg ouz he vamm* être dur envers sa mère *Nikol.* 187; *hegach* contradiction, objection *Histoariou* 90; même origine que *heug*?

Hedro (bonheur) inconstant, fragile D 157.

Hefflene, cette année, *Cb* (*heulene* C).

Hegarat aimable, agréable. Sup. *he garatta* D 155, 175. *Le Hegarat* reg. Quemp. 8ª. *Caygarat* reg. Péd. 145 b (1594) paraît venir de *co-*, cf. gall. *cyngharu* s'entr'aimer; voir *helavar*. *Hegaraat* s'humaniser Gr.

Hegléau écho, pl. *heglévyou* Gr., *hegleo* id. Le Bris, *Refl. profit.* 108; intelligible, qui s'entend aisément, Pel.; l'auteur ajoute, à tort sans doute, « et qui entend de même ». Gr. donne aussi *ecléau* et *enep-cléau*, écho. Gall. *hyglyw*, facile à entendre. Cf. *Égleu* n. d'ho., XVII⁰ s., *Inv. arch. Fin.*, série B p. 297.

Hégué, *capabl' d'andur* « passible », *heguée* dolent Chal. *ms*, *heguai* sensible à la douleur l'A., de **hegüeuz*, gall. *hygawdd* irascible (Loth).

Heizen un grain d'orge Pel., gall. *heidden*.

Heizes biche. Gr. donne *heyzés* et *heyés*, pl. *-esed*, « biche qui n'a pas eu de fan »; *heyzesiq*, pl. *heyzesigou* fan; Pel. a *heisés* biche, et ajoute : « Il y en a qui donnent aussi ce nom à la louve ». On lit *héyéss*, pl. *-ézett* l'A.; *héyés Voc.* 1863 p. 18; pl. *héyesi Celt. Hex.* II, 7; *héyési* III, 5; voir *maezur*. C'est le gall. *hyddes*, fém. de *hydd* cerf; semble d'origine germanique, cf. anglais *hind*, allem. *Hindin*.

Hélavar, affable, Pel., *elavar*, éloquent, Gr., v. br. *helabar*, gall. *hylafar*, irl. *sulbair*; voir *hesent*. Gon. a *hélavar* et *kélavar*; cette dernière forme doit répondre proprement au gall. *cylafaredd*, *cyflafaredd* arbitrage, de *co-(m)-*; voir *hegarat*.

Helmoï, s'accouder; *helmoüer*, accoudoir, Gr., semble d'origine germanique; cf. angl. *elbow*, coude; allem. *ell(en)bogen* (*Rev. celt.* IX, 375).

Hemme pe homme, celuy ou celle; *homma*, vide in *hemma*, C*ms*, *ha homa* et celle-ci D 18, *houman* 50, *homme*, celle-ci, Cathell, 2; pet. Trég. *héme*, celui-ci; *hennez*, celui-là, Cathell, 14, *henez* 5, *hennez so guir* c'est vrai D 139, *henhe* 1. e *Trub.* 84, 188, par une licence sans doute exagérée, car on dit en tréc. *hénes*; l'explication donnée Z² 396 n'est pas admissible; fém. HON dans *hon-a-hon* telle ou telle, en haute Cornouaille Gr., gall. *hon*; van. HENA celui-ci l'A., *henna* Chal., *hennan* Gr., f. *hona* l'A., Chal., cornique *hena*, *henna*, f. *honna*, gall. *hwna*, f. *hona*, cf. *yna* là; van. *hennen* celui-là B. er s. 221, f. *honnen* 16; *pe dre heny*, par lequel, Cathell 16, *pe da heny*, auquel, et à lui (ou à quoi, et à cela), 18, 23; *pe a palamour de* (lisez *da*) *heny*, à cause de qui, 21; *cleffet...pe dre hyni*, maladie par laquelle, C*b*; *e gani*, le sien, Chal. *ms*, v. *trop*; *avel cani*, comme celle, *Histoer...J.-C.*, 15, *de gani*, à celle, 14, cf. *Rev. celt.* III, 55; VII, 186.

Henhaff, aîné C*ms*, *Hennaff* reg. Péd. 135 b, 144 (1592, 1594), *Henaff* 133, *Le H.* 122 (1591, 1589), *Henaff* reg. Quemp. 19,

Henaf 14 v, *Le Hen* en 1597, *Inv. des arch.* Morb. IV, 77; *henaffalaez*, droit d'aînesse, C*ms*, *heneffaelez* C*c*, *henavælez* Gr.; HENAOUR, l'aîné, Maun., Pel., pl. *yen*, f. *henaoüres* Gr., *map henaour ar roue* le fils aîné du roi *Cat. imp.* 7; pl. *henaouerien* (4 syl.), Mo. 219, *hennavourien* Mo. ms 169, cf. gall. *henafgwr*, vieillard; HENANDED aînesse, droit d'aînesse Gr., moy. br. *henafdet syn. de *henaffaelez*, cf. *nessafdet* et *nessaffaelez* parenté. Pel. donne comme usité le comp. *henoc'h*, plus âgé; Chal. ms a *henaoureh* aînesse.

Hent. A drouc hent mal à propos B 701. Masc. : *vn henth á arriu try enth ennaff*, un chemin en trépied Nom. 238; *enth*, *henth* 237, dim. HENTICQ *bihan* petit sentier 238; pl. *an inchou* Catech. 8, *hinchou bras* D 16, *hinehou* (r. à la 2ᵉ syl. de *disaouzan*) 54, *hinchou* voies, moyens 70; *a hentadeu* à pleins chemins *L. el l.* 96; voir *hincher*, *ren*.

Hentaff, hanter, C*b*, v. *abitaff*; *hentaff luxur*, exercer luxure, C*b*; *henty alies ar Sacramanchou* fréquenter les sacrements D 61; *hentac'h* vous fréquentiez (r. à *disculsac'h*) 139.

Hentez (son) prochain D 104, 142, *hantez* 101; *evit contribui an eil re e mad o hentez ac'hanomp* (Dieu aime que nous nous unissions) pour contribuer au bien les uns des autres *Introd.* 124; *abalamour na dint quet barnerien an eil-re var o hantez* parce qu'ils ne sont pas juges les uns des autres 293-294; *ar frouez...a vez gouazzeat an eil-re diouz o-hentez anezo pa en em douchont*, les fruits se gâtent au contact les uns des autres, 221 ; *ur gontantamant a ro an eil-re d'o hentez anezo* ils se donnent de la joie les uns aux autres, 55.

Heom, heaume, C*b*, v. *gourre*, *moe*, du fr.

Hep muyquet, sans plus, C*b*; *hep muy quen* seulement D 24, 85, *hep nepquen* (c'est à lui) seul (qu'on doit l'encens, l'adoration) Mo. 193; *hep é songea* sans qu'on l'ait voulu, sans intention D 100. *Hequen*, H 19, n'est pas pour *hep quen* : *Visit an re clafu... nen deux hequen bras paourentez* = visite les malades : il n'y a pas de si grande misère (que la leur, que la maladie); cf. *Dict. étym.*, v. *quen* 1. *Hebebar* n. d'ho., XVᵉ s., *Archives de Bret.* V, 55 = « sans son pareil », cf. *Barz. Br.* 517.

Her, car (*er* 2), P 166; Gw., Pel., v. *gardis*, *ghis*, Jer., v. *ribaot*; cf. *Rev. celt.* VIII, 505. *Her ma* tant que H 9; *her dre pat*, tant qu'elle durera, J 120 (la rime demande *her drez pat*), petit Trég. *her dë m'heller*, tant qu'on peut, *her dë Doue m'heller*, id. (expression intensive), pour *her dre*; cf. gall. *er ys gwers*, depuis quelque temps. *Er* veut dire proprement « pendant, durant », cf. l'emploi semblable de l'anglais *for*. On sait que *her, er* est un doublet de *har*. Voir *entre, tre, trotant*, et cf. *en dre bado ar seis blaves edus*, tant que dureront les 7 années fertiles en blé, *Buez Jos.*, 11; *etre pad hon buhe*, pendant toute notre vie, *Son. Br.-Iz.* II, 30; *qen dra halle*, tant qu'elle pouvait, *Rimou*, 39.

Herberch, herberge, Cms, -*bech*, Cb; -*erchyet*, -*chyat*, hébergé, Cms. — *Heresy* hérésie H 50, pl. -*siou* D 78, *hereticq* hérétique 18, *heritic Trub.* 177, pl. *heretiquet* Catech. 6 v, D 40, 55. — *Hericin*, c'est un poisson de mer, Cb. — **Heritaff**, -er, Cb -*ta*, -*tout*, van. *biritout* Gr.; *heritag*, -age, Cc, -*aig* D 89, -*aich* 164, pl, -*ageou* 196; **herityer** héritier H 20, *heritour*, van. *eritour*, *jritour* Gr., du fr.

Herue Hervé H 39 (et non *Herve*).

Hesent humblement D 142. Ce mot se lit dans plusieurs passages où il peut passer pour un explétif, ou plutôt une cheville amenée par la rime, et le plus souvent il est mal écrit : *he sent, en sent*. Son sens propre a dû être « docile, docilement » (cf. *hael* « généreux, doux », et aussi « bien, certes »), de *sentiff*, obéir, et de la particule *he*.

1. *Hesq* lesche, l. carex C, *hessque* m. laische, espèce d'herbe qui croît dans les prés parmi le foin et qui blesse, l'A.; *eur c'havel hesc* Mo. 178. Peut s'expliquer par *sec-sc- cf. lat. *secare, Urk. Spr.* 302, voir *hesquenn*.

2. Hesq, aride; *mont da hesq, da hesp*, tarir; haute Cornou. *hespo*, van. *hesqeiñ, hespeiñ*, tarir, Gr., *hespein* ou *hesquein* à Sarz(eau), Chal. *ms; besk* épuisement, tarissement, en Cornouaille quelques-uns disent *hesp*, Pel.; petit Trég. *hésk* (à Pontrieux *mont da c'hek* se tarir, cf. moy. bret. *flac* épuisé, mod. *flasq* flasque Gr.; argot rochois *péket* pour *pesket* poissons; *Rev. celt.* XIV, 285; XVI, 233); gall. *hysp*; irl. *seasg*, de *sisqos (lat. *siccus*, de *sit-cos, cf. *sitis*, Brugmann). Voir *erlecguez*.

Hesqed, m., pl. *hesqedou, hesqidy*, furoncle, clou, au fig. endroit sensible, Gr., *esquet* Chal. *ms* (pet. tréc. *gôr-hesk*); cf. irl. *nescóit, niosgoid*.

Hesquemez, g. chabluz, *Cms*; -*ment*, chabuz, *Cb*; *esqemenn*, pl. *ou* et *hesqemer*, pl. *yen*, chantier, chevalet de charpentier, Gr.; à St Mayeux *héchemer*, billot.

Hesquenn scie C, *hesquennat* scier, p. -*nnet*, *Cms*; **hesquenner**, celui qui scie, *Cb*, habile à trancher, v. *squegiaff*, *es*- Nom. 310, pl. *yen* 196, *Esquenour* n. d'ho., xv⁰ s., *Arch. de Bret.*, V, 17, = van. *hesquênnour* scieur l'A.; **hesquennic**, petite scie, *Cb*; de **sec-sc-*, Loth, *Rev. celt.* XV, 99; voir *hesq* 1.

Het en spaçc a, pendant l'espace de (douze jours), Cathell 19; cf. *'hed 'pad ann de, 'hed 'pad ar zûn*, pendant tout le jour, toute la semaine, *Son. Br.-Iz.*, II, 236; *hed tri de* pendant trois jours Mo. 196, *hed an oll amzeriou* toujours 239; *ed-ar-veach* de temps en temps Bali 198, *hed ar vech* pendant quelque temps Nikol. 695; *var hed teir leau*, ou *hed-teir leau*, ou *teir leau* à trois lieues (de Quimper) Gr.; *lakeit hed étré z-hai* distancez-les, les arbres *L. el l.* 68.

Il y a en van. une forme nasalisée : *heennte, hante*, pl. -*teu*, allonge, *heenntein, hantein* allonger l'A. (= *heda* Pel.); *peguehent* combien (longtemps), *Voy.* 9, 28, *tré-quehent ma* tant que 107, voir *entre ma*; cette forme semble répondre mieux à l'irl. *seta*, long. En petit Tréguier, on dit *hedañ* traverser, suivre (une rue), et *hentañ* allonger (une robe, etc.), *hentadenn* allonge. Voir *Irische Texte* II, 1, 140; *Urk. Spr.* 294.

Heu, g. id., l. *heu*, *Cb*, interj.

HEUG « aversion des viandes », Pel.; aversion, répugnance, Gr., *heûg*, m. Gon., Trd; *heugui, heugal* « soulever, presque vomir », Gr., *heuguy, heugal*, roter, Nom. 260, cf. gall. *cyfogi* vomir, *hogi* aiguiser, lat. *acer*, âcre, etc.; voir *convoc, eaug, eghin* (cf. Rhys, *Celt. Britain*, 2ᵉ éd. p. 287), *hec*.

Heul, p. -*yet*, suivre; *heulyaff*, essuyure; **heulyus**, 1. immitator, *Cb*; *heülyas* il suivit D 193.

Heusaff, p. *et*, houser; **heusic**, petite bottine, *Cb*; *heusa* se botter, *heuset* botté Pel.

HEUSSA l'île d'Ouessant D 191, *Henssa* 196, *Heüsa* Gr., *Eüsa* Gon.

Hezaff, cessare, C; voir *ehoazyet*.

Hezr, herz, hardi, Nom. 18, *her* Gon., *Histoariou* 208. Voir *Urk. Spr.* 297, et le mot suiv.

Hezzreff, octobre, *Cms*, *hezré* Nom. 224, *hezré* D 71; v. br. *hedre*, *Chrest.* 113. Dérivé prob. de *hezr*; cf. *Rev. celt.* XVI, 190, 191.

Hy elle. *Na sellhy* ne la regarde pas H 14. *Na hi* ni elle, *G.B.I.*, I, 258; pet. Trég. *outi-hi* à elle-même, *ganti-hi*, avec elle, *eviti-hi* pour elle, comme en gall. *wrthi hi*, cornique *worty hy*, etc.

Hygolen, pierre à aiguiser, *Cms*, *igolen* Nom. 252; voir *Urk.Spr.* 5.

Hili, sauce, *Cms*.

Hyllicat chatouiller (pet. Trég. *herliqat*) est peut-être pour **tillicat*, de **titill-icare*, cf. napolitain *tillicare*; pour la chute du *t* initial, on peut comparer le bret. *hartous*, = *tartous*, fr. *artison*, du lat. *tarmes*, voir *lourz*. Le van. a *hilligu'* et *nigu'* chatouillement; *legueannein* et *niguein* chatouiller, *nigus* chatouilleux, Chal. *ms*; voir *leal*. Je ne sais si l'on doit comparer à *hyllicat* son synonyme basque *kilikatzea*.

Hymnou, hymnes, *Cb*, D 191.

Hincher, l. viator, *Cb*; *hincher*, *hinchour*, conducteur Gr., voir *hent*.

Hincqinn, *hencqinn*, pl. *you* pointe de fuseau; *hinqin* chandelle de glace, eaux glacées pendantes au bord des toits en hiver Gr., *hinkin*, *heñkin* m. Gon.; *Parc-an-Hinquin-Bihan* n. d'une pièce de terre, *Inv. arch. Côtes-du-Nord*, série E p. 35. Dérivé de *encq*, *hencq* étroit (voir ce mot), comme *eghin*, *héguin* germe de **ac-*.

Hir. *En hir* (fendre) en long, de haut en bas *L. el l.* 88, *dré hir rein* à force de donner 108; HIRBAT longue durée, qui est de longue durée Pel.; *hireah* désir, impatience *L. el l.* 150, *Choæs* 110, *hirreah* 40, etc., *hirræz* Gr., v. *longueur*, moy. br. *hiraez*, *hirez*, gall. *hiraeth*, cornique *hireth* (cf. angl. *to long*?); HIRRAAT s'allonger, van. *hirat*, *hireiñ* allonger Gr., gall. *hirâu*; *hirdet* longueur *Choæs* 75, *hirded*, HIRNEZ id. Gr., cornique *hirenath* longtemps; *hirricq* longuet Gr.

Hiruout gémissement H 21 (et non *-vout*); litt. « long murmure », de *boud* bourdonnement, cf. *Rev. celt.* V, 268. J'ai expliqué à cet endroit *hiboud*, *iboud* murmure, par un composé de *in* avec *boud*. Je crois aujourd'hui que *ibout*, *imbout*, *imbot*, *embot* médisance, *ibouda* médire, décrier les absents, *ibouder* médisant, détracteur, f. *es* Pel. répondent au fr. *imputer*, lat. *imputare* ; on dit à S*t* Brieuc *amputer*, dénoncer, dans les pensionnats de religieuses : « Je vas t'amputer à la mère ». Gr. donne *hiboudérez* murmure, plainte secrète des mécontents, syn. de *boudérez*, et *boudal* murmurer, se plaindre ; c'est sans doute l'association de ces mots qui a fait donner à *hiboud* m. dénonciation, délation, *hibouda* dénoncer Gon. le sens accessoire de « bruit sourd et confus, le bruit que font les eaux en coulant » ; « murmurer, faire un bruit sourd » Gon., cf. *Barz. Br.* 57. Voir Kœrting, n° 4149.

Hystorier, qui fait histoires, l. *historicus*, C*b* ; voir *estoar*.

Hizieau, aujourd'hui, Cathell, 29, *hizeou*, 27 ; *hirio* 2 s. D 52 ; *hyziu* H 2, *hiziu* 58 (et non -*iou*) ; *hidu* G. B. I., I, 360. Voir *Urk. Spr.* 145, 293.

Ho. Pep sacramant... ho goarantaf N 603, litt. « (sache bien) chaque sacrement les respecter », i. e. respecter tous les sacrements ; cf. *e gomzou, pere oc'h eus o scrivet* « ses paroles, que vous les avez écrites », *Aviel* 1819, I, 13.

Hoalat attirer, gall. *chwyl* tour, irl. *tuath-bil* tour à gauche, de *svel, cf. *Urk. Spr.* 324.

Hoannenn, puce, C*ms*, pl. v.-br. *vuenn*, *Academy*, 18 janvier 1890, p. 46.

Hoantus couueteux, C*b*, v. *couuetaff* ; *he houantaat na gra quet* ne la désire pas H 14. Voir *Urk. Spr.* 321 ; *Idg. Forsch.* II, 369.

Hoar. C'houar sœur D 92, *ar breudeur hac ar c'hoüar* les frères et les sœurs (d'une confrérie) 72. Voir *mamm, mazron*.

Hoarays carême C*b*, *houarays* Catech. b, 9 v, *an hoareis* Nom. 70, *ar c'horais* (ce mot en 3 syl.) D 83, *daou c'hant c'horais* 70, *seiz c'horais* 70, 71.

Hoariff coll pe gounit se mettre en hasard ou de vaincre ou d'être vaincu, *hoariff ez paotr* livrer la bataille Nom. 193, *an pris pe'n gaiou à dou(c) vn den euit vn hoary-benn* l. præmium, guerdon 204 (pet.

Trég. *eur penad-c'hoari*, une partie), *c'hoary 'n dinçou* jouer aux dés D 178, *c'hoariou* jeux 106, *hoaryou* Nom. 200; de là **Hoariec** reg. Péd. 25 b, 63, 108 (1570, 1577, 1586), *An H.* 4 b, 7 b, 23 b, *Le H.* 36 b, 53 b, 65 b, 108, *An Hoaryec* 2 b (1565, 1566, 1569, 1572, 1575, 1577, 1586, 1565); *hoaryer gant harp*, joueur de harpe, Cc, *c'hoaryeuryen* joueurs D 178; voir *discomboe* et *Urk. Spr.* 323, 324.

Hoärvoe il arriva, Jér. v. *dinoe*; le tréma a été sans doute ajouté par Pel.

Hoaz. Ce n'est pas ce mot qui se trouve dans *na noz bezo choas* J 132, r. *as*; le sens est « et vous n'aurez pas le choix ». *Goulen d'ar c'hlanvour c'hoaz a drugarez, a nerz* demander pour le malade un surcroît de grâce, de force, Bali 175.

1. **Hoazl** *pe fraill* « baaillement ou fandance », **hoazliff**, *bazaillat* (bâiller), C*b*.

2. HOAZL, âge, *hir-hoazl*, *hoaël-hirr*, grand âge, *hirr-oazlus*, *hirroaëlus*, âgé, Gr., *hirhoazlus*, C, *berrhoazly* courte vie P, *c'hoaël hir* longue vie Trub. 159, *c'hoaël-vad* bon temps, bonheur 121, 167, *c'hoaël vad* 169, *hoal*, m. Gon. âge, *hoar* temps Barz. Br. 4, *oalet* âgé G. B. I., I, 58, *hoazlet* Gr., HOÄZLEC, *hoäzlus* Pel., gall. *hoedlog*; v. br. *hoedl*, v. celtique de Grande-Bretagne *-sĕtl(on)* = lat. *sĕclum* (Stokes); *Chrest.*, 138.

Hobergon, haubergeon, Cms.

Hogos dan calon, près du cœur; car *hogos*, proche parent, C*b*, **hogosder**, voisinage, v. *contigu*; approchement, v. *nessat*. Voir *hubot*.

Ho great, voir *gre*.

1. *Hoguen*. Pl. *hoginn* baies d'aubépine, Sauvé *Prov.* 768; voir *eugenn*.

2. **Hoguen** maïs, Cathell, 13, etc., *haguen* 22. *Hoguen* rime en *on*, P 31, cf. *hegon*, Gr., Pel., voir *Rev. celt.* XIII, 246. Sur un autre mot *hoguenn*, voir *yoh*.

Holener, reg. Guing. 123 v. *Olen* sel, *olener* qui fait du sel Nom. 313; pet. Trég. *groac'h an holen*, la femme qui porte un enfant aux fonts baptismaux. Voir *oade*.

Holl. An (et non *ann*) *oll* entièrement H 48, *ho oll valiç* toute leur malice *Cat. imp.* 12, *va holl c'harantez* tout mon amour *Nikol.* 66; *hollgalloudec* tout-puissant H 5, 6, 8, 60, *holl galloudec* 59, 60. Voir *Urk. Spr.* 304.

Hon em tommaff nous chauffer B 370, cf. *Rev. celt.* VIII, 40 et suiv.

Honest guiscamant vêtements convenables H 18; **honorabldet**, honorabilité, C*b*, v. *enoraff.* Voir *hubot*, p. 325, et *maru*.

Hont. Monet a hanenn dan lechont « aller decza, dela », C*b*; *vahont* là-bas B 284, *vahunt* N 867, cf. la rime B 163. *Er bed-hont* dans l'autre monde *Choæs* 106 (cf. B 556, J 90); *en dé bras-hont* ce grand jour (futur) 33.

Hopellant, houppelande, C*ms*.

Horellaff, vaciller, C, *car orgellus*, chariot branlant, Nom. 179, van. *horguellét*, (la terre) ébranlée, *Voy.* 106.

Horolog, horloge, C*b*, *horoloig* D 71, *vn horolaig, vr rolaig*, Nom. 148. — **Horribldet**, horreur, cruauté (des supplices), Cathell 24; *horrublamant* horriblement Mo. 294, *horreur* horreur D 155, *horrerus* horrible Jac. 73, Mo. 165, *horerus* 262; cf. *Dict. étym.*, v. *orribl.* Voir *rigueur.* — *Hospital*, hôpital, C*b*, v. *coz*, D 99; pl. *ou* 78, 98, 99; *ostisien* aubergistes 95.

Houarnn, fer, C*ms*, C*c*, *houar*, C*c*, v. *chaden*, pl. *ern* Nom. 180; *houarnner*, ferron, C*ms*; pet. Trég. *houarnet,* (linge) qui a été taché dans la lessive.

Houce, housse, l. epitagium, C*ms; housse*, m. housse de cheval, l'A.; du fr. Cf. le n. d'ho. *Le* **Houssec** XVIe s., *Inv. arch. Morb.* V, 152, 158?

Houch, porc, C*b*; *houc, houc lart spazet, hoch goez*, C*ms*; **houchyc**, petit pourceau, C*b*.

Hounissaff, honnir, C*ms*.

1. *Hoz*, g. chenille, C*ms*; cf. *Preff an cavl*, g. chenille, l. *eruca.* Item, c'est une herbe dite *escherolle...* Item, vide in *hoz*, C*ms*.

2. *Hoz*, l. 2, lire : *hoz* de votre J 40. *Hoc'h hano* votre nom D 51, *hoc'h humanité* 152, *h' oc'h esperanç hu* votre espérance 16, *oc'h Ilis* votre église 141, *oc'h unan* vous seul 53, *m'oc'h assur* je vous

assure 119 ; *war b' kwele* sur votre lit G. B.I., I, 4, *h' gourc'hemenou* vos compliments 46.

Huanadeur, 1. spirator, g. soupirer (*lisez* soupireur), Cc, f° v ; *vhanat*, soupir, Nom. 215, 260, pl. *huanadou* D 171 ; van. *huannadal*, soupirer, *Voy.* 72.

Hubot « se trouve ainsi écrit dans mes livres », dit Pel. ; *ubot, uhbot, uc'hbot, ibot*, canaille, gueux, *ubota*, etc., agir et vivre en gueux, mots cornouaillais, Pel. ; *hubot, ubot* et *hubota*, Gon. ; *huboded* coquins, fripons Trub. 93. M. Thurneysen propose (*Keltoromanisches*, 24, 25) de tirer *hubot* de *$hibôk$ ou *$hebôk$ = gall. *bebauc*, faucon, v. irl. *sebocc*. Ces mots celtiques seraient empruntés au germain (anglo-saxon *heafoc*) ; la forme bretonne aurait pénétré dans le domaine roman et donné lieu au français *hibou*.

Cette explication a contre elle à la fois le sens de *hubot* et son *t* final. Je crois que *hubot, ubot* vient de *ibot*, lui-même tiré par aphérèse de *haillhebod*, coquin, polisson, malotru, Gr., du v. fr. *halleboter, aleboter*, grappiller, glaner, cf. rouchi *alboder* « faire le fainéant, travailler ... sans avancer l'ouvrage, le faire mal après s'être vanté qu'on le ferait bien », *albodeux* « marchand qui n'a que de mauvaises marchandises et qui n'offre aucune garantie » (G.-A.-J.-H***, *Dict. rouchi-français*, 2ᵉ éd., 1826) ; voir *Rev. celt.* XVI, 221, 222.

Les phénomènes d'aphérèse sont fréquents en breton, surtout dans le langage familier ; en voici des exemples :

Moy. bret. *breman*, maintenant, de *an pret man*, en ce moment ; cf. bret. mod. *duman*, de ce côté-ci, chez nous, *duhont*, là-bas, bret. moy. *an tuman*, deçà, *an tuhont*, au delà ; moy. bret. *vase*, là, *vahont, vahunt*, là-bas, de *$an man se$, ce lieu, etc., voir *Dict. étym.*, s. v. *a lech se* ; tréc. *ré-me*, ceux-ci, *re-ze*, ceux-là = moy. bret. *an re man, an re se* ; à Sarzeau *ri-nei*, les nôtres = *hun re-ni*, etc. ; cf. *Rev. celt.* III, 57 ; voir *poursuif*.

Moy. bret. *coulx*, aussi bien que, de *quen couls*, auj. id., voir *goaz* 3 ; tréc. *sord*, que, quoi, de *pe-sort*, cf. gall. *sut*, comment, de *pa sut* ; *muiquen*, seulement, Jac. 27, Mo. 159, de *hepmuiquen*, 208 ; *bouet* faim, appétit, à Plourivô (en Goello), voir *elboet* ; tréc. *'n ini gar né*, celui qui les aime = *ann hini a gar aneze* ; *boe*, depuis = *abaoe* ; *lec'h*, au lieu de = *e lec'h* ; petit Trég. *ze vou ezloc'h 'ze*, ce sera d'autant plus facile, de *ezetoc'h a ze*; *'man 'du ganeign* il est de mon côté, de mon avis, de *a du*; *ba'n ti*, dans la maison = *ebarz ann ti*; *bamou-d é*, parce qu'il est, à Saint-Clet *a vam ma é*, de *abalamour*, van. *balamort* = *a* et *palamour* (du fr. *par amour*), etc.

Moy. br. *za* de *eza*, donc, auj. *ta*, *eta*, van. *enta*; *stinn* (r. *ign*), extension, du lat. *extendo*; *splet*, effet = fr. *exploit*; *spont* = fr. épouvante[1]; *rabl* = fr. érable, *huedez*, *ehuedez*, alouette; tréc. *man* et *eman*, il est, bret. moy. *eman*, gall. *mae*, *y mae*; tréc. *vel*, comme, *vil*, pour, et *evel*, *evit*; *zepet* excepté *Historiou* 194, *sepet* Jac. 15, *sepet c'houi* excepté vous 47, *sepet ma* pourvu que 14, 37, Mo. 241, etc., = *exceptet*, *Intr.* 49, du fr.; *tiqedenn* étiquette Gr., (cf. angl. *ticket*); à St Clet *risper*, érysipèle; van. *defice*, édifice, l'A., v. *domaine*, *domanial*, *frontispice*, *plan* = *endefiç* Chal. ms, *ediviçz*, Gr., moy. br. *edeficc*; voir *razas*.

Van. *toul-hui* « trou d'un fossé, pour attirer l'eau », l'A. = *huiérr*, m., ventouse, *huiére*, barbacane, *huiérr*, *huérr*, égout, *huiérr*, *huére*, évier, *huér*, m., canal, l'A., hors de Vannes *eguer* « escuyer, l. aquarium », Nom. 240, du fr. *évier* : pour le changement de *vi* en *hui*, cf. van. *ahuitein énn ahuél* = fr. « éviter au vent », l'A., *Suppl.*; *ihuérnn*, enfer, l'A., de *ivern* pour *ifern*; *morhuitenn* morve, l'A., dérivé du fr., etc.; pour le traitement de la terminaison française *-ier*, voir *manier*.

Van. *maginationneu*, chimères, l'A., du fr. *imagination*, *énn ur maginein* en imaginant, *Sup.*, v. *chimériquement*; léon. *tropic* = hydropique, Le Bris, *Instruction var... ar Rosera*, Quimper, chez Derrien, p. 118, pet. Trég. *itropeq*.

Léon. *briqesen* et *abriqesen*, abricot; *lambic* alambic, *lambicqa* tirer par l'alambic, distiller, Gr.; tréc. *ar c'hademi*, l'art, le grand genre, G. B. I., I, 500, du fr. *académie* (Gr. donne *academya*); *bitacle*, habitacle, l'A. *Sup.*, cf. v. *etacle*.

Léon. *gosicq*, presque = *hogosicq*, diminutif de *hogos*, id., Gr., *gozik* Brizeux, I, 328; *gozvaro* presque mort *Bali* 120; *hogos*, *hogosicq* « joignant », Gr., *hogos*, *hegos*, presque, Pel.; léon. *nestamant* passablement, J. Moal, de *honestamant*; voir *horolog*, *maru*.

---

[1]. On peut ajouter *siculi*, *secuti* exécuter, *sicuciou*, *secucion* exécution Gr., à moins que ces mots ne se rattachent au v. fr. *secuter*, *scquter* suivre, poursuivre God.

Van. *fehen*, je pourrais, B. *er s.*, 48, *fehé*, il pourrait 48, etc., de **(g)ouvehen*, voir Rev. celt. XI, 481; cornou. '*Trou Doue!* Seigneur Dieu, Barz. Br. 37, '*Trô Douc!* Son. Br.-Iz. II, 122, 212, de *aotrou, ôtro*; cornou. '*nan* un, Barz. Br. 36, pet. Trég. '*nañn*, de *unan*.

Van. *huillérr*, m., étui à cure-dent, etc., l'A., *huilliérr*, aiguillier, l'A., Sup., du fr. *aiguillier*; bret. moy. et mod. *arre*, de nouveau, prob. de *adarre*, id. = v. irl. *aithirriuch*.

Van. *enn dedeu*, le Juif-errant, l'A., léon. *ar boudedeo*, petit Trég. *Boudedi*, de *Butadeus*; dialecte de Batz *ur cheñt*, *uchañ*, *chañ*, quelqu'un, on, de *ur hricheñt*, un chrétien; hors de Vannes *eoles* « faséoles, l. phaseolus, delichus », Nom. 75, du fr. *faséoles*; sd de *teus ak* = *eñtreze hac*, voir *entresea*; moy. br. *iuridic*, *iurdic*, et *dic* exact, du fr. *juridique*.

Argot trécorois de la Roche-Derrien *letez*, crêpes, campagnard, du fr. *galettes*, cf. Rev. celt. VII, 46, 43, XIV, 279, 280; *gistr*, van. *registr*, registre Gr.; tréc. *rusiped, siped* = vélocipède.

Tréc. *zamañ*, viens ici = *deuz amañ*; activement : *zamañ d'eign bara*, donne-moi du pain; au pluriel, dans les deux sens, *damañ, deud amañ*; cf. *d'ez aman d'in*, donne-moi, Histoariou, 11; *dama, plac'h iaouank, 'r mouchouer*, donnez, jeune fille, le mouchoir, G. B. I., I, 158 = *deut ama d'in ur mouchouer*, donnez-moi un mouchoir, 156; *dama ann ez-han*, donnez-la-moi (la lettre), 294; cf. *deut amán ho sier*, donnez vos sacs, Jac. 79, *det aman o sier* id., *deut guenach o preur* amenez votre frère Jac. ms 59; *deut guin dan dol* servez du vin à table 84; *deuït ur gador-vreac'h* apportez un fauteuil; *deuït amá ho tournicq din* « donnez-moi votre menotte », *deuït goulou amañ* « éclairez ici », *deuït din da voëlc'hi* donnez-moi à laver Gr., *deut ... dign*, donnez-moi, v. *béni, chose; deuït ...din* id.v. *inclination, lot*; *deud din*, id., Coll. Peng., II, 119, 147; *deut d'in krog en dorn*, laissez-moi prendre la main, G. B. I., I, 188. Le sens originaire est encore plus effacé dans *deuït dign termen* faites-moi crédit, Gr. v. *crédit*. Le v. br. *doit* gl. sustullerit (...equum aut uaccam) peut être identique au bret. moy. *duez, deuz*, il vint.

Moy. br. *renn* f., un quart (lat. *renna*, C), *renn* m., à Morlaix « un quartier », Gon., gall. *rhennaid*, sorte de mesure, Davies, prob. de *pévarenn*, van. *pérann*, Gr. Le van. *évédrann, évéderann*, m. pl. *eu*, demi-quart, l'A., *evédrann Voc.* 1863, p. 28 = *(en) deuved [pe]rann*, cf. tréc. *daouved, daoued*, deuxième, gall. *deufed*; voir *yell, parefarth*.

Pet. Trég. *de Die!* atténuation du juron *noñ de Die*; *c'houéz èn dision*, une odeur horrible, du fr. *malédiction*, etc.

Guëznouïcq, Nouïcq, petit Goënau (nom de baptême) Gr., *Lan, Lanik* Alain, *Dreo* André, *Tounik* Antoine, *Toun* Antoinette J. Moal, pet. tréc. *Sañteq* Vincent, *Lali* Eulalie, *Kadieq* Léocadie, *Wañneq* Yves, *Gôd, Godeq* Marguerite, *Soazeq, Sezeq* Françoise (Grég. a *Saïcg, Saïgou* Fanchon, de *Francesaïcg, Francesaïgou*); etc., etc.

Cf. en gall. *gethwr* de *pregethwr*, etc. (Loth, *Rev. celt.* VII, 175, 176).

Hudur (animaux) impurs D 41; *hudurnaig an graguez*, syn. de *bleuzu, misyou*, Nom. 262.

Huec doux, voir *douce* et *Urk. Spr.* 322; C'HUEQDER douceur Gr., cornique *whekter*.

Huechuet sixième Cb, H 12, 19, 20 (et non -vet), *c'huec' hvet* D 35, 73, 103; C'HUEZECQ, van. *huezecq* seize, cornique *whettac*; C'HUEZECVED seizième Gr. *huézecvétt* l'A., cornique *whehdegvas*.

Huedaff vomir, voir *Urk. Spr.* 307.

Huedez alouette C; voir *ehuedez*.

Huelic « un peu haut », dans *Kaerhuelic*, n. d'ho., XVe s., *Arch. de Bret.* V, 74; voir *vhell*.

Huen. A huen couché, étendu sur le dos H 45; *a c'houen he groc'hen* Perrot 74; *astennet var goenn he groc'hen, Argad Abervrac'h*, Quimper, 1868, p. 21; cf. *Urk. Spr.* 54, 365.

Huenn glou, sarcloir, Cms.

Hueru, amer, *heuru*, Cb, v. *lousouenn*; HUERODER amertume, dans « le vieux casuiste », ceux qui prononcent plus court disent *c'hwerder* Pel., *c'hüérvdêr* Gr., gall. *chwerwder*; *huêruonni, huêruision* id. l'A., *c'huervison* pissenlit Gr., *chwerwisson* Pel. Cf. *Urk. Spr.* 324.

Huerzin rire, gall. *chwerthin* = *svard-tin-*, cf. pour le suffixe l'irl. *do saichtin* à chercher, ionien δω-τίν-η présent (lat. *datio*); **hoarzaff* je ris, auj. *c'hoarzañ*, gall. *chwarddaf*, = *svard-ami*; cf. *Bull. mens. de la Fac. des Lettres* de Poitiers, VIII, 120. De *c'hoa-*

rhet, (conte) pour rire, Chal. ms; *c'hoarz* il rit D 95; c'hoarzus, van. *hoarhus* risible Gr., gall. *chwarddus* porté à rire; *c'hoarzèr*, van. *hoarhour* rieur, *c'hoarzérez*, van. *hoarhereh* action de rire Gr., -*reah* plaisanterie *Choæs* 87. Cf. *Urk. Spr.* 323.

Hues sueur est expliqué par *svitso-, de **svid's*-, cf. ἴδος, *Urk. Spr.* 325.

Hueurer février C, *chueufrer* Nom. 223, *c'heuvreur* D 73.

Huezaff, souffler, Nom. 196; enfler, *douar huezet* « enfleure de terre », *Cb*, v. *coezff*. Voir *huytellat*.

Huguen, luette, Am., Pel., v. *ughen*; *huguenn*, *huqenn*, *hugués*, van. *huguedeen*, Gr.; *huguætt*, *huguedeen*, l'A.; *huqueten*, *huc*, Chal. ms; *an hugus* (et *an luetten*), Nom. 20; pet. Trég. *hug*, *huget* (à St Clet *alueten*). Dérivé du lat. *uva*; = **uv'*-*c*-*inn*-, cf. *dornguenn*, *dorguenn*, anse, de *durnicinna, *milguin*, manche, de *manic-*inna*? Voir *torocennic*. Il semble qu'on doive voir un autre dérivé de *uva* dans le van. *ugheolhen*, *ugheolen* ampoule; tumeur remplie d'eau Pel., *hugéolen*, *ugéolen* id. Gon., *er Benigen e oai huguellennét hé horf idan ur greizen ran* la Pénitence avait le corps meurtri par un cilice, *Voy.* 116, cf. basque *ugulloa* vésicule, ital. *ugola* luette ? Les *hugues rondelettes* dont il est question dans un texte français cité par Godefroy doivent être des grains de raisin.

Huyl escarbot C, *c'huyl*, pl. *ed* Gr., gall. *chwil*, pl. *od*; c'hwilletta chercher des escarbots, Pel., gall. *chwilota*; c'hwilorés frelon Pel., gall. *chwiliores*; c'hwilia, *c'hwilla* fouiller, gall. *chwilio*, cf. *Rev. celt.* VII, 42. On dit en petit Tréguier *c'hwilosteta* flâner, aller et venir, litt. « chercher des scarabées à queue ».

Huytellat, *huytellein* en van. siffler avec un sifflet, ailleurs *c'huytellat* Gr., *huittellat*, -*llein* siffler, *huittel* pl. -*lleu* sifflet Chal., tréc. *c'houitelat*, *c'houistelat* siffler, cf. *G. B. I.*, I, 354; *c'houistel* sifflet, gall. *chwithrwd* sifflement, *chwythell* sifflet; cf. moy. bret. *huezaff* souffler, *huybanat* siffler (de la bouche), moy. irl. *fet* sifflet, même racine que σίζω, l. *sibilus* etc., *Bezz. Beitr.* XIV, 111; XVIII, 147, 148; XIX, 102; *Urk. Spr.* 322. Voir le mot suivant. Cf. *Rev. celt.* XIII, 356. A Houat, *huitel* désigne le *fucus nodosus* (Delalande, 74). Le Huictellec n. d'ho. vers 1615, *Inv. des arch.* Morbih. Série B, p. 168. La distinction des deux mots qui veulent dire « siffler » n'est pas observée en van. dans *huitelat* (en parl. d'une vipère) L. el l. 136; *huitellat* (en parl. des oiseaux) *Celt. Hex.* II, 12.

HUYTOUT n'être pas bien Gr., *c'houita, c'houitout* Gon., *ne c'hwit ket* il est passable Pel., bas van. *ne c'huitan* je ne vais pas mal, *Barz. Br.* 341, tréc. *c'houitañ* manquer, gall. *chwitho* être étonné, etc., de *chwith* gauche. Pour le *t*, voir *huytellat, latar, quenderuiez, reter* et *Rev. celt.* IV, 150, XI, 469 ; *Urk. Spr.* 308.

Humbl humble H 45, D 180; *humilia* humilier 126, *humilité* humilité Cathell 1, *-te* H 47, *-tez* 46.

Humor : *coeffuet dre drouc humezr* « enflé de mauuais humeurs », *Cb*; pl. *humeuryou*, Nom. 258.

Hun. Le Hunegan Anniv. de Trég. 37 v; *hunure* songe C, pl. *hufreon* (lis. *-ou*) D 87; *uvreou* Jac. 61, *uvreyou* 128; f. : *diou uvre* 63; *hunvré, huvre,* van. *hunvre, huvre, évrein* Gr., *huvré, huñvré* Gon., pl. *hureou Trub.* 23, *hunvré, evré, evreine* Chal., *évreine* l'A.; HUNĖ sommeil, Chal., f. rêve l'A., *une, uné* rêve Chal., pl. *hunéeu Guerz. Guill.*, 40, gall. *hunedd* m. somnolence (Loth). Voir *manier*.

Hureuhin. Heureuchin, gleron, rat gleron, l. glis Nom. 33.

Hustou, robe (des femmes), *Cb*, v. *lost*.

Huzel, huzil, hudel, suie, *Cms*.

I

Y. *Cary* aime-les, *sicouri* secours-les D 82; *kouls ha hi* aussi bien qu'eux G. B. I., I, 378, *hag hi* et eux 278; YNT, *ynt-y* ils, *Gram.* de Grég., p. 62, 63, *int Cat. imp.* 130, *hint* 53, 78, *hint-i* 98; *int, ind, Gram.* de Hingant 172, van. *ind* ils, eux *Gram.* de Guillome 33, *guélet ind* voyez-les L. el l. 112; *a pe mès int* puisque je les ai Choas 9, ou *gloër int* leur gloire à eux 90, etc., cf. gall. *hwynt, hwynt-hwy*, irl. *stat*; la terminaison est empruntée à la conjugaison, comme dans l'ital. *eglino*. Voir *Urk. Spr.* 292, 293.

Ya, ia, oui, *Rev. celt.* XIII, 355, 356; explétif dans *ya nemet e viot* pourvu que vous soyez *Intr.* 101; *na ell mui ar guenan ober o zieguez, ya pa chom ar c'hinit var o hent* les abeilles ne peuvent faire leur travail, quand les araignées les embarrassent 74.

Yahan Jean H 26, 37, *Iahan* 35, 37, *Jahan, Iehan* 22, *Jan* 6, 54, reg. Plouezec 14, reg. Quimp. 8ª, *Iahann* 1 syl. J 162 b; *drouc San Iéhann* mal caduc l'A.; dim. Jannic reg. Guing. 107 v, 184 v, *Janhic* 172 v, *Janic* 177 v, auj. *Ianik* et *Jañik*; cf. le n. de lieu *Kerianic*, xvᵉ ou xvıᵉ s., *Inv. arch. C.-d.-N.*, série E p. 8; voir *Rev. Morbih.* III, 22, 23. La prononciation par *j* français existait certainement dans *Petyjan* en 1601, reg. Quemp. 16ª v, cf. *Piti-Jañ* « Petit Jan, petit lacquais » Gr. On n'en connaît pas d'autre pour le fém. : *Janned* Jeanne, *Jannedicq* Jeanneton Gr., *Janned he gouzoug hir* Jeanne au long cou, sobriquet de la Mort, *Hist.ar b. Mizer* 13.

Ialch, bourse, Cb, v. *lech*, pl. *yelchier* (et non *yelcher*), v. *yalch; yalchou*, v. *ober; vn troucher da yalchou* « couppebourse », Nom. 327; *ialc'hijen*, Peng. V, 189. *Yalc'hic* petite bourse, pl. *ilc'hyerigou; yalc'hat* part. *-et* embourser Gr.; *ialhad* bourse (remplie) *L. el l.* 144. Pet. Trég. *ober ialc'h adré*, litt. « faire bourse par derrière », se dit d'une femme qui fait des économies en se cachant de son mari.

Yar mor « dorée, truete », Nom. 45, *yar indea* poule d'Inde 39, *yar-spaignn* dindon l'A. Voir *Urk. Spr.* 223.

Idolet, ydolet idoles H 9, *idolet Choæs* 196, *idolou* D 85, Gr.; *idoli* idolâtrer, *idoler, -lour* idolâtre Gr.; *idoleryen* idolâtres *B. s. Genov.* 15, *idolerez* idolâtrie 11.

Yechet santé. Au xIIᵉ s. *hiat*, Loth, *Ann. de Bret.* VII, 243, pet. tréc. *ihet, iet*. Voir *Urk. Spr.* 222.

Yell, nielle, plante C, *ysell*, Cb, v. *troel*; *hiel*, Pel., *yel* 2 s., Jac. ms 93; *en niel*, *L. el lab.* 40; *niéel* « yvroye, zizanie », à Noyal-Pontivy, Chal.; pet. Trég. *iel*, 2 syll., *iel douar*; cf. *bleun ial* (traduit « bleuet »), *Barz. Br.* 473; du fr. *nielle*. Le mot *yel*, épeautre, Nom. 75, *yell*, Gr., *iell* m., Gon. peut être différent et venir de **yeu-l-*, cf. irl. *eo-rna*, orge, grec ζε(ϝ)ιά, épeautre.

Pour la suppression de l'*n*, cf. moy. br. *ausaff*, arranger et *penaux*, comment (voir *neuz*); *eff* et *neff*, ciel; *ant*, raie et *cor-nandoun*, nain (voir ce mot); *en aztroat* et *noaz troat*, nu-pied (*en aztroad*, Gr., *en oas* Jac. *ms* 6); *azr*, serpent, v. br. *natr-;* *Ycomedi*, Nicomédie; *Ormant*, Normand, « ceux qui ne savent que le breton disent tous *Ormandy* [Normandie], *Ormand*, [pl.] *Ormanded*, [*Ormandis*, f.] *Ormandès*, etc. » Gr.; *ezeff* besaiguë, mod. *neze*, *eze* doloire, *Rev. celt.* VII, 311, 312; à Batz, *enjal*, voler de *neijal*, *odoué*, aiguille, bas cornouaillais *adour* (van. *adoué*, Gr.), plur. en pet. Trég. *adoueo*, géranium, bec-de-grue, br. moy. *nadoez* ; à Sarzeau, *eiadeu*, nids (mannois *edd*, un nid, moy. br. *nez*); van. *aigre*, nègre, l'A., v. *marron*; *avæguein*, naviguer (léon. *naviga*, Gr., *nauigaff*, Nom. 220, *lavigan*, Son. Br.-Iz. II, 274, voir *orniff*), *avægour*, navigateur, l'A.; *odein*, mettre bas, cochonner, Chal. *ms*, *nodein*, faire ses petits l'A. (*nodi* fêler, fendre un peu, Gr); *igrommancian*, chiromancien, Nom. 303, *ygromancer*, nécromancien, *ygromanz* nécromancie, Gr., moy. br. *nycromance* (cf. v. fr. *ingremance*); *elf* nerf, pl. *elfou*, *elvou* Gr., moy. br. *neruou*; *ouz an eac'h* en haut *Intr.* 58, *an neac'h*, *an nec'h*, le haut Gr., de *knec'h*; *oet*, *nöet* gouttière Pel., *oued*, *noed*, id. Trd, près de Brest *oed*, *oued* conduite d'eau dans les champs Trd, *nouet* gouttière Nom. 131, pl. *nouegou* 144, *nouëd* Gr., = fr. *noue*, cf. van. *no* f. marais, « on n'entend plus ce dernier que chez les Galots », l'A., *Sup.*; *ozel*, *ozelen* bouton, noisette, noix de coudrier Pel., *nozelenn* C, *nozelen* bouton Maun., glande, excroissance de chair Pel.; *en aon* la faim Jac. *ms* 63, *an il* le Nil 44, *an os* la nuit 12, *un ofrage* un naufrage Mo. *ms* 179 (cf. morvandeau *aufrage*); pet. tréc. *ar re-ze zou egos gante*, ils font du tapage, du fr. *négoce*. Voir *asq*, *ivleenn*, *néau*, *neyzor*, *nevez*, *noeanç*, *nopleat*. La principale raison de cette chute de *n* initial, est que les articles *an* et *un* finissent par un *n* : *un azr* pour *un nazr* rappelle l'anglais *an adder* pour *a nadder*. Cf. Stokes, *Remarks*, 31.

Le *d* initial, qui était anciennement sujet à une mutation en *n*, gardée par le gallois, est parfois tombé de la même façon : moy. br. *dor*, porte, *an nor;* *dorlech* « huysseirie » C, pl. *orlechyou vn. or*, *an mein à so à pep tu dan or* « les jambages ou jambages d'un huis ou d'une porte », Nom. 145 ; *an igounnar*, mort-aux-chiens, Nom. 86, *an igounar*, id. Gr. = *an digonnar*, corne de cerf sauvage, plante, *an digounnar*, *an igonnar* « chasse-rage ou passe-rage », Gr., litt. (remède) contre la rage; *an inammen* « bouillon, l. verbascum, ... candela regia... », Nom. 94, *an jnammen*, bouillon, plante, Gr., de *dinamm*, sans tache, *ober an ollant*, faire le dolent, affecter d'être triste, Jac. *ms* 21, etc., cf. *Dict. étym.*, v. *affuat*. Cette chute du *d* est fréquente dans le mot « deux », nous en avons vu un exemple (*évédrann*), s. v. *hubot*; cf. *an aoulin* et *an ivrec'h*, les genoux, les bras, *Intr*. 58. On peut ajouter le van. *yuarh*, pl. *eu*, *yuarhen*, pl. *-nneu* « petit chemin entre deux hayes » ; « sentier, petit chemin clos de deus hayes, ou une charrette ne peut pas passer » ; *en yuarh hout* « ce défilé (est un chemin serré entre des montagnes) », Chal. *ms*, auj. *iwarh*, prob. de *diu* (*h*)*arh*, deux haies. Voir *demesel*, *noeaff*.

Yelo (il) ira, voir *Rev. celt.* XI, 94-97, 103, 105, 473 ; *Urk. Spr.* 43.

Yender, refroidissement, C*b*, v. *recreaff*; froideur, Gr., gall. *ieinder* ; *ienhat* refroidir, rendre froid D 18, *yenait ho penn* calmez-vous Mo. 259; *hon yena é carantez* ... *Doué à ra* il refroidit notre zèle pour Dieu 122, *en em yena* devenir tiède (au service de Dieu) *Intr.* 437.

Yez. *Ober hiez* (ne pouvoir) parler *Trub*. 54, *iez* pl. *ieçziou* langue XVIII, *hieçziou* paroles, cris 23, *en ho hiez* à leur façon 320, *hiez*, pl. *hieçziou* acte, action, 232, gestes 231, etc.; voir *Urk. Spr.* 223.

Iff an bet,(quand) je m'en irai de ce monde, B 278; *quement mazif*, partout où j'irai, N 997; *maziff*, que j'aille, 71 ; *nen diff*, je n'irai (pas), B 297, *nen dif*, J 192 b; *net diff*, B 521, var. *ne din*; *y*, tu iras, 636, J 52 b; *yt* vous allez H 41 ; *it*, allez, 104 b; *yt*, N 314; *eth* C*b*, *et* C*ms*.

Iffern. *Infern* enfer H 21. Ce mot rime en *arn* dans deux passages du *Mirouer de la Mort* (*Chrest.* 295); cf. *iffarn*, Maun., *Templ consacret*, 156; cornique *yfarn*; pl. *ifernou* D 21, 32, *infernou* 49, 126; *ifernus* (monstre) infernal Jac. 36. — *Yffournaff*, enfourner, C*b*, v. *fornes*, *yffornaff*, C*c*.

Ignapr, m. « mal ... aux pieds des chevaux ... qui fréquentent les marais », Gon., Trd, *ignarp*, Trd = *ignis asper*, cf. bas lat. *enisacrum*, erysipelas, sacer ignis. — *Ignorancz* -ance Catech. 4 v, -*anç* D 29, 88.

Igoret, *dygoret*, ouvert, Jér., v. *seade*; voir *Dict. étym.*, v. *digor*.

Iguenn hameçon C, *higuennou* lignes (à pêcher) Nom. 318; gall. *hig*, d'un germain *héga, cf. v. h. a. *hâgo*, *Urk. Spr.* 32.

Ilyeauenn, lierre C; *ilyo*, *ilyoen*, Nom. 105; à Saint-Mayeux, Corlaix, Plussulien, *dio*; à Séglien, *delià*; van. *delyau*, *delyau-rid*, ou (*delyau-*) *red*, Gr., *deliau-ritt*, l'A., *en deliau*, *en iliau*, Chal. *ms*.

Gon. explique le van. *deliô-rîd* par « feuilles qui courent », et les formes *deliauênn-ritt*, f., pl. *deliauênneu-ritt* « lierre », l'A., supposent cette décomposition. Mais c'est là, ce me semble, une « étymologie populaire », fait assez fréquent en breton; cf. *Rev. celt.* VIII, 31 et suiv. Le van. *delyau* ne diffère du léon. *ilyau* Gr., *eliaw*, Pel., que par l'addition d'un *d* initial, phénomène qui a pu être facilité par les locutions comme *coad ilyo*, du lierre; *bod ilyo*, branche de lierre, Gr., et dont il y a d'autres exemples :

Pet. Trég. *déveder*, alouette; van. *daripoennte*, m. trepoint, l'A., *daripoenntt*, arrière-point, *Sup.*, du fr. *arrière-point* (sur le traitement de la terminaison *-ière*, voir *manier*).

A Sarzeau, *daroñyall* = hirondelle, *Rev. celt.* III, 236; *diañn*, droit, 239; à Mûr *deun*, pet. Trég. *war-deven*, tout droit, etc., voir *ent*.

On peut comparer la prothèse du *t* dans le bret. moy. et mod. *tourz*, bélier, cf. moy. br. *maout tourz*, id., probablement de *maout* *hourz (gall. *hwrdd*, haut breton *hourr*).

Reste à rendre compte de l'addition de la syllabe qui termine *delyaurit*, variante de *delyau*. Je soupçonne une étroite parenté entre le van. *delyaurit*, lierre, et le léon. *iliavrez*, m., chèvre-feuille, Gon.; cf. encore gall. *eiddiorwg*, lierre, avec un suffixe final différent, et *eiddiar*, bruyère. Trd a *ilio-red* lierre, *Dict. br.-fr.* p. 806.

L'*l* du mot *ilyeauenn* tient lieu d'un *z* doux, cf. cornique *idhio*, gall. *eiddew*, irl. *eidenn*, peut-être par l'influence d'un autre nom de plante, *illy* cormier. Voir *Urk. Spr.* 28, 29.

Ilys église H 5, 16, *ylys* 16, *ylis* 33, *iliz* 59, *ilyz* 56, pl. *ilisou* D 96, 175; *ilisein* relever une femme après ses couches, *ilisemant* relevailles l'A., v. *couche*.

Illy dans les noms d'ho. *de Kerilly* xve s., *de Botily* R. Kerviler, *de Quênec'hquivilly* s[r] dudit lieu, *de Traonrivilly* s[r] dud. l. xve, xvie s. Nobil., *de Treffilly* (au blason « semé de feuilles de cormier ou poirier de sinople ») XIIIe, XIVe, XVIe s. Nobil., etc., cf. Nobil. III, 251, = « cormier »; de là le composé ILIBÉREN, pl. *ilibèr* corme, sorbe, cormier, Gr., *eliber* petite poire sauvage de bois et de haies Pel., *hilibéren* f. corme, sorbe, pl. *hiliber*; cormier, sorbier, pl. *hilibérenned* Gon.; de *perènn* poire, poirier Gr. En pet. Trég. *ili* veut dire prunelles, fruits de l'épine noire »; ce mot a remplacé *irin*. Voir *ilyeauenn*.

Illicit, illicite, Cb, *illecit* D 91.

Illur brillant, glorieux, est peut-être un composé de **il-* πολύς, cf. cornique *Illcum*, etc., et de **glur*, cf. v. br. *Drichglur*; voir *elanvét*, *gleur*.

Ymag image Cb, v. *furm*, *ymag* H 37, *imaich* D 16, pl. *imageou* H 9, 10, *imaigou* D 87, *inachou* 74, *imagou* 78, Nom. 283. — **Imitation** -tion H 47, D 69, -cion Gr.; *imitta* imiter D 172, *imita* Gr., du fr.

Imbliff se trouve dans un seul passage, B 754 :

> *Hoguen ma dihast re hastiff*
> *A mennet lem dre hoz imbliff.*

J'ai traduit, d'après le contexte : « Mais vous voulez me condamner trop vite dans votre *sévérité*. » C'est le tyran Dioscore qui parle; il relève des expressions blessantes par lesquelles la Conscience vient de flétrir le projet qu'il a de tuer sa propre fille. L'édition de 1647 porte *imbriff*. La rime intérieure, avec *lem*, indique que *imbliff* peut être une prononciation plus récente de **embliff*; ainsi les premières syllabes de *cridiff* « croire » et de *pidiff* « prier » riment plusieurs fois en *et* (on trouve aussi les formes antérieures *crediff*, *pedifu*). Or **embliff* peut se comparer au vieux français *en belif* « au travers de », d'où, dans l'anglais de Chaucer, *embelif*, adverbe et adjectif, « obliquement » et « oblique »; cf. *The Academy*, vol. XXXII (1887), p. 236, 287 et 373. Le breton aura fait de **embliff* un nom signifiant « détour, voies détournées, finesses »; cf. v. fr. *belif*, m. « situation critique », Godefroy. Le sens de *dre hoz imbliff* semble donc être « par vos raisonnements captieux, par vos subtilités ». La prép. *en* a été méconnue ici à peu près comme dans le cornique *impoc*, gall. *impog* « baiser », du lat. *in pace* (en breton *pok*).

Imparfet -fait D 135, -*faict* Catech. 5 ; *imperfectionou* -ions D 89.

Imperial, impérial, *Cb*, v. *gourchemenn*; du fr. — *Impetriff* obtenir H 43, -*ifu* 44, fut. -*tro* D 170. — *Imposition* imposition (des mains) D 132, *imposi* ... *ur pec'het* ... *d'é nessa* charger à tort son prochain d'un crime 109, part. *imposet* 92. — **Imprimerien** imprimeurs Catech. 5, sing. *émprimer*, *eñprymer* Gr.

Incarnation incarnation D 17, *incarnet* incarné 64. — **Incest** crime d'inceste H 50, *icest* pl. *ou*, van. *ëu* Gr., *icestus* incestueux Gr., du fr. — *Inclination* g. id., *Cb*, v. *anclinaff*. — *Inconstant* inconstant D 171, *inconstanç* inconstance 170. — *Incontinant* -nent, aussitôt D 21, Cathell 11, 28, *en continant* 3, 13, *eʒ continant* 26, *et continant* 25. — *Incredabl* incroyable, *Avantur*. 34; *incredul* incrédule, rime à *assur*, D 176; *incridur* Mo. *ms* 156, 188, cf. *amcredureʒ* incrédulité *Sup. aux dict. bret*. 89.

Infamite, infamie, *Cb*, v. *jniur*, -*té Choæs* 19, *ifamité* D 158; *ifamus* (mort) infamante 73, *iffamus* 92 ; *ifam hac ifamès* homme, femme infâme *Choæs* 35, *infammet* (monstres) infâmes Jac. *ms* 23.

Infidelet (les) infidèles, Catech. 6 v, D 78, singulier *infidel* 86, 131 (*difidel* Gr., *difidéle* l'A.); *infidelité* -té, paganisme D 86 (*difidelded* Gr., -*éldæd* l'A.), du fr. — **Infirmitez** infirmité, faiblesse H 9, -*té* D 126, cf. 17, pl. -*téou* 28, 57, 89; *iffirmite* Gr.; *infirmery*, *iffirmeury* infirmerie, *infirmer*, *iffirmeur* infirmier f. *infirmeurès* Gr., du fr.

Jngal également N 1767, *ingal* D 163, *jngalaff* relever, remettre sur pied (des troupeaux morts) N 1207, *e ingale lereier d'ar vugaleou baour* il distribuait des bas aux enfants pauvres *Bali* 185, cf. van. *ingaillein* répartir, *ingaill* m., pl. *eu* répartition, régalement, l'A.; pet. Trég. *ingal* égal, v. fr. *ingal*; voir *Dict. étym.*, v. *egal*. — *Ingenius* « noble ou engenieux », *Cb*; « homme qui moult comprend en sa mémoire », v. *quemeret; inginius*, v. *mecherour*, « expert en science », v. *fur; inginn* machine, v. *pole, ingynnoü* outils Jér. v. *saçun; injenier* 4 syl. ingénieur Jac. 39.

Ingneau est rendu en latin par Ignacius dans le *Catholicon*; le P. Grég. donne *Ignéau, Igneau*, Ignace, cf. *Igneo*, Le Jean, *Parrosian*, Rennes, 1874, p. 657; *Igneo* (*pe Enaʒ*), 786. On lit *Ignace* D 76;

le *Buez ar sænt*, Saint-Brieuc, 1841, a *Ignaç*, et le *Buhé er sænt*, Vannes, 1839, *Ignace*. En réalité, il y a là deux noms tout différents : *Ingneau* vient du v. bret. *Iuniav(us)*. Cf. Loth, *Ann. de Bret.* II, 549, 398, et *Rev. celt.* XI, 353.

INHODEIN monter en épi Chal., de *enhodiff; voir *dihodein*.

Innocent (le pape) Innocent H 23, 54, *pap Innoczant* 55 ; *innoçant* D 149, *innocant à da overn* aux mains innocentes 180.

Inquisition, g. id. (recherche), *Cb*, v. *encerg*, *enclasq*; du fr.

Inrenabl. Le sens propre n'est pas « ingouvernable », mais « déraisonnable », cf. *inraesonabl* B 270, *inresonnable*, Mo. ms 178; voir *renabl*.

Insinuet (être) admis (dans sa grâce) H 12, *insinuein* insinuer (t. de palais) l'A., du fr. — **Insolancc** insolence, mépris H 11, pl. *-ençou* D 99 (*disolançz*, *disolitamand* Gr.), du fr. — *Inspiration* -tion D 181, pl. *ou* 58. — *Instituifu* instruire Catech. 10 v, *-uet* institué D 18, 69, *institution* -tion 130. — *Instruet* instruit D 190, *instruction* -tion 187, *instrumant* instrument *Cb*, v. *cloarec*, *istrument Cms*, v. *benhuec*; pl. *instrumantou* Nom. 212, *-anchou* D 16, 127.

Intaffeset, *yntaveset*, veuves, Gw.; *intanvien*, veufs, Jac. 16; *intavaich*, veuvage, *Intr.* 117.

Intendement, entendement, *Cb*, v. *obstinaff*; intention, g. id., *Cc*, v. *ententaff*, intention D 73, 100, 91, *intantion* 91, *intanti procesou* intenter des procès 60, cf. 108. En pet. Trég., *ober intañsion*, faire attention; *an intañsion ra tout*, l'intention vaut le fait; van. *intantion* attention, pensée *Choæs* 210.

Interdy, g. entredit (l'interdit), *Cb*, s. v. *uscumunuguenn*, excommunication, *eñtredy*, *entredid* Gr.; *interdiset* (prêtre) interdit D 142, *intrediet* Trd; *eñtredya* interdire Gr., du fr. — **Interieur** intérieur, adj. Catech. 10 v, D 16, 70, 97; subst. 16, *interior* Gr., du fr. — *Introduisa* -uire D 131.

Inuisibl, invisible, *Cb*, v. *contemplaff*, *invisibl* D 25, 127, du fr. — **Invoquifu** invoquer, impf. *-quemp* Catech. 10 v; prés. *-quer* D 16, du fr.

Yoh, f., pl. *eu*, entassement, amas, meule, *yohein*, amasser, entasser, accumuler; *aioh*, abondamment, beaucoup, l'A., etc. Ces mots van. rappellent *yeu*, joug, lat. *jungere* (pour le double traitement du *g*, voir *tré*). Mais il y a hors de Vannes un mot *hoguenn*, ramas, assemblage, Gr., *hôgen*, f. Gon., Trd, qui, pour la finale, peut être avec *yoh* dans le même rapport que *bouguenn*, joue, avec *boc'h*, voir *clogoren*; quant à la variation de l'initiale, elle paraît reproduire celle du franç. *jucher*, normand *hucher*; cf. Körting, 4035. L'idée de « jucher » est voisine de celle de « se tasser »; voir *cludenn*. Grég. donne : « Juc, ancienne maison de Bretagne. *Yeuc'h. yoh. ar yeuh. ar yoh.* »

On peut ajouter ici le van. *iuh* complot : *disoleit em mes er iuh, er c'homplot, er secret*, j'ai éventé la mèche, Chal. ms, qui s'expliquerait aussi par **yuth*, ligue, cf. irl. *muir-iucht* flotte de **mori-jucto-*, Bezz. Beitr. XVIII, 64.

Iou, dans *tad iou*, aïeul, Cms, v. *hoar; tadioü* l. *abavus*, « le père du bisaïeul », Nom. 333, *tad you*, trisaïeul, van. *gourdadieü*, aïeux; *mammyéü*, aïeule, pl. id., Gr.; *tadieu* grand-père, *gourdadieu* bisaïeul, ancêtres, Chal.; *gour-vamieu*, pl. *èr* « biz-ayeule », l'A., *gourdadieu* bisaïeul, v. *arbre; tad-you goz d'ar roue Charlamaign*, Buez s. Genov. 1864, p. 243; pet. Trég. *bonbardio goz*, ancêtre, ascendant éloigné (par plaisanterie); à Batz, *brer-ieo*, beau-frère, pl. id.; *uer-ieo*, belle-sœur, pl. id. et *ueriozeit*. Ce mot a dû être un adjectif comme *kun*, doux, débonnaire, d'où *tad-kun*, bisaïeul, voir *cuffaelez*; je rapporterais à cette origine le van. *iéuein* (part. *ieuétt*, prés. 3e pers. *iéua*), croupir dans l'oisiveté, l'A.; *yeuein*, s'accagnarder, Sup.; *yeuêc*, casanier, cendrillon; claque-dent; paresseux, fém. *yéuêguéss; yeuage*, pl. *eu*, paresse; *yéuage*, crasse, ignorance, l'A.; *yeuec* paresseux, *yeuage* paresse, Chal. Voir *youst*, *iüin*.

Youal crier, voir *haio*.

Youanc jeune C, *yaouanc* Cb; *yaouanclet* jeunesse Cb, v. *adolecentet*, *yaouanctis* D 123, *iouankis* 3 s. L. el l. 26, *youantis* 2 s. Choæs 129, 134; *yaouancqicq* jeunet Gr., *a iouankik* dès sa tendre jeunesse L. el l. 122; cf. Rev. celt. V, 124.

Youll : *drouc youll, drouc youl* malveillance Cb, *a youl mat* bienveillant, v. *deuruout, youl mat* id., *youll mat* bienveillance Cc; *hioul* envie, mauvaise volonté Trub. 48 ; *youllaff* (me) satisfaire J 42 b, *youli o c'halon* contenter leur cœur, leur passion Intr. 245 ; voir *eoull, mer diaoul*.

Youst, mou, C, (poires) molles, Gr. ; à Pontrieux *youst* ou *youstek eo c'hoas*, cet homme est encore bien jeune, sans endurance ; cf. tréc. *yôst* (ou *iôst*) « fatigué », Rev. celt. IV, 157. Le van. *pèr foesl* ou *foësq*, Gr., syn. de *per youst*, rappelle le tréc. *wesk* (ou *oesk*) « agile, souple » ; *eur pot wesk* « un garçon alerte » (j'ai entendu ce mot à Trévérec et à Taulé). Cf. encore gall. *gwystyn* « flétri, desséché » ; *gwaisg* « agile, vif » ; *gweisgi, gwisgi*, id. ; *cnau gweisgi* « noix mûres ».

Le ms. de Chalons donne en van. le dim. *ioustric* « (il est) délicat », s. v. *blond* ; *ur biren fouistr'* « une poire molle » ; et *flistr'* « (fruit) plus que mûr. » Dans toutes ces formes, l'*r* est une addition inorganique. L'*l* de *flistr'* pour *fouistr'* vient de l'analogie du mot *flistra*, jaillir (comme le jus d'une poire trop mûre) ; *flistra* dérive du lat. *fistella*, v. fr. *frestel* flûte, voir *coustelé*, cf. Rev. celt. VI, 390.

Il y a deux façons d'expliquer la double initiale dans *youst, yôst* et *wesk, oesk*, dans l'hypothèse d'une origine commune.

1° Ou bien il y a eu métathèse des éléments de la diphtongue, et *youst* vient de **ouist, *wist*, comme en bret. moyen et mod. *diou, diu* « deux » (fém.) vient de **doui*, gall. *dwy*, et *piou, piu* « qui » de **poui*, gall. *pwy*. En ce cas, le rapport de *youst* à *wesk* est le même que celui du bret. *eur* « on est » à *oar*[1], id. (*eur*=*eu, eo*, gall. *yw* « il est » + *r* ; *oar* = gall. -*wyr*, de -*wy* + *r*. Voir Dict. étym. s. v. *ameur* ; cf. Stokes, The neo-celtic verb substantive, p. 49 et 50).

2° Ou bien le *y* de *youst* vient d'une gutturale, comme celui du bret. actuel *yeot* « herbe » = *geot*, de **g(w)elt*, gall. *gwellt*. La série des transformations serait **gwest, *ywest, youst*.

La première explication est préférable, car le changement de *gueautenn* « herbe » en *yeoten* est récent, et il n'est pas prouvé que la forme **gwest* ait existé en moy. breton.

---

1. Les diphtongues *oa* et *oe* alternent souvent en breton, parfois dans un même dialecte ; le breton moyen a *poan* et *poen* « peine » ; *loar* et *loer* « lune » ; *cloar* et *clouer* « clercs ».

L'*f* du van. *foest, foësq* ne peut correspondre directement au *g* du gall. *gwystyn, gwaisg,* etc. Mais ces deux sons semblent bien être des additions analogiques à un primitif **wist,* *west = tréc. *wesk.* Il est très rare qu'un mot, sous sa forme radicale, commence en breton ou en gallois par un des sons *w* et *v*. De là une tendance naturelle à altérer ces initiales pour les assimiler complètement avec celles qui leur ressemblent le plus. A côté de *voer* « fade » et « fat », tréc. *euver* « fade, amer » et « canaille » = gall. *ofer* « vain », le van. a formé le dim. *fouéric* « blet, blette » l'A., *Sup.*, pour *voeric; cet *f* peut se comparer à celui de *foest, foësq* = tréc. *wesk.* Cf. aussi bret. moy. *en fat*, s. v. *en* 6; mod. *feteiz*, s. v. *bet nary.*

Quant au *g* commun à toutes les formes galloises en question, je crois qu'il est de même nature que celui de *gwybren* « ciel », variante de *wybren* = corniq. *huibren, uibren,* bret. *oabren,* moy. bret. *n-oabrenn,* et peut-être que celui de *gwyneb* « face », variante de *wyneb*, cf. bret. *enep* (cette variation semble tenir à une différence de quantité de la voyelle initiale : *wy, oa* = *ē*; *e* = *ĕ*, cf. cornique *ebron* « ciel », van. *évr*). Ce *g* analogique n'est pas inconnu au breton : trécorois *gocturio* « des voitures », au singulier *eur voetur*; pet. Trég. *goalo*, des voiles, sing. *eur voal,* un voile (du français).

L'alternance de la dentale et de la gutturale après *s*, tant en breton (*youst, yôst, foest* et *foësq, wesk*) qu'en gallois (*gwystyn* et *gwaisg, gweisgi, gwisgi*), a son analogue en gallois dans *llost* et *llosgwrn* « queue » (bret. *lost*); cf. gall. *gwisg*, bret. *gwisk* « vêtement », lat. *vestis*. Dans ces mots la dentale est la plus ancienne.

Il est possible qu'il en soit de même pour ceux que nous étudions ici : *youst* « molle, blette »; *wesk* « souple, agile », etc., semblent remonter à un breton primitif *ēst. Celui-ci, à son tour, pourrait provenir d'un gaulois *aistos « brûlé, mûri, amolli »; cf. lat. *æstus, æstas*; bret. *oaz* « zèle, jalousie »; gall. *aidd* « zèle, ardeur ».

D'un autre côté, si l'association de *youst* et de (*f*)*oëst* est purement accidentelle, les formes qui ont *we, wi,* viennent seules de *ēst; alors *youst, yôst* s'expliqueront par un dérivé (ancien superlatif?) de l'adj. *iou* (voir ce mot).

Irin, hirin « prunelles, pelouses » Nom. 69. L'assimilation du gall. *eirin* à *aren* rein *Idg. Forsch.* IV, 270, ne me semble pas exacte ; cf. *Bulletin mensuel* de la Faculté des lettres de Poitiers, VIII, 120, 121 ; voir *illy*.

Yruin navets *Cc*.

Iselhat, baisser (la tête), *Cb*, v. *soillaff*; *den a lech yssl* « homme qui vient de petit lignage », v. *dastum*; *izel-breiz* la Basse-Bretagne Catech. 5 ; *Ploneour is Trez, Arch. de Bret.* VI, 178, *Plouneour is Trez* 139, *P. eis Trez* 119; ISELDER bassesse, petitesse Gr. v. *humilité*, gall. id.; *isélenn* pl. ou lieu bas Gr. Voir Rhys, *Celt. Britain*, 311 ; Duvau, *Bull. de la Soc. de ling.*, 38, *cxj*; *Urk. Spr.* 33.

Ysop, hysope, *Cb*, v. *sparff*; D 131.

Ysquyt, prompt, promptement, Jér.

Issill, exil ; *issillet*, exilé; **issiller**, exileur, *Cb*.

Issu issue, l. exitus et spacium C, fin (de la vie) Nl 342, D 23, *essu* Nl 103, *içzu* m., pl. *ou* issue, évènement, *jçzuënn* issue, lieu par où l'on sort, *i-* issue, sortie d'un village, espace attenant au village Gr., *issuë* m., pl. *eu* sortie, évènement l'A.; cornou. *ichu* m. espace pour faire une chose Trd, du fr.; voir *essou*.

Itroneset dames D 177, sing. *Intron Bali* 123 ; voir *mazron*.

Yudal hurler C, *yuderez* hennissement, l. hinnitus Nom. 215. Voir *couffabrenn, iuzeauues*.

Yun jeûner H 41, *iun* jeûne ! 17, *iunyou* jeûnes Catech. b, 9 v, *yunou* D 111, van. *yunieu* 3 s. *Guerz. Guill.* 46, 2 s. 176, *yuneu Choæs* 22, 89 ; *seiz c'horais yunet* jeûne de sept carêmes D 70.

Yusynec reg. Péd. 63, *An Yusinec* 3 (1577, 1565), gall. *eisinog*, cossu.

Iuzeauues, juive, *Cb*, v. *ebre*; *iuzeau*, juif, v. *cristen*, pl. *-yen* v. *ilis*; *Juzevien, Juzeuvien* D 93, *Jusevien Trub*. 159; *Judevien, Aviel* 1819, I, 137. *An Vzeau* reg. Péd. 2, 22 b (1565, 1569), van. *uzéau* Gr., *uscau* l'A. (pour le traitement de *yu-*, cf. *Cunudec*, et p. 124, 125); cornique *yudhow* et *hudhow*. Voir *Rev. Morbih.* III, 337.

Yuerdon, Irlande N (le manuscrit porte *Ynerdon* et *Hiverdon*). Ce mot est un emprunt savant au gallois moyen *Iwerdon*, comme l'a indiqué M. Loth, *Ann. de Bret.* III, 60. Voir *Urk. Spr.* 45.

Le nom populaire de l'Irlande, en breton, a été *Island* : le P.

Maunoir donne *Islandr*, Hibernie ; *vn Islandr*, vn Hibernois ; le P. Grégoire *Hislandr* (et *Hirlandt*) Irlande, *Islantr*, un Irlandais, fém. *Islantrès*, et *islantraich*, la langue irlandaise ; on lit *Islandr* Irlande, Quiquer 1690, p. 60, et *Instruction var... ar Rosera*, par Le Bris, Quimper chez Y. J. L. Derrien, p. 131 (*Irland'*, Hibernie, un Hibernois, Chal. *ms*). Dans le mystère breton de *Sainte Tryphine*, publié par Luzel en 1863, on lit *ann Islanted*, les Irlandais, p. 2, *Islantez*, p. 222, irlandaise (et non islandaise ; l'erreur signalée ici par R. Kœhler, *Rev. celt.* I, 224, se trouve seulement dans la traduction[1]). Cette confusion de l'Irlande et de l'Islande a lieu aussi en vieux français ; cf. G. Paris, *Romania*, 1885, p. 603. Aujourd'hui les marins trécorois donnent le nom de *bro 'n Islañtet* à l'Islande, qu'ils connaissent bien mieux que l'Irlande ; cf. *ann Irland* l'Irlande *Nikol.* 94, 194, *ann Irlanded* les Irlandais 194, van. *Irlandr* Irlande *Vocab.* 1863 p. 11, etc. ; voir *Rev. celt.* IV, 307, 308. Pour l'*r* final de *Islandr*, cf. *Holandre* Hollande l'A.

IÜIN *é*, il est bien fâcheux, Chal. *ms*, v. *souper*, il n'y a pas de plaisir, v. *souffrir*, *jüein é guenin* il m'est bien dur, bien étrange, v. *dur* ; *iuein*, v. *estrange* ; *iüin*, v. *mal* ; « *iüin* et *souheh* signifient proprement étrange, je suis surpris ; mais ces deux expressions se confondent souvent avec fâcheux, quoique non pas toujours », v. *fascheus* ; gall. *iwin*, furieux, fou ; semble dérivé de *iou* (voir ce mot) avec la terminaison d'adjectif -*in*, cf. moy. br. *bleuin*, bon (ouvrier), de *blyou*, alerte, Gr. ; *mibin*, agile, gall. *mabin*, juvénile, de *map*, fils.

Un autre dérivé de *iou* est peut-être le nom masc. *ivydicq*, tempe, Gr., *ividik*, Gon., Trd ; proprement adjectif signifiant « sensible », cf. *Lividic*, bapt. Guing. en 1645 ? Pour la terminaison, cf. *rividik*, frileux, de *riou*, froid ; *guiridik*, *kizidik*, sensible. Il y a une certaine affinité entre les suffixes de *iü-in* et de *iv-idik*, qui sont d'origine différente, cf. d'Arbois de Jubainville, *Et. gram.* I, 58, 56. La forme intermédiaire -*inic* se montre dans *priminic* pointilleux, *Introd.* 173, 192, de *prim* prompt, vif ; je ne crois pas que l'*n* provienne ici phonétiquement de *d*, *z*, (*terridik* et *terrizik*, fatigant,

---

[1]. Il est possible que, dans l'énumération géographique de la p. 44, *bro an Islantet* désigne l'Islande, puisque le vers suivant contient le mot *Hiberny*.

Trd), comme dans le van. *pihuinic* riche, *berhüinant* bouillant Chal. *ms*, = *beruidanti* l'A., cf. *Rev. celt.* V, 126, 127. On lit *kiẓilik* sensible, par un *l*, *Peng.* II, 194. Les suff. *-id-* et *-in-* se sont associés dans *lisqidineẓ* action de brûler, cf. *lisqidicq* brûlant Gr., et *guiridineẓ*, m., sensibilité, de *guiridic* sensible, *Intr.* 192. On ne peut expliquer *-idineẓ* par *-idic-neẓ* (cf. les synonymes plus fréquents *lisqidigu-eẓ*, *guiridigu-eẓ* Gr.), car la gutturale resterait, comme dans le bret. moy. *meẓeg-nieẓ* médecine, *mesec-nyeẓ* Gr. On lit *lesquidineẓ*, *Reflexionou... var ar finveẓou diveẓa* (par Le Bris), p. 164, 166, et *lesquidigueẓ*, p. 175.

Iuin, ongle, cf. *Idg. Forsch.* IV, 272, 273 ; IVIN-RÉAU onglée Gr., *ivin-réô* m. Gon., pet. tréc. *ivin-rê*; cornique *ewinrew*, gall. id., f.; IVINECQ, *ivinocq* qui a de grand ongles Gr., gall. *ewinog*; au fig. *ur grampinell ivinec* un puissant attrait Gr. (litt. « un grappin crochu »).

IVLEENN-REAU f. bruine, pl. *ivleenneu-reau*, *ivlenn* « nielle, brouillard ou espèce de rouille jaune qui endommage les bleds prêts à meurir », *ivléennein* bruiner, *ivlênnein* nieller l'A. C'est ce mot qui se trouve dans *baiet én un ivlen L. el l.* 54; la traduction (la lune), « comme noyée dans un bain d'huile », montre que l'auteur le faisait dériver de *ivle* huile l'A. Cf. gall. *niwl*, *niwlen*, brouillard, nuage, *niwlo* devenir brumeux, du lat. *nibulus* pour *nubilus* selon M. Loth, *M. lat.* 190; assimilé au contraire à l'irl. *nél* de *nebl-*, cf. lat. *nebula*, *Urk. Spr.* 191, *Idg. Forsch.* IV, 285. Voir *yell*.

Yvré ivraie D 38.

YZÀR, lierre terrestre, Gr., *iẓar*, *iẓer*, *ijer*, m. Gon., cf. gall. *eidral*, id., du lat. *hedera*?

J

Jac n. d'ho. reg. Plouezec 13, 14 v, reg. Quemp. 8, 20, *Jacq* en 1611; *sant Jacques* H 5, 6, D 69, *sant Iaques am bras* H 37; *Jakes* appellation ironique et injurieuse *Trub.* 94.

Jaffretz reg. Péd. 133 b, *Jaffre* II, 6ᵃ (1591, 1621), *Jaffreẓou* I, 14 b, 23, *Jaffreẓo* 58 (1567, 1569, 1576), *Jeffreẓ* 40 b, *Jeffreẓou*

16 b, 33 b (1572, 1567, 1571), *Jeffroyz* 17, *Jaffrez* en 1477, *Inv. arch. Fin.*, série A p. 14, *Jaffrézou* en 1698, sér. B p. 316; dim. *Jaffrézic* XVIIIe s. 331; **Jeffrezic** reg. Péd. 48 b (1568); *Jeffroy* 24, 48 b (1569, 1574); *Geffrayou* II, 33 (1639); *Jaffrez*, *Jaffre*, Geofroi Gr., du fr.

Jagu reg. Péd. 60 b (1576), Anniv. de Trég. 12, *Jagudou* en 1539, *Inv. arch. Fin.* Sér. A p. 10; *Jegu*, *Yégu*, Jacut Gr., Cartul. de Quimperlé *Iagu*, v. br. *Iacu*, *Chrest.* 214, 140, du lat. *Iacōbus*, cf. *Rev. celt.* VII, 54.

Jardin, jardin, *Cb*, v. *glas*, pl. *ou*, v. *arrousaff*; **iardiner**, jardinier, v. *courtillag*; *iardrin*, dim. *iardinic*, Nom. 236, 37; *jardrin*, l'A., *Voy.* 53, pl. *jadrinieu*, 34, l'A.

Javet, *jot*, f., joue, mâchoire Pel., *En* **Jodec** reg. Guing. 75, *Le Jodec* 88 v, *jodtecq*, pl. *-egued* joufflu, van. id. et *jodtus* Gr., *jottus* joufflu Chal. *ms*; voir *gauet*, *chotat*. Une forme intermédiaire est *jaoutenn* f. hure, en van., Trd, cf. pet. Trég. *jaoutenad* f. une chute, un saut; *joten* hure. De là *josquen* mâchoire, *Rev. celt.* XI, 300, *joscon* hure, rime en *on*, *Son. Br.-Iz.* II, 92. Pour le suffixe *-ken*, cf. *huguen* et peut-être *fesquenn*; pour le changement de *t* en *s* devant *k*, cf. pet. Trég. *maousken* f. peau de mouton (*maou-qen* Gr.), et *Rev. celt.* VII, 160.

Iesucrist Jésus-Christ *Cb*, v. *Crist*.

Yoaff, joie, *Cb*, v. *can*, *canaff*; *ar joa am euz ouzoc'h* mon amour pour vous *Bali* 208; pl. *ioazou* H 54, *ioezou* 33, *ioaiou* D 163, *ho choaiou* vos joies *Kant. Z. V.* 50; *ioyeulx*, joyeux, *Cb*, v. *fest*; *quinyat ioeulx* chantants de ioye; *joyus* D 73, 117, 164; *yoaustet* délice, *Cb* v. *pechet*; *yoeusat* se réjouir, v. *graczou*; *ioaustedou* réjouissances Nom. (à la table), *ioyusou* joyaux 309.

Jobec *vilhan* le petit Joseph, dans un Noël franco-breton du XVIe s., voir *ab*, p. 9, 10, et *Rev. celt.* XVI, 187.

Ioinnaff joindre *Cb*, *Cc*, v. *collateral*; *ioint an esquern* jointure d'os *Cb*; *jointet* (les mains) jointes D 137, *joenntein* assembler des pièces l'A., *joentadur* suture (des os) Chal.; *junt* articulation, en pet. Trég.; *juntrit* joignez (vos prières aux miennes) Mo. 195.

Joliff (*Le*), Ann. de Trég. 10 v, *Le Jolif* reg. Quemp. 23.; voir *Juyff*.

Jolory triomphe, cri de joie Nl 108; *gra enor jolori* Jér., « l'honneur fait plaisir », selon Pel.; ce doit être plutôt « fais (ou il fait) honneur, par des acclamations »; *iolory* plaisir bruyant, allégresse D 125, 154, pl. *ioloriou* 124; *Jolory* n. de famille, reg. Guing. 236; *julori, chariuari* charivari Chal. *ms*; à Pédernec *chalavari*, id.; *un alamali, Ur music hac ûr cholori*, (les oiseaux faisaient dans l'église) un tintamarre, une musique et un tapage, *Sarm.* 25; passage devenu *ur charivari Eur musiq hac eur jolori*, *Serm.* 25. *Colory* P 246 est sans doute une faute d'impression pour *iolory*. Cf. *Rev. celt.* XI, 362, 363. — *Josaphas* Josaphat Jér. v. *tu* (où il faut lire *tnou* vallée, et non *tuou*).

Jouhen n. d'ho. en 1477, *Inv. arch. Fin.*, série A p. 14, *Iouhen* 13, dim. *Jouhanic* en 1599, *Inv. arch. Morb.* V, 90; en 1716, V, 603; *Jaoüa, Jaouë, Jaouënn*, dim. *Jaoüicq, Jaoüennicq* Jaoua, ou Joüin Gr.; *Jaouenn, Jaoüa* Jovin, n. de bapt., H. de la Villemarqué (dict. fr.-br. de Le Gon.); *Sant Iaoua* D 192.

Jourden le Jourdain D 94. — JOURDOUL sain, voir *couyornn*. — **Ioutaff**... *gant goaff* jouer de la lance Cb, du fr. *jouter*.

Iubile : *bloaz an* —, l'an de repos Cb v. *can*; van. *jubilé* pot (mot burlesque), l'A., v. *pinte*; pet. Trég. *jubile*, jubilé; *mouchour jubile* ou *jubule*, fichu bleu bordé de fleurs blanches, à l'ancienne mode; du fr. *jubilé*.

Jud (saint) Jude H 8; *baru iuzaz* barbe rouge Nom. 270, *Jusas* Judas *Trub.* 1 etc., *Jusas ar Makabée* Judas Maccabée 154, *Judas* ib., *guir Judased* vous, vrais Judas *Guerz. Guill.* 43; *iudazerez* torture, cruauté *Nikol.* 255, cf. *Rev. celt.* XIV, 286; XV, 355; Troude, *dict. br.-fr.*, p. 807; G. B. I., II, 22. Aux prononciations modernes de ce nom on peut ajouter *ghidas* traître, subst., *Trub.* 5, 54 93, 94, et adj. : *he bokou ghidas* son baiser perfide 63, *bed ghidas* monde trompeur 331; *ne c'hidazer morçze* on ne trahit jamais 99. *Ar Judeanet* les Juifs Mo. 192. Voir le suiv.

Juyff. *Le Juyff Kersalic* Ann. de Trég. 19; *Le Juif* bapt. Guing. en 1637; van. *juiff*, pl. *ëtt* l'A., *Juivëtt* v. à, *Juiffet B. er s.* 54, -*ed* 13, *Juifed* L. el l. 184; tréc. *jouis*, pl. *jouisted*, G. B. I., II, 30-39; pet. Trég. *eur c'hoz zhouis koz*, un vieux bonhomme. Pour le rapport de *juiff* à *jouis*, cf. moy. br. *ioliff* et *iolis* joli; *gryez* énorme, grief Gr., et moy. br. *gref*; voir *hastat* et *Rev. celt.* XIV, 309.

Jullou n. d'ho. en 1584, *Inv. arch. C.-d.-N.*, série E p. 15, dérivé sans doute du fr. *Jules*.

Iuridic (Dieu) juste H 8; *jurdic* exact, scrupuleux, *Intr.* 137, 199, *Bali* 95, *Trub.* 48, voir *hubot*; *jurisdiction* juridiction D 42; *iusticz* justice H 10, *justiç* D 16, *justice* 3 s., *Voy*. 10. *Justicc* semble être un verbe, N 1423; (je) « rends justice ».

K

Kaël, barreau, grille, treillis, pl. *kaëlou*, *kaëlyou*, *kaëly*, *kily*, Gr., *kael* f., pl. *kaëliou*, *kili*, balustrade, grille, claie Gon., cf. gall. *cail* f. parc, bergerie; dérivé de *cae* enclos, bret. moy. *quae*? Voir *quel*.

Kaer ville. Voir Nl 387; *quear* Cb v. *gouarn, habitaff, pez, pinuizigaez*, etc., Cc, v. *cite*; *vn guer voar an ploue* ferme, l. villa Nom. 235; *kanna* 3 s., D 167, lisez *Kanna* par *k* barré, = *Keranna*; *quäer, quer, quar-* etc., voir *Rev. celt.* VIII, 65; *Kuenezbre* (par *k* barré), n. de lieu, reg. Péd. II, 4ª (1588); pl. *queryou* D 40; *an Caryou Meug*, var. *Kerryou Meux*, village en Plogonven, *Arch. de Bret.* VII, 250.

Kallastruc, voir *caillauenn*.

Katherin Catherine H 40, *Katerin* 27, 28, 31, *Kathell* 29, 30, 31, *Katel* 54. Voir *Couillec*.

Kefreder, *kefreden* rêveur, pensif; *kefreder* plongeon de mer Pel., de *co- bret-*, cf. gall. *cyfryd* unanime, *dyfrydol* pensif, *dyfrydu* songer, *bryd* esprit, pensée, corniq. *brys*, irl. *breth* jugement, gaul. *vergo-bretos*; voir *Urk. Spr.* 168, 169.

Keghit ciguë Pel., *kégit* f. Gon., gall. *cegid*, cornique *kegaz*, pl. v. br. *cocitou* gl. intiba; du l. *cicuta*. Une autre forme, d'origine française, est *cigut* Nom. 82, *chagud* Gr., ciguë; cf. bas-cornou. *jagudi* monter en graine Pel.

Kègus plantes à tiges creuses, en pet. Trég., gall. *cecys* tiges creuses, ciguë, cf. l'angl. *kex*. M. Skeat, qui regarde *kex* comme emprunté au gallois, explique ce mot par *keck-s*, avec *s* signe de pluriel, ce qui paraît contradictoire. Cf. gall. *cêg* gosier, ouverture ; *cegyr* ciguë.

Keizia, *keisia*, *keza*, diminuer, de la manière dont les artisans diminuent la matière sur laquelle ils travaillent, en bas-cornou., Pel. ; *keiza*, *kéza* dégrossir, diminuer la grosseur, ôter le plus gros de la matière pour commencer à lui donner de la forme Gon. ; *keizia*, *keza* dégrossir (du bois brut) ; prendre ou dérober une partie de la matière que l'on confie pour la travailler, parlant d'une ouvrière, Trd ; cf. irl. *caithim* consumer, user, gaspiller ; *Urk. Spr.* 64.

Kelf pl. *ou* tronc d'arbre qui n'est bon qu'à brûler, souche, en bas-cornou., Pel. ; m. Gon., gall. *celff* m. tronc, pilier, irl. *colba* bois de lit, cf. gaul. *celicnon* tour, lat. *columna*, etc. ; *Urk. Spr.* 83, 331.

Kellaës, léon. *kelléas* « le premier lait que la vache donne après avoir fait son veau » Pel., gall. *cynllaeth.*, de *cint-lact-*.

Kempenet m., Cartul. de Landévennec 31 (XIIIe s.), prob. « champ » ou « plaine », du lat. *campus*, cf. v. br. *camp Chrest.* 113. J'ai comparé à tort, *Rev. celt.* VII, 145, le v. br. *kemenet*, f. « siège d'une division territoriale assez étendue », van. *er Gemene*, lat. *commendatio*, *Chrest.* 99, 196.

Kenep (jument) pleine, voir *couff*.

Kerreis, plus souvent *kereis*, paisible, pacifique, modéré, modeste, morigéné, qui est dans l'ordre, et bien réglé, en basse Cornouaille, Pel., *kerréiz* sobre, tempérant du Rusquec ; de *co-rect-*, cf. gall. *cyfraith* loi.

Kerzin alisier, en basse Cornouaille, Pel., *kerzinen* f. alise, alisier, pl. *kerzinennou*, *kerzinenned*, *kerzin*, Gon. ; cornique *cerden*, alisier, gall. *cerddinen*, plur. *cerddin* ; irl. *caorthain*, gaél. *caorunn*, mannois *ceirn* ; composé de *cair* baies, fruits, en gall., gaél. *caor* alise, et de *tannenn* ; voir ce mot. La première partie du composé rappelle le grec καρπίον petit fruit. On pourrait songer à expliquer de même le fr. *corme* par une formation celtique voisine de κάρπιμος. Voir *Urk. Spr.* 91.

Keurod, *cemrod*, redevance, Cartul. de Quimperlé, de **com-rod*, gall. *rhodd* don? Loth, *Chrest.* 197.

Kirin pot de terre Pel., corniq. *ceroin* cuve, pl. v. gall. *ceroenhou*, du lat. *carœnaria*.

Knech. *An qnech dan tnou* d'en haut en bas *Cms*; *ancrech Cb, a crech Cc, dioux an crech* d'en haut Cathell 15, cf. 26, *diouch an crech* (mâchoire) supérieure *Cb, Cc,* v. *caruan*; *ouz cræch* en haut Nom. 270, *auel cræch* vent d'amont, est, 220; *Penancrech* n. de lieu en 1584, reg. Quemp. 2; *traou na quech* D 125, *tnaou na guenac'h* 1 s., r. *ec'h* 158, *queac'h* r. *ec'h*, 52, 83, 176; *crec'h ha traon* Mo. 209; *cnec'h* « en vannetais et dans tous mes manuscrits », dit Pel.; *kanech* xvᵉ s., *Rev. celt.* II, 212, *Kenecriou* reg. Quemp. 14 v (par *k* barré pour *k* simple, comme dans Sᵗᵉ Nonne, etc.) = *Crechriou* 15ᵃ v, en 1601; *en scroec'h an Ilis* (avancer) en haut de l'église, *Miz Mari* 1863, p. 58, *er scroec'h* 166, l's doit provenir de l'expression *ous kroec'h*; *da kroec'h* (vous avez une autre mère) là-haut, au ciel *Kant. Z. V.* 13, voir *Rev. celt.* IX, 374; **knechic** petite montagne *Cb* v. *menez*; voir *carrec, crech*.

Ce mot est séparé du gaul. *cuno-* haut (cf. *Bezz. Beitr.* XIX, 61, 62) et comparé au v. nor. *hnakki*, angl. *neck* cou, *Urk. Spr.* 96. Voir *liac'h*.

Il est à remarquer que la double prononciation bretonne de l'initiale *cn-* et *cr-*, dans ce mot et dans le suivant, se trouve également en Irlande. Selon O'Donovan, *A grammar of the irish language*, Dublin, 1845, p. 34, on dit, dans tout le nord de l'île, *croc* colline, *cro* noix, *crámh* un os; dans le sud, l'*n* subsiste : on prononce *cănamh*, en insérant un *a* si bref qu'il est à peine perceptible. Dans les comtés de Kilkenny et de Waterford, un ancien *cr-* initial peut, inversement, se transformer en *cn-* (ib., 37). En gaél. on écrit *cnoc* colline, *cnu* noix, *cnaimh* os, mais on prononce *cr-*.

Knoenn. *Craoüen* noix, *craoüen an frouez* noyau de fruits Nom. 69, *guezen craou* noyer 98, *craou queluez* noisetier, 105. Voir *knech*.

L

Labistren « pimperneau, l. anguilla » Nom. 43, petit congre ou anguille de mer Pel., haut Léon *labistrenn* petit congre, pl. *labistr* Gr., *labistren* f., pl. *labistrenned*, *labistr* Gon., cf. anglo-sax. *lopystre*, angl. *lobster*. En gall. *llabystryn* désigne un homme maigre et élancé. Voir *lapous*, *leguest*.

Laboureur en guiny vigneron Cc; *laboureur*, r. *er*, laboureur D 167, *labourerien* travailleurs, ouvriers 107, *ar laboureurien en doüar* les agriculteurs 112.

Lacquat mettre M (au titre), *laquaat* Catech. 5, *laquaff* id. Jér. v. *pep*, *lequat* id. Cb v. *dius*, *emellaff*, *guin*, etc., Cc v. *bonn*; *lequat*, *leguat* Cb; *lequa* il met v. *alumaff*; *lacquaff* il met Nom. 204, *læcquer* on met 177; *lacquat laza* faire tuer D 102, *laquat celebry* faire célébrer la messe 72. Pet. Trég. *lake oa d'aïet* (= *laked oa d'ariout*), cela devait arriver, i. e. « c'était écrit », expression fataliste.

Laënnec en 1573, sixième aïeul de l'inventeur de l'auscultation, Nobil., *lennoc* habile, savant, qui a de la lecture, en Léon, Pel., *lennek* lettré, savant Gon.; *lenneryen* lecteurs Catech. 5 v; *lenn* il lit, Cb, v. *dotrenal*; l'inf. n'est pas dans H. *Nep lent na nep quentel* (ils ne disent) ni légende, ni aucune leçon; passage certainement ancien du mystère de St Gwénolé, publié par M. Milin, cf. *Bull. de la Soc. Archéol. du Finistère*, 1888, p. 205. Voir *Dict. étym.*, v. *lector*.

Laesen loi f. : *hy* Catech. 8 v; *ar lesen* D 85, 104, 108, *ar lesenn* 90, pl. *ar lesennou* 100.

Laet. Van. *canein let* chanter pouilles Chal. ms.

Laez. *Leaz* lait D 88; Læzenn f. laite (des poissons) Gr., cf. gall. *llaethon*; *læzenn-raz* laitance, chaux détrempée Gr.; Léza allaiter, se dit particulièrement des petits veaux et des petits cochons Gon., van. *léheiñ*, *lého*, *léaha* Gr., *leahein*, *leahatt* l'A. allaiter, cf. gall. *llaetha* chercher du lait; LÆZAËR laitier Nom. 313, *léahaour* l'A., cf. gall. *llaethwr*; f. *læzaërės*, van. *leahoures* Gr., *leahaouréss* l'A., pet. Trég. *lėsåres*; LAËSEC, *leasoc* qui a du lait, qui est de lait Pel., *læzecq* (plante) laiteuse, (poisson) laité Gr., *lezek* Gon., *leahëc* laiteux l'A., gall. *llaethog*; LÆZEGUEZNN boudin blanc Gr., *lézégen* f. Gon.; LÆZE-GUÈS, *al lousaouënn læzecq*, *lousaouënn al leaz* laiteron, laitron, laceron, espèce de chardon béni Gr., *lézégez* f. Gon., *louzaouen-al-léaz* Liégard, *lahiguet* Chal. *ms*, pet. tréc. *lézeges* et *lézeget* id.; *læzeguès* pl. *-esed* laitue Gr., *lézégez* f. Gon., Liég., cf. gall. *llaethygen*, voir *Rev. celt.* III, 50; IV, 160; Pel. donne *laïsoët*. *Læzaich* laitage, van. *læhach* Gr., *leahage* l'A., *lehag'* Chal. *ms*; *læzérez*, *leazérez* laiterie Gr., v. br. *Laedti*, cart. de Landévennec, cf. le village du *Lesty*, Côtes-du-Nord (*Inv. des arch.*, série E, p. 89); gall. *llaethdy*, cornique *laitty*.

Læzaff clunagitare, pourrait venir du lat. *lactare* pris dans le sens du composé *delectare*, cf. v. fr. *delitier*. A *lactare* attirer, séduire, leurrer, se rattachent les mots bret. LEZENNER trompeur, charlatan, *Aviel* 1819, IV, 442, pédant, pindariseur, du Rusquec, van. *lehennour* charlatan, patelin, saltimbanque, vendeur de mithridate, *lehannour* triacleur Chal. *ms*, *ul lesennour* bien disant, ibid., appartient sans doute à un autre dialecte; cf. *lezenni* pindariser, parler ou écrire avec recherche, du Rusquec, *lehennein* « charlatanner » Chal. *ms*. Voir *Rev. celt.* XIV, 318, 319.

Lafn. *Lanu an guiader* lame de tisserand, l. pecten Nom. 172; *lavn*, *laon*; *lavnenn* f., pl. *lavnennou* lame, cornou. *lannvenn* pl. ou épi Gr. (cf. les deux sens de l'angl. *blade*); *laoün*, *lav*, *lafn*, *laoünen*, *lavnen*, *lafnen*, pl. *laouniou* 2 s, *laoniou* lame, *lawnen*, *lavnen* épi de blé Pel., cornou. *lañvenn* f. id. Trd, van. *lann* f., pl. *eu* lame de tisserand, *lannière* m. des lames l'A.; pet. tréc. *laoñden* lame; gall. *llafn*. Ce mot breton est comparé à l'irl. *lann* écaille, et regardé comme celtique *Urk. Spr.* 337, 240; je le crois plutôt d'origine latine, cf. *Rev. celt.* XIV, 316 (du franç. vient *lamen* pl. ou lame Gr., *lamen* L. el l. 188, *lammen* épi de blé Pel., *lamennicg* petite lame Gr.). Scáon-LAOUNEC, ou seulement *laóunec*, *laounhiec* « lame de tisseran, machine composée de quantité de petites lames de roseau, entre lesquelles passent les fils ». « On donne le sobriquet de *Barw-scäon-laounec*, barbe de lame de tisseran, à un homme dont le menton est comme lardé de quelques brins de poil, relevés comme ces petites lames » Pel., cf. gall. *llafnog*, qui a une lame, ou des lames.

Lagat. Legat œil C*b* v. *freill*, van. *lagatt*, pl. *lagadeu* (gall. *llygadau*) et *deu-lagatt*, *deu legatt* l'A. Quelquefois féminin : pet. Trég. *ober lagad vihan* faire les yeux doux, *peder lagad* quatre yeux, sobriquet de ceux qui portent lunettes ; *me div lagad o div* mes deux yeux Mélusine V, 188. *Lagatt*, « aire ou foyer, ici œillet » l'A. Sup. v. marais ; *e bik lagad er gor* (ils) ouvrent l'ulcère par une incision L. el l. 136, *lagad* œil (d'un arbre), écusson 88, 90, *lagadein* greffer 60 ; LAGADENN œillet, sorte de boucle au bout d'une corde, *lagadennhouarn* œillet de fer à une muraille ; *lagadenn-dour* « ampoule... sur l'eau quand il pleut » Gr., *lagaden* source ou fontaine d'eau vive, étang, lac Pel., van. *lagadenn en hyaul* rayon de soleil Gr., pl. *lagadenneu* Chal. *ms* v. *lancer*, pet. tréc. *lagaden ë' yar* œil-de-perdrix, durillon, cf. gall. *llygaden*, *llygedyn* petit œil, *llygedyn* éclat de lumière ; *Laguadec* reg. Péd. 154, 163 (1596, 1598), *lagadecq*, dorade en bas Léon, Gr., *lagadec*, *lagadoc* poisson de mer, en fr. du pays « gros-yeux » Pel., *raë lagadecq* raie bouclée Gr., *ray-lagadëc* l'A. Pet. tréc. LAGADIK petit œil, pl. *daoulagadigou* Nom. 269 ; *lagadad* œillade Gr., *lagadat* regard Chal. Cf. Rev. celt. IV, 160 ; XVI, 187, 197 ; Chrest. 216 ; Urk. Spr. 237.

Laguenn, lac, cf. de Kerloaguen, sr dud. l., xve, xvie s., Nobil. ; de Kaerloeguen, Arch. de Bret. V, 35 ; *Kloaguen* (par *k* barré), n. de lieu, reg. Péd. II, 29 b (1636); voir Rev. celt. XI, 357.

Lam il enlève C*b* v. *heritaig*, D 18, il lève (un sort) 88 ; *lem* il tire P 7, 33 ; *lemet* enlever, r. et D 126 ; *o lemel deus a chef*, vous enlever le commandement, Mo. *ms* 220 ; van. *lemel* ôter, enlever Choæs 29 (hors de Vannes id.) ; mais aussi neutralement *ag er bed rèd-é d'emb lemel* il nous faut partir de ce monde Guerz. Guill. 35, *quént lemel adal on* avant de me quitter 100, comme en cornique *lemmel* sauter. Voir Rev. celt. VIII, 524 ; Urk. Spr. 245.

Lamp, *lampr*, lampe Nom. 166, *lamb* C*b* v. *pistin*, *lampr* Pel.

Lampr glissant C ; *limoun gludennec, douar lamp eguis pecq* « limon glueux » Nom. 253, cf. *lamper* glisser, à Montbéliard (Contejean, *Gloss. du patois de M.*, 1876). Le mot *lampet*, sauter, fort usité en Tréguier (cf. G. B. I. I, 80, 168; *a so dilampet* [elles] se sont élancées Jac. *ms* 44), et qui paraît dans la devise de Le Brigant sur la tour de Babel, *ahann a lampas* « c'est d'ici que (le celtique) s'est élancé », semble provenir d'un mélange des deux mots moy. bret. *lamet*, sauter et *lampraff*, *lampaff, glisser (car il n'y a guère moyen d'identifier phonétiquement *lamet* et *lampet*, *Chrest.* 493). La confusion que je suppose était facilitée par le fait que le subst. d'origine celtique *lam*, comme son syn. français « saut », signifiait aussi « chute », sens bien voisin de celui de « glissade ». Cf. l'exemple du *Lexique roman* de Raynouard, *Eu en prec lam e fic*, « j'en pris glissade et contusion ». Voir *Rev. celt.* XVI, 318, 319. *Lamperrien*, sauterelles, Mo. 211, cf. *lamerik*, id. (sing.), Alman. de 1877, p. 45.

Lanc, lancc, élan, moyen; rimes *ank* et *ans*. Maun. donne *lanc* ou *lancç* « occasion », ce qui indique une double prononciation; cf. *kaout he lank*, trouver l'occasion, le moyen, rime *añk*, Peng., II, 163; et gall. *llanc* jeune homme, bret. *lanççen* jeune arbre haut, droit et menu Pel. *Lançaff*, vomir, *lançadur*, vomissement, Nom. 260; *vn lançc croug* (gibier de potence), 327, *lançz ar groucg, bouëd ar groucg* « reste de gibet, reste de corde », Gr.; *en em lancc* il se met (au pouvoir de Satan) H 15.

Langager parleur C*b*, v. *comps; langager mat* bien emparlé C*b*, v. *locancc; langager bras* grand parleur, v. *guer, jangler; languager bras* C*c*; van. *langageour* discoureur l'A., -*ger*, prometteur, raconteur, Chal. *ms; langageal* causer, bavarder *Voy.* 15, discourir Chal. *ms*. On lit *langage* paroles séduisantes *Choæs* 21, *langageu* paroles, discours 87, *langaj* m. pl. *eu* langue, idiome *Voc.* 1863, p. I, II. A Sᵗ Clet on dit *skein lañgach gañd eun dén*, agoniser qqn. de sottises; *drayañ lañgach*, babiller, bavarder, *drayer lañgach* bavard; *gout al lañgach*, savoir le français.

Langouret languissant C*b*, v. *goeffaff; languissus* id. *Voy.* 9; *languis* langueur, misère D 161, *Choæs* 182, *languissal* languir 17; *languissamant* langueur, *Introd.* 25, cf. *ar gonvertissamant* la conversion 34, v. fr. *languissement, convertissement.*

Lann lande, pl. *ou*, -*eyer*, van. -*ëu*, -*egui* Gr. est distingué par cet auteur de *lannecg* pl. *lannéyer*, *lannegou*, qu'il traduit « lande de peu d'étendue », comme *lannicg*, pl. *lannouigou*, van. *lannell* pl. *ëu*. Gon. a *lannek* f., lieu, champ où l'on a semé de l'ajonc ; Trd donne aussi en ce sens le cornou. *lannok*; on dit en pet. tréc. *lañnek*. Le dim. LANNEGUIC est le nom d'une pièce de terre, *Inv.-som. des archives des Côtes-du-Nord*, Série E, t. II (par M. Tempier), p. 39, *Lannegic* p. 38 (XVIᵉ, XVIIᵉ ou XVIIIᵉ s.). Voir *Chrest*. 216, 144; *Urk. Spr.* 239. « La ville de Lantreguer », en 1420, *Arch. de Bret.* VI, 3; « l'evesque dud. lieu de Treguer », 4; *Lan-dreguer* Tréguier (la ville), *Treguer* (le diocèse) Gr., auj. *Landréger* et *Tréger* (le pays). Le premier de ces mots est francisé en *Lantriquet*, lisez *Lantriquer* (rime à *reveller*), dans la *Farce du Franc Archier de Baignolet* (Viollet-Leduc, *Ancien théâtre françois*, Paris 1854, II, 332); cf. *Lantreguier*, *Arch. de Bret.*, V, 225; VI, 241; VII, 69; *Lentreguier* V, 44, *Lentreguer*, 40; *Lentriguer*, 227; *Lantriguer*, *Lantriguier* VI, 119, « l'église de Triguer » ibid.

LANO, *lanv*, *lanvez* flux, van. *lan*, *larv* Gr., *lannhuë*, *larhuë*, *lann*, flot, montant de la marée, l'A.; *lanu* Nom. 224, *lanô*, m. Gon., dévivé de *leun* = *lānos* plein, cf. *gourleun* haute marée Gr.; gall. *llanw*, *llanwed*, m. plénitude, flux, corniq. *lanwes* abondance, cf. *Rev. celt.* XI, 89. Voir *gourlano*, *manier*.

LAP, en Léon et Cornouaille, est un appentis, servant de remise aux instruments de la maison rustique, aux charrettes, charrues etc.; dans les blanchisseries, c'est une loge de gardiens Pel., *lapp* pl. *lappou* appentis, toit qui n'a de pente que d'un côté Gr., *lâb*, *láp* m. hangar, appentis, remise, échoppe Gon.; pl. dans *Labou Hether* Cart. de Landévennec 10; cf. *laborenna* remiser, mettre à couvert, du Rusquec, mot formé comme *pladorenna* rester assis par paresse, au lieu de travailler, Trd. Origine germanique : all. *lappen* lambeau, guenille, pendeloque, *lapp* flasque. Pour le rapport des idées, il suffit de rappeler que *appentis* est parent d'*appendice*; cf. encore *pan* de mur (angl. *lap*, pan d'habit). Voir *Idg. Forsch.* V, 22.

De là aussi *lapas* « petit paquet de linge usé et attaché à un court bâton, dont on se sert pour laver la vaisselle dans l'eau chaude »; « les charpentiers de Marine donnent ce même nom à un bout de gros cable éfilé avec lequel ils arrosent les planches qu'ils veulent courber par le feu » Pel.; *labasken* en Léon homme délabré, mal habillé, en Cornouaille homme dont les habits sont tout mouillés et gâtés Pel., f. guenille, haillon Gon., *labaskenn* canaille *Nikol.* 90, *labasquennec* lâche Maun., *labaskennec* celui qui a des haillons; haillon; homme long et menu Pel., *labasquenec* qui a de longues jambes Chal. *ms*, *labaskenna* s'étendre à terre par paresse, faire le fainéant Trd.

Lapideur, g. id., l. lapidator *Cb*, v. *men*.

Lapous treut oiseau maigre, ou chétif insecte, t. d'injure Mo. 180, *laboucc* oiseau *Cb*, v. *riuaff*; *-ouçc*, pl. *et*, dim. *-ic*, Nom. 36; *laboucetaer* oiseleur 175, *-aër* 317; *yalc'hadic a labouçzed melen* une bourse de pièces jaunes *Trub.* 48; tréc. *lapous* ver blanc, en pet. Trég. insecte nuisible, en général; à Plounérin, oiseau; dim. pl. *lapouzidigou*, G. B. I., I, 176. Du lat. *locusta*; cf. anglo-sax. *lopust*, locusta, et gall. *llabwst* homme maigre et élancé. Sur *ç = st*, cf. cf. *Rev. celt.* XI, 355. Voir *labistren, leguest*.

Un autre nom de l'oiseau, d'origine germanique, peut se trouver dans le dérivé *falaouëta* « chercher les oiseaux dans les toits de glé, pendant l'hyver », et aussi « perdre son temps à des bagatelles » Gr., *-éta* aller à la chasse aux oiseaux, *-étaer* oiseleur Gon., cf. angl. *fowl*?

Lard la graisse, le gras *Cb*; **lart** gras, adj., dans *Kichouchlart* surnom au XIVe s., *Chrest.* 198, litt. « viande de cochon gras »; *Le Lard* ou *Le Lart*, n. d'ho. XVe, XVIe s., dim. *Le Lardic*, XVIIIe, Nobil., pl. dans « la coustume de *Lardigou* », comme beurre, suif, litt. « petites graisses », en 1455 (copie de 1511), *Inv. des arch.*, Finist., Série A p. 55; *An Lart* reg. Péd. 9 b (1566), *du Largez* 112 b, II, 4 (1587, 1586), *du Largez* s[r] dudit lieu XVe, XVIe s. Nobil., Anniv. de Trég. 30 v, *Largez* reg. Quemp. 2; *largoüer* lardoire, l. lardarium; *vn crocq-quicq, pe largeger* « un croc, un lardoir » Nom. 163.

Largcat élargir, l. amplifico; *larguentez* accroissement *Cb*, v. *fournisaff*, abondance, D 165, aisance (f. : *anezy*) 123; *largantéus* généreux *Guerz. Guill.* 51; *Le Larc* reg. Plouezec 15 v.

LARIK, *larvik*, m. liseron Trd, *Dict. fr.-br.* et *Dict. br.-fr.*; cf. gall. *ller* ivraie, nielle; gentillesse; *llyren* plantain d'eau; *llerf* aigu, acide, *llerw* gentil, délicat?

Lastez, au fig. « alliance ou société avec des personnes de mauvais renom » Pel., cf. Trd ; *pa glevhan Breiziaded zo lastez Galhaoüed* quand j'entends des Bretons qui sont (devenus) de méchants Français (qui n'aiment pas le breton) *Trub. XVI*; *lastez Religion* fausse religion, 122 ; LASTEZUS pouilleux Maun., cornique *lestezius*; *lastezet* id., négligé, malpropre Pel. Ce mot doit être d'origine germanique ; cf. allem. *laster* vice, v. h. all. *lastar*, *lahstar* honte, infamie. Voir *Urk. Spr.* 254.

LATAR humidité, brouillard Gr., Pel., m. Gon., *latari* être humide, brumeux, *latarus* humide Gr., Pel., au xiii° s. *Runlaharou* n. de village, auj. *Rulazarou*, *Chrest.* 216, pour *Run-latharou* ? Cf. les *Latera stagna* ? V. gall. *latharauc* fangeux ; irl. *laithirt* gl. crapula, dérivé de *laith* bière, v. bret. *lat* gl. crupulam (i. e. crapulam) ; corniq. *lad* liqueur, gall. *llad*, cf. lat. *latex* (Stokes) ; v. irl. *lathach*, marais (gaul. *Are-late* ?) Voir *Urk. Spr.* 238, et *huytout, reter, lit*.

Laudes laudes H 25, 54, *Laudès* Gr., *laudéss* l'A., du fr.

Laurencc (saint) Laurent H 38 ; *Lorans* Anniv. de Trég. 9, reg. Quemp. 2, *Loranc* 10 (*Lorancc* C).

Lausq lâche C, cornique *lausg*; *laosk* (paroles) relâchées, impudiques *Trub.* 231, dim. *laoskic* homme paresseux, indolent 44 ; *lausconi* inaction, indifférence Chal. *ms*; *lauscaff* lâcher C, *lausqa*, *lensqueul*, p. *leusqet*, *lausqet*, van. *lausqeiñ* Gr., de **laxicare*, selon M. Loth, *M. lat.* 180, 181.

LAVAND, *lavénd* lavande Gr., *levant Rimou* 56, *lavan Barz. Br.* 450, *lavand* G. B. I., II, 100, cf. gall. *llafant*, ital. *lavanda* etc. Il est possible que ce mot se trouve dans *Botlavan*, sʳ dudit lieu, en Léon, xvᵉ, xviᵉ s., et dans *Kerlavan* ibid. Nobil. ; on sait que *bot* est fréquemment suivi d'un nom de plante. Il y avait en v. bret. un autre mot *laman*, *Chrest.* 144.

Lauar parole, action de parler H 2 (et non *lav-*) ; *lauarezou* paroles 60 (et non *lav-*) ; *leveromp* nous disons Catech. 6 v, *liviry* tu diras Catech. b 9, pl. *leuerhet* H 43 (et non *lev-*), *lauarher* on dira (et non « on dirait ») B 720, cf. *Rev. celt.* XI, 481 ; *en em santas fall, eb beza clanv da lavaret clanv* il se sentit indisposé, sans être ce qu'on appelle malade *Bali* 225 (cf. D 25, voir *haual*) ; pet. tréc. *rei kel ze*, *re zod e dë lared ze* il ne le fera pas, il est trop sot pour cela. Ce verbe suivi d'un inf. veut dire « promettre (de) », Rev. celt. XV, 338, 339, cf. G. B. I., I, 62. *Piou lareur ann-ez-hi* (elle leur dit) comment on l'appelle 172, cf. 156. LAVAROUR causeur, grand abateur de bois Chal., *ul larour caer* bien disant Chal. ms, *larourr* diseur l'A., gall. *llafarwr* parleur.

Sur la contraction de *lavar-* en *lar-*, voir Rev. celt. VII, 319; Rev. Morbih. III, 340, 341. On lit en van. *lavaret* dites! (et *laret* dire) Choas 207; *lavaret* dit L. el l. 182, 214; *lavar* il dit (et *larant* ils disent) 70. Cette contraction ne se montre pas dans le nom : *lavarr*, pl. *eu* proverbe l'A.; *e pad el lavar sé* pendant ce récit L. el l. 30, *a lavar e zou coant* ton parler est gracieux Celt. Hex. IV, 3; de même en pet. tréc. : *pob ini lar i lavar* chacun dit sa façon de penser, son mot. Voir Urk. Spr. 239.

Lazaff tuer. L'inf. n'est pas dans H. *Lazbleiz* reg. Quemp. 4ᵇ (= qui tue le loup); *mar d-oump en em gannet a laz-korf* si nous nous sommes battus courageusement, de notre mieux Nikol. 175; **lazer** meurtrier Cb v. *muntraff, lazèr* tueur Gr., *lahour* l'A., cf. gall. *lladdwr*; LAZÉREZ, van. *lahereh* tuerie Gr., *-eah* l'A., cf. gall. *lladdwriaeth*; LAZIDIGUEZ accablement Gr., gall. *lladdedigaeth* meurtre, voir entre *lazidigaez*; *lazus*, van. *lahus* tuant, pénible Gr., *-uss* l'A., *lahadurr* m. tuage (du cochon) l'A. Voir Chrest. 216; Urk. Spr. 319.

Lazroncy larcin C, *laezroncy* D 86, 98, *laëroncy* 108; *laëzron* voleurs D 104. La métathèse dans *lazroncy* pour *latrocinium* Rev. celt. VIII, 509, n'est pas du fait du breton : le latin vulgaire avait *latronicium*, qui a donné en espagnol *ladronicio*, portug. *ladroicio*, catalan *lladronici*, sarde *ladroneccio*, v. fr. *larronesse*; cf. Meyer, Gram. des langues romanes, t. I, p. 516 de la trad.; O. Keller, Lateinische Volksetymologie, 132. Sur *lazrez*, voir *lech*.

Le serment. *Ar falz-Ledouet* le faux-serment, pl. *al leou-douèt* Cat. imp. 52, *leio douet Miz Mari* 44, voir *ren*. Comparé au goth. *liuga* mariage, Urk. Spr. 257. Cf. Rev. celt. III, 54.

Le composé *mor-lean, morleannen*, Gr., *-enn* l'A., *morlean* Pel., l'A., *môr-léan* m. Gon., julienne, poisson de mer qui ressemble à la morue, paraît contenir un correspondant du gall. *lling*, écossais *langa*, angl. *ling*, mais assimilé à *lean* moine, mot tombé en désuétude, « le Pere Grégoire m'a assuré l'avoir lû dans un ancien livre », dit Pel. Cf. le plur. cornique *lenesow*, qui paraît désigner le même poisson.

Ce mot *lean* existe en composition : *leanty* syn. de *manachty* (maison de moines) C, *leanti* id. Pel., *léandi* couvent de religieux ou de religieuses Gon. Grég. ne connaît que ce dernier sens, qui pourrait être le plus ancien, le gall. *lleian* étant du féminin; sur l'addition de -*es* dans le bret. *leanes*, voir *mazron*. La forme galloise donne à penser aussi que *lean* a été associé à *le* par étymologie populaire; cf. bret. *leien* linge grossier? Voir *lien*, *maezur*.

Leal. **Lealentes** « fiableté, loyauté », Cb, v. *fizyaff*. *A leal d'ar mare-ze*, et précisément à cette heure-là, Bali 182; *leal* loyal Chal. ms. v. *procéder*; *un deen neal* un homme de probité, *nealtet* probité Chal. ms. Cette dissimilation du premier *l* en *n* a lieu aussi en dehors du vannetais; cf. *Rev. celt.* VII, 38; *eneal* vraiment P. Derrien, *Kanouen var eur bélevad...*, dernière str.; *neal, Rev. de Bret. et de Vendée*, 1873, p. 288. Elle a fait croire à tort à l'existence d'un mot *alia*, certes, Pel., Gon., dans l'expression *né alia*, non certes (je n'irai pas), Gon., *Dict. fr.-br.*, *ne-a-lia*, Pel., *ne-alia*, non certes (vous ne mourrez pas), ab. Henry, *Genes*, Quimperlé, 1849, III, 4, c'est-à-dire *néal ia*, ah bien oui! (ironiquement), de *en leal ia*; cf. *Rev. celt.* XIII, 354, 355; XV, 392. Une autre dissimilation se montre dans le bas-van. *o lèr*, employé (*Rev. celt.* VII, 184) où les autres dialectes mettraient, comme nous l'avons vu, *eleal* et *néal*, en vérité, ma foi (en commençant une réponse); cf. *ho eleel*, Peng., I, 50; *el leel*, 96.

A *neal* de *leal*, on peut comparer moy. br. *nignelenn, lignelenn* ligneul; van. *Nomelec* en Surzur = *Locmellec*, en 1455; *namel, namein* ôter, de *lémel*; *nent* étourdi, *Manuel* de Guyot-Jomard, 2ᵉ éd., 31, *nænt doh* sourd à (la douceur de ma voix), *Choæs* 7, *Guerzenneu* 1857, p. 72, de *lent*; pet. Trég. *lémen* ôter, *lézen* laisser, *delc'hen* tenir, *gelven* appeler, de *lémel*, etc. (voir *licel*); à *lèr* de *leel, leal* (cf. corniq. *lêl*), pet. Trég. *ruskelat* bercer, de *luskellat*, et peut-être van. *gourhamble* gourmand, l'A., *gourhambl* Gr., du fr. *goule ample*, cf. *goule*, m., pl. -*leu*, goulier, l'A.? Voir *goel, hyllicat, lentilus, lusqu'*.

Leanes, leanty, voir *le*.

Leau lieue C, *léau, léo*, f., pl. *lévyou* Gr., *leo*, pl. *levou, leviou* Pel., van. *léau, leü*, pl. *leüyeü* Gr.; *leau-gorden* lieue de corde Pel., dim. *lévicq*, pl. *levyouïgou*, Trég. *léouïcq* pl. *léouyoïgo*, van. *léuïcq* pl. *léuïgueu* Gr., *léau-varn, bann-léau* banlieue Gr.; *mont el leo*, ou *leoniada* se mettre en route Trd. Voir *Urk. Spr.* 244.

De là **Leauuec** reg. Quemp. 12 v, *Le Leauec* 33 ?

Lech lieu, m. : *diren alech deguile* Cms, *a lech de guile* Cb v. *lechet; a lech arall* d'ailleurs Cms; *ez lech* l. localiter Cb; *leach* Cb v. *calch, canaff, leou* Gw. v. *möez* (sans doute mal écrit), *leac'h* D 32, (avoir) lieu (de) 155, pl. *lec'hyou* 74, 96, *al leïou-bras* les lieux respectés, les palais *Trub.* 49 (cf. *dileïa* déplacer, XI, etc.). *Lech* rime avec la 1re syll. de *ma quacc*, J 98, v. 2, = *leac'h* et *ma c'h(aç)*. On trouve de même la 1re syll. de *nec'ho* il chagrinera, rimant en *ac'h*, Am. v. *gwac'ha*, = *neac'ho*; celle de *seacho* il séchera, P 269, avec *an knech* le haut, léon. *ann neac'h* et *ar c'hreac'h*; cf. *rehac'h* chagrin, Am., v. *rec'h*; *creach*, en haut, *peleach*, où, *leach*, lieu, *neach*, peine, p. 3, 4 et 5 de Sainte-Nonne (*Rev. celt.* VIII, 230, 234); *breac'h* bras, D 21; *leac'h*, 82, *neac'h*, 169, 173; *eleac'h* où, *ous queac'h* en haut, *treac'h* vainqueur 53 (ces six mots riment en *ec'h*); léon. *peleac'h, leac'h, neac'h, seac'h*, sec, *treac'h* vainqueur, *treac'h* reflux.

Ce changement d'*e* en *ea* sous l'influence d'un *c'h* suivant n'a pas lieu en trécorois, où l'on dit *kroec'h, lec'h, nec'h, zec'h*. Seulement, dans certains mots, il y a une variante trécoroise en *ac'h* : *pelec'h* et *plac'h*, où (cf. *ul-lac'h* un lieu Gr., v. *envoier, ul lac'h*, v. *pardon); c'houec'h*, six, *triouac'h*, dix-huit; *banne* et *bannac'h*, une goutte (moy. bret. *bannech*); *divrac'h*, les bras, Jac. 97, rime *ac'h*; cf. bret. moy. *ozech* et *ozac'h*, homme, mari (*ozac'h, ozæc'h, ozeac'h* Gr.); voir *marchat-læch*. Dans la conjugaison, *-ech* est devenu quelquefois *-eac'h*; *rac na veac'h* de peur que nous ne soyez D 162, plus souvent *-ac'h* : *sentac'h* (si) vous obéissiez, ibid.; *à hentac'h* (ceux) que vous fréquentiez, *ma em disculsac'h* si vous m'aviez dénoncé 139; *raz raffec'h, raffeac'h* et *raffac'h*, plût à Dieu que vous fassiez, Gr., v. *faire; na varwfeac'h ket* que vous ne mouriez pas G. B. I., I, 220, 232, cf. 226.

La diphtongaison de *ec'h* en *eac'h* paraît également étrangère au vannetais, bien qu'on ait cru parfois l'y apercevoir (*Rev. celt.* I, 92, 93; V, 125; VII, 172; cf. XVI, 330). En effet :

1° L'ancien son *ec'h* devient en van. *eh* et non *eah* : *béh* fardeau, *déh* hier, *huéh* six, *téh* fuite l'A., Gr. = moy. br. *bech, dech, huech, tech*, léon. *beac'h, deac'h, c'houeac'h, teac'h*.

Quelques exceptions apparentes peuvent s'expliquer par des compromis analogiques, comme *oheah* mari, plur. *eheah* Gr., cf. sing. *oheh* et *ohah*, Gr.; *meneah* moines, *Livr bugalé Mari*, Rennes, 1881, p. 22, 64, cf. *meneh* et *menah*, id., Gr.; *d'en neah* en haut, r. *ah*, Sauvé, *Prov.* 357, cf. *kene-*, *Chrest.* 197, et *crah* montée Gr.

2° Les *eh* vannetais venant de *eth, ith*, etc., moy. br. et léon. *ez, iz, eiz*, ne donnent pas lieu non plus à des variantes en *eah* : *téh* un pis, *méh* honte, *gunéh* froment, *bréh*, tacheté, bariolé, *néh* nid, l'A., Gr. = léon. *tez, mez, guiniz, briz, neiz*, etc.

Le langage de Sarzeau, qui a une prédilection spéciale pour les diphtongues *ya* (= *ea*) et *ye*, *Rev. celt.* III, 50-52, n'aurait pas manqué de développer une tendance vannetaise à changer *eh* en *eah*, si elle eût existé; or on dit dans ce sous-dialecte *gunéc'h, ketec'h* aussitôt = *kentiz, chuéc'h* fatigué = *skuiz, léc'h* lieu, etc., *Rev. celt.* III, 233. Il y a bien *piah* ou *pieh liau*, combien de lieues, ibid. 52; mais si *piah, pieh*, combien, est identique au léon. *pez*, quel, il a pu facilement subir l'influence de *piet*, forme régulière de *pet*, combien. Je doute aussi qu'on soit obligé d'admettre le changement de *ec'h* en *eac'h*, même à Sarzeau, à cause des mots de ce pays *aniac'h* celui-là, ibid., 49, 232 (cornouaillais *banac'h*, van. *henéh* l'A., *henneh* Gr.), et *gueah* fois, ibid. 49, variante de *guéc'h* 233; car il y a une diphtongue dans le vieux gallois *hinnoid* = *aniac'h* (cf. v. gall. *henoid*, cette nuit = van. *hineah*), et dans le gall. *gwaith* fois = *gueah*, léon. *gueach*, de *guaeth, par métathèse.

3° C'est la métathèse de *ae* en *ea*, qui explique les formes vannetaises ayant *eac'h*; cette métathèse existe aussi en Léon, elle avait déjà commencé en moy. br.

Ainsi le haut vannetais *liah*, lait (*Rev. celt.* VII, 172), *leah* (l'A., *Livr bug. M.* 60, etc.), ne vient pas du bas van. *léh* (*læh*, l'A.), mais correspond au léon. *leaz*, de *laez*, du lat. *lact-*; c'est ce qui fait que ce mot est traité différemment de *leh*, lieu. Même distinction entre le van. *seah* foudre = léon. *séaz* flèche, moy. bret. *saez*, du lat. *sagitta* (cf. *sæzyou* rayons du soleil, Gr.) et le van. *séh* sec, de *siccus*. La diphtongue de *léac'h* lieu, *seac'h* sec, est purement léonaise.

On peut citer encore van. *quéah* cher, léon. *keaz*, moy. br. *quaez* captif, chétif; *feahein* vaincre, léon. *feaza*, moy. br. *faezaff*, et les nombreux dérivés en *-eah, -yac'h* = moy. bret. *-aez, -ez*, léon. *-ez*, bien que la variante *-eaz* ne semble pas s'être développée dans les mots léonais correspondants : van. *madeleah* bonté, *tiegueah* ménage, *hireah* vif désir, regret = moy. bret. *hiraez* impatience, léon. *hirrez* ennui, Gr., gall. *hiraeth*. Le van. *moliah* merveille = prob. **meuliaez*; cf. gall. *can-moliaeth*, recommandation; voir *meuly*.

Le van. *marhadoureah* marchandise, prouve que le moy. bret. *marchadourez* vient de **mercator-acta*. Le même suffixe se trouve dans l'inf. van. *laireah* voler, moy. bret. *lazrez*, tréc. *laeres*; cf. van. *grateah* promettre, *marhateah* marchander l'A., moy. bret. *marheguez* chevaucher, gall. *marchogaeth*, cornique *marogeth*, id. Le rapport est le même, en moy. bret., entre *buanecat* et *buanegaez*, *buaneguez* courroucer, qu'en van. entre *brehatât* embrasser Gr., et *bréhateah* l'A., cf. *doh hum vrehateah*, *Voy.* 155; voir *dirigaez*.

Devant une consonne autre que *c'h*, la métathèse de *ae* en *ea* se montre en moy. bret.; elle devient fréquente en léonais moderne, mais seulement dans les cas où *ae* est ancien.

Exemples, en bret. moy. : *vaen, vean*; *ven* vain; *veanhat* devenir vain; *laesenn, leasenn, lesen* loi; *ael* ange Cathell 25, etc., *eal* N (p. 6, str. 16), Cathell 13; *aer* et *hear* héritier; *maes* et *meas* champ, *emeas* dehors Cathell 27; *maezur* et *meazur* nourrir; *baelec* et *bealeuc* prêtre, cf. *bialég* à Sarzeau; *Rev. celt.* III, 56; VIII, 31; léon. *eal, meaz*, etc.; nous avons parlé plus haut de *leaz* lait = *laez*, gall. *llaith*, etc.

Quand *ae* est une modification relativement récente de *az* devant une consonne, cette diphtongue ne subit pas de métathèse : léon. *aer* serpent, *laer* voleur, *impalaer* empereur, *daerou* larmes, etc. = moy. bret. *azr, lazr, empalazr, dazrou*; léon. *kaer* beau, moy. bret. *cazr*, tandis que léon. *kear* ville = moy. bret. *kaer*. La prononciation *ae* pour *az* devant consonne avait commencé déjà en bret. moy., puisqu'on trouve dans Sainte-Nonne l'orthographe mixte *aez* : *caezraff, caezret*, cf. *caezr, aezr, laezr, impalaezr*, dans les *Nouelou*, et moy. bret. *mozrep, moezreb* tante; *lozn, loezn* bête, pl. *loeznet* Cb, fol. xɪ, v°.

Le léon. a deux mots *heal* : l'un, que Gr. rend par « cordial » et « cardiaque », est le moy. bret. *hael, hel* généreux, de **sagl-*; l'autre, qui veut dire « manche de charrue », Gr., = moy. bret. *haezl*, montre que ce *haezl* n'est pas dans le même cas que *caezr* = *cazr*, v. br. *cadr* (léon. *kaer*) et ne vient point de **hadl*, mais de **haedl* = **sagetl-*, cf. grec ἐχέτλη.

Le vannetais et les autres dialectes préfèrent, en général, contracter les deux voyelles de *ae* en *e*, au lieu de les transposer comme le léonais. Ces contractions se présentent aussi en breton moyen, comme nous l'avons vu. — Voir *eal*, *euz* 1, *hael*, *lec'h* 1 et 2, *lec'hit*, *neff*, *quea*; *Urk. Spr.* 246.

1. LEC'H, *lac'h* pierre. « En Haut-Léon on donne ce nom par excellence, à certaines grandes pierres plates un peu élevées de terre, et sous lesquelles on peut être à couvert : et qui donnent lieu à des Fables parmi les paysans » Pel. Gall. *llêch* f. pierre plate, v. irl. *lecc*, f., gaul. **liccā* d'où (*fundus*) *Liccoleucus*, *Rev. celt.* XI, 170; cf. πλάξ, lat. *planca*, etc., *Urk. Spr.* 56, 330. De là le nom scientifique *cromlec'h*, gall. *cromlech* pierre plate arrondie et souvent concave, cornique *cromlegh* Loth, *Ann. de Bret.* VIII, 731. Voir *Rev. archéologique* 3ᵉ série, XXII, 35, 36, 42; *Rev. celt.* XIV, 3.

2. LEC'H, léon. *léac'h*, m. rachitis, Gon., *leac'h*, maladie des reins, Pel., *drouk-leac'h* rachitisme, *Mélusine* III, 381, pet. Trég. *droug ēl léc'h*, cf. corniq. *léauh*, fièvre.

LEC'HIT, *lehit*, *léit* boue, vase, limon laissé par la mer, limon des marais, tout sédiment d'eau et de liquide Pel., *léc'hyd*, *leac'hyd*, van. *léhyd* Gr., *léhétt* l'A., *lehed* L. el l. 126; *lec'hid* m. Gon., *war al lic'hid* sur le rivage, Peng. VI, 181; LÉC'HI mucilage, matière gluante, en pet. tréc.; LEC'HIDEC boueux, vaseux Pel., *léc'hydecg*, van. *léydecq*, lieu plein de vase, Gr., *léhédéc* l'A.; *leidec*, *leindec*, pl. *leidegui*, vase de la mer, Chal. *ms*; gall. *llaid*, m., et *llai* limon, *lleidiog* vaseux. Proprement « dépôt », même racine que *lec'h*, lieu, allem. *lager*, couche, etc., et que le fr. *lie*, d'orig. celt. (*Kelioroman.*, 66). Le tréc. *léet*, (eau) trouble, *Rev. celt.* IV, 160, vient probablement de **leiet*.

Ledaff étendre C, *leda*, *ledecq*, part. *ledet*, van. *ledeiñ*, *ledeëcq* étendre en large Gr., gall. *lledu*; LET largeur, laise Pel., *led* Gr., *léd*, *lét* m. Gon., gall. *lled* m., cornique *lés*, = πλάτος, cf. *Urk. Spr.* 247; *lédannait*, *lédannein*, prés. *-nna* élargir l'A.; *ledanded* largeur

Gr., *lédandœtt* m. l'A.; *ledannidiguez* élargissement Gr., *lédannereah* l'A., *lédek* d'une grande étendue en largeur Gon.

Leff. Leuaff, crier, Cb, v. *garm*, *leva* gémir D 159, *lehanein* pleurer, *lehanour* pleureur Chal. *ms*; *leanein* pleurer, à Sarzeau, *leanêrr* pleurard l'A.; *leñver*, *-icq* pleurard Gr.; voir *Urk. Spr.* 248.

LEGUEST écrevisse, homard, en van., Man. Guyot-Jomard 2ᵉ éd. 12, *Voc.* 1863 p. 22, *leguêsste* m., pl. *-têtt* l'A.; hors de Vannes *leguestr* pl. *ed* Gr., *leghestr* pl. *et* Pel., *légestr* m. Gon.; gall. *llegest* m. homard; homme ventru; cornique *legast* homard, du l. *locusta*, cf. fr. *langouste*. Voir *labistren*, *lapous*.

Lein, dîner, subst., Cb, v. *hyr*, *lien* D 112; *leiniaff*, inf., Cb v. *coan*. Pet. Trég. *ober ze ne ket eul lein debet*, c'est plus difficile à faire que de manger son dîner (plus fort que de jouer au bouchon).

LEIZEN, *gar-lizen* « emissole, l. *galeus lævis*, *hinnulus* », Nom. 45, *vn quarr-lizen* une sôle 47; *lizen*, *leizen merquet* « plye, quarrelet », en latin *passer*, 46; *leizen*, *lizen* plie, pl. *leized*, *lized*; *garlizenn*, sole, pl. *garlizenned*, *garlized*, *garliz* Gr.; *lizen* plie, pl. *lizennet*; *garlisen* sole, et, selon quelques-uns, plie, Pel.; *ul lizen* une plie, *eur garlizen* une sole, *Vocab.* 1778, p. 25; léon et cornou. LISEN l'humeur grasse qui est sur le poisson, sur la chair et autres choses qui commencent à se corrompre Pel., *lizen* f. Gon.; *lisa* se corrompre par humidité Pel., *liza* Gon.; cf. gall. *llythïen* f., pl. *llythi* plie; *llyth* plat, mou; ces mots diffèrent de l'irl. *leitheach* plie, gall. *lleden*, pl. *lledau*, cf. grec πλάταξ, et du gall. *lleidbysg* limande (= poisson de vase, angl. *mudfish*); peut-être sont-ils parents de *lintr*.

Malgré quelques divergences accidentelles (*lizen* plie, *garlesen* sole Maun.), il y a lieu de croire ce dernier mot composé du précédent; voir *gar-*. L'explication par *garw* rude, qu'ont admise Pel. et Gon. (Pel. donne même *garwlizen* sole, v. *lizen*), est satisfaisante pour le sens, les soles se distinguant des plies par leur peau écailleuse; cf. écossais *garbhag* plie, carrelet; bret. *garw*, pl. *garwet*, *garvet* « un ver que les pêcheurs tirent du rivage de la mer, pour servir d'appât »; « achées, vers de terre longs et rouges… Ceux dont il s'agit ici sont plats, et plus ridés que les autres » Pel. Au point de vue phonétique, la chute de *w* peut se justifier par des exemples en moy. bret. : *hanu* et *han* nom, *ban* vieille truie, *hal* salive, et en bret. mod. : *c'hwerder* amertume Pel.; pet. tréc. *c'houer put* très amer, *kinder gompos* cousin germain, *mar bihen* (petite mort), évanouissement (*ar vàr'-skaon* les tréteaux funèbres G. B. I., I, 124); *mal bihen* petite mauve, *han bade* nom de baptême, *'n an Doue* au nom de Dieu (*en han-Douë* Gr.), etc. Le van. aurait pu éclaircir la question (l'A. ne donne que *hanhuë-badé*, *enn hanhuë Doué*); mais ce dialecte n'a pas les correspondants de *leizen*, *garlizen* : il dit *pleizenn*, plie l'A., = moy. bret. *playcenn*, et *seillenn* sole l'A. Cependant Chal. ms donne *ur blissen* et *ur blihen* une plie; cette dernière forme pourrait être un compromis entre *playcenn* et **lihen*, prononciation vannetaise de *leizen* (voir *mis* 1).

Leizyaff, mouiller, Cb, v. *deltaff*, *leiza* humecter Gr., Gon., *leisa* Pel., *leibein*, prés. *leiha* l'A. (cf. *leisaa* devenir ou rendre plus humide Pel.), gall. *lleithio; leiz*, humide, LEIZDER, moiteur, Nom. 233, *leizder*, *leizded* humidité Gr., gall. *lleithder; leihadurr* moiteur l'A. De **lec-to-s*, dissous, participe de *leg-* fondre, irl. *legaim*, cf. allem. *lecken*; voir *diloh*, et *Urk. Spr.* 246.

Lencquernenn ver intestinal C, *leñcqernenn*, pl. *leñcqernn* Gr., gall. *llyngyren*; rapproché du lat. *lumbricus Urk. Spr.* 248. M. Wharton compare, au contraire, à *lumbricus* le gall. *llymriaid*, anguilles de sable.

Lencr, glissant, C., cf. *linc*, Pel.; *liñk*, *liñkr*, Gon.; lingue, (lait) qui file, l'A.; *lencra*, *lincra* rendre glissant, polir, unir, aplanir; *linca* être, devenir ou rendre glissant; *lincrus*, comme *linc* coulant, glissant, subtil, adroit, insinuant Pel. Le Cb a « *risclus*, g. lincable, decourable, l. labilis »; ce fr. *lincable* rappelle le gascon *linqua*, glisser, *Mém. des Antiquaires de France*, 1874, p. 83, *linca* Mistral. Sur le gall. *llithrig*, voir *lintr*. *Lenc-r* peut être distinct de *linc*, et avoir même origine que *lencquernenn*, voir ce mot. En pet. Trég. *liqañn*, lisse, glissant, et leste, dégourdi (cf. *Rev. celt.* IV, p. 161), vient de ** linc-ant*.

1. **Lenn** étang C, Gr.; *lennad* plein l'étang Gr.; gall. *llynn* étang, irl. *lind*, *linn*. Ce mot est rapproché avec doute, *Urk. Spr.* 248, d'un autre gall. *llynn* liqueur, humidité, breuvage, irl. *lind*, *linn* gl. cervisia, qu'on rapporte au grec πλάδος. Selon Pel., *lenn* est « tout

amas d'eau grand ou petit,... on le dit de la mer et de l'eau d'une huître enfermée dans son écaille ».

2. LENN, couverture de lit, pl. *ou*, Gr. Pel. dit avoir entendu appliquer ce mot, en basse Cornouaille, à une couverture de laine; voc. corniq. *len*, gl. sagum, gall. *llén*, f. voile, rideau, v. irl. *lenn*, f. manteau, gaul. *linna*; voir *Urk. Spr.* 252.

3. *Lenn* P 238. La correction de *lenn* en *tenn*, proposée *Dict. étym.*, v. *lector*, n'est pas possible, la première syllabe de *ouz lenn*, c'est à dire *o lenn*, rimant avec le mot précédent *oll*. Faut-il prononcer *o llen*, = *o c'hlen*, s'attachant, cf. gall. *yn nglyn*, moy. bret. *englenaff* ? Voir *Urk. Spr.* 251.

Lentilus (qui a des taches au visage) *Cb*, v. *taig*, *léntilus* sujet aux rousseurs, *léntilicg*, pl. *-igou* rousseurs Gr., *lentik* Trd. M. l'abbé Le Tirant m'a appris qu'on dit à Pontivy *litimek*, qui a des taches à la figure; sans doute pour **liñtinec*, de **lentilec*; voir *leal*.

Leonis (les) Léonais D 196, *Leonisset* 195, *Leonistet* 196 (cf. *Ysraellistet* Israëlites Mo. *ms* 166, *Israëlis* Gr.).

Les cour, f. : *honnez*, *dezy* D 157; *læs* 53; *a hober el liz* (le taureau ne pense qu') à ses amours *L. el l.* 126; *handrehel el lez* faire l'amour 164. Voir *Urk. Spr.* 247.

Lès f. hanche Gr., *lés* Pel., *léz*, Gon.; *léspos*, G., *lézpoz*, *lézpoch*, Gon. qui a une hanche plus haute que l'autre, pet. Trég. *pozlést*, composé de *pouez*, poids, cf. corniq. *pôs re teulseuch agas clûn*, « heavily have ye thrown your haunch ». On lit au masc. *daou lez* hanches G. B. I., II, 130 (*diou-lez* I, 172). Chal. *ms* donne *pen a lé* hanche, *en diu' lé* les hanches, par suite de quelque méprise, car l's est assuré encore par le v. irl. *less*, id., écossais *leas* f. De **lets-*, dérivé de **letos* côté, v. irl. *leth* côté, moitié, gall. *lled*, v. bret. *let-* demi, lat. *latus*, voir *Urk. Spr.* 247. Peut-être faut-il séparer de ces mots le v. irl. *sliassit*, cuisse, écossais *sliasaid*, v. irl. *sliss* côté, écossais *slios*, gall. *ystlys*, côté, flanc, de **stl-is-*? Voir *goustellet*.

Lesell laisser à l'inf. n'est pas dans H.

Lesir, voir *lisoureguez*.

Lesquiff, brûler. *Lequiff*, *Cb*, v. *tan*; van. *losqedic* brûlant Gr., *lossquedig* l'A. (ailleurs *lisqidicq* Gr., voir *iüin*), gall. *llosgedig* brûlé;

lossquereah f. action de brûler l'A., *loskus* brûlant *L. el l.* 42, 116. Comparé au lat. *luceo, Ann. de Bret.* VI, 645 ; à λάμπω, *Urk. Spr.* 256.

Lestr, f. : *vn lestr beguec, e deffe vr beg hir,* l. nauis rostrata, « nauire begue », Nom. 149 ; m. : *á neza* (à la table).

Letani. Litaniou litanies D 74 ; *letanyou* Gr., *letanieu* l'A.

Letter, litière, C*b*, v. *doen* ; pl. *you,* Nom. 321 ; *leitierr,* m., pl. *eu* l'A.

Leunhat a *greun* remplir de grains C*b*, *leunaff* id., v. *farsaff,* part. *leunet,* v. *scuyllaff* ; *lun a buhez,* plein de vie, v. *beuaff, lun Intr.* 2 ; *leun merit,* plein de mérite, Jac., 122 ; *leunidigaez,* fournissement, l. amplicitas, C*c*, v. *fournisaff* ; LEUNDER plénitude Gr., gall. *llawnder* ; van. *leended* Gr., *leinndętt* m., l'A. Voir *lano.*

Leuric petite aire, en 1485, *Rev. celt.* II, 212 ; LEURYAD, van. *léryad* airée Gr., cf. gall. *lloraid.* Voir *arzornn* et *Urk. Spr.* 236.

Levenez joie, gaieté, liesse, « ce nom se donne au Batême à des filles, » Pel. ; *Levenez,* van. *Lehuine* Liesse, nom de fille, en lat. Lætitia Gr. ; *Lévénèze Le Gardien,* XVIᵉ s., *Inv. arch. Finist.,* sér. A p. 9, 10. *Leuéné* joie *L. el l.* 28, 72, *lehuiné Choæs* 55 ; *hum léhuinein* se réjouir *Celt. Hex.* I, 4 ; *laouennegaat* réjouir, *Buez sant Isidor,* Quimper 1839, p. 113, cf. cornique *lowenek* joyeux ; dérivés de *louen.*

Leuviet dirigé, conduit (en bateau) D 190, *leuyad* gouverner, t. de marine, *Voc.* 1863, p. 52 ; *Le* **Leauyer** Anniv. de Trég. 5 v, 16 v, *Le Leauier* Quoatg. 7, auj. *Le Levier* à Sᵗ Clet, = *lévyer* timonier Gr., *lewier* Pel. ; LEWIDIGHEZ pilotage, gouvernement d'un navire Pel., cf. gall. *llywiedigaeth.* Voir *Urk. Spr.* 252, 253.

LEVNECG, *louañnecg,* cornou. *leoñnecg,* pl. *-egued* lieu, poisson de mer Gr. ; léon. *leonvec, leuvennec,* cornou. *leonec* Pel. ; *léonvek, lenvek, léonek, louanek* m. Gon., *loüanec Vocab. nouv.* 6ᵉ éd., Quimper 1778 et *Colloque français et breton,* Quimper 1808, p. 25 ; *leanéc* m. l'A., *leannég Voc.* 1856 p. 26, pl. *leanneguet* (gadus pollœchius, L.) Delalande 71 ; pet. tréc. *levenek* ; *Léonnec* n. d'ho. au XVIIᵉ s., *Inv. arch. Finist.,* sér. B p. 315. De *leffnec,* dérivé de *leffn* poli, uni, cornique *leven* (voir *arlehucin, libonicq, loafuz*), comme le van. *guên-*

nêc merlan, de *guenn* blanc ; le lieu n'a presque pas d'écailles. Voir le mot suivant.

Chal. *ms* traduit « un lieu » par *ul lieu*.

LEVREK m., pl. *-eged* ange, poisson de mer Trd, *loérec* Gr. ; Gon. et Trd donnent *loérek, loerek* comme van., ce que contredisent les exemples de Gr. : *eol loérec* de l'huile d'ange (« admirable pour les playes ») ; *goulou loérec* huile d'ange à brûler dans un lampion. Le rapport de *levrek* à *loérec* rappelle celui de *levnecg* à *louanek*, voir *loafuz*, bien que la disparition du *v* fasse difficulté (cf. van. *loir* ladre, de *lovr*, Gr. ?) La racine peut aussi être la même, mais pour une autre raison : soit parce que la peau de l'ange de mer sert à polir le bois, soit à cause de la forme allongée de ce poisson, qu'on appelle burlesquement *turbodenn lostecq* turbot à queue, Gr. v. *raie*. Cf. v. bret. *liberiou* gl. rotarum... lapsus ; gall. *llyfr*, ce qui traîne à terre, etc. *Urk. Spr.* 320.

On peut rapporter à la même origine LEVRYAD pl. *ou*, chalumeau d'un haut-bois, où les doigts jouent Gr., *levriad* m. Gon. (idée de glisser, cf. en fr. *touches* d'un piano ?)

Lezr cuir serait d'origine germanique, selon M. Zimmer, *Zeitschr. f. deutsch. Alterth.* XXXII, 289 ; M. Loth croit que le germain a emprunté au celtique ce mot, dont la racine serait celle du lat. *pellis*. Cf. plutôt *liber* écorce, et le rapport de *tarazr* à *terebra* ?

LIAC'H, *liah*, pl. *liac'hou, liahou*, syn. de *lec'h* 1. « M. Roussel croyoit que ce n'étoit que certaines pierres brutes, posées les unes sur les autres, en forme de petites loges : et que c'étoient des temples d'idolâtres. Il remarque encore que l'on dit communément *Liac'h-ven*, et au plur. *Liac'hou-ven*, et que ce *Ven* est pour *Maën* pierre » Pel. Cf. *En-Lia*, convenant, *Inv. arch.* C.-d.-N., série E p. 37, *Parc-en-Lia* pièce de terre 38 (comme *Prat-en-Menhir* ibid.) ; pour la suppression du *c'h*, comparez le n. d'ho. *Le Flo* en 1599 *Inv. arch. Morb.* V, 14 = *Le Floc'h* en 1583 ou 1584, *Inv. arch.* C.-d.-N., série E p. 15 ; *Penancra* convenant 60, = « le bout de la montée », *creac'h*, dim. *-icq*, van. *crah* dim. *-ic* Gr., voir *knech*.

Le n. de lieu *Le Lehuaven* en 1558, *Inv. arch. Morb.* V, 325, semble une forme vannetaise de *liac'hven* ; cf. en ce dialecte *jhuél, ehuel* haut Gr., *ihuel Choæs* 15, *inhuéle* l'A., de *uhel* haut ; on trouve déjà le

n. de lieu *Couetihuel* en 1592 et 1598, *Inv. arch. Morb.* V, 272, 273.; *liguernein* luire *Guerz. Guill.* 89, *liguernus* luisant 65, de *lugern*-; *el lehue* le haut, et *-luë, lehe* Gr.; de *laëz, laë.* Littré donne en franç. *lichaven*. *Liac'h* paraît répondre au v. irl. *lia*, gén. *liac* pierre. Ce dernier est expliqué par **lévink-,* cf. λᾶας, λᾶιγξ; mais le breton aurait dû conserver l'ancien *w*. Voir *Rev. celt.* I, 228; *Rev. archéol.,* 3ᵉ série, XXII, 36, 42.

Liam lien ne vient pas du latin, mais du v. fr. ou du roman, cf. provençal *liam*, M. lat. 182.; LIAMA lier Pel., part. *-et* D 150; *lyamer* limier Gr.; *Lyamer* n. d'un convenant *Inv. arch. C.-d.-N.*, série E, p. 73; *coad liamaich* montant (de portes, de croisées) Gr.

Libellou libelles D 109; *librer* libraire Catech. 5. — **Liberalite** -té H 47; *liberté* liberté D 99, *liberet* délivré 52, 150; *libr* libre 84, pet. Trég. *lip* dans *troc'het lip* coupé net, etc., *Rev. celt.* IV, 161.

LIBONICQ, pl. -igued émouleur, van. Gr., *libonnic* Pel., *bibonig, limonig*, émouleur, affileur l'A., voir *arlehuein, penestr*. Cette alternance de *b* et *m* paraît indiquer un *v* plus ancien, cf. gall. *llifaid,* aiguisé. C'est ainsi que le tréc. *libous, liboust,* viscosité = bret. moy. *limoes* et *liuoes*, mousse d'eau et d'arbres. Cf. bret. moy. *guiufher* écureuil (= lat. *viverra*), mod. *guyufher* et *guyber*, van. *güiñver*, Gr.; *babouz* m., bave Gon., *divabouz* bavette Gr., de **bavouz* baveux, du haut-bret. *bavoux*, van. *baoüs* Gr., *leah bâouss* lait qui file l'A.; cet adjectif a supplanté le nom *baff*, van. *bao, baü*, bave Gr. (voir *Baffec, baus*), comme dans *mormouz* m. morve des chevaux Gon., pet. Trég. *mormous*, de *mormous, morvous, morfus, morus*, van. *morous* (cheval) morveux Gr., du h.-bret. *morvoux* (*morf, morv, morm* morve Gr., van. *morouz* id. Gr.); *rimia, rémia, riñvia, réñvia* racler, gratter Gon., du v. fr. *riffer*; pet. Trég. *unréal* rêver, de *huvreal, hunvreal; talmeta* tâtonner = moy. bret. *palfuata; kalmichat* travailler le bois, de *kalviziat*; à Gurunhuel *dimoéchkel* ailes, de *diveskel,* etc. Voir *loafuz, lomber, mouien, tamoüesen*.

Libostren crotte? Maistre Pathelin, cf. *Rev. celt.* XVI, 197; LIBIS-TRUS crotté, fangeux, souillé Maun., gall. *llibystrus; libistrenec* id. Pel., *libistrinec* Maun., *-ecq* Gr.; cf. van. *libous*, pl. *ed* salope Gr.

On peut ajouter, avec plus ou moins de vraisemblance : *liboulr* en bas Léon, petit poisson de mer, appelé ailleurs *touççec ar-môr* Pel., *libour* petit lieu, poisson de mer, surtout en haut Léon Pel. (cf. *fanken* sole Pel., de *fanc* boue) ; *libourc'h* habit tout déchiré, *libourc'hen* l'homme ou la femme qui porte un tel habit Pel. (pour le suffixe, cf. *Rev. celt.* XVI, 234, 235.) ; *livastret* racaille Maun., canaille, gueusaille, gens de néant Pel., *-ed* Gr., Gon. ; *dislipa* souiller Maun., de **dos-lib-ha-*? *Limoes* paraît différent.

Licel, linceul, Cb, v. *bez* ; tréc. *niñsel*, pl. *niñseyo*, draps de lits, cf. *nisel*, *Histoariou* 85, 86, pl. *ninceillou*, *Chimiq.*, 2, voir *leal*.

Licenciet autorisé J 72 b, *en en licentier da touet* (une maison où) on se permet de jurer D 177 ; *un dra mat ha lecit da ober* chose bonne et permise 91, de *licit*, cf. *hypocresi* hypocrisie 113, etc.

Licher (gourmand, débauché), Cb, v. *glout* ; *Le Lychezr* Anniv. de Trég. 19, cf. la forme française *Le Ligéour* en 1779, *Inv. arch. Fin.*, sér. B p. 369 ; *lichizry* « lecherie », Cb, v. *gast* ; **lichezraff** « deliter » (être sensuel), v. *delicius*.

Lyen, *lyan*, *lyenaich*, *lyañnaich* linge, *lyenenn* un linge, pl. *ou*, dim. *lyenieg*, pl. *lyenigou*, *lyenachigou*, *lyenachouïgou* ; *lyenenn-guicq*, *lyanenn-guicq* membrane, *lienen-guicq ar beutrin* le diaphragme Gr., *lien-highen* id. Pel., gall. *llieingig* ; LYENÈR, van. *lyennaour* marchand de toiles, f. *lyennerès*, van. *lyennaourès* Gr., cf. gall. *llieiniwr*. Une forme voisine, mais distincte, est *léyen* grosse toile Gr., *leien* m. Gon., f. Trd (pet. tréc. *lien- levien*) ; voir *le*.

LYFRE entraves aux pieds des chevaux, pl. *o* ; *lifrcañ*, *lifrañ* entraver (un cheval), part. *lifret* ; *lifreët*, en trécorois, selon Gr. ; tréc. *lifré* m. empêchement, obstacle, opposition Gon. ; *lifr*, m., pl. *o* entrave, *lifrañ* entraver, *cunn den lifret* un individu en retard pour tout Trd ; prob. de *lifere dérivé de *lifer (cf. *coustelé*, *coustle* et *chufere*) ; *lifer lui-même est pour *lifezr = gall. *llyffethr*, *llyfethyr*, *llowethir*, etc., irl. *langfiter*, que M. Nettlau tire du germain (anglais *long fetter*), *Beitr. zur cymrischen Grammatik* 44, cf. *Rev. celt.* X, 111. La seconde partie de ce composé paraît se trouver dans l'irl. *paitric* bride, cf. *Bezz. Beitr.* XIX, 201.

Lign, lignage ; *a lingn ez lingn*, de lignée en lignée, Cb, v. *enguehentaff* ; *linag*, lignage, v. *gener* ; *lignés*, r. *ez*, famille D 155.

LILYEN, pl. *lilÿ* lis Gr., *lilien* f., pl. *liliennou*, *lili* Gon., *lilien* pl. *lili*, van. id., gall. *lili*, irl. *lile*, écoss. *lili*, mannois *lilée*, *Celt. Hex.*

II, 1, 2, 16; cornique *lilie*, du lat. *lilium*. Du fr. viennent les syn. *lysen* H, *flourdelis* P, C, *flourdelisse* l'A., *fourdelissen* Chal. *ms*, voir *flaut*. En petit Tréguier, *foudralis* signifie « jonquille », et le lis s'appelle *bokod zand Jozeb* fleur de saint Joseph, parce que ce saint est représenté avec un lis à la main.

Limitou limites Catech. 8 v.

Limoes, *liuoes* mousse d'eau ou d'arbres C, *limoes*, *limouch'*, *limous*, syn. de *glan deur* Chal. *ms*, i. e. « limon d'eau », ce que Gr. traduit *glan-dour*, *dourc'hlan* et *linoch*, voir ce mot; *limouss* limon d'eau, *limouzec* limoneux l'A.; pet. tréc. *libous*, *liboust*, viscosité; voir *libonicq*. Cf. écossais *liobh* « slimy substance like blood on the surface of water », et le lat. *limus*?

Limou limbes Jac. *ms* 22; *ar Lymb* D 32.

1. **Lin** lin, *linddecg* pl. *-egou* « tirerie de lin, jour assigné pour tirer le lin » Gr., *linadek* « linerie » G. B. I., II, 428, 498, 507, f. Gon.; *linader* marchand de lin Gr., *linaer* Gon., *linaourr*, pl. *-arion* l'A.; *linek* abondant en lin; m., pl. *-eged* linot, *linégez*, linotte Gon., *linegues* Gr.; *linen* f., pl. *-nnou*, un brin de lin Gon.; voir *Urk. Spr.* 249, et *linhadenn*, *linoch*.

2. **Lin** m. pus Gr., pl. *eu* l'A.; *lin*, Pel., Gon., *lina* se convertir en pus Pel., *linec* purulent l'A., *-ecq* Gr., gall. *llynoryn* pustule, v. irl. *dolinim* couler Z², 435; voir *Urk. Spr.* 248, 249.

Linhadenn ortie. *Linat*, *lenat* Pel., *linard* Mo. *ms* 157. La ressemblance avec *lin* 1 paraît trompeuse, cf. irl. *nenaid*, *nentóc*, v. h. all. *nezzel* etc., *Idg. Forsch.* IV, 92; *Urk. Spr.* 191, 192. Voir *manier*.

Linoch « limon d'eau, espèce de laine verte qui croît au fond des fontaines, etc. » Gr., mal transcrit *linoc'h* par Pel., Gon., Trd; gall. *llinos y dwfr*, lentille d'eau. Cf. *lin* 1.

Lintr lisse, poli, luisant Gr., Pel., *lintra*, *litra* rendre ou devenir luisant, poli, glissant Pel., *lintr* luisant, *lintra* reluire, en parlant des corps polis, unis, Gon., *lintra* Gr., *lintri Barz. Br.* 50, *Kant. Z.* V, 18; *lintruz* brillant *v*, 1; cornique *terlentry* briller, gall. *llithro* glisser, cf. *llethr* pente, *llathr* poli, luisant, *lleth*, *llyth* aplati, flasque, mou, irl. *leitir* hauteur, colline, *Urk. Spr.* 247, cf. lat. *lentus*, allem. *gelind*? Voir *leizen*. Le gall. *llithro* est tiré de *lizdh*, d'où viendrait aussi ὀλισθάνω, Urk. Spr. 252 ; mais ce mot grec vient, selon M. Wharton, de *ἐ-σλιθ-θάνω, cf. angl. slide.

Liorzou reg. Péd. 217 b (1609), du Liorzou s^t dud. l. xve, xvie s. Nobil., Penanliorzou pièce de terre, xve ou xvie s., Inv. arch. C.-d.-N., série B p. 132 = jardins; lyorzou, sing. lyorz, luorz, xve s., Chrest. 217 ; luortz en 1605, luorz en 1493, liortz en 1746, etc., Rev. celt. II, 212 ; van. liorheu courtils L. el l. 120 ; dim. liorzicq, pl. -zouïgou, van. liorhicq, pl. liorhëuiguëu, liorhiguëu Gr. Voir Urk. Spr. 258.

Lyou couleur, m. : sae a daou — Cb, dou — Cc ; liou Cb, v. guisquadur; lieu, v. men ; lyeu, v. rosec ; Le Livec n. d'ho. en 1576, Inv. arch. Morb. IV, 5, liwoc, liwec coloré Pel., cf. gall. lliwiog; LIVUS colorant Gr., gall. lliwus qui a de la couleur ; livadurez coloris, lyvaich, lyvérez teinture Gr., liwad, liwaden Pel.

Lipat, lippat lécher C, lipat, part. lipet, van. id. et lipeiñ, limpat Gr., pet. tréc. lipat, lipañ; au fig. lipat (Joseph sait) flatter, cajoler (son père) Jac. ms 13. M. Stokes, Bezz. Beitr. XVIII, 103, voit dans ce mot le correspondant du gall. lleibio qu'il propose d'expliquer par *leipio, avec p venant de bb, cf. lat. lambere. Mais dans ce cas on attendrait en breton un b, comme en gallois. Je crois encore que l'origine est le v. fr. lipper. Cf. lippadenn « lippée », lippérez « lippée franche », lipper, van. lippour « un chercheur de franches lippées » Gr. ; lippour, limpour lécheur Chal. ; lipous, lipouser lècheplat, friand, Gr., pet. Trég. lipous gourmand (même suffixe qu'en haut bret. lichoux); ann traou lipouz le friandises Nikol. 158.

Liqueur, g. id. Cb v. scuyllaff, pl. licqueriou D 151 ; auj. id., du fr.

Lisoureguez paresse Catech. 4 v, lezouréguez, leziréguez Gr., lezireguez Cat. imp. 70, leziriguez 85 ; de LEZOURECQ, lezirecq, lezirocq, lezireucq négligent, paresseux, d'où par abréviation lézou id. Gr. ; lezourec Æl mad 51, lezoureg Kant. Z. V. 12, pet. tréc. lezourek; lezirec Cat. imp. 64, 68, lezerek L. el l. 38 ; lezirecqaat devenir paresseux Gr. Dérivé du moy. bret. lesir, loisir, qui a dû avoir une variante *lisour (cf. angl. leisure), restée dans le van. lijor m. espace, lijorr largeur pour s'élancer, lijoruss spacieux l'A.

Un mot voisin est, je crois, le van. lisidantt, paresseux, négligent l'A., d'où lisidandætt m. négligence, lizidandætt paresse l'A., *lisidandæd* Guerz.· Guill. 42; *lizidantèd* 59; cf. *laisant* un paresseux, qui ne veut rien faire *Dict. roman* 1777, et le rapport du van. *beruantt* bouillant l'A. à *beruidantt* id., ibid.

Lissineuc n. de lieu en 1483, *Inv. arch.* C.-d.-N., série E p. 219; cf. peut-être *lisinenn* sorte d'herbe, lat. helibium C, mot différent *lysen* lis, de voir *lilyen*.

Lit faveurs, accueil favorable N 356; *lid* solennité D 169, *gant lid* avec zèle, adoration 52; *a ra kalz lid da Zoue* (ceux) qui ont beaucoup d'espoir, de confiance en Dieu, *Trub.* 110; *ober lit* faire fête, bonne chère (à quelqu'un), Pel., *ober lid* caresser; *lyda* solenniser Gr., *liduss* solennel l'A., *liduz* solennel, caressant Gon. ; *genou lidour* flatteur, cajoleur, *lidourat* cajoler Trd. M. Zimmer compare (*Zeitschrift für deutsches Alterthum*, XXXII, 283-285) le celt. *litu-* fête au germain *lithu-*, gothique *leithus*, liqueur fermentée (d'où serait emprunté l'irl. *laith* id.); les mots gall. *llid* colère, *llidus* irritable viendraient de *litu-*, le changement de sens s'expliquant par les querelles qui étaient l'accompagnement fréquent des fêtes chez les Celtes (comme chez d'autres peuples anciens, cf. Horace, *Od.* I, XXVII). On a tiré aussi le gall. *llid* du lat. *litem* (*M. lat.* 182); cf. irl. *lis* querelle, du lat. *lis*, *Bezz. Beitr.* XIX, 92 ; *llid* est comparé à λύσσα *Urk. Spr.* 457, et *lit* à λειτουργός, 247.

Liuat (inondation), gall. *llif*, cf. irl. *liachtain* humidité, même rac. que λείβω ? Voir *Bezz. Beitr.* XIX, 91; *Urk. Spr.* 248.

Livenn *ar c'hein*, *livin ar c'hein* épine dorsale Gr., *liven ar- chefn* Pel., *liwen* f. id. *L. el l.* 110, 112, *liven an-ti* faîte de la maison, pl. *livenou*, *livennou* Pel.; *liven ar c'hein*, *liven ann ti* f., Gon.; du lat. *limes* sentier, ligne de démarcation, linteau, selon M. Loth, *M. lat.* 182.

Liufre. Livré habit D 124, pl. *livreou* 117.

Liufriz (lait) doux Cms, v. *beurag*. M. Zimmer explique l'irl. *lemnacht* par *lem-lacht*, du lat. *lac*, *lactis*, *Zeitschr. f. deutsch. Alterth.* XXXII, 285.

Lyzer B 154* ne veut pas dire « missive », mais « Écriture sainte »; cf. J 205; *e lizer* semble signifier « sa religion, ses devoirs (religieux) » P 269, voir *griz*. *Lizerou* lettres, épîtres D 195; *lizerennou* lettres, caractères alphabétiques 151.

Loafuz (paroles) agréables, flatteuses : *nep so haval ouz an re man... dre comsou doucz ha loafuz a trufl calonou an re simpl*, Catech. 8 v, = *hujuscemodi... per dulces sermones, et benedictiones, seducunt corda innocentium*, Rom. ch. XVI, v. 18. Cf. *Loüaver*, bapt. Guing. 1670, *Louaver* décès Guing. 1658, auj. id. = « flatteur »; *Loevet* bapt. Guing. 1668, = « flatté, loué? » Ces mots peuvent dériver de **sleib-* glisser, *Urk. Spr.* 319, d'où le gall. *llyfn* poli, etc. Nous avons vu que *levnecg* lieu, poisson = **slībnācos* a un équivalent *louañnecg* = **loaf-nec*, qui représenterait régulièrement **sleibnācos*. L'alternance de ces deux mêmes degrés de la racine semble se montrer aussi entre *loafuz* et les mots *luban* pl. *ed* cajoleur, enjôleur, insinuant; *lubanès* enjôleuse, *lubani* enjôler, *lubanérez* cajolerie Gr., de **(s)liban-*; pour le *b*, cf. *libonicq*.

Loar. *Le Loarguen* reg. Guing. 1 v, *Le Loerguen* 5 = *loarguenn* clair de lune Cb; *Le* Loüerec bapt. Guing. 1770, *Parc-Min-Louarec* pièce de terre XVIIᵉ ou XVIIIᵉ s. *Inv. arch. C.-d.-N.*, série E p. 35 = van. *luërecq, loërecq* lunatique, ailleurs *loaryecq* Gr., cf. gall. *lloerig*; Gr. donne aussi *loaryus*, et Trd *loariet* dans le même sens. On peut ajouter *Le* **Loarer** Anniv. de Trég. 32 v, *Inv. arch. C.-d.-N.* série B p. 78, E p. 67. *Loaryad* pl. *ou*, van. *loërad, luërad* pl. *ëu* lunaison Gr., cf. gall. *lloeriad*.

Loa, pl. *ou* cuiller. Gr. donne *loa* pl. *you*, tréc. *yo*, van. *loë*, pl. *yëu*; et LOAD, *loyad, loayad*, van. *loëyad* cuillerée, cf. gall. *llwyaid*; Pel. *lodbot* et *lobot* = cuiller à pot. Voir *clogue*, et *Urk. Spr.* 241.

Loc cellule, monastère, lieu consacré, dans *Locmellec*, 1455, Chrest. 217, v. br. *loc* 145; *Logmazé traon é gouelet* Leon D 198; mod. *lôk, lôg, lôc'h*, f. loge, petite hutte, petite cellule Gon., du l. *locus*; *loguel* en 1478, *Rev. celt.* II, 209, pet. Trég. *lôgël, logol* f. petite parcelle de terre, mot francisé ainsi, dans une pièce de 1682, qui est en ma possession : « pour la ferme d'une loguelle jouxte le cemitiere dudit Treuerrec », et « pour la ferme d'une loguelle situé en Sᵗ Gilles »; *loguell*, pl. *ou* « le sabot, où se met l'eau et la dalle » (pour aiguiser la faux) Gr., *hoguéll*, pl. *eu*, f., « sabot ou corne, où se met l'eau et la dalle », l'A., v. *faux*; cf. le n. d'ho. *Loguello* reg. Guing. 249 v, auj. id. à Sᵗᵉ Tréphine, *Loguellou Inv. arch. C.-d.-N.*, série D p. 150; *Loguel-an-Moguerou* pièce de terre Sér. E p. 44.

An-Oguel pièce de terre 46, *Poul-an-Noguello* convenant 37 ; gall. *logell* f. cabinet, tiroir, v. gall. *locell* gl. ferculum, corniq. *logell logol*, boîte, coffre, du l. *locellus*. Voir *lusqu'*.

Loch étang, marais, Cartul. de Quimp., xive s., *Chrest.* 217, v. br. *luh* 147, mod. *loc'h*, Pel., gall. *llwch*, corniq. *lo* ; voir *clogoren* et *Urk. Spr.* 253.

Locher reg. Guing. 105 v, = « celui qui remue » ? Cf. LOC'H levier Maun., Pel., pl. *you* et *ou* levier, barre Gr., *loh* pl. *eu*, m. l'A. ; LOC'HA lever, soulever, mouvoir avec le levier, en Léon *loc'hat a-ra* il s'élève, il se soulève ; *loc'heta*, *logheta* lever et remuer les pierres du rivage de la mer, pour y prendre les menus poissons qui s'y cachent, quand la mer se retire Pel. Pour la dérivation de ce verbe, cf. *lazetta* pêcher à la ligne, de *laz* perche, gaule, particulièrement « la gaule à laquelle est attachée la ligne d'un pêcheur » Pel. *Loc'h* barre (de fer, ou de bois) rappelle l'angl. *log* bloc, souche.

Locman. Pel. dit, s. v. *loman*, qu'il a lu *loumman* pilote, dans un dictionnaire de 1632, imprimé à Morlaix. Ce doit être le *Nomenclator*, qui porte *loūman*, pilote, p. 149. Cf. *Rev. celt.* XI, 354.

Loet, chenu. *Le Loet, Le Louet*, reg. Péd. 61 b (1576) ; *Le Louet* ou en fr. *Le Gris*, xve s. Nobil., *Le* LOUÉDEC en 1654, *Inv. arch. Morb.* V, 439 ; *Parc-Louédec* n. d'une métairie *Inv. arch. C.-d.-N.*, série E p. 36. *Loet* est comparé avec doute à πελιτνός, *Urk. Spr.* 241.

Loezn bête Cc v. *troat*, pl. *loeznet* Cb v. *tropell*, *lozênet* Cb, Cc, v. *lazr* ; dim. *An* **Loznic** en 1539, *Inv. arch. Fin.*, série A p. 7, *Lodnic* xiiie s. *Chrest.* 217, pet. tréc. *loeiniq*, gall. *llydnig* ; **loeznedus** abondant en bêtes Cc v. *aneual* (*pinuizic a loeznet Cb*). *Lozn* rime à *con* dans une vieille chanson, voir *Rev. celt.* XVI, 175 ; cf. van. *lonne* l'A., *lonn* pl. *lonned* Gr. Pel. donne *lôen*, pl. *lônet, lôenet* ; et *lôan*, pl. *lôanet* ; Trd *loen* bête, *loan, loen* monture ; Chal. *ms loun* bête, dim. *lounic* ; on dit en petit tréc. *loein* bête. Le *Sup.* de l'A. a le dérivé insolite *lonnereahein*, brutifier. Voir *lounez*.

Lofr (pourceau) ladre Nom. 34, pl. *an lofryen* les lépreux 128 ; *laour*, 1 syll., lèpre Mo. 208, *diou daquen l'aour* deux taches de lèpre Mo. *ms* 140, *laournes*, 2 syll., id. Mo. 281, *lofrnez* Nom. 263, au fig. *laournez* la peste, le fléau, le scandale (de la paroisse) *Miz Mari* 1863, p. 68 ; tréc. *lorgnes. Al laourienn* les lépreux G. B. I., I, 244,

262, *laourek* (être) lépreux 250, *laouret* atteint de la lèpre, rendu lépreux 242, 244, 256, 258, *laourfe* il rendrait lépreux 258, il deviendrait lépreux 250, 2ᵉ pers. *laournfez* 244; *lovrentez*, van. *lovreh*, *loreb* lèpre, ladrerie Gr., *lovrez* Maun., *louvroni* ladrerie Chal *ms*, v. *pauvreté*, pet. tréc. *laoures*; *lovrez* léproserie Gr.; *lovrereah* ladrerie, *lovreress* ladresse l'A. Voir *levrek* et *Urk. Spr.* 255.

Log il loge *Cb* v. *herberchyaff*, *loch* id., *logeo* il logera D 178, *loché* logerait 172; *logenn* loge, cabane, cellule 192; *logeycc* logis *Cb* v. *castell*, *logeis* D 178; *logeïs* logement Nom. 130, *logeris Voy.* 41, moy. bret. *logericzc*; voir *mat*.

Logotaer syn. de *razunell* (souricière), *Cb*, *logodtaër* pl. *ed*, *yen* tiercelet Gr., voir *menn*, gall. *llygotwr* chasseur de souris; LOGOTA chasser aux souris Pel., *logodta*, part. *et*, van. *logodtat*, part. *et* Gr., gall. *llygotta*; *logodecq* sujet aux souris, où il se trouve beaucoup de souris Gr. Voir Gr., v. *fil*; *Urk. Spr.* 243, 244; *Rev. celt.* XVI, 229, 327, 329.

Lom, *Loum* goutte (de pluie) Nom. 221; dim. *lommic* Pel., *lomig* m. l'A., *lommicq*, pl. *lommouïgou* Gr. Voir *Urk. Spr.* 255.

LOMBER, *loumber*, *louber* lucarne, fenêtre sur le toit Pel., *lomber* pl. *you* id., *lomber* soupirail Gr., *lomber*, *loumber* m. Gon., Trd, gall. *llwfer*; cf. *lufr*. Voir *libonicq*.

Lorans reg. Quemp. 18, *Loranz* 2ᵃ v.

LORC'H flatterie, cajolerie Gr., Pel., en pet. Trég. id., et vanité, luxe; *lorc'han*, flatter; van. *lorh* épouvante, effroi, l'A., Gr., Pel., *lorhein* effrayer l'A., *lorhus* effrayant *Guerz. Guill.* 79, *lorc'hek* adj. vantard Trd. Ces deux sens peuvent provenir de l'idée de frapper; cf. *lorc'hennou* « les bras d'une charrette », Pel., cornique *lorch*, bâton, irl. *lorg* massue, v. nor. *lurkr* gros bâton, *Urk. Spr.* 256?

Lost queue, pl. *eu* L. *el l.* 140, tiges (du blé) 44; *lôst* m. Gon., *losthed* le troisième essaim, qui est ordinairement le dernier Gr., *lostad* id. m. l'A., traînée (de feu) L. *el l.* 50, *stered lostek* comètes 56, *An Lostec* reg. Guing. 176 v, *lostek* penaud, honteux (la queue basse) *Nikol.* 97; *losten* jupe à queue ou traînante, pl. -*nnou* Pel., pet. tréc. *losten* queue de chemise; cf. gall. *llosten* queue; *losticg* petite queue Gr. Voir *Rev. celt.* XVI, 329. Cornique *lost* queue, gall. *llost* m., *llosgwrn*; irl. *los*; de *loc-st-, cf. lat. *locusta*, et λοξός (voir *Urk. Spr.* 244)?

Lot lot. Dim. **Lodic** reg. Péd. 15, 24 b, 47 (1567, 1569, 1574), *lodic, lodennic* petite portion, petite partie Chal.; *lodecq* participant, van. id. Gr., *lodéé* l'A.; *lodenn* lot Gr., l'A., *loda, lodenna* lotir, partager Gr., *lodein*, l'A.; *loder* celui qui fait les lots, *lodiry, lodtiry* loterie Gr., *loderi* m. l'A.

Lotrucc autruche C, *lotruçz* pl. ed id., *stomocq lotruçzecq* estomac d'autruche Gr. Le *Nomencl.* donne *autruig*, p. 41, sans agglutination de l'article français; cf. pl. *autruchet*, *Intr.* 4. Autres exemples de ce phénomène : *limaich* et *imaich*, image, Gr.; *lussiérr*, huissier l'A., *hucher*, Gr. (en rouchi *lussier*); *lestel* dévidoir Nom. 169, moy. bret. *estell*; *an losseau* l'ossec, l. sentina, Nom. 151, *al loçzéau* ossec, sentine Gr., *al loséô* m. Gon., *al louséo* du Rusquec; pet. Trég. *lañs*, anse (d'un seau, etc.); *louper*, pl. *et*, batracien criard, cf. l'interjection *houp*, en moy. bret., du franç. *houper*, appeler qqn de loin, que Gr. traduit par *houpellat, hoppal*. *Impass* m., pl. -*azeu* l'A., = fr. *empas*, lampas, maladie du cheval; *hiñgued* m. Trd = fr. linguet, t. de marine. Voir *huguen*.

Dans *lenet*, les quatre-temps, à Morlaix, ailleurs *enet* Pel., l'*l* provient, je suppose, de l'expression *ar zul ened*, le dimanche gras. Il semble y avoir assimilation à un *l* voisin, dans *lais-lusen* le premier lait que donne la vache Pel., *léaz-lusén* Gon., en regard de *læz vsen* « lait caillé, lait premier » 1. colostrum, lac novum Nom. 65, *léaz uzen* du Rusquec, et *losqualen, losqual* chardon, *diloscalein* « eschardonner » Chal. *ms*, à côté de *hoscalen*, etc., cf. cornique *lavalow* pommes, fruits, de *avalow*. Voir *lusqu'*.

Il faut mettre sur le compte du hasard la ressemblance du bret. *an houb* houblon, « 1. lupus salictarius, officinis lupulus » Nom. 88, avec le lat. *lupus* : *houb, houpès, hobilhon* Gr. répond au français, qu'on tire du hollandais *hop*, cf. vieux wallon *hubillon* (Körting 3985). Le bret. *hesq* que le Catholicon traduit « lesche » et Grég. « laische ou laiche », semble aussi n'avoir rien à faire avec ce mot français; cf. Körting, nos 4850 et 7429.

Louan sale 2 s. J 51, *luann', luannet* moisi, *luannadur* moisissure Chal. *ms, luan* moisissure, *luannein* moisir l'A., *luañneiñ* Gr.; dérivés de *lou-, cf. lat. *lues* etc., *Urk. Spr.* 250. Cette racine se retrouve dans *loaihuein* moisir l'A.; *loui* Maun.; *luaihuë* m. moisissure l'A., et peut-être dans le gall. *llwch* poussière, *llychio* réduire en poussière. *Loet* et *louff* doivent être différents. M. Loth propose, dans son éd. de Chalons, v. *luannein*, de voir dans le bas van. *lweüein* moisir un ancien composé de *loued* moisi, gris, et de *gwevein* se faner; mais je ne crois pas qu'un moy. bret. **loet-oeffaff* fût devenu déjà *loaihuein* chez l'A.; voir *goezuaff*. On peut partir de **lou-ev-* (cf. gaul. *Lu-t-eva*, voir *loudour*). Le rapport du van. *luan* à *loaihuein* ressemble à celui des mots *huan* et *houé* m. poussière l'A. (cf. *hu*, pl. *huen* atome, *huen ac en aer* les atomes de l'air Chal. ms).

Louarn (Le), Anniv. de Trég. 26 v, *Le Louarrn* reg. Quemp. 1ª, *Le Loarn* 26 v, *Loarn* 18 v, *Louarn* 29 v.; van. *loarn*, *luern* renard Gr., *luherne* pl. *-nétt* l'A., *-ned* L. el l. 134, *-neu* Celt. Hex. II, 15, hors de Vannes *leern* Gr., Pel., en Trég. *lern* Pel. Fém. *loüarnès* Gr., *-nés* Pel., cornique *lowernes*; dim. *loüarnicq*, pl. *leernigou* Gr., *luhernic*, pl *-igueu* l'A. Voir *Urk. Spr.* 256; *Rev. celt.* XVI, 329.

Louazr, auge. *Laouer an toas*, l. pistrinum, Cb; *laouezr an toas*, Cc; *laoüer*, van. *loëhér*, *loüér*, *loar* Gr.; *laoüeryad*, van. *loüéryad* augée, plein une auge Gr.; voir *Urk. Spr.* 250.

Loudour sale, malpropre, pl. *éyen*; *loudouraat* rendre ou devenir malpropre; *loudouraich* malpropreté Gr. Ce terme peut être dérivé de **lüt-* = irl. *loth* marais, cf. lat. *lutum*, *Urk. Spr.* 250, comme *lidour* de *lit*; voir ce mot, et *louan*.

Louenan (Le), Anniv. de Trég. 37; demoiselle Julienne *de Louénan* en 1572, *Inv. arch. Morb.* IV, 296; *Kerlevenan* n. de lieu en 1578 *Inv. arch. Morb.* V, 422, en 1598, p. 273, *Kerléhuénan* en 1600, p. 334; *laoüenan*, *leüenan* roitelet Pel., *laoüenan*, *laoüenanicq* Gr., *laouennanicq* Nom. 41; *laoüenanès* roitelet femelle Gr.

Louff. *Louferich*, *diloufericq*, petit chien de demoiselle Nom. 31, cf. Troude, *Dict. bret.-fr.*; *fos da teurell ann* **louydiguez** « fosse pour mettre ordure », Cb. Voir *Rev. celt.* XIV, 286, 287; XVI, 223. D'après le *Dict. étym. du patois lyonnais* de N. du Puitspelu, v. *loufa*, ce mot ne viendrait pas de **lupea*, mais de l'allem. *Luft*.

Louncaff, *loncaff* engloutir. *Lonca* Pel., *louncqa*, van. *lonqeiñ* Gr., *loñka*, *louñka* Gon., avaler; *louncq-træz* sable mouvant Gr., *loñk-træz* m. Gon., cf. gall. *llynclyn* gouffre, tourbillon; *loncaden* gorgée

Pel., *louncqadur, louncqidiguez*, van. *loncqereah* action d'avaler, *louncqer*, van. *loncqour, loncqér* avaleur, goinfre Gr., *lonkerés* gosier, avaloire Pel. *Lontêc* goulu, gourmand l'A., van. *lontecq*, hors de Vannes *lontrecq*, f. *lontregués* Gr., *loñtek* et *loñtrek* Gon., d'où *lontréguez* gourmandise Gr. v. *goulument, loñtégez, loñtrégez* f. Gon., doit venir de *lonqec par dissimilation, ou par un changement semblable à celui du fr. *cinquième* en *cintième* (cf. *tastoulhat* ruminer, à St Mayeux = moy. br. *dazquilyat*, voir *tarauat*). Pel. soupçonne à tort la forme *dislontra* donnée par Maun., Gr., comme variante de *dislonqua* vomir (*dislouñtra* Gon.), voir *di*-, p. 158. En petit Trég., *diloñtrañ* veut dire « faire de grands yeux ». Voir *Urk. Spr.* 321.

Lounez, *lonnec'h* rognon, *loënenn* longe Gr., *lonec'h, lonez, lounez, loüanez*, pl. *lonechi, lonizi, loünezi, loüanezi* rein, rognon Pel., *lébéneênn* l'A., *lonec'h, lounec'h, lonez* f., *lunac'h* m., rein Gon., pl. pet. Trég. *loeinezi*; cf. corniq. *lonath*, dérivé du v. fr. *logne* = longe (angl. *loin*).

Pel. admet une autre forme *loüan* rein, qui serait semblable au gall. *llwyn* id., dans le cornou. *loangwan, loangwean, laangwanec* (lis. *loan-*), en basse Cornouaille *louanghen* « un efflanqué, foible, languissant, lâche, grand corps et menu »; il compare le composé gall. *cefnwan*, litt. faible de dos. Mais ce mot pourrait bien ne pas être d'origine bretonne : cf. le morvandeau *beurlingouin* badaud, musard, un grand *berlingouin*, homme à grandes jambes qui flâne, de Chambure. Cf. encore *langouïnecq*, pl. *-egued, -éyen* homme extraordinairement haut Gr., *lañgouinek* 3 syl. géant Gon.

Lourd vilain, (rustre), adj. Cb v. *labourer, lourdt* lourd Gr., *lourlt* l'A., *lourdet en defauteu* que les défauts (seront) lourds *Choæs* 89, voir *goaz* 3, p. 269; *lourt* gros, pesant, massif, fort, rude, difficile à manier, (mer) rude, fortement agitée Pel.; **lourdony** lourdeur, grossièreté (du breton) Catech. 5, *lourdôny* pl. *ou*, van. *lourdis* lourdise Gr., *lourtisse* lourdise, incivilité, *lourdautt* lourdaut l'A., *lourdod* Gr., cf. *Rev. celt.* XVI, 220-223; pet. tréc. *lourtât* devenir lourd; du fr.

Lousder ordure Cb v. *nettat*, non pureté v. *puraff*, immondicité v. *soillaff; lousder, lousdôny, lousnez*, van. *loustery* malpropreté Gr., *lousteri* souillure 3 s. *Choæs* 191, *loustri* 2 s. saleté, choses sales 72;

loustoni Cat. imp., 101; *loustage* m. saleté l'A., maussaderie, *Sup.*; *lousdet* saleté D 28; *vn louçç* « taison » Nom. 33, *louss* blaireau, *loussaa* être ou devenir sale Pel. Les suffixes de *lousder*, *lousteri*, *loustri*, rappellent ceux de *crizder*, *crizdery* cruauté Gr.; van. *quérteri* cherté l'A., pet. tréc. *kertri* paresse, indolence. Le *Dict. roman* de 1777 a *losse* m. badin, fainéant qui ne s'occupe qu'à des balivernes, et *losteries* badinages, discours trop libres. Voir *Rev. celt.* XIV, 287.

Lousouenn herbe Cc, *lousoeuenn* Cb, v. *gueautenn*; *lousaou*, philtres D 87; *lousaoua* exercer la médecine Gr., *e louzaoue... ho gouliou* elle soignait leurs plaies *Nikol.* 11; *lousaouër*, van. *leseüer* médecin de campagne, celui qui guérit par le moyen des plantes (par opposition à *mezecq*, médecin qui travaille de la main, chirurgien); *lousaouërez* médecine; LOUSAOUA herboriser, van. *léseüa*, *léseüeiñ* Gr., gall. *llysieua*; LOUSAOUËR, van. *leseüour* herboriste Gr., gall. *llysieuwr*.

Louzrec (*Le*) reg. Péd. 81, 88, 111 (1580, 1582, 1586), *Le Lozdrec* et *Lodrec* en 1560, 1563, dans le Morbihan, *Rev. Morb.* IV, 122; *Le Lozrec* XVIIe s. *Inv. arch. Morb.*, série B p. 134; *Lorec* XVIIe et XVIIIe s. *Inv. arch. Fin.*, série B p. 289, 229, d'où *Kerlorec* n. de de lieu XVIIIe s., p. 198; = « qui a des chausses, des bas », gall. *llodrog*; *Le* **Louzrer** reg. Péd. 96 (1583) = « fabricant de chausses », gall. *llodrwr*. Voir *Urk. Spr.* 239.

Lubric -ique H 13, Chal., *-icq* Gr.; *-icite* -té Gr., du fr.

Luchedaff resplendir Cc v. *gueleuiff*; *luchedenn* éclair C, pl. *luhet* Cb v. *curun*; *luffet* N 877; *luet*, *luchet* Nom. 222; *luheden*, *lufuden*, pl. *luhed*, *lufud* Gr., pet. Trég. *luheden*, pl. *luhet*, *luhedeno* éclair, et aussi juron; van. *luhédeenn*, pl. *luhétt* charbon dans le froment, *luhédétt* (blé) charbonné l'A.; LUC'HA, luire Pel., Gon., *leuc'hi*, van. *luheiñ* Gr., *luhein* l'A., Chal.; *leûc'hi* Gon.; *luc'huz* luisant Gon., *leuc'hus* Gr.; *luhaich* argot Gr., *luc'hach* m. Gon., voir *Rev. celt.* XV, 363; XVI, 225, de **lucc-*; *luguerni* luire Cb v. *sclaerhat*; *-y*, Cc v. *sterenn*; *luguernn* il brille Cb v. *ezn*; **luguernus** brillant, v. *brandon*, de *luc = lat. *lucere*; voir *clogoren*, *lufr*, *luychaff*, *lugud*.

Le doublet *luhet* — *luffet*, qui rappelle all. *lachen*, rire = angl. *laugh* (pron. *läf*), cf. *Rev. celt.* II, 176, 177, etc., existe encore aujourd'hui : léon. *luc'hedenn* éclair, à Lanrodec *luvĕdĕnn*, à Laniscat *luvadenn*; cf. moy. bret. *paluhat* préparer le chanvre, léon. *paluc'hat*,

Lanr. *palevat*, Lanisc., Trévérec, etc. *palivat*; moy. bret. *uhel*, haut, et *ufvel*, J 175 b, tréc. *uc'hel*, Lanisc. *uvel*, van. *ihuel*, Rev. celt. III, 235.

Inversement, *c'h* vient de *f* dans *annac'h* à Lannebert, *annaf* à Trévérec, orvet, moy. br. *anaff*, Rev. celt. V, 218; *colch* et *colo*, paille Nom. 57, moy. br. (*guenn*)*goloff*; van. *Cristoc'h*, ailleurs *Cristoph* « Christophle » Gr. Les deux sons se montrent simultanément, *h* + *v* dans *Gulchuenn*, Cartul. de Quimperlé, de *Vulvinnus*, Chrest. 210, d'où *Goulfenn* Cms et *Goulchenn* Cc, saint Goulven (= *Goulven*, *Goulc'hen*, *Goulyen*, *Golvin*, Gr.), et *v* + *h* dans moy. br. *guiufher*, *guifher* écureuil, d'où moy. br. *guicher*, mod. *gwic'her* et van. *guiñver* = l. *viverra*.

L'affinité de *f* et *c'h* se manifeste aussi par des rimes comme celles de *lech* avec la première syllabe de *cleuas*, B 131, 7 ; *knech* avec *neu*(*ez*), 300, 2; *deseu* et *eu* avec *dih*(*uy*), à vous, pour *dech-uy*, 201, *bref* et *cref* avec *dih*(*uz*), lisez *dihuy*, 217, aujourd'hui *d'ec'h-oui*, cf. *dech*, J 126 b, *deoch huy*, N 732; les rimes de *ef* et *eu* = *ev* sont légitimes, cf. *cref—teu—neu*(*ez*), B 220. *Joseph* rime en *ec'h*, Jac. 118, Mo. 226; *coff* en *oc'h*, Ricou 130, etc. Voir *abaff*, *stiffel*.

M. Rhys sépare de *lucere* le gall. *lluched* éclairs, etc., qu'il rattache à *lluchio* lancer, The Hibbert Lectures, 1886, p. 59. Voir Urk. Spr. 243.

Lupic (truie) en chaleur Moal, gall. *llodic*, de *llawd* subatio, irl. *láth*; voir Urk. Spr. 238, Rev. celt. XV, 391.

Luduec, foyer, l. focus, Cb, v. *tan*, *luduecq* cendreux, qui est toujours dans les cendres, frileux, pl. -*eyen*, f. *luduenn*, pl. *ed* Gr., *Luduec* bapt. Guing. 1683 ; *deis Merc'her ar ludu* le mercredi des cendres D 81 ; *luduenn*, pl. *ou*, bluette, ou brin de cendre; *ludua* réduire en cendre, acheter de la cendre, *luduaër*, van. *luduhér* marchand de cendre Gr. Cf. all. *lodern* flamber ? Urk. Spr. 254.

Lue veau pl. *ou*, *you*, tréc. *loüe*, pl. *yo*, van. *le*, pl. *léyéü* Gr., *lûe*, dans un vieux dict. *leüe*; pl. *lueou*, *leou* Pel., *leüé*, *lué*, pl. *leüéou*, *luéou*, *liou* Gon.; *laieu tarw* jeunes taureaux L. el l. 106, *el laieuaj guèlan* les meilleurs veaux (de chaque année) 110; LUGUENN, *lucguenn*, pl. *ou* peau de veau Gr., *lugenn*, *leüégenn* m. Gon. Cf. got. *laikan* bondir, etc., Urk. Spr. 253. Voir *coz*, et *couff*, p. 123.

Lufr éclat, splendeur, brillant Gr., m. Gon., pet. tréc. *luf*; *lufra* briller Gr., Gon., *lufri* Pel. (v. *lufet*), pet. tréc. *lufan*; *lufrus* luisant Gr., *lufruz* Gon., pet. tréc. *lufus*; *lufran* id. Pel. (sans doute pour *lufrant avec la terminaison française); gall. *lleufer*, m. éclat, v. gall. *louber*; composé comme lat. *luci-fer*, avec une première racine *leu*, d'où *gueleuif*, briller, etc., différente de celle de *lucere*? M. Rhys a rapproché *leu* des noms mythiques, gall. *Lleu*, *Llew*, irl. *Lug*, gaul. *Lugu*- (*Hibbert Lect.*, 408, 409, 429), voir *Urk. Spr.* 257. *Lufr* est assimilé au lat. *lucubro*, *Urk. Spr.* 243. Voir *golou*, *luchedaff*, *lomber*.

Lugud lent, *lugudi* travailler lentement, *lugudeur* qui travaille lentement, *luguduz* (travail) lent *Sup.* aux dict. bret. 90; *lugud* m. lenteur, paresse au travail Gon.; lourdaud; nonchalamment, lentement Trd; *lugudi* être lent, stupide et engourdi Pel., *luguder* niais Maun., maladroit Gr. De *luget, par une assimilation fréquente avec cette voyelle : cf. *lufud* éclairs Gr. de *luc'het* ; voir *brutuguen* et *Rev. celt.* XIV, 320. La racine se retrouve dans *amser*-LÛG « tems auquel la chaleur est excessive et étouffante, et l'air troublé par les exhalations, en sorte que le soleil paroît et éclaire peu », bas cornou. *lughen* pl. *-nnou* brouillard ou temps brouillé Pel. Cet auteur rappelle le gall. *llûg* peste, donné par Davies. On peut ajouter le gall. *llwch* brillant, livide, irl. *luach-té* chauffé à blanc, *loch* noir, lat. *lucere*, etc., *Urk. Spr.* 242-244. Voir *luchedaff*, *lusen*.

Luychaff reluire C, *luic'ha* Gr., Gon., paraît un mélange de *luya* luire Gr., *luia* Gon. (du fr.), et de *luc'ha*, voir *luchedaff*. Cf. *luic'hus*, *luyus* luisant Gr., *luehus* L. el l. 84, *luehein* luire 52, 120. On dit en pet. Trég. *luzañ* luire; cf. *luzenhou* lueurs, éclairs Trub. 16. *Luyaden* éclair, pl. *luyad* Gr., *luyat* Cat. imp. 7, 124, *luyet* Æl mad 85, *luiet* *Rev. celt.* V, 188, est le mot *luchedenn* accommodé à *luya*; *leuc'herne* il brillait Æl mad 82, est *luguerni* influencé par *leuc'hi*. On lit *luhereah* et *luchereah* m. brunissage l'A. *Sup.*; cette seconde forme est francisée.

Lusen, pl. *lûs* « lusset » Pel., *luçzen*, pl. *luçz* « luceais » Gr., *luset* « des lucettes » Trd; LUSA cueillir des « lucets », H. de la Villemarqué (dict. de Gon.), *luseta* Trd, gall. *llusa*. Ce petit fruit (airelle, myrtille), paraît tirer son nom bret. et gall. de sa couleur foncée : cf. *luçzenn*, *mor-lucenn* pl. *ou* nuage, brouillard, brume épaisse qui mouille, et qui vient tout à coup Gr., *lusen, lussen* brouillard épais, qui mouille beaucoup Pel., *lusen, luzen* f. brouillard, vapeur épaisse Gon., *morlussen* brouillard venant de la mer Pel., *môr-lusen, môr-lussen* f. Gon., mot dérivé de *lûg* (temps) étouffant, *lughen* brouillard (voir *lugud*), comme *Bruczec* de *brucq*, etc. ; voir *cog*. Cf. le gall. *llyg-aeron, llyg-eirin*, syn. de *cryg-lus*, « cranberries, bogberries », l'allem. *schwarzbeere*, etc.

LUSQU'. *Ema ar lusqu'* « il est prest à partir », Chal. ms, s. v. *prest, point, pied* ; *lusque* m. tendance l'A., *Suppl.* ; tentative ; *lussque* répétition, essai, impulsion l'A. ; *reit lusq d'hou caloneü trema en nean* = sursum corda, *Officeü* 61, *rein lusq d'hur halon... trema en Nean*, élever notre cœur vers le ciel, *Voy*. 10 = *lusquein hun ineaneü trema en nean* 81, cf. *Imitation* 3 ; *lusque* 2 s. élan, aspiration *Choæs* 49, *ul lusq a garanté* un élan d'amour 82, cf. 144 ; *a lusqueu* (suivre) de ses vœux, *reit lusq* (2 s.) *d'hou calon* élevez vos cœurs 183 ; au propre *ind... e ra lusk d'ou diwhar* (les abeilles) se frottent les jambes *L. el l.* 156 ; *lusquein* chanceler *Choæs* 62 ; *lusquamb... A chonge d'er bihannan De rantelcah en Nean* tendons, par la pensée du moins, vers le royaume céleste 143 ; *lusquein* tenter, répéter, essayer, tâcher ; *lussquein* s'efforcer, commencer (à se mettre à l'œuvre) ; *lussquemant* m., pl. *eu* effort, impulsion, l'A. (cf. s. v. *habitude*) ; *lusquein* commencer sans finir, *lusquét ouen én heent* je m'étois mis en chemin Chal., *Dict. br.-fr.* Le plur. *lusqueu* aspirations pieuses, oraisons jaculatoires, *Pedenneu aveit santefiein en deueh* Vannes 1869, p. 106 etc., est identique au vieux-breton *luscou*, gl. oscilla. Ce mot est propre au dialecte de Vannes, bien qu'on lise *reï lusq d'ar galon d'en em sevel var zu Doue*, *Buez sant Isidor* Quimper 1839 ; ici l'abbé Henry a suivi de trop près le texte vannetais qu'il traduisait. En rendant le passage du *Livr el labourer* cité plus haut, M. Guennou a été plus exact : *hi... a ro fiñv d'ho diou c'har* (*Levr al labourer ...rimet e brezonek Leon, Treger ha Kerné*, Brest, 1895, p. 84).

M. Loth écrit *huskellat*, M. lat. 191, et *hosquellein* chanceler 178, 191 ; il cite d'après l'A., *luscella* bercer, et *huscellat*, p. 178 ; il faut lire *lussquenn, lussquennein, lussquennatt* et *hussquellatt* (Grég. donne en van. *lusqellein* et *lusqellat*). *Hussquellatt* viendrait du lat. *oscillum* (p. 178) ; *hosquellein* chanceler serait parent du gall. *osgl* branche, du v. fr. *oscle*, et du fr. *hocher* (p. 191). Je ne crois pas nécessaire de recourir au lat. *oscillum* pour expliquer *hussquellatt*, parce que l'*l* initiale de *lusqellat* était exposée à la dissimilation, comme celle de *leal* (voir ce mot); une preuve de cette tendance, c'est le pet. tréc. *ruskelat*. Cf. *Rev. celt.* III, 236. Le lat. *lusciniola* a donné de même en italien *lusignuolo*, *usignuolo* et *rosignuolo*. Nous avons vu, au mot *loc*, un van. *hoguell* qui est à *loguell* dans le même rapport que *hussquellatt* à *lusqellat*. Voir *lotrucc*, *reter*, *rigueur*. Quant à *hossquellein*, *hossquellatt*, hocher, l'A., cf. v. *vacillant*, il est probable qu'il doit son *o* au français. On explique en franç. *locher* et *hocher*, par deux mots germaniques différents. Voir *couffabrenn*. Chal. *ms* donne *lusquennein* chanceler; *lusquenein*, *lusquellat* bercer; *husquelein* branler, *husquellereh* branlement, *husquellour* branleur; Chal. a *lusquennereah* bercement. Au lieu de **lousk-*, *Urk. Spr.* 254, il vaudrait mieux, au point de vue phonétique, poser comme type celtique **loug-sk-* (flotter), cf. ibid. 253.

Lustr : *a muy lustr* plus luisant *Cb*, v. *nobl*; *lustr* lustre Gr.; du fr.

Luzier reg. Péd. 36 b, 62, *An L.* 16, *Le L.* 35, 88 b (1572, 1576, 1567, 1571, 1582), reg. Guing. 5, *Luyer* reg. Péd. 145 b, *Le Luizier* II, 17ᵃ (1594, 1627) = « celui qui mêle, embarrasse »; *luzyadur* embrouillement, van. *luyeiñ* embrouiller Gr., part. *louyet Guerz. Guill.* 54, *louiet* 169, *louyage* embarras *Choæs* 11, 145, *louiage* l'A., *louiuss* embarrassant l'A.; gall. *lludd* obstacle; cf. la rac. sanscr. *rudh* retenir, arrêter. Le gall. *lludded* fatigue est expliqué autrement, *Urk. Spr.* 258. Pour le changement dialectal d'*u* en *ou*, cf. van. *trougare*, *trouguére* remercîment, bas léon. *bouguelicq* petit enfant Gr.

Un autre mot voisin de son et de sens est le v. br. *arlu*, gl. *proibuit*, gall. *arluo* arrêter (cf. *arluddiad* empêchement); voir *harluaff*. On peut comparer le bret. *lu* ridicule, adj. Maun., Gr. (mot de jargon, selon Pel.); *luet* trompé, moqué, confus, tombé en confusion; *luaden* confusion, honte, traitement honteux Pel.

M

1. *Ma.* *Va* mon D 138, (il) m'(a aidé) 173, *va em tenna* me retirer 172; cf. gall. *fy*. Cette forme léonaise n'est pas employée en petit Tréguier. On lit *da va Mam* à ma mère *Bali* 145, *na va lizt ket, na va lezit ket* ne me laissez pas 126, 127, cf. 136, etc.

2. *Ma.* *Ar plaç ma tlie en em arreti* le lieu où il devait s'arrêter D 191; *ma'z it-hu* où allez-vous *Nikol.* 248; *er bé ma hoai* la tombe où il était *Choæs* 180.

3. *Ma.* *Ma veui* que tu vives D 128, *liessa ma c'hilly* le plus souvent que tu pourras 83, *machallé* pour qu'il puisse 129, 2ᵉ pers. pl. *machellot* 157; *dre mac'h antrée* parce que (la mer) entrait, *dre mac'h avançent* à mesure qu'ils avançaient 187, *mac'h obteno* qu'il obtienne 174, cf. 32, 52, 148; *mac'handurse* qu'il souffrit 29, *ma chanclino* qu'il s'incline 174, *m'ac'h anclinas* 21, cf. 156; *evel mazema* comme il est, *ma zema* 40, *evel maseo* 61. *Dihunet ma zoa* une fois éveillé, quand il fut éveillé 187, cf. « arrivé qu'il fut » Amyot, *Theseus*, VI; « retourné qu'il fut icy, le voylà plus fou que jamais »; Tallemant de Réaux 3ᵉ éd. VI, 255; auj. *diez ma cave* comme il trouvait difficile *Suppl. aux dict. bret.* 52; van. *sammet ma oh* chargé que vous êtes, étant chargé (de crimes) comme vous l'êtes *Guerz. Guill.* 76. *Nep ma apparchant dezaff an heritaig* celui à qui appartient l'héritage, litt. « celui que l'héritage lui appartient » Cb; *nep ma ho deveus gallout*.... *var nezo* ceux sur qui ils ont autorité D 108, *ar clas-ma rea... anni* (lis. *clas ma, enni*) la classe où il faisait 187; *ar quarter mazedo ebarz* le lieu où il était 192; *hon tat... ma emaouch en En*, notre père qui êtes (litt. « que vous êtes ») au ciel 51, *ar guchenn arc'hant m'oant deuet da glask* la somme d'argent qu'ils étaient venus chercher *Nikol.* 720 (cf. l'emploi de *en* pour le pronom relatif en van., *Rev. celt.* VIII, 46); *da nep ma tleont he paea* à ceux à qui ils

doivent la payer D 104, cf. van. *er péh ma hellér bout ingorto a bep-hani ce qu'on peut attendre de chacun Voc.* 1863, p. 45.

Dans la phrase *deustou ménéma péhétt* quoique ce soit péché l'A. Sup., v. *déprécation, mén-* est prob. une combinaison de *ma* 3. et *en* 2.

Machaff oppresser C, *mahein* fouler aux pieds L. *el. l.* 148, cf. 16, 130; *mac'her* celui qui foule, dim. ar *mac'hericq* « le foulon », le cauchemar, *mac'hérez* action de fouler, oppression Gr.; de **maccare*, espagnol *macar*, v. fr. *maquer*, *macher*, etc.

De là aussi sans doute *mahomi, mahoumi* envahir, usurper Gr., cornou. *mac'houma, mahouma* changer les bornes qui séparent les héritages pour usurper le terrain du voisin Pel., *mahomèr* usurpateur, *mahomérez* usurpation Gr., *mac'houm, mac'hom, mahoum, mahom* glouton, vorace Trd; pour le suffixe, cf. moy. bret. *presum* oppression.

Maczon. Le Cc a *mazconn* (et non *maczonn*), maçon, s. v. *lignenn*.

MADRE Pel., Trd, *bazre, baudre* Gr., *madré, baré, baoudré* m. Gon., sèneçon, cornique *madere* gl. sinitia, cf. irl. *madra*, garance, *Rev. celt.* IX, 240, anglo-saxon *mäderé*, angl. *madder*, id., et v. fr. *madré, maderé*, veiné, tacheté, voir *Marellet*? Le gall. *madrwy* salamandre[1], pourrait être identique à *madre, baoudré*, etc., pour **madroue*; voir *mouien, oade*. Le dict. ms. de M. de Coëtanlem, écrit pendant la Révolution au château de Trogriffon, près Morlaix, porte « *básred*, sèneçon, dans ce canton ». *Drasre* m. « sèneçon commun » Trd, est sans doute pour **brazre* (voir *coustelé* et *Rev. celt.* VII, 156). — Le *Nom.* donne *senessoun*, p. 83; on dit en pet. Trég. *zamson, zamsonneq*.

Maer dans *Manez an maer* en 1416 = v. br. *mair* préposé, *Chrest.* 219, 149, pl. *meir* gl. actores templi; gall. et irl. *maer*, fr. *maire*, du lat. *major*; En **Merdi** reg. Guing. 48 v, *Le Merdy* Anniv. de Trég. 17, *Merdi* reg. Quemp. 9 v, 10; *du Merdy*, s[r] dudit lieu, xve, xvie s. Nobil., composé de *ti* maison; gall. *maerdy*. Le moy. bret. *maerat, merat* toucher, manier, pratiquer, *merat* « tastonner » Maun., répond au v. fr. *mairer, merer* maîtriser, gouverner; dans *an amser*

---

1. *Modrwyfil* id., est dû sans doute à l'influence de *modrwy* anneau. Sur le double sens du fr. *mouron*, cf. *Mém. de la Soc. de Ling.* IV, 165.

ma ouz magat le temps où (votre mère) vous a nourri, soigné B 178, la rime exige *ouz merat* ou *maerat;* voir *Dict. étym.*, s. v. *euezhat. Le* **Maerer**, reg. Péd. II, 4, *Le Merer* 16 b (1586, 1624), Anniv. de Trég. 7, Quoatg. 5, reg. Guing. 5, *An M.* 206, *Le Merrer* reg. Quemp. 4ᵇ, *Le Mérer*, en fr. *Le Métayer*, xvIᵉ s., Nobil. = *merer, merour* fermier, *merery* métairie Nom. 315, 235, *merouri* f. Nikol. 104. *Mereric* bapt. Guing. en 1681, 1683, = « petit fermier », cf. *Le* **Maerigo**, led. *Maerigou*, n. d'ho. *Arch. de Bret.* VII, 206. *Maerat, merat* = bret. mod. *mera, merat; meza* et *meein* ont une autre origine, voir *mezaff.*

Maes, champ. *En meas Cb* v. *techet; cacet en meas bro Cms; en mais e bro Cb*, van. *Rouanné a vés-bro* rois étrangers B. er. s. 226; *er mæssé* dans ce champ, cette place (laissée libre par la mer) D 187; pl. *Measou* n. d'ho. en 1477, *Inv. arch. Fin.*, série A p. 13; *un mesou, mesyou* champ, l. ager Nom. 233, 234, *ur mezoad segall* un champ de seigle *G. B. I.* I, 54; *mæsyadou*, van. *mæsyadeü, mæsadeü* rase campagne, plaine Gr.; *mæsaër dan moch* porcher Nom. 316; *messaat* garder les bêtes Maun., *mesa, mesan* faire paître *G. B. I.*, I, 170; *pad ma vije da vez* tandis qu'il était aux champs, à garder les troupeaux *Kant. Z. V.* 37; *mésiad* 2 s., pl. *ed* campagnard Gon. Voir *ves.*

Maestr an scol maître d'école Cc; *mæstreset* maîtresses, patronnes D 106; pet. tréc. *mécho* maîtres, patrons; *maistronein* maîtriser Chal. ms; *mæstroniein* 4 s. *Guerz. Guill.* 2; *meastrouny, mæstronyez, -nyaich* autorité, maîtrise Gr.

Maezur. *Macses* tu nourrirais B 700, rime à *ez (ty); mezur* nourrir D 52, *méhur* l'A.; *mag* il nourrit H 2 (pas d'inf. *magafu*); *Le Maguet* Anniv. de Trég. 6 v, = nourri, cf. *Le Dromaguet, Inv. arch. C.-d.-N.*, série D p. 154, voir *drouc;* **Magado** n. d'ho. *Arch. de Bret.* VI, 183, = gall. *magadwy* nutriendus, cf. *Karadou*, voir *discomboe;* MAGADEN nourrisson Nom. 13, *magadenn* pl. *ou* Gr., gall. *magaden; magadurez* nourriture D 133, -es 189, *magus* nourrissant Gr.; *magadurr* nourriture, à Rhuys bestiaux, *magadéll, maguereah* nourrisson, *magadeell* « qui est sans-souci » l'A.

Le plur. *maguereusou* nourrices D 112, *mageu*- 110, *magueu*- 100, *ar Vaguerezou*, rime *ou, Chanson... ar Vaguerezet*, chez Ledan, str. 1, est semblable à *penerezo* héritières, filles uniques *Vie de saint Patrice*, myst. bret. cité *Revue de Bret.*, *de Vendée et d'Anjou*, nov. 1888, p. 346; *amieguesou* sages-femmes D 132; *dént debreresou* « dents maschoires » Nom. 20; moy. br. *brasesou* (femmes) grosses, *caresou* amies, *guerchesou*, *-esaou* (et *guercheset*) vierges, *martyrisou*, lis. *-esou* (et *martyriset*, lis. *-eset*) martyres, *santesou*, *-esaou* (et *santeset*) saintes, = gall. *santesau*, etc. On dit à Batz (Loire-Inférieure) *dersereiz* raccommodeuse, pl. *eo*; *kohereis* « porteresse », i. e. porteuse de sel aux marais, pl. *koherezeo*; mais *nieiz* nièce, pl. *niezeit* [1]. Le van. a encore pour ces mots un suffixe pl. *-i*, *guiezi* (et *guiezet*) chiennes, Chal. ms, *leanezi* religieuses, L. el l., 92; *hëyesi* biches, voir *heizes*; *polesy* (et *polesed*) poulettes Gr., *polëzi*, *pelëzi* l'A., *pelaizi* Chal. (pet. Trég. *pôlezi*[2]), sing. vr *boles* Nom. 39. Voir *cannaff*, *mazron*.

Magicianet magiciens D 87. — **Magistrat** magistrat Catech. 8; *magnificg* magnifique D 197; *a so magnifica* (la musique) qui est très belle 164; *mannéfic*, Mo. ms 181; cf. *Rev. celt.* XIV, 309.

Maignon en 1577, reg. Plouezec, 12 v, *Le Moïgnen* Anniv. de Trég. 10 = *mignan* chaudronnier l'A., *magnouner* Pel., *maignouner* Gr., du v. fr. *maignan, meignan, maignen, magnan, mignon*, etc., ital. *magnano* serrurier, que M. Kœrting tire de *māchinānus*. Voir *Minter*.

Mailluraou maillots. Le sing. est *mailhur* Gr.; Pel. donne *mailluren*, pl. *-nnou*, et l'A. *maillurênn* f., pl. *eu*. Ce mot vient du v. fr. *mailluel, mailloul*, d'où le dim. *mailloulot*, maillot à Montbéliard.

Majesté majesté D 36, pl. *magesteou* 195. La contraction *meste* N 1519 répond au v. fr. *maisté*, Borel.

1. **Mal** mâle. Cf. *mailh* délibéré, hardi, adj., et maître habile en son art, expert, bon drôle, subst., pl. *ed* Gr., *mail* maître, homme important *Trub.* 48, *eur mail louarn* un maître renard 44, *ho mail nevez* leur nouveau maître, chef (des soldats) 53, *mail an dachen vrezel* (devenu) maître du champ de bataille 163, *mailhou* gens habiles, savants *XVIII*, *mail ar mailhou* le maître des maîtres, Dieu 206; *mailhouny* maîtrise Gr., *mailhard* petit maître, bon drôle;

---

1. *Koñsordeit* sert de pluriel à la fois à *koñsort* ami, et à *koñsordeiz* amie. Le pl. de *señt* saint, est *señdeo*, celui de *señdeis* sainte, est *señdeit*.
2. *O ienezi* vos poulettes, Peng. II, 191, pour *enezi*, influencé par *iarezet*?

canard Gr., *maillard* canard Nom. 38, v. fr. *maillart, malart, maslart*, canard sauvage.

Malaff. Van. *mâlein* moudre; *mâlein a dauleu* moudre de coups l'A., *guet gloes malet* accablé de douleur *Choæs* 118; *maladenn* mounée, *maladecg* moute, *maladur, malèrez,* van. *malereah, -reh* mouture Gr. Voir *arval*.

MÂLE, f. béquille, pl. *maleu*, van. l'A., *mal maleu* et *bail baileu*, « anille » Chal. *nis*, gall. *bagl*, pl. *au*, du lat. *baculus*; cf. léon. *bazloaek* béquille, de **bazlouec* ayant des béquilles, avec éymologie populaire d'après *baz* bâton, et *loa* cuiller; cf. *Rev. celt.* VIII, 30 et suiv.; pl. *birjer loaiec, Miz Mari an Itron Varia Lourd* (1874), p. XI, etc.; *bejer loaiec*, A. Le Braz, *Ann. de Bret.* VIII, 230. On dit à Pléhédel, en Goello, *kerzet oar valou*, marcher avec des béquilles. Voir *mouien*.

Malédiction malédiction D 64, 128, pl. *ou* 92; *maleficou* maléfices 87; *malheur* malheur 43; 124; 2 s.; 141; 2 s., r. *eur*, 155; pl. *maleuryou* 89, *maleuriou*, 2ᵉ s. r. *eur*, 124; *malheurieu* 4 s. *Choæs* 15, *maleurieu* 4 s. 211, *malhurieu* 3 s. 169; *malheureux* g. id. *Cb*, v. *fortun, maleureux*, r. *eur, us* D 125, *maleurus* 3 s., 2ᵉ r. *ur*, 126, *malhurus Choæs* 15, 91; *malicz* malice Catech. 5, *maliç* D 60, *malis* r. *iç* 54, *malicet* irrité 158, pet. Trég. *maliset; malicius* (demeure) funeste, (l'enfer) D 161.

MALL-HEAUT jusquiame Pel., *mall-c'héot* m. Gon., cf. gall. *mall* mollesse; mou, corrompu, sot, *mallwayw* douleur sourde, etc.; irl. *mall* lent, sot, voir *Urk. Spr.* 201, 236. Le Nom. a, p. 86 : hannebanne, endormie, jusquiame, bret. *an hannebau, en* (lis. *-banen*) et *lousaouë, an cousquet*; le P. Grég. *lousaouënn santès Apollina, lousaouënn ar c'housqed*.

Malloz malédiction D 140, van. *maloh, maluëh* Gr.; MALHOÇZIA maudire *Trub.* 58, van. *malohein* Chal., *malouæhein* l'A., *malohein, maluehein* Gr., cornique *molletha, mollethia, molythia*, gall. *melldithio*. Voir *mer diaoul*.

Maluenn paupière C, *malven* id. et cil Pel., van. *malhuënn, maluënn* f. paupière l'A.; *malvenn, malfenn* cil Gr., *malven* id. Gon., cf. v. irl. *mala*, gén. *malach* sourcil, voir *Bezz. Beitr.*, XIX, 248; *Urk. Spr.* 203. Le van. MALGUDEENN f. cil, l'A., d'où *malgudeennour*

« cilleur ou cillart », *toul malgudênn* ou *malgudênnéc* « salière des chevaux » l'A., etc., semble pour *malv-geden « poil des paupières », cf. gall. *ceden* poil.

Mamm mère pl. *ou*, tréc. *momm* pl. *o*; *mamm-vaguerès* mère nourrice, *mam-goz*, van. *mamm-goh* grand'mère Gr., *mam gouh* L. el l. 22, cf. gall. *henfam* (*mam vras* Intr. 125 est un gallicisme); *mamm-guñ* bisaïeule Gr., pl. van. *mamhiunet* Pel., gall. *mam gu* aïeule; *mamm-you* trisaïeule Gr., *mamieu* grand'mère Voc. 1863 p. 43, voir *iou*; *ur vamgolom* une colombe Celt. Hex. I, 15, *er mameu* les femelles (vaches) L. el l. 124, *ur vam berlezen* la mère-perle Intr. 215. *Mamm*, *mammou* matrice Gr., *mam*, *mameu* l'A., gall. *mam*, *mamog*, v. fr. *maire*, *mere*, cf. Tallemant des Réaux 3ᵉ éd. IX, 379; *lèse-huenn-er-vam* absinthe l'A., *lousaouënn ar mammou* matricaire Gr., gall. *llysiau 'r fam*. L'expression *mamm-gaër* belle-mère (dans tous les sens) Gr., semblable au français, et analogue à *mamm-guñ*, etc., cf. gall. *mam wen*, peut être remplacée en Vannes par MAMEC, pl. *mameguet* Chal. ms, *mammeq* pl. *-egued*, *-eguëu* Gr., *mamécq* pl. *-éguétt* l'A., cf. gall. *mamog* brebis. Les Vannetais disent, de même, *tadec* beau-père, pl. *-egued*, *-igued*; *mabec* beau-fils, *brérec* beau-frère, *hoërec* belle-sœur, dans tous les sens de ces mots français; *merhec* belle-fille (fille d'un autre lit) Gr. (*tadêc*, *mabec*, *brairêc*, *hoairecq*, *meairhaic*, l'A.; *tadec*, pl. *tadeguet*, *tadiguet*; *mabec*, *brerec*, *hoüerec* et *houeresec* Chal. ms, voir *mazron*). *Tadec* rappelle le gall. *tadog* patron. Cf. lat. *matrix*, *patricius*. MAMMENN f., pl. *ou* source Gr., *mamen*, *mammen*, *momen*, *mommen* source d'eau; « la mere du vinaigre, qui en est le levain »; « selon M. Roussel *mamen al-lagat* est la prunelle de l'œil » Pel., cf. gall. *mamen* petite mère. Voir *amiegues*, *bau*.

2. MAN mousse terrestre, mousse rampante, en haute Cornouaille et en Vannes Gr., mousse d'arbre l'A., m. L. el l. 92; (lit de) mousse 116, (étang bordé de) mousse 150; *van*, *spoüe*, *kinvi* toutes sortes de mousses Trub. 6; à Plounérin *mañn*. M. Loth, dans son édition du *dict. bret.-fr.* de Chalons, v. *man*, compare le gall. *mawn* tourbe, irl. *móin*, qu'il rattache à la même origine que l'angl. *moss*, mousse et tourbe. Voir *queffni*, et Urk. Spr. 197.

Manach moine. Sieur de *Coet-Menach*, en 1587, Inv. arch. Morb. V., 124; *machty* Cms, v. *abati*, pour *manachty* monastère. *Du Minihy*, en fr. *Refuge*, s^r dud. l., xve, xvie s., Nobil.; « habitans de Lantriguer et du mynehy », *Archives de Bret.* VI, 119; « tout le menehy dud. lieu de Treguer », V, 93; « avoir mennehi et franchise », 164, cf. 165; « son minihy » VII, 69; « esd. port et havre, ville et minihy » 70; *Mesmenechi*, n. de lieu, reg. Péd. 80 b (1580); « et à luy appartient la garde... et deffense de ladite église et minihis d'ycelle » en 1555 (il s'agit de la cathédrale de St Brieuc), J. Geslin de Bourgogne et A. de Barthelemy, *Anciens évêchés de Bretagne*, I, 157; *minic'hy*, *menehy*, pl. *ou* moinerie, dépendances de la maison des moines, franchise, asile, refuge; *rei* ou *douguen minic'hy da ur re*, donner asile, retraite à qqn Gr.; *minihi*, *miniki*, Chrest. 221. Dans le sens de « maison de moines », Gr. traduit « moinerie » par *manac'h-ty, manaty*, (*mañnah-ty, mañna-ty*, v. *moine*); l'A. donne *menati* m., monastère, et moinerie, appartenances du monastère; *menahereah* pl. *eu*, f. moinerie (état monastique), syn. de *menéhage* f., v. *monacal*; Gr. a *menec'hérez* moinerie, état monastique (cf. v. *monachisme*). Voir *lech*.

Manc manchot, estropié, v. fr. *manc*; *manq* (jambes) engourdies (d'un ivrogne) *Guerz. Guill.* 57; *mancqui da* manquer de (rendre) D 177; *ar pez a vancan deoc'h* ce que je vous dois *Bali* 134, cf. 91; tréc. *an ineo pere a vanq da denna* les âmes qu'il faut tirer (du péché), *Mezellour an ineo* p. 6, (=léon. *an eneou pere o deus ezom da veza tennet*, *Mellezour an eneou* 4); *rêy ar manq d'ar real* donner tort aux autres, *Aviel* 1819, I, 235-236, *ha ni hon eus manq o credi* avons-nous tort de croire 291, van. *manque n'ou dès* parce qu'ils n'ont pas, faute d'avoir B. *er s.* 27. Gr. donne *mancq* pl. *ed*, *dôrn-mancq* pl. *dôrn mancqéyen*, van. *mancqed* pl. *mancqeded*, manchot; Chal. *ms* a le fém. *ur vanquell'*.

Manchouer mâchoire C, *mangouër* Nom. 19, v. fr. *menjouere*; *majourniff* mâcher Nom. 20, *majourni* Maun. (*manjoufli* Pel.). Gr. donne *manjouër*, pl. *ou*, mâchoire, comme un terme burlesque, et *manjouër*, van. id. mangeoire, auge pour les chevaux. On dit en pet. tréc. *mañjour* m. mâchoire, sans aucune idée de plaisanterie.

Mandoc « gargueton » C, *-ocq* pl. *-ogued* gardon, goujon Gr., *mañdok* m. Gon., Trd. Le van. *mandroghenn* grosse gagui Pel., *van-droguenn* pl. *ed* dondon, gagui (surtout en mauvaise part) Gr., *mañdrogen* jeune fille grosse et grasse Gon., est le féminin de ce mot; cf. le franç. « frais » ou « sain comme un gardon ». L'*r* est ajouté, comme dans *lontec*, *lontrec* goulu, gourmand, et loche, poisson de mer Pel. Le van. ne connaît pas *mandoc*; il dit *guënnicq* gardon Gr., *guënnig* m. l'A. Chal. *ms* rend « gardon » par *güennic* et « goujon » par *gougeon*; le Nom. n'a que *gouion* goujon p. 45, et *gardoun* gardon, 46.

Le suffixe de *mandoc* se retrouve dans le moy. bret. *penn doc*, têtard, *pendolloc* Pel., *peendoléc* l'A.; cf. *braoc* bar, voir *brell*; *boloc* pl. *-oghet* « poisson de mer de la grosseur et figure d'une ablete, mais le ventre plus gros » Pel.; *leoc, leawc, leoghen, leawghen*, pl. *leoghet, leawghet*, en bas Léon « certain ver, qui se trouve dans les grèves de la mer, lequel sert d'appas, pour prendre le poisson à la la ligne » Pel.; *ehoc, eheuc* saumon; *teureuguenn* tique Gr., bret. moy. *teureguenn*, gall. *torogen* tique, et femme ventrue, de *tor* ventre, etc.

Quant à la racine, c'est peut-être celle du lat. *mandere, mandibula*, gall. *mant* mâchoire, Urk. Spr. 200; *mandoc* viendrait de *man'toc, *mandetācos*.

Cette étymologie est appuyée par un synonyme de *mandoc* qui était à l'origine un sobriquet analogue : *gargadenn* pl. *ed* gardon, goujon Gr., mot identique à *gargadenn* pl. *ou*, van. *gargateenn* pl. *eü* gosier Gr., moy. br. *gargadenn* gorge, gueule, gosier, en haut breton et en v. franç. *gargate* (d'où le *gargueton* du Cath., sans doute aussi *gardon*).

Manegou gants Cc., v. *guisquaff*; **maneguaff**, vêtir les doigts Cb; *maneguenn* f. gantelée, plante, *mañneguérez* ganterie Gr., *mannéguéreah* f. l'A. Voir *huguen*, et Rev. celt. V, 189.

Mang manche Cb, pl. *maingou* Nom. 113, *manigou* 111. Ce sont deux façons de noter la même prononciation *mañjou* : cf. *peirg* perche Nom. 143, *perig* 152, 175, pl. *perchou* 143, *perigou* 101; *saog*, *sauig* sauge 92, *chauig* « chauge, l. rhus », 107, Le **Mangec'** reg. Quemp. 2ᵇ en 1593, *Le Manchec* reg. Plouezec 2 v, *Manchec* 21 « celui qui a des manches »; cf. *sæ maingecq* saie à manches Nom. 113; *mantéll-manchéc* surtout l'A. La variante *Le Mancec* se trouve reg. Quemp. 2ᵇ, 2ᵇ v, et sur les deux côtés d'une feuille détachée, qui date de 1598; elle existe encore aujourd'hui, sous la forme *Le*

Mansec; cf. *chucré* sucre l'A., moy. br. *czucr*, etc.; *Rev. celt.* XI, 355.

Manier manière m. : *try manier* C*b* ; f. : *peder manier* C*b, en vannyér ma* en telle manière, l. ita C*ms*, et van. *ur vanier' estrang'* un étrange procédé Chal. *ms*; *mannier* C*b* v. *oll*; *maniel Intr.* 134; *e oll maniel, an ear anezi* toute sa contenance, son air *Bali* 184.

C'est, je crois, ce mot qui, ayant perdu sa dernière syllabe *-ier*, se trouve former le second terme du composé moy. bret. *unvan, un van, unvoan, un moan* égal, semblable; comparez *vnuanyer* l. unimodus C, et *un van, a un manyer* B 310. Cf. *e nep mann*, en aucune façon, Jac. 51; *mar gherhu gheneoc'h treanti an disterha man* s'il vous arrive d'enfoncer le moindrement (dans la mer), *Trub.* 330. *Ne grahen nep man d'a beza doaniet* « je ne ferois aucune mine d'être chagriné » Pel., est évidemment un vers moyen-breton; d'après son rythme, il doit être tiré des *Amours du vieillard* : cf. *Nac ada perlés hen touez ar mez moc'h* Pel., v. *touez*, etc. *Var van o ampresta* sous prétexte de les emprunter, Mo. 229.

C'est également le van. *meni* m. « manière, sorte », « race », « engeance », « espèce », *meni cricheinn* « manière de chrétien », *meni* ou *gourr-huguenautt* « manière ou espèce de huguenot », *menihuguenautt* « enfariné », *meni-queguinourr* « fricasseur », *meni-foll* « folâtre », *meni-amouætt* « hipocondre », *meni-volanté* f. « velléité », *meni-bosseenn* f. « tac, maladie », l'A. ; *enn derian meni-bossennéc* « la fièvre putride » (s. v. *sudorifique*), *meni-argantt* m. « billon » (au *Supplément*); *meni = manniéle* « espèce » l'A.; cf. *er meniér fang-zé* cette sorte de boue *Burhudeu en Intron-Varia é Lourdes*, Vannes, 1873, p. 17; *ur meniér bouistr* une sorte de boîte, *Brediah er fé*, Vannes, 1861, p. 180; *un manier eutru* « une manière de gentilhomme » Chal. *ms*; hors de Van. *manyell-mauryan* moricaud, Gr., *maniel cas* quelque sentiment de haine, *ar vaniel-cas- se* cette aversion *Bali* 235 ; moy. bret. *manier amplastr* sorte d'emplâtre C*b*, *vn manier boet* une sorte de mets, v. *pastel*, *vn manier oliff* « cest une maniere doliue », v. *oliuen*; *manyer preffuet* sorte d'insectes B 384. Il y a dans plusieurs de ces expressions une nuance de mépris, comme en français dans « une manière d'idiot » = *ur meni-foll*, etc.

Cf. v. bret. *costadalt* = *custos altaris*, voir *autel*; moy. bret. *cazrhel*, combien beau = **cadreler*, voir *goaz* 3; van. *hui* dans *toul-hui* trou d'un fossé pour attirer l'eau = *huiérr*, *huérr* égout l'A., *un huére* un conduit Chal., du fr. *évier*, cf. *eguèr* « esguière » Nom. 158, pl. *eguerou* 134, voir *hubot*; van. *daripoennte* du fr. *arrière-point*; voir *breuzr*, *ilyeauenn*, *garnn*, *gybyer*, *kirin*.

Le van. *en derlicq* dernièrement Gr., contient le diminutif de **derl* = franç. *dernier*; pour le changement d'*n* en *l*, voir *orniff*.

Dans les noms d'agent, *-er* se supprime quelquefois : voir *quere*, *quiluizien*. Il est, au contraire, ajouté dans le moy. br. *scruyuaigner*, auj. *skrivanier*, écrivain; van. *perhindour* l'A. (moy. bret. *pirchirin*), pèlerin; van. *peurerion* des pauvres, etc.

Une autre variante de *manier* est, en vannetais, *merier* : *ur merier brut*, *ur merier uoeh* des voix confuses Chal. *ms*, litt. une manière, une sorte de bruit, de voix, s. v. *voix*; *ur merier derhian*, fièvre lente, s. v. *fièvre*[1]. Il y a là le même changement d'*n* en *r* que dans van. *eeret* oiseaux Chal. *ms*, v. *ramage*, à Batz *ereit* = moy. bret. *eznet*; *eroüet* et *anoüet* froid Chal. *ms*, v. *transir*; *gurenen*, à Sarzeau *guininen* abeille; *hanv*, *harv'* nom; *laruu'* flux Chal. *ms*, *larhuë*, *lanhuë* l'A.; *linat*, *lennat* ortie Chal. *ms*, à Sarzeau *lérad*, *Rev. celt.* III, 55; *en tu diereb*, *en tu a enep* à l'opposite Chal. *ms*; cf. bret. mod. *an tu erep* et *ænep* « le côté de l'envers » Gr.; *urvan* d'accord = *unvan*, de *unvanier*; *minvic* et *mirwic* de la mie Pel.; *heurling* cauchemar Pel., *hurliñk*, *heurliñk* m. Gon., gall. *hunlle*, *hunllef* id. (et peut-être *hurlou* la goutte Nom. 262, *urlou*, *droucq sant Urlou* Gr.); *morgo* collier des chevaux Pel., gall. *mynci*? En pet. Trég. *morblu* poil follet, duvet, prob. de **marblu* = gall. *manblu*, de *man* petit, et *plu* plumes; dans *marbleo* Maun., *marblew* Pel., *marbléau*, van. *marbléü* Gr., *marbleau* Chal. *ms*, *marbléó* m. Gon., l'*a* primitif est resté, mais la seconde partie du composé a été assimilée, par étymologie populaire, au mot *bleo*, cheveux. Voir *un*.

Du v. fr. *se manier* se remuer, *maniement* action de remuer God., vient *mannea* remuer (les jambes), à Ploaré, *Rev. celt.* IV, 73; *manea* remuer (les pieds et les mains) *Nikol.* 8; *quement a vani en dour* omnia quæ moventur in aquis *Heuryou* de Le Bris 318, nouv. édit. 319; *nep en devezo maniet* celui qui aura pris du mouvement (pour s'enrichir, le dimanche) *Trub.* 162; *manea kartou* manier les

---

[1]. S. v. *leut*, on lit *ur marier* (mot biffé), *merier dariant*.

cartes 340, *mania he zaoüern* remuer les mains 94; *manea* manier, toucher, farfouiller Gr.; pet. Trég. *mannial* bouger, remuer; *maneamant* « maniement » Gr.

Manifestation g. id. *Cb* v. *prount*.

MANTRA navrer Gr., *mantra* accabler, opprimer, navrer Gon.; *mantr* contrition Gr., défaillance; défaillant, lâche, paresseux Pel., *mantr* m. accablement, affliction, oppression Gon., f. dans *ar vantr calon* la peine de cœur *Avantur*. 27; *mantradur a galoun* contrition Gr.; *mantruz* accablant, navrant, affligeant Gon. *Mantra* répond au gall. *mathru* fouler aux pieds. Ce dernier est tiré de *matt-, Keltorom. 107; mais le breton indique *mant-, aussi l'étymologie de *mathru* par *man-tr-, cf. éol. μάτημι etc. *Urk. Spr.* 208, est-elle préférable. Cf. *Rev. celt.* IX, 382.

Maout mouton *Cc*, *mout* C, *En Maoult* reg. Guing. 56, *Le Moult* en 1477, *Inv. arch. C.-d.-N.*, série D p. 45, auj. *Le Maout*; *maud, miaoud*, pl. *méaud*, van. *mëud*, pl. *ed, ër* Gr.; fém. *Moutes* reg. Péd. 80 b, 176 (1580, 1600) dans « Maria dicta Moutes », « Jannetta Moutes », sans doute sobriquet de filles-mères; **mautguenn** peau de brebis C, *maou-quen* peau de mouton Gr., pet. tréc. *maousken*, cf. *Rév. celt.* VII, 160; **Mouter** reg. Péd. 35 (1571) = cornou. *maouter* berger H. de la Villemarqué, (dict. de Gon.); *maouta*, van. *meutein* v. a. et n. battre et se battre à coups de tête, comme les béliers Gon., *mëutein* pelauder Gr., *maudtenn* pl. *ou* peau de mouton, *mautenn*, *maoutenn* f. sorte de perruque du petit peuple, faite de peau de mouton avec sa laine; *méaudaich* moutonnage, terme de droit seigneurial Gr. Voir *Urk. Spr.* 212.

1. *Mar*. *Var vâr da gaout servicherien* (être) incertain, n'être pas sûr de trouver des ouvriers Mo. 230. Voir *Urk. Spr.* 201.

L'expression *pèren mar*, pl. *pèr mar* « corme ou sorbe, fruit fort acide et âcre » Gr., *pireenn-marre* corme ou sorbe, cormier l'A., d'où *guëzen mar, marenn* cormier, pl. *guëz mar, marenned*; *sistr mar* boisson de corme Gr., correspondrait-elle au fr. « poire d'angoisse »? Il y a dans les langues romanes des mots assez semblables : fr. *marri*; « être de *maradje* » être inquiet, remuant, à Montbéliard.

2. *Mar*. *Mar emeux* si j'ai D 190, *mar dema* s'il est 100, *mar gu'erru* s'il arrive *Intr.* 100, *mar g' anavezit* si vous connaissez 437,

mar gabusont s'ils abusent *Refl. profit.* 2; cf. *Rev. celt.* IX, 254, 255; XIII, 348.

3. Mar. Van. *mar* tant Chal., Gr., Pel; *mar güir e tant* il est vrai; *mar obliget omp* tant nous sommes obligés; *mar bras e é zispeign, mar bras stat a gondu* tant est grande sa dépense, Chal. *ms*, v. *tant*, cf. v. *force, four, intégrité, rareté; Voy.* 109; l'A., v. *insuportable; mar à bihuig é* tant il est riche, l'A [1]. (voir *meurbet*). Avec adoucissement de l'initiale suivante, au féminin : *mar goh oai* tant elle était vieille *Voy.* 95. Cf. l'expression *guélét mar divergond oai é séél* voir combien son regard était farouche, 146. On confond quelquefois *mar* et *ma* : *ma du é* tant il fait *noir* Chal. *ms*; et inversement : *mar querhét* pour que vous marchiez *Voy.* 1; *mar varhuein* pour que je meure *Choæs* 193; *evel mar coüessont* comme ils tombèrent D 192; *mar em bo* pour que j'aie Mo. 275. *Mar* est un doublet de *meur* beaucoup, et répond au v. gall. *mor* dans *morliaus* gl. quam multos, *mortru* gl. eheu, combien misérable!

4. MAR préfixe péjoratif : *marnec'het* très affligé D 169; *bleizi marlong* loups dévorants *Feiz ha Breiz*, 9 août 1873, p. 1, col. 1; *marzonj* souvenir vague *Suppl. aux dict.* 107; cornouail. *margaloun* chagrin Trd (cf. *fall-galouni* manquer de courage); *marnaonet* très affamé; van. *güin fal, dister, margüen* « guinguet » Chal. *ms*; du v. fr. *mar* dans *marfoilleiz*, etc. Voir *mer diaoul, mouien*.

March cheval; *marchbran* corbeau mâle C, *malfran, malvran, marbran* id. Gr.; *mar-fran* graillat, oiseau Nom. 38, *marfran*, chouette ou choucas 41; cornique *marchvran* corbeau; *mareyen* chevaliers Cathell 19; *marcheguez* chevaucher Quiquer, Morlaix, 1690, p. 135, *mareguez* Maun., *mareges* G. B. I., II, 84, voir *lech*; *marchaff* saillir une jument Nom. 321; l. catulire, 30; *Marchic* reg. Péd. 73 b (1579) = « petit cheval »; *Mareuc* en 1477, *Inv. arch. Fin.*, série A p. 13, *Marec* reg. Quemp. 6 v, *Le M.* 7, Anniv. de Trég. 18, = « chevalier »; *marheguer, mareguer* cavalier Gr., *marc'heger* G. B. I., I, 170, 194; MARHECQÂT, part. *eët* chevaucher Gr., gall. *marchocâu*; *marrecqadenn* chevauchée, *mare-* f. cavalcade, *marecaour*, van. *marecqour* cavalier Gr.

---

[1]. En pet. Trég. on emploie *gañt* de la même façon : *n'elle qe qerzet gañd skwiz oa*, ou *gañd a skwiz oa* il ne pouvait marcher, tant il était las; *gañd a c'houeźañ ré* tant il suait.

Marchat-læch lieu du marché Nom. 242, *marc'hallac'h, marhalla, marhallé, marc'halleac'h* m., van. *marhalé* Gr., *du Marc'hallac'h, du Marhallac'h*, sʳ dud. l., xvᵉ, xvɪᵉ s., Nobil., voir *lech*; *marc'hadiou* marchés D 95, 96, *-ajou*, van. *marhadëu* Gr., cf. *clevediou* maladies D 87, 2 fois; *clevegeou* 17, 143; *banquetiou* banquets 96; *bouegeou* aliments 58, *bouegou* Nom. 53; *effegeou* effets D 63, 132; *convenchou* couvents 104; *injurou* 114, *-riou* 116; *mysterou* 16, 74, *-riou* 95; *enoriou* 47; *goueriou* canaux, ruisseaux 127, voir *gouher*; *breselyou* guerres 61, *drougou* maux 121, *drougjo* Ricou, 118; *Marhadour* reg. Péd. 143, *Le Marchadourr* 119 b (1594, 1588), *merchetour* marchand Nl, p. 106, *marc'hadourien* marchands D 107, *-rezou* marchandises 105.

Marchepi m. marchepied G. B. I., I, 282, 288; *márchiff* fouler, terme de tisserand, *an marchou* « les bois sous les pieds des tisserands, qui se lèvent et baissent l'un après l'autre », l. *iusilia* (lisez *insilia*) Nom. 172, *fals' marc'h* entorse D 88, *fals-varcha* faire un faux pas Gr., v. fr. *mémarchure*; *marchsont* ils marchèrent D 193.

Marellet (*Le*) reg. Quemp. 2ᵃ, = *marellet* (cheval) pommelé Nom. 32, *bleiz marellet* lynx 33, *maréllétt* pommelé l'A., *marelled* (prairie) émaillée (de fleurs) Bali 79, part. de *marella* bigarrer Gr.; *Le* **Marellec** Quoatg. II 9 v; reg. Quemp. 11ᵃ en 1601, bapt. Guing. en 1746, etc., sans doute syn. de *márellet*; *marelladur* bigarrure, madrure Gr.; *marellet, martellet* diapré, *marelennet* (cheval) pommelé Chal. ms; à Gommenec'h *eur pen-bas mariellet* (prob. de *marigellet) un bâton autour duquel on a enlevé une bande d'écorce. Ces mots rappellent le v. fr. *madré* veiné, tacheté, voir *madre*. Cependant ils semblent dériver plutôt de MARELL f. jeu de la marelle ou mérelle Gr., *marêll, morêll* f. l'A., du fr., qui se rattache à *méreau*; cf. léon. *marellou*, van. *marelleu* boutons (d'argent) Celt. Hex. I, 11.

Mars (*Le*), en fr. *de la Marche*, sʳ dud. l., xvɪ, xvɪᵉ s., Nobil.; *marz*, pl. *you* marche, frontière Gr., *marz*, pl. *marsou, marsiou* Gon.; d'un pluriel franç. *marcs*? Voir *merc*.

Martin Martin C, *Martin* reg. Péd. 108 b (1586), du fr.; *Marzin* 84, 161 b (1581, 1597), Gr., *gouel Marzin* la Sᵗ Martin, Sauvé Prov. 821; gall. *Marthin*, du lat. *Martinus*; cf. Chrest. 219, 221; M. lat. 185, 187; voir *meurzlargiez*.

Maru. *Na maruez* (cela empêche) que tu ne meures B 611 est écrit comme si c'était un présent de l'indicatif, et en effet ce temps serait grammaticalement possible; mais les rimes étant en *es*, l'auteur a eu l'intention d'employer le subjonctif (ou conditionnel) = *ez marvhes* (il faut) que tu meures B 706. *Ret eo ez meruhet* il faut que vous mouriez Jér. v. red. *Merueill* mourir Cc v. *coezaff* ; *mervel* D 24, *-ell* 25. *Maro* il meurt 41, *meruu* 88, 131; *meru* Nom. 53. *Maruu* la mort, 1 syl., D 161, *marvu* 26 (cf. *leshanvu* surnom 25); *maro* 1 syl., 149; 2 syl., 154; m. : *deza* 153; f. : *houmâ*, *hebên* Trub. 85 (gallicisme); *marou* D 125 ; *cas ar maro* une haine mortelle *Bali* 65 ; pl. *marvou* 162, Gr.; *marou* adj. D 116, *maro* 2 s., 118; *maruel* (pécher) mortellement H 52, *-vel* id. D 91, *marvelamant* id. 85, 99, *maru-* 99. Cette forme doit être imitée de *mortelamant* 88, *mortal-* 103, *mortell-* 87, 91, car ce suffixe adverbial, rare en bret. moy., reste, dans le *Doctrinal*, propre aux mots français [1] : *antieramant* 43, *commodamant* commodément 101, *couragus-* 143, *dign-* 135, *egal-* 15, *eternell-* 89, *explicit-* 86 (on lit *explicité*, forme latine non soulignée, 130), *fauss-* 92, *ferm-*, *fidell-* 50, *fidel-*, *general-* 48, *gratuit-* 29, *grefus-* 101, *grief-* 132, *injust-* 38, *insansibl-* 179, *just-* 34, *legitim-* 145, *liberamant* de propos délibéré 85, *libramant* librement 91, *librement* 86, *licitamant* 92, *miraculus-* 134, *moral-* 86, *necesser-* 29, *particulier-* 28, *paternell-* 55, *principal-* 56, *pur-* 121, *ræsonnabl-* 107, *real-* 32, *scler-* 34, *simpl-* 100, *sommer-* 134. Voir *guers* et *Rev. celt.* IX, 379. La voyelle qui précède *-mant* manque rarement : *infinimant Aviel* 1819, I, 30; *hardimant*, Intr. 312, anc. éd., Jac. 43, *hardiman* Jac. ms 26, *hardismant*, Gregor Massala... *troet a brezounec*, Landerneau 1846, p. 12; *absolumant*, Intr. 218, 219, anc. éd., etc.; pet. Trég. *malmann* (être) mal, indisposé, détérioré = v. fr. *malement*, mal; mais *hardiamant* Mo. 308, Mo. ms 166; *absoluamant Aviel* I, 141 ; *memesamant* « mêmement » Jac. 11 ; *volontieramant* volontiers, *communamant* communément Intr. 3; *dilijantamant* diligemment 4, *patantamant* d'une façon patente 308, anc. éd.; *expressamant* expressément, tout exprès Mo. ms 168, 229;

---

[1]. Il y a par ailleurs peu d'exceptions, comme *carantensemant* amoureusement Chal. ms; *laouenamant* joyeusement, Intr. 213, anc. éd. — Les formes en *-emalt*, données par l'A. (voir *meuly*, *moment*), sont un compromis entre *-emant* et *mat* bien, qui exprime proprement le superlatif de l'adjectif (pris adverbialement).

qaziamant, 4 syl., presque, quasiment, Ricou 92, *qasyamant* et *qasimant*, Gr. Dim. : *honestamanticq* tellement quellement, passablement Gr., forme prise au Nom., p. 304 : *vnan a ve sauant honestamanticq* « sauant tellement quellement » (on dit à St Clet *onnestamand* passablement, voir *hubot*; cf. « luy avoit du bien honnestement » Tall. des Réaux 3e éd. VI, 455). *Marvus* mortel Gr., Trub. 6.

Composés : *marw-scâon*, *mar-scâon*, *mar-scân* bancs ou tréteaux sur lesquels on pose les corps morts à l'église en attendant leur inhumation Pel.; *marvor* morte mer, quand les marées sont petites Gr., *marvor zou* à Pleubian, *marvorin e ra* à Pontrieux, il y a morte eau, de *mor* mer. Voir *leizen*, *mernentic* et *Urk. Spr.* 203.

Maruail merveille C v. *soez*; *den em maualle* à s'émerveiller Cathell 34; *marvallet* conter fleurette G. B. I., I, 266.

2. *Mas. Mais* mais D 53, 129, 158, *mes* 139, 164, 173, *mæs* 47, Gr.; cornique *mas, mes*.

Mat. Ar Feiz mat la bonne foi D 88; *dorn mad* main droite Guerz. Guill. 30; *ar vad* le bien Cat. imp. X, etc.; *caret da vad* aimer bien, véritablement Bali 133; *madaou* biens D 41. Ce mot peut indiquer une simple permission : van. *mad-é* il est permis (de confesser un péché véniel, sans regret surnaturel) Choæs 18; pet. tréc. *mad é dibein kiq hidî?* peut-on faire gras aujourd'hui? Voir *ar-* 2. *Mad!* eh bien Bali 152, *mâ eta* eh bien donc Jac. 25, 85, pet. tréc. *ma*, c'est bon! van. *deitt ma revebaitt* soyez les bienvenus Rev. celt. VII, 350 (il n'y a pas à corriger en *mat*); Gr. donne aussi *mad* et *ma* bon! *mad-mad* et *ma-ma* bon, bon; cf. *ama* « eh quoy » l'A.

Matozgrec reg. Péd. 122 (1589), *Matouzgroec* 131, 186 b, 214 (1591, 1601, 1608), *Matouzgrec* 135, *Matouzgroech* 183, 196 b, 226 (1592, 1601, 1604, 1611), *Matouzgroach* 224, *Matogroach* II, 14 (1610, 1611) = « bon à (sa) femme », c'est sans doute un sobriquet individuel, car il est toujours précédé du même prénom, *Yuo*. Peut-être est-ce une déformation populaire de *Matozec* = « bon époux » Inv. arch. C.-d.-N., série D p. 125.

Autres composés : *mad-ober*, pl. *you*, = *ober-mad*, pl. *oberyou-mad* bienfait, faveur; *mad-oberèr*, *mad-oberour*, van. *oberour-mad* bienfaiteur Gr., *mad-oberour* (choisissez des gens qui soient) vertueux Mo.

283 ; *oberer mat* bienfaiteur C (cornique *matoberur* « probus », Dict. de R. Williams), voir *drouc, oberer ; mad-oberus* bienfaisant Gr.

Dérivés : dim. **Madic**, n. pr., xv°, xvii° s., Nobil., *madic* bonbon Gr., tréc. *madik* assez bon ; **Madeuc** n. pr. *Archives de Bret.* VI, 88, *de Timadeuc* s^r dud. l., xv°, xvi° s., *de Rosmadec* s^r dud. l. xv°, xvi° s. Nobil., *Madec* xvi° s. *Inv. arch. Fin.*, série A p. 7, et *Morb.* V, 189; reg. Péd. 204 b (1606), *madec* naturellement bon et bienfaisant, bonasse Gr. ; *madek* id., et qui a de grands biens, riche ; fertile, Gon., gall. *madog*, cf. *Chrest.* 150; van. *madeleahus* 4 s. plein de bonté *Guerz. Guill.* 109.

Le van. *materisse* bonté Chal., *matericz, madericz* humanité, douceur Gr., a la même terminaison que *logerisse* logis l'A. (moy. br. *logericzc*); *taillerisse* taillis, *treillerisse* treillis l'A. (*tailleris, trilleris* Chal. ms v. bois, broquette); *pond guïnteryz*, van. *pont guïnteryz* pont-levis Gr. (*pont guinteris* Chal. ms) ; *tenneris, stenteris ur gulé* courtine d'un lit Chal. ms, *stenteris* tenture, tapisserie v. *nu*; van. *bragueriçz* affiquets Gr. Ce suffixe provient sans doute du mélange des deux terminaisons françaises *-erie* et *-is*, ou plutôt *-eïs* sous une forme plus ancienne, parfois restée en breton : moy. br. *logeiczc* logis, 3 s., mod. *logeyz*, van. *logeriz* Gr.; *porz guinteyz* pont-levis Gr., cf. v. fr. *leveïs. Materisse* est proprement le mot *materi* matière, altéré d'après les mots en *-eris* (cf. *caualeris* m. cavalerie, *orangeris* orangerie Chal. ms) et associé ensuite à *mat.* Chal. ms fournit la preuve de ces confusions, en donnant *materis* « alloi », et *er vateri es un affer* « le mérite d'une affaire ». Voir *meur*, et *Zeitschr.* de Kuhn, 1893, p. 304; *Urk. Spr.* 199.

Matery matière D 25, *matieri* 128, *materiel* matériel adj. 58, H 2 ; voir *mat.* — Maternel. **Marilh**, registre, pl. *ou*, Gr., du v. fr. *marille*, matricule, d'où le berrichon *marillier*, marguillier.

Matez. Pl. *mitizyen* servantes Nom. 130, van. *matèhizion* id., *Rev. de Bret., de Vendée et d'Anjou*, juill. 1892, p. 60; *mitiçzien* domestiques, en général, *Trub.* 165, 171, 172, 174, 175, 177-183, 190, 202, 203; serviteurs : *o! bed..'. The a zo dibalamour evid dha vitiçzien ô monde*, tu es dur pour ceux qui te servent, 94. Voir *Rev. celt.* III, 238; VII, 154; XI, 182, 183; XVI, 234, 235.

Mavyc dans *Kaer-Mavyc* villa en 1282, auj. Kermavic, *Dict.*

topogr. du Morbihan; *Le Mavyc* n. d'ho. en 1682, *Inv. arch. Fin.*, série B, p. 266, 267, = *maoiq* un peu gaillard Gr., dim. du moy. br. *mau, maou, mao,* cf. *Le Mao* bapt. en 1613, reg. Péd.; *maôaat* devenir gai; relever de maladie; *maôder* m. joie, contentement, santé Gon.

Mazeu Mathieu C, *Mazé* D 89, 124, *Mazev, Mazéo, Maze, Mahe, Mao,* van. *Mahe, Mazhe.* Gr., *Maheu, Choæs* 132 etc.; *Mahé*, prénom en 1477, *Inv. arch. Fin.*, série A, p. 13; « la rue du Porz-Mahé », en 1539, auj. l'extrémité de la rue St Mathieu, ibid. 11. Dim. **Mazeuic** n. d'ho. reg. Quemp. 6ª v, 7ª (10ª v et 13ª, en 1601); *Mazeuic* et *Mutzeuic*, baptisés en 1613, reg. Quemp.

Mazron. Maëzronnez marraine D 145; *maërounés* et *mamm- maëron* Gr., *maezronés* et *mam mäezron*, pl. *mäezroneset* et *maezronet* Pel. L'addition de -*ez* s'est faite d'abord au pluriel : cf. pet. Trég. *kininterves* cousine, (*kenentervez* G. B. I., II, 54), *seures* bonne sœur (*seur, Rimou* 39, *seurez, Miz*:... *santes Anna,* Brest, 1877, p. 209, pl. *seurezet* 207, *seureuseud* Gr. v. *ordre*); Z² 293, *Rev. celt.* III, 58. Chal. *ms* a *hoüerec* et *houeresec*, pl. *houerezeguet* belle-sœur; M. du Rusquec donne *c'hoarezik* sœurette. Voir *baut, degrez, goas, guers, le, ny, saus,* et *Rev. celt.* XI, 183.

Me a contraignez moi, tu me contrains Cathell 14, cf. *c'houi a viran* je vous garde Jac. 15; *c'houi a meus choazet* Peng., II, 97, etc. '*Vel me* comme moi, G. B. I., I, 356.

Mecanic. Œufr mechanicq œuvre servile D 99.

Mechance méchanceté, malheur B; *mechanç, e mechanç* peut-être Pel., *mechancç* Maun.; *michanç contant e vint* sans doute ils seront contents Mo. 151 (v. fr. *mescheance, meschance, mechance,* malheur); *meschanceté* méchanceté D 139; *meschant* méchant D 16, 90, 119, mauvais (breuvage) 151, *mechant* 123, *méchant* 149; voir *Dict. élym.*, v. *meschandet*. Le préf. *mes-* a formé encore *mestaoliou* mauvais coups Trub. 168, et prob. *mescalon* remords, dégoût (d'un plaisir passé) Bali 65. Voir *Rev. celt.* XVI, 234.

Mechenn mèche C*b* v. *pourchenn*, du fr.

Mecher métier, besoin, etc. Le Nom. écrit *euit meger an gouaf* (manteau) pour l'hiver, p. 112; *euit micher vn soudart* pour un soldat 113, etc.; *euit mecher vn den maru* pour un mort 283, *euit miger*

27 ; *mescher* D 112. *Micher* besoin *Son. Br. Iz.* II, 208 ; *micheric bihan* petit métier Chal. ; *mescherouryen* manouvriers Nom. 63. Voir *L. el l.* 14, 166, 144.

Mechienn, mechien morve C, *mehien, millen* Chal. ms ; *mehiec, millenec* morveux Chal. *ms, meriec, miriec* Pel. ; de **moc'hien*, même racine que *moc'h* pourceaux, et que lat. *mungere*, grec μύξα.

Medecin médecin D 17 (pl. *-et* 107), *medicin* Nom. 302, *meudeucin* Ricou 78, *midicin* Bali 158, *médecin Choæs* 111, *médecinour Guerz.* Guill. 24, id. ; *médecin* m. (une) médecine, remède *Voc.* 1863, p. 49, *medicinerez* Nom. 274, *ar mede-* D 30, *-es* 31, id. ; *er veudeucineres* (savant) en médecine Ricou 108 ; *medicamanchou* médicaments D 17.

Mediation g. id. *Cb* v. *hanter; mediateur* (g. id.) D 38, f. *mediatrices* 67.

Megium l. follis C, pour *meguin* Maun., *vn miguinou* soufflets Nom. 197, *beguinieu* soufflets d'orgue l'A. ; cf. cornouaillais *meghel* Pel., *megel* f. Gon. tique, irl. *miach*, sac (*Rev. celt.* VII, 36, n. 8), boisseau ; même racine que *moguet* fumée ? Cf. *Rev. morbih.* III, 21. Voir *bagol, bihin, mouien.*

Faut-il identifier à *meguin* soufflet le bret. *meguinaich, meguinerez* pelleterie, mégisserie, *meguiner* pelletier, mégissier Gr., van. *meguin* m., *micher meguin* mégie, l'A., Sup. ; *meguinourr* mégissier, *meguinereah* m. mégisserie, *meguinereah maroquin* maroquinerie, *mequiniein laire...* maroquiner l'A. ? Ce n'est pas probable. Peut-être *meguin* soufflet a-t-il seulement influé sur un ancien *mezeguin tiré du l. *medicīna*, et qui sans cela n'aurait dû devenir *meguin* qu'en vannetais et en trécorois. On tire le fr. *megis*, autrefois *megeïs*, de *medicāticium.

Meil, [pl.] *meilly*, mulet, poisson, *meil-mean* « barbon, barbel, barbeau, surmulet, l. mullus, barbus » Nom. 46, *meil ruz* rouget 45 ; *meilh*, pl. *y* et *ed*, mulet Gr., *meill*, pl. *i* Maun., *mel* par *l* mouillé, m., Gon., cornique *mehil*, pl. *mehilly. La Gram. celt.*[2] 1074, tire ce mot du lat. *mullus*, comme le synonyme *moullecg*, pl. *-egued*, Gr. ; je crois que le premier vient de *mugil*, cf. franç. provincial *meuil*, etc., *Faune pop.* III, 158.

Meilh, *meilh an dórn*, van. *meil-dôrn* poing Gr., *meill dorn* Maun., *meill dourn'*, Chal. ms, *meill, meill-ann-dourn* Trd, *meldorn* Pel., *mel, mel-ann-dourn* Gon., cf. irl. *mul-dorn*, et probablement aussi gall. *moelddwrn*. *Meilh an dôrn* doit être une expression semblable à *penn ar c'hlin* « l'éminence du genou » Gr., voir *cap* 1 et J 54 b; la racine est sans doute la même que dans le bret. moy. *mellenn an penn* « fontaine de la tête, l. sinciput », irl. *mullach* sommet, tête, sanscr. *mūrdhan*, *Urk. Spr.* 219. En gall. il y a eu influence des composés de *moel* chauve, nu, comme *moelfryn* colline au sommet arrondi (voir *moal*).

Meis intelligence, en Cornouaille, *Suppl. aux dict. bret.* 89; van. *laquatt-mé* prendre garde l'A. ; cf. ibid. v. *galoner, eucharistie, considérant; mé* Chal. ms v. *aguèts, éviter, évitable, guet, garde; lacat me* épier, surveiller, prendre garde; *quentoh me* à plus forte raison, s. v. *fort, raison; turel mé de* faire attention à *Voy.* 97, *taulet-mé de* remarquez 53, *hi.... E daul mé d(e)*, « elle examine (son parler) » *L. el l.* 32; *doh en ol é taul mi* il prend soin de tous (rime à *sourci*), *Guerzenneu eid ol er blai*, du P. Larboulette, Vannes, 1864, p. 17; hors de la rime *pe daulan mi d'é boénieu* quand je considère ses souffrances, *Guerz. Guill.* 118. De **meiz* par *z* doux, pour **mid*, voir *glueiz*; cf. gall. *meddwl* pensée, esprit; v. irl. *midiur* je pense, même rac. que gr. μέδομαι, etc., *Urk. Spr.* 203, 204.

Mêl, *melaich*, van. *meel, mil, melach* miel, *mêla*, van. *meleiñ* emmieller, *mêlet* emmiellé, doux comme le miel Gr., cf. gall. *melu* faire du miel; melek, méluz mielleux Gon., gall. *melog, melus*; *meler* fabricant de miel Trd; van. melis fade, insipide, melisder insipidité Pel., *melezour* vanteur Chal. ms, *mellezour* flatteur v. *valet, melesour* v. *assaisonnement*, pl. *er mellezerion* v. *prester; melesoureh, melezoureh* flatterie v. *partir*; gall. *melys* doux (*melusder*, cornique *melder* douceur, gall. *meluso* emmieller), v. bret. *Uuiu-milis*, v. irl. *milis*, gaul. *Meliddius, Melissei*, etc., dérivé de **melit-* = μέλι, cf. *Ét. gram.* I, 32*-35*; *Urk. Spr.* 213.

De là encore plusieurs noms de plantes : gall. *melog* chèvrefeuille, etc. ; voir *melchonenn, mell*.

Melchonenn trèfle C, *melchenenn* Cb, *melchenen, melchen* f., pl. *melched* Gr., *mêlchonnênn*, pl. *-eu* et *mêlchon* l'A., pet. tréc. *melchou; melchenek* f. champ de trèfle, prairie artificielle Trd. Composé de *mel* miel; cf. *melaouënn* mélilot Gr., en gall. *meillion y ceirw*, *mêl y œirw*, *meillion tair dalen*. Voir *mell* 1.

Melcony méditation C*b* v. *pridyri*, *melconny pe study* l. opera, v. *entcntaff*, *melconiff* (plein de) pleurs, v. *enterraff*; *melconi* m. chagrin *Chœs* 211, tréc. *melanconi*, *Guerz nevez*, chez la veuve Le Goffic, str. 5, 9, 29, *Avant.* 11; *-ny*, ms. celt. 97 de la Bibl. nat., f° 22; *melconiaff* penser, avoir cœur, **melconyus** pensif, méditatif C*b*, -*ius* triste *Voc.* 1863, p. 42; (agonie) douloureuse *Collocou ar c'halvar* de Le Bris, Quimper, 1827, p. 343; du v. fr. *malenconie*, cf. ital. *malinconia*, esp. *malenconia*.

Melen jaune, tréc. *melon* (cf. *zoûbon lés* soupe au lait ; *joscon*, voir *javet*; *Rev. celt.* XI, 193 ; *famelon* femme *Histoariou*, 195, etc.), de *mellinus pour *mēlinus*, ladin *mellen* (Schuchardt), v. fr. *melin*, jaunâtre ? Voir *Urk. Spr.* 213. *Melennou-wiou* des jaunes d'œufs ; *melenna* devenir ou rendre jaune, blond Pel., *melenna*, van. *melenneiñ*, *milenneiñ* teindre en jaune Gr., cf. gall. *melynu*; *melennaat*, van. *melennat*, *melenneiñ* devenir jaune, *melennadur* m. jaunisse, *melennard* jaunâtre Gr.; MÈLENDER m. qualité de ce qui est jaune Gon., gall. *melynder*. MELLENNEC verdier Maun., *melennec*, *-nnoc* Pel., *-enecg* Gr., *mélênek* m. Gon.; gall. *melynog* linotte, chardonneret, cornique *molenec* chardonneret. A Sarzeau *mileinetch*, *Rev. celt.* III, 53 ; en pet. Trég. *mèlegañn*, pour le mâle, (de *melenegan), *rouzegañn* pour la femelle (de *rouz*, roux, cf. *Faune pop.* II, 199). Pet. tréc. *melenuz* jauni, couvert de jaune.

Melenn moëlle C, *mèl* Gr., *mêl* m. Gon., *Guerz. Guill.* 44, *mêle er peenn* cerveau, cervelle l'A., *mêl er pèn Voc.* 1863 p. 39, *mèleenn* f., pl. *eu* cervelle l'A., *mèlen Choæs*' 72, *melen L. el l.* 136 ; haut cornou. *mèl*, van. *meel* sève Gr., cf. *boëll* m. « moele, parlant des arbres, et de quelques plantes » Gr.; **melus** « moillé, plain de ius », l. *succidus* C*b*, v. *jus*; moëlleux Gr., *méluss* l'A.; *mèlecq* id. Gr., *mèlêc* l'A.

Melhuedenn limas C. *Melfeden mor*, *bigornen* limaçon de mer Nom. 44; *melc'hota*, *melfeta*, *melc'huëta* chercher des limaçons; van. *melhuënn* pl. *melv* morve Gr., *mélhuén*, f., *mêlve*, pl. *mélhuënneu* l'A.; *melhuënnecq* morveux Gr., *mélhuênnêc* l'A.; *melvenneucg* celui qui marche à pas de tortue Gr.; gall. *malwod* limaçons. Prob. dérivé de **molu-* mou, d'où μῶλυς, angl. *mellow*, etc.; voir *dyvalau*, *milhezr*.

Melin. Millinneuez reg. Péd. 152 (1596) = « moulin neuf ».

1. **Mell** mil, millet C, *mèll, mil* Gr., *mell, mèl* Pel., *mell* m. Gon., van. *mèll* m., pl. *eu* l'A.; *yod mèll* bouillie de mil Gr.; MÈLLECQ, *bro mèllecq* lieu abondant en mil Gr., cf. *de Trémillec*, s^r dud. l., xve, xvie s., Nobil.; *Le* MILLOC'H, n. pr., xviie s., Nobil., van. *milloh* linot l'A. (cf. *linegues* linotte Gr., de *lin*); *millauss, millarr*, m., paille de mil, l'A., *milar, plous milar* Chal. *ms.* M. Loth admet que *mell* peut venir d'un celt. *millon, répondant au lat. *milium*, M. *lat.* 185, 186. Voir *carrec, mèl, melchonenn, min.*

2. *Mell an chouq an gouzoucq*, chignon, nuque du col, Nom. 20; *melle-gouzouc* l. cervix Pel., *mell-gouzouk* m. nuque Gon., *poull ar mellou eus ar gouzoucq* Gr.; *mellou* certaine herbe dont la racine est toute noueuse Pel., renouée Gon.; MELLEK plein de jointures, de vertèbres, de nœuds Gon., *-ecq* mâle, viril, vigoureux Gr., d'où le n. d'ho. *Le Mellec*, cf. gall. *cymmalog*; même racine que μέλος, *Urk. Spr.* 215.

3. **Mell** il mêle, dans *nep en emnell a guir* « qui de droit traicte » *Cb* v. *juridiction; èn hem vellout* se mêler Gr., van. *hum vélein* B. er s. 69, pet. Trég. *'n im vèlañ;* différent de *èn hem emellout*, Gr., moy. bret. *emellaff;* du fr., cf. cornique *mellya.*

Mellat jouer à la soule B 370, souler, se divertir à la soule, part. *mellet* Gr., *mella* Pel., *mèéllatt* l'A., *mèllatt, mèllein* Sup., v. *mellat; mell* f., pl. *ou* « soule, boule de foin couverte de cuir que l'on jette en l'air » Gr., ballon, grosse balle à jouer Pel., *meèll* f. pl. *eu* soule, dim. *meellig*, pl. *-gueu* « bale de jeu » l'A.; *mellad* pl. *ou*, van. *èu* soulerie, action de souler Gr., *mèllatt* m., pl. *-adeu* « mellat, jeu du ballon » l'A., *Sup.*; *melladen, melladec* assemblée de ceux qui jouent au ballon, et des spectateurs Pel., *c'hoari-ar-veladec, redec-ar-vel* jouer à la soule (à Lézardrieux, etc.), Habasque, *Notions... sur le littoral des C.-d.-N.*, III, 238; *meller* joueur de ballon Pel., *mellèr*, van. *mellour* celui qui soule, souleur Gr.; voir la *Galerie bretonne* de Perrin, Paris, 1838, t. III, p. 17-24. Le Dict. de l'A. n'est pas le seul document qui donne *mellat* en français : cf. « quidam ludus valde perniciosus..., nuncupatus vulgariter *mellat*, cum stropho rotundo, grosso et eminenti », en 1440, stat. synod. de Raoul, évêque de Troyes (God.). Voir *bagol.*

Membr membre D 100, 162, *mempr* 42, 91, pl. *-ou* 41, 67; voir *ab*, p. 12.

Memoar mémoire D 24, *memor* 66, 93, voir *ab*, p. 11, 12; **memoratiff** « homme qui moult comprend en sa mémoire » *Cb* v. *quemeret; memoratif à beneficou Doüé* qui se souvient des bienfaits de Dieu D 180; *beet memoratif* souvenez-vous ms. celt. 97, f° 23 v°.

Men pierre. *Mean Cb* v. *tailler, hanteraff*, D 33; *menec* « pierreur » l. lapidarius *Cb*, *men tan* pierre à feu v. *caillauenn*; *mænstal* « accoudoir, perron, saillie ou proiect de la maison » l. podium Nom. 142; *mein benaf* pierres carrées 141, *er men touch'* l'aimant Chal. ms v. *puissance; meinaat* empierrer Trd, *mænecq, meinecq* pierreux Gr., *meinnéc, meinniéc* l'A.; *meinecg* pl. *-egou*, van. *-egui* lieu pierreux Gr.; *Lanméanec* n. de lieu en 1477, *Inv. arch. Fin.* série A, p. 14; *Menec-an-Guern* pièce de terre, *Inv. arch. C.-d.-N.* série E, p. 40. Voir *mengleuz*. Cf. lat. *mœnia*, etc., *Urk. Spr.* 196.

MENATT m. pl. *-adeu*, « pairée, mesure ...de Vannes ...pesante depuis 235 livres jusqu'à 240 »; « septier de grain », l'A., cf. s. v. *quart*, van. d'auj. *menad*, cf. argot fr. *menée* douzaine, voir *armennat* et *Rev. celt.* XIV, 287.

Menauet alène C, *menaoüed*, pl. *ou*, van. *menéüed* pl. *-éü* Gr., *ménaoued, minaoued* m. Gon., *mineaouéit* m., pl. *-édeu* l'A.; dim. *menaoüedic*, pl. *-doüigou; menaoüedér* alenier, faiseur d'alènes et d'aiguilles; *menaoüedi* percer à coups d'alène Gr.; voir *Urk. Spr.* 216.

Mendiant. Mediant Cms, Cb v. *clasquer*, cf. cornou. *maidiant*, pl. *meidiantet* homme inutile, fainéant et lâche Pel., voir *Rev. celt.* XVI, 188, 189; *mandiantet* mendiants D 112.

MENEC mémoire, souvenir, réminiscence, attention Pel., *menecq* nouvelle, en bas Léon, Gr., *menek* m. mention, note Gon., gall. *mynag* m. rapport, irl. *munigin* confiance, cf. moy. bret. *goanac*; même racine que μένος, *memini, moneo*, *Urk. Spr.* 209, 210, 282. Voir *mennat*.

Menez montagne, m. : *menez Falern, hac e cresq ennaff guin mat* « montagne de Falerne, où croît très bon vin » *Cb* v. *guin*. En van. moyen *manez* (mod. *mane*), voir *Chrest.* 220; « Notre-Dame-du-Mené » en 1556, *Inv. arch. Morb.* V, 325, pl. *menezyou* D 93, dim. *menezic* Nom. 231, « sieur de *Kermenezic* » en 1580, *Inv. arch.*

Morb. IV, 92; *menezyus*, menezyecq montagneux Gr., *ménésiek* Gon., *mannééc* l'A., gall. *mynyddog; menezad*, pl. *-zidy*, *-zis* montagnard Gr. Voir *Urk. Spr.* 210.

Mengleuz mine C, *mængleuz*, *meingleuz* pl. *you*, van. *menglé* pl. *menglèyëu* mine, *mængleuz*, *mæingleuz*, van. *meñgle* f. carrière de pierres Gr., *mâen-gleuz* carrière, pierrière Pel., *mein-glæ mantale*, et par aphérèse *glæ mantale* mine de métal l'A. (voir *hubot*), *meinglé* m. carrière l'A., pet. tréc. *mengle* f. mine, carrière; *mængleuzyèr* pl. *-erien*, *mængleuzèr* pl. *-zéryen*, *-zidy* carrier Gr., *mäengleuzer* Pel., *meinglaïour*, pl. *-ierion* l'A.; *mäengleuzi* tirer la pierre d'une carrière Pel. Il y a là deux mots distincts, qui répondent, l'un au gall. *mwynglawdd* mine, de *mwyn* métal, voir *Urk. Spr.* 205, l'autre au gall. *maenglawdd* carrière, de *maen* pierre. Voir *metall*.

Menn chevreau, fém. *mennes* Cb v. *yourch*; *menned* chevreaux, van. *menneu* Celt. Hex. I, 8, *meneu*, dim. *menigeu* L. el l. 130; *menned gaour* et *mennou-gaour* chevreaux; *mennad* moutonnage, t. de droit seigneurial Gr.; *ménnein* faire ses petits, parl. de la chèvre l'A. Voir *Idg. Forsch.* II, 369; *Urk. Spr.* 211.

Le *Dict. et colloque* de Quiquer, Morlaix, 1690, a, dans un « dialogve plaisant », p. 65, cette formulette rimée : *Caera mab jar scraperes, à vuoua é doüar carahes, so het gant ar Vannigueres en gouard an Euo* « le plus beau fils de poule grateresse, qui fut en la terre de Karhaix, est emporté par l'Ecoufle en la region des Cieux »; cf. *Rev. celt.* XVI, 175. *Mannigueres* « écoufle » doit signifier proprement « chasseuse de petits quadrupèdes » et dériver du dim. *mennik* : cf. lat. *aquila leporaria* (fr. sacre, bret. *giloüet*, *giroüet*), Nom. 37; br. *logodtaër* tiercelet Gr., fr. dialectal *ratié*, *xuriguer* hobereau, etc. Roll., *Faune* II, 29, 32, 53.

Mennat. Mennaff da lesell je veux laisser D 172; *euoé mennet, hac inspiret cré* il fut sollicité, poussé fortement (à faire) 188, *hac à voe mennet de anlevi* et on voulut l'enlever 195 ; *a vize bet menned da zonjal* (celui qui l'aurait vu) eût été porté à croire (que c'était un ange), *Bali* 164; *mennout a ra va bolontez vad mond diganeen* la patience est sur le point de m'échapper 152-153; *va c'halon a ven ranna* mon cœur va se briser *Avantur.* 33. Voir *monet*.

Je rapporterais à *mennat*, plutôt qu'à la racine celtique de *menec*, le bret. *menoz* pensée. Il est expliqué par **men-êd*, **menêios*, *Et. gram.* I, 64; mais son *z* était d'abord un *s*; Grég. écrit *menos* pensée, avis. La variante *meno*, que donne aussi Grég., ne vient pas phonétiquement de *menoz*, car elle appartient au même dialecte, malgré l'indication contraire de Trd. Pel. la cite comme usitée en Léon; et on lit, par exemple, *a ve savet hor meno outàn* (un subordonné) contre qui notre esprit est prévenu, *Intr.* 326; le *z* doux ne tombe pas dans la langue de cet ouvrage : cf. *nadoz-vor* boussole 402. *Menos* et *meno* sont dans le même rapport que *gortos* attendre et le van. *gorlo* attendre (gall. *gwartu*) : en bret. moy. (comme en cornique) *gortos* est l'infinitif et *gorto-* le radical verbal; voir *dirhaes, euz* 2.

Ment. *Mænt*, *mént* f. taille Gr., *ment*, *mend* f. Gon.; *meênntt* taille, *meentt* m., pl. *-ndeu* stature l'A.; *pe vou en é vent* quand il sera grand *Guerz. Guill.* 140, *èn ou men*, r. *en* (être) dans toute leur force, tout leur développement *L. el l.* 64; *er vèn* la taille *Voc.* 1863, p. 41, cf. *Celt. Hex.* VII, 7 (voir *Rev. celt.* XVI, 199); *ma daou vent a bilfen pa vean animet* quand je suis en fureur, je battrais un homme ayant le double de ma taille Jac. *ms* 25; pet. tréc. *ment* f. taille, *mente mad* (de *mentet*) qui a une bonne taille; *mentek* adj. et n. masc. qui est d'une grande taille Gon., adj. Trd; *Pont-ar-Mentec* n. d'une issue *Inv. arch. C.-d.-N.* série D, p. 154. Voir *Urk. Spr.* 219.

Mer diaoul unan du diable si une seule (est restée) B 468, ou plus exactement « au diable l'une qui est restée », comme on disait autrefois en français : « adonc tous perdirent leurs coingnées. Au diable l'un à qui demoura coingnée » Rabelais, *Pantagruel* l. IV, prologue; « au diable l'un qui a l'esprit de luy en conter », Tallemant des Réaux, 3ᵉ éd., 1856, V, 455; « au diable l'aveugle qu'on y a encore mené », IV, 358; « au diable les arrerages qu'on payoit » VI, 255; « mais au diable qui s'y résoud » Fougeret de Monbron, *La Henriade travestie*, 1745, chant II, etc[1].

J'ai comparé le tréc. *mer dëm dëu! mer dëm douë!* sorte de juron, cf. v. fr. *par la mère Dieu, par la merdé*. Mais il y a d'autres locu-

---

[1]. On employait de même « au diable si » :

    Plusieurs gens coururent après...
    Mais au diable s'ils l'atteignirent.
        Loret, *Muse historique*, 21 avril 1659.

tions modernes plus voisines de *mer diaoul* : *Mar ioul goennek eno assur nen deus chomet* il n'est point resté un sou Peng., I, 194; *ne voa maryol qi..... Qer fidel... evel ma oa* il n'y avait pas un chien aussi fidèle que lui *Chanson ar c'hi Moustach,* chez Ledan, p. 2; *ma ioulc'h bane a enet* (pour *nep?*) *bane... na evin me* je ne boirai pas une seule goutte Peng., II, 60.

Mar doit être le v. fr. *mar* dans « Et jura... Que mar en leiront nul Sarrasin retourner », God., v. *mar*, 1; de *mala hora*, Meyer, *Gram. des l. rom.*, I, 559. Ce mot est quelquefois supprimé : *ac en dioul biquen na retornet dar guer* (vous irez dans la rivière) et du diable si vous en sortirez jamais, Mo. ms 125; *dioul hinin vano* du diable s'il en reste un, 192; *dioul esquen a garquet quen à houdé craisdé* du diable si vous chargez un brin jusqu'après midi, 134; c'est la réponse d'un ouvrier à un autre qui vient de lui proposer d'échanger leurs tâches : *ret a vo dimp cargan bep eil cariguellat*, « il nous faudra à tour de rôle remplir et traîner la brouette ».

La syllabe *yol* paraît dans d'autres expressions : *Ne voient sur an tan yolvat Netra en tu-all na voye* ils ne savaient, sûrement, rien du tout de plus que lui, Ricou 107; *An den, oc'h ober eur min c'hoarz, A lavaras an tan yol farz* l'homme, avec un sourire, dit en plaisantant 73. Le mot *tan*, feu, est fréquent dans les jurons; cf. *nac ann tan difoueltr biken d'ar vro na deufomp ken!* « et, par le feu de la foudre! jamais au pays nous ne reviendrons » Son. Br. Iz. II, 156, 157; *tanfoueltr eur votès na welis* du diable si je retrouvai une seule chaussure 108 (*tan foëltr* foudre Gr.); pet. tréc. *eur voelt ini* (pas) un seul. Une prononciation différente se montre dans *tam diaoul hini deuz ma ligne Na'n eus bet* du diable si nul de ma race a eu (dix écus de rente) Son. Br. Iz. I, 183 (*tam* veut dire « morceau » et *diaoul* « diable »). *Ioul, yol* peut être le mot *eoull, ioul* volonté, auquel le voisinage de *mar* communique une force imprécative[1]. Cf. *mallig hini Ne deuyo*, pas une seule ne viendra, *Rimou ha goulennou*, chez Ledan, p. 18 (autre édit., 20), où *mallig* signifie proprement « maudit »; fr. pas un *malheureux* sou, un *traître* mot, etc. Mais dans ces sortes de mots la phonétique est assez relâchée

---

[1]. M. G. Milin m'a appris qu'en haut Léon *ioul* (2 syll.) se prend absolument, dans le sens de « colère concentrée, rancune profonde, jalousie » : *ioul am beus outañ* = « je lui en *veux* ».

pour qu'on puisse soupçonner *mar ioul*, *maryol* d'être une simple corruption de *mer diaoul*, et *tan yol*, *tam diaoul*, de *tan diaoul*, feu du diable.

Merc marque D 131, *mercq* 28, *merq en archant* la figure qui est aux deniers Cb v. *figur*, *mercq'* m. preuve Gr., *merc* m. Bali 178, *merk* m. Gon., *marc*, *merk*, pl. *marcou*, *mercou* Pel., *mercou* D 16, 35, *merçou* 33 ; *mercou* menstrues Maun., v. fr. *marquettes* Pel.; haut cornou. *merch* marque pl. *au*, van. *merch* pl. *ëu* Gr., m. L. el l. 50; *merchaff* marquer Cb, *merça* D 191, *mercqa*, *mercqi*, haut cornou. *mercho*, van. *mercheiñ* Gr., *mêrchatt* m., pl. *-adeu* dizaine de chapelet, *mêrchourr* marqueur, *mêrchereah*, *mær-* action de marquer l'A., *merchabl* insigne Chal. *ms*; haut breton *merche*, *merque* marque, Pel., cf. aussi fr. *marche* frontière. Voir *Mars*.

Mercer pl. *yen*, van. *yon*, *yan* mercier Gr., *mêrcérr* l'A.; *An Mercyer* en 1539 *Inv. arch. Fin.* série A, p. 7, cf. *Le Mercier* 10; dim. *merceriq* Gr., *mêrcéric* l'A.; *mercérez* pl. *ou*, *merçz* pl. *ou* mercerie Gr., *mêrcereah*, *mercery*, f., pl. *eu* l'A.

Merch. *Nep so merc'h ha map* hermaphrodite Gr. (on dit plutôt auj. *pot ha plac'h*); *merc'h nevez* nouvelle mariée Pel. (*ar plac'h névez* Gr.); *ur verh a gambr* « une fille de chambre » *Voc*. 1863, p. 52, on dit plus souvent *plac'h*, cf. G. B. I., II, 138; *er merhet nac er vugalé* (sans compter) les femmes et les enfants *Choæs* 168; *mearh* 1 syl. L. el l. 26; pl. *merc'hedou* Gr. v. *fillette;* MERC'HETA courir après les filles Pel., *-edta* Gr., *-etan* G. B. I., I, 342, 346, gall. *mercheta;* MERC'HETAËR pl. *-yen* galant Gr., *-ter* rufien Pel., pet. tréc. *-tèr*, gall. *merchetwr*; voir *mamm*, *merchodenn*, *Rev. celt*. XVI, 330, 326; *Urk. Spr.* 211.

Merchaucy écurie Nl 227, 236, *merchaussy* Nom. 132, 182, *merchauçcy* 321, *merchoçzy* Gr. v. *étroit*, *mechausi*, *Feiz ha Br.*, 19 avril 1884, p. 122, col. 1, cf. *Rev. celt*. XI, 358, du v. fr. *merchauciee*, id.; *mareschalet*, maréchaux-ferrants, D 112.

Merc'herves : *ur* — un mercredi D 72. Voir *meur*.

Merchodenn poupée C, dim. *merchodenic* Cb; *merc'hodenn* pl. *ou*, dim. *-ennicg* pl. *-ennouïgou* Gr., *merc'hoden* f. Gon., *merc'hodenn*, *merc'hodik* Trd; à Plounérin, etc., *merc'hoden;* *merc'hodenna* faire des poupées Gr., Gon., Trd; cf. gall. *merchgoden*. Accommodation au mot *merc'h* du fr. *Margot;* cf. *marotte?*

Merieuret « susuest », p. 2 d'un calendrier xylographique du xvie siècle appartenant à M. le duc d'Aumale; litt. « grand sud-est », de *meur*, grand (cf. *mervent*), et de *geuret* « suest », ibid. 1. Le son *g*, venant de *k*, s'est lui-même amolli en *y*, cf. tréc. *er yér* à la maison, de *gér* pour *kaer*; van. *a ier de ier*, littéralement, *a c'hir de c'hir, a c'hier de c'hier* mot à mot Chal. *ms; Ét. gram.* I, 24; voir *Rev. celt.* XII, 414.

Merit mérite D 22, *mirit* 22, *milid* Gr., pl. *meritou* D 17, 45, *meritoar* méritoire 63; *milidus, militus, militecq* méritant Gr. Le changement d'*r* en *l*, qui se trouve déjà en moyen bret. (*melit*), paraît dû principalement (voir *meuly*) au mot *melidur* mérite, grâce, J 128, qui reproduit le lat. *meritōrium*. La même dissimilation se montre dans le moy. br. *melezour, mezelour* miroir, *mellezour* Nom. 170, *mellezur* Bali 194, 233, *mizilour* G. B. I., II, 150 = *miradō-rium; mirouër* miroir Nom. 170, D 55, *miroer* Chal. *ms* est de même devenu *meillouer* Maun., *millouère* m. l'A., *meluer* 2 s. *L. el l.* 96. Cf. *renvel* de *re veur* etc., voir *meur, merzirinty, reter, alouret*.

Mernentic petite pestilence, **mernentus** « pestilencieux » C*b*, de *mernent* pestilence C, etc., cornique *mernans, marnans*, mort. L'influence de *marv*, mort, paraît avoir fait changer l'*n* en *v* dans les formes modernes : *meruent* mortalité Maun., *mervénty, mervént*, van. *merüent, melüent, merüenn* Gr., *mervent, mervenli* f. Gon., *méluent, méruenn* Chal., *mervent, Cat. imp.* 6, *Bali* 80, id.; cf. *méruenn-quic* m. « cangraine » l'A. Il faut sans doute diviser *mer-n-ent, mar-n-ans*, cf. μάρναμαι, μαραίνω, *Urk. Spr.* 211. *Mortinanz* mortalité Gr. a pris le suffixe de *pistinanz* = pestilence Gr. Voir *mouien*.

Mervent « suroest » calendrier du xvie s., 5; *méruent cornoff* « oest sur oest » 6; *mervent* « sur-oüest » Gr., *mervent*, m. Gon., *merwent* vent du sud-ouest Pel.; *mervent cornauc* « oüest-suroüest » Gr., cf. *cornovec* « oest », calendrier du xvie s., 7; *goallarn gornaouec* « oest norest » 8. Le mot *mervent* se trouve encore dans *en : tresubamer tent* « su caroest » 4, lisez *entre su ha meruent* entre sud et sud-ouest, cf. *su* « su » 3, et *su-mervent* « su-suroüest » Gr. *Mer-*

vent = grand vent, d'Arbois de Jubainville, *Ét. gram.*, I, 3. Voir *Rev. celt.* XII, 413.

Merzirinty le martyre, Cathell 20, *merzirienty* 17, *merzerinthy* D 101; *merser* (le damné est) tourmenté 162; voir *Dict. étym.*, v. *martyr*. *Les-merzer*, *Lismerzel*, XVe s., *Chrest.* 220; voir *rigueur*.

MERZOUT apercevoir, s'apercevoir, part. *merzet*, Gr., Gon., *merzas* il remarqua D 187, cf. *diverz* imperceptible Gr., van. *armerhein*, *amerhein*, *amerrein* ménager, gall. *armerthu*, *darmerthu* pourvoir, *dadmerth* recevoir; *Rev. celt.* IX, 375, XI, 360, 461; de *merc-t-saisir, cf. μάρπτω? Il vaut peut-être mieux partir de **smer-t-*, se souvenir; cf. μέριμνα, μάρτυς, et pour la dérivation le bret. *ner-z* force, gall. *ner-thu* renforcer.

On dit en pet. tréc. *gwelet an albers* (ou *an distrap*) *eus eun dra*, etc., apercevoir quelque chose ou quelqu'un; à St-Clet *klevet un albers dious* entendre parler de, avoir des nouvelles de (qqn); cf. *cheteu hep quen albers quement ameus guellet* Jac. ms 12, = prob. « voilà, sans plus, le récit de tout ce que j'ai vu » (c'est Joseph qui vient de raconter le songe des gerbes). Peut-être *albers* vient-il de *armerz = van. *armerh*. Pour l'*l*, cf. van. *arhuêrhein*, *alhuêrhein* (voir *har*) = gall. *arwerthu*, vendre à l'encan; pour le *b*, voir *libonicq*. Mais *albers* peut aussi venir de *abers, *aperç = fr. *apercevoir*, *aperçu*; voir *ehuedez*.

MESCA, *meski* mêler, brouiller Pel., *mesqa* Gr., *méssquein* l'A., en pet. tréc. *méskañ* mêler; s'agiter, gigoter; *mescaden* f. mêlée; quantité de beurre qui se fait en une fois Pel., MÉSSQUADURR mélange l'A.; pet. tréc. *mésker* celui qui s'agite, remuant; cf. br. moy. *quemesq* mêler, *quemesquadur* union; gall. *mysgu* mêler, irl. *mescaim*, lat. *misceo*, *Urk. Spr.* 216, 87. Je ne crois pas qu'il y ait à séparer le bret. moy. *e mesq* au milieu, van. *é mèsq Celt. Hex.* II, 3, *é mesq* IV, 5, *é misq Guerz. Guill.* 56, *émissque* parmi l'A., cornique *yn mêsk*, *yn mŷsk*, gall. *ym mysg*, v. irl. *immesc*, mod. *a measg*, gaél. *am measg*, mannois *mastey*, expliqués par **en med-skô Urk. Spr.* 207; ils expriment plutôt l'idée de « foule, confusion », que celle de « centre », et répondent mieux en angl. à *among* qu'à *amidst*. Cf. *dré vesk er boble* (ils vont) à travers la foule L. el l. 204; *mesqu' é mesqu'* pêle-mêle Chal. ms (mal écrit *mesq-qemesq*, hors de Vannes Gr.), pet. tréc. *mésk-ha-mésk*, *mesk-malh*.

Mesclenn une moule C, *mesqlen*, pl. *mesqled*, *mesql* Gr., *meisscle* l'A.; dim. *mesqlennicq*, pl. *mesqledigou* Gr.; *meiscla* pêcher des moules *Voc.* 1856, p. 27; *meissclaouréss* f. « cane mouclière » l'A.; cornique *mesclen* moule, gall. *mesglyn* coquille.

Mesennou glandes (au bout de la langue) Nom. 20; amygdales Pel.; MESSA glaner, cueillir du gland Pel., gall. *mesa*; *mésa ar-moc'h* donner du gland au cochon Pel.; *mesecg* f., pl. *-egou* pépinière ou semis de glands Gr.; *miz* glands L. el l. 12, *mis* 158; voir *Urk. Spr.* 215.

Messageraff l. l'ego, as *Cb* v. *laes*; van. *mesajour*, *mechajour* messager Gr., *massajour* l'A.; *massage* message l'A., *-ag'* Chal. ms, *mezagérez*, *-giry* messagerie Gr., *massagereah* l'A.

Metaër (*Le*), XVIᵉ s. *Inv. arch.* C.-d.-N. série D, p. 18, *Le Métaer* XVᵉ ou XVIᵉ s. 36, *Le Métaier* 43, *Le Métaër* en 1517, série E, p. 16; = van. *meteour*, *meinteour* fermier; *meiteour*, *meitour* métayer Chal. ms, *meintyour* Gr., *meitour* L. el l. 46, *Voc.* 1863, p. 14; *meintyoures* pl. *ed* métayère, *meintyoury* pl. *ëu* métairie Gr., *meiteri* f. *Voc.* 1863, p. 14, *meitri* f. 2 s., L. el l. 164; du fr.

Metall métal Cc v. *pez*; *metal* pl. *ou*, van. *ëu* Gr., *mantale* m. l'A., *-al* m. *Voc.* 1863, p. 23; gall. *metel* id., cornique *metol* acier. *Dour metal*, *dour meal*, *melar* eau minérale Gr., *deure diar gléyeu* (ou *meingléyeu*) *mantale* l'A., cf. lat. *metallicæ aquæ*; à Trévérec *û meutal* œuf sans coque, à Pontrieux *û melar*. *Meal* rappelle le v. fr. *méaille*; pour l'*l*, cf. *medalennou* médailles D 16, 76, sing. *medalenn*, *metalenn* Gr., *mandale* m., pl. *-leu* l'A. Trd regarde *melar* comme un adj. signifiant ferrugineux. Le gall. *wy meddal*, *meddalwy* de *meddal* mou, tendre, cornique *medhal*, doit être différent. Voir *mezel*.

Metou. *Em metou* en moi, dans mon cœur D 126; *à nep mettou* par aucun moyen 162. Voir *Rev. celt.* XVI, 189; *Urk. Spr.* 207.

Meuly (parole de) louange *Cb* v. *quimyngadez*; *un dra meulabl* une chose flatteuse, compliment, louange D 25, *meulabl* louable *Intr.* 157, Jac. 17, *mëlabl Voy.* 113; *meledi* applaudissement Chal. ms, *mélodi* m. louange l'A., *Choæs* 151, pl. *meuleudiou* D 191, dim. pl. *meuleudiouigou*, *Intr.* 256; *er melodiage* la flatterie *Voy.* 6, *un troh melodiage* beaucoup de flatterie 44; *meledius*, *melodius* louable Chal.

ms. Il y a eu dans ces mots influence du fr. *mélodie* ; cf. *mélodi* m. *mélodie* Choæs 164, 207, *mélodi Guerz.* Guill. 68, *melodius* mélodieux Nom. 213, etc. ; inversement, *meuleudy* mélodie ibid., doit sa forme à *meuly*. Le mot *meulit* louange J 46 b, semble de même un compromis entre *meuly* louer, et *merit* mérite. *Meuleudiguez* louange Gr., *meslédiguiah* l'A. Van. *ur* MOLIAH, pl. *eu*, prodige, conte, merveille l'A., cf. v. croire, *moliahuss* merveilleux, *conzeu moliahuss* grimoire (*Suppl.*), *moliahuzematt* merveilleusement, dans *terlatein moliahuzematt* enthousiasmer, Sup.; *ur molieh caer* un beau venez-y-voir Chal. *ms*, v. voir, *un deen moliehus* un homme qui se vante de plus qu'il ne peut faire ; causeur ; *un déen moliehus*, « grand casseur de raquettes » ; *moriah* vanterie, *moriahour, moliehour* vanteur Chal. *ms* ; de *meuliaez, cf. gall. (*can-*)*moliaeth* ; voir *lech*. Van. *mellach* louange Gr., *mélation* 4 s. Choæs 101, *meslation* m. l'A. Comparé à μάλα, etc., *Urk. Spr.* 218.

Meur anqueniaou de grandes douleurs Nl 531 ; *deimercher an meur* le jour des cendres Nom. 226, trec. *ar merc'her meur* (le grand mercredi) ; *dourmeur* eau bénite D 88, *dour meur, dour benniguet meur* « eau bénie le samedi de Pâques, ou de la Pentecôte » Gr., *an Turk-meur*, le grand Turc, Disput... *Jakez*, 27 ; *hend meur* grand chemin, *an Ilis veur* la cathédrale, *ty meur* maison principale d'une paroisse, d'un canton, *Breiz-veur* « la Grand'Bretagne » Gr. ; *he zervez meur* son grand jour, de Dieu Trub. 265, *pec'hed meúr* péché capital, pl. *ar pec'hejou meûr* 275. Gr. donne à ce mot un compar. en *oc'h* et un superl. en *â*, *añ* mais je doute qu'ils aient jamais été usités (ils manquent aussi en gall. et en cornique).

Adv., grandement : *meur claf* très malade J 203 b ; avec négation *na ve quet yach meur* (corps) mal sain (litt. qui n'est pas bien sain) Nom. 13, *ne oûn mat meur* je ne sais guère bien Maun., *n' 'm euz ket pell-meur da vewa* je n'ai pas bien longtemps à vivre, *n' vo ket pell-meur* avant qu'il soit bien longtemps G. B. I., I, 396 (voir plus bas *nemeur*) ; cf. cornique *syngys mâr* très obligé ; irl. *arddmár* très haut, *mórailliu* « la plus grandement belle ».

Plusieurs, plus d'un, avec un régime au sing. : *a meur a sillabenn* Cb, *a meur sillabenn* Cc, polysyllabe, cf. cornique *guel a veur a pow* la vue de plusieurs pays ; qqf. au plur. : *meur a indulgançou*, B. ar *sænt*, 1841, p. VII, cf. corniq. *mûr a scorennow* beaucoup de branches; voir *Rev. celt.* XI, 361.

Avec un verbe : *mar meur hon caras* tant il nous aima J 4, cornique *mar veur*, *mar vûr* ; litt. si grandement, angl. *so much* ; *mar* est ici un doublet de *meur*, non accentué (voir *mar 2*).

Cet adv. se trouve aussi dans les composés suivants :

V. bret. *inmor* gl. multo, cf. irl. *inmar* gl. magnopere (Stokes); Bret. moy. et mod. *nemeur* pas beaucoup, gall. *nemawr*, irl. *nammár*;

Dialecte de Batz *rever* trop : *rever a souben* trop de soupe; *reñuer*, Maun., *reñver*, Gr., *renvel*, Pel., trop (voir *reter*) = v. irl. *ro mór* très grand. Ce mot *renver* est expliqué, comme peu connu, par l'abbé Henry, *Kanaouennou santel... evit eskopti Kemper*, Saint-Brieuc, 1842, p. VI, et employé ibid., p. 99 (*renver am euz...sentet* j'ai trop obéi), et 181 (*renver a garanté* trop d'amour) = p. 269 et 202 de l'édition de Quimperlé, 1865, intitulée *Kantikou eskopti Kemper ha Leon*. Gon. et Trd ne connaissaient pas ce mot dans l'usage. Cf. cornique *pûr vêr* litt. « très beaucoup », angl. *very much*, comme *rever* = *too much*;

Moy. br. *meurbet* beaucoup, très C, *merbet* Nom. 32; *lienen moan bras meurbet* linge fort délicat (litt. « linge très grandement fin ») Nom. 120; *meurbet oa guisquet simpl* il était vêtu très simplement D 189; *meurbet à garuu eo guelé hon Salver* le lit de notre Sauveur est bien dur 152 (voir *mar 3*). *Meurbet* est expliqué par « magnam rem », Z² 618; mais en ce cas on attendrait **meurbez*, de *pez* pièce, chose. Peut-être *meurbet* vient-il de **meur pet*, litt. « immaniter quantum », ou « immaniter quantus », cf. *ne gous pet* on ne sait combien N 779, auj. *naousped*. La mutation du *p* de *pet* en *b* dans *meurbet* serait analogue à celles du gall. *mawrdeg* magnifique (de *teg* beau), *mor falch* si fier (de *balch*), cornique *mar veur*, si grandement (de *meur*).

Dérivés : dim. MEURIC n. d'ho. *Inv. arch. C.-d.-N.*, série D, p. 154; convenant, E, 67; *An-Meuric*, conv. 68; *meurded* grandeur Gr. Le v. bret. *amor* gl. fastu superbiæ doit contenir la prép. *a*, avec la première syll. d'un dérivé (peut-être **mored*) analogue au gall. *mawredd* majesté; cf. moy. br. *brasony* orgueil = *brassonni* grandesse l'A., *brazounyez* id. Gr., et le composé cornique *moureriac* qui dit de grands mots, vantard. Gon. donne *meurdez* f. majesté, qui paraît être une combinaison de *meurez = gall. *mawredd* et de *meurded*, comme *yaouanctis* jeunesse provient de *iouankis* et de *yaouanctet*, voir *youanc*; on peut ajouter *hudurnaig* Nom. 262, *hudurnyaich* malpropreté Gr., de *huduraich (cf. *hudurez*, et *loudouraich* id. Gr.) et de *hudurnez (cf. *lousnez* id. Gr.), etc., voir *mat*. Le suff. *-dez* reparaît encore dans *gouazrudes* Nom. 262, *ar goazrudez* Gr., *gwâz-rudez* f. Gon. hémorroïdes, cf. bret. moy. et mod. *goezreu* catarrhe, fluxion sur les yeux; voir *rudher*. Sur l'étym. de *meur*, voir *Urk. Spr.* 201, 202.

Meür (âge) mûr *Trub.* 198; *meur* mûr Chal. *ms*; *ez meur* mûrement *Cb*; *hastif-meür* (fruits) mûrs avant la saison, (arbre) précoce; *meüra* mûrir, part. *et*; *e veüra* il mûrit Gr.; voir *mur* 2.

L'édition du Catholicon par Le Men donne *meurdit* maturité; mais cette forme, reproduite dans la *Grammatica celtica*, 2ᵉ éd. 844, et même *Urk. Spr.* 135, est une erreur (rectifiée au *Dict. étym.*): le *Ca* porte *meurdet*; *Cb* id., *meürded* Gr.

Meurzlargiez mardi gras C; van. moy. *Merlardez* sous-curé de la paroisse de Melrand en 1592, *Inv. arch. Morb.* V, 7; tréc. moy. *Marlargez* reg. Péd. 2, 16 b, 86 b, 213 b, II, 2ᵃ b (1565, 1568, 1581, 1607, 1587), *Marlargiez* I, 91, *Marlarge* 137, 214 b, II, 12 (1582, 1592, 1608, 1607), *Marlaryge* 11 b, *Malargez* 19ᵃ b, 20ᵃ, 25 b, 34 (1607, 1630, 1631, 1640); *dez morlargez* Nom. 226, *meurlargez*, *morlargez*, van. *malarde* Gr., pet. Trég. *malarje*. Voir *lard*.

Meut pouce Pel., *meud*, *bis meud* (gall. *bawdfys*), pl. *meudou*, van. *medt* pl. *ëu* Gr., *mætt* m., pl. *mædeu* l'A.; pet. tréc. *meut* m., pl. *meudo*; *Le* **Meudec** n. d'ho. XVᵉ, XVIᵉ s., Nobil. = « qui a de gros pouces », ce mot se trouve comme adjectif dans *manegou meudecq* mitaines Gr., cf. *diveudecq*, *diveud* qui est né sans pouces, *diveudet* qui a perdu le, ou les pouces Gr.; *Luors*-**Meudic** pièce de terre *Inv. arch. C.-d.-N.*, série E, p. 38; *dom Jean-Meudic*, convenant 67 (nom singulièrement latinisé en *Jean Modicum* et en *Modicum* ibid.) litt. « petit pouce »; selon Gr., *meudicq* pl. *-igued*, veut dire « un homme qui a de petites jambes », comme *meudad garr* (litt. jambe de la longueur d'un pouce); *meüdik* m. la poussette Gon.; *meudiga*, *mediga* jouer à certains jeux d'enfants, en poussant avec le pouce de petites monnaies, de petites pierres, des épingles, etc. Pel.; MEUDAT pouce, mesure de longueur m. : *peuar* Nom. 210, -*ad* pl. *ou*, van. *medtad* pl. *ëu* Gr., *medad L. el l.* 156; pet. tréc. *meudad* m. pincée, prise (de tabac); *meudat*, sing. *meudaden*, dim. *meudadic* Pel., *meutadik* petite pincée (de sel) Nikol. 208; pet. tréc. *meudad* mal au pouce. V. gall. *maut*, auj. *bawd* f. Voir *Urk. Spr.* 206.

Meuellou serviteurs, domestiques Nom. 130, *mevellou*, *mevellyen*, tréc. *meoüelo* Gr.; *méhuélion* l'A.; *mewelien* G. B. I., II, 142, *mevellet Bali* 273; collectif *ol er meüelag'* tous les domestiques Chal. *ms* v. *maison*. Voir *Urk. Spr.* 197, 198.

Mezaff *toas* pétrir pâte C*b*, *méza*, van. *méeiñ*, *meyeiñ*, *méat*, *méyat* Gr., pet. Trég. *méat*; van. *me*, pl. *méyeü* pétrin, Gr., m. Gon., cf. v. fr. *mai*, *maist*, *maict*, *maye*. Voir *maer*.

Mezec (*Le*), en 1587, *Inv. arch. Morb.* V, 574, voir *lousouenn*; **mezegniez**, *medecniez* médecine C*b*, C*c*, *mezecniez* breuvage de médecine, l. *potio* C*b* v. *euerez*, gall. *meddyginiaeth*, cornique *medhecnaid*, voir *iüin*; mot différent de *mezeguiez* médecine C, Gr., gall. *meddygiaeth*; cornique *mydhygyeth* remède. *Mezega*, *mezeya* exercer la médecine Gr., gall. *meddygu*. Voir *megium*.

Mezel. Paeaff bette vn mezel payer jusqu'à une maille Nom. 208; *mezell*, *mell* m., pl. *ou* Gr., *mezell*, *méell* Pel. Voir *metall*.

MEZELLEC dans *Liors-Mezellec* pièce de terre, *Inv. arch. C.-d.-N.*, série E, p. 63, paraît se rattacher à *mezell* lépreux, ladre Pel., v. fr. *mesel*, b. lat. *misellus*.

Mezelour, *melezour* miroir, voir *merit*, *paluhat*. Mot m., pl. *mellezourou*; dim. *mellezouricq* pl. -*rouïgou*; *mellezourer* miroitier Gr. (*millouéraour*, pl. -*arion* l'A.).

Mezer drap C, *mazer* D 105, pet. tréc. *mézel* m.; *mezer* pl. *ou*, *éyer* Gr.; *mihiérr* m., pl. *ieu* l'A., *méher L. el l.* 96, *miher* 194; *mezerenn* drapeau, lange d'enfant Gr., pl. *ou* Nom. 116, 118, Gr., Maun., *meherenneu* Chal. *ms*, dim. *mezerennicq* pl. -*nuigou*, van. *miherennicq* pl. *ëu*; *mezerer*, *mezerour* drapier, f. *mezereres*; *mezererez* pl. -*erezou*, *mezerery* pl. *ou* draperie Gr., *mihiérereah* m., pl. *eu* l'A.; *mezerya* draper, faire du drap Gr. Voir *gouzavi*.

Mezeven (*mis* —) juin, *mis even* dans « le nouv. Diction. » Pel., *méhuein Voc.* 1863, p. 36, *meeuen* juin, *meeuenic* juillet Chal. *ms* v. *mois*; d'un v. bret. *med-hamin, gaul. *medio-saminos, qui est au milieu de l'été; voir *Rev. celt.* XVI, 188-191.

Mézyer ivrogne Nom. 325, *mezier* plein de vin, *mezieres* (femme ivre) *Cb* v. *guin*; *mézvyerés*, *mézyerés*, van. *méüeres*, *meaüeres* Gr. Il y a en petit Tréguier un verbe féminin *mevezein* rendre soûle, enivrer (une femme), de *meves*, fém. de *mev*, ivre (*mézvés*, *mévés* Gr.; pour les hommes « enivrer » se dit *mevein*); cf. *brazezein* engrosser, de *brazes* « grosse ». *Mézvénty*, *mézvinty*, tréc. *méoüinty* ivrognerie Gr.; *méventez Alman.*, cf. gall. *meddwaint*; *mézvydiguez*, *mézvérez*, *mézvadur* ivresse Gr., van. *meaouereah*, pl. *eu* l'A.; *méuereh*, *méaoüereh* enivrement Gr.; *mezvuz* enivrant Trd. Voir *Urk. Spr.* 207, 208.

Mezz. MEZEC honteux D 187, *-eg* Ricou 38, *-ecq*, van. *mehecq* Gr.; *mezecqaat* confondre, rendre confus Gr. Pet. Trég. *méz 'm eus deus an dé*, le jour m'éblouit; MEZEVELLI éblouir, étourdir, Gr., être étourdi, avoir le vertige *Intr.* 256, *mezevenni* éblouir, Gr., pet. Trég. *mezevenein*; *mezevénnidiguez*, *mezevellidiguez*, *mezevellamand*, pl. *-nchou* éblouissement Gr.; pet. tréc. *kazek-vezeven* manège, chevaux de bois qui tournent. Cf. gall. *methu* manquer, faillir, irl. *meath*; cornique *mothow*; grec μάταιος, etc., voir *Urk. Spr.* 206.

MYAOÜAL, *myaouï*, van. *myañneiñ* miauler Gr., *miannale*, *miannein* (*e vianna* il miaule) l'A., *vianual* Chal. *ms*, *miaoual*, *miaoua*, *miniaoual*, *-oua* Trd, pet. tréc. *mignawal*; *myaouër*, van. *myañnour* (chat) miaulant; (enfant malade) qui se plaint doucement, Gr., *miaouër*, *miannour* l'A.; *myaouërez*, van. *myañnereah* miaulement (d'un chat); cri (d'un petit enfant malade) Gr.; *miniaouadenn* Trd. Gall. *mewial*, onomatopée, cf. irl. *miambal*, gaél. *miagail*. *Miaulale* l'A. v. *chat* est un gallicisme.

Michæl Michel D 137, *Micqeal*, *-qæl*, van. *Michel*, dim. *Micqælicq*, fém. *Michela*, van. *Michelin* Gr.; *Miquel* Michel *Choæs* 47, *-él* 148, *Voc.* 1863, p. 37, *Mikel* L. el l. 18.

Mydiff (moissonner) *Cb* v. *treuat*; MEDELLERIEN *a medellerezet*, moissonneurs et moissonneuses Peng., VII, 263, cf. cornique *midil* gl. messor, gall. *medelwr*; irl. *methel* « a party of reapers » *Cal. of Oengus*; *medourig* mauvais moissonneur L. el l. 44; *médereah* f. moisson l'A.

Mignon ami, f. *-ell*, pl. *-ellésétt* l'A.; *mignonnein* caresser l'A., Chal. *ms*, *-onein* Voy. 46, *mignonnour* caressant, celui qui caresse l'A., *mignonage* m. caresse l'A., amitié *Voy.* 46, *mignonaich* Cat. imp. 115; *mignouny, mignounaich*, van. *mignonnyach, -onnach* caresse; *mignounyaich* pl. *ou* caresses amoureuses, amitié suspecte, *mignounaich* amitié Gr.; *mignonereah* mignardise; *mignonétte* f. « mollette de camisolle, que le peuple nomme gilet » l'A.; *mignouneta* dorloter Trd; pet. tréc. *mignoniq* petit ami.

MIGOURN cartilage Nom. 14, pl. *ou* Gr.; *migourn, migorn* Pel.; m. Gon.; *migorn* le dernier *os* de l'extrémité des doigts des mains et des pieds; *migournus* cartilagineux Gr.; gall. *migwrn* m. cartilage, la cheville, irl. *mudharn* f., *muthairne* la cheville O' Reilly, *mugdorn* O' Donovan. Un emprunt au lat. *mucro*, cf. ital. esp. *mucronata*, (cartilage) xiphoïde, paraît moins probable qu'une composition ou dérivation celtique de **mū-* muscle : cf. gall. *llost, llosgwrn*, queue. Voir *Urk. Spr.* 219.

1. *Mil* m. bête *Intr.* 115. Dans *Terra an milbeu*, Cart. de Quimper, XIVe s., que M. Loth compare au gall. *milfew* petite chélidoine *Chrest.* 221, je verrais plutôt le n. d'ho. *Milbéau* XVIIe s., Nobil., Le M. XVIIIe s. *Inv. arch. Fin.*, série B, p. 181; *Milbeo* Pel., Gon. = *mil-bew* animal vivant, Pel., *mil-beo* animal *Intr.* 222, Trub. 158. Voir *Urk. Spr.* 213, 214.

Y a-t-il eu un autre *mil* mulet, venant du lat. *mūlus*? Voici deux textes qui permettent de le supposer. « *Myll* est dans la Destruct. de Jérus. ...; mais ce *Myll* étant dans l'énumération des animaux dont Herodes fait présent à Tite, il y a lieu de douter si ce n'est pas pour *Mull* mulet » Pel. v. *mīl*. « A Sarzeau pour une monture on dit *milon* quoique *milon* signifie proprement un mulet » Chal. *ms* v. *bestail*. Ce *milon* est sans doute un composé de *mil* et de *lon* bête; cf. pet. tréc. *eul loein-kézek* une bête chevaline, un cheval ou une jument.

2. *Mil* mille, avec un plur. : moy. br. *mil ioaou, mil chancou*; mod. *mil graçou* mille grâces, Jac. 89, 110. Adoucit l'initiale suivante : *mil ha mil dentationou* B. ar s., 1841, p. 624 (*mil tantation* Choæs 38); *mil vlai* mille ans *Buhe er s.*, 1839, p. 312, *mil vlæ*, Voy. 27 (*mil bloaz* Gr., pet. Trég. *mil bla*); *er vagadur a bemp mil*

zeen le rassasiement de cinq mille personnes Chal. *ms*; *mil goms lous* mille paroles sales Mo. 294; *mil galon* mille cœurs, *Bali* 209; *mil bec'het* mille péchés, *Æl mad* 236, *mil bes* 101, *mil dam* 96, mille morceaux; *mil dra* mille choses *Sin ar groaz* 125; *cant mil vallos* cent mille malédictions Gr. v. *maudire*; *Iann mil-vicher* = « Jean mille-métiers », Trd (*Milmicher* convenant *Inv. arch. C.-d.-N.*, série E, p. 59; cf. *mil-fæçzoun* celui qui minaude Gr., litt. « mille façons »); pet. Trég. *mil dra, mil micher; mil boan* mille peines (cf. *mil vad* mille biens *Barz. Br.* 516). Semble aspirer dans *mil-zoull* f. mille-pertuis, plante Gr., *mil-zoul* Pel., de *toull* (*an mil toull* Nom. 86); *mil zaol* mille coups *Intr.* 360.

Composés : pet. Trég. *miloreur 'm eus na goeche* j'ai grand'peur qu'il ne tombe, du fr. *mille, horreur*; cf. *mill aoun* id. G. B. I, I, 388, *mil aon Rimou* 35; vau. *mjlearh* m. grésil, petite grêle très fine l'A., *mile-ærh a-ra* il grésille *Sup.*, de *erh* neige; le Chal. *ms*, confondant *grêle*, subst., et *grêle*, adj., traduit « une voix gresle » par *ur uoüeh milherh, crazerch* [i. e. *casarc'h*, l. grando], qu'il donne pour synonymes de *ur uoüeh moenn'*; il a aussi *millerh* « petite neige menue et gelée », et *milleh* « gresle, délié ».

Dérivés : *milvet* m. le millième, la millième partie *Bali* 74, *mil-ved* m. *Voc.* 1863, p. 30; *milveder* millénaire, nombre de mille Gr.; *milher* m. millier Gr., *milér* m. millier, mesure *Voc.* 1863, p. 27. Voir *Urk. Spr.* 213.

Milguin manche C; *miguin* Cc v, *houarnn*; voir *huguen*.

Milhezr maladie des pieds, l. porrum C, n'a rien à faire avec le fr. *mules*, br. *mul* Nom. 265, Chal. *ms* : c'est le correspondant du gall. *maleithr, malerth* tumeur, mules. De *mál* tendre, cf. μῶλυς, et *eihr* en outre, v. irl. (*imm-*)*echtar* extrémité, cf. lat. *extra?* Voir *melhuedenn* et *Rev. celt.* XI, 355, 356. On pourrait penser aussi au lat. *malandria*, d'où le bas-lat. *maladrinus, maledrini*.

Milliguaff maudire Cb v. *drouc*; *milligaden* malédiction Maun.; voir *mer diaoul*.

1. *Min* museau (de cheval) Nom. 181; *min* face, visage, mine (de l'homme); museau, nez, devant de la tête (des bêtes); bec des oiseaux, pointe en général, pl. *minou* Pel.; van. *ur min hoarh* un sourire *Burhud.* 8, cf. *ur min douce* un air agréable 12; *minnét mat*

de bonne mine *Voy.* 28, *goal viniet* qui a mauvaise mine Chal. *ms*, *goal miniet* v. *maison. An Mingam* n. d'h. en 1477 *Inv. arch. Fin.*, série A, p. 13, *mingam* bouche torte Pel., *min-gamm, min-dreuz* Trd, gall. *mingam*; cf. *Le Beccam, Inv. arch. Fin.*, série B, p. 151; *Le Mindu* convenant *Inv. arch. C.-d.-N.*, série E, p. 65, de *du* noir; *minvoasq* morailles Gr., *minwask* m. Gon., voir *garr*; *minvrout* pointe de fer qu'on attache au museau d'un veau pour le sevrer Pel., *minvroud* m. Gon.; *minvrouda* mettre cette pointe Gon. Pel. donne *minwal, minwalen* anneau qu'on met au museau d'un cochon pour l'empêcher de fouir la terre, *minwala* mettre cet anneau; la ressemblance avec *gwalen* pourrait bien être trompeuse, car Gr. a les formes *minoüer* pl. *ou*, cornou. *minell* pl. *ou*, van. *mynell* pl. *eü*, tréc. *minoc'hell* pl. *o*, « boucle de pourceau, languette de cuivre qu'on lui met au groüin pour l'empêcher de tourner la terre »; et *minoüera, minella, minoc'hellañ*, van. *mynelleiñ* boucler (les pourceaux). Pel. connaît un autre sens pour *minell* pl. *ou*; c'est, dit-il, « un fer dont les paysans ferrent les talons de leurs souliers et sabots, lequel est presque de la même forme que ceux des chevaux »; van. *mineell* f., pl. *eu* fer en forme de croissant, que quelques-uns mettent sous leurs souliers l'A.; *minella* mettre des fers aux sabots, aux souliers Trd.

De là le n. d'ho. **Minec** XIIIᵉ s., *Inv. arch. Loire-Inférieure*, t. V, série E, p. 349; *Le M.* XVᵉ, XVIᵉ s., Nobil., *Le Mineuc Arch. de Bret.* VII, 227, *Minec* bapt. Guing. en 1611, cf. gall. *miniog* pointu; *minoc'h* charançon, cosson, en Trég., selon Gr., cf. v. *engeance*; id., et espèce de souris qui a le museau plus pointu que les autres, en cornou., Pel.; *minoc'h, minouc'h* m. musaraigne, et en Trég. cosson, Gon. Voir *carrec*; *Rev. celt.* XIV, 315; *Bezz. Beitr.* XIX, 96; *Urk. Spr.* 197.

Mĩngl tiède, van. Gr., *mingle* l'A., *mil, migl'* Chal. *ms*; mĩnglein attiédir l'A., *miglein*, à Sarzeau *milein*, Chal. *ms*; *deur milet* eau tiède, *migladur* attiédissement Chal. *ms*; *mingladurr* tiédeur l'A.; au fig. *mingl* tiède, sans zèle, *Boquet lis* 16. Gall. *mwygl*, tiède, *mwyglo* tiédir, cornique *mygilder* l. tepor Lhuyd. Le rapprochement de *miñgl* et *mwygl* (*Rev. celt.* VIII, 527, 528) paraît très douteux à M. Loth (éd. du dict. bret.-fr. de Chal.), à cause de la différence des voyelles. Mais ne retrouve-t-on pas cette même alternance dans le gall. *hi-r* long, superl. *hwy-af*, dans le v. bret. *ri*, moy. bret. *roe* roi, dans le v. irl. *sid* paix, bret. moy. *e-hoaz-yet* (voir ce mot)? Le breton présente, hors de Vannes, *bling* (nourriture) faible, mot que m'a appris M. Milin, et qui peut se rattacher à *miñgl* (cf. *milz-in* et *bliz-ik* délicat, voir *blisic*?). En gall. *mwygl* est peut-être parent de *mwyll* doux, *mwll* chaud, étouffant.

Mynhuiguenn mie de pain C, *minuiguen* Nom. 58. Maun. traduit en français *minhuiquen* par *minhuie*, ce qui est un bretonisme; dans son *Dict. fr.-br.* il rend « mie » par *minuic*. *Mirüic bara, bara mirüiquet* mie de pain Chal. *ms*; à Pontrieux *mirvigen, milviq.* Voir *Urk. Spr.* 205.

Minister le ministère (du prêtre) H 7; *ministret* ministres C*b*, *mistret* Cathell 27.

Mɪɴᴏᴄʜ m. « le droit de... l'Evêque de Leon sur les pochées de blé qui viennent au marché à Saint Paul, qui est une poignée de chacune » Gr., cf. en fr. « droit de *minage* », en bret. *minot* mine, mesure C (*minod* un quart *Voc.* 1863, p. 28, etc.), et le rapport de *rioig* à *riot*?

Minor, van. *minour*, pl. *ed* mineur, qui est en tutelle, f. *minorès*, van. *minoures; minoraich*, van. *minourach* minorité; *minoraich* les quatre ordres mineurs Gr., *minourage* m. minorité l'A. M. de la Villemarqué indique, dans le dict. de Gon., que *minor, minour* signifie en Trég. et en Cornou. « orphelin de père ou de mère ». M. Guennou, *Levr al labourer* 77, 78, dit que c'est plus spécialement « orphelin de père », et en certains cantons de Vannes « fermier, métayer ». *Minour*, traduit « mineur » L. *el l.* 28, 106, paraît avoir en effet ce sens, avec une idée accessoire de jeunesse et d'inexpérience (fém. *minourez* 30, dim. *minourig* 108); on lit en français *mineur, orfelin* (traduit *ineuat, orfelin*); Chal. *ms.* Mon ami, M. Ferdinand Le Borgne, m'a appris qu'à Vannes *minores* désigne « la fille unique dans un ménage de fermiers ou de métayers ». Dans les chansons trécoroises, *minor* veut dire « mineur », et aussi « orphelin »; voir par exemple, G. B. I., I, 106, où *minorez*, dim. *minorezik*, désigne une orpheline de père et de mère. Voir *Rev. celt.* II, 272; VI, 388.

Mynter (*Le*), Ann. de Trég. 14, *Le Mintier* en 1579 *Inv. arch.*

Morb. V, 111; = *minter* chaudronnier Maun., Pel., Gr., *minter* Gon., *mitère, mitour* l'A., *miter* chaudronnier, *mitter* dinandier Chal. ms, à Pontrieux *minter*; *minterez* chaudronnerie Gr., *mitercah* pl. *eu* l'A. Ce mot semble dérivé du même radical que son syn. *mignan*, voir *Maignon*; il rappelle le fr. *minotier*. On trouve la forme intermédiaire *En Mignot* reg. Guing. 55, *Le Myngnot* Anniv. de Trég. 14 v, *Mygnot* 22 v; mais rien n'assure pour ce mot le sens de « chaudronnier »; ce peut être le v. fr. *mignot* joli, délicat.

Mintinyus matineux Cb v. *dezrou*; *mitinal* matinal, matineux Gr., *mitinabl', mitt-, mitiniabl, mitt-* Chal. ms; *a vitin* dès le matin *Choæs* 145, *L. el l.* 182; *ar mintiniou* les matins Trub. 29, *mitinieu* l'A.; *mintinoc'h* plus matin, de meilleure heure Gr., comparatif d'un nom pris adjectivement, cf. *beureoc'h* id., *déoc'h* (il fait) plus jour, *nosoc'h* plus nuit; *kroec'hoc'h* plus haut, *traouoc'h* plus bas, *bugeloc'h* plus enfant, etc., en pet. Trég.; *au enepd hend* le plus droit chemin Gr., superl. de *an hend enep* le droit chemin Gr., de *rag enep*, van. *enep caër* tout droit Gr., litt. « devant (la) face », « (en) face tout à fait »; voir *mouien, penn*. Dim. *mintinicq* d'assez bon matin Gr. *Mintinvez* m., pl. *ou* matinée Gr., *eur mintinvez* un matin *Nikol.* 162; Gon. et Trd font *mintinvez, mintinvez* du fém. Van. *mitinyad*, pl. *eu* matinée Gr., *mitiniatt* m. l'A., *mittinat, mitiniat* Chal. ms.

Mintr. pl. *ou* mitre Gr., *mitr* Cb v. *amucc*, m. *L. el l.* 204; *mitre* m. l'A.; *mintret* mitré Gr.

MIOD. *Bara miod* pain émié dans le vin ou dans le bouillon Pel., gall. *mioden, bara-miod* crêpe, beignet. Du fr. *mie*: cf. *miotée* mie de pain bien trempée, dans les provinces voisines de la Bretagne Pel.; normand *mio*, petit morceau, Joret. Un autre dérivé de *mie* est *bara-mioc'h* pain à demi cuit, qui a beaucoup de mie, en Léon et en Trég. selon Pel., *bara mioc'h*, Trd; Gon. confond *bara miod* avec *bara mioc'h*. Est-ce ce dernier mot que Littré avait en vue, en parlant d'un prétendu bas-breton *mioc*, petit, s. v. *mioche*? Le suff. de *mioc'h* doit être le même que dans *kalloc'h*, etc.; voir *carrec*. Le van. *un droet miorch'* pied-bot Chal. ms, pourrait venir du fr. *mioche*, comme *tarch* Gr. de *tache*; cf. *Arjil* prénom à St-Clet, = Achille. Faut-il rapprocher de ce *miorch'* le nom *Le* MIORCEC XVIIIe s. *Inv. arch. C.-d.-N.*, série E, p. 7 (voir *lusen, mang*)?

Miraclou miracles H 7, 48, D 16, 86, 168, sing. *miracl* 188, *Choæs* 101 (3 syl. 169), pl. *eu* 168; *miracle* m.; *miracluss* miraculeux l'A. Gr. donne en van. *minaql, minaqlus;* voir *bez.* Du fr.

Miret rac ar pec'het se garder du péché, l'éviter *Cat. imp.* 101; *a pep labour a miry* tu t'abstiendras de tout travail *Catech.* b 9; *an hini a so miret da glévet ar gomz-se dre e bassionou* celui que ses passions empêchent d'entendre cette parole *Aviel* 1819, I, 267; *hum virét doh* se garder de *Guerz. Guill.* 7, *miret doh en droug* empêcher le mal *Choæs* 87, *miret ... a gouéh* empêcher... de tomber 78. *Mirein* observer, *mirourr* observateur, *mirereah* m. garde, observance l'A., *miridiguez* Gr.; *guin mirapl* vin de garde Gr.

1. *Mis* mois Chal. *ms, Choæs* 147, *miz L. el l.* 132, *miss* pl. *misïeu* l'A., etc. Gr. donne en van. *miz,* pl. *mizëu,* et *mih* pl. *mihëu;* ces dernières formes sont en opposition avec la phonétique commune (voir *leizen,* p. 362). Le moy. bret. *mysiat* durée d'un mois, = *misiad* m., pl. *ou* Gon., *misiade Histoer* 8; on dit en pet. tréc. *mizes* m., de *misvez* (voir *mintin*). Voir *Rev. celt.* XVI, 191.

2. *Mis. Rac mys* de peur de, à cause de la dépense *Catech.* 5; *hep mis* (Dieu a tout créé) sans peine D 20; *miz* m., pl. *ou* dépense, frais Gon., *mis* pl. *ou, mijou,* van. *misëu* Gr., *mize* pl. *mizeu; mizuss* qui est de dépense l'A., *mizuz* coûteux Gr.

Miserabl misérable D 168, *mizérable, mijérabe* l'A., pl. *miserabléd Guerz. Guill.* 43; *misére, mijére* m., pl. *-rieu* misère l'A., *misér* m. *Guerz. Guill.* 23, f. 75; *miserabilité* id. D 57, *misericordius* miséricordieux 180, van. Gr.; *miséricorde, mijélicorde* miséricorde l'A.

Mission envoi (du St Esprit aux apôtres) D 74; m., *mission Guerz. Guill.* IV, etc.; *misioner* missionnaire 3 s., *L. el l.* 208.

Myster -ère m. : *try* D 66, cf. 93; *mystear, -tær,* pl. *-æryou,* van. *-æryëu* Gr., *misterou* Cathell 20, *mysteryou* (et non *-iou*) H 23. Voir *policet. Mystæryus* mystérieux, mystique Gr.

Mistr mignon; coquette *Bombard Kerne* 52, 86; MISTRICQ gentil, gentiment, poupin Gr.; pet. tréc. *misteq* délicat, qui ne mange pas de tout. Voir *Rev. celt.* XVI, 220.

Moal chauve, van. *moël* Gr.; cornou. *möal* qui a les cheveux blancs Pel. *Le Moal* reg. Péd. 102, *Moel* 140 (1584, 1593); *Le M.*

reg. Guing. 24 v, etc., *Le Moual* 91 v; dim. *Le* **Moelic**, *Moaellic*, xv⁰ s., *Chrest.* 221, cf. **Moellec** reg. Guing. 43 v. *Moalât* devenir chauve; *moaladur, moalidiguez,* MOALDER calvitie Gr., gall. *moelder.* Ce mot est expliqué par *mailos ou **moi-los,* cf. μείων, *Urk. Spr.* 204; M. Rhys, dans son curieux article *The Goidels in Wales (Cambrian Archæological Association,* 1895), p. 23-27, le compare, au contraire, au lat. *mutilus.* Voir *meilh.*

Moan. O vale hen hend moan en suivant la voie étroite (au fig.) *Trub.* 103; *sôn moén* son aigu *Voc.* 1863, p. IV, *moen* (blé noir) maigre, *L. el l.* 42, *moénat* amaigrir, parl. des grains 16, *moanaa* rendre plus menu, diminuer, étrécir Pel., MOANNAAT devenir mince Gr., cf. gall. *meinhau;* MOANDER qualité de ce qui est mince Gr., gall. *meinder; moenndætt* m. id. l'A.; bas léon. *moänard,* f. *és* celui qui est haut et menu, qui est d'une taille trop déliée Pel. Voir *Urk. Spr.* 204.

Moc'h pourceaux Gr., etc. Pel. donne ce mot comme sing., avec plur. *moc'het;* mais le sing. est *penn-moc'h* Gr., *pen-moc'h, pe-moc'h* Pel., voir *penn.* Seulement *moc'h* s'emploie aussi au sens général : *qicq moc'h* du porc, de la chair de porc Gr. Chal. *ms* donne *un oh,* cochon, pl. *mouh* ou *moh. Môc'ha* cochonner, mettre bas, parl. de la truie Gon.; *moc'hach* toutes sortes d'ordures Pel.; *moc'haër* marchand de porcs Gr., *mohàérr* l'A.; *moc'her* porcher Gr.; *môc'hik* cloporte ou puceron de mer Gon., pl. *moc'hedigou* Gr. Voir *Urk. Spr.* 219.

Moderancc attrempance l. temperantia *Cb,* v. *temperaff.*

Moean. Moyenou moyens D 95, *-ennou* 66, 96; *moyennant* moyennant (votre grâce) 137, *moyennet bras* qui a de grands biens 185; *moyan* m. moyen l'A., *moyant Choæs* 190, *moyand* 122, pl. *eu* 29; m. *Voc.* 1863, I; *moyenn* f. moyen; richesse; entremise; *moyenni* moyenner, *moyennour* moyenneur, médiateur Gr.; *moïenn* fortune G. B. I., II, 134. Voir *un.*

Moez. A voez de voix *Cb* v. *disaccordancc* (2 fois); pl. *mouizyou* Nom. 213; *ar oëz-se* cette voix *Aviel* 1819, I, 57. Voir *mous.*

Moguer mur. *Du K(er)magoaer,* fabrique de Trég., comptes des distributions, 1442-1454 (aux archives des C.-d.-N.), f⁰ 216 v, 227, etc.; pl. *Magouarou* reg. Guing. 222, *Maguoarou* reg. Péd. 226

(1610); *mogheriat* enceinte d'un château Pel.; *mangoërein, -ratt* murer l'A. Cf. *Rev. celt.* XI, 357.

Moguet. Mogued, mougued, van. id. fumée Gr., *moghet, moughet* Pel., *moguêtt* m. l'A.; *Le* Moguedec XVIIe s. *Inv. arch. Morb.* V, 140, 31·1, *moguedecq* fumant, fumeux Gr., *moguêdêc* l'A.; *moguedenn,* pl. *oü* fumée, fumet, dim. *moguedennicq*; van. *mogueden-douar* fume-terre Gr., *mogeden* f. nuage de poussière *L. el l.* 112; *moguedi, mouguedi,* van. *-deiñ* Gr., *moguêdein* l'A.; *môgédenni* produire des vapeurs Gon., *mogueder-butum* fumeur Gr., *moguedel san Iahan* feu de la Saint-Jean Chal. *ms., môgidel.* f., pl. *-llou* fumeron Gon.; mog, *moug* m., pl. *ou*, « feu, parties d'une Paroisse, ainsi nommées pour païer les foüages, par cheminées, ou par feux » Gr.; léon. *môg* maison, famille... d'une paroisse... quand on veut y lever les tailles, les soldats de milice, etc.; on nomme ces levées *mogach* Pel., cf. gall. *mwg* fumée. Voir *mouc* et *Urk. Spr.* 218.

Mol, dans le tréc. *usmol* criblure Gr., Gon., m. Trd = gall. *mwl,* m., id., irl. *moll*; voir *ussien* et *Urk. Spr.* 213.

Moment moment D 155, pl. *-ntchou* Jac. 46, dim. *-antic* D 124; *moméder* balancier d'horloge Pel., *moumañcher* m. pouls Trd, *pome-dérr, -édérr* l'A., cf. v. fr. *mouvement, moment*, languette d'une balance. *Meubl* (biens) meubles D 108; voir *ab. Mobriérr* méchant, mauvais, parlant des personnes l'A., *mobriérematt* méchamment *Sup.*, du fr. *mobilier*, cf. *mébile* chétif, malingre, à Montbéliard.?

Monarq monarque D 154. — *Moneis* monnaie D 106, *mouneizyer* un monnayer Nom. 296; *mouneyza, mouneya* monnayer, faire de la monnaie Gr.

Monet. Pel. rapporte à ce mot *men* dans *Ren dez a noz e cosquor a men dydreu an morou* Jér. v. *mont*; qu'il traduit « conduire jour et nuit sa famille qui va au-delà des mers ». Je crois qu'il faut entendre par *a men* il veut (conduire, etc.). *Monet,* gall. *myned*, cornique *mones,* sont expliqués par une rac. *men* fouler aux pieds *Urk. Spr.* 208, voir *mantra*; mais on pourrait aussi couper *mo-net, my-ned* de *mei aller, voir *Urk. Spr.* 204; pour la dérivation, cf. *quaeznet* misère C, *qæzned* chétiveté Gr.?

Monn. Le Moign, n. pr. xve, xvi s., Nobil., reg. Péd. 17 b, II,

3ᵃ (1568, 1587); *An M.*, I, 2, 11 b, 15 b (1565, 1567); pet. Trég. *monkon* maladroit, du v. fr. *mongon* manchot?

Montroules Morlaix D 197, *Montærlæss* f. l'A.; fr. *Montrelais* en 1213, *Anc. Évêchés de Bret.*, VI, II, 89.

Mor, *mour* mer, pl. *moryou* Gr., pl. *eu* l'A., dim. *moricq* Gr., l'A.; *moraeur*, pl. *yen* et *moraeudy* homme de mer, *moraër* marin; *morenn* pl. *ou* vapeur, *morennus* vaporeux Gr.; pet. tréc. *morein ra 'n amzer*, le temps est à la pluie. Voir *morhouch* et *Urk. Spr.* 217.

Moral moral D 179, m. la morale *Cat. imp.* 48; *morigenet mat* bien élevé, qui a de bonnes mœurs D 180; *mœuryou* mœurs Nom. 295.

Morchediff soucier, *morhediff* avoir sommeil C, *morchedus* plein de regret D 161; *morhet* sommeil Maun. M. d'Arbois de Jubainville, *Ét. gramm.* I, 19, tire le léon. *morc'hed* assoupissement, de *morza* engourdir, et celui-ci de **mort-*. Mais le *z* de *morza* vient d'un *s*, comme le montre le van. *morzadur* « rheume de cerveau » Chal. ms; cf. *morsa* ne pouvoir marcher, « estre erné », *morset* « erné » Maun.; *morzañ* boiter, marcher mal, *treid morz* pieds de travers, qui ne peuvent marcher aisément, en pet. Trég.; *morsenn*, *logoden-mors* mulot Gr., *logoden mors* souris des champs Nom. 33. D'un autre côté le *c'h* de *morc'hed* se trouve déjà en moy. bret., et le cornique *moreth* chagrin, paraît venir de **morheth*. Ces mots peuvent donc remonter à **mor-c-*, cf. lat. *Murcia*, déesse de la paresse, *murcidus*, lâche, poltron, et aussi *marcere* se flétrir, *marcidus somno* accablé de sommeil? Voir *Urk. Spr.* 218. Quant à *mors* (engourdi), il peut venir de **mor-c-s*; **mor-s* eût donné **morr*.

Au bret. moy. *morchediff*, *morhediff* avoir sommeil, se rattachent *morredi* assoupir, s'assoupir, *moredi* dormir légèrement, *morred* m. assoupissement, *morredus* assoupissant Gr., *mori* sommeiller Pel., s'assoupir, dormir légèrement, *morus* assoupissant Gr., *môr* sommeil court et interrompu Pel., *morc'h*, *môr* en quelques endroits Gon., *mor*, *mored*, *moredenn* somme, *mori*, *moredi* sommeiller *Sup. aux dict.* 103; *morc'hedi*, *moredi*, *morenni* sommeiller, *mored*, *morenn* m. sommeil léger Trd. Pour le traitement du *c'h*, cf. bret. moy. *marhec*, *marec* chevalier, de *march* cheval. Voir le suiv.

Morcousquet endormi Cb v. *diec*, *mor cousquet* l. somnolentus v. *hun*, assoupissement Chal. ms; *morcousquet* sommeiller Maun., *mor-goussquétt* rêvasser l'A., *morgousq* m. léger sommeil, assoupissement, *-ed* id., et assoupi, sans vivacité Gr., *morgousket* à moitié endormi *Guerz. Guill.* 4, *L. el l.* 170; *ober ur morgousqiq* s'assoupir un peu, *morgousqus* assoupissant Gr. Composé du mot précédent et de *cousquet* dormir (cf. *malfran* de *marchbran*, voir *march*). Une composition analogue se montre dans *mor-hévreinnein* rêvasser l'A.

Il n'est pas si facile de savoir quels éléments sont associés au même radical *mor-*, dans les mots suivants :

morboriein, *merboriein* assoupir Chal. *ms* (*mer-* se retrouve dans *mercousquet* « chopper, sommeiller » Chal. *ms*; le second terme rappelle le van. *reiñ bornicq* assoupir Gr.);

mordoi sommeiller, *mordoen* m. sommeil léger Trd (le cornou. *beza war-vordo* être irrésolu Trd, peut faire penser qu'il y a eu confusion entre le correspondant de *morboriein* et le mot *mordoiff* naviguer, voir *mordeiff*);

cornou. *morfila* faire un somme, *morfil* m. sommeil léger Trd, *divorfila* s'éveiller Gr ;

morvitellat dormir profondément Gr., *-lla* Gon.; *-llérez* sommeil profond Gr., m. Gon. (peut-être est-ce *morfila* influencé par *maritella* avoir des peines d'esprit Maun., Gr., Gon., *maritell* peine d'esprit Maun., bas léon. selon Gr., *-el* m. Gon., voir *mar* 1; Pel. donne *morvitella* et *moritella* sommeiller).

Mordeiff naviguer Nom. 220, *mordoiff* 149, *merdeat* marin 318, *caul merdeat* soldanelle 80, pl. *merdeïdy* 317; *merdei*, *mordei*, van. *merdeeiñ* naviguer, *merdead* pl. *-daïdy* van. *-deïdy*, *mordead* pl. *-y*, « navigeant, qui navige actuellement », *merdeeur*, *mordeër* navigateur, *merdeabl*, *mordeapl* navigable, *merdeadurez*, *mordeadur* navigation Gr.; *merdeatt*, pl. *merdeidi* manœuvrier, *merdeidïein* manœuvrer, *merdeidage*, pl. *eu*, manœuvres, terme de marine, l'A.

Le syn. de *merdeat*, *martolot* matelot, se lit Nom. 318; *martolod* Gr., *martelott* l'A., *mortollod* Peng., I, 251, *-ot* 252 ; pl. *marteloded L. el l.* 144, tréc. *martolod*, *mortolod*. Le pl. *martolodet* se dit en pet. Trég. de quelques morceaux de pain qui surnagent dans la soupe (*rari nantes*). Le mot de Sarzeau *martautt* « mon bon-homme » l'A., p. VI, paraît être identique et présenter un sens plus voisin de l'étymologie (norrois *matunautr* compagnon de table); cf. *martolot* « compagnon » Maun. Voir *morcousquet*.

Morfoll tout à fait fou J 104 b, a une variante *mor jol;* cf. *marjolenn* coquette Trd, v. fr. *marjolet* homme futile?

Morfontus. Mourfontadur misère, état affreux (dans l'enfer) D 125.

Morgadenn (s. v. *mor*). *Morgat* « lentillat, l. galeus stellatus, siue asterias » Nom. 45 ; seiche, Pel.

Morgo, pl. *morgheier* collier d'un cheval qui tire la charrette Pel., cf. gall. *mynci*, v. irl. *muince*, gaul. μανάκης, etc., *Urk. Spr.* 216, 217? Voir *manier*.

Morhouch dauphin C, *mouroch*, marsouin Nom. 45, *moroch, mourouch* 47, *mor-ouc'h*, pl. *morouc'hed*, van. *moroh*, pl. *ed*, Gr.; *moroc'h, Colloque* Quimper 1808, p. 24; litt. « cochon de mer ». C'est ce mot qu'on trouve au xve s. francisé en *morho* et *morhon, Archives de Bret.*, IV, 94, pluriel *morhonz*, p. 50 ; il faut sans doute lire *morhou, morhouz*. M. René Blanchard cite, à ce propos, un aveu de l'île de Bouin, en 1636, où *marhours* est expliqué par « porceletz ou marsouins ». Voir *onestant*.

Moric reg. Quemp. 10, *-ize* 8^a, n. d'ho.; *Mauriç* Maurice, dim. *-icicq* Gr.; voir *Morvan*.

Morlivet pâle, blême, livide; *morlivit* biset, oiseau, espèce de pigeon, « selon un vieux Dict. », sorte d'oiseau de mer selon « les chasseurs et pêcheurs Bretons de ce pays », chevalier selon le P. Grégoire, *morlivit-lann* bécasse de lande, pl. *morlividi* selon le même, Pel. ; « son plumage est bigarré de blanc, gris et roux », Pel.; *môrlivet* pâle, *môrlivid* m. biset, ou pluvier de mer Gon. ; v. br. *Morliuuet* nom de femme, Cart. de Redon 76, 216.

Mortifiafu mortifier H 13, *-ia* D 61, *me n'em mortifio* je me mortifierai 173, **mortel** mortel H 49, 56, D 115, *ar re mortel* les mortels, les hommes 53, *mortalité* mortalité 28, *Choæs* 198, *an mortuagou* les funérailles Nom. 199; à Morlaix *mortuech*, extrait mortuaire.

Morvan, nom bret., remplace le prénom *Mauriç* Maurice Gr.; dim. **Moruanic** n. d'ho. Quoatg. III, 7 v; *Morvannic* en 1477, *Inv. arch. Fin.*, série A, p. 13.

Mor-vran cormoran Gr., v. br. *morbran* gl. merges, gall. *morfran*, v. irl. *muirbran* = corbeau de mer. Dans le syn. *mor vaud* Gr., *morvâot* Pel., *morueut*, pl. *-eudet* Chal. *ms*, le second terme représente « mauve, mouette » plutôt que « mouton » : cf. normand. *maute* effraie Rolland, *Faune*, II, 47; léon. *mảo* « oiseau de proye amphibie, que l'on dit avoir une pate d'oye et une d'écoufle;... peut être... *orfraye* » Pel. Un troisième syn. *morvankés* Pel., paraît venir de *mank*, cf. fr. *manchot*, pingouin.

Morzat. An **Morzedec** reg. Péd. 3 b, 22 b (1565, 1569), *Mórzadec* bapt. Guing. en 1680 = « qui a de grosses cuisses »; *morzetenn*, van. *morhetenn*, pl. *ou*, *ëu* cuissard, genouillère Gr. Voir *Urk. Spr.* 202.

Morzol an laou (le marteau des poux), le pouce Nom. 24, *marzollic* et *morzollic al laou*, en jargon Pel. MORZOLLYA, van. *morholeiñ* marteler Gr., gall. *morthwylio*; *morzoller*, van. *morholér* gens de marteau, ceux qui battent sur l'enclume Gr.; *morhollatt-papér* m. « batée de papier » l'A. v. *main*. Le petit trécorois *marzelek* triste, préoccupé, paraît identique au cornique *morthelek* martelé, battu à coups de marteau (pour le sens, cf. le fr. « avoir martel en tête »?).

Moten motte, en van. du XVIᵉ s., *Rev. celt.* II, 213, van. mod. *mottenn* l'A., Gr.; *moten* f. montagne *L. el l.* 80, *moteneu* buttes de terre, *motad* mottes (de terre) 16; *ober motteu*, *motatein* « esmotter, ...ramasser des mottes » Chal. *ms*, du fr.; *moudenn* C, M 5, Gr., *mouden*, pl. *moudet* Nom. 235, dim. *moudennicq* Gr., représente un plus ancien **mout-*. Voir *Barz. Br.* 386, vers 5.

Moualc'h merle, van. *mouyalh*, pl. *mouilc'hy*, van. *moulhy*; f. *moüalc'hès*, pl. *-esed* Gr. Voir *Et. van.* I, 16; *Urk. Spr.* 205.

Moüar, *m.-drez*, *m.-garz*, *m. louarn*, van. *mouyar-drein*, *moar-garh* mûres de haie, sing. *mouaren* Gr.; *moüar garz* Nom. 70, *mouyar bott* l'A., pet. tréc. *moâl du*, cornique *moyar diu*, gall. *mwyar duon*; sing. *mouaren dres* Chal. *ms*; *moüar-bren*, van. *mouyar-brenn* mûres (de mûrier) Gr., *moüar prenn* Nom. 70, *mouar bren* Chal. *ms*, sing. *mouyarenn-brenn* l'A.; van. *mouyarenn* mûrier Gr., f. l'A., pl. *-regui* Gr., *-rêgui* l'A.; *mouaren* f. Chal. *ms*; léon. MOUARA, pet. tréc. *moâla* chercher des mûres, gall. *mwyara*. Voir *Et. van.* I, 16.

Mouchaff. Mouchetesou mouchettes Nom. 166, *mouchettès* pl. *-esou*, van. *mouchett* pl. *ëu*; *mouchenn* f., pl. *ou*, van. *ëu*, *mouch* m., pl. *ou* moucheron, bout de mèche qui brûle, *er mouich*, *diouc'h ar mouich* (adjugé) à extinction de chandelle, *bet eo bede ar mouich* il a été à l'extrémité, sur le point de mourir Gr.; *mouch-avel* m. vent si léger qu'on le sent à peine Trd; *mouchicq-dall* colin-maillard, et par plaisanterie éteignoir Gr.; *moucha* couvrir (la figure de), masquer, bander les yeux Maun., Pel., Gr., Trd; *mouchouër*, van. *mouched* mouchoir Gr., *mouchêtt-goucq* m. fichu l'A.

Moues femme D 145, van. *moés* 1 s. *Choæs* 177, dim. *moezig* 2 s. L. el l. 222. Lisez au *Dict. éym.* : « auj. *maouez*, féminin de **magu-s*, corniq. *maw* ». Ce masc. paraît s'être conservé dans le nom propre breton du XIIIe siècle *Mauvedat, Rev. celt.* VII, 64 = « valet de son père ». Voir *Rev. celt.* V, 223; XI, 353; *Urk. Spr.* 198.

Mouga, van. *mougueiñ* étouffer, éteindre, éclipser, *mougadenn* f. éclipse, *mougadur* étouffement, *mougus* étouffant, *goalenn-vouguerés* éteignoir pour les cierges, *mouguericq* m., pl. *-igou* pour la chandelle Gr., *mougadel* suffocation Chal. ms; *moug* m., suffocation, extinction Gr., *moúg* (saison) d'une chaleur extraordinaire et étouffante, (lieu) obscur et sans air, couleur noire ou brune Pel., *moucq* pourpre Gr., pet. tréc. *mouk* couleur foncée ; *mouc* de façon à serrer, à étouffer J 88 b; voir *moguet*, et *Dict. étym.* v. *mic*.

Mougheo f. caverne sous les côtes maritimes, de *ar-vougheo* Pel. = gall. *yr ogof*, de *gogof*, **vo-cav-*; voir *mouien*.

Mouien f. « mouche qui s'attaque aux chevaux » Perrot, *Manuel (livre de l'élève)* 88, pl. *mouï* taons, mouches qui piquent les vaches, etc. *Sarmoun great var ar maro a Vikeal Morin*, chez Guilmer, 9; *moui, Emgann Kergidu*, I, 73. Ce mot est identique au v. bret. *guohi* gl. fucos, cornique *guhien* gl. vespa, que M. Stokes a rapproché du lat. *vespa*; vieux brittonique **uochi*, d'où le v. irl. *foich* guêpe, voir *Rev. celt.* XV, 143; *Urk. Spr.* 286.

La syllabe initiale *mou-* devient régulièrement *vou-* par mutation faible. Il en est de même très souvent de l'initiale *gou-*, tant en trécorois qu'en léonais : *da vouela* à pleurer, *da voueliou* aux fêtes, *a vouelc'has* il lava *Buez ar zent... è brezounec Leon*, par Perrot, 3e édit., Brest 1865, p. 52, *e vouient* ils savaient 30, etc. Cette prononciation se montre en moyen-breton, par exemple dans *auoez* ouvertement C, qu'on écrivait ordinairement sans mutation *agoez; a goez; uoar, voar* sur, écrit plus souvent *oar* (v. gall. *guar*, voir *tarauat*); *K(er)uoasdoe* n. de lieu reg. Quemp. 10 v, de *Goasdoe*, n. d'ho. = « serviteur de Dieu », v. gall. *Guasduiu*, cf. Rhys, *The Goidels in Wales*

25 ; *Riuoallan* n. d'ho. reg. Quemp. 1 v, 12, 28 v, d'où *Riuollan* 28 v (cf. *Rev. celt.* XVI, 200) à côté de *Riuallan* 1 v, 12, = gaul. **rīgo-vellaunos*. C'est la mutation commune *vou-* qui a fait quelquefois changer *gou-* en *mou-* aux formes radicales, par confusion analogique. *Eur vouien* un taon, de **gouien*, a donné lieu à *mouien*, comme *auoez*, de *agoez* (*a goez an tut* coram populo, etc.), à *é mouëz an oll* en public Gr. ; comme *gourrenn* f. sourcil (voir ce mot) à *mourren*, pl. *mourrennou* Nom. 18, *mourenn* Gr., *mouren*, *mourren* Gon., id., *mourennou* moustaches, barbe d'un chat Pel. ; *ec'h astenfot hir ho mouren* vous allongerez fort la lèvre, vous ferez la lippe *Rimou* 17 ; *te lipfe da vourrou* tu te lècherais les lèvres *Nikol*. 98. C'est là un composé de *gour-* (peut-être aussi de *gou-*, les deux préfixes s'échangent souvent, cf. *Rev. Morbih.* IV, 37-42) ; voir *mougheo*.

On peut comparer encore *menodenn* pl. *ou*, van. *minodten* sentier Gr., *minotten* id. Chal., petit chemin Chal. *ms*, *minôten* f. Gon., de *ur vinoten*, *eur venojen*, de *guenoden* (*guenogén* Maun., *oenogen* Pel., van. *guinaudren*, *Choége nehué* 1829, p. 93), moy. br. *gueznodenn* ; *mandoz* (et *véntoz*) ventouse Gr., pet. tréc. *mintous* boutons, irritation de la peau, moy. br. *guentus*, peut-être aussi cornou. *eur mell prizen* une grosse prise de tabac, *Disput... Jakez Lamrog*, Brest, chez Lefournier, p. 19 ; quoique traité comme un substantif : pl. *mellou gevier* de gros mensonges, Moal, ce mot répondrait à l'adj. tréc. *goell*, *goall*. Cf. *picolou maein* « de fort grandes et grosses pierres » Gr., où *picol* est traité comme un nom, bien qu'adj. dans *picolañ tud* quels grands hommes ! Gr. (voir *mintinyus*). Voir *Rev. celt.* III, 59.

Le *b* s'adoucit également en *v* dans les mêmes conditions que *m* et *g(ou)*, *gu* ; c'est pourquoi il s'échange parfois avec ces sons radicaux. Nous avons vu *b* pour *m* aux mots *bagol*, *bihin*, *megium* ; cf. *méndi* et *béndi* menthe Gr., *ment*, *bent* f. Gon. (*ment*, Nom. 89, moy. br. *mentenn*) ; *meuy* et *buñçz*, van. *maes* m. muid Gr., *buñs*, van. *méz* Gon., *buñcç* Nom. 161, moy. br. *meuy*, *mu* ; *bardell* Gr., *bardel* f. Gon. = fr. *mardelle*, margelle d'un puits ; *beitu* (3 syl.) où allez-vous *Pevar map Emon*, nouv. édit. 206 = *ma it-hu* (cf. *Rev. celt.* IV, 148) ; à Pléhédel *bur* un mur. Peut-être aussi *baluent* Nl 206, dont la 1re syll. rime en *ar* 109, vient-il de **maruent*, **maluent* mortalité (*meruent*, *meluent* Gr., voir *mernentic*) ; un changement semblable se trouve dans *maluen*, *baluen* cil Chal. *ms*. De même en cornique *melin* et *belin* moulin; *benewes* alène, moy. br. *menauet*; en gall. *bawd* pouce, v. gall. *maut*, moy. br. *meut*, etc.

Inversement, *m* pour *b* se trouve dans *mâle*, voir ce mot et *bagol, boungors*; cf. pet. tréc. *muzuk* et *buzuk* vers de terre; *mencq an ty* perron Nom. 142, *mencq-ty* Gr., *meñk* m. Gon., gall. *mainc* f. = banc; *marhaign* et *brehaign* (van.) stérile Gr., *marc'hañ, brec'hañ* Gon., *marhaingn* et *brehaign'* Chal. = fr. *brehaigne*, angl. *barren* id., bret. *sprec'henn* haridelle Gr., *sprec'hen* f. Gon.; *mavy-camm* goutte sciatique Gr., de *baô, bav* m. engourdissement Gon., voir *bau, baus*.

Je crois qu'on peut ajouter le van. *mac'hbonal* intermédiaire, entremetteur pour les mariages = cornouaillais *bazvalan* id., pl. *bizier-valan* Gr., *bizier-balan, Rimou* 10; *baz-balan* « conducteur de mariage », lat. auspex Nom. 334, *ar bazvalan, Barz. Br.* 413, pl. *ar vazvalaned* 464, litt. « bâton de genêt » *Rev. celt.* VIII, 30-35, cf. *bazvalani* faire des mariages (bas-cornou.) Gr., *bazvalaner* présentateur, du Rusquec. M. Loth a objecté, *Rev. celt.* IX, 110, 111, qu'il faudrait **bac'h-vonal;* qu'on prononce *marc'h-bonal*, et que plusieurs synonymes indiquent ici pour *marc'h* le sens ordinaire « cheval ». Mais la distinction des sons *c'h*, *h* et *rc'h*, *rh*, est parfois très difficile en breton moderne : Troudé signale (*Dict. bret.-fr.*, p. 680, 761, 768) la prononciation des finales *-arc'h, -orc'h*, pour *-ac'h, oc'h*, cf. les rimes *erc'h, dec'h, nec'h, Barz. Br.* 25, 32, etc.; dial. de Batz *er Vrerh* la Bretagne = *Breiz* (*Étude*, p. 17), *biterh = feteiz* (voir *bet nary*); *grouagerh* femmes = *groagez, Rev. celt.* III, 231, v. 30, etc. Le *b* de *mac'hbonal* peut être une conséquence du genre indécis du mot, féminin par sa formation (on lit même *eur vaz-vælan, Disput... etre daouzen iaouank*, chez la veuve Le Goffic, str. 3), et masculin par son emploi : *ur vah vonal* = un bâton de genêt; *ur *bahvonal*, d'où *ur *bahbonal* = un (porteur de) bâton de genêt. Ce *b*, à son tour, a aidé à la transformation du précédent en *m* par dissimilation, cf. *Manenberen* de *Banenberen, Chrest.* 189. Enfin le mot *baz*, une fois transfiguré en *marc'h*, a donné beau jeu à l'étymologie populaire, qui s'est permis bien d'autres fantaisies, cf. *Rev. celt.* VIII, 31 et suiv.; nous en avons vu dans *mamm-gamm* un nouvel exemple (au mot *bau*). Avant de regarder *marc'h-bonal* comme primitif, il serait bon, d'ailleurs, de savoir ce que peut signifier ce « cheval de genêt ».

M initial peut tenir lieu d'un *v* : moy. br. *moez* voix; *marz* merveille, cornique *marth, marthus* = br. moy. *berzut*, b. lat. *virtutis*, cf. gall. *gwyrth*; tréc. *vestren* veste, pl. *ar mestreno, Chanson... ar livitennou* chez Le Goffic, str. 4 et 3; ou même d'un *f* : *fesquen* et *masquen* gerbe Chal. *ms*, pet. tréc. *voeskën, veuskën*, du lat. *fascis* (voir *bet nary, euver, youst*); *felc'h* et *melc'h*, f. rate, Gon. Cf. *Rev. celt.* III, 59.

Un synonyme de *mouien* est *boulien* f. Pel., Perrot, Gon., pl. *bouli* Pel., Gon., mot qui paraît identique au premier. Il est rare que *l* s'intercale entre deux voyelles, mais le fait n'est pas sans exemple : moy. br. *coulourdenn*, concombre, du v. fr. *cohourde;* van. *calimantes, caymantes* coureuse Gr., voir *aïneset;* pet. Trég. *c'houilañ*, ne pas tutoyer; dire vous, de *c'houi* (voir *goulenn*). Quant à la confusion du *b* et du *g*, qui a la même raison d'être que celle de l'*m* et du *g*, elle est assez fréquente. Nous en avons parlé au mot *baizic;* cf. *guestl* fiel Gr., *gwéstl* et *béstl* f. Gon., moy. br. *vestl;* *gwered* cimetière *Trub.* 101, etc., *gweret* Peng. I, 111, pl. *gueregeou, Sarmoun ...a Vikeal Morin* 11, moy. br. *bezret;* pet. Trég. *goest* f. boîte, pl. *goecho* (*gouestou, Chanson... ar chimiq*, chez Le Goffic, str. 2); *goaltam* fronde Maun., *Templ cons.* 157 = *baltam, batalm* f., voir *coustelé;* van. *guïsperen* nèfle, ailleurs *mesperen* Gr.; van. *burzun* et *gurzun* f. navette Gr., moy. br. *bulsun;* *bispid* et *güispid* f. biscuit Gr., *goespet* Jac. *ms* 44 (peut-être ce doublet provient-il d'une métathèse de la labiale et de la gutturale : cf. *biscuiden pe bara bispit* Nom. 57); *bitrak* et *gwitrak* m. petite grive Gon., cf. *vitrac souchet* le traquet pâtre, à Orléans, Rol., *Faune*, II, 259 [1]. Voir *Rev. celt.* XII, 377, 378.

Des faits semblables se passent en gall. : *marnes* = angl. *varnish*, *bôl* = *vote*, etc., cf. *Y Cymmrodor*, 1883, p. 130, 131; et même hors des langues celtiques. En sarde logoudorien, où *b, g* et *d* initiaux tombent après une voyelle, on rétablit quelquefois *b* pour *g* et pour *d*, ou bien on prépose *b* à une ancienne voyelle initiale; Meyer, *Gr. des l. rom.* I, 545, 546 (voir *ab*, p. 11).

---

[1]. *Bezuout* liset, liseron Nom. 93, *bezvoud* Gr., *bézvoud* m. Gon., n'est pas identique au moy. br. *guezuout* chèvrefeuille, mod. *güezvoud, guyzoud, guyvoud, guëoud* Gr., *guñaut* Chal. *ms*, pet. tréc. *gweñvot*, gall. *gwyddfid*. Les premiers termes de ces mots bret. répondent à ceux de leurs équivalents anglais, *bindweed* et *woodbine*. Le rapport de *bez-* à *bind-* (lier) rappelle celui de *beiz-es* à *bind*, mais ici un emprunt au germain n'est guère probable : cf. gall. *byddagl* filet, *byddin* troupe, bande (expliqué autrement *Urk. Spr.* 176), *byddar* sourd.

MOULLECG pl. -egued mulet, poisson Gr., mollec m. Colloque 1808, p. 25, dérivé du lat. mullus; voir meil.

Mous : bernou mous (tas d'ordures) Nom. 28; cf. mouz (visium), mouzein (visire) l'A., v. flatus, mouseiñ Gr.; cornique musac puant, mousegy puer; gall. mws (par w long) puanteur, puant. Plusieurs de ces mots sont rapprochés du grec μύσος, Vocab. v. br., v. admosoi, et de μύδος, Urk. Spr. 206, 336; je crois qu'ils viennent plutôt d'un parent du lat. mucere. Le sens de moisir apparaît dans le van. mouehein sentir le rance Chal. ms = goal mouhein, puer, ibid. (de là moüehat flairer, bout a voüeh mat avoir bonne odeur, ibid., eul' a uoüeh mat huile parfumée, v. frotter; cf. le h. bret. éla pue à bon, cela sent bon), léon. moueza puer, mouez m. puanteur Gon., de *moeth qui peut être pour *moec, cf. moy. br. et léon. moez voix, van. boeh, de *voeth pour *voec (voir Rev. celt. XI, 354). Le pet. tréc. moz̧ogel, mouzougel pl. o femme sale, est en quelque sorte le féminin du cornique musac, irl. mosach; cf. Rev. celt. III, 59.

On peut ajouter moués, mouéz humide (mouésa, moueza rendre humide) Gon., cf. van. mouëst Gr., moeste, mouiste humide, moite l'A., mouistet L. el l. 52, 150 = v. fr. moiste, cornique mostys sale, mostethes saleté; à Pontrieux amzer vouestr temps humide; moustra[1] souiller Maun., van. moustrage m., pl. eu « brume bien mouillante » l'A., v. pluie; brouée, brouillard l'A., et aussi moüeltr humide Nom. 233 (rance, moisi, Pel.), moëltr Gr., moeltr Gon., mouel'ret (foin) moisi Nom. 84. Pour l'addition de l, à cause de l'r qui suit, cf. soultr salamandre, pl. soultret, Michel Morin, anc. éd. 41, pet. tréc. jourd, moy. bret. sourt; van. meulbre, meurbl meuble, etc., voir ab, coustelé, ehuedez. Moeltr de moite rappelle miltr Gr., miltre m. l'A. de mite, mais dans ce dernier mot l'l semble venir d'un n : cf. mintr, mint id. Gr. On prononce en pet. tréc. mirt.

Un autre descendant du lat. mucere, en bret., est mucr moite Pel., mukr humide Trd, du français provincial mucre, id. : « le temps

---

1. Ce mot diffère de moustra accabler Maun., fouler, presser Pel., moustra e adversouryen écraser ses ennemis Tad Ger. 64, moustra var ho kaloun (il faut) faire violence à votre cœur, dompter votre colère Nikol. 696 (voir goascaff); pet. tréc. moustrañ; van. moustrein écraser Chal., part. mouistret Voy. 56, moustrer celui qui foule, ar moustrericq le cauchemar, moustradur, moustrérez oppression, action de fouler Gr., cf. v. fr. mouser froisser God., même racine que fr. mousse émoussé, bret. monc mutilé Gr., etc., Rev. celt. XI, 354.

était bon pour les verts, mais un peu mucre pour les blés », Guy de Maupassant, *Miss Harriet*, 2ᵉ éd. 244 (la scène se passe en Normandie); (dans l'archipel normand) « on n'est pas mouillé, on est *mucre* », V. Hugo, *Les travailleurs de la mer*, éd. Hetzel, I, 55; cf. *Mém. Soc. ling.*, IV, 167, v. fr. *mucre* qui sent le relent God., mot étudié par M. Bréal, *Bull. de la Soc. de Ling.*, n° 4, p. CIX, CX. Lacombe, dans son *Dictionnaire du vieux langage*, donne un substantif *mucre*, « corruption par l'humidité »; cf. espagnol *mugre* tache de graisse aux habits?

Moustaer en 1315, *Moustoer* en 1426, *Mostoer* en 1037 dans des noms de lieu du Morbihan, *Chrest.* 222; *K(er)mouster* n. de lieu Anniv. de Trég. 28 v = fr. Moustoir; *moustér* moutier, monastère, pl. *you* Gr., *mouster* f. H. de la Villemarqué (Dict. de Gon.), du fr.; cf. *monaster* D 78, 186, pl. *ou* 197, dim. *ic* 191.

Mouzaff bouder Cc; cesser, s'arrêter, dans ce passage : *supression à misyou an graguez, pa mouz ô amser ouz an graguez* Nom. 262, cf. Gr., v. *fleurs*; *moua*, *mouza*, se fâcher, Maun.; *mouzet eo*, burlesqᵗ *eat eo da guær-vouzicq* « il est boudé », van. *mouheiñ* « se bouder »; *mouzêr*, van. *mouhér* boudeur, *mouzérez*, van. *mouhereh* bouderie, *mouzus* « sujet à se bouder »; *mouzadur* moue Gr.

Mozreb tante H 52 (et non -*ep*); *moezreb* Cb v. *hoar*; voir *Urk. Spr.* 199; *Rev. celt.* XVI, 205, 326.

Mudurun gond, pivot (d'une porte) Nom. 146, Maun., *mudurun*, *mudurenn* Gr., *mudurun, muduren* f. Gon., *mugurun* Pel., cornique *medinor*, cf. van. *mequenérr* m., pl. *ieu* « pivot qui est au haut de la porte, tournant... avec elle » l'A.; *mequerinnieu*, *muduruneu* gonds, Chal. *ms*, v. *librement*; *muduruna* mettre des gonds à, Trd. Toutes ces formes ne peuvent pas se ramener phonétiquement au lat. *mōtōrium*, proposé comme type de *mudurun*, M. *lat.* 231; quelques-unes rappellent *migourn*. Voir aussi *paluhat*. Le gond s'appelle en pet. trée. *korn butun* m., litt. « pipe (à tabac) », et le fer qui s'y emboîte *koubleden* f.

Muy. L'inscription en lettres gothiques de Notre-Dame de Trémavoézan a été lue ainsi par Sauvé (*Proverbes*, 149) :

> *Gant : doue : han : vet : mungna : eo :*
> *Nep : na lauar : mat : pe : na : leo.*

Mais *mungna*, qu'on expliquait par *muyhaff* le plus, est une forme très improbable ; d'ailleurs le premier vers est trop court d'une syllabe, et n'a pas de rime intérieure. M. l'abbé Abgrall a lu : *Gant doue han bet milliguet eo*, ce qui lève toute difficulté ; cf. *Ann. de Bret.* XI, 112.

Mul mulet, du v. fr. *mul*. — *Mulot* mulet, poisson, cf. v. fr. *mulotin*.

Muntr « occision » C*c*, v. *lazaff, murte* m. meurtre, Mo. *ms* 203, *multr L. el l.* 172 ; *muntreur*, meurtrier, C*b*, C*c*, v. *assaill* ; *er prinw multrer* le ver rongeur (parl. d'un bélier) *L. el l.* 138, *multrér* (école) meurtrière, maudite *Choæs* 21 ; *ar muntriach* le carnage, *Æl mad* 102.

Munus C*a*, C*b*, v. *dars* ; frai, alevin Gr., du fr. *menuse* (menuise N'om. 42), dérivé du lat. *minutiare*; *munusat, munusya* menuiser ; *munuser*, van. *menusér* menuisier ; *munuserez*, van. *menusereh* menuiserie Gr. ; pet. tréc. *amunuzer* menuisier, du fr. *amenuiser*. Pour l'assimilation de l'*u*, cf. *munued* un menuet Gr., *munuet* Jac. 131, *minuvet*, Jac. *ms* 103 ; voir *musureur, mutilaff, turzunell, Rev. celt.* IV, 466, 467, etc.

Il semble que *minutiare* est l'origine du van. *munsat* grappiller, « remordre », dans *n'en des netra de uunsat* (avec un *m* au-dessus du premier *u*) *en affer'sé*, il n'y a rien à remordre dans cette affaire, Chal. *ms*, tréc. *minsat* découper, déchirer, *Historiou* 2, pet. tréc. *miñset*; part. *minset, ms* 97, f. celt. de la Bibl. Nat., XVIIIe s., f° 20 v°, 30, *minscet vel bren* (blé) réduit en miettes, comme du son (par la grêle), Mo. *ms* 158, *minset* (pouvoir) brisé *Kant. Z. V.* v, 10, v. fr. *miucier, misser* (cf. l'angl. *to mince* hacher menu) ; et de *munçzun*, pl. *ou* gencives des petits enfants et des vieillards qui n'ont pas de dents Gr., *munzun* f. Gon. Le pet. tréc. *moñseno* a dû être influencé par *monç* mutilé Gr., v. *moignon*, émoussé, etc., *Rev. celt.* XI, 354. Cette étymologie de *munzun* sépare ce mot de l'irl. *mant* gencive, gall. *mant* mâchoire, auquel il a été comparé (voir *mandoc*).

C'est aussi au lat. *minutus* que remonte le moy. br. *munut* menu, petit ; *menutt* menu, adv. l'A. ; *dre ar munud* en détail Gr., *dre ar munudou* Trd ; cf. *munudicq* fort menu ; serpolet Gr., -*ik* m. Trd ;

munudi, van. *-deiñ* amenuiser, rendre menu, briser, réduire en petits morceaux Gr.; *munudaill* m. menuaille l'A., Sup., *munudailleu un ob* petit salé Chal. *ms*. Ce mot, écrit *munud draillo plom* mitraille de plomb G. B. I., II, 42, comme s'il venait de *drailla* hacher, est une imitation du v. fr. *menuail*, *menuaille* (à Escoublac, Loire-Inf⁶, *menuaille* menu grain God.).

1. *Mur* mur f. : *he ben Cb*; voir *mouien*, p. 429. — 2. *Mur* mûr Cms v. *azff*; *m'eur* D 187; *meüramant* mûrement Mo. 190, 206, du fr.; voir *meür*.

Musellec (*Le*), reg. Plouezec 2, 4, *Le Muselec* 4, 5 v; *vn musellecq lippu* Nom. 270, Gr., *-ec* Chal. *ms*; *muzélle botte* patins pour glisser l'A.

Musicq musique D 164, m. Gr.; *musical* (hymne) mélodieux D 35.; *musicqus* musical Gr.; *vn amourous ves an Musennet* amoureux des Muses Nom. 301, *ar Musou* Mo. 144, *ar Muset Avant.* 7, 8.

Musureur *da douar* mesureur de terre *Cb* v. *geometri*, *musurer*, *musuler*, van. *mesurour* mesureur Gr., *mesulourr* l'A.; *musur*, *musul*, van. *mesur* m. mesure Gr., *mesul* l'A., pl. *musurou* Nom. 295, *musuryou*, *musulyou*, van. *mesuryëu* Gr., *mesulieu*, *musulieu* l'A.; *me ho muzuro* je vous mesurerai de ce bâton, je vous battrai Mo. 182; *musulaich*, *-uraich*, van. *mesurach* mesurage Gr., *musurereah* l'A.; *musulapl* mesurable, *musulicq* petite mesure Gr.

Mut. *Mudés* muette Gr., *Anna Mudes* enfant baptisée en 1613 reg. Quemp.; *mudadur*, *mudérez* état d'une personne muette Gr., *mudereah* l'A.

Mutilaff. *Muturnya* mutiler Gr., part. et Nom. 273, paraît être dérivé de ce mot; cf. *muturnyez* mutilation Gr., pour *mutil-nyez*?

Muz pl. *ou*, *you*, mue, sorte de cage Gr., *muérr* m., pl. *ieu* l'A.; *muza* muer, changer de plumes, etc.; *muzadur* mue, changement de plumes Gr.

N

Na deo quet (un homme) qui n'est pas C*b* v. *test; vn den na veo nemeur* (un homme qui ne vit pas longtemps) v. *bet; goat naguediquet en corff* sang qui est hors du corps, litt. qui n'est pas dans le corps C*b*; *guanet a vn mam ha neguint quet a vn tat* (nés d'une seule mère et qui ne sont pas du même père) v. *breuzr. Na dema* il n'est D 36, *ha ne dema eff quet* n'est-il pas (réponse : *Ema*, oui, il est) 55; *nedeo* il n'est (pas) N 566, *ned eu* J 80 b, *ne deu* 53, *nede* B 589, *ne de* D 48, *nedeo quet, ne dequet* 47, *nen deü* B 265; *ne deo quet* il n'est pas C*b*, v. *esuezaff*, Cathell 18, ce n'est pas, ou non pas 7, cf. *Rev. celt.* XIII, 347; *nedouch quet* vous n'êtes pas J 53 (r. à *ahanoch*); *nedoan* je n'étais N 447; *nen dout* tu n'es B 275, *ha nen dindy* (voir) s'ils ne sont pas 478; *den ne deux obliget* il n'y a personne d'obligé D 69; *na dehomp* que nous n'allions Nl 534; *nen dif quet* je n'irai pas B 296*, *n'en ôn-me qet* ne suis-je pas *Aviel* 1819, I, 271, *n'en eont qet* ils ne vont pas 268, cf. *Rev. celt.* XIII, 349.

Adoucit : *vn den na veo nemeur* (un homme qui ne vit pas long-temps), C*b*, v. *bet; neonn* je ne sais, *nedel bichanoch* quominus C, de *tel* il vaut, voir *azeul; ne vel* il ne voit pas D 90, *ne hallo* il ne pourra 50, etc., cf. Z^2 751.

Combinaisons : *nan* ni le (article) N 510, et le B 51; *nam* ni me, ou me (blâmer) 484, ni mon 390, ne me (laissez pas) J 22 b, 38; *nem* (nul) ne me (voudra), N 42 cf. 485, *nem em betaf* je ne me soucie pas J 6, *ne mem caffaff* je ne me trouve pas B 87, cf. *Rev. celt.* VIII, 37; *naz em esmae quet* ne t'émeus pas J 75, *naz em arret quet* B 739; *nez priso den* nul ne t'estimera J 61 b, cf. B 630, *nes* 506*, *neheux* tu n'as M f10; *nen, n'en* (nul) ne le (croit) J 9 b, *nen*, var. *ne'n* 45, *nen* 6 b, 15 b, N 99, *nen nem abusse* qu'il ne se perdît B 345; *ne lesat* on ne l'a pas laissé N 251 et *ne souillat* il n'a pas été souillé 565 peuvent s'expliquer par *ne* ou par *na* + *e*, voir *Rev. celt.* XI, 474, 475 ; *ne deux* elle n'a Cathell 12 ; *non oa* nous n'avions J 219, *nonneux* nous n'avons 113 b, *no n' ancouffhas* il ne nous oublia pas Nl 87 ; *nouz* (je) ne vous (vois pas) J 9 b, *nous* B 46, *no* J 22 b, *noz eux* vous n'avez 36 b, *noz deur quet* vous ne voulez pas N 357, *noz em* (vous) ne vous (employez pas) B 481, *nouz em list quet!* 423 ; *no ne les* J 11 b, N 884, 1449. Le van. *naouah* cependant l'A., *noah Hist.* J.-C. 18, *naoah* L. el l. 76, *neoah* 84, *Choæs* 24, *nehoah* 212, cornou. *naouez* = *na* + *hoaz*, cf. *Rev. celt.* V, 125.

Sur des ellipses avant *na* ou *ne*, voir *Rev. celt.* XIII, 357 et suiv. Aux citations de la p. 358, § 31, on peut ajouter : *An Tad ne oue ket pell na velas santelez ar plac'h*, Bali 219-220, *Iann Picart ne oue ket pell na glanvas adarre*, 220, etc. ; de là, par extension : *A-veac'h hen deveus Satan he lezet he-unan, Na dea Iskariotez da goüeza e saoüzan*, Trub. 55 ; *a-veac'h* à peine amène ici la même construction que son synonyme *ne oue ket pell*.

Ces sortes de méprises arrivent aussi en français. Ainsi dans la phrase « Rarement cependant les troupes nomades, les seules que nous connaissions avec quelque détail, ne sont aussi complètes » Edelstand du Méril, *Hist. de la comédie*, Paris 1864, I, 150, la négation vient de ce que « rarement » a pour équivalent logique, mais non grammatical, « pas souvent » ; voir *burzudus*.

Voici deux textes bretons, dont l'un a ajouté une négation de trop au mot *nemet*, et l'autre a supprimé celle qui est nécessaire : *Ur péhèd ne gredemb ne oé meit véniel ...e zou liès marhuel Guerz*. Guill. 54 = « un péché que nous *ne* croyions n'être que véniel [1] » ; *ar glac'har d'en anaout nemet er momet ma iee da dremen* B. ar s. 20, la douleur de (ne) le reconnaître qu'au moment où il allait mourir. *Nemet* est construit ici comme son syn. *hepken* seulement ; on sait que le breton répugne à mettre la négation avec un infinitif.

Sur d'autres ellipses qui, en supprimant le verbe d'une réponse négative, ont pour résultat de faire signifier « non ! » (allem. *nein*) à des mots voulant dire « ne... pas », « ne... point », etc. (allem. *nicht*), voir *Rev. celt.* XIII, 349 et suiv. Cette explication

[1]. Cf. « Népomucène Lemercier... était d'un esprit trop original pour ne devoir rien qu'à lui-même ». Ch. Gidel, *Histoire de la littérature française*, III, 467.

de *na* « non » en dial. de Batz est confirmée par le léon. *one*, qui se lit, *Feiz ha Br.* 1ᵉʳ septembre 1877, p. 210 : *Cousket out, Ian vraz? — One!* « Es-tu endormi, grand Jean? — Oh non! » c'est-à-dire *o'l nezoun ket* « oh! je ne le suis pas ». Cf. en gall. *A aeth hi? Na ddo*, « Est-elle venue ? — Non », pour **na ddo-aeth*, elle n'est pas venue, comme l'a expliqué M. Rhys.

Souvent on sous-entend à la fois la négation et le verbe, et il ne reste plus que différentes expressions qui servaient primitivement à renforcer l'idée négative (*Rev. celt.* XIII, 353) : dial. de Batz *pas* (van. *nepas*), pour *nedeu pas*, ce n'est pas, cf. *nen douf pas* je ne suis pas, J 183 b, etc.; voir *tamyc*. On peut comparer *fors petra* n'importe quoi, *Trub.* 231, pour *n'eus fors petra*. — Voir *muy, nac*.

Nac non, dans quelques locutions en bret. moy. et mod.; gall. moy. *nac*, v. irl. *nac, nacc, naicc*; voir *Rev. celt.* XIII, 351. *Nac'h* cacher (un péché en confession) D 138; *so nachet outafu* (les sacrements) lui sont refusés H 49. De **nacc* = v. irl. *nacc* non, cf. *Rev. celt.* XIII, 351, 352; voir *Urk. Spr.* 190.

Nadoes aër frelon, l. crabro Nom. 48, *nados aer* « sorte de mouche fort longue et déliée » Pel., *nadoz-aër* « papillon allongé... qui vole sur les eaux » Gr., pet. tréc. *adoue ér* libellule; NADOZYAD aiguillée Gr., *nadouéyatt* f. l'A., gall. *nodwyddaid*; NADOZYER, van. *adoëyour* aiguillier, *nadouéyour* l'A., gall. *nodwyddwr*. Voir *yell, oade*.

Naffn. Naon faim D 101, 165 (1 syll.); *naoun* 28, Nom. 260, van. *nann, naün* Grég., gall. *newyn*; irl. *nūna, una* famine, *Bezz. Beitr.* XIX, 119; NAOUNEGUEZ cherté Nom. 52, *naounneguez, -gues* faim (insatiable) 260, *naounéguez* famine Gr., gall. *newynogaeth; naounya, naouna* affamer, prendre par famine, *naounyet bras* affamé, *naouneguer* celui qui met la famine dans un pays par ses vexations Gr. Cf. got. *nauths*, all. *Noth*, *Urk. Spr.* 193.

NAHENN pl. *ou* bande de tête ou bandelette, dont les femmes du commun se servent pour se coiffer; *nahen* tresse de fil, haute Cornou. et Vannes, lacet plat de fil, ruban de fil Gr.; *-nn* tresse, cordon tressé Pel.; *naheenn* f., pl. *eu* bande pour tenir les cheveux des femmes du commun, tresse; *nahênn* lacet plat l'A.; *nahenen wenn* tresse blanche *Barz. Br.* 209 (cornou.); *nahennein* tresser (les cheveux), *nahennour* tresseur Chal. Ce mot, expliqué par **nach-* de *nacc, dérivé de la même rac. que le lat. *necto*, M. lat. 189, 190, peut aussi venir de *nath-* pour *natt-*, même rac. que *neudenn* fil; cf. cornique *snod* gl. vitta, etc., *Urk. Spr.* 315, 316? Il pourrait encore être emprunté au b. lat. *natta*.

Nam. NAMMA estropier Gr., part. Nom. 272; gall. *namu* blâmer. Ce mot rappelle le gaul. *Nammeius*; mais peut-être est-ce proprement une conjonction; cornique *nam* exception, gall. *namyn* excepté; voir *nemet*. Cf. bret. *si* défaut, du fr. *si*.

NAOUEIN l'A., *navein* Chal., gratter, ratisser (des navets) = gall. *naddu* couper, irl. *snaidim*, cf. *Rev. celt.* VII, 311, 312, comme *claouein* (*clacin* approfondir, caver Chal. ms), *spaouein* = *claddu*, *ysbaddu*; *failiein* (et *fariein*) adirer, égarer Chal. ms = moy. br. *faziaff*; voir *bez, cleuz*.

Nary, voir *bet nary*.

Nasq attache (pour les bestiaux), NASQA attacher (les bestiaux) Gr., *nazket* (âme) liée (au joug de Satan) *Trub.* 75; gaél. *nasg* attache pour les vaches; gage, obligation; irl. *ronenasc* je liai; *naidm* contrat; sanscr. *naddha-* lié, etc., *Urk. Spr.* 191 (le nom *nasq* paraît séparé à tort de *nasqa*, p. 190). Voir *asq*.

Natif g. id. Cb v. *guiniuaelez*; *natiff a Francc*, natif de France, *natiff a briec* Cb, *natiu a Treguer* H 39; *scuyllaff e natur* (sperma); *natur an gruec*, syn. de *blezu an grec* Cb.

Navvet neuvième H 14 (et non *nauvet*), *naovet* D 103; NAOÑTEKVED dix-neuvième Gon., *nandecvéd* Gram. de Guill. 29, pet. tréc. *naoñteget*, moy. br. *nauntecuet*.

NÉAU, *néff* f., pl. *névyou, neffyou* auge Gr., *néô, nef, nev* f. auge, pétrin, huche Gon., *an eo tosec* le « mæts a boulenger » Maun.; van. *nof* crèche Chal. ms, *off, offenn* pl. *eü* auge Gr., *off* f., pl. *oveu*, et *offeenn* pl. *eu* crèche, mangeoire l'A., *ov Choæs* 158, *of* 207 (voir *yell*), dial. de Batz *neirf* pétrin; *néau-Ilis* nef d'une église; *névicq* huche de moulin; *névyad*, van. *offad, ovad, offennad* augée Gr., gall. *noe* f. pétrin, v. irl. *nau* navire, cf. lat. *navis*, grec ναῦς, etc., voir *Urk. Spr.* 189. Le lat. a donné en patois de Franche-Comté *nô* abreuvoir; Grammont, *Mém. de la Soc. de Ling.* VIII, 336.

Nebeudic bien petit Cb v. *vn*; petite pièce v. *bihan*; *vn neubeut* *bras* un peu grand *Cms*. M. Stokes a lu *n* au-dessus de « minus » (*The breton glosses at Orleans*, 2ᵉ édit., p. 52); ce doit être l'initiale de l'ancienne forme de *nebeutoc'h*. *Nebeut a nebeut*, peu à peu, *nebut*, Cb; *a neubet en neubet*, petit à petit, v. *bihan*, cf. *Rev. celt.* XVI, 200; *neubeutoc'hik* un peu moins Peng. II, 211; pl. *a nebeudou*, peu àpeu, Mo. 182, dim. *a nebedigueu Guerz. Guill.* 54, *nebediguéu glahar* de petits moments de douleur *Voy.* 99, cf. *L. el l.* 24; *à neubeutdigou* peu à peu Nom. 159, cf. *imagigou* petites images 197, mais on lit *imaigouigou* 253; *brancouigou* petites branches 102, *pezyou igou* petits morceaux 98, *tachouigou* petites taches, *gorouigou* petites ampoules 265, *goroïgou* 264, etc. Les formes qui n'ont qu'une fois *ou* se montrent plus anciennement que les autres; voir *ban* 2, *enesenn*, *feuntenyou*, *lard*, *pesacz*.

En dehors des pluriels en *ou*, le radical simple ne se trouve au diminutif que dans les cas comme *frouezigou* petits fruits Nom. 71 (*frouëz* fruits Gr.) : on a *bugaleïgou* petits enfants Nom. 163, *tiezigou* petites maisons 190, *pesqueligou* petits poissons 42. Cf. cornique *flehesygow* petits enfants (Z² 297).

M. Loth sépare *nebeut* de *paut* abondant, cornique *pals*, dans son éd. de Chal., p. 66, à cause du cornique *nebes*.

Necesserouch plus nécessaire Catech. 4 v; *necessité* nécessité D 29, 89, pl. *ou* 54, 66.

Nec'h inquiétude D 82, *nechamant* 124, pl. *nec'hamanchou* malheurs 168; *néhance* f. embarras, peine d'esprit, *néance* importunité, chagrin, *néancein* importuner, *néhançuss* embarrassant, *néançuss* importun l'A., *néhançus Voy.* 67. Voir *Urk. Spr.* 190, 191.

Nedelec noël H 26, *nedelic* 25, 30 (2 fois); *nenndeléc*, *nandeléc* l'A.; *Nedellec*, reg. Péd. 110 (1586).

Neff ciel B 264, *enff* Nl 294, pl. *roue neffaou* Nl 492, *roue'n enffaou* 97; *beden neffhou* r. ont B 503, lisez *neff hont* (jusqu'au ciel là-haut); *eff*, m. : *aneza*, D 25. Auj *neñv*, *eñv*; van. *nëu* (*Devis être un doctor hac ur bégul*, Napoléonville chez Le Buzulier, p. 5) et *neañ*; l'A. donne *nean* et *einhuë* (et aussi *né* pour les rimeurs « quand ils en ont besoin »; cf. *Choæs* 199, 207, etc.). Cf. van. *inëu* (*Devis* 5; dialecte de Batz *eneij*) et *ineañ* (*inean* l'A.) âme; *creihuë* et *crean* fort, *preinhuë* et *prean* ver, *einhuë* et *ean* il, *neaihuë* et *nean* nage l'A.

= moy. br. *eneff, creff, preff, eff, neuff*. Il semble y avoir, aux plus anciennes de ces doubles formes, une raison phonétique, la même que dans *clan* malade, *cleinhuétt* maladie l'A. = moy. br. *claff, cleffet*. Ainsi *prean*, pl. *preinhuétt* l'A., a pu faire créer par analogie un nouveau singulier *preinhuë*, voir *degrez*; de même *nean* nage, *naihuein* nager l'A., auront amené, en s'influençant réciproquement, les formes nouvelles *neanein* et *neaihuë*, etc.

M. d'Arbois de Jubainville a signalé l'analogie de la diphtongue vannetaise de *neañ*, ciel, avec la diphtongue de l'irlandais moderne *neamh* (prononcé *nyâw*, cf. mannois *niau*), *Rev. celt.* I, 92; cf. V, 487. Il y a quelques indices d'une prononciation analogue en moyen-breton devant le son *u* ou *v* : *cleuet, cleauuet, cleauet* entendre; *bleu, bleau* cheveux (cf. van. *bléü* et *bléau* Gr., à Sarzeau et à Auray *biäu*; sing. *bléaoueenn* l'A.); *breulim, breaulim* meule à aiguiser; *deuiff* brûler, *deauiff* *Cms*; *queffret, gueuret* et *gueauret* ensemble.

Le van. présente une contraction de *eañ* en *añ*, dans *cleañ* épée Gr., de *cleeañ = moy. bret. *clezeff*; *cleañ*, à son tour, peut se contracter en *clañ*. On a aussi *añ* pour *eañ* dans *ran* bêche, variante de *reinhuë* = moy. br. *reuff*, *Rev. celt.* VIII, 509; *ardrañ* par derrière Gr., moy. br. (*di-*)*oardreff*; *prañvicq* insecte, dim. de *preañv* ver Gr., moy. br. *preff*; à Sarzeau *triañk* et *trañk* aigre *Rev. celt.* III, 235, de *treancq*, léon. *tréncq* Gr.; *gultan*, pincettes, l'A., bas-cornouaillais *gueltañ*, moy. br. *guelteff* grands ciseaux, *Rev. celt.* VII, 311; *inean* et *inañv* âme Gr., etc. *Harnan a dro* tourbillon Chal., *harnan glaü* ondée, Chal. *ms*, *barrad harnan* orage l'A., hors de Van. *arneu* Gr., et *arnef, arne* temps d'orage Pel., comparé au gall. *arnwyf* vigueur, etc., *Rev. celt.* I, 95, ne peut se séparer du rouchi *arnu, rénu* (temps) fade, orageux *Dict. rouchi*, 1826; *arnuëy* « fermenté, aigri sous l'influence d'une température... orageuse », dans le Pas-de-Calais, *Rev. des pat. gallo-rom.* I, 216, = bret. *arneuët* (beurre) échauffé Gr., van. *harneuet* (homme) énervé (par la chaleur) *Imitat.* 296, *arhunnennet* rance Chal. *ms*. Voir *yell, lech, quea*.

Negatif négatif D 90. — *Negligeanç* négligence D 69, 98, *neglig* il néglige 86, *-ich Aviel* 1819, I, 267. — **Negocc** affaire (civile) H 49, pet. tréc. *egos* tapage, du fr. *négoce*; voir *yell*. — **Negun.** *Nicun* personne D 62, 154, *nicun anezo* aucun d'eux 48, *mar deux* *nicun* s'il y a quelqu'un 168, *nicun* (si) quelqu'un 135, *nigun* id. 177; v. fr. *negun*, esp. *ninguno*.

Neïn *an ty* faîte (d'une maison) Nom. 142; *nein* sommet, le haut de la tête Maun., *nein, néyn* sommet, cime Gr., *nein* Gon., pl. v. br. *a ninou* gl. laquearibus; cornique *nen-bren* laquear, gall. *nen* voûte. Le vocalisme du mot breton a été sans doute altéré par assimilation à son syn. *lein*.

Neyzor, neyzour hier au soir, la nuit dernière; mod. *neizeur, neizour*, van. *nihour* Gr.; *'neizour-noz* G. B. I., I, 156, *en ihour dehuehan* L. el l. 28, gall. *neithwyr, neithiwyr, neithiwr*, cornique *neihur, nehuer*; = *nocte serā* (gall. *hwyr* tard; soir)? Cf. M. lat. 190; Urk. Spr. 195.

Nemet quen « seautrement, l. siquominus » Cb v. *autremant*; *nemet se* sauf ces exceptions J 68 b; *ne met* Jér. v. *lūs*; *nemet ouf* sinon moi J 203 b, *nemed ouf* 177 b, *nemedouf* B 140*; *nemeta* sinon lui 20, var. *-af*, r. *aff; nemed och* que vous J 206; *nement* sinon Cathell 9, pourvu que D 131, *nementān* que lui Intr. 383, *nemert* si ce n'est *Kant. Z. V.* 23; *nemet ené* (lis. *evé*), pourvu que... soit D 91, *nemetta avé prodig* à moins qu'il ne soit prodigue 106, *nemedomp ho accomplisse* à moins que nous ne les accomplissions 84, *nemedot a prouphe* Cathell 16, voir Rev. celt. XI, 480, 481, 476; *nemerdoch na ell*, personne que vous ne peut, Mo. *ms* 177. *Nemerd, nemed*, sinon, van. *nameit* Gr., *nameid* Choæs 101, *meit* Guerz. Guill. 54, etc. *Merag* sans, n'était, Miz Mari 1863, p. 92, 102, = (*ne*)*met rac* « sinon pour », cf. *met sepet*, litt. « sinon excepté ». Pet. tréc. *kennieregze* sans doute, précisément = *ken 'met rag-ze*, litt. « rien que pour cela ». *Nemet* s'est mêlé avec son équivalent *pa ne ve* n'était, ce qui a donné *penamet, paneverd*, etc.

Ce mot rappelle le v. fr. *ne mes, ne mais*; j'ai même entendu *nemes* pour *nemet* dans une chanson populaire, à Plougrescant. Je crois pourtant qu'il faut couper *nem-et* (cf. *bennak* et *bennaket* quelconque, v. *goaz* 3, p. 276?) de *nam-* qu'on trouve dans le gall. *namyn* sinon, le cornique *nam* exception, *namna* presque, voir *nam*. Composé de *ma*, si, comme le latin *ni-si*, cf. gaél. *nam* si?

Nep. Evit *nep offanç*, malgré tous mes péchés D 173; *ne deux den nep biny* il n'y a personne (qui) 159; *nep a lavare compsou all..., ar Badiziant hac eff à ve mat*, « qui dirait » (i. e. si quelqu'un disait) d'autres paroles, le baptême serait-il bon ? 130. Van. *Mari, nemb er gannas* Marie qui l'enfanta, *Choége* 79. *Nep en deuez* celui qui a N 561 ; c'est plus souvent un pluriel : *neb so* ceux qui sont, B 40 ; *nep... na pris quet... dren avaricc ho delch* J 12-12 b, cf. *nep na cret en avielou... notifiet dezo* D 85 ; *nep na pae ar pez a tleont*, d'o *laboureurien* 105 (sur cette construction, voir *Rev. celt.* IX, 251 ; XI, 95, 96) ; *nep ...à descuez... ho daou dourn* D 87 ; *daou c'hant deis à guir pardon ho deves nep à lavar* 74. En bret. mod., le sing. est plus fréquent, mais le plur. s'emploie aussi : *an neb o deus* Mo. 162, cf. *Juif Err.* 4, etc. ; qqf. il se fait un mélange des deux constructions : *anep peré no observo* ceux qui ne les observeront pas, Mo. *ms* 196 ; van. *en nemb ne vihuou revé m'ou dou credet* ceux qui ne vivront pas comme ils auront cru *Guerz. Guill.* 26. *Hep nep par* (il l'a aimé) plus que tout autre, D 163 ; *me rai d'ho curunen bea hep neb e bar* je rendrai votre couronne sans égale, Jac. 38 ; *hep dale mui nep pell* sans plus tarder longtemps, Mo. 213. Dans *é neb kiz mé tegoeh en eil doh é gelé* de telle façon qu'ils (les arbres) se répondent, L. *el l.* 68, *neb* semble mis par confusion pour *hevelep*. Voir *Urk. Spr.* 190.

Nerzder vigueur, **nerzus** l. vegetativus C*b*; puissant, v. *bras*, qui a de la force, van. *nerhus* Gr. ; *èn nerh ag er gouian* au fort de l'hiver L. *el l.* 160 ; NERZIC n. d'homme, XVIIe s., Nobil., = « petite force » ; NERZA donner de la force, se fortifier, van. *nerheiñ* Gr., gall. *nerthu*.

Ce dernier mot van. diffère de *nærein* se plaire, parl. des animaux et des choses inanimées ; *nærein arré* revivre ; *a eell... nærein, a nære* végétable, végétal l'A., *nerein* (croître et) multiplier *Manuel*, 2e éd., 1867, p. 6 ; *laquatt pissquédigueu de nairein énn ul lœnn*, et activement *enn nairein érhatt* (pour) bien aleviner cet étang l'A. v. peuple, *nairein a boble, eel quênit* repeupler l'A., du v. fr. *nurrer*, il *neure* nourrir, entretenir, et neutr. être nourri, pulluler, cf. *nourrin*, alevin (pour van. *æ, ai*, du fr. *eu*, cf. *andaivréc, ævrein*, s. v. *ab, eufr*, etc.).

Guin crean ha nerhinus du vin pétillant, Chal. *ms*, a aussi, je crois, une autre origine, et répond à *neruennus*, plein de nerfs, C*b*, cf. *nerhennéc*, nerveux, l'A., bien que M. Loth le rapproche du gall. *nerthineb* force, éd. de Chal., p. 103 ; sur *h* pour *hu*, voir *Rev. celt.* III, 53, 235, 236 ; VII, 309.

Nessa (le) plus proche D 53; (ton) prochain 118; *nessaas* il approcha 193; *nesaour, nesaër* voisin, *neçzanded* alliance, *-añded, nesanded* préme, prémesse, retrait lignager Gr., *nessandet, nesdet* (prémesse) Pel., *nested* m. proximité, alliance Gon., généalogie Le Coat, Math. I, 1; *ez nes,* prochainement C*b*; *var nez mervell* sur le point de mourir Gr. Un autre adverbe formé de ce mot est *a néz, a-néz* sans, n'était (cela) Gr., *anes* Intr. 221, *enez ma ve* à moins qu'il ne fût Rev. celt. V, 187, tréc. *anes, nes*; cf. gall. *nes*, jusqu'à ce que. Même rac. que *nasq*; voir Urk. Spr. 191.

Netder pureté C*b* v. *puraff, nectéry* Cathell, *neatteri* Intr. 284, anc. éd. (cf. *crizder* et *crizdery*, etc., voir *lousder*), *nættery, nættadur, nættadurez, neadted, nædted* netteté, *nætoñny* propreté Gr., *nettoni* Maun.; *neat* (vin) pur C*b* v. *guin*, (conscience) pure, etc. D 41, 120 (1 syll.), 135; *nettat* nettoyer Nom. 172, *netteat* purifié D 40, *nettaet* purgé C*b* v. *guelchiff.* Grég. donne *neat* (et *næt*, van. *neet*), net. Cette forme vient peut-être de **naet* = v. fr. **nait, *noit* de *nitidus* (cf. *raide, roide* de *rigidus*).

Neudenn fil, pl. *neudennou, neud; neud* « pièce de fil », composée de plusieurs écheveaux, pl. *neudou; neudennicq* petit fil, *neudénnus* fibreux Gr.; *Le Neuder* Inv. arch. C.-d.-N., série D, p. 125; *neudenni* enfiler Gr., *neudenna* filer, enfiler, *neudek* textile Trd; voir *nahenn.*

Neuff. Nep a neuff gant goel « qui naige a voile » C*b*; *pa zear da neuf* quand on va se baigner D 15, pet. tréc. *pē hér dë nañvial,* id., *neanwal* nager L. el l. 54; *neuñyadecg, neuyadecg,* pl. *-egou* nageoir, lieu où l'on nage, van. *neanneres* nageoire, aileron Gr. Voir *neff* et Urk. Spr. 315.

Neuse, neuseu alors Cathell 5, *neuze* D 162; cf. Rev. celt. XI, 193.

Neuz (faire) semblant D 109, *neus* 59, d'où le gallo *neu,* Rev. celt. V, 223, cf. IV, 163. Ce mot, = **nād*, pourrait être à *pe-naux* (*penaos* D 15, 139) = **nās*, gall. *naws* (voir *ausaff*) dans le même rapport que le gall. *craidd* au bret. moy. *creis* milieu, cf. Rev. celt. VI, 390; voir aussi *dieznes, euz* 2, *hues, lès, penaux.*

Nevez. Eux nevez cafet on a nouvellement trouvé D 167; *neuez demezet* nouvellement marié, C*b*, v. *donaesonaff,* pet. Trég. *neve c'horoet* (lait) nouvellement trait, etc.; *neuez-amser* printemps, *an* *neuez amser* Nom. 223, *néhué-han* l'A., *nehué-han Voy.* 35; *a nevez flam* D 135, *à n. f.* 43, 114, de nouveau, encore, *a neuflam* (réparer') de nouveau *Choége* 88; *nevezi* renouveler, transformer *Trub.* 26, rajeunir, devenir jeune *Bali* 176, *nevessaat* renouveler *Æl mad* 257, *néuéat* Chal., *neüezat* « raieunir » Chal. *ms* (avec un exemple); *nevezour* novateur Gr., *névézer* Gon.; *nevezadurez* renouvellement Gr.; pet. Trég. *eventio* nouvelles, nouveautés, voir *yell*; *neuitet* nouveauté *Choæs* 207, *nehuetedeu* nouvelles L. *el l.* 26.

M. Loth rapproche du gall. *newid* échange, marché, le van. *neuieu* « nouveautez d'une tenuë » Chal.; *néuieu* m. « nouveautés (somme pour avoir la baillée) » l'A. v. *baillée*. Ce mot me rappelle plutôt le cornique *newydhow* nouvelles; j'y verrais le pluriel de *néhué* pris comme nom. Cf. *néhuieu* « nouveauté... de tenuë », *gobér enn néhué, gobér néhuieu* « faire nouveauté » l'A.; Gr. traduit « faire des nouveautez dans une tenuë » par *ober traou névez en ur goumanand...*, et en van. *gobér neüyëu, neüéeiñ*. Le fém. de *nevez* se trouve dans *nevezenn* pl. *ou*, *neoüeenn* pl. *aou*, syn. de *douar-névez, douar névez-digoret* « novale, ou terre neuve, terre nouvellement défrichée, et ensemencée » Gr. C'est peut-être encore le sens de Nevezit n. de village *Inv. arch.* C.-d.-N., série B, p. 63; E, 77, et même du n. d'ho. **Nevezic** *Arch. de Bret.* VI, 219, malgré son apparence de diminutif; voir *Quistinic*.

Nez, neiz nid, pl. *neizou*, cornique *nythow*. Gr. donne *neizyou*, van. *nebyëu*; on lit *neïzhi Trub.* 46. NEIZA, *neïzya*, van. *neheiñ, nehyeiñ* nicher Gr., gall. *nythu*, cornique *nyethy*; NEIZAD, *neizyad*, van. *nehyad* nichée Gr., *nihiatt* l'A.; *néhiat* nid 3 s. *Choæs* 208, gall. *nythaid*, voir *yell*, p. 331; pet. trec. *néjeta* chercher des nids. Voir *Urk. Spr.* 194.

Nezaff filer, tordre. Le NÉZEC XVIIe s., *Inv. arch. Fin.*, série B, p. 315; *nezadecg, neadecg*, pl. *-egou* « filerie, renderie de fil, jour de divertissement et de bonne chere »; *nezadur, nezidiguez* filage, manière de filer Gr. Même rac. que *neudenn*.

Nezen, nizen lente, pl. *nez, niz*, van. *neën, nehen* pl. *ne, neh* Gr., *née-quicq* ciron l'A.; *nezus, nizus*, van. *neüs, nehus* sujet aux lentes Gr.; cornique *nêdh*, gall. *nedd* lentes, voir *Urk. Spr.* 316.

Ny (Le) n. d'ho. *Arch. de Bret.* VI, 183; *ny* neveu C, pl. *nyez*

Gw.; *ni, nih,* pl. *nié, nier, niher* Chal. *ms, niér, niét* Chal., *nied* (descendants) *L. el l.* 64, *nizien* neveux *Buez ar p. m. Emon* 32, pet. tréc. *nijen.* Voir *qeffnyand,* et *Urk. Spr.* 190. Le moy. br. *niz, nyz* nièce, v. bret. *nith,* cf. lat. *neptis,* est devenu *nizés* Gr. (voir *mazron*); puis ce mot a fait changer, par analogie, l'ancien masc. *ni* en *niz* (pet. tréc. *niz,* f. *nizes*).

Nicodemus Nicodème D 21; *Nicolas* Nicolas, dim. *icq* Gr., cf. *Nicolazit* convenant, *Inv. arch. C.-d.-N.*, série E, p. 60; **Nicolazo,** *Nycolazo, Nicollazo* n. d'ho., XVIᵉ s., *Inv. arch. Morb.* IV, 149, 244; V, 90.

Niff. Niñval, niñvo être chagrin, se chagriner, en Sᵗ Brieuc, Gr.

Nigal voler C; auj. *nijal* (et non *nigal*); *loëned nich* oiseaux, volatiles, *B. s. Gen.* 31.

Niuer nombre, v. br. *nimer, Rev. celt.* IX, 419; van. *en nivéh a quezek* les chevaux (attelés aux chariots de Pharaon) *Celt. Hex.* I, 9 (écrit aussi *nivéh* VI, 8, 10); *d'en nivér e oai, ne oai quet moyand avance* il y en avait tant, qu'on ne pouvait avancer (de deux pas sans en voir un) *Voy.* 123; *d'en nivér a druhé em boai bet doh* (je n'avais plus sommeil), tant j'eus de pitié pour (elle), 73; cf. gall. *cynnifer.* Van. *niñuér* nombre Gr., *nivérr* l'A.; *niver traou* nombre de choses *Rimou* 9, cf. *Trub.* 250; *an niver-braçza* la majorité *Discl.* 12; *gril niver* multipliez-vous *Genes* 4; *niverus* qu'on peut nombrer, *nivérer* calculateur, *niveridiguez* énumération Gr.

NIZA vanner Gon., *niat* « venter » Maun., *nizat, nyat* cribler au vent Gr., *nizet* (cendre) jetée au vent D 44, gall. *nithio* id., cornique *nothlennow* draps pour vanner =**nict-*, cf. grec νίχειν vanner, νίχλον van, Hésych., d'où λίχνον. Voir *Urk. Spr.* 194.

Noaz nu, paraît signifier cruel, impitoyable N 1916; *noas* r. *az* B 294*. **Noazdur** nudité *Cb,* Gr., cf. le suffixe de *noasdur* nuisement *Cb,* action de nuire Gr. *Noazder, noazded* nudité Gr., *nuahadurr* l'A.; *nuehat* dégarnir (des fossés) *L. el l.* 38. Voir *yell,* p. 330.

Noeaff extrémiser N, *noui* D 143, part. *nouet,* 1ʳᵉ syl. rime en *of,* N 1303; en *oue,* D 129; subst. *nouën* 143, *noenn* 99, 127, *ounghen, nouën* Pel.; *mancout var un nouen* oublier une onction *Bali* 179, *nouënni* extrémiser Gr.; du l. *ungere* avec *n* préfixé, cf. van. *nouë* jalousie Chal. *ms* = *oaz*; *nuelet, nouelet* âtre, foyer Chal. *ms* (ajouté au dessus de *üelet, oüelet*, avec cette note : « il faut un N ») ; *en neïnet les oiseaux Celt. Hex.* II, 12 ; *énn-néh* à merveille, voir *bet nary*; hors de Van. *an nod* la grève, Chanson... *ar chimiq*, str. 4 ; *nâouen* eau croupie *Alm.* 1877, p. 28, 34 = tréc. *dour haoe*, voir *Dict. étym.*, v. *azff* ; *ar nurlamant* le hurlement, Mo. *ms* 223 ; *eur nezen fresq* un vent frais, *Miz Mari* 1863, p. 15 ; *mirer an nouhen* bouvier C ; moy. br. *noabrenn* nuée, pet. Trég. *n'eus ke tam noab* il n'y a aucun nuage ; *Ét. sur le dial. de Batz*, 18, etc. ; voir *oaget*. On peut citer ici les noms propres comme *Noan*, reg. Péd. 182 b (1601), *Le Noan* 94 b, 97, 108 (1583, 1584, 1586), de *oan* agneau, pet. tréc. *noann : daou noann ; Le Nabat* 126 b (1590) de *abat* abbé ; *Le Narvezec*, xvᵉ, xvıᵉ s., Nobil., du v. br. *Arbedoc, Rev. celt.* IV, 325, cf. *Chrest.* 189 ; *Le Nauiron* reg. Guing. 239, *En Auiron* 52 v, *Laduiron* 260 (en 1601), du fr. *aviron* ; *Le Nozahic Inv. arch.* C.-d.-N. série D, p. 126, voir *ozec'h, eaost*, etc. En cornique *nascra* sein = bret. *ascre*.

Noeanç D 157, *noëanz* race Gr. ; *noeans tud* race, peuple, Le Bris, *Reflexionou... var ar finvezou diveza*, Quimper, chez Derrien, p. 189 ; *an nôeanç hac ar gruguel-ze a garanteziou fall, Intr.* 259 ; *noüeançz Adam*, Trub. 8. Forme vannetaise du bret. moy. *noeant* être, créature, avec le sens de *noeancc : peh ur goal-oüant so honneh, peh fal' rum' a dut* « quelle chienne de *race* est cela » Chal. *ms. Oüant* f., a perdu l'*n* initial, voir *yell*. Prob. du v. fr. *noiant* chose de néant, rien, quelque chose, cf. *niantaille*, gens de néant, God.

Noesus « contencieux, noiseux » Cb v. *striffaff* ; *noas* nuire D 61, 108, *noasout* 45, cf. *Rev. celt.* XI, 113, 469 ; *guet eun a vout noëzet* de peur d'être grondé *Choæs* 89. **Noasdur, noasadur, noasançz** action de nuire Gr. ; voir *noaz*. — **Nombr** nombre Cb, v. *vnan*, H 51, numéro 53 ; **nombraff** compter Cb v. *caillauenn* ; *nombr à tut* nombre de gens D 193, *nombrus* nombreux Mo. 156.

Nompas (comme ton parent), et non pas (comme un étranger) H 20 ; *non* (seulement) 16 ; *mé lar ya, ha non-pas* je dis oui et non *Choæs* 9 ; *non Intr.* 293, etc. Du fr.

Nopleat « noble fait » Cb v. *doen* = *nobléet* anobli, participe de *noblaat*, van. *noblat* Gr. ; *nobla* le plus noble D 93, *nopla* 55 ; *noblanç* noblesse 69, 124, *-ancz* Catech. 4 v, pet. Trég. *oblañs* château, m. : *daou oblañs* ; voir *yell*.

Nos nuit, f. : *diou* D 21, *teir* 88, *Cb* v. *spacc*; *peder* v. *peuar*. Pl. *noxieu* 3 s. *L. el l.* 38, 2 s. 92. *Nosvez* nuit, espace d'une nuit D 187, *nozeoh* 2 s. *Choæs* 171, *nozeah L. el l.* 54; *nosvezyou* veillées Gr., pet. tréc. *tremen nozejo* passer des nuits; *nosvezya* aller de nuit aux veillées, *nosvezyer* celui qui y va, f. *ds* Gr. Voir *mintinyus*.

Notaff noter C; pet. Trég. *noted* engourdi, paralysé, cf. *aroue* rhumatisme = moy. br. *aroez* signe.

Nozelenn pl. ou bouton, *nozelenna* boutonner Gr., *nozela* Trd; voir *yell*, p. 331.

O

OADE, *ode* brèche Trd; *ode* pl. *ou* Maun.; gall. *adwy* entrée, ouverture (irl. *áth*, gué, s'il répond au grec πάτος; voir *Rev. celt.* II, 321; XIV, 436; *Urk. Spr.* 222). *Ode* vient de *oade* comme *goro* traire, de *goero*; bas-van. *bolow*, ventre (expliqué autrement *Rev. celt.* XI, 78), de *boelo* (tréc.), léon. *bouzelou* boyaux; *holen* sel, de *hoalen*, etc., voir *pore*. *Oade* vient de **adoe* = gall. *adwy* comme *hoalen* sel, de **haloen*; tréc. *noade* aiguille, de *nadoe*; *eol* huile, de **ole*, cf. *oleo*; cf. *-aelez*, *-aeguez*, de *-elaez*, *-egaez* dans le moy. bret. *cuffaelez* douceur, *guiniuaelez* naissance, *henaffaelez* droit d'aînesse, *scaffaelez* légèreté, *pabaelez* papauté, *madaelez* bonté (*intañvaëlez* veuvage Gr.); *aznauodaeguez* connaissance, etc. Voir *amnesaeguez*, *anhez*, *den*, et *Rev. celt.* VIII, 35, 508, 509; XI, 357.

On peut ajouter d'autres cas où l'analogie est moins complète, comme moy. bret. *quoalen* catulus, de **coloen*, gall. *colwyn*; *aounner* génisse (voir *onner*), de *annouer*; les 2 syll. de *profoet* prophète, riment en *oe* et *et*, Jér. v. *dinoe*, comme si l'auteur avait admis une prononciation **proefet*. Voir *madre*.

Oaget âgé, ancien *Cb* v. *coz, garu*; *Cc* v. *bloaz*; auj. *oajet* âgé, van. *oédet*. *Oat* âge, 1 syll., B 269, P 254; 2 syll., r. *o* et *at*, D 83;

he eil noad son second âge, sa jeunesse *Miz Mari* 1863, p. 138, *ho voad* votre âge *Æl mad* 26, *ho c'hoad* 10; pet. tréc. *noad*, 1 syll.; voir *noeaff*. Même racine que le lat. *ætas*, grec αἰ(ϝ)ών, cf. *M. lat.* 190, *Urk. Spr.* 3.

Oalet foyer. Gr. donne *oaled, auled*, pl. *-edou, -ejou; aoled*, et van. *eüled, oueled*, pl. *ëu*; l'A. *ouélett, ulétt* f. Voir *noeaff, Rev. celt.* III, 235, et *Urk. Spr.* 7, 8, 51.

Oan agneau. Pl. *eyn* Catech. 8 v, *oaned, ein*, van. *ein* Gr.; van. *oëneiñ* agneler Gr. Voir *degrez*, p. 150; *noeaff*, et *Urk. Spr.* 49; *Idg. Forsch.* IV, 289, 290; V, 324, 327.

Oann. Ezoann que j'étais J 127 b, *nen doann quet* je n'étais pas 231, *mar doa* s'il était 205, *dre moa* parce que j'avais 119; *uoa* il était H 5; *o'an* était le NI 131, *ezo'an* 470.

Oar. Uar sur H 2, 19; au-dessus de, plus que 12, 14; *peuar... uarnuguent* vingt-quatre, 53, *vnan oar nuguent* vingt et un, Cb v. *contaff*; or, au XVIe s., auj. id., *Rev. celt.* XVI, 200; voir *har, mouien*, p. 428, *tarauat*.

Oaz jalousie. Pel. donne une variante *nöaz*, et en van. *oë, oï*, en cornou. *oign*. Voir *baizic, noeaff*.

Obeissa obéir D 26, 159, *obeyssa* 173; *obeissanç* obéissance 92, *obeïssanç* 57, 96, *oboisancc* Cc; v. fr. *obboissance*, XVe s., *Arch. de Bret.* VI, 77.

Oberer da ty faiseur de maison, *obereur da fossyou* faiseur de fosses Cb, *hoberour tyér* architecte *Voc.* 1863, p. 6; *an* **oberidiguez** *dan bet* « la faicture du monde » Cb, *oberidiguez* accomplissement Gr.; *oberer* f. *es* faiseur, Cb v. *groaer; de oberai* jour ouvrier Chal. *ms; drouc oberou* mauvaises actions D 124; *oberia* travailler *Trub.* 68; pet. tréc. *oberiañs* travail, façon, main-d'œuvre, cf. *peur obérians* supplément, du Rusquec; *an drouc-oberys en all* les autres malfaiteurs Nom. 136, lisez *drouc-oberysyen*; cf. van. *obérour-matt*, pl. *obérerion-vatt* et *oberision-vatt* bienfaiteur l'A.

Les Vannetais ont donné une grande extension à ces pluriels en *-ision, -izion, -igean* = *-e(n)s-ion-(es)*, cf. moy. br. *bourchysyen*, pl. de *bourchis* = fr. *bourgeois*, van. *arvorision* habitants de la côte l'A. Exemples : *portéour*, pl. *porterion* et *portizion* blatier; *marhadourr*, pl. *marhadision* marchand; *labourérr*, pl. *labourision* laboureur;

tavarnour, pl. *tavarnerion* et *tavarnision* « beuvetier » l'A.; *deleour*, pl. *deleerion* et *deleigan* redevable, *deleigen* débiteurs Chal. *ms; goulennision* des demandeurs v. *obséder; en dihuennision* les intimés, les défendeurs Chal. *ms; er hounidision* les laboureurs *Er Vretoned* 38 (sing. *gounidec* 36), etc.

D'après les mots comme *Holandizion* les Hollandais, sing. *Holandéss* l'A. (voir *franccces*), on a fait *Ormandision* les Normands, sing. *Ormantt* l'A. (Gr. donne le plur. *Ormandis*; on lit en léon. *Normandizien, Buez ar zent* de Marigo et Perrot, p. 659). Cf. pet. tréc. *markijen* les marquis, et *koñtijen* les comtes, d'après *bourc'hijen*, etc.; j'ai entendu aussi *ar memez Barzijen*, des *Le Barz* de la même famille. Voir *ploue*.

Obiection g. id. C*b* v. *opposaff*. — *Obscur*, 1ʳᵉ syl. r. *os*, obscur D 161, *obscuriteou* ténèbres Nom. 222. — *Obseruifu* observer H 16, cf. 6; *dez an sabbath... a obseruemp* observons, que nous observions le jour du sabbat 10; *observanç* observance D 57, 85. — *Obstinei* obstiné H 15, 48, obstinément Catech. 6 v.

Occasionou occasions D 97; voir *penaux*. — *Occidant* occident 35.

Oc'HAL, *oc'ha* gronder, grogner à la manière des pourceaux Pel., cf. gall. *ochain*; voir *dochal*.

Œngendret engendré Catech. 6 v, du fr.

Offanç offense D 29, 113, *offans*, r. *anç* 125, *offenç*, r. *anç* 118, cf. B 426; pl. *offansou* H 58, D 116; *offançet* offensé 149, *offanset* H 58, 2ᵉ s. r. *anç* D 125; *offansus* offensant 126, *offançzus* Gr. — *Offic* office C*b* v. *mestr*; *offiç* m. : *eguile* D 144; f. : *teir* 37; *officzou* devoirs Catech. 5 v; *offiça* officier, inf., D 198. — **Offrag** *a pri* « ouvrage de terre fraille » C*b*, *offraig graet a pry* Cc, *ouvraig* D 93, dim. *ouuragic* opuscule Chal. *ms*; **offrouer** *da ober barff* boutique de barbier C*b*, Cc v. *barber* = « ouvroir »; du fr.; voir *eufr*. — *Offranç* (aller à l') offrande D 194.

Ogrou, ograou, van. *orglés* pl. *ëu* orgue; *ograouër*, van. *orglésour, orglesér* organiste Gr., voir *coustelé*, p. 129.

Oguet herse Maun., *hogue.!* pl. *-egeou*, van. *augued* pl. *ëu* Gr.; OGUEDI herser Maun., *hoguedi*, van. *auguedeiñ* Gr., gall. *ogedu*; HOGUE-DER, van. *auguedour* herseur Gr., cf. gall. *ogiadwr*. Voir *Urk. Spr.* 6.

Oingnement g. id. C*b*, *oignement* C*c*, *oingnament* C*b* v. *mirr*, *oin-gnemant* v. *cedr*; *ouignamant* Nom. 276, dim. *oüignamanticq* 278; *onygnamentaff* soigner (ses plaies) Cathell 20; *ongant* onguent, D 175, Nom. 176, pl. *ou* 175; *ogan* l'A. v. *ogan* et *ingrédient*; *onganted gant louzou c'huez-vad* (après l'avoir) embaumé Bali 119; *onction* onction D 132, pl. *ou* 143.

Olier rég. Péd. 7 b, II, 2ᵃ b (1566, 1587), *Olyer* I, 42 (1573), *Oliuier* 17 b, *Olliuier* 20 (1568); dim. *En* **Olieric** reg. Guing. 50 v, *Lolieric* 183 v; *An-Ollieric* convenant *Inv. arch. C.-d.-N.*, sér. E, p. 72. Le n. d'homme **Olivrit**, *Archives de Bret.* VI, 227, peut s'expliquer par *olivariētum*, olivaie; cf. *Pañvrit*, voir *Aualeuc*.

Olifant ivoire D 196; *eleffant* éléphant Nom. 28. *Oliffanni* reg. Plouezec 5 v, *Loliffant* 9 v, 20 v, *Lolliffand* 17. En pet. Trég. *troad olifañn* manche (à couteau) d'ivoire; mais aussi *den olifañn* dents longues, litt. dents d'éléphant.

Oll-galloudec tout-puissant D 47, 56, 137, *oll-puissant* 47; *oll dr'en oll bet* par tout le monde Nl 427; *quement tra so oll* tout ce qui existe, *é q. lec'h so oll* partout D 23; *ar brassa oll* le plus grand de tous, *brassa mat so oll* le souverain bien 43, *ar santella oll* le modèle de toute sainteté 40, *da viana oll* à tout le moins 113, *da biana oll* 80, cf. *da hirra tout* tout au plus, *Fables de Goësbriand* 1836, p. 19; van. *quetan rah* tout d'abord, le premier de tous, Buhé... *Germenen Cousin* Van. 1855, p. 3, *er mercheu splannan rah* les signes les plus clairs 7, etc. Voir *Dict. étym.*, v. *holl*.

Onestant quoique Cathell 7, 29, tréc. *enostañt* malgré, nonobstant *Rev. celt.* IX, 383; berrichon *nostant* (Littré); voir *Dict. étym.*, v. *non obstant*. Nonobstant *da ze* malgré cela Mo. 153, *nobstant da guementse* 159, 234, *n. da ze* 259, *n. se* 157, *n. ze* Jac. 98, *n. e pourve déc'h* quoiqu'il vous assiste Mo. 245, *n'obstant* malgré Jac. 116; *en nobstant* (*da*), *Antretien etre daou zen yaouanq*, chez Ledan, p. 8; *obstant d(a)*, Son. B. I., II, 104. La métathèse des voyelles dans *onestant* et *enostañt* se retrouve dans tréc. *prespolite*, Peng. VII, 393, *-té* Jac. ms 83, *presporiié* 97, = *prosperité* prospérité Nom. 220, *-té* Jac. ms 87, D 62, pl. *ou* 89; *dudi* joie, de *didu*, moy. br. *didui* déduit; *sclotur* et *sclutor* bonde d'étang Gr.; *morbouch* et *mouroch* (d'où *moroch* et *mourouch*) dauphin, cf. un texte cité par M. Trévédy (*Le dernier exploit de La*

Fontenelle, dans les *Mém. de la Soc. d'Emulation des C.-d.-N.*, p. 9 du tirage à part) : « les poissons principaux pêchés dans la rivière et costières de Plolan, comme morrous, dauphins, esturgeons »; moy. br. *couyornn* (voir ce mot), mod. *coujourn* propre, bien ajusté Gr., *coujorn*, *Reglen evit C'hoareset an Drede-Urz... a venez Carmel,* Morlaix 1828, p. 182, de **co-journ*; van. *inevad, enevad* orphelin Gr. de **enivad,* pl. moy. bret. *emdiuadet*. Voir *penaux.*

Onner génisse C*b* v. *youanc*; *ounner, aounner* Nom. 33, voir *oade* et *Dict. étym.*, v. *annoer.*

Operation g. id. C*b*, D 64; *operet* opéré 117; *operatour* baladin Chal. *ms,* pet. Trég. *opràter,* pl. *ien,* empirique, charlatan, et fanfaron; v. fr. *operateur* artisan, empirique. — *Oppinion* opinion C*b*, pl. *ou* Catech. 5 v; *hopinion* C*ms*. — **Opposition** g. id., *oppossaff* opposer C*b, opposi* D 186. — **Oppression** g. id. C*b* v. *machaff; oppressifu* oppresser H 48.

Ordeson oraison H 26, -*san* 25, *oreson* f. : *dyu* 55, pl. *ou* 30, *oraesonou* 53; *orœson* D 66, pl. *ou* 41, 67, *o horrosonno* vos oraisons, Mo. *ms* 177, *orator* orateur 173, *orrateur* un oratoire Mo. *ms* 188.

Orchaedis. On lit *orc'hed,* traduit par « orgueil », dans la chanson de Le Floc'h sur Mgr Le Mintier; *orged, orget* orgueil, fierté, *Trub. XIX,* cf. 40; *orguéet* altier, Chal. *ms.* Maun. a *orguet* amourachement, *orguedi* s'amouracher, *oriat* libertin, *oriadez* libertinage; Grég. *orgued* coquetterie, *orguedi* coqueter, *orgueder* coquet, *orguedès* coquette; Pel. *oriat* badin, folâtre, immodeste, *oriadès* badine etc., *oriaden* fille trop coquette.

Ordiner aduersser (notre) constant ennemi H 9; *ordinal* toujours Nom. 26, *bep bloaz, ordinal* (semer) tous les ans 234, auj. id., du fr. *ordinaire*; les Bretons disent en français *ordinairement* dans le même sens. *An Ordinal* l'ordinaire, en droit ecclésiastique D 145; *ordinalamant* ordinairement *Cat. imp.* 132; *ordination,* -tion D 144; *orden* il ordonne 17, *ordonaff* (arranger) C*b* v. *constituaff; ordonna* ordonner v. *cusulyaff* (part. H 57); **ordonancc** (ordonnance) v. *determinaff; ordonancc pobl* plébiscite C*b*, pl. *ordrenançou* D 84. Cf. en franç. *ordrenner Arch. de Bret.* VII, 35, 142; *ordrener, ordrenance, Französ. Stud.* V, 387. — *Oreiller* g. id. C*b* v. *pluffec; orillier, hororeiller* C*ms*; dim. **horileryc** C*b*.

Orfebreur orfèvre D 27, *orfevrer* Maun., *orfebrer*, *orfeber*, van. *orfebour* Gr.; *offeuurer* g. id. Cc v. *goff*, *offebrer* Nom. 128, 175; cf. *laoüen paffalecq* morpion Nom. 49, moy. br. *louenn parfalec*. — *Orfelinet*. *Orfilinet* orphelins, *Bali* 161.

Orgouil orgueil H 47, C*b*, *orgueil* v. *coezffuaff*, *orguoill* Cc, *ourgouyll* H 33, *ourgoüil* D 122; *orgouillaff*, *ourgouillaff* « orgueillir », *orgueillaff* « orguillier, bombancier » C*b*, *ourgouillus* orgueilleux Cc v. *vantaff*, *orguillus* C*b* v. *dissolit*, *orgueillus* v. *cruel*, *orgueilleux* v. *desideraff*.

Oriant l'orient D 35. — *Original* (péché) originel 42, 121, *originel* 120; *origin* origine 39. — *Orin. Senessal pe orin* « vaisseau pour recevoir urine. » C*b*.

Oriou, *oriau* « sorte d'oiseaux de mer nommez autrement *gwelan*, ou plûtôt *gwillou*. Plur. *oriavet* et *oriaoüet*..., en françois grande-mauve » Pel.; *oriô*, *oriav* m. goéland Gon., *oriau*, *oriav* Trd. Cf. gall. *oriau* cris, Davies; *oriain* soupirer, *goriain* criailler, Spurrell; irl. *oar*, *or*, voix, bruit, O' Clery?

Ormelen. *Hormelen* porcelaine Nom. 44.

Orniff orner Nom. 158; *ornamanchou* ornements D 25, 111, *orlemantt* ornement d'église l'A. Pour le changement d'*n* en *l*, cf. *tabarlanc* dais Maun., *tabernek* G. B. I., I, 288, dais (= tabernacle); *laviga* naviguer *Rimou* 40; van. *palanchênn* panache, *palanche* caparaçon, *palanchein* empanacher l'A., *melestrour* administrateur, *melestrein* administrer l'A., v. fr. *menestrer*; *coh-boulommigueu* des bonnes gens l'A., v. *père*, pl. de *boulonig kouh*, Rev. de Bret., de V. et d'A., 1892, p. 398, dim. de *boulom* = bonhomme, ibid., et *Er Vretoned* 8, 9; pet. tréc. *dispolu* = *disponib* disponible; *morléein* avorter, du fr. *mort-né*. Voir *yell*, *manier*.

Orzic petit maillet C*b* v. *morzol*; voir *Urk. Spr.* 52.

Ostiff. *Hostif* hostie D 88, 134.

Ottreyet octroyé C*b* v. *concedaff*, voir *Dict. étym.* v. *autren*.

Ouff. *Ez houf* je suis Catech. 5; *ez homp* nous sommes H 7; *goude maz hint badezet* après qu'ils ont été baptisés Catech. 6 v. Voir *Urk. Spr.* 25.

Ouhen, (*an*) *nouhen* bœufs C, *oën* Nom. 242, *ehen* en vannetais du XVIᵉ s., *Rev. celt.* II, 210; trée. et haut cornou. *ohen, ouhen,* van. *ohin, auhen* Gr., *ehein* l'A., *ohein, ehin* Chal., v. *ejon.* M. Loth doute de cette dernière prononciation; pourtant on lit *ohin, ehin* Chal. *ms,* hors de Vannes *ejin* (voir *eugenn*); d'autres pluriels semblables sont cités v. *hoguen* 1, et *Rev. celt.* XIV, 307, 308. Quelques-unes de ces formes sont employées pour le singulier; cf. encore *likez* étudiant, écolier, H. de la Villemarqué (dict. de Gon.), *likes* Trd (voir aussi la *Galerie bretonne* de Perrin, I, 149-152), de *licqisyen,* plur. de *lacqes* laquais Gr.; cornou. *mintell* manteau Trd, de *minteli* (H. de la Villemarqué) plur. de *mantel.*

Ourllaff ourler Cc. — *Outrag* efforcement, grand appareil, *outraig* l. nixus, us Cb v. *queusiff*; l. molimen Cc, = *outrachi* N 1144, voir *campy*; *outraget* outragé D 168.

Ouz, signe de part. prés. D 29, *ous* 125 (et non J 3), *ouch* D 53, 161, *o, ó,* 15, *ò,* 18, 187, *ó* 155, 164, *ho* 97, 161, *oc'h* devant voy. 27, 69, 123, 186, 188; avec adoucissement : *o veza* 55, 64, *ò veza* 187, *o c'hortos* 124, *oc'h ousout* 62, *ouz vale* J 206, *ouz uezaff* H 6 (o font allant Prep. *d'ar m.* 69). *Ouzign* à moi D 125 r. à *mign(on)*; 173, (*ouzòn, Cant. Jud.* 7.); *ouzit* contre toi D 119, *oula* à lui 142, *ouzimp* (prends pitié) de nous Cb, v. *crist*; *ouzoc'h* à vous D 53. *Ouzpen* de plus 194, *ouspen* 106, *ous pen* 82. *Oz* veut dire contre et non « de la part de », N 1449; cf. *Rev. celt.* IX, 384. *Oz roe* N 334, est traduit à tort « ut rex, ad instar regis », Z² 617, 538; voir *Rev. celt.* VIII, 39.

Ozec'h homme, mari D 102, pet. trée. *oc'h*; *Lozech Arch. de Bret.* VII, 203, reg. Péd. II, 24 b (1631), reg. Guing. 222, *Lozeff* 181, voir *luchedaff*; dim. *An Ozechic* reg. Quemp. 19, *Lozacchic* 11 v, voir *lech*; *An Ozaic, Lozaic* 12, voir *liac'h*; sur *Le Nozahic,* voir *noeaff.* Voir aussi *carrec, gouzavi,* et *Urk. Spr.* 49.

P

Paciantet patience H 9, *patiantet* 47, D 116, 125; *var ho paciantet* (considérez) bien, à loisir Jac. 84; *paciantein* patienter l'A. — *Pacifiq* pacifique, *pæsibl* paisible D 181.

Paea payer D 149, *peafu* Catech. 5; l'inf. n'est pas dans H. Pel. dit que le mot est toujours écrit *pezaff* dans un vieux casuiste. *Paëabl* payable Gr., *ni... o peo en aour pé en archant peable* nous vous paierons en bonne monnaie Jac. *ms* 18; *paëeur, paëer, paëamantour, -ter,* van. *péour, péamantour* payeur Gr. Voir *peager*.

Payen, païen. *Payein, payan,* pl. *ett* id., *payeinnage, payannage* paganisme l'A. Avant *pagan* et *payan,* Grég. donne *payff,* pl. *ar bayffed;* fém. *payffès,* pl. *-esed;* cf. *payffaich* paganisme, ibid.; on lit aussi *paif* et *paifach,* m. chez Gon. La substitution d'un suffixe *-if* à la syllabe finale *-ian, -ien,* se montre encore dans *ganciff* « gentienne, l. gentiana, aloë Gallica » Nom. 85, *geanciff* gentiane Gr. Elle a pu être amenée par la coexistence en v. franç. de synonymes comme *antif* (de *antiquus*) et *ancien*.

Pailhart. Paillardis luxure D 122, 139, *paillardiah* l'A., *paillardigueah* 4 s., f., Guerz. Guill. 56; *pailleur Cb, paillur C* paille, *pailleur* criblure, « balieure » (balayure), *paillour* ordure Maun., *pailhëur* criblure Gr., à Plounérin *palhoro* débris, ordure.

2. *Pal* pelle peut être celtique, d'une racine *qal* qui se trouve en irl., selon M. Stokes, *Irische Texte* II, 2, 183; *Urk. Spr.* 57. *Paliou* pelles Mo. 156, *pallio* Mo. *ms* 119, *pallyou,* van. *paléu* Gon.; PALAT bêcher Gr., creuser (les sillons) *L. el l.* 36, cf. gall. *palu; palad* pelletée, *palad-douar* bêchée de terre Gr., PALER celui qui sait bêcher la terre Trd, cf. gall. *palwr; palliquet* une palette à feu, paëlle ou poale, l. batillus, Nom. 164; *pallicqued,* van. *paliguell* Gr., pet. tréc. *palikes* f.; van. *palicenn* f. espatule de bois pour tourner la galette l'A. v. *galetoire; palicënn parche* timbale de volant, *palissenn* pl. *eu* palée, le bout large de l'aviron l'A.

Palamour. A p., ma parce que, *a p. mazeo* parce qu'il est D 24, *à p., ar Feiz ma zeo appuyet* parce que la foi est appuyée 18. Voir *hubot*. — *Palastrou* emplâtres Nom. 176; *palastra* appliquer un emplâtre Gr.; voir *plastr*.

Palazr doit être celtique; cf. Stokes, *Metrical Glossaries* 52; Bezz. *Beitr.* XIX, 55, 56; *Urk. Spr.* 57.

Palem l. furmus Cms, « tan, mélange... à mettre dans le plain pour tanner les cuirs » Gr.; m., poussière... pour tanner les cuirs, cornou. *ti-palem* tannerie, Trd; *Palem,* nom d'un écart, en Cléguérec (Morbihan); van. *palmérr*, *palmére* m. « *plain, plein* de tanneur », l'A., cornique *pilm* « flying dust like flour », fr. *plain, pelin*, v. fr. *pelain*, d'où fr. *plamer* peler le cuir ; = v. fr. *pelain* pelage, it. *pelame* id., esp. *pelamen, pelambre*, id. et plamée, de **pilamen*.

Pallen couverture de lit Nom. 167, *pallenn*, pl. *-ou* et *palleigner* id., *pallenn* pl. *ou* drapeau, lange d'enfants, *pallenn-varc'h* caparaçon Gr., *pallen* f. couverture en général, *pallin* et *ballin* f., couverture de lit; grand drap pour cribler le grain Gon.; lat. *palla*, v. fr. *palle*, M. lat. 192.

Palm : *barrou —*, branches de palmier D 94; *palmies* (lis. *palmes*) *an tan*, une palette à feu Nom. 164, *palmés an tan* Gr., *palmes an rouef* le bout large d'une rame, l. palmula, tonsa Nom. 152 (moy. bret. *paluesenn an reuf*).

Paluhat « pesseller », *paluhenn* « pessell », ne viennent ni du lat. *palus*, ni, je crois, de *piluccare* (M. lat. 192), mais de *paxillus*, *paxillare*, par métathèse. On lit dans Du Cange : Paxillus, « Paisseau, maschoir de chanvre ». Pel., v. *paluc'h*, définit le pesseau, en haute Bretagne *pessel* = *paxillus*, « une lame de fer ou de bois plantée sur un petit banc ». Trd indique aussi, pour *paluc'henn*, le sens d' « échalas des vignes » et de « rames pour les pois »; cf. Du Cange : « Passellus, Paxillus..... Echalas, alias *Paissel* »; « Paxillare, paxillo vineam fulcire. Paxillum, *Paisseau*, ... quod alii *Eschalas*; » voir aussi *peissellus*; cf. dans l'édition Favre, t. VIII, p. 460 : « Paxilli sunt pali, quibus junguntur vites » (en 1259). Maun. a *palüat* pesseler; on lit en van. *pahlat*, 2 syl., id., Rev. de Bret., de V. et d'Anjou, mars 1892, p. 215 ; *paluheu-hirissétt* chevaux de frise l'A., *Sup.*; *paluh* f. pesseau, brisoir, *-adurr* action de pesseler l'A.

Le bret. moy. *paluhat* vient de **pahulat* pour **pac'hillat*; cette forme se reconnaît dans le bret. mod. *puc'huillat* « consumer, détruire peu à peu », participe *puc'huillet*, que donne le dict. de M. du Rusquec.

Quant au sens, comparez *paluc'het* « pulvérisé, foudroyé », à Saint-Thégonnec, etc., *puluc'het* Peng. I, 19, *pulhuc'het* Trub. 233, 341, *pulluc'het* Jac. 21, 49, Nikol. 697, *pulluhet* Mo. 292, inf. *pulluc'hi*, 273; *pullucha, pulluchat* briser, réduire en petits morceaux, Trd. M. Milin m'a appris qu'on dit en Léon *eur bulluc'h tan*, une chaleur intense. En petit Tréguier, les deux acceptions correspondent à des formes divergentes : *paliven* f. pesseau, *palivenein al lin*, pesseler le lin; *palumet e lin*, le lin est desséché, brûlé. L'*m* doit venir ici de *v*; cf. *pulufret*, (ville) détruite (par le feu) *Æl mad* 175, *pulufras* (la foudre) mit en cendres (deux hommes) 85.

On peut citer, comme exemples de métathèses semblables à celle du bret. moy. *paluhat*, auj. *paluc'hat*, pour *pahulat, auj. *puc'huillat* = *paxillare* :

Bret. moy. *melezour* et *mezelour* miroir, léon. *mellezour*, tréc. *mezelour*, du bas lat. *mirador-*; *palazon* et *pazalon* « peillete », du b. l. *padella* (*Dict. étym.*, v. *palon*); *dinozelaff* et *dinolezaff* déboutonner, bas lat. *nodellus*; bret. moy. *disguely guen* bâiller = *disleuy-guen* id. Nom. 260, *an' disleuy guen* le bâillement 261, etc. ; voir *quehezl*.

Breton du XIII° siècle *banalec* et *balanec* genetaie (*Rev. celt.* III, 400).; van. *hanal* haleine, léon. *alan*; van. *menal* gerbe, léon. *malan*; léon. *charnell* saloir, haut cornouaillais *charlenn* Grég., du franç. *charnier*; *turzulen* tourterelle, pl. *an durzulennet*, *Heuryou*, 47, l'éd. de 1856 a les formes plus communes *turzunel*, *an durzunelet*; *ar paresou a Druzulennet* les couples de tourterelles, *Intr*. 335, anc. éd.; pet. tréc. *minelein* et *milenein* boucler (un pourceau); cornou. et van. *coulin* lapin Grég., *koulin* Gon., *couline* l'A., du v. fr. *connil*; *foulin* entonnoir, *foulina* entonner Gr., de *founill*, *founilla* Gr.; voir *seulen*.

Bret. moy. *pinuizic*'riche, léon. *pinvidik* = gall. *pendefig*.

Pet. Trég. *betek* et *beket* jusque.

Léon. *general* et *gerenal* général, adj. Grég., van. *général* et *gernale* l'A., tréc. *gerenal*, *Devocion d'ar g. s. a Jesus* 234, van. *gernalein*, *generalein* généraliser l'A., *Suppl.*; du français; voir *mudurun*.

Bret. moy. *bratell* et *trabell* « tartenelle de molin »; pet. tréc. *intrudu*, savoir-faire, du fr. *industrie*.

Bret. moy. *teureul* et *teuleur* jeter, auj. *teurel* et *teuler* Trd; *breulim* meule à aiguiser, auj. *breolim* et *blerim* Trd, *blérym* Grég. Comparez ces autres exemples du chassé-croisé de *l* et *r*, dans des conditions différentes : moy. br. *derchell* et *delcher* tenir, *derc'hel* et *delc'her* Grég.; *mervel* mourir, en bas léon. *melver* Grég., à St-Mayeux id.; *gervel* et *gelver* appeler Trd; *sparfel* épervier, pet. tréc. *spalfer*; *creuzeul* et *cleuzeur* petite lampe de cheminée Grég., moy. bret. *creuseul* « croissel, lumière de nuyt » C; *clistær* et *cristal* clystère Nom. 177

(portugais *cristel*); bret. moy. *burtul*, mod. *bultur* vautour; voir *Glazron*. Le van. *hulère* m. suie l'A. peut venir de *hulez pour *huzel* (ou de *hurel pour *huzel*); sur $r = \chi$ doux, cf. *Rev. celt.* V, 127; VI, 390; XIV, 308. Cf. espagnol *parabla*, *palabra*; *milagro*, *peligro*, etc.

On peut comparer en gall. *uddyf* = *ufudd* humble, obéissant; *clefydd* = *cleddyf* glaive; *llaswyr* = *sallwyr* psautier, etc.; en mannois *aspick* évêque, du lat. *episcopus* = bret. *escop* (la racine *spek*, lat. *spec-to*, devenue *skep* dans le grec ἐπί-σκοπος, est ainsi rendue à sa forme première après deux métathèses en sens inverse). — Voir *ac'hubi*, *clogue*, *coustelé*, *goagronenn*, *reputaff*, *spontaill*.

Un doublet de *paluh-enn* est le van. *peisseell* f., pl. *eu* crochet planté dans une muraille de l'étable pour attacher; *peincell* f., pl. *ieu* pieu l'A., *peincell* pl. *eu*, v. *claye*; *peincell-guiniéc* échalas, *peincellein*, *peincellatt er uiniéc* échalasser l'A., du v. fr. *paissel*. Voir acc.

Palut. *An Pallud* n. d'ho. en 1539, *Inv. arch. Fin.*, série A, p. 9; *palud* lieu marécageux Nom. 233, m. marais *L. el l.* 150, pl. *ou*, van. *ëu* Gr., marais salant l'A.; *paludenn*, pl. *ou* marécage, *paludecq*, *paludennecq* marécageux Gr. Trd regarde *palud* comme le plur. de *paludenn*. On dit en pet. tréc. *liped é palut* il ne reste plus rien, on a tout mangé.

PALUAT paume, quatre doigts (mesure) Nom. 211; *palvad* paume; soufflet; empan Gr., *palfad*, *palvad* m. Gon.

Pan. *A pan*, traduit « quand », B 328, est plutôt « depuis que », cf. *a ban* 327; voir *ha* 2. *Abande e sicourou* (tant d'hommes qui), sans ses secours, (seraient morts) *Æl mad* 106; *panefete ma c'hi* n'était, sans mon chien, à Châteaulin, *Rev. celt.* V, 166; *peneverte, pe ne verd è* XI, 476 (cet *e* final doit être le mot *e*, il est); *paneved Bomb. K.* 84; *pa n'efe ma* n'était que *Nikol.* 187, 278; *penevit pec'het Adam* n'était le péché d'Adam *Cat. imp.* 25 (forme influencée par le mot '*vit* pour); voir *nemet*.

Panell, *pannell* « panelle ». Cf. tréc. PAÑN sorte de velours grossier, uni ou à raies, cornique *pan* drap, étoffe, v. fr. *panne* étoffe de soie à longs poils; drap, fourrure, à Liège « étoffe ordinairement lignée imitant le velours » God.

Paner f. panier, pl. *you*, *ou*, van. *panér* pl. *yëu*, *panerëu* Gr.; *pannærr* l'A., *penær* v. saladier; dim. *paneric* Nom. 164, -*icq* Gr.; *panerad* panerée Gr.; *pannæratt* l'A.; *Le Panerer* n. d'ho., XVIIIe s., *Inv.*

arch. C.-d.-N., série B, p. 77; *panereuc* celui qui a un panier, f. *-eughés*, à l'île d'Ouessant femme débauchée Pel.; *paneterj Cms*, f. : *an banetery* le garde-manger, l. promptuarium nauis Nom. 151; *ar banetiry* l'office de panetier, *paneter* panetier Gr.

Panés des panais, sing. *panesen*, pl. *panesennou* Pel., van. *panæss*, *panæsenn*, pl. *eu* l'A., gall. *pannas*, sing. *pannasen*; *panesec*, pl. *-ec'hier* champ semé de panais; *panesennec* (bête) engraissée de panais, (homme) qui n'a soin que du corps, et dont l'esprit est pesant, stupide, (écolier) paresseux, étourdi; *panessa* aller chercher des panais Pel. Gr. donne *panesenn* pl. *panès* et *pastounadezen* pl. *pastounadez* « panaïs ou pastenade », et ajoute : « On apelle burlesquement un Leonnois, ou une Leonnoise, *panesenn*, parce qu'ils mangent beaucoup de panais » ; cf. *Iann banezenn* benêt, imbécile Trd. On lit *pastounades* « pastenades », et *panès*, *pastounades gouez* « pastenades sauvages, des panais » Nom. 90.

PANTE « panchant » Chal. *ms*; *Le Pantou* convenant *Inv. arch. C.-d.-N.*, série E, p. 85, auj. *Pañto bras, Pañto bian*, noms de champs à Trévérec, du fr. *pente*; cf. gall. *pant* vallée? Ce dernier est rapporté avec doute au l. *pandus*, esp. *pando* courbe, concave, M. *lat.* 192; cf. *pant* « corbes, l. pandus » C. Voir *Rev. celt.* IX, 15.

Pantecost pentecôte D 37, 70. — *Panthera* panthère Nom. 156; *pantera*, m. Gr.

Pap pape D 157, pl. *pabet* 22, 66; adj. *papal* 154; *pabaich* papauté l'A., *paboni* règne d'un pape B. er s. IX, 311. Voir le suiv. — *Papegau* perroquet Nom. 41, *papecod, papicod* m., pl. *ou* papegai, papegaut Gr., *patigautt* pl. *-audeu* l'A., *Papegot, Pantegot Conferançou* 45, 46. Le premier élément peut être le même dans *pabaouzr* chardonneret Nom. 38, *pabaour, pabour* id. Gr., *pabáoür*, id., rare en Léon et en Cornou., Pel., *pab-aör* bouvreuil en Trég., selon Pel.; *laoüen bevel pabor*, r. or Trub. 303, = « pape d'or » ? Cf. Rolland, *Faune* II, 186; Kœrting 5869.

1. *Par*. *Un den par Francez Zavier* (comment Dieu aurait-il laissé) un homme comme François Xavier (mourir sans consolation) *Bali* 162-163; *n'euz netra da bara ouz* (sur terre) il n'y a rien à comparer, à égaler (aux choses du ciel) 86; *parez* femelle Gon., *parat*, part. *et* accoupler Gr., *Barz. Br.* 40, 433, 561; *parratt* s'accoupler, *parradur*

accouplement, l'A., *er parereah* « le temps de la fraye », *Sup.*; *paraich* parité; appariment Gr.; *paresou* couples (de tourterelles, etc.) *Intr.* 335; *pareil* g. id., *Cb*, v. *égal*; *pareil aueit pareil* bien attaqué, bien défendu Chal. *ms*; **pareillemant** -ement Catech. b 9. Voir *nep*.

2. *Par force* avec force Cathell 24, *par forca* (arraché) de force Nom. 97, *parforça*, *Intr.* 422, anc. éd.; van. *parforç*, défloration, Chal. *ms*; *parforçzeiñ* violenter Gr.; *er-ré e hum balforçou eit er scrapein* (violenti rapiunt illud) *Voy.* 150; *palaforcein* forcer l'A., *hun palaforcé de fournis* il nous forçait de fournir, *Er Vretonèd* 16, cf. *Choæs* 62; *dre barforh*, par force Gr.; *ha par memes* et de même, en même temps D 49; *laqueit paravis debi* lui être comparé, litt. être mis vis-à-vis d'elle, *Boquet-lis* 6; pet. tréc. *'mañ par ë marv* il est à la mort, sur le point de mourir. Voir *peur*. L'*a* final de *par forca* vient de l'*e* de *par force*; cf. *rosæra* rosaire D 72, *rosere* 70, 71, 72, 74, *rosèra*, van. *rosèr*, Gr.; *paravia* à l'envi, *Intr.* 55, anc. éd., et *Dict.* de Moal, = van. *par ivi*, *Boquet-lis* 15, *par-ivi Choæs* 67, 173, de **par envie (paravuia, Suppl. aux dict. br.* 83, et *Dict.* de Moal, a subi l'influence de *muia*, le plus); *avalou renetàn* pommes reinettes Jac. 86, etc.; *Rev. celt.* XI, 353, 354, 363; XVI, 176-179. Voir *assamblaff*, *finesaff*, *genouefe*, *gorgaff*, *promesse*, *rae*.

Paraff parer C, *parein* ratisser, ragréer, laver (une branche sciée) l'A.; *paramanchou* agrès, *paramanti* gréer (un navire) Gr.; *paret* (constitution) préparée, faite (avec sagesse) *Discl.* 2, *emeus e baret* je l'ai guéri *Rimou* 14, *pared* (châtaignes) cuites à l'eau *L. el l.* 76, *pared* cuit, *paredi*, part. *paredet*, van. -*deiñ*, cuire dans l'eau; PAREDIGUEZ cuisson Gr., cf. gall. *darparedigaeth* préparation, voir *darbareryen; pare* guéri Gr., *paré* (je suis) fini, mort *Choæs* 49, 111, = *parrihue* Guerz. Guill. 15, 100, cette dernière forme vient de l'influence de *darihue*=*dare* prêt, voir *dareu* et *bigarre*; tréc. *moñd pare*, s'en aller; *parea* guérir, act. et neutre Gr.; *pareans* guérison *Nikol.* 235; van. *parrat doh* parer, l'A., v. *rabattre*; *paratt doh* préserver, éluder, *parratt doh* v. *préservatif*; *parrat a* s'empêcher de *Boq.* -*lis* 2, *parrat doh-eign a monnet* (rien ne peut) m'empêcher d'aller *B. er s.* 73, *aveit parrat doh er housquet* pour s'empêcher de dormir, *parreit ne vou offancet Doué* empêchez qu'on offense Dieu 159; *parreit à obér erhat* (être) empêché de faire le bien *Histoérieu... ag er Scritur*,

Vannes 1792, p. 152; *par-avel* paravent Gr., *parahuéle* l'A., *paracurun* paratonnerre *Fanch-Coz* 17.

Parc champ D 187, pl. *ou* 108, *parcqou, parcqéyer* Gr.; *Parc* reg. Péd. 136, *Le P.* 111 b (1592, 1587), *Le Parcou* 160 (1597), *Parcou* reg. Quemp. 1 v; dim. **parquic** *an feunteun*; « peutit parc dit *parcquic boser* », Aveu fourni au fief du Barach, p. de St-Quay, 15 février 1572 (Archives de St-Brieuc), *parcqicq* petit champ Gr.; pl. *parchigou* en 1639, *Rev. celt.* II, 212; *ur parkad... a ed* un champ de blé *G. B. I*, I, 50; de là *Le* PARCQUER, reg. Péd. II, 35 (1641), cf. *mæsaër* celui qui mène (les bêtes) aux champs?

PARCHEMINER reg. Péd. 195 b (1604), forme bretonne de *Le Parcheminier*, en 1553, *Inv. arch. Morb.* IV, 166; *parichimin, parich* parchemin Gr., *parchemeutt* (lis -*enti*), *papèr parche* l'A., *parchemin* Chal. *ms*; *coz parich* pancartes, van. *parchenn*, pl. *parchëu*; *coz parichou* paperasses Gr., *clouire-parche* crible de parchemin, *parche el lagatt* m. rétine l'A., *parchic* petite membrane ténue v. *pleure*; *paricher* parcheminier Gr., *parchourr* l'A.; *parichérez* f. parcheminerie Gr., *parchereah* m. l'A. Voir *diasezeur*. La forme apocopée *parche* rappelle le limousin *parcho, parjo* couverture de livre ou de cahier, Mistral (cf. aussi l'angl. *to parch* dessécher, griller, que M. Skeat rattache au fr. *percer*?).

Parefarth, *perefart* quart, quarteron Cartul. de Quimperlé, *Chrest.* 223, cf. 16; *palefars, palevars* m., pl. *you*, van. *palevarh* Gr., *reter palevars a bis* « est quart de nord est » Pel., dial. de Batz *parlouarc'h*, pet. Trég. *palvaz*. *Brezounec palefars* semble signifier « du breton pur », ou « clair », *Trub.* 348. On trouve dans le Morbihan *Palivarch* nom de hameau, et les formes francisées *Le Palevart* (château); *Le Palivar* (ferme), Rosenzweig, *Dict. topogr.* Je crois que ce mot est une ancienne abréviation de *pevare farz, quatrième partie, avec *f* dû à l'analogie de *pevar farz*, quatre parts : cf. *an trede fars euz an amzer* le tiers du temps *Suppl. aux dict. bret.* 105; *an trede fouent* le 3e point *Intr.* 90 (anc. éd.), *an drede phasen* le 3e degré 216; *an drede ferson* la troisième personne, *Katekiz* St-Brieuc 1892, p. 20, pet. tréc. *an dried Verson*; *en dride c'hantvet vloas*, au troisième siècle, *Æl mad* 102 ; voir *penestr.*

On sait avec quelle facilité les noms de nombre se simplifient dans l'usage. *Pare-* pour *pevare* est exactement comme *parzek* quatorze, *par-ugen* quatre-vingts, formes des plus fréquentes aujourd'hui, pour *pevarzek, pevar-ugent*; cf. *ar barzeg a viz Goüeren* le 14 juillet, *Gouel ar republik*, 1; *pareal* 4 réaux, un franc *Chanson eur c'horn bras populou*, chez Le Goffic, str. 56, *parealat vutun* un franc de tabac, str. 3, etc.

Une contraction du même genre se montre dans le van. *pærênn, pærann* m., pl. *eu*, quart... pour mesurer le grain; minot l'A., *pérann* Gr. = léon. *pévarenn* f. Gr. *Pévarenn* lui-même vient très probablement de *pévare-renn, pévare-rann*, d'où aussi *pévarearn* = « quatrième partie »; toutes formes données par Grég. (Maun. a *peuareren, peuarearn*) et confirmées par le moy. bret. *trederann* tiers, *trede-rann, trederenn, tredearn*, van. *terderann* Gr. = « troisième partie ». L'explication différente du van. *perann*, donnée Chrest. 16, en ferait le correspondant du gall. *pedryran*; je pense qu'il se rattache mieux à *pedwaran*.

Le moy. bret. présente même une réduction de *pévare-renn, pévarenn, pærenn*, en *renn* « un quart », lat. *renna* C; = *renn* m., mesure qu'on appelle à Morlaix un quartier Gon. La même aventure paraît être arrivée, en breton moderne, à *pevare farth, parefarth, palvas*, si l'on compare *an trifars* (*eus ar goaset*) les trois quarts, la plupart (des garçons) *Disput etre eul Leonard hac eun Tregueriat*, chez Ledan, p. 2, à *an tri-palevars* (*eus ar bloas*) les trois quarts (de l'année), la plupart (du temps) *Almanach du Père Gérard* (1791), p. 58; cf. cornou. *ann daou deren* les deux tiers *Alm. de Léon et de Cornouailles*, 1876, p. 62, de *trederenn*; voir *hubot*. Ce qui m'empêche d'être plus affirmatif sur l'identité de *an trifars* et *an tri-palefars*, c'est que la première de ces expressions peut aussi répondre au français « les trois parts », qui a eu le même sens : « ... aux esprits médiocres qui remplissent le plus souvent les trois parts de l'hostel de Bourgogne » Racan I, 357, cf. « des humains presque les quatre parts » La Fontaine, *Fables* VII, 2; « des quatre parts les trois En ont regret, et se mordent les doigts » La Fontaine, éd. des *Grands Écrivains*, IV, 487; voir *parz*.

Parfaict fez foi parfaite H 9, *parffaict* 11, *parfaet* 7, *parfet* 17, soigneux D 181, van. *par[fa]it* (roi) grave *Rev. celt.* VII, 332; **parfaictamant** parfaitement Catech. b 9, *parfection* perfection *B. er s.*

691, sagesse, retenue 693; voir *Rev. celt.* XIV, 311. — *Parjur* crime de parjure H 50, **pariurer** celui qui se parjure 11; *parjuret* (je n'ai pas) blasphémé (le nom de Dieu) Mo. *ms* 213.

Parres paroisse D 95, 193, pl. *ou* 197; *parrés* pl. *-esyou*, Trég. *paros* pl. *-ojo*, van. *paroés, parés* pl. *yëu* Gr., voir *baut; paresyan* paroissien pl. *ed, parosyan* pl. *is* ou *ed* Gr., *parissionis* Cat. imp. 114.

Partabl roturier Maun., *coulz partabl ha noblanç* Mo. 152, *partabl'* roture, roturier, taillable Chal. *ms; er re bartabl'* les honnêtes gens, v. *faufiler*, auj. *partabl*, « honorable, digne de considération », dans certains endroits, Chrest. 505, du v. fr. *partable*, cf. Arch. de Bret. VII, 214; **partag** partage Cb v. *diuidaff, partaig* D 56; **partiaff** *e cant* « partir en cent » Cb; *participafu* -per H 47, -pa D 41 (*en, à* 99), **participant** *a* complice de H 47, participant D 22, 34, 55 (*ebars en* 22, *enny* 55); **participation** g. id. Cb v. *commun*, complicité H 47, D 39; *particuler* particulier C, *particulier* D 61, *é p.* en particulier 86; *particulenn* particule, petite portion 134; *à part* en particulier, pris en soi-même 48, du fr. *à part*, voir *a* 11; cf. *en be fart be-unan* (élevée) dans la solitude *Miz Mari Lourd* 4, *medita enn be fart be-unan Nikol.* 11. Voir *parz.* Du fr.

Parz *dre parz* (percer) de part en part Cb v. *toullaff;* gall. *parth* m. partie, voir *Dict. étym.* v. *abarz*. Ce mot est d'origine celtique (cf. H 102 et *Urk. Spr.* 307), tandis que le moy. br. *perz*, auj. *peurz* f. vient du latin *partis* comme *meurz* mars, gall. *mawrth* de *Martis*. Mais ces deux mots ont bien pu se confondre quelquefois. On lit *an oll pherciou eus ar c'horf* toutes les parties du corps *Tad Gérard* 19, forme qui peut venir aussi bien de *parz* que de *perz*; pour l'*f*, cf. *sul phasq* le dimanche de Pâques Gr.(d'où *ar zadorn-Fask* le samedi de Pâques *Nikol.* 184; *amser Fasq* (le) temps de Pâques Cat. imp. 120, 121, 122; *er pemzec dé Fasq* dans la quinzaine de Pâques 92, *er pemzecde fasc* 62); *an eil Ferson* la seconde personne (de la Trinité).

Nous avons vu un composé de *parz* dans *parefarth*, qui paraît s'abréger en *fars*. Cf. *an daou phars, an naou phers, an daou phart eus e vadou* « les deux tiers de son bien »; *an naou pherz, an daou pharz*, van. *en déu pherh, en déu pharth* « les deux parts » Gr., *enn eu falh* les deux tiers l'A.; *é rebatér enn eu falh ag er resspéd* « (quand on les regarde de près) on en rabat beaucoup de cette vénération (que la suite des siècles leur ont attirée) » l'A. v. *père*. Cette expression est sans doute imitée de *an trifars* les trois quarts; le mot *daou* ne change pas un *p* suivant en *f* (cf. *Ét. sur le dial. de Batz* 14). On lit même *er partieu nobl..., er farheu considerablan es er c'horf* les parties *nobles* du corps Chal. ms. Voir *dibarz, partabl, perz*.

1. *Pas*. *N'em boai guélét pas ur mechérour êr guær, pas unan é labourad* je ne vis dans la ville pas un seul ouvrier, ni personne qui travaillât *Voy*. 62; *ne paz sûr* non certes, van., *Rev. de Bret*., *de Vendée et d'Anjou*, juill. 1888, p. 68; *non pas* non pas (..., mais) D 188, *ha non pas* et non 24, 27; *da non pas ober peuri* (je l'avertis) de ne pas faire paître; *Mæstr eo da non pas falc'hat* il est maître de ne pas faucher, *Alm. du P. Gérard* 43, voir *na, nompas*, et *Rev. celt*. XIII, 349, 350, 352. *Sezlaou e basyou* (écouter ses pas), « marcher à petits pas de larron » Gr. *Pazennou* degrés *Bali* 149, voir *dispingneus*; *pasic bihan* petit pas Nom. 211; *paczepic* m. passe-pied Gr., pet. tréc. *pasepie*, 4 syl., dans une chanson de danse : *Pasepie karo, pasepie plén* (voir *goaz* 3, p. 272); *pasepiañ* 4 s., piétiner.

Pascaf nourrir J 129, voir *habasq*, et *Dict. étym*. v. *pastur*. Dans *pastur ma eyn* pais mes brebis. Catech. 8 v, l'infinitif est devenu radical verbal (Gr. donne *pastur va déved* et *pasq va déved*). Cf. *pasturi*, part. *pasturet* paître, donner à manger aux bêtes, *meazurei*, *mezuret* nourri Gr., gall. *gwneuthuredig* fait; voir *embreguer*. PASQER, van. *pasqour* celui qui paît un enfant ou un paralytique Gr., *Pasquer* n. d'ho. *Inv. arch*. C.-d.-N., série E, p. 46; *pasqérez, pasqadur* l'action de paître ainsi Gr.

Pasqval (hymne) pascal D 175; pet. tréc. *n'en eus ket pasket c'hoaz*, il n'a pas fait encore sa première communion. Voir *parz*.

Passion f. : *ar B*., D 54; *en é p*. à l'agonie 143; *passibl* capable de souffrance 29.

Pastêl bara f. lopin (morceau de pain) l'A., pet. tréc. *pastel pren*, pl. *pasteyo*, deux morceaux de bois qui servent à attacher le collier du cheval; *pastel rer* fesse. *Pastez* pâté, pl. *you*, van. *paste* pl. *ëu*; *pasteza* faire des pâtés, van. *pasteeiñ*; PASTEZER, van. *pasteour* pâtissier Gr., *Le Patezour* n. d'ho. *Inv. arch*. C.-d.-N., série D, p. 129, 153; *pastezérez*, van. *pastezereah* pâtisserie Gr.

Pastoral (charge) pastorale, épiscopale D 197; *pasturaig, mein a lecquær e creis an moguer* « remplage, l. farturæ » Nom. 139.

Pat durer, continuer, (pouvoir) y tenir, *entre bathe* tant que durerait J 39; cf. corniq. *hy a begyas* = cela dura *Pascon agan Arluth* 201; *mara peys pel* = si (la pluie) dure longtemps *Origo mundi* 1082; van. *hum bad* (je ne puis) me tenir, m'empêcher de rire *Voy.* 58; *a het pat va buez* durant toute ma vie D 174, voir *het, entre* 2; pet. Trég. *ober duz pad* faire durer, épargner; *ez* **padus** longuement, perpétuellement Cb, *padus, padel* durable Nom. 121, *terzyen padus* fièvre continuelle 266; *padel* durable, éternel D 52, *Padel* n. d'ho. reg. Plouezec 14 v, 17 v, auj. id.; *Le* PADELLEC n. d'ho. en 1631, *Inv. arch. Morb.*, série B, p. 170, cf. *padelus* perdurable Maun.; *padelez* f. éternité Gr., *padelez Trub.* 7, 10. M. Loth, *M. lat.* 194, tire *pat* du b. lat. *patire* pour *pati*. Voir *priedez*.

Patant évident, notoire D 92, 125. — *Paternité* paternité 55; *patrom* patron 185, du fr.; *Padern* (saint) Paterne Gr., van. *Pedern*, gall. *Padarn*, du l. *paternus*, *M. lat.* 192. *Un Pater noster* un *pater* H 35, *paterou* patenôtre Cb, *Pater* f. un *pater* : *ar Bater* D 54, cf. *B. er s.* 229, pl. *er Paterieu* 491, pet. tréc. *pater* f. prière, en général; *paterein, pateratt* dire des patenôtres, *patérênn*, pl. *eu* « patenostres, de chapelet » l'A., *vr pateren perlecz* « une patenôtre de perles » Nom 171 (cf. polon. *paciórki* grains de verre, collier); *huezein a boteranedeu* suer à grosses gouttes Chal. *ms*, de *pateranedeu « gouttes grosses comme des grains de chapelet » (gall. *paderau*). Pour l'*o*, cf. van. *coban* pavillon, tente l'A., *cobanneu* cabanes Celt. *Hex.* I, 8; *rauvache* ravage, l'A. Sup.; voir *glasardic*. Cf. *Rev. celt.* VI, 528.

Pau patte, gall. *pawen*, cf. v. fr. *poe*; dim. **Pauyc** Anniv. de Trég. 4, *Pavic* XVIᵉ s. Nobil.; **Pavec** n. d'ho., XVᵉ, XVI s., Nobil. = *paoüecq* « un homme qui a de grandes pattes » Gon., *paôek*, familièrement, « qui a de grandes mains ou de gros pieds » Gon.; *paoata, paota* patauger, barboter, Trd, pet. tréc. *paoeta* piétiner; *paoaterez* piétinement, *paoatach ar c'hlujiri* poudrier, ébat des perdreaux, du Rusquec.

Le **Paublat** n. d'ho. en 1252, *Rev. celt.* VII, 202, = litt. « qui a des pattes plates », cf. cornique *trüzplat* cagneux; **Paugam** reg. Quemp. 10, 29 v, *paogam, pavgam* patte crochue Pel., *paogamm*, *pôgamm* bête qui a la patte crochüe, homme qui a le pied mal tourné Gon. *Pau-bran* « bacinet; l. ranunculus..., officinis pes corui » Nom. 92; bassinet, grenouillette Gr., *paô-brân*, bouton d'or des champs (et non pissenlit, comme le dit Pel.) Gon.; mot passé en haut breton, Rev. celt. V, 223; *Paumarch* n. de lieu reg. Quemp. 4 v, *pau-marh*, *troad-marc'h* pas d'âne, plante, Gr., *paomarc'h* Trd (= patte de cheval); *pao-leon* patte de lion, plante Trd.

Le mot *pau* m. veut dire aussi « branche de la fourche de la charrue » Gr., *paô*, Gon.; en ce sens il a un synonyme POGUENN pl. *ou* Gr., *pôgen* f. Gon. = *paogen* chaussure Gon., gall. *pawgen* f. socque. Comparez la formation de *talguenn* pl. *ou* frontal, fronteau Gr., *talgenn* m. fronteau Gon. (en gall. *talcen* a le même sens que *tal* front); cf. aussi le van. *peenngueenn* (par *u* muet) f., pl. *eu* bride, têtière, *staguœll pénnguænn* « sou gorge » l'A., de *penn*, tête.

Paul. Paol prénom en 1539, Inv. arch. Fin., série A, p. 11; *Sant Paol*, *Patrom hac Escop à Leon*, D 185; *Paolic* le diable Trub. 262.

Paut beaucoup de gens D 160, beaucoup; *dour paout* beaucoup d'eau Maun.; *pautat* fécondité, fertilité Chal. *ms*; PAODER abondance, *paotta* multiplier, se multiplier Gon., voir *gourfauterecat*, *nebeudic*, et Dict. étym., v. *paout*.

Paue pavé Cb, *pavez* pl. *ou*, *you*, *pave* pl. *ou*, van. *ëu* Gr.; *pawer* m. L. el l. 206, *paouër* Voc. 1863, p. 13, cf. Rev. celt. XIV, 309; *pavezicq* petit pavé; *paveza*, *pavea*, van. *païeiñ* paver; *paveaich*, *pavadurez*, *pavamand* pavage, action de paver; *pavezeur*, *paveer*, van. *païeour* paveur Gr., *pàuour* Voc. 1863, p. 51.

Pauiot banchier C, banquier Cb, l. bancale, banchale, voulait dire « housse placée sur un banc, tapis », cf. God.; quoique rangé dans les *pav-*, c'est donc une erreur pour *paniot*, du v. fr. *paniot* m. housse God., cf. *paniaus* housse, pan de robe Roquefort.

Pazron. Mampazron marraine H 52 (et non *mam-p.*). *Paëzron* parrain D 145, *paësron* (saint) patron 180.

1. *Pe autramant* ou bien Nom. 58, D 192, *pautramant* Jac. *ms* 1, pet. Trég. *petramañn*; *pe-dost* à peu près Trd, *pedost* L. el l. 38, *pedostig* Timothé 47, litt. « ou près ».

2. *Pe a hyni* (l'arbre) duquel, dont (sort l'huile) Cb v. *eol*; *pedi*

gant hini (i. e. *pe digant h*.) D 192; *pe ameux à hiny* duquel 193, *pe à henep hiny* contre lequel 108, *pe dre son hiny* par le son duquel, cf. *pe é guenou h.* 193; *pe da done diguez h.* à la venue duquel 49, *pe evit edifiç h.* pour la construction duquel 194-195, *pe da accomplissa h.* qu'(il est tenu) de faire 111, *p'euz a ini* dont *Bali* 359; *an hini, peini, pe da hini, pe dre hini, ha p'evit hini e credit, ec'h esperit hac e quirit*, litt. « celui que, à qui, par qui et pour qui vous croyez, vous espérez et vous aimez » *Intr.* 146; *pe heuny* qui H 5, *peheny* (le temps) que, lequel 51; *Christ, pehiny eo é leshanvu, a ro da entent Christ*, ce qui est son surnom, indique D 25; *pehiny eo brassa malheur so é bet* ce qui est le pire malheur qui soit au monde 43, pl. *pere é* 77; *pehini oat* lequel âge (suffit) 112; *Joseph eo inin pehinin ma rigueur Na el en nep fecon hars ous e sello vincoeur* Jac. ms 31, litt. « Joseph est celui lequel ma rigueur ne peut point résister à ses regards vainqueurs »; *pe' ny* 2 syl., lequel *B. s. Gen.* 18.

Pluriel : *pe en re* (jours) dans lesquels, Nom. 225, *pe erre* D 69, *pe é ré; pe eux à re* desquels 16, *pe à palamour da re* à cause desquels 94, *pe gant madou re é bevont* (ceux) des biens desquels ils vivent 108.

Sans composition : *guelé... pe voar é debre 'n dut ancien*, lit sur lequel mangeaient les anciens Nom. 132; *ar c'hastel p'emedi ho mibien* le château où sont vos fils, Pev. *m. Em.*, anc. éd. 108; *pe rin-me* que ferai-je? *Bali* 229, *n'euz caz pe lavaro an dud* n'importe ce que diront les hommes 278; *non eus pe debatin da vean breuder prope* nous ne pouvons nier que nous sommes tes frères propres, Jac. *ms* 76.

Combinaisons avec des noms : *godell penlech ma douguer an bara* (poche où l'on porte le pain) Cb; *vn canol pe dre laech ez ret an dour* (un canal par où coule l'eau), *vr counduit pe dre hent ez tremen an dour* « conduit par où l'eau s'écoule » Nom. 239; *penent eo mont di* (ils savent) par où on y va *Bali* 11, *da velet penent en em drei* pour voir par où il faut se tourner 49; *pevarzu ez iit* où allez-vous? 109, *pevarzu ez aan* où vais-je 184. Voir *penaux*.

Ne oun pe dre abus par je ne sais quelle tromperie, Mo. 230, *na ouzomp quet pedaheur finissan* nous ne savons quand nous mourrons Jac. *ms* 110, *pe da heur finissa* Jac. 139, *pe eur* quand D 37, 60, 62, *pe eür* 131, *pe œur* 91, van. *pihiérr* l'A.; *pe da cours* quand? D 15, *pe da vare* à quel moment *Cat. imp.* 64, quand? 119, *pe da zeiz, pe da zevez* quel jour 140, *pe da zeiz ha da be heur* (il annonça) quel jour et à quel moment (il mourrait) *Nikol.* 159; on dit à Tressignaux *n'oñn kel pe dë gouls* (à Trévérec *ped amzer,* ou plutôt *pe d' amzer*), je ne sais quand. *Pe* se trouve deux fois dans *pe vete pe eur, pe a-benn peur* d'ici à quand? jusques à quand? *pe vete pe lec'h* jusqu'où? Gr.

Tréc. *petore, petare* quel (cornou. *pedare* Trd), de *pez doare* quelle sorte, cf. *peseurt, pesort; da betore suppliç* à quel supplice Mo. 279; *pe dre zoare* de quelle façon *Trub.* 124.

Ma feadra ma fortune *B. s. Gen.* 24, cf. 26, pet. Trég. *më verdra,* de *peadra = pe a dra,* de quoi; *n'e devoa ket a be a dra da gaout eunn oan* elle n'avait pas de quoi avoir un agneau *Nikol.* 83; *a betra e teuje* (pour savoir) ce que deviendrait (son frère) Mo. 162, cf. 122, 178; *petra eo Croüeur da lavaret* que veut dire Créateur? D 25; *petra n'o liquit-hu quet* pourquoi ne les mettez-vous pas, que ne les mettez-vous *Refl.* XII; *petra na hellan-me* que ne puis-je *Trub.* 13, *petr'ho deus* (voyons) ce qu'ils ont 165, *pera* quoi, *Cant. s. Florant* 13, tréc. *pera, para; petra benac ma tle* quoiqu'il doive, *Aviel* 1819, I, 282; *evid ober pe daou dra* pour faire lesquelles deux choses *Trub.* 68; *na peuit tra* et pourquoi D 15, *pe rac tra* pourquoi Gr., v. *abymer; na peractra, Avant.* 24, *perac nan* pourquoi pas, *Hist. ar bon. Mizer* 2; *perac an Ebestel ho deveux y leset* pourquoi les apôtres ont-ils laissé D 44.

Le v. br. *pico* gl. qualiter (alios corrigere poterit, qui proprios mores ...non corregit?) peut être pour **picomint,* combien, dans quelle proportion, moy. br. *peguement* (mot passé en haut breton, *Rev. celt.* V, 223), cf. v. gall. *pamint* gl. quam (nulla). Cf. *pe queit* combien de temps D 35, *pe queit à amser* 28, *pe gueit à a.* 35, = **picohit* (v. br. *cohiton* jusque); voir *het, quehit, quen* 1. *Pe quement bennac event traou difficil* bien que ce soient des choses difficiles D 17; *pe quement bennac n'en divise quet* quoiqu'il n'eût pas 187; *pe e bro benac efent* dans quelque pays qu'ils soient 41; *pe quen* combien 152, *pe quer bras mat eo* quel grand bien est-ce, *pe quer lies* combien de fois 42, *pe quer cruel* 73, *pe quer garuu* 149, *pe a quer bras pris* (pour que l'homme pense) à quel grand prix (il a été racheté) 33; *pebez religion, pebez stad ha pebez liou a elfent cahout,* quelque religion, etc. qu'ils puissent avoir, Alm. du P. Gér. 26, *pebez guir a helfe cahout* quelque droit qu'il puisse avoir 60, cf. 69. Quelquefois pour *pegen* :

pebeus consolant na eo qet qu'il est consolant (de penser...) *Miz Mari* 1863, p. 2. Voir *goaz* 3.

On dit en pet. Trég. *p'lac'h 'tije qe ri ?* comment (litt. où) n'aurais-tu pas froid, comment veux-tu que tu n'aies pas froid ainsi, etc.

Les expresssions *vr pehano* « un je ne sais quoi » Maun., *ur pehanw* un quidam, *penhivi* etc., une certaine chose dont on n'a pas le nom présent Pel., *ur pe-hano*, *petr'effé* un certain, ou une certaine chose, dont le nom ne revient pas Gr., etc., *eur pedez* un certain jour, *Barz. Br.* 80, semblent formées par aphérèse de *ne oun pe hano* je ne sais quel nom, quelle chose c'est, etc.; cf. *naouspet* on ne sait combien, pet. Trég. *'n ôtro... n'oñ-pesord* monsieur... je ne sais quoi (voir *hubot*). Voir *peban, pet, piou*, et *Urk. Spr.* 61, 62.

Peager publicain Catech. 8 v, du fr. *péager*; *paiajourr* l'A., *Sup.*

Peban, pe ban d'où, a fait croire à l'existence d'un mot *pan*, lieu, endroit, pays, Pel., cf. *a be ban, pe a ban* d'où Gr., *a béban* l'A.; mais *pe ban* a dû remplacer un simple **pan* = gall. *pan*, irl. *can* d'où ; voir *pe* 2, *pet, piou*. Gr. donne aussi en van. *a ban*. Cf. *Urk. Spr.* 61.

Pebr, van. *pibr* poivre Gr., pet. tréc. *pép*; *pepr guen* « nielle, nigelle, poiuret, a piperis sapore » Nom. 89; *pepr-du* « grosselets transmarins, ribettes, l. vuæ vrsinæ » 71 ; *an pebren guen* herbe de coq, de la poivrette 91 ; *pebr indès* id.; *pebra*, van. *pibreiñ, pebreiñ* poivrer; *pebrenn* pl. *ed*, van. *pibrenn* pl. *ed* et *eü* poivrier, arbrisseau; *pebrouër* pl. *ou* « poivrier, petit vaisseau à poivre » Gr., *pebren* f., pl. *ou* Sainte-Nitouche, précieuse, du Rusquec, cf. prov. *pebrino* piment, nigelle, personne irascible Mistral.

Pecg poix, *pega* poisser, *pegus* visqueux Gr.; *pegas* il s'attacha, se colla *Trub.* 25 ; *speghet* attaché 26; l'*s* semble venir du composé *dispega* démordre Trd. Voir *pegañ, Rev. celt.* IV, 164.

Pechedic petit péché C*b*, *péhédic* peccadille l'A.; *pecheut* péché C*b* v. *monstr*, C*c* v. *beuez;* *pec'het* m. D 16, 113, pl. *pec'hedou* 22, 137; pet. tréc. *pec'hed*, pl. -*ejo* juron; *pec'hy* pécher D 24, 172, *pec'hi* jurer, blasphémer G. B. I. I, 116; *pechez* tu pèches J 113. Pecher H 11 ne peut pas être un infinitif. J'entends ainsi ce passage, *En labour nac en mecher Ha dre muy reson na pecher No implicher e nep guys* : « On n'emploie (on ne doit employer) en aucune façon les jours de fête au travail ni à l'ouvrage, à plus forte raison ne doit-on pas pécher (ces jours-là) ». *Pecheer, pechezr* pêcheur H 60, *pechezr* r. à *saluer* 17; *pec'heuzr* D 42, 123, *pec'hezr* 123; r. *er* 168; *pec'heur* 132; r. *eur*, 125; pl. *pec'herien* 78; 2ᵉ s. r. à *Pezr* 139; *pec'heurien* 29, 124; f. *pec'hezres* 170; **pechus** vicieux C*b*; *ur peccavi* (dire) un peccavi D 124, m. Gr. (mot savant).

Pedenn prière f. : *nep he gra* H 34; pl. *ou* D 125; *pidy* prier 15, 173, *pydy* Gw., v. *stoüet; pidit* priez D 54; *ped* il prie H 34, 45, 60, prie 20.

Peleterien pelletiers dans *Ker an p.*, 1413, *K. an beleterian*, 1432, Chrest. 224; *Le Peleter* n. d'ho., xvᵉ ou xvıᵉ s., *Inv. arch. Morb.*, série B, p. 167; *Le Pelleter* en 1759, *Inv. arch. Fin.*, série B, p. 323. *Peillat ur bod c'huez-mad* cueillir des fleurs odorantes *Bali* 166.

1. *Pell* paille, balle, du l. **palia* pour *palea*, M. lat. 194.

2. *Pell so, a pell so* l. quondam, C*b*, v. *guez aral; pel so da guement sé* il y a longtemps de cela, Jac. ms 15, *pell bras zo* il y a bien longtemps Mo. 209, *eur pell bras goude ze* bien longtemps après 163, cf. G. B. I., I, 50, 172, d'où le plur. *n'euz ket c'hoaz goall bellou* il n'y a pas encore bien longtemps *Nikol.* 731 (cf. *a nebeudou*, v. *nebeudic; eguetou; war ann divezadou* très en retard Trd); *he pell dale* sans tarder longtemps Mo. 283; *pell quent* longtemps auparavant Gr., *a beël quent* depuis longtemps *Voy.* 85; *peell guéle* clair-voyance l'A., *Sup.*; *pel guerent* parents éloignés Chal. ms v. *loin; é pell-bro* en pays éloigné; *pellidiguez* éloignement Gr. Voir *guers, nep*.

Pel quent. Ur —, un instant D 155; *nos na pelguent* ni nuit ni jour (litt. « aurore ») 165; *pell quent* « deuant jour » Maun. M. Loth tire ce mot de **pullicinium, *pullicenium* ou **pulli-cantio*, M. lat. 201.

PEMP-DELYEN « cinque-fueille » Nom. 90, *lousaouënn ar pempdelyen* « quinte-feuille » Gr., gall. *pumdalen*, cf. gaul. πεμπέδουλα; *ar pempet varnuguent à mis Meurs* le 25 mars, D 28; *ar bempveden* le cinquième, la 5ᵉ partie, Jac. 7; PEMZECVET quinzième D 188, *er bemzecvéd* le ou la 15ᵉ *Voc.* 1863, p. 34, pet. tréc. *pemzeget; pempâl, ober pempennou* engerber, h. cornou. *pempenn* pl. *au* gerbier Gr., cf. *Penpenic* n. d'ho., 1677, *Inv. arch. Morb.* V, 455; pet. tréc. *pempigho* osselets; cf. *Rev. celt.* IV, 164; XVI, 322.

Pěnaux, -aus, -aulx comment ? comment, que *Dict. étym.* v. *pe* 2 ; *-aos* D 15, 139; *penauſ,* van. *penos, peunes* Gr., *penaös, -äus* Pel., *pěnauss* l'A., *-aoz*, hors de Léon *pěnŏz* Gon., à Sarzeau *pinoz Rev. celt.* III, 50, pet. tréc. *pěnoñs, -oñz*. *Peunes* vient sans doute de **peneus,* cf. tréc. *neubet* peu, moy. br. id., de *nebeut, neubeut; munet* petit, van. *menut*, léon. *munud Rev. celt.* IV, 162, 466, dans *acausion* occasion, *acausiouni* occasionner, *accausioni* exciter (une guerre) Gr. il y a eu influence du mot *caus* cause Gr.; voir *onestant*. *Penaux* est rapproché à tort du gall. *panyw* que, Z^2 730. Pel. y avait vu, soit *pe en aôs* en quelle façon, soit *pe +* *naos, forme plus ancienne de *aôs*. Cette seconde explication, admise *Et. gram.* I, 11, cf. 64, *Urk. Spr.* 195, voir *ausaff, diezṅes, neuz*, semble moins probable que l'autre, qui a été adoptée par Gon. On ne voit pas pourquoi *pe* + *naus n'eût pas donné un adjectif, comme *peseurt, petore*; tandis que *pe-n-aus* concorde avec ses syn. *pe-ê-fæçzoun, pe-ê-guiz, pe-ê-tailh* comment ? *pe ê manyell* de quelle manière ? *peêfæçzoun* comment, comme Gr.; pour la forme, cf. *pe-n-ent* par où, par quel chemin, voir *pe* 2. Il est possible que *ausaff* n'ait pas perdu d'*n* initial, et vienne du v. fr. *auser* (en 3 syl.), *abuser, aouser* habituer, accoutumer, exercer, ital. *ausare*. Voir *qeur-eucg*.

Pencel. Vn pencelyer da dillat radoubeur, racoutreur d'habits, Nom. 311; *penseillad* raccommoder (la peau d'un cheval), *Rimou* 14, *peñcel* pièce à un habit, pl. *you*, van. *pecell, picell*, Gr.; pet. Trég. *peselat* et *feselat* raccommoder, rapiécer, voir *penestr*.

On peut rapporter à la même origine PENCÉET (navire) naufragé D 105, PENCE, *pace* naufrage Maun., Gr., *pessé* m. id. et maraude, pl. *yeu, pésséourr* maraudeur l'A., *er pesai ac ul lestr'* débris d'un vaisseau Chal. ms, *pense, peunse, peusse*, bas-cornou. *passe bris*, débris, pièces d'un bâtiment qui a fait naufrage Pel., *peñsé*, bris, naufrage, *peñséa* faire naufrage, cornou. *pasé, paséa*, Gon.; cf. « brys et punczay debuz par les chastellenies de Mourlaix et de Lanmeur » *Inv. arch. Fin.*, série A, p. 57.

Penestr, fenestr, fenêtre *Cb*, Maun., Pel., pl. *fenestri Voy.* 66; *prenest* Nom. 146, dim. *prenestic bian* 168, à St-Clet *prenest*, cornique id., *prennestr G. B. I.*, I, 100, *frennestr* 370, 376, 378, à Trévérec *vrěnest*; léon. *prenester Barz. Br.* 154; voir *coustelé* et *Dict. étym.*, v. *fenestr*.

Le *p* pour *f* est amené par l'analogie des mutations de *p* en *f*, cf. van.: *cani* pour *hani* ; voir *hemme, couff, cudennêc, parz*. De même *pençou* fesses Nom. 22, sing. *pens, penss, pençen* Pel., *peñs* f. Gon. =*fessen*, pl. *difessen, diués*, Chal. *ms*, voir *faeczen, fesquenn* et *Rev. celt.* XI, 354. On lit *vn pelpen bras á fry* un grand nez Nom. 270, et *felpen pesq* lopin de poisson 43, = moy. br. *falpen* ; l'assimilation peut avoir joué ici un rôle, cf. pet. tréc. *bilbich* faînes =*filvijennou* Pel., *finich* Gr., Gon., *kivich* Gon., etc., voir *fouyn* ; *baribodelo, baribod'lach* fariboles, niaiseries ; van. *bibonig* émouleur l'A. = *libonicq* Gr. ; *pouperos* couperose, *pouperos'* bouton qui vient... sur la peau, *pouperoset é oll* « il a le visage tout boutonné », *faç poperoset* lentille du visage Chal. *ms* = *couperosa*, van. *couperos* couperose, vitriol Gr. ; *Pompëa, Popëa = Copaëa*, sainte Copœa Gr., *Compaya* reg. Péd. II, 9ᵃ b, *Coupaia* I, 4 b, *Coupaya* 207 b (1623, 1565, 1606), prénom latinisé, tréc. *Koupaia*. Il y a eu, au contraire, dissimilation dans le cornou. *pifilat*, ailleurs *fifilat* Pel. (*fifila* bouger, voir *fifilus*).

Grég. donne *peucqa* et *feucqa*, bourrer ; cette dernière forme vient de la mutation régulière, dans *taul-feucq, taul-focq, taul-foc'h* bourrade Gr., cf. *sul-Fask* le dimanche de Pâques, etc. Grég. admet *taul-feucq*, pl. *taulyou-feucq*, et *taul-peucq*, pl. *taulyou-peucq* ; on a dit d'abord *taul-feucq*, pl. *taulyou-peucq*, les autres formes sont dues à l'analogie. Cf. *peucein* bourrer l'A., pet. tréc. *feukañ* fâcher, se fâcher ; *feusañ* arranger, réparer (un lit, etc.) ; angl. *poke*, allem. *pochen*; *Rev. celt.* XIV, 278, 279. Voir *pencel*.

Penet peine, paraît venir de **pœnitio*, et *penigenn* pénitence, de **pœnitionis* ; il y aurait eu un mélange des mots latins *pœnitentia* et *punitio*. Cf. *bennoez = benedictio, malloez = maledictio*, à côté de *binizien, millizyen = -dictionis*. PENEDUS pénitent, qui se mortifie D 124. On lit *pennet* peine, douleur Jac. *ms* 19 ; *penetrus* contrit Mo. *ms* 203, j'ai trouvé *pennetrus* et *pennétrus* avec ce sens dans un fragment ms. de mystère, datant du siècle dernier. PENITY, pl. *ou* lieu, ou maison de pénitence, d'où *penity Sant Guido*, etc., « sacristie » dans le dial. de St-Brieuc, Gr. ; pet. tréc. *piniti* sacristie ; nom de villages, par exemple en Bourbriac ; mot latinisé en *peniticium* : « ...domunculam ...in formam oratorii, quæ lingua Britonum Peniti dicitur, hoc est, pœnitentiæ vel pœnitentis domus... sanctus... Goluennus intra

septa Penititii sui se inclusit » (Acta S. Goluenni Mss), Du Cange;
« quod oratorium hodie dicitur, Peniticium Goeznovei » *Bulletin
de la Soc. archéol. du Finistère*, IX, 232; cf. *abbaticium*, latinisation
du bret. *abbati* abbaye, Cartul. de Landévennec f° 151; *peniti* m.
lieu ou maison de pénitence l'A.; voir *M. lat.* 194. *Penitant* (un)
pénitent D 136, *pinitant Bali* 113, f. *pinitantez* 134.

Penguen, mot bret. francisé dans « deux penguens », « deux
penguennes de terre », XV° s., *Chrest.* 224 = *peñguenn* pl. *ou*, sillon; planche de jardin, airette; *pengûenn* m., pl. *penguennou* arpent
Gr.; *peñgenn* m. sillon, planche, arpent, journal Gon., cf. gall. *pyngu*
se grouper, *pwng* groupe, assemblage; cornou. *puno* pelotonner du
fil, tourbillonner, en parl. du vent; van. *punein* se masser *L. el l.*
186; ourdir (un complot); tournoyer, tourbillonner, *Rev. celt.* XIV,
310, 313; *Élie... e bûnass é vantèl* Élie plia son manteau, *Histoérieu
tennet ag er Scritur*, Vannes 1792, p. 145; hors de Vannes *daspuign*
amasser Gr., *daspugn* amas, amasser Gon.; *despun* rassembler, Jac.
ms 48 (voir *dastum*). Le pet. trée. *pengeneign* réussir, a dû signifier au
propre « mener le sillon jusqu'au bout », cf. Sauvé, *Prov.* 3; Pel.
donne en cornou. *penghen* « le bout d'un sillon ». Cf. irl. *cuing* joug
et πυγή πυγῶν?

Penn. *Nep a sell a dou penn* celui qui regarde le commencement
et la fin *Cb* v. *tal; ar Rouë eo ar pen-braçza deus ar stad*, le roi est le
chef de l'état *Discl.* 11; *e homp hep pen perhen* (si vous mourez) nous
sommes sans chef Jac. *ms* 109, *hep na pen na perhen* ibid.; *a pen teir
guez* par trois fois D 167, *à pen* 144, *à penn* 131, pet. trée. *'ben blâ
d'ër c'houls-mañ* dans un an à pareil jour (= *en dé-me pen-blâ*); *da
pen ur spaç amser* au bout de quelque temps, *da pen daou deiz goude*
deux jours après 197, *da pen an trede dez* le 3° jour 22; *de ben kours
en ovren* (ils sont à l'église) pour le commencement de la messe
L. el l. 22; *é pen deg miz goudé* dix mois après 222; *var pen* au sujet
de D 129, *var pen er. buhez all* (amasser des mérites) pour l'autre
vie 17; *penn d'an dra-zé* à cause de cela, *Ann. de Bret.* VIII, 240; *a-
benn de velet* (on allait) exprès pour le voir *Bali* 188; de là le dérivé
abenvez de propos délibéré Maun., *a benués* « de guet a pans »
Chal. *ms*.

Composés anciens : *penn boyll*, al's *euyenenn* (source), *penn eteau* tison *Cb*, gall. *pentewyn; pen eth* épi de blé Nom. 74, *penn-ed* Gr., *pen id* Cat. imp. 44, cornique *pedn yz*, cf. *er peneu* les épis *L. el l.* 40, *destum pennou* glaner *Intr.* 162, *pennaoui* glaner, *pennaouër*, f. *ès* glaneur, *pennaouérez* action de glaner Gr.; **Pencollet** Anniv. de Trég. 6 v, litt. « tête perdue », cf. pet. tréc. *penfolet* sot, fou; *pennfolli* être furieux, en colère *Nikol.* 696, *penfolein* (en parl. d'un bélier) *L. el l.* 138, *eur* PEN-FOL un fou *Trub.* 84, gall. *penffol* (*pensoded* affolé *Trub.* 61 ne vient pas de *sot*, mais de *saout* : *pensaudi* enrager, endêver Gr., pet. tréc. *penjôdeneign* être étourdi, ébloui); PEN-DUEN roseau Nom. 94, pl. *penduennou* 237, *penduenn* « canne ou roseau, qui porte à sa cime un bout noir » Gr., *Guern Pen Duan*, Cart. de Landévennec f. 143 v, prob. « le marais du roseau »; cornique *pendiwen* roseau, gall. *penddu* scrofulaire; PENDUIC mésange Pel., *penduik* m., pl. *-iged* Gon., gall. *penddu* fauvette à tête noire; **pengam** surnom au XIVe s. *Chrest.* 224 = *penn-gamm* m. torticolis, mal, et celui qui a ce mal Gr., *pengamm* qui a la tête penchée Gon., gall. *pengam*; *pengami* « pancher » Maun., *péngamein* « pancher » l'A.; PEN-GLAOU mésange Nom. 40, *penn-glau* pl. *ëd* Gr., *penn gleu* m., pl. *étt* l'A., cf. *L. el l.* 148; *Penglaou*, Le P. n. d'ho. XVIIe s. *Inv. arch. Fin.*, série B, p. 289, 406; *penn-glaouïcq*, pl. *-igued* id., *pennglaouïcq* tête de linotte, homme de peu de sens Gr., gall. *penlöyn* mésange; *ho penner* votre fils unique P 208, *Jesus penher Doue Trub.* 3, *Le Penher* n. d'ho. en 1705 *Inv. arch. Morb.* V, 283; adj. : *an habec penher eus* (ce n'est pas) la seule cause de *Trub.* 327; *hor c'hevridi penherez* notre unique affaire 336, *eur Religion penherez* (il n'y qu')une seule religion 259; **Penkaer** -*Lesquoet* en 1429, auj. *Penher-Losquet*, Morbihan = van. *penhêr* « hameau, bout du village » Chal., *penher* hameau Chal. *ms*, *pennhærr* m. issue, sortie, l'A., *hou panner* traduit « vos maisons », *L. el l.* 74, « vos habitations » 78, etc., *Rev. celt.* XI, 364; *Le Penhair* n. de lieu en 1716, *Inv. arch. Morb.* V, 603; **Penruz** reg. Guing. 245 v., reg. Péd. 155 b, *Le P.* II, 4ª (1596, 1588); *penrù* m., pl. *étt* tiers l'A.; « excellents canards désignés sous le nom de *penrus* » (à Paimpol), Habasque I, 183; = « tête rouge », gall. *penrudd*, cf. *Rev. celt.* III, 50; PENNSAC'H dépôt d'humeurs, pl. *pennséyer*, *pennsayou* Gr.; *pensac'h* m. tumeur, goître Gon., cf. Sauvé, *Prov.* 905, 906, pet. tréc. *penzac'h* f. érysipèle, *pennsac'henn* pl. *ou* cervelas Gr., gall. *pensach*, esquinancie; PENN-VELE chevet *Nikol.* 94, Gr., pl. *penn-velëou* Gr.; **Penven** dans *Parc-an-Penven*, litt. « le champ de la Tête-blanche », en 1539, *Inv. arch. Fin.*, série A, p. 12, gall. *penwyn*, gaul. Πεννοουινδος, cf. *Rev. celt.* XV, 388; PENWIR chef-rente Pel., *penn-vir, piñvir*, van. *peeñüir* (tréc. *perrend*) Gr., pl. *penvirou* D 196; cf. *pennlec'h* pl. *you* chef-lieu Gr., auj. id.; *penn-œuvr* pl. *you* chef-d'œuvre Gr., *pen-œuvr Aviel* 1819. I, 33, pl. *penn-œuvrou, Jardin an amouroustet* 2, *penhoberou Trub.* 69.

An pen deuet la brebis, *vn pen moch* un pourceau Nom. 28, *pen-noc'h* D 105; cf. *ur-pen-kesec* un seul cheval, ou une seule jument, *ur-pen-oën* un agneau, *pen-iar* une poule, *pen-goasic* un oison, *pen-eaüg* un saumon, etc. Pel., voir *Rev. celt.* IV, 102. *Pen marhen, pen marhet* « freslon, mouche » Chal. *ms*, est une formation différente. Voir *Rev. celt.* XV, 353, 354; XVI, 229; *pènn garnél* terme d'injure à un chauve, *Histoérieu... er Scritur* 146; pet. tréc. *pen kleu*, sobriquet d'un sourd, litt. « tête de fossé », à cause de la locution *bouzar vel eur c'hleu* sourd comme un fossé. *Pen gast* est une grossière injure à une femme.

Sur *penn ar c'hlin* le genou (cf. *Barz. Br.* 21), gall. *penlin*, voir *cap* 1 et 2, meilh. *Dreist pènn-bis* par manière d'acquit Gr., auj. id.; *he sell dreist penn he skoas* il regarde du haut de sa grandeur, avec dédain *Trub.* 49, cf. 48; *ha benneu-tâl* tes tempes *Celt. Hex.* VI, 7.

Le moy. br. *penn doc* l. capito, cf. *vn pendocq* un nain Nom. 267, *pendoc* « coquin, testu » Maun., paraît abrégé de *penn-dolog*, van. *pendolecg* têtard Gr., *pendolloc* Pel., *peendoléc* l'A., dérivé de PEÆNNDO-LEIN échoupper, étêter (des arbres), *peænndolatt* part. -*létt* éhouper l'A., *Sup.*, cf. gall. *toli*, écourter, sans doute même origine latine que le franç. *tailler*, angl. *curtail* (*tāliare, dérivé de *tālea*). *Pendolecg* têtard est à *peænndolétt* étêté comme *castreuc* à *castratus*, voir *castr-egen*. Le **Pendic** n. d'ho. en 1598 *Inv. arch. Morb.* V, 424, peut s'expliquer par un plus ancien *pendolic, cf. van. *penndoligued* têtards Gr. et le rapport des mots van. *guênnêc* merlan et *guênnig* gardon; voir *guenn, mandoc*. Le dérivé *pendôgi*, v. act. et n., culbuter, tomber ou renverser sur la tête Gon., *pendogi* faire la culbute Trd, peut faire penser que *c'hoari penn-toullik*, *c'hoari penn-bourdelik*, *c'hoari penn-bourdel* se mettre la tête en bas et les pieds en l'air *Rev. celt.* IV,

164, présentent des déformations de *pendolic, sous l'influence de *toul* trou, et *Bourdel*, Bordeaux. Gr. donne *ober toulbennicq* marcher sur les bras, les pieds en haut.

M. Loth explique, M. lat. 146, le bret. *penvestr* licou comme venant de *cabestr*, emprunté au lat. *capistrum*, par substitution de *pen* tête, bout, à la syllabe *cab*, qui avait le même sens. Mais le *v* de *pennvestr* Gr. était d'abord un *f* : Pel. écrit *penffestr* « licou de cheval ou autre bête », plus particulièrement « la partie du Licol qui saisit la tête »; ceci est confirmé par le Catholicon, qui a *penfestr* comme syn. de *cabestr*, et par le gall. *penffestr, penffest.* Je crois que *penfestr* est un composé *penfest « ce qui assujétit la tête », = gall. *penffest* « qui a la tête solide, obstiné »; cf. *penffestin* casque; voir *fest* 2. L'*r* de de *penfestr, penffestr* doit provenir de l'analogie de *cabestr*. La forme antérieure se montre, non seulement dans le gall. *penffest* syn. de *penffestr*, mais aussi dans le dérivé bret. PENVESTI, part. *penvestet* enchevêtrer, mettre le licou à un cheval Gr. (à côté de *cabestra*, part. *cabestret* ib.); Pel. a *penffestra* maltraiter, frapper, gourmer. Le mélange des deux mots apparaît clairement dans *kefesta, kevesta* corriger, Perrot *Manuel*, livre de l'élève 3ᵉ éd., p. 108, dont le *k* provient de *kabestr, cabest* licou, bride, *kabesta* brider 104.

Le mot PENGOT massue, gros bâton Maun., *penngod* m., pl. *ou*, van. *ëu*, tricot, « bâton court qui a un gros bout, et sert pour se batre » Gr., *pengöat* Pel., *pengoat, pengot* Gon., est expliqué par *penno-cêto-n* « bois à tête », *Et. gr.* I, 7, 67*, ce qui est phonétiquement admissible, voir *Argoat, Aualeuc*; sur *pen-baz*, voir *Rev. cell.* XV, 389. Cependant je crois plus probable que la forme *pengoat* vient d'une fausse étymologie, et que *pengot* massue, comme *pengot* paquet (de lin ou d'étoupe) « tortillé et comme cordé, suffisant pour faire une quenouillée » Pel., se rattache à *penn-scod* pl. *pennou scöd, pennscodou*, syn. de *scod* chicot, souche, tronc d'arbre coupé Gr., *scöt, scôd* menue branche verte, coupée ou arrachée, propre à faire un lien de fagot, etc., *scôd lin* paquet de lin, lié d'une pareille branche, cornou. *scoden* houssine, menu bâton, *scodennat* coup de bâton, de baguette Pel., du v. fr. *escot*, auj. *écot*. Peut-être la chute de l'*s* tient-elle à cette dernière prononciation française : cf. *scôl*, *scôr* et *côl, coll* pierre ou autre corps dur qu'on met sous un levier ou sous la roue d'une charrette Pel., fr. *accore*, angl. *shore*; voir *etabl, amy.* Gr. donne en van. *peütred er peenn-god* « qui est de Basse-Bretagne, Bas-Breton ».

Le mot *pengos* m. souche de genêt, de lande Trd, correspond de même au bas cornou. *scoss, scouss,* chicot, petit tronc d'arbrisseau resté en terre, pl. *ou* « gros bâtons plantés aux deux côtés d'une charrette, pour en contenir la charge » Pel., de même origine que *scot* (v. h. allem. *scoʒ*). La forme *cos, gos* paraît encore dans *pilgos* bille de bois, « les ouvriers en bois donnent ce nom aux grosses extrémités qu'ils retranchent des pièces comme superflues » Pel., *pilgoʒ* m., pl. *pilgosiou* billot, tronçon de bois Gon., *pilgos,* cornou. *pilkos* billot, tronçon scié d'un gros arbre, *pilgosek* gros courtaud Trd, cf. *pigoçʒ* pl. *ou* souche, tronc qui reste en terre Gr. (de *pil*, d'où *pil-prenn* pl. *pilou-prenn, pilprennou* bille de gros bois, billot, tronc d'un arbre coupé Gr.; *bag pilprennek* pirogue, bateau d'une seule pièce du Rusquec). Les syn. qui ont *t*, *piltoss* bille de bois Pel., *piltoʒ* billot Gon., *piltos* pl. *iou* billot, *piltosek* gros courtaud Trd, contiennent un élément différent, cf. van. *penn-dosêc* m. tricot, *bah peenn-dossêc* pl. *bihiërr peen-dossêc* ou *doussêc* massue, *toussænn* f. massue l'A., tréc. *tos* souche, tronçon, homme trapu *Rev. celt.* IV, 168; bas cornou. *tossen* élévation, tumeur Pel. v. *torossen.* Voir *torocennic.*

Autres formations : van. *mui a bèn-vad* plus de succès *B. er s.* 174; pet. Ttég. *pen-dé* demi-journée, *bop pen-dé* deux fois par jour; *pèn-caus* cause *Guerʒ. Guill.* 44, *penn-caus* fondamental Gr.; *pèn-conʒe* sujet de conversation *Voy.* 83, 143, *ben goms, taul comps* « pourparlé » Chal. *ms; ar penn-natur eus an dra eo* le tout, l'essentiel est (que), *T. Ger.* 54; *lacat... e penn-count* mettre en ligne de compte, tenir compte de, *Bali* 161; *penbouffi* refrogner, rider le front Maun., *penboufrein* se refrogner Chal. *ms; peenn ariein* empêtrer, attacher la tête à un des pieds l'A., *pennasqa* Gr., pet. tréc. *penaskañ,* d'où le h. bret. *penâcher,* Alcide Leroux, et *empenâcher, Rev. celt.* V, 223; *pendereurein* culbuter, *pendréurein* renverser, part. *pendreuret* Chal. *ms;* pet. tréc. *pen-ivinet* et *beg-ivinet,* se dit d'un animal attaché, dont la corde s'est prise dans la fente de son pied; *lezen ben* loi fondamentale, constitution *Trub.* 210. Voir *hoariff.*

Dérivés : *tèhein peænnan ma eêllér* « fuir à veau de *route* » l'A., litt. « le plus directement qu'on peut », cf. gall. *penaf,* angl.

chiefest, voir *mintinyus*, *pinuizic*, Rev. celt. XVI, 190; PENNAT opinion, sentiment particulier, entêtement, *pennat-blew* touffe de cheveux, *pennat bleo* chevelure, *pennat-redec* lice, carrière Pel., *penad bareu* tête touffue (d'un hêtre) L. el l. 74, *e daou bennad* (lire le psautier) en deux fois *Nikol.* 195, pet. Trég. *pennad* m. bout (de bougie, etc.); *pennadi* entêter, monter à la tête; s'entêter, s'obstiner Gon., *him bennadein* s'embellucoquer, se coiffer d'(une opinion) Chal. ms, van. *pennadein* s'entêter Gr., *pennadus* entêté Gr., cf. *doug'ed de fenn e-unan* (femme) portée à faire à sa tête, *Bali* 233; *pennadik* instant Trd, *Hisioariou* 198, gall. *penod* conclusion, *penodi* spécifier; *pennadurez* époux, épouse, *Collocou familier*, chez Ledan, 38; PENNIC petite tête Nom. 102; *Pennec* reg. Péd. 77, 132 (1579, 1591), *An P.* 1 (1565), *Penec* 128 b, *Le P.* 71 b (1590, 1578), *Inv. arch. Morb.* V, 189 (en 1569), *Le Pennec* 177 (en 1573), = « têtu »; f. *pennegues* mercuriale, plante Gr., *pennegez* Trd, *peneugus* Pel., Trd (de *penneugeus*, *pennoges?*); pet. tréc. *penañ ra 'zaladen*, la salade monte (gall. *penu* dominer). Voir *quil*, et Rev. celt. IV, 164.

Pentaff. Peint il peint D 95; *peñtadurez* l'action de peindre Gr., *pënntereah* l'A.; *peiñtadurez*, *peiñterez* peinture Gr.; *pentrein* peindre Choæs 161, *pentrour* peintre 149, dim. *peintouric* « pintereau » l'A., Sup. *Pint* pl. *et*, *pintèr* pl. *-ered* pinson Gr., pl. *pinterigou* Barz. Br. 473, expliqué, *Keltorom.* 73, comme une transformation de *pinc, = gall. *pinc*, parent du fr. *pinson*, paraît être plus près du fr. *peint*; cf. esp. *pintacilgo*, *pintadillo* chardonneret. Le suffixe *-er* a dû provenir d'un autre nom d'oiseau, cf. *linerigou* petits linots Barz. Br. 473; *canaber* chardonneret Gr.

Pep pret toujours H 45; *pep pec'hedou* toutes sortes de péchés D 155, *pep pec'hejou* Trub. 138; *pep pirillou* (malgré) tous les périls, Maun. Templ cons. 31; *a pep seurt injur* toutes sortes d'injures D 150, *e voe guelet a bep seurt tud* on vit toutes sortes de gens, *Buez ar s.* 1841, p. 24, voir *pe* 2; *pep grefussa quenta* (les péchés) les plus graves, les premiers D 137; *demeus ar pep caera* (remplir) de tout ce qu'il y de plus beau Jac. 69; *da bep tri* (un pot) pour trois, *pep daou* (il manque une chopine sur) chaque (ration) de deux 55, = Jac. ms 40; *bep eür* à chaque heure D 174, *bep sizun* 173, *bep sul quenta ar mis* 71, *bep guech* chaque fois 77, *bemdeis* 67;

r. *ez* 53, 152; *bemnos* chaque nuit 140, etc.; *bep eil* à tour de rôle, chacun des deux à son tour Mo. 183, *bep ma teufet en oad* à mesure que vous croîtrez en âge Jac. *ms* 5; *pédez* al. *hep fest* « iour sans feste » *Cb*, v. *dez*, tréc. *eun dé pemdé; pe-tra* toute chose *Trub*. 149.

Perchaff. Perch reg. Péd. 131 (1591), *perch* perches Gr.; Perchec reg. Péd. 124 (1589), *An P.* 6, 13, 13 b, 15 (1566, 1567), *Le P.* 44 (1573), *Perchiec* 41 b (1573), *An P.* 6 b, 10, 17, 20 b (1566, 1568, 1569), *Le P.* 44 b (1573), etc., = prob. « grand comme une perche », cf. *Rev. celt.* XV, 350; pet. tréc. *en perch* (l'affaire reste) en suspens.

Perc'henn, pl. *ed, ou*, propriétaire, possesseur Gr., *perhenn* l'A.; pet. tréc. *perc'hen an dërves* le cultivateur qui fait travailler pour lui, à charge de revanche, ses *kevelerien* ou associés à cet effet, cf. *Rev. celt.* IV, 158; *pérc'hénta, pérc'henta* s'approprier, *perc'hénta* se mettre en possession de, *-tet* (enfant) adopté Gr., *perc'henna, perc'heñta* Gon.; *ar vreg-se so perhennet* cette femme est mariée *Rimou* 20, *ar vaouesse so perc'hennet* 51, voir *diberc'henn*, p. 156; *penn*, p. 473; *perc'hennyaich* propriété, *perc'héntyez, perc'héntyaich* possession, appropriation Gr., *perc'henniez, perc'henniach, perc'heñtiez* f. Gon., *perhenntiah* propriété l'A.; gall. *perchen* possesseur, cornique *perhen*; cf. gall. *perchi, parchu* respecter. Je crois encore probable que ces mots viennent du lat. *parcere*; pour le sens de *perc'henn*, etc., cf. *parcere parto*, *Énéide* VIII, 317. *Pérc'henta* peut remonter à *parcentare*, cf. *expaventare* épouvanter, *sedentare, *levantare, *crepantare*, esp. *sentar, levantar, quebrantar* (bret. *parlant,* van. *parlanteiñ, parlandal* parler, parlementer Gr.). *Perc'henn* ne pouvant venir de *parcens*, n'est pas avec *pérc'henta* dans le même rapport que *diffarant* différent avec *diffaranti* différencier Gr., cf. fr. *régent-er*; il doit répondre à *parcend-*, peut-être *parcenda*. Le plur. gall. *perchenoedd* semble indiquer un ancien sens abstrait, « possession ». *Perchen* a pu aussi être extrait de dérivés comme *perchenog* possesseur, *perchenu* posséder, cf. *llenog* lettré, bret. *lennoc*, voir *Laënnec* (*llên* littérature, clergé); *ysgrifenu* écrire (*ysgrifen* écriture) de *legend-, scribend-*. C'est ainsi que le moy. bret. *aparchent* = fr. il *appartient*, a donné lieu à un infinitif *apparchentaff* convenir C, *aparchanta, aparchantout* appartenir Gr., cf. *Rev. celt.* XI, 468, 469, à des dérivés comme *aparchantereah* propriété l'A., et à un mot *aparchant, aparchent*, qui signifie « appartenant, relatif à » (adj.); « appartenance, convenance » (sens abstrait); « ce qui appartient, choses possédées » : *ho-c'haparchand* (voilà) ce qui vous appartient Gr.; « ceux qui appartiennent, parents, alliés » : *o c'haparchand* (vous, et) ceux qui vous appartiennent Gr. (collectifs); et enfin (nom concret) « celui qui touche de près, parent » (N 641).

Perenn. Pèrennou, pèrenned, pèrennyer, van. *perenned, piregui* poiriers, *An Autrou 'r Perennou* Monsieur des Poiriers Gr.; du *Pérenno,* en fr. du Poirier, s^r dudit lieu, xve, xvie s. Nobil.; *An Perenou* n. d'ho. en 1539, *Inv. arch. Fin.,* série A, p. 9, *Le Perennou,* B, 152, *du Pérenno, Inv. arch. C.-d.-N.,* E, 26; v. bret. *pirinou Chrest.* 156. *Le* Pèrennec, n. d'ho. xviie s., *Inv. arch. Fin.,* B, 315, *pérennek* f., pl. *-égou* lieu planté de poiriers Gon.; pirit f., id., dans *An-Birit,* n. de lieu, xiiie s., Cartul. de Landévennec 18; *Kerpirit,* n. de lieu en 1698, *Inv. arch. Fin.,* B, 296; *Cautpirit,* voir *caut, Galperouet,* et cf. « *terram Kiltperit* », Cartul. de Quimperlé, Du Cange, v. *hanafat; Botcalper, Dict. topogr. du Morbihan.* Pel. cite le haut br. *goberan* poire sauvage. *Pirit* vient du lat. *pirētum;* sa terminaison se retrouve dans *Le Drésit,* n. de lieu, *Inv. arch. C.-d.-N.,* D, 134; voir *dresen, Aualeuc, fau.*

Perfez parfait (*Dict. étym.* v. *parfet*) = *peruez* bien appris Maun., *pervez* vigilant, attentif à ses intérêts Pel., avare Gon., *pérvéh* attentif l'A. v. *collation, pérhuéh* exactement, *perhuéh bras* mesquin, *perhuéh* chiche l'A., (recherche) soigneuse, (compte) sévère *B. er s.* 13, 76; *perhuéhage* m. chicheté l'A.; du l. *perfectus.* Pour le traitement de l'*f,* voir *Rev. celt.* IX, 372, 373; XIV, 310, 311; pour le sens, cf. *parfed* attentif Gr., etc. *Pérhuédiguiah* exactitude l'A. vient de **perfezedigaez* comme *brazédiguiah* grossesse l'A., de **brasesedigaez;* comme le moy. bret. *guennuedic* bienheureux, de **guenvededic* (cf. irl. *finnbethadach, Rev. celt.* XI, 400); voir *binizien, guenn,* et *Rev. celt.* XI, 464. *Parfet,* r. *ez* J 230, v. 2. *Perfectiounou* perfections D 25, *perfectionno* il perfectionnera 44.

Perguen expressément J 10, etc., *perguen* surtout *Explication an doctrin christen,* II, Guingamp, 1838, p. 180, 186, pet. Trég. *pergen* et *perc'hen,* id.

Perles. Perlezenn perle, pl. *ou* et *perlez* Gr.; *pérlenn* f., pl. *eu* et *pérlez* l'A., pet. tréc. *sperlezen* pl. *sperles; sperlezen* se dit aussi d'une belle jeune fille. *Perleset* garni de perles Nom. 171, *pêrlétt* perlé l'A. *Perlesen* pl. *perlès* et *perleseg* pl. *-egued* éperlan Gr., *perlezek* m., de *perlez* « à cause de ses belles couleurs » selon Trd ; il y a eu sans doute étymologie populaire du fr. *éperlan* d'après le mot *perle*. Voir *mamm*.

Permetaff. *Mar deut dam permettin* si vous me permettez Mo. *ms* 229 ; *na ven quet permettet da rein* je ne serais pas autorisé à, 229 ; *n'ho permettin biqen da offanci Doue* je ne vous laisserai jamais offenser Dieu Jac. 22. *Promettet* permis D 16 ; *permission* permission 100. — *Perpetual* perpétuité, l. perpes ; *perpetuel* perpétuité, l. perpetuitas Cc. — *Persecutaff*. *Persecuteur* persécuteur D 124. — *Person* curé H 59, D 115, *persson* H 58, du v. fr. *personne* (*Arch. de Bret*. VII, 198, 203), angl. *parson*; *Le Persson*, reg. Plouezec 4 v ; *persson* personne H 5, 20 ; *perssonag* personnage, personne H 50, *personnaig* Catech. b 9, *personaig* personne (de la Trinité), m. : *tri* D 24 ; *en ho personaich propr* (allez) en personne 79, pl. *personachou* 46, *personnachou* 40, 186.

Perz part, voir *parz*. *Eur seûrd doare... da ober ...A zo eus a bers yaouankizou Eur pers leûn a folhenteçziou* une telle façon d'agir (à l'égard des vieillards) est, de la part des jeunes, une conduite pleine de folie *Trub*. 211 ; *eur pers dizeûr ha fall* une mauvaise action, *ar pers falha... a hell eun dên da ober* la plus mauvaise action qu'on puisse faire 225 ; van. *idan perh en diauled* (tombé) sous la domination, au pouvoir des démons *Guerz*. *Guill*. 42, *idan perh Satan* (quand nous étions tous) au pouvoir de Satan 51, *e dan perh Lusifer ...dalhet L. el l.* 208; *ranjenei... edan perh en diauled* 216 ; *tenet a zan ou ferh* (quand serons-nous) délivrés du pouvoir de ces hommes 58 ; *un dên idan perh er réral* un homme soumis à d'autres *Aviel revé s^t Maheu* VIII, 9 ; *en ol perh e zou bet reit t'eign* toute autorité m'a été donnée XXVIII, 18 ; *e hès perh ar* (ô Mort), tu as autorité sur (nos corps, mais non sur nos âmes) *Guerz*. *Guill*. 127 ; *en dès ...er perh De huellat en droug* (ce saint) a le pouvoir de guérir 173 ; *goulen guet hai de laquat* leur demander la permission de mettre III. Il y a peut-être eu, dans le développement de ces sens, influence de *berz*; voir ce mot. Je ne sais comment expliquer l'expression *mont d'ar pers* aller au grand galop, usitée à St-Mayeux.

Pesacz pâte ou pain fait de pois Jér.; c'est plutôt « tige de pois », cf. *favaçz*, voir *becç*, *faffen*. Pizel m. vesce *L. el l.* 40, à Sarzeau *piziall Rev. celt.* III, 52, van. *piseel* ivraie Gr. (cf. *piss-logott* id. l'A.), ital. *pisello* petit pois, prov. *pesèu*; **Pizigo** n. d'ho. en 1598 *Inv. arch. Morb.* V, 333, *Pizigot* en 1623, V, 429, = prob. « petits pois », cf. *Favigo* n. d'ho. en 1583 *Inv. arch. C.-d.-N.*, E, p. 9, xve ou xvie s., p. 3, plur. de *faffuennyc* petite fève C*b* (on peut entendre aussi « petits hêtres », de *fau*); « dame du *Couetdigo* » en 1597, *Inv. arch. Morb.* V, 333, plur. de *coadyc* petit bois, voir *coat*, *nebeudic*; *pizec* f. champ de pois l'A., *pizenna* se former en gouttes, parl. de la sueur *Sup. aux dict.* 60, pet. tréc. *pizened e 'n dour war i vek* la sueur perle sur son visage. Voir *Rev. celt.* IV, 165.

Pescq poisson C*a*, C*b*, v. *chot*, pl. *pescquet* D 189, dim. pl. *pesquetigou* Nom. 42; *pescqueur* pêcheur D 38, pl. *-ien* 193, *pissquourr*, pl. *-querion* l'A., *Le Pesquer* n. d'ho. en 1609, *Inv. arch. Morb.* V, 425; *an pesquez rez* (lis. *pesquezrez*) le marché aux poissons Nom. 243, *pissquereah*, *pissquétereah* pêche, *pissquættereah* poissonnerie, *pissquæduss* poissonneux l'A., *pesqedus*, *pesqus* Gr. Voir *Rev. celt.* XI, 111, 112; XIV, 321.

Pet gourchemen so a charantez? combien y a-t-il de préceptes de charité; *pet so a gourchemenou an ilys?* combien y a-t-il de commandements de l'Église Catech. 7 v, cf. *a béd gôpraer* que de mercenaires Chrest. 363, *a-bed traou* que de choses Gr.; *daou vab* et *daou a vibien* deux fils. *Petuet* quantième Maun., *petvet* Pel., *petved* Gr.; pet. tréc. *ë bédet deus ë mis e hoñm?* quel est le quantième du mois? Voir *a* 1, *meur*, *Dict. étym.*, v. *pe* 2, *Urk. Spr.* 62.

Peuch, peoch paix. *Peoc'h*, *puoc'h*, *peuc'h*, *pioc'h* m. Gr.; à Trévérec *tenañ peuc'h deus eur bugel* apaiser, faire taire un enfant, à Tressignaux *chom 'n es peuc'h*, reste tranquille; van. *péh* en 1693, Chrest. 328, *peah* l'A., *peah*, *pioh* Gr. (voir *euz* 1); *peoc'hus* pacifique, *peoc'hadur*, *peoc'hidiguez* pacification Gr.; *Le Peuch* reg. Péd. 89 (1582). Voir *diuach*; *Et. gr.* I, 7; *M. lat.* 194. M. Loth propose d'expliquer par ce mot le surnom *Puch e huezle*, *Puchuezle*, au Cartul. de Quimper, Chrest. 227, 213, 214, ce qui voudrait dire litt. « paix (est) sa vie ». *Puch-* pourrait aussi être le mot *pouc'h* vilain, sale, malpropre, souillé, sordide Pel., et *huezle* répondre au gall. *chwedl* parole, conte, voir *quehezl*.

Peul pieu, pl. *you*, van. *pel* pl. *ëu*, *yëu* Gr., *pæl* m. pilier, colonne *Choæs* 70, pl. *peulieu* Celt. *Hex.* III, 6, 10; *paôl*, *baôl*, *mäol*, *mdol* barre de gouvernail, *paôulea*, *paôlea*, *paôléva*, *pollénva*, *paôllénva* « gabarer », conduire un bateau avec un seul aviron, par la poupe, ramer et gouverner avec le même aviron Pel., *paollévia* Gon. (serait en gall. *pol-lywio*); PEULIA mettre des pieux, palissader Pel., *peulya* empaler Gr., gall. *polio*. *Peulvan*, pl. *ou* « pilier, ou pierre longue et haute, élevée dans les Landes, et sur les grands chemins »; « géant » Gr., *peulvan*, pl. *peulvanet*, *peulvannou*, « pierre longue, élevée perpendiculairement..., colonne brute », mot en usage en basse Cornouaille Pel., *peûlvan* m. id. Gon., *peulvan* pilier *Barz. Br.* 37, *G. B. I.*, I, 134, est dérivé comme *tremenvan* passage, etc., voir *Rev. morbih.* I, 195; *Rev. celt.* XV, 223, où M. Loth dit que la forme *palwen*, usitée à Quiberon, pourrait bien avoir été influencée par le mot *men*, pierre. On lit dans les *Leçons de français à l'usage de l'Académie française*, par un Bas-Breton, Ja. Fr. Daniel, de Ker-Goap, Finisterre, Paris, 1837, p. 345 : « *Peulvén*... mot celtique, qui signifie littéralement *pieu-de-pierre*, et qui ne se trouve encore dans aucun dictionnaire »; cf. Luzel, *Contes populaires de la Basse-Bretagne*, III, 391 : « Il... resta quelque temps immobile, comme un pieu de pierre ». Le *Complément du dictionnaire de l'Académie*, Paris 1876, donne *peulven*; la 7ᵉ éd. du *Dict. de l'Acad.* (1879), *peulven* ou *peulvan*. Le mot manque chez Littré; Larousse a *peulvan*. On trouve au plur. *peulvans*, *Essai sur les antiquités... du Morbihan*, par J. Mahé, Vannes 1825, p. 28; *peulvens*, *Annales armoricaines*, par Ch. Le Maout, Sᵗ-Brieuc 1846, p. 13; *Clairons et Biniou* XVIII; V. Hugo, *Les travailleurs de la mer*, éd. Hetzel, 1883, I, 10; le même auteur fait rimer *peulven à Beethoven*, dans son poème posthume *Dieu*, p. 62. *Peûlierou* colonnes (d'or) *Trub.* 9, est le mot *pilierou* piliers, influencé par *peul*.

Peur abillaff très habile, adv. *ent peur abilhaff* Cms, *peur-lyeçâ*, *-çañ* le plus souvent Gr., cf. *Rev. celt.* IV, 469, *peur-vuyâ*, *-yañ*, *evit ar peur-vuyâ* le plus souvent, la plupart du temps Gr., *purvuïa* Cat. imp. 128, pet. tréc. *pervuañ*, voir *par* 2; *peur-liessoc'h* bien plus souvent *T. Ger.* 75; *peur diligeant* très diligent D 175; *peur-quaç an eet ganto* achever d'emporter le blé avec eux 188, pet. tréc. *pergas*; *peur-accomplissa* accomplir entièrement Mo. 217; *peur-arat*, van. *per-*

areiñ achever de charruer, *peur-baëa*, van. *perbéiñ* achever de payer, *peur-derc'hel* accomplir (sa promesse) Gr., *a beurdalc'h* (Dieu) maintient (toute chose) Mo. 190, dont *da beur-demezi* se remarier ? Jac. 15, *pereffassi* achever d'effacer *Bali* 165, cf. 365 ; *peur-æchui*, van. *perachiv* accomplir Gr., *perechui e studi* achever ses études *Bali* 205 ; *peur-eva* achever de boire Gr., *peur-glasq* achever de chercher, chercher entièrement *Æl* 234, *peurgutuilhet* (ces bienfaits seront) recueillis entièrement *T. Ger.* 74 ; *peur-hada*, van. *per-hadeiñ* achever de semer Gr., *peur-laza* achever de tuer Mo. 223, *perlahan* Mo. ms 168 ; *pernetaat* nettoyer entièrement *Bali* 201, cf. 364 ; *peûr-ober* finir *Trub.* 180, *peur-ober*, part. *peur-c'hreat*, *-ræt* accompli Gr., *pur satisfiet* (avoir) entièrement satisfait (à nos devoirs) *Cat. imp.* 109 ; *pervoalc'hi* achever d'expier (un péché) *Bali* 162 ; *peur-zibri*, van. *perdebreiñ* achever de manger, *peur-zorna*, van. *per-dorneiñ* achever de battre les blés Gr., etc., etc., cf. *Rev. celt.* IV. 164 ; XI, 461 ; *peurachu* tout à fait achevé, *Guizieguez ... Richard* 11 ; *peûr-achu* achèvement complet *Trub.* 80, *peûr-badélez* f. perpétuité, éternité Gon., *peûrbadele*, r. e, *Trub.* 37, *peurbadus* perpétuel Gr. ; *peurfin* (la) fin Mo. 197, *Hist. ar b. Mizer* 15 ; *peur-ober*, *peur-oberidiguez* accomplissement, achèvement Gr. ; *peur-zorn* fin du battage *Barz. Br.* 121.

Exemples de composés avec la prononciation *par-*, etc. : *parasomet* abattu B 519 ; *parachevet* parachevé D 29, pet. tréc. *tom e, ken a barstrak*, ou *ken a bastrak*, il fait si chaud que tout craque ; *palfouidre* foudre l'A., voir *finesaff* ; *paldidreu* transversalement du Rusquec, voir *dydreu*.

Gr. donne *peurguedqet*, *-qed* nommément, principalement, surtout, comme spécial au haut Léon ; Gon. écrit *peûrgedged*, on lit *peûrghedket Trub.* 242, etc. Ce mot paraît composé de *peur* avec *quelquent*, tout d'abord, cf. *quezquent tra* avant tout Nl 471, voir *Dict. étym.* v. *quet* 2. Je doute du mot *peurged* m. spécialité, qualité spéciale, du Rusquec.

Peuriff paître C, *peuri*, *peura*, van. *péreiñ*, *peureiñ* Gr., voir *dibunaff*, *pirein L. el l.* 24, cf. 124 ; *peury*, pl. *ou*, *peurvan*, van. *pérach* pâturage Gr., *perlé* m., pl. *yeu* pâturage, varenne l'A., voir *Bezz. Beitr.* XVIII, 109.

Pevain n. d'ho., XVᵉ s., *Arch. de Bret.* VI, 266 ; *Pivain* bapt.

Guing. 1673, auj. id.; *Pivin* en 1772 à La Roche-Derrien, Aubry et Corre, *Documents de criminologie rétrospective*, p. 138; *Le Pivaing*, *Moniteur des C.-d.-N.*, 3 septembre 1893, p. 4, col. 2; *Indépendance bret.*, 29 août 1894, p. 2, col. 5; *nemetta avé prodig, pe repivaign* (la femme qui prend une somme notable... à son mari... pèche mortellement,) à moins qu'il ne soit prodigue, ou trop généreux, (car alors elle peut garder quelque chose en secret pour subvenir aux besoins de son ménage) D 106. Dérivé du v. fr. *pif*, *piu*, f. *pive*, pieux, miséricordieux, cf. *Le Piv* reg. Péd. 25, 37, 118 (1570, 1572, 1588), comme « la tere altaigne » *Chanson de Roland* 3, de *halt*.

Peuar. *Ar Pévar-amser* les quatre-temps D 80, *pevare* (le) quatrième, *pevaré* 33, *ar pavare tra* la 4ᵉ chose 115, *peoare* C, v. *bes*, *march*, *a(n) peoare dez* le 4ᵉ jour C*b*, voir *parefarth*; *peder* quatre, f., D 190, *pedeir* 173; *pedervet* (la) quatrième 115, *an pederuet queufren* le quart Nom. 211; *pevarzecvet* quatorzième D 185.

Pévar c'hemend, *pévar-doupl* quadruple Gr., *puar quementt* l'A., PÉVAR-DOUBLA quadrupler Gr., cf. *tridoublaff* tripler C; PÉVAR-C'HOIGNECQ, PÉVAR-C'HORNECQ, van. *péüar-hornecq* quadrangulaire, carré Gr., cf. *tricoingnec* C, *tricornec* C*b* triangulaire; PÉVARZROADECQ qui a quatre pieds Gr., gall. *pedwartroediog*, cf. *t(r)itroadec* à trois pieds C; *peuaruguent* quatre-vingts C, PÉVAR-UGUENTVED quatre-vingtième; *pevarveder* quaternaire, nombre de quatre Gr. On lit en van. *pedair-uiguênd* quatre-vingts, au fém. *Celt. Hex.* VI, 8.

Pez m. pièce, pl. *you*, van. *peh* pl. *ëu*, *yëu* Gr., dim. **pezicq** Am. v. *souc'h*, *pezicg*, pl. *pezyouïgou*, van. *pehicg* pl. *pehiguëu* Gr.; voir *pencel* et *Urk. Spr.* 59.

Pezel blonce C, pet. tréc. *pouézel*, *pouézelet* (poire) blette; *breinpezel*, *brein puzul* tout à fait pourri Gr., *pezell-brein* Trd; *pézellaat* rendre ou devenir mou Gon., = *mezell* lépreux, cf. *loûr pezell* ladre pourri Pel., du v. fr. *mesel* ladre blanc, *meselé* gâté, corrompu, moisi God., voir *Mezellec*? *P* pour *m* se montre dans *pomedérr* m. le pouls l'A., balancier, pendule, *Sup.*, v. *péristole*, = *momêder* balancier et pendule d'horloge Pel., voir *moment*; cf. tréc. *pañvrecq* mûr Gr., de **mav(ou)r-*, wallon *mavouri* mûrir? Voir *Posteuc*.

Pezell plat ou écuelle large Nom. 161; *pezell*, *bezell*, *bezl*, pl. *you*, van. *bedell*, pl. *yeu* jatte Gr., *pézel*, f., pl. *iou ; bézel, bél, béel*, van. *pédel, bédel* Gon. ; *bidéle, biéle* f., pl. *-lieu* l'A. ; PEZELLYAD, *bezellyad, bezlyad*, van. *bedellyad* jattée Gr., *bidéliatt, biélatt* l'A. ; gall. et cornique *padell* poêle, gall. *padellaid* plein une poêle, ital. *padellata*. Voir *Ét. sur le dial. de Batz* 36 ; *M. lat.* 192.

Pezron reg. Péd. 130 b (1591), *Perzon* 130, 140 (1591, 1593), *Perzron* 142 b (1593), en latin comme nom de baptême au génitif *Perzroni* 133 b (1591) ; *Peron* reg. Quemp. 13 v ; *Pezron* en 1539, *Inv. arch. Fin.*, A, 10 ; XVe, XVIe s., Nobil. ; *Pezdron* XVIIe s., évêché de Vannes Nobil., *Pezron* en 1602, *Pezdron* en 1606, *Inv. arch. Morb.* V, 14 ; de *Kerpezdron*, s^r dudit lieu, évêché de Vannes, XVe, XVIe s., Nobil., Yves de *Kerpezdron* en 1599, *Inv. arch. Morb.* IV, 97 ; *Pédron* en 1588, V, 574. Dim. **Pezdronnic** en 1653, V, 422, *Pezronic* reg. Guing. 156 ; **Perrodic** *Arch. de Bret.* VII, 241, 265, = *perodic* renard, à Pluvigner, l'A. p. VII (peut-être aussi *perodic* prodigue l'A.) ; **Peric** en 1600, *Inv. arch. Morb.* V, 14. *Piezres* reg. Quemp. 7, reg. Plouezec 19 v, reg. Péd. 10, 23, 88 (1566, 1569, 1582), *Pieres* reg. Plouezec 7, 9, 22, reg. Péd. 180 (1601). *Piezres*, mélange du bret. *Pezr* et du franç. *Pierres*, se trouve à son tour latinisé dans *Alanus Piezresii*, Cart. de Landév. f. 140 (= Alain Pierre) ; les noms de familles latinisés sont souvent mis ainsi au génitif, par exemple dans le Cartul. de Quimper, *Johannes Lupi, Petrus Clerici*, etc. Gr. donne *Pezr, Pezrès, Pezron*, avec z muets, Pierre ; *Pezresicq, Pezresocq, Peronnicq, Pezroñnicq, Pipy* petit Pierre, Pierrot ; on lit *Pér* et *Pérez* (saint) Pierre *Trub.* 54 ; van. *Pierre* 3 s. *Choæs* 59, *Pierr* 3 s. 174, 2 s. *Guerz. Guill.* 126, 1 s. 167 ; *gouil-Pièr* la St-Pierre *Voc.* 1863, p. 37. *Pipi* s'emploie souvent par ironie (voir *ab*, p. 9 ; *Rev. celt.* VII, 48) ; *ar pipi-ze* ce personnage (Satan sous la forme d'un grand seigneur) *Trub.* 48. A Trévérec *pipi*, pl. *o*, signifie « genou » en langage enfantin. Voir *Chrest.* 224.

La notation *zdr* de *Pezdron* se retrouve dans d'autres mots : *Le Cazdre* en 1586, *Inv. arch. Morb.* V, 217 ; en 1656, V, 150 ; sieur de *Kercazdre* en 1599, IV, 97, cf. *Le Casdre* en 1598, IV, 247 (*Le Cadre* en 1585, IV, 245 ; en 1614, IV, 248) = *Le Cazre*, XVIIe s., *Inv. arch. C.-d.-N.*, B, p. 157 ; voir *Louzrec*. M. Loth a proposé *Chrest.* 196, 224 d'expliquer les formes actuelles comme *Pedron* par *Pezdron*, venant de *Pezron*. Il me semble plus probable que *Pezdron* est dû à la contamination des deux prononciations anciennes *Pezron* et *Pedron*. M. Loth a signalé des exemples modernes de *-dr-* à Quiberon et à Ouessant, *Rev. celt.* XIV, 300, 301; XVI, 205. On trouve *Compadre*, xv⁰ ou xvi⁰ s., *Inv. arch. C.-d.-N.*, E, 9; xvi s., E, 17. Les deux prononciations *huzel* et *hudel* suie, sont expressément attestées par le Catholicon. Cf. *Rev. celt.* V, 125, 126; VI, 396.

Phelip reg. Péd. 156 b (1597), *-ipp* 121 b, 216 (1588, 1608); *Philip*, *Phelep*, tréc. *Phulup* Philippe, Gr.; voir *Filip*.

Py, pl. *ou* (en Léon), *pig*, *picq* pl. *ou* pic pour fouir la terre Gr., *pi* pl. *pieu* l'A., voir *piguaff*.

Pibi, *poba*, van. *pobeiñ*, *pobat* cuire, part. *pobet*, Gr., cornique *peba*, *pobas*; gall. *pobi*, de gaul. **pop-* = celtique **qoq* pour **poq*, cf. *poaz*; van. pober boulanger Gr., l'A., f. *poberess* l'A., cf. cornique *peber*, f. gall. *poburies*; *pobadur* cuisson l'A.; à Sarzeau *pobedjiallienn* cotylet, ombilic *Rev. celt.* III, 239, de **pobigellenn* (en pet. tréc. *krañpoes mitaou* « crêpes de chat »). Le part. de *pibi* se trouve dans le nom Pobet, décès Guing. 1586, cf. *Poas* en 1696. Voir *Rev. celt.* III, 57; XVI, 225, 226; *Urk. Spr.* 58.

Pic pie C, auj. id., f.; pl. *piguet* D 88, cf. *Poulpiquet* sʳ dudit lieu, xv⁰, xvi⁰ s.; de *Trébiquet*, xiv⁰ s., Nobil.; *K(er)piguet* n. d'ho. Anniv. de Trég. 19 v, *Querbiguet* n. de lieu en 1562, *Inv. arch. Morb.* V, 150, de *Carbiguet*, sieur dudit lien, 1582, IV, 110, de *Kerbiguet* xvi⁰ s. IV, 110, 287, de *Kerbiquet* en 1547, IV, 286, voir *Rev. celt.* VII, 45; v. bret. *Loinpiket* Chrest. 156. *Picg-spern* pl. *pigued-spern* pie-grièche; femme criarde Gr.; *pik-lammet* sauter comme une pie Trd.

Picher pl. *ou*, *you*, petit pot de faïence tenant moins d'une pinte Gr., *pichérr* pl. *ieu* l'A.; *pichericq* pl. *-rouïgou*, *-rigou*, s'il ne tient qu'une chopine, ou au-dessous Gr.; *picher*, *pichell* m. pot à eau pour boire à même, *picherad* plein ce pot Trd. Cf. gall. *piser*, angl. *pitcher*, etc.

Pichon reg. Guing. 46 v, *Le P. convenant Inv. arch. C.-d.-N.*, E, p. 85; *pichon*, pl. *-oñned*, van. id. pigeonneau Gr., *pichonet* pigeons *Intr.* 335; *pichon*, *pichune* oiseau, *pichòn* petit d'un oiseau, poulet, *pichon-clomm*, pl. *-onétt-clomm* pigeonneau, *pichon goay* oison, *pichonic, pichunic* petit oiseau l'A.; *pichon-yar* poulet *Voc.* 1863, p. 20, *pichonëd* oiseaux 21, *pichonnëd Guerz. Guill.* 106, *péchonnet Choæs* 208, *pechoned L. el l.* 86.

Picin piscine *Cms*, *pistin* C; *pistin* « pistine en quoi le prestre lave ses mains, l. aquamamilla » *Cb* v. *dour*; *picinn* m., pl. *ieu* piscine l'A., *piñcin* pl. *ou*, piscine, bénitier Gr., *pinscin* bénitier à l'entrée d'une église Pel., pet. tréc. *piñsin* ou *piñsin dour biniet* bénitier; *piñcinic* petit bénitier Gr. La forme française *pistine* est un bretonisme ; sur le rapport de *ç* à *st* voir *Rev. celt.* XI, 354, 355.

Picmoan. Grég. donne *picqmoan* « gros et menu par différens endroits », v. *gros*, cf. v. *fil*; Trd a *neud pik moan* fil inégal, v. *moan*, d'après Gr. On dit en pet. Trég. *neud pilhewann*, par *l* mouillé ; cf. *tilhen* Gr., *tillen* Pel., une tique, *drillen, trilleu, trilheu fagot* trique Chal. *ms*. *Pilluoen* reg. Péd. II, 35 b (1641) serait-il le même mot ?

Picol grand outre mesure Gr., précède toujours le nom ; peut rester invariable : *piqueol desseinneu* de grands desseins *Voy.* 93, ou prendre les terminaisons du féminin, du plur. animé ou du plur. inanimé : *petchòlienn voes* grande femme, *petcholiet tud* grands hommes, à Sarzeau, voir *Rev. celt.* III, 58, 59; *picolou mæin* de fort grandes et grosses pierres Gr., ou du superlatif : *picolañ tud*, quels grands hommes ! Gr. L'auteur ajoute : *pe picoled tud* ! c'est un pluriel et non un exclamatif (comme je l'ai cru à tort, v. *goaz* 3, p. 272), car *pe* veut dire « quels »; et ne peut pas être le mot « ou », que Grég. aurait mis en français. On dit en pet. Trég. *eur piqol den, eur pez piqol den*, un homme très grand ; cf. *poqol, poyol* poulain, farceur, et terme d'amitié aux enfants, *Rev. celt.* IV, 169, de **pekyol* ? Voir *porchellic*. C'est prob. le même mot que l'ital. *piccolo, picciolo* petit ; les deux sens opposés peuvent provenir de l'idée de « pointe ». Trd donne *eur pikol pesk bihan*, un tout petit poisson, mais ce doit être une expression ironique. On peut comparer encore *picholenn* pl. *picholou, picholigou* broussailles, restes de menu bois abandonné Gr., *picholou* Pel., Trd, dont le suffixe se retrouve dans les syn. van. *brozoladigueu, bourgeoladigueu* l'A.

Picous chassieux C, *picqous* id. et chassie, m. Gr., *picquouss* chassieux, *picquouseenn* f. chassie l'A., *picousecq* chassieux Nom. 269, *picqousecq* Gr.; cornou. *koñchou pikouz* contes de vieilles Trd, voir

Rev. celt. IV, 165. Le sens adjectif de *picous* est le plus ancien; cf. *babouz*, *mormouz*, voir *libonicq*. L'origine doit être la même que dans *pik* taie (sur l'œil) Perrot, *Manuel*, et dans le prov. *piquerno*, *picarno*, *piquerlo* chassie, *piquernous* etc., chassieux. Le bourguignon *bitoux* est sans doute différent; cf. *Le Bytoux* Anniv. de Trég. 27, 27 v, *Le Bitoux* Quoatg. 3 v, 5, II, 4 v, 8, III, 4, auj. id.; *bitousien*, *bitousen* mentula Pel., *bitouzen*, *bitousien* f. Gon. ?

PIDEN, avec l'article *ar-biden*, *fiden* et *viden* mentula Pel., seulement avant l'âge de puberté, pl. *pidennou*, Gr. cité par Pel.; *piden*, *biden* f. Gon., gall. *pidyn*; orig. romane, voir *Keltorom*. 74.

Pignat, van. *pigneiñ*, *pignal* monter, *pignadecg* pl. *-egou* montée, tertre, *pignouër* montoir, ce qui sert à monter à cheval, *pignadur*, *pignadurez*, *pignidiguez* montage, action de monter, *pignus* montant, qui monte Gr., *diri-bign* escalier Trd, *en peign ous* suspendu à Mo. ms 182, *en pig* 214; voir *distribilla*, p. 187.

Piguaff poindre (d'espines) Cb v. *dren*, *piquet* piqué, blessé (par la Mort) D 154, *picqat*, van. *picqeiñ* piquer Gr., *pica* piquer, fouir avec un pic Pel., pet. tréc. *piqañ stañk* marcher vite, litt. piquer serré, t. de couture; *er picat* le toucher, le fléchir (Pharaon) Mo. 203; *he galon a bike* son cœur battait avec violence Barz. Br. 235; *piq* m. piqûre, remords Choæs 191, *picq*, pl. *ou*, van. *eü* m. une pique, arme, *picq*, *picqés*, du pique; *picqad* hauteur d'une pique; *picqadur* pl. *you*, *picqadenn* pl. *ou* piqûre, *picqadurez* picotement, *picqailhat* brocarder, *-lhér* brocardeur Gr.; *picant* (bête) piquante Mo. 208, *pikant* (cidre) piquant L. el l. 88; *picqus* piquant; *picqa* piquer, marquer les absents, *picqer* piqueur, celui fait la pique des absents; piquier Gr., *picqeryen* piquiers, soldats armés de piques Nom. 292, *piquiérr*, pl. *piquerion* l'A.; *pikez* m. laîche, plante Trd; *picqetés* piquette, *picqed* piquet, pl. *-edou*, *-ejou* Gr.; pet. tréc. *piqenaouen* piquette; *picq du* taché de noir; à St-Mayeux *piq* blanc et rouge; *menac'h piq* (et *menac'h ru*), Templiers; à Mûr *piqéres* chardon. Voir *ere*, p. 221, et *Rev. celt.* IV, 165, où la comparaison avec *put* est erronée, ces mots répondant au fr. *pique*, *piquer*.

Le *g* de *piguaff*, gall. *pigo*, cornique *piga*, se retrouve dans PIGUELL pl. *ou*, van. *eü* houe, hoyau Gr., *pigel* f., pl. *-llou* id., pioche Gon., *pigel* f. pioche L. el l. 16, pl. *eu* 40, *pégel* 84, *pigue-*

lèn f. Chal. *ms*, à Sarzeau *pedjiall Rev. celt.* III, 53, pl. *piguellou* Mo. 156, d'où *marbiguell* pl. *ou* étrape, faucille légère Gr., composé de *marr* houe, marre C, cornique *pigol* houe, gall. *picell* f. javeline; *piguellat*, van. *-lleiñ* houer, *piguelle̊r*, van. *-llour* houeur, *piguellėre̊* action de houer, *piguelladur* id. et marques de la petite vérole Gr. (Chal. rend en fr. *piguel* et *piguelein* par « pioche », « piocher », et « piguelle », « pigueller », ces derniers mots sont des bretonismes); *pigoc̨al*, van. *-c̨eiñ*, *-c̨at* picoter Gr., *piguossein*, *-ssat* becqueter l'A., *pigoset* marqué de la petite vérole Trd, *piguosse* m., pl. *eu* bec l'A., *pigos* L. *el l.* 148, voir *grigoncz̨at*.

Pil dans *pil-prenn* billot Gr., *pilprenn* planche garnie d'un manche pour amonceler le blé battu sur l'aire Gon., Trd, *pilgos*, *piltoss* bille de bois Pel., voir *penn*, p. 477, diffère de *bilh coad* f., pl. *bilhou-coad* bille de gros bois, billot Gr., qui vient du fr. *bille*; cf. gall. *pill* tronc, v. fr. *pile*, du lat. *pila* colonne.

Pylat broyer Cb v. *grocc*, *mortez̨*, *pilat* abattre (une maison) Nikol. 279, piler la terre L. *el l.* 140, *pil* (son pied) frappe (la terre) 112, *pilat*, van. *pileiñ* battre, *pilat* piler, bien manger, *pileu̇r*, van. *pilour* pileur, *piler boëd* qui mange bien, *pilouër* pl. *ou* pilon, *piladeq* f., pl. *-egou* batée, ce qu'on bat à la fois Gr., voir *pillaff*; *mont d'ar piltrotik* aller au petit trot Trd. *Pilcoëd* m. pivert *Voc.* 1863, p. 19, semble signifier litt. « frappe-bois ».

Pilėr m. pilier *Choæs* 67, *pilyer* D 73; la colonne (et l'appui de toute vérité) 40; *en lezen Doué eur piller simantet* (vous êtes) la solide colonne de la loi Jac. *ms* 5, *c'houi evel pilierou a z̨o ouz̨ va souten* vous êtes mes défenseurs Mo. 158; *pilėrieu* poteaux (du télégraphe) *Voc.* 1863, p. 8; voir *peul*. Léon. *piler, piller* cierge, surtout gros cierge, voir *Mélusine* IV, 263, 264; *piled* pl. *ou* cierge Gr., m. Trub. 162, *pilette* l'A., *pilet* L. *el l.* 174, *pilėt* 224. Cf. droit « pour l'entretien des pilets » *Inv. arch. Morb.* IV, LIII; « et tinct le pillet » dom Olivier le Gallic, en 1590, ib. V, 272, sans doute dans le sens du mot breton; en v. fr. *pilet*, pieu, pilier, désignait un « gros bâton de sapin dont la partie supérieure était recouverte de cire blanche... et sur lequel on posait un cierge » God., cf. *Dict. rom. wal.* 1777 (de Lacombe), v. *pillés*. *Piletour* ciergier Chal. *ms*. *A bil* à verse, *glao pil a ra* il pleut à verse Gr., cf. *Rev. celt.* IV, 165, du v. fr. *à pile* en masse; *belle pile*, grande quantité.

Pill dans *noaz pill* tout nu B 626, etc.; *an pillou à vez voar dròn grizyou* filets des racines Nom. 77, *peenn-pill* m., pl. *eu* frange l'A., *peenn-pill-beguin* m. effilé, *peennpillic braguerisse* freluche, *bouton hire ha pillæg ag enn eu beenn* fanfreluche, Sup., *é gorf hachet a billen* son corps en lambeaux *Choæs* 74, *é guiq ...a billen* 77; *pilhenn* pl. *ou, pilhou* guenille, dim. *pilhennicq*, pl. *-igou, pilhouigou; Yan bilhenn* « Jean Guenillon »; *pilhaouëcq, pilhecq* couvert de guenilles, *pilhaoüa* amasser des guenilles pour faire du papier, *pilhaouër* (chiffonnier) Gr., pet. tréc. *pilhoustenek* (poule) aux plumes hérissées; cf. cornique *pillen*, gall. *pilen* frange, languedocien *peilles, peillots*, des lambeaux, Borel, v. *palesteaux; pillotaff* découper robes, *pillotadur* découpement C*b*, *pillotte* m., pl. *pilloteu* guenille l'A., haillons *Guerz. Guill.* 55, *pillotëc* couvert de guenille l'A., *pillotourr* chiffonnier *Sup.*, h. bret. *pillotoux; pillon* guenille m., pl. *eu* lambeau, *pillonnig* guenillon, *peenn ha pillon* totalement, tout du long, *lonquein p. ha p.* engloutir l'A., *laironci ag unn ti bénac p. ha p.* déprédation *Sup.* Cf. *Ztschr.* de Kuhn, 1893, p. 308.

Pyllae surnom au XIV° s. *Chrest.* 227; M. Loth compare le gall. *pilai* phalène, papillon de nuit.

Pillaff piller, dépouiller C, *pillyaff* C*ms*, *pilha, pilhal*, van. *pilheiñ* Gr., *pilleur* on pille D 104, *pillaig* pillage 61, *pilhaich*, van. *-ach* Gr.; **piller** *dan ilysou* celui qui pille les églises H 50, *pilhèr*, van. *pilhour* pilleur Gr., *piller* Jac. ms 6, *En P.* reg. Guing. 37, *Le P.* 90 v, *Anniv.* de Trég. 30 (*En Piler* reg. Guing. 20 v? voir *pylat*); *Pilladen* convenant *Inv. arch. C.-d.-N.*, E, p. 70, pillerie? *pilhérez*, van. *-ereh* pillerie Gr.

Pillic poêle C, *pilic* C*b* v. *fritur, pilicg* f., pl. *pilyou, pillicg* pl. *-igou*, van. id., pl. *ëu* poêle, *bilic, belic* pl. *-lyeü* bassin Gr., pet. tréc. *pileq*; van. *mil bilic-dir* mille boucliers *Celt. Hex.* IV, 4; *pilic-kés* coquille de S*t*-Jacques Pel.; *pilyad* pl. *ou* plein un bassin, une poêle Gr., *piligad* « du grain cuit dans l'eau » *L. el l.* 114, « bonne nourriture » (pour les bêtes) 106, 108; *piliguour* qui vend des bassins *Voc.* 1863, p. 51. Gall. *pilig* m. cuve; irl. *peillic* panier O'Donovan; du lat. *pila* mortier, cf. esp. *pila* auge.

Pinart XVI° s., *Inv. arch. C.-d.-N.*, E, p. 8, reg. Guing. 173, *Pinard* 184 v, *Le Pinart* XV° s. *Arch. de Br.* VI, 273; *pinard* pl. *ed* richard Gr., *pinartt* pl. *-rdétt* milord, coq de paroisse l'A. Le rapprochement de *pinvizic, pinvik, pinik* riche, *Rev. celt.* V, 127, est erroné; le mot doit venir du fr. : cf. *pinard* cultivateur aisé et bon enfant, en bas Limousin, Mistral.

Pinigennou pénitences D 41, sing. *penigen* H 33; voir *penet*.

Pint pinte, pl. *ou*, van. *ëu* Gr., m. *Voc.* 1863, p. 48; *pintad* m. contenance d'une pinte 27, Gr.; *pintal* pinter Gr.

Pinuizyc riche C*b*, C*c*, v. *abundaff;* -*at* superabonder C*c*, *pinuizicquaat* enrichir H 15 (et non *pinv-*); *ar pinvidien* les riches D 55, *pinvidiguez* richesse 125, pl. *ou* 45; van. *er pinhuiq* le riche *Guerz. Guill.* 63, *græceu pinhuiq* grâces abondantes *Choæs* 156, *ô pihuic* abondance ô riche abondance 185, *pevic* 208, comp. *penhuikoh*, L. el. 1. 26, *pevequat* enrichir *Choæs* 207. *Pinuizyc* est rapproché du fr. *bénéfice*, H 92, mais il vient de *pinvidic*, cf. *Rev. celt.* V, 126; *pinvidic* est pour **pindivic*, gall. *pendefig* un grand, un prince, cornique *pendeuig* prince, voir *paluhat*; cette métathèse paraît avoir aussi existé en gallois, cf. Nettlau, *Rev. celt.* IX, 74; XII, 370. *Pendefig* est tiré, Z² 1068, de *pen* et de *tefig* qui aurait le même sens; ce dernier est expliqué par **tov-tcos*, *Et. gr.* I, 56, et par **tumîkos Urk. Spr.* 135. Mais si *tefig* a existé, il a pu facilement être extrait de *pendefig*; on attendrait d'ailleurs **pentywig*, cf. *pentyrwysog* prince, souverain, ou **pentyfig*, cf. *tyfu* croître, végéter. D'après une autre étymologie proposée au *Dict. étym.*, et adoptée *Urk. Spr.* 60, le primitif est **pennotamicos*, dérivé de **pennotamos*, superlatif de *pennos* tête. C'est encore ce qui me semble le plus probable. **Penno-tamos* est formé comme le lat. *fini-tumus*, voir *mintinyus* et V. Henry, *Mém. de la Soc. de linguistique* VIII, 171; cf. v. celt. *Cunotamos* très haut, gall. *Cyndaf;* **oinotamos* tout seul = v. irl. *ointam* célibataire, bret. moy. *eintaff* veuf. Le gall. *pendefig* dérive du superlatif **pendaf* (cf. ἀριστεύς, lat. *primas*, *optimates*), qui a été supplanté par *penaf* (voir *penn*), comme *cyntefig* primitif dérive de *cyntaf* premier; comparez *cyntefigaeth*, *cyntefigiaeth* état primitif à *pendefigiaeth* aristocratie, bret. moy. *pinuizigaez* richesse. Cf. encore gall. *cyntefin* primitif, original, *nesefin* prochain, cornique *nesheuin*, du superl. *nesaf*, cornique *nessa*. Voir *iüin*; *Rev. celt.* III, 50; *Chrest.* 225.

Piou : *pe ouz piou ec'h apparchanté* (il demanda) à qui appartenait

D 192, *pe da piou vé* (savoir) à qui ce serait 107; *pe da piou* à qui ? *Templ cons.* 34, *considerit pe e presanç piou* considérez en présence de qui, *Intr.* 434, anc. éd., etc., cf. *pe vete pe eur* jusques à quand, *pe vete pe lec'h* jusqu'où Gr., *pe a petguez* « a quantez foiz » Cb, voir *pe* 2; *ez eus meur a re da biou eus roët leshanvou goapaüs* il y en a plusieurs à qui on a donné des surnoms railleurs, *T. Ger.* 36, gallicisme, cf. *Et. sur le dial. de Batz* 22. Le nom v. br. *Pivetat*, Cart. de Redon 50, paraît un sobriquet signifiant « qui (est) son père ? ». Voir pourtant *Pevain*. Cf. *Idg. Forsch.* IV, 214; voir *biou*.

Pipat : *vn pipat guyn* un tonneau de vin Cb v. *berr*, *ur bipad vin* Gr., van. *pimpad* f. *Voc.* 1863, p. 27, de *pimp* pipe 31; *vr piper* un trompeur Nom. 323, pet. tréc. *eun añpiper; en devoa pipet dezañ e ber il lui avait volé ses poires Hist. ar b. Miz.* 8; Le PIPEC XVIIᵉ s., *Inv. arch. Morb.* B, p. 134; *piffre* m., pl. *-reu* fifre l'A., *piffer* G. B. I., I, 354, *pifl* Chal. ms, *fiff* pl. *ou* Gr. id., pet. tréc. *pif* m. sifflet; *piffrourr* joueur de fifre l'A., *fiffer* Gr., pet. tréc. *pifer* joueur de clarinette, *pifal* en jouer *Rev. celt.* IV, 164.

Pirchiryn pèlerin Cb, v. *Roum*, pl. *yen* H 43, *pirchrinyen* 55, *per-c'herinet* D 69, 116; *pelerinach* pèlerinage 88; *pirc'hirina* aller en pèlerinage *Trub.* 101; van. *perhindour* pèlerin, passant *Guerz. Guill.* 123, f. *perhenderez L. el l.* 222, *perhindet* pèlerinage *Choæs* 38.

Pistiguaff blesser Cc v. *heurtaff*, *mahaignaff* ; **pistigadur** blessure C, *pisstiguiadurr* pleurésie ou fausse-pleurésie l'A.

Pistolet des pistoles Am. v. *scöet*, pl. de *pistol* Gr., du fr.; voir *dineric*.

Pitault reg. Guing. 143, 190, reg. Péd. 34 b, *Pitot* 133, *Pittot* 114 b (1571, 1591, 1587), *Pitot* reg. Guing. 130, 248, *Pittot* 42, =*pitaut*, *pitau* richard, à Sarzeau, *Rev. celt.* III, 59, 239, du fr. *pitaud* rustre; cf. *Rev. celt.* IV, 165 ; XVI, 220-222. *Pitouch* drôle de corps, en pet. tréc. et en cornou., doit être différent; Proux rend *Iann Bitoch* par « Jean Le Putois », *Bomb. K.* 36, 37, cf. *Pitouays* n. d'ho. *Inv. arch. C.-d.-N.*, E, p. 78.

Pitoyabl pitoyable, miséricordieux (glosé par *trugarezus*) Catech. f⁰ 20; *pitous* piteux Gr., *pitouss* l'A.; *pitousal* faire le piteux Gr.; *pitié* pitié D 140, du fr.

Piz, dim. *icq*, van. *pih*, *peh* chiche, *pizder*, *pizdery*, *pizony* chicheté Gr., « dans un petit Dictionnaire *pezouniff* » Pel. *Pismigal*, -*gat*, van. id. pinocher, manger par petits morceaux et avec dégoût Gr., *pismicat* croquer, manger Chal. *ms*, *pismiguer* pinocheur Gr., *pismik* qui fait des façons pour manger, *ober pismigou* faire des cérémonies Trd, peut, malgré l'*s* du van., être composé du lat. *mica*, avec *pis*, au sens de « petit », qui provient peut-être de la même racine celtique. Le fr. *petit* a donné lieu à plusieurs expressions bretonnes, cf. *Rev. celt.* IV, 148 ; XVI, 225, 233 ; il faut ajouter *c'hoari boulou piti* jouer aux billes Trd, litt. « aux petites boules ». *Petis*, *pitis* ver qui vit dans le sable au bord de la mer, et qui sert d'appât pour pêcher à la ligne Pel., est un mot différent, répondant au franç. *pestiche* usité à Houat et Hœdic (Delalande 70), qui représente sans doute *pasticius.

Place. *Plaçou* places (publiques) D 16, *plaçou cré* places fortes 110 ; *placenn* place, espace libre 187, *placen* f. plaine *Voc*. 1863, p. 12 ; *daou blas* deux endroits *Nikol*. 738, *ar er place* (étendu) sur la place *Choæs* 198, sur-le-champ 197 ; *placeell* pl. *eu* champ, place publique l'A.

Plac'h fille, Am. v. *orghet* ; *plach*, dim. -*ic*, Nom. 12, *an plach á euret* « la femme de noce », la nouvelle mariée Nom. 334, voir *merch*, cf. *Barz. Br.* 159 ; pl. *plac'het* D 100, 154, *ur monaster da plac'het* couvent de filles, *e plac'het* ses religieuses (d'une supérieure) 191 ; **plac'heta** chercher des filles Am. v. *rut* ; auj. *plac'h* ; expliqué par **pal-ac'h*, cf. *pao-tr* garçon, *Et. gr.* I, 39, 66. Je supposerais plutôt que *plac'h* vient du lat. *planca*. Gon. et Trd font fém. *planken*, -*enn* planche, et on trouve *ur blanquen*, *Guerz. Guill.* 62 ; mais ce mot est masc. en pet. trec. ; on lit *planquênn* m. l'A. ; *daou blanquen Intr.* 336, anc. éd., cf. *G. B. I.*, II, 372 ; ce qui peut rendre compte de l'anomalie qui fait dire *ar plac'h* sans mutation. Pour la forme, cf. le rapport du gall. *trochi* baigner au bret. moy. *gou-zroncquet*. Quant au sens, on peut rappeler le prov. *plancho* planche et mazette, *palanco* planche à passer un ruisseau, et mazette, mauvais cheval, personne indolente, *vièio palanco* vieille fille, Mistral (ces dernières formes viennent de *phalanga*, Kœrting 6104, cf. fr. *palan*, *palanque* ; pet tréc. *parlanko* civière, brancard). Voir *planquenn*.

Planczonenn plante C, *plansonnênn* f., pl. *eu* plant l'A., *ur blançonen Voy.* 120, du fr. *plançon*.

Faut-il identifier à ce mot *plançzounenna* tresser (ses cheveux), *bléau plançzounennet* cheveux tressés Gr., *bleo plancounnennet* Nom. 17, *bleo plançonnennet* cheveux frisés Maun., *ur pallenn blansounet* une couverture tressée *Nikol.* 247, pet. tréc. *blañsonat* faire une natte ? Je crois qu'il y a plutôt là une combinaison analogique de mots dérivés de *plico* et de *planta*; cf. prov. *plais, plach* bosquet, taillis, bois plié, courbé, entrelacé Mistral, et Körting, v. *plaxus; voir *plez.* On peut admettre, de plus, l'influence du suffixe de *plionnênn* f. haie de branches entrelacées, échalier l'A., *plionnein* palisser *Sup.*; du fr. *pleyon* ou *ploion*, lien d'osier, que donne l'A.

Planedou planètes Nom. 217, D 152, *planedennou* Nom. 217, *planeden* f. sort, *planedennou aoüalc'h* (j'ai eu) assez de malheurs, de désastres *Avant.* 3. — *Planquenn* planche C, pl. *plaing, plancoet* Nom. 144, *planchot* 186, *pleñch, pleñcqod, plancqoad*, van. *plancqed, plancqoëd* Gr., pet. tréc. *pleñken*, cornique *plancen*, pl. *plancos, plances, plancys*. Cf. de *Pontplancoet*, s^r dudit lieu, xve, xvie s., Nobil. (= pont de planches), voir *Arch. de Bret.* VI, 301; de *Plancoët* s^r dud. l., xve, xvie s., Nobil. On dit à St-Clet *beañ pôt ha plañken* être le jouet, le souffre-douleur des autres. Van. *planchenn* planche de jardin Gr., *-enn* l'A. *Pleñcha, pleñchesa*, van. *plancheiñ* planchéier, *plaïnch* m., pl. *plainchou* plancher, van. *plancheriçz* id. Gr., *plancherissein* planchéier l'A. Voir *plac'h, ezlen, Rev. celt.* IV, 165; XIV, 321.

Plant plantes D 25; un plant L. el l. 86, *plantt* m., pl. *plandeu* plant, *plandênn* plante l'A., *planten* f. plant L. el l. 66, pl. *eu* 40, *e blanten a nehué* (d'autres arbres) poussent (de leurs racines) une forêt de rejetons 62; *é plantas... é sperèd* cela fit impression sur l'esprit (du roi) *B. er s.* 51; *plantec* un plantis Pel.; *planteiz*, van. *planteriçz* plant, complant Gr., voir *mat*; *plantèr*, van. *-tour* planteur, *-tadurez, -taich, -térez*, van. *-tereah, -tereh* plantage Gr.

Plaöuhyet attaqué (d'une maladie violente) Am., *plouaff* éblouir, surprendre, fasciner N 1474, *plaouïa* saisir comme une proie *Trub.* 45, *-üia* 75; cornou. *plaoufa, plaouia* blesser à coups de griffes, *plaouin* gober ou attraper comme un chien à qui on jette en l'air un morceau, *plafa, plava* s'abattre sur un arbre, sur un champ, parl. des gros oiseaux Trd; gall. *pläu* tourmenter.

Plastr plâtre Gr., *palasstre* m. l'A., PLASTRA van. *-reiñ* plâtrer Gr., *palasstrein* l'A., cf. gall. *plastro; plastradur, plastrérez* van. *-ereah* action de plâtrer Gr., *palasstrereah* l'A., *plastraich* plâtras, PLASTRER, van. *-trour* plâtrier Gr., cf. gall. *plastrwr; plastrery, -triguell* plâtrière, carrière de plâtre Gr.; cf. *palastr* m., pl. *ou* emplâtre Gr., *palasstre* l'A., pet. tréc. *palast; palastra* appliquer un emplâtre Gr., moy. br. *amplastr, emplastr* emplâtre, mais *ampalastr* Nom. 277; cf. *darasscle* de *drassqle* grive l'A., *arac'h* de *arc'h* coffre, en Trég. Pel., *a-walac'h* de *a-walc'h* assez en Trég. et Cornou. Trd, *bourouilha* embrouiller, van. *brouilheiñ, bourouilhamand, -lhadur* embrouillement, van. *brouilh, turuban* et *tulban, tulbénd* turban Gr., etc., voir *cronicquou*.

Plat plat, adj. C, d'où *Le* **Pladec** reg. Quemp. 9 v, *Pladec* bapt. Guing. en 1681, auj. id. à St-Clet; *plad* pl. *pladou, plajou* un plat Gr., *pladad* m. contenu d'un plat, v. *à* 15; *pladicq* plateau, petit plat, *pladenn* plateau de balance, *pladenn douar* plate-forme, van. *pladeenn* tourteau plat, gâteau, dim. *pladennicg* Gr., *pladereah* aplatissement l'A., *Sup*.; sur *pladorenna*, voir *lap*. Cf. encore *pladurr* m. « battures, basses, brisans »; *pladureu ér morr à réhér blott, goleid a léhéd hag à vehin* « cayes » l'A., *Sup*., peut-être identique à *ladur*, f., en dialecte de Batz, emplacement circulaire ménagé près des œillets pour y déposer le sel, en fr. du pays *ladure; laduriad heleñ* « ladure » pleine de sel, voir *Et. sur le dial. de B*. 36; cf. *liantt* flexible l'A., du fr. *pliant*?

Plecg m., pl. *plegou* pli Gr., *pléc* pl. *plégueu* l'A., à Sarzeau *plig*, *Rev. celt*. III, 56; **plegabl** « flectable », l. *flexibilis* Cc v. *stoeaff; -apl* pliable Gr., *plégable* l'A.; **plegus** flexible C*b*, pliant Gr., *pleguet en try* plié en trois C*b*, inf. *pleguaff* v. *croc*; pet. tréc. *na blegfe kel da goms da gentañ* il ne veut point faire la première avance; *plégadurr æss* m. flexibilité l'A.; pet. tréc. *plégen* f., attache de fer ou de bois courbé (pour le collier d'un cheval, ou pour une haie), van. *pléguénn* l'A. syn. de *pléhénn*, voir *plez*; PLEGUER plieur Gr., *plégourr* l'A., gall. *plygwr; pléguereah* m. pliage l'A.

Plen. Can plean dre yoaff « chant plain de ioye » C*b*; *plean* var. *plen*, r. *en*, J 9 b; *ofern blean* messe basse Trub. 160, pet. Trég. *war ma vlén* (marcher, parler, etc.) à mon aise, sans me presser; *eun den war i blén*, un homme qui ne se gêne pas; *maguet plein hou loued* nourrissez uniformément vos bestiaux L. el l. 120, *mor plein* mer unie 216, *mor-blen Barz. Br.* 502; *ou divrêh plénet quet-t'ai* les bras croisés *Voy.* 62; *plenat* aplanir L. el l. 16, *pleinat Guerz. Guill.* 165; *pleanenn, plænenn* plaine Gr., *pleinen* f. L. el l. 68, 112, *plainen* 120; van. *plaric* doucement, sans bruit l'A., (parler) à l'oreille Chal. ms, *-iq* Chal., de *planic, cf. prov. *planet*, ital. *pianetto* ; pour l'*r*, voir *manier*, p. 391. Il faut séparer de ces mots *plenier* (rémission) plénière D 70, *er pleinnière, er pleinnière* la pleine lune l'A., *el loëre e oai én hé flénnièr* la lune était dans son plein, *Voy.* 71, du fr. *plénière*.

Pleresy pleurésie C*b* v. *costez, pleureusy* Nom. 259, *pleuresy* Gr., *purezi* pl. *eu* l'A., *purusi* m. *Voc.* 1863, p. 49, du fr. Pour la chute de l'*l*, cf. *purésie*, Molière, *Festin de Pierre* II, 3, et en bret. *cabluss* et *cabuss* coupable l'A.; *peleuset* perclus Gr., *percuss* l'A., *pærcuss* paralytique, *pærcusadurr* paralysie l'A.

Plet : *doen plet* faire attention B 105, *taol pled* id. *Histoariou* 194, cf. G. B. I., I, 172, *plé* Jac. 35, 90, *teulit splê mat* 54, *splet Aviel*, 1819, I, 136; *tollet plé* faites attention Jac. *ms* 21, 69, *tollet pley* Mo. *ms* 199, *teullet ploy ancan* prenez soin de lui 129; *taolhit spled Trub.* 15, *spled-mad* 91, *taolhomp... spled mad war* 106, *a daol mui a spled da* 143-144, *teûler re a spled... hen* 146; *a denhas .... ar spled eus* il attira l'attention de 39; cornou. *pléd, plét* m. attention Gon., pet. tréc. *plé*; *pléal gant* se mettre à, s'occuper à, cf. *pleal... en profit* travailler pour *Var ar peoc'h*, chez Ledan, p. 6. Du v. fr. *plait, plet, plai* = mod. *plaid* : « tenir plait » tenir compte God., « fere plet » id. Petit de Julleville, *Les Mystères*, II, 561, voir *bahu*; cf. *potantaët* potentats, *Histoer* 10, *primadet* primats Nom. 285. On lit *plediff* plaider Nom. 224, 299, *pled* il plaide D 95.

Plez tresse (de cheveux) C, cornique *pleth*; cf. van. *pléhenn* f., pl. *eu* palis; *pléhenn* « haye, de branches entrelacées qu'on nomme echalier » l'A., *plehennein* entrelacer Chal. *ms*; à Lanrodec *blezeniñ* mettre (les ognons) en grappe, *Rev. celt.* IV, 149, à Trévérec *blejat*; voir *plecg, planczonenn; peb seurt pleissinet* toutes sortes d'infirmes *Instr..., ar rosera* de Le Bris, chez Perier, p. 137 (chez Derrien, p. 118), cf. v. fr. *plaissier pleissier* plier, abattre, accabler.

Plézou prénom de femme en 1583 *Inv. arch. C.-d.-N.*, E, p. 5, *Plezou-Michel* convenant E, 61, = *Blæzou* fém. de *Bleas, Blæs* Blaise

Gr., *Blaes* C; *Blezou* Blaisette Moal 13 ; dim. *Blæzaouïcq*, *Blæzoüicq* Blaisote Gr. La même terminaison féminine se trouve dans *Fantaou* (et *Fant*) Françoise Gr., cornou. *Fantaou* Moal 14, dim. *Fantaouïcq* (et *Fanticq*), *Francesaïgou*, *Saïgou* (et *Francesaicq*, *Saïcq*) Fanchon Gr.; *Jafrezou*, fém. de *Jafrez* Geoffroy Moal 14. Elle doit différer de la terminaison plurielle *ou* fréquente dans les noms de famille, cf. *Rev. celt.* II, 72, et aussi des finales de *Guilhaou*, *Guilhou* Gr. = Guillau-me, et de *Jacqou*, *Jacqouïcq* Jacot Gr., *Jakou*, léon. *Kou* Jacques, dim. *Kouik* Moal 15, = l. *Jaco-bus*. Peut-être est-ce une transformation de l'*e* final des féminins français, cf. *Rev. celt.* XVI, 178, 179 (et *laqepod*, van. *laqoupod* estafier Gr., *Rev. celt.* XVI, 231 ? voir *quarter*).

Pligaff, *plegaff*, *pligeout*. *Pligeo* il plaira Catech. 5, *plizout* plaire Bali 29 ; *plijet* plaise à Dieu que, *Rimou* 20 ; *pligadurou* plaisirs Nom. 325, *pligeadurezou* D 60, pl. de *pligeadurez* 45. La forme de ce verbe est due, je crois, au composé *displigaff*, qui s'explique par **displicio* pour *displiceo*. Pour le *g* doux, cf. *seruig* = *servitium*; voir *disprisaff*. On a inversement *ç* pour *j* dans *presticc* prestige N 770.

Plommet plombé C*b*; *plommenn* *squire* f. plomb, de niveau l'A., *ploumen* Pel., gall. *plymen* f.; *plommênn* pompe, *ploménn a daule d'erhlué* jet d'eau l'A., cf. v. *regard*, *soupape*, et *Sup.* v. *ajustage*, *barillet*, *engrener*; *ploumen* tuyau, pompe Maun., cf. *Rev. celt.* VIII, 526 ; *plommênn goëtt*, grumeau (de sang, etc.) l'A., cf. gall. *plymen* flocon (de neige); *eit drehel é plomb* pour entretenir (vos troupeaux) L. el l. 110 ; *ploumm* plomb l'A., *ploumm* gobe, attrape, rien Gr.; *plouma*, van. *ploumeiñ* plomber Gr., *plouma* jeter par jeu ou exercice une balle de plomb dans la main d'un autre Pel., *ploumma* gober, attraper des deux mains une chose jetée; gober, croire de léger ce qu'on entend dire de faux Gr., gall. *plymu* plomber; PLOUMÈR plombier, marchand de plomb Gr., *plommêrr* l'A., cf. gall. *plymwr*; *ploumer* plongeur Pel.; *ploummer*, -*icq*, plongeon, oiseau, Nom. 41, 40, burlesquement *ploumerien* de grands buveurs Pel., cf. prov. *ploumba* plonger, pet. tréc. *ploman* bêcher, *plomer* laboureur qui bêche, *plomadek* réunion pour bêcher.

Ploue 1 syl. (en tout) pays D 22. L'ancien plur. *ploeys*, *ploueis*, etc., paysans, a pu devenir *plouïsyen* Gr., (cf. *Ormandis* et *Ormandision* Normands, voir *oberer*); le sing. *plouïsyad* Gr., *plouêzad*, *ploui-*

ziad Gon., pl. *plouïsis* Gr., *plouiziz* Gon. rappelle *bröezis*, voir *bro*. Pel. donne *plouisiat* et *plouiat*, comme aussi *kaërisiat* ou *kaerchiat* et *keriat* bourgeois, citoyen, plur. *kaëris*.

Plousen paille Cc v. *coloenn*, *plouzen* f. L. el l. 44, 122; *plous* D 173, *Choæs* 157, *plouz* 56; pet. Trég. *tenañ plouzen*, *tenañ plouzeneq* tirer à la courte paille; Gr. a *tenna d'ar blousen*, ou *d'ar blousen verr*, et *plousennicg* brin de paille; *plousa* couvrir (une maison) de paille, mettre de la paille (sous les bestiaux); *plousecg* f., pl. -*egou* « paillier, meulon de paille ». *Plousenhouarn* n. de village *Inv. arch.* C.-d.-N., E, p. 79, = paille de fer; *Le* PLOUSENNEC n. d'ho. en 1688, *Inv. arch.* Fin., B, p. 315, *Le Plouzennec* 115 en 1781, = prob. « riche en paille ». L'A. donne *plouss* pl. *plouzeu* et *plousenn* pl. *eu* paille. Voir *Rev. celt.* XIV, 283.

Plunchaff plonger C, *pluñgea*, van. *plugeiñ* Gr., *pleungein* l'A., *plonjein* L. el l. 52, *er blonjerion* les plongeons, oiseaux 50, sg. *plujourr* l'A.; *pluñgericg*, pl. -*igued* Gr. Voir *plommet*, *Pluveric*, et *Rev. celt.* XVI, 225.

Plusquenn pelure (de pomme), coque (de noix) C, *plusqenn*, pl. *ou* et *plusq*, van. *plusqen*, *plucheen* pl. *plusqad*, *pluchad* pelure, coque, cosse. Gr., *pluskad* pellicules (de ronces) L. el l. 152, *plusqenn-vy* pl. *plusq-vyou* coque d'œufs; van. *plesq*, *plesqadur* épluchures Gr.; *dibenneign ur bluchen benec* cueillir des épis, *mar à bluchen* quelques épis Hist. ...J.-C. 90; « espi se dit à Plouhinec *pluchen pluchat* » Chal. ms; gall. *plisgyn*, *blisgyn*, pl. *plisg*, *blisg*, cornique *pliscin* coque d'œuf, *plisg*, *plysg* pelure; PLUSQA éplucher Gr., *him bluscat* « s'espouiller » parl. des poules Chal. ms, gall. *plisgo*; *plusquennic* petite taie (d'une noix) Nom. 69, *pluskennik* pellicule Trd, PLUS-QECQ, *plusqennecq* (pois) cossu Gr., gall. *plisgog*; *plusqouër* pl. *ou* épluchoir Gr. Ce mot se retrouve dans l'irl. *plaosg*, *blaosg*, *blaesc*, gaél. *plaosg*, mannois *bleayst*, ce qui nous écarte de *peluche*. Même rac. que φλοιός?

Plustrenn tache qui naît au corps C, pl. *ou* Gr., *plustren* f. se dit surtout des taches noires Gon.; *plustrennet* marqué ainsi Gon., *plustrennek* Trd; PLEUSTRA, *pleustri*, en Trég. -*iñ* dresser (des taureaux au travail, au labourage), en St-Brieuc et haut Trég. *pleustrân* et *pleustriñ ur verc'h* rechercher une fille en mariage Gr., *plustra* accoutumer Maun., s'accoutumer, se plaire à quelque action, persévérer dans une entreprise Pel., à Audierne *pleustret* accoutumé à bien faire, en S¹-Brieuc *pleustrin* se faire une habitude, fréquenter Gr. dans Pel.; *pleustra kalz war* bien méditer sur *Trub.* 123, pet. tréc. *pleustañ* fréquenter, *'n im bleustañ* s'arranger avec (qqn); bas cornou. *plustr, pleustr* plaisir, agrément Pel., dim. PLEUSTRIC dans *Kerbleustric* convenant *Inv. arch. C.-d.-N.*, E, p. 61; *pleustrèr*, en S¹-Brieuc et Trég. celui qui recherche une fille en mariage Gr., cornou. *pleustrer*, dresseur de bœufs Trd; du b. lat. *plostrare de *plaustrum*, M. lat. 196.

Pluuenn plume C, *pluen* (ma) plume D 167; *pluënn* pl. *ou*, dim. *icq* flocon (de neige), *pluenn* pl. *ou* robinet; plume, espèce de cadenas pour fermer les entraves, *pluvenn-bloum, pluenn-gleyz* crayon Gr. *Pluuen* reg. Péd. 9 v (1566), *Pluen* reg. Guing. 23; *pluvennicq, pluennicg*, pl. *pluñigou* petite plume Gr., gall. *plufenig, pluenig; pluennad* plumée (d'encre) Gr., *pluat* l'A.; PLÛNVA, *plunha* produire de la plume Pel., *plua, pluña* couvrir ou se couvrir de plumes Gon., *pluñva gand ar ploum* crayonner, *pluñya* s'emplumer, se couvrir de plumes Gr., gall. *pluo, plufio; pluñhât* s'emplumer, s'enrichir; PLUÑVECQ, *pluñecq* couvert de plumes Gr., *plûnhec, plûvec, plûhec* Pel., *pluek, pluñek* Gon., gall. *pluog, plufog; pluëk* oreiller G. B. I., I, 168, *treusplûnec* « traversier » Maun., *tresplec deulin* « carreau sous les genoux » (coussin) Chal. ms., cf. *Rev. celt.* VII, 313; *plumaich, pluñaich* plumage, *plumachenna* empanacher Gr., *pluaçourr, pluacèrr* (plumassier) l'A., Sup. v. *buhots*.

Pluveric (*Le*), n. d'ho., xvᵉ s., *Arch. de Bret.* V, 42, = « plongeon, oiseau »? Voir *plommet, plunchaff*. Gon. donne *pluñier, pluier* plongeur, plongeon, et *pluñia, pluia* plonger; Maun. *plûnvia*, Pel. *plûnvia, plûnvia, plunhia*, et d'après un vieux dict. *plumyaff* plonger. Cf. *spluia* s'imbiber Pel., Gon., Trd, *paper spluyus* brouillard, papier gris Gr., *paper splui* et d'après un vieux dict. *paper spluyas* (lisez *-us*), Pel. *Pluveric* supposerait un verbe *pluvaff, variante de *plûnvia*. Les formes qui ont *-(n)v-* ou dont l'*u* n'est pas suivi d'une consonne ne peuvent être phonétiquement identiques aux autres. Leur origine serait-elle le mot *pluie*? *Pluveric* dériverait du fr. *pluvier*; *spluia* se serait dit proprement d'un vêtement trempé de pluie.

Poaniou peines, 2 s., D 149, 161; *poanyoun Ifern* les peines de l'enfer 31; *poany à da* travailler à 136, *poaniet* affligé 149, *poanius* triste, malheureux 164. — *Poatou* reg. Péd. 18 b, II, 5 b (1568, 1587), *Poetto* 1ª (1586); cf. Dict. étym., v. *Poetier*. On lit *er Poétou* le Poitou L. el l. 108; *Poitier* Poitiers Conf.² 28.

Poaz. *Ous poaz tan* (se faire bénir) pour guérir une brûlure D 88; *poasec*, lis. *poazet*, r. *az*, et brûlé 124; van. *poéheiñ* brûler Gr., *poahein* rôtir l'A.; *poahus* ardent Guerz. Guill. 41, *poehus* 141, *poehus* L. el l. 116; *poez* brûlé dans *Garzpenboez* (Morbihan) en 1461, Chrest. 226; *poeth*, Cart. de Landévennec 18; cf. *moal*, *moelic*, et Rev. celt. XI, 364. *Poazadur* brûlure, coction, cuisson Gr., *poahadur* l'A.; *poazadurez* coction Gr., *poazidiguez* action de brûler Gr. Pel. donne POAZNI brûlure, = gall. *poethni* et *poaznidighez* id., qui contient une combinaison des deux suffixes *-ni* (cf. bret. moy. *cozny* vieillesse, *crezny* avarice) et *-idiguez*. Voir *pibi*, *quaez*, *quer*.

Pobl peuple f. Gr., Gon., Choæs 56; Guerz. Guill. 139, etc.; m. : *deu bobl* 116, *daou bobl* Nikol. 244; pl. *you*, van. *ëu* Gr.; avec verbe au plur. : *er bobl ... ne rant meit* Choæs 75, cf. Rev. celt. IX, 251; *pobla*, van. *pobleiñ* peupler Gr., *-ein* L. el l. 104, *poplein* 98, *poblad* pl. *ou* peuplade, colonie Gr., *poblatt* l'A.; *pobliguiah* popularité Sup., cf. gall. *poblogaeth* population.

POCHAN plongeon, oiseau de mer Nom. 40; *poc'han* Maun.; pl. *et*, « les dictionnaires vieux et nouveaux l'ont ainsi » Pel.; dérivé de *poc'h* = *pocc*, anglo-saxon *pocca*, fr. *poche*. Poche était en français un nom d'oiseau de mer : « pelican, pale, truble, poche, l. pelacanus vel pelicanus, platea » Nom. 40. Cf. bret. *Marc'harit ar ialc'h*, pélican Trd, litt. Marguerite à la bourse, « à cause de son bec en forme de poche » (E. Rolland, Faune populaire, II, 382.)

Pocq un baiser Am. v. *rog*; *poq* id., *poquet* baiser, inf., Cb v. *aff*; *poquer* baiseur, *poquerez* baiserie Maun.

Poellat intention, pensée B, etc.; se peiner, *vn den 'a boellat bras* un homme qui prend peine Maun.; *poüellat* jugement Am.; POYLL n. d'ho., XIVᵉ s., Chrest. 227, *poëll* arrêt, retenue, constance; *ar poëll eus a un devis* fil d'un discours Gr., *pöell*, *poüell* prudence, sagesse, jugement, discrétion, discernement, intelligence, raison, bon sens; *pöell* lien, attache, arrêt, tout ce qui retient les choses en leur état Pel., *poëll* pl. *ou*, van. *ëu* arrêt de l'écheveau Gr., *pouëll* m. l'A., pet. tréc. *pwël*; POËLLA, van. *poëlleiñ*, *poëllat* Gr., *pouëllait* er *bann-nétt* l'A. arrêter l'écheveau, cf. gall. *pwyllo* raisonner; *poëllet-mad* constant, qui a l'esprit ferme; *poëlladi* avoir de l'arrêt, de la retenue Gr., van. *pouiladét* (il a) réfléchi *Voy.* 92; *poëlladus* laborieux Gr.; POELLEK qui a de la retenue, raisonnable Gon., Trd, gall. *pwyllog*. Même rac. que τίνω, ποινή, cf. *Urk. Spr.* 58, 87, 280; voir *arboell*.

Poenzon a ty « poinzon de maison » Cb, *penn an ty* Cc; *poignct* poigné Cb v. *calch*, *pont an deiz* l'aube du jour (= point du jour) v. *gueleuiff*, *poent* (sur) un point D 17, *à point é point* de point en point 186, pl. *pouentchou* Nom. 194, *poentchou* Mo. 260.

Poës pl. *you*, *poues* pl. *pouëjou*, van. *poës*, *pouïs* pl. *ëu* poids Gr.; *pouis* m., pl. *ieü*, *Voc.* 1863, p. 27, f. *Chœs* 7, *er bouiz a ou zaulen* la force de leurs coups 60, *a bouiz* avec force 68, *a bouiz ou fên* (ils crient) à tue-tête 60; *min poes* des pierres de poids, lourdes Jac. ms 14; *var boez rēy* à condition de donner, qu'on donne *Rimou* 34; *war boez en difoa* (il chercha à s'excuser) sur ce que, en alléguant qu'il avait (le malheur de...) *Histoariou* 33; *var boez eus ho quchen* (que je vous traîne) par les cheveux Mo. 169, *var boez va bue* au risque de ma vie 231; *var boëz Doue* (croire) sur, au sujet de Dieu *Cat. imp.* 19; *Pouezebara* reg. Guing. 108 v = « pèse-son-pain », cf. *Rev. celt.* II, 76; POËSAD pl. *ou*, pesée Gr., *pouisatt* m. l'A., gall. *pwysad*; *poësadenn* pl. *ou* pesée Gr., *ar bempet poezaden* la cinquième partie du blé Jac. 67; POËSER, *poësour*, van. *pouïsour* peseur, gall. *pwyswr*, d'où *crocq-pouëser* peson Gr., *croc pouisérr* l'A., *krok poueher Barz. Br.* 343 (hypervannetisme, comme *enn drufereh* la mendiante 341; pour *-es*, cf. *G. B. I.*, II, 288; *Rev. morbih.* IV, 97; II, 242); *poësadur*, *poësidiguez*, *poësérez* action de peser, *poësus* pesant Gr.

Poëson poison D 100, 171, van. *pouïson* Gr., *ur vlas pussunius* une odeur empoisonnée *Voy.* 109. — *Poëtrian* poète Nom. 302.

Pole ou *poleo* poulie Maun., *pole*, pl. *ou*, pl. van. *poleü* poulie, *polea* faire des poulies, *poleat* part. *ét*, van. *poleeiñ* poulier, élever à force de poulies, *poleeur*, van. *poleour* faiseur de poulies, poulieur Gr. Voir *pollenn*, *pouliot*.

Poles (*Le*) reg. Plouezec 4 v, 10 v, 19, *Le Polles* 4 v, 5, 6, 8,

11 v, 17, *Le Poules* 9 v, *vr boles* une poulette Nom. 39, *polès* Gr., pet. tréc. *poles*, du fr. Cf. *An Eznes*, v. *eznetaerez*; voir *maezur*, p. 385. *Polart* reg. Plouezec 5, reg. Quemp. 5 v, est le masc. de ce nom.

Policet dans *Gant mister an iustice dre raeson policet* H 20 a sa 2⁰ syl. rimant en -*iç*, ce qui infirme l'hypothèse présentée H 93. Je comprendrais ainsi : « (Pardonner toutes les fautes de ton prochain est nécessaire) par une raison supérieure, qui tient au mystère de la justice [divine] »; l'auteur devait penser à « Nolite judicare, et non judicabimini », etc., saint Luc, VI, 37.

Pollenn surfaix, sangle, doit venir du v. fr. *polain, poulain*, poulie, corde de poulie, b. lat. *polanus* (Skeat, v. *pulley*), cf. v. fr. *poulier*, étendre une étoffe pour la faire sécher (se trouve encore chez Littré). Pour le rapport de ces divers sens, on peut comparer *ciuellenn*, équivalent de *pollenn* dans le Catholicon et *siblenn*, voir *Sublec*. Cf. van. *polé*, m. poulain, traîneau, chariot (de moulin), l'A.

Pollution g. id. C*b* v. *honissaff*, du fr.

Polot pelote, esteuf C, *polod* pl. *ou*, *polotenn* pl. *ou*, *pouloutén* pl. *-ennou*, mots fém. pelote, *c'hoari bolod* peloter, jouer à la paume, *polota gad quignou earc'h* peloter, jeter des pelotes de neige Gr., *plottec* qui est en grumeaux Chal.; *pouloudenn-goad* caillebot, caillot de sang, *pouloudenna* cailler, parl. du sang Gr.; *pouloudennuz* grumeleux, *poulout, pouloud* pelote, motte, grumeau Gon.; « des *pouloud* », espèces de pelotes de farine cuites et durcies dans le lait, aux environs de Lesneven, Habasque I, 310. Voir le suiv.

Polos (*Le*) n. d'ho. en 1284 *Rev. celt.* VII, 209, *polos* prunes sauvages Gr., voir *boloss*. De là *Le* Polozec bapt. en 1613, reg. Quemp. Les formes *polotès* et *polotrès*, syn. de *boloss* Gr. ont subi l'influence de *polot*; cf. inversement le pet. tréc. *polost* grumeaux dans la bouillie.

Pomp pompe (mondaine) D 126, pl. *ou* 156, *pompat* éclat (des plaisirs mondains) 172, *pompad* fierté, ostentation Æl 20, *pompady* vanter (qqn) D 119; **pompader** arrogant C*b*, f. *es* vanteuse C*c*; grec **pompadus** la femme convoiteuse de vaine gloire; « bombanceux »; *carer pompadus* « aymeur de jactance » C*b*; *ar bompadurez* la vanité, l'ostentation *Intr.* 438.

Poncz Ponce (Pilate) H 6, 59. — *Ponner* pesant *Cb* v. *diec; ponner a penn* ébahi, tardif v. *sot; pounner cleu* « sourdeté » Nom. 258, *vn den pouner-cleu* « quelque peu sourd » 271; *ponnèr* (maladie, péché) grave *Choæs* 30, 90, *hezom pounher* (avoir) grand besoin (d'être gardé) *Trub.* 74; *c'houez pounner* odeur forte, mauvaise *Nikol.* 143, pet. tréc. *c'houés poñner*, voir *blashat; pounéraat* appesantir, s'appesantir, van. *ponnérat; pounerder*, van. *ponnerded* pesanteur Gr., *ponerdætt* l'A.; *ponnérdæt* dureté de cœur; griéveté, dureté *Choæs* 25, 124; *ponereh* « tardiuité » Chal. *ms*; pet. tréc. *poñneriq* un peu lourd. Voir M. lat. 197. — *Pont. Pount cuint* pont levis Nom. 239, *pond guinteryz, porz guïnt*, van. *pont guïndér, pont guïntus* Gr., voir *mat*, p. 397, *fach*; s*r* du *Ponlosquet*, Anniv. de Trég. 9 v; *pontenn* pl. *ou* petit pont de bois Gr.; *pontif* pontife D 29, *ez* **pontifical** pontificalement *Cb* v. *escopdet*.

Porchellic petit pourceau *Cb* v. *houch; perchil* des pourceaux Nom. 59, *perc'hell* Gr., *porc'hellet, perc'hell, perc'heill* Pel., gall. *perchyll*, cf. *Rev. celt.* XIV, 37; pet. tréc. *perc'helet e 'wis*, la truie a cochonné, cf. gall. *porchellu; porc'hol* pourceau *Mezellour an ineo* 11 (par assimilation, cf. pet. tréc. *oroyer* oreiller, *oskorn* os, *disodorn* samedi, voir *gro, javet, loc, obeissa, oraeson, picol* et *otoia, Rev. celt.* XIII, 355); *porc'hellés* jeune truie; callosité Pel., gall. *porchelles* truie.

PORE m., pl. *aou* maladie forte et subite; *ur pore dangerus* maladie dangereuse; haute Corn. et bas Vannes, Gr.; peut s'expliquer par *poere pour *pozrez, cornique *podreth* meurtrissure, gangrène; gall. *pydredd* m. corruption, pourriture; *pydru*, corn. *pedry, podre*, pourrir, du lat. *putreo*, cf. bret. mod. *goro, goero* traire, moy. br. *gozro*, v. bret. *guo-tro-; daré, daéré* basse marée, de *dazre*; voir ce mot, *oade* et *Rev. celt.* XI, 357.

Il se peut aussi que l'intermédiaire entre *pore* et *pozrez ait été *porre : cf. van. *dirouein, dirrouein* détourner (une bête) Chal., moy. bret. *dizreiff* (variante de *distreiff*, formée comme *dizremen* repasser C); tréc. *pera, para* quoi, de *pez tra?

L'absence de variantes avec diphtongue me fait penser qu'il faut expliquer de la même façon le bret. mod. *gouronqedi* se baigner, *gouroncqeder* baigneur, *gouroncqérez* bain, action de se baigner Gr., *gourinquat, grouncat* baigner Chal. *ms*, *um ronquédein* se baigner, *léh de ronquêtt* baignoire, *gronquédour* baigneur l'A., à Sarzeau *mognet d'oroñkiet* aller se baigner *Rev. celt.* III, 51, du bret. moy. *gouzroncquet*, etc.; cf. *coronqua* se baigner Maun. (dans les *cou-*), *couroncqa*, *coroncqat* id., *coroncqer* baigneur, *coroncqenn* pl. *coroncq*, et *couroncq-lec'h* bain, endroit de la rivière le plus propre à se baigner, *Lenn ar coroncq* l'étang du Coronc, en Glomel, près Carhaix Gr., de *co-zronc; sur l'alternance des préfixes *gou-* et *co-*, voir *goret* (ce mot est expliqué autrement *Urk. Spr.* 90, 91). Le rapport de *darou* larmes Maun., van. *dareu*, au moy. bret. *dazrou* paraît différent : cf. la variante *darhou* en moy. bret. (voir *gouris*, *tarauat*).

Porpoent pourpoint est devenu *porpand*, pl. *-nchou* Gr.; *porpant*, *Intr.* 274; pet. Trég. *porpand*, m.

Portezour *da cnou* g. portant noyes, l. nuclearius *Cms* v. *cnouenn*; *portezer* porteur, portefaix Nom. 205, 321; pl. *portezouryen* 181; *portezer*, pl. *portezidi*, van. *portëour*, pl. *-yan*, *portizyon* portefaix Gr.; *porteour* porteur, *portreour a sameu* portefaix, Chal. ms; *porteour*, pl. *porterion*, *portizion* blatier l'A., *Porter*, reg. Péd. 145 [bis] b, 151 b (1594, 1596), *Le Portier* 96 b (1583), *Le Porter* reg. Guing. 95 v; pet. Trég. *portier* garçon de moulin (syn. de *pot marc'h*); PORTEZA, *portezat* porter sur le dos Trd; du fr. *porter*.

Portreaff. *Pourtrezi* pourtraire Gr.; *portret* portrait D 16, 173, *pourirez* Gr., *B. s. Gen.* 17, *portelet Voy.* 139; *ar portret deus ho ti* le plan de votre maison *Rimou* 45.

Porz port, pl. ou Jér., v. *egori*; *du Porzou*, s^r dudit lieu, xve, xvie s., Nobil.; *her porz-salo* au port du salut *Trub.* 76; *portz mor* port de mer Nom. 203, 243; *portz* porte (de ville) 242, *ar perzyer* les portes (du ciel) D 32; *porz* barrière, *porz rastel* barrière devant une maison Maun., *portz-rastell* verrou, barre, barrière, l. repagulum, repages Nom. 146, *porastel* m. porte cochère, à Plounérin; barrière (de cimetière) *Michel Morin* 11; *Parc-an-Porastel*, *Inv. arch.* C.-d.-N., E, p. 36 (cf. br. moy. *gouren* lutter, van. *gorreine* lutte l'A. = gall. *gwrthryn*); *porzer* portier *Cb* v. *dor*; *portzier* huissier, portier 288. Cette façon d'écrire *portz* se trouve encore dans de *Portzmoguer*, s^r dudit lieu, xve, xvie s., de *Portzpoden*, s^r dud. l., xve, xvie s., Nobil., *Portzbriendo* xviie s., *Chrest.* 226. Le *tz* paraît indiquer le son du *th* anglais dur, cf. *gartz* haie Nom. 241 (gall. *porth*, *garth*); moy. bret. *atcoan* et *atzcoan* second souper; *atzcoaniaff Cc*, *azconiaff Cb*, souper de nouveau ; *atcoezet* et *aizcoezet* retombé ; de *Kerouartz, Ropariz*, en fr. Robert, xve, xvie s., Nobil., etc. Dans *Le Bartz* n. d'ho. en 1699, *Inv. arch. Morb.* V, 599 (*Le Bars* en 1586, V, 574), *tz* remplace un *z* originairement doux, mais qui a dû être changé en *z* dur, puisqu'il est traité comme tel en vannetais moderne. Le Gonidec, au mot *merzer* martyr (gall. *merthyr*), remarque que ce *z* et beaucoup d'autres se prononcent comme en anglais *th*, mais il oublie de dire lequel. Le son du *th* anglais doux n'est pas inconnu en breton ; cf. *Ét. gram.*, I, 43*-46*. Voir *reter* ; M. lat. 197, 198.

Possession possesion D 36, pl. *ou* 195, *possedy* posséder 164, part. 122 ; *posset* il possède H 15 ; inf. *possedein Choæs* 92, *-édein* 9 ; *er-ré positet* les possédés 168, *ur positet guet en Diaul* un possédé du démon *Voc.* 1863, p. 4. L'A. distingue aussi phonétiquement les deux sens : *possédein* posséder, *positett* possédé (du malin esprit ; de l'avarice) ; cf. *gour-bozitein* obséder, *gour-bozitereah* obsession. Gr. donne le part. *poczedet* dans tous ces emplois. L'*i* de *possidaff* posséder C (lat. *possideo*) a passé encore au van. *posidour, posisour* possesseur, *posicion* possession, *posicionneiñ* se mettre en possession de Gr.

Postern Cms ; l'origine du fr. *poterne* n'est pas *postis*, mais *post*. On lit *poternes*, avec finale arbitraire *-es* pour *potern*, dans le logogriphe breton-français du xvie s., *Ann. de Bret.* III, 251, 252, cf. *Rev. celt.* XIV, 290.

Posteuc, *Postuec* Cart. de Quimperlé, xive s., *Chrest.* 227, *Le Postec* xviiie s. *Inv. arch. Fin.*, B, p. 213 ; *postec* ferme, stable, constant, robuste, courageux Pel., *-ecq* massif Gr., de *post* poteau, pl. *ou* Pel., Gr., dim. *Le* Postic xviiie s. *Inv. arch. Fin.*, B, p. 332 ; *postell* m., pl. *ou* deux parties d'une charrue, la grande et la petite Pel., ce sont sans doute les branches, = fr. *poteau*, b. l. *postellus*.

Post a en van. un plur. *pester* Chal. ms v. *mouton*, *pesstēr*, *pesstiērr* l'A. v. *quenouille*, *pesstiérr* v. *jambage*. Sur cette terminaison qui vient du lat. -*ārium*, voir *dispingneus* ; *Rev. celt.* XIV, 320, 321. Le même suffixe se trouve dans *Oliv-r-it*, etc., voir *Aualeuc, Olier, quelch*. Le tréc. *Pañv-r-it* = v. bret. *Pomoroit, Pumurit*, permettrait d'expliquer *pañvrecq* mûr Gr. par un dérivé de *pomārium* (voir *pezel*).

Pot espern pot où les enfants gardent leur argent Nom. 169 ; *pott* m. pot, *podatt* potée l'A. ; *podes an bugaleïgou, pillicq da ober yot*, « paëlle à papin » Nom. 163, *podès* terrine Gr., *pôdez* f. Gon.; *podesad* terrinée Gr.; *podeenn* f. terrine, *-att* terrinée l'A.; *poderez* poterie, l. figlina Nom. 128, *podérez*, van. *podereh* Gr., *pôdérez* f. Gon.; *podery* id. Gr., *-i* f. l'A.; *Lepodeurstain* n. d'ho., 1532, Dupuy, *Hist. de la réunion*, II, 482 = « celui qui fait des pots d'étain », *pod stean*, *pod stæn* pot d'étain Gr., cf. *Poder* reg. Quemp. 4, *an P*. reg. Péd. 7, Le P. 24, 90 b (1566, 1569, 1582); *podtéau* pl. *potévyou* pot de faïence, aiguière Gr., *pôtévad*, *-viad* m. aiguiérée Gon., cf. *Rev. celt*. XVI, 219, 232; *pod-hoüarn* marmite Gr., *pou-touarniat qig* marmitée de viande Ricou 95, voir *ren*; *potag* potage Cb v. *yot*, *podaich* pl. *ou* Gr.; *podacher* pl. *ou* potager, fourneau Gr. Dans *lættus podecq* laitue pommée Nom. 87, *lætuz podecq* Gr. l'adj. est peut-être une altération de *bodec* touffu, voir *bot 2*; cf. *cloher-podêc* ou *bodèc* dôme l'A., *Sup*.

Poubr, *pourpr* pourpre Gr., *pourpr* m. L. el l. 100; *poupre*, *pourpre* pourpre, maladie l'A., cf. moy. br. *mabr* et *marbr* marbre, voir *abr*; *pourpret* pourpré Gr., (visage) empourpré, rouge de colère *Guerz. Guill*. 58.

Poues. A *drouc oberou na paouez* il ne cesse de mal faire D 125, *o paoüez he werza* (il voit Judas) qui vient de le vendre *Trub*. 49; *poez* 1 s. cesser, se reposer L. el l. 14, dial. de Batz *pezel* rester, durer, *Étude* 5; *poæsstt azé* halte-là l'A.; *paöuès van* le trépas, la mort Pel., voir *queinyff*.

Pouliot « poulieul » *Cms*, est sans doute le nom de plante *pouliot*, *saouren* « pouliot »; *pouliot*, *bliot* « serpoulet » Chal. *ms*; *pouliet*, *lousaoüen ouz à chuen* herbe à puces Nom. 91, *pouliët* « pulege, pouliot, l. pulegium » 91-92, *poulyot*, *pulyot* pouliot Gr., cf. irl. *puliol ruighel* pulegium regale *Rev. celt*. IX, 226.

Poull fosse C; au XIIIe s. *pol*, *poll*, *poul*, v. bret. *pul*, *Rev. celt*. VII, 209; VIII, 65. *Ann templ a gouez enn he boull* le temple s'écroule *Nikol*. 76; *sevel eus e boull da stad vad* se relever après sa chute (dans le péché) Gr. Pl. *poullou* dans *Penpoullou* s[r] dudit lieu, XVe, XVIe s., Nobil.; *pouleu* des marais L. el l. 50; *an poul-pry* lieu où l'on fait le mortier Nom. 140. Dim.: *hoari poullic* jouer à la fossette Maun. *A boullat* (sang qui coule) à flots *Choæs* 56, *-ad* 65; *a boullade* (le sang) coulait à flots *Nikol*. 9. Le van. POURQUIL m. le cou, derrière la tête

Voc. 1863, p. 39, *Celt. Hex.* I, 10, répond au cornique *pol kil* la nuque. Voir M. lat. 200.

Poulsa, van. *péüceiñ* pousser, en parl. des arbres, etc. Gr., *poulza* pousser (qqn au péché) *Trub.* 75 ; *en hem boulz* il se pousse, s'avance, parvient à un état plus élevé 289 ; *pouss* il pousse *Choæs* 108, etc. ; *an ear a boulsomp* l'air que nous respirons *T. Ger.* 55 ; *poulsad* poussée ; *ur poulsad*, *ur poulsad amser*, *ur* POULSICQ, *ur poulsicq amser*, *ur poulsadicq amser* un peu de temps, *poulsicq so* il y a déjà un peu de temps Gr., cornique *pols*, cf. allem. *konnt' er nicht wenige Pulse længer leben*, Guill. Tell, IV, 2 ; *pouls* m. le pouls ; pousse, menu bois que jettent les arbres ; *poulser* pousseur, *poulsérez*, van. *péücereh* action de pousser Gr. Voir *Poursiff*.

Poultr, van. *péüdr* poussière ; *poultr*, van. *péütr*, *paut*, haut cornou. *paut* poudre ; *poultra*, van. *péüdreiñ*, *pauteiñ*, [h. cornou.] *pauto* poudrer ; *poultrèr* celui qui met de la poudre ; *-erez*, van. *péütrereh* action de poudrer ; *poultrecq*, van. *péüdrecq* poudreux ; *poultrèr*, van. *péüdrér* poudrier, qui fait ou vend de la poudre ; van. *péüdrouër* poudrier, boîte à poudre, *péüdrér* m. poudrier, horloge de sable ; *poultrennic* f., pl. *-igou*, *poultrigou* atome Gr. ; *poultrik* duvet dans l'air ; *poultrenna* couvrir de poussière Trd. Le cornouaillais *paut* Gr., *paot* Gon., a changé *oult* en *aot*, cf. *maout* mouton, bas l. *multo* ; ce qui n'a pas eu lieu dans *foultr* foudre, *skoultr* branche.

Poupin. Van. *poupineell*, *pouponéll* mignard, *poupineéll* poupée, pl. *eu* l'A., cf. *Sup.*, v. *bilbloquet*, *bimbelot* ; à Plounérin *poñpinel*, f., poupée, à Trévérec *poupik*, m. ; *poupelinen*, f. id. ; *poupon* m. chiffon qui entortille un doigt malade (*poupée* a le même sens chez L. Rigaud, *Dict. d'argot moderne*, Paris 1881) ; **Poupart** n. d'ho., XVe s., Nobil., reg. Guing. 33, *Pupart*, surnom en 1042 (Cartul. de Redon), = franç. *poupard*, nourrisson ; cf. *eo paquet ar poupar* (dites à Putiphar) que le gaillard est en prison, Jac. 53 ; *Le* **Poupon** n. d'ho. en 1539, *Inv. arch. Fin.*, A, p. 8, *poupon* pl. *eu* poupon, *pouponneéll* pouponne l'A. *Poupik-ar-galoun* enfant chéri et gâté Trd, dim. de **poup*, voir *diboubou*.

Pourchacc se procurer B, etc. (et non *pouchacc*) ; *e reaz pourchas koan d'ann daou veachour* il fit préparer le souper des deux voyageurs Nikol. 720.

Pourchen mèche. *Poulchat*, Nom. 166, *porhenn* f., *porhatt* m. l'A., *porhat, pourhat, pourhiat* Chal. ms; *pourc'hen* tente dans une plaie, *pourc'hat* mèche de lampe et chandelle, dans « le Nouv. Diction. », Pel.; *pourc'h* m. partie d'un habit, de quoi se couvrir, *dibourc'ho* dépouiller, *noaz-pourh, noaz pilh pourc'h* (tout nu) Gr., pet. tréc. *noaz pi-diboulc'h*. M. Loth traduit *pourren* par « des tranches » (d'andouilles), dans un texte de la fin du xvi⁰ s., *Ann. de Bret.* III, 252 (il y a *pouren*, p. 251). *Poulc'h-* pourrait répondre à l'irl. et gaél. *cuilc* roseau, irl. *cuilche* toile ; cf. lat. *culcita*?

Pourhat devenir pauvre Cc v. *quaez*; *paourhat* Cb; *paourentez* pauvreté, f. : *he* H 19, voir *hep*; *ganty* D 173; *pauvrentez* 62, *paourantez* 165, *paurantez* 161; *ar peurien* les pauvres 55, *ar bevrien* 54, *pevien* Jac. ms 68; *paour* pauvre H 18. — *Pourpy* g. id. C, *poulpri, piepoul* « pourpré » Chal. ms, *pepour* « pourpier » v. *tremper*; *pourpy* id. Nom. 91, Gr.; *pipoul* du pourpier *Voc*. 1863, p. 16.

Poursiff reg. Péd. 133 b, 153 b, 209 (1591, 1596, 1607), *An P.* I, 14, *Le P.* 30, *An Porsiff* 14 (1565, 1567, 1570, 1567), *Poursyff* 165, *Poursuiff* 233 b, *Le Poursuyff* II, 32ᵃ (1598, 1613, 1639), *Poursuiff* reg. Plouezec 11 v = « le poussif »; *pousset* (homme) asthmatique, Nom. 271, *pouçzet* (cheval) poussif, *ar poucz* la pousse, maladie des chevaux Gr.; *ne deufent da boussi* de peur que (les chevaux) ne deviennent poussifs, Jac. 42; cf. l'angl. *pursy*, anciennement *pursif*, du v. fr. *pourcif, poulsif* (Skeat).

Poursuif poursuivre D 59, -*sif* 188, chercher à obtenir (que...) 62, défendre (son droit) 108; *poursu, pourchu* poursuivre Gr.; *bourcé en tan*, vers le feu, Chal. ms, par aphérèse pour **de bourcé*, litt. « à poursuivre », cf. tréc. *dë gé, da gaout* id., litt. « à trouver »; voir *hubot, quehezl*. — *Pourvai* fournir (qq ch. à qqn) D 55, *pourvay* pourvoir 96, *pourveas* il fournit 197, *pourveïn ray* il fournira *B. s. Gen.* 33, *e pourve dêc'h en ho necessite* il subvient à vos besoins Mo. 245; *pourvezi, pourvei*, van. *pourveeiñ* pourvoir Gr.; *Le* **Pouruoyer** reg. Guing. 1 v, auj. *Le Pourvéer* à Pontrieux, = *pourvezer*, van. *pourvëour* pourvoyeur Gr.

Pratel préau C, *prateell* f. issue, sortie, *pratêll* pl. -*egui* pelouse, *pratéllic* préau l'A. = *pradell* pl. *ou*, van. id. et *pretell*, pl. *ëu* « espèce de pré » Gr.; inversement *pradenn* petit pré C, « espèce de pré », pl. *ou* Gr., *pragen* pré Nom. 234, *Praden* dans des noms de pièces de terre *Inv. arch. C.-d.-N.*, E, p. 36, 62 = pet. tréc. *pratenn*, syn. de *buoc'h prat*, vieille vache qu'on laisse au pré pour l'engraisser; vieille femme (par moquerie). *Pradou* prés, xve s., *Rev. celt.* II, 209; *prageou*, *pragéyer*, van. *pradeü*, *pragëu* Gr.

Pratic m. (la) pratique *Cat. imp.* 128, *practic* Catech. 4 v, *praticq* m., pl. *ou* Gr.; **praticquet** pratiqué H 59, *practiquet* Catech. 5; inf. *praticqa*, van. *-cqeiñ*; *praticyan* pl. *ed* praticien (en procédures) Gr.; cf. *Rev. celt.* XVI, 236.

Precellancc précellence C*b* v. *sourmontaff*, du fr. — *Precieux* précieux D 29.

Predery r. *er*, *i*, réfléchir D 152, *pidiri* cogitacion, C*b*, v. *logician*, *pridiryou* pensées H 55; *prederet* (j'avais) pensé, réfléchi D 171; *da chempredet*, r. *er*, réfléchis 159. *Prederet* doit être au participe, J 24 b; la virgule qui précède est de trop (dans la même strophe, lire *mennaf* pour *mennat*, et peut-être *saczun* pour *certen*). *Pridirya* être perplexe, *pridirydiguez* perplexité, *pridiryus* perplexe Gr.; *preder* emploi, *prederi*, *prederia* employer *Trub.* XI, *prederia* réfléchir *XII*, *prederen* remarque 40, *prederennou* pensées, réflexions I. « Je ne sçai », dit Pel., « si c'est sérieusement que l'on nomme en Léon *Mantel Prediri*, manteau d'inquiétudes un grand linge que le Prêtre met sur les Epoux, lorsqu'il fait les mariages ». On peut voir, *Mélusine* VII, 186, un exemple populaire de cette expression, sous la forme *eur vantel a plederi*. Peut-être y a-t-il eu assimilation d'un ancien mot **priederi*, **priediri* mariage à *prediri*, *pridiri* souci, tourment, par suite d'une association d'idées qu'on retrouve dans le proverbe allem. *Ehestand Wehstand*. Cf. cette parodie du catéchisme breton : *Petra e ë briedeles? Eur zakramañd a lak kalz ezet ha kalz dies.* « Qu'est-ce que le mariage? Un sacrement qui fait bien des heureux et bien des malheureux. » Voir *pridiry* au *Dict. étym.*, et *Urk. Spr.* 63.

Predicationou prédications D 58, 89, *predicatoret* prédicateurs 112, *mont da prec'h an hereticquet* aller au prêche des hérétiques 97. — *Preyz*, van. *preih* proie; *an diaul... a ra e breyz eus a ene ur pec'heur paur* l'âme du pécheur est la proie du démon Gr.; pl. *ho roez da breizi d'ar maro ha d'an ifern* tu les donnes en proie à la mort et à l'enfer *Trub.* 332; de là absolument : *ne vihot nemed eur preis milhi-*

ghet vous ne serez qu'un damné maudit 122, *nemet preizi daonet* (sans la foi, on n'est) que des réprouvés 108. Voir *M. lat.* 198.

Preminance prééminence Cb v. *gneniff*, du fr.

PRÉN m., pl. *ou* achat, acquisition, emplette, van. *prén, prean, pérn*, pl. *eü* Gr., *prénn* pl. *eu* l'A., gall. *pryn* m.; *préner, -neur, -nour*, van. *pérnour* acheteur Gr., *prenour* l'A., gall. *prynwr*; *prénadurez*, PRÉNIDIGUEZ, van. *prénediguéah* achat Gr., gall. *prynedigaeth*. Voir *Urk. Spr.* 60, 61.

Prendenn fléau, malheur N 1190; *-en*, var. *preden* méchanceté, perfidie J 64 b. La comparaison du fr. *brandon*, *Beitr.* V, 219, n'est plus possible. M. Loth a proposé de voir dans *prendenn* un composé de *pren* bois et *tenn* tirer : action de tirer le bois, tirer au sort, en cornique *teulel pren*, etc., *Rev. celt.* XVI, 313, 314.

Prenn du bois, voir *Urk. Spr.* 63.

Preparat fut préparé Nl 405; *preparation* pré- D 61. — *Presance*. L'inf. *presantaff* n'est pas dans H. — **Presbiter** presbytère Cms v. *bealeuc*, *presbytoer* Cb v. *cambr*, *-itoer* v. *baelec*, Cc; *presbytal*, van. *prespytoér* Gr., *sprésbitære* cure l'A., Sup.; pet. Trég. *presbitoar*; du fr. — *Presep* étable, crèche Nl 186, 329; m. mangeoire, l'A., gall. moy. *presseb*, emprunt savant au lat. *præsepe*, *M. lat.* 198. — *Presidant* président D 154, pl. *et* 150; *presida* présider 198. — *Presta* prêter D 21, *présstein* l'A.; *préssiourr* prêteur, *présstereah* action de prêter, *presste* m. ameublement; *pressteu* effets, meubles; *presste queguin* batterie de cuisine, *presstigueu-braguerisse* bijoux l'A., tréc. *prestiq* bientôt, cf. *Rev. celt.* IV, 165; *M. lat.* 198.

Pret temps, repas. *Prédik* m. moment Gon.; pet. tréc. *prejañ* prendre un repas. Le gall. *pryd* aspect=irl. *cruth* forme, cf. *Urk. Spr.* 60, diffère du gall. *pryd* temps, bret. *pret*, cf. védique *sa-kṛt* une fois, slave *kratŭ* fois (H 91).

Preuf goulou ver luisant, *preu goulaouyer* cloporte, porcelet Nom. 49; *prév nos*, van. *prév luguern* ver luisant; *preñv blévecq* chenille Gr., *prénv-blévec Guizieguez* ...Richard 11; *Le Preff* reg. Péd. 100 b (1584); *preveden* ver *Cat. imp.* 21, gall. *pryfedyn*; PRÉVEDI, van. *prebüedeiñ* se vermouler Gr., gall. *pryfedu*; *prévedet* vermoulu, *prévediguez* vermoulure Gr., cf. gall. *pryfedigrwydd*; *prévedus*, PREÑVED CQ véreux Gr., gall. *pryfedog; prinhuélliéc* m. vermeil, endroit où il y a des vers, dont la volaille est friande l'A., *-éliéc* v. *vermiller; preanouss, preinouss* véreux l'A. Voir *neff,* et *Urk. Spr.* 63.

Prezec abouchement, pl. *-egou* Gr.; *prezeguet* parler Jér. v. *abec*? *Prezegour* n. d'ho., fabr. de Trég., comptes des distrib. 1442-1454, f° 168 v (archives des C.-d.-N.); **prezegus** prédicatif C*b* v. *sarmon.* Voir *Rev. celt.* V, 125, 127; *M. lat.* 199.

Pri terre jaune L. *el l.* 14, *pri melein* terre grasse 152; *cambr an pry melen* garde-robe Nom. 134; *pryenn* pl. *ou* bousillage Gr., cf. gall. *priddyn* chose faite de terre; PRYA garnir d'argile Gr., *priein* pétrir (une aire) L. *el l.* 16, gall. *priddo;* van. PRYELEC argileux Gr., *priellec* marécageux Chal. *ms*, *Le Priellec* convenant *Inv. arch.* C.-d.-N., E, p. 69, gall. *priddellog* plein de mottes de terre; *pryec, pryoc* argileux Gr., *pryeucq* v. *glaise; pryeg* pl. *ou* lieu argileux Gr.; *priacell'* fondrière, crevasse dans un terrain, propr[t] « fondrière de terre jaune », *priacellec* boueux, « lorsqu'il y a fondrière » Chal. *ms;* pet. tréc. *priach* poterie. Voir *Rev. celt.* IV, 165; XV, 153; *Urk. Spr.* 63. Le gall. *priddellog* dérive de *priddell* motte de terre, cf. van. *pri-ac-ell'* (voir *-asenn, Rev. celt.* IV, 147). Sur les formations en *-ell-ec,* cf. *Rev. celt.* IV, 152; voir *dispourbellet, froan, guïc'hat, huytellat* (*Padellec* vient de *-āl-āc-,* voir *pat*); *Dict. étym.,* v. *rodellec.* Le pet. tréc. *marzelek* triste, préoccupé, que j'ai rapproché de *morzol* marteau (voir ce mot), a une variante *morzelek,* et pourrait bien dériver de *mors* engourdi, voir *morchediff;* cf. *morzet* engourdi, *Hist. ar b. Mizer* 11, pet. tréc. *morz, morzigel* m. mulot. Voir *sach.*

Priedez « espousailles, l. sponsalia » C*b*, C*c* v. *dimiziff, fest an priedez* banquet des noces Nom. 54; *priadelez* « desponsation » C*b*, ibid.; (lit) nuptial v. *guele; Barz. Br.* 72, *Trub.* 201, *Avanturiou* 26; *pryadeleaz, -délez* mariage Gr., *pryadélez, pryedélez,* van. *pryedeleh* v. *fiançailles;* à Sarzeau *priedeliah Rev. celt.* III, 50, *priedeles* D 103; *priettat* épouser, *priettat, prietteat* marié 103; pet. tréc. *priediq* petit époux, petite épouse. Le van. *pryedereh* mariage Gr., *priédereah* l'A., 4 s. *Guerz. Guill.* 63, *prie-* 3 s. *Choæs* 31, est sans doute à séparer de *pryedeleh,* etc., cf. gall. *priodoliaeth* attribut, propriété; mais faut-il comparer directement le gall. *priodoriaeth* qualité de propriétaire, de *priodawr*, *priodor* propriétaire, ou supposer une dérivation spéciale *pried-ereh* = **pried-eraez*, cf. *argouvrereah* m. dotation, *effrontereah* m. audace, *desertereah* apostasie (action de déserter) l'A., *dizereah* hoirie, *fritereah* friture que l'on fait *Sup.*, *guêrnereah* mâture, action de mâter l'A., *flattereaheu* accusations *B. er s.* 44, *friponnereaihic* m. grimelinage, *bordereahein* embordurer l'A., *Sup.* (hors de Vannes *ar ficherez* la toilette *Bali* 183, etc.)? Cette dernière explication est appuyée par le van. *padereah* m. durée l'A., cf. *Sup.* v. *litispendance*, en regard du léon. *padélez* Gr., voir *pat*. Le van. a gardé un ancien dérivé en *-elaez*, dans *corveleah* (voir *corph*). Voir *predery*.

Prigent n. d'ho. XIIIe s., *Rev. celt.* VIII, 65, latinisé en *Prigencius* ibid.; v. bret. *Pritient Chrest.* 158, auj. *Prigent*; dim. dans *Lan-Prigentic* pièce de terre, XVe ou XVIe s., *Inv. arch. C.-d.-N.*, E, p. 235; de **Prit-gent* « fils de Prit », cf. *Pridou* en 1620, *Rev. celt* VIII, 65; *Pritgual Chrest.* 227. M. Loth compare le gall. *prid* prix, valeur, cf. *M. lat.* 199; *Urk. Spr.* 60, 61.

Prim l'heure de prime C, *prima* Gr.; léon. *ar prim*, *prim al loar*, *loar-brim* le croissant de la lune Gr., *prim*, *prim-al-loar* id., ou le premier quartier Gon.; *prim* prompt, rapide B 325, etc., pet. tréc. *prim*, ou *war prim* vite, à la hâte, *alo douar prim* pommes de terre hâtives; *primder* promptitude Gr.; léon. et cornou. *prim* trop petit, menu, chétif, défectueux en quantité Pel., (le pain est) presque fini; *primeri a vara* le défaut, la pénurie du pain *Rimou* 23; *prim* (homme) subtil, fin, habile H 234, *prim mat* bien sage Nl 260, *priminic* pointilleux, voir *iüin*, p. 341; *prim* chiche C, Gr., en bas cornou. selon Pel.; v. fr. *prin*, fém. *prime* mince, fin, menu, gall. *prin* rare, peu abondant; prov. *prim* mince, grêle; minutieux, avare; délicat, susceptible, Mistral. *Prinsautt* surprise, *enn ur prissautt* en sursaut l'A., cf. v. *imprévu, coup; ag-ur-brissautt, a-brissautt* « de prim abord, de prim saut » l'A., v. fr. *de prinsault*. — *Principalafu* principalement, surtout H 58, *-la* le plus important D 16, 93, 197; *principal* adj., *ez principal* adv.; *principal* m. somme principale; id. et *pricipal*, pl. *ed* principal d'un collège, *principalaich*, *pric-* f. principalité; *princélez* pl. *-elezou* principauté Gr., *princeleah* l'A., *prinseleah. Voc.* 1863, p. 35; *er principautet* les Principautés (anges) *Choæs* 186, *Princétt* id. l'A.; *princès* pl. *-esed* princesse, van. id. Gr., *princic* pl. *-igueu* principion l'A.

Priol reg. Guing. 126, *Le P.* reg. Plouezec 12, *Inv. arch. Morb.* IV, 279 (en 1615), *Le Prioll* reg. Plouezec 5, *Priour* en 1683, *Inv. arch. Morb.* V, 467, *pryol* pl. *ed* prieur, van. id. Gr.; dim. *Le* **Priolic** en 1599, *Inv. arch. Morb.* IV, 97, *Le Priollic* en 1679, B, 134; *pryoly, pryolaich* pl. *ou* prieuré, bénéfice Gr., *priolage* m. l'A.; *pryol-dy* pl. *ou* prieuré, maison du prieur ou de la prieure Gr.; cf. *prioleit, priolée* f. prieuré Dict. rom. 1777.

Priseur *pe mesureur da douar* « géometrien » Cb; *prix* prix D 29, *à pris isel* à bas prix 105. Masc. selon Gr., Gon., Trd, l'A.; f., B. er s. 118, etc. — *Prisonnier* prisonnier Cms v. *chetiff, prysonyer* H 19, pl. *prisonneryen* Cb v. *milguin, prisonerien* D 116, -*eurien* 78, -*nnierien* 110; *prisonnia* emprisonner Jac. 7, *prisoniou* prisons D 118, -*you* 33, -*nniou* 124. — *Priuaff. Cambr privet* chambre privée, l. *conclavis* Cms; *un Diaoul privet* un esprit familier D 86; *priué* retrait Nom. 133, 134, *priouaiss* pl. -*aisieu, priouæss* m. privé l'A., *priouéz* commodités *Voc.* 1863, p. 53; *privileg* privilège D 121, -*eig* 194, pl. -*egeou* 52, 66, 194, -*egou* 68, *priuilegeou* H 4; cf. *Rev. celt.* XVI, 184.

Prob syn. de *coant* (joli), item l. *probus* Ca; *prob* g. propre, l. *probus*, v. i. *coant* Cc; propre à B 811, N 1717; proprement, précisément J 23 b, 184, 191 = *propr* propre C, D 17, 186, 191, *prob* (son) propre (salut) 180, van. *prope* id., *Rev. celt.* XI, 187; *prope, propiq* propre, proprement, *propiq* propret l'A., *propat* nettoyer Chal., *propadurr* propreté l'A., *prop, prob, propicq, probicq* joli Gr., *propig* l'A., cf. *Barz. Br.* 466; *propic* f. belette Pel.; *propiquein, -quiatt* enjoliver, -*quour* enjoliveur, -*quiadur* m., pl. *eu* enjolivement l'A., -*quiaduricq* enjolivure *Sup.*; fr. *propette*, gentille, encore employé par La Fontaine, *Fables*, VII, 10. *Proproc'h* plus propre D 66, *proprieté* propriété (essentielle) 18. — *Probation. Probabl* -able D 143.

Procedi procéder D 195, *procesou* des procès 60, *procession* g. id., pl. *ou* 71, van. *procession* et *prodition, predesion* Chal. ms, ces dernières formes viennent de *proditio*, il en est peut-être de même de *prozécion* Gr., et du van. *prehécion* l'A., *prehesion* m., 3 s. L. el l. 174, pré-184. — *Procury* procurer D 174; *é voe procuret, beza Jesus... liberet* on fournit le moyen de délivrer Jésus 151; *procureurien* procureurs 112, *Proculeur-Fiscal* procureur fiscal T. Ger. 34; *proculourr* marguillier l'A., -*our Voc.* 1863, p. 5, *proculereah* marguillerie l'A. — *Produet* produit D 64; *production* production 65.

Profan profane D 96; *profani*, van. *-neiñ* profaner; *-ner*, van. *-nour* profanateur, *-nadur*, *-nidiguez* profanation Gr. — *Profet* prophète D 26, pl. *profedet* 89, *Bali* 276, *prophedet* D 32, *profetet Bali* 306; *prophecya* prophétie pl. *-yaou, -you* Gr., *prophetiou* D 30, *profeciet* 4 s. prophétisé D 20, inf. *prophecya, prophedi, -eda* Gr. ; voir *oade*.

Proff, prouff offrande, don, tiré du l. *profero* H 94, vient plutôt du v. fr. *preu, prou, proulf* profit, avantage, chose utile : la locution *daz prouff* B 519 = « pour vostre preu », cf. N 1303 ; c'est aussi le cornique *prow* gain, avantage. Gr. donne *proff* m. offrande à l'église, pl. van. *proveü; profa*, van. *proveiñ* donner en offrande.

Profita profiter D 156, *profitabl* utile 196; *profitabl d'ar bet oll* (homme) utile à tous 181, comp. *-abloc'h* 80; *pourfitt*, pl. *ideu* profit, *pourfidein* profiter, *pourfitable* profitable l'A., van. *profid, profidteiñ, profitabl* Gr., etc. — *Prolog* est usité en pet. Trég., de cette façon : *chileo ër përlok trezé* écoutez leur dialogue, ce qu'ils se disent.

Promesse promesse Catech. f° 19 v (glosé par *diougan*), *promessa* D 145, *promeçza*, van. *promeçz* Gr., *promés* m. *Choæs* 156, tréc. *promese*, voir *par force*; cf. *taul á coat Prouanca* table de bois de Provence Nom. 156, *adressé* adresse, tour Mo. ms 216, etc.; *promissionou* promesses D 171. — *Promt* prompt D 181; *pront* r. *á hon t(ry)*, J 155 b; *prompt* H 11; *prountidiguez* promptitude Gr., *promptitur* Cat. imp. 70.

Pron, proñ m. prône, pl. *pronyou*, van. *-yéü, pronéü* Gr., *pronou* D 80, *prona* faire le prône, *proner* qui fait des prônes; id., van. *pronour* prôneur, qui vante Gr.

Proportion proportion D 30. — *Propos ferm* ferme propos D 135, pl. *propositionnou* 3 s., r. *os* et *ou*, 153, lis. *proposou*; **proposet** proposé Catech. 5 v, *propos* il propose D 17; van. *propossoh* plus convenable, plus à propos, *Devis... un Doctor* 8. Le moy. bret. disait *propos* et *prepos*; Gr. ne donne que *prepos* m., pl. *you*, et *preposicion*, pl. *ou* proposition; il a *preposi*, van. *proposeiñ* proposer. On lit *preposet* proposé, T. Ger. 41, *ar bréposicion* la proposition (d'une loi), Discl. 11.

Prosperite. Prosperont ils prospèrent D 169; voir *onestant*. — **Prosternomp** prosternons (-nous) H 16; part. *-net Choæs* 196, du fr. — *Prouf* prouver D 28, part. *-et* 34.

Provinç province, f. : *peder* D 190; pl. *ou* 40. — *Provision* provision D 106; *providanç* providence 52, 55, 64, *proviance* Jac. ms 101; *providant* (Dieu a été) prévoyant, bon (pour moi) D 173; *provid* (la terre ne) rapporte (presque rien) Jac. ms 53, pet. tréc. *providañ* se procurer, faire une provision : *toud ën treo dë brovidañ; n'eus tam 'brovidet 'bet* il n'y a pas de provisions. — *Prouost, prohost, preuot* prévôt Chal. ms.

Prunen, pl. *prun* prune, van. id. Gr., *prunênn*, pl. *eu* et *prune* l'A.; *prunen añ lagat* la prunelle de l'œil Cb v. *emdiuat; prunênn* f. testicule l'A., voir *irin; prunenn* prunier, pl. *ed*, ou Gr., *prunênn* pl. *prunégui* id. l'A.; *prunecg*, pl. *-egou*, van. *-éü* prunelaie, lieu planté de pruniers Gr., *prunéc* f., pl. *-égui* l'A., *terra An-Prunuc* note du xiie s., Cartul. de Landévennec 145 v; *Le* **Prunennec** Anniv. de Trég. 19 v, Quoatg. II, 6 v, III, 10, n. d'ho., a dû avoir le même sens, cf. le lieu de *Prunennec*, Inv. arch. C.-d.-N., E, p. 70; dans *Le Pruenec, Le Pruennec* en 1601, reg. Quemp. 13ª, l'*u* est sans doute pour *ū = un*. Cf. *Favennec*, v. *fau; avalennek*, v. *Aualeuc*, etc. *Prunosen*, pl. *prunos* pruneau Gr., *pruneauênn*, pl. *eu* et *pruneau* l'A., *prunéau Voc.* 1863, p. 24, voir *Rev. celt*. VI, 389.

Psalm psaume, m. : *heman* H 33, *try* 25; *salm*, pl. *ou*, van. *éü* Gr.; *psalme*, pl. *-meu* l'A.; *psalmèr, salmèr* psalmiste Gr., *psalmér* l'A.; *salmi* psalmodier, *salmenni, cana salmennou* « chanter des injures de harangeres » Gr.; *psauter* psautier D 74, pl. *iou* 76; *psautier* 70, pl. *ou* 69; *salter* Gr. Voir *Dict. étym*. v. *salm, sauter*.

Puch e huezle, Puchuezle, voir *peuch, quehezl*.

Puer : *aual puer* « pomme douce, l. malomellum » Cc; *aual doucc*, l. malomellum; *guezenn aualou puer*, l. malomellus Cb v. *aual*. Prob. différent de *aaual-per* pomme-poire Nom. 68; il est douteux que ce soit une faute pour *huec*. Correspondant du gall. *pér* doux? *Lard poer* gras à lard Chal. ms, peut venir du haut breton *pouer* porc, cf. Sébillot, *Traditions... de la H*te *Bret.*, II, 82.

Pugneiz (Le), n. d'homme, xve, xvie s., Nobil.; *puignesen* punaise Nom. 49; *pugnés* apostume Maun.; voir *bescul*, p. 60.

Puill abondant D 93, 151, *püilh*, van. *pill* Gr., dim. Puillic, décès Guing. 1661 ; *puilla* se multiplier *Genes* 3, *püillded* abondance Gr., van. *pillante* Gr., *-té* m. l'A.; cf. fr. *pulluler*?

Puissancc 2 s. puissance H 2, 15, *-ancz* 7, 16, 49, Catech. f° 2 v, 4 v (glosé par *gallout*); *-anç* 3 s. D 169, 170, 173, *-ance* f., 2 s. *Choæs* 202, *er Puissanceu* les Puissances, anges 186; *puissant* puissant 29, *ô puissantæt ur græce* quelle grâce puissante 123, sup. *puissanta* D 189.

Punein ourdir, se masser, etc., en van., voir *daspugn, penguen* et *Rev. celt.* XIV, 310, 313.

Punission -ition D 44, 93, pl. *-iounou* (av.-dern. syll. r. *on*) 160 ; *punition* 4 s. *Choæs* 6, 3 s. *Guerz. Guill.* 150. — *Pur isel* très bas D 155 ; *pureté* pureté 28, *-eté Choæs* 209, *purentez,* léon. *pureté* Gr., *purtæt* f. *Choæs* 110, 150, *-æd Guerz. Guill.* 10, *-éd* 14 ; *puraat*, van. *purat* purifier ; *puradur, purérez* affinage ; puridiguez affinerie Gr., gall. *puredigaeth* purification ; *purèr* affineur l'A. ; *Purgator* purgatoire D 32, 62, cf. 125, *purgator,* van. *purgatoér, plicatoér* m. Gr., *purkator Nikol.* 738, 739, *plucator Æl* 90 ; *purgi* purger, purifier D 136, *purgea* Gr. ; *purgacion,* pl. *ou* purgation, potion, *purgeadurez, spurgeadur* purgation, action de ce qui purge Gr.

Putoaesq putois, voir *Pitault.*

Q

Qeffnyand, *qevn-, qivin-,* pl. *ed* cousin au quatrième degré, enfant des issus de germains, f. *qevinyantés* pl. *-esed* Gr. ; *kefiniant,* léon. et cornou. *kenfiniant* Pel., d'un plur. *com-nient* = gall. *cyfnyeint, cyfneiaint* id., dont le sing. est *cyfnai* ; cf. ἀνεψιός. Voir *ny, quenderuiez.*

Qelastrenn, *quylastrenn* f., pl. *ou* Gr., *kélastren* Gon., houssine, gaule, baguette, *-nna* frapper d'une baguette, *-nnad* f. coup de baguette Gon. ; rapporté *Ét. gram.*, I, 66, à **celāt-tr(on),* cf. grec κέλης coureur. On pourrait penser aussi à **qe-laz-tr,* de **co-slatt-,* cf. bret. moy. *laz* verge, gall. *llath* ; van. *delahein unn taule* appliquer un coup (voir p. 148), d'où *a zelah* au dépourvu, à l'improviste Chal. *ms*; voir *Locher, Urk. Spr.* 319. *Laz* m., pl. *ou, iou* Gon., est en tréc. *lâs* coup, *las dornañ* troupe de batteurs de blé, etc. *Rev. celt.* IV, 160, pl. *lajou-dorna, Bombard Kerne* 20; le pet. tréc. *lajat* coups (de cloches), séances (de travail) = **laziat*, cf. gall. *llathaid* mesure d'une verge. Citons encore le composé *goulazenn* latte, pl. *ou, goulazou, goulaz,* en van. *glouahenn, goulahenn* pl. *glouahëu, glouah, goulah* Gr.; *goulaza,* van. *glouaheiñ, goulaheiñ* latter (garnir de lattes), *goulaza* aiguiser, affiler (une faucille, une faux) Gr., de **vo-slatt-*.

Le pet. tréc. *glasten* f. baguette est peut-être *qelastrenn* influencé par *glastennenn* chêne vert Gr.; cf. *glastren, garz-glastren* « branches de chênes, jeune bois qui vient sur souches, et qui garnissent un fossé » Gr.

QELAVAR disert Gr., voir *helavar*.

QÈST pl. *ou* ruche Gr., *kêst, kesten* id., léon. *kesten* certaine mesure de grains, et vaisseau ou corbeille à mettre la pâte Pel., *kêst* f. corbeille, panier, ruche Gon., *er resteu* les paniers *L. el l.* 94; *hor c'hestenhou* nos ruches *Trub.* 29; v. bret. *cest* boîte, corbeille, gall. *cest* panier, panse, *cesten* petite panse, corbeille, du lat. *cista*. **Questeuc** dans *Kerguesteuc* en 1477 *Inv. arch. Fin.,* A, p. 13 = gall. *cestog* enflé, ventru; *qèstad* ruchée (d'abeilles) Gr., *kestat, kestaden* ruchée Pel., *kêstad* corbeille ou ruche pleine Gon., gall. *cestaid* ventrée; *kesta, kestal* ramasser les abeilles dans la ruche Pel., *kêsta* mettre dans une corbeille ou une ruche Gon. Pel. a sans doute raison d'identifier à ce *kêst* avec le sens gallois de « ventre » (cf. l'angl. *chest*), le bret. *kest* qui « se dit des vers qui causent des douleurs dans les intestins »; Gr. écrit *qèst* « vers qu'ont les enfans, et plusieurs grandes personnes »; *terzyenn qèst* fièvre de vers, *lousou qest* poudre à vers; Gon. voit dans *kêst* un masc. plur., mais il ne connaît pas d'autres expressions que celles de Grég.

QEUR-EUCG pl. *qeureugued* saumon coureur Gr., *keûreûk* m. Gon.; on peut ajouter *Tachen-Crec'h-Queurec* n. de convenant, xviiie s., *Inv. arch. C.-d.-N.,* E, p. 37. M. Loth explique *qeur-eucg, Rev. celt.* XV, 99, par un composé qui serait en gall. **cawr-eog* « saumon géant », cf. cornique *caur-march* (cheval géant), chameau; voir *choc* et

Urk. Spr. 84. Mais la première syllabe a bien pu prendre la voyelle de la suivante, voir *ebeul*; *Queurec* s'expliquerait comme *neubet* de *nebeut*, *neubeut* peu, voir *penaux*. A son tour, **quer-euc* rappelle *kerlus*, *kelus*, pl. *kerluset* loche de mer en bas Léon Pel.; composé du v. fr. *lus* brochet, cf. *lusenniq* carpeau Goësb. 19? Voir *Quefurus*.

QEVATAL équivalent, équipollent Gr., *kevatal* proportionné, égal Gon., *kevatal*, cornou. *kavatal* égal, semblable Trd; du v. br. **comattal*, peut-être même déjà **camattal*, composé de *attal* gl. (reddet) uicarium; voir *couffabrenn*.

QEVRE pl. *ou* lien de gerbes de blé, de bottes de foin Gr., *kefre*, *kevre* lien des deux bâtons qui composent un fléau, et tout autre lien qui joint deux choses Pel., *kévré*, *kéfré* m. lien en général Gon.; v. irl. *cuimrech* lien Z² 872, gall. *cyfrwy* selle; voir *ere*, *queffrysa*, *rum*, *Dict. étym.* 404; *Bezz. Beitr.* XIX, 63; *Urk. Spr.* 233.

QIB, pl. *ou* « les boëtes de fer dans le moyeu » Gr., v. *charrette*; *kib* cercle de fer qui garnit l'intérieur du moyeu d'une roue; et en général tout cercle interne Pel.; *kib* m. id., et boîte, coque, pot Gon., pet. tréc. *kib* f.; *kiban eur rod* mettre le cercle du moyeu à une roue; gall. *cib* m. coupe, gousse, v. gall. *talcip* tonneau, irl. *tailchube*; du lat. *cupa*, cf. moy. br. *quibell* cuve, f. : *vn guibel* une tine où l'on nettoie les ordures Nom. 157; pl. *quibellou* étuves 319; *quibéll* pl. *eu* cuvier, *guirænn quibellæc* cuvier, verre large, *quibællic* f. cuvette l'A., *Sup*.; *qibellicq* cuveau, *qibellad* pl. *ou*, van. *eü* cuvée; *qibéllat* baigner, *-ellat* se baigner (dans la maison), part. *et*; *qibeller* baigneur, *ty-guibell*, *qibellec'h*, pl. *you* maison où il y a une baignoire, maison à bain Gr.

QIVYGEA tanner, QIVYG tan, QIVYGEUR, *-gèr* tanneur, *qivygérez*, *-géry* tannerie Gr., *kivicha*, *kivija* tanner Pel., Gon., *kivich*, *kivij* m. tan Gon.; *lezr auset*, *quiffiget* « cuir accoustré » Nom. 118; *quiuigea* tanner, *-ger* tanneur Maun., *kivicher*, *kifijer* Pel., gall. *cyffeithio* tanner, *cyffaith* tan, *cyffeithiwr crwyn* tanneur, du lat. *confectio*, cf. *confector coriorum* corroyeur. Sur le *v* breton, qui a fait supposer une autre origine, *Ét. gram.*, I, 22, voir *Rev. celt.* XIV, 310, 311. On trouve en bas latin *affaitare*, *affeitare* tanner, *affeciator* tanneur, v. fr. *affaiteur* id., *afaitier* arranger, préparer, *affait* tannerie; auj. *affaitement* manière de façonner les peaux à la tannerie Littré; de là *Laffeter* reg. Guing. 97 v, *Laffetter* 100, *En Naffeter* 77, *Le Naffeter* 66.

1. *Quae*. *Qaëa*, van. *qœeiñ* fossoyer, enclore un champ de fossés Gr., *kaën* faire ou rétablir les haies, relever la terre du fossé sur la haie, van. *caiein*, *caiat* Pel., *cayatt* l'A. *Kaeat ouz* résister, s'opposer à *Nikol*. 705, 730 peut être le même mot et différer de *qya*, voir *quy*. QAËER, van. *qœour* fossoyeur, faiseur de fossés Gr., gall. *caewr*. Voir *kaël*, *quea*, Chrest. 194, Urk. Spr. 66.

2. *Quae*, voir *quea*.

Quaer ville. *Kæricg* petite ville, *kæryad* pl. *ou* plein une ville de monde Gr.; *keriadenn* f. petit village Moal. Voir *kaer*, *ploue*; Rev. celt. XV, 384; Chrest. 194; M. lat. 142; Urk. Spr. 74.

Quaez. *Va c'hès* mon cher *Rimou* 8. Plur. du nom : *ar gueiz!* van. *er gueih!* les pauvres gens! Gr., = gall. *caith* captifs, cf. Rev. celt. XIV, 307. L'adj. peut varier : *péauryen gueiz* ou *guæz* de pauvres gens Gr. En van. on confond parfois le sing. *queah* et le plur. *queih* : *ineaneu queah* pauvres âmes Guerz. Guill. 46; *en dud queih* rime en *eah*, 88; *ur heih pehour* 10, cf. 56, *ur gueih vatéh* une pauvre servante 147; *me heaih bugalé Choœs* 210, *hou kaih bugalé L. el l.* 20, sing. *é gaih prisoner* 24; cf. *degrez*, p. 150. Pel. donne le plur. double *keizou*, *keiziou*, et le fém. *kaëzés*, = cornique *caites* servante. Voir *lech*, p. 359. Pet. tréc. *paour kéziq* pauvre chéri, *paour kéz Toue*, *paour kezik Toue* litt. « pauvre cher de Dieu », cf. Rev. celt. VII, 39; *kézañ* caresser un enfant, le toucher à peine, au lieu de le frapper. *Quaeznet* misère semble identique au gall. *caethnawd* captivité, de *-nāt*, ce qui contredit la comparaison proposée v. *monet*. Peut-être l'*n* provient-il d'un autre suffixe, cf. *qœznez* misère, chétiveté Gr., *kaëznez* Pel., *kéaznez*, *kéznez* f. Gon.; voir *mat*, p. 397; *poaz*, *quer*.

Cette terminaison -*nez* est tirée de *-nactā* Ét. gram. I, 60; cf. Z^2 847, où il faut retrancher *goyun-ez* et *queff-rin-ez*. Une variante plus ancienne -*naez* se montre dans *cufnaez* douceur P 219, et dans le cornique *medhecnaid* médecine. Celui-ci n'est pas identique au gall. *meddyginiaeth*, dérivé du lat. *medicina*; le bret. moy. *mezegniez*, *medecniez* semble un compromis entre ces deux formations. Les suff. -*nez* et -*niez* alternent dans *laournes* lèpre G. B, I, I, 256, *lorniez* Trub. 250, *lorgnez* 285, voir *lofr*; cf. gall. *gwas-an-aeth* service, *gof-*

an-iaeth métier de forgeron. L'une des origines de l'*n* de -*n(i)aez* apparaît dans le moy. br. *autroniez, entroniez* seigneurie, van. *eutrunieh,* = gall. *athroniaeth* enseignement, philosophie, voir *autrov*; cf. bret. moy. *autrounez* seigneurs, etc.; la formation est la même que dans le v. irl. *nóidenacht* enfance, de *nóidiu*, gén. *nóiden* enfant. Le genre masculin de *entroniez* n'empêche pas ces explications, et il n'y a pas lieu de séparer, pour la même raison, *hirnez* m. longueur Gon., des autres noms bretons en -*nez* (cornique *hirenath* longtemps); les deux genres existent en gall. et en bret. dans d'autres dérivés de -*act*-, voir Z² 846; Rev. celt. V, 125. Le suff. -*n(i)ez* alterne avec -*n(i)ach* : *autrouniaig* seigneurie Nom. 228; *hudurnez* saleté Gon., Trub. 230, *udurnez* Bali 95, *hudurnaig* Nom. 262, *hudurnyaich* Gr., voir *meur*, p. 413; *mæstronyez, mæstronyaich* autorité, maîtrise Gr.

Ces deux derniers mots paraissent devoir leur terminaison au syn. *autroniez*; il en est de même du corrélatif *goasoniez* hommage C, *gwazouniez* Trub. 331, *goazounyez, goazounyaich* Gr. Je ne crois pas que *meastrouny* maîtrise Gr. soit de même le reflet d'un ancien **autroni,* = gall. *athroni,* voir *gourfauterecat*; la terminaison -*oni* provient surtout de formations comme *glout, Glouton,* d'où *gloutoni* gloutonnerie; *fell, felon,* d'où *fellony* félonie.

Le moy. bret. *furnez* sagesse, est en tréc. *vurnes,* ce qui contredit le van. *furne* Gr.; l'A. donne *furnéss* qui ne peut pas s'expliquer par *-*naeth*. Mais ce sont, je crois, deux adaptations du léon. *furnez,* erronées parce que le vannetais n'a conservé nulle part ce suffixe, dont il eût fait *-*neah,* *-*neh*. Le cornique *furnes* est récent, et doit provenir de **furneth,* cf. *folneth* folie. Voir *ancoffhat, lousder, mutilaff,* et Urk. Spr. 65.

Quaezour l. pubes C, *queazour* Cc, *quezour* Cb v. *crib.*

Quaffet trouvé B 391 (inf. *caffout*); ind. pr. *queffez* B 393; *queff* 481, J 119, *quef* 106, N 352; *queffet* B 575, *queffit* (rime à *credet*) J 5 b, *quefit* 9; *queffont* B 466-467, var. *quefont*, J 215 b; prét. *quiffys* 189 b; fut. *quifif* 160 b; 2ᵉ pers. *quify* B 506*, *quiffy* 519, pl. *queffet* 59, J 190 b, 202; cond. *quaffenn* B 742, *quaffen* J 191; *quaffech* B 364; *queffent* 586; impér. *quifit* N 1421.

Qualan mae le premier mai P (Dict. étym., v. *kalander*); *quel an gouà* « le jour de tous les saints » Nom. 226.

Qualet dur, fatal J 32, B 332, *qualetder* peine 359, *qualether* 327. *Quannat* messager *Cb*.

Quarc chanvre, en 1327, *Chrest*. 199; sieur... de *Botcoarh* en 1586, *Inv. arch. Morb.* V, 574; van. *coüarh, coarh* m. Gr., *couarh*, pl. *eu* l'A., *koarh* 1 s. L. *el l*. 26, *koerh* 34; COARHECQ pl. *-egueü* chenevière Gr., *coarhec* f. Chal. *ms; er horaer* le pinson L. *el l*. 24 (de **coarhaer*, cf. *canaber* chardonneret Gr., pet. tréc. *kanapâr*); v. bret. *coarcholion* gl. canabina; *couarcou* guirlandes; cornique *kûer* chanvre, gall. *cywarch*, gaél. *còrcach;* gall. *cywarchog* de chanvre, gaél. *còrcaich*. Pictet, *Origines indo-européennes* 2ᵉ éd., I, 394, 395, décompose ce mot en *co-* + **varc-*, gall. *gwarch* couverture, tégument, v. haut all. *werih*, auj. *werg* étoupe, de la racine *var-* couvrir; M. Stokes préfère la rac. *verg-* faire, *Urk. Spr.* 273. Voir *courz, coabren*, et *Rev. celt.* VII, 312-314.

Quarell querelle, l. *querela Cc* v. *clem; carell* D 114, *querell* 178, van. *qarell* m. et f., pl. *éü* querelle, *qarelleiñ* quereller, *-llour* un querelleur, *-llus* querelleux, qui aime à quereller Gr. (voir *querell* au *Dict. étym.*). — **Quarter** (fièvre) quartaine *Cb, an derzyenn gartell* la fièvre quarte, *cartel* m., *carter*, pl. *you* quartier, *cart* pl. *ou*, van. *éü* quarte, mesure de deux pintes, *qartad* m., pl. *ou* quarte pleine Gr., *cartatt* m., pl. *-adeu* l'A., voir *Dict. étym.* v. *cart, carter*; **quarturun** Cartul. de Quimperlé *Chrest.* 223, *cartouronn* m., pl. *ou* Gr., *carteron* l'A. quarteron, quart, du fr. Pour le traitement de cette finale *-eron*, cf. *chapporon*, v. *chapell; chaudouron* C, Gr., van. *chodron* « chauderon » Gr.; *laqepod*, van. *laqoupod* estafier Gr.; voir *Plézou, porchellic*.

Ar quatuerou les Quatre-Temps D 73, *qotuërou*, van. *qoartualéü*, en *hoartualéü* Gr., *er hortualeu* en 1693, *Chrest.* 332, *cortualeu* l'A., emprunt savant au lat. *quatuor*. M. de la Villemarqué a cru trouver le sing. de ce mot sous la forme *coutuer* dans des vers datés de 1472 (Bibl. Nat. ms. 1294 de l'anc. fonds lat.), qu'il a publiés, *Bull. de la Soc. Archéol. du Finistère*, V, 42 :

> *Gruet eu tom heb chom an coutū*
> *Goude dilun an suzun guen*
> *Breman ez guellet guelet scler*
> *Na gueu quet ter map an Spernen*

et dont il a proposé, p. 44, la traduction suivante : « Ce volume a été fait (ou achevé) sans omission des Quatre-Temps après le lundi de la semaine des Rogations. A présent vous pouvez bien voir si le fils de l'Epine est expéditif ». Mais c'est là un distique, et non un quatrain; *coutu* doit rimer avec *dilun* et *suzun*, comme *scler* rime avec *ter* et *Sper-nen*. De plus, *hep chom* n'est connu qu'au sens de « sans s'arrêter » (P 131, 148). Enfin à l'avant-dernière syllabe du premier hémistiche on attend une rime en *om* (cf. *Dict. étym.* v. *barn*). Je suppose, en conséquence, que *coutu* est mal lu pour *comu*, c'est-à-dire *comun*, et que la 1re ligne signifie litt. « le tome du commun (i. e. ce volume de l'office ordinaire, cette partie du bréviaire) a été fait sans interruption ».

Quaserch. Casarch grêle Nom. 221; *cazarc'hi* grêler, faire de la grêle, *cazarc'het* (blés) grêlés; *amser cazarc'hus* temps sujet à donner de la grêle Gr. Le *c'h* vient prob. de l'analogie de *erc'h* neige; voir *Urk. Spr.* 74.

Quasi modo (mot souligné), la Quasimodo H 53, *Quasimodo* D 81, *Voc.* 1863, p. 37, *Casimodo* m. Gr., l'A., du fr. On lit *quasi quasi*, presque D 35, 103, *Choæs* 186, etc., *cozi* Mo. *nis* 115; voir *maru*, p. 396.

Quazc envoyer Cb v. *leuzriff*, *quacc* conduire J 98, envoyer qqn B 136, *quacc en maes* faire sortir J 220 (*cacc* C); part. *quacet* J 174 b, *quaczet* B 619; ind. prés. *quacc* 624-625; impf. *quacent* J 123, prét. *quaczas* B 333, *quaças* D 187, *à quaeças da vittaff* il l'envoya chercher 189; fut. *quacif* J 124 b; impér. *quaczc* B 645, 1re pers. pl. *quezcomp* N 1381, 2e *queczet* B 618, *quecet* J 98, *quecyt* 165 b, *quycit* 78 b.

Quea va! Jér. v. *kei*; J 100 b, v. 1 (avec variante *que*), et 198, où j'ai indiqué une rime en *a* qui n'est point certaine. La forme *quae* est plus fréquente; Pel. écrit *quäe* dans deux passages de Gw, lisez *quae*. *Quea* n'est pas suspect comme on l'a cru (*Beiträge de Kuhn*, V, 347) : c'est le léon. *kea*. On dit en tréc. *ké* (et aussi *kés*, *Rev. celt.* XI, 459), en van. *quei*, *Gramm.* de Guillome, 85, *kei Livr bug.* M. 12, *quaï*, *Choége nehué a gannenneu*, Vannes, 1829, p. 140.

Il n'est pas probable que *quea* vienne immédiatement de *quae*, par suite de la métathèse étudiée au mot *lech*; car ce phénomène n'existe généralement pas pour *ae* final.

Ainsi l'on a en breton moderne aussi bien qu'en breton moyen *brae* « broye, instrument pour broyer le chanvre »; *dalae* tarder, *diffrae* rapide, *esmae* émoi, *essae* essai, *gae* gai, *mae* mai, *pae* paye, *sae* robe. Les variantes de prononciation en bret. moy. (et mod.) sont : *e*, *dale*, auj. id.; *a*, *esma* (ne t')émeus (pas), *essa* essai (auj. id.); et *oa*, lorsque *ae* répond au fr. *oi* : *esmoa*. Grég. en citant, s. v. *faire*, une forme léonaise *séa* robe, était peut-être influencé par son explication inexacte de *qéa* et *réa*. Il donne *qaé* et *qéa* quai; *qéa* semble provenir du plur. *qéaou*, variante légitime de *qaëou*. Voir *fae*.

A final alternant avec *ae* est fréquent surtout après le son *o* : moy. br. *goae* et *goa* malheur! cornique et gall. *gwae*; *ioae* et *ioa* joie, *Monioae* Montjoie, auj. *joa*, *joe* (voir *Genouefe*). Sur une exception apparente à cette loi de prononciation, voir *rae*.

Cette règle ne s'applique pas à la conjugaison en moyen-breton et en léonais moderne. Exemples : moy. br. *groae* Cathell 3, *grae*, *grea*, (*rea* D 35, 187) il faisait, léon. *grea*, tréc. *groé*, *gré*; *yae*, *ye*, *yea* (Cathell 4, *pa zea* D 190) il allait, léon. *iea*, tréc. *ié*; léon. *lekea* il mettait, tréc. *lake*, de *lakae*; *ankounac'hea* il oubliait (tréc. *ankouae*, *ankoue*), etc.

Ceci s'explique par l'analogie d'autres formes verbales où la métathèse de *ae* en *ea* était régulière : *yea* il allait, d'après léon. (*y*)*eann*, (*y*)*eas*, (*y*)*eamp*, (*y*)*eac'h*, (*y*)*eant*; *eant* ils allaient Nl 224; *pa zean* quand j'allais, *ezan* r. *an* j'allais D 139, cf. *eaz* il alla Cathell 4, 19 (*a yez* 19, 33), de *aez*, gall. *aeth*; *eat* allé J 201 b, P, D 124, 164, *grea* il faisait, d'après léon. *greann*, etc., cf. moy. br. *grear* on fait (*Cb*, v. *contrel*, *venim*), *groear* Cathell 33; *great* fait Cathell 22, 28, 29, cf. 5 (*grtat*), *groeat* 4, *græat* 5; *great* on faisait, *gread* Cathell 34; léon. *lekea* il mettait, d'après *lekeann*, etc., cf. *lequear* on met *Cb* v. *armaff*, *bacinet*, *pellenn*, *pinuizigaez*; *lequeat* mis Cathell 3, 5, *laqueat* 5, 16, 32, 35, etc. On lit *lequea* et *pellea* il éloignait *Intr.* 158; *na gassean-me quet nep ho cassea* « nonne qui oderunt te ...oderam » *Heuryou* 497, etc.

Quae, va! ne serait donc pas devenu *quea* sans l'influence d'une forme verbale voisine. On ne peut guère songer à l'analogie générale des imparfaits en *ea* (3ᵉ pers.), et *quae* est le seul impératif 2ᵉ pers. sing. en *ae*. Il est probable que *quea* est une imitation d'un moy. br. *queat* pour *quaet* allez = tréc. *két*, léon. *kit* (*qiit* Gr.), cf.

cornique *kewgh*. Ce verbe breton est défectif et n'a pas d'autres formes.

C'est ainsi que la diphtongue *ea*, s'étant produite phonétiquement à la 2e pers. du plur. des conditionnels, comme *rac na veac'h* de peur que vous ne soyez, D 162, *raz raffeac'h* plût à Dieu que vous fassiez, Gr., v. *faire*, a passé quelquefois, par analogie, à la 3e pers. plur. du même temps : *evit miret na losqueant* (tirer les tisons du feu) pour empêcher qu'ils ne brûlent, Gr., v. *detiser*.

Queff. Queffarazre n. d'ho., xve s., Nobil., cf. moy. br. *lazarazr* queue de la charrue; *quifiou* souches Nom. 99, *qeffyou*, *qivyou* Gr., *Kerguefiou* convenant *Inv. arch. C.-d.-N.*, E, p. 74, d'où les collectifs *Parc* et *Prat-an-* QUEFFIOEC, pièces de terre 72, *Parc-* QUIFFIOET 39 ; *kéfeu* souches *L. el l.* 64, *kefeu* troncs 150; *quéveu*, *quiveu*, sing. *quéff* et *quiff* l'A., ce dernier peut être un ancien plur., cf. *Rev. celt.* XIV, 308. Le sing. nouveau *kiffien* souche, bâton, *Nikol.* 768, *kiffienn* f. 261, indiquerait un autre plur. *kiffi, cf. *brinienn*, *treidieenn*, voir *degrez*, p. 150; *goazyen* oie, de *goazy*, plur. de *goaz* Gr. Pet. tréc. *kef Nédelek* bûche de Noël; *keven* f. bâton. *Kéfia* emmenotter, mettre les menottes Gon.; *kefiada* « pousser des racines, parlant de l'avoine qui semble gelée » Trd.

Queffelecq bécassine (de mer) Nom. 41, *quefe-* bécasse 40 ; *kefellec*, *-lloc*, pl. *-eghet* Pel., *queuelec* pl. *-egui* Chal. *ms*; KEFELLEGA chasser aux bécasses Pel., gall. *cyffyloca*; Trd donne *kefelekaat*.

Queffelin coude C, cornique *cevelyn*; QEFFELINAD coudée Gr., *quiuilinat* Maun., gall. *cyfelinaid*; voir *couffabrenn*.

Queffin. *Pe da quivin hiny* (le dimanche après l'octave de St Pierre et St Paul), jour où (fut consacrée l'église cathédrale de Léon) D 194.

Queffni. *Qifny*, *qinvy*, *qeony*, van. *qinivy*, *qinvy* mousse d'arbre Gr., *quifny* Nom. 98, *quiuini* Chal. *ms*; *qinvya*, van. *qivinyeiñ* se couvrir de mousse, *qinvyet*, van. *qivinyet* moussu, (face) austère Gr. Voir *man 2*.

Queffnyt (toile d')araignée *Cb*, *Cc*. M. S. Evans doute de l'existence du gall. *cyffiniden*.

Queffrann. *A vn — heguille* « a vne part et a lautre » *Cb* v. *anneil*, comme si le mot était masc.; *queaffrann* Cms v. *hep*; *quefren* H 56;

f. : *teir* D 18 ; *qvefren* 16, *a queffrenn* de la part de (Dieu) 188, *à quefrenn* 190, *à queffren* 106, *eux à quefrenn* 187 ; *accepty à quefren mat* prendre en bonne part 97, *queffren* (la) partie (intéressée) 109, *an diou quefrenn* les deux parties contractantes 145 ; *kevren pec'hedus* (innocenter) la partie coupable *Trub.* 152, *he ghevren sa partie*, son contradicteur 154 ; pl. *quefrennou* Catech. b 7 v, D 145, Nom. 223. *Qeffranni* lotir, partager Gr., gall. *cyfranu* ; QEFFRANNOUR lotisseur Gr., gall. *cyfranwr* ; voir *Chrest.* 198.

Queffret ensemble C, *quevret* (Dieu et homme) à la fois *Choæs* 15 ; *kévrédigez* f. accord Gon. Le v. br. *di-cofrit* sans participation est expliqué par **co-sret*, irl. *sreth* rang, lat. *series*, *Vocab. v. bret.*, v. *difrit* ; *Urk. Spr.* 306, 307 ; cf. *Ét. gram.* I, xv. Voir *quen* 1.

Queffrysa épouse P 259, *quevrisa* celui ou celle qu'on veut épouser, *Le sacré collège de Jésus* 126, 127, s'expliquerait par **com-rig-s-(i)samos*, d'un thème **com-rig(e)s-* lien, cf. *qêvre* ; voir *bihin*, et *Rev. celt.* X, 351, 352 ; XVI, 121, 131. On peut supposer aussi un v. bret. **com-rith-sam*, cf. v. irl. *cuimrechta* gl. *alligatus*, ou encore **co-frit-sam* dérivé de *queffret*, comme *nessa* prochain, v. irl. *nessam*, de **ned-samos*, *Urk. Spr.* 191.

Queflusq mouvoir Cb v. *gueruell* ; *quefflusq* v. *excitaff* ; *qefflusqus*, *qefflusqapl*, *qeulusqapl* mobile Gr. ; voir *couffabrenn*, *lusqu'*.

Quefurus XVIe s., Nobil. ; le premier *u* était peut-être la consonne *v*, ce qui permet de comparer *qeureusen*, pl. *qeurus* anguille, *qeurusa* pêcher des anguilles, en haut Léon Gr., *curus*, sing. *curusen*, *curzen* anguille, petite anguille, pl. *curuset*, en Léon Pel. ; léon. *keûruz* espèce de petite anguille, sing. *keuruzen*, pl. *-nnou* et *keûruz*, *kuruz* Gon. De *com-*, *co-* et *ruza* ramper Gr., Ricou 104, tréc. *ruzañ* glisser, moy. br. *ruset* traîné ? *Qeur-eucg* doit être différent.

Queguin f., pl. *ieu* cuisine l'A., *qeguin*, pl. *ou*, *you* ; van. *qeguein*, *qiguin* Gr. ; *qeguiner*, *-neur*, *-nour*, f. *-es* cuisinier Gr. ; QEGUINAÑ en tréc., léon. *-nat*, van. *-neiñ* cuisiner Gr., pet. tréc. *kiginañ*, cf. gall. *cegino*.

On peut rattacher à la même racine latine *qeusteurenn*, *qustern*, pl. *ou* galimafrée Gr., *keûsteûren* f. mauvais ragoût, mets mal apprêté Gon. ; cf. esp. *cocedura* cuisson ?

Quehez B 18, voir *quellaff*.

Quehezl. Cheiu queaz liit ho dazlou D 175, lis. *queazl, list* voici une nouvelle, cessez de pleurer; *qêhezl*, pl. *aou, ou* Gr.; *kehezl* pl. *ou, kezlou* pl. *kelaouou* Pel.; *kel, kéel, kéal* m., pl. *kélou, kéélou, kéalou, kélaou, kéléier* Gon.; *quezelou* Gw. v. *iaën, quesello* 3 s., ms. celt. 97 Bibl. Nat. (St Gwenolé), f° 29 v (en 1767); *guel guelloyo* mauvaises nouvelles *ibid.*; *ar guezelo* 55 v, *ur hezelo neve* Jac. ms 70, *ar hezelou nevé* Mo. ms 189, *hezelou* G. B. I., I, 286, 296, *hezelo* 236, 254 (*kezlo* 290, 368, *kezlo-newe* 154). *Karantez a bini e zeus kelou haman* l'amour dont il est question, dont il s'agit ici Trub. 113; *len ar c'heloio* lire les journaux *Miz Mari* 1863, p. 173. *Kehezla* publier, débiter des nouvelles, *kehezlaer, -ler* débiteur de nouvelles, gazetier, nouvelliste Pel.; *kehezlaoüi* Pel., *kélaoui* publier, débiter des nouvelles Gon., *keloia* annoncer, renseigner *Rev. celt.* IV, 158; *kehezlaoüer* grand parleur, conteur de nouvelles Pel., *qêhezlaouër* Gr., *kélaouer* Gon.; *qêhezlaichou* nouvelles incertaines Gr. *Quezel-, quesell-* doit venir de **quezehl* pour *quehezl*, voir *paluhat*. Le van. *quevèle* f., pl. *eu* l'A., *quevel* Choæs 154, *quével Guerz. Guill.* 32, *queuel* Chal. ms, d'où *quevellour* nouvelliste l'A., peut être pour *quezel-*, voir *bez*, ou remonter à une forme plus complète **quehuezl* = gall. *cychwedl* histoire, nouvelle. Voir *peuch, quellaff* et *Urk. Spr.* 296; *Rev. celt.* XVII, 103, 105.

Le mot *kelou, kelo* s'emploie en Trég. pour « si peu » : *evit qelo ar pez a noaz* pour le peu de mal qu'elle fait Ricou 73, voir *Rev. celt.* IV, 158; litt. peut-être « pour l'histoire, l'affaire de », bien qu'on puisse aussi voir là l'ancien mot **co-lau* « si peu » qui a été remplacé par *kenneubeut* (gall. *cyn lleied*); cf. *Rev. celt.* VIII, 505. Voir *quen* 1.

Quehit si longtemps D 110, *quehit ma* id. 196, *keid a Doue* (faire) autant que Dieu Trub. 81, *ken huel, ker bras, ker keid* (des montagnes) si hautes, si grandes, si étendues 45, *quéhèd a amzér* tant de temps B. *er s.* 506; *keheit* aussi long, *keit* égale longueur Pel., *quehéntt* durant l'A.; voir *quen* 1, entre 2, p. 214, *het*. De là KEHEIDA, *keida* faire de longueur égale Pel., *keida* égaler, égaliser Gon., gall. *cyhydu*. *Quehidell* équinoxe C, cornou., tréc. et van. *qéhydell* f. Gr., = gall. *cyhydol* d'égale longueur; voir *Chrest.* 196. QEDEZ f. équinoxe en léon. Gr. de **quehedez* = gall. *cyhydedd* m. égale longueur, équinoxe; Pel. donne *kehedeiz, keheddeis, kedeiz*, formes influencées par *deiz* jour. QEDED f. id. en léon. Gr. est différent, voir *quen* 1. Il est possible que *keheder, keder* Pel., *quehedérr* pl. *-érieu* l'A. soit une quatrième formation, de même sens que le fr. *équateur*; l'A. fait *quehedérr* du masc., tout en donnant un exemple où le mot est fém. *Quehéderæc* équinoxial l'A., *Sup.* Voir *Rev. Morb.* III, 375, 376.

Queiguel quenouille C, *qeiguel* pl. *you,* van. *qeguil, qiguel* pl. *yéü* f. Gr., *keighel* Pel., *queguile, queguéle* l'A.; pl. *kegélieu* 3 s. *L. el l.* 34; tréc. *keiel* Trd, pet. tréc. *kegel*; dim. *qeiguelicg* Gr., *kigellik Kant.* Z. *V.* 35; QEIGUELYAD, van. *qeguilyad* quenouillée Gr., *keigheliat* Pel., tréc. *keielad* Trd, pet. tréc. *kegiyaden* f., cf. gall. *cogeiliaid.* Voir Z² 818; *Rev. celt.* I, 100. M. Loth ne mentionne pas *queiguel* dans son livre sur les *Mots latins dans les langues brittoniques*. L'origine latine de l'irl. *cuicel* est admise par M. Kluge, *Etym. Wært. der deutsch. Spr.,* 5ᵉ éd., v. *kunkel.* M. Skeat tire l'angl. *cudgel* du celtique : gall. *cogail* bâton, et quenouille, ce dernier sens serait le plus ancien, et le mot se rattacherait à l'irl. *cuach* plier, tresser. Il est certain que les formes brittoniques ne remontent pas directement à *conucula; elles ne s'expliqueraient par ce mot que dans l'hypothèse d'un emprunt à l'irl. *cuicel,* de *cuncel. Au sens de bâton, le gall. *cogail* est parent de l'irl. *cuaille* id., cf. *cuailen* boucle de cheveux, mot comparé à κόχλος, *Urk. Spr.* 89; *cuach* id. rappelle κόγχος, voir *couc'h*.

Queyn dos C, *quey* Cms v. *bocenn; qéyn* m., pl. *ou,* van. *ëu* Gr., *quein* m., pl. *ieu, eu* Chal. ms; *kein* quille (de navire) Pel.; *qéynicg* petit dos, et burlesquement femme bossue; *qéynecq,* van. *-nyecq* qui a le dos large Gr., gall. *cefnog; couffr qéinecq* coffre de bahut; QÈYNA s'efforcer de soutenir du dos, *mad eo da guèyna* il a bon dos, *qeyna ul levr* relier un livre Gr., *keina* prêter le dos, plier sous le joug Gon., cf. gall. *cefnu* appuyer, encourager; *qeynèr levryou* relieur Gr.; *keinata* porter sur le dos Trd. Voir *Urk. Spr.* 76.

Queinyff gémir. M. Zimmer regarde l'irl. *cáinim, cóinim* je me plains, comme d'origine germanique, *Ztschr. f. deutsch. Alterth.*, 2ᵉ série, XX (1888), p. 273. Une origine celtique est admise *Urk. Spr.* 75, où sont comparés à tort, je crois, *couen* (cf. *Dict. étym.*) et *amguin* (voir ce mot). Le gallo *couiner* pousser des cris plaintifs, en parl. des animaux *Rev. celt.* V, 220, répond au prov. *couina,* que M. Mistral explique par l'onomatopée *coui! coui!* cf. κοίζω.

La finale du bret. moy. *queinuan, queinuoan* gémissement, gall. moy. *kwynuan*, est expliquée, Z² 824, 825, par un suffixe *-man*, ou par le mot gall. *man* lieu ; les deux étymologies sont peut-être vraies, selon les cas. Je crois que *queinuan* est plutôt dérivé. A côté de *cwynfan*, cf. *cwyn* plainte, le gall. a *cwynofain*, cf. *cwyno* se plaindre ; de même au bret. moy. *goeluan* pleurs répond le gall. *wylofain*. Comparez gall. *coelfain* bonne nouvelle, irl. *célmaine*, = *coilomaniā* Urk. Spr. 88, et les formations grecques comme φλεγμονή, ἁρμονία, ἡγεμονία.

De même que *-van* a été influencé par divers mots : *men*, dans *peulvan*, *palwen*, voir *peul* ; *marv*, dans *tremenvan*, *tremeinn-varhuë*, *termein-varv* trépas, voir Rev. celt. VIII, 32, 33, il a pu lui-même supplanter quelquefois le mot *-va*, v. bret. *-ma* lieu, qu'on trouve dans le nom géographique *Goariva* (voir *discomboe*, p. 177). C'est ce qu'indiquent le mot fréquent en bret. moy. *estrenua, estrenva* action horrible, dureté, misère, écrit *estrenuan* (rime en *a*) Nl 468, et devenu *estreñvan* détresse Gr. (tréc. *estremvan* m. détresse Trd) et les mots *peurvan* pâturage Maun., Gr., cf. gall. *porfa* (composé comme en *van. perlé* l'A., litt. « lieu de pâture ») ; *paöués van* le trépas, la mort Pel., cf. cornique *powesva* repos, gall. *gorphwysfa* lieu de repos, syn. de *gorphwysle* ; on peut ajouter *krênvan* tremblement Trub. 25, *krenvan* 55, cf. gall. *crynfa*. Le gall. dit lui-même *ysfa* et *ysfan* démangeaison, cf. bret. moy. *debruan*, mod. *debron*. On a la même terminaison dans le moy. bret. *reposuan* repos, *reposvan* pl. ou Gr., *repozvan* Bali 85 (cf. *paöués van*), et dans *clemvan* plainte Gr. (cf. *queinuan*). Voir *quen* 1.

Quel étable. *Kæl* étable, logement des veaux, retranchement dans une étable, pl. *kælyou, kæily, kily* ; *kælyad luëou* m. plein l'étable de veaux Gr. (expression mal transcrite M. lat. 147) ; *kel, kell* m. cloison, retranchement dans les étables ; « en Haut-Léon, c'est l'étable des veaux », pl. *kéliou, kelliou, kili* Gon. ; haut cornou. et bas van. *eur hiell* compartiment dans une étable pour veaux, moutons, cochons, M. lat. 147 ; *queli* m., pl. *eu*, retranchement dans l'étable, pour quelque élève l'A. ; pet. Trég. *kél*, m., compartiment dans une étable, pour les veaux qu'on veut sevrer. Peut-être y a-t-il eu dans ce mot fusion entre les correspondants de trois mots gallois : *cêl* m. cachette, abri (cf. *celu* cacher, même racine que le lat. *celare*) ;

cell f. compartiment, cellule (du lat. *cella,* cf. *donguel* profonde cellule, Vie de St Efflam, Loth, Ann. de Bret. VII, 515), et *cail* f. parc, bergerie. *Quel* a le genre du premier, et un pluriel qui conviendrait mieux au troisième (*kæily*); voir *kaël*.

Grég. propose d'expliquer par ce mot breton les noms comme *Kily-madecq*, *Kily-marc'h,* du *Kily,* du *Guily,* etc., « parce que ces maisons situées en des lieux de pâturage, et près des eaux, étoient anciennement selon toutes les apparences, les logemens des troupeaux ». M. Loth compare, au contraire, le gall. et v. bret. *celli* bocage, *Chrest.* 198, 115, cf. *Bezz. Beitr.* XVI, 240, 241; *Urk. Spr.* 82. Le *Nobiliaire* a *Quilly*, xve, xvie s., du *Quilly*, s^r d'udit lieu, xvie; du *Quiliou*, s^r dud. l. xve, xvie s.; de *Quiligonan*, etc.; l'interprétation donnée t. III, p. 257 « crête, revers, croupe d'une montagne », ne paraît pas justifiée.

Quilleuere H 57, *Quillévéré* xve s., Nobil., cf. J *iij*, vient peut-être de **Quelli-vere,* cf. v. br. *Bud-uere*, *Ri-uuere*, etc., *Chrest.* 173. On peut ajouter *Kilialan* n. de lieu, reg. Péd. 83 b, *Kylialan* (par *k* barré) 29 b, « mons^r *Quillialan* » II, 33 (1581, 1570, 1639); et *Parc-an Quiligou* pièce de terre *Inv. arch. C.-d.-N.* E, p. 40. Voir *quellidaff*.

Quelch cercle C, *qelc'h* pl. *you* Gr., *kelc'hiou*, *kelc'hou* Pel., van. *qerl* m., pl. *eü* cerceau Gr., *querrle*, *querle* cercle l'A., pet. tréc. *kleri* m. cercle, anneau, pl. *o*, à La Roche-Derrien *klec'h* anneau *Rev. celt.* XIV, 272; **quelchic** petit cercle *Cb* v. *cercl*, *qelc'hicg* Gr. v. *virole*, gall. *cylchig*; KELC'HIA, *kelhia*, *kilhia*, *kelia* cercler, faire un cercle, ou le mettre sur un vaisseau, entourer; faire des enchantements par des cercles tracés sur la terre Pel., *kelc'hia*, *kilia*, *kila* par *l* mouillé, van. *kerlein* cercler, cerner, enceindre Gon., pet. tréc. *klerian* cercler; passer un anneau au doigt de qqn, gall. *cylcho*, *cylchu*; *quêrlourr* cerclier l'A., *Sup.*, *kelc'her*, *kelier* enchanteur Pel., *kelc'hier* Gon.; QUILLOROU araire, charrue Nom. 178, *killorou*, *kilhorou*, *kiliorou* roues de charrue; tout le devant de la charrue où sont ces roues Pel., « *killerou*, rouelle », dans « le Nouveau Diction. » Pel. *qüilhorou* le chariot de la charrue Gr., pet. tréc. *kulhoro*, *kuyoro*, d'un ancien plur., proprement collectif *cilchiaur cercles, cf. moy. bret. *yelchier*, *ferchieur*, *syher*, etc., *Rev. celt.* XIV, 320; *filhyer*, *filyer* pl. de *falc'h* une faux Gr., *felhérr* l'A.; *irc'hier* coffres

Gon., Hingant *Gram.* 17; voir *Posteuc. Kelc'h*, rapproché du lat. *circus*, *Ét. gr.* I, 19, est tiré de *circ'lus*, *M. lat.* 156; M. S. Evans a pensé à *cyclus*. C'est le van. *querrle* qui représenterait le mieux *circ'lus* (par l'intermédiaire de *kerhl, voir *gouris*).

Quelen instruire H 58, cf. 5, 19; *ar guelennou* les enseignements, conseils Jac. 13; **quelenner** docteur C*b* v. *scol*; *quelenadurez* enseignement Maun., *Cat. imp.* 55, *qelennadurez* Gr. *Quelingnadez* enseignement, de *quelenn*, et *quimingadez* message, de *quemenn*, indiquent un suffixe -*yad-ez* (cf. gall. *cymmynniad* legs); voir *dispingneus*.

Quelennenn houx C*b*; *qe-* f., pl. *ed*, un petit arbrisseau de houx; pl. *ou*, bâton de houx Gr.; *kelen* m. houx *L. el l.* 62, à Sarzeau *kelien*; *qelennecg* pl. *-egou*, van. *-egüeu* houssaie Gr., gall. *celyneg*; *du Quélenec*, baron dudit lieu xv*e*, xvi*e* s., en fr. *de la Houssaye* Nobil., « Monseigneur du *Quelenec* » *Inv. arch. C.-d.-N.*, B, p. 34; *du Quelenec*, E, 4; de *Quelenec*, D, 18, et *du Quellenec*, E, 42, xvi*e* s.; *En Quellenec* reg. Guing. 50, *Quellennec* reg. Quemp. 10, *Quelleneuc* en 1561, *Inv. arch. Morb.* IV, 244. Voir *baizic, gar*, p. 253; *Chrest.* 196; *Urk. Spr.* 91; *Wharton, Etyma græca*, v. γλῖνος, κλινότροχος.

QUELFENNEC n. d'ho., xviii*e* s., *Inv. arch. Fin.*, B, p. 183; n. de village, *Inv. arch. C.-d.-N.*, E, p. 79; semblerait dérivé de *kelf*, voir ce mot; mais *Quelfenec*, village du Morbihan, s'appelait en 1456 *Quilvennec*, et en 1423 *Quilguennec* (Rosenzw.), cf. *Chrest.* 198.

Quelyen mel mouches à miel Nom. 47, cf. B 266; voir *quilleguy*, *Chrest.* 196 et *Urk. Spr.* 94.

Quellaff Cathell 30; *quehez* B. 18. J'ai traduit « adorer »; mais dans les deux cas le mot est précédé de *da*, qui peut former avec lui une prép. composée signifiant « envers, à l'égard de ». Un 3*e* exemple moy. bret. est *quehela*, glose marginale de *en andret* à l'égard de, Catech. f. 8; pour *da quehela*, comme le montrent Maun. : *daguehéla* envers; et Pel., v. *cahel* : *d'a-gahela deiz meurs* aux approches du mardi gras. Cf. *da gaout, de gé* vers *Rev. celt.* XI, 189, et pour l'aphérèse de *da, bourcé* id., voir *poursuif, hubot*. Grég. cite comme suranné *qéhéla* honorer, qu'il emploie pourtant, v. *avarice*, pour « rechercher avec soin, aimer ardemment »; Gon. a *kééla* rechercher avec ardeur, adorer, *kééler* celui qui recherche avec ardeur, adorateur, *këélidigez* adoration, *këéluz* adorable; on lit *këela* 2 s., soigner Trub. 8, 71, servir (Dieu et le monde) 113, honorer, adorer 28, *kéla* 340, 343, *kéler* adorateur 344. Ce mot est à séparer de *quehezl* nouvelle, qui donne lieu à des verbes de sens tout différent. Je crois qu'il faut écarter aussi *kehezla* tenir le petit manche de la charrue, qui est en avant, pendant que la charrue laboure la terre Pel., de **co-sagetl-*, voir *haezl*. Le *z* de *quehez* B 18 doit être une faute pour *l*. J'expliquerais ce mot par **co-selg-*, cf. gall. *hel*, *hela* chasser, cornique *hella*, *helhia*; voir *emholch* et Rev. celt. VII, 157.

Quellec (*An*), n. d'ho. en 1477, *Inv. arch. Fin.*, A, p. 14, *Le Q.* Ann. de Trég. 33 v, XVe s., Nobil.; *Callec* reg. Péd. 7 b, 18 b, 28, 38 b, 61, II, 5ᵃ b (1566, 1568, 1570, 1572, 1576, 1589) syn. de *callouch*, cf. *hoh qelléc* verrat l'A.; voir *carrec*, p. 99, *castr*, p. 101; *quellidaff*, *Chrest.* 194 et *Urk. Spr.* 72.

Quellidaff germer C, *quelidaff* Cb v. *brouczaff*; *quellida* Maun., *kelidein* L. el l. 8, *clidein* l'A.; *kellidérez* m. germination Gon.; QELLID germe Gr., *kellid* m. Gon., *clidd*, *clid* m., pl. *eu* l'A., *clidd enn ùi* germe de l'œuf l'A.; de QUEL dans *bihuë quel* tout vif Chal., *bihue-kœll* l'A., cf. *cluï* germe d'un œuf Nom. 37 (*vy*, *üy* œuf 37), *cluy* Gr., *klui* m. Gon., de **kel-ui*; *qilhéguez* germe d'un œuf Gr., *kilégez* f., par *l* mouillé Gon., de **queliegaez*, dérivé de **queliec* qui se trouve peut-être dans le n. d'ho. LE QUILLIEC, *Inv. arch. Morb.* B, p. 47, 53 (ou cf. *Quilliou*, voir *quel*). Grég. a comparé *qellida* à *qell* testicule, voir *Quellec*; *kellid* est tiré de *kalc'h*, *kall* testicule Ét. gr. I, 56, ce qui ne paraît pas exact, bien que l'A. donne *clidénn* f. comme syn. de *quéll* m. (gall. *caill*).

Je doute que *kalc'h* ait ce sens (cité encore Rev. celt. XVI, 355). Pel. paraît ne le lui attribuer, v. *caill*, que par suite d'une fausse étymologie de *calloc* (cheval) entier, qu'il écrit à cet effet *calc'hoc*, tout en avertissant qu'on ne prononce pas ainsi. Du reste, il ajoute que « la pudeur empêche de s'informer en détail de ces termes ». Gon. peut bien avoir pris à Pel. l'identification de *kalc'h* et *kall*, et de même Trd, qui donne *kalc'h* « membre viril » comme un terme suranné, en ajoutant cependant *penn-ar-c'halc'h* prépuce. Le Catholicon traduit *calch* par « veretrum »; en rochois ce sens subsiste, Rev. celt. XV, 356, ainsi qu'une autre acception, « sac », XVI,

235, qui provient peut-être de l'influence du mot *ialc'h* bourse; Pel. cite *calc'h-gheillou* (scrotum). Le sens premier de *calch* et de *quel* est, je crois, « pointe », cf. gall. *caly* « veretrum », *cola*, *col* barbe d'épi, v. gall. *colginn* id., auj. *colyn* pointe; voir *calch*, et *Rev. celt.* VII, 156; *Urk. Spr.* 81; pour le sens de *quel*, germe, cf. *eghin*.

Quélorn seau C, *qelorn* baquet pl. *you* Gr., *kelorn* pl. *kelern* et *kelorniou* Pel., *kélorn* m. Gon., pet. tréc. *kulorn*, *kuloren* f.; mot francisé dans « deux quélornes », XVIIIe s., *Inv. arch. Fin.*, B, p. 93; pet. tréc. KULORENAD f. plein un seau, cf. gall. *celyrnaid*. L'insertion de l'*e* dans *kuloren* rappelle celle du second *i* dans *c'huirinnat*. Voir *cronicquou*, *plastr*, et *Urk. Spr.* 84.

Queluezec coudraie C, *qelvezecq*, van. *qelhuëhecq* f. Gr., *calvéëc* m. l'A. (*coet queluen*, *coet quelu* Chal. *ms*); QILVID f. id. Gon., *kilvid* pl. *ou*, mot cornou. Gon., *Galvezit* n. de village, *Inv. arch. C.-d.-N.*, E, 77; voir *caut*, *Ét. gr.* I, 56, et *Urk. Spr.* 92.

Quem délai, réception. Pel. donne *kem* change, échange, troc; *ne d'eus-ket a kem etrezo* « il n'y a pas de comparaison entre eux ». Van. *quemb* m. différence, l'A. Gon. a *kemm* m., pl. *ou* change, etc.; *kemma* changer, troquer, comparer, égaliser, différencier; *kemmadur* m. action de changer, etc. Voir *campy*, *Rev. celt.* V, 466, et *Urk. Spr.* 79.

Quemener tailleur, couturier C, *-neur*, f. *es* Cb, pl. *-erien* D 107, 112; *Quéméneur* n. d'ho. XVe, XVIe s. Nobil., *Le Quemener* reg. Péd. 117, *Le Quemmener* 116 (1588); pet. Trég. *man ër c'hemenerien o wriat 'n em zreit*, j'ai des fourmis, des démangeaisons aux pieds; *kemenerik* petit tailleur G. B. I., I, 136.

Quemenn faire savoir C, *quemén* ordonner *Guerz. Guill.* 129; *quemeenn* f., pl. *eu* commission l'A., *e pe vou reit de oud Er guemen d'hé hærent* quand on aura annoncé la nouvelle à ses parents *Choæs* 85; *kémenn* m., *kémennad*, *kémennadurez* f. mandement, ordre, message Gon.; *quemennacion* recommandation l'A. Il faut ajouter, je crois, **Quemenet**, *kemenet*, gl. *commendatio*, dans des n. de lieu, XIIIe et XIVe s., auj. *Guémené*, *Chrest.* 196, 197, 136, cf. *Quimilidilly* D 197; latinisé en *kemenetum*, XIIIe s., *Rev. celt.* VII, 58. Ce mot doit différer de *kempenet*; voir *quempenn*.

Quement e nombr euel e ment « tant en nombre comme en quantité » *Cb*; *quement ha quement* tant pour tant v. *guez*; *e quement ha maseo* en tant qu'elle est, parce qu'elle est D 64; *é quement ma* en tant que (vous le pourrez) *Guerz*. *Guill.* 46, *a-guement ma Choæs* 87; *quement-se à trugarez* tant de miséricorde D 34; *qemèn-ze* cela, Gr.; *nedeux nemet ar corf à quement à marue* il n'y a que le corps qui meure D 43; *quement den à ganeur... ho devez tad* toute personne qui naît a un père 27; *quement... à les da ober ar pez ma zeo obliget evit silvidiguez é éné* celui qui omet de faire ce qu'il doit pour le salut de son âme 87; *kement ve klan na varvont ket* tous ceux qui sont malades ne meurent pas G. B. I., I, 20; *quement a fauteu* tant de fautes *Choæs* 124, cf. *Barz. Br.* 468; *oc'hement a vertuziou* (ses vices seraient) autant de vertus, *Intr.* 159, anc. éd., *beza e zint... o c'hement a laçou* ils sont autant de pièges *Æl* 45; tréc. *kemend all* autant, pareille chose, van. *kement ral* L. el l. 32, *kementral* 204; *lacaat da vont var o c'hement-all an oll miritou* doubler tous les mérites *Bali* 152; *om c'hement hag om hanter-kement* notre quantité et la moitié de notre quantité *Rev. celt.* IV, 102; *ar quent* (lis. *quement*) *...anezo* leur quantité D 24; *quement-so, ma* tant y a que, toujours est-il que *T. Ger.* 26; *qement ha qer bian ma* tant et si bien que Jac. 104; *qement int mizerabl* tant ils sont misérables Mo. 234; *kement avel mé kar er bleu* tant elle aime les fleurs ! L. el l. 166. Voir *quen* 1.

Quemesq mêler C, *qemesqa*, *qemesq* Gr.; **kemesc** (*villa*), *Kaer-Gemesc*, = « village du mélange », en 1271, *Rev. celt.* III, 412; VII, 58, cornique *cymmysc*, gall. *cymmysg*, irl. *cúmmasc;* *qemesqailhès* mélange qui rend une chose mauvaise Gr.; voir *mesca*, et *Urk. Spr.* 87.

Quemiada prendre congé, s'en aller D 125; (dire adieu avant de) partir, quitter le monde 172; 3 syl., 155; fut. *quemiado* 4 s. 157.

Quempenn il arrange *Cb* v. *couche*; inf. *qempenn*, van. *campeeneiñ* Gr., *kampenn* L. el l. 16, travailler, apprêter 12, 32, *kampenein* 166, *campeennein* unir (rendre uni) l'A., *kempenni* orner Pel., gall. *cymhenu* compléter, orner, mettre en ordre; **kempen** dans *sel piz a kempen ouz da lizerennou* regarde de près et avec attention tes lettres Pel., ce doit être un passage moy. bret.; *quempen* convenablement, avec soin D 21, *qempenn* propre, bien ajusté Gr., *campeen* uni Chal., gall. *cymhen* complet, propre; KEMPENNIK tranquillement, doucement *Nikol.* 91, gall. *cymhenig* vif, insolent; QEMPENDED, *qempennadurez*, *qempennidiguez* propreté, justesse Gr., gall. *cymhendod*; van. KAMPENNOUR arbitre, expert en affaires Gr., gall. *cymhenwr* celui qui orne, etc. Pel. donne *kempen* propreté, décence, ajustement, etc. On peut ajouter *kempenet* dans « decimas cujusdam *Kempenet* qui est super Gouen Tnou-Barroc » Cartul. de Landévennec f. 154 v, XIII° s.; = « (terre) travaillée » ? Voir *kempenet*. De *com-* et *penn* tête (cf. fr. *achever*).

Quempret prendre J 24, *quemeras... truez* il prit pitié Nl 328; *quemérein, quemére* prendre l'A., *keiniret* pris L. el l. 184; *quemerabl* acceptable, **quemerediguez** prise C*b*, *quemeridigaez* C*c*, *qemeridiguez* Gr., gall. *cymmerediguez*; *ez* **quemerus** prenablement, l. capaciter C*b*; QEMEREUR, van. -*rour* celui qui prend Gr., gall. *cymmerwr*. Voir *comeras, Dict. étym.* v. *compret, Rev. celt.* III, 237; XI, 193; XVI, 198, 199, 319.

Un autre composé des mêmes éléments *com-ber-* se trouve dans **Kempercorentin**, XIII° s. *Chrest.* 197. *Qemper* Gr., Quimper, d'où *Qemperyad* pl. -*ridy*, -*ris* habitant de Quimper; *qemperyad* m. livre à épeler, qui s'achète à Quimper Gr., gall. *cymmer* confluent, irl. *commar* rencontre de vallées, de rivières, etc.; voir *Rev. celt.* VII, 145; *Ukr. Spr.* 87.

1. *Quen. Quen... quen* tant (par pensées) que (par paroles) H 60; *quen gouez, quen domesticq* (les animaux), tant sauvages que domestiques D 25. En ce sens, l'*n* ne change pas.

Quen modest si modeste D 186, *quer mat* 163, *quer meritoar* 63; *quer buan* aussi vite 154, aussitôt 62, 191, *quer caëzr* si beau 164, *quer studius* si studieux 186, *quer santel* 189; *quen lies gues ma* aussi souvent, toutes les fois que 76-77, *quellies ma* 79, *quer lies sin* tant de signes 15; *quer leun* si plein 45, *que lem ha* aussi aigu que 152; *quen notabl-se* (une conversion) si importante 189, auj. id.

Quencouls... euel aussi bien que H 20, *quer couls* D 154, *quer-couls* 94, d'où *couls... euel* 69, *couls ha* 69, 173 id., voir *couloux*. De là *koulsoc'h ha me* (trois frères) qui valent mieux que moi *Barz. Br.* 223, avec la conjonction (proprement préposition) du comparatif d'égalité (cf. allem. *wie*); voir *ha* 2. L'analogie inverse se montre dans *ker glaz evit rejin* vert comme du raisin *Barz. Br.* 316, voir *Rev. celt.* XI, 183.

M. Zimmer a consacré un instructif article de la *Ztschr. f. vgl. Sprachf.*, XXXIV, 161-223, aux comparatifs d'égalité dans les langues brittoniques. D'après lui, leur principale formation en gallois moyen consiste en composés de la prép. celtique *cum* avec, restée comme telle en irl., réduite en brittonique au rôle de préfixe, puis redevenue mot distinct dans le gall. *cyn* et le bret. *quen*. Le second terme de ces composés peut être : 1° un nom simple, ou regardé comme tel; 2° un dérivé en *et*, qu'on a cru être un adjectif, mais qui était un nom abstrait; 3° un adjectif. La 1re classe et la 3e remontent au vieux celtique, et même à l'ario-européen; la seconde est spéciale au gallois, et n'a existé ni en cornique ni en breton. — Je placerai ici quelques observations.

L'unité du point de départ *cum-* n'est pas prouvée. Cette forme a donné en gall. *cym-*, *cyf-*, *cyn-*, selon la nature des sons suivants; M. Zimmer ajoute *cy-*, p. 199; *kywynnet* aussi blanc viendrait de **cuvvind-* par assimilation pour **cumvind-*. Mais celui-ci n'eût-il pas donné plutôt *kynwynnet*? Il y avait déjà en gaulois synonymie, et même alternance de *com-* et de *co-*, par exemple dans *Con-victolitavis* et *cö-vinnus* char (gall. *cywain* charrier), comme en latin dans *conventio* et *contio*; voir *Urk. Spr.* 85, 86.

Quant à la transformation du préfixe en un mot breton, sous la forme généralisée *ken* (p. 202-204), elle n'est pas à tous égards un fait accompli. Le moy. bret. *quen*, survivant, dans cet emploi, à ses congénères *quem-*, *quev-*, *que-*, a donné lieu, à son tour, aux variantes phonétiques *ker*, *kel*, *ke*, qui s'échangent quelquefois par analogie, voir *Rev. celt.* XIII, 358, 359; cette sorte de mutation suppose une union intime entre deux mots consécutifs. Elle n'a pas lieu en tréc., où l'on dit toujours *ken*, comme *hon* notre (léon. *hon*, *hor*, *hol*). La composition reste assez transparente dans les cas comme *va quen fidel* mon égal en fidélité, qqn aussi fidèle que moi Peng. I, 122, *ho ken diavis* qqne aussi osée que vous *Son. B. I.*, I, 194, = moy. br. *ma quen drouc* mon égal en méchanceté J 86 b, *ma quen fur* B 68, *ma quen garu* 574; *da quen bilen*, *da quen vil* 269; *e quen nobl* J 82 b; *ne cafaf gour he quen flour quen courtes* N 188 (construction grammaticale qui revient à οὐδένα αὐτῆς ὁμότιμον); *he quen glan* Nl 101, *he quen pur* 170, cf. 260, *he quen parfet* B 100; *houz quen iolis* B 48. Cela se rattache de près aux composés tels que *va c'henbroad* mon compatriote Gr. (*qen-vroad, qenvroëzyad* pl. *qenvroyz, qenvroëzyz* Gr. ; *kenvrô, kenvrôad*, pl. *kenvrôiz, kenvrôidi* Gon., gall. *Cymro*); *kempret* contemporain Pel., irl. *comchruth* de même forme, etc. Ajoutons les locutions du moy. bret. *e quen couls goas* un homme aussi bon que lui N 1103, *hequen bras paourentez* une misère aussi grande que celle-là H 19, voir *hep*.

Ceci rappelle *da seurt servicheur* un serviteur tel que toi J 8 b, *az sort ordur* P 241 ; *e seurt pechet* un pareil péché J 222, *e seurt termen* une pareille action B 704 ; *he sort ytron* une telle dame 218*, etc., Dict. étym. v. *seurt*. L'adj. possessif prend, comme dans les cas précédents, le genre du nom qui le suit ; ainsi *merch e sort goat* B 217* = non « une fille de son (noble) sang », mais « une fille d'un sang (noble) comme celui-là ». La différence avec *e quen couls goas* consiste simplement dans l'absence de *quen* ; mais cette particule n'est pas toujours solide : *couls* veut dire « aussi bien », comme *quen couls* (cf. fr. familier « gros que ça » pour « aussi gros que cela », voir *hubot*, p. 324). On peut ajouter *quentre caras* aussitôt qu'il le voulut Nl 177, de *quen quent re-caras*, avec l'ancienne particule du verbe au passé, *ro-*. Cette dernière n'étant plus comprise, on peut y ajouter d'autres mots du même genre : *quentrez* de *quentre* + *ez* P 277, *qentre ma* Gr., aussitôt que ; mais la nature de cette formation empêche toujours de la traiter comme les autres : elle ne se met que devant un verbe. « Aussitôt que moi » ne se traduit point *quentre ha me*, mais *qerqent ha me* Gr.

Le gall. a le préfixe dans des formations correspondantes à *da seurt servicheur : dy gyfryw wr di* un homme tel que toi. Le bret. possède aussi le composé *qen-seurd : va c'henseurd* mon semblable Gr., *ho qenseurt* les gens comme vous, vos pareils Mo. 262 ; van. *cansort* camarade ! *é gansort* son ami *Livr bug. Mari* 85, 86, 139 ; au sens abstrait *tud eus o c'henseurt pe eus o oad* des gens de leur qualité ou de leur âge *Bali* 149.

C'est, je crois, la transformation, sous l'influence du fr. *consort*, de l'ancien correspondant de *cyfryw*. Il y a peut-être une trace de ce dernier dans *kendere : he gen-dere* les gens de son espèce, de sa qualité Trd, composé de *dere*, qui a le même sens : *he zere* Trd. Le bret. semble avoir confondu en un seul *re* les correspondants des mots gall. *rhai* et *rhyw* (Loth, éd. du dict. de Chal.). La syllabe *de* proviendrait de l'analogie de *dereout* convenir (voir *dere*). On lit *hennes gant Osian... zo kévéré* « celui-là avec Ossian... est de compagnonnage » Rannou, *Quelques chants bret*. 6 (pour *kevré, sous l'influence de *ere* lien?). Le gall. *cynnifer*, cornique *cenifer* aussi nombreux, de *com-nimer (voir *niuer*) est un autre exemple de latinisation : il a dû remplacer *com-liaus, resté dans le bret. *quen lies*. Le bret. *quen couls*, de *cursus*, a de même succédé à *com-ret, gall. *kyfret*, aussi rapide, de *ret* course. M. Zimmer assimile ce mot gall. au bret. *kévret*, p. 198, ce qui est difficile à justifier; voir *queffret*. *Quen couls* a changé de sens; par une association d'idées qu'on retrouve dans le fr. *plutôt*, de *plus tôt*, il signifie « aussi bon, aussi bien » (en gall. *cys-tal*; cf. bret. *qev-a-tal* équivalent). Pour le suppléer dans sa fonction ancienne, le moy. bret. a *quen tiz*, *quentiz* aussitôt, mod. *qentiz*, van. *qentéh*, *qentih* Gr., qui appartient à la 1re classe (de *tiz* rapidité); *quen buhan*, mod. *qer buan* Gr., à la 3e (de *buhan* rapide, rapidement); le bret. mod. *qerqent* Gr., tréc. *kenkent*, qui rentre dans une subdivision de la 3e classe, où le second terme est un adj. ou un adv. au comparatif (sans terminaison), cf. *goaz* 3, p. 275, 276; catégorie intéressante, en ce qu'elle témoigne d'une association faite par la langue entre les composés d'égalité et les dérivés exprimant les degrés de comparaison. La 2e classe a absorbé en gall. toute la 3e, sauf *kyndrwc*, auj. *cynddrwg* aussi mauvais, = bret. *quen drouc*, cornique *ky guêr vel* aussi vert que, irl. *commaith* aussi bon, etc. De même qu'au bret. *quen buhan* répond le gall. *cyn fuaned*, à *qerqent* répond *cyn gynted*, de *cynt*, qui sert de comparatif à *buan* et donne lieu au superlatif *cyntaf*. Cette analogie n'a même pas épargné entièrement la 1re classe : *cystal* a une variante *cystaled*.

M. Zimmer a montré que *buaned*, *cynted*, etc., n'ont pas par eux-mêmes le sens de leurs composés avec *cyn*; si l'on dit *gynted* pour *cyn gynted*, c'est par une abréviation mécanique, comme *beth* pour *pa beth* quelle chose (p. 213). Nous venons de voir en breton des phénomènes semblables, où le suffixe -*et* n'est pour rien.

D'où vient ce suffixe? M. Zimmer critique, p. 162-168, les explications qu'on en avait données. La chute d'une terminaison *er*, que j'ai supposée v. *goaz* 3, s'appuie sur quelques étymologies partiellement douteuses, et qui ne concernent pas des mots d'origine celtique (p. 166-168). Le savant celtiste soutient une cause excellente par des arguments de valeur inégale. On peut lui accorder que le v. bret. *costadalt* (custos altaris) est incomplet pour *costad *alt(or)*. Il n'a pas été si bien inspiré en expliquant le moy. bret. *unvoan*, *unmoan* égal, semblable, par un composé de *moan, moen, moyan* moyen, façon. Les formes *un voan, unvoan, unmoan* ne se lisent qu'au XVIIe siècle; antérieurement, on trouve *vnuan, un van*; Gon. donne *unvan, urvan*. D'ailleurs ces formes que M. Zimmer a cru devoir favoriser n'ont que 2 syll., comme les autres. *Moan* et *moen* sont des variantes rares, et purement graphiques, que la rime et la mesure prouvent avoir été prononcées *moe-an, moe-en,* cf. les notations *croet* pour *croeet, croer* pour *croeer*, etc.; le mot est écrit le plus souvent *moean*, et n'est monosyllabique dans aucun texte ni, je crois, dans aucun dialecte. Il n'y a donc pas apparence que *unvan* vienne de *unvoan* pour **unvoean*; c'est *unvoan* qui procède de *unvan*, comme dans le même texte (les *Nouelou*) *queynuoan* gémissement (2 syl.) de *queinuan*, plus anciennement attesté, et répondant au gall. *cwynfan*. Cf. les deux prononciations actuelles *var* et *voar* sur, etc., voir *mouien*, p. 428, 429. Pour ces raisons, je m'en tiens à la vieille étymologie de Pel., par *un + man*; n'oublions pas que *man* existait comme nom distinct, et existe encore. Ai-je eu tort d'assimiler ce *man* à *manier*? C'est une autre question.

Sur l'histoire du suffixe *tero-* dans les langues celtiques, esquissée par M. Zimmer, p. 167-170, l'auteur s'est mépris en s'attribuant, p. 170, la découverte du rapport des noms bretons et gall. en *ter*, *der*, comme *gwennder, gwynder* blancheur = **vindeterom* avec les adjectifs irl. en *-ither* : M. d'Arbois de Jubainville, en expliquant *gwennder* par **vindoteron, Et. gram.* I, 119*, etc., avait eu soin de renvoyer, à ce propos, à la page de la *Grammatica celtica* où il est question de *-ither*. Il avait aussi mentionné le bret. *hanter* demi, oublié par M. Zimmer, et où l'idée primitive de comparaison, ou plutôt de corrélation, est restée plus claire qu'ailleurs. *Hanter* est propre au brittonique; un mot commun aux deux rameaux néo-celtiques est le bret. *reter* est, rapproché *Rev. celt.* XII, 419 du v. irl. *airther*, qui dérive de *an-áir* de l'est, cf. παροίτερος, πρότερος *Urk. Spr.* 37; c'est l'inverse de *iarthar, an-íar* (comme v. nor. *norðr* nord = νέρτερος en face de *suðr* sud, etc., Brugmann *Grundriss* II,

185). Les Armoricains ajoutent d'ordinaire ce suffixe à des adj.; cependant il suit des noms, dans le moy. br. *naounder* famine, *nerzder* vigueur, *scournder* gelée, et dans le mod. *qicqder* embonpoint Gr. (et *feizder* fidélité, s'il existe; cf. *Rev. celt.* VI, 383). C'est aussi une terminaison d'infinitif : moy. br. *dilloenter*, *golloenter*, *goullonder*; voir *goullo*, *embreguer*. Nous retrouverons le même suffixe, au mot *quenderuiez*.

M. Zimmer a mis en lumière l'unité de formation de la 1re et de la 2e classe de comparatifs d'égalité gallois; il a montré que, par exemple, *kywynnet*, *kynwynnet* aussi blanc, contient le nom *gwynnet* blancheur, qui en moy. gall. était employé comme syn. de *gwynder*, et qu'il explique par **vindé-tā*, cf. sanscrit *nagnátā* nudité, etc. (p. 193). Suivant lui la terminaison *-et*, si répandue qu'elle pouvait s'ajouter à tous les adj., pour en former des noms abstraits (p. 183), n'a survécu avec cet emploi que dans un petit nombre de mots, protégés par des circonstances spéciales : *syched* soif, à cause de son sens restreint, à côté de *sychder* sécheresse; *caethiwed* captivité, par suite de la disparition de *caethiw* captif (p. 185, 201); ces noms abstraits en *et* avaient déjà péri en moy. bret.; *sechet* a été conservé par la même raison que *syched* (p. 219). L'auteur ne semble pas avoir été frappé de la ressemblance que présentent *syched* et *caethiwed* avec le lat. *siccitas* et *captivitas*; pourtant ce rapport est confirmé par le gall. *ciwed* = *civitas*, et par le bret. moy. *cauet*, mod. *kaoued* cage, = *cavitas* (cf. v. gall. *cilcet*, v. bret. *colcet* = *culcita*).

La disparition en bret. moy. du suffixe qui se trouve dans le v. bret. *glanet* pâleur (= moy. gall. *glanet* pureté, beauté, d'où le composé d'égalité *kynlanet*, Zimmer, p. 184, 195) offre une coïncidence assez surprenante avec le même fait en gallois. Car une des principales causes du phénomène, en cette dernière langue, c'est que les noms abstraits en *-et* y avaient donné naissance à une catégorie de composés adjectifs qui leur a survécu, mais qu'on rapporte instinctivement aux adj. simples : *kynlanet* est devenu *cyn laned* et senti comme une forme de *glan*, au même titre que le comparatif *glanach*. Or ces adj. composés en *et* sont inconnus au bret. D'autre part, ce langage, outre *-et* = *-itas*, a encore *-et* = gall. *-it*, *-yt*, auj. *-yd* = **itā*; *glanet* était donc soutenu par les mots comme moy. bret. *quenet* beauté, auj. *kened*, *gened*, = **caini-tā*, de *quen* beau, v. gall. *cein*,

v. irl. *cáin*. On peut ajouter les noms en *-tet, -det* tirés d'adj. en *t*, comme *kaléded* dureté Gon., *calététt* l'A. (cf. moy. bret. *caletder, caleder, caletter, caleter*); moy. bret. *hegaratdet, hegaratet* bénignité, mod. *hégaradded* Gon.; *paciantet* patience, tréc. *pasiantet*; van. *lizidandæt* négligence B: *er s. XI* (voir *lisoureguez*); *parfeded* attention Gr., *a barfeted* sérieusement *Aviel* 1819, I, 4, *a barfetet* 159; *neadted* netteté Gr., etc.

Quelque chose de plus invraisemblable que cette rencontre, qui porte, après tout, sur des phénomènes de désuétude, aux causes multiples et complexes, c'est que le même suffixe de substantifs abstraits *-et* ait abouti, en gall. comme en bret., à une terminaison adjective d' « admiratif ». A moins d'admettre ici une influence, bien improbable, d'une des langues sur l'autre, il faut, je crois, reporter à une époque ancienne de leur existence une tendance commune à faire dominer le suffixe *-et* sur ses équivalents, dans un certain nombre d'emplois où les deux catégories grammaticales du nom et de l'adjectif étaient exposées à s'échanger et à se confondre.

On peut répartir en trois groupes les expressions où le gall. et le bret. sont d'accord pour employer *-et*. M. Zimmer regarde, p. 217, quelques-unes au moins comme indépendantes de celles qui sont propres au gall. Je crois, au contraire, que les comparatifs d'égalité composés de *cy-, cyn-*, avec terminaison *-et*, sont dus à l'analogie de locutions plus anciennes, assez voisines de forme ou de sens. On va en juger.

1° Gall. *mi a welaf reitied ydyw* je vois combien il est nécessaire (Zimmer, p. 162); tréc. *pa sonjan esselet eo* en pensant combien il est facile (v. *goaz* 3, p. 272). Ces formes en *-et* sont construites comme des adjectifs. Tréc. *sell brauet discourer ha furet un ostis* vois quel beau parleur et quel sage hôte; *sellet... carret ur gouabren* (v. *goaz* 3, p. 271, 272), voyez quel beau nuage, litt. « la beauté d'un nuage (qui nous conduit) »; grâce à l'absence du verbe être, on voit que ceci revient au gall. moy. *dan ryuedu... tecket y gwely*, en admirant la beauté du lit (Zimmer, 186). Au lieu de *edrych wyned yw'r eira*, regarde comme la neige est blanche, on dit aussi en gall. *edrych mor wyn yw'r eira,* comme en van. *gŵélét mar divergond oai é seël* voir combien son regard était farouche (v. *mar* 3). Or *mor wyn* qui veut dire ici « combien blanc » (exclamation dépendant d'un verbe) est, d'autre part, syn. du comparatif d'égalité *cyn wyned* ; ce développement, propre au gall., a donc été favorisé par l'équivalence des deux constructions, « vois la blancheur (*gwynet*) de la neige » et « vois combien blanche (*mor wyn*, *cyn wyn) est la neige »; cf. bret. *en generalamant*, v. *guers*, p. 302, combinaison des syn. fr. « en général » et « généralement ». Le bret. dit d'ordinaire *sell pegen guenn eo ann erc'h* vois comme la neige est blanche; cf. *songit... pe-guen tost kar* songez donc quel proche parent! G. B. I., I, 320. Comme M. Zimmer l'a expliqué, p. 203, *pegen guenn* vient de *pe + quenguenn* (cf. gall. *cynwyned*). Le moy. bret. écrivait souvent *pe quen*, et séparait même ces mots par une prép. : *pe a quen vil maru* (voir) de quelle mort infâme (elle mourra) B 489; cf. *pe* 2, p. 468. Le gall. dit *pafaint* (v. gall. *pamint*, v. irl. *ceméit*, *ciammét*) et *pa gymmaint*, bret. *pegement* combien; *pa leied* et *pa gyn lleied* combien peu (de *llai* moins), etc.

2° Gall. *wyned yw'r eira!* que la neige est blanche! *o fyred yw'r einioes!* oh! que la vie est courte! ou sans verbe : *Duw anwyl, fyred einioes!* bon Dieu, que la vie est courte! = litt. « brièveté de la vie! ». M. Zimmer rattache avec raison ces expressions au gall. moy. *och Duw... vyndireittyet* ô Dieu, quel malheur! litt. « mon malheur! », p. 218. L'irl. a des exclamations semblables, comme *mo chrádh! mo leun! mo bhrón!* Cf. même en franç. : « Vos fièvres quartaines! » (Scarron), « Bonheur de revivre aux temps primitifs! » Brizeux, Œuvres, II, 297, etc. Comme nous l'avons vu, v. *goaz* 3, le bret. moy. présente cette terminaison -(*h*)*et* dans les seuls mots *cazret*, *caezrhet*, *guelhet* et *goazhet*, qui forment une exclamation avec un nom suivant : *cazret den* quel bel homme! (litt. « la beauté d'homme[1] ! »). Le van. et le trec. ont ce suffixe vivant, dans des formules plus variées : *o! moeinnéd eu enn heend ... bihanniquéd é enn nombre* oh! que le chemin est étroit; que le nombre est petit l'A., v. *paradis*; *viléd unn dra butumein! falléd unn dra butumein hemb afféré! miliguéd unn dra butumein hemb afféré ha hemp danné!* « la vilaine chose de fumer! la mauvaise, de fumer sans nécessité! la maudite, de fumer sans nécessité et sans bien », v. *fumer*. Dans cette phrase on n'a pas répété au participe *miliguéd* la terminaison

---

1. On peut comparer en grec les deux expressions équivalentes ὦ Ζεῦ... τῆς λεπτότητος τῶν φρενῶν (Nuées v. 153) et ὦ Ζεῦ τῶν φρενῶν, ὡς λεπταί (cf. v. 364).

de l'exclamatif ; cf. *o na tristet ha glaharet*, v. *goaz* 3, p. 270 [1]. Dans la *Grammaire celto-bretonne*, par M. Le Fèvre, Prêtre... A Morlaix, De l'Imprimerie de Guilmer, 1818, ouvrage signé, p. 60, « Le Fèvre, Prêtre à Plougrescant, près Tréguier », et qui reproduit le langage trécorois, on lit, à cette p. 60 : « *Que* d'admiration se rend aussi par *ed* ajouté à l'adjectif. Ex. : Quel grand homme ! *brased dên !* » Une copie faite en 1826, et conservée au presbytère de Lannebert, d'un *Cantic en inor dan itron Varia Liscorno composet ar Bla* 1705, en tréc., porte, str. 3 :

> *Otro doue ma crouer tristet un accidant*
> *Itron Maria Licorno prestet eur changemant*

« Seigneur... quel triste accident !... quel changement rapide ! » Dans ses deux emplois (dépendant ou absolu), l'exclamatif trécorois peut être suppléé par le superlatif ; le second de ces emplois du superlatif a lieu aussi hors de Tréguier, voir *goaz* 3, p. 272. Ces formes *-a*, *-añ* et *-et* se sont, en conséquence, combinées en tréc. dans un nouvel exclamatif *-at*, *-añt*. Puis on a cru que la terminaison *-at*, prononcée *-ad* devant une voyelle, était le superlatif *-a* suivi de la prép. *d'* pour *da*, à ; et l'on a introduit ce *da* devant une consonne, non seulement après le superlatif pris au sens de l'exclamatif, mais aussi dans les exclamations exprimées par d'autres mots, *meur*, *pebez* (v. *goaz* 3, p. 272, 273) : *sell, mabik, pebeuz da brad kaer !* vois, mon enfant, la belle prairie ! *Bepred Breizad* 50.

L'analogie a fait un pas de plus, dans le texte publié J 248 b :

> *Menez Kalvar nag ben huel !*
> *Na tenn ann hent, na da bad pell !*

« que la montagne du Calvaire est haute ! que le chemin est rude, qu'il dure longtemps ! » Ici le mot exclamatif *na* (irl. *nach* [2]) amène *da* même devant un verbe. Au lieu de *wyned yw'r eira !* le gall. peut

---

1. Dans le passage J 242, *bannegou braz ha ledanet !* le second adj. est peut-être à l'exclamatif ; litt. « des gouttes grandes, et combien larges ! »
2. C'est proprement une négation, qui peut être aussi interrogative : l'irl. *nach áluin an oidhche í* quelle belle nuit ! bret. *na kaer an noz* (van. *na kaeret en nos*) n'est pas construit autrement que *nach breagh an aimsir í so ?* le temps n'est-il pas beau ? cf. tréc. *léret-u d'iñ na kaer e hé 'n amzer* dites-moi si le temps est beau.

dire *cyn wyned yw'r eira!* ou *mor wyn yw'r eira!* comme au comparatif d'égalité; cf. v. gall. *morliaus* quam multos, voir *mar* 3. En bret. on peut employer *pegen* comme dans l'exclamation dépendante, ou *pebez*, ou le simple *pe* : *pe picoled tud* quels grands hommes! voir *pe* 2, p. 468, 469; *picol*, p. 488; cf. gaél. *cia so-ghrádhach do pháilliuna* = quam (litt. « quae ») dilecta tabernacula tua! Nous avons vu divers autres exemples où l'adjectif reste au positif; cela arrive même en van. : *o lonet divalaw!* oh! les vilaines bêtes L. el l. 108.

3° Gall. *er tloted ydyw'r bugail* quelque pauvre que soit le berger; en gall. moy. *yr cadarnet bei* quelque brave qu'il fût, litt. « pour bravoure qu'il y eût », cf. *yr y gryuet* malgré sa force; *yr arauet y kerdei* quelque lentement qu'il marchât; *rac y decket* à cause de sa beauté, *gan ei laned* id., *gan ddued ei wallt* à cause de la noirceur de ses cheveux (Zimmer, p. 214; 186-192). A ces expressions concessives ou extensives, on peut ajouter le gall. *pa belled bynag fo* quelque loin que ce soit, syn. de *er pelled fo*; et l'interrogation *pa belled?* combien loin? (cf. *i ba bellder* id., litt. « à quel éloignement »). Je crois que le breton a quelques formes rentrant dans cette catégorie. Le tréc. *bennaket* pour *bennak* quelconque, cf. *unan bénaquet* quelqu'un, *pivbénaquet* quiconque Gram. de Le Fèvre 32, voir *goaz* 3, p. 276, doit provenir de locutions comme **pe bell benaket* au lieu de **pe bellet benak*. Le moy. bret. *pez az guezret* P 243 paraît signifier « en dépit de ta verdeur », c'est un nom tiré de *guezr* vert, v. gall. *guird*; malgré l'explication possible par le lat. *viriditas*, il semble qu'il ait été conservé ici à la faveur d'une ancienne formule analogue au gall. *yr y gryuet*. De même pour *na mirvys... gant tristet* (ce fut merveille si) je ne mourus pas de tristesse J 175. La phonétique bretonne permet d'assimiler ce mot au gall. *tristit*, auj. *tristyd*, ou même de l'expliquer par **trist-det*; mais dans ces hypothèses on devrait le trouver plus souvent, comme son syn. *tristez*, qui n'est pas rare en bret. moy. (mod. id. Gr., van. *tristé* l'A., gall. *tristedd*). Il est probable que *tristet* est ici l'ancien nom abstrait en *et* qui, devenu adjectif (comme dans le van. *o na tristet* Guerz. Guill. 141), a été remplacé par le positif dans ces constructions, en tréc. : *gant trist e oan*, ou *gañd a drist e oan* tant j'étais triste; de **gant ma tristet*, cf. gall. *gan ei laned*.

Le bret. moy. employait en ce sens *mar* : *mar cruel ...ez viziff... griet* tant je serai cruellement attaché J 43; construction restée en van., voir *mar* 3; le cornique dit aussi *mar*, et le gall. *mor*. Le bret. a encore *ken*, etc. : *qer pinvidicq eo!* il est si riche! Gr. Les locutions comme *nac eu mar fier* si fier qu'il soit J 3, montrent que le mot *na*, étudié plus haut, p. 543, s'associait avec *mar*, gall. *mor*, qu'on retrouve dans les trois catégories [1].

On peut signaler un autre lien entre les formations adjectives en *-et* du bret. et du gall. Quand cette dernière langue a combiné **cywyn*, **cynwyn*, bret. *ken gwenn* aussi blanc, et *gwynet* blancheur, en *kywynnet*, *cyn wyned* également blanc, elle semble n'avoir fait qu'adapter à un nouvel usage un mot plus ancien **cywynnet* égale blancheur, qui pouvait exister en bret. comme en gall. On trouve, en effet, en v. gall. *cithremmet* égale pesanteur (gl. *libra*), dans les gloses à Martianus Capella, où le *t* ne se confond pas avec *d* (auj. *dd*), ce qui empêche d'assimiler *cithremmet* au mod. *cythrymedd*, comme l'a fait M. S. Evans; cf. plutôt les subst. gall. moy. *trymhet*, *gorthrymet* Zimmer 184. Le mot *kehedet* égale longueur, dans les lois galloises, peut se lire des deux façons; mais le breton montre ici l'ancienneté des deux formations : léon. *qeded* (= gall. *kehedet?*) et *qedez* (= gall. *cybydedd*) équinoxe. Elles sont à peu près entre elles comme συμμετρότης et συμμετρία, ἀδηλότης et ἀδηλία. En bret. la seconde a souvent supplanté l'autre dans les noms abstraits; c'est l'inverse pour les infinitifs, où *-et* l'a emporté sur *-ez* (moy. bret. *lauaret* et *lauarez* dire); de même dans les pluriels moy. bret. *aelez* anges, et *aelet* (écrit *aelez* J 98, r. *et*), mod. *ælez*, *æle* et *æled* Gr.; *quetaerez* cohéritiers, mod. *quetaëred* Gr.; *nazrez* serpents dans *Kernazrez* XVe s. *Chrest*. 222, gall. *nadredd*, bret. mod. *aëred* Gr., *airétt* l'A.; voir *ny*, *roe* et *Rev. celt*. II, 118.

On a cru jusqu'ici que le v. bret. *cunnaret* rage répond au gall. *cynddaredd*; il est plus naturel d'y voir le subst. abstrait en *et* d'un adj. **cunnar* = gall. *cynddar* enragé; ce subst. ayant péri, a été rem-

---

[1]. Le gall. seul emploie *mor* au comparatif d'égalité : il n'y a pas de complément après *mar* en bret., ni, je crois, en cornique. L'irl. *mar*, *immar* comme, en qualité de, doit être différent, malgré la ressemblance de *dubh mar an bhfiach* (gaél. *dubh mar am fitheach*, mannois *doo myr y feeagh*) noir comme le corbeau, avec le gall. *mor ddu a'r fran*.

placé par l'ancien adj., devenu en moy. bret. *connar* rage. L'explication par **cunnared* est appuyée, *Rev. celt.* IV, 344, sur le v. br. *a-muoet* gl. fastu qui répondrait à l'irl. *miad*, cf. *Urk. Spr.* 205. M. Loth donne *muoed Voc. v. br.* 190, *Chrest.* 93, 152; si cette leçon est inexacte, *muoet* est le mot *moet*, fréquent dans les noms v. bret., cf. *Rev. celt.* I, 343, voir *amoëtt*. Le *t* final pour *d* n'est prouvé nulle part dans les gloses, qui distinguent fort bien les mots comme *admet* mûr, gall. *addfed*, de ceux comme *celmed* habile, *corcid* héron, *culed* maigreur, *niguid* nouveau, en gall. *celfydd*, *crychydd*, *culedd*, *newydd*; cf. *gulæd* (Stokes, *Ztschr. f. celt. Philologie* I, 19, 23) = gall. *gwlydd* mouron, voir *glueiz*. C'est la règle aussi dans les chartes : *ganet* né *Chrest.* 131, mais *dilisid* garant 124, *louuinid* joie, *monid* montagne, *nouuid* nouveau, *rodoed* gué, etc. Le recueil de M. Loth ne cite qu'une exception : *permet* « qui est au milieu », gall. *perfedd*, cornique *pervedh*, cf. *M. lat.* 195. Encore est-il permis de soupçonner, cette forme se lisant deux fois (Cartul. de Redon, 64, 65), qu'elle se prononçait réellement ainsi, par suite d'une influence germanique, comme en gall. *medsaf* « middle relief », *medlongwr* « midshipman » S. Evans, et qu'elle est pour quelque chose dans la destinée bizarre du v. bret. *medon*, qui est devenu *metou* (cf. *Rev. celt.* XVI, 189).

La syll. *uan* du v. br. *inuanetou*, qui glose *incaenis* dans « quibuscumque spectaculis incaenis aut nuptiis », a été regardée comme une mutation de *ban-* ou de *man-*, *Rev. celt.* IV, 342 ; elle peut aussi bien être celle de *guan-*. J'expliquerais *in-uanetou* par « les bouffonneries », les représentations comiques, plur. d'un nom **guanet* dérivé de *guaan* gl. scurilis, cf. *guanorion* gl. istriones. Peut-être le glossateur entendait-il « spectaculis in scenis ». Un plur. semblable est le v. br. *cuntelletou* réunions, de *cuntullet*, *contulet*, cornique *cuntellet*. — Voir *quehezl*, *quehit*, *quement*, *querzidigaez*.

3. *Quen*, voir *Rev. celt.* XIII, 359.

4. *Quen*. Marie *Quenlagat* Ann. de Trég. 27, = « aux yeux brillants, aux beaux yeux ». Voir *quen* 1, p. 540, 541, et *Urk. Spr.* 64.

Quenan, mot à rétablir, P 270; voir *Rev. celt.* XIII, 232. Cf. *diez kenan* tout à fait incommode *Emgann Kergidu*, II, 302; *ur maruu' quenane, ne ra quet dehou er peh a so necesser' de veüein* « il se plaint sa vie » Chal. *ms*, litt. « (c'est) une vraie mort »; *mad kenan* très bon Mezell. *ar gal.-zakr* 152.

QUENDAMOUEZ émulation Maun., *qendamouëz* Gr., *kendamouez* f. Gon.; *kendamoëza an holl* donner de l'émulation à tous *Trub. VIII*; de *com-*, *do-*, *am(b)-*, **uc-t-*, même racine que bret. moy. *amouez* relâcher, *amouc* retard; cf. *Rev. celt.* VIII, 35.

Quenderc'hell maintenir D 54, *quendelchont* ils maintiennent 58; voir *Ztschr. f. celt. Philol.*, I, 40.

Quenderuiez germanité, l. germanitas Cb v. *germen*, *qendervyez*, *-vyaich* cousinage, *qendervya* cousiner, *qendirvy* cousins Gr., *quindiruy* Nom. 333, pet. tréc. *kindirvi*. L'explication de *kenderv* par *consvestar-vos Et. gr.* I, 67, a l'inconvénient de séparer ce mot de son fém. *queniteru* cousine C, *qui-* H, *quynyteru* Jér. v. *kinderw*, *kininterv* G. B. I., I, 274, *queniterw Voc.* 1863, p. 43, *kiniterv Bali* 245, *kiniter* 245-248, *qininter Aviel* 1819, I, 31, *qeniderv* pl. *ezed*, van. *qaniterv* pl. *-eruesed* Gr., v. bret. *comnidder*, gall. *cyfnither*, voir *guers*, p. 302, *mazron*, *huytout*, etc. D'ailleurs le gall. a au masc. *cefnder*, *cefnderw*, ce qui indique un composé semblable à *qeffnyand*, cf. v. br. *comnit- Chrest.* 119; voir *Voc. v. bret.*, v. *comnidder*. Le suff. -*ter* doit être celui du lat. *matertera*, cf. bret. *eontr* oncle de **avuntros* = lat. *avunculus*, Beitr. de Kuhn, VII, 398; Mém. Soc. ling. IX, 141, 142; v. sl. *nestera* nièce. Le second suff. -*v* rappelle *patruus*, πάτρως, etc. Voir *quen* 1, p. 540, *queuenderu*.

Queneuenn arc-en-ciel Cb, Cc v. *goarac an glau*, variante de *ganiuedenn an glau* C; voir *Urk. Spr.* 192.

QUENILEIN fourgonner le feu Chal., fourgonner, détiser le feu Chal. *ms*, « balaïer le four et fourgonner le feu »; -*lourr*, pl. -*lerion* celui qui fourgonne le feu; -*lour* « tisonneur ou tisonnier », -*lérr* m. tisonnier de fer l'A. M. Loth., éd. de Chal., v. *quenilein*, dit que « le seul mot qui paraisse s'en rapprocher est le gall. *cynnilo*, arranger, manier avec habileté, économiser, épargner ». Ceci indiquerait une origine celtique, car le gall. *cynnil* habile, adroit, soigneux, économe, doit être composé de **con-dil-*, cf. irl. *dil* agréable, got. *tils* convenable, voir *Urk. Spr.* 151, 152. Mais selon Bullet « on dit en patois de Franche-Comté *quenillie lou feu* pour fourgonner le feu »; si ce renseignement donné par l'ancien doyen de l'Université de Besançon est exact, *quenilein* provient d'une langue romane, comme tant d'autres mots spéciaux au vannetais (voir *froiset*). Hors de Vannes, Maun. traduit « atifer » par *quenila*; il y a lieu de corriger, non le premier mot en « atiser », mais le second en *quencla*, cf. *qincla* attifer Gr., etc., *Rev. celt.* XV, 343, 344.

Quenn peau, en composition, voir *maout, lue* et *Dict. étym.* v. *caru, quingnet*; léon. *buken* cuir de bœuf, *marc'hken* cuir de cheval Pel., v. *ken*; *qenn* crasse de la tête, peau morte Gr., *kenn* Pel., gall. *cen*; *qenn houarn* écume de fer Gr. Cf. *Ztschr.* de Kuhn XXXI, 240; *Urk. Spr.* 78, 331.

Quenquis maison de plaisance, plessis xve s. *Chrest.* 197, *keñkiz* m., pl. *ou, -isiou* Gon., grand Trég. *kenkis* f., pet. Trég. *kinkis* f. id.; *qenqiz* décoration, ornement, embellissement, *qenqizou ur maner* décoration d'un manoir Gr.; *Quenkis* en 1261, *Kenkist* en 1091, *Rev. celt.* VIII, 66; *du Quenquis*, en fr. du Plessis, s[r] dudit lieu, par. de Nizon; *du Quenquizou*, s[r] dudit lieu, xve, xvie s. Nobil., *Le Mener du Quenquis, Boniec du Q.*, reg. Péd. II, 2[a], 4[a] (1586, 1589); *Quoatquenquys* Ann. de Trég. 25. Cf. gall. *cainc* branche, voir *Urk. Spr.* 69 ?

Quent. Qent, *qentoc'h* plutôt Gr., *quentoh* Chal., pet. tréc. *kéntoc'h*, gall. *cynt, cyntach* plus tôt, plus vite; QENTHED m. le premier essaim d'une ruche Gr., gall. *cynhaid, cyntaid, cynt-haid*; *quenta* premier D 15. Voir *quen* 1, p. 537, 538; *Urk. Spr.* 76, 77.

Quentel leçon (au sens liturgique), f. : *teir* H 25; instant, durée D 155; pl. *you* 187, *quentellou* Cat. imp. IX, Æl 69, *-eillou* 133; *quennéliatt* remontrer l'A., *kentelhia* enseigner Trub. XVII, cultiver (le breton) XVI; *qentelya an éaust* faire la moisson Gr. Voir *Urk. Spr.* 69; *Rev. celt.* XVI, 94, 227.

Quentr éperon C, pl. *ou* D 194; *quenntre* f. l'A.; **Quentric** n. d'ho. xve, xvie s. Nobil., Ann. de Trég. 26 v, reg. Quemp. 15, = *kentric* petit éperon Pel.; *Le* **Quentreuc** xve s. *Chrest.* 197, d'où le convenant *Kerguentrec* xviiie s., *Inv. arch.* C.-d.-N., E, p. 36, = *kentrec* qui a des éperons Pel.; *qentra* mettre des éperons, *qentret* (botté et) éperonné; QENTRA, *qentraoui* éperonner, exciter Gr., *quenntrein* l'A., gall. *cethru*; QENTRER, *qentrour* éperonnier, qui fait ou vend des éperons Gr., gall. *cethrwr* importun ; QENTRAOUĔR celui qui donne de l'éperon Gr., *quenntraour* l'A., gall. *cethreuwr*; *kentrat*, *kentraden* coup d'éperon Pel. Cet auteur a sans doute raison de rapporter à *quentr* le mot *quentrat* vite; les deux exemples qu'il cite ont des rimes intérieures et remontent au moy. bret. (*d'a em rent ha sent en quentrat* = rends-toi et obéis promptement). *Er hentrat* celui qui sème le premier L. el l. 38; *kentrat* (seigle) précoce 120. Voir M. *lat.* 149; *Urk. Spr.* 78.

Quentre, *quentrez*, voir *quen* 1, p. 537.

Quer cher. Sup. -*hafu* Catech. 8 v; *quernez* cherté Nom. 52, (sans) pitié D 161; *kernez*, *kernezighez*, *kernedighez* cherté, rareté Pel., avec combinaison des suff. -*nez* et -*edigez*; voir *poaz*, *quaez*. *Queraoüeguez* cherté Nom. 52, *keroüeghez* Pel.; *querteri* famine *Choæs* 188, *quêrteri* 12, *keltri* f. L. el l. 12, *querteryf.* Jac. ms 93, *carteri* Maun., voir *lousder*, *netder* et *Rev. celt.* IV, 158. *Queraat* devenir cher Maun.

Querch avoine C, *quêrh* m., pl. *eu* l'A.; *qerc'hen* pl. *qerc'hennou*, van. *qerhenn* pl. *eü* plant d'avoine Gr., *querhenn* grain d'avoine Chal., gall. *ceirchen*, *ceirchyn* id.; *qerc'heg* pl. *ou*, van. *qerhec* f., pl. -*egui* champ d'avoine Gr.; pet. tréc. KERC'HA *eun añnval* donner de l'avoine à un cheval (part. *kerc'hât*), cf. *hep kerc'ha* (faire une longue course) sans débrider, sans se reposer Trd, gall. *ceircha* chercher de l'avoine, *ceircho* fournir d'avoine (les chevaux); voir *Urk. Spr.* 91.

Le van. *cairhen* conte fait à plaisir pour rire Chal., est comparé par M. Loth, éd. de Chal., v. *querhenn*, au gall. *cerdd* art, poésie, musique. Je crois que c'est plutôt le même mot que *querhenn* grain d'avoine; cf. *rei kerc'h Spagn* (donner de l'avoine d'Espagne), en style familier « fouetter bête ou individu » Trd, et ces vers qu'on chante en pet. Trég. :

> *Dec'h oan dimeet hag hidi 'm eus keū*[1] ;
> *C'hoañd em eus da oélañ, juje 'warc'h em eus ;*
> *Goélañ hidi, goélañ 'n dé warlerc'h ;*
> *Diwad oñ da oélañ, p'em eus bet ma c'herc'h.*

« hier je me suis mariée, aujourd'hui je regrette; j'ai envie de pleurer, j'en ai bien sujet; pleurer aujourd'hui, pleurer le lendemain;

---

1. Ces vers ont été composés dans un autre dialecte, où l'on prononçait *keuz*.

je suis un peu tard à pleurer, puisque j'ai eu « mon avoine ». Voir *Rev. celt.* XIV, 280; XVI, 225. L'idée de tromperie contenue dans le van. *querheenn* ressort de la définition de l'A. : « fable qu'on veut faire croire »; Chal. *ms* traduit, v. *conte*, « il nous tire des chiffres, nous en donne à garder » par *ean a ra gairheneu demp, goab a ra ahanamp, ean hun dejann'*. Le dict. argot-fr. de G. Delesalle cite comme populaires les expressions « donner de l'avoine à un cheval », le fouetter; « recevoir de l'avoine », être rebuté par celle qu'on aime.

Quercheiz héron C, *qerc'heyz, qarc'hleyz*, van. *qerhey* Gr., *ar galc'heï* à Goulien, *Rev. celt.* V, 163; *querheis, querhair* Chal. *ms*, la première de ces formes est prise à Maunoir, sauf l'orthographe. Le Nom. donne *querch-eïz* héron et *quercheiz* « crochu », p. 38. Cf. κέρχνη, etc., *Urk. Spr.* 91.

Quere cordonnier C, *kere* en 1126, pl. dans *Caer Chereon*, Cartul. de Quimperlé, *Chrest.* 197; rue *Quéréon* en 1539 *Inv. arch. Fin.*, A, p. 11; *Quéré* n. d'ho. en 1477, p. 13, *Le Q.* xvie s. *Inv. arch. C.-d.-N.*, E, p. 15; *Kerguéréon* n. de lieu 68; *qere* et *qereour* Gr., tréc. *kere* et *kereer*; *quere* pl. *-ourien* Maun.; *quéré* pl. *quérérion* l'A.; *qerea* faire le métier de cordonnier, *qereoury* cordonnerie Gr.; voc. cornique *chereor*; du lat. *coriarius*, auquel le Catholicon donne le sens de « cordonnier »? Voir *manier*, p. 391; *Urk. Spr.* 70.

Queresenn. Quiriseenn cerise, pl. *quiriss*; cerisier, pl. *-nneu* l'A., *qeresennou, -nned* Gr.; *Querguiris* n. d'ho. en 1612 *Inv. arch. Morb.* V, 337; de **Quirisec** s[r] dud. l., xve, xvie s., en Vannes, Nobil.; *le Quirizec* n. de lieu xviie s. *Inv. arch. Morb.* V, 302, *qereseg* pl. ou cerisaie Gr., *quiriség* f., pl. *-égui* l'A.; *le* **Querisouet** n. de lieu *Inv. arch. Morb.* V, 174, *le Querisoel* 424, *le Quirisouet* IV, 297, xvie s.; le Nobil. donne aussi le n. d'ho. *Quérizit*, III, 257; = *cerasētum*, voir *Aualeuc, caut*, etc.

Querintiez, l. *necessitudo* (parenté) C*b* v. *necesser*; *quiryntyez* « confinité » C*c* v. *ameseuc*; *quirinties* D 145; *-tiez* Maun.; *qirintyez, -tyaich*, van. *qerentach* Gr., *querentiach* Cat. imp. 24; *kirintez, kirientez, kerentez* parenté Pel.; *kerentez* généalogie *Buez... s. Jos.* 1868, p. 19; van. *quérænntétt* apparenté l'A., *Sup.*, voir *Dict. étym.* v. *car*.

1. *Quern* tonsure, crâne. *Qern ar penn* le sommet de la tête Gr.,

kern f. Gon.; sommet (d'une montagne) *Trub.* 6, 14, *kern Olived* la montagne des Oliviers 5; *var gern ar menez* en haut de la montagne *Nikol.* 13; gall. *cern*, m. côté de la tête, mâchoire; voir *M. lat.* 148; *Urk. Spr.* 81.

2. *Quërn an milin* la trémie d'un moulin, Nom. 147; *quærnn* l'A., *guern' melin* « treme de moulin » Chal. ms; *qern* f. Gr., *kern* f. Gon., *Trub.* 47, d'un b. lat. **cerna*, cf. ital. *cerna* choix, portugais *ciranda* crible à blé, lat. *cerniculum*, *M. lat.* 148.

Querneau Cornouaille C, QUERNEVIS les Cornouaillais Maun.; voir *Rev. celt.* XVI, 223.

QUERNIGUEL vanneau « dixhuit : à sono vocis », l. capra, vanellus Nom. 38, huppe 42, *qerniguell, qorniguell*, pl. *ed* Gr., *kernigel*, *ko-* f. Gon., vanneau; gall. *cornicell* m. pluvier. On pourrait voir dans ce mot **cornicilla*, dim. de *cornix*, corneille; mais nous avons cité, v. *corniguell* toupie, un autre **cornicilla*, de *cornu*, dont le sens paraît plus satisfaisant. Buffon a dit du vanneau : « Il est sans cesse en mouvement, folâtre et se joue de mille façons en l'air : il s'y tient par instans dans toutes les situations, même le ventre en haut ou sur le côté, et les ailes dirigées perpendiculairement, et aucun oiseau ne caracole et ne voltige plus lestement. » Le gaél. *coirneach*, martin-pêcheur, peut avoir une origine commune; l'esp. *cernicalo*, sorte d'oiseau de proie, est sans doute différent.

QUERZ : *lesell ar concubinent* (lis. -*neres*?) *pehini aue en é querz* quitter la maîtresse qu'on a avec soi D 114; *prederi... e kers grek ha bugale, an arc'hand* employer au profit de la femme et des enfants (d'un ami) l'argent (reçu de lui en dépôt) *Trub.* 155; *prederiet... e kerz ar silvidighez* (jours) employés à son salut, 340; *en e guers ema* « il est a pot et a pain avec luy » Maun., cf. Gr., v. *pot; cahout ...en e guers* avoir en sa possession Gr., *kers* f. possession, jouissance, profit Gon.; *béza é kerz* regarder, concerner, du Rusquec; tréc. *kerz* pendant, durant, moy. br. *querz* certes, irl. *cert* le droit, cf. lat. *certus*, etc., *Rev. celt.* XVI, 226, 227; *Urk. Spr.* 80.

Querzidigaez allure de pied Cc v. *monet*, *-ydiguez* Cb, Cc v. *hent*; KERZ marche, train, allure Pel., m. Gon., Trd, cornique *kerth, kerd*, irl. *ceird*; voir *Urk. Spr.* 80. *Kerz* a pour syn. *qerzet* Gr., *kerzed* m. Gon., *querhétt* m. l'A., = gall. *cerdded* m.; c'est le même mot que l'infinitif moy. br. *querzet* marcher, auj. *kerzet,* van. *kerhet,* gall. *cerdded* (*kerzout* Gon. est plus récent et analogique, voir *Rev. celt.* XI, 470, 471). Ainsi *cousq* m. sommeil Gr., gall. *cwsg,* alterne avec *cousqed* m. Gr., qui est aussi un infin. : moy. br. *cousquet* dormir. En bret. moy. et mod., *bram* est un nom, et *bramet* un verbe; tandis que *cam* et *camhet* un pas, sont des noms. Voir *quen* 1.

Querzu décembre C, *mis querdu* D 73, *mis kdu* 28, pet. tréc. *kerzu;* cf. *Rev. celt.* XVI, 191.

Questeur mendiant Cc v. *clasquer;* qèst f., pl. *ou,* van. *éü* quête Gr.

1. *Quet. A gaçzas da ghêd* (il) a réduit à rien, détruit *Trub.* 233 ; *unn afèr à quet* une affaire sans importance, la moindre chose *Histoérieu... er Scritur* 1792, p. 210; *eit kæt* (se fâcher) pour rien *Choæs* 191. Cf. H 96.

2. *Quet,* voir *peur,* p. 484.

Queuflè (vache) pleine, voir *couff,* p. 123, *couffabrenn;* keulaiein prendre veau L. el l. 106, gall. *cyfloi.*

Queuyaff caver (et non cave) C, *qeuya,* van. *qeüat* creuser, *qeuadur, cavadur* action de creuser, *qeuyer, caver* celui qui creuse, *qeu* pl. *you* creux, cavité Gr.

Queunet (tas de) bois Cb, Cc v. *groachell; keunut,* sing. *keunuden,* pl. *keunujou* Pel., *keûneüjou Trub.* 23; qeuneuta chercher du bois à brûler Mo. 279, Gr., *keunuta, keuneta* Pel., van. *qenedta, qaneteiñ* Gr., gall. *cynnuta;* Le Queneuder xviiie s. *Inv. arch. Fin.,* B, p. 151, = *qeuneutaër,* van. *qenedtaour* ramasseur de bois de chauffage Gr.; cf. gall. *cynnutwr.* Voir *Urk. Spr.* 90.

Queusuez mègue C, v. br. *cosmid. Cour-bæz* « mesgue, l. serum » Nom. 34, peut être le même mot, ainsi que le tréc. *cujen* petit-lait Pel., *kujen* m. Gon., Trd, de *kuzveen* = *queusuez* + *enn?* Voir *Urk. Spr.* 215, 216.

1. *Queux* chagrin, regret, r. *euz* J 152, *queuz* Nl 208, *cueuz* H 41, *cueux* 15, *cuez* C, r. *ez* P 75, *ceuz* r. *euz* Nl 218, 238, *cunz* Ricou 71, *qunz Æl* 124, *qeun Miz Mari* 1863, p. 60, *qeuz,* van. *qé* Gr.; *qeuzya* causer du regret, regretter; qeuzi *da, beza qeuz yet, beza qeuzet* regretter Gr., gall. *coddi* molester (comme *coddhau,* = moy. br.

cuezhat id.); *qeuzus, qeuzyus, qeuzedicqus* regrettant Gr., gall. *coddus* affligeant; *qeuzediguez, qeuzidiguèz* contrition Gr., voir *cuezaff, queux* 2 et *Urk. Spr.* 68.

2. *Queux* (avoir de l'argent pour sa) peine, (son) travail B 42; *lacat queux* faire effort, prendre de la peine 463; *queusiff* s'efforcer C, *dan gallout ameux ez queusaff* je m'efforce de tout mon pouvoir, litt. « du pouvoir que j'ai » B 463; *eguyt quement reux maz queussenn* quelque effort que j'aie pu faire J 218. L'orthographe, les rimes et le sens obligent à séparer ce mot du précédent. La finale *x*, après *eu*, peut représenter en moy. bret. les deux sons anciens *s* : *beux, eux, gueux, reux, treux*, et *z* doux : *cueux, neux*; mais cette confusion graphique n'existe pas d'ordinaire devant un suffixe commençant par une voyelle; ainsi les dérivés de *cueux* (tréc. *keü*) ont *z* et ceux de *reux* (tréc. *reus*) prennent *s*. *Queusiff* s'efforcer = *cās-* pourrait être au gall. *cais* recherche, effort, *ceisio* chercher, essayer, comme en bret. *cleuz* à *claz*. Voir M. lat. 147.

Queuenderu petit-cousin H, *qevenderv* pl. *qevendirvy*, f. *qeviniderv* pl. *ezed* Gr. rappelle d'abord le gall. moy. *keuynderw* Z² 129; mais celui-ci n'est qu'une variante de *kefnderw* cousin, = bret. *quenderu*. *Queuenderu* doit être le correspondant du gall. moy. *kyuyrderu*, auj. *cyfyrder*, altéré sous l'influence par *quenderu*. *Cyfyrder* est expliqué par *com-uir-*, cf. gall. *wyr* petit-fils, *Voc. v. br.* 80; voir *Douaren*.

1. *Queuer douar* arpent Cb, au XII[e] s. [c]*emer*, Cartul. de Landévennec; *quefuer douar* Nom. 212; gall. *cyfair*; *qeñver, qêver* m. le bois qui entre dans le soc de la charrue Gr., *kêfer* le devant de la charrue, « quelques-uns l'entendent de la piéce de fer qui accompagne le soc »; *kêferia, kêveria* aider à la charrue, la conduire avec un autre Pel.; cf. gall. *cyfaru*; pet. tréc. KEVELER, *keñveler*, pl. *ien* associé; voisins qui s'aident dans les grands travaux, *Rev. celt.* IV, 158, gall. *cyfarwr* qui laboure ensemble. Pel. donne *kêferez*, lis. prob. *kêferer*, celui qui aide à labourer, pl. *kêferidi* voisins d'un laboureur, qui lui prêtent leur charrue, etc. (ce qui indique un autre sing. *keferiat*, et non *keferet* que suppose Pel.). On dit à St-Clet *keveleriach* f. camaraderie, amitié.

2. *Queuer*. *E queffuer, a quever* à côté, au sujet de = gall. *cyfar* face, *cyfer* opposition, *ar gyfer* en face, irl. *comair* dans *fo chomair*

pour, contre, *i n-aurchomair*, auj. *ar cómhair* vis-à-vis, en face, des deux prép. *com-* et *air*, gaul. *are*; Ascoli, *Gloss. palaeo-hibernicum*, v. *ar*, *air-*. *Da kéfer an deiz man* d'aujourd'hui en un an Pel., *en qenver an dez en pehini oa ganet* l'anniversaire de sa naissance *Miz Mari* 1863, p. 161; *qêverer* f. *ès*, *qêverour* f. *ès* concurrent, van. *qeñverour* f. es rival Gr., *quevérour* l'A.; *qêverérez* concurrence Gr.

Le syn. *qevezèr* rival, f. *qevezerès*; *qêvezer* concurrent Gr. est différent; peut-être vient-il de **com-oed-* ou **com-eid-*, cf. *qen-oaz* concurrence, *qen-oazus* concurrent Gr., voir *baizic*.

Queuaes, *quemaes* convenant ou champ C; pl. dans *Le Cavezou, Mezou-an-Quevezou*, noms de pièces de terre *Inv. arch. C.-d.-N.*, E, 37, 46; *Tachen-Traou-an-Quevezou*, n. de convenant, 38. Mot francisé en *quevaise*, que l'A. traduit en van. *kævæss* m. Voir *couff*.

Quy. *Quidour* reg. Péd. 119 (1588), *qui dour* loutre Nom. 46, *qy-dour*, van. *qy-dêur* Gr., voir *dourec*. *Quy mor* marinier Nom. 318; *qui-du* huguenot; celui qui ne va point à la messe l'A.; *ar c'hi* souffre-douleur, du Rusquec; *qya oud* essuyer, souffrir, supporter Gr., *kia oud* id. et résister, s'opiniâtrer Gon. Voir *quae* 1; *Rev. celt.* XVI, 175; *Urk. Spr.* 92.

Quyc sall du salé Cc v. *pastell*; *quic treut* chair sans graisse Cb v. *caher*; *qicq-torr* lassitude, rupture à travers les cuisses Gr., *kik-torr, kitorr* courbature Gon.; *quigourr* boucher Jér. v. *kigher*, gall. *cigwr*; *qyguery* pl. *ou* boucherie; QICQA quêter de la chair Gr., gall. *cica*; *quicaour* carnassier Chal. ms; QIGA se fermer, parl. d'une plaie Gr., *kiga* Pel., gall. *cigo*; QIGUENN, f., pl. *ou* complexion, carnosité; *qy-* muscle, *qyguennecq, -nnus* musculeux Gr., cf. gall. *cigyn* caroncule; *qicqder* embonpoint, cf. *quen* 1, p. 540. Voir *lard*, et *Urk. Spr.* 85.

Quichen. En q. auprès Cms; *eorya da quichen ur monaster* jeter l'ancre près d'un couvent D 191. A Tréméven, en Goello, on prononce *kûhen*. *E kichenik Guened* tout près de Vannes *Nikol.* 751. Voir *Urk. Spr.* 79, 80.

QUIDELL, écrit par Gr. *qidell* f., pl. *ou* guideau, filet qui s'attache à deux pieux à l'embouchure d'une rivière, *kidell* nasse Pel., *kidel* f. Gon., pet. tréc. *kidel* f., pl. *yo*, van. *guidéll* f., pl. *eu* guideau, goret l'A.; gall. *cidell* f., pl. *au*, angl. *kiddle*, v. fr. « pescher à quideaux » *Arch. de Bret.* VI, 167; « un guidel ou gort » en 1383

God., mod. *guideau*; KIDELLA pêcher aux filets Gon., gall. *cidella*. Littré n'a *guideau* que dans son *Supplément*, avec un exemple de 1681, et une étymologie par *guider* + *eau*. Le dict. fr.-all. de Ch. Sachs donne de *guideau* les variantes *dideau*, *diédeau*, *diguail*, *diguial*; la forme *dideau* est aussi dans le *Sup.* de l'A. L'angl. *kiddle* est corrompu dans quelques endroits en *kittle*, *kettle*, Robert Gordon Latham, *A dict. of the engl. lang.*, London 1882. M. S. Evans tire le gall. *cidell* du lat. *catillus*.

On peut identifier à ce mot *qydell* f., pl. *ou* litière qu'on met dans la cour et dans les chemins à pourrir pour faire du fumier, à Landerneau, etc. Gr., *kidel* id.; le lieu où l'on place cette litière Gon., cf. l'autre acception du gall. *cidell*, coin d'un champ, coin de terre sans culture. En pet. tréc. *kidelat* veut dire marcher vite, courir, se hâter; cf. v. fr. *les guidelles*, sorte de danse (bretonne?).

Quil. *Arnet pen hâ quil ha troat* armé de pied en cap, Nom. 292, *penn, kîl ha treid* (se laver) entièrement Trub. 138; *Quilgars* reg. Péd. 2· v, 94 v (1565, 1583), etc.; QILA reculer Gr., *quilein* l'A., cf. gall. *cilio*; *kilpennec* opiniâtre Pel., *kilbenhec* Trub. 38; *kilpennad* entêtement Gon.; *qil-dournad* coup du revers de la main Gr.; KIL- DREI errer, aller à l'aventure Gon., gall. *cildroi* tourner le dos; pet. tréc. KILDRO m. détour, *kildrô* inconstant, vagabond Gon., gall. *cildro* action de se tourner de côté, ou de tourner le dos; pet. tréc. *kilweañ, moñd a gilwe* aller de travers *Rev. celt.* IV, 158; *kilwedenet* (fil) embrouillé, entortillé.

Le mot *quiluerz* aheurté Maun., *qilvers* opiniâtre Gr., *kilvers* opiniâtre, indocile, mutin, rebelle Pel., van. *quillourss* mutin, dépiteux, claque-dent, pl. -rsétt, *quillourzénn* mutine, *quillourzein* mutiner, *quillourzereah* mutinerie l'A., cf. v. *dénoncer, impénitent, professer*, semble formé de *quil* et du lat. *verto, versus*. Cf. *penvers* têtu Maun., Mo. ms 200, Trub. 339, *pennvers* opiniâtre Gr., *penvers, penvers* id. et indocile, rebelle Pel.; *penversité* opiniâtreté Mo. ms 155. L'irl. *cuilbheirt* ruse, tromperie, gaél. *cuilbheart* doit se rattacher au v. fr. *culvert, cuivert* misérable, qu'on tire du lat. *collibertus*. Voir *poull*; Urk. Spr. 94.

Quilleguy coqs Cc v. bell, sing. *quillocq, quillecq* Nom. 39, *qilhocq, -lhecq* m., pl.-*lhéyen* Gr., *kilhoghed* Trub. 146; gaul. *Caliācos*, cf.

καλέω, Bezz. Beitr., XVI, 240; Urk. Spr. 73. Le moy. br. *quelhyen raden* et *quelyen raden* sauterelles, est sans doute pour *qilhéyen-radenn* id., sing. *qilhocq-radenn* Gr. = gall. *ceiliog rhedyn*, cornique *celioc reden* id.; altération amenée par l'influence du mot *quelyen* mouches.

Quiluizien charpentiers *Cb* v. *reul*, pl. de *caluez*; *ar guiluizieien* D 112, *qilvizyen*, van. *qelveyon* Gr., *queluion* et *queluerion* Chal. *ms* (cf. le sing. *ar c'halveer* Ricou 96, fém. moy. br. *caluezeres*, voir *quere*). Peut-être *Quilmezien* en 1459, auj. Quilvien (Morbihan) *Chrest.* 198, est-il ce même pluriel : cf. le sing. *calmez* dans *Kaer-calmez* en 1337, auj. Kerancalvez, près Concarneau, *Chrest.* 194, et *cleminsat* couper par petits copeaux avec un couteau Gr., pet. tréc. *kalmichat* = *kalfichat*, *Rev. celt.* IV, 157 (*calueat*, *calueein* charpenter Chal. *ms*). *Calmez* rappelle bien le v. br. *celmed* gl. efficax, gall. *celfydd* habile, irl. *calma* brave, voir *Urk. Spr.* 83.

Quimingadez, voir *quelen*.

Quingnet écorché C, inf. *qigna*, *qignat*, van. *qigneiñ* écorcher; peler Gr., d'où le h. bret. *quigner* *Rev. celt.* V, 223; *koat-kign* écorce de chêne pour faire du tan Trd; *qignadenn*, *qignadur* écorchure, *qigner*, van. *qignour* écorcheur, *qignérez*, van. -*ereh*, -*ereah* écorcherie, lieu où l'on écorche les bêtes; *qignérez*, *qignadur*, *qignadurez* action de peler le bois Gr. Voir *quenn*.

Quinyadus : *cog* — coq chantant; *quinidy* chanteurs *Cb*, pl. de *quinyat*, voir *Dict. étym.*, v. *can*.

Quinizyen offrir, est prob. formé de *quennigaf* j'offre, d'après l'analogie de *binizien*, *bennigaf*; voir *penet*. Van. *keni* offrir *L. el l.* 8, *hui guenic* vous offrez *Choæs* 212. Cf. *Rev. celt.* VI, 390; *Ztschr. f. celt. Philol.* I, 40, 41.

Quynnet. *Lequet y en poan ha quynnet* « mettez-les en punition et sujet de plaintes ou de gémissements » Jér., v. *keini*; Pel. ajoute : « Ce *quynnet* est un participe qui ne paraît pas fort propre en cet endroit. » On serait tenté de corriger le mot en *goanet* affligé, puni, dont la 1re syll. rimerait avec *poan*; mais la rime intérieure peut aussi bien être ici avec *y*. D'un autre côté Pel. cite, d'après un vieux dictionnaire, *guninez* tourment; peut-être faut-il lire *guinnez et comparer *quynnet* (pour **guynnet*?). Cf. aussi *amguin* (voir ce mot) et gall. *gwŷn*, douleur, tourment.

Quirieguez (c'est sa) faute D 115, *qiryéguez* « faute volontaire et coupable », mal, *en da guiryéguez, dre da g.*, *d'az qiryéguez* par ta faute; qiryocq, *qiriecq* cause, sujet, occasion Gr., *kiriêgez* f. cause, sujet, faute, *kiriek, kiriok* 2 s., adj. et n. m., cause, fauteur, complice Gon., *kiriek* G. B. I., I, 118, 132; *kiriekoc'h* plus coupable *Trub.* 304, *qiriet* cause, *Miz Mari* 1863, p. 167, 201, cf. v. irl. *caire* blâme, *cairigud* blâmer; gaél. *coireach* blâmable, en faute, coupable; *coire* m. blâme, faute, crime, bret. moy. *digarez*, excuse, voir *Urk. Spr.* 71.

Quisidic n. d'ho., xve, xvie s., Nobil., *qisidicq* sensible Gr., *kizidik* Gon.; *pacific bep nep* quisidiguez pacifique, sans aucune susceptibilité D 120, *é q.* dans le malheur (éternel), l'enfer 160; voir *iliin*. L'origine peut être le v. bret. *cis* brûlure (pour le rapport des idées, cf. *guyridic*). *Cis* lui-même vient du lat. *cīsum*, extrait des composés comme *accīsum*, de *cædo*; M. Loth cite, *M. lat.* 149, un passsage où *accīsio* semble syn. de *adustio*; gall. *cis* m. soufflet. Cf. bret. *kiza* émousser, se refermer, en parl. d'une plaie, Gon., *quisein* épointer, *quisétt* contus, émoussé l'A., van. *qizeiñ* Gr. C'est peut-être le même mot que *kiza* reculer, s'en retourner, qui existait en moy. bret. Ainsi *ne quis quet* (la fièvre) ne s'en va pas N 1856, peut être proprement « n'est pas coupée, détruite »; cf. *quisein* reculer, céder *Guerz. Guill.* 172 (dans « his cessit lacerans fortiter ungula »).

Un composé de *cis* est le van. *dresqis*, pl. *ëu* passage à l'eau au milieu d'un champ ensemencé Gr., *dressquiss* f., pl. *-izeu* l'A. v. *eau*; *dresqiseiñ* ouvrir un tel passage Gr., *dressquizein* l'A.; *treskiz* m., pl. *-isieu* rigole, petite tranchée pour l'écoulement des eaux Gon., de **treus-quis*, litt. « coupe en travers ». Le gall. *cwys* sillon *Urk. Spr.* 76, pourrait être à *quis* comme *mwygl* à *miñgl*. Voir le suiv.

Quisell ciseau C, *qùisel* f. ciseau (de menuisier) *Voc.* 1863, p. 50, *qisell* f., pl. *ou*, van. *eü*; dim. *qisellicq*; *qisella* ciseler, *qiselladur* ciselure, *-ez* action de ciseler Gr.; *kizeller* ciseleur Gon. Cf. gall. moy. *kuysyll*? Voir le précédent.

Quistinenn châtaigne, châtaignier C, *qistinenn* châtaigne, pl. *qistin*, van. *qestenén* pl. *qesten*, *qistenén* pl. *qisteen* Gr., *kistignen* pl. *kistign*

Pel. id.; *qistinenn* châtaignier, pl. *ou, ed,* van. *qestenenn* pl. *eü, ed*; *kesten* châtaigniers L. el *l.* 62, 74; *guell-qistin* châtain Gr., *rouss-quisstin* l'A.; *Le Questin* reg. Quemp. 3ª, 13, *Castain* 5ª v, *Le Castan* 22, voir *castaing*. **Quistinit** n. de lieu en 1592 *Inv. arch. Morb.* V, 7, *quistinit* châtaigneraie Maun., *qistinid* f. Gr., *kistinid* Gon., du lat. *castanētum; de* **Quistinic**, en fr. de la Chateigneraye, n. d'ho., xvᵉ, xvıᵉ s. Nobil., *de Quistinic* xvıᵉ s. *Inv. arch. Morb.* IV, 180, 271, 288, 296, xvııᵉ s. V, 302, *kistinik* châtaigneraie Gon., cf. l'échange de suffixe dans *digrédic* discrédit; qui est sans crédit; *digrédicq* m. décréditement l'A., *Sup.,* voir *nevez,* p. 445; QISTINECQ, *qestenecq* f. châtaigneraie Gr., *quisstinéc* m. l'A., QISTINA chercher des châtaignes Gr., pet. tréc. *kistina,* van. *quistinein* Chal. *ms.* Voir *caut.*

Quoalen l. catulus C*b* v. *caz*; QOLENNI, *qelina,* van. *qolineiñ* faire ses petits Gr., cf. gall. *colwyno* faire l'office de sage-femme; voir *oade.* M. Rhys, *Goidelic words in brythonic* 279, regarde ce mot *colen,* qu'on trouve dans toutes les langues néo-celtiques, comme emprunté aux Gaels par les anciens Bretons, qui sans cela auraient prononcé l'initiale *p,* la racine étant celle de l'angl. *whelp.* Mais en admettant même cette étymologie, qui n'est pas la seule possible (cf. *Et. gram.* I. 6, 7; Pictet, *Origines indo-européennes,* 2ᵉ éd., I, 470, 471; *Urk. Spr.* 94), la priorité de l'irl. *culian* ne me semblerait pas encore prouvée. Car le voisinage d'un *u* fait obstacle à la labialisation, en brittonique comme en grec, cf. κύκλος = angl. *wheel;* la physionomie de *colen* n'est donc pas plus gaélique que celle de *buguel* berger = irl. *buachail,* grec βουκόλος.

R

Ra, voir *quen* 1, p. 537; *re* 1; *Rev. celt.* XI, 96, 100, 485; *Urk. Spr.* 38.

Rabotat raboter C, *rabotiff* Nom. 196, *rabodta,* van. *-dteiñ, -dtal* Gr.

Rac ma teufemp de peur que nous ne venions (à perdre) Jac. 121, *rac aoun demp dont d'o c'holl* de peur que nous ne les perdions 122;

en em goleri rac beza en em lequeat e coler s'irriter contre soi-même de ce qu'on s'est mis en colère Intr. 203 ; *racse* c'est pourquoi H 60 (et non *rac se*), voir *rauc* et Urk. Spr. 38 ; **rachaer**, *rakaer* faubourg (de Quimper), xive s., Chrest. 227, *raquérr* m., pl. *ieu* issue, sortie ; glacis, esplanade l'A., *raguær*, *ragnær* issue, sortie d'un village, espace attenant au village, en van., Gr. Ce *ragnær* est emprunté à Chal., qui a *ragnér* ; M. Loth corrige en *raguér*, je crois qu'il faut *raquér*, parce que le mot vient après *rangein* ; on lit *raquer* Chal. ms, v. *pastis* et *placis*. Le Raquer, Raquéro, Raquério, Le R. noms de l., Morbihan ; Raquel id., voir *reter* ; gall. *rhaggaer* f. ouvrage avancé, de *rac* et *kaer* ; *raglin* en bas Léon ligne à pêcher, litt. « ligne avancée (à la cime d'une gaule) » Pel. ; cf. *Rachenes* Cartul. de Landévennec, auj. Raguénez = gall. *rhagynys* île adjacente.

Un autre composé de *rac* est le cornou. *rag-eaüst* automne Pel., *ragueaust* Maun. ; litt. « devant l'août », c'est-à-dire sans doute, comme l'entendait Gon., « en face de, qui touche à l'été ».

Voici quelques renseignements sur les noms de l'automne en breton, pour compléter ce qui en est dit Rev. celt. XV, 392-395 ; XVI, 190, 191 ; 226, 227. Au van. *dilost ag er ble* (392), il faut ajouter l'expression *'tilostañ ar bla ec'h omp* (l'année va finir), Pontrieux. La prononciation *calon-gouàn* (393) existe en pet. Trég. : *voar kalon-goañ* la foire de la Toussaint ; cf. *e maré calogoan* ; Almanach de Léon et de Cornouaille, 1877, p. 28. Les deux vers où Brizeux a rendu *kala-goan* par « automne » (393) ont dû être empruntés à la Nouvelle grammaire bretonne... suivie d'une Prosodie, publiée par la Société armoricaine du Breuriez ar feiz, St-Brieuc chez L. Prud'homme, 1847, p. 53 ; là le passage est cité comme étant de « Liwarc'h-hen », et *kala-goañ* est traduit « à la Toussaint ». *Kastel goañ* (227) paraît être le corrélatif de *qastel-hañ*, *qastell-éaust*, « chartil, grande charrette pour les foins, et les blez » Gr., litt. « château de l'été, de l'août », cf. le syn. *qarr-æstecq* Gr., et *castell-qarr* le corps de la charrette, le château Gr. ; *kastel karr* f., *kastel éost* f., pl. *kestel éost* « ridelle, côtes d'une charrette » du Rusquec. L'automne s'appelle à Sarzeau *diskar-eñoñ* (ce dernier mot en une syll.), litt. « déclin de l'été », cf. *diskar-amzer* à Pontrieux, etc. Une autre désignation de la même saison est *goanvàn* m. Ricou 12, 42, 74, litt. « hiver-été », cf. *hañ-goan*. — Voir Rev. celt. XIII, 360.

Radenenn fougère pl. *raden* Gr., *radinênn* pl. *radin*, *radineu* l'A.; *radennecg* fougeraie Gr., *radinêc* f. l'A., *Radennec* n. d'ho. reg. Guing. 126 v, pl. *Prat-an-Radeneier* n. de pièce de terre *Inv. arch. C.-d'.-N.*, E, p. 62; RADENNA part. *-nnet* cueillir de la fougère Gr., *radina* l'A., gall. *rhedyna*. Voir *Rev. celt.* VIII, 139; *Urk. Spr.* 226.

Rae raie, poisson C, *ray* pl. *étt* l'A., du fr. La métathèse des voyelles ne doit pas avoir lieu dans ce mot, voir *quea*; pourtant on lit *roe*, *rea*, *ræ*, *rea* Nom. 46; *raë*, *rea* Maun.; *rea*, *raë*, *ræ* Gr.; *rāe*, *rāhe*, *rée*, *réd* Pel.; *rae*, *rea* Chal. ms. Mais *rea* ne vient pas de *rae*; il vient de *rée* = fr. *raie*, par le changement d'*e* final en *a*, cf. *cicorea* chicorée, *santorea* centaurée Gr.; *fao bras*, *fao Lambala* fèves peintes, faseoles, l. smilax hortensis Nom. 76, *fa briz*, *fao Lambala* fèves bariolées Gr.; cet auteur donne « abricots de Lambale », *fa*, et il traduit « Lambale » par *Lambal*. Le bret. *Lambala* est distinct de l'ancienne forme latinisée *Lambala* et n'était point nécessairement féminin; cf. *Virgila* Virgile Gr. Voir *assamblaff*, *gorgaff*, *Genouefe*, *par* 2, etc.

Raesinaff. *Resigna* résigner (une charge en faveur de qqn) D 197; *resignation* résignation 57. — *Ræson* raison, f. : *he deux* D 67; *-abl* raisonnable 38, 49, 92; *résounicg* raisonnette, raison frivole, *résouner* raisonneur Gr.; voir *renabl*.

Ramaignant reste, du v. fr. *ramanant*, *remanant*.

RAMS géant Nom. 267, homme à longues jambes 273, *ramps* Gr., etc., irl. *roimse* perche, de *ro-m's-* grande mesure, voir *Rev. celt.* XVI, 320.

Rançon. *Ransson* rançon H 6; *rançonet* racheté (à prix d'or) *Conf*[2]. 29. — *Rancun : caffet — ouz an boüegou* (être dégoûté des mets) Nom. 260; cf. pet. Trég. *dirañkoñn*, grand mangeur.

Ranel (*An*) n. d'ho. en 1539 *Inv. arch. Fin.*, A, p. 8; *ranel* curieux, avide de nouvelles, *ranelerez* curiosité Trd; *raneou*, *ranerez* des riens, *ranea* dire des riens, *raneeur*, *ranezenneur* rêveur *Sup. aux dict.* 101; pet. tréc. *ramezeneign*, *ramzeneign* rabâcher.

Rann (avoir) part D 165, *ranna* briser, séparer 152, *rannic* petite partie Pel., RANNIDIGUEZ divisibilité Gr., *rannédiguiah* l'A., gall. *rhanedigaeth* distribution; *rannapl* divisible Gr., *rannable* l'A. Voir *Rev. celt.* VIII, 67, 196, 495; *Urk. Spr.* 227.

Raoul Raoul Gr., dim. dans *Liors*-Raoulic n. de convenant *Inv. arch. C.-d.-N.*, E, p. 60. — *Raoulet* enroué *Cms*, *roulladur* enrouement *Cb* v. *aduocat*, *raouladur* Nom. 216, *raoulamant* id. 258 ; voir *M. lat.* 201.

Rask plane de menuisier ; raskañ, polir avec la plane, au fig. *rasked e bet* il a été raclé, c'est-à-dire refusé, ajourné, par exemple, un enfant qu'on ne laisse pas faire sa première communion ; pet. Trég., cf. *Rev. celt.* IV, 166 ; gall. *rhasg* f. tranche mince ; ital. *rasco* racloir, esp. *rascar* racler, de *rasicare.

Peut-être le van. *rasclein d'en dias* « esbouler » Chal. *ms* remonte-t-il à *rasc'lus*, comme le gall. moy. *raschyl* radula, cf. *M. lat.* 201 ; ou bien est-ce une erreur pour *rusclein d'en dias*, qu'on lit v. *escrouler*, de *risclein*, *rusclein* glisser ? L'adj. *arascl* dur, non mûr, en Cornou. (lin) qui n'est pas assez attendri dans l'eau Pel. semble composé de *a* + *rascl*, comme en moy. bret. *arabat* horrible, défendu de *a* + v. fr. *rabat*, *rabast*, *rabbat*, *rebat* esprit follet, vacarme, poitevin et norm. *rabat* lutin ; cf. *arabadiez* bagatelle Maun., badinerie Pel., *rabadyez* pl. *ou* babiole, ravauderie Gr.

Rastell râteau, pl. *ou* et *restell* Gr., *resteli* gardes (d'une clef) Chal. *ms* (en fr. « râteau », voir Littré s. v., 4°) ; *rastell*, pl. *ou* râtelier ; *rastellicg* petit râteau ; *rastella*, *-llat*, van. *-lleiñ* râteler Gr., voir v. *acquérir* ; *rastellad* râtelée Gr. ; *rastelleur* rapace *Sup. aux dict. br.* Du v. fr. *rastel*, *M. lat.* 201.

Ratouez. *Arratoz* exprès, à dessein D 111, *arratos mat* de propos délibéré 101, *a ratoz*, *a ratoz vad*, *a ratouez vad*, *gand rat*, *gand rat vad*, van. *a ratoh*, *a ratoueh* à bon escient Gr., *a-ratoz-caër*, v. mensonge ; *hep rat din me* sans y penser Maun., *hep rat din* à mon insu Gr. ; *rât*, *ratoz* f. pensée, réflexion Gon.

Rauc dans *a rauc*, *arauc* devant, avant, C ; *en ho raoc* devant eux D 187. Voir *rac*.

Raulhin diffère de *gourrin*, voir ce mot.

Ravénd, pl. *ravéñchou* sentier, dim. *ravénticg* Gr., *ravenhic* Trub. 62 ; *raveñt* m. Gon., *ravent*, *ranvet* Pel., cf. irl. *rámat*, *rámut*, *rámhad* route, qu'on a rapproché du sanscrit *rantu*.

Razaff raser C, *raza*, van. *raheiñ* raser ; « racler, couper, terme de mesureur de grains » ; *razerez*, van. *rahereh* action de racler ;

razadur rature Gr., *rahour* barbier Chal.; gall. *rhathu*, d'un celt. **raz-d-*, parent du lat. *rādo*, selon M. Loth, *M. lat.* 201; cf. *Urk. Spr.* 227. Mais *rādo* ne vient peut-être pas de **razdo*, cf. *Fick, Idg. Wörterb.*⁴, 119, 530; *razaff* s'explique, je crois, par un b. lat. **rattare* pour **rad(i)tare*, qui a laissé des traces dans l'argot fr. *ratichon* prêtre (tonsuré), d'où en rochois *raton*; et dans le bret. *ratoux*, pl. *ratouset* édenté Maun., *ratous* id., brèche-dent Gr., *ratous*, et *ratouset* édenté Pel., *ratouz* ras, rasé, tondu, émoussé, édenté Gon., pet. Trég. *ratous* qui a les ongles coupés ras, d'un haut bret. **ratoux*.

On lit *raset* (édifice) rasé, détruit D 197, sans doute du franç.; van. *razein* raser, effleurer *L. el l.* 52, 154, *raz* il effleure 50, cf. *mont a raz d'en doar* raser (aller au ras de) la terre 112; *raz-arc'h* automne Gr., litt. « ras le coffre ». Voir *rês*.

On peut rapporter à la même origine le bret. *raz* pl. *ou, you* « rat, courans d'eau, ou contremarées très dangereuses, qui se trouvent où les mers sont serrées », *raz, ar raz, ar raz a fontené, raz plougoñ* « le Rat de Fontenai, ... entre l'Isle de Sein, et la pointe de Plougoff » Gr.; *raz* m., pl. *ieu* « rat, rencontre de divers courans de marée, resserrés » l'A. Littré écrit en fr. *raz* m. « courant rapide... dans un canal, entre deux terres rapprochées », avec un exemple du XVIe s. (les raz), et tire du bret. ce mot qu'il assimile encore à l'expression « raz de marée », soulèvement extraordinaire de la mer. Cf. van. *rehin glaü, rehin deur* « une uerse d'eau », *a rehin* (il pleut) à verse, *a rehin'* (il pleut) dur et *menu* Chal. *ms?*

Le van. *rahein* gratter, racler *L. el l.* 190, cf. 38, 188, pourrait bien venir, non de *razaff*, mais de **rachaff* : on dit en pet. tréc. *rac'han* gratter, par exemple les pommes de terre nouvelles, au lieu de les peler; cf. *rac'han* peler (une pomme) *Barz. Br.* 216; = **racc-*, de **rad(i)care?*

Razas certes N 319, 818, ne peut venir de **radacius*, à cause de l's, assuré par la rime; j'ai aussi comparé à tort *ressis*, voir ce mot. *Razas* peut être pour **erazas* : cf. bret. moy. et mod. *rabl*, du fr. *érable*; *ranclés* « qui ne se rassasie » Maun., *ranqlès, rancqlès* et *erancglès, eranglès* insatiable Gr., *rañklez* Gon.; voir *hubot*. **Er-azas* = « très convenable », cf. v. br. *er-derh*, gl. euidentis, et *cam-adas* gl. habilis; voir *couffabrenn*. Le mot *háaz* obscène, que M. de la Ville-

marqué a ajouté au *Dict. br.-fr.* de Gon., peut s'expliquer par
(e)c'hazas, de *ex-adas*, inconvenant. Voir *Urk. Spr.* 28, 29, 86.

Razz. Raz, van. *rah*, pl. *ed* rat Gr., pet. tréc. *raz*, pl. *rahed*; *rat*
pl. *ou*, van. *rah* pl. *eü* rat de fusil, quand le coup ne part pas;
rata, van. *raheiñ* rater, manquer de tirer; *razicg*, van. *rahicq* raton;
razunell, *ratouër*, van. *rahuér* ratière Gr., *rattoüer* Nom. 165;
razunel Maun., *rasunen* Pel.; *ratouar* souricière Maun.; *rateress* f.
ratière l'A.; pet. tréc. *rahetàr*, voir *Rev. celt.* IV, 165. *Razunell* =
rattōnāria, voir *Rev. celt.* XIV, 320. Cf. *crazunell* pl. *ou* « chambre,
ou petit galetas joignant le four, toûjours chaude, ou seche » Gr.,
de *cras*, sec.

1. *Re. Recruel* très cruel; *re droucguiez* « tres grand mauluaistie »,
l. *scelus* Cb v. *drouc*; *o re-caret an den* en aimant trop les hommes
D 21 (gall. *rhygaru*); *re* très Trub. 167, 168, etc. *Reir* trop longtemps, 1 syll., Jac. 128, *Buez ar p. m. Emon* 317, *Rimou* 14; de
même dans *reir amzer* id., Trub. 152. Voir *meur*.

2. *Re. Reall* d'autres D 43, *arre* ceux 17, *à re paour, à re pinuidic,
are claff* les pauvres, les riches, les malades 69; sing. : *ar re à
dispris... mar deo ignorant* celui qui méprise, s'il est ignorant 95;
goude ma en deveux ur ré bennac presanter (lis. *-tet*)..., *é recommand*
après que quelqu'un a présenté... il recommande 62. *Tri re, a re da
re* trois générations, l'une après l'autre Jac. 11 (cf. *Rev. celt.* VI,
528); pet. Trég. *tri re dud* trois ménages, trois familles. Pl. *ar
Reou-vras* les grands *Intr.* 171. L'adoucissement de l'initiale suivante
est de règle après *ar re* ceux, sauf en van. : *er rhé penhuic* les riches
Histoer... J. C. 11, etc. Voir *quen* 1, p. 537, 538.

1. *Real* m. monnaie de compte valant cinq sous, pl. *you* Gr.,
l'usage de ce mot, emprunté à l'espagnol, doit dater de la Ligue,
cf. Gon., Trd, *Ann. de Bret.* VIII, 132; on lit « une réale », Noel
du Fail, *Contes... d'Eutrapel* (1585), éd. Jouàust 1875, I, 6; « une
realle », « II. reales », XVIᵉ s., archives du Fin., God. Voir *parefarth*, p. 462; *Rev. celt.* VIII, 527. — 2. *Real. Beza lavaret rial a
freas* être prononcé bien distinctement Trub. XII.

Réau, *révenn* gelée blanche, pl. *révennou*, dim. *révennicg*; RÉVI,
van. *réaoueiñ*, *réüeiñ* geler Gr., gall. *rhewi*; *révadur* action de geler;
révus sujet à la gelée Gr. Voir *riou*, et *Urk. Spr.* 231.

Rebeig, rebreig. Rebeich reproche D 177; tréc. *rebech* revanche, vengeance G. B. I., I, 348; van. *rebræche* reproche *Choæs* 16, *rebræcheu mad mouguet* remords étouffés 87, *rebreicheu luem* vifs remords 150; *rebech*, *-at* reprocher, *rebechérez, rebechouïgou* petits reproches, *-cher*, van. *-chour* faiseur de reproches, *-chapl* reprochable, *-chus* sujet à reprocher aux autres Gr.; cf. en v. fr. les deux mots *rebecher* réprimander et *rebrichier, rebrecher, rubricher* marquer, teindre en rouge, censurer God., *rebrécher* censurer, critiquer, Lacombe, *rebrescher* Borel.

Rebelant da rebelle à Mo. 145, *rebellant* Mo. *ms* 121; *rebelus* (un) rebelle Mo. 202, (lévites) rebelles 192. — REBET rebec Nom. 213, *rebed* pl. *ou, -ejou* violon, *rebetal* jouer du violon Gr., *rebeta* Pel., *rebetaer* joueur de violon Pel.

Receu il reçoit *Cb* v. *donaesoner*; *receo* id. D 168; recevoir, 2ᵉ s. r. *o*, 129, fut. *recepuo* H 8; *recevour* intendant Jac. 44; *recevidiguez* acceptation, accueil Gr.; *reception* réception D 126, 197.

Rec'h chagrin, tristesse Pel., f. Gon.; *rec'hiff* affliger, dans un vieux diction. Pel., *rec'hi* chagriner; devenir triste Gon., *rec'ha afflige!* Trub. 28; *rec'hus, reac'hus* chagriné Pel., *réc'hus* hargneux Gr., *rec'huz* de mauvaise humeur; inquiétant Gon. *Rech* peut avoir signifié « déchirement » et répondre au gall. *rhych* sillon, voir *reguenn*.

Reciproc. Reciprocation (tu recevras) une récompense, un pareil traitement D 119. — *Recitaff. Hep ho recitery* sans qu'on les fréquente (les sacrements) D 128. — *Recommandi* recommander 189, part. (fête) gardée 80, *recommandation* -tion 177. — *Recompans* récompense 46, *-anç* 44; *-ansi* récompenser 37, *-ensi* compenser (des dommages) 105, *-enset eux é domaig* (être) indemnisé du tort qu'on a souffert 105; *en recompassation* 5 syl., en compensation, à la place de, Mo. *ms* 163, v. fr. « en recompassacion d'un autre cheval », Arch. de Bret. VI, 209. — *Recordifu* rappeler (dans notre mémoire) H 11, se rappeler 23. — *Recours* (avoir) recours (à Dieu) D 54, 87, cf. 126, 172. — *Reculi* reculer 191.

Redec. A redec promptement Jér. v. *réd, a redec huec* avec empressement v. *kempret. Oc'h heul darret va souhetou* en courant après tous mes désirs D 126; *froüez ret* jetton ou scion d'arbre qu'on plante en terre, Nom. 97; *aben de rid er mor* (ramer) contre le courant de la mer *L. el l.* 18; *dônet, dont èn ur red, èn ur penn-red, èn un taul-red, èn ur redaden* accourir Gr.; *rederez gant an lançou* joute, tournoi, courement de lances Nom. 187; *redeuricq*, pl. *-igou* chaise de poste; *laçz red, laçz reder* lacs courant Gr., *laçz reder* Chal. *ms*; *rideréss* f. trappe de fenêtre, *clom-ridênnéc* nœud coulant l'A.; *redadec* course Ricou 135. Voir *Urk. Spr.* 231, 232.

Redigea ebarz é netra réduire au néant D 25. — *Redima* racheter D 118; *-man* Jac. *ms* 3, *-mat* (rime en *at*), Jac. 139. L'inf. *redimaff* n'est pas dans H (impér. *redim*, p. 19). — *Redondi : à zeu da — d'ar Mam* (la gloire du fils) rejaillit sur la mère D 64, part. B 503, ind. pr. 386, J 188 b, v. fr. *redonder*, angl. *to redound*. — *Redotet. Radotti* radoter, *radotteres* radotage Jac. 17. — *Reduiset* réduit D 43.

Reediffiaff rééditier C*b*, du fr. La particule franç. *re-* se trouve avec des mots bretons d'origine, ou bretonisés : *refresquiff* (mettre la bière à) rafraîchir Nom. 134, *reffresquif* rafraîchir (le vin) 162; *renehuéein* renouveler *Voy.* 13, *reneuéein Guerz. Guill.* IV, part. *renevezet Miz Mari Lourd* VIII, *renéhuereah* renouvellement l'A. (forme franç. dans *renouvellas* il rebâtit, restaura D 197); *rehadein* ressemer, *reueaf* = *meat arré* « repaistrir », *groeit ha regroit é bet é brocés* « on lui a fait et parfait son *procés* » Chal. *ms*; à l'île de Groix *revèwet* ressuscité *Chrest.* 378, 379. Le fait étant fréquent surtout en van., on peut expliquer par l'influence de *re-* la forme *revé* prise dans ce dialecte par *hervez*, tréc. *herve* selon.

Refection réfection, repas D 15; *refectionas* il nourrit 94, v. fr. *reffectionner, Serées* de Guill. Bouchet, Lyon 1615, p. 23. — **Reformation** réforme, amélioration (de notre vie) H 10; *refurm* réforme, rétablissement de la discipline, *reform* réforme (de soldats) Gr., *refurme* m. l'A.; *refurmi* réformer (un ordre religieux), *reformi* réformer (un régiment) Gr., *refurmein* l'A.; *refurmèr*, van. *-mour* réformateur Gr., *refeurmour* l'A., du fr.

Refr anus C*ms*. Il y a de ce mot deux étymologies contradictoires, *Urk. Spr.* 56 et 233.

Refug refuge D 67, (sans) recours, remède 139; *refugiet* réfugié 195. — *Refus* refus 192; *en refusas à ur cloc'hic* il lui refusa une petite cloche 190.

Regeneret régénéré Catech. 5 v, D 130, du fr. — **Regimen** g. id. (régiment, gouvernement) C*b* v. *gouarn*; du fr. *Regnaff* à l'inf. n'est pas dans H, mais *regn* il règne, p. 47. Pour le sens de « vivre », cf. bas lat. *regnare* id. (Gram. de Diez 38). *A so breman reingnant* (ceux) qui vivent maintenant Jac. *ms* 77, Mo. *ms* 131. *Da bep reen nevez* à chaque nouveau règne T. Ger. 38. — **Regret** regret D 22, 129, *regretant* plein de regret, affligé Mo. *ms* 105, *regretery* regret, douleur 88; *guétt regrétt* à contre-cœur, parl. des aliments, *regrétt* m., pl. *-édeu* dégoût des aliments l'A., *requet* répugnance Maun., *gand reqed, gand regred* à contre-cœur, *reqedd* dégoût Gr.; pour la suppression du second *r*, cf. *ragacher* revendeur Maun., *ragachèr, ragatèr,* van. *ragatour, regatèr* Gr., du fr. *regrattier; ramocqa, ramocqi* remorquer Gr. (*ramorquein* l'A.); voir *arzorun, reter*.

Reguenn raie (des cheveux) C, réc m., pl. *régueu* sol, partage pour semer les différentes espèces, *changein er régueu* dessoler l'A., v. br. *rec* sillon; rega travailler la terre pour la première fois, légèrement, en bas cornou. faire de petits sillons et des rigoles Pel., v. br. *roricseti* ils auraient sillonné; voir *rec'h*; Keltorom. 74, 75; Urk. Spr. 56.

Reguezen braise Nom. 165, pl. *reguez* Gr., *reghez* Pel., bas léon. *rheghet*, sing. *rhegheden*, pl. *reghedennou* Pel., *ur regueden-dan goloet a ludu* un brasier de feu couvert de cendres Intr. 370. D'après Urk. Spr. 56, ce mot aurait perdu un *p* initial; on pourrait cependant le rapporter à la rac. de l'irl. *riched* ciel, sanscr. *arká* éclair, rayon, p. 229, cf. 40.

Reguiff découper C*b* v. *trouchaff; regueiff* déchirer v. *squegiaff; regny* (lis. *reguy*) D 109; *réghi*, part. *roghet* rompre, déchirer Pel., *regui, roga*, van. *rogueiñ, rougueiñ* Gr., en Goello *rigeign*, pet. tréc. et Goello *rogañ; rong* il déchire, fut. *rongou* Guerz. Guill. 40; *rog* pl. *ou*, van. *roug*, pl. *rouguëu* accroc, déchirure; *roguerez*, van. *rouguereh* action de déchirer Gr.; prob. de **ric*, degré réduit de la racine **reic* d'où *roegaff*.

Regulier 3 s. régulier (à l'office) D 173; *regly* régler 177.

Reiff. *Rei da entent* faire entendre, comprendre, D 15; *en em roy* 2 s., r. *i* je me donnerai (à la méditation) 173; van. ro. vœu Gr.,

L. el l. 92, m., pl. *rôyeu* l'A., *rô B. er s.* 6, 18, 19, 491, etc., proprement « don », gall. *rho, rhodd,* cf. *me mem ro... da sintif* je fais vœu d'obéir N 177. Voir *keurod; Rev. celt.* XI, 115, 117, 119; *Rev. Morb.* I, 137; III, 334, 370-373; '*Ztschr.* de Kuhn, XXX, 217 et suiv.; *Urk. Spr.* 225.

Reiz. An Rez la Loi, J 230, avec pron. plur.; on entend « les livres de la Loi »; *en res ur gouabren* sous la forme d'une nuée, *e res ur sclerigen* sous forme de colonne lumineuse Mo. *ms* 173; *en res ul lot queillien* (tous les diables sont arrivés) comme une bande de mouches 157; *o veza chenchet evel un all en e reiz* étant changé de caractère, comme si l'on eût mis un autre homme à sa place *Intr.* 158; *reïs* f. sexe Pel.; *reïzou* règlements *Discl.* 11; *rezder* clarté (de la langue maternelle) Catech. 5., *reizder, reizded* habitude, facilité, *reizded* rectitude, van. *reihded, reihted* accord, bonne intelligence Gr., *reihtæt* méthode *Voc.* 1863, II; REIZIA, *reizzia, reisia* régler, mettre en ordre, ranger, réduire à la raison; *reizia out ar marw* se disposer à la mort, donner ou recevoir les derniers sacrements Pel.; *réiza* agencer, *réiza diouc'h ur re* s'accommoder à l'humeur de qqn Gr., *ho reisa da* leur apprendre, les habituer à (aimer Dieu) *Cat. imp.* X, gall. *rheithio* régler; *reïzidiguez* agencement Gr.; *reihatt* accorder l'A., *reisaat* s'apaiser, parl. de la mer Trd; REIZER législateur Gr., gall. *rheithiwr;* Reith surnom, Cartul. de Landévennec. Voir *Urk. Spr.* 231.

Réjouissomp : en em — réjouissons-nous D 176, *resiouisses* (lis. *-set*) réjoui 52; *rejoissançou* 5 s. réjouissances 171.

Relegou reliques D 77, *gouel ar relegou* la fête des morts *Bali* 356, sing. *relec* Pel., XIII° s. id., *Rev. celt.* VIII, 67; *releguenn* carcasse; vieille personne fort maigre Gr. Voir *M. lat.* 202. — *Religion* (entrer en) religion D 170, *memprou eux ar Religionou* membres des communautés religieuses 78 (v. fr. *religions, Serées* de Bouchet, p. 16); *religius* (un) religieux D 138, pl. *et* 72, 105, *religieuset* 72, 110, f. *-iuseset* 72, 108, *-ieuseset* 105.

Remet remède D 168, *remed* 29, pl. *ou* 61, 169; *remedy* guérir (qqn) 129, 169. — *Remettet* (péché) remis 42. — *Remontret* remontré, fait des remontrances 113.

REMS durée, particulièrement de la vie de l'homme Pel., *serpan-*

ted a bep seurt remz Historiou 135 = « serpens de toute espèce » *Hist. et paraboles* du P. Bonaventure, nouv. éd., Poitiers 1804, p. 116; *n'hell remsi e nep-leac'h* il ne peut rester en place, tenir nulle part *Trub.* 55; voir *Rev. celt.* XVI, 319, 320.

Remuiff remuer (la terre) Nom. 235; *en on brassan remu* dans notre plus grande douleur, agitation Mo. *ms* 120.

Ren mener. Cet infinitif est resté pétrifié dans *rendaël* disputer, contrarier, raisonner, répliquer Gr.; c'était originairement une locution *ren daël* mener du bruit, analogue au moy. bret. *ren tatin*, et syn. de *ober an daël*, Gr. La conscience de cette composition s'étant perdue, on dit au participe *rendaëlet* Gr., au lieu de *reet dael*; et l'on fit le dérivé *rendaëlus* pointilleux Gr. Ensuite l'assimilation de *rendaël* aux infinitifs où *-el* s'ajoute au radical a donné lieu au participe *rendaët* et au dérivé *rendaër* raisonneur Gr. Voir *renabl*.

On peut comparer à *rendaëlet* de *ren-daël* des formations comme *ledouedou* jurements *Templ cons.*, 77, au lieu de *leoudouet Prep. d'ar maro* 68 = « serments jurés »; *dro cræssevadeu* « ronde de table » l'A., pour *græsseu mat* = bonnes grâces; *chervadeu* festins *B. er s.* 219, *Choæs* 41, pl. de *chervat* bonne chère 23 = *Chermat* n. d'ho. *Inv. arch. C.-d.-N.*, D, 132, 135; *chérvadeenn* goguette l'A., *Sup.*; *meinglasenn* ardoise, du pl. *meinglass* l'A.; *poféro* des marmites, *poférad* marmitée, pl. *o*, en petit Trég., de *po fer* = pot de fer; *poutouarniat*, etc., voir *pot*, p. 507 (contrairement à *Lepodeurstain*, cf. *podour-argantt* orfèvre, *poderi-argantt* orfèvrerie l'A.); *heñprazeo* grands chemins, en dialecte de Batz, *Étude*, p. 20, tréc. *héñcho bras*; pet. Trég. *ituen, utuen* grain de blé noir *Rev. celt.* IV, 467, pour *eden du*; *kermäis* « les habitants d'ici » Pel., de *ar géris ma*, voir *Rev. celt.* XV, 383, 384; *ur c'hardeuric* un petit quart d'heure *Mysteriou ar Rosera*, 1726, p. 142, etc.; en haut breton *enchaud'boiré* ivre, de chaud de boire; en fr. se *gendarmer*; cheveux *poudrederizés* (*Petit Journal*, 6 mai 1892, p. 3, col. 2), etc. Voir *guers*.

Renabl « menable » C. Cette traduction paraît inspirée par une étymologie que j'ai adoptée trop facilement, d'après *ren* mener, *renaff* régner. *Renabl* veut dire plutôt « doux, bon »; il vient du v. fr. *regnable, reinable, resnable*, proprement « raisonnable », comme *drouc renablet* odieux, mauvais; voir *inrenabl*. *Renabl* est traduit chez Maun. par « police »; Pel. dit que Roussel le rendait par

« revue » et « police »; et il ajoute : « C'est une maison, et particulièrement un moulin en état d'être rendu au propriétaire, par le fermier qui le quitte, et tel qu'il doit être remis à un autre. » Cette définition a été influencée par des préoccupations étymologiques, l'auteur regardant *rennable* comme une altération de *rendable* « en état d'être rendu ». Aujourd'hui ce mot se prononce *renap* en pet. Trég. et en Goello et signifie « inventaire, état des lieux qu'on fait avant de laisser une maison à un nouveau locataire ou fermier »; d'où *renabi*, *renabeign änn treo* « faire l'inventaire des objets ». Ce mot *renable* se dit aussi en français de Bretagne : « On appelle *renable*, *souche* ou *ensouchements* les objets... que le fermier reçoit au commencement du bail...; procès-verbal de renable ou d'état des lieux..., l'acte qui contient l'énumération de ces objets » *Usages et règlements locaux... des Côtes-du-Nord*, par Aulanier et Habasque, Saint-Brieuc, 1846, p. 152. « Si le moulin est *au grand renable*, tout ce qui tourne est la propriété du meunier; s'il est loué *au petit renable* » (il en est autrement) *Usages et règlements locaux... d'Ille-et-Vilaine*, par Quernest, 3ᵉ éd., Rennes, 1870, p. 148. Cf. « *Prenant caution de rendre le renable*, hoc est quod Jurisconsultus ait, cum perfecta præstita, probataque ex lege opera sunt » D'Argentré, *Commentarii in consuetudines ducatus Britanniæ*, 7ᵉ éd., Paris, 1661, col. 1369. M. Godefroy cite, v. *raisnable*, des exemples de *renable* m., qu'il explique par « compte », dans des documents du xvᵉ siècle (archives du Finistère).

Rencquont (lis. -out) devoir D 189, *ranquout a ry* tu devras 158, *rancquy* id. 159, *rinquy*, *ur guir intention* il faut que tu aies une bonne intention 128, *rencq* il doit 157, *rancqueur* on doit 68, *an pez à rancquer* ce qu'il faut (pour la cuisine) Nom., à la table; *ne renqueur nemet* il ne faut que (du bon sens, pour...) T. Ger. 25. L'inf. n'est pas dans H. Voir *Rev. celt.* XI, 114, 469, 470; *Sup. aux dict. br.* 55.

Rengenn. *Rangen an brid* « la rêne de la bride » Nom. 181, *rangeenn* chaîne f., pl. *eu*, *rezenn*, *leingenn*, pl. *eu* « resnes » l'A., *rangen* B. er s. 93, pl. *-nneu* 46; *reingeennein*, *rangeennein* enchaîner l'A., p. *rangennet* B. er s. 73, *chapelet ranjennet èn eur* chapelet monté en or Burhud. 6. Voir *Rev. celt.* IV, 165.

Renn quart, quarteron, RENNAT contenu de cette mesure Pel., voir *hubot, parefarth*; cf. « deux renées » *Arch. de Bret.*, V, 246. M. Godefroy cite, d'après les archives du Finistère, « une renee pour mussurer les bledz » (1510); renée, mesure dont les vingt et quatre font le tonneau (1732); auj. *renée*, mesure pour les blés, Finist.

Renoncc dan feiz, l. scisma *Cc*; *renouncy, -oncy* (*d'e-unan*, etc.) abnégation Gr., *-onci* renonciation *Choæs* 129; van. *-oncyeñ* renoncer Gr.; *-oncen* je renoncerais D 171; *renoncyer a Zouë*, van. *renoncyour-Douë* renieur de Dieu Gr. — *Renq. Diouz e rencq* à son tour D 187; f. : *diou reng* deux rangs Nom. 140; *gortos renq* attendre son tour (à confesse) *Miz Mari* 1863, p. 184; *quênt ma rei en dé é rang d'en noz* avant que le jour fasse place à la nuit *Guerz. Guill.* 162; **rengif** (se) ranger Catech. 4 v, *rangiff* Nom. 289; *réncqa*, van. *ranqeiñ, rénguein* Gr. id.; *réncqat*, part. *-qet* accommoder; *rencqadurez* alignement; *réncqad*, van. id. et *rancqad* rangée Gr.; *eur renkennad goulou a bep tu d'ezhi* (une allée) bordée de lumières *Nikol.* 206. Le pet. tréc. *regennad, rigennat* rangée *Rev. celt.* IV, 166, peut être une variante de ce mot; *rijennad* f. traînée (de blé, farine, etc.) H. de la Villemarqué, doit être différent, cf. *rizen* f. rang (de panais), *Alm. de L. et de C.*, 1877, p. 29, pl. *rizennou* 29, 30. — *Rentou* rentes D 196; *ho em renta* (ils n'osent) se rendre Jér., v. *flatr*; *rentaff da speret* rendre l'esprit (litt. ton e.) D 154; *renta* 26; *rentafu* H 13.

Rep cruel, pet. tréc. *rip* (temps) dur, cf. gall. *rhaib* action de saisir, du lat. *rapio*; voir *Rev. celt.* XIV, 307. *Riblaër*, pl. *on*, « larron d'une chose volée » Gr., cf. v. *larcin*, est un composé =*rip-lazr*, à séparer de *ribler*, pl. *-léryen*, que Gr. traduit de même, mais qui est le moy. bret. *ribler* brigand, du v. fr. *ribleur*. En pet. Trég., *riblaër* a été transformé en *c'houip-laer*, qui veut dire « celui qui vole un voleur »; cf. *c'houip, c'huib* voleur, fripon, *c'houipañ* voler, et *Rev. celt.* IV, 149, 150.

Repant. Reppentancz repentance H 17. — *Reparifu* réparer, restaurer 4, *rapari* Gr.; *raparation* réparation, *-rapl* réparable Gr.

Repos reposer D 140, *reposy* 118, 129, 172, *reposi*, van. *-seiñ* Gr.; *reposuan* repos D 152, 164, 170, *reposvan* pl. *ou* reposée Gr. —

Reprehendaf. Reprehensionou reproches D 97. — *Reputaff. Nenem reputan quet* je ne me rebute pas Mo. ms 229, *nanem reputan quet* Jac. ms 33 ; *rebutétt* (livre) apocryphe l'A., *rebeuten* Maun., *rebeuteṅn* Gr. (syn. de *mil-gast*); pet. Trég. *repetuiñ* mettre au rancart, part. *repeluet*, prob. de *reputeet, dérivé du fr. *rebuté*, cf. *pareet* cuit, brûlé Mo. 294, *pareët* guéri, de *pare* id. Gr., = fr. *paré*; *intourdia* étourdir, importuner Bali 142, de *iñtourdy* pl. *ed* étourdi Gr. (du v. fr. *estordi*, voir *amy, etabl*; dans *stodiet é ol guet é bren* « il est tout *engoüé* de son nouvel acquest » Chal. ms, cf. *L. el l.* 192, nous avons, je crois, le correspondant du norm. *étaudi* étourdir, cité par Littré); *assuretîn* assurer, rendre assuré *Miz Mari* 1863, p. 61, *asuretîn* 205, -*in* 6, 89, part. *assuretet* 22, *asuretet* 87, du bret. *asuret* assuré; voir *paraff, bigarre, paluhat, sam*; *poméet* Rev. celt. XVI, 226, *vañduiñ* 233.

Requety demander D 174, -*ettomp* nous demandons 52, -*ettou* des requêtes 67; *requis* requis, obligatoire 114, 197, pet. tréc. *rekis*; *requis* nécessaire, adj. *Choæs* 26, *requis vou* il faudra 84, *er requis* le nécessaire 22; *en treu requissan* les choses les plus indispensables B. er s. 66.

Res mesure (de seigle), N 1552; « par seigle deux renées et un res et demi » *Arch. de Bret.*, V, 246; « soixante raix de seigle, mesure de Quintin » VII, 192; *ras* mesure de grains, spécialement pour l'avoine, mot du dialecte bressan, en 1365, encore usité dans le Dauphiné Rev. de philol. franç. et prov. IV, 17. Cf. (trémen) *é rez*, ou *rez, é reçzed*, ou *reçzed* (passer) au ras, raser, effleurer Gr.; van. *tremeinn rez* raser, passer près; *disscarr rez* raser, *couéhein rêzz* écrouler, *rêzzein* id., *raizein* bouleverser, *raiss* m., pl. *raizeu* croulement, *couéh rêzz*, ou simplement *rêzz* m. éboulement, *discarereah rez* rasement, *rêzadur* éboulis, *raizemantt* bouleversement l'A. Voir *razaff*, et God., v. *rase*.

Respet (court) espace de temps B 124, 608, 639, N 1062, J 124, 144 b, mal écrit *espet* P 82, 179; *e respet d(a)* par rapport à D 58, *respect humæn* respect humain 138, *respet* f. respect Cat. imp. 129, *rezpeti* respecter Bali 216, *respedi* Gr. v. *acception*, part. *respettet* D 56; *respectueux* respectueux 181, *respedus*, van. *respetus* Gr.; *respedapl* respectable Gr. — *Respond* répondre D 156, -*nchou* réponses 23, *responsabl* -able 172, *respountapl*, van. *respontapl* Gr.

Ressis expressément, absolument B 506*, en haut et bas Léon *ressis* « régulièrement » *Suppl. aux Dict. bret.* 100, cf. 84; doit répondre à l'ital. *reciso* coupé, concis, laconique, *recisamente* (se prononcer) nettement, carrément, du lat. *recisus*. — *Rèst* pl. *ou*, *restad* pl. *ou* reste Gr., dim. *restig* L. el l. 46; *restage* pl. *-geu* reste l'A.; *restout*, *rèsta* rester Gr. — *Restaury* rétablir, rendre D 30, *restaol* il répare (le mal fait au prochain) Trub. 220, pet. Trég. *restol* vomir; cf. *retolicq* rhétorique Gr., etc., voir *reter*. — *Resucitet* ressuscité, Cb, v. *ozech*.

1. *Ret.* Le Dr Liégard explique (*Flore de Bretagne*, 1879, p. 13) *reed* par *myrica*, piment royal; ce mot est donc identique à l'irl. *rait*, *raid*, qui désigne le même arbrisseau (angl. *sweet-gale*), Rev. celt. IX, 242.

2. *Ret.* Dre redy par force D 26, (défendu) sévèrement 82; *oc'h red* à la rigueur, en cas de nécessité *Bali* 96, *hep eur ret ar braçza* hors le cas de grande nécessité Trub. 159, *eun dlead eo eus ar. redta* c'est un devoir des plus stricts 122; *redy* contrainte, *redya* contraindre Gr. Voir *Urk. Spr.* 226.

RETER, *avel reter* est, vent d'orient Gr., *réter* m. Gon., *reitér* Voy. 20, Voc. 1863, p. 3, *retel* est, orient Chal. ms, cf. irl. *airther*, comparé à παροίτερος *Urk. Spr.* 37. Voir *quen* 1, p. 539; Rev. celt. XII, 419. Pour le *t*, cf. *eteau* tison, gall. *etewyn*, corniq. *itheu* id., irl. *itharnae* « a rush-light », voir *huytout*, *latar*.

Sur la dissimilation du second *r* dans *retel*, cf. moy. br. *reuir* et *reuil* respect; *error* et *errol* erreur; *greunyer* et *grynol* grenier; *Arlzul* Arthur; *contrell* contraire; *gramel* grammaire; *priol* prieur; *carefoull* carrefour (*quarrefour* Nom. 238); *ordiner* ordinaire, mod. *ordinal*; *orror* horreur, mod. *horroll*, *horreull* Gr.; mod. *renver* et *renvel* trop (v. *meur*, p. 412); *perzier* et *perziel* pl. de *pors* grande porte Pel., moy. et mod. *querniel* cornes de *quernier*, van. *crener* Chal. ms; van. « dame de *Cresquel* » en 1677 *Inv. arch. Morb.* V, 455 = *Creisquer*; *jartiel* jarretière à Sarzeau Chal. ms; voir *alouret*, *merzirinty*, *rac*, *restaury*, *rigueur*, *roch*, etc.; Rev. celt. XVI, 190. On dit à Trévérec et à St-Clet, de celui qui n'a que lui-même à nourrir : *N'en eus na bugel na hursel*, litt. « il n'a ni enfant ni huissier »; de *hurser, cf. An Hursier Rev. celt. V, 331; *hucher* huissier, sergent Gr. (pour l'addition du premier *r*, voir *coustelé*).

Retirafu retirer, mot glosé par *ten*, Catech. f° 19 ; *retirance* refuge, recours *Choæs* 4, etc., du fr.

Retournn de bro (retourner dans son pays) C*b*; *retourniff* Nom. 155 ; *retourn* il retourne D 64, pl. *-ornont* 169, part. *-ournet* 197 ; *nemet na retournec'h* pourvu que vous ne retourniez plus 142, *-nent* qu'ils retourneraient 44, *na retourner muy* (la résolution) qu'on n'y retourne plus 136. — **Retredou** latrines C*b* v. *cambr aes*, du fr. *retrait*; cf. *rettræt* retraite Nom. 232.

1. *Reuff. Roüef, ruef* rame Nom. 152, pl. *rouifuou* 154; *rouëuat* ramer 151, *reuyat, rouëuat, tennaff an roueu* 155, *ruanat* 2 s. *L. el l.* 18, *-natl, -nein* l'A.; ROÜEUER, *reuyer* rameur 318, *révyèr, roëvèr, roñèr*, van. *roüannour* Gr., *ruanour* l'A., gall. *rhwyfwr*. Voir *arsàu*; *M. lat.* 203; *Urk. Spr.* 39.

2. *Reuff. Reuf da guentat ann et* « payle a venter le blé », l. ventilabrum C*b* v. *pal*; dim. *reinhuic-jardrin* f. serfouette l'A. Voir *Rev. celt.* VIII, 509; *M. lat.* 203; *Urk. Spr.* 39.

Reul. Reol règle D 18; pl. *reoulyou* Catech.

Reun. Run crin *Intr.* 274; *reunus* qui tient à la rudesse du crin Gr. Gon. rapporte à ce mot *reûnik* m., pl. *-iged* « loup marin suivant les uns et bœuf marin selon d'autres », *reünic*, bas-léon. *reunicl* loup-marin Pel., qui peut aussi répondre au gall. et cornique *moel-ron*, irl. *rón*, mannois *raun* chien de mer, phoque, que M. Stokes compare à l'anglo-saxon *hron* baleine. Voir *Urk. Spr.* 227, 235.

REUSTL, pl. *ou* brouillerie, état des choses embrouillées Gr., *reûstl, rouestl* (1 syll.) m. brouillerie, confusion Gon., *reûstlou* embarras, malheurs *Trub.* 201; *reustladou* brouillamini, *reustladur* confusion, REUSTLA brouiller Gr., *reûstla, rouestla* brouiller, mêler, tracasser, semer la discorde Gon., gall. *rhwystr* m. obstacle, *rhwystro* empêcher; dérivé du lat. *rete* filet, *Ét. gram.*, I, 66.

Reux, r. *neus(e)* souci, mal, inquiétude D 124; tumulte, agitation 161; *reüx* Jér. (et non *rcex*); *reuseudic* malheureux D 140, cf. 120, *reusudic* 129, 160; **reuzeudigues** misère Catech. 8.

REVERZIOU *bars* (lire *bras*) grandes marées D 191, *reversy, reverzy* f. grande marée Gr., m. Trd, *reverzi, referzi* m. Pel., *réverzi* f.

Gon., *reverhi*, pl. *ieu* grande marée aux équinoxes et aux solstices l'A., *reuerhi* haute mer, hautes marées Chal. ms (M. Loth a mis *reverhi*, éd. de Chal. 104, mais j'ai lu encore *reuerhi* la pleine lune Chal. ms v. *plein*); *reverdi*, pl. *ou* grande marée Intr. 193, *reverdi* m. *Nikol.* 749. Malgré l'accord de cette dernière forme avec le haut bret. et bas norm. *reverdie* cité par Pel., le ᵹ était dur, car *reverzi* = gall. *rhyferthwy* torrent, tempête, v. irl. *robarte*, pl. *robartai*, *robarti* grande marée Z^2 864 ; cf. v. irl. *forbartach* gl. superadulta, luna; *forbiur* cresco; même rac. *bher* que dans *aber*, *Quemper*, etc., gall. *ynfer* embouchure (Urk. Spr. 169, 30). Le bret. *reverdi* n'est pas absolument identique à *reverzi*; c'est le gallo *reverdie*, qui lui-même est le v. fr. *reverdie*, *raverdie* feuillée, verdure, ayant pris le sens de son quasi-homonyme bret. *reverzi*.

Ribault ribaud Cms v. *auoeltr*; *ribaudal* vivre en concubinage Gr. — **Ribin**, pl. *ou*, *ribincq*, pl. *ou* brèche, ouverture dans un fossé pour le passage d'une seule bête à la fois Gr., *ribin* f. id., traces du passage d'un loup, etc. à travers une haie Gon., *ribin* brèche à une haie Nikol. 122, du lat. *rapina* comme le fr. *ravine* ? Voir rep. Cf. l'adj. '*diribin* en pente Gr., Gon. (en pet. Trég. *dirabañs*). Le gall. *rhibin* m. raie, bande étroite, peut être différent, cf. le gaél. *ribinn* = ruban, et le bret. *ribinad* m. bout de chemin Trd ? Le mot *ribinset* (pieds) égratignés, écorchés Nikol. 260, est peut-être parent de *ribincq*.

Rible (du —), sʳ dudit lieu, xvᵉ, xvɪᵉ s., Nobil.; *ribl* bord (de la mer) D 187, rivage (d'une île) 193, le bord (du Blavet) L. el lab. 12; pl. *ou* bord, côte, rive, rivage Gr., m., *é ribl* au bord Gon., *rible*, *rumble* m. bord de la mer l'A., du l. *ripa* ou *ripula*, cf. cornique *ryp*, *ryb*, *reb* à côté de; voir *riff* et *gouziblaff*.

Riboter reg. Guing. 54 v, -*otter* 1 v; *ribodèr*, *ribotèr* celui qui baratte, qui bat le beurre Gr.; id., et grand buveur, débauché Gon.; *ribodérez*, -*dtérez* action de baratter, *ribotat* baratter, *ribotadenn* barattée Gr.

Riboul « le vesseau en quoi len gette leau de la nef » Cb v. *louezr*; *riboull* la pompe (d'un vaisseau), *riboull an scob* bois creux avec lequel on épuise l'eau (dans un navire), l. haustrum, *riboulat* vider l'eau Nom. 152, *riboul*, pl. *ou* pompe, machine à pomper l'eau du fond d'un vaisseau, etc. Gr., m. Gon.; pet. Trég. *riboulat* agiter dans l'eau, rincer, et par extension battre qqn; van. *seël riboulêq* regard farouche *Voy.* 66, *deulagat riboulet* yeux effarés Chal., ms (fr. *ribouler* des yeux, voir L. Rig., v. *calots*; A. Silvestre, *Qui lira rira*, 187, 221; *Petit Journal*, 2 août 93, p. 2, col. 5, etc.; v. fr. *reboler*, *rebouler*). Trd donne *he riboulou*, (je sais) de quoi il est capable. Cf. haut bret. *déribouler* dégringoler. Voir *Rev. celt.* XVI, 235.

Ribus dans *rês-ribus* « rés le bord d'une mesure » Am. = *ribus* et *rebus* « d'emblée, d'abord et comme d'assaut », rapide; rapidement, *ribusdèr*, *rebusdèr* rapidité Gr., gall. *rheibus* rapace, voir *rep*, *ribin*.

Richinaff « richiner » C, *reclinaff*, lis. *rechinaff*, Cb, v. *despitaff*; *recignat*, *ricignat*, *rinqinat* rechigner, *recign*, *ricign*, *rinqin* rechin, rechigné Gr., *requin* bizarre, rebours, *requinereah* m., pl. *eu* bizarrerie l'A., *requinuss* revêche, s. v. *difficile; a requin* à reculons l'A.; *e richinnat* le railler *Intr.* 326. Le pet. tréc. *riskignal* (cf. v. fr. *reschignier*) veut dire ricaner; il semble avoir pris le sens de *richanat* ricaner, beugler, et caqueter comme les poules qui vont pondre Gr., *rinchanat* (beugler), Nom. 215. Gon. distingue *richona*, *richana*, gazouiller comme les petits oiseaux, caqueter, de *riñchana* beugler, mugir; *richona* rappelle l'argot *richonner* rire Delesalle; v. fr. *rinchon* m. sifflement, bruit (du vent) God. On dit aussi en pet. Trég. *riskignat i dent*, grincer des dents, par suite sans doute d'une autre confusion; voir *Dict. étym.*, v. *discroignent*.

Richodenn rouge-gorge C, Gr., f., pl. *ed* Trd; *richoden* Maun., *rujôden*, *richôden* Gon., *rujot*, sing. *rujoden* Pel.; en grand Trég. *richodell*, *richodellik*. Ce mot est coupé *ruj-oden* et expliqué par *rudi-âtinna Et. gram.* I, 61; ceci eût donné en tréc. *ruiod-. Je crois qu'il y a là un composé de *ruz* et *jod* joue, comme l'admet Gon.; cf. les formes *ruz-jot*, *rujot* Trd, et les syn. *boh-ruz*, *bohicq-ruz*, van. *boruicq* Gr.; bas Léon et basse Cornou. *bourouik*, voir *boc'h*; tréc. *jabodiq-ru*, à Sarzeau *jabot-ru*, *jabouru Rev. celt.* III, 59, = « (petit) jabot rouge », voir *gauet*, *javet*; tréc. *koviq-ru*, Alan *kov-ru*, Alaniq *kov-ru*, *evniq kov-ru*; à Gurunhuel *bruched-ru*. Pour le changement d'*u* en *i*, cf. *liorz* jardin = v. irl. *lub-gort*; pet. tréc. *sil-aouret* doré, du fr. *sur*, voir *souffisant*; *inek* onze (en Goello *ënek*); cf. *Et. gram.*

I, 6; *Rev. celt.* I, 220; III, 53. Le cas du van. *ihuel* haut peut être différent, voir *liac'h*. Le cornique récent a de même *idnac* pour *unnec* onze, *igans* pour *ugans* vingt.

RIDELL, pl. *ou,* van. *éü*; *croëzr-ridell,* pl. *croëzryou-ridell, tamoës-ridell,* pl. *tamoësyou-ridell,* crible, le plus gros qu'il y ait, gros sas Gr., *ridel* m. Gon., pet. Trég. *ridel,* sas; RIDELLAT sasser Gr., pet. tréc. id. (cf. gall. *rhidyllio*); *ridelladur* action de sasser Gr.; *ridellad* contenu d'un gros crible Trd., pet. tréc. id.; v. fr. *rideler* passer au tamis, en gallo des Côtes-du-Nord id. God. Gall. *rhidyll* m., gaél. *rideal* f., cornique *ridar,* irl. *rethar,* mot germanique, (angl. *riddle*); cf. *Zeitschr. f. deutsch. Alterth.*, 1888, p. 269, 270; *Rev. celt.* XIV, 300; *Urk. Spr.* 332.

Riff rive Cb v. *glann*, *riffier* rivière v. *fluaff,* dim. **riuieryc** v. *auon; rivier* D 94, *riviér* 2 et 3 s. *Choæs* 153, *rivére* m., pl. *-rieu* l'A., pet. tréc. *rénvier; Traou-an-rivierou* n. d'une issue *Inv. arch. C.-d.-N.*, D, p. 154.

Rigne N 1455. La 1ʳᵉ syll. rimant en *ic,* il est assez probable qu'il faut lire *rigue,* car en breton *gn* rend presque toujours le son de l'*n* mouillé. Cf. van. *rigueasse* dispute, *riguiasse* noise, *riguasse* m., pl. *-sseu* riotte; *rigueassein, -ssale* disputer, *riguassuss* riotteux, *riguiassourr* qui cherche noise l'A.; *rigassat* battre la semelle; « (l'équippage d'un garçon barbier qui bat la semelle) consiste seulement en sa *trousse* »,... *a gonsist', a rigass' en e drouss hep quen; rigassour* batteur de semelle Chal. *ms*? On trouve une syllabe semblable dans *riguiotte, riguiottereah* noise, *riguiottourr* qui cherche noise l'A., mais ces mots rappellent, d'un autre côté, le moy. br. *riot* dispute, pl. *riotou, riodou* Gr.; *riotal* quereller, bambocher, *rioter* bambocheur Trd, *riotterez* dispute D 178.

Rigol C v. *sanell; rigal* C; *rigol* pl. *you, ou,* van. *éü* rigole, *rigolicg* saignée, rigole Gr.; *rigol,* sing. *rigolen* Pel.; van. *riolenn* Gr., pl. *rioleneu L. el l.* 118, id.; *riolenn-garre* ornière l'A., *riolen, rigolen* id. Chal. *ms; riolen* ruisseau *Choæs* 151, dim. *-nniq* 150 (peut-être aussi *ur rioleu hoarnet* un avant-train ferré de charrue *L. el l.* 16, mais je ne vois pas la liaison des sens); hors de Vannes *c'hoari rioul* jouer à la fossette Pel. Cf. *Keltorom.* 109, 110. C'est sans doute le même mot employé au figuré que Gr. donne dans *rigoll* pl.

you biais, ruse frauduleuse; *rigolat*, part. *-let* biaiser, n'agir pas sincèrement; cf. **Rigolet** n. d'ho. reg. Guing. 54 v, *-llet* 42 v, 58 v? Ceci rappelle, d'un autre côté, le v. fr. *rigolet* sorte de danse, ital. *rigoletto*, allem. *reigen*, angl. *ray* (cf. Kœrting 6921); et aussi v. fr. *rigol* m. plaisanterie, réjouissance, *rigoler, rigouler* railler, s'amuser; *riole* f. bavardage, raillerie; partie de plaisir, débauche, en norm. ribote, débauche, en argot divertissement God. Le *Jargon de l'argot* donne *riole* rivière; *rigole* bonne chère, *rigoler* rire; le mot *rire* a dû influer sur l'emploi de *rigoler*, qui est devenu populaire, et se trouve chez Littré. Voir *Rev. celt.* XIV, 288; XV, 366, 367.

Rigueur rigueur H 12, D 31, *rigol, rigolyez*, van. *rigour* id.; *rigolyus, rigolus*, van. *rigourus* rigoureux; *rigolat* part. *-let* agir en rigueur Gr.; voir *reter*.

Rym pl. *aou, ou*, van. *eü* rime; *rymal, ryma*, tréc. *rymañ*, van. *rymein* rimer Gr., léon. *rimel* Barz. Br. 470; *rymer*, van. *rymour* rimeur; *rymadell* rimaille, *-a* rimailler, *-ller*, van. *-llour* rimailleur Gr.; pet. tréc. *rimostel* pl. *o* formulette rimée, cf. *rismadel* récit imaginaire *Hist. ar b. Mizer* 1.

Riou (avoir) froid C*b*, 1 s. J 77 b, D 165; *Le Ryuet* Quoatg. II, 9; RIVIDICQ (homme) frileux Gr., pet. tréc. *rivediq*, cf. gall. *rhewedig* gelé; *rivus* (temps) frileux Gr.; cornou. *riell* glace qui commence à se former, verglas, frimas, glace mince Pel., *riel* m. Gon.; *riella* commencer à glacer, verglacer, tomber en frimas Gon. Voir *reau* au *Dict. étym.*, et plus haut *réau*. Je crois que les formes ayant *i* ont pu être influencées par les autres, mais se rattachent à une origine différente, sans doute germanique, cf. v. norois *hrim*, angl. *rime*, v. fr. *rime, rimée*, norm. *rimée* gelée blanche God.; v. h.-all. *hrîffo, rîfo*, auj. *reif*.

Ris du riz C, Nom. 75, *riz*, van. *ry* Gr., *rie, ry, ri* m. l'A.; *rizenn* pl. *ed* riz, plante Gr., *rizæc* f. rizière l'A., *Sup*.

Risclaff. A ioa ricled divar an ent mad (elle) avait failli Bali 238; *riclus* (glissant), Nom. 222; *ricqladenn, risqladenn* glissade, *ricqladur, -ez*, van. *risqladur* action de glisser, *ricqlouër* pl. *ou* glissoire; *lacz ringler, lacz rinql* lacs courant Gr.

Roason Rennes D 169, *Roazoun, Roazon, Roéson, Roaon, Roëon* Gr., pet. tréc. *Raon*; van. *Ruan* l'A., *Roëhon, Livr bugalé Mari* (au titre),

Roahon 127; à Sarzeau *Roañ-doar*, à Sᵗ-Gildas *Ruiañ-doar* = « Rennes en terre », par opposition à Rouen, *Rev. celt.* III, 59; *Roazounad* pl. -*nis* « Rennois », van. *Roëonad* pl. -*nis* Gr., *Roahonis Livr bug.* M. 127.

Robic n. d'ho. *Arch. de Bret.* VI, 219; xvIIᵉ s., *Inv. arch. C.-d.-N.*, B, p. 62; dim. de Rob, employé par Brizeux *Œuvres*, 1861, II, 189, 191-193, comme abréviation de *Robin*, 189-191, 193.

Roc outrecuidant C*b* v. *foll*; orgueilleux, *dre* **roguentez**, l. contumaciter v. *desfaill*; *rokob* plus sévère *L. el l.* 164; **rochony** fierté C*b* v. *garu*; *roguentez*, *rogouny*, *rogôny* arrogance, fierté Gr., *raugoni* Chal. *ms*, *rocadur* l'A., *Sup.*; *rokaat* devenir fier Gon.

Roch roche C; *Le Roc'h*, en fr. « de la Roche » xvᵉ, xvIᵉ s. Nobil., du *Roc'hcaëzre* sʳ dud. l. xvᵉ, xvIᵉ s. Nobil.; -*roch*, *roc*- xIIIᵉ s. *Rev. celt.* VIII 69; cf. *Toul-Diou-Roch* n. de lieu *Inv. arch. C.-d.-N.*, E, p. 15; pl. *En-Rohou-Bras* convenant 66; *reyer* D 191, *rehyer*, *rec'her*, *reher*, van. *rehér*, *rohéü* Gr.; *roc'hek* plein de rochers Gon.; **Rohel** n. d'ho. en 1580 *Inv. arch. Morb.* V, 423, *Roguel Inv. arch. C.-d.-N.*, E, p. 9, *Rocquel* 22; *roc'hell* pl. *ou*, van. *rohell* pl. *éü* roche Gr., *roc'hel* f. Gon.; *Parc-an-Rohello-Uhellaff* pièce de terre xvᵉ ou xvIᵉ s. *Inv. arch. C.-d.-N.*, E, p. 234, *Prat-Rohellou* 73; *Roc'hell*, *ar Roc'hell* La Rochelle, *Roc'hellad* pl. -*llis*, -*llidy* Rochellois; *roc'hellaich* rocaille Gr.; *roc'hellek* plein de roches, de petits rochers Gon.; *Rohellec*, *Le Rohec*, lieux du Morbihan. *Rec'hel* rochers, r. *el Annexes aux comptes-rendus du congrès celtique* Sᵗ-Brieuc 1868, p. 52, etc., peut venir de *rec'her*, voir *reter*, ou être un plur. de *roc'hel* (cf. *perc'hell* pourceaux). Voir *Keltorom.* 77; Kœrting 6961.

Rochat euel march froncer les narines C*b* v. *fron*; gall. *rhochi* grogner; ROC'H ronflement, râlement Gr., gall. *rhoch* grognement, cf. *Rev. celt.* VII, 45; *roc'hèr* ronfleur, *roc'hérez* ronflerie, *roc'hell* râlement, -*at* râler Gr., de **rocc-* pour *ronc-*, du l. *rhonchare*; voir *conniffl*. La forme *ronc* se montre, d'ailleurs, dans RONQAT, *ronqellat* râler, *ronqell*, *roconell* râle, *roncqenn* glaire Gr., *roñkel*, *rokonel*, *roñkonel* f. râle, *roñken* f. glaire, flegme, pituite Gon., pet. Trég. *reñklen* râle, cf. cornique *rencia* ronfler, gall. *rhwncian* râler, v. gall. *runtniau*, lisez *runcniau*, ronflements (espagnol *roncar*, etc.). Le van. paraît avoir mêlé les deux prononciations *roc'h* et *ronc*, dans *rohquénn* f., pl. *eu* râlements, -*ein* râler, *cousscadeell rohqueennéc* apoplexie l'A., où -*quen* a fait l'effet d'un suffixe. Voir *M. lat.* 202, 203.

Rochedec n. d'h., reg. Péd. 143 b (1594), *Rochédec* xv*ᵉ*, xvi*ᵉ* s., Nobil., *Rochedec, Le R., Inv. arch. C.-d.-N.*, E, p. 14; dérivé de *rochet*, chemise. L'A. donne le dim. *rochaidic gloan* f. tunicelle.

Rodellec (*Le* —), n. d'ho. xv*ᵉ*, xvi*ᵉ* s., Nobil., *bléau rodellecq* cheveux naturellement frisés Gr.; *bleu rodellet* poil follet, barbe qui commence à venir Nom. 36, *bléau rodellet* cheveux frisés par artifice, *rodella* friser Gr., *rodelha* Trub. 198; *him rodelein, querhein glorius* « se quarrer », *rodellein, pompadein, ober pouf* « braver » Chal. *ms*; pet. tréc. *rodelat* se carrer en marchant, *rodeler* celui qui le fait, cf. *rodal, ober e rod* faire la roue comme les paons *Intr.* 258, *er Pan... a ra el loste rodællæc* le paon fait la roue; *cavæl-rodælléc* berceau à roulettes l'A.; RODELL pl. *ou* boucle (de cheveux) Gr., *rodel* f. Gon., pet. tréc. '*n i rodelo* (reptile) pelotonné sur lui-même, en rond; gall. *rhodell* action de tournoyer. Voir *rot, Ruduiller*; *Rev. celt.* XII, 418.

Roe. *Drouc an roué* écrouelles Nom. 263, pet. tréc. *droug ar roue*, (qqf. *droug 'n anpereur*), v. fr. « le mal le roy »; *ro-er sen* le roi des saints D 21; à Sarzeau *rui*, f. *ruannies, rouannies Rev. celt.* III, 53; *roüanez* rois D 26, 195, *roüanes* 190, *goüel ar Roüanez* la fête des Rois 70, *gouel ar rouanez Nikol.* 15, etc., c'est le sens de *gouel... ar rouanez* H 53 (et non la Purification, qui s'appelle *Chandelour* H 26, etc.), *rouaned* rois *Nikol.* 7, *Buez... s. Jos.* 1868, p. 17; *rouanné* 2 s. *Choæs* 34, *rouéed* 2 s. *L. el l.* 166, pet. tréc. *rouanne; roeanez* reine H 46, 47; *roentelez* règne 2, *roüantelez* royaume D 36, 52; *Le* **Roeyc** Anniv. de Trég. 4, *roüeïcq, rveïcq* pl. *rouëedigou, roëdigou* roitelet, roi d'un petit pays; *roëal, real* royal, *roëalist* royaliste, *roëlez* royauté Gr. Cf. *Rev. celt.* VII, 313, 314; *Chrest.* 162, 163, 228, 229; *Urk. Spr.* 230; d'Arbois de Jubainville *Les noms gaul. chez César*, I, 7, 8.

M. Richard Schmidt, *Idg. Forsch., Anzeiger*, VI, 84, 85, attribue à ces mots trois origines distinctes : 1° lat. *rēx*, d'où le bret. *roe*, cornique *ruy*; 2° gaul. **rei-mo-*, cf. *Urk. Spr.* 229, d'où le cornique *ruif*, gall. *rhwyf* roi, f. *rhwyfanes*, cornique *ruifanes*, bret. *rouanes* pour *roevanes, la chute du *v* étant due à l'analogie de *roe*, comme aussi dans le bret. *rouanez* rois; 3° gaul. *rigant-* d'où v. bret. *riant-*;

le v. br. *roiant-*, moy. *roeant-* dans *roeantelez* royaume = *riant-* influencé par *roe*. La raison donnée par l'auteur est que l'$\bar{e}$ ario-européen devient toujours $\bar{\imath}$ en celtique ; il ne voit pas non plus comment un gaul. **rēganto-* aurait abouti en bret. à *roe*.

Sur ce dernier point, on peut répondre que **rēganto-* dérive d'un participe **rēgans*, **rēgantos*, qui devait donner *roe*, comme **carans*, **carantos* a donné *car* parent, ami, plur. *querent*, v. irl. *cara*, gén. *carat* ; cf. moy. bret. *goff* forgeron, v. irl. *goba*, gén. *gobann*, avec un suffixe différent.

L'explication de *rouanes* reine par **roim-an-es* est, à mon sens, très improbable, le v. bret., qui a souvent *roiant-*, etc., ne présentant aucune trace de **roim-*. Je crois plutôt le cornique *ruifanes* altéré, d'après *ruif*, pour un ancien **ruianes*, de **ruian*, cf. v. irl. *rigan*, *rigain* reine, gall. *rhiain* jeune fille ; pour l'addition de *-es*, voir *mazron*. C'est de ce féminin que provient encore la terminaison du bret. *rou-anez* rois = gall. *rhi-anedd* jeunes filles. Sur la variante moderne *rouaned*, voir *quen* 1, p. 545 ; cf. *grâgiet* et *gragi* femmes, à Sarzeau, *Rev. celt.* III, 58 [1].

Reste à expliquer comment, le v. celt. prononçant $\bar{\imath}$ pour *e* long, le brittonique présente $\bar{e}$ à côté de $\bar{\imath}$. Mais il n'est pas sûr que l'$\bar{e}$ ancien eût complètement disparu du gaulois. *Anderēx*, *Voltrēx*, *Les n. gaul.* 6, 7, paraissent concorder avec le bret. *roe* ; ce *-rēx* est à *-rīx* comme *Dumno-co-vēros* à **vīros* attesté par le léon. et van. *guir* (*vēros* eût donné en ces dialectes **gwer*, **gwir*). Le léon. *an-oued*, van. *anoüet*, *eroüet* froid, et le van. *a-ouit* engelure (voir ce mot) sont composés de **vēl-*, cf. ἀήτης, etc. ; l'irl. *feth* air, souffle, = **vĕt*. Des alternances semblables se montrent entre bret. *enep* visage, gall. *wyneb* ; cornique *ebron* ciel, gall. *wybren* (d'où par analogie *gwyneb*, *gwybren*, voir *youst*, p. 339 ; cf. gall. *wylo*, *gwylo* pleurer, van. *ouilein* l'A., Chal., etc., *ouilein*, *gouilein* Chal. *ms*, moy. br. *goelaff*, pet. tréc. *gwélañ*, en Goello *gwolañ* ; mots rapprochés de l'irl. *éile* chant, Stokes, *Ztschr. f. celt. Philol.* I, 72 [2]). La différence

---

1. Chal. *ms* donne *yondreh*, *yondré* oncles, au lieu de *yondrétt* l'A., etc., ce qui rappelle le gall. *ewythredd* ; mais peut-être y a-t-il eu influence de *nid* neveux Chal. *ms* = br. moy. *nyez*.
2. L'origine de ces mots a pu être une interjection, cf. ἐλελεῦ, ἐλελίζω, slave *ole*. L'angl. *to wail* est regardé par M. Skeat comme d'origine scandinave (island. *vœla*) et dérivé de l'interj. *woe*, got. *wai*, lat. *vœ*. Sur le domaine roman, on trouve *oualer*

du gall. *twymedd* chaleur à l'irl. *timme* tient à un allongement compensatoire (*tēmiā* de *temmiā*); sur ce point le vocalisme gaul. semble d'accord avec le brittonique : *lacus Bēnācus*, Βήνακος, cf. *Canto-bennicus mons*, irl. *benn* corne; *bennach* cornu; bret. *boas*, v. irl. *béss* coutume, = *bēssu-* [1], expliqué par *benttu- Bezz. Beitr.* XX, 35 [2] (cf. 34, n. 6).

Le gall. *llwyr* tout entier, indique un gaul. *lēro-*, qui peut répondre au grec πληρό-ω, v. lat. *plērus*, *Urk. Spr.* 42 [3], tandis que le comparatif v. gall. *liaus*, bret. *lies* (sans doute aussi l'irl. *lia*) témoignent d'une forme *līiōs*. Inversement, le gall. *hir* long, bret. id., = *sīros*, a un comparatif *hwy* = *sēiōs* et un superlatif *hwyaf*, v. br. *-hoiam Rev. celt.* XV, 93 = *sēamos*; l'*ī* se montre partout en irl. : *sír*, *sía*, *síam*. M. Loth explique, *M. lat.* 178, le gall. *hwyr* tard par l'influence de *hwy* sur *hir*. Cette alternance a parfois pour cause un double traitement de la diphtongue *ei* : gall. *hwy*, bret. *hi* ils, = *sei*; v. br. *hoiarn* fer, et *ihern* dans *Cat-ihernus*; moy. br. *foeonnenn* fleur blanche l. ligustrum C (*feon*, *freon* « bonshommes, fleur jaune » Gr., *féon* narcisse Liégard 6), v. gall. *fionou* roses, irl. *sion* digitale; mais c'est bien douteux pour le bret. *hoazl* âge (voir ce mot), v. irl. *síl* race; et c'est impossible pour le moy. bret.

---

appeler Ch. Ménière *Glossaire angevin* (*Mém. de la Soc. acad. de Maine-et-Loire*, XXXVI); *oualer*, *vouâler*, *goualer* héler, crier, appeler de loin P. Martellière *Glossaire du Vendômois*; argot *goualer* chanter; cf. fr. *goualette* nom populaire de la mouette tachetée Littré; *goëlette*, et *goëland*, angl. *gull* (plur. v. bret. *guilannou*). Le v. irl. *foilenn* est peut-être d'origine brittonique.

1. Dans ma thèse *De Virgilio Marone grammatico*, p. 30, j'ai indiqué comme possible l'identité de *bēssu-* avec le mot *bessus* dont parle cet auteur : « *bestia dicitur de bessu, hoc est more feritatis* » *Virgilii Maronis grammatici opera*, éd. Huemer 85, cf. « bestia de besu hoc est ferocitate », 83; « bestia dicitur de bessu, hoc est more ferocitatis » Th. Stangl, *Virgiliana*, Munich 1891, p. 63. Ce serait une étymologie de même genre que « labia ex labore loquendi dicta intelleguntur », *Virgiliana* 64, tirée d'un mot vulgaire *bessus*, synonyme gaulois du lat. *mos*. Mais il est possible aussi que le grammairien ait voulu gloser *bessu* par « more ferocitatis », et que ce mot ait été forgé d'après le nom des Besses, peuple thrace renommé par ses mœurs cruelles : cf. « Bessorum feritas », *Sancti Hieronymi opera*, Paris 1706, t. IV, 2ᵉ partie, col. 268.

2. Le bret. *groez* chaleur, expliqué à cet endroit par *grēs* de *ghrens-*, sanscr. *ghraṁsa-*, tandis que l'irl. *gris* feu serait pour *grins* de *ghrus-*, me semble inséparable du gall. *gwres*, qui n'indique pas en v. celt. *grēs-*, mais *gor-es-*, cf. θέρος, sanscr. *haras* (même suffixe que dans le moy. bret. *tés* ardeur, gall. et irl. *tes*, sanscr. *tapas*). Voir *grues*, *toupyer*.

3. Le même ouvrage tire, p. 242, *llwyr*, irl. *col-léir* tout à fait, de *leiri-s*, sans donner d'étymologie. On peut supposer *plei-* de *plē-y-*, cf. *Urk. Spr.* 41.

ehoazyet (voir ce mot, et *miñgl*). Si l'on avait réussi à interpréter autrement les indices d'un ancien *ē* gaul., on n'aurait pas encore prouvé que *roiant-* vienne de *rēx*; car le rapport de *hoiarn* à *ihern*, etc., a pu faire créer à côté de *riant-* un équivalent *roiant-*. Le gall. montre aussi *oi* et *i* devant *a* dans *mwyaren* mûre, *miaren* ronce. Voir *rum*.

M. R. Schmidt pense que le bret. *roe* vient de *rēx* exactement comme *ploe* de *plēbs*. Mais *ploe, pluev*, v. br. *pluiv*, etc. (voir *ploue*), représente *plēbem, plēbēs* ou *plēbis*, cf. M. lat. 196; la comparaison de *peuch* = *pāx* prouve, d'un autre côté, que *roe* remonterait plutôt à *rēgem* ou **rēgis* qu'à *rēx*. En fait d'emprunt latin, j'admettrais seulement ici celui du lat. *rēgnum* dans le v. br. *roen-, roin-, ron-*, qui peut remplacer le celtique *roiant-, roeant-* dans des noms propres, Chrest. 162, 163; cf. v. gall. *roenhol* suite royale.

Roedennaff défaillir C, *reudi*, van. *redeiñ, reudeiñ* roidir Gr., *rœltein, rœdein* l'A., part. *redet* Choæs 52, *red* il dresse (les oreilles) L. *el l*. 110; *reudt* roide, *reudder, reuder*, van. *redér* roideur Gr., *rœdadur* l'A.

Roegaff déchirer C, *roëga, -gui, reuga*, van. *roëgueiñ* Gr., *roegueiñ* L. *el l*. 170, cf. 166; ROËG, *reug*, pl. *ou* déchirure Gr., gall. *rhwyg*; *reuguérez* action de déchirer Gr.; voir *reguiff*.

Roet. Roed rets, filet C*b* v. *seulen, roedeur* faiseur de rets v. *gouly*; pl. *rovegou* D 41; *roédén* le voile (est tombé de mes yeux) Voy. 73, cf. gall. *rhwyden* petit filet; ROUÉDA pêcher aux filets Gon., cf. gall. *rhwydo* prendre dans un filet; voir *reustl*.

Rog an pesq huchete à poisson, l. *gurgustium* C; *rog* frai de poisson, œufs de poisson dont on fait de l'appât, surtout pour la sardine Pel., du fr. *rogue; rogués* resure Gr., du plur. *rogues*.

Roinnus « grateux » C*b* v. *dibriff, rougnus, rouignus*, van. *rougnous* qui a la rogne Gr., *roignouss* l'A.; *rougnek* id. Trd; *rougnen, rougn* rogne, van. *roigneiñ* devenir galeux Gr.; *rouigna* rogner, ronger Pel., voir Rev. celt. XVI, 234. — *Romæn* (Église) romaine D 85, *Roman* pl. *ed, is* Romain Gr., *Romanistet* Chal. ms v. *loy* (voir *Leonis, Juyff*); *Romein*, pl. *-nnétt* l'A.; *Roum* Rome C*b*.

Rompl (*Le*) reg. Quemp. 4, *Le Romple* 2ᵃ, *Le Romp* Anniv. de

Trég. 14 v, = *rouñphl* pl. *ed* ogre, sorte de monstre Gr., *rouñfl*, *ronfl*, *roufl* Trd.

Roncet et *ronceet* chevaux. Cf. *rounçet* Nom. 116, 182, et *rounçeet* 132, 182; *ronceed* Gr., sing. *ronce* (cornou.) Gr., *roñsé*, H. de la Villemarqué; *ronceiq* pl. *roncedigou* bidet Gr., *roñsik* Trd.

Roperz reg. Plouezec 4 v, 11, reg. Péd. 6 b, 15, 100 b (1566, 1567, 1584), *Roparz* 170 b, 184 b (1599, 1601), *Ropertz* II, 24 (1630), reg. Quemp. 31, *Ropperz* reg. Guing. 224, reg. Plouezec 10 v, *Ropert* 8, *Rozperz* Anniv. de Trég. 4; sieur de Kerropertz en 1599, *Inv. arch. Morb.* IV, 278; *Ropers* décès Guing. en 1628, dim. ROPERSIC 1667; *Rotberth* Cartul. de Landévennec; formes bretonnes du nom germanique *Robert*. Gr. ne donne que *Robert*, *Robart*; cf. *Barz. Br.* 198.

Ros tertre, colline, cf. *Rev. celt.* VII, 203 ; *Rosgo* Roscoff D 192, *Rosgoñ* Gr.; *Rosgoñad* pl. *-ñis* habitant de Roscoff; *Rostrenen*, *Rostreen*, *Rostren*, van. *Rostrenan*, *Rostranen* Rostrenen Gr.; du *Roz*, en fr. du Tertre, et *Rozou*, en fr. des Tertres, noms d'ho. xv^e, xvi^e s., Nobil.; *Roziou-Bihan*, *Roziou-Bras* n. de convenant *Inv. arch. C.-d.-N.*, E, p. 70; *Rosmarch* n. d'ho., reg. Quemp. 5, auj. *Rozmarc'h*; *Rozmelchon* G. B. I., I, 308, dim. *Rozikmelchon* 318, Le **Rosic** n. de lieu, xiiie s., *Rev. celt.* VIII, 69, [r]*osan* id. dans *Quaer-osan* ibid.; *ros*, tertre Maun.; pl. *you*, petit tertre couvert de fougère ou de bruyère Gr.; n'est pas inusité comme le croyait Trd : *roz* G. B. I., I, 314, *Mélusine*, III, 572; *é rid... ar er manéieu raus* « (il) gravit les plus hautes montagnes » L. el l. 218; voir *diarros*, *torocennic*. Peut-être y a-t-il un dérivé de ce mot dans « seigneur de **Roziellec** » en 1564 *Inv. arch. Morb.* V, 422. Pel. donne *reüseulen* éminence, banc de sable. Cornique *rôs* prairie sur une montagne; v. irl. *ross* promontoire boisé, sanscrit *pra-stha* plateau, Strachan, *Bezz. Beitr.*, XII, 301; *Urk. Spr.* 312; voir *aros*.

Rosell rouable C, *rosell-gamm*, pl. *rosellou-gamm* « rable ou roüable » Gr., *rozéll* f., pl. *eu* rable de four, *roseell-fournn* râteau uni pour balayer le four, *roseell crampoah* galetoire, râteau uni pour étendre la pâte l'A., *roséll* râteau pour le mortier, v. *raboter*; pet. tréc. *rozelat arc'hant* gagner beaucoup d'argent. Dérivé du lat. *rādo*, *rāsum*; cf.

v. fr. *rasel, roisel, rezeau* m. morceau de bois pour enlever les grains de blé qui dépassent les bords du boisseau God.

Rosênn, pl. *eu* et *ross* rose l'A.; *ros-moch* pavot Nom. 90, auj. *roz moc'h*; *Rozec* n. d'ho. en 1571 *Inv. arch. Morb.* V, 111, *An autrou Rosecg* Monsieur de la Roseraie Gr.

Rossecu souci, fleur *Ca, Cb*; *roussingl* « soulcie » Nom. 81, « soucet » 83.

Rostou des rôts Jér. v. *soub*; ROSTÈR rôtisseur Gr., *rosstourr* f. *rossteréss* l'A., gall. *rhostiwr*; *rosterez* rôtisserie Nom. 129, *-erez* Gr., *rostereah* m., pl. *eu* l'A.; *rostadur* action de rôtir Gr., l'A.

Rot roue C; *rodage, rodereah* m. rouage l'A.; *bleo* RODEC poil follet Nom. 17, cf. gall. *rhodog* qui a des roues; voir *Rodellec* et *Urk. Spr.* 232.

Roudenec n. d'ho. en 1477 *Inv. arch. Fin.*, A, p. 14, de ROUDENN pl. *ou* raie, ligne tirée, d'où *roudenna* rayer Gr.; pet. tréc. *roudien* trace, sentier (dans la neige, etc.); *roudienet* marqué d'une empreinte; *mañ roud i dorn warni* on y reconnaît sa main (en parlant, par exemple, d'un dessin d'artiste); *routeu* routes *Choæs* 127, *routa* marcher, faire route D 126. Voir *Sup. aux dict. bret.* 38, 57.

Roudoez gué C, *rodoez* en 1259 *Rev. celt.* VIII, 69; *rodoed* Cartul. de Landévennec 156; voir *Chrest.* 162, *Urk. Spr.* 38.

Roüez clair, qui n'est pas épais, ROUËZZÂT devenir ou rendre clair Gr., gall. *rhwyddau* rendre facile; cf. *Urk. Spr.* 229.

Rouhenn empan C, *raoüan, rac'hwen*, prononcé communément *rahoüen*, van. *rohoan* Pel., *rouënn* f., pl. *ou*, van. *rohan* pl. *ëu* Gr., *rohann* m. l'A., pet. tréc. *rowen*; *raouen guenou* (grande bouche) Nom. 270; *raouënnad* mesure d'un empan Gr., *rac'hwennat*, sing. *-nnaden* Pel.; RAOUËNNA, van. *rohañneiñ* mesurer par empan; bien battre qqn Gr., *rac'hwenna* Pel., gall. *rhychwantu, rhychwannu*; RAOUËNNER, van. *rohannour* celui qui mesure par empan, ou qui bat un autre Gr., bas cornou. *rac'hwenner* chenille... qui plie tout à fait son corps pour marcher Pel. (chenille arpenteuse), *rouëner* cosson Gr., gall. *rychwantwr*. Le rapport de *rouhenn* à l'irl. *rén* rappelle celui du bret. moy. *crochenn* peau, irl. *croccenn*, au gall. *croen* = *croc-n-*. La racine est celle de ὀργυιά, ὀρόγυια, ὄρεγμα, ὀρεγνύς, voir Stokes,

Academy 25 avril 1891, p. 399; *Bezz. Beitr.* XIX, 104; XX, 10; *Urk. Spr.* 231. Le gall. *rhychwant* doit être altéré, par l'analogie de *rhy, chwant* (grand désir). Peut-être le bret. *rouhenn* vient-il de **roeh-an-*, compromis entre **roen = *rēn*, **reg-n-* et **re(h)an = *reg-an-*. Sur l'*h*, voir *diloh, trè*. Pour l'alternance de *-n-* et *-an-*, cf. en grec στεγνός et στεγανός, κεβλή et κεφαλή, σινδρός et σιναρός, en gaul. *Cavarinus* et *Caurinus*.

Roussin résine Maun., m. l'A., *rouçzin* Gr., *rousin* m., *rouskeñ* Gon., pet. tréc. *rousin; rouçzinecq* résineux Gr., *rouskeñek* Gon.; irl. *roisín* Lhuyd 139; cf. prov. *rozina*, angl. *rosin*, v. fr. *rosine*. Ces formes paraissent dues à l'influence, sur le lat. *resina*, d'un autre mot, *russus*. Cf. « chandelles de roux » d'Aubigné, *Les avantures du baron de Fæneste* l. III, ch. 3; Littré entend « de cire jaune », v. *résine*; M. Legouëz, dans le *Glossaire* qui termine l'édition des Œuvres d'A. d'Aubigné donnée par Réaume et de Caussade, comprend « de suif roux ». Voir *Barz. Br.* 102.

Roux roux *Cb* v. *march; Roux* reg. Péd. 150, *An R.* 19, *Le R.* 114 (1595, 1568, 1587), dim. **Rousic** 137, *An Rouxic* 9 b (1592, 1566), *Rouxic* reg. Guing. 136, *Rousic* en 1450 *Ann. de Bret.* X, 407; *Le R. Arch. de Bret.* VII, 201, etc., cf. *rouzicg, pèr rouzicg*, rousselet, petite poire roussâtre Gr. (et « rouzic » m. nom, en Bretagne, d'un oiseau de mer, Littré, *Sup.*); *rouza*, van. *rouzeiñ* roussir, rendre roux, *rouçzaat* devenir roux; *rouzder* rousseur; *rousder, rousded* hâle du visage; *rouzard* roussâtre Gr.; pet. tréc. *rouzegañn* verdier femelle, voir *melen*. Dans certaines localités des Côtes-du-Nord, je crois, on appelle le lézard *rouzigānik*, pl. *et*. Voir *roussin*.

Ru rue pl. *you*, van. *yéu* Gr., *rüou* D 16, *ruyeu* l'A., pet. tréc. *ruo, ruyo; ruad tud* rue pleine de monde, *ruis* habitants d'une rue.

Rudher hémorroïdes Gr. L'auteur fait précéder ce mot de l'article *an* et non *ar*; la notation *dh* semble indiquer aussi qu'il avait l'intention de le citer comme suranné. Il est confirmé par Pel., qui dit : « *ruz terr*, au pluriel, signifie les Hemorroïdes »; Gon. a *rustériou* pl. Ces deux dernières formes sont influencées par *ruz* rouge. *Rudher* dérive, comme son syn. *goazrudez* et comme *goezreu* fluxion sur les yeux (voir *meur*, p. 413), de la même rac. que le lat. *ruo*, et l'irl. *ruathar*, gall. *rhuthr* action de s'élancer, cf. *Urk. Spr.* 234 et *Goidelic words in brythonic* 289. Peut-être *-ez* dans *goazrudez* et *-er* dans *rudher* sont-ils des suffixes de pluriel; *rud-* serait identique au gaél. *ruith*, dans *ruith-fhola* flux de sang, hémorroïdes.

Ruduiller (*An*), reg. Guing. 207; Roudoüillec décès Guing. 1626; du verbe qui est en van. *um* RUDELLAT « se veautrer » l'A., part. *goudé ma mès hum rudellet El lousteri ag er pehet Choæs* 191. De **rotill-a-* ou **rotul-ya-*, dérivé du lat. *rota*; cf. encore *rotol* les feuilles tombées des arbres, qu'on ramasse pour faire du fumier Pel. V. fr. *roeillier, rooullier, rouiller, ruillier* rouler, rouler les yeux God.; prov. *roudiha, roudilha* tourner les yeux autour de soi Mistral. Voir *Rodellec* et le suiv.

Ruillen, ruilleres, syn. de *racloüer* racloire, rouleau (de boulanger), l. *radius, hostorium* Nom. 173; *ruilhenn* pl. *ou* rouleau de pâtissier, *ruilherès* pl. *-esou* rouleau pour faire rouler des fardeaux; *ruilher* rouleur, encaveur; *ruilha, ruilhal* rouler Gr., *rhuillein* l'A., *ruillé* (le sang) coulait D 151; *abaoue ma ruill an arc'hant-paper er vro* depuis que le papier-monnaie circule dans le pays *T. Ger.* 73; *ruilh* m., pl. *'ou, ruilhadenn* f., pl. *ou* roulement Gr., *ruillage* m. id. l'A.; *ruilh, ruilhadecg, ruilhérez* roulis Gr., *rhuillereah* m. roulage l'A.; *ruilhecq, ruilhus* roulant Gr. Voir *Ruduiller*.

Ruinet ruiné D 125, *ruinou* ruines D; *rhévyn* ruine, van. et léon. *ruyn, rhévyna* ruiner, van. *ruyneiñ* Gr.; *rouvinan* Mo. *ms* 158, cf. 167; *rouinan* 166, part. *ruvinet* 178; gall. *rhewin, rhewino*, cf. ital. *rovina*.

Rum. *A ruiné* (lis. *rum é*) *rum* par bandes D 175; *eur rumm* un troupeau (de moutons) *Barz. Br.* 190; *ur rum* quelques-uns, *ur rum aral* d'autres *Choæs* 77; *daöu rum tut* deux sortes de gens Pel.; *a rum vat* (descendre) de bonne race *L. el l.* 110; *péb rumad a fréhien huék* toute sorte de fruits exquis *Celt. Hex.* VII, 13; *ur rumad tud kri* une race de barbares *L. el l.* 58, *er biarved rumad* (jusqu'à) la 4ᵉ génération 98; *ag en eil rumad d'éguilé* « a progenie in progeniem » *Guerz. Guill.* 147; *rumach* généalogie Le Coat, Math. I, 1; *rumadigueah* id. *Aviel revé sant Maheu*, Londres 1857; pet. tréc. *eur rumejad tud* beaucoup de gens de la même famille. V. bret. *aciriminiou* gl. *seratu*; cf. v. gall. *ruimmein* liens, etc., voir *qèvre, roe*; Grég. v. *chaisne*; *Urk. Spr.* 233.

Run colline, dans *villa Rungant* en 1233, *Chrest.* 229, cf. *Rev. celt.* II, 208, 209; VIII, 70; du *Run*, en fr. du Tertre XVIe s., *Le Rûn*, XVe, noms d'homme, *Nobil.*, *Le Run Arch. de Bret.* VI, 163; la montagne de *Runbré*, XVIe s. *Inv. arch. C.-d.-N.*, D, p. 150; *Rubleizic* n. de lieu E, p. 29, 59; dim. pl. dans *Parc*-RUNELLOU-*Bras*, n. de convenant E, p. 72; *Runellou, Runello, Le Runel*, lieux du Morbihan; *run* colline, hauteur, terrain élevé, et dont la montée est facile; selon Roussel terrain élevé, et étendu en longueur et en largeur Pel.; *rûn, reun* tertre, éminence, colline en bret. actuel, A. Le Braz, *Ann. de Bret.* VIII, 222; *rûn, reûn,* m., peu usité en dehors des noms propres Gon. Grég. donne à *reuzn*, pl. *reuznyou* le sens de « marais », mais il est probable qu'il ne connaissait ce mot que dans les noms propres (il cite les maisons du *Reunyou, penn-an-reun,* etc.). En v. br. *Run-lin Chrest.* 163; cornique *runen,* pl. *runiow* colline; comparé à l'all. *Rain, Urk. Spr.* 234, voir Kluge s. v.

Ruset traîné J 13 b, *rusa, reüsa* glisser, courir la glace Pel., *en-em-rusa* ramper, se glisser comme un serpent, dans « le Nouv. Diction. » Pel.; *ruza, reûza* glisser, faire glisser, frotter, ramper Gon.; *rusein* frayer, toucher légèrement, *russein* friser, approcher, écorcher un peu en froissant l'A.; *mont a ruzou* aller en se traînant *Nikol.* 5; *reüsat*, sing. *reüsaden* glissade Pel., *ruzaden, reûzaden* f. Gon.; *ruzus* rampant Gr.; pet. tréc. *ruzer* f. *es* celui qui traîne, qui est longtemps malade; *ruziqal* glisser sur la glace, en grand Trég. *ruzata; reüsa, ruziga* « jouer aux épingles... en poussant chaque épingle avec l'ongle du pouce, à dessein de les faire croiser l'une sur l'autre » Pel., *c'hoari ruziga, c'hoari ruzatis* jouer à la poussette Trd; *ruzouer* m., pl. *iou* glissoire H. de la Villemarqué, en gallo *érussoire* f., en pet. tréc. *ruzeres*; *ruz-reor* m. Trd; *mont a ruz* ramper *Sup. aux dict.* 99. Ce mot doit être identique au moy. bret. *rusaff* séduire, tromper, etc., voir *Dict. étym.* v. *rus* 2; c'est le v. fr. *reüser*, faire des détours comme le gibier qui cherche à échapper aux chiens, cf. Kœrting 6767; God. v. *reuser*. On lit *rusa ur bouet* repousser un plat (pour en prendre un autre) *Intr.* 273.

Nous avons vu, v. *Quefurus*, que le haut léon. *qeurus* anguilles Gr. s'expliquerait par *co-reüs,* *co-rus.* Peut-être y a-t-il un autre dérivé du même mot dans *rusyerus* pl. *ed* « liset, ou lisette, insecte verdâtre qui gâte les bourgeons en mai, et juin » Gr.; pour le sens, cf. *liset* eumolpe de la vigne; orvet, reptile à peau lisse, Mistral; *lizette* lézard gris des murailles, Jaubert, *Gloss. du centre de la France*.

Rusquec. Du —, s^r dud. l., xve, xvie s. Nobil., *Rusqueuc* n. d'ho. *Arch. de Bret.* V, 66; *Rusquec* lieu du Morbihan en 1539, auj. (le Haut) *Ruchec*, Rosenzweig; dérivé de *rusquenn* écorce C, *rusqen* pl. *rusq* id., *rusqenn* pl. *ou* ruche Gr., *ruchen* f. *L. el l.* 154, pl. *eu* 26 et *ruskad* 148; *ruskennik* petite ruche Brizeux I, 332; *rusqennad* pl. *ou*, van. *éü* ruchée Gr.; pet. tréc. *ruskenner* celui qui fait des ruches. Gon. donne *rusk*, *ruskl* m. écorce. Cf. gall. *rhisgyn*, *rhisglyn* morceau d'écorce; *rhisglog* ayant de l'écorce. Peut-être d'origine german., *Urk. Spr.* 236.

Rustder grossièreté, rudesse (de la langue bretonne) Catech. 5, *ruster* rigueur Intr. 313, *rustoni* 157, *Choæs* 15; *russtonniein* rudoyer; *rustad* outrer l'A.; *hum rustayat a gonzeu, a vaniereu, ...a dauleu* se traiter durement *Science er salvedigueah* 1821, p. 263, du v. fr. *rusteier* rudoyer; pet. tréc. *rusteq*, un peu rude; *rustad* devenir rigoureux, en parl. du temps, etc.

2. **Ruz.** *Ruzya*, *ruya*, tréc. *ruañ*, van. *rueiñ* rougir Gr., *ruza*, *ruzia* Pel., *ruzyadur* pl. *you*, *ruadur* pl. *you*, van. *yéü* rougeur, pustules rouges qui viennent au visage; *ruzded*, van. *ruded* rougeur, qualité de ce qui est rouge; *ruzard* rougeâtre Gr., *ruartt* l'A.; *ruijenn* rougeur au ciel Sauvé *Prov.* 777; pet. tréc. *rueq* un peu rouge, cornou. *ruenn* vache rousse *Rev. celt.* IV, 152. Voir *Glas*, p. 258; *richodenn*, *rudher*; *Rev. celt.* XI, 104.

La forme usitée à Morlaix *rudel* rougeole (*ar ruel pé rudel*, *Alm. de L. et de Cornou.* 1877, p. 38; *ruzel Cb*, *ruzell*, van. *ruell*, *rouëll* Gr., *ruélle*, *rouêlle* l'A.) a un *d* en regard du *z* doux léonais; cf. *Rev. celt.* V, 125, 126; *Rev. Morb.* III, 337, 338.

M. Loth a signalé *Rev. celt.* XVII, 60-63, une région cornouaillaise (Trégunc, etc.) où le *z* dur final est devenu *d*. Il se pourrait que ce changement ait eu lieu par l'intermédiaire du son *z* doux : ainsi *eid* huit, viendrait de *eidh pour *eith. On sait que les consonnes sourdes et les sonores s'échangent continuellement à la fin des mots bretons; cf. *Rev. celt.* XVI, 184, 204. Un certain nombre de mots du dial. de Batz ont *c'h* final pour *z* doux; ce qui suppose un changement de celui-ci en *z* dur : *groagec'h* femmes = *groageth* pour *groagedh*, voir *mouien*, p. 430; Étude 16. La prononciation de Trégunc *e cud* en cachette *Rev. celt*. XVII, 61, est d'accord avec le van. *e kuh* et le tréc. *e kuz* pour témoigner d'une forme *cuth*, mais celle-ci peut bien provenir d'un plus ancien *cudh* = gall. *cudd*; cf. *Rev. Morb*.III, 337. Voir *euez*. Un autre mot intéressant est *moed* voix, à Trégunc, van. *boeh*, tréc. *moés*, de *voeth* pour *voez*; voir *mous*. D'ailleurs le son *th*, qui paraît avoir disparu du breton, s'est quelquefois changé en *dh*; cf. Étude 14. Quant au changement de *dh* en *d*, il est très naturel : cf. angl. *murder*, de *murther*, etc.

S

Sabat sabbat C, D 175, *-ath* 94, *sabbath* H 10; *sabat* sabbat des sorciers Gr., *sabat*, *savat* bruit, cri, *savata* faire du bruit, crier, *savater*, *savatus* crieur, homme qui fait grand bruit Pel.; *sabbatt* m., pl. *-adeu* sabbat, grand bruit l'A., pet. tréc. *zabad kéjer* le « sabbat » des chats (cf. La Fontaine, *Conseil tenu par les rats*, v. 11). L'abbé Lalanne explique par un composé de *sabbat* le mot des Deux-Sèvres *ensalbatai* ensorceler *Mém. de la Soc. des Antiquaires de l'Ouest*, XXXII, 2ᵉ partie, p. 126; il semble qu'on doive comparer à ce dernier le van. *disalbadein* saccager l'A., *dizalbadein* ravager, *dizalbadour* destructeur Chal., *disalbade* m., pl. *-deu* saccagement, *disalbatt* débandade l'A. Cf. prov. *sabatar* vexer, agiter, tourmenter, Lexique roman de Raynouard.

Les formes *savat*, *savata*, etc., Pel., sont peut-être dues à l'influence d'autres mots qui se rattachent au fr. *sabot* et *savate* : léon. *sabatur* blessure faite aux pieds par une chaussure incommode, léon. et tréc. *sabaturet*, *sabatuset* qui a les pieds blessés par sa chaussure, en cornou. « ce mot marque un mal qui vient aux pieds des bêtes par l'humidité du lieu où elles couchent » Pel.; *evantion da zabatui* bruits faux et alarmants *Almanach* de Léon et de Corn. pour 1877,

p. 45 ; *am sapeduaz* (un rêve) qui me troubla *Barz. Br.* 59 ; *savatein salir, savatétt* sale, *savatereah* salissure l'A. ; cf. prov. *sabotar* secouer.

Le van. *santuhein* éblouir, *santuhétt* ébaubi l'A. paraît différent ; cf. *santohad* (chacun apporte son) histoire *L. el l.* 26.

Sablez « sablière » C, ce mot franç. doit être pris au sens de « poutre horizontale qui porte l'extrémité des autres » (pour la terminaison, cf. *Rev. celt.* XIV, 308, 309) ; car le Cathol. a *sabron sablon*, par un *r* (cf. morvandeau *sâbre* sable), et le bret. mod. n'a *l* qu'en van. : *sabr* sable, van. *sableen* grain de sable pl. *sabl* Gr., *sablënn* pl. *eu* et *sable* l'A. ; van. *sablecg* pl. *-egueü* sable sec et mouvant ; sable, horloge de sable Gr., *sablêc* f., pl. *-égui* lieu sablonneux l'A. ; *sabra*, van. *sableiñ* sabler, *sabrecg*, van. *sablecg* sablière ; *sabronen* pl. *sabron, sabrennicg*, pl. *-nnouïgou* grain de sablon ; *sabroñnecq*, van. *sablecq* sablonneux ; *sabroñnecg* sablonnière Gr. ; *sabléguss a sable munutt* sablonneux l'A., *sablek* id. *L. el l.* 80 ; *sabron* sable Mo. 182, *sabran* r. *an* Mo. *ms* 133.

Le van. *sablér* gésier Chal., *sabler* Chal. *ms*, est tiré par Pel. du fr. *sablier* « parce que l'on trouve du gravier dans le gésier de certains oiseaux ». Je crois que ce mot se rattache à l'argot fr. *sable* estomac, et au fr. « jeter en sable » ou « sabler » (un verre de vin), voir *Rev. celt.* XV, 367 ; cf. l'expression provençale *beure coume un sablas* « boire comme une sablière » (comme un trou) Mistral, et le « propos des beuveurs » (*Gargantua*, I, v) : « Je boy comme un templier... — Et moi *sicut terra sine aqua* ». Il faut ajouter sans doute le basque *sabel* ventre.

Sach sac C, pl. *syher* Gw. v. *sac'h, dillat ; sihière* l'A., *sehier L. el l.* 94, *seier* Jac. *ms* 71, *séier* 62, *sier, syer* 59. Le surnom *Saholen* en 1237, *Rev. celt.* VIII, 70, paraît signifier « sac de sel ». *Sac'h* s'emploie dans des expressions injurieuses : *sac'h ha tad ar ghevier* (Satan) sac à mensonges, le père du mensonge *Trub.* 261 ; *sac'h an dien* (juron, mis dans la bouche de Judas) 52. Sac'ha mettre en sac, dans *da zac'ha dê o hed* mettre le blé dans leurs sacs Jac. 90, cf. gall. *sachu*. *Sac'had* sachée Gr., *sahad* demi-perrée ou pochée *Voc.* 1863, p. 28, gall. *sachaid ; sac'hadicg*, van. *sahadicg* sachet plein Gr. *Sac'hicg* pl. *seyerigou* sachet Gr., *sahic* pl. *-igueu* l'A. ; pet. tréc. *zac'helek* syn. de *Couillec*, cf. gall. *sachell* = lat. *saccellus*. Voir *pri, sac'ha*, et *Chrest.* 229.

Sac'ha s'arrêter, ne point couler Gon., à Pédernec *zac'hed e m' èlon* ma respiration est arrêtée, cf. *Rev. celt.* IV, 170; *vn fos en laech ma sach an dour* fosse où l'eau s'arrête Nom. 246, *dour sach, dour stang* eau croupie 218, *dour sac'h* Maun., et *dour chag, dour chac'h* Gr. eau dormante, *dour zâc'h* Gon. Peut-être de *sta-cc-, même racine que moy. br. *ves e saff* étant debout; cf. lat. *stagnare*, allem. *stocken*. Cependant cette explication ne rend pas compte des formes *chag, chac'h*. Il en est de même de l'étymologie par *sac'h* sac, donnée M. *lat.* 203. Y aurait-il eu influence analogique du v. fr. *sachier* mettre en sac? Voir le suiv.

Sachèt tirez J 137 b, *sacha* tirer, attirer, faire sortir Pel., *saicha* Gr., pet. tréc. *jechañ; saichérez, saichadeeg* action de tirer, *saichèr* celui qui tire Gr.; *sach, chach* m., *sachaden* f. mouvement pour tirer à soi Gon.; *eman èn e sach divezañ* il est réduit aux abois Gr.; *sachbleo* bataille, action de se prendre aux cheveux Trd, pet. tréc. *kik jech* chair molle, qui peut s'allonger *Rev. celt.* IV, 157. Du v. fr. *sachier*; cf. *sacquer* fourrer, mettre comme dans un sac, *Gloss. du centre de la France*.

Sacramant sacrement, m. : *daou* D 132, *pevar* 128; *an sacramant an auter* H 51, *ar sacramant an auter* D 127, pl. *-anchou* 15, 39; *sacramand, sècramand*, van. *sacremant* Gr., *ur zakramant* un ostensoir G. B. I., I, 288, *e fausset serramant* vous faussez votre serment Mo. ms 141, pet. tréc. *zalmañtein, zalmañtenein*, jurer, blasphémer, *zalmañten, zalabañten* scène, par exemple d'un ivrogne à sa femme; *sacramental* -tel D 36, 70, 114, 131, *sacri* sacrer (un évêque) 195, Gr., *sagra, sagri*, van. *sacreiñ* Gr.; *sacradurez* sacre; *sacreal*, van. *sacreiñ* jurer par les choses sacrées, *sacreër*, van. *sacrour* celui qui jure ainsi, *sacrérez*, van. *sacrereah* action de jurer ainsi, *sacreou* jurements Gr.; *sacrifiç* -ice D 15, *-iviçz* Gr.; *sacrifyadur* sacrificature, -*fyèr* sacrificateur Gr., -*fier* Cat. imp. 28, -*ficatour* 87, *Choæs* 31; *sacrileg* crime de sacrilège H 50, D 104, -*lége* m. 4 s. *Choæs* 30, pl. -*égeu* 65; -*laich*, van. -*lech* Gr., pl. en pet. tréc. *zakriejo*; *sacrilége* 4 s. homme sacrilège *Choæs* 26, -*laichèr*, van. -*léjour*; -*laichus* id. et (chose) sacrilège Gr.; *sacerdotal* -tal D 193; *sasserdos* sacerdoce Mo. 219.

Le mot *sacrist* « sacriste » C existe encore : *sacrist* sacristain *Voc.* 1863, p. 5, pet. tréc. *zakrist*. Gr. donne *sagrist* pl. *ed*, van. *segres-*

tenour, sacristin; f. *sagristès*, van. *sacristenes*; on lit « le ségreten était mort de la peste », en 1606, *Inv. arch. Morb.* V, 128. *Segretery* sacristie Gr., *sakristiri Barz. Br.* 259, *sakretiri* G. B. I., II, 50, *sekreteri* 44, *seqeteri Miz Mari* 1863, p. 56; van. *segrestenery* Gr., pet. tréc. *sektañnri*; v. fr. *secretainerie, segresteinerie*.

Saçzun assaisonné Gr., bonne (raison) *Trub.* 294, *saçun* sobre, propre et net Maun., *saçunn* saison l'A., m. *Sup.* v. *fauchaison, sasun Voy.* 119, *sassun* f. : *pedair, Voc.* 1863, p. 35, pl. *ieu Choæs* 187; *saçzuna, -ni* assaisonner, *saçzunyez* assaisonnement Gr., *saçunein üieu* farcir des œufs, *sasunein* savourer Chal. *ms. Scascun* N 1873, *discascun* 25, 382, 1347, témoignent d'une variante *çaçun*, par assimilation pour *saçùn*. Cf. *hep cecz* sans cesse Gr.; le fr. *cesser* a donné en moy. bret. *cess-*, plus souvent *secz-*. Voir *saeson*.

Sadorn. Ar S. le samedi D 83; *eur zadornvez da noz* un samedi soir Trd. Voir *M. lat.* 203; *Chrest.* 164.

Sae robe, du fr. *saie, M. lat.* 203, 204; *eur zaead* (recevoir) une bonne raclée Trd, *eur zaead vazadou* une volée de coups de bâton *Nikol.* 693 (cf. *eur gwiskad bazadou* id. Trd). Voir *quea*, p. 524.

Saereguenn. Sereguen « liset piquant » Nom. 93; *sereguezn, saraguezrès vihan* grateron, *sereguezn vras, saraguezrès vras* bardane, glouteron Gr.; *sérégen, saragérez* bardane mineure Liégard 63; *sérégenvihan* gaillet grateron 356; *saragérez* f. bardane, grateron Gon. Cette forme doit être *saereguenn* avec le suffixe du syn. *staguerès-vihan* grateron, *staguerès-vras* bardane, glouteron Gr. (litt. « celle qui s'attache », comme *krôgérez* grateron Liég.); cf. *brazeres* (femme) enceinte, à Gurunhuel, mélange de *brazes* et de *dougeres Rev. celt.* IV, 145. Pel. donne *serec* grateron, et selon d'autres jusquiame; *schelezan* bardane. Cf. *Ros Serechin* Cartul. de Landévennec 143 ? Voir *Rev. celt.* XI, 138, 149.

Saesizaff. Sesiet gant ur spont benac saisi de quelque frayeur D 15, *sésiet a horrol Æl* 86; *sesia* saisir, Maun., *sésiza, sésya* Gr., *seysiein* l'A.; *sésy* saisie Gr., *seyzi* m., pl. *eu* l'A., *sayzi* v. *saisine*; c'est sans doute le même mot que *seziz* siège, action d'assiéger *Barz. Br.* 258, 261, G. B. I., II, 40; *sésizamand, sésyamand, spound sésyus* saisissement de cœur Gr., *seysiadur à galon* l'A.; van. *sézy* (femme) enceinte, *-ein* engrosser Gr. Voir *seizet, sinchat* au *Dict. étym.* —

Saeson. Sæzon saison, temps, 1ᵉ s. r. *es* D 165; m. : *an peuar sæsoun* Nom. 223; *bévin saësonn* du bœuf salé et fumé, à la mode de Léon Gr., pet. tréc. *bivin zêson*. Voir *saczun*.

Saez, flèche. Pl. *sazeou* Cms, *saczou* Cb, *seziou* Cc v. *chas*; *saezen*, pl. *ou* rayons Mo. 268, *saezonet* lumineux, brillant 281, van. *seah*, *seaih* m. foudre, carreau, *seahein* foudroyer, *séahein* jurer, proférer des exécrations, l'A. ; voir *lech*, p. 358.

Saff. Seo il se lève Cb, Cc v. *euzic*, *sawet* (épine dorsale) rebondie L. *el l*. 110; *en savas en é sa* (le roi) le fit lever D 196; *en dès... sàuet... a zan é vé* (J.-C.) s'est levé de son tombeau *Guerz. Guill*. 6, *sao Jesus eus ar bêz* la résurrection de J.-C., *Trub*. 157. L'inf. n'est pas dans H, mais seulement *seuet* vous vous levez 41, *sauer* on se lève 55. *Sao* tertre, pl. *savyou*; dim. *savicg* pl. *savyouigou*; *savenn doüar* terrasse Gr. Pet. Trég. *eur sâ-vri, eur sâv-i-vri* un curieux; *zavadek* fête lorsqu'on met la charpente du toit à une maison neuve. Voir *sac'ha, sauellec*.

Saffar n. d'ho. en 1539 *Inv. arch. Fin.*, A, p. 9; *savarou* les bruits, les affaires bruyantes (du monde) *Bali* 11, *savariou* id. 190; *saffara* faire du bruit, crier, parler haut Pel., *saffari* van. -*reiñ* criailler, *saffarer* van. -*rour* criailleur, *safarus* bruyant Gr. Cf. prov. *chafaret, jafaret, sofaret* bruit confus, tumulte, sabbat Mistral.

Saffroen safran C, *zafron, zafraon*, van. *zaffrann* Gr., *zafran* l'A., *saffron, saffroun, chaffroun* Pel., *saffron* Nom. 73, *Celt. Hex*. IV, 14, *Botsaffron* n. d'ho. et de manoir, xvᵉ s., R. Kerviler; *saffronen* un pied, une fleur de safran Pel.; *zaffrôni* safraner, peindre en jaune, ou avec du safran Gr.

Sailh, pl. *ou* seau, *seilh* pl. *ou*, van. *éü*; *sailhad, seilhad* plein le seau Gr.

Saillaff (entrer et) sortir Cb v. *guichet*; je saute, je cours D 138; dial. de Batz *chaleñ* sortir, cf. espagnol *salir*; *saillal* sauter L, *el l*. 68, 106, 114, *saillein Choæs* 53, *sail* (le sang) jaillit 157, voir *bale*; *sailh* pl. *ou*, van. *éü* saut; *sailhèr*, van. -*hour* sauteur, f. -*herès*; *sailheresicg* petite fille éveillée, qui sautille; *marc'h sailher* étalon Gr.

Sal salle, palais D 163, mal écrit *fal* demeure, 161; pl. *Saliou*, en fr. des Salles, sʳ dud. l., xvᵉ, xviᵉ s., Nobil.; *Saliou* reg. Péd. 139 (1593), de K(er)*saliou* 84 (1581), de *Kersalliou* par *k* barré 213

(1607), de *Kersaliou Arch. de Bret.* VI, 197, 206; *Saliou, Salou* xiiie s. *Rev. celt.* VIII, 70; dim. **Sallic** reg. Guing. 67 v; *Le Juyff K(er)salic* Anniv. de Trég. 19; *Kersallic* n. de lieu, xvie s., *Inv. arch. Morb.* IV, 137; V, 25; *saletta* salette, parloir Nom. 130, 131, *saleta* pl. *ou* Gr.

Salamon Salomon C, *Salomon* D 154, Gr., *Salaün* Gr.; en 1477, *Inv. arch. Fin.*, A, p. 14; *Salauin* reg. Quemp. 7 v, *Sallaun* 5 v, 5ᵃ v; *Salauin* reg. Péd. 122 b, 171, 177 b, 189 b (1589, 1599, 1600, 1603.), *Salauyn* 54, *Le Guyader K(er)salauyn* 50, *Sallauin* 206, 207 b (1575, 1574, 1606), v. br. *Salamun*; dim. Salaunic en 1698 *Inv. arch. Fin.*, B, p. 296. Voir *Chrest.* 229, 230.

Sall, sallet salé, *salla* van. *saleiñ* saler Gr., *guerzer dan sallen* « saumeur, vendeur de saleures » Nom. 313; *sallèr* van. *salour* celui qui sale, *salladur, -ez, sallidiguez, sallèrez* salage; *salder*, van. *salded* salure; *saladenn* van. *-deenn* salade, *saladennouër* pl. *ou* saladier; *sallouër* pl. *ou* saloir, petit vaisseau à mettre du sel Gr.; *salliner* et *salyer* salière Nom. 157, *saligner* Maun., *saignell, sanyer* pl. *ou* Gr.

Salm psaume Nom. 213, *Rimou* 31. Voir *psalm*.

Saludy saluer D 52, 169, *salutation* -tion 68, **saluter** salutaire Catech. 5 v, D 17, *saluder* Gr.; *salvation* le salut D 174; *ober salo* sauver 26; *salo e vije din em bize*, que n'ai-je (fait) *Bali* 209; *salf ar musulyou ezom évit* sauf, excepté les mesures nécessaires pour *Discl.* 3. *Salw ô Croéz*, traduit « par la croix sainte », *Rev. de Bret.*, *de Vendée et d'Anjou*, septembre 1891, p. 235, 237, veut dire « sauf votre grâce », non, cf. *salocraç-sú* (lis. *-hu*) id., *Intr.* 301, anc. éd.; *salocroas Avant.* 5, etc., voir *Rev. celt.* XIII, 356, 357. A l'acception affirmative du pet. tréc. *salokroas*, citée à cette dernière page, on peut comparer ce passage d'*Eutrapel* (II, 57) : « Et pensez vous... que les medicamens ainsi pilez et battus musicalement n'en soient pas de meilleure operation? — Ho! ma foy, répondit l'apothicaire avec un demi-ris fourchu et enveloppé entre les moustaches, sauf vostre grace. » *Salueur* Sauveur H 58 (et non *-veur*), *Saluer* 3, 4, 8, etc.; *siluidiguez* salut 2, 48, 51, et non *silv-*; *salvidiguez, selvediguez*, salut, conservation de la vie, des biens, etc.; *silvidiguez*, van. *salvedigueah* salut, félicité éternelle Gr.; *salvus* salutaire Gr., *salvuss, salvédiguiahuss* l'A. ; *salvage* salvage, sauvetage l'A., *savetaich, salve-*

taich sauvage, action de sauver, et droit de ceux qui ont sauvé les marchandises du naufrage Gr.; *savetei* sauver *Æl* 42, *-ti* 11, cf. *Rev. celt.* XI, 114. Voir *sauff*, *sardonenn*.

Sam bihan petite malle, *samet*, *malet* chargé de malle *Cb*, *samm* pl. *ou*, van. *eü* charge Gr., *sammein* charger l'A., part. *samet* D 151, L. el l. 24, *sammet* chargé (de crimes) *Guerz*. *Guill*. 76; *samædein* soupeser l'A., *samaidein* Chal., *samedeiñ* van., Gr.; *sammour* chargeur l'A.; *simiada* porter le blé à dos, des champs à la maison; mot de l'île de Batz, où les chevaux sont rares Trd; de **simiat* porteur, formé comme *quinyat* de *can*. Voir *Rev. celt.* VIII, 524.

Selon M. Loth, éd. de Chal., *samaidein* est « formé sur *samet* comme le bas-vannet. *pozetat* sur *pozet* ». Il eût été plus exact de comparer *paredi* cuire, moy. br. *-diff*, de *paret*; voir *paraff*, *bigarre*, *reputaff*. La syll. *et* dans les verbes en *-eta*, *-etât* et les noms en *-etaer -etâr*, etc., n'est identique à la terminaison du participe qu'en certains cas exceptionnels, comme pet. tréc. *c'hwilosteta* flâner, et aussi courir le guilledou, proprement « chercher des scarabées à queue », *c'houil lostet*, voir *huyl*; *pozetât* devenir sérieux, posé; *futetât* devenir gai, futé (de l'adj. *futet*). Cette syll. est souvent la terminaison de pluriel, qui se justifie tantôt directement : *merc'heta* de *merc'het*, voir *merch*; tantôt par l'analogie : pet. tréc. *tourc'heta* de *tourc'h*, avec influence du syn. *merc'heta*. C'est ainsi que la finale de *loc'heta* et *lazetta*, verbes qui expriment deux façons de pêcher (voir *Locher*) s'explique par celle de l'expression générale *pesketa*. L'alternance de *-a* et *-eta* est légitime dans les mots comme *lusa*, *luseta*, voir *lusen*; *chivra* pêcher des crevettes l'A., *Sup*., v. *haveneau*, à Sarzeau *chivrietat Rev. celt.* XI, 113; *tamoëza* glaner Gr., pet. tréc. *taoñzeta*, de *taoñzet* épis. Le tréc. *néjeta* chercher des nids, pour lequel on attendrait **néjaoua*, **néjoañ* (cf. *avalaoua*, *avaloañ* chercher des pommes, gall. *afaleua*, d'où *avalaouer* hérisson), montre une tendance de *-eta* à sortir de ses limites. On peut assimiler au pet. tréc. *nejetar* chercheur de nids, *néjo*, le mot du même dialecte *dervejetar* journalier, qui va en journées, *dervejo*; à Lanrodec *troietar* qui va de côté et d'autre; *troieta* tortiller, chercher des détours, *troio*. D'autres dérivés en *-eta*, que j'ai rapprochés des noms en *-at* exprimant une mesure, *Rev. celt.* IV, 152, 153; XI, 111, 112, sont plutôt, je crois, une variété des précédents, où le sens de fréquentatif se mêle à l'idée de chercher : ainsi *selletar* un curieux, qui regarde partout, *finvetar* homme remuant, à Gurunhuel, = proprement « qui cherche en regardant, en remuant »; le tréc. *talmeta, blaseta, c'houés'ta* « chercher à reconnaître par le toucher, le goût, l'odorat »; le bas van. *poezetat* « chercher à peser, à reconnaître le poids ».

Sanab morelle Nom. 93, Maun., Grég., m. Gon., sénevé, en Léon, Pel., *sanap* sénevé des champs Liégard 113, du lat. *sinapi*; pour l'assimilation de l'*a*, cf. *manaçz, manançz* menace, *manançz* menacer, *manançzus* menaçant Gr., etc.; voir *babasc*, p. 310.

Sanc. Sanca piquer, presser, imprimer quelque marque Pel., *sanqua* Maun., *sañka* Gon., *sanket* (arbre) planté Trub. 29, *sanket gand keûz* (âme) pénétrée de douleur, *a zank* (le remords) qui pénètre (le criminel) 91; Sanker, *Sañkeur* n. d'ho. Pel., *sañker* piqueur, planteur, celui qui enfonce; *sañkaden* piqûre, action d'enfoncer, *sañkuz* piquant, qui enfonce Gon., *sancqus* Gr.; gall. *sang* action de fouler; *sangu, sengu* fouler. Le tréc. *siket* (couteau) enfoncé (dans le cœur) G. B. I., I, 310, doit venir de *siñket (cf. van. *riñkein* devoir, ailleurs *reñkout, rañkout*).

Il faut sans doute en séparer l'expression *beza siclet* (j'aurais voulu) être englouti (dans la terre) Avant. 7, qui se rattache plutôt à *gigler, zigler* jaillir Gloss. du centre de la Fr.; argot *gicler, gigler, giscler* L. Rig., mot familier, selon G. Delesalle Dict. argot-fr., Paris 1896; à Lyon *jicler*, du Puitspelu; prov. *giscla, ciscla, cicla*, etc., jaillir; cingler; s'esquiver, partir subitement; *giscle, ciscle* action de jaillir; jet; saillie, boutade Mistral. Cf. tréc. *gant o sicleseno*, employé comme syn. de *gant o contadelo* avec vos contes, vos mauvaises raisons Mo. ms 220, voir *songeou*; *cincla* jeter par force Maun., *cincqla* darder Gr., *cinclein* Chal. ms, *cincqler* dardeur Gr.

Sanell rigole vient peut-être d'un v. fr. *chaignel, au xivᵉ s. *cheinel* (de la Borderie Rev. de Bret., de. V. et d'Anjou, août 1893, p. 94), auj. *chéneau*, angl. *channel*; pour l'*s*, cf. br. moy. *surgien* chirurgien. En ce cas on aurait extrait de *sanell* le mot *san* conduit, canal, fossé, *san dour* conduit d'eau Nom. 239, *pen an san* tuile de laquelle coule l'eau, *sænyou* gouttières, 144, *san* conduit Maun.;

canal, pl. *sanyou*; *san-dour*, pl. *sanyou-dour* id.; *sæn* pl. *sæniou* gouttière Gr.; *san* f. Gon.

Il faut sans doute rattacher à *san* les mots *saoñnenn* pl. *aou* vallée Gr., *ar zaonen Kant. Z. V.* 37; *saounen* pl. *aou* plaine, *saoñnennicg* pl. *-nnouïgou* vallon, *ur saoñnennad caër a yd* une belle vallée pleine de blé, haut cornou. *ur saounennad* (pl. *au*) *caër a ed* une belle plaine de blé Gr.; cf. *can* et *caon* gouttière = *can* vallon, voir *can* 2. Le van. *maræss* pl. *-rézeu* plaine, *marænzatt caire à ét* belle plaine de grain l'A. doit venir du fr. *marais*. Cf. *Le* **Saune**, surnom en 1271, *Rev. celt.* VIII, 70?

Sant. Droucq sant épilepsie Gr., v. fr. « le mal de saint »; *yun S. Drignon, à het tri dez, ha teir nos, evit obteni ar pez à goulennet goude* le jeûne de saint Drignon, pendant trois jours et trois nuits, pour obtenir ce qu'on demande ensuite (est une pratique superstitieuse) D 88; pl. *sænt, seant* Gr., f. *santes, santez* H 54, *sanctez* 59, pl. *santesed* Gr., *senteset* D 137, *santésèd Guerz. Guill.* 16, *zentezed Nikol.* 736-738; voir *maezur*, p. 385. **Santeuc** dans le n. d'ho. *Kaer-santeuc*, XIVᵉ s., *Chrest.* 230, était peut-être syn. de *santel*, gall. *santol* saint, adj. *Santelez* sainteté D 57, 195, *santelés* 185, *E Santelés he deveux concedet* Sa Sainteté (le pape) a accordé 76, *santeleah* 3 s. *Choæs* 43; *santélemant* saintement *Choæs* 31, 126; *santelât* sanctifier Gr., part. *santéleit L. el l.* 20; *santelediguez*, van. *-gueh*, *santifyançz* sanctification, *-fyant, -fyus* sanctifiant; *santual* sanctuaire Gr., *san-tuërr* m., pl. *ieu* l'A., *santuér* 2 s. *Guerz. Guill.* 139; pet. tréc. *zañtiq* petit saint. Cf. encore v. br. *Santan Chrest.* 164. Voir *Rev. celt.* IV, 166.

Santaff odorer, *santout huez mat* fleurer bon, l. *redoleo*, *santus* odorable *Cb* v. *guent*; *santou*, (lis. *-out*) sentir D 198, *santout, sæntout* sentir (de la douleur) Gr., pet. tréc. *zañtout*, cf. *Rev. celt.* XI, 468; *hep ma santas e dad hac e vam* (Jésus resta à Jérusalem) sans que ses parents s'en aperçussent *Aviel* 1819, I, 143; *santimant* sentiment D 126, sens 167, pl. *-anchou* 61, (avoir ses) sens, sa connaissance, 143; *santidiguez, sænt-,* van. *santedigueah* sensibilité Gr., *santidiguiah* l'A.; *santadurr* m., pl. *eu* sensation l'A.; *santus, sæntus,* van. *santiü* sensible, sensitif Gr., *santihuë, sansib* l'A. Pour le suffixe de *santihuë,* cf. *réstihuë* « restif », *scontihuë, sponti* craintif l'A.; voir *hastat, sentiff.*

Saour, sauour saveur, etc., vient du fr. *Saour vad* goût, consolation intérieure, *Bali* 75.

Saout vaches C*b* v. *crou, gozro, mirer,* auj. id., van. *seutt* l'A., du lat. *sol'dus*, Loth, *Ann. de Br.* VI, 605, 608; *Saut* reg. Péd. 180, 181 b (1601).

Saouzanaff tromper C*b* v. *deceff*, **saouzanidiguez** (égarement), **saouzanus** sans chemin, sans voie v. *dihinchaff, souzanns* (lis. *-nus*) vague, instable, l. erro, onis, v. *erratic*; voir *Dict. étym.*, v. *souzan*; *Rev. celt.* VIII, 505; *M. lat.* 205. Le z était doux, comme le montrent le v. bret. *soudan,* et aussi les formes mod. *savanenn, savane = saoüzanenn* « oublie, plante rampante qui ressemble à de la mousse verte entortillée, et qui, dit-on, égare ceux qui la nuit marchent dessus, leur faisant oublier leur chemin » Gr. Voir *soez*.

Sap sapin C, *sap, sapr* du sapin Gr., *sap* m. l'A.; *saprenn* un sapin, pl. *ed, ou* Gr., *sapinénn* f., pl. *eu* l'A.; *sabrecg* pl. *-egou* sapinière Gr., *sapinéc* f., pl. *-égui* l'A.; *ur huéen sapin* un pin *L. el l.* 150 (différent de *ur huéen koed kroez* un sapin, ibid.); *sapin* des pins, *sapineg* semis de pins 66, pl. *-egi* 78.

Sardonenn bourdon C, pl. *ed, ou* et *sardon* taon Gr.; *sardon*, sing. *sardonen* bourdon, dans le « Nouv. Diction. » frelon, pl. *sardonet* Pel., bas cornou. *sandron* bourdon Pel.; *sardonen* « freslon » Chal. *ms; sordonen* taon Maun.; pet. tréc. *chardoñnen*, pl. *chardoñn* bourdon, à Sarzeau *chaldroñnékienn*, pl. *-kiet* guêpe *Rev. celt.* III, 239; v. br. *satron* gl. fucos, cornique *sudronenn* gl. fucus. Ce mot paraît contenir le correspondant celtique de l'angl. *drone*, anglo-sax. *dran*, cf. grec ἀνθρήνη, τενθρήνη, ἀνθρηδών, τενθρηδών, laconien Θρώναξ.

Le premier élément se retrouve, prob. avec sens diminutif, dans *safronen* escarbot Maun., *safronenn* pl. *ed* id. Gr., *saffron*, sing. *-en*, pl. *saffronnet* bourdon Pel.; *safroun* pl. *ed* nasilleur, *safrouner* id., *safrouni, safrounella* nasiller, *safrounérez* action de nasiller Gr., composés de *froan* narine, voir ce mot.

On peut comparer encore le van. *santaul* encan, enchère Gr., *santaule* m., pl. *-leu* id. l'A., *santaule* encan, à l'enchère Chal., dont la seconde partie est le mot *taul* coup, jet : cf. *teureul var un all* mettre l'enchère Gr., pet. tréc. *tôl oar eun all*, en fr. du pays « jeter sur qqn ». Chal. *ms* donne, v. *enchère* : « *sau' taul,* et si c'est à qui pour moins, *distaul*; mettre à l'enchère, *lacat é* ou *dré sau' taul* ». Cette forme est due à l'influence analogique du radical *sau* qui exprime l'idée d'élever. Il doit y avoir une autre variante du même mot dans *saltaul*, *Science er salvedigueah*, 1821, p. 51 : *enfin é rein dehai saltaul mercheu splannoh pe splan* (J.-C. ressuscité apparut souvent à ses apôtres, leur parlant..., leur montrant ses plaies...), enfin leur donnant bien d'autres preuves, plus claires les unes que les autres [1].

Sarra clore (les mains, de joie) Cb, *serra, serri, sarra*, van. *serreiñ, cherreiñ* fermer Gr.; *un sær pe un digor lagat* un clin d'œil Nom. 18, *ur serr-lagad* Gr.; *ardrou cherr' nos* entre chien et loup Chal. ms, pet. tréc. *zer-noz* la tombée de la nuit, cf. Barz. Br. 186, 341, v. 1; *chairradurr* fermeture l'A., *serradur* rétrécissement Gr.; pet. tréc. *zerrer* un avare, un accapareur Rev. celt. IV, 170; *serruz* avare, adj.; voir *serraff* au Dict. étym.

Sarracinet Sarrazins D 113. — *Sauff* sauf. On dit en pet tréc. *sof koñn* en grand nombre, en foule, sans doute de *sauf compte*. *Sauvein* sauver Choæs 16; sauver d'un naufrage l'A. Voir *salu*.

Saus anglais C, pl. *ar Saoson* D 189; *brosaus* Angleterre Cb; *Saux* reg. Péd. 69 b, *Le S.* 100 b (1578, 1584), *K(er)sauson* 145, *K(er)sozon* 130 b, *Krsouzson* 141 b (1594, 1591, 1593); *An Saux* en 1477 Inv. arch. Fin., A, p. 13, *Le Saulx* XVIᵉ s. 10, reg. Plouezec, *Le Saoulx* 21 v, *Le Saux* 11, Anniv. de Trég. 12 v, *sauzon* « anglois », pl. *saus, sauzonet* Chal. ms. *Sauzon* est un plur. pris comme sing., cf. *dourqy* pl. *dourgon*, et *dourgon* pl. *dourgoñned* loutre Gr.; *oign'* agneau pl. *oigni, eigni* Chal. ms; voir *baut, degrez, goas*. *Saozez* femme anglaise Gon.; SAUZNEC, *sauznec, sauzmegaich* anglais, langue anglaise Gr., pet. tréc. *zôznach*, gall. *seisoneg, seisneg*; *saoznéga* parler anglais Gon.; SAUZIC petit anglais dans de *Kersauzic* n. d'ho. Nobil., et *c'hoari sausicq* jouer aux barres Gr.; pet. tréc. *zôz, zôzer* bègue, *zôzañ* bégayer, cornou. *zôzein* Rev. celt. IV, 170. Voir Chrest. 164; M. lat. 204; Rev. celt. VIII, 70.

Sauvaige (*An*), n. d'ho. en 1539 Inv. arch. Fin., A. p. 8, cf.

---

1. Dans le pet. tréc. *sal koñparézon vel* = « sans comparaison, comme », *sal* paraît être le fr. *sans*, influencé par *sal* sauf : *sal réspet* sauf-votre respect.

Sauvage, Le *S.* Nobil.; *savaich* pl. *ed*, *savaged* sauvage Gr., pet. tréc. *zovach*, *jovach*, du fr. Cf. *Rev. celt.* XVI, 184.

Savant savant D 45, 118, *sçavant* 154; *savanç* sagesse, science 18, 28, 55, 57, 90, 94 (*sapianç* 56).

Sauellec C, *savellecg*, pl. *-egued* râle, oiseau Gr., *-llêc*, pl. *-éguétt* mauvis l'A. On peut comparer le gall. *sefylliawg*, *sefydlog* qui se tient debout, parce que les râles « ne retirent pas leurs pieds sous le ventre en volant, comme font les autres oiseaux ; ils les laissent pendans » (Buffon).

Scabell escabeau, pl. *ou*, *sqebell*; van. *scabéu*, *scabéau* Gr., *scabeu*, *scabel* Chal. *ms*; *scabellicq*, van. *scabéüicq* escabeau d'enfant Gr.

Scaff reg. Quemp. 4, 18, *Scaf* 14, *Le Scanff* 26 v, 8ⁿ, 2ᵇ; XVIᵉ s., *Inv. arch. Fin.*, A, 8, Morb. IV, 79; *scaf* léger D 45; *scaffaelez* légèreté C*ms*, *squaffelez* Cb v. *buan*, *squaffder* v. *nobl*; *scaffdet* id. Nom. 293, *scañvded* Gr., *scandætt* l'A.; *scânvadurez* id. Mo. 166, *scañvadurez* Gr.; **squaffidiguez** *a corff* agitation de corps Cb v. *doen*; scânvi Maun., *scanüein* Chal. *ms* faiblir d'esprit, être léger, cf. gall. *ysgafnu* alléger ; pet. tréc. *skañviq* un peu léger; *scañvelard* pl. *ed* léger, inconstant, *scañbenn* pl. *ou*, *scañbennecq* pl. *-nnéyen* id. Gr.; *scanbenna* rendre ou devenir un peu fou ; *scanbennet* écervelé Pel. ; *scañbennidiguez*, *scañbennadurez* légèreté d'esprit, inconstance Gr.; *scanbouelic* volage, *ur scanboüillic* « escarabillat » Chal. *ms*. *Scanlaunet* clair, transparent, qui n'est ni pressé ni épais, *barw-scanlaunet* barbe claire, rare Pel., est prob. mieux écrit par le même auteur *scāon-laounec*, litt. « banc à lames », v. *laöunec*; voir *laffn*. Le rapport du bret. *scaff* au gall. *ysgafn* rappelle celui de *an-coff-hat* et *an-coffn-echat* oublier, en moy. br., voir *couff*, p. 123, *brout*, *Squivit*. Cf. *Urk. Spr.* 308, 309.

Scaffn « tablete » C, *scaoñ*, *scañv* escabeau Gr., est, je crois, emprunté au lat. *scamnum*, cf. M. *lat.* 215, plutôt que son correspondant celtique (*Urk. Spr.* 308). Voir *Squivit*.

Scahunec surnom en 1384 *Chrest.* 230; *Scaffunec* n. de convenant, XVIIᵉ ou XVIIIᵉ s., *Inv. arch. C.-d.-N.*, E, 87. Cette seconde forme appuie la comparaison faite par M. Loth avec *cafuni*, *cahuni* couvrir le feu Pel., voir *cahun*. *Ef ho groa cahunet* il (le Trépas) les enlève M 3, paraît signifier proprement « les fait disparaître, comme le feu recouvert de cendres »; en pet. tréc. on dit *pakañ 'n tañn*, couvrir le feu, et *paked e* il est mort. Le sens dans *Scahunec, Scaffunec*, peut être le même que dans *Luduec*; voir ce mot.

Scand. Scant écailles D 193, *sqant*, sing. *-enn* Gr.; *scant*, sing. *-en*, pl. *scantou* Pel., *skañtennou* Gon.; *sqand houarn* mâchefer, écume de fer, *scant mean, scant Sant Fyacr* talc Gr.; SCANTEC qui a des écailles Maun., Pel., cf. v. br. *anscantocion* gl. insquamosos; *sqantecq* pl. *-téyen* dard, poisson de rivière Gr., *skañtek* m., pl. *-téien*, *-téged* Gon.; *sqantennecq* écailleux; *scantennecq* ladre vert, pl. *-néyen*, f. *-nnegués*; *scantenna* devenir ladre Gr. Comparé à l'all. *schinden*, v. h.-all. *scintan*, M. lat. 205; *Rev. celt.* XIV, 194; *Urk. Spr.* 310.

Scandalaff « tencer » Cb v. *controuersite*; *scandalat* Cc; *scandalein* scandaliser, faire du bruit, du désordre Chal.; *scandal* m., pl. *ieu* scandale, fracas fâcheux, batterie l'A.; pl. *ou* querelle, *scandaler* querelleur Gr.; *scandalus* (l'enfer, séjour) horrible D 161, cf. P 253.

Scaph petite nef C, haut Léon *scaff* gabare, navire non ponté, grand bateau; *scafat*, sing. *scafaden* batelée, charge d'un bateau, Roussel, chez Pel., *sqaff* pl. *you* chaland, bateau plat de transport, pl. *you, ou, sqavou, sqeffyen, sqévyen* esquif Gr.; pet. tréc. *skavat* batelée *Rev. celt.* IV, 166; du lat. *scapha*. M. Loth parle, *M. lat.* 142, d'un « moy. arm. *scaf*, vaisseau de bois fait comme un petit seau, avec manche, pour vider l'eau (Le Pellet.) »; il faudrait : « arm. moderne *scáf* ». Pel. donne cette acception de sa propre autorité, et Gon. dit, v. *skaf*, ne l'avoir jamais entendue. Voir *scop*.

Le cornique *cafat* vase, que M. Loth rapproche du *scáf* de Pel., pourrait venir, comme le gall. *cafn* auge, de la même racine que le moy. br. *caffout, cafout* trouver, recevoir, avoir. Suivant une ingénieuse explication de M. Thurneysen (*Hermann Osthoff zum 14. August 1894. Ein Freiburger Festgruss zum fünfundzwanzigjährigen Doctorjubiläum; Wurzel* KAGH- '*umfassen*'), cette racine *cab* résulte d'une combinaison des deux racines celt. *cag* de *cagh* entourer, envelopper (voir *quae* 1) et *gab* de *ghabh* saisir, prendre, apporter (voir *gafl*).

M. Loth assimile au gall. *cafn* un bret. *caoun* auge *M. lat.* 151, qu'il écrit *caonn*, forme appuyée par l'ordre alphabétique, p. 144.

Je suppose qu'il s'agit de *caoun*, pl. *caounyou*, *caon* pl. *caoniou* canal, *caon* pl. *caôniou* « goutière » Gr., *cäon* « goutière » dans « le nouveau Dictionnaire manusc(rit) » Pel. v. *cân*; voir *can* 2, *sanell*.

SCARFA joindre des pierres, du bois et autres corps solides, en sorte qu'une partie de l'un couvre une partie de l'autre Pel., tréc. *skarvan* raccommoder, rajuster, rebouter, *skarver* rebouteur; cornique *scarfe*, cf. fr. *écarver*, angl. *to scarf*.

SCARMI s'écrier, crier fort et haut Pel., cf. gall. *ysgarmain*, voir *garmet*, *sclacenn* et *Urk. Spr.* 106. Pel. donne aussi *esgarm* cri, gall. *ysgarm*. Cf. encore irl. *sgairt*.

SCARRA, *scarilla* se fendre, s'ouvrir par le chaud ou par le froid, se gercer Gr., *skarra* Gon.; *scarra* fêler, crevasser Gr., *scarrein* hâler l'A., *eid ne skarou ket* pour que (l'aire) ne se crevasse pas *L. el l.* 16; SCARR pl. *ou* fente, gerçure, crevasse Gr., *scarre* m. gerçure du bois, *scaradur* hâle (des lèvres) l'A. Ces mots rappellent l'angl. *scar* balafre, fissure, du fr. *escarre*, ἐσχάρα; il se peut pourtant qu'ils tiennent à la rac. *sker* séparer, v. br. *scarat*, gall. *ysgar*, v. irl. *scarad*, moy. br. *discar*, abattre, cf. allem. *scheren*, *Scharte*; voir *scarza*, et *Urk. Spr.*, 309, 310.

M. Thurneysen (*Keltorom.*, 78) propose de rattacher à la même racine *skâr* m., pl. *ou* enjambée Gon., cf. *scara* courir vite et à grands pas Pel., *squarinnec* « un homme à longues jambes » Nom. 273, *squarinec* Maun., *scarinec* Pel., Chal., -*noc* Pel., *sqarignecq*, *sqarinecq* Gr.; on peut comparer, pour le sens du radical, les syn. van. *fourchecq*, bas léon. *gauloc'h* Gr. L'A. donne *scarblêc* « qui a de longues jambes », voir *dispourbellet*. La ressemblance du bret. moy. *deuesquer*, *diu-* jambes, gall. sing. *ysgair* f. est trompeuse; ces derniers doivent venir de *ex* + *garr*, voir ce mot.

Pel. dit, v. *scarinec*, qu'il ne connaît pas de mot *scarin*; cette forme existe dans les Côtes-du-Nord: *skarin meurs* à Magoar, *ar skarin* à Trézélan et à Bégard signifie « vent sec, qui brûle ». Peut-être aussi *baskarin* hermaphrodite, à l'île de Batz, Κρυπτάδια II, 320 est-il composé de *baz* verge et *skarin* rima. *Scrina* dessécher Gr. est différent et se rattache à *crin*, voir ce mot.

Quant à *scarnila* se fendre, s'ouvrir par le chaud ou par le froid, se gercer, *scarnila*, *scarnilha* décharner, maigrir, sécher Gr., *scarni-*

let (membres) desséchés Ricou 139, *scarnil* gerçure Gr., *amser scarnil* temps de sécheresse, hâle Pel., on peut y voir une dérivation de *scarn* décharné Gr., de **excarnare*, cf. ital. *scarniare, scarno* (avec influence du suffixe de *scarilla*, pris lui-même au fr. *fendiller*?).

SCARZA, van. *scarheiñ* vider, écurer Gr., *scarsa* nettoyer, purger, émonder Pel., *scarza ar plaçz* s'en aller Gr., *scarzat ac'hane* s'enfuir, s'en aller Mo. 164, *skarzet* chassé, expulsé *Kant. Z. V.* 9, inf. *skarheiñ L. el l.* 134; SCARZ, *scarzadur*, van. *scarhadur* cure, vidange Gr., *scarh* m. l'A.; *scarh, scarhag'* décombre Chal. ms; *scarzdént* pl. *scarzoudént* cure-dent Gr., *scarh-deënnt* m. l'A.; *scarzer*, van. *scarhour* écureur; *scarzer* voleur, *scarzérez* larcin Gr., *scarhereah* raffinage l'A., *scarhuss* évacuatif *Sup.*; cf. v. bret. *iscartholion* gl. stupea, gall. *ysgarthu* purger, *ysgarth* excrétion, irl. moy. *escart* étoupe. De **ex-scar-t-*, voir *carzaff*, *scarra* et *Urk. Spr.* 27, 310.

L'adj. *scarz* (bourse) vide Gr., *scars* net, nettoyé, purgé Pel., qui répond régulièrement au part. *scarzet* (voir *ac'hubi*, etc.), n'est pas le même que *scarz* (robe) courte Maun., mesquin Gr.; *scars* peu, trop peu, petit, mince, court; avaricieux, tenace; *scars ew d'eza bale il a peine à marcher*; *scarsa* épargner, être mesquin, diminuer, retrancher, raccourcir Pel.; *scarzder* mesquinerie Gr. Ces derniers mots correspondent au prov. *escars*, ital. *scarso*, de **excarpsus*; cf. *Keltorom.* 78. Il faut y joindre, je crois, le bas cornou. *scarsch* (temps) froid et sec Pel., bien qu'il rappelle d'ailleurs *scarra*, etc.

Scau, *scaouen* sureau Chal., *scao* Nom. 107; *guzen scau* P 263; *guëzen scao*, pl. *guëz scao*; *scavenn* pl. *ed, ou*, van. *scaoüenn* pl. *eü* Gr.; *scaw, sco*, sing. *scawen* Pel.; *Pul Scaven* XIIe s., et *Caer Scauuen*, noms de lieu, Cart. de Landévennec; *de Kerscau*, sr dud. l., xve, xvie s. Nobil.; *bod scăo* pl. *bodou scao* buisson de sureau Gr., *bodenn skao* Trd; *Botscave, Boscave, Boscahue, Le Bot-scavé*, etc., n. de l. du Morbihan. Un jeu d'enfants, en pet. Trég., s'appelle *c'hoari louvet d'ë bo-skâ*.

Composés : *scau groach* érable C, *scăo-grac'h* érable, et, selon d'autres, fusain, qu'on nomme aussi *grac'h-scăo* Pel.; *scaven-grac'h* pl. *scau-grac'h, scavennou-grac'h* érable Gr.; *skaô-grac'h gwenn* sycomore Liégard; *scaw-bihan* hièble Pel., sing. *skavenn-vihan* Trd; *boulscavenn* f., *boulscav, boulscao* Gr. (cf. *molen, er volen* id. Chal. ms); *trescăo* id. Pel.

Dim. **scauic** dans *Le Pennec* (*de*) *K*(*er*)*scauic* reg. Péd. II, 2 (1585); sans doute aussi *squiolenn* f., pl. *eu* et *squiole* hièble l'A., *skeiliou*, bas léon. *skiliau*, *skiliaw*, cornou. *skirioc* Pel., *skilio* Gon. ; *skiliaven* f. un seul pied d'hièble Gon. ; Trd donne aussi comme van. *skilionenn*, pl. *skilio*. Il semble y avoir dans ces formes métathèse pour *sco-il-, et influence analogique du mot *iliau* lierre, voir *ilyeauenn*.

Autres dérivés : *scaouec* brousse de sureau Chal., *scaoüeg* pl. *eü*, van. Gr.; *skaôek*, *skavek*, *skavennek* abondant en sureau Gon. SCA-HOËT, *Le S.*, *Le Scahouet*, *Le Scaouet* nom de plusieurs localités du Morbihan, doit signifier « lieu planté de sureaux » (cf. *Fahouet*, *Le Faouët*, de *fau*). Voir *scouac'h*, *Squivit*.

Le mot *scaw* est encore connu dans la Cornouaille anglaise, *Rev. celt.* III, 241. M. Kluge, *Etym. Wœrt. der deutsch. Spr.*, 5ᵉ éd., v. *Holunder*, se demande si le haut saxon *šibchen* vient du gaul. *scobis* (acc. σκοϐιην); mais ce mot ressemble aussi au lat. *sabucus*. Le celtique σκοϐιην semble parent des mots grecs σκάφη, σκαφίον, σκαφίς, objets creusés. Cf. P. Sébillot, *Traditions...* *de la H*ᵗᵉ*-Bretagne*, II, 324 : « C'est avec la tige de sureau dont la moelle a été préalablement enlevée que les enfants font des jouets qu'ils appellent *taponnouère*, *taconnoire*. Cet instrument, connu en beaucoup de pays, était populaire du temps de Rabelais, qui l'appelle une *sarbataine de seu* ». L'A. donne, v. *surëau* : « Canoniere de sureau *Stringuælle* f. »; Grég. : « caloniere, ou, canoniere, petit tuyau creux de sureau, dont les enfans jettent des pois, ou des tampons, etc. *Stringell*. p. *stringellou*. *pistolenn-scao* p. *pistolennou-scao* » (litt. pistolet de sureau; voir *Rev. celt.* XIV, 314, 315). Le même auteur rend « canelle... de bois creusé » (qu'on met à un tonneau en perce) par *scavenn*, pl. *ou*; cf. encore *scaueenn* chalumeau l'A. Les formes brittoniques de ce mot ne répondent pas exactement à σκοϐιην, on attendrait, par exemple, en gall. *ysgof* et non *ysgaw*. C'est l'inverse de ce qui arrive dans *gogof* caverne, de *vo-cav-*, voir *mougheo*. Y aurait-il eu mélange analogique du celt. *scob-* et du lat. (*ex*)-*cav-*, cf. ital. *scavare*? Voir *scouarn*; *Rev. celt.* X, 147, 148.

Scautenner (*Le*), reg. Guing. 22, *Scotenner* 85, *scauténner* marchand d'échaudés; *scautenn* pl. *ou* échaudé, sorte de petit gâteau Gr., *scotennou Rimou* 23 ; *scaut* échaudée, sorte de pain Pel., *scauden* « une eschaude » Chal. *ms*; *scaut*, *scautadur* échaufaison; *scaud-*

du charbon dans le blé, *scauddua* charbonner; *scautet*, van. *sqëütet* (blé) échaudé; *scaut*, van. *sqëüt* « ce qui échaude les blez, sçavoir, le soleil paroissant tôt après une brume »; *scautadur* brûlure, *scautus* piquant au goût Gr.; *scaudein* échauder l'A., *scaudein, scautein* Chal. *ms*.

Sclacenn glace C*ms*, C*b* v. *clezrenn; sclaczenn* pl. *ou* glace, glaçon Gr., pet. tréc. *sklasen* f. glace, miroir; *sclacza*, van. *sclaczein* glacer Gr., *sclaci Collocou ar C'halvar*, Quimper 1827, p. 354; part. *sclasset* 1ᵉ s. r. *aç*, D 162; *sclaczérez* pl. *-erezou*, van. *-ereh* pl. *-eréhëu* glacière Gr., *sclasseréss, sclaceréss* f. l'A.; *sclaczadurez* action de geler, *sclaczus* qui peut geler, sujet à geler Gr.; du fr. *glace*.

Sur l'addition de l'*s*, voir *Ét. gram.*, I, 26; *Rev. celt.* VII, 50; *Ét. sur le dial. de Batz*, 17; *Dict. étym.*, v. *scorn, sclezrenn*, etc. Le scrupule exprimé *Rev. celt.* VI, 508, n'est pas justifié : en dialecte de Batz *pou-skec'h* pauvre cher, est bien un masculin. On dit en pet. Trég. *perles* et *sperles* perles, *kirch* et *skirch* du kirsch, cf. van. *sclimpse* éclipse m., *sclimpsein* éclipser l'A., *sclaceu* classes, Sup., v. *cathédrant*, cf. *Chrest.* 342, 515, etc., voir *plet, presbiter*. En dehors de l'initiale, on peut citer *salpetra* et *salpestra*, salpêtre, *salpestrèr* salpêtrier, *salpetrecq* nitreux Gr., *salpæstraic, salpæstréc* l'A.

Pour le changement du *g* en *c* après *s*, cf. *sclérênn* ùi glaire, blanc d'œuf, *sclérennéc* glaireux l'A.; bas cornou. *scournichal*, ailleurs *gournijal, gournichal* voler bas, et selon Roussel planer Pel.; *scrimpa, scrimpal*, et *grimpa, grimpal*, van. *grimpeiñ* grimper Gr.; *scruniein* égrener Chal., *-nien* l'A.; syn. de *discruniein, disscreinnein* l'A., *discreinein* Chal. (*digranenein* « esgrainer » Chal. *ms*); voir *scarmi, dyscurlu, dispourbellet, squilfou*; *dic'hreunya*, p. 156.

Le rapport de *scruniein* à *disscruniein*, etc., se retrouve entre *scloerein* dans *scloeret é me c'hasec, scloeret é me c'hasec* ma jument a pouliné Chal. *ms* (phrases ajoutées, d'une autre écriture, à la première traduction *troeit e me c'hasec, troit é me c'hasec*, v. *pouliner, jument*) et *diglora, digloëra*, van. *digloreiñ, digloereiñ* « éclorre » Gr., du moy. br. *clozrenn, cloezrenn* cosse, mod. *clorenn* coque Gr. Pour la différence des sens, cf. *nodi* éclore à la manière des oiseaux, van. *nodein* mettre bas, faire des petits Pel., Chal., l'A. Voir *Dict. étym.* v. *clochenn, clozrenn*.

Sclaer. Scleryaff gant meyn precius resplendir ou orner de pierres précieuses *Cb*, *sclerhat* resplendir, éclaircir, *scleryus* « luysable », *sclarder* clarté v. *gueleuiff*; chandelle v. *dihuner*; *sclardeur* v. *aer*; pour l'*a*, cf. *sclarissat vn differant* (éclaircir un différent) Nom. 296; *disclaryaff* (déclarer, expliquer) *Cb* v. *compser*. *Sclærya*, *-riçza*, *-rigea* luire; *sclæryus*, *-rijus*, *-riçzus* luisant Gr.; *scleryen* lumière, clarté D 93, *sclerien* 3 s., 167; *sclæryenn*, *sclærigenn* (pl. *ou*), van. *-igean*, *-izyon* Gr.; pet. tréc. *eur bugel zou sklerijen en li un enfant* met un rayon de gaîté dans la maison (cf. V. Hugo, *Les feuilles d'automne*, XIX : « Quand l'enfant vient, la joie arrive et nous éclaire »); dim. *sclerizennic Sup*. aux dict. bret. 44; *sclerigenus* rayonnant Chal.; van. *slærigeneiñ* éclairer Gr., *sclerijeniñ Miz Mari* 1863, p. 101; *sclerded* clarté 241, *sclærded*, *sclærder*, *sclearder* Gr., *sclerdeur* Mo. ms 207, *sclærdéric noss* m. feu saint Elme l'A. Sup., *sclerdérigueu noss* « ardens, feux folets » l'A.; *sclæradurez*, *sclæridiguez* clarification; *sclæryer* celui qui donne des éclaircissements; *sclær* éclaire, chélidoine, *-icq* petite éclaire Gr.

SCLAFF, *sclav* pl. *ed*, f. *es* esclave Gr., *sclaff* pl. *-avétt*, f. *sclavéss* l'A., pl. *sclavourien* Mo. 188; *sclavaich*, *sclaffaich* esclavage Gr., *sclavache* l'A., *sklavaj* L. el *l*. 208, à Sarzeau *chklavaj Rev. celt*. III, 54, etc. *Sklavehet* 3 s. réduit en esclavage *Barz. Br*. 368, a remplacé *captivet Choæs* 210, mais la forme vannetaise devrait avoir la terminaison *-eit* en une syl. (cf. *Rev. Morb*. II, 239, 242, etc.). Cf. irl. *sglábh*, fr. *esclave*, etc. L'absence d'*e* initial paraît indiquer un emprunt plus ancien que pour la forme *esclau*, pl. et Nom. 321.

SCLENT. *Men sclent* « essencle » Maun., *mæn sclænt* ardoise, syn. de *mæn glas*, *mæn tô* Nom. 142, 144; *maën sclent*, sing. *sclenten*, pl. *sclenchou*, *sclentou*, *sclentennou* Pel.; *mæn-sqleand*, pl. *mæin-sqlëënd* Gr.; *méan-skleñt*, *skleñten*, pl. *mein-skleñt* Gon. Ce mot rappelle l'irl. *sleant* tuile, anciennement *slind*, expliqué par une rac. *splid*, *splind* fendre, cf. angl. *split*, *splint*, *Urk. Spr*. 320. Mais *sclent* est plus près encore de *sqleand*, *sqlæntin* (son) argentin, *sclentin*, *sclintin* (son) éclatant Gr., *sklintin* L. el *l*. 70, 132; Gr. donne même à *sqlæntin* le sens, peut-être conjectural, de « qui tient de l'ardoise ». Cet adj. ne peut, je crois, se séparer du prov. *esclanti*, *esclandi* retentir, résonner, produire un son éclatant, *clanti* claquer, résonner Mistral; ital. *schiantare* rompre, *schianto* éclat, fente, etc.; cf. fr. *éclat*, angl. *slate*. Voir *scoultr*.

Sclezrenn pl. ou racloire, sclezrenna racler, couper, terme de mesureur de grains Gr., voir clezrenn.

Sclizcenn. Scliçz, coad scliçz éclisse, bois de chêne fort mince à faire des minots, des tambours, etc.; scliçzenn pl. ou, -icq pl. scliczennouïgou éclisse, petit ais fort délié pour retenir des os rompus; sqliçzenn-asqorn esquille; sclizzenn-dan, scliçzenn-hoüarn-tom bluette, étincelle de feu, petits éclats qui sortent du fer chaud quand on le bat Gr., scliçc en tan étincelle Nom. 165; sclissen, scliuen éclat, éclis (d'os), sclissen, sclien, scliuen esquille Chal. ms; scliçzenna, van. -nein éclisser (une fracture) Gr., pet. tréc. skliñseneign; scliçzenna, van. -neiñ s'éclisser, se rompre en éclats Gr., sklisenna éclisser, s'éclisser; étinceler Gon.; du v. fr. esclicier. Voir squilfou.

Au v. fr. clice clisse se rattache le bas léon. cliçz ya effleurer, enlever un peu de la peau; commencer à s'écorcher Gr.

Quant à sklis, skliz dans louzou skliz purgatif, sklisa avoir la diarrhée Trd, il faut y comparer le poitevin éclisser faire jaillir un liquide, éclissoire petite seringue, v. fr. esclissoire; prov. esclinsa rejaillir Mistral; v. fr. esclisce de venin, celui qui dégorge le venin God., etc.

Scloquat « pioler » Maun., sqlocqat piailler, piauler, sclocqat, clochat glousser Gr., pet. tréc. sklôkal; van. sclopat, clohat, clotal id. Chal. ms, yar clocheres « géline gloussante ou clupante » Nom. 39, yar clocherès, yar glocherès, yar sclocqerès poule qui glousse; sclocqérez, sclocqadur, clochérez gloussement Gr.; cloga, scloga piauler et glousser Pel.; sclossein, sclossal « pioler » Chal. ms, sclousseïn glousser l'A., onomatopées; cf. gall. clocian, franç. cloquer, clocher, etc.; Faune pop., VI, 24, 25.

Scloutour (et non tour) C, sclotur, sclutor, sclotouër « la bonde pour retenir ou pour laisser couler l'eau de l'étang » Gr. v. moulin; an scoutour, an rot à vez en dour « ce qui soustient l'eauë, l. tympanum » Nom. 147; scloturiou va daoulagad a zigor... evit scuilla... daelou mes yeux pleurent, Avant. 12; sclotur' enceinte, clôture Chal. ms; voir onestant.

Sclus en Souch, n. de lieu, Vannes 1424, Arch. de Bret. VI, 121, rue an Sclus V, 189, cf. Dict. topogr. du Morb., v. Scouech; scluze m. écluse l'A., cf. Sclunge, Le Scluse, Pont-Sclunce, Dict. topogr. du

Morb. ; *scluz* pl. *you* Gr., *sclusou* Nom. 228, pet. tréc. *sklujo*; *scluzad dour* éclusée d'eau Gr. ; du v. fr. *escluse*.

Scoacc r. *az* N 1644, n'est pas le mot *scoaz* épaule, mais se rattache à *discoazcaff*, voir ce mot et *acc*. Cf. *discoasset* « desappuyer, se retirer, et s'en aller de l'abri » (ou plutôt au part. retiré de l'abri), *scoasset* appuyé et caché à l'abri, Roussel cité par Pel. v. *scöasel* ; *skoachet* accroupi, assis *Kant. Z. V.* 35 ; *scoacell* une poutre à soutenir qq. ch. débile *Cb*, soustenance *Cc*, *seacel* appui Maun. (l'ordre alphabétique montre que c'est une faute pour *scoacel*) ; *scöasceel* appui, *scöascella* appuyer, épauler, Roussel. Gr. donne *scoazell* pl. *ou* soutien, appui, épaulement ; *scoazell-blee*, *scoazell-vols* arc-boutant ; *scoazélla* appuyer, *scoazelli* épauler, ce qui s'explique par l'influence analogique de *scoaz*. Mais il n'y a pas de forme sans *z* ; on dit à Lanrodec *skoazell* ornière *Rev. celt.* IV, 166, et Trd donne le tréc. *skoazellin* aider, secourir. Peut-être *scöarchell* épaulette d'un corset de femme Pel. est-il une variante de *scoacell*. Voir *scossel*.

Scöanen, *scöenen* crème (de lait) en bas cornou. Pel., gall. *ysgai* écume, scorie ; cf. gaél. *cé*, *céath* crème, irl. moy. *ceó* lait. M. Macbain, *An etym. dict. of the gaelic language*, Inverness 1896, explique *cé* par *keivo, même rac. que σκιά (idée de couvrir), et rapporte aussi à *keivo le bret. *koavenn*. Mais le *v* se retrouvant en tréc. et en van. indique un *m* ; c'est tout ce que je maintiens de l'étymologie proposée v. *coëvenn*. Cet *m* se montre, d'ailleurs, dans le gall. *ysgwyf* écume ; on peut comparer encore le v. h. all. *scûm*, auj. *Schaum*, d'une racine qui semble apparentée à celle de σκιά et du bret. *scoet* (cf. σκῦτος, etc.).

Scoaz épaule f. D 15, 196 ; pl. *you* (de mouton) Gr., *scoaïeu* l'A. ; *skoa-gleu* talus, à Plounérin ; *scoazyecq*, van. *scoéhyecq* pl. *scoéhigued* qui a de larges épaules Gr., *scoaiéc* pl. *scoaiéguétt* l'A. ; gall. *ysgwyddog* ; Le Scouézec n. d'h. en 1579 *Inv. arch. Morb.* V, 217, Le Scouazec XVIIe s., *Inv. arch. Fin.*, B, 297 ; *scöasiec*, *scoahiec* ange, poisson de mer Pel. ; *scoazicq* qui a une petite épaule ; scoazya épauler, appuyer ; soutenir de l'épaule Gr., cf. gall. *ysgwyddo* porter sur l'épaule. Pel. donne *scöasa*, *scöaza*, *scöazia* abriter, mettre à l'abri, couvrir, appuyer, protéger ; ce qui paraît un mélange des deux mots *scoaz* et *scoacc*. Voir *Rev. celt.* XV, 351 ; *Urk. Spr.* 309.

Scobitell « acilles », l. pila clauaria, m. : *try* Nom. 195, cf. *scopette* palette pour le volant l'A., du fr. *escopette*.

Scocc. Scoçz, Scoçza Ecosse Gr., *Scosse* m. l'A., *Scoss Voc.* 1863, p. 11; *Scoçz* pl. *is, Scoçzad* pl. *Scoçzidy* Ecossais Gr., *Scoss* pl. *ed Voc.* 1863. *Mônet a ra da scoçz* cet homme dépérit à vue d'œil, « parce qu'anciennement les Bretons qui alloient en Ecosse pour aider les Ecossois à se défendre contre leurs ennemis, y perissoient tous, sans qu'il en revint aucun » Gr.; on dit à St-Mayeux *et da Skos* réduit à sa plus simple expression, ou à rien.

Scodenn escot, l. surcus C; vieille souche, pl. *ed, ou*; van. *scodeenn* pl. *eü*, souche; *scod* pl. *ou*, van. *eü* souche Gr., *skodeu* L. el l. 64; *scod* pl. *ou*, van. *eü* nœud d'arbre, *scodecq* plein de nœuds Gr.; *squeder* nœuds d'arbre Chal. *ms* v. *noueus*; *scodéc* plein de nœuds, *scoduss* noueux l'A.; *scodennecq, scodecq* lieu plein de souches Gr., pl. *Scodeguy*, hameau du Morbihan; *skidi*, part. *skodet* défricher, ouvrir des sillons dans une terre froide, proprement « arracher les souches, opération indispensable, surtout dans le pays de Léon, où l'on sème avec le seigle, dans les terres froides, soit du genêt, soit... de la *lande* » Gon. Voir *penn*, p. 476, 477.

Scoet écu. L'A. donne au pl. *scouédion*, et Chal. *ms scouedion*; voir *dineric. Scoëder* celui qui fait des écussons Gr. Cf. latin *scutum*, voir *scöanen* et *Urk. Spr.* 309.

Scol école D 186, *schol* 185; *scol* pl. *you*, tréc. *yo*, van. *yeü* Gr.; *scholaërien* maîtres d'école 112, *-yen* écoliers 187; *scolder* écolier Pel.; *scolaërr* id., f. *scolaouréss* l'A.; *scolaër*, f. *es* maître d'école; écolier, plus usité en ce sens que *scolyer* f. *es*; van. *scolhér*, f. *es* écolier Gr. Gon. dit, au contraire, qu'il n'a jamais entendu *skôlaer* qu'au sens d'écolier, et *skôlier* au sens de maître d'école. On dit en pet. tréc. *skolâr* maître d'école; à Sarzeau *chkolaour* id., *chkoleïr* écolier *Rev. celt.* III, 57. *Skôl-fall* mauvais exemple, scandale *Trub.* 227; *skolia* instruire 33, *scolya*, van. *-yeiñ* tenir école, *scolyus* édifiant Gr.; *sclolage* école *Choæs* 21, *fal scolage* enseignement mauvais, du mal 136; *ober skolik-fich* faire l'école buissonnière Trd; à Plouezec *skolieta* instruire *Rev. celt.* IV, 152.

Scolpenn (éclisse) Cc, *scalpenn* Cb v. *ascloedenn*; *scolpat* coupeaux Nom. 196; *scolp*, sing. *scolpen*, pl. *scolpou* copeaux Pel., *Scolpou*,

Scolpo n. de lieu *Arch. de Bret.* VII, 233 ; *scolpat*, sing. *scolpaden* copeau ; *scolpa*, *scolpenna* couper à coups de hache Pel. ; gaél. *sgolb*, *sgealb*. M. Macbain donne de ces mots une étymologie celtique ; je les croirais plutôt empruntés au germain, comme *sgeilp* = angl. *shelf*.

Scorf dans *Ponscorf* XIII° s., *Pons-Scorvi* en 1280 (D. Morice, voir Rosenzweig), auj. Pontscorff, Morbihan, sur le Scorff, rivière qui prend sa source dans les Côtes-du-Nord (Rosenzweig) ; *scorf* pl. *ou*, *poull scorf* pl. *poullou-scorf* la grille, ou la décharge de l'eau superflue d'un étang Gr. v. *étang*, cf. v. *moulin* ; *skorf* m., pl. *ou*, *iou* Gon. ; de *ex* et *corff* corps ? ou d'origine germanique, cf. allem. *Schurf* coupure, fouille, ouverture, anglo-sax. *sceorfan* gratter ?

Scorn glace Nom. 222, *scôrn*, *scourn*, *sôrn* Gr. ; *scournn* l'A., *scourn'* Chal. ms, *scourn* Chal., haut cornou. *zorn* (Loth) ; *scourn*, *scorn*, van. *shorn* Pel. ; *scourn-lec'h* pl. *you* glacière Gr., à Sarzeau *chkornienn* id. *Rev. celt.* III, 54, pet. tréc. *skornen* f. petite étendue d'eau glacée, glissoire ; *scourna*, *scôrni*, *sorno*, van. *scourneiñ*, *scorneiñ*, *sorneiñ* glacer Gr. ; *scourni*, *scorni*, *shorni*, se dit particulièrement de la terre humide durcie par la gelée Pel. ; *dishourni* dégeler Pel., *disscournein* id. ; *disscourne* m. dégel l'A. ; *discourn'* débâcle Chal. ms ; dial. de Batz *sourn* glace, *sournen* glacer ; *Parc-an-*Scornec n. d'une pièce de terre, *Inv. arch.* C.-d.-N., E, 62 ; *scournder*, *scôrnidiguez* action de geler Gr., voir *quen* 1, p. 540 ; *scournus*, *scôrnus* qui peut geler, sujet à geler Gr. *E dorn sornet* N 1478 paraît signifier « (punir) de sa main glacée, froide ou rigide ».

L'alternance des initiales *sc* et *s* est inexplicable par la phonétique. Je crois que la forme première était *sorn*, du v. fr. *sorne* obscurité (d'où *sournois*), cf. *sorna* en esp. paresse, en argot esp. nuit ; prov. *tèms sourne* temps couvert, *cato-sourne* sainte nitouche, Mistral ; voir Kœrting 7181. La variante *scorn* a dû être produite par quelque analogie (*sclaç*, ou *corn* ?).

Scossel écueil *Voy.* 33, -*èl* 109, pl. -*elleu* 8, 32, *skoseleu* précipices *L. el l.* 126. Ce mot van. paraît venir de *scocellus*, qui serait à *scoc(u)lus* (= ital. *scoglio* etc., Meyer-Lübke *Gram. des l. rom.* I, 442) pour *scopulus* comme *ocellus* à *oculus*, etc. ; cf. *Rev. celt.* XIV, 312-314.

Trd donne hors de Vannes *sklosenn* f., pl. *sklosou* « rocher du fond de la mer, soit qu'il découvre dans les hautes marées, soit qu'il ne découvre pas » ; ceci peut s'expliquer par une métathèse pour *scos'l-*, cf. *flossqu-ic* de *fossi(i)c(u)la*, voir *fos*, *paluhat*, *clogue*, etc.

Faut-il identifier à *scossel* le van. *scocel* pl. *scocelleu* « esbranlement » Chal. ms., dont ce texte donne encore les variantes *cosel* m., pl. *coseleu*, *stoguel*[1], pl. *stogueleu*, à Sarzeau *tozel* pl. *tozeleu* « cahot », avec *cozelein*, *stoguelein*, à Sarz. *tozelein* « cahoter » ? Un lien entre les deux idées pourrait se trouver dans le van. *skosal* f. ornière H. de la Villemarqué. Je crois plutôt que *skosal* comme le tréc. *skoazell* id. vient de *scoacell*, voir *scoacc* ; et que *scocel*, *cosel*, *stoguel* se rattachent à *discoguella* secouer Gr., voir ce mot. Pour le rapport de *g* et *ç*, voir *cog* 1. *Cosel* s'explique par une coupe inexacte *dis-coguella*.

Scouac'h dans *de Kerscouac'h* s^r dud. l. en 1427 Nobil., cf. *scaoüarch* « fenoil marin, bacil, sempierre » Nom. 82, *scaoüarc'h* fenouil marin, bacile Gr., *skaouarc'h* m. Gon., *skaouac'h* cassepierre maritime Liég. 271, 392 ; même racine que *scau*? Pour l'échange de *ch* et *rch*, cf. v. bret. *Botcuach*, n. de villa, Cartul. de Redon 29, = moy. bret. *Botcoarh*, voir *quarc*.

Scouarn oreille D 21, *scoüarn* pl. *ou* anse ; ouïe (de poisson) ; pl. *diouscoüarn* oreille, van. *scoarn*, *scoaharn* Gr., *scoharn* 2 s. Choæs 125, *scoharnn*, pl. *eu* et *disscoharnn* l'A. ; *scoüarnecq* pl. *-éyen* celui qui a de grandes oreilles Gr., *scoharnêc* id., c'est une injure l'A., *boñned scoüarnecq* bonnet à oreilles Gr., pet. tréc. *skouarnek* sot ; *scoüarneguicq* qui a de petites oreilles ; *scoüarnicq* pl. *divscoüarnicq* petite oreille Gr. ; cornou. *skouarnad* claque, coup du plat de la main H. de la Villemarqué, pet. tréc. id., f. ; à Pontrieux *skorgniad* sot, par exemple dans cette phrase ironique : *hennes n'eo ket skorgniad tam 'bed!* pet. tréc. *skouarnata* claquer, gifler. Le v. br. *scobarnocion* gl. auritos permet de rapporter ce mot à la même racine que le gaul. σκοβίην (acc.) sureau ; voir *scau*. Voir Stokes, *Old-Breton Glosses* 21 ; Loth, *Voc. v. bret.* 214, 215 ; *Rev. celt.* III, 54, 152 ; IV, 331 ; VII, 50 ; XIV, 271 ; XV, 354, 364.

Scoul « escouble, l. miluus » C (et non « escomble », *Keltorom.* 98) ; *scoul* pl. *ed*, van. id. milan, écoufle Gr., *scoül* Nom. 40,

---

1. M. Loth donne, à tort je crois, *stoguell*, éd. de Chal. 99.

scoûl pl. *et*; *fri-scoûl* nez aquilin et long Pel.; *skoul* f. Gon., m. Trd; m. et f. Perrot, *Manuel* 3ᵉ éd. 166; *scoule* m., pl. *-leu* l'A.; *scueul, scoul, scoufl'* Chal. *ms*, à Sarzeau *chkeul Rev. celt.* III, 54. *Scoul* est rendu par « corneille », *Voc. nouv.* 6ᵉ éd. Quimper chez la veuve Blot, 1778, p. 17; *Colloque*, nouv. éd. Quimper, P. M. Barazer 1808, p. 17; *skeul* par « buse » *L. el l.* 74, 75; « esperuier » est traduit *sceul* et *spalhoüer* Chal. *ms*, mais on lit ensuite cette note : « Je doute du premier ». Dans le *Dict. et colloque* de 1690, « l'Ecouflé » répond à « *ar Vannigueres* », voir *menn*; Ricou emploie *milan* m., p. 4, 5, 24, 28, 29.

A ce mot se rattache *scoulat* gelée, espace de temps que dure la gelée, en Cornou. une saison, espace de temps, de froid, de chaud, de sec ou de pluie Pel., pet. tréc. *skouflat* m. giboulée, tourmente, et particulièrement « temps de neige »; sans doute aussi *scoûrat, scourat-glao*, sing. *scouraden*, pl. *scouradou, scourachou* « petit nuage qui en accompagne un gros où est le tonnerre, et qui se change en pluie » Pel., le changement de consonne a pu être occasionné par l'influence de *scourr* branche, ou de *foulat, fourrad* bouffée (de vent). Trd attribue au van. *skourr-glau, skourrad, skourrat-glau* m. ondée, ce qui pourrait bien ne s'appuyer que sur Pel. Le verbe *skoulat* dérober, que Trd cite comme suranné, a peut-être aussi été suggéré par l'article *scoûl* de Pel., où cet auteur parle du gall. *ysgyflu, ysglyfio* ravir, dérober, *ysgwfl* proie, *ysgyflwr* milan. Le correspondant van. de *scoulat, skouflat*, semble être *scloufat* tranche, morceau, cité M. *lat.* 155. Les formes gall. qui ont *y* pour *w* se reflètent dans le bret. *squilfou*, etc., voir ce mot; cf. *Rev. celt.* VI, 390.

Le bret. et cornique *scoul* est regardé comme un emprunt au fr. *écoufle*, Z² 1074. M. Thurneysen, *Keltorom.* 98, rappelle l'angl. *scuffle* lutte. M. Kœrting, 7286ᵃ, p. 819, appuie l'explication de Diez, qui tirait *écoufle*, v. esp. *escofle*, d'un all. *Schupfer*, de *schupfen* pousser. Je crois qu'on peut admettre un celt. **scub-l-* parent de l'angl. *shuffle* pousser, mêler, du got. *-skiuban*, all. *schieben*, etc. La ressemblance avec le slave *sokolŭ* faucon est purement fortuite.

Scoulma nouer Gr., *skoulma* se nouer *G. B. I.*, I, 122, pet. tréc. *skourmañ*, gall. *ysglymu; scoulm* nœud Gr., *sclom* Chal. *ms*, pet. tréc. *skourm*. Voir *coulm* 2 au *Dict. étym.*, et *Urk. Spr.* 92.

Scoultr. Ce radical se trouve N 888, dans un passage que je traduirais maintenant ainsi : « jamais (pareille) tourmente (*outraig*) en aucun lieu ne fut sur ma tête, je le jure; avec le tonnerre et la foudre déchaînée (*discoultret*) ». Gr. donne *discoultra* émonder, *discoultrer* émondeur; *discoultret* émondé; *scoultrou, scoultr* émondes; *scoultr* pl. *ou, discoultr* pl. *ou* branche coupée; *scoultric* petite branche; Maun. et Pel. ont *scoultra* émonder, ce qui explique *discoultr* qui n'est pas émondé Gr. Les deux sens de *discoultret* peuvent se concilier par l'idée de « détacher », « défaire ce qui est suspendu » (voir *distribilla*).

Scoultr est-il une variante phonétique de *scourr*, comparable aux formes étudiées v. *coustelé* ? Le *t*, qui s'oppose à cette explication, manque dans l'expression de Sarzeau *i chklourr* en suspens *Rev. celt.* III, 236, cf. *scourr, e scourr* suspendu Gr., *e scourr'* pendant Chal. ms.

Peut-être y a-t-il eu influence, sur *scourr, chklourr*, d'un mot différent, *sqeltrenn, sqiltrenn* pl. *sqeltrou, sqiltrou, sqiltrennou* attelle, éclat de bois fendu, *sqeltrenn* pl. *ou* trique Gr., *skeltren* f. Gon., *sqeltrenna* donner des coups de trique Gr., *skeltrenna* bâtonner Gon.; *skeltr*, sing. -*en* « ce qui est séparé par la fente d'une plus grande pièce; un éclat de pierre, de bois, etc. », *mäen skeltr* ardoise Pel. Comme adj., je ne trouve écrites que des formes en *i* : *sqiltr, sqiltrus* (voix) aiguë, sonnant, sonore Gr., *sqiltr* Mo. 256, *skiltr* Nikol. 738; *sclidr, sclitr* mince, menu, grêle, délié, (voix) claire et perçante, *mäen sclidr* ardoise Pel., *skiltr* éclat (de la voix, des couleurs) *Sup. aux dict. bret.* 82, cf. *skiltrein* bruire *L. bug. M.* 128, et v. fr. *esclistrant* brillant, éclatant, retentissant; *esclistre, eclistre, escliste, ecliste* éclair; *esclistrer, eclistrer, esclitrer* faire des éclairs God., voir Kœrting 2950. Mais on dit à Pontrieux *skeltr eo an amzer, krigi ra ervad an tan* le temps est sec, le feu prend facilement; *skeltr eo an iliz-mañ* cette église est sonore; *me eo skeltr ma fenn*, je me sens la tête vide, sans idées, affaibli.

Scourchic (*Le*), recteur de Séné en 1568 (abbé Luco, *Bull. de la Soc. Polymathique* du Morbihan, 1883, p. 188), cf. *skoerj* arrogant, effronté, hagard en parlant de la mine, des yeux; à l'île de Batz, Trd; *un deen sourch'* « un bon reioüi », *chourg* (esprit) bouillant

Chal. *ms.* Cf. *squrzein* arrêter une roue, une barrique, les empêcher de rouler Chal., et v. fr. *escorcier* accourcir, all. *schürzen* trousser, de **excurtiare*?

Scourgez, van. *scourger*, *scourge* fouet; *scourgeza*, van. *scourgeeiñ* fouetter Gr., part. *scourget* 2 s. *Choæs* 23; *scourgezer* fouetteur; *scourgerez*, *scourgezidiguez* fustigation Gr. Cf. D 150, 152; *Rev. celt.* XV, 153.

Scourr branche Gr., pl. *ou* D 41; *de Coetanscour* en 1443 *Inv. arch. C.-d.-N.*, E, 16; *scourricg* rameau; *scourra* brancher, pendre, van. *scoureiñ* suspendre; *scourret*, *é scourr* pendant Gr.; *scoûra* pendre à un croc; châtier, étriller, maltraiter de coups de bâton; *scourach* branchage Pel.; *skourrek* branchu Gon. Cornique *scorren*, *scoren*, gall. *yscwr* *Rev. celt.* VIII, 27, cf. 26; voir *scoultr*.

Scrap enlèvement Chal., *scrab* émeute *Sup. aux dict.* 82, pl. *ou*, *scraberez*, van. *scrap*, *scrapereh* pl. *eu* larcin qui se fait par adresse Gr., *scrappe* larcin par force l'A.; *scraba* gratter, égratigner, *scrapa* gratter la terre, saisir avec les ongles, attraper, ravir Pel., *scraba* van. *scrapeiñ* filouter Gr., *skrap* (l'hirondelle) enlève (les abeilles) *L. el l.* 148, *skrapeint* ils arracheront (une couronne) 210; *scraber*, van. *scrapour* filou Gr., *skraber* pillard, plagiaire *Trub.* XIII; *scrapat*, sing. *-aden* action de gratter, coup de griffe; *scrapaden derwez* petite partie de la journée de travail Pel., *skrabaden* f. égratignure Gon., *skrabadennou-iar* griffonnage, pattes de mouches Trd. Voir *Rev. celt.* VII, 49; XVI, 216, 218.

SCRAV, *scraf*, pl. *et*, dim. plus usité *scravedit* (lire -*ic*) « éterlet », oiseau de mer ressemblant à un pigeon, blanc, la tête en partie noire, les pattes rouges Pel., cf. gall. *ysgraell*, *ysgraen* hirondelle de mer (sterna, norm. *étélet*, *Faune pop.*, II, 389). Ces mots rappellent le gaél. *sgarbh* cormoran, que M. Macbain tire du v. norois *skarfr*; cf. anglo-sax. *scræf*.

Scriff il écrit *Cb* v. *paper*; *scrif* D 95, part. *scrifet* 151, *scrifuel* Catech. 5 v; inf. *scroivan* Jac. *ms* 4, cf. 94; *dre scroit* par écrit 197; *skriw* écrire *L. el l.* 7, 218, *dré scriw* par écrit *Voc.* 1863, IV; *scriuaîner* auteur *Cb* v. *estoar*; -*anner* v. *describaff*; -*áner* da *hymnou* auteur d'hymnes, *scriffuaîner dan bet* 1. cosmographus *Cb*, *scrifagnour Æl* 178, *skriwagnour L. el l.* 146, *scrivaignour Voc.* 1863, 52;

à Sarzeau *chkrivaniôl* (c'est ainsi qu'il faut lire, *Rev. celt.* III, 54) écrivain, sorte d'oiseau, voir *manier*, p. 391; *skridic* petit ouvrage *Trub.* XIX; *scritell* pl. *ou* écriteau; *scritor, scritol, sclutur*, van. *scritoër, sclitoër* écritoire; *scritur*, van. *scrouïtur, scruïtur* écriture; dim. *scrituricq* Gr.; *scriptur an bet* l. cosmographia C*b*.

On se sert d'une façon singulière, en petit Tréguier, du mot *skritur*, dans des phrases comme celle-ci : *hon c'hochon* [1] (*sal respet*) *ra ket skritur vad* notre pourceau ne profite pas, litt. « ne fait pas de bonne écriture ». Cf. l'emploi du mot *silaben, silabren* syllabe, cité *Dict. étym.*, v. *sillabenn*.

Scrigea frémir Gr., tressaillir et s'écrier de frayeur Pel., braire Gr., *skrija* Gon.; *skroeñja, skroeñjal* crier comme les porcs Trd, pet. tréc. *skrijal* id.; *scrigeadur*, van. *scrich* frémissement, *scrigeadur, scrigérez* action de braire Gr.; *skrijaden* f. tressaillement, *skrijuz* qui fait frémir Gon.; gall. *ysgryd* m., cornique *scruth* frisson; *scryge* s'écrier; voir *cridyenn*.

Scrignaf, *scrihnal* grincer (des dents) J 123, *scrigna* Pel.; van. *scrignal* ricaner Gr., Chal., *skrignal* id. L. el l. 32, *scrignein, -gnal* claquer des dents, *screignal en dent* grincer Chal. *ms*, en argot rochois *skrignal* rire; *scrign* grincement de dents; grimace que font ceux qui grincent les dents Pel., *scrign* pl. *ou, scrignérez*, van. *-ereah* ris immodeste, et montrant les dents Gr., *skrigneu* ricanements L. el l. 32; van. *scrignadur* ricanerie Gr., ricanement Chal., *screignadur* grincement Chal. *ms*; *skrignadenn* f. grimace du chien qui menace de mordre Trd; *skringnadek dent* des grincements de dent *Bleuniou-Breiz* 120; *skrignek* adj. qui montre ses dents quand il rit Trd; van. *scrignour*, f. *es, scrigneres* ricaneur Gr.; *scrignous* rechigné

---

1. On m'a reproché en Bretagne d'employer ce mot *kochon* dans des phrases données comme exemples; cela prouve simplement qu'il choque les personnes qui ne l'ont pas dans la langue de leur village. En petit Tréguier, c'est le terme le plus usité pour rendre son correspondant français; il est plus noble que *porc'hel* (cf. *gwiskamand porc'hel* vêtements indécents, *Trub.* 223) et je l'ai entendu employer en chaire. On dit d'un homme sale : *Héñ zou káb d'ober rukun d'eur c'hochon*; et pour nier une parenté : *N'int ket kéren, mu 'vit n'e eur c'hi d'eur c'hochon* ils ne sont pas plus parents qu'un chien à un pourceau; etc. On lit ce mot, *Son. B. I.*, II, 90, 92, 94. Le *Nomenclator* donne « cochon, porcelet, *porchel, porchel bian, couchoun* », p. 33; cf. le P. Grég. v. *petit* : « Entre le Port-Loüis et Sarzau, ils disent, pour petit chien, petit levraut, petit âne, etc..., *cochon qy, cochon gad, cochon azeen, cochon qah*, etc., p. *cochoned*. » Le même auteur cite le van. *cochon yar*, pl. *cochoñned yar* poulet, litt. « cochon de poule »; cf. *cochon blei* louveteau Chal. *ms*.

Chal. (haut bret. *grignoux*). Cf. angl. *to grin*, gall. *dysgyrnu*, *ysgyrnygu*, ital. *digrignare*, etc.

L'expression *a skrign he galon a c'hoarzaz* il se mit à rire « à grince-cœur » *Barz. Br.* 98, semble avoir été suggérée par un mot tout différent : *da scrin ho caloun* à votre santé, à votre cœur, à la partie la plus intime de votre cœur Gr.

Scrill n. d'ho., décès Guing. 1751, *scrilh* pl. *ed, edigou* grillon Gr., pet. tréc. *skrilh* id., *skrilh vall* petit gamin. Cf. *grill* grillon C, Chal. *ms, grilh, -icq* Gr., *grill, -ig* m. l'A. ; *grillicq* grillon des champs Nom. 49, *grilh-doüar* cigale, *grilh-vor* écrevisse Gr., gall. *grill* bruissement, *grilliedydd* grillon.

Scrimpal, *scrimpein* hennir Chal., *scroinpal, scroinpein* Chal. *ms, scrimpale, -pein* l'A. id., à St-Mayeux *skrimpein* se dit du vagissement des enfants et du cri de l'orfraie ; *scrimpereh* hennissement Chal., *-ereah* m. l'A. ; cornique *skrymba* cri.

Scrin écrin Gr., irl. *scrín* ; voir *escren, scrignaf*.

Scruyuell étrille C, *scriuell'* Chal. *ms*, pet. tréc. *skriñvel* f. ; *scriuelein, -lat* étriller Chal. *ms* ; van. scrihuein fourbir l'A., *scrihüeiñ, scurheiñ* fourbir Gr., *scroüein* fourbir, *scroüein... liés* refourbir Chal. *ms, scrihuereah* fourbissure l'A., *scrihueréss* écureuse Sup., *scurheres* van. Gr. ; gall. *ysgrifo* entailler ; irl. *scriobaim* gratter, *sgriobán* étrille.

On peut joindre à *scurheiñ* fourbir, écurer, les formes *scurya, scuiryat*, van. *scuiryeiñ* écurer ; *scuryerés* écureuse Gr. ; mais celles-ci ont dû être influencées par le v. fr. *escurer*, cf. *scurérez* action d'écurer Gr.

Scub et *scubel*, sing. *scubelen*, pl. *scubou* balai Pel., *scubell* Cb v. *balet, scubell* pl. *ou, scubellenn* pl. *-énnou* Gr., *scubelen, scubalen* Chal. *ms*, gall. *ysgub, ysgubell*, cornique *scubilen* ; *scubien, scubienat*, pl. *scubienadou* balayures Pel., *scubyennou* Nom. 239, *skubien* m., sans plur., Gon., gall. *ysgubion* ; *scubyenn* pl. *-énnou, scubadur* pl. *-you*, van. *scubiguell* pl. *au, eü* balayure Gr., *scubadur* Chal. *ms, scupadur* m., pl. *eu* l'A., *scupadurreu* v. ordurier ; *scuba*, van. *scubeiñ, scupeiñ* balayer Gr., gall. *ysgubo* ; scuber, van. *scubour* balayeur Gr., *scupour* l'A., gall. *ysgubwr* ; *scubeller* celui qui vend des balais Gr., *skubéler, skubélenner* marchand ou faiseur de balais Gon. ; *scubérez*, *scubadurez* action de balayer Gr.; *mare scub-delyou* automne Gr., voir *Rev. celt.* XV, 393; *scubic* robe traînante Pel.; pet. tréc. *rein eun tol skub* nettoyer, donner un coup de balai; *skubadur ar c'hreniel* le dernier de la famille. Voir *M. lat.* 216.

Scudel écuelle Cb v. *pezel*; *scudell-dorz* plat ou écuelle large Nom. 161; pl. *scudellou* Gr., Pel., *scudêlleu* l'A., *scudili* Pel., *-illy* Gr.; *scudellad* pl. *ou*, dim. *icq* écuellée Gr., *scudêllatt* l'A., *scudellat*, sing. *-aden* Pel.; voir *Rev. celt.* III, 54; *M. lat.* 216.

Scuemp. Pet. tréc. *skoempiq* ombrageux, un peu peureux, délicat, scabreux. De *coimpere* pour lat. *coinquere*? Voir *Rev. celt.* XV, 364; XVI, 322.

Scuëzr. Squëzr pl. *you, ou,* van. *ëu* équerre; pl. *you* exemple; *squëzrya,* van. *squëreiñ* équarrir; *squëzrya ar re all* donner exemple aux autres, *drouc-squëzrya, goall-squëzrya* donner mauvais exemple Gr., *goüal skoüeria* Trub. 125.; *squëzr vad* édification, *squëzryus* édifiant, *squëzryer* niveleur Gr.; *squëre* exemple l'A.

Stuyllaff répandre C, *squyllaff* (goat) Cb. L'inf. n'est pas dans H, mais le part. *scuillet*, p. 45. *Squilha,* van. *squilheiñ, squlheiñ* répandre; *scuilh, scuïlhadur, scuïlhadeg* effusion Gr.; *scuillage* chose qu'on va répandre, action de répandre plus tard.; *scuillereah* cette action présente, *squilladur* cette action faite, *squilladurr* effusion l'A.; *scuill' boedic* « boute tout cuire » (prodigue) Chal. *ms*. Ce mot est regardé comme emprunté à l'irl., de même que le gall. *chwalu* disperser, parce qu'une racine *squal* ne pouvait donner en brittonique que *spal*, Goid. *words in bryth.* 271, 272. Mais c'est là, je crois, une règle phonétique dont l'exactitude absolue n'est pas prouvée; cf. d'Arbois de Jubainville, *Rev. celt.* XVII, 105. Ainsi M. Rhys s'appuie, pour l'établir, sur le contraste du gall. *hysp* sec, tari, bret. *hesp*, avec l'irl. *sesc*, de *sisqos*; or le bret. présente une variante *hesk*, et celle-ci n'est nullement particulière au dialecte de Vannes, où on pourrait la regarder comme récente, à cause des formes *skoñt* et *spoñt* épouvante, *reskoñt* et *respoñt* réponse; voir *hesq* 2, *hañvesqenn*. Nous avons déjà rencontré cette question de la labialisation, v. *erllecguez*. La différence du gall. *chwalu* au bret. *skulha*, cornique *scullye*, tient peut-être à ce que ces dernières formes représentent *scul-* de *sqoil-*; voir *quoalen*. Cf. le suiv.

Scuyz. *Scuisder* fatigue, lassitude D 45, *sequisdet* 28; *squyzder*, *squyzded*, *squyznez*, *squyzvez* Gr., voir *quaez*, *dister*, *Glas*; *squyzus* lassant, van. *squëhus*, *squïhus* Gr.; pet. trée. *skwizus*.

M. Rhys, Goid. *words in bryth.* 275-277, regarde *scuyz* comme pris à l'irlandais, de même que le moy. bret. *escuit* prompt, gall. *esgud*. Le savant celtiste est porté à attribuer la même origine au gall. *chwith* gauche, insolite, inattendu; *chwitho* être frappé de quelque chose d'inattendu; ces mots auraient été, à leur tour, repris aux Gallois par les Gaels : de là l'irl. mod. *ciotach* gaucher, etc. Je crois qu'il y a entre *chwith* = *svitt-* de *squitt-* et *ciotach* = *quitt-* un rapport comparable à celui de στέγω à *tego*.

Le bret. a-t-il gardé dans le verbe *huytout* n'être pas bien Gr. (voir ce mot) un correspondant du gall. *chwitho*? Je l'ai pensé, après Pel. (v. *c'hwit*); et malgré les explications contraires données Goid. *words* 282-284, je le pense encore. La ressemblance des significations et des constructions n'est pas moins frappante entre le v. irl. *niscith limsa* (cité par M. Rhys, p. 276) et le gall. *chwithodd arnaf*, qu'entre ces derniers et le bret. *ne c'hwit-ket* « il ne passe pas la médiocrité, il n'a rien d'extraordinaire », léon. *ne c'hwitân ket* « je ne m'en soucie pas, cela m'est indifférent » Pel., pour *ne c'hwit ket d'in* « cela n'est pas émouvant pour moi », si l'on tient compte de la tendance du breton à passer de l'impersonnel à la conjugaison personnelle; cf. Rev. celt. IX, 259 et suiv., 266; la terminaison infinitive *out*, quand elle est relativement ancienne, comme ici, est un indice de ce phénomène grammatical, cf. Rev. celt. XI, 467 et suiv.

Au rapprochement de *huytout* avec *chwitho*, M. Rhys objecte, p. 282, que le *t* breton ne répond pas à *th* gall.; à la p. 276, il avait pourtant admis que le moy. bret. *escuyt*, gall. *esgud*, est composé de *ex* + *squit-*, variante de *squitt-* = gall. *chwith* (cf. *dichwith* adroit). Je crois avoir cité, v. *huytout*, d'autres exemples certains d'une semblable alternance.

L'auteur voit, p. 282-284, dans le bret. *ni huyt, ne c'hwit*, van. *dihuyteiñ, dihuytout* déchoir Gr., un emprunt au gaël. primitif *ni uó-et*, irl. *dufuit, tuit* il tombe. L'aspiration du breton serait produite par l'accent. Il me semble qu'en ce cas on n'aurait point le *c'h* attesté par Pel. et par le trécorois. De plus, le sens de l'irl. *tuitim* est bien distinct de celui de *huytout*. — M. Macbain sépare en gaél. *sgìth* et *ciotach*, qu'il compare respectivement à φθίω et à σκαιός.

Sculcher (*An*), XIVe s. *Chrest.* 230. M. Loth compare *scuyllaff* répandre. Les sons *c'h* et *f* s'échangeant quelquefois (voir *luchedaff*, *ozec'h*, etc.), *Sculcher* est peut-être parent des mots cornou. *skelfa* regarder avec frayeur, *skeulf* (yeux) effarés Trd, *scuelf*, *scalf* (yeux) étincelants (de fureur) *Sup. aux dict. bret.* 82, *scoelf* hagard 87, *scuelfed* effaré 82.

Se avé ce serait D 83, v. gall. *sé*, *Rev. celt.* XI, 205, 206; *quent ase* d'autant plus tôt D 62; *her volz dû-ze ha tênval* dans cette voûte noire et sombre, *Trub.* 16; *ar c'hentelliou-se quen precius* ces enseignements si précieux *Æl* 30. En van. -*zé* et -*cé* B. *er s*. 693. En pet. Trég. la voyelle est un *e* très bref, qui disparaît souvent : *pa deu ken beure-z' amañ* puisqu'il vient ici de si bonne heure; *neus' ta* alors donc; *azéet az' ta* asseyez-vous donc là; ailleurs c'est un *o*, cf. *Rev. celt.* XI, 193 ; à Sarzeau on la prononce *i* : *ër pôtrë-zi* ce garçon, *ën ien-si* ce chemin *Rev. celt.* III, 49, 237. *Andraze* cette chose, Ambroise Paré, XVIe s., voir *Rev. celt.* XV, 150, 151, 154. M. Loth signale la forme *en dra hi* à Quiberon, et dans diverses localités *ahé*, *ac'hé* là, *Rev. celt.* XVI, 237, 325, cf. à Sarzeau -*hi*, -*i Rev. celt.* III, 236; il voit dans ce son *h* la transformation régulière de l's ancien. Mais il y a d'autres formes qui ont toujours l'*h*, voir *hemme*, *ahanen*; celles-ci ont pu amener un changement récent de *aze* en *ahe*, etc., cf. inversement en tréc. *an dén-zoñt* cet homme là-bas, *an tri-zoñt* ces trois là-bas, variante de *an dén-oñt*, *an tri-hoñt* amenée par l'influence de *an dén-ze*, *an tri-ze*.

C'est aussi par l'analogie du mot *hen* que j'expliquerais le van. *sen* pour *se*; par exemple *élcen* ainsi *Guerz. Guill.* 166 est une sorte de compromis entre les syn. *evel-se* et *evel-hen*. Voir *sell*, *sezlou*.

Sebeliaff. On ne trouve dans H que le part. -*iet* 59, -*yet* 6, 19.

Sech. En *sec'h troat* à pied sec D 93; *sec'henn* pl. *ed*, ou femme décharnée, *séc'henn* pl. *ed* femme stérile à cause de son âge Gr.; *secha* sécher, se sécher D 133, *sæchaff* Nom. 276, *seac'ha*, *seec'ha*, *sec'ha*, *sec'hi*, van. *seheñ* Gr., voir *lech*, p. 357; *seac'hder*, *sec'hded*, SEC'HOR, van. *sehded*, *sehour* sécheresse Gr., *sec'hour*, léon. *sec'hor* Pel., *séhour* l'A., *Chœas* 118, cornique *sichor*; *amser sec'horecq* temps de sécheresse Gr., cf. *glebour, gleborecq*, voir *gleb; sehonni* siccité Chal. ms; *sec'horecg* pl. *-egou, sec'hérez* pl. *-ezou* le lieu où l'on sèche la buée Gr., *séhereah* m. action de sécher l'A., *sec'houër* pl. *ou* séchoir Gr.; *sec'het* soif D 165, *séc'hed* m., van. *sehed, sihed* Gr., pet. tréc. *zec'het,* voir *quen* 1, p. 540; SEC'HEDA rendre ou devenir altéré Pel., *sec'hédi* Gon., gall. *sychedu* avoir soif; *sec'hedet, sec'hedec, sechedic* altéré, qui a soif Pel., *sec'hedic, sec'hidic* habituellement altéré Gr., *séhédig* altérant; sujet à la soif l'A.; *sechidicq* (homme) étique Nom. 271, *an eticq, gouaz en sæchidic* l'étique ou tisie 259; *Le Sechédic, Le Séchédic* n. d'ho. XVII° s. *Inv. arch. Fin.*, B, 316, 294; *sec'hedus* qui donne de la soif, *sec'hidus* (fièvre) étique Gr., *sec'héduz* Gon.

Il faut ajouter *sec'hicq* mousse terrestre, mousse rampante Gr., *sec'hik* m. Gon.; cf. *sechan* dans *K(er)sechan* n. de lieu Anniv. de Trég. 5, 12, auj. *Kerzec'han* village près de Tréguier.

Secredou secrets B 186, *an sacredou sacr* mystères Nom. 200 = *(levr ar) zellédou* l'écriture sainte *Rev. celt.* IV, 170, cf. pet. Trég. *salamañtein* grogner, gronder, prob. de *sakramañtein*, jurer, lat. *sacramentum,* en van. *sacrein, sinsacrein* jurer, proférer des exécrations l'A. *Secredou* B 631 = v. fr. *secrets,* parties naturelles.

Grég. écrit par *g segredt* secret adj.; *segred* pl. *ou, -ejou,* van. *segret* pl. *éü* un secret (cf. *é consail-segredt* en conseil secret *Discl.* 12); *segreter, -etour, -ejour* secrétaire; *segredtour, -ejour,* celui qui fait des secrets de rien; *segretéraich* secrétariat, charge de secrétaire; *segredtiry* secrétariat où se gardent les minutes. Ces mots semblent avoir influé sur les formes prises par le mot *sacristain.* Voir *sacramant.*

Sectou sectes Catech. 5 v, du fr.

Seder sain, haut Léon et Trég. Gr.; léon. sain, en bonne santé, ailleurs gai, joyeux, enjoué, libre, franc, ouvert Pel.; *ceder* certes, sûrement D 159, 161; tréc. *seder, sederik* enjoué, bien portant, *sederaat* devenir gai, bien portant, faire plaisir Trd.

Sedicius. Seditionou séditions D 61.

Segal. *Sagael* seigle Cc v. *marr; segal* pl. *ou,* van. *éü,* tréc. *o* Gr.; *Ségalo* n. d'ho. XV°, XVI° s. Nobil.; *segalenn* f. grain ou plant de seigle Trd; *Le Segalec* n. d'ho. XV° ou XVI° s. *Inv. arch. Morb.* B, 167, *segalecg* pl. *-egou* champ de seigle Gr., *segaleg L. el l.* 14, cornique *sygalec; Le* **Ségaler** XV°, XVI° s. Nobil., = prob. « marchand de seigle »; *ségal-viniz* seigle et froment mêlés Gr. Ce mot a passé en haut bret. : « du pain de *ségal* », Habasque III, 131. Voir *M. lat.* 206; *Rev. celt.* VIII, 70, 71.

Seillen pl. -*nneu* sole, poisson Chal., -*nn* l'A., *seillen Voc.* 1846, p. 25, *Voc.* 1863, p. 21, Manuel Guyot-Jomard 12. Ce mot van. dérive du lat. **solia* pour *solea*, cf. ital. *soglia*. Dans les autres dial. on trouve *solen* Nom. 47, *soll* pl. *ed, solenn* pl. *sollenned* Gr., *sôl* pl. *solennet* Pel., sans doute du fr., et *soüal*, sing. *soüalen*, pl. *soualet, soualennet* Pel., peut-être par métathèse de **soloan* = **sol-ën*; voir *oade*.

Seim sève de vin, etc. l'A., *seïm* sève (d'une plante), sève de vin Chal. ms, cornique *seym* graisse, gall. *saim*, v. fr. *saïm*, ital. *saime* = *sagimen* (voir *guïm*); au contraire *sein* m. « sain-doux », « huile de poisson », *sein huëc* pommade l'A., vient du fr. *sain*, cf. bret. *saynell* saindoux Gr.

Dassim leseu pe gué jus d'herbes ou d'arbres Chal. ms est sans doute composé de *d-az-* et *seim*.

1. Seiz. An *seiz* les sept D 84, 127, *ar seiz* 127; *seizvet* septième 37, 104; *seizveter, seizveder* septénaire, nombre de sept, *guërsou seizveder* vers de sept pieds Gr.; *seytecq* dix-sept Gr., *seitêc Voc.* 1863, p. 32; seitegved dix-septième Gram. de Gr. 57, *seitêcvëd Voc.* 1863, p. 34, pet. tréc. *zeiteget*, moy. br. **seizdecuet*; *seiz uguent* cent quarante Gram. de Gr. 55, *seiz uguentved* cent quarantième 58; *seitek-ugeñt* trois cent quarante Trd; seiz-delyen tormentille, plante Gr., gall. *seithnalen*.

M. Loth pense que l's initial est resté parce que dans la série des nombres ce mot suivait **svex* six, *Rev. celt.* XIV, 293. Ceci me paraît fort improbable, d'autant plus que la sifflante finale de **svecs* remonte au delà du brittonique, qui disait **hwech*. D'après une autre hypothèse exprimée *Urk. Spr.* 298, 299, les anciens Bretons auraient évité la suite de sons *h-th*, comme *h-dh* et *h-ch*. Mais cette tendance phonétique est loin d'être prouvée : cf. gall. *hwythau, hudd, huch*, etc. Je crois que *seiz* doit son *s* à l'influence du mot *syzun*, cornique *seithun, seithan* semaine, qui lui-même vient du lat. *septimana*, avec mélange du brittonique **heith* = gaul. **secten*, sans quoi il serait **sethun, *sezun*.

2. Seiz soie C, *ceiz* Cb v. *ourll*; *laçz seyz*, seyzenn, van. *séyenn*

lacet de soie Gr., *seizen* f. ruban, lacet de soie Gon., *seien* ruban L. *el l.* 96; de là **Seizennec** reg. Péd. 56 b, *Le Saisienne(c)* II, 35 b (1575, 1641), *Sezenec* I, 1, 98, 188, 191 b, 223 b, 230 (1565, 1584, 1602, 1603, 1610, 1612), *Le S.* 25, 68 (1570, 1578), *Le Sezennec* II, 23, 35, *Le Seczenec* 7ª b (1630, 1641, 1621); *Sezennec* reg. Guing. 239 v; n. de convenant *Inv. arch.* C.-d.-N., E, 72. *An Sizanec* reg. Péd. 17 b (1568) a peut-être eu un sens analogue; voir *sidan*. *Seizennec* = le van. *séyœnnêc* dans *prean-séyœnnêc* ver à soie l'A. Cf. pet. tréc. *seienet* (pain) qui a une bande grisâtre, moins cuite que le reste, quand le four n'était pas assez chaud, voir *Rev. celt.* III, 168; *séyénnour* « rubancier » l'A., *seyennour* rubanier Chal.; *séyzecq*, *séyzus* soyeux Gr.

Sell aspect *Cb*, *sellou* regards D 96, auj. id.; *cete* voilà Mo. 183, *chutu* Jac. *ms* 7, *chuteu* 51; *chetuinty* les voilà 89; *seit*, 1 syl., voyez, voici Jac. 6, 50, pet. tréc. *sêt*. L'inf. *sellet* n'est pas dans H, mais *na sellhy*, p. 14, « ne la regarde pas », ou « tu ne regarderas pas ». *Sêlat*, sing. -*aden*, pl. -*adou*, -*adennou* regard Pel.; *sêllad* pl. *ou* Gr.; SELLER-*moc'h* celui qui, dans les foires, visite la bouche des porcs Trd, gall. *syllwr* spectateur; *selluz* regardant, un peu avare Gr. Voir *Urk. Spr.* 313, 314.

Il n'y a sans doute pas identité entre les formes sans *l* et les autres, mais simplement association de deux mots, l'un de nature verbale, *sell* regarde, plur. *sellit*, l'autre racine démonstrative, *se*, *che*, là, ici. La flexion de *seit*, *sêt* rappelle celle de τῆτε, δεῦτε. Voir *sezlou*.

Sembl. *Sempl* faible D 117, 196, semble l'A.; *semblter* faiblesse *Cb* v. *clun*, *sembl der* D 25, *sembladur* m. l'A., *sempladur Kant. Z. V.* 4, -*ez* 8, défaillance Pel.; *sempldder*, *semplerez* pâmoison Nom. 260; *sémplidiguez* accablement Gr.; *semplaen* f. faiblesse, défaillance Gon.; *simpl* simple *Aviel* 1819, I, 211, faible 281, dim. *simplik Miz Mari Lourd* 4.

Semblant. *Evit na semblante quet* pour qu'il ne nous semble pas D 24; *ur seblandiq* (elle ouvrit) un tant soit peu (sa fenêtre) *Voy.* 139. Voir *Rev. celt.* XI, 469; XVI, 188.

Senez « senne de prebstres, l. synodus » C, *senet Cb*, *Cc*; *sened* Pel., *Trub.* 85, pl. *ou*, -*ejou* concile, synode Gr. (l'A. donne *sinode* m.); cornique *sened*, gall. moy. *senedd*, mod. id. et *seneddr* f.

Expliqué par un emprunt au lat. *synodus*, Z² 1068. M. Rhys a pensé à *sanhédrin*. M. Loth, *M. lat.* 206, regarde *seneddr* comme postérieur à *senedd*, et propose de voir dans celui-ci un mot hybride, peut-être originairement celtique, mais accommodé ensuite au lat. *senatus*, avec un suffixe brittonique; il suppose une influence analogique du gall. *gorsedd* session. Je crois plutôt que *senez*, etc., viennent du v. fr. *sene, senne, sane, soene, syne*, etc., de *synodus*, avec influence de *sené, sened, senné*, de *senatus*. Le v. fr. *sondre, sundre*, qui a été rapporté à *synodus* (voir Kœrting 7616), et qui rappelle *seneddr*, est bien éloigné pour le sens : « portée, bande (de porcs) », en champenois *sonre* God.

Sentiff. Sentus obéissant Pel., *séntus, séntecq* Gr.; *senntuss*, senti l'A. (voir *santaff*); *séntidiguez* obéissance Gr., *senntereah* m. l'A.

Serc'h pl. *ou, aou* concubinaire, mot tréc.; pl. *ed, aou, au, ou* concubine; *serc'herez* concubinage Gr.; tréc. *serc'hiñ* vivre en concubinage Trd, cf. gall. *serchu* aimer. Voir *saereguenn*; *Chrest.* 165; *Urk. Spr.* 301; *Rev. celt.* XVI, 365, 366.

De là *Guen-serch* n. de femme, XIVᵉ s. *Chrest.* 209; *Gurserch, Gorserch* n. d'ho. XIVᵉ s. 211; *Gouserch* n. d'ho. Fabrique de Trég., comptes de distrib. (1442-1454), f⁰ˢ 64, 68, 59 v, etc. (aux archives des C.-d.-N.). Ce nom semble identique au léon. *gouzerc'h* dorade, van. *gouzerh* J. Moal 89.

Comme correspondant de *Gorserch* on attend en gall. *gorserch, pour lequel cette langue présente *gordderch* concubinaire, concubine. Faut-il voir là un pendant de la double représentation gauloise de *st-* dans *Dirona* (par *d* barré) et *Sirona*, *Urk. Spr.* 313? M. Macbain, v. *seirc*, dit que la racine de στέργω aurait donné en gaél. *teirg, et préfère comparer le gotique *saùrga*, angl. *sorrow*. Mais ceci eût fait en bret. **herc'h*. Voir *seiz* 1, *staffn*.

1. *Seren* « seraine, l. serena » Cc, entre *sequestraff* et *serch*, doit être pour *seran*; *seran* pl. *ed*, *seranicg* pl. *-igued* « serein ou serin, oiseau qui chante agréablement », *seranès* pl. *-esed* « sereine ou serine, la femelle du serein » Gr.; du fr. — 2. *Seren* (temps) serein N 907; *sirin* m. (le) serein l'A. — *Sergent* g. id. Cb v. *matez*; *serjantaich* sergenterie, qualité de sergent Gr., *-teah* f. l'A.

Serraff. Serrelagat n. d'ho. en 1539 *Inv. arch. Fin.*, A, 7, 8, litt. « ferme-son-œil »; voir *sarra*.

Seruicc da doe service de Dieu *Cb* v. *azeuliff, an seruich diuin* H 16; *servich* D 95, 124, 172, *servich, deis ha bloas* service au bout de l'an, anniversaire 71, pl. *ou* 69, 106; *servichafu* servir Catech. b, 9 v, *servicha* D 159; *seruicher* serviteur H 4, 15, 49, et non *serv-*; pl. *servicherien* D 26, 99, 105, 106, 110, *-yen* 190; **seruichus** serviable *Cb* v. *officc*; *seruiter* domestique v. *donaesonaff*, serviteur v. *doeuaff*; *servitud* pl. *ou* servitude D 57; *seruiet* serviette Nom. 157, cf. *Rev. celt.* VIII, 509. On dit en pet. tréc. *marc'h jervich* étalon, cf. v. fr. cheval de service, b. lat. *equus servitii, equus de servitio.* La forme *servige* existe en ancien haut bret., et dans le Maine et l'Anjou; Gœrlich, *Franzœs. Stud.* V, 388; l'italien a aussi *servigio* à côté de *servizio*. Voir *pligaff*.

Sesaill C, *cisailh* f., pl. *ou*, van. *eü* ciseaux, *ur cisailhou, ur re cisailhou* une paire de ciseaux, *diou cisailh, daou re cisailhou* deux p. de c. Gr., *cizaille* f. l'A., *cisailleu, susailleu* Chal. ms, *ur sizail* des ciseaux *Voc.* 1863, p. 25, *ur cizail* de petits ciseaux 49, pet. tréc. *zizalh* f.; dim. *cisailhicq*; *cisailha* travailler avec des ciseaux Gr.

Setancc. Sentancc sentence H 15, *sentancz* Catech. b, 9 v; cf. *Rev. celt.* XVI, 188.

Serz ferme, droit P 266, *cerzzoc'h* (barbe) plus touffue *Intr.* 194; *serz* (chanter) gaiement *Rev. de Bret. et de Vendée*, 1864, XVI, 56; *sers* vertical *Suppl. aux Dict. bret.* 107. Voir *Urk. Spr.* 313.

Seul guez ma lavarint toutes les fois qu'ils diront D 77; *evel ûr c'hleze sul lemmoc'h ma ze, sul eassoc'h a-se ec'hantre en hor c'horf, evelse ive sul lemmoc'h ha sul subtiloc'h ma ze ûr goal gôms, sul dounoc'h ec'hantre en hor c'halon*, *Intr.* 291, anc. éd.; *pa int sul-dostoc'h deomp, na deus* puisqu'ils sont si proches de nous, que *Refl. prof.*, p. XI; *e vezin seul huelloc'h... ma vezin bet izelloc'h Aviel* 1819, I, 138; *sul gaërhoc'h me her c'hafé, ma zeo* je la trouverais (la terre) d'autant plus belle, qu'elle est (partout foulée par les pieds du Sauveur), *Trub.* 14; *coustet sal a gousto* coûte que coûte, quoi qu'il en coûte Mo. ms 129; *sul ma..., suloc'h suloc'h e deue...* plus (on priait pour lui), plus il enfonçait (dans terre), Peng. II, 171; *sulvu... sulvu, Miz Mari* 1863, p. 14; *seul ma teuas* dès qu'il vint Maun.; *zul ma zo bet war ann hent unan-benag lazet* quand il y a eu qqn tué sur la route (on élève une croix) *Kant. Z. V.* 34.

M. Stokes a comparé l'irl. *sáil* compagnon, et rapproché le v. h. all. *sal*, auj. *Saal* maison, et *Geselle* compagnon, *Bezz. Beitr.* XIX, 106; mais ceci ne rend pas compte de l'*s* breton.

Seulen rets, filet, l. sagena C, de *seun-enn par dissimilation, selon M. Loth, *M. lat.* 206; ou métathèse pour *seun-el, voir *paluhat*.

Seurt er bet rien D 158, pet. Trég. *sord e bet*; *pa ne aille ober qen sort*, comme il ne pouvait faire autre chose Ricou 96; m. : *pet seurt so a pechedou? Daou* Catech. 7 v; *daou seurt* deux sortes D 17, 90; *da pep seurt eux à croüadurien* à toutes sortes de créatures 18, *en seurt viç* dans ce vice 139, *d'e seurt banquet* à un tel banquet 141, *d'é seurt fal* (lis. *sal*) *infernal* dans un tel séjour infernal 161 ; *meur a seurd lenn* plusieurs sortes de lectures Bali 149, *un dousder ar seurt n'em euz biscoaz tanvead* une douceur comme je n'en ai jamais goûté 179 (pet. Trég. *sord 'm eus ket tanvad biskoas*); *ur miracl ar seurt a blije dezàn* (l'incrédule voudrait que Dieu fît pour lui) un miracle comme il lui plairait, Av. 1819, I, 274; *sort pé* sorte quelque chose, n'importe quoi Jac. ms 54; *hac an seurt-ze* et autres de ce genre, et ainsi de suite Intr. 129; *an seurt racail-se* cette canaille D 178; *an seurt mortification-mâ* cette mortification, *o tibri eus an seurt a bresanteur deoc'h* en mangeant de ce qu'on vous présente Intr. 273, anc. éd., *an seurt carantez-se* 335, etc. (Gr. écrit de même *un seurd tud, an seurd tud*, v. *manière*, etc.); *cals a seurtou quic* beaucoup d'espèces de viandes Intr. 332, *seurdou* Gr. En pet. Trég., *seurd* s'emploie pour « sexe ». Voir *quen* 1, p. 537.

Seuzl pl. *you* talon Gr., van. *sælle* (-*troætt*) l'A.; *hoary an seulyou* talons, jeu, l. tali Nom. 194; *seuzlenn vara, seulguenn vara* talon de pain, *seuzlenn fourmaich* talon de fromage; *seuzlyenn* pl. *ou* talonnières, courroie qu'on passe sur le talon pour tenir ferme aux pieds les sandales, ou les socs, quand on va à la campagne Gr. Mot tiré de *sătlă, sans étymologie, *Urk. Spr.* 289; je crois encore qu'il faut partir de *stā-tlon = lat. (*ob-)stāclum*.

Seven sain, fort, qui grandit Pel., *map seuen* « un fils qui est grand » Maun.; *sevénn* avenant, *sevenn* civil, honnête, galant Gr.; **Sévénec** n. d'ho., 1539, *Inv. arch. Fin.*, A, 9; *seveni* accomplir Pel., *sevenni, sevennaat* civiliser, *sevennidiguez* civilité, galanterie, *sevé-* air avenant et gracieux Gr. Cf. v. br. *Seman* Cartul. de Redon 105, 133, 140.

Sezlou écouter, 1ʳᵉ s. r. *ez* D 153; *sezlaouër* écouteur Nom. 293, *sezlaouër* celui qui est aux écoutes, *-ès* sœur écoute Gr. Le bret. *zl* pouvant venir de *-cl*, cf. H 102, il est naturel de comparer *se-zlou* aux composés gall. comme *cyglyu, dyglyw, erglyw*; le cornique *goslow, golsow* vient peut-être de **guos-glow,* cf. gall. *gosglywed* entendre un peu. La syll. *se-* pourrait être la même que dans *se, sede*, voir *sellet*; le mot serait formé comme le lat. *cĕ-do*.

Sy pl. *ou* défaut Gr., *si* m., pl. *eu* l'A.; **Syet** n. d'ho., fabrique de Trég., comptes de distrib., 1442-1454, f° 178 (aux archives des Côtes-du-Nord); *Le S.* Anniv. de Trég. 3 v, Quoatg. 5 v, II, 2, 11 v, reg. Guing. 4, tréc. *siet* estropié, infirme; *siètt* défectueux l'A.; *syus* (cheval) vicieux Gr. Voir *Rev. celt*. VIII, 499, 506, 507.

Sicour aider n'est pas dans H; inf. *sicouret* texte du xvıᵉ s., *Ann. de Bret.* III, 250, van. *secourein* Gr., *secour* l'A. *Nep enem sicour a dou dorn* celui qui s'aide des deux mains Cb, *les an sicouryou* les aides Nom. 203, Gr.; *Sicourmat* n. d'ho. en 1781 *Inv. arch. Fin.*, B, 118; dim. dans *Liors-*Sıcouric *Inv. arch. C.-d.-N.*, E, 38.

Sidan linotte Cb, Maun., le petit oiseau qui nourrit le coucou Pel., pl. *ed* linot, *sidanès* linotte, *sidanicq* le petit oiseau qui suit le coucou Gr.; *cidan* m. roitelet l'A.; *Le Sydan* baptisé en 1611, reg. Quemp., gall. *sidan* soie, *sidanblu* duvet, cf. *cwinc pen sidan* verdier, *pila cap sidan, pincyn pen sidan* = angl. « silk-cap finch »; *Le* Sıdaner n. d'ho. en 1613, reg. Quemp., gall. *sidanwr* marchand de soieries; *Le* **Sidec** reg. Guing. 93, bapt. 1613 reg. Quemp., *Sidec* décès Guing. 1639, cf. *seizec* soyeux, voir *seiz* 2. M. Loth regarde *sidan* comme un emprunt germanique, *M. lat.* 109, 207. L'irl. a *slta, sloda* soie.

Siferni enrhumer Gr., sıfern rhume Maun., Gr., Pel., *sifernadur* disposition au rhume Gr.

Sıffoc'hel espèce de seringue d'enfants pour jeter de l'eau ou de petits morceaux de papier Pel., *sifo-* f. sarbacane Gon., de **sifoncella*, cf. lat. *siphunculus*; voir *Rev. celt.* XIV, 314, 315.

Sig siège, chaise C, *sichen* Nom. 157, pl. *sichennou* 198, *sigennou* 132; *sichen* un as, l. canus, canicula, monas 194; *sichenn* le pivot du dévidoir Gr.; *jich ar gwer* la tige des verres *Son. Br. Iz.*, II, 162; pet. Trég. *jijen* base, planchette qui soutient un objet; *jijen ar groaˢ* pied de la croix; *ari e ar jijen war hon zreo* nos provisions s'épuisent, litt. « le siège (action d'assiéger) est arrivé sur nos choses ». Pour le traitement de la diphtongue française *ie*, cf. pet. Trég. *ze në si ket* cela ne *sied* pas; *pich* piège; *marchepi* marchepied.

Sigur. L'expression *oar hon sigur* pour notre cause, à notre place, se trouve chez Grég., sous cette forme : *an eil var sigur*, ou *var sigour eguile* chacun à son tour. Cf. *doan braz am euz var he sikour* j'ai grand peine à son sujet, à cause de lui, *Da ganaouen ann aotrou Morvan, diskan*, Quimper 1872, p. 3, cf. 8; *kemeret poan var ho zikour* les plaindre, s'apitoyer à leur sujet *Nikol.* 735. Van. *ober é afferieu ar goust er real*, ou *ar sigur er re al* « tirer les marrons du feu avec la patte du chat » Chal. ms; *é-sigurr, a-sigurr* sous prétexte l'A., *é sigur Voy.* 21, *B. er s.* 63, *Choæs* 10, 86, etc.; *sigur* prétexte l'A. v. *couleur, ombre*; Sup. v. *détrousseur, gasconner*.

Sylienn anguille Cc v. *gobien*; *silienn* pl. *eu, étt* l'A., *sili, siliet, siliou* Pel., *silyou*, van. *silyeü* Gr., *sili, siliou, siliennou* Gon., tréc. *zilio*; *silyaoüa*, van. *silyéüeiñ, -éüa* pêcher des anguilles Gr.; *en em zilienna* s'échapper des mains, glisser dans les mains Trd. Cornique *selli, silli, zilli*, pl. *selyas, syllyes*. Cf. gaél. *siolag* anguille de sable, gall. *sîl* frai? La racine serait la même que dans *dishilya*; voir ce mot et, pour la question de l's initial, *Rev. celt.* XIV, 293. *Sîl* est regardé comme emprunté aux Gaels, *Goidelic words* 289.

Silsiguen saucisse, texte du xvie s., *Ann. de Bret.* III, 250; *silsicq* saucisses, *silsiguenner* saucissier Nom. 313; « *sauciss*'. Quelques-uns disent *selzic* mais il signifie une andoüille » Chal. ms, v. *saucisse* (« andouille » est traduit par *andouill*'); *sælzig* saucisses *Voc.* 1863, p. 47; *Silsiguen* n. d'ho. à Canihuel en 1843. Voir *M. lat.* 206.

Symbol -e Catech. 6, D 18, 42, -*en* Trub. 9. — *Simon* Simon Gr., **Symonigou** n. d'ho. Quoatg. III, 6, *Simonic* petit Simon Gr.; *simony* simonie H 50, *symonyaich* Gr.; *symonyacq* pl. *ed* simoniaque Gr.

Simphoniaff « jouer de symphonie » Cb v. *instrument*, du fr. — *Simpl* -e D 103, 194, simplement 189, simplicité -té 88, *simplded* Gr., voir *sembl*.

Simuliff (feindre, simuler) Cb v. *finchaff*, du fr.

Sinaff guant an noulagat consentir par signe Cb v. *guingnal*; pet. tréc. *zinan* léguer, cf. *Nikol.* 250; *signify* il signifie D 26; *sinet* anneau Nom. 171. Le mot *signa*, du lat. *signare*, veut dire charmer, attirer, s'attacher par des douceurs, *Intr.* 354, 407, 432 ; *signa ar bugale* « soutirer les enfants » Maun. ; cf. gall. *syno*, *swyno* enchanter, irl. *sénaim. Sign* -e Catech. 7 v ; *voar sin o emprestan* sous prétexte de les emprunter Mo. ms 174 ; *voar sin balé* comme pour me promener, sous couleur de promenade Jac. ms 100, *voar sine* (1 syl.) *ballé* 14 ; pet. Trég. *laket war zin dë wintrañ, war sin wintrañ, war sin im wintrañ, war siniwintel, war si wintel* (objet) mis de manière à être en danger de tomber.

Synagoc. Sinagogue, 3 s., Mo. ms 191 ; *sinago* 162 ; *synagoga* Gr., *sinagoga* Trub. 101.

Sinancc « esquinance » C, ne vient pas de ce mot français, comme *sqinançz* esquinancie, -*us* sujet à l'esquinancie Gr., mais d'un représentant du lat. *synanche*. A ce mot latin lui-même paraît se rattacher *sinac'h* (pourceau) malade, en mauvais état faute d'appétit Pel., *signac'h* (gens) dégoûtés Sarm., 9 ; *sinac'h* qui ne peut manger faute d'appétit ; légèrement indisposé Gon. Cf. *sinuc'hi* « brûler mal, noircir au feu, parlant du bois de chauffage vert ou mouillé » Trd ?

Sinquerch menue avoine, 1. auenula C est peut-être composé du lat. *sēmis*, *sēmus demi, ital. *scemo*, prov. *sems* diminué, voir Kœrting 7368.

Syohan n. d'ho. en 1387, de la Borderie, *Rev. de Bret.*, de *Vendée et d'Anjou*, sept. 1890, p. 201, *Sioc'han* XIIIe-XVe s. Nobil. ; *siohan* et *sioc'han* faible, délicat, exténué de faim Pel., *sioc'han* adj. faible, tendre ; s. m., pl. *ed* avorton, petit homme mal fait ; *sioc'hani* devenir faible ; avorter ; *sioc'hanidigez* faiblesse ; avortement Gon. Dim. de *sioch, emprunté au germain : v. h. all. *sioh*, auj. *siech*, got. *siuks*, angl. *sick* malade ? Les mots gaél. *siogach* pâle, *siogaid* personne maigre, famélique, *seochlan* personne faible, n'ont qu'une ressemblance graphique avec *sioc'han*.

Siouaz, *sioaz* hélas Gr., *siouah* l'A., *sinhoah* L. el l. 46, 142, tréc. *sivoaz*, *ziwas* ; *siouaz din* malheur à moi, etc. Gr., *siouaz d'in* G. B. I., I, 30, *siouah tein* l'A., *sihouah teign* Chœes 19, *sihoah tein* Guerz. Guill. 34, cf. *Rev. Morbih.* III, 342 ; *sioadenn*, *siouadenn* pl. *ou* hélas, soupir Gr. *Siouaz* paraît formé comme *so goaz* qui pis est

N 795. Pour *si-*, cf. tréc. *siken, ziken* Trd = *zoken, so quen* qui plus est ; pour la mutation de *-ouaz*, voir *Rev. celt.* XV, 386.

Sioul tranquille, 2 s., D 173 ; *bea sioul* être discret, se taire (sur un sujet) Mo. 165 ; (désir) secret 171 ; *canaff* SIOULICQ « chanter en fosset » Nom. 214, *sioulic* 2 s. secrètement Mo. 289 ; *sioul* sans dire mot, *den sioull* homme patient, *sioullic* tout bas Maun. ; *syoul* (temps) calme, *é sioul* (parler) bas ; *syoulat* se calmer, en parl. du temps, *syoulant* silencieux, *syoulançz, syoulded, syouldér* silence Gr. A St-Mayeux *sivoul* tranquille, *Ét. sur le dial. de Batz* 8 ; voir *Rev. celt.* VI, 510, 511. Cf. gall. *siw, si, su* sifflement, bourdonnement, chuchotement, *siol* bourdonnant, onomatopées, comme *sis* chuchotement, *sisialu* chuchoter ?

Syra sire N 293, *siré* Jac. *ms* 40 ; voir *rae*, et *Rev. celt.* XVI, 179.

Siuy, *suiuy* fraise Nom. 70, *siuy, planten sueuy* fraisier 85 ; *suyuien ret* « eufrase » 84 ; *sivyen* pl. *sivy* fraise, *sivyenn* pl. *ou* fraisier, *sivyen-red* pl. *sivy-red* eufraise Gr. ; *sivi* fraise, sing. *sivien*, pl. *siviou* Pel. ; *sivien* pl. *sivi, siviou, siviennou* Gon. Grég. semble refuser ce mot au van., en ne citant pour ce dialecte que *frésen*, pl. *frés, fras* ; mais on lit *sivieenn* pl. *sivi* fraise, *siviéc* fraisier l'A., *siuien*, [pl.] *siui, soui* Chal. *ms*; *sevi* L. *el l.* 162, *sivi* Voc. 1846, p. 20 ; éd. 1863, p. 17 ; Trd donne comme plur. en van. *sivi* et *siv*. En pet. Trég. on distingue *jibien* petite fraise des bois, de *frézen* grosse fraise cultivée. Voir *Rev. celt.* V, 127 ; VII, 101. Le gaul. σουβιτης lierre peut s'expliquer par un composé *su-bi-* (feuille) bien coupée, voir *gousifyat* ; mais il faudrait admettre, en ce cas, que le brittonique *subi-* est emprunté au gaélique. Ou bien faut-il partir de *stubh-*, cf. στύφω resserrer ; avoir une saveur âcre ; στυφωνία lavande ? Voir *seuuienn* au *Dict. étym.*

Sixt Sixte (IV) H 32.

Sizl coulouer, l. mulctrale C ; pl. *ou*, « on prononce *sijl* », van. *scil* pl. *ëu* passoire, couloir Gr., *stl* f., pl. *ou, iou* Gon., *sile, scile* f. l'A., pet. tréc. *zîl* m. ; *sizldroüerés* pl. *sizldroueresou* charrier, grande pièce de grosse toile qui contient la charrée ; *sizla*, van. *scileiñ* passer avec une passoire Gr., *sillein, sillat* passer (du lait) Chal. *ms, scilein, scilatt* couler l'A., cf. L. *el l.* 32, pet. tréc. *zilañ* ; *sizladur* pl. *you* coulis, jus coulé Gr., pet. tréc. *ziladur* farine d'avoine qu'on met à tremper le soir, et qu'on passe au tamis le lendemain pour faire de la bouillie (les résidus, qu'on donne aux porcs, s'appellent *gwaskon*); *eur ziler lès dre i losten*, sobriquet d'un homme qui s'occupe des choses du ménage. *Sizl* ne peut se séparer de l'irl. *sithlán* « colum » Lhuyd 48, *sithlad* filtrer *Irische Texte* I, 778, cf. *Rev. celt.* VI, 75, l. 42; mais comment expliquer que le bret. ne soit pas *hizl, = gall. *hidl* ? J'ai supposé une alternance *si- syi-* (cf. racine *sē, sēi, sī*, Prellwitz *Etym. Wœrterb. der griech. Spr.* 112), en rappelant les deux formes grecques ἤθω, σήθω. Mais cette dernière paraît d'origine différente, cf. Prellwitz v. σάω, διαττάω. Je ne crois pas non plus qu'il faille rattacher *hidl* au lat. *situla*, irl. *sithal* seau (*Irish Gloss.* 60; *Rev. celt.* VII, 198), ce qui d'ailleurs n'expliquerait pas la divergence des deux idiomes brittoniques. La forme bretonne régulière *hizl me semble avoir été altérée par l'influence du mot *doucil* g. id. C, *doulcil* Cb, Cc, voir *Rev. celt.* VII, 50, 251; Grég. écrit *doulsizl* clepsydre, *doulcil* arrosoir, où il voit une composition avec *sizl*; Trd donne *dour-zil* arrosoir.

Sizun, suzun f., pl. *you*; *suun, sun*; van. *suhun* pl. *yéü* semaine Gr., *suhunn* f., pl. *ieu* l'A.; *an suzun guen* (la semaine blanche), la semaine des rogations, en 1472, voir *quarter; ar sizun vénn, ar sizunn venn* Gr.; *sisun* D 155, *siun* 1 s. Mo. 154, pet. tréc. *zűn*; *sizuner*, van. *suhunour* semainier Gr., *sizuñad, sizuniad* hebdomadaire Gon., *sizunad* f. durée d'une semaine Trd, *sunvez* f. id. *Miz Mari Lourd* 5. Voir *seiz* 1. La contraction a fait disparaître un *z* dur dans le tréc. *siun* (cf. v. *entre* 2, p. 215), *zun*. C'est un accident phonétique qu'il est difficile de soumettre à des lois régulières : ainsi *ozac'h* mari est devenu en pet. tréc. *oc'h*, tandis que son plur. *ezec'h* reste intact.

Syzun Sein, voir *Rev. celt.* X, 352, 353.

Skiber loge, appentis; en cornou. petits bâtiments sous lesquels les ouvriers se mettent pour travailler à l'abri, pl. *iou* Pel.; m. hangar, appentis, remise, loge, en cornou. Gon., *sqiber* petite chambre attenant au pignon de la maison Gr., *le Scquiber neuez* n. de lieu reg. Péd. II, 26ᵃ (1632); *squiberic* hameau Maun., Chal. *ms*, cornique *skyber* f. grange, grand appartement, v. gall. *scipaur*, auj. *ysgubor, ysgubawr*. M. Loth tire ces mots de *scōpārium, M. *lat.* 216, mais cela eût donné en v. gall. *scupaur et en bret. *skuber; l'*i* se retrouve encore dans le gaél. *sgiobal*, irl. *sgiobál* grange. Je crois que l'origine de *skiber* est germanique; cf. allem. *Schober* meule (de foin), *Schaub* petite botte (de paille), angl. *sheaf* gerbe, gall. *ysgub*, irl. *scuab*. On rattache *sheaf*, *Schaub* à la rac. de l'all. *schieben*, voir *scoul*. Peut-être l'*i* est-il ici la prononciation brittonique d'un *û* long (cf. Kluge, v. *Schaufel*).

Skil- préfixe diminutif dans *skil-paötr* fille qui a les manières hardies et libres d'un garçon; en bas cornou. fille qui fréquente trop familièrement les garçons; garçon qui fait des jeux et des tours d'adresse, un espiègle; *skildrenc* aigrelet Pel., = gall. *ysgil* recoin, voir *quil*. Cf. *chilgamm* bancal Trd, *gilgamm* boiteux Gr., *Rev. celt.* XVI, 224; *gilgocq* coq à demi chaponné Gr. (*quill-goq* l'A.); et, avec dissimilation de *l*, *girfoll* pl. *ed*, f. *ès* badin, folâtre, *girfollez* pl. *ou* badinage Gr.

Sloac cendres de lessive, syn. de *ludu 'n lichou* Nom. 172, cornou., léon. et tréc. *stloac* cendre qui a servi à faire la lessive Pel., *stloacq* charrée, cendre qui reste sur le cuvier, après la lessive coulée Gr., *stlôak* m. Gon. De *ex-* et de quelque forme germanique parente de l'all. *Lauge*, anglo-sax. *léah* lessive? Ou du fr. *cloaque*?

So. *A pell so* « de long aage » Cb v. *hyr*; *a trydez so* depuis trois jours Cc v. *goude*; *à pevar-c'hant bloas so* depuis cinquante ans D 68, mélange de *a pell* et *pell so*; *a tridez* Cb et *tri dé so*, expression la plus fréquente (cf. « cinquante ans sont » *Eutrapel* I, 173); voir *guers*. *A zo* qui est H 59. *Mar a so eun Doue* s'il y a un Dieu *Miz Mari* 1863, p. 166. Voir *siouaz*; *Rev. celt.* IX, 248, 249; XI, 187; XVI, 326, 366.

Soaff suif C, *soa*, *soao*, van. *süaü*, *soëü*; *soavenn* pl. *ou*, van. *suaüeenn*, *soéüenn* pl. *eü* pain de suif Gr., *sôaven* bête grasse, *maöt sôaec* mouton gras Pel.; *soavi*, van. *suaveiñ*, *soéüeiñ* suiver, enduire de suif (un navire) Gr., *suaouein* l'A.; *savann*, *soavon*, *saon*, van. *suann*, *soévenn* savon, *savañni*, *soavoñni*, van. *suañneiñ* savonner, *savañnaich*, *soavoñnaich*, van. *suannach*, *soévennach* savonnage, *saonetés* savonnette Gr. Soaff, v. bret. *soui*, gall. *swyf*, cornique *suif*, vient de *sēbum*, M. *lat.* 209. Le gall. *sebon* savon est d'origine savante, 206. Le moy. br. *soauon* semble un mélange de *soaff* et du fr. *savon*.

Sobr sobre, *sobréntez* sobriété Gr. ; voir *soublaff*. — **Societe** société H 58, du fr.

Sodell ornière. On lit *sodel car* en ce sens, dans les *Fables* de Göesbriand, Morlaix, 1836, p. 28 ; cf. *Le* **Sodellec**, recteur de Theix en 1505, ab. Luco, *Bull. de la Soc. polym. du Morbihan*, 1883, p. 213.

Sodomy -mie H 48, 50, -*myaich*, *pec'heud sodoma* Gr. ; -*mad* pl. -*midy* -mite Gr., *ar sodommistet* les habitants de Sodome Jac. *ms* 10 ; du fr.

Soez ébahissement C, *souëz*, van. *souëh* étonnement Gr., *souëh* f. l'A., *souheh* Chal. *ms* v. *fascheus* ; *souëh* 1 s. *Choæs* 181, *suëh Guerz*. *Guill*. 167 ; *souëh, seuh* étonnant, *nequet souheh* il ne faut pas s'étonner Chal. *ms* ; *souëza*, van. *souëheiñ* étonner Gr., *souhein* l'A. ; *him souëhein, bout souhet* s'étonner Chal. *ms, bout souëhet, bout souëh* van. Gr., *suëhein* 2 s. id. *Guerz. Guill*. 128 ; *souëz* admirateur ; admiration, *souëz vras*, van. *souëh-bras* grande admiration ; *souëza* donner de l'admiration ; admirer, s'émerveiller Gr. ; *da zouëza ho marzou* pour admirer vos merveilles *Trub*. 4 ; *saouezet* 3 s. étonné *G. B. I.* I, 42 ; cornou. *souezenn* f. surprise *Trd ; souëzus*, van. *souëhus* étonnant, admirable Gr., *souehus* 2 s. *Choæs* 106, *souëhus Guerz. Guill*. 9, *suehus L. el l*. 198. On dit en tréc. *zouhet* étonné ; *souzañ* reculer, d'où *souzadenn* recul *Rev. celt*. IV, 146, semble aussi le même mot. Tout indique un *z* dur, cf. *Rev. celt*. XVII, 62 ; *M. lat*. 207. *Souëzan* que Pel. donne comme syn. de *souëz* étonnement, étonnant, provient de l'analogie de *saouzan*.

Soîn soin : *dre* — soigneusement *Cb* v. *bras, souing* Nom. 295, *soign Choæs* 14, *soin Guerz. Guill*. 88 ; *soignus* soigneux 24, *soigneus* D 133, pet. tréc. *soagnus ; soagnal* soigner ; du fr.

Sol semelle C, *sôl* Pel., *sol* pl. *you* van. *yëu, soledenn* pl. *ou* id. ; *solya, soledenni* van. *solyat* mettre des semelles Gr. ; *sol* le fond, le bas, van. id. Gr., *sôl, soûl* plancher d'une maison, *sôl-ti* premier étage de maison ; *mont d'ar-sôl* couler à bas Pel., *monnet d'ar sol*, van. *monnet d'er sol, soleiñ* Gr. ; *sole* fond, *meine sole* pierre fondamentale l'A., *hemb sol* (mer) sans fond, *Choæs* 184, *sol* (si votre terrain a) du fond *L. el l*. 14, *beta sol en ihuern* jusqu'au fond de l'enfer 210, *ita sol ur uen* au pied d'un arbre *Voy*. 77, à Sarzeau *sôl ër guli* le fond du lit *Rev. celt.* III, 233.; *solein* se précipiter, aller au fond l'A., *soleheñ* j'abimerais, j'engloutirais (la barque) *L. el l.* 210.; *solénn* tronc l'A., *solænn Sup.*, v. *avaler*; *solenn* f., pl. *eu* monceau, *soulage* tige, race l'A. Du l. *solum*, cf. M. lat. 204.

Solempnite (fête) *Cb* v. *celebraff*, *solénnyez*, *-yaich* f., pl. *ou* solennité Gr.; *solēnisaff* festoyer *Cb* v. *fest*, *solénni* solenniser; *solénn* solennel Gr., *solen* D 80, 189, *solennel* 78, adv. *solemnellamant* 198. — *Soliter* (lieu) solitaire 191, adv. *-amant* 188; *solitud* *-ude* 189. — **Sommer** sommaire, abrégé Catech. 6; *ar semm* la somme D 108, pl. *ou* Gr.; *hemp som* infini l'A., *hemb som* Choæs 28, *L. el l.* 8, *comzeu hemp som* affluence de paroles l'A.

Soneri sonnerie *Cb*, *soñnery*, *-niry*, *-nérez* f. Gr., *sonnereah* l'A.; *sounou* sons Nom. 213, *sounettesou* sonnettes 198; *soñn* pl. *you* son, *son* pl. *you*, *sonenn* pl. *ou* chanson à danser Gr., *sonnen* chanson (des oiseaux, etc.) *Guerz. Guill.* 161; *sonen L. el l.* 30, pl. *eu* 222, *sonnenneu. Voy.* 145, voir *Rev. Morbih.* I, 196; *sonicq*, *sonennicq* chansonnette Gr.; *siny* sonner D 190, *son* 164, *L. el l.* 44, chanter 96, *sonein* id. 96; *sonet hou trepé* faites retentir le bruit de votre trépied 154, *sonnamb guet* jouons de (nos instruments) *Guerz. Guill.* 111; *sénni*, *sini* sonner, *soñner* sonneur (de cloches); sonneur, joueur d'instrument Gr., *sonnér* l'A., *soner L. el l.* 46, 96; *soñnus* sonnant Gr.

Songeou H 60, pensées (et non « songes »), *soñch* m., pl. *soñjou*, van. *chonch* pl. *chongëu* id., *soñch* pl. *soñjou* songe; *soñgenn* pl. *aou*, ou certaine pensée Gr.; *songea* penser D 23, 171, 172, *songeson* pensée 99, 137, *songezon* 2ᵉ s. r. *es*, 53; pl. *-esonou* 60, 91, *-onnou* 153; *soñgeson*, *-ésoun* f., pl. *ou*; *soungeard* pl. *ed* atrabilaire, *soñgeard*, *soñgêr*, *soñjus*, *soñgeüs*, van. *soñjour*, *soñjus*, *choñgeüs* songeur, songe-creux Gr.

Le suffixe fr. *-aison* de *songeson* se retrouve dans le bret. moy. *donaeson*, *donaison* don, *dounésoñn* pl. *-esoñnou*, van. *-ëu* présent, dim. *dounésoñnicg* Gr.; mod. *fondaison* f. fondation, fondement l'A., *fondæzon* fondement (de la religion) *B. er s.* 183, 204, *fondezon Discl.* 2; *fondesonnet mat* (édifice) bien établi Chal. *ms*; *lévésonn* élévation, avantage Gr., *lévézoun* m. ascendant, pouvoir, supériorité, empire sur l'esprit d'un autre Gon.; *preparezon* f. préparatif, préparation

Ricou 133, *fumezon* fumée 95, 132; *tromplezon* f. tromperie 6, 29, 38, 40, 123; *vantezon* vanterie 107; *singlezon* 85, pet. tréc. *siklezen* plaisanterie, bagatelle, voir *sanc*.

Sonn ferme *Guerz. Guill*. 88, *son* (croire) fermement 26, durement, fortement *Choæs* 174; solide, constant 66, *son réflexion* sérieuse réflexion 145; pet. tréc. *zont* raide, droit; dim. **Sonnic** n. d'ho. xvᵉ ou xvɪᵉ s. *Inv. arch. Morb*., B, 167, *Le Sonnic, Le Sonic* reg. Guing. 91, pet. tréc. *sontiq*, sobriquet des gens raides, fiers; *a ioa sounnet ho izili outho* leurs membres étaient raidis par le froid *Nikol*. 176; *sonnad* affermir *Voy*. 102, part. *sonneit* B. er s. 230, *sonna* il fixe, rend solide *Choæs* 78; *sondætt* solidité l'A.

Sor. Harinquen sol « harang soré » Nom. 45.

Sorcèr, sordour, sourdour sorcier Gr., *sorser* L. el l. 82, cf. *Botsorser* n. de lieu *Arch. de Bret*. VI, 154, pl. *sorceryen, -ceuryen* D 87; *sorcérez, sordourez, sourdourez* pl. *ou*, van. *sorcereh* pl. *eü* sorcellerie Gr., *sorsereah* 3 s. L. el l. 84; *sorça* ensorceler Maun., *sorçza*, van. *sorceiñ* Gr., *sorcein* l'A., pet. tréc. *jordañ*. Les formes qui ont *d* sont refaites sur *sort*.

Sorc'henn pl. *ou* abus, erreur, radoterie Gr., *sorhênn* f. visions l'A., *sorc'hen* rêverie, manie, caprice, importunité que cause un grand parleur, etc., ravauderie; *sorc'henni* rêver, ravauder, agir par caprice Pel., radoter Gr., pet. tréc. *zorc'heniñ* tromper; *sorc'hennèr* radoteur Gr., *sorhennourr* visionnaire l'A., *sorc'hennus* qui est sujet à radoter Gr., *sorhennus* « boutadeus » Chal. ms. Origine germanique, cf. anglo-sax. *sorh*, v. sax. *sorga*, allem. *Sorge*?

Sorochell vessie Cc, vessie pleine de pois Cb, *soroc'hel Trub*. 300, pl. *-llou* Pel., f. Gon., van. *siroc'hell* Trd, prob. de *syrincella*, dim. du lat. *syrinx*, avec influence de *soroc'h* cri des pourceaux, querelle, murmure, *-a* grogner, gronder, quereller, murmurer Pel., *-a, -at* grogner; crier comme les boyaux, grommeler Trd, *soroc'her* grondeur, querelleur, mutin Pel., *soroc'hérez* un bruit sourd Gr., *-erez* bruit, tumulte Trub. 61; voir Rev. celt. XIV, 314, 315.

Sort m. sorte *Voc*. 1863, p. IV, sorte 2 s. *Choæs* 86; *e sort pechet* (tomber) dans un tel péché H 13, *a sort greuancc* (s'éloigner) d'une telle faute 14.

Au franç. *sortir*, dont l'origine est controversée, se rattachent:

sortia sortir D 193, *sorti Guerz. Guill.* 177, *sortiyein* l'A.; *sorty* sortie D 28, effort? 126.

Sot sot; déshonnête *Chœs* 88, *sot guet* fier de (sa fortune) 208, pet. tréc. *éd méz a zôd* qui est plus que fou; *bean zôd gant* être fou de, raffoler de, aimer éperdument; *zotât* devenir fou; *sôtat*, *sôdein* abrutir l'A., *tud sodet guet er bet* gens entichés du monde *Chœs* 209; *sotis* sottise 133, *sottis* 87, *sottony* D 177; *sodeœll* sotte, pl. *ézétt* l'A., voir *Rev. celt.* III, 59.

Sôu, *soûd* à gauche, terme de charretier, et autre conducteur de bêtes de travail Pel., *sou* Gon.; *souia*, *sonal* tourner à gauche Pel., *soua* Trd, cf. gall. *asw*, *aswy* gauche. Voir *Dict. étym.* v. *hasou*; Pictet, *Les Origines indo-européennes,* 2ᵉ éd., III, 214 et suiv.

Soubenn en guin « souppe en vin » Cb, *soubenn* pl. *ou*, van. *soubeënn*, *subeenn* pl. *éü*, soupe, potage, *soupp*, *zoupp* soupe, le pain délié qu'on met dans le potage Gr., distinction observée en pet. tréc. entre *zouben* et *zoup*; *soubenna*, *zoubenna*, van. *subeenneiñ* manger de la soupe, *zoubenner*, *sac'h-zoubenn* van. *soubennour* soupier, qui aime beaucoup la soupe, f. *zoubennerés*; *zoubennouër* pl. *ou*, van. *soubennecg* « plat soupier » Gr., pet. tréc. *zouptiéren* soupière, voir *Rev. celt.* V, 124; *soubenna* renifler, *soubenner* renifleur Gr.; cornou. *souba* tremper, imbiber Pel., *soub*, *soubilh*, *sourbouilh* trempe, action de tremper dans l'eau, *soubilha*, *souboüilha*, *sourboüilha*, van. *soubeiñ* baigner, tremper dans l'eau et retirer tout aussitôt; *souba*, *soubilha* saucer, *soubinell* sauce pour manger de la bouillie Gr.; *souberc'h* neige fondue Gon., neige qui tombe presque fondue Trd.

Soubit basse-fosse, doit venir du v. fr. *soubite*, que M. Godefroy traduit par « mort subite », mais qui paraît, d'après les exemples, avoir eu un sens analogue au breton : ainsi le passage « Or l'en emmenons, sanz demeure Faire mettre en une sobite » rappelle fort le texte où se lit *soubit*, J 165 b. Cf. fr. *soute?* — **Soublaff** syn. de *deltaff* mouiller Cb; *soubla da* se soumettre à Mo. 153, *soubla* s'abaisser, se baisser Gr.; *soublet... trema en doar* (yeux) baissés vers la terre B. *er s.* 146, *souplein* incliner Chal., part. courbé, prosterné *Chœs* 33, 71, 162, *e soupl é bên* il baisse la tête 179; *soubl idan er fé* soumets-toi à la foi *Guerz. Guill.* 132; *souple* inclination l'A.; SOUBL, *soupl* souple, agile Gr., *soubl* docile (à la grâce) *Miz*

Mari 1863, p. 173; *a-zoubl* obliquement Trd; *soublaat, soublât* dompter, fléchir, *soublded* pl. *ou* souplesse, agilité, *souplidiguezou* tours de souplesse Gr.; du fr. *souple*, de même que *soubrder* « refroidement, attrempement, l. refrigerium » *Cb* v. *recreaff*, que j'avais rapporté à *sobr*. Voir *coubl*.

Souc'h émoussé, obtus Pel., Gon., *-a* émousser, rendre obtus Gon., cornique *talsoch* gl. hebes; voir *disouc'henne*. Je ne sais s'il faut rapporter à ce mot *Loguel-Bec-Souch* n. d'une pièce de terre *Inv. arch.* C.-d.-N., E, p. 60; voir *sclus*. *Souc'h* peut venir de **stuccos* pour **stug-nos* courbé, cf. gall. *ystwyth*, bret. moy. *stoeaff*.

Soudaer (*Le*), bapt. Guing. en 1613, semble signifier « soudoyeur », cf. *soudaet* soudoyé J 168 b; *soudart* soldat Nom. 290, *sourdat* 288, pl. *soudardet* 290, D 105, 112. — Souden (mort) subite H 23; *soudenn* bientôt, à l'instant D 172; *sondén* Choæs 101, 109, 195; dim. *soudenic* bientôt, tout à l'heure 15, *soudennic* tout à coup Ricou 16.

Souffisant (-issant *Cb* v. *armaff*) et *suffisant* suffisant; *soumetaff* et *summetaff* soumettre; *sourmontaff* et *surmontaff* surmonter; *sourprenet, souprenet* (*somprenet* B. er. s. 744) surpris, fut. *surpreno*, etc. Ces alternances des sons *ou* et *u* en moy. bret. doivent être attribuées, au moins partiellement, à l'analogie; les deux prép. franç. *sur* et *sous* s'étant mêlées et confondues (cf. *Rev. Morb.* IV, 42), comme le montrent entre autres les mots suivants :

Soulbach D 168, *soul bec'h* 173, rimes à *pec'h(et)*, surcharge, charge accablante (du péché);

Van. *soulaleurein, soul-aleurein* surdorer l'A., cf. tréc. *silaouret, chilaouret*, cornouaill. *selaouret* Rev. celt. IV, 166, *sulaouret* Miz Mari 1863, p. 134 = *sur* + *aouret*;

Van. *soul-arhuêrhein* surfaire (une marchandise), cf. *soul-huêrhein* survendre, *soul-huêrh* f. survente l'A.; *soul-üerheiñ* vendre trop cher Gr.; *soul-bayein* surpayer, *soul-gassein* l'A.; *soul-gas* Trd surmener; *soul-sau* m. surhaussement l'A.; *soul-gargein* surcharger, *soul-griskein* surcroître Trd;

Van. *sourblomein* surplomber, *sourblomm* m. surplomb l'A.; cf. *sourbas* soubassement Nom. 141, *sourbaçz* Gr.;

Van. *sourgæll* f., pl. *eu* surjet, *-geelle* rentraiture, *-gélle* rentrais;

-*gællein* « surjetter », -*gellein*, *chourgellein* rentraire l'A., *sourgellein*, *chou*- Gr., du v. fr. *sourjet*; pour la substitution de -*el* final à -*et*, cf. *rougellet* rougets, poissons, Delal., *Houat et H.* 71; *torniquell* f. pirouette, *troniquæll* moulinet pour empêcher les chevaux, l'A., du fr. *tourniquet*; voir *Rev. celt.* VI, 392; XIV, 312, 313;

Léon. *sulpeden* imprécation, malédiction Pel., *sulbedenn* Gr., *sulbeden* dans le gloss. explicatif des *Kanaouennou santel*, 1842, p. VII; pl. *sulpedennou* Maun., v. *maudire*; de *sur* et *peden* prière; cf. tréc. *zoubpedet*, traduit « priée en dessous » G. B. I., I, 312; c'est plutôt « priée, invitée d'une manière plus pressante », cf. *Rev. celt.* XIV, 305, 306;

Tréc. *soubit* (tué) subitement Mo. *ms* 158, 211, *soubitamant* 133, 165, pet. tréc. *zoubit* (mort) subite, bret. moy. *subit*; Gr. ne donne que *soubit*, van. id.; *soubitt* l'A.

Le mot *suçzombri* couler, ou faire couler à fond, *susombri* sombrer Gr., *cissombrein* l'A., contient la prép. *sous*; pour l'*i*, cf. *silaouret*. Peut-être *sualec*, *suhalec* saule à fleurs Pel., est-il composé du même préfixe.

Le *t* de *souffitaff* suffire peut être celui de la 3ᵉ pers. du sing. au prés. de l'ind. franç.; cf. *souit* il suffit D 112, 115, 130, 136, 143 (*souitte* il suffisait 34, *souitté* suffirait 135, *souitse* eût suffi 67). Cf. bret. moy. *apparchentaff* convenir, de *apparchent* il appartient; voir *perc'henn*. *Suffis ma meus dezir* il suffit que je le veuille Jac. 45, *ac yf so suffis d'un den* (voyez) si c'est assez (de pain) pour une personne Jac. *ms* 40. *Soufisa*, -*sout*, van. -*seiñ* suffire, -*ysançz* suffisance, ce qui suffit, pouvoir suffisant; présomption; -*ysant*, *sufysus* suffisant, qui suffit; présomptueux Gr.

Souffrancc -ce H 3, 9, -*anç* D 120, 149, *soufrançz* pl. *ou*, van. *eü*; *soufri*, *soufr*, van. -*eiñ* souffrir, *soufrapl* souffrable, *soufrus* souffrant Gr. — *Soufr* soufre D 125, L. el l. 168, *soufl*, *soufr* Gr., *chouffre* m. l'A.; *soufla*, *soufra*, van. -*leiñ*, -*reiñ* soufrer Gr., *chouffrein* l'A. — *Souhettou* souhaits D 126, sing. *sou het* 166; *souhettet* souhaité 150, cf. 162, 186, 195. — *Souillaff* souiller n'est pas dans H à l'inf., mais *mir na soully* 13; part. *souillet* D 165, *souill* (Agneau sans) tache 151, *soüilhadur*, -*ez*, *soüilhéür* souillure Gr.

Souyn pl. *ed* jeune porc, en bas Léon Gr.; emprunt savant au lat.

suinus, ou à l'anglo-sax. *svin*, selon M. Loth, *M. lat.* 207. Cf. fr. *marsouin*.

Soulenn escouble, chaume C, *soulen, saoulen*, van. *seülen* brin de chaume Gr., *seuleenn* pl. *eu* l'A.; *parc an soull querch* n. d'un champ, aveu fourni au fief de Barach, par. de St-Quay, 15 fév. 1572, archives des C.-d.-N.; *soul, saoul*, van. *seül* chaume, brins de chaume Gr., *seule* m., pl. *seuleu* chaume l'A.; *an* **soullec** *segal*, dans la copie d'un acte de 1560, fief de Runfaou, par. de Ploubezre, arch. des C.-d.-N. (E. 2746), *Saoullec-Uhellaf* n. d'une pièce de terre *Inv. arch.* C.-d.-N., E, p. 43, *soulecq, saoulecq* pl. *-egou*, van. *seülecq* pl. *-egueü* champ plein de chaume Gr., *seulec, seuleu* champ dont le grain a été enlevé Chal.; *soula, saoula*, van. *seüleiñ* chaumer, couper ou arracher le chaume Gr., *seula* l'A., pet. tréc. *zoula*; *inglot da soulaff* « tauelier, l. merga » Nom. 178. Voir *M. lat.* 207.

Soumetaff. Sumission soumission D 97. — *Soumounaff* semondre Cb v. *aiournaff*; *somonaf* v. *citaff*; *symonaff* Cc.

Sourci soin, souci *Choæs* 14, 53; m. *L. el l.* 112, *Guerz. Guill.* 54, f. 159; *souci* D 168, *soucy* 98, 116, 165; 1e s. r. *ouç*, 124; *soucius* soigneux 99, 181, *sourcius Voc.* 1863, p. 42, *a hanamb sourciabl* ayant souci de nous *Choæs* 100; *sourciable, -abe* soucieux l'A.; *sourcyal, soucya*, van. *sourcyeiñ* se soucier Gr., *um sourcyein* l'A.

Soutaff joindre C est regardé *M. lat.* 207 comme le lat. *sol'do* confondu avec le fr. *souder*, à cause de la prononciation actuelle *ou* sans diphtongue. Mais cette confusion ne remonte pas au bret. moy., car on lit *saout* Nl 107, P 201. Le sens était, du reste, bien plus général que celui du bret. mod. *soudta, souda*, van. *soudteiñ* souder Gr., où le *t* provient de l'influence de l'ancien *saout* (cf. gall. *cysswllt* action de joindre). A côté des formes françaises *soudein* souder, *soudereah* action de souder, *soudadur* soudure l'A. (cf. hors de Vannes *soudëür, soudt*, soudure Gr.), le van. a *jëüteiñ* Gr., *jeutin* l'A. souder, *jeutein* joindre, *jeute* joint, jointure l'A., mélange de *soutaff* et de *ioentaff*.

Souteni soutenir Cb v. *peul*. Le Cb a « b. soutenir, suporter », lisez *souteniff, suportaff*. Cf. « l. pessumdo, as, g. suppediter, b. id. » Cb v. *troat*, i. e. *suppeditaff*. *Souteny* D 129; *souttené* il soutiendrait 160; *soutenèr, soutanant* soutenant, qui soutient une thèse;

soutenus soutenant, qui soutient; *soutanañçz* soutènement, t. de palais; *soutenapl* soutenable Gr. — *Soutil* subtilement, **soutildet** subtilité C*b* v. *consideraff*, *soutilded*, *sut-*, pl. *ou* Gr.; *sontil* (poison) subtil *Choæs* 5, (anges) prompts, agiles *Guerz. Guill.* 165; *sontillan* (pensées) les plus secrètes *Choæs* 86; *soutilât* subtiliser Gr. — *Souveræn* souverain D 190.

Space espace C*b* v. *crou*; *ar spaz euz a seiz miz* durant sept mois G. B. I., I, 272; *nemeus quet aspas da chom nemeur* je n'ai guère le temps de rester Mo. *ms* 134; à Tressignaux *spas* id.; *spacius* 3 s. spacieux, vaste Mo. 215, *spaçzus* Gr.; *spaçza* espacer, *spaçzamand* espacement Gr.

Spadoul f. instrument pour *spadouyat*, préparer le lin, en pet. Trég.; *spadoulat* en S*t*-Brieuc pesseler Gr.; tréc. *spadoula*, -*lat* Trd; lat. *spatula*, cf. gall. *yspodol*, f., M. lat. 216. *Spatur* pl. *you* espatule Gr. vient du fr.

Spaign, *bro-Spaign* Espagne Gr., *Spagn* L. el l. 58; *déro-spaign* chêne-vert; *spaignol* pl. *ed* espagnol Gr., *Spagnol* pl. *ed Voc.* 1863, p. 11; *spaignolicq* épagneul; *spaignolaich* langue espagnole Gr.; *spagnolèt fin* fin drap d'Espagne L. el l. 96; voir *Rev. celt.* XVI, 226. — *Span* discontinuation, *spanaënn* pl. *ou* id., *spanaat* discontinuer; *spanell* pl. *ou* tournette pour tourner les crêpes et les galettes, -*icq* espatule Gr., cf. v. fr. *espan*, auj. *empan*, allem. *Spanne*, angl. *span*.

Sparfel (*Le*), en fr. L'Epervier, n. d'ho. XVII*e* s. Nobil.; *sparfell* épervier Nom. 37, pl. *ed*, van. *sparhuél*, *splahoüér* pl. *ed* Gr., *sparfal Miz Mari* 1863, p. 200, *splanhoer* 2 s. L. el l. 74, *splaouér brass* aigle l'A., *splaouér bras Voc.* 1863, p. 19; pl. *splaouérion brass* l'A.; à Sarzeau *splaouher* Chal. *ms*, auj. *chplanuer*, à S*t*-Gildas de Rhuys *chplañouir Rev. celt.* III, 54; pet. tréc. *spalfer*, *spalver*, voir *paluhat*, p. 457; *sparfell* pl. *ou* épervier ou oiseau, palette où l'on met le mortier Gr.

Sparff dour biniguet aspersoir C*b*, *sparf* pl. *ou* Gr., *sparf* Chal. *ms* v. *aspergés, goupillon; sparfa* asperger Gr. Le van. a *esperch* pl. -*rgeü* Gr., *essperge* m. aspersoir, *esspergein* asperger l'A., du fr.; *sparff* vient peut-être de **sparc'h*, du lat. *spargo*, voir *luchedaff*.

Sparll fermure (de huys) C, *sparl* pl. *ou* barre Gr., *sparlou*, van. *sparleu* treillis *Celt. Hex.* II, 9, *sparla* barrer Gr., *sparlein* barricader

Chal., voir *Rev. celt.* IV, 167; *Le* **Sparler** n. d'ho. XVe, XVIe s., Nobil., Anniv. de Trég. 3 v., litt. « celui qui barre ». Dim. de spār, *sparr* gaffe de navire Pel., *sparr* m., pl. *ou*; *sparra* accrocher avec une gaffe Gon.; gaél. *sparr*, cf. angl. *spar*, etc. Voir *speur* et *M. lat.* 207.

Spaz (cheval) hongre C*b*, pl. *-eyen*; *spazard*, van. *spaouard* Gr.; *spaza*, van. *spaoueiñ*, *spaheiñ* hongrer Gr. Voir *naouein*, et *Rev. Morb.* I, 183.

Speç espèce (de vol, etc.) D 104, 108, espèce eucharistique 129, fantôme 138; m. : *an daou speç* 114; f. : *an diou speç* 134; pl. *speçou* 36, 133; *spez*, pl. *you*, van. *eu* l'ombre d'un mort Gr., *spesou* fantômes *Bali* 121; *speciel* spécial H 10. Voir *spes*.

Spelh vent sec, sécheresse, *spelhein* sécher par le vent l'A., *aüél spelh*, *aüél spelhus*, en van. hâle, vent qui dessèche Gr., *ahuél ...spealhus Voy.* 68, *amzér spealhus* 89, *spelc'h* m., van. hâle, gerçure, *spelc'hein* hâler, se gercer Gon.; *spelhet* (langue) desséchée *Choæs* 52, *er sehet er spelhai* la soif qui le dévorait 178; cf. gaél. *spealg* éclis, mot d'origine germ. (moy. angl. *spelke*).

On peut ajouter le van. *spill* m. givre l'A., Sup., *cléan spill* chandelle de glace l'A., *spil* verglas Chal.; pour le traitement phonétique, cf. les dérivés de *quelch*.

Sper race B 337, *spêr* Gw., léon. et corn. id. semence, race, lignée, postérité, génération, production, se dit de l'homme et de la femme, et même des bêtes et des arbres Pel., *sper* m. sperme; grains qu'on sème Gon.; *sperius* fécond, (arbre) fertile Pel., *speryus* fécond, parl. des arbres fruitiers Gr., *spériuz* 2 s., fécond se dit plus rarement des plantes Gon.; *spéria* 2 s. concevoir, engendrer, produire, se dit plus rarement des plantes Gon.

M. Loth dit, *M. lat.* 208, qu'en bas van. « ce mot ne s'emploie guère que dans certaines expressions : *ne spéra ket* il ne suffit pas à... il ne peut fournir à... il n'est pas de force à... ». Pour rendre « sed hæc quid sunt inter tantos ? » St Jean, VI, 9, on lit : *mæs petra e spirou quemént-ce itré pemp mil a dud? Histoërieu ag en eu testamand... É Guéned, É ty er Vugalé Galles,* 398; *mæs petra e spirou en dra-zé étré quemént a dud? Officeu* 1870, p. 259; *mæs petra e spieo en dra-ze de guement-men à dud? Histoer a vuhe J.-C.,* Lorient 1818,

p. 101. Cette dernière forme peut faire penser que le van. *sper-*, *spir-*, *spi-* vient d'un moy. br. **spez-*, du lat. *expedit*, cf. ital. *spedire* expédier; *sper* paraît, au contraire, se rattacher, par une voie inconnue, à σπείρω. Cf. l'*Hermine XIV*, 105; *Rev. Morb.* III, 23.

Speraff espérer Cb v. *goanac*; *speranç* espérance *Buez ar sænt* 1841, p. 626, *-ançz* Gr.; pl. *ou* aspiration, *sperour* aspirant Gr. — **Spérett** pl. *-édeu*, *isspritt* pl. *-ideu* esprit l'A., *spered* pl. *ou*, *-ejou* Gr.; *ur speredicq bihan a zèn* un petit génie, un esprit fort borné Gr.; *speredeđ caer* d'une belle intelligence, *speredeg*, *spereduz* qui a de l'esprit *Sup. aux dict.* 60; *speredus* spiritueux, *spiritual*, *-uel* spirituel, *-ual* pl. *ed* dévot, *spiritualded* (le) spirituel (d'une église) Gr. Voir *M. lat.* 216, 217.

Spernenn aubépine C, épine, arbrisseau, pl. *ed*, *ou*, van. *spernen* pl. *spern* Gr., à Sarzeau *chpiernienn Rev. celt.* III, 52; *spernenn venn* épine blanche Gr., cornique *spernan wyn*; *spernen du* prunellier Gr., cornique *spernan diu*; *Le Spernen* reg. Plouezec 20; *Parc-an-Spernen* XVᵉ ou XVIᵉ s., n. de pièce de terre *Inv. arch.* C.-d.-N., E, 8, *Runenspernen* n. de convenant 73; SPERNEG pl. *ou* lieu abondant en épines Gr., *spernêc* l'A., gaul. *Sparnacum*; *Le* SPERNOUET n. de lieu en 1616 *Inv. arch. Morb.* V, 13, doit avoir le même sens, voir *Aualeuc*. Voir *quarter*; *Rev. celt.* X, 148; *Urk. Spr.* 311; *Ztschr. f. celt. Philol.* I, 124.

Spes adj. et adv., r. *es*, est regardé à tort au *Dict. étym.* comme une variante de *specc* espèce, beauté; une confusion entre ces deux mots n'est admissible que dans l'unique passage, B 311, où *spes* est un nom, et signifie « nature, être », ou peut-être « beauté ». Les sens de *spes* sont : « clair, beau, noble, clairement, bien, évidemment, certes »; on lit au superl. *spessaff* (une philosophe) excellente B 96. C'est le van. *spiss* éclatant, clair, distinct, distinctement l'A., clair *Sup.* v. *argentin*; *spiss guéle* m. clairvoyance *Sup.*; *spis* (son) clair *B. er s.* 67, (regarder) bien 5; (entendre) distinctement *Choæs* 91, *L. el l.* 164, (son) clair, distinct, bruyant 72, *Choæs* 93, *Rev. Morb.* V, 256, (cidre) clair *L. el l.* 88, compar. *spisoh* (lune) plus radieuse 52; *spéz* beau (temps) *Boquet-lis*, Vannes 1852, p. 2, *spiz* (étoile) brillante 13; à Sarzeau *chpis Rev. celt.* III. 54. Du lat. *spissus*; pour le sens, cf. *densa vox*, voix forte. Ce mot s'est mêlé avec *piz* dans *cleuein speh, spez* « entendre finement » Chal. *ms*, cf. Loth, éd. de Chal. 105. De *spes, spis* vient le van. SPISEIN publier l'A., cf. v. *fabrique, spisétt* (visite) annoncée, v. *dénoncer ; spiset* (mandement) publié *Burhudeu... é Lourdes*, Vannes, 1873, p. 28, *spizet* (édit) proclamé *B. er s.* 155; cf. gall. *ysbysu, hysbysu* informer, annoncer.

SPEUÑYAL crier comme le renard, ou comme les petits enfants, glapir Gr., *speuñia, speuñial* Trd; *speuñiadur* glapissement Gr. C'est un doublet du moy. br. *hueual*, I. gannire, gaél. *sgiamh* : cf. le rapport du gall. *co-sp* châtiment, v. irl. *co-sc*, à gall. *chwedl* conte, bret. moy. *que-hezl* nouvelle, de **co-huetl*.

Speur clôture Maun., *speur*, sing. *-en* cloison de bois dans un logis ; barres de bois, qui servent à séparer les chevaux dans l'écurie, etc. Pel., *speur* pl. *you*, *speurenn* pl. *ou* cloison, séparation de chambre Gr.; *speuren* fermeture, « entredeux » (de planches); *speuren, speur, speren* [pl.] *sperenneu* clôture Chal. *ms*; *speùr* f. cloison, séparation dans une écurie, cornou. *speurell* appui Pel., *speùrel* f. Gon., *speurella* appuyer, étançonner Pel., Gr. ; *speurya* griller, fermer d'une grille Gr.; de **spār-*, d'où le diminutif *sparll*, cf. le rapport de *cauch* à *cagal*, gall. *cagl*? Ces mots rappellent surtout l'allem. *Sperre*. Le gall. *disperod, disperawd* séparation, action de s'égarer, paraît différent, cf. M. lat. 161.

Spezaden [pl.] *spezat, spuns, spunat, spunzat* groseille, *guén spezat* groseillier Chal. *ms*; *spezat* sing. *spezaden*, pl. *spezadou, spezadennou* groseille Pel., *spezadenn* pl. *spezad*, van. *spehad* Gr., tréc. *sperat*, Rev. celt. VI, 390; gall. *ysbyddad*, cornique *spedhes*, irl. anc. *scé*, gén. plur. *sciad*, auj. *sgeach*, gaél. *sgeach, sgitheag*; expliqué par **skviyát- Urk. Spr.* 311. Cf. lat. *spī-ca, spī-na*, allem. *Spi-tz*, sanscr. *sphyá-*, voir Fick, *Vergl. Wœrt.* 4e éd., I, 150, 574 ?

Spi espérance C, *Choæs* 33 ; m. *Trub.* 130, f. 109, pl. *ou* 111, 333 ; *spy* pl. *ou* épie, espion Gr., *spie* l'A.; *spya*, van. *spyal, spyeiñ* épier, observer; *spyour, nep so é spy* guetteur, qui épie Gr.; *spiuss* épiant l'A. — *Spilhen* pl. *spilhou*, van. *ëu* épingle Gr., à Sarzeau *chpelienn* Rev. celt. III, 52; **spillenner** syn. de *clouyer* « espinglier » Cb; *claouyer, spilhouër* pl. *ou*, van. *spilher* pl. *ëu* étui à mettre des épingles Gr., *spillour, spillenour* « espinglier » Chal. *ms*; *spilhaër*, *spilher, spilhaoüer* épinglier, qui fait ou vend des épingles Gr., *spillaour* pl. *-lerion* l'A.; *spilhaoüa* ramasser des épingles Gr.

SPINA effleurer, enlever un peu de la peau; *spyna* « sucer une plaie, guérir une plaie par un pacte, en la suçant (ce qui est fort commun) »; *spyner* celui qui suce ainsi, *-nérez, -nadurez* action de le faire Gr. Pel. dit que ce verbe, employé dans le catéchisme du P. Maun. parmi les diverses sortes de magie, était si rare qu'il n'a trouvé qu'une seule personne qui pût lui en donner le sens : « ouvrir une apostume, en faisant une espèce d'incision avec quelques formalités, qui ont fait croire à ce bon Père trop crédule en fait de Magie, que c'en étoit une espèce »; *spinac'h, spinac'henn* gerçure, van. *spinah* Gr., *spinaheenn* l'A., *spinac'h* engelure Gr.; *spinac'ha,* van. *spinaheiñ* gercer, se fendre de froid Gr., du lat. *spina*? Ou cf. le suiv.?

SPINEK : *bek —*, mine de malade, pet. Trég.; cf. gall. *yspinawg, ysbinog* f. esquinancie. Voir *spina*.

Splan (Le) Anniv. de Trég. 37 v; *Le S.*, en fr. *Le Clair*, n. d'ho. xvᵉ s., Nobil.; *splan* (examen) clair, soigné *Choæs* 86; clair, brillant 166, *splann* (montré) clairement *Guerz. Guill.* 30; *splam* Pel.; r. *am* (honorer) avec zèle D 128, *splamm* (voix) éclatante *Nikol* 194; van. *splanig* (petite lueur) l'A. v. *voye, de lait*; SPLANDER illumination, lumière Chal., éclat, splendeur *Choæs* 11, f. *Guerz. Guill.* 150, *splannder* L. *el l.* 46, *splanzer Histoer... J.-C.* 13, cf. *tuémzér* rut (chaleur) l'A., *Rev. celt.* V, 126, cornique *splander*, gall. *ysblander*; SPLANA, *splama* déclarer, manifester, rendre clair; fourbir, nettoyer Pel., *splannein* briller *Guerz. Guill.* 1, *splannet* brillez! *Choæs* 94, cf. cornique *splanna*; *splanat* démêler Chal. ms, *splannat* s'éclaircir, parl. du temps *L. el l.* 158; voir *Rev. celt.* XI, 116. Les formes avec *m* peuvent s'expliquer par l'influence analogique de *flamm*. Un changement semblable se montre dans le nom bret. mod. de Dinan (cf. *Chrest.* 124) : *Dinamm* Gr., *Dinam Nouv. convers.* Sᵗ-Brieuc 1857, p. 131; *Dinammad*, pl. *-mmis* « Dinanois » Gr., peut-être par suite d'une étymologie populaire d'après *dinam* sans tache.

Splet. Van. *spleidt* avantage; *spleidd* profit, *spléit* acquit, billet de décharge Gr., *spleite* m. l'A.; *spleite güinaigre* pointe de vinaigre, *spleitênn* f., pl. *eu* cuivrette *Sup.*; languette, *-teenn* détente; moraillon l'A., cf. v. *pendule, pendulon, soupape, sourdine, sou-garde* (après *sous*); *spleiten* pl. *eu* traverse légère (qui assujétit des lacets glissants) L. *el l.* 24, cf. prov. *esplé, esplet* instrument, outil; profit Mistral, bas lat. *expletum* rente, *explectum* instrument, v. fr. « certains exploiz et cordailles de vaisseaux » Du Cange; SPLETEIN suffire Chal. *ms*, *spleitein* profiter l'A., *en doar ne spleit ket mui* (à ses yeux) la terre n'est plus que comme un point L. *el l.* 180, de **spletaff*, gallo *épléter*, cf. *exploiter*; *splétuz* avantageux, utile Gon., hors de Van. *ar bara so splegeus* (syn. de *founus*), le pain *dure* longtemps Maun.

Spoe éponge C, *spouë* pl. *ou* Gr., *spouë-guëz* éponge de vieux arbres, *spouë* sorte de liège, en tréc. mousse terrestre, mousse rampante Gr., *spoüe* liège, *spoüen, spoüeng* éponge Pel., *spoué* m. liège, *spoué stoubeennêc* éponge l'A., *spoüé* liège, *spoüen* pl. *spou'* éponge Chal. *ms*, *spoüé* liège, éponge Chal., *spoué, spoueñk* f. liège, éponge Gon., pet. tréc. *spoué* liège, *spouéañ* boucher une bouteille; *spouéa* nettoyer avec une éponge Gon.; SPOÜEECQ, *spoüeüs* spongieux Gr., gall. *ysbyngog*; du lat. *spongia*, cf. M. *lat.* 217.

Le moy. bret. *spoing* éponge, mod. *spoinch* pl. *ou* Gr., *sponc'* Chal. *ms*, *sponç* v. liege, est différent de *spoueñk* et vient du fr.

Spont', scont terreur Chal. *ms, sconte, sponte* m. peur l'A., *spount* pl. *ou*, *-nchou, spountadenn* pl. *ou*, van. *sqont* épouvante; *spounta*, van. *sqonteiñ* épouvanter Gr., *va bleo spond* mes cheveux se dressent de peur D 141, *spontet* chassez (de vos bois la buse) L. *el l.* 74; **Spontaill** n. de terre Cartul. de Quimperlé, *Chrest.* 230, *spountailh* van. *sqon-* épouvantail Gr., *spontail* L. *el l.* 36; *ar spountel-vras* le grand monstre, le démon *Trub.* 62; *spounter* celui qui épouvante; *spountus*, van. *sqon-* épouvantable Gr., *spontuss* terrible; peureux l'A., voir *Rev. celt.* XVI, 226, 235; *scontuss, sconti, sponti* peureux, *scontihuë* craintif l'A., voir *santaff; spounticq* qui s'épouvante aisément Gr.; *spontigou bugale* des épouvantails d'enfant Ch. Le Bras. Du v. fr. *espoenter* M. *lat.* 208; voir *perc'henn*.

Les mots *spouron* peur Jac. 8, *Miz Mari* 1863, p. 129, *spouronin* effrayer 30, 202, *-onnin* 6, *spouronus* effrayant 41, etc., pet. tréc. id., paraissent dériver de *ex* et *pavor*, cf. ital. *spaurare*, et, pour le suffixe, *hardison* hardiesse. Le pet. tréc. *espoluein* effrayer, part. *-uet*, semble une métathèse de *espoüret, *expavōratus ; cf. *repetuet* de *reputeet* et *diabui* de *diac'hubi*, voir *reputaff*, *ac'hubi*.

Spoum écume C, *spum* Cb v. *eon; spoum* Gr., m. Gon.; *spouma* écumer Gr., Gon.; cf. ital. *spuma*.

Spurch, spuirch épurge Gr., *spuirg* Nom. 88, *imburge* m. l'A.; *spurgea* purger, *spurgëus* (remède) purgatif, *spurgeadur* purgation Gr., voir *pur*.

Spusenn pépin C, *spus an resin* pépin de grappe Cb v. *greunyaff; splusen* Nom. 67 (*plustren, splusen* et *pipin* 71), pl. *spluçc* 236; *splusen, spusen,* pl. *splus, spus* Gr., *splusen,* [pl.] *splus* Chal. ms; *spuncênn* f., pl. *-eu* et *spunce* l'A., *splusen* pl. *splusennou, splûs* Gon., *spluz* L. el l. 86; *splusennik* petit pépin Trd; *splusek* qui a des pépins; f., pl. *-égou* pépinière Gon., *splusecg, spuzecg* Gr., *splusec* Chal. ms; *spluzeg* semis L. el l. 84, *spuncæc* f., pl. *-ægueu* « semil », *spuncêc, spungêc* f. pépinière, *spunsêc* m., pl. *spunségüett* bâtardière, *aval spunce* ou *spuncêc* pomme que produit un arbre venu de *bouture; spunçourr,* pl. *spuncerion* pépiniste l'A.

Squarlac écarlate C, *scarlaque* l'A., *-lac,* r. et Mo. 208, *-let* 209, *-laq* Voc. 1846, p. 31, *-lec* Nom. 124, *-lecq* 85, *-lecq, -ladd* Gr., *-latt'* Chal. ms; *façz scarlecq* trogne, visage ...rouge ou boutonné Gr. La gutturale finale, qui ne doit pas être justifiée par l'étymologie, ne se montre ni dans les autres langues celt. : gall. *ysgarlad, ysgarlla,* gaél. *sgarlaid,* irl. moy. *scarloit,* auj. *sgárlóid,* ni, à ma connaissance, sur le domaine roman (le mot manque chez Kœrting). On ne pourrait, d'ailleurs, attribuer à l'analogie d'un suffixe breton que la forme *-ec*. Il est donc probable que *squarlac* répond au moy. h. allem. *scharlach,* auj. id., suédois *skarlakan,* flamand *scharlaken* (le russe *šárlachŭ* est d'origine germanique, les autres langues slaves ont *t*, cf. Miklosich, v. *skerlato*). M. Kluge explique la finale de *Scharlach* par l'influence de *Laken* drap.

Squegaff couper Cb v. *trouchaff, skigea, skija* découper, déchiqueter; faire des ricochets; *skigeadur* découpure Pel.; *sqeijus* tranchant Gr.; cf. *Urk. Spr.* 309.

Squey frapper Cb v. *cannaff,* fut. *scoy* 3ᵉ p. N 1362; *sqei var* aboutir Gr.; *e skoaz... varzu eno* il se dirigea de ce côté *Nikol.* 95, *e skoaz etrezek Leon* il se dirigea vers le Léon 122; *squoein* échouer, parl.

d'un vaisseau l'A., *sqei*, van. *sqoeiñ* id. Gr.; y aurait-il quelque parenté avec ce mot franç. ? Voir *Rev. celt.* XI, 115, 116.

Squet dans *asquet* Nl 61, 177, 565, *asqueut* r. et B 13 = *sqed* éclat, splendeur Gr., *skëd* m. Gon., *skëd Trub.* XVIII, *en skeud al loar* au clair de la lune *G. B. I.*, I, 142; *sqeudo an eol* les rayons du soleil *Miz Mari* 1863, p. 110, cf. 235; *sked, skez* rayon; *skedi, skezi* rayonner Pel.; *sqeda, sqedi* éclater, briller Gr., *skeda Trub.* XVIII; *sqedus* éclatant Gr., *skezus Trub.* 51, *skéduz, skiduz* Gon., *squeudus Æl* 61; cf. irl. *scoth* fleur, éclat, que M. Stokes a comparé au lat. *scateo*. *Asquet* est écrit comme *astat, astriff*; il doit signifier litt. « avec clarté, clairement, certes », cf. *a scler* id.

Squeul échelle C, *sceul* pl. *you* Nom. 147, *sqeul* f., pl. *you*, van. *yëu* Gr., *squel Choæs* 133, pl. *squélieu Voc.* 1863, p. 51; dim. *sqeulicq* Gr.; *squeulia* escalader Maun., *sqeulya* appliquer les échelles aux murs d'une ville Gr., *squeliein* « escheller, mieux escalader » Chal. *ms*; *sqeulyadur, -lyaich* escalade Gr.

Squeut ombre C, *sceut* Nom. 222, *sqeud* pl. *ou*, van. *sqed, hesqed* pl. *ëu* Gr., *esquét, hesquét, squét* Chal., *æssquætt, squæt* l'A., *squêd* ombre, spectre *Guerz. Guill.* 78, *é dan sked en derw* sous l'ombre des chênes *L. el l.* 150, *skedeu* fantômes 56; *sqeudenn* pl. *ou* ombre dans un tableau, figure, représentation Gr., *squædenn* l'A., *sqeudenna* ombrer Gr., *squædennein* l'A.; SQUETIC (cheval) ombrageux Chal. *ms* de *squeudic* adj., cf. gall. *ysgodigo* être ombrageux; *skeudus* ombragé, sombre, ombrageux Pel., *æsquæduss* représentatif l'A.; voir *goasquet* et *Urk. Spr.* 308, 283. Peut-être le van. *esket* doit-il son premier *e* au composé *goeskeden L. el l.* 70, = *goe-sheden, goa-skeden*, cf. *Rev. Morb.* II, 248.

Squeuent poumon C, *sqevend*, van. *sqend* Gr., *squênntt, squiênnil* f., pl. *squênndeu* l'A., pet. tréc. *skien. Squeuent*, comme le cornique *sceuens* « pulmo » (*Vocab.*; plus tard *skephans* poumons Lhuyd 27, 132), est proprement le plur. = gall. moy. *eskeuynt* poumons, auj. *ysgyfaint*, cf. Z^2 844, d'un ancien sing. *scam, thème *scam-ant-. Les idiomes gaéliques ont une formation voisine *scam-an-: moy. irl. *scaman*, auj. *sgamhán*, écoss. *sgamhan*, mannois *scowan*. Même origine que *scaff* léger (cf. angl. *the lights*). Voir *Urk. Spr.* 309.

Pour la suppression du sing., on peut comparer le gall. *gwraint* cirons = bret. grec'hend; cette dernière langue a seule gardé le sing., moy. bret. *gruech, grech*, van. *greh, groüeh* pl. *ant* Chal. ms; le gall. y supplée par un singulatif tiré du plur., *gwreinyn* (voir *queff*). M. Macbain identifie *gwraint* au gaél. *fride*, moy. irl. *frigde*, qui sont des singuliers, et qu'il explique par *vrgntid*, rac. *verg*, cf. angl. *wriggle* tortillement; je crois qu'il y a entre *gwraint* et *frigde* le même rapport qu'entre le plur. gall. *ceraint* amis, parents, bret. moy. *querent*, et le nom abstrait v. irl. *cairde* pacte, gaél. *càird* délai, bret. moy. *carantez* amitié.

Squezrenn estelle de bois C, *squezren* Maun., *skezr*, sing. *skezren*, *skerc'hen* éclat de bois Pel., *squëzrenn* pl. *squëzryou*, van. *sqirhyenn* pl. *sqirhyéü* attelle, éclat de bois fendu Gr.; gall. *ysgwthr* pl. *ysgythrion* morceau de bois coupé, *ysgythru* tailler, émonder; *ysgythr-ddant* croc, défense. De *scuttr- = *scud-tr-*, cf. v. h. all. *scoz* pousse, rejeton?

Squient sens C, *skiand* génie (de la langue bretonne) Trub. XV; m. esprit céleste, ange 31, pl. *skiandchou* 11, 16, *squiantivu* sciences D 186; *squiénntt* f., pl. *-nndeu* sens l'A., *squëndeu* Choæs 42, *squëndeu* Guerz. Guill. 2; tréc. *skienn* et *skañtenn* Rev. celt. IV, 152; *squiantus* « ententif, l. intentiuus » C*b*; (sensé) v. *fur*; *squiennduss* l'A.; *sqyantus*, SQYANTECQ, *sqyantet-mad* judicieux Gr., cornique *scientoc*.

Squignet (Église) répandue (dans tout le monde) Catech. 10, *squigna* étendre, *voar squign* (le foin est) étendu Maun.; *sqign* (pl. *ou*) *guële* rideau de lit; *sqignadur* dégorgement (d'humeurs) Gr. Ce mot doit différer de *stigna* étendre, mais je ne crois pas qu'il dérive du lat. *ascendere*; voir Rev. Morb. III, 22. Cf. lat. *scindo*?

Squilfou armes, défenses (de sanglier) Nom. 20, Maun., *sqilf* pl. *ou* griffe, serre, dent de chien; sqilfa griffer, prendre de la griffe; *sqilfad* plein les griffes Gr., *skilfad* m. coup de griffe Gon., *sqilfadenn* griffade, coup de griffe Gr., *skilfec* (animal) qui a des défenses quelconques Pel., *sqilfecq* qui a de grandes griffes Gr.; par métathèse de *squifleu* armes (de sanglier) Chal. ms, *squivleenn* f. défenses, *squivléc* qui a de longues dents l'A.; gall. *ysgwfl* proie, *ysgyflu, ysgylfu* ravir, piller; voir *scoul*.

Une semblable transposition peut s'admettre dans *scalf* « la fourchure (de la vigne) » Nom. 101, *sclaff, scalf* fourchon (d'un arbre), *sqalf* pl. *ou* fente, gerçure, crevasse, *scalfa* se fourcher, *sqalfa* se crevasser Gr., cf. *gafl*, voir ce mot. Pour le changement de *g* en *c*, voir *sclacenn*; cf. *sprec'henn* haridelle de *brehaign* stérile, v. *mouien*, p. 430.

Le pet. tréc. *skilfen* pl. *o* éclat de bois, d'où *skilfenet tout* (plancher) plein de déchirures, est peut-être différent de *squilfou*; cf. *eur sklipad den* un homme long et mince Trd, cornou. *sklipart* délié, haut, long et menu, allongé Pel., pet. tréc. *skipartein* disperser, écarter violemment? Ce *skilfen* rappelle, d'autre part, le van. *scliuen* éclat, éclis (d'os), voir *sclizcenn*.

Squin *carr* rayon d'une roue Nom. 180, *skin*, sing. *skinen* rayon d'une roue, d'un champ Pel., *squïn* pl. *squïnou* rayon d'une roue, *sqyn* pl. *ou* id. et rayon du soleil Gr., *skîn* m., pl. *ou*, *iou* Gon., *sqynus* rayonnant Gr., cornique *scinen* pendant d'oreille; même origine germanique que le fr. *échine* : cf. all. *schienbein* tibia (et, pour la liaison des sens, κνήμη, κνημίς).

Squiryenn éclat de bois C*b*, *squirien* Maun., *sqiryenn* pl. *sqiryou* attelle Gr. (= *Schiriou* n. de lieu Cartul. de Redon 60, *Scriou* 62, 63); *sqiryennou* certaines attelles Gr.; bas van. *chirien* Rev. celt. XVI, 330; *squirenn* pl. *squiratt* « envie, petite croissance autour des ongles » l'A., *squilênn* pl. *eu* écharde Sup. (dans les *es*-), pet. tréc. *skilio* éclats de bois; au fig. *ur skillenn* un rayon (de la vie éternelle) Sup. aux dict. bret. 44. V. cornique *scirenn* éclat de bois, gall. plur. *ysgyrion*; cf. *scourr* (cornique *sciran*, plur. *scirow* branche), et peut-être *scarra*.

Squivit n. de convenant Inv. arch. C.-d.-N., E, 52; variante de *Scahouët*, voir *scau* (v. br. *scau*, Ztschr. f. celt. Philol. I, 24)? Cf. -*pirit* et -*perouet*, voir *perenn*, etc.

Dans le nom de village morbihannais *Ransquivy* je soupçonne un autre mot, syn. de *Scamou* surnom en 1339 Chrest. 230, et du haut léon. *scanviou*, *scaönviou*, *sconhiou*, cornou. *skeinvier*, plur. de *scaön* banc et petite table des villageois Pel. v. *scafn*; *scañoñyou*, *scañvyou* Gr., *skañviou*, *skiñvier* Gon. Toutes ces formes montrent à côté de *scaffn* une variante **scaff*, qui seule se trouve représentée en bret. moderne : haut léon. *scôn*, *scañv*, *scaönv* Pel.; *scaoñ*, *scañv* escabeau, dim. *scañvicq* Gr., etc. Sur la chute de l'*n* final, voir *Scaff*, *staffn*; cf.

moy. bret. *anneffn* et *anneff* enclume. Le v. bret. *Scam-nouuid Chrest.* 164 peut donc être complet. Une formation voisine de *Ran-squivy* se trouvait sans doute dans l'expression dont la fin est de lecture douteuse *Ran Scamam baith Chrest.* 164. De -*squivy*, **squiffi* vient peut-être *Squiffiec* paroisse des Côtes-du-Nord ; nous avons vu au mot *queff* des dérivations de ce genre.

Staffn palais de la bouche C, *staoun* Maun., *stäon* Pel., *stan*, van. *stan*, *san* Gr., *stanne*, *stanff* pl. *eu* l'A., *stan*, *stanne*, *san* Chal., *stann'*, *sann'* Chal. ms, *staoñ*, van. *stañ* f. Gon., *staoñ*, *staouñ*, cornou. *stañ* Trd, pet. tréc. *staoñ* ; *stan-gad* laiteron ou palais de lièvre Gr. Il y a là des traces de trois formes anciennes : *staffn*, **staff*, **saffn*. Une autre se montre dans STANQUE palais Chal., *stang* m. l'A., *Guerz. Guill.* 30, 47 ; elle vient d'un dérivé, cf. cornique *stefenic* palais, gall. *sefnig* gosier, *ystefaig* palais ; v. bret. *istomid* gl. trifocalium ? *Staffn* est rattaché, *Urk. Spr.* 312, à στόμα et à l'all. *Stimme* ; M. Kluge doute de la parenté de ces deux mots entre eux.

Nous avons vu, v. *Squivit*, des rapports comme celui de *staffn* à **staff*. Il est possible que la métathèse y soit pour quelque chose ; *stanffeu* sortirait de **staffnou*, cf. moy. bret. *daffnez* et *danuez* matière ; *queffni* mousse, mod. *quifny* et *qinvy* ; voir *coustelé*, p. 129 ; *squilfow*. Inversement, on trouve en bret. mod. *lifna*, *livna* limer, *lifn*, *livn* pl. *ou* lime Gr., de *linva*, *liva* Pel., moy. bret. *liffaff*, cf. *Rev. celt.* XIV, 319.

La variante **saffn* en van. à côté de *staffn* est confirmée par le gall. *safn* mâchoire, *sefnig* gosier. C'est un des éléments de la question relative à l'initiale *st-*, *Rev. celt.* XVI, 367, cf. *M. lat.* 82. La phonétique vannetaise favorise aussi, comme le gall., la simplification de *yu-* initial en *u-* ; voir *iuzeauues*.

Il semble y avoir un composé de *stang*, *stañ* palais dans STANC-BOC'HET « celui qui remplit trop sa bouche en mangeant, de sorte qu'il ne peut parler » Pel., pet. Trég. *stañbouc'hañ*, *stañbouc'hein* s'engouer ; bourrer, en parlant d'un aliment ; *stañbouc'hus* qui bourre, qui fait s'engouer ; Gr. donne au fig. *stambouc'ha* enfler, s'enorgueillir, *stambouc'h* enflure du cœur. Le second élément répond au gall. *bocho* s'enfler, *bochio*, *bochian* avaler goulûment, gaél. *bòc* enflure, cf. bas lat. **buccare*, fr. *boucher*, voir *boc'h*.

Le pet. tréc. STOÑKAÑ s'engouer ; s'étouffer, haleter, être essoufflé, doit aussi venir d'une variante *staoñc de *staun'c ; cf. en gall. l'autre dérivé safneidio s'engouer.

J'ai proposé, v. sanell, de rattacher à san conduit, canal, fossé, les mots saoñnenn vallée, saounen plaine, etc. Mais ceci n'explique pas la constance de la diphtongue ao, aou et du suffixe -en; on attendrait *sanen et *saon, d'autant plus que, dans cette hypothèse, saon-en viendrait de san par imitation du rapport de caon à can. Je crois à présent que saoñnenn dérive de *saoñn, *saffn pris au sens de « gorge », l'addition de -enn correspondant à une extension du sens primitif, comme dans calon et calonenn cœur (d'un arbre) Gr., calonenn forme de cœur Sup. aux dict. 77. De la forme stang vient, par le même procédé, stancqenn pl. ou vallée, stancqennicg vallon, stanqennad dour nappe d'eau Gr.

Staga, staguella, van. stagueiñ, staguelleiñ attacher Gr., staguein doh s'attacher à Guerz. Guill. 30 ; stag attaché, van. stag pl. stagueü attache, staguell le nœud (d'une affaire) Gr., staghel attache ; le filet de la langue Pel., staguellou « attaches (pour enrichir les vaisseaux d'argent ou d'or) » Nom. 158 ; staguellat file (de soldats) Chal. ms; ober ur stagadenn ajouter, pour compléter Sup. aux dict. 99 ; staguss qui s'attache l'A., -us (maladie) contagieuse Æl 185 ; stagérez f. bardane, grateron, ou plutôt leur fruit Gon., voir saereguenn. Voir Rev. celt. IV, 167.

1. Stalaff établir Cb, stala, stalya, van. -leiñ, -lyeiñ étaler Gr., stalérr on établit (une vérité) l'A. v. thèse ; pet. tréc. eur stal ou 'stal beaucoup ; stal pl. you, van. yëu, ëu étal, boutique où l'on étale, -icq échope, stalaich, stalyaich étalage, stalyer étalier, qui tient un étal Gr.

2. Stalaff, f. : vn nor à diou stalaff une porte à deux battants Nom. 146 ; m. : daou stalaf Emg. Kerg., I, 121 ; f., pl. iou Gon. ; stalaphou-prenest abavents Gr. ; à Quemper-Guézennec stalafo près lés, ou simplement stalafo, corsage d'une femme (par plaisanterie), cf. « boîte au lait », la gorge, dans l'argot du peuple, Delvau ; voir aussi L. Rig. et Delesalle.

Stancq pl. ou étang Gr., stañk f. Gon. ; stanq pl. stanquegi marais Chal. ms; dim. Le Stanquic n. d'ho. en 1692 Inv. arch Fin., B, 289, Stanguic, Le Stanguigo, hameaux du Morbihan ; **Stancadou** lieu du Morbihan en 1398, Rosenzweig, pl. de stancqad plein l'étang

Gr.; *stanquaff* l. stagnare C., *stancguaff* étancher (le sang) Nom. 276, *stancqa* étancher (le sang, la chaussée), boucher, *stancqa a ra ar c'han* le tuyau s'engorge Gr., *stanquein* engorger, étancher, *stanquadurr* étanchement l'A.; *stanqueu* des bouchons *Voc.* 1863, p. 25, *hep à stancq en anquen* sans soulagement dans la souffrance D 141; *stang* fatigué, accablé 161; *stank* abondant L. *el l.* 102, souvent *Kant. Z. V.* 33, comp. *-oh* L. *el l.* 56; *stanked* (place) occupée, *stanked e ziabars* oppressé *Sup. aux dict.* 93; *stancqaat* épaissir, rendre ou devenir épais Gr., *stañkded, stañkder* épaisseur Gon., *stañcder* état de ce qui est serré *Sup. aux dict.* 58; *stancqadur* opilation, obstruction Gr., *stañkadur, stañkérez* action d'étancher, de boucher Gon. Voir *M. lat.* 208.

STAON « estrave » Gr. v. *navire; stäon* f., pl. *iou* étrave Gon., de **staffn*, sans doute emprunté au germain : v. sax. *stamn*, angl. *stem*, cf. grec σταμίνεσσι, all. *Stamm*; voir *Ét. gram.*, I, 11. De là *courstaon, coustaon* « contr'estrave » Gr.

Starnet attelé *Cb* v. *yeu*, inf. *sterna, starna, stearna* Gr., *stargna Nikol.* 154, *stærna* van. *-neiñ* harnacher; *stærn* pl. *you, ou; starn, stearn* harnais Gr., *stêrn* f., pl. *eu* l'A.; *stern* métier d'un tisserand, atelier d'artisan, cadre de tableau, châssis, bois de lit, etc. Pel., *starn guelé* chaslit Nom. 166; *stærner* harnacheur Gr.; gall. *ystarnu* seller, *ystarn* bât, selle de cheval. Voir *sternaff* au *Dict. étym.*; *M. lat.* 217; *Urk. Spr.* 313.

Start ferme, solide, pressé, serré, bien tendu Pel., *stard, ztard* (croire) fermement *Trub.* 138, *stært* (collé) solidement *Choæs* 77, *stert* (prier) instamment *Celt. Hex.* V, 9; *stard* pl. *ou, starda* pl. *ou* étreinte, dim. *stardaïcq* Gr.; *ur staert* « une estreinte » Chal. *ms*; *stard*, van. *sterd* étreint, *starda*, van. *sterdeiñ* étreindre, serrer Gr., *sterdein* resserrer (l'alliance) *Guerz. Guill.* 129, presser (la terre) L. *el l.* 16, affermir 38, *stardet* (trône) affermi Mo. 147, *sterdet-û er galon* le cœur se serre *Choæs* 211; *staertein* astreindre, serrer (le ventre) Chal. *ms*; voir Κρυπτάδια II, 317; *stardadur* étreinte, affermissement, roideur Gr., *sterdadur* tension, *stæ-* restriction, *-urr* retrécissement l'A., *staertour* foulon Chal. *ms*, *stardéres* bille, bâton pour serrer les ballots Gr., *stardérez* action d'affermir; *stardder* fermeté, solidité Gon., *starder* Gr.; *stardaat* affermir Gr., *startaat* s'affermir H. de la Villemarqué; *sterdiguennatt* f. séquelle, *-ennatt* m. tirade l'A.

M. Loth corrige; éd. de Chal. 84, « *stert etrain*, serré, pressé » en *stert crean*, qui voudrait dire « serré fort » ; je crois que *etrain* est pour « étreint », traduction française de *stert*.

Le tréc. a aussi *stard* serré, solide; il est possible que *zard* vif, éveillé, soit différent.

Stat (faire peu de) cas D 132, *stad* (quel) cas (nous devons faire de) *Choæs* 207, *nep stat* (il n'en fait) aucun cas D 138, tréc. *hennez zo stad ennan* il est fier; *stâd* f. Gon., *derc'hel e stad-vad* tenir en bon état *Trub. XIV*, *er stad vad Guerz*. Guill. 62 ; *stad* m. état de vie *Bali* 189, pl. *stadeu Voc.* 1863, p. 40; pet. Trég. *sta-man* comme ceci, dim. *stameq* (= *er stad-ma-ic); *sta-se, sta-ouen* comme cela ; *un dugentil, un deen stadet* « un homme d'espée » Chal. *ms*; *station* f. station *Choæs* 62, pl. *eu* 61, *ou* D 71, *statur* état, condition 44, *statutou* statuts 69.

Staul étable pl. *you*, *Staul* le bourg d'Etable Gr., *staöl* Pel., *staol* f. Gon.; *staulad, -lyad* pl. *ou* plein l'étable Gr. ; *monet …d'er staul* uriner, litt. « aller à l'étable » Chal. *ms* v. *diurétique*, c'est sans doute aussi le sens de l'exemple donné par Grég., « aller à l'étable », *moñnet da'r staul, moñnet da'r c'hraou*. Cf. Loth, *Romania* XIX, 593, 594, sur l'origine du mot suiv.

Staut urine C, *staut, stautiguenn*, van. *staut* pissat (des animaux) et improprement urine de l'homme Gr., *stäot* Pel., *staot*, hors de Léon *stôt*, ne se dit de l'urine de l'homme que dans le style familier et en Cornouaille Gon.; *stautet, stauta*, van. *stauteiñ* uriner Gr., *stäota, -tet* Pel.; *stautadur* (action d'uriner) C*b*, *staotérez* m. id. Gon.; *stautus* « pissable » C*b*, diurétique Gr.; *stautiguell* creux plein de pissat Gr., *staotigel* f. (urinoir) Gon., *stautlec'h* pl. *you*, *stautouër* pl. *ou* id. Gr.; *stautiguellat* pissoter Gr., *staotigella* Gon.; *stauteell* f., *cleinhuétt stautêc* strangurie l'A.; pet. tréc. *stôter*, f. *es*, ivrogne. Comparé à σταλάσσω *Urk. Spr.* 312; mais se rattache plutôt à *staul*, voir ce mot.

L'emploi du suffixe *-er* est remarquable dans *pot staòter, pot staoter, pot troazer* pot de chambre Nom. 169, en pet. tréc. *pot piser*; cf. *plat goualcher* bassin à laver les mains Nom. 157, *bar scuber* vergette à nettoyer 170, etc. Voir *goap*.

Stefan n. d'ho. reg. Quemp. 3 v, cf. *Etien* 19.; *Stevan, Steffan* Etienne, *Tephany* Etiennette Gr., *Stephanez Miz Mari Lourd V.*

STĔL m., pl. *ou* ciel de lit Gr., *stellen* maladie des nerfs, nerf raccourci par ce mal, pl. *-nnou* Pel., cornou. *stezl* m. maladie de nerfs, *stellenna* consolider avec des liens un objet brisé Trd, cf. gall. *ysteliad* tension, cornique *stil* poutre, et le fr. *attelle*; voir *asiell* 2 et Kœrting 856. La forme *cél* pl. *ou* ciel de lit Gr. a dû être influencée par le fr. *ciel.* Voir *stlaffesq*.

Sten étain C, *stean* Cb, *staen* Pel., *stæn* Gr., *steinn* m. l'A, *stein* L. el *l.* 224, *stén Voc.* 1863, p. 23; STEANA, *stæna,* van. *stæneiñ* étamer Gr., *stenein* Chal. *ms, steinnein, steinna* l'A. id., *stæna* blémir Gr., *stéana* étamer, et devenir pâle Gon., gall. *ystaenio* étamer; au sens de tacher, ce mot vient de l'angl. *to stain*; STÆNER celui qui étame Gr., *steinnérr* l'A., cornique *stener, stynnar,* gall. *ystaenwr*; *steannaich, stænaich* vaisselle d'étain Gr., *steinnage* l'A.; *steanadur, stænadur* blémissement Gr. Voir *M. lat.* 208; Kœrting 7736; *Urk. Spr.* 312.

3. **Ster** (*du*), en fr. « de la Rivière », s^r dud. l., xve, xvie s., Nobil.; *stear, stær* f., pl. *you* rivière, *stær* lavoir Gr.; *sterr* rivière; bassin d'une fontaine Pel., *starr* f., pl. *ieu* rivière l'A., *ster* f. Gon., *ster G. B. I.,* I, 26, *L. el l.* 52, *steir Miz Mari Lourd* 7; *stérieu* ruisseaux *Celt. Hex.* IV, 15, *stéri* fleuves *L. el l.* 44, *steri* 62, 126; v. bret. *ster, staer Chrest.* 165; expliqué par **stag-ro-*, cf. στάζω, *Urk. Spr.* 312.

Steren astérisque Catech. 5 v, *stiren* étoile, [pl.] *stir, stiret, stirenneu* Chal. *ms, staire* pl. *stairi* Chal., pl. *stir* et *stirĕd Voc.* 1863, p. 2, *stered L. el l.* 50; *steredenn,* pl. *ou, stered, sterennou; sterennus, steredus, steredet-caer* étoilé Gr., STÉRENNEK Gon., gall. *serenog*; STEREDENNI étinceler Maun., Gr., *stiredennein* Chal. *ms,* cf. gall. *serenu* scintiller; *steredennus* étincelant Gr., *stiredennen* étincelle Chal. *ms; gwel-an-steren* fête de l'étoile, épiphanie Pel. (cet *an* indique un texte plus ancien), *gouel ar steren,* van. *gouil er stereen* Gr., gall. *serenwyl; steredenn an nord, sterenn an nord, an hanter-nos* l'étoile du nord, *avel sterenn* vent de nord, *goalorn-sterenn* nord-nord-ouest Gr., *gwalarn-stern* Pel., cf. *Rev. celt.* XII, 418; *coll e sterenn* perdre la tramontane Gr.

Le van. *stir-gannèq* (nuit) étoilée *Voy.* 35, *stir-gannèq* (temps, ciel) étoilé 71, cf. *Rev. celt.* III, 235, ne veut pas dire litt. « brillant (*cann*) d'étoiles (*ster*) », mais « plein d'étoiles brillantes »; il dérive de *stirr gann* (étoiles visibles) dans *aibre carguéd à stirr gann* ciel émaillé l'A., *Sup.*, imitation de *loargann* clair de lune. Dans ce composé, *stir* est un pluriel, ce qui arrive quelquefois dans des conditions plus étranges, comme *leoudouerien* jureurs *Jardin an amouroustet* 4, de *leoudouet* « serments jurés », voir *ren.* Cf. *Urk. Spr.* 313.

STERVENN pl. *ou* morve Gr., *sterven* f., en Cornou. Gon.; -*nnecq*, -*nnocq* morveux Gr., -*nnek* id., et enfant ou très jeune homme qui veut faire l'important Gon. Du lat. *stiria*, avec influence du bret. *melv*, voir *melhuedenn*? On pourrait songer aussi à comparer l'angl. *to starve* (se morfondre) anglo-sax. *steorfa* peste, v. nor. *stiarfi* épilepsie, gall. *serf* vertigineux, étourdi.

Steudenn *an balancc* la languette de la balance C*b*; *steuden*, *steut* tenon de mortaise Pel.; pet. tréc. *steuden* id., *tacho steuden ver* clous à pointe courte, *steudenet mat* bien monté, bien fixé, *rein steut* (et *steu*) *d'ar goz* faire attention à la conversation; *gant steud* (écouter) avec attention *Historiou* 189; pet. tréc. *steut* f. rangée de gerbes, *steud*, *steuden* sillon; *steüt* série Pel.; *bernou foüen græt à steudennadou* « monceaux de foin par ordre » Nom. 84; *stèd pradeu* suite de prairies *Voy.* 43, cf. 53, 65; *sted' bahadeu* volée de coups de bâton, *stedennat* enfilade Chal. *ms*; *stæd* série (de crimes) *Choæs* 20, *stédeu* enfilade, rangées (de pierres précieuses) *Celt. Hex.* I, 10; *sted* (chacun à son) rang, *a stedeu*, *a stedad* (mettre) en alignement *L. el l.* 68; gall. *ystod* f. couche, rang, du lat. *status* avec allongement de l'*a* (d'après *stāmen*, bret. *steuffenn*, gall. *ystofen*?).

Le van. *stel* file (de soldats) Chal. *ms* ne peut guère être phonétiquement identique à *sted*, malgré *chalen* = *chaden* chaîne (cf. *Rev. Morb.* II, 246).

Steuffenn estain de drap et de fil C, *steūn* ourdissure Maun., *steün*, sing. *steunhen* Pel., *steuñenn*, *steüenn* pl. *ou*, van. id. pl. *ēu* chaîne ourdie Gr., *steinhuenn* f. l'A., gall. *ystof*, *ystofen*; STEÛNVI ourdir Maun., *steuñvi*, *steuñi*, van. *steuëiñ* Gr., *steinhuein* l'A., *steunvi*, en Trég. *stonha* Pel., gall. *ystofi*; *steuñlac'h* pl. *you* ourdissoir Gr., *steulac'h* Sup. aux dict. 93 ; *steuaill* f., pl. *eu* id. l'A. ; *steuñadur*, *steuérez*, *steuñidiguez* ourdissure, action d'ourdir Gr., *steinhuereah* pl. *eu* l'A. ; *steunhat, stonhat*, sing. *stonhaden* toile d'araignée Pel. ; cf. *M. lat.* 217.

Ce mot a influé sur le correspondant breton du gall. *anwe* trame, qui, resté *anve, añnve* en pet. tréc. (d'où à Lanvollon *anveadek* filerie, *De l'urgence d'une exploration philologique en Bretagne*, p. 7), est en léon. *anneu*, moy. bret. *anneu, anneuenn, anneuffenn*.

Steuziff, *esteuziff* éteindre C, *estuziff* Cms, *esteuzet* (cœur) percé (d'un glaive de douleur) Nl 218, 238, (mère) navrée (de douleur) J 152 ; *esteuzi, steuzi* éteindre (le feu, la chandelle), *esteuzi* comme *teuzi* fondre, amaigrir, affaiblir, exténuer, *esteuzet, steuzet* comme *teuzet*, défait, maigre, exténué Gr. ; *steusia* fondre, disparaître, se perdre, se ruiner, s'abîmer Pel., *steuzia* Pel. ; de *ex-* et *teuziff*.

M. Loth propose, éd. de Chal. 105, de rattacher à *steuziff* le van. *lacat stai* apaiser, mettre en paix Chal. *ms*, qui peut venir d'un nom **steuz*. *Gouil-stai* m. « sivadiere » l'A. signifie litt. « voile d'étai », cf. angl. *stay-sail*.

Stiffel dans *guern an stiffel*, n. de lieu, reg. Péd. II, 5 b, *guernanstiffel* 16ᵃ (1587, 1625), *guern an stichel* 1ᵃ (1586), voir *luchedaff*; *Pont-an-Stifel, Le Stiffel* noms de convenants *Inv. arch.* C.-d.-N., E, 65, 85 ; *Keranstivel* n. de métairie 67, = *styffell, styvell*, pl. *ou* lavoir Gr., léon. et cornou. *stivel* source tombant d'un rocher Pel., f. Gon., dérivé de STYFF, à Ouessant, lavoir Gr., du b. lat. *stūba* = étuve. Cf. *stovel* ornière, à Sᵗ-Mayeux, *Rev. celt.* IV, 167.

Stinn r. *ign* extension B 358, etc., *stign* (pl. *ou*) *guële* rideau de lit, *steign* pl. *ou* pavillon, tente de camp Gr. ; STIGNA tendre Maun., *steignā* étendre une chose sans la gêner ; bander avec effort, roidir, tendre (des pièges), *steigna, stygna* tendre (de la tapisserie) Gr., *stigna* tendre, roidir, tirer Pel., pet. tréc. *stignañ* adapter, installer ; *steignet* roide, tendu Gr. ; *stign* id. Pel. ; *steignadur* roideur, tension, tenture, *stygnadur* tenture Gr. ; pet. tréc. *stignach* installation, arrangement ; dérivés de STENNA étendre par force Gr., *steennein* tendre l'A., *stennein*... *ur peinge* tendre un piège B. er s. 97, *sten* il dresse (des pièges) L. el l. 24, il étend (des filets) 36 ; *stennet* (bras) violemment tendus, *ind en dalh stén* ils le tiennent tendu (avec des cordes) *Choæs* 78; *stenn* (tordre) roide G. B. I., I, 206; *stennadur* tension Gr., *steennadur* m., pl. *eu* contraction l'A.; du lat. *extendere*. Voir *dispingneus, dysten, distingaff* 2, *squingnaff, touign*; M. lat. 165, 166.

Le van. a les autres dérivés *standur* f. : *ar é lerh ur standur vras* « (cette femme *traisne* toujours) après elle un grand arria » (syn. de *cals a vagag' gueti*) Chal. *ms*, cf. fr. *tenture; stenteris* tenture, tapisserie, courtine, voir *mat*, p. 397.

Stlabez souillures, ordures, immondices Pel., malpropreté, menue boue; *stlabeza* salir de boue, barbouiller Gr.; *stlabezen* femme de mauvaise réputation, souillon Pel.; pet. tréc. *sklabean, labean* éclabousser, éparpiller; *sklabeaden* jonchée, choses éparpillées; *goad a-labe*, ensanglanté; de là le moy. bret. *distlabeza* nettoyer, ôter les ordures. *Stlabeza* « male pronuntiare » est comparé au cornique *stlaf* « blæsus » Z^2 1072, parce que Gon. traduit « barbouiller, salir, peindre grossièrement, prononcer mal et sans ordre, embrouiller » par *stlabeza*; mais ce mot bret. ne se rapporte qu'aux deux premiers sens de « barbouiller », de même que les 3 expressions bretonnes qui suivent; la 4e seule rend « prononcer mal », et la 5e « embrouiller ». On s'est demandé, Κρυπτάδια, II, 397, si *stlabez* peut avoir la même origine que le gall. *ystlom*; je le crois plutôt apparenté au v. fr. *esclaboter*, éclabousser, de *ex-clap-*, voir Kœrting 4543, mais la finale s'est modelée sur *labeza, labea* lapider. Voir *stlacqual, stlapa*.

Stlacqual *an daouarn* Nom. 216, *stlacqa an d.* frapper des mains, *stlacqa an dént* grincer des dents, *stlacqa* claquer, éclater, faire un bruit éclatant Gr., *staquein, stlaguel en dent* « craquer des dents » Chal. *ms*; *stlacq* pl. *ou* éclat, bruit de ce qui se rompt Gr., dim. pl. dans *ober stlaquigueu* « craqueter, pétiller » Chal. *ms*; *stlacqus* éclatant, qui fait du bruit; *stlacqérez* claquement, grincement (de dents), battement (des mains), cliquetis (des armes); claquet (de moulin), *stlacqerés* canelle, traquet de moulin, *stlacqéres* pl. *-esou* crécelle Gr.; *stlakaden* f. claque, tape Gon. Prob. de *ex-* et du fr. *clac*, onomatopée d'origine germanique, cf. v. fr. *esclachier* briser, etc., Kœrting 4541.

On pourrait regarder comme venant de *stlacq*, par le procédé étudié v. *coustelé*, les mots *stracl* craquement, *strak* bruit éclatant

Pel., *stracql* pl. *ou* éclat, bruit de ce qui se rompt, van. *stracq* menue boue Gr., *straque* m. boue sur la surface de la terre, crotte l'A., cornou. *strak* adj., se dit d'une fille ou femme à la mode Trd; *stracqla* van. *straqeiñ, -qal* claquer, *straqla* craquer, éclater, faire un bruit éclatant, *stracqla* hâbler Gr., *stracal* craquer, *stracal an dent* « craquer ou frotter les dents les unes contre les autres » Pel., *straquein en déent* « craquer des dents » Chal. *ms,* pet. tréc. *strakal* retentir; van. *stracqeiñ* salir de boue Gr., *straquein* crotter l'A.; *stracqler* hâbleur; *stracqlérez* claquement; claquet (de moulin); hâblerie, *straqlérez* craquement; « craquetement » (des dents); *straqlérés, stracqleurés,* van. *straqell* canelle, traquet de moulin Gr., *straquel melin* claquet Chal. *ms., straghell, strakell* machine à faire du bruit comme moulinet à vent, sarbacane Pel., *strakel, stragel* f. Gon.; *stracqléres* pl. *ou* crécelle Gr., tréc. *strakeres,* voir *Rev. celt.* IV, 167; *stracqlus* éclatant, qui fait du bruit; qui est sujet à hâbler Gr.; *stracoüer* ratière Pel. Mais il est naturel aussi d'admettre un type **ex-crac-,* cf. fr. *crac,* voir Kœrting 4565, et *stlacqual.* De plus, ces mots étaient exposés à l'analogie du fr. *traquet,* qui s'associait à *claquet;* l'A. traduit « claquet » par *traquette* m. Pel. donne *strik, strak* bruit éclatant, ce qui ferait supposer aussi l'influence de *trictrac.*

Une autre série paraît se rattacher à *stlacq,* avec changement de voyelle : c'est celle de *stloc* craquement Chal. *ms, stoloca* faire du bruit en secouant ou frappant deux corps l'un contre l'autre, bas léon. *toloc, tolloc* gros bruit sourd, comme celui de la mer agitée contre les côtes, *toloca* bruire Pel.; *stolok* m. bruit de corps durs qui se choquent Gon., tréc. *storlok* id., *storloka, -kat* faire ce bruit, cornou. *stirliñkat* tomber avec fracas Trd ; *ne vo qet nep storlog* il n'y aura point de débat, de difficulté Mo. 215. Voir *stleucq; stoc.*

Stlaffesq « lancelee, l. lanceola » C, *stlanvesk, stlavesk, astlanvesk* le petit plantain, selon Roussel, et le plantain en général, selon le vulgaire, Pel.; *stlañvesq, stlañvés* plantain, ou le petit plantain, « on écrivoit *stlaffesq* » Gr.; *stlauesq* mercuriale Nom. 89, *stlaffesq* id. Gr.; *stlañvesk* f. plantain, le petit plantain, mot souvent confondu, dans la prononciation, avec *stlafesk* f. mercuriale, foirole Gon.; *stlafesk, stlañvesk* m. mercuriale, plantain, herbe aux crapauds Trd; cf. bas cornou. *stlone* le grand plantain Pel., *stloné* f. Gon. Le v. bret. *stlanæs,* Ztschr. *f. celt. Philol.,* I, 19, 24, signifie, je crois, le petit plantain, le grand étant désigné par *hæntletan*. Il faut peut-être joindre *stlanæs platan*, et entendre « le plantain dit *stlanæs* »; et *stlanæs hæntletan platan* « le plantain dit *stlanæs*, [et celui qu'on appelle] *hæntletan* ». M. Stokes compare l'irl. *slanlus* plantain lancéolé, gaél. id., et propose la correction *stlanles*. Je ne la crois pas probable, car le gall. a le dérivé *astyllynes, astyllenes* = *stlanæs* (cf. *astlanvesk* Pel., et *stlañvès* Gr.), en même temps que le composé *astyllenlys, estyllenlys*. L'origine doit être la même que dans *astell* 2; voir ce mot, et *stél*.

STLAON, sing. *-en* petites anguilles de mer, naissantes et fourmillantes auprès du rivage des rivières qui entrent dans la mer Pel., *stlaoñen* pl. *stlaoñennou, stlaonennou, stlaoñ* Gon., cf. gall. *yslywen, slowen* anguille, que M. Rhys a comparé à l'all. *Schlange* serpent, Rev. celt. II, 193.

Stlapa jeter Am. v. *rog*, Gr., Gon., *stapla, stlapa, stlepa* Pel., *stlapa, stlepel* Trd, *sclapa* Bali 65, Æl 132, pet. tréc. *sklapañ*; *stlapid jetez* Bomb. Kerne 4; *stlaffein* flanquer, *stlafein* plaquer l'A.; *stlafad* pl. *ou* claque Gr., *stapat, stafa*[*t*], *stavat*, sing. *stapaden* etc. coup de la main ouverte, tape Pel., *stafad* f. Gon., pet. tréc. *sklapat*. Prob. de *ex-clap-* et *ex-clapp-*, voir *stlabez, strap*.

Comme exemple de cette alternance de *p* et *f*, on peut citer *an taff* le couvercle (d'un tonneau), l. operculum Nom. 161, *taff* pl. *ou* bouchon de bouteille Pel., cf. v. fr. *tape*, d'où *tapon*; voir Kœrting 8038, et *stoup*.

Stlegea traîner Maun., Pel., *stleja, stlecha* Pel., *stleja* van. *stlegeal, -geiñ* Gr., *stleigein, -geale* l'A.; *stlegea* entraîner; *èn hem stlegea* ramper Gr., *um stleigeale ar é goff* l'A.; *stleigeal* traîner; mener (une vie horrible) Choæs 122, *skleijal* traîner L. el l. 114, 118, *skleij* il entraîne 96, *skleja* traîner Trub. 60, *stlija* Alm. de L. et de Cornou., 1877, p. 30, part. *stliget* 29; *scleget* Alm. 1876, p. 36; *scleja* jeter Æl 63; *a stlej* en rampant Gon., *a ùerço é homb ér bed à stleige* depuis longtemps nous rampons ici-bas Choæs 11, à St-Mayeux *a-skléñj* en traînant, *chomed e 'n afer-ze a-skléñj kaer* cette affaire est restée en suspens; *caul stlech* gros choux Maun., Gr., *kaol stlech* espèce de chou qui monte toujours, et dont on arrache les feuilles pour les bestiaux Gon., pet. tréc. *kôl skléñch* id.; *loëzn-stlech, prèvedenn stlech* reptile ; *stleger* traîneur, traînard Gr., *stleigourr* l'A. ; *stlejus* traînant ; *stlejadur* action de traîner Gr. ; *stleigereah ar é goff* rampement ; *stleigennatt* séquelle, *-geennad* enchaînement l'A. ; *stlegell* chevalet pour supporter la charrue par les chemins Gr., *stlejel* f., pl. *-llou* Gon., *stleinge* m. l'A. ; *stlejadenn* f. vieille femme qui a de la peine à marcher Trd ; voir *Urk. Spr.* 319.

Stleucq étrier Nom. 182, *stleucq*, pl. *stleugou*, *stlévyou*, van. *stleg*, pl. *stlegueü* Gr. ; *stleig'*, *stelé*, *stlog*, pl. *stleigueu*, *steleu*, *stlogueu* Chal. ms ; *stleük*, *stleüg*, *stlev* m. Gon., pet. tréc. *sklu*, pl. *skluio* ; *stlévya*, *stleuga* mettre le pied à l'étrier Gr. Du v. fr. *estrieu*, *estreff*, peut-être avec influence de l'onomatopée *stloc*, voir *stlacqual* (cf. « Et, vides, sur leurs flancs sonnaient les étriers », V. Hugo, *Les Orientales*, XVI ; « Un empire qui fait sonner ses étriers » *Les Châtiments*, VI, xvi ; « Et l'éperon froissant les rauques étriers » *Odes et Ballades*, l. V, ode ix).

Stoc toucher Am., *stoca*, *steki*, part. *stoket*, dans les vieux dictionnaires *stequiff* heurter Pel., *stocqa*, *stecqi*, van. *stocqeiñ* Gr., *stoka* Rev. celt. I, 116, en Goello *stokañ* ; *hum stoké* (mes genoux) s'entre-choquaient L. el l. 28, *stoket* choqué, froissé (de ces paroles) *Histoariou* 38 ; *stoc* coup Pel., *stocq* pl. *ou*, van. *ëu* heurt Gr., *stoq* choc *Choæs* 75, pl. *stoqueu* 62 ; *stocou*, *stocadou* épreuves, afflictions *Sup. aux dict.* 83 ; *a stoc-e-gorf* (le lion tombe) de son long, s'abat Goësb. 11, *a stoc* (rester) étendu (sur son lit) Bali 238 ; *gand va zâl stok en douar* le front contre terre Trub. 7 ; *dên a stoc* personnage d'importance 48, pl. *tud a stok* 74, *tud a stoc* XIV, 216, *Hist. ar b. Miz.* 2 (proprement gens de race, fr. *estoc*) ; *hoari stoquic* jouer à la pierrette ; *stoquaden* choc Chal. ms ; *Le Stoquer*, en fr. *Trébuchet*, xve s. Nobil., *Le S.* en 1682 *Inv. arch. Fin.*, B, 268 ; *stocquer* trébuchet pour attraper les oiseaux Nom. 165, *stocqèr*, pl. *-eryou* id., *stoquer* coupe-gorge Gr., *stoker* m. Gon. ; *stocqerès* ratière, pl. *-esou* Gr., *stokerik* m. trappelle, petite souricière Du Rusquec. Pel. donne *stloker*, *stloket* trébuchet, formes influencées par *stloc*, voir *stlacqual* ; cf. *stracouer*.

Stoe : *voar ma stoe* (moi) à genoux N 1532, *eff a deuz... oar estoe*, lis. *e stoe* il s'abaissa B 332, *stouff* pl. *stouvou* inclination, *stouvicq*, *stouïcq* petite inclination, révérence Gr. ; *stouaff* fléchir Cb v. *anclinaff*, part. *stoufet* D 192 ; *stoua*, *stouï*, van. *stoueiñ* incliner Gr., *stoua* se prosterner *Æl* 67, *stoüet, stouvet, staoüet, stoufet* se baisser, s'incliner Pel., *stouyein* l'A., part. *stouyet Choæs* 33, *stuiet L. el l.* 20, *stui* 1 s. il se met à genoux 194; **stou***pe anclin* muable, fléchissable, l. flexus, a um *Cb*; *stouyadur* fléchissement l'A., Sup. Cf. Στουκκια ποταμοῦ, Ptolémée II, 3 (lire Στουκτια?), gall. *Ystwyth* (*ystwyth* souple); irl. *stúag* arche, *túag* arc, *stuaim* modestie? La racine peut être la même que dans l'angl. *to stoo-p*. Voir *souc'h*.

Stol étole C, pl. *you*, van. *stoleü* Gr.; *stole* f. l'A.; *o veza stoliet ann dragoun* ayant passé son étole au cou du dragon *Nikol.* 153; *stoliquennou* courroie (des souliers) Nom. 118, *stoliquen* oreille de soulier Maun., *-iken* lisière des petits enfants; « tout ce qui est pendant des habits..., oreilles des manches, des souliers, des bonnets... » Pel., *-icqenn* barbe d'une coiffe, etc. Gr., *-iqenn* aile d'un surplis, *-iquenn* lisière, *-iquénn* manche de surplis, etc. l'A., *stolikez* f. barre pour fermer une fenêtre Trd.

Stoup (fruit) vermineux Nom. 67, *stoubenn* coton tendre, duvet des fruits Gr., *-nna* se cotonner Gon., *-nnecq* (fruit) cotonneux Gr., *-ec* mol, mou l'A., *ur péh spoué-stoubennég* une éponge *Officeu* 303, voir *spoe*; *aval-stoup* coing Gr., *avale-stoup* l'A., *aual stoubec* Chal. ms, pl. *avaleu stoubêc* l'A. v. *cotignac*; *avaleenn-stoup* cognassier l'A., *aualen stoubec* Chal. ms; **stouffaff** étouper C, *stouba*, van. *stoupeiñ* étouper, *stoufa, steffya, stévya* van. *stouffeiñ, steüeiñ, steufeiñ* boucher Gr., *stefein* L. el l. 152, pet. tréc. *stoufañ*; *stoufet* (gens) bouchés, sans intelligence *Trub.* 230; *stouff* pl. *ou*, *steff* pl. *you*, *stouffailh*, van. *steff, steü* pl. *eü* bouchon Gr., en pet. tréc. *stouf*; *stoupâr* chiffonnier ibid.; van. *stivach* pl. *eü* séparation de la charge d'un navire Gr., *stihuage* m.; *stihuagein, stihuein* faire ces séparations l'A.; *stoufel, stouvel* f., pl. *-llou* bondon, *-lla* bondonner Gon.

Sur le premier élément de *bistouff* pl. *ou* bouchon Gr., pet. tréc. *boustouf*, voir *Belost*.

Les mots van. *goustihuëiñ* constiper Gr., *gousstiuein* id., *goustihuein* restreindre le ventre l'A., *goustihuét* constipé; *-huadur* constipation Chal. ms, *-hüadur* Gr., *gousstiuadur* l'A.; *goustihuss* restringent l'A. représenteraient un composé bret. **gou-steiffaff*, etc., mais je crois qu'il y a là un remaniement du fr. *constiper*; ce phénomène a été facilité en Vannes par l'*i* de *stihuein*. Chal. ms donne *costinein* constiper; astreindre, serrer le ventre, part. *costinet*; *costinus*

« astringeant », ce qui indique une autre dérivation (d'après *distennein* détirer ?). Sur l'échange de *co-* et *gou-*, voir *pore*. C'est sans doute l'influence du préfixe *gou-* qui fait dire en van. *diousquein* réveiller l'A., Chal., *dioussquein* éveiller, *dioussque* éveillé, qui ne dort pas l'A., en traitant *cousquet* dormir, comme si c'était **gousquet*.

Stourm combattre H 9, *stourmi oc'h* Pel., *stourma ouc'h* assaillir Gr.; *stourmadenn* lutte *Sup. aux dict.* 57; *stourmer* guerroyeur Cms v. *bellaff*; **stourmus** l. pugnax Cb v. *bell*.

Stram odieux, affreux, doit répondre à l'ital. *strambo* cagneux, fantasque, de **strambus* pour *strabus*, etc., voir Kœrting 7797.

Strap pl. *ou* claquement, cliquetis, éclat, bruit, fracas Gr., scandale, désordres *Trub*. 223, *strap* m. fracas; désordre, dérèglement Gon.; *strapa* faire du fracas, éclater Gr.; van. *ur strapat den* un faiseur d'embarras Trd; *strapenn* pl. *ou* crochet pour attacher le bétail Gr.; *strapen* f. Gon.; *strapus* éclatant, qui fait du bruit Gr.; cf. *silaq*, *stracql*, *stlapa*.

Dans le sens de « machine pour prendre des bêtes » Trd, *strap* = *strap* pl. *ou*, *trap*, pl. *ou*, van. *éü* trappe Gr., du fr.

Strat dans *Caer-strat*, Cart. de Quimper, XIIIe s., etc., *Chrest*. 230, *an strat* « le creux, le ventre de la navire. » Nom. 151, *stratt* solide, d'un navire; serrage ou serres l'A., *strad* fond; fond de cale d'un navire Gr.; *strâd* Pel., m., fond (cornouaill.), *strada* foncer, mettre un fond (à un tonneau, etc.) Gon., *e strad he galon* au fond de son cœur *Buez D. M. Nobletz*, par A. Drézen, 18; gall. *ystrad* vallée, v. gall. *istrat*, v. irl. *srath* fond d'une vallée, cf. M. lat. 217.

Strawill dans *Kerstrawill* n. de lieu, XVe s., *Arch. de Bret.* V, 189, = *stravilh*, *-amand*, *strabuilh* frayeur, effroi, *stravilha*, *strabuilha* donner de la frayeur, *stravilhus* effrayant Gr., *strafil*, *strefil* agitation, « mouvement, tel que celui de l'eau portée dans un vaisseau large », *striboüilla* « agiter en l'eau ce que l'on y trempe », syn. en Léon de *stravila* « agiter l'eau, ou en l'eau » Pel.; *strufuilla* selon Roussel brouiller une liqueur en l'agitant, au fig. causer du trouble dans l'âme, par la frayeur Pel., *stravilla urs ar vro* troubler l'ordre dans le pays *Alm*. 1876, p. 57; *strufuilha* frémir *Trub*. 61, cf. 60; *strufuliet* épouvanté 47, *strufuilhet-holl* tout troublé 55, *strufuilled Bali* 120, léon. et van. *strafilet Celt. Hex.* V, 4; *strafill, stravill, strabill* (par *l* mouillé) m. émoi, trouble, *strafilla, stravilla, strabilla* troubler (l'eau), émouvoir, s'émouvoir Trd, *strubuillus* turbulent, perturbateur, adj. *T. Ger.* 54. Cf. poitevin *etrebeuille* trombe, tourbillon; prov. *estervéu, estrebulh,* etc., Mistral; voir *treffu* au *Dict. étym.*

STREÜEIN, *streaoüein* parsemer, éparpiller Chal., *streüeiñ, stréaoüeiñ* van. Gr., *streaouein* disperser, *straouein* éparpiller, *a-streau* épars l'A., *streawein* 2 s. étendre (des racines) *L. el l.* 68, *streaw* 1 s. répandre 120, semer (le blé) 38, *streahet* (narines) élargies *Choæs* 52 = *streduet Guerz. Guill.* 96, cornou. *stréet* (yeux) hagards H. de la Villemarqué; *streüed* pl. *éu* litière qu'on met dans la cour et dans les chemins à pourrir pour faire du fumier, van. Gr., v. bret. *strouis* gl. stravi, cf. all. *streuen,* got. *straujan,* etc., *Urk. Spr.* 313.

Streuyaff éternuer C, *strévya* van. *-yal, strihueiñ* Gr., *strihuein* Chal., l'A., *-huale* l'A., *stréfia, strévia, strenvia, strévial* Pel., pet. tréc. *stréyal; strévyadenn, -vidiguez, -vyadur* éternûment Gr., *strihuadur* l'A., pet. tréc. *stréyaden; stréfiérez, stréviérez,* van. *striouérec'h* id. Gon.; *strivhuss* sternutatif l'A.; gall. *ystrewi, trewi,* cornique *striwi,* cf. πτάρνυμαι, l. *sternuo, Urk. Spr.* 314.

Stryff dispute pl. *ou, stryvou* Gr., *striv* effort *Trub.* XIX, *strivand* actif, zélé *XVII, strivant* Jac. 44; *stryva, stryffa* étriver Gr.; pet. tréc. *stri* peine, tracas.

Strill goutte (d'eau) D 130, Pel., Mo. 243, dim. *-ic* Maun., Pel., *strilhicq* écoulement (de la grâce) Gr., *strillen gors* « esparuin » Chal. ms; *strilla* dégoutter; détirer (du fil, après qu'il a été mouillé et séché) Pel.; étinceler *Sup. aux dict.* 84, *strilha* distiller, extraire (le jus), *-lher, -lhour* distillateur, *-lhadur* distillation, *-lhadurez* extraction (des essences) Gr.

Strinquer, *Le S.* n. d'ho. en 1494, à Hennebont, *Rev. Morbih.* III, 396, = litt. « celui qui lance », van. *strincqour* celui qui seringue Gr., f. *strinkerés* sarbacane, tuyau de sureau, pl. *strinkeresou,* se prend aussi pour gamaches, guêtres, d'autres disent *strinker-heusou, strincheusou* Pel. (sans doute déformation plaisante de *trikheusou*); *strinkérez* f. seringue, sarbacane Gon., *-erez* seringue *Bomb. K.* 34, de STRINCQUAFF lancer (un dard) Nom. 185, *strincqua* jeter D 38,

194, *strinquas* il jeta à bas, renversa 192, *strinca* lancer, jeter; crever comme une bombe; en cornou. jeter avec une sarbacane Pel., *strincqa* jeter, lancer, darder Gr., cf. *G. B. I.*, I, 44, 86; *strinqa, strincqellat* faire une injection, van. *strincqeiñ* seringuer, *-nqeiñ* rejaillir Gr., *-nquein* id. l'A., darder Chal. *ms, -nqueal* 2 s. jaillir *Choæs* 68, cf. 175; *strinque* m. rejaillissement l'A., van. *strinc* seringue Pel., *strincq* pl. *eü* Gr.; *striñk, -ad* m. jet Gon., *strinc, -ad* éclaboussure *Sup. aux dict.* 82, *strincqenn* pl. *ou* et *strincq* cristal, *chapeled strincq* chapelet de cristal, *strincqenn al lagad* l'humeur cristalline de l'œil Gr., à Tressignaux *strinkennik ar Werc'hez* tache blanche sur l'ongle; *striñkaden* f. la quantité de liquide qui jaillit Gon.; *strincqell* pl. *ou* seringue Gr., *-ñkel* f. seringue, sarbacane, etc. Gon., *strinquæll-drameu* f. l'A., *strinkell* évaporée *Sup. aux dict.* 84, *strinquællatt* seringuer l'A., *-quella Alm.* 1876, p. 29, 32; *strincqadur, strinqelladur* injection, van. *strinqadur* rejaillissement; *strincqeller* celui qui seringue; *strincqus* cristallin, pur et transparent; van. *strinqus* sujet à rejaillir Gr. Voir *Rev. celt.* XIV, 314, 315.

Il faut joindre le van. *strimpein* jeter (de l'eau) *L. el l.* 52, *strimpet* arrosez (la ruche de lait) 154, *strinben coet* éclat de bois Chal. *ms*; cf. cornou. *a distrimpe* (le sang) qui jaillissait *Kant. Z. V.* 3; le pet. tréc. dit aussi *strimpañ* et *strinqañ* jaillir.

Stripenn « stripe » C, dans les *stl- Cb*; *stripenn, stlipenn* pl. *stripou, stlipou* tripe, van. *striñpeen* pl. *striñpéü; stripennou, stlipennou,* van. *striñpenneü* certaines tripes; *striperès, stliperès* tripière, *striperès* tripière, grosse tripière, terme d'injure Gr., f. de *striper* tripier, marchand de tripes Gon.; *stripérez, stlipérez* triperie Gr. Voir *Rev. celt.* XVI, 228.

Stryz, van. *strih, streh* étroit; *striz* f., pl. *ou, striz-vor* détroit, *stryz-douar* isthme; *stryza* étrécir, resserrer, van. *striheiñ, streheiñ,* mots obscènes dans le bas van., comme *stryza, stryzo* en haut cornou. Gr.; le Dict. de l'A., Pel. et Chal. font une remarque semblable; *stryzadur* van. *strehadur, strihadur* étrécissement Gr., *streher* id. Chal. *ms.*

Stroëz, strouëz hallier Gr., *strouez* Nom. 233, *strouëzecq, stroëzus* plein de halliers Gr., *stroüezec* plein de ronces *Trub.* 46; *stroüezec* lieu couvert de ronces et halliers Pel., *stroëzecq* pl. *-egou* Gr.; cf.

strouach m. traîne, menus bois, du Rusquec; et l'all. *strauch, gesträuch,* moy. h. all. *strůch*?

Stroll en bas cornou. lien, particulièrement l'attache de deux bœufs sous le joug Pel., pl. *ou* couple, lien pour coupler les chiens Gr., m. amas, assemblage, troupe Gon., *strolhou* (aller aux) assemblées *Trub.* 160; STROLLA assembler, accoupler, joindre Pel., coupler (des chiens) Gr.; *strollat* file Maun., *strollad* enchaînement Gr., *strolladen* amas, assemblage, paquet Pel. Cf. angl. *stroll* promenade, flânerie, idée d'aller en bande? On peut comparer, pour la liaison des deux sens, l'all. *Zug*.

Stronça ébranler, STRONC (par *c* doux), *strons* ébranlement, secousse Pel., *stroñs* m., pl. *ou* Gon., *strounç Trub.* 53, pet. tréc. *a stroñs* par saccades.

Le pet. tréc. *distroñkañ* essanger, est comparé à tort, *Rev. celt.* XI, 365; ce mot = *distronca* « détremper la plus grosse ordure, afin de l'ôter des hardes, avant que de les mettre à la lessive » Pel. v. *stronc,* est composé de *di-* privatif et *stronc* ordure; l'appât que l'on jette dans la mer Pel., cf. *stroñk* petit vaurien; *fri stron* nez morveux Trd, *stronquage* m. « faguena » l'A., fr. *étron*.

Strop « estrepe, l. falcastrum » C, instrument pour couper le foin Nom. 178, *fals strop* outil pour tailler les haies et couper les halliers, « c'est une espèce de faucille sans dents, avec laquelle on coupe à tour de bras »; *stropa* couper de cette manière Pel.; *fals strop* pl. *filsyer strop* faucille Gr.

Ce mot semble être *strep* pl. *ou* étrape Gr., *strep* houe L. el l. 16, 38, du v. fr. *estrepe,* assimilé à STROP estrope, étrope, terme de marine; enveloppe Pel., de quoi enfiler un chapelet, etc. Maun., Gr., *sirop, strob* lien qui tient plusieurs choses ensemble Roussel chez Pel., *a strob* en foule (à la file) *Trub.* 159, 299; *re strop* (donner) trop de biais, trop de tour (au coutre de la charrue) Pel.; *stropa* enfiler Maun., Gr., enfiler, joindre plusieurs choses Roussel, envelopper Pel., *en em stroba gand bed nac he c'hraou* s'embarrasser des affaires du monde *Trub.* 213; *stropa* couper, abattre, tuer, renverser plusieurs ensemble; *strobet* jeté, renversé (par un sort), *strobet gant ar villanç* rendu infirme par les sorciers ou les démons; *stropa, strobella* rendre malade, par mauvais vent; *strobat, strobellat* enfilade, quantité de choses enfilées, renversées, ou jetées ensemble Roussel, *stropad* enchaînement, liaison, ralliment; *strobinell* sortilège, *-a* jeter un sort sur Gr.; *strôbinel* m. tourbillon; magie, *-ella* former des tourbillons; ensorceler, rendre malade par maléfice, *-elluz* magique Gon.; *strobineller* sorcier Bomb. K. 36; *stronibel* f. tourbillon, *stronibella* tourbillonner du Rusquec. Cf. prov. *estroupa estroper*, ceindre d'un cordage; envelopper; lat. *stroppus, strupus* lien de l'aviron, bandelette, ruban.

M. Kœrting (n° 7826) se demande s'il faut rattacher indirectement à *stroppus* le fr. *estropier*; cf. *stropein* estropier, *troaitt stropétt* pied bot l'A.

On lit *strobillet* étranglé, pendu *Buez ar pévar mab Emon*, Morlaix 1866, p. 300, forme peut-être imitée d'un fr. **étranguiller*, cf. *strangouillomp* étranglons (-le) Jac. 27.

Stroton, strodton, strodenn femme malpropre, laideron, salope; « ces mots se disent pour le fém. aussi bien que pour le masc. » Gr.; *strôden* f. coureuse; souillon Gon.; *strodenn* id., et crotte, boue, *-et* crotté Trd.

Strouill ordure; temps de pluie, de brouillard, sing. *-en* brume; petite pluie Pel., *strouillenn* brouillard; fille de mauvaise vie Trd, *strouillou* souillures D 126; *struillennou* vilaines femmes, salopes Mo. 167; tréc. *struill-dour* torrent l'*Hermine* XIV, 58; *strouilla* salir, souiller, crotter Pel.; *strouillek* sali de boue, *strouillennuz* qui amène du brouillard Trd. Voir *Rev. celt.* IV, 167; XV, 348.

Stuchyaff empenner C, *steuzia* Maun.; *stuc'hya* s'emplumer, se garnir de plumes; s'enrichir Gr.; *stûc'h* m., pl. *iou, stuiou* plume; aileron d'une flèche Gon., *stuyou an sezyou* ailes de flèches Nom. 185; *stuc'henn* pl. *ou* gerbe Gr., *stuc'hen* pl. *-nnou* Jac. 24; *stuhenn vara* mouillette Gr., *stuhænn* tresse de cheveux, *stuhenn-sclærdér* rayon de lumière l'A.; *stec'h*, sing. *-en*, pl. *-ennou* petit paquet de lin, laine, etc., autant qu'il en faut pour garnir une quenouille Pel., *stéc'henn* Gr.; *a steïou* par bandes, en foule Trub. 81, 232; *stuc'henna* engerber Gon. Cf. gaél. *stuaic, stuaichd* petite colline; *stûc, stùchd* corne; petite colline qui avance sur une plus grande; sanscr. *stukā* touffe, flocon? Voir Macbain, et *Urk. Spr.* 314.

C'est peut-être un dérivé du même mot qui se trouve dans le van.

stuhellat accabler de coups, maltraiter *Choæs* 75, prés. 3ᵉ pers. *stuhel* 70, 71, 73, et 59 = *Guerz. Guill.* 120.

Studia étudier D 159, *-dya,* van. *-yeiñ, -yal* Gr., *n'en dòn qet avoalc'h c'hoas studiet* je ne suis pas encore assez instruit Jac. 3; *studius* studieux D 186, *studyus* Gr.

Stur pl. *you* gouvernail Gr., *stûr* m. Gon., *sturr* pl. *ieu* l'A.; cornou. *sturiou* maximes, préceptes Trd; *sturya* tenir le gouvernail, gouverner (un vaisseau) Gr., *sturier* pilote; gouverneur Gon.

Su, sud sud Gr., voir *Rev. celt.* XII, 414.

Subdiacr. Soudiacret sous-diacres D 148.

Subget. Sujet substance, sujet D 134; *hep guget* sans sujet Jac. *ms* 80, pet. tréc. *jujet. A bout suget pan ouz acuytas* J 117; on prononçait *a vout sujıт p'ouz acuyтas* comme *sugit* J 128 b. Dans les deux cas, le contexte permettrait d'admettre un nom pluriel; mais on aurait tort de l'ajouter à la liste donnée *Rev. celt.* XIV, 307, 308 (voir *eugenn*); c'est un adj. invariable; pour la forme, cf. le v. fr. « nostre *subgit* », pl. *subgiz,* en 1421, *Arch. de Bret.,* VI, 81; cf. VII, 30, 40. Les plur. de ce mot bret. sont : au sens de « matière, occasion », *sugedou* Gr.; au sens de « vassal, dépendant », *sugeded, sugidy* Gr.; en van. *sujite, sujete.* On lit *suiedet* les sujets (d'un prince) Nom. 204, *suj-* D 157, Mo. *ms* 120, *sug-* D 196, paroissiens (d'un curé) 115, et même en van. *suiettett* sujets Chal. *ms* v. *fouler, ranger; sujedi* Cat. imp. 6, etc. Le van. *sujité* id. l'A., *Choæs* 18, sujeté L. *el l.* 210, *sugeté Hist.* ... *J.-C.* 14, *suietté* Chal. *ms* v. *posséder; suiette* v. *pouuoir,* est proprement un nom abstrait, sens gardé dans *suietté* « suiettion » Chal. *ms*; tréc. *dindan ho sujete* sous votre sujétion, domination Mo. 177, *sugetté* Mo. *ms* 121. On peut comparer gall. *menechi* moines = bret. *menec'hi* enclos de moines, asile, lat. *monachia*; gall. *meistri,* bret. *mistri* maîtres = cornique *meystry* puissance, latin *magisterium,* etc., *Rev. celt.* VII, 101; br. moy. *cloar,* clouer clercs, du l. *clerus* clergé.

La finale *-et* est parfois supprimée dans les dérivés, par confusion avec les participes bret. : *sugea* s'assujétir Gr., *sugein* et *suiettein* assujétir, *sugein* obéir, *him suiettein* (se soumettre) Chal. *ms*; *sugedet* soumis Mo. *ms* 130. *Sugidiguez* f. détention, captivité Gr., *sujedigueah* sujétion *Choæs* 189, etc.

Sublec reg. Péd. 28 (1570), prob. de *siblec, cf. *sublen, siblein* corde, cordeau Pel., *siblenn* corde longue de filotiers, pour mettre le fil à sécher Gr., *siblen* f. cordeau Gon., *siblenn* corde pour faire sécher le linge lavé; rêne ou bride de cheval attelé Trd; pour *siv'len*, du v. fr. *civelle*, voir *ciuellenn*. Cf. *trouhein a sifflettenneu* taillader Chal. ms. On a de même *bl* de *v'l* dans *cablus*.

Substanç -ance D 17, 64, 134, *sustançz* Gr., *sustans* Bali 278; voir *sustancc*. — *Subtilite* subtilité J 115 b, *soutil* subtil C, etc.; *subtil* (corps) subtil D 33.

Succedaff. Succes succès D 15. — *Suffocquet* étouffé D 100; **suffocquer** celui qui étouffe, supprime (un enfant) H 50. — *Suffrageou* suffrages H 36, D 77; *ober pedennou ha suffrageou evito* prier pour eux (les morts) 96.

1. *Sug* corde Cb, *sûg* f. trait, corde qui sert à tirer une charrette, une charrue, ou celle qui sert à amarrer les charretées de paille, etc., pl. *sugiou, suiou* Gon., *sug* f., cornou. *such*, corde de l'attirail de la charrue, etc., *suchou* traits de voiture, van. *suieu*; cornou. *suiat* m. l'espace où peut pâturer une bête attachée Trd; *sughell* pl. ou cordage qui sert à tirer une charrette Pel., *sugell* f. syn. de *sug*; cornou. *kezek jugellou* chevaux de trait Trd. Voir M. lat. 209, 232.

2. Sug, van. *chugon* jus, suc Gr., *chugon* m. suc, substance, *chuguon* pl. -*nneu* jus l'A.; van. CHUGUEIÑ sucer Gr., -*guein* l'A., de *sugaff, cf. gall. *sugo*; *chuguereah* sucement, -*guellein* suçoter l'A.; gall. *sug*, cornique *sygan* suc, du lat. *sūcus*, cf. M. lat. 208; voir *sunaff*.

Suyenn pl. ou dorade Gr., *suien* f., pl. -*nned* Gon., cf. cornique *sew, siw, ziu* brème, du lat. *zeus*? Le haut-breton *siou* vive Faune pop. III, 179; Habasque, III, 226; Sébillot, Trad. de la Haute-Bret. II, 273, peut venir d'une forme bretonne *siu-en*.

Sul dimanche D 81, 194, 197, pl. *iou* 70, 189, *you* 80, 82, 95, *ieu* l'A.; Tanguy de *Kersulguen* en 1455 (copie de 1511) Inv. arch. Fin., A, 55, *Sulguen* n. de femme, XIVe s. Chrest. 230; SULYECQ van id. (habits) du dimanche Gr., *suliêc* l'A., -*ek* 2 s. Gon., 3 s. L. el l. 96, cf. *Kersullec* n. d'ho. en 1692 Inv. arch. Fin., B, 289, -*ulec* en 1759, 323, v. br. *Suloc*; SULVEZ un dimanche Maun., pl.

you Gr., f. Gon., cornique *silgueth*. Voir *suluguenn*; M. lat. 208; *Chrest.* 165, 230, 231.

Suler « solier » C, plancher Maun., *suler, sulier* le plus haut étage Pel., *suler* pl. *-éryou*, van. *sulér* pl. *yëu* galetas, le plus haut étage d'une maison Gr., *suler* grenier, magasin L. el l. 18, pl. *ieu* 38, *sulérr* f., pl. *ieu* galetas, *sulærr* grenier, fenil l'A., *sulér Voc.* 1863, p. 53, du l. *sōlārium*; *solyer* « solier » C, pl. *ou* Gr., *solier* le plus haut étage Roussel, cornique *soler*, du fr., M. lat. 208.

Suluguenn pl. *ou* pain cuit sous la cendre; SULYA, *suilha*, van. *sulyeiñ* rôtir, brûler un peu l'extérieur; flamber de la volaille, hâler le teint, griller, chauffer trop, brûler à demi; *bara sulyet, suilhet* pain dont la croûte est brûlée; *suilh* brûlé Gr., *suilla* rôtir la chair Pel., *souillein* brûler à la flamme pour ôter le duvet l'A.; tréc. *sulhañ* sécher (un bois sans le brûler); *Prigent Le* SUILLER n. de convenant *Inv. arch.* C.-d.-N., E, 85, = « rôtisseur ». Dérivés du lat. *sōl* soleil, voir *sul*; le sens propre du verbe est encore assez clair dans *losquadur an guez pe pa vezont siullet* (lis. *suillet*) « bruslure d'arbre ou autre gâtement », l. sideratio Nom. 100. On dit en Tréguier : *ar rev a zulh an delio, ha dreist-oll an ed-tu* la gelée brûle les feuilles, et surtout le blé-noir. Cf. catalan *solcir* brûler, prov. *souleia* insolé, hâlé, rôti Mistral. De là *morzuill, morzill* vent brûlant du sud-ouest, voir Sauvé 729; *Rev. celt.* XII, 414, 415.

Sunañ sucer C, *suzna*, prononcé *sûna*, van. *suneiñ* Gr., pet. tréc. *zûnañ; suzner* celui qui suce, *suznadur, suznérez* van. *sunereh* action de sucer Gr., *sunereah* l'A.; *sunadur* sucement (décoction), l. illinctus, ecligma Nom. 277; SUZN, *juzn* jus, suc Gr., *sûn* m. suc; action de sucer; *sûn-gâd* m. la fleur du chèvrefeuille, ou peut-être le jus qui en sort Gon., cf. gall. *sugn y geifr* et l'angl. *honeysuckle; sunek* juteux Gon.

Superfluyte a boet « superfluité de viande » C*b* v. *dibriff*, pl. *-iteou* D 106. — *Supliaf* je supplie H 46 (l'inf. n'est pas dans H). *Evit nep sappliant* (lis. *su-*) malgré tous les suppliants, toutes les supplications D 22; *suplyant, -yer, -yus* suppliant, *suply* pl. *ou* supplication Gr.; **suplicc** supplice H 12, *-icz* pl. *ou*; *-icya* supplicier Gr. — **Suport** soutiens! H 20, *-ti* supporter, *-tapl* supportable, *supord* pl. *ou* support, appui Gr., du fr. — *Supposet* supposé D 29, *supposition* -tion 30.

1. *Sur* sûr, *-éntez* sûreté Gr., *surté Choæs* 93, 149.

2. SUR van. id. sur, acide Gr., *surr* l'A. (Pel. donne *sûr* comme hors d'usage); *suricq* suret, un peu sur, *surony* acidité, acrimonie Gr.; gall. *sur*, origine germanique.

Suspent suspect, r. *ent* N 507, *souspedt, suspedt* Gr.; *suspenta* soupçonner Maun., *suspédi, suspènti*, van. *souspedteiñ* Gr. — *Suspentaff. Suspandet* (prêtre) suspendu (et interdit) D 142; privé momentanément (de l'usage de ses sens) 167. — *Sustancc* B 266, semble le mot « substance » influencé par « substenter »; cf. *sustanti ho familou* nourrir leurs familles D 112, *substantin* (se) nourrir Jac. *ms* 94; *sustanté* (qu'il nous) sustente D 58; *hum substantein* se nourrir *Choæs* 113, *hum sustantein Guerz. Guill.* 17; *sustance* (sa) nourriture *Choæs* 146, (va, chant plaintif), soutien, consolation (de mon cœur) 212.

T

Tabarec (*Le*), n. d'ho. *Arch. de Bret.* VII, 214, cf. gall. *tabar*, ital. *tabarro* manteau, v. fr. *tabard*.

Tabernacl -e C, pl. *ou*, van. *éü* Gr.; *tabernaque* m. l'A.; *tabarlacl* id., et dais Pel., *tabarlanc* dais Maun., *taberlanc* Roussel, *tabarlancq* pl. *ou* Gr. Pel. donne en bas cornou. *tabarlanc*, avec l'article *arzabarlanc, ar-jabarlanc, ar-chabarlanc* le portique d'une église, d'un palais; formes qui indiquent une confusion avec le moy. bret. *chambarlanc, chaparlanc* chambellan (*cambrelan* Gr.). Voir *orniff*.

Tablesenn tableau C, pl. *ou* tablettes Gr., *eunn dablezenn varbr* une plaque de marbre *Bue sant Ervoan*, 1867, p. 10; *tablen* m. tableau (d'un peintre) *Choæs* 149, f. *Guerz. Guill.* 68, voir *Rev. celt.* XV, 359. *Tablier da hoariff* « tablier à jouer », *an tabbier* table (à jouer), l. calculus Nom. 194, *tablér* m., pl. *ieu* bureau l'A.; pet. tréc. *doñt war an tabier* venir sur le tapis, en parl. d'un sujet de conversation, cf. dans le même sens « cela estant mis sur le tablier et au bureau », *Eutrapel* II, 29. Pour la chute de l'*l*, voir *Doubierer*; sur le rapport avec *tablez* C, pl. *ou* tablier, table à jouer Gr., cf. *Rev. celt.* XIV, 308, 309.

Tachenn place C, f. : *an dachen* xve s., *Chrest.* 224; auj. id. ; *e dachen* (la terre prit) sa place dans l'espace *Kant. Z. V.* 28; *ar en d.* (périr) sur place *L. el l.* 114, *én d.* (vendable) au marché 120; *é d.* (un laboureur vendit) sa terre 146, cf. *G. B. I.*, I, 52; *tachen* pièce, morceau, *tachen bara* morceau de pain taillé en large Pel. *A tachennou* doit signifier « par endroits » J 33, cf. B 465. Ce terme est, pour la forme, moins près de *tacon* pièce (voir ce mot) que de *tachenn*, *tarch*, van. *tach* tache Gr., *tache* Choæs 128, *tach* D 124, 181, *taich* 40; *tachet* taché, souillé 32, 150, inf. *taicha*, *tarcha*, van. *tacheiñ* Gr.; quant au sens, cf. l'angl. *spot* et l'all. *Fleck*.

Il faut ajouter *tachadik* m. instant Trd, dim. de *tachad* m. : *a benn eunn tachad goude* quelque temps après *Nikol.* 73, *he dachad* son séjour (ne fut pas long) 213 ; sans doute aussi *tachad*, *tachad labour* travail qu'on doit faire Trd, malgré la ressemblance du fr. *tâche* (cf. *pez-labour* tâche de travail, besogne Trd). Le simple d'où dérive *tachad* espace de temps, durée, se montre dans *ar en targe* sur ces entrefaites Chal. *ms.*

Tacon reg. Péd. 147, *Taccon* 167 b, *Thacon* 191, *Tachon* 179 b (1595, 1599, 1603, 1601), *tacon*, pl. *ou* pièce Pel., *takon* m. pièce, morceau Gon., *tacoun* « rabilleur, rapetasseur », *tacouna*, *tacouni* « rabiller de vieux souliers, de vieux habits » Gr., *takounet* (robe de moine) rapiécée *Nikol.* 160; *Le* **Taconer** reg. Péd. 124 (1589), *Taconner* reg. Guing. 128 v, *Taconer* 136, *tacounèr* « rabilleur, rapetasseur » Gr.; ital. *taccone*, peut-être de même origine que *taccia*, tache, cf. Kœrting 8004.

C'est ici que je placerais le tréc. *taqenn* pl. *o* goutte Gr., auj. id., léon. *taken* f., pl. -*nnou* goutte, pièce, morceau Gon., cf. *tachenn*; et *takad* m. dans *eun takad palmez* quelques palmiers Trub. 23, *ho zakad* leur troupe 62, *takadou kelhien* des bandes de mouches 61, cf. *tachad*. On peut comparer cornique *tecen* court espace de temps, gall. *ticyn* petite partie.

Taër, *tear*, *ter* rigide, rigoureux, austère, incommode ; téméraire, prompt, effronté, *terr* rude, prompt, violent Pel., *tear*, *tær* rude

Gr., *tærre* furieux, emporté, *tære* bilieux, colérique l'A., *tær* impatient *Chœs* 160, *ter* susceptible *L. el l.* 168; TEARI s'émouvoir, se mettre un peu en colère Gr., *tærrein* être en fureur l'A., cornou. *na deret ket* ne vous fâchez pas *Barz. Br.* 178, cf. 152; *evit hi ter ha tero il la venge et la vengera* (sa patrie) 115; *téaraat, téraat* rendre ou devenir vif, violent; *téarded, terded* m., *terijen* pétulance, vivacité, impétuosité Gon., *tærigenn* rudesse, vivacité Gr., *tærrision* pl. *eu* fureur, furie l'A., *tærision* colère, impatience, 3 s. *Chœs* 74, 4 s. 191; *tearus, tærus* sujet à s'emporter Gr. Gall. *taer* ardent, impétueux, importun, *taeru* insister, affirmer avec force. M. Rhys, *Goid. words* 289, voit avec raison, je crois, dans *taer* un composé de *to-* et du mot resté en gall. *haer* entêté, pressant, *haeru* affirmer, v. bret. *Haer-uuiu*, irl. *sár-* préfixe intensif, ogamique *sagr-*, cf. ὀχυρός, etc., *Urk. Spr.* 297; *Chrest.* 135, 212. Mais il regarde ce genre de composition comme emprunté au gaélique, ce qui ne me semble nullement démontré; cf. *Rev. celt.* XV, 361. Voir *tarauat*, etc. Il est possible que la forme *do-* se trouve dans *dirigaez*, voir ce mot.

Taffhaff goûter *Cb*, *tañva, tañvât*, van. *tañoüeiñ, -oüat* Gr., *tanhoat L. el l.* 174; *en tanhouad* le goût *Voc.* 1863, p. 38. Voir *Urk. Spr.* 127.

Taffoessat. *Bazz da taffoessat* le baton sur quoy est demene le crible, l. hec teruida *Cms*; *tamoesat* sasser, après *taffha C*; il devait y avoir *taffoessat* à cette place dans le manuscrit. Grég. a *tamoësat*, van. *tañoüeseiñ* sasser, tamiser; *tamoës* pl. *you, ou*, van. *tamoés* et *tañoüés* pl. *éü* sas, tamis. On dit en pet. Trég. *taoñs* (1 syll.), fém. *Tamoes* D 86, *tammouës* tamis Nom. 164, *raz tammoueset* chaux criblée 140; *tamoëzer* celui qui tamise, *-zaer* celui qui fait ou vend des tamis, des sas Gon., *tamoezer* fabricant de tamis Trd. L'*m* est dû à l'influence du fr., cf. *M. lat.* 209, 210. Voir *tamoes* au *Dict. étym.*; *libonicq, tamoesenn* et W. Meyer, *Gram. des l. rom.*, trad. Rabiet, I, 122.

Taguer dévoreur *Cc* v. *distrugaff*, qui étrangle par ses criailleries, f. *ès* Gr., *tagher* dévoreur, étrangleur, « homme qui s'enrichit du bien et du sang des pauvres » Pel.; TAG f. ce qui étrangle, la corde, l'esquinancie, la mort, *an dag r'ê Tago, ra dagui, ra vezi taguet* puisses-tu étrangler Gr., *tagg, tague* m., *enn tagg d'itt!* l'A., cornique *tâg ganso* « a choking with him ! »; *pér tag* poires d'étranguillon Gr., *an erez-tag* la jalousie qui étouffe *Barz. Br.* 492; *tagus* qui est sujet à étrangler par ses criailleries, à quereller Gr., âpre pour le goût, *taguss* revêche, âcre, *-adur* âpreté pour le goût, acrimonie; TAGUÊLL f., pl. *eu* lacet, collet pour attraper le gibier, quand il y a une fourchette, tourtouse, *tagueell* collet l'A., gall. *tagell* f. barbillon, fanon; *taga* étrangler, quereller, *taguérez* action d'étrangler, criaillerie Gr., *taguereah* m., pl. *eu* action d'étrangler l'A.; *taga* attaquer (Dieu) *Trub.* 268, (le droit de Dieu) 99, *oc'h doüelez... en hem dâg* il s'attaque à la divinité 98. Voir *Rev. celt.* II, 190; IV, 167; *Urk. Spr.* 121.

Taig clou C, *tach* m. D 151; dim. *taichicq*; *taicher*, van. *tachour* cloutier, f. *taicherès* femme d'un cloutier; *taichérez* f., van. *tacheréh* clouterie Gr., *-reah* m. l'A.

Taillafu fabriquer, fondre (des caractères d'imprimerie) Catech. 5; *tailladur an iuinou* la taillure des ongles Nom. 15; *tailleriz* f. taillis L. *el l.* 152, *-is* m. *Voc.* 1863, p. 15, voir *mat*, p. 397. *Homàn zo an daill var he beg Da veza êt pel zo da vreg* celle-ci a l'air d'être mariée depuis longtemps *Rimou* 42; *e tail koll* en danger de perdre *Trub.* 88, m. : *mar deus... tail bras da bec'hi* 203 ; *e tail ar gwalhucza* dans le plus grave danger 110.

Tal. Deut... da dal ar pales-mâ venez vers ce palais Jac. 109, voir *entresea*; *an-nor dal* « la porte du front d'une église, le frontispice » Pel., gall. *talddrws*; van. *el lettrenneu tâl* les lettres initiales *Voc.* 1846, p. 10; **Talec** et *Le Talec* n. d'ho. XVe, XVIe s. Nobil., *Le Talec* reg. Péd. 32, 72, *Tallec* 65, *Le T.* 59 b, 95 b, II, 1[a] (1571, 1578, 1577, 1576, 1583, 1586), reg. Guing. 96 v, reg. Plouezec 17, *Talec* fab. de Trég., compte des distrib. 1442-1454, f° 187 v, etc., = *talec* qui a un grand front Maun., gall. *talog*; *taleguet* « bigourneaux de chien », purpura lapillus, Delalande 61; TALAR « premier sillon d'un champ labouré » Pel., *tarazr* pl. *ou* sillon de travers, aux deux bouts d'un champ Gr., *talar* m. Gon.; *ema oc'h ober he dalarou* il est à l'agonie Trd ; *an talazrou*, van. *en talareü* les quatre premiers jours de carême Gr.; v. br. *talar Chrest.* 166, cf. 167 n. 2, gall. *talar* f., pl. *au*, voir *Goid. words* 290; *talet, taletten* frontier, l. frontale Nom. 170, *taleden* Maun., *talet*, sing. *taleden* bandeau, linge étendu et serré sur le front et autour de la tête Pel., *taled* bandeau du front, *taledenn* id., frontal Gr., *taled* f., pl. *ou* bandeau qui sert à ceindre le front et la tête Gon., *talod* m. Trd.

Je verrais également un dérivé de *tal* dans TALGUEN ruban de tête Nom. 111, Maun., *frontier pe talguen an brid* fronteau, frontière de bride, l. frontale Nom. 181; *talghen* bandeau, fronteau Pel., *talguenn* bandeau du front, frontal Gr., *talgenn* m., pl. *ou* fronteau, bande de toile fort étroite et souvent garnie de dentelle, que les Bretonnes les moins riches mettent sur le front, avec un transparent dessous Gon. La formation peut très bien être la même que dans *dornguenn, dorguenn* anse, de *dorn*; voir *huguen*. M. Rhys, *Guid. words* 289, 290, regarde *talgenn*, gall. *talcen* front, comme contenant deux mots, *tal cen* « front de tête », dont le second serait pris au gaél. Voir *talpennaff, taruenat*; *Rev. celt.* IV, 167; *Chrest*. 231; *Urk. Spr.* 124.

Talaẓr tarière *Cb*, *taraẓr* C, *talaẓr, taraẓr, talaër* pl. *ou*, van. *tarér, terér* pl. *-ereü* Gr., *taraire* m., pl. *-rieu* l'A.; *tarér* L. el l. 16, tréc. *taler* m.; de *taratron*, cf. lat. *terebra*, etc., *Urk. Spr.* 123; voir *Rev. celt.* XV, 387; Kœrting 8040. On dit en pet. tréc. *daoulagad talèrek* petits yeux perçants, mot dérivé comme *talareg*, pl. *-gued* achée de mer, lançon; *talaregueta* tirer ces grosses achées du sable avec une faucille, *-eter* celui qui le fait, *-eterez* action de le faire Gr.; le lançon ou l'équille a, comme le remarque Trd, une mâchoire allongée et pointue qui lui permet de s'enfoncer rapidement dans le sable. Cf. son nom scientifique, *ammodytes lancea*.

TALBOD angélique sauvage Gr., *talbot* selon Roussel « l'herbe dite dans la Botanique *Panacée* » Pel., *talbôden* un pied d'angélique sauvage, pl. *-nnou* et *talbôd* Gon., cf. gall. *talfedel* angélique de jardin.

Talm fronde; coup (de tonnerre) Pel., *talm tan* coup de feu Gr.; f., pl. *ou* Gon.; *talmat*, sing. *-aden* coup de fronde Pel., *talmad* Gr.; *talmi* frapper, donner des coups; battre comme le pouls de l'artère; en cornou. crever, rouer Pel., *talma, -mat* fronder; *-mer* frondeur Gr.; voir *coustelé*. Aux formes du haut breton citées *Rev. celt.* V, 224, il faut ajouter en gallo du Morbihan *taoume* f. fronde; *taoumer* frapper (la terre) *Rev. Morb.* II, 193, 63. Voir *Urk. Spr.* 124; Macbain, v. *tailm*.

Le dérivé van. *distalm* fureur l'A. (cornou., *Barz. Br.* 96); m., pl. *eu* ruade, *distalme* emportement, *distalmein* ruer, *-mein*, *-me* s'emporter l'A., vient sans doute de *do-s-*, cf. p. 158.

Talpennaff, l. climagito (lisez *clunagito*) *Cb* v. *fregaff*, cf. *talpen* croupe d'un cheval Maun., *talpen*, *talben*, *dalben* la partie postérieure de l'homme et des gros animaux; extrémité quelconque d'un champ, etc. Roussel; bout de quelque corps gros et long Pel.; « croupe d'une haie plus élevée en son extrémité qu'en tout le reste » Grég. (chez Pel.). Tout ceci indique comme sens général « une extrémité grosse et massive »; Pel. compare avec raison, je crois, le gall. *talp* masse, cf. *talpen* f. protubérance, monticule. La racine semble la même que dans le van. *tolpein* assembler, ramasser l'A., *B. er s.* 106, *Guerz. Guill.* 55, *tolpe* m. affluence l'A. (cf. v. *saltimbanque*), *tolp* troupeau (de chèvres) *Celt. Hex.* IV, 1, troupe (de guerriers) VI, 13, recueil (de mots) *Voc.* 1863, p. 1; *tolpad* troupe (de coqs) 20, grappe (d'abeilles) *L. el l.* 156; pet. tréc. *eun dolbezennad gloan* un flocon de laine.

Le moy. bret. *talpenn* « frontière, la partie devant », l. frontispicium *Cb*, *talbenn* m. frontispice, pignon Gon., peut être le même mot, quoiqu'on puisse aussi l'expliquer par *tal-benn* « bout de devant », voir *tal* et *Rev. celt.* IV, 167. Pel. donne *stalben* pignon de maison, forme due sans doute à une fausse décomposition de *distalben* sans pignon. Je soupçonne le mot *talier* Pel., f. Gon., *talyer* Gr., croupe de cheval, *ann talier* « le croupion » *Bomb. K.* 32, d'être différent et de venir du fr. *derrière*, bien que Grég. et Gon. lui donnent aussi le sens de « frontispice ». Sur *t* pour *d* initial, voir *tarauat*.

Talvaz n. d'ho. en 1477 *Inv. arch. Loire-Inf^{re}*, t. V, E, p. 376; en 1590, p. 377, *Talfas* XVIIIe s. *Inv. arch. Fin.*, B, 223; *talfaçz* trogne, visage gros et laid, *-ecq* qui a une grosse et laide trogne, pl. *-egued*, *-eyen* mouflard, joufflu Gr.; *talfasset* (vêtement) rapetassé Nom. 108, *talfaz* (chaussure) ébauchée, *talfasi* ébaucher (des chaussures) Moal, *talfasa* rapiécer Trd, *tarassourr* savetier, gâte-besogne l'A.; du v. fr. *talevas* bouclier de bois; *talevassier* soldat armé du talevas; hâbleur.

Taluout « recompensation, l. talio » *Cb*; *de daluoet* (payer) par provision Chal. *ms*; *a dal da lavaret* ce qui veut dire Catech. 8 v;

talvoudeguez valeur D 105, *talou-* 104, *talvoudéguez*, van. *talvedigueah*, *talvoudigueh* profit Gr. ; *talvouduz* utile, profitable H. de la Villemarqué. Voir *Rev. celt.* XI, 180, 463, 466, 467, 478; *Urk. Spr.* 130.

Tam morceau C, *heb tam* (laissé) sans nourriture *Nikol.* 698, *ne oue spountet tamm* elle ne fut pas du tout effrayée 277; *tam ebed* (vous devez être bien ennuyée?) Pas du tout *Bali* 234.; *eun tam mad* beaucoup (plus coupable) *Trub.* 245, *eun tam-mad* 113, pet. tréc. *ta-mat*; *tam an gorden* (gibier de potence) *Nom.* 327, voir *gaign*; *An Tamou* n. d'ho. en 1477 *Inv. arch. Fin.*, A, 14; *tamyc* petit morceau C *b* v. *dant*, *eun tamic* un peu (avant) *Cat. imp.* 115, *un tamic Choæs* 8, *a damigueu* peu à peu *Guerz. Guill.* 54, gall. *tamig*, cornique *temmig*. Comparé au lat. *tondeo*, etc., *Urk. Spr.* 129. Voir *Rev. celt.* XIII, 353.

Tamal pl. *ou* repréhension; *tamal, -at*, van. *-eiñ, temaleiñ* blâmer, reprocher, imputer Gr., tréc. *tamal*; *tamalapl* reprochable, *tamalus* répréhensible, *tamalidiguez* imputation; van. *tamalacionn* pl. *eü* reproche Gr., *-ation* f. l'A., *temalationeu* 6 s. accusations *Guerz. Guill.* 4; irl. *támailt* insulte, cf. στέρβω, *Urk. Spr.* 122.

Tamoesenn épi de blé C, après *taffha*; ceci indique une variante **taffoesenn*, = léon. *tan-wezen* Pel.; *tanvoésen* Jac. *ms* 45, *-oesen* 47, *tavoisen* 46; *tamoüesen* Nom. 74, *tamoezen* Jac. 61, 63, *tamoëzenn* pl. *ou*, van. *toësen* pl. *toésad* Gr., *toezeenn* pl. *-zatt* l'A., *tuezen* f., 2 s. L. el l. 44, pl. *tuezad* 46, van. *toëzen*, pl. *-nneu*, et *toëzad* épi; glane Gon., pet. tréc. *taoñzen* épi; *tamoëza*, van. *toësatat* glaner Gr., *tæzatatt* l'A.; van. *toézennein* glaner, *-nnour* glaneur, f. *-nnérez*; léon. *tamoëzenna* glaner; se former en épis; *-nner* glaneur, f. *-nnérez* Gon. ; voir *Rev. celt.* IV, 167. Selon Chal. *ms*, v. *espi*, « épi » se dit en quelques lieux *toizen*, [pl.] *toizat*, en d'autres endroits c'est le tuyau de l'épi. Le même texte donne *toisatein* glaner.

Plusieurs de ces formes ont subi l'influence du nom du tamis, voir *taffoessat*; elles devaient être originairement **taoesen* = gall. *tywysen*. La contraction du van. *toësen* = gall. *twysen* l'a préservé de cette confusion. L'irl. *dias*, 2 s., montre, je crois, qu'il y a là composition avec la prép. *do-, to-*; voir *tarauat*. Le brittonique **toëssin* = **to-ec-s-inā*, cf. ἄχνη de **ac-s-nā*; voir *eghin*. L'irl. *dī-as* a gardé la voyelle du lat. *acus*, got. *ahs*, grec ἀκοστή; sur l'*i*, voir *Rev. celt.* XV, 361.

On peut joindre à ces mots le cornou. *tohaden* pl. *tohad* [1], van. *tohadeen* pl. *tohad* épi, haut cornou. *tohato*, van. *tohatat* glaner; *tohater, -tour* glaneur, f. *-terès* Gr.; pour l'alternance de *s* et *h*, cf. *a-uz* au-dessus et *uhel* haut, de **ucs-*.

M. Macbain propose d'expliquer le gaél. *dias* et le plur. gall. *twys* par **steipsā*, cf. lat. *stipes*; mais ceci ne rend pas compte de *tywys*.

Tan goall incendie D 146, auj. id.; *potred leun a dan* gars pleins d'ardeur, courageux Nikol. 175; *eun tân-glao* (rochers déchirés par) un coup de foudre Trub. 62; *tanfoeltromp ar bougre* tuons l'infâme Jac. 27, pet. tréc. *me 'm a tanvoeltret eur gokenat gant heme* je lui ai flanqué une claque; *tan* pl. *you, tan-lec'h* pl. *tanlec'hyou* phare Gr., *tannoss, tourtannoss, leh tannoss* l'A.

Dérivés : TANTAT grand feu, feu de joie D 88, Pel., *tantez tan* Maun., *tanteziad-tan* m. Nikol. 118; pl. *tanteziou a joa* 246; *tantad, tantad tan* Gr., pet. Trég. *tata tañn* m., gall. *tandawd, tandod* (cf. irl. *tentide* enflammé); TANA brûler Pel., donner une touche de feu Gr., *tanet* incendié G. B. I., I, 436, 438, pet. tréc. *tañnañ* flamber (un poulet); *tañnadur* action de rôtir; *tañnigenn* inflammation, *tanigenn* brûlure, feu volage Gr., *tanijen* dartre Chal. ms. Ce dernier est expliqué par un v. celt. **tenetinnā*, Urk. Spr. 125; je crois qu'il contient un suffixe d'origine latine, voir *binizien, teffal*. Voir *Rev. celt.* VIII, 71, 72; *Chrest.* 231; Macbain, v. *teine*.

Tannau reg. Péd. 182, 201, *Tannaou* 188, 227 b, *Tanaou* II, 19 (1601, 1605, 1602, 1611, 1626) = mince; auj. *Le Tanaff*, à Tréverec. Voir *Urk. Spr.* 128.

Tannenn chêne, dans *glastannenn, glastennenn* chêne vert C, voir aussi *kerzinen*; léon. *tann, guëzen dann* chêne, *aval tan* noix de galle, *c'huyl-tann* hanneton Gr.; *tann* m., *tannen* f. chêne, « n'est guère usité qu'en Léon », selon Gon., qui ajoute que *tann* a aussi, mais rarement, le sens du fr. *tan*. Cf. fr. *tan*; allem. *Tanne* sapin; *Rev. celt.* VI, 390.

---

1. Sur la terminaison *ad*, qui forme des plur. comme *bisiad* doigts, surtout en van., et qui est proprement un suffixe de collectif, on peut voir mon second article de la *Zeitschrift für celtische Philologie*, § 8.

TAOUARC'H D 191, *taoüarc'henn*, pl. *taoüarc'h* tourbe, motte d'herbes et de terres marécageuses pour brûler, dim. *-nnicg* Gr.; *tawarc'hen* motte de terre, gazon, tourbe, pl. *tewerc'h* Pel., gall. *tywarchen*, pl. v. gall. *tuorchennou*. Ce mot diffère du bret. moy. *thouchenn* gazon, et du mod. *tawlpez, torpez* mottes de bouses de vaches, etc., pour faire du feu Pel., *torbéss* f. tourbe l'A. (orig. germ., cf. franç. *tourbe*); il peut provenir d'un celtique *tov-arc-, même racine que le lat. *tu-mulus*. Pour le suffixe, cf. *scaoüarc'h*, v. *scouac'h*.

TAOUSENN yeuse, pl. *taous* Gr., *taouzen*, pl. *taouz* Gon., en tréc.; van. *en tous* l'yeuse l'*Hermine* VI, 168; du lat. *taxus*, Loth *Ann. de Bret.* VI, 605.

TAPENN pl. *ëu* goutte en van. Gr., *tapèn* f. *Choæs* 4, *tapen* 105, pl. *-nneu* Celt. Hex. V, 2; cornou. *tapen* Kant. Z. V. 35, cf. gall. *tipyn* morceau? Le léon. *taken* et l'irl. *tebenn* goutte doivent être différents. Voir *tacon*.

TÂRAN pl. *et* éclairs de tonnerre, et en bas léon. feu follet Pel.; *taran* m. Gon.; cornique et gall. *taran* f. tonnerre; v. irl. *torand*, gaul. *Tăranis*, Lucain, génitif ogamique *Toranias*; cf. grec τορός bruyant, sanscrit *tāras*; voir Bugge, *Bezz. Beitr.* XIV, 75, sqq.; *Urk. Spr.* 133; Macbain v. *torrunn*.

M. Loth compare le haut van. *tarannein* faire du bruit *Chrest.* 30; le subst. *taran* bruit, tapage, existe dans le gallo du Morbihan, *Rev. Morb.* II, 196, 331.

Tarauat frotter; gall. *taraw, taro* frapper; doublet de bret. *darhau*, p. *darháuet* battre Maun.; *darc'hav, -haff, -ho* Gr. Le van. de Sarzeau a *tōreiñ* frapper, voir *derch*; on lit *tarc'ha*, *Miz Mari* 1863, p. 75. Cf. gall. *dyrchafu, derchafael* s'élever; corniq. *drehevel* élever; v. irl. *tercbál* « prolatio », *tercbal* « oriens », *targabáal* « delictum », Gr. celt.², 884. La source de tous ces mots était *to- ou *do-ar(e)-gab- « proferre », racine celt. *gab* « prendre », voir *scaph*.

A côté de *to- ou *do-are-gab-, il y avait un autre composé, *to- ou *do-ver-gab-, qui s'est confondu avec le premier, en irl.: *tuargab, tuargaib, dofúargaib* « il leva, il s'éleva », etc. Windisch, *Irische Texte* I, 853. Nous constatons ici, dans la composition du v. irl., l'échange des deux prépositions *air, ar*, gaul. *are*, cf. περί, et *for*, gaul. *ver* = ὑπέρ, échange qui s'est produit aussi plus tard entre ces mots employés séparément, cf. *Ir. T.* I, 565, col. 2. De même le v. gall. avait les deux prép. **ar* et *guar*; le gall. moy. et mod. n'a gardé que *ar*. Le van. moy. avait *har* et *ouar*, le van. mod. n'a gardé que *ar*. Inversement, les autres dialectes armoricains ont généralisé l'emploi de *war* et perdu *ar* de bonne heure; les textes n'en offrent pas de trace. Ainsi le correspondant du v. irl. *arse* « à cause de cela », est encore en van. *arze* « donc », mais déjà en bret. moy. *oarse*. Cf. *Dict. étym.*, v. *arhoaz* et *an hoaz*.

1° Il y a, entre *tarauat* = **t-ar-gab-* et *darc'hav* = **d-ar-ccab-*, deux divergences phonétiques : l'une relative au traitement du *g* après l'*r*; l'autre à la prononciation de la prép. **to-* ou **do-*.

1° Un *g* celtique précédé de *r* ou *l* avait deux prononciations : l'une s'atténuant de plus en plus, et aboutissant en gall. et en bret. à une spirante *y* ou *h*, ou à une voyelle *a*, ou à rien; l'autre, au contraire, renforcée, et donnant lieu successivement aux orthographes suivantes : *gg*, *c*, *cc* (irl.); *ch* (gall. = *c'h* bret.); cf. *Rev. celt.* VII, 155-157. Le rapport entre *tarauat* et *darc'hav* est le même qu'entre le gall. *bul* « cosse » et le breton *bolc'h* id., tous deux du gaul. *bulga* « sac de cuir », en v. irl. *bolg* et *bolc* « sac, outre ». A la pron. *darc'hav*, gall. *derchafael*, se rattache l'irl. *tuarcaib* « il s'éleva », variante de *tuargaib*.

2° Reste à parler de l'alternance des formes *to-*, *tu-* et *do-* pour le premier préfixe : bret. *tar-auat*; v. irl. *tuar-gaib*, à côté de bret. *dar-c'hav*, irl. *dofúar-gaib*. M. Thurneysen a étudié les règles de cette alternance en irl., *Rev. celt.* VI, 145 et suiv. La cause originaire du phénomène est, d'après lui, la mobilité de l'accent, qui, selon les circonstances, doit frapper soit le premier élément *to-*, soit le second -*for-* ou -*air-* (cf. p. 130, etc.). Ces lois, que l'auteur a déterminées avec beaucoup de soin, subissent d'ailleurs, même en v. irl., diverses infractions, que M. Thurneysen constate; et cela arrive précisément dans le mot qui nous occupe « *to-for-gab-* (proférer, avancer) », et dans les verbes composés où *to-* est suivi d'une autre préposition commençant par une voyelle (p. 149). On ne peut s'attendre à trouver observées rigoureusement dans les idiomes bretons les conditions primitives de cette alternance. Mais il est intéressant de montrer que l'échange des deux formes de prép. *to* et *do* a eu lieu, en composition, aussi bien dans le rameau breton que dans le rameau gaélique des langues néo-celtiques.

Voici d'autres cas analogues au doublet gall. et bret. *taraw, tarauat — dyrchafu, darc'hav* :

Tréc. *tarbar* et *darbar* « aider les couvreurs », d'où *darbareur* « aide-maçon », mot passé en haut-breton; van. *dalbar* servir (une machine à battre) *Rev. de Bretagne, de Vendée et d'Anjou*, sept. 1890, p. 214; cornique *darbary* préparer, *darber* « prépare », de *to- et *do-are- et lat. *parare*, *Rev. celt.* VII, 148, 149.

Bret. moy. *tarloncaff* « eructare », *tarlonca* « router » Maun., tréc. *tarloñkañ* « s'engouer »; gall. *tarlyncu* et *darlyncu* « eructare », de *to-are-slunc-. Je crois qu'on peut ajouter le bret. *trelonca* « avaler », *trelonc* « (fruits) âcres » Pel.; cf. *tarlonquein, trelonquein* s'engouer Chal. *ms*, et le suiv.

Pet. tréc. et Goello *tarnijal* « voler de côté et d'autre » (à Tréverec et Tréméven) = *darnigeal* « bavoler » Maun., voler bas Gr., *darneijale* voleter l'A., prob. identique au cornique *trenyge, trenydzha* voltiger; voir *taruenat*.

V. br. *tor-* dans *torleberieti* devins (cf. *toreusit* il broya, et *torguisi*, voir *terguisiaeth*) = *dar-* dans *darleber* gl. phitonicus; cf. van. *torgamet* torticolis Gr., *torgamm* l'A.; *torgamereah* m. distorsion *Sup.*, *torgammein* violenter (une loi) l'A., = gall. *dargamu*; *tor-gleuz* fossé imparfait ou ruiné Gr.; voir *torocennic*.

Br. mod. *tour-* dans *tourbaba, toull-baba, toull-papa* chercher en tâtant, tâtonner Pel. (cf. pet. tréc. *dibab i hent* choisir le meilleur endroit d'une route en marchant) = *dour-* dans *dourlonca* syn. de *tarlonca* avaler avec peine, etc. Pel., et dans le moy. br. *dourpilat*; voir ce mot.

Les mêmes faits se produisent dans une autre série de composés, ceux de *to, do*, avec *ate* (= v. irl. *taith-, doaith-*) :

Bret. *tavarer* « aide-maçon » Pel.; moy. bret. *daffar* matériaux, gall. *daphar* préparer, de *to et *do-ate et lat. *parare*, *Rev. celt.* VII, 155.

Van. *taquenéein* « ruminer » l'A., 4 s. *L. el l.* 120, à Trévérec *taskognat*, à St-Mayeux *tastoulhat* (voir *louncaff*) = moy. bret. *dazquilyat*. Maun. a *dasquiliat* et *dasquiriat*; Grég. *dazqiryat, dazqilyat, dazcreignat*, van. *tacqeneeiñ*; Chal. *ms dasquenein*, avec cette remarque :

« Quand cest une beste qui rumine on dit *tresuelat* ». Ce dernier mot doit être une variante des autres, moins exposée à être prise au figuré : cf. *taquenéuss* « ruminant » et « pensant » l'A.

Van. *tastourneiñ, monet a dastourn* tâter, tâtonner Gr., *tastournein, -nale* id., *-nèrr* tâteur, *-nereah* action de tâtonner l'A., *-ñereh* pl. *eu* attouchement Chal. *ms, a dastourne* à tâtons l'A., léon. *tastourni* tâtonner Gr., = *dastourna, -ni* Trd, de *dourn* main. Voir *tauantec*.

M. Loth a cité des exemples gallois pour la préposition *to, do*, employée seule en composition, *Mém. de la Soc. de ling.* VI, 339 : gall. *dy-weddaf* « je me marie » = irl. *do-fedim* « je conduis », à côté de *tywyssawc* « chef », irl. *tóissech*, etc. On sait que le génitif *Tovisaci* se trouve sur une inscription du Denbighshire (v^e-viie siècle). M. Rhys regarde ce mot comme un emprunt gaélique, *Goid. words* 292, à cause du *t* initial ; cf. *Rev. celt.* XVII, 104, 105.

Cf. van. *tinissein* rapprocher Chal. *ms, denéchat*, p. *-étt* accoster l'A., moy. br. *denessa* approche! et *tiquemercin erhat* régaler Chal. *ms, tikemer* réception Pel., *diguemer* recevoir Gr. ; pet. tréc. *tivignal* pendiller, voir *distribilla*, p. 187; *tilostal* remuer la queue (*lost*) de joie, à Magoar (C.-d.-N.). Voir *Douaren, taër, tamoesenn, termen, tnou, tourch, tourz*; *Chrest.* 168, 231, 232.

La forme *to-* est sans doute la plus ancienne, bien que, comme mot séparé, on ne trouve que *do, da*; cf. *Urk. Spr.* 132.

L'influence analogique des doublets commençant par *to-* et *do-* peut être une des causes d'autres renforcements de consonnes initiales (cf. *Étude sur le dialecte... de Batz*, p. 13); exemples :

Moy. bret. *tauancher* et *dauangier* « tablier », *tauanger* Nom. 114, auj. *tavañcher* et *davañjer*, du fr. *devantière*; mod. *tun, tunien* Pel., *tun, dun* Gr. colline, *tunenn, dunenn* falaise Gr., pet. tréc. *tunien* f. lande montueuse, du fr. *dune* (expliqué autrement *Ét. gram.* I, 28); *tufen* et *dufen* Pel. = douve de tonneau, *tueenn* pl. *tuatt* l'A. ; *toradet* = des *dorades* Delal. 71 ; pet. tréc. *tousenein än it* mettre le blé en meules, par *douzaines* de gerbes (cf. *trezeaux, dizeaux*, tas de treize et de dix gerbes, Dict. rom. wal. 1777) ; bas cornou. *tourghen* et *dourghen* « anse » Pel., de **dourn-'k-en* Gr. donne *trapell, drapell* pl. ou drapeau, *trapéréz, drapérez* pl. *-erezou* draperie, *traper, draper* drapier; mais le *t* se montre aussi dans l'esp. *trapo*, cf. Kœrting 2695. Voir *darouéden, direnn, talpennaff, taru, toupyer*.

Tardif da comps qui ne parle pas trop vite D 181 ; *tardein* retarder, *-demant, -daison* retardement Chal., voir *songeou*.

Tarner pl. *ou* torchon, à Morlaix Pel.; dial. de Batz *târneñ* balayer, cf. gall. *tarnu* absorber, sécher (et le lat. *tergere*?). *Tournoüer da torchaff* torchon Nom. 165 est peut-être le même mot, altéré par imitation du fr. *tourner*.

Taru taureau Nom. 35, *taruu* D 192, *taro, tarv, terv* pl. *tirvy*, van. *terv* pl. *terüy* Gr., *taro, tarw* pl. *teiro, teirwi* Pel. ; *cozle-tarv* pl. *cozleou tarv* id. Gr., *kouhlai tarw* L. el l. 124; v. br. *Tariuu Chrest.* 166; tarv-qen peau de taureau Gr. ; tarv-hed second essaim Gr., *tarv-héd* m. Gon., *tærrhouét* l'A., pl. *en terhoedeu* « (avant) le deuxième ou troisième essaim », *un terhoedad nehué* (vous aurez) un nouvel essaim 164, gall. *tarwhaid*, litt. « essaim de taureau »; est-ce une allusion au mythe d'Aristée?

Pel. cite d'après Roussel *marc'h tarw* cheval entier, *tarw-ouc'h* verrat; on lit *tar marh* étalon Chal. ms; *targas* matou Pel., *targaz*, van. *targah* Gr., *tar gah* Chal. ms; *tar-gah, un dar-gah* Chal., sans doute par confusion avec le préf. *tar-, dar-*, voir *tarauat, taruenat*. On dit en pet. tréc. *tarkas, tarv kas* pl. *tarkéjer, tarvo kéjer*. Voir *Urk. Spr.* 123.

Taruenat, latinisé en *taruuenatas* ou *tarnnenatas* (acc. pl.), certaine mesure de blé, Cartul. de Quimper, mot lu aussi *caruenat* ou *carnenat* Chrest. 195 ; = *t-ar-menat*, voir *tarauat, armennat, menatt*.

Aux exemples de composés en *t-ar-* et *ar-* cités *Rev. celt.* XIV, 287, on peut ajouter *tarzot* idiot Trd, pet. tréc. *arzôd* un peu fou; *tarvoal* chauve Gr., *T. Ger.* 37, cf. gall. *arfoel* chauve par devant, à moins que ce mot ne réponde au gall. *talfoel* de *tal* front, avec dissimilation comme dans *gourmikel*, voir *goel*.

Tarz coup violent, avec éclat, fracture, fente, crevasse Pel., pl. *you* éclat de bois non détaché, pl. *ou* brisant; *tarz væn* éclat de pierre, non détaché, *tarz-coff* hernie, *tarz ar mor* le commencement du flux, *tarz an deiz* l'aube; le point du jour Gr., *tarz -curun* coup de tonnerre Pel., *tarh gurun* Choæs 91, *tarh-gurun* L. el l. 194; *tarz-mor* coup de mer Pel., pl. *tarzou mor* Bali 85, *tarziou mor* 86; van. *tarh auël* coup de vent; *tarh-calon* crève-cœur Gr., *tarh-calon* id. Choæs 9, soupir, battement de cœur 49; *tarzadur-caloun* brisement de cœur, componction Gr.; TARZA percer, rompre pour sortir, se fendre, crever Pel., éclater Gr., van. *tarhein Choæs* 22, *péh calon ne darhou* quel cœur n'éclaterait de douleur 79, *tarhein* retentir (parl. du tonnerre) *L. el l.* 44, *tarhein é ziwfren* s'ébrouer 68, *tarhet* crevez (l'ampoule) 140; *laës tarzet* lait aigri et tourné sur le feu Pel., *beza tarzet* avoir une hernie Trd, cf. gall. *tarddu;* *vn* TARZELL un pertuis Nom. 146, *tarzell*, van. *tarhell*, pl. *ou*, *éü* barbacane, soupirail, créneau, embrasure, meurtrière Gr., *tarzel* f. Gon., gall. *tarddell* f.; *tarzella* créneler Gr. (cf. gall. *tarddellu* jaillir); van. *tarhec* (qui craque dans le feu), fucus vesiculosus Delal., *H. et H.* 74; *tarhus* tonnant Chal.; *tarheriss* enfoncement, crevasse *Voy.* 28, voir *mat*, p. 397.

Tasmant fantôme C, voir *Rev. Morb.* II, 246.

Tasoanaff, tosonaff, part. *toasoanet, tosonet* agacer. Maun. a *tosoanna, tosona* et *touesella;* Grég. *tosonna, toüesella* agacer, Gon. *toazôna, tôzôna* agacer, cornou. *tôézella, touézella, tôzella* agacer; émousser; Trd *tôzona, toazona, tourjouna;* on dit en pet. Trég. *tazonein* agacer. On peut joindre à ces mots : *toason* ris (de veau), glande délicate Gr., *toazon* m. Gon.; le cornou. *tozel* habitude Pel. (= sensation émoussée?); *tuzum* émoussé, *tuzumi* émousser Gr., *tuzum* pesant, épais, (esprit) lourd, *tuzumder* pesanteur, *tuzumi* rendre lourd, cornou. *tutum, tutumder, tutumi* Gon., peut-être aussi *toutek* humilié *Bomb. Kerne* 100. Ces dernières formes présentent des exemples d'assimilation, voir *penestr*, p. 472. Cf. l'ital. *intuzzare* émousser, *tozzo* gros et court, esp. *tocho* grossier, etc. (Kœrting 8416, 8181). Voir *torr* et *Rev. celt.* XVI, 235.

Tat père C, *tat cah* matou Chal. *ms*, pet. tréc. *tad moelc'h* merle mâle; *tata*, van. id. papa Gr., *teta* l'A., *tata*, dim. *ik* Gon.; TADICG petit père *Gram.* de Grég. 49; van. TADEC beau-père, voir *mamm;* *tadieüeu* ancêtres Chal. *ms*, voir *iou*. Cf. *Chrest.* 231; *Urk. Spr.* 122.

1. *Taul* table C, *tol* f. *L. el l.* 94, pl. *en dôleu, en doleu* 100; *un dol veen* une table de pierre *Cat. imp.* 50, *ann taoliou-mean* les dolmens *Nikol.* 23, *an dolveniou* Ch. Le Bras, *Morgan* str. 21, voir *Ét. sur le dial. de Batz* 12, *Rev. celt.* XIV, 3; XV, 221, 222; *taoliad* ce qui peut tenir sur ou autour d'une table Gon., *-liad, -lad* Trd; *taulicq* tablette (pour mettre des livres, etc.) Gr., *taulen* table (d'un livre) H 53; f. tableau *Choæs* 162; *-nn* Gr., *-icg* petit tableau Gr.; *gwele-tôl* lit sous ou dans la table, S*t*-Clet. Voir le suiv.

2. *Taul.* Taoul coup D 150, pl. *tauleu Choæs* 6, 78; *en un taul* tout à coup 85, *d'un taul* à la fois, en une fois 117, 137, *ol d'un taul* tout à la fois 154; *e lausquas un taul cri* il poussa un cri 178; essaim L. el l. 156, *aveid mé reint taul* pour qu'ils jettent des pousses vigoureuses 86; *enn taule bras ag er ré* la foule de ceux l'A., v. *curé; ni... a ve un taol caer deomp mont* ce serait un bonheur pour nous d'aller *Bali* 205, pet. Trég. par ironie *eun tôl kaer!* ou simplement *tôl kaer!* qu'importe? *tôl drouk* accès d'une maladie, *tôl zell* regard; *taul micher* coup d'essai; TAULICQ atteinte légère, attaque (de maladie, ou de paroles) Gr.; *taulat, tauladen* application d'un coup, *a dauladou* par coups, à coups redoublés Pel., *taulad* bouffée (de vent, de feu) Gr.; *lacaat ar Roue er meas a bep seurt tauliad* mettre le roi hors de toute atteinte T. Ger. 39; *tauladur* mue des oiseaux Gr.; pet. tréc. *tôleres vein* f. fronde; *tolbenna* frapper sur la tête à coups redoublés Trd; voir *teurel, sardonenn.* M. Loth propose de tirer ces mots du lat. *tabula,* d'où bret. *taul* table, gall. *tafol* balance, M. lat. 210; Rev. celt. XV, 222. Voir ibid. IV, 167; Urk. Spr. 122; Macbain, v. *tabhal.*

TAUANTEC indigent, pauvre, adj. D 68, *tav-* 117, 154, Maun., Pel., *-ecq* Gr., *tavañtek* Gon., id.; *tauauteguez* pauvreté Maun. (lis. *tauan-*), *tavañtégez* f. Gon.; peut s'expliquer par *taffantec, dérivé (cf. *carantecq*) de *tazvant-* pour *t-es-v-ant,* même verbe que le v. irl. *tesbad* il manquait. Voir *dissiuout, habasq.*

Tauarnou auberges D 95, *tavarneu* L. el l. 46, sing. *tavarn* f. 176; *taffarnier* aubergiste Nom. 312, *tavarnour,* f. *ès Voc.* 1863, p. 47. Voir Rev. celt. IX, 184.

Te. Teall tutoyer Maun., *teal,* comps *dre te,* van. *teal, teeiñ* Gr., *téa, téal* Gon. Balzac parle d'un bonhomme qui « souhaitait ainsi le bonsoir à ses nièces : « Va te coucher, mes nièces! » Il avait peur, disait-il, de les affliger en leur disant *vous* » (La maison Nucingen; Œuvres complètes, chez Lévy, vol. 23, p. 42). Des expressions semblables ont cours en petit Tréguier : *kés dë gousket, dë div,* litt. « va dormir toutes deux ». *Da em lam a poan te ha ny,* litt. « tire-toi de peine, toi et nous » J 141; on ne peut dire en pet. Trég. que *'n im lem ha lem ánom.*

Teaulenn morelle C, *an teaul, lousaoüen ouz an ting* pareille, herbe aux teigneux Nom. 88, *téaulenn* morelle, *teol*, *teal*, *tæl* parelle, patience, *lousaoüen an tign* bardane, glouteron Gr., *téol* parelle Liégard 321, pet. tréc. *kôl téal*; gall. *tafolen* pl. *tafol*, cornique *tauolen*, *tavolan*. Voir M. lat. 210.

Teaut, *teut* langue C, *téaud* m. Gr., van. *téatt*, *téyatt* f. l'A., pl. *teaudou* Nom. 104, *teodou* D 74; *téaudenn* pl. *ou* languette, *téaudad* m. coup de langue Gr., *teotadou faus* calomnies *Cat. imp.* 70; *téaudecq* qui a une mauvaise langue Gr., *Le Teaudee* n. d'ho. xviie s., *Inv. arch. Fin.*, B, 57; *teoded hir* qui a longue langue Sauvé 589; voir *Urk. Spr.* 127.

Techel fuir H; *tec'hel* fuir, s'écarter, s'absenter Gr., *G. B. I.*, I, 174; Jac. 48; *Pev. m. Em.*, anc. éd. 117; *Kant. Z. V.* 34; *Aviel*, 1819, I, 130, 199 (sortir [de sa place]), 262, etc.; pet. Trég. id.; *tec'hel demeus* éviter (toute discussion) Mo. 240; *hon tec'hel ouz Pharaon* nous faire échapper à Pharaon 233; cf. irl. *techel* fuir (*Saltair na rann*, v. 6,219), gall. *techial* se cacher. *En em dec'het* s'enfuir Trub. 61; *tec'hadenn* fuite Nikol. 120, escapade *Sup.* aux dict.; *tec'hus* fuyard, qui est sujet à s'enfuir; évitable; TEC'HER un fuyard Gr., cf. gall. *techwr* celui qui se cache. La racine est *teq* courir, couler, cf. gaul. *Tic-inus*, Brugmann, *Grundriss*, I, 334; II, 149. *Tec'hel* est proche parent du lithuanien *tekėtas* pierre à aiguiser, litt. « ce qui court ». Le celtique s'est rencontré avec l'arménien dans l'emploi d'un suffixe -*l*- à l'infinitif : armén. *mnal* rester, *meranil* mourir, cf. bret. *menel*, *mervel*, etc. M. Stokes explique le *cb* de *techel* par *kk* de *k-n* (*tek-nŏ*), *Urk. Spr.* 125; M. Rhys, par un emprunt gaélique, *Goid. words* 290. Voir *clogoren*, *carrec*.

Teffal. *Teualhat* obscurcir, *teualder* obscurité Cb v. *couffabrenn*; *teualdeur an guelet* « esbloir comme les yeulx esbloissent », l. glaucus, a, um (i. e., trouble de la vue), v. *ebil*; *teualigen* obscurité Nom. 222, *tevaligen* D 158, *tevalien* 4 s. 162, *tevaligenn*, *tevalyenn* Gr., *tévalijen*, -*lien*, f. Gon., pet. tréc. *tewalijen* f.; *teoüaligen*, *teoüaligueh* obscurcissement Chal. *ms*; *tevalus* (temps) sombre Gr.; pet. tréc. *tewaliq e kaer* il fait assez sombre; voir *Urk. Spr.* 129.

Il n'y a pas identité phonétique, mais simple association entre les suff. -*ijen* et -*ien*; cf. *yenien* et *ienigen* froidure Pel., *yeinnioñ* m. l'A., etc. M. d'Arbois de Jubainville a expliqué -*ijen* par le lat. -*itionis*, *Ét. gram.* I, 58; voir *penet*, *ruz* 2, *sclaer*, *tan*, *toem*; cf. br. moy.

binizien bénir = *benedictionis*, *tencen* tancer = *tentionis*. La variante léonaise -*izen* dans *tevalizen* Bali 7, 51, *sclerizen* f. 51, 226, *freskizen* fraîcheur 168 a *z* pour *j*, cf. *relizion* religion, etc., voir *disheritaff* et *Rev. celt.* XV, 389, 390. On lit *klouarijen* f. tiédeur Trub. 341 ; le van. a -*ision*, voir *taër*, *hueru*. *Frankizien* f. clairière Trd est différent, et dérive de *frankiz* franchise.

Teig. *Tech* pl. *ou*, van. *teich* pl. *ëu* habitude ; *techet* habitué (au vice), *techa* vicier Gr. Voir *tès*; *Rev. celt.* VI, 390.

Téyl pl. *ou*, van. *yëu* fumier Gon., *teil* m. L. el l. 14, *teile*, *theile* m. engrais l'A. ; *teilach* m. fumure Trd ; *téyla*, -*lat*, van. -*lieiñ*, -*liat* fumer (la terre) Gr., *teilein*, -*liatt* l'A., *teilat*, -*lein*, -*lecat* id., *teila* marner Chal. ms ; *teiladur* engraissement (des terres) Gr., *teiliadurr* m. l'A. ; van. *téyleeg* pl. *ëu* tas de fumier Gr., *teilêt* f., pl. -*egui* l'A., -*leg* f., pl. *i* L. el l. 38, -*lég* Voc. 1863, p. 15. Gall. *tail* m., cf. τῖλος ; *Urk. Spr.* 121.

Téyr trois, f. ; *téyrved* (la) troisième Gr., *tairvet* Choæs 62, -*vèd Guerz. Guill.* IV, etc. ; *tair-gùern* (un) trois-mâts *Voc.* 1863, p. 10 ; cornou. *teir-delienna a ra ann irvin* les navets poussent leur troisième feuille Trd, cf. gall. *teirdalen*, *teirdeiliog* qui a trois feuilles. Voir *terguisiaeth*.

TELENN m., pl. *ou* harpe Gr., *télen* f. Gon., *telen* Trub. 8, L. el l. 60 ; *telenna* jouer de la harpe, *telenner* harpiste Gon. Gall. *telyn* f., cornique *telein* ; comparé à τορύνη, etc., Rhys *Lectures* 2ᵉ éd., 184.

TELL, pl. *ou*, tailles, subsides Gr., *tellou* Maun., gall. *toll* id., voc. cornique *tollor*, gl. *theolenarius* ; du b.-lat. *teloneum*.

TELT, *telten*, pl. *teltou*, *teltennou* « tente de cabaretier dressée aux foires et autres assemblées ; tente de charpie que les chirurgiens mettent dans une plaie profonde » ; *telta* tendre une tente Pel. ; *ieltr*, pl. *ou* tente, charpie roulée, *telt*, *teltenn* « petit emplâtre qu'on met sur les tempes », *teltennicq seyz* ou *taftas* mouche que les femmes se mettent sur le visage Gr. ; *telt* m. reposoir de la Fête-Dieu, à l'île de Batz Trd ; *tellou* tentes (de guerre) Mo. 229, 232, 233, Mo. ms 176, *tello* 173, 191 (pour le traitement du second *t*, cf. *revol* révolte 198, *ravolt* Gr. ; voir *goultrenn*) ; pet. tréc. *telten* tente de cabaretier. Origine germ., cf. allem. *zelt*, angl. *tilt*, anglo-saxon *teld*, etc. ; esp. *toldo*, fr. *taud*, *taude* (t. de marine), Littré, cf.

taudis. Le second sens du mot bret. vient sans doute de l'homonymie du fr. *tente* 1 (de *tendre*) et *tente* 2 (de *tenter*), Littré.

Temporel temporel D 58, 61, *témporal, -rel*, van. *tamporèl* Gr.; *tempret* 1ᵉ s. r. embr., trempé (comme le fer) D 162, inf. *trémpa, témpra*, van. *trampeiñ* Gr., cf. prov. *temprar; an témps eus an ear* la température Gr., *temps an ear Fanch-Coz* 27, *témps* m. trempe (du fer), tempérament, complexion Gr., en pet. Trég. engrais; *témpsi* tremper (le fer), fumer (la terre), assaisonner Gr., *temzan* façonner (l'homme avec du limon, en parl. de Dieu) *Kant. Z. V.* v, 28; *tempset mad* (l'homme) qui a une bonne constitution Trd; *témpsidiguez* assaisonnement Gr., cf. fr. *temps*; voir *Rev. celt.* IV, 167; M. *lat*. 210. — *Temptaff* n'est pas dans H à l'inf., mais au part., p. 3. *Tenty* tenter D 142; *tentationou* -ions 58, *témpter, -tour* tentateur Gr., *tantour* l'A.; *témptus* tentatif, qui tente Gr., *tantihuë* l'A., voir *santaff*; *témptidiguez, témptadur, -ez* action de tenter Gr.

Tenaillou. Tanaill tenaille Nom. 164, *-ail* 175; pet. Trég. *tañnalhet* (pieds, mains) usés, fatigués (de marcher, de travailler); *tanaillus* (plaies ouvertes et) douloureuses *Miz Mari* 1863, p. 55. Pour l'assimilation de l'*a*, cf. *baganoder* baguenaudeur Nom. 324, etc., voir *babasq*.

Tencaff haine, tencon, discorde, l. simultus C*b* v. *buaneguez; téñçza* tancer, reprendre, réprimander, *téñçzèr* celui qui tance, *tençzadurez* réprimande Gr.; cornou. *en em-tensa* être furieux, donner des imprécations contre soi-même Pel.; *téns* pl. *ou* tente qu'on met dans une plaie, charpie roulée Gr. Voir *teffal*.

Tener tendre D 151, van. *tenér, tinér* Gr., *caret quen tener* aimé si tendrement *Intr*. 455, *e vriata tener* l'embrasser tendrement 411, cf. 405; *en ouaid tinerran* l'âge le plus tendre *B. er s.* 59, *tinærret dareu e scuillér* quelles douces larmes on répand *Choæs* 112; *en tinéran* le tendron l'A., *an tener, tenericg* pl. *-igou*; *teneraat*, van. *tinérat, tenérat* attendrir, rendre ou devenir tendre Gr., *tinérein, -ratt* l'A., *tinærrat Choæs* 25, *tinérrat Guerz. Guill.* 79; *teneradur, teneridiguez*, van. *tinéredigueah* attendrissement; *teneridiguez* f., pl. *ou* tendresse *Intr*. 403; *tenerder*, van. *tenérded, tinerded* Gr., *tinérdet* f. *B. er s.* 17, *tinérdèd Guerz. Guill.* 132; *tenerded* tendreté Gr.; TENERUZ attendrissant *Miz Mari Lourd VIII*, gall. *tynerus*.

Tennaff à l'inf. n'est pas dans H. *Tenaff* tirer *Cb* v. *anclinaff; tenna varzu* aller vers *D* 192; *teennein* tirer l'A., *tennein Choæs* 17, *tenein L. el l.* 66, *tenein ardran* reculer 158, cf. 126; *ten ardran* = vade retro *Guerz. Guill.* 25, *hum den a* se tirer d'(esclavage) 77, *en droug e den* le mal qu'il attire, qu'il cause 27; *tenn* m., pl. *ou* tir; coup (de fusil), tirade, hâblerie Gr.; *teneu* coups (de pistolet) *L. el l.* 96; *teenn-blein* volée, de tirage l'A.; *tenn* f., pl. *ou* attelage Gon.; *tenneu* tentes, pavillons *Celt. Hex.* I, 5, *teenn* (m., pl. *eu*) *gule* garniture de lit l'A., *tenneu-gulé* rideaux *Voc.* 1863, p. 54; *tenn croaz* croisée (d'une église) Gr.; *peb tenn-alan* chaque haleine, chaque instant *Bali* 53, *tenn-alan* m. repos, pause Trd; *tenn-stouff* tire-bouchon Gr., *teenn-stevon* m. l'A.; *tènn-foncz* m. tire-fond Gr., *teenn-foncé* l'A.; *teenn-tacheu* m. tire-clou, *teenn-groah* tirevieille l'A.; *tenn* dur, cruel *B* 460, etc., *Le Ten* n. d'ho. en 1539 *Inv. arch. Fin.*, A, 8; *tenngof* ventre tendu, enflé Pel.; TENDER m. roideur, rudesse, tension Gon., gall. *tynder; ténnad bend* m. tire, traite de chemin, *en un ténnad* tout d'une tire; *ténnadur, ténnadecg, tennérez,* van. *tennereah* action de tirer Gr., *tennadec lin* tirerie de lin Pel., *tenhadegou* des tirs *Trub.* 225, cf. *Rev. celt.* IV, 146; TENNER, van. *tennour* tireur, *tenneur* arracheur Gr., gall. *tynwr*; f. *tennerés ur vout', ur vols tennereset* arrachement de voûte Chal. *ms; ober tennaëc ouz e dat* fâcher son père Maun.; *tenneris* courtine Chal. *ms*; voir *mat*, p. 397; *M. lat.* 213, 214.

Tenor m. Gr., *teneur* teneur (d'une lettre), m. : *hema,* D 195. — *Tensor* trésor D 154, pl. *iou* 68, *you* 86; *tensor* Gr., pl. *tenzoriou; tenzorierés* trésorière *Rimou* 5, m. *tensoryèr* pl. *-eryen, tensoridy* Gr., *Tensorel* n. d'ho. décès Guing. en 1713 (avec dissimilation du second *r*, voir *reter*); *tensorya* thésauriser; *tensoryaich, -ryez* trésorerie, dignité de cathédrale Gr. L'*n* du lat. *thensaurus* étant purement graphique, l'emprunt a dû se faire par voie savante; cf. Meyer-Lübke *Gram. des l. rom.*, trad., I, 342; Kœrting 8167. Voir *thresor*.

Terguisiaeth, *terguisiaed* XIIIe s., *teruysiez* XIVe s., *tervisiez* XVe s., etc., sorte de rente *Chrest.* 232, 525. L'étymologie qu'on lit, *Dict. de Du Cange*, v. *terquisiaeth*, cf. La Curne de Sainte-Palaye, n'a rien de plausible. M. Loth explique ce mot, avec doute, par « trois bannies », de *ter* trois, f., et compare le gall. *gwys* sommation. J'y verrais plutôt un parent du v. bret. *torguisi* gl. fidoque, cf. *toruisiolion* gl. fidis. *Torguisi* est sans doute à compléter en *torguisi*[*ol*] fidèle, sing. de *toruisiolion*. Je crois que -*guis*-, -*uis*-, vient ici de *goas* serf, vassal = gaul. *vassos*. Pour l'*i*, cf. le plur. moy. bret. *guisien*, *guysion*, d'où le nouveau sing. van. *gùiss*, *gùis* vassal, redevancier l'A., voir *degrez*. C'est ainsi que de *map* fils, plur. *mibien*, on a formé en moy. bret. les dérivés *mibiliez* enfance, *mibin* agile. Sur *tor*-, voir *tarauat*. *Ter*- se retrouve dans le v. gall. *termisceticion* troublés, mod. *terfysgu* agiter; irl. *tergabim* profero, cf. *torgabim*, etc., sans doute de *to-er*-, dont on peut voir une variante *d-er*- dans le v. irl. *dermár* très grand, pl. v. bret. *dermorion* (préfixe rapporté à *dé-(p)ro-*, à cause du gall. *dirfawr*, Urk. Spr. 144).

Termen terme C, pl. *iou* termes, moyens D 156, *io* termes, règles Mo. *ms* 117; *termén* m. Choæs 39, délai 8; *cahout-térmen* ne pas recevoir l'absolution, être différé Gr., *mar taulet tremen de hadein bet si vous attendez jusqu'à... pour semer* L. *el l.* 36; *terminal* (perte) finale D 23.

Le van. *terénein* remettre à plus tard, atermoyer *Guerzenneu eid ol er blai* Vannes 1864, p. 32, 181, *mar terénet* si vous remettez 33, *é téren* en remettant (de jour en jour) 34 = *é terén* Guerz. Guill. 73, *é teræn* Choæs 7, *é teræn merhuel* il diffère, retarde sa mort 63, peut s'expliquer par *terveni*, gall. *terfynu* terminer, du lat. *terminus*, voir Rev. celt. VII, 308; cf. *termena* donner du temps pour payer Trd. Mais on lit *dereinein*, *dereine* traîner, gagner du temps Chal., *dereineiñ*, *dereiñ* traîner, agir lentement Gr., ce qui indiquerait un composé de *to*-, *do*- avec *ren*, = moy. bret. *deren* amener; voir *tarauat*, *dere*.

Terrestr (paradis) terrestre Cb v. *riuyer*; *téres* Gr., terres Jac. *ms* 3, *terez* Bue s. Gen. 30; *terroüer* territoire D 196. — *Terribltet* inhumanité Cb v. *humen*, *terrubded* pl. *ou* chose terrible Gr.; *paotred ann terrupla* garçons des mieux bâtis G. B. I., I, 356; pet. tréc. *eur plac'h terib, eun deriben* une grande fille; *terriblamant* terriblement Mo. *ms* 172.

Terryff briser Cb v. *breauyaff*, *terry*, v. *clun*; **terridiguez** *a clun* « rumpement de rains » ibid., *terrydiguez* « froisseure » Cb, *terridiguez* Cc, v. *breauyaff*; hernie Nom. 262; abolition (d'une loi); *an t. eus a ul lésenn* violement, infraction d'une loi; *t. dre ar c'horf*, *torradur* rupture des membres par la fatigue Gr., voir *quic*; *terridighez* maladie qui fatigue Pel.; *torridiguez* transgression Catech. 10 v; *terrizik* fatigant, assommant Gon., *-izik, -idik* Trd, cf. *Rev. celt.* V, 126; *torrap* cassable; *torrus* cassant Gr., *tòrus* (empêchement) dirimant l'A.; pet. tréc. *toreres kraou* f. casse-noisettes, *torr-kraoun* m. Trd, *tor-queneu* l'A., Sup.; *torr-alan* (montagne) difficile à gravir, litt. qui rompt l'haleine Trd; TORMÆN, *torr-mäen* casse-pierre, saxifrage Pel., *tor-væn* Gr., *torméan, torvéan* m. Gon., gall. *tormaen*; *torr-moger* m. pariétaire Trd; *tor-gouzoucq* pl. *torrou-g.*, *torrod* pl. *-ogeou* brise-cou, pas difficile Gr. Voir *Rev. celt.* IV, 168.

TERS pl. *ou* fesse Gr., f. Gon., *terçou* Nom. 22; *tersad* f., pl. *ou* fessée; *tersada* fesser; *tersek* fessu, *Tersec* n. d'ho. Gon.; du v. fr. *trers, tries* derrière (prép.); prov. *tras* id., esp. *tras*, prép. et subst.

Tés, tez « chaleur qui dispose certaines choses à la corruption et pourriture », en bas cornou. « chaleur d'homme et de bête, qui suent de fatigue » Pel., *téz* m. Gon.; *tezi* échauffer, *tezet* échauffé, disposé à se corrompre, fatigué jusqu'à suer de chaud Pel., *téza* piquer, commencer à pourrir Gr., cet auteur donne aussi *techa*, par confusion avec *techa* vicier, rendre défectueux Gr. Voir *Urk. Spr.* 125.

Tescouha. Ar re a descq ar greun... en ho grignolou ceux qui accumulent, accaparent les grains dans leurs greniers (en temps de disette) D 108; *tescâoui* glaner Pel., tréc. *tescaouiñ*, van. *tescanneiñ* Gr., *téscann, tésscata* l'A.; tréc. TESCAOU, *tescau* épis Gr.; voir *Rev. celt.* IV, 168.

1. *Test. Testi* tester D 109, *ar Goüelyou testet ha recommandet* les fêtes chômées 80, *testamanchou* testaments 98, *testamanti* léguer *Nikol.* 251, *testify* il atteste, témoigne D 109; *lestenyou* témoignages, textes Catech. 8, sing. *testeuni* Cb; *testeuniaff* témoigner Cb, *testuniaff* v. *contestaff*, du lat. *testimonium*. Il a dû exister en breton une forme sans *i*, comme le gall. *testun, testyn* thème, texte, d'où le verbe *testyno* (à côté de *testunio*), cornique *tustune*; pour le sens, cf. irl. *testimin* texte; le grammairien Virgile a employé de même le lat. *testimonium*. A cette ancienne forme sans *i* se rapporte, je crois, le v. bret. *testoner*, gl. (qui indictum ieiunium rumpit absque) ineuitabili (necessitate), c'est-à-dire [a] *testoner*, qu'on établit, qu'on

prouve. C'était la première explication donnée par M. Stokes, qui en a depuis adopté une autre de M. Loth ; d'après celle-ci *testoner* = *t-es- + doner*, on vient. Mais comment d'une telle composition pourrait résulter le sens de « dont on ne peut s'échapper » ? C'est ce que je n'ai jamais compris, cf. *Rev. celt.* VI, 382. La forme **doner* est aussi des plus suspectes.

Un autre dérivé de **testen* = gall. *testyn* est *testenabez* témoignage Maun., pl. *ou* Gr. ; *testénabez* Gon. Pour la terminaison, cf. *sotinabes* sottise (du moy. bret. *sotin* sot), mot employé trois fois dans l'almanach du P. Gérard, p. 23. C'est un pluriel dans l'un. des passages : *ne hellont quet o ober, hep beza punisset, ar sotinabes-se* « ils ne peuvent *les* faire sans être punis, ces sottises-là » ; ce peut être un plur. ou un singulier dans les deux autres. Pel. a *testennadez* témoignage, et *testenni* témoigner ; mais le premier de ces mots est sans doute pour *testenabez*, dont la terminaison insolite aura effarouché l'auteur ; et le second est le substantif *testeni* témoignage (Maun. traduit ce dernier « témoigner, témoignage »). *Testaniuss* testimonial l'A. ; voir *gourfauterecat*.

Teu épais C, *téo*, van. *téü* Gr., *tihuë*, *téhuë* gros l'A., *Le Teff* n. d'ho. reg. Plouezec 9, cf. *Gros reg.* Quemp. 13 v ; *tevard* pl. *ed* grossier, *un tevard a zen* un homme d'une taille grossière Gr., *tihuardd* l'A. ; *teoder, tevder,* van. *teüded* épaisseur, grosseur Gr., *tihuedœtt, -dœdd* m. ; *tihuein, tihuat* grossir l'A., *tiwat* s'épaissir L. el l. 44, *tiwal* 196 ; *teüadur* coagulation Chal. *ms*. De **tegu-*, voir *Urk. Spr.* 127.

Teulenn. *Teul* tuiles C, *teol* 1 s. Mo. 155, *téolou* 2 s. 151 ; *teulerez* tuilerie Nom. 129, *teolérez* pl. *-erezou*, *teulérez* pl. *ou* Gon., *tivlereah* m. l'A. ; *teoler, teuler,* van. *tevlour* tuilier Gr., *tivlourr* l'A. ; *teolya, teulya,* van. *tevleiñ* tuiler Gr. Voir M. lat. 211.

Teurel jeter Cb v. *crapaff* ; *teul* il lance v. *dart* ; *ez taoller an goat* on crache le sang v. *costez* ; *en un durul* en jetant L. el l. 142, *en un drul* 124 ; *taulein, turull* jeter l'A., *teürl*, haut léon. *teureull* Pel. ; *gwez-frouez hag a daolo pep hini diouc'h he seurt* des arbres fruitiers qui produiront chacun selon son espèce Genes 2 ; *teullet plé, tollet plé* faites attention Mo. *ms* 118 ; *taulet d(e)* porté à (la gourmandise) Guerz. Guill. 58 ; *hum daulamb* livrons-nous (à la joie) 140 ; *a p'hum dauler d'er mad* quand on se dévoue au bien B. er s. 172; pet. Trég. *'n im dôl d'i bugel* se dévouer à son enfant, ne vivre que pour lui, en parl. d'une mère; *'n im dôl d'ei* se laisser aller à la paresse; *tôl d'i dad* ressembler à son père. *Stolit* jetez (un regard de pitié) *Miz Mari* 1863, p. 258, doit son *s* à *distolit* détournez; cf. *stalben,* v. *talpennaff,* etc. En cornique *tewlel*; voir *taul* 2.

Teüs lutin, spectre, dans un vieux diction. *theüz* fantôme; tréc. *toës*; pl. *teüset, teusiou* Pel.; *teuz* esprit follet Gr.; *teûz* m., pl. *teûziou, teûzed* Gon., *Teuzou* Bomb. *K.* 32, *Teuziou* Ch. Le Bras *Morgan* 16; « *teus,* démon, lutin, se cachant sous les apparences d'une vache, d'un chien, d'un porc; c'est une des superstitions bretonnes les plus accréditées » A. Bouet, *Revue bretonne* I, 166 (Brest, 1843); les *Tussed ar Menez* « les follets de la montagne », sobriquet des gens de *Yeun Elez,* A. Le Braz, *Ann. de Bret.* VIII, 226; au XIe s. *tuthe,* vie de saint Maudez, *Soc. d'Émulation,* Saint-Brieuc, 1890, p. 206, cf. 216, 236, 256; *Tuthe* n. d'ho. IXe s., Cartul. de Redon 49; cf. irl. *tucht* forme, apparence, comparé à τύχος, τυχίζω *Bezz. Beitr.* XIX, 117? Le van. *té* fantôme Trd, a subi l'influence de *teein = teuzi* fondre, disparaître.

Quant à *duz Rev. celt.* I, 423, dim. *duzik Barz. Br.* 59, son *d* peut provenir du plur. *ann Duzigou noz* 36 (= G. B. I., I, 134), cf. *teuz-noz* spectre Moal. C'est ainsi que *dihell* chartre Pel., *dyellou* actes publics, *dyeller* chartrier Gr., *diale* m., pl. *dialeu* rôle, registre, *diale à léseenneu* code l'A., cf. v. *bullaire, clémentines, digeste, inscrire, martirologe, pouillé,* vient de *an dyellou* les chartres Gr., du v. fr. *tiele* titre, La Curne de Sainte-Palaye. Il faut tenir compte aussi d'une étymologie populaire par *du* noir, cf. *Barz. Br.* 60, 61; Mahé, *Essai sur les antiquités... du Morbihan,* 1825, p. 189. Le gaul. *dusius,* comparé à *duz, Deutsche Mythologie* de J. Grimm, 4e éd. 1875, p. 398, en est aussi différent que l'angl. *deuce,* et vient prob. de *dhves,* cf. moy. h. all. *gedwâs*; voir *Urk. Spr.* 154.

Teuzyff l. liquescit, *tuezaff* l. mano, fluere, decurrere Cb, *teuzi* fondre; absorber, dissiper, consumer; amaigrir; van. *teeiñ, teyeiñ, téyat* Gr., *gant queuz... teuset* (cœur presque) anéanti de douleur D 152; *teuzadur* liqueur, l. liquor Cb v. *fluaff,* fusion, action de fondre, van. *téadur, téyadur* Gr., *taiadurr* m. l'A.; teuzidiguez id.

Gr., gall. *toddedigaeth; teuzerez* id.; *teuzérez* pl. *-erezou, teuz–lec'h* pl. *you*, van. *téereh* fonderie Gr., *taiereah* m., pl. *eu* l'A.; la terre de Kerdeozer *Inv. arch. C.-d.-N.* E, 69, *teuzer*, van. *téyour* fondeur Gr., *taiourr* l'A.; *teuzouër* pl. *ou*, *teuz-lec'h* fondoir pour fondre la graisse; *teuzapl*, van. *téabl* fusible Gr. Voir *steuziff*; *Urk. Spr.* 120, 121.

Teuzl titre C, pl. *teuliou* Trd; prob. de **tuzl, *titl*, lat. *tit'lus*.

Teuel se taire H, *téhuél, taouein* l'A., *tàuein Choæs* 88, *tàuet é er glàu* la pluie a cessé *Celt. Hex.* II, 11, voir *distavaff; taouérr* taciturne l'A., *tavus bras* Gr.; *taouereah* m. taciturnité l'A.; TAVÉDEK silencieux, taciturne Gon., gall. *tawedog; tavuz* id. et qui doit être tu; *tavédégez* f. taciturnité, mélancolie Gon.

Téven n. d'ho. XVe, XVIe s. Nobil.; *tévènn* m., pl. *ou* côte de la mer, lieu exposé au soleil près de la mer, sous un quart de lieue de la mer Gr., *téven, téwen* abri, lieu exposé au soleil et à couvert du vent; abri qui se trouve sur ou sous les côtes de mer tournées vers le soleil; pâturage près de la mer où le bétail va prendre le frais Pel., *téueenn* f., pl. *eu* falaise l'A., v. *côte; tevenn* m. dune, falaise Gon., Trd, *an tevennou glaz* les collines verdoyantes *Bali* 72; *tewenni* abriter Pel.; *tevenna* aller au soleil près de la mer Gr.; cornique *towan* rivage sablonneux, gall. *tywyn*; cf. *taouarc'h*?

Tèz, pl. *you*, *ou* pis, tétine, van. *teeh, teh* Gr.; *tez* Pel.; m. Gon.; *teh* 1 s. *L. el l.* 128; à Quemper-Guézennec *téjek* (vache) qui a de gros pis; gall. *teth* f., cornique *tethan* (diminutif), cf. fr. *tette*. Le cornouaillais *tevez* Pel., *tévez* Gon., paraît contenir le suffixe *-vez*; voir *dister* et *Rev. celt.* VII, 39, 40.

Themer, *demer* obscur Cartul. de Quimper, XIIIe, XIVe s., *Chrest.* 232; du germain, v. h. all. *dëmar*, auj. *Dæmmerung* crépuscule *Urk. Spr.* 129.

Theologal (vertu) théologale H 50, *thologal Guerz. Guill.* 49, du fr. — **Thresor** trésor H 46, du fr., comme le van. *trezorr* m., pl. *ieu* l'A., *tresor Choæs* 111, *tresol* 19, *trezol, trezor Guerz. Guill.* 15, *trezor L. el l.* 144, pl. *trésorieu* 3 s. *Choæs* 202, *trezolieu Guerz. Guill.* 94; *trezolérr, trezorérr* trésorier, f. *-oleréss; -olereah* m. trésorerie l'A.; voir *tensor*.

Ty quær maison de ville, mairie D 91, *ty kær*, van. *ty a guær* Gr., *un ty a guér Voc.* 1863, p. 6, *en ty a Guér* 13; m. : *a ty de guile* d'une maison à l'autre J 84. *Ennhy* là, dans elle, B 281, vers 6, ne se rapporte probablement pas à *em ty*, vers 4, mais à l'expression *dan kaer*, vers 1. *Le Timen* n. d'ho. xviie s. *Inv. arch. Fin.*, B, 315, = « maison de pierre »; *Timadeu* Thymadeuc *L. el l.* 202, voir *mat,* p. 397. TYAD pl. *ou*, van. *ëu* maisonnée, *tyad tud* ménage Gr., *tiatt* l'A., gall. *tyaid*; TIIC maisonnette Chal., *tyicq* pl. *tyezigou* Gr., *ticq* pl. *tigueu* l'A., *tiériguéu Voy.* 131; *Le Tyec, Le Thiec* n. d'ho. xvie s. *Inv. arch. Morb.* V, 296, 133, *Le Tiac* xve s. Nobil.; *Tiec* reg. Péd. 45, *An T.* 10, 20 b (1573, 1566, 1569), *Le T.* 53 b, *Le Tyec* 53 b, II, 16 b (1575, 1624); *Thiec* 10, I, 204 b (1605, 1606), voir *Chrest.* 233, = *tyecq* ménager, celui qui travaille, pl. *tyéyen, tyegued*, van. *tyeyon, tyeryon* Gr., *tiéc* pl. *tierion* laboureur; ménager, *tieron* (lis. *tierion*) pères de famille l'A., *tierion* laboureurs Chal. (pour ce plur., cf. *gounidecq* et *gounider* pl. *-déyen* et *-déryen* laboureur Gr.), cornique *tioc, tyac* fermier, paysan, gall. *taiog*; *tyegues* ménagère, van. id. Gr., voir *amiegues*; **tyeguez** ménage *Cb* v. *dispensaff, tyéguez* pl. *ou*, voir *tyegueah* ménage, famille Gr., *tieguezĭou* familles D 177, *tiéguiah* pl. *eu* l'A., *tigueah* m., 2 s. *Choæs* 145, *L. el l.* 166. Gon. fait *tiégez* du masc.; Grég. donne de même *un tyéguez mad* (faire) une bonne maison; mais *a dyéguez vad* de bonne famille (cf. *Rev. celt.* XV, 387, § 6). *Tyecqaat* ménager, conduire le ménage Gr., *tiëcatt, tiëquatt* l'A., *tieguein* Chal. ms. Voir *tra*; *Urk. Spr.* 126.

Tillenn orme C, *tilhenn* pl. *ou* et *tilh* orme; *tilh* de l'orme; *tilhenn* pl. *ed, ou* et *tilh* tilleul Gr., *thillênn* pl. *eu*; *thill* du tilleul l'A.; plusq *tilh* tille, écorce de jeune tilleul Gr.; *till* m. tilleul *L. el l.* 162; v. bret. *till Ztschr. f. celt. Philol.* I, 24; *En-Tillenou* n. de pièce de terre *Inv. arch. C.-d.-N.*, E, 35; *tilhennicg* ormeau, petit orme; *tilhecg, tilhennecg* ormaie Gr. Du fr. *tille*; cf. *Urk. Spr.* 131. Il faut ajouter *tilha*, van. *tilheiñ* teiller Gr., cf. *L. el l.* 26; *tilhèr* celui qui teille, f. *-erès*; *tilhérez, tilhadur* action de teiller Gr., *teillereah* m. l'A.; *tilhadeg* pl. *ou* lieu où l'on teille Gr., *tiladek* f. (par *l* mouillé) id. et la réunion des personnes occupées à teiller Gon.

Mais on doit séparer de ces mots *tilleenn* f., pl. *eu* cloison; entre-deux l'A., *tillænn enu iffrænn* paroi du nez *Sup.*; *tilhen* pl. *tilh* torchis pour faire des cloisons; *tilh* épais, rempli, abondant Gr.; cf. *an tiller* le tillac Nom. 151, *an tilher* id. Gr., *tiller* plancher fait de torchis, et la petite loge faite de planches dans les gabares de ce pays Pel.; même origine germ. que le fr. *tillac*, cf. all. *Dielenwand* cloison de planches?

Tinva prendre, en parlant d'une greffe, se rejoindre, se rattacher, en parlant d'une plaie qui guérit Pel., Gon., gall. *tyfu* pousser, cornique *tevy, tyvy*; cf. moy. bret. *didinva*. De là le bas cornou. *teon, teñon*, haut cornou. *teñv* sève Gr.; cornou. *téon, tenv* m. Gon. Cf. lat. *tumeo*; voir *pinuizyc* et *Urk. Spr.* 135. M. Thurneysen propose de regarder le gall. *tyfu* et son subst. *twf* m. croissance comme d'origine latine, *Idg. Forsch.* IV, *Anzeiger*, p. 44.

Tiourent. Peut-être *ez tiourent* N 840 signifie-t-il « dans ton domaine »; cf. « desuper thiorento ipsius sito apud Keruezgar »; « super dicto tigorento seu manerio suo », etc. Cartul. de Quimper, XIVᵉ s., *Chrest.* 233. Ce mot peut contenir *ti(g)* maison.

Tir. *Tir yen* terre froide *Ca* (imprimé *tiryen* par Le Men); *tiryenn* Cb; *Tiryen-en-Crois* n. de pièce de terre, XVᵉ ou XVIᵉ s. *Inv. arch.* C.-d.-N., E, 234, *tirien* terre en friche Maun., *tiryenn, tèryenn* pl. *ou* id. Gr., *tirien* f. gazon *Barz. Br.* 105; *tirienna* se couvrir d'herbe courte et épaisse, ou de mousse, en parl. de la terre Pel., Alm. 1876, p. 38. *Tiryen* est dérivé de *tir*, et non composé avec *yen*. Voir *Urk. Spr.* 130.

Tyrant tyran D 84, *Choæs* 130, *tyran* 195, *ez tyrand* tyranniquement Gr., *tyrantet* bourreaux D 150; *tyrandés* « tiranne »; *tyrandicg* tyranneau Gr., *tirantic* l'A.; *tyranda* tyranniser Gr., *tirantein* l'A.; *tyrandiçz, tyrandérez* tyrannie Gr., *tirandiah, tirantereah* l'A.; *tyrandus* tyrannique Gr.

Titr titre D 65; m. : *hema*, pl. *titrou* 24; *titl, tiltr* pl. *ou* titre (inscription), *tiltr* titre (pièce), *titl* titre (petit trait sur une lettre, par exemple dans le *k* barré = *her*), *titl, tiltr, tintr* titre clérical; *titlet, tiltret* titulaire Gr., *titrétt* titré l'A. Voir *teuzl, teüs*.

Tyz hâte se trouve dans ce passage donné par Pel. sans référence, v. *demezi*, et qui est évidemment un vers moy. bret. : *ober gant tys un dimizy* faire au plus tôt des fiançailles, ou un mariage. Voir *Urk. Spr.* 124.

Tizaff atteindre C, *tiuein* ratteindre, *tiuein, tiuout* happer, *stiuein* atteindre Chal. *ms* (M. Loth donne *steuein*, éd. de Chal. 105), voir *cleuz; tihet* surpris *L. el l.* 36; *quement all, marteze, a dissec'h da gavet* vous pourriez peut-être en attraper autant Jac. 56; *ne dizen sonjal nemet en douar* je ne pouvais penser qu'à la terre *Bali* 154; *ne disân quet* « je n'ay pas de loisir » Maun.; *ne oai quet téhét teign paud hé honsidérein* je ne pus, je n'eus pas le loisir de la considérer beaucoup *Voy.* 100, cf. 120; construction semblable au pet. tréc. *taped 'm eus gwelet* j'ai pu apercevoir. Voir *Urk. Spr.* 125, 126.

TLEÜNV, *tleunh, tleum* garniture d'une quenouille, quenouillée, *tleünhi, tleünvi, tlñi, tlña* garnir la quenouille Pel.; irl. *tlâm* poignée de laine; de **tleuff = *tlām*, qui serait en grec *τληρα* portée, cf. *treut* maigre, gall. *tlawd* misérable = τλητός? D'après une autre étymologie donnée *Bezz. Beitr.* XVII, 165; XIX, 115; *Urk. Spr.* 139, cf. Macbain v. *tlàm*, l'irl. *tlàm* serait parent de *tlacht* vêtement, et viendrait de **tlagm-*, cf. angl. *flock*.

Tnou vallée C, *dantnou al's dantrou* (en bas) Cb; *auel traou* vent d'en bas, vent d'aval, vent d'ouest Nom. 221; *tnaou* en bas D 52, 158, 176, *traou* 125; *traouen* vallée 38, *trauyen* Nom. 180; « noz moulins de *Tenoualray* » (vallée d'Auray) *Arch. de Bret.* VII, 166, *Trougriffon* n. de l. Quoatg. III, 7 v, *Traumeledern* n. de l. en 1611 reg. Quemp.; mal lu dans le « moulin Tuongloie » *Arch. de Bret.* VI, 187, « Katherine de Tuongof » 203, à corriger en *tnou-*; *traoüyennicg* vallon Gr. On lit *tnou-, trou-* XIVe s., *tenou-* XIIIe s., etc., voir *Chrest.* 233; v. br. *tnou, tonou* 167, 168; gall. *tyno*, cf. *dynëu* répandre, bret. moy. *dinou*? Voir *tarauat*. Comparé à στενός, στενυγρός *Urk. Spr.* 128. Voir *knech*.

TOAGEN f., pl. *o* taie (d'oreiller), pet. Trég., etc. *Rev. celt.* IV, 168, van. *tuæc* m., pl. *tuægueu* « taye de lit de plume » l'A., gall. *twyg* couverture, *twygo* couvrir, envelopper, du lat. *thĕca*, comme le v. irl. *tiag* gl. *pera Kuhn's Zeitschr.* XXX, 556, 559. Il est probable qu'il faut joindre à ces mots le léon. *tôec* toison Pel.

Toas, van. *toés, toéh* pâte Gr., *toéss* pl. *-ézeu, touéss* pl. *-ézeu* m. l'A., *tôas* 2 s. Pel., *tôaz* m. Gon.; TOASECQ, van. *toésecq* pâteux, empâté Gr., *tôazek, toazennek* Gon., *toêzënnéc, touêzennéc, toisainaic* l'A., gall. *toesog*; *vn laouër* TOASECQ « vne may où auge », l. *mactra*

Nom. 165, *an eo tosec* Maun., voir *néau, tôasec* pétrin Pel., gall. *toeseg*; TOASA, van. *toéseiñ* empâter Gr., *toasenna* Pel., *toëzennein* l'A., cf. gall. *toesi* pétrir; on peut ajouter *toason* ris (de veau) Gr., *toazon* m. Gon., cf. *lard-toaz* (animal) gras comme pâte, très gras Trd. Voir *Urk. Spr.* 121; Macbain v. *taois*.

Toc chapeau C, *tocq* m., pl. *ou, eyer,* van. *eü*; dim. *-icq*; *tocqad* pl. *ou* plein le chapeau Gr., en pet. tréc. quantité quelconque, voir *Rev. celt.* IV, 168; *tocqer,* van. *-qour* chapelier Gr.; *Le* TOQUEC, *Le Tocquec* n. d'ho. XVIII° s. *Inv. arch. Fin.*, B, 331, 369, = sans doute « qui a un chapeau »; Gr. donne *tocqed* pl. *tocqidy* Européen « parce que les Europeens sont les seuls qui portent des chapeaux ». Voir Kœrting 8214.

Toc'h invalide, débile, épuisé et sans force, en cornou. Pel., Gon., Trd, dim. *Le* TOHIC n. d'ho. en 1634 *Inv. arch. Morb.* V, 9 (cf. aussi « sieur de **Tohanic** » en 1587, V, 574 ?); *toc'hor* faible, débile Gr., abattu de maladie ou de fatigue, languissant, en léon. et cornou. Pel., Gon., Trd; *ûr bloazvez toc'her* une année stérile *Intr.* 236, anc. éd.; *toc'horaa* rendre languissant, affaiblir Roussel, *toc'hori* Gr.; *toc'horaat* empirer Gr., rendre ou devenir faible Gon., *toc'horidiguez* affaiblissement, débilité Gr. *Toc'h* doit être identique au pet. tréc. *teuc'h* râpé, usé, tout près de se déchirer, en parlant du linge, des habits; à *teuc'h* rassasiant Gon., à *teuc'h* dans *teuc'h eo da vale* il marche avec peine, à cause de son embonpoint Moal, et au gall. *tawch* vapeur, vaporeux, cf. *tochi* tremper, devenir brumeux. Pour les sens, on peut comparer en bret. *leiz* humide, et plein; *gwalc'hi* laver, *gwalc'ha* rassasier. La racine de *toc'h, teuc'h,* gall. *tawch* = *tăcc-* ou *tŏcc-*, peut être la même que dans *techel*; on pourrait aussi couper *tā-cc-*, cf. τήκω, τακερός. Le suffixe de *toc'h-or* rappelle celui de *guid-oroc'h* (*coloren* doit être différent; sur *quillorou, clogoren,* etc., voir *quelch* et mon second article de la *Ztschr. f. celt. Philol.*, § 7, 9). M. Rhys, *Goid. words* 282, propose d'expliquer *toc'hor* par l'irl. *to-r-chair* il tomba.

Toeaff jurer C, fut. 2° pers. *touey,* 3° *toueo* H 10, *m'en loué* je le jure Quiq. 1690, p. 80; *touët,* van. *touëiñ, touyeiñ* Gr., *touët Douë* jurer Dieu, le prendre à témoin Gr., pet. tréc. *toue-toue* blasphémer; *toui lë... da chom fidel* jurer de rester fidèl T. Ger. 21, *ny hon eus touet le a guemen-se* nous en avons fait le serment 20; *le-douet* serment, vœu D 72, *ledouëd* pl. *leoudouëd*, *ledouëdou* Gr., voir *le*, *ren*; *deine-touiëtt* (un) juré l'A., *adversour touët* ennemi juré; *touër*, *touërDouë*, van. *touër*, *touëour*, *touyour* jureur, f. *touërés*, etc. Gr., voir *Rev. celt.* IV, 153; *touërez*, *touïdiguez* jurement, van. *touadell* pl. *ëu* Gr., *-deell*, *touïadeell* f., *touïéreah* pl. *eu* l'A. Voir *steren*; *Urk. Spr.* 121.

Toellaff décevoir C, *toëlla*, *toüella* charmer, enchanter, tromper, séduire Pel., *toëllet gant ar c'hoari* passionné pour le jeu, dans le nouv. dict., Pel.; *touëlla* enjôler, fasciner, préoccuper, *touëlla* allécher; *touella gand coler* se transporter de colère; *touëllet gant* adonné à; TOUËLLEUR enjôleur, f. *-llerés* Gr., gall. *twyllwr* trompeur, cornique *tullor*; *touëlladur* fascination, préoccupation Gr. Voir *Urk. Spr.* 124.

Toemmaff échauffer C*ms* v. *binizien*, *toma* chauffer, échauffer, se chauffer Pel., van. *tuémein* chauffer *Chœs* 207 = *tuêmmet Guerz. Guill.* 105; *tuemët* (laissez le fumier) se chauffer *L. el l.* 38, (le printemps vient) chauffer (la terre) 130; pet. tréc. *pater dom* prière dite au lit; *p'en devo gret eunn tomm* quand il se sera chauffé *Kant. Z. V.* 35, pet. tréc. *tomaden* f. (prendre) un air de feu; *tomheolia* se chauffer au soleil Trd; *tomder*, *tomijen* chaleur Pel., *tomder* f. chaleur Gr., *tuemdér* m., pl. *ieu* l'A., *tomigenn* pl. *ou* petite chaleur Gr., *tommijen* f. chaleur modérée Gon., voir *teffal*; pet. tréc. *tomderen* f. fille galante; *tommadur* action de chauffer, TOMMER, van. *tuemmour* celui qui chauffe ou qui se chauffe, f. *tommérez* Gon., gall. *twymwr*; *tomericq* m., pl. *-igou* chaufferette; *tomus* qui a la vertu d'échauffer Gr. Voir *roe*, p. 580, 581; *Urk. Spr.* 125.

Toënn f., pl. *ou*, van. *ëu* toit Gr., *to ennou* Nom. 221, *touënn* pl. *eu* l'A.; TO qui sert à couvrir une maison : *mæin-to*, *colo-to*, *plous-to*, *cors-to* Gr., *tou* : *mein-tou* ardoises, etc. l'A., *plous tô L. el l.* 152, gall. et cornique *to* toit; *téi* part. *toët*; *toï*, van. *toëeiñ*, *toeiñ* couvrir une maison Gr., *touein* l'A.; *toër* van. *toëour* couvreur Gr., *touër* l'A., pet. tréc. *touer*, = *Touer* reg. Péd. 44, 185, 222, *Le T.* 47 b (1573, 1602, 1609, 1574), *Touer* en 1607 *Inv. arch. Morb.* V, 21, *Toer* reg. Guing. 46, *En T.* 23 v; gall. *towr*, cornique *tyor*. Voir *Urk. Spr.* 127; Macbain v. *tugha*.

Tolein couper, tailler, dans le composé van. *peænndolein* étêter (des arbres), voir *penn*, p. 475.

Tolsen, *tolzen* masse, grosse pièce séparée d'un tout; amas, monceau; quantité considérable de foin, paille, goémon, terre, etc., que l'on sépare d'un gros monceau pour transporter ailleurs; *tolsennec* qui a du poids, massif, épais, gros, grossier Pel., gros homme Maun., un *tolzennecq* pl. *-egued* Gr.; *tolzeenn* f., pl. *eu caïeu* l'A. Cf. gall. *tolch, tolchen* grumeau, *twlch* éminence ?

Tom tome, vers de 1472, voir *quarter*; pl. *ou* Gr., *tomm* m., pl. *eu* l'A., du fr. — *Ton* ton C, pl. *iou* airs D 153, *eu* l'A., *ieu Guerz. Guill.* 178.

Tonn pl. *ou* flot de la mer, onde, à Douarnenez et dans le voisinage; *ton* sorte de goémon gras que la mer jette sur son rivage Pel.; *bezin-ton* goémon que la mer jette à la côte Gr.; f. : *eunn donn vezin* une vague de goémon, une certaine quantité de goémon apportée sur le rivage Trd, d'après un ms.; cornou. *tonnet eo bet ar bezin enn nozman* les vagues ont apporté du goémon sur la grève la nuit passée Trd; cornique *ton* flot, gall. *tonn*, pl. v. gall. *tonnou*; irl. *tond, tonn* f. Voir *Urk. Spr.* 135; Macbain v. *tonn.*

Tonnell f., pl. *ou*, van. *eü* tonneau; *tonnenn* pl. *ou* tonne Gr., *tonn* m., pl. *eu* l'A.; *toneu* L. el l. 94; *tonnellad* tonneau plein Gr., *tonnelado* et tonneaux de blé Jac. ms 53; *tonnellèr*, van. *-llour* tonnelier; *-llérez, -lliry* tonnellerie Gr., *tonnélleri, -erzeah* f. l'A.; cornique *tonnel* tonneau. Le bas lat. *tunna* peut être d'origine celtique; M. Macbain propose de l'expliquer par « peau (à garder le vin) », outre, voir le suiv.

Tonnenn couenne C, *tonenn* m. Gr., bas cornou. *tonnen* croûte, superficie dure, écorce; surface de la terre séchée et durcie par un long repos, de laquelle on lève des mottes larges et plates avec le soc de la charrue; *tonnennec*, léon. *tonnennoc* gras à lard, fort gras Pel.; cf. *stonn* l'herbe et les racines qui restent dans un guéret, et que la herse entraîne et accumule, de *distonna* ôter ces choses de dessus la terre Pel., *distonein* charruer au mois de mars, pour préparer la terre à être semée en octobre Chal., *distonnein* jachérer l'A., *distonn* m. cassaille *Sup.*; (champ) dont on a enlevé les mauvaises herbes que la herse a mises à nu, van. Trd, de *dis-* + *tonn*. Dans le gallo de la presqu'île de Guérande, de la *tonne* désigne « l'épaisse couche de racines d'herbe qui forme comme une couette à la surface des marais » Gustave Blanchard, *Le dialecte breton de Vannes au pays de Guérande*, Nantes, 1879, p. 22. Voir *Préface*, § 11; *Urk. Spr.* 135; Kœrting 8225; Macbain v. *tonn*.

Tonquaff prédestiner C; *toncadurr* m. destinée l'A., *Sup.*; *bihuein malheureus e zou tonquêt deign* vivre malheureux, voilà ma destinée *Voy*. 124, *tonquêt-è de guement dèn-zou merhuel ur ueh* tout homme doit mourir une fois 113. Cf. irl. *tocad* destin; voir Rhys, *Lectures on the origin and growth of religion as illustrated by celtic heathendom*, 1888, p. 536; *Urk. Spr*. 126.

Torch an listri, *torch an refr*; **torchic** petit cierge, **torchadur** « torcheure », l. abstersio C*b*; *tourchoüer* torchon Nom. 165, *torchon* D 150; *toirg* une torche Nom. 166, pl. *torgou* 283; *torchat*, sing. *-aden* tout ce qui est tortillé en façon de corde, soit paille, foin, crin, etc. Pel.; *torchad* touffe (de cheveux), flocon (de laine), van. *torchenn gloan*; *torchad-oignon* caïeu; *torchadicq reun* petit flocon de crin; *torchenn* pl. *ou* coussin, *-icq* coussinet Gr. — *Torfæt* m. crime *Choæs* 30, pl. *eu* 203; *e dorfætour* son meurtrier 57, 64, *torfetourien* malfaiteurs D 16. V. fr. « en commettant tortfait » *Arch. de Bret.* VII, 155. « Les anciens mettoient ordinairement dans leurs testaments, qu'au préalable, on repareroit leurs *Torfaits* » *Dict. rom. wal.* 1777.

Torocennic *douar* petite motte de terre, *-nnus* plein de mottes C*b* v. *moudenn*; *doroczennic* butte, *dorocennus*, *-nnecq* (pays) raboteux Gr.; TOROSSEN élévation, en bas cornou. tumeur Pel., cornou. *torosen* f. Gon. Ce mot rappelle plusieurs autres formes assez divergentes.

D'abord le van. *doh tor raus ur mané* « sur le versant d'une montagne escarpée » *L. el l.* 130, cf. *doh tor er manéieu* sur le versant des montagnes 68; *doh torr er mané* au versant de la montagne *Voy*. 76, *doh torr er volèn* au flanc de la colline 80; *tor er mané* (il frappe) le flanc de la montagne *L. el l.* 212; cornou. *e torr menez* auprès de la montagne Pel.; gall. *tor y mynydd* le flanc de la montagne; de *torr* ventre, qui se trouve aussi dans plusieurs noms de montagnes de la Cornouaille anglaise, et *ros* colline. Mais l'*r* simple et le *ç* de *torocenn* écartent l'idée d'une dérivation de *tor ros* : cf. cornou. et léon. *tarros* pl. *tarrosiou* montée, terrain élevé et escarpé, *diarros* descente rude, tertre Pel., *tarroz* abrupt, rapide du Rusquec, de *t(o)-ar-*, *do-ar-* + *ros*, voir *tarauat*.

Malgré la différence de sens, *torocenn* pourrait bien être plus près de *torgocç* nain Maun., *torrogoçz* pl. *ed* trapu, dim. *torrogoçzicq* Gr., *torgos* homme gros et court, nain, homme d'une taille épaisse et raccourcie Pel., *torcoss* petit homme Roussel; cf. tréc. *torgos*, *tagos* Rev. celt. XVI, 230; *tobios* IV, 168. La syllabe *-goç*, *-coç* est sans doute la même que dans *pengos*, *pilkos*, etc. *Tossenn* colline G. B. I., I, 362, *dossen* butte de terre Pel. est différent. Voir *penn*, p. 477.

La syll. *tor-* se retrouve dans *torghen* montagne, motte, butte de terre Pel., *torgenn* f. colline Nikol. 763, *torguenn* f., pl. *ou*, dim. *icq* Gr., *torgennek* montueux, raboteux Gon.; mot formé comme *dornguenn*, etc., voir *huguen*, *tal*. L'origine paraît être le lat. *torus*, cf. fr. *toron*, Romania 1889, p. 517.

De là aussi *turumell*, pl. *ou* bosse de terre, élévation, butte Gr., *-el* f. tertre, fourmilière Gon., dim. *-llic*; *-lleq*, *-llecq* (pays) raboteux, inégal, plein de bosses, de collines Gr., de **tor-im-*; voir *torr*, *tasoanaff*.

Torr ventre C, *tor* pl. *ou*, van. *eü*, *teur*, *teurenn* pl. *ou* bedaine, panse Gr., pet. tréc. *tor* m.; *Torlédan* n. d'ho. en 1477 Inv. arch. Fin. A, 13 (de *ledan* large); *Le* **Thoreuc** Arch. de Bret. VII, 152, *taurecq* pl. *-éyen*, *-egued* ventru, *teurénnecq*, van. *torec* pl. *toregued*, *torigued* celui qui a une grosse bedaine Gr., pet. tréc. *teurek*, cornique *torrog*, gall. *torog*, irl., gaél. et mannois *torrach*; f. *teureguenn* tique Cb, *taraguenn* C, *teureuguenn* pl. *teureug*; *taraguenn* pl. *ed*; *taracg* pl. *-agued* Gr., pet. tréc. *teurgen* pl. *teurk*; gall. *torogen*, *trogen*. Chal. donne, v. *boscart* : *tarraq* pl. *taraguét* petite bête comme une punaise, qui s'attache aux chairs par un aiguillon; les vaches, lièvres, etc., les ramassent; Chal. *ms* a cet article, ajouté entre *tarissement* et *tarriere* : « Tarrag' petite beste grosse comme une punaise qui se trouue dans les landes qui s'attache aus vaches lieures et aus hommes par un aiguillon, j'en ai eü vne a la cheuille du pied, se dit en Breton, *Boscart*, p. *Boscardet*. » Pel. cite en léon. *teuroc*, cornou. *teurec*, tréc. *tarac*, haut breton *tarac*, voir Rev. celt. V, 224; Sébillot, Traditions... de la H[te] Bret. II, 306; bas léon.

teuroc certain coquillage, dit châtaigne de mer, hérisson de mer Pel. Le haut bret. *turc* ver blanc, et le russe *tarakanŭ* blatte, sont sans doute différents. TORRAD, *tôrad* m. ventrée, portée Gon., *torrad fili-pet* nichée de moineaux Sauvé 476, 477, gall. *toraid*; peut-être le même mot se trouve-t-il dans *ur c'hanton beuzet gant un torrad dour* un canton noyé par une inondation T. Ger. 74, les dérivés en *ad* étendant quelquefois beaucoup leur sens originaire : cf. *tokad, toul-lad*, etc. *Teurennad* plein la bedaine, ventrée de gourmand Trd; van. *toreeiñ* se coucher (au soleil), *torrimellat* se rouler, gambiller, *taureiñ, taureal, taurimellat* se vautrer Gr., voir *tasoanaff*; *torhuinial* se coucher sur le ventre *Voy.* 56, *torvenial* 149, *torc'hwenial* Pel. *Torr* est comparé au lat. *tergus, Urk. Spr.* 123. Voir *torocennic*.

Tortillet « (serpent) qui se enuolope (pour decepuoir) » *Cb, Cc* v. *azr, ar sarpant tortuilhet* le serpent tortueux (Job XXVI, Isaïe XXVII); *tortuilha*, van. *-tilheiñ, -tuilheiñ* tortiller, *-tuilhadur* m. entortillement Gr., du fr.; *torticza* tortiller, tordre Gr., se tordre, s'agiter *Trub.* 61; *torticzenn* torquette; pl. *torticz* m., pl. *ou* garrot, torchis; *torticzer* tordeur; *tort* tortu; bossu, pl. *ed*, f. *ès*, *torticg* (un) torticolis Gr., *tortic* Chal.; *tort* m. bosse, *tortaat* rendre ou devenir bossu Gon.; pet. tréc. *tortañ* lanterner, voir *Rev. celt.* IV, 168; XI, 97; *tortell* pl. *ou* botte (de foin) Gr., *-el* f. Gon., *tortella* botteler, *-ller* botteleur Gr., *-lladur* bottelage Gon.; *teurs* pl. *you, ou* torse, bois tourné; *tourtenn* tourte, pâtisserie; *tourtell* f., pl. *ou* tourte (de pain), *tourtellecq* épais et rond comme une tourte; *tourtyerenn* tourtière, vaisseau à faire des tourtes Gr. Voir le suiv.

Torz f., pl. *you*, van. *torh* pl. *eŭ* tourte (de pain) Gr., au XIIᵉ s. *torth Chrest.* 233, *M. lat.* 211; dim. TORZIK en Trég., gall. *torthig*; *torzecq*, van. *torhecq* épais et rond comme une tourte Gr.; *torzien, tortien* gâteau, tourteau Pel.

C'est ici (et non à *dor*) qu'il faut rapporter *tors-alc'hwez* sorte de serrure Pel., van. *dor-alhuë* pl. *doryéŭ alhuë* serrure Gr., *dorr-alhué* pl. *yeu* l'A., *un dor alhué, doralhué* pl. *doralhuieu* Chal., d'où *dorr-alhuéour* serrurier, *-éereah* serrurerie l'A.; *an dorzell* la serrure, la clôture Nom. 146, *torsell* serrure Pel., *dorzell* pl. *ou*, van. *dorhell* pl. *eŭ* Gr., *torheel* Chal., et aussi *dorhel* une loupe (excroissance) Chal., *dorhéle* f. l'A., *torhel* bosse Chal. ms.

Il est probable que *tourqed* pl. *ou* lien de balais Gr., *tourked* f. Gon., m. Trd, tient aussi au lat. *torquere*; Gr. donne dans le même sens *tourc'h* pl. *ed*, qui rappelle le gall. *torch* collier, du lat. *torques*. Cf. prov. *torco*, *touerco* tortillon, tortis, etc. Mistral.

1. *Tost* « près, proche, tant du tems que du lieu » Pel., *war dost da zemezi* sur le point de se marier *Trub.* 44, *taust* près, *taust-da-vad* à peu près, *tausticq* fort près Gr., *tostik* L. el l. 150, *-iq Choæs* 17; *quærent tost* proches parents 119, *a dost te tost* (le mal gagne) de proche en proche L. el l. 172; *henvel tost da vad* presque semblable *Nikol.* 104, *tostig haval Voc.* 1863, p. iv, voir *pe* 1. *Tosta, tostaa* approcher Pel., *taustaat* Gr., *tostat Choæs* 25, 112; on dit à Lannion *na zostaont ket* ils n'approchent pas, prob. d'après '*dost, a-dost* de près, cf. *Rev. celt.* III, 237; V, 126. Voir ibid. XI, 114, 118, 479. *Taustidiguez* abord, accès, approche Gr., *tosstédiguiah* connexion, *tosstadur* m. approche l'A.; *taustapl* abordable, accostable Gr. Du v. fr. *tost* tôt.

2. *Tost* violent; soigneusement; avare, voir *Dict. étym.* v. tost 1; en pet. tréc. avare; *eunn dostenn* un avare *Bomb. K.* 42, gall. *tôst* rude, violent, pénible, cruel, du lat. *tostus*, cf. *M. lat.* 211; *tostenn* rôtie Gr., pl. *ou* Nom. 163, Gr., *bara tostenn* id., van. *tosteenn, bara tosteen*; *tostenna bara* faire des rôties Gr., cf. *M. lat.* 212; prov. *toustado* rôtie Mistral.

Tostou bancs de rameurs Nom. 151, Gr., *tôstou*, sing. *tôst* m. Gon.; expliqué par *trostrou* du lat. *transtrum*, *M. lat.* 212; mais ne peut se séparer de *tosto, toste* f. banc de rameur, en Guienne Mistral, basque *tostac*; Grég. donne en fr. *toste* « banc des rameurs d'une chalouppe », ce qu'il traduit *un tost*, pl. *an tostou*. Jal, *Glossaire nautique*, Paris 1848, fait ce fr. *toste* du masc., et le tire de l'anglo-saxon *thoft*; cf. v. norois *thófta*, d'où aussi le gaél. *tobhta, tota*.

Toubot reg. Guing. 171 v, *Tourbault* 99 v, 103, *Toulbot* bapt. Guing. en 1626, cf. *toubaot coz* un vieux rêveur Nom. 12, *toubaod* (pl. *ed*) *coz* vieux radoteur Gr., cornou. *toubaod, toubaoz* Trd.

Touchifu toucher H 50, *touch* D 192, *touicha, touich*, tréc. *touchañ*, van. *-cheiñ* Gr., *touchi* touche-les D 176; *touich, rei an touich* fouetter Gr.; *touchein* toucher (les cœurs) *Choæs* 24, *an touch* (suivre) l'impulsion (de la grâce) *Cat. imp.* 37; *touïch ouc'h* aboutir; *an touich* le toucher Gr., *en touch Voc.* 1863, p. 38; *an touich* la touche, l'action de frapper; *mæn-touich* pierre de touche; *touchenn* pl. *ou* touche, ce qui sert pour montrer les lettres aux enfants, ou pour écrire sur des tablettes; *touichenn* touche d'orgues, etc., robinet, van. *toucheenn*; *touchenn* plume, espèce de cadenas pour fermer les entraves Gr.; la partie qui termine un fouet de charretier, celle qui touche l'animal Trd; *touchénn* f. languette d'orgue; *touchantt* bientôt, maintenant l'A., *-nt* bientôt, tout à l'heure *Choæs* 49, *-nd* peu après *Guerz*. *Guill.* 27, *touchand ...touchand* tantôt..., tantôt *L. el l.* 142; *touchantic* bientôt, en van.; *touichant, touichus* (sermon) touchant Gr., *touchable* l'A.

Touez. Etouez parmi D 16, 45, 113, *en ho touez* (1 s., r. *ez*) parmi eux 150, *en bon toues* r. *ez* 53; *touezenn* f. mélange *Sup. aux dict.* 91; *greun touesiet mesk-e-mesk* grains de différentes sortes mélangés ensemble, cf. *didouesia greun* trier des grains ainsi mêlés Trd.

Touffoul tourbillon, tempête B 792, *toufour* orage, chaleur d'orage Gr.; *ur goahad tefour* un orage *L. el l.* 50, *un defouren* une pluie d'orage 40, 74, *un défouren* 54; *amser tuforec* « touffeur » Chal.; *un amser tufforec ara, tuffourec e* « il fait une touffeur », *toufferec* « estouffant », *un amser tufferec ara, un amser tuffec so, tuffour bras a so en amser* il fait un temps étouffant, une touffeur; *tufforec* « (un temps) vain » Chal. ms, *-éc* l'A.; *toufet* (foin) avarié, gâté Trd; prov. *toufour, tefour* touffeur, temps chaud et étouffant; *toufu* étiolé Mistral.

TOUIGN camus Maun., Gr., Pel., *touing* Nom. 18, 270, *toüing* Chal. ms v. *nez, tougn,* hors de Léon *togn* Gon., tréc. *togn; touign* (couteau, épée) dont la pointe est émoussée Gr., *tougn* Gon., Trd, de *touigna* émousser Maun., Gr., Pel., du lat. *tundere;* cf. *stegn* roide, de *stigna, stegna* tendre = *(e)x-tend-ya-*. Le gall. *twn* coupé, cassé, est à *tougn, touign,* comme le bret. *stenn* roide, est à *stegn* (cf. *tenn* tendu, roide, gall. *tyn*). Voir *cuill.*

Toull pouillicq fosse, l. *scrobs, scrobiculus* Nom. 230, pet. tréc. *c'hoari toul-pouliq* faire la culbute; *toul é zor* le seuil de sa porte *L. el l.* 92, *é toull dor* à la porte (d'une église, etc.) Gr. v. *à; en toull ar porz* à la porte de la cour *G. B. I.,* I, 138; pet. tréc. *toul ë bouger* trou qu'on fait au milieu de la bouillie, pour y mettre du beurre; *toulo gwenan* arrangement d'une robe, en forme de cellules d'abeilles, ce qui dispense d'employer une garniture ; *en toul plous* la ruelle du lit Chal., *toul-plous Voc.* 1863, p. 54. *Ober toulbennic* marcher sur les mains, les pieds en l'air Trd; *toullgoff* hernie, *toullgoffecg* celui qui a une hernie Gr., *toull-gofa* percer le ventre, éventrer Trd, part. *toulgoffet* Goësb. 20; *toul-hostein* essouffler l'A.

Dérivés : *toulla*, van. *-lleiñ* trouer, creuser, percer, forer, fouir Gr., *toulla goad* faire une saignée Trd, cf. *toull-digôad* saignée Pel. ; pet. tréc. *toulañ eur gôz, eur goñd* entamer un sujet de conversation ; *toullet* percé (part.), *toull* adj. Gr., etc., voir *ac'hubi*; *toullad* m., pl. *ou* plein un trou, fosse pleine Gr., grand nombre, bande Trd, *eun toulat mizio* quelques mois *Miz Mari* 1863, p. 99, *'n toulad* quelque temps *G. B. I.*, I, 266, pet. tréc. *eun toulad* une certaine quantité, beaucoup (d'objets quelconques), dim. *eun touladiq* quelque peu, voir *torr*; *toulladur* action de creuser Gr., l'A.; Le **Toullec** n. d'ho. XVIᵉ s. Nobil., en 1789 *Inv. arch. Fin.* B, 369, *Tollec* reg. Plouezec 5, *Toullec* décès Guing. 1662, *Toulloc* 1724, *toullecq* poreux Gr., *-ec* l'A., *-ek* plein de trous Gon., cornique *tollec*, gall. *tyllog*, irl. et gaél. *tollach*; *toullenn* f. vallon Trd; Le **Touller** reg. Quemp. 1, *Inv. arch. C.-d.-N.*, E, 33, *Fin.*, B, 398, *touller* celui qui perce, fossoyeur Gr., perceur Gon., *toullour* celui qui creuse l'A., *toullerbesiou* fossoyeur Trd, pet. tréc. *touler* id.; *toullerez* action de percer Gr., *-ereah* l'A.; **Toullic** reg. Péd. 75, II, 1ª (1579, 1586), reg. Quemp. 4ª v, 11ª (en 1601), décès Guing. 1666, *toullik* petit trou, piqûre (de ronce), recoin Trd, *he doullik-kambr* sa chambrette, sa cellule *Nikol.* 767, *toullicq* fossette au menton ou aux joues, *toullouïgou ar c'huez* pores Gr., *toulic* petit trou; pore Chal., pet. tréc. *touliq* id.; *seksion touliq* (être) à la queue, à la fin (d'une classe, etc.). Voir *Rev. celt.* III, 53 ; IV, 168; *Chrest.* 234; *Urk. Spr.* 134, 333.

Toupyer nappe. *Toubyer, touzyer* Nom. 157, *toubier, touzier* Maun. Ce mot n'a rien à faire avec *touaill*; il vient de *doublier*, voir *Doubierer*. Pour l'initiale, voir *tarauat*; pour la chute de *l*, *tablesenn*.

Le *z* de *touzyer* doit venir de *l* mouillé, cf. *fizyol* filleul, *fazia* faillir; et aussi, je crois, *grizyez, gryez* énorme, grief, sensible, douloureux, dangereux, *grizyaz, grizyez* grièche, rude, piquant, importun Gr., *grisias* fervent, ardent, bouillant Pel., *grisiaz, grisiez*, hors de Léon *griaz, griez* Gon., *guin grizyas* « vin rude, degouteux » Nom. 64, *lanvennou grizyas* lames cruelles *Cant. s. Flor.* 12, *griçzias* r. *as* (peines) douloureuses *Trub.* 14; *gricziez* r. *ez* (feu) dévorant 66, *griches* r. *as* id. Peng. I, 216, *ul loun griués é* c'est un animal indécrottable Chal. *ms*; *grizyezded* grièveté, *gryezded*, *gryezder* énormité Gr., du v. fr. *griefs*, voir *gref*; *Rev. celt.* V, 126; XIV, 309. La comparaison de *grouez* chaleur *Ét. gr.* I, 98*, voir *grues*, *roe*, p. 581, ne rend compte ni de la terminaison, ni de l'absence de variantes *groui-*. — Ce fait phonétique a lieu en sarde logoudorien, cf. *Zeitschr.* de Kuhn, 1893, p. 309, 310.

Toupin reg. Péd. 172 b (1600); ce nom existe encore à Trévérec. Cf. *toupina* écornifler, *toupiner* écornifleur, parasite, mots léon. et cornou. « en termes de cabarets et buveurs » Pel., se trouvent aussi chez Gr., Trd, Gon.; M. de la Villemarqué ajoute *toupin* m., pot, marmite. Du v. fr. dialectal *toupin*, *tupin*, vase, pot, provençal *topis*. Cf. *rez toupicq* rasade, *eva a rez toupicq* lamper, boire en goinfre Gr. (litt. « au ras du petit pot »).

Tour m., pl. *you*, van. *tur*, *tour* pl. *yéü* une toùr Gr., *toûr* pl. *tourou*, *touriou* tour, clocher de pierre Pel.; *tourell* tourelle Gr.; *parc an dorel* n. de pièce de terre Anniv. de Trég. 32. Voir *Urk. Spr.* 135.

Tourch verrat C, *tourc'h* pl. *ed*, *houc'h tourc'h* pl. *houc'hed tourc'h* id., *maoud tourc'h* pl. *méaud tourc'h* bélier Gr., *maoüt tourch* Nom. 29; v. br. *Turch*, XIIIe s. id. Chrest. 169, 236; gall. *twrch* porc, sanglier, cornique *torch*, v. irl. et gaél. *torc*. M. Rhys, *Goid. words* 291, 292, suppose que l'irl. *in torc* le porc vient de ce qu'on a mal coupé l'expression régulière *int orc*, où *orc* est le correspondant celtique du lat. *porcus*; ce qui obligerait à voir dans le brittonique *turch* un emprunt gaélique. La raison invoquée est qu'il serait curieux que l'irl. eût à la fois les deux mots *orc* et *torc* pour désigner le même animal. Pictet signale en cette langue, *Origines indo-européennes* 2e éd., I, 462, « la curieuse synonymie *orc*, *morc*, *porc*, *torc* »; il donne, p. 463, une étymologie de *torc* qui a le tort de séparer ce mot de *orc*. Je crois que *torc*, *tourc'h* est composé de *to-*, *tu-* et de *orc*; cf. *Rev. celt.* XV, 361. Il est possible que cette composition ait été amenée par le besoin de désigner plus spécialement le mâle entier; cf. gall. *try-farch* cheval étalon. Quant aux autres formes irlandaises, *porc* provient du lat., et *morc* doit être *mucc* influencé par *orc*, etc. Voir *tourz*, *trehollia*.

Tourny frémissement; grincement (des roues) Nom. 214; bruit, tapage D 124; grand bruit, crierie, tintamarre, pl. *ou* Gr.; *tourni* tempête, orage *Trub.* 46; *tournyal* faire un grand bruit; *-nyer* celui qui le fait, *-nyer* clabaudeur; *-nyus* bruyant Gr.

Tourz bélier C, al. *maout tourz Cb*; *maoût tours* Nom. 29; *tourz* pl. *ed* Gr. On attendrait **hourz*, = gall. *hwrdd*, cornique *horth*; Lhuyd donne *ourdh, ourz,* p. 3. Le haut bret. a conservé des traces de la forme plus ancienne **hourd*, dans *hourdé* bélier; il a aussi *hourr* id., voir *Rev. celt.* V, 222; Habasque donne à *hour* le sens de bouc (II, 334).

Quelle est la cause de l'addition du *t*? J'ai supposé une influence de la finale de *maout* (v. *ilyeauenn*). On pourrait penser encore à l'analogie de *tourc'h*, puisque *maout tourc'h* est l'équivalent de *maout tourz* pour *maout *hourz*. Il faut tenir compte aussi de l'influence possible de *tourta, tourtal* van. *turcheiñ, turchal* cosser, se doguer, se heurter la tête les uns contre les autres, parl. des moutons; jouter, parl. des béliers et bêtes à cornes Gr., pet. tréc. *tourchal*, voir *Rev. celt.* IV, 147; *tourterez,* van. *turchereh* joute (de béliers) Gr.; *maout tourt* bélier cosseur; van. *turch* m. lutte des bêtes à cornes Trd; cf. van. *meüteiñ* jouter, cosser Gr., de *meud* bélier l'A. Ces mots sont parents, je crois, du gall. *hyrddu, hyrddio*; peut-être viennent-ils d'un composé celtique **to-hurd-*. Mais ils doivent leur seconde dentale à une forme romane, cf. fr. *heurter*, v. fr. *hurter, dehurter, dourder.* Voir *Keltorom.* 81, 82; *Rev. celt.* VI, 390; Kœrting 8522 et p. 826; Macbain v. *ord, ordag*.

Voici d'autres cas où un *t* initial alterne avec *h* :

tabasquic (pressez-moi) doucement, sans hâte *Choæs* 8, pet. tréc. *tabask* confus, embarrassé, timide, cf. *habasq*;

tesquein dépérir, parl. du blé Chal. ms, cf. *hesq* 2. Ceci pourrait venir de **to-sisq-*, gall. *dyhyspyddu* épuiser; cf. le rapport de *teari* s'émouvoir, gall. *taeru* insister, affirmer avec force, au gall. *dyhaeru* affirmer, voir *taër*.

Le *t* initial paraît ancien dans *tartous* pl. *et* teigne, ver qui ronge les étoffes; cosson; homme qui a les yeux chassieux; vieillard chagrin; celui qui a la tête et le visage sales Pel., petit nez camard Roussel; quelques-uns prononcent *tastous*; *tartousi, tastousi* être ou rendre *tartous* Pel.; *tartouz* et *hartouz* m. mite, cosson, *tartouz, tal-*

touz camard Gon., *hartous* teigne, *taltous*, van. *tartous* camard, *taltouçz* émoussé, *taltouza* émousser Gr., *harrouss'*, pl. *harousset* teigne, *tartous* punais Chal. *ms*, à Audierne *hartouz* teigne *Faune pop*. III, 322; *er hartouzed* les chenilles *L. el l.* 172; *taltouz* camard; émoussé du tranchant; *taltouza* agacer (les dents); émousser (le tranchant d'un outil); *tartouzet* qui a le visage très sale Trd; pet. tréc. *taltous* homme grognon, voir *Rev. celt*. IV, 167; d'un dérivé français du lat. *tarmes*, cf. *artison*, au XIIIe s. *artoizon*; Bugge, *Romania* IV, 350; Kœrting 8056. Voir *hyllicat*.

Tousaff tondre C, *touza*, van. -*zeiñ* Gr.; *Parc-an-* Toux n. d'une pièce de terre *Inv. arch. C.-d.-N.* E, 40, *Toux* décès Guing. 1712, dim. Tousic 1662, = *touz* tondu Gr.; *arlerh en touz* (après la tonte) *L. et l.* 136; *touzéfez, touzadur* tonture, action de tondre Gr., *touzereah* tonsure, tondaille l'A., *touzadur* toison Chal.; *touzèr* van. -*zèr*, -*zour* tondeur Gr.

Tra chose, pl. *trazou* dans *entrentrazouman Cb*; *traezou* D 25, 191, *tra ezou* 20, *traesou, traeseo* 40, *traou* 1 s. 124, *treou* 2 s. 123; *traou*, tréc. *træo*, van. *træü* Gr. Masc.: *pep tra en deffe son* toute chose qui a un son *Cb* v. *cloch*; *pevar tra* D 96; *daou zra Nikol*. 74; f.: *an dra-sé* D 141; f. et m.: *eunn dra krouet* une chose créée, quelque chose de créé *Nikol*. 229; voir *Rev. celt*. XV, 385, 386. On dit en dial. de Batz *treo* et *tro* chose, voir *Étude* 3. *Tra* non, pas du tout Trub. 52, voir *Rev. celt*. XIII, 353. *Treo avoalc'h* assez B. s. Gen. 24, *treu erhoalh Voc*. 1863, p. 54, pet. tréc. *trawarc'h*. *Bihan dra é* c'est peu de chose Chal. ms v. *si*; *eunn hevel dra* (cela doit être pour vous) une même chose, indifférent *Jezuz-Krist skouer ar gristenien* 249, voir *dister*; cf. gall. *bychandra* petitesse, etc. *Traic* petite chose f. Pel., *traycq* Gr.; *traouachou* friperies, vieilleries Trd.

Je suppose que « *treudigueh*, utencile » Chal: ms (Loth, éd. de Chal. 106) est pour *treu a digueh* (de *traou a diegaez*) choses de ménage, voir *ty*; cf. v. br. *tiguotrou*.

Trabell « tartenelle de molin » C; pl. *ou* traquet, moulinet pour écarter les oiseaux; femme qui parle beaucoup et qui criaille Gr., *trabel* m. Gon.; *koz-trabell* vieille radoteuse Trd; *trabellocq* pl. -*lléyen* grand parleur Gr., -*llek* babillard Gon.; *trabellat* causer beaucoup, bavarder Trd; dérivé d'une onomatopée *trap*, cf. *stlacqerés*, *stracqleurès*, van. *straqell* traquet de moulin, canelle Gr.? Voir *stlacqual*, *strap*.

On peut rapporter à la même origine *trabidel*, *trobidell* personne qui chancelle en marchant ; homme de taille haute et menue, qui semble avoir de la peine à se tenir droit ; *trabidella*, *trobidella* chanceler, vaciller ; et aussi *trabiden* haillon, mauvais habit crotté ou malpropre, guenille; jupe crottée, qui bat contre les jambes quand on marche Pel. Les variantes en *o* semblent dues à l'influence de *tro*, *troidel* tour, action de tournoyer. Cf. *troïdelher neçza*, *trobelher* trompeur de son prochain, filou Trub. 235, *an dra trobelbet* l'objet dérobé 220.

Trabucha trébucher Gr., *trebuchaff* chanceler Cb v. *crenaff*, *trebuchal* trébucher Choæs 17 ; *trabuchérez*, *-chamand* action de trébucher Gr.

Tracaczet. *Tracassi* tracasser, dans un vieux diction. *-ssiff* aller çà et là Pel., *tregaçzi* tracasser, être dans le mouvement, dans l'embarras, se démener, se trémousser pour faire réussir quelque affaire Gr., *tragaset* poursuivi, gêné (par ses passions) *Miz Mari* 1863, p. 178, *tracas* il tracasse Choæs 35, *-asse* il tire, tiraille 77, *tergacein* tracasser ; *tergace* m. tracas l'A. ; *tracas er menage* le train, le travail ordinaire du ménage Choæs 145, *tregaçz* pl. *ou* tracas; *-èr* tracassier Gr., *tergacèrr* l'A. ; *tregaçzérez* tracasserie Gr. L'*e* et le *g* viennent sans doute d'une étymologie populaire par *tre* et *cacc*, cf. Gon. v. *tragas*.

Je crois qu'il n'y a qu'une association fortuite entre ces mots et *trabas* m. embarras, tracas, inquiétude, peine, bruit de personnes qui ne sont pas d'accord (syn. de *tregas*) Trd, *trabaçzou* disputes, difficultés, procès T. Ger. 61 ; *trabasat* faire du bruit en discutant, parler de ce qui ne nous regarde pas Trd, *dont da dreubachi ho sperel* (quand le démon voudra) vous tracasser l'esprit Rimou 59 ; *trabaser* tracassier (syn. de *tregaser*) Trd ; *trabassat* trémousser, *trabasseur* (syn. de *tregasseur*) tracassier Sup. aux dict. 106 ; cf. *tarabazi*, *tarabuzi* tarabuster, *tarabazi* mener le tarabat ; *tarabaz* tarabat, sorte de crécelle pour réveiller les religieux à minuit Gr. ; prov. *tarabasta*, *tarabusta*, *trabasta*, tarabuster, importuner, tracasser, faire du bruit; *lou diable lou trabasto* le diable le possède Mistral.

Traditionou -ions D 17. — *Traescc* (et non *traesec*, comme le porte l'éd. Le Men), *trecc* trace C, pl. *traczou* Catech.; *trec* r. *eç* (la Mort sait) la route, le moyen (pour atteindre tous les hommes) D 154; *treçz* m. trace; dessin : *gouzout an treçz* savoir le dessin Gr., *trés* m. trace; air, apparence (d'un brave homme, etc.) Gon.; trace m. l'A.; *treçza* tracer; dessiner Gr., *tracein* l'A.; *treçzadur*, -*çzidiguez* tracement Gr.; *traçadur* m. l'A.; *treçzer* dessinateur Gr.

Traez « riuaige de mer » C, *trâez*, *traiz*, *treiz*, léon. *treaz* sable, grève, rivage; dans le nouv. diction. *treis* grève; dans « un de nos vieux Dictionnaires » *treez* sable; cornou. *traezin* sable, sablon, grève, rivage Pel.; *traëz*, *treaz*, *træz*, van. *tréh* sable; *al léau dræz* la lieue de grève, *træz* ou *treaz* « est proprement menu sable, ou greve couverte de menu sable »; *treazen*, *traëzen*, *træzen* van. *tréhen*, pl. *treaz*, etc. grain de sable Gr., pl. *tréazennou* et *tréaz* Gon.; *treazenn* pl. *ou* écueil, banc de sable; *træza* sabler, couvrir de sable Gr., *traesa* réduire en sable, dissoudre, dissiper Roussel chez Pel.; *træzecq* sablonneux; *træzecg* pl. -*egou* sablière Gr., cornou. *trezok* grève couverte de sable, *trezeier* terres sablonneuses Trd; Le Trézennec n. d'ho. en 1721 *Inv. arch. Fin.* B; *treazénnus* plein d'écueils Gr. Gall. *traeth*, v. irl. *tracht*; voir *trè*; *Chrest.* 234, M. *lat.* 212, *Urk. Spr.* 136.

Traezer couloire C, *trezer* entonnoir pl. *ou* Gr., *trézer* m., pl. *ou*, *iou* Gon., *treizer* Pel. id.; *trézéria* entonner une liqueur Gon.; *trezer* pl. *ou*, *trezenner* celui qui boit beaucoup, goinfre; *trezenna*, *trezenni guin* entonner des bouteilles de vin, boire beaucoup Gr.; *treza* prodiguer Maun., Gr., *o trezin da voyen* dissipant ton argent, fragment (à l'épilogue) d'un ms. de mystère datant d'une centaine d'années, que m'a communiqué M. l'abbé Auffray; *trézenna* prodiguer; *trezer* prodigue Maun., pl. *ed* Gr., *trézer* pl. -*érien* Gon., *treizer* Pel.; *trezenner* Gr.; *ar map trezen* l'enfant prodigue Trub. 126. Cf. allem. *trichter*, anciennement *trechtere*, *trahter*, etc. L'origine de ces mots germains est, selon O. Schade, *Altdeutsches Wörterbuch*, 1872-1882, un bas latin *tractârius*, de *tractus*, *trahere*; selon F. Kluge, *Etym. Wört. der deutschen Sprache*, 3° éd., 1884, et 5°, 1894, un bas latin *tractârius*, transformation du latin *trajectorium* entonnoir. Sur les représentants de ce mot latin dans les langues romanes et ailleurs, voir G. Meyer, *Etym. Wört. der alban. Spr.*, 1891, v. *taftār*; cf. *M. lat.* 232.

Le mot du centre de la France *tressoirer* « laisser tomber de haut un liquide en le transvasant » paraît se rattacher plutôt au fr. *tressoir*, du verbe *tresser*.

Il n'y a pas de raison pour attribuer à *traezer* une origine germanique. Le mot n'est pas isolé en breton. Sa parenté évidente avec le moy. bret. *treiza* faire passer quelqu'un en bateau, permet d'affirmer que le *z* était dur (= *traether, *traetter*) car le van. présente ici un *h* (= *th*) : *trehein, trehatt* « passer les voyageurs à un trajet d'eau » (= *treiza*); *treih* passage par eau (léon. *treiz*); *treihourr* « passager, qui donne passage par bateau » l'A., (*treizyer* batelier Nom. 203, léon. *treizer*); voir *treiz*. Il ne faut pas confondre *treiza* faire passer, van. *trehein* = *trajectare*, avec *treuzi* traverser (*treuji* Mo. 181, 238), van. *trezein, tresein* (l'A. v. *passer*), *trezein* Chal. ms, bret. moy. *treusiff* (condit. *treusse*) = gall. *trosi*; cf. lat. *transire*. Peut-être cette confusion a-t-elle eu lieu dans le van. *trezer* entonnoir, que le Chal. ms donne en même temps que *antonoïler* et *fournil*; je crois plus probable que *trezer* a été pris par l'auteur dans un dictionnaire d'un autre dialecte. Voir *Rev. celt.* XI, 189, 197.

Trahinaff, **Trainet** entraîné, amené D 121; *treïna* traîner, entraîner Trub. 98, pet. tréc. *traïnañ, straïnañ*; *traïnell* traîneau (de pêcheur) Nom. 174; *traynell* pl. *ou* train de bois flottant, *traënell* pl. *ou* traîneau, espèce de chariot sans roue Gr.; *trayn* 1 s. train, pompe B. s. Gen. 19; *trayn* m., pl. *ou* van. *eü* train; *traynad* traînée; *traynus* traînant Gr.; *treinella* traînasser, traîner en longueur, -*llerez* traînage, action de traîner, -*lluz* traînant, qui traîne du Rusquec; voir *aïneset*. — **Trahisonou** -ons D 61; *traytour* pl. *yen*, van. *treytour, trahytour* pl. *yon, yan* traître Gr., *traitour* 2 s. *Choæs* 21, pl. *traiterion* 3 s. 211; *me zreitour* mon ennemi 110; cornou. *traitour* 2 s. adj., comp. -*oc'h* Barz. Br. 237; *traytourès* traîtresse; -*rez* pl. *ou*, van. *trahytoureah, treytoureh* pl. *eü* trahison Gr.; *treitourach* f. Ricou 9; *traïzoni, taol traïs* id. Sup. aux dict. 106; voir *aïneset, vaen*.

Transgresseur g. id. Cb v. *contrell*; *transgressy* -ser D 59, *transgression* -sion 94; *translatifu* traduire Catech. 5, part. H 8, D 185; *transport* transporter Nom. 150, -*iff* id. 149.

Traoill dévidoir C*b*, *troill* Maun., Pel., *traoüilh* pl. *ou* dévidoir à rouet Gr., du v. fr. *trauoill*, prov. *travoui*. Voir *trebollia*, *trullien*; *Rev. celt*. IV, 169.

Trap dans *poultrap*, *pou trap*, *poutrap* piège C, *poull-strap* pl. *poullou-strap*, *fals-trap*, pl. *fals-trapou* chausse-trape Gr., *trape* trappe, *trape caouideell* trébuchet d'oiselier l'A.; *vn drappet* un trébuchet pour attraper les oiseaux Nom. 165; *trappout* attraper, saisir Jac. 18, part. *trapet* 87; *Iann trapet* imbécile Trd; *trapic* petite trappe l'A. v. *valvule*, du fr. *trappe*. Cf. *Trapeguez* n. de convenant *Inv. arch.* C.-D.-N. E, 38?

Travell travailler, mettre en œuvre D 107, *travaillas* il travailla 190; *Iavellou*, lis. *tra-*, travaux, soins 164; *trevel* labeur, peine *Bali* 369, *treveil* id. *Trub*. 301, *travel* travail *Choes* 145, travailler *Trub*. 302, *travelha* 303, *treveilha* 301, *treveilhi* 303; *travelher* travailleur, ouvrier 185, *travellour* l'A.; *traveller* pl. *-lléryen*, *-llidy* travailleur, pionnier; *trevellus* adonné au travail Gr. Le sens de *trauellet* troublé, égaré N 315 se trouve encore dans *quement*, *ma trévelle e zaoulagat* (le soleil brillait) tellement, que ses yeux étaient éblouis *Æl* 82.

Tre dans *entre* (*ma*) tant que; *tro* dans *trotant* cependant, voir ces mots, *entresea*, *her*, *tronnos* et *Dict. étym.* v. *dre*; *tra* dans *en tra vezo* tant qu'il sera D 177, cf. 165, *en dravé* tant qu'il est 72, *endra ma zouc'h* tant que vous êtes *Intr*. 145, *endr'all* (il pleut) à verse, litt. « tant qu'il peut » Gr., etc. Ce mot, comme nous l'avons vu, se combine avec des prép. ou des conjonctions (cf. v. fr. « très en mi un guaret », *Chanson de Roland*, 1385) : *tre divar an Auter* (prendre du charbon) de sur l'autel Mo. 274; *tre-beteg traon Elorn* (depuis...) jusqu'aux vallées d'Elorn *Barz. Br.* 121. *En tre uesomp* tant que nous serons, ms. de saint Divi, fol. 17, *en tre ueso* tant qu'il sera 31; *en tre pat ar vuué* pendant toute la vie 30; *etre-pad ur seiz vloaz* durant sept ans G. B. I., II, 22; van. *tré ma padou er bed* tant que le monde durera *Guerz. Guill.* 44; *étré ma huélé* « dum videbat », *tré ma oé*... *spignet* « dum pendebat » 141; *tré ma vivein* tant que je vivrai *Doue ha mem bro* 8, *tré ma vihuein Guerz. Guill.* 66, *tré vihuein* 20; *tré mé viw* tant qu'elle vit *L. el l.* 166; *tré ma chomamb* tant que nous restons *Timothé* 60; *tré mé bas te glah ian* pendant qu'elle était allée chercher du feu *L. el l.* 30, etc.; *quen dre pado an dir* tant que durera l'acier *Tragedien sant Guillarm*, Morlaix 1815, p. 12, = *entre ma pado an dir* 82, etc.

Le van. *trema, dremad* vers (cornou. *trem' ar stivel Barz. Br.* 498, *tram ar e'huz heaul Miz Mari... Lourd*, p. 111, *tram an envou* 356) peut signifier proprement « par ici » : cf. van. *a zré-men* dès ici-bas *Guerz. Guill.* 94, bas van. *tro-zreme* céans *Barz. Br.* 341, et l'expression analogue *varzuma* dans *ho deues en em efforcet... varzuma da concedy Graçou* D 68, litt. (les papes) « ont tendu vers ici (= à ceci, savoir) à accorder des grâces », cf. allem. *dazu*. Il y aurait là changement d'adverbe en préposition. Voir *entresea*.

Tré, *tref* reflux Nom. 244, *treaic'h, trec'h, tre*, van. *treh* m. Gr., *tréac'h, trec'h, tré* Gon., à Sarzeau *tri*; *tre zou, treh, trehein a ra* la mer descend, *tre zou, treh a ra, trehein a ra er mor* la mer baisse, *tre sou, trehein ara* la marée descend, *en treh hac el lean* marée, flux et reflux de la mer Chal. *ms*; cornique *trig*, gall. *trai* m., irl. *trágud*. Expliqué par la même rac. que *tro* tour, *gozro* traire, *troat* pied, *traez* sable, *trec'h* vainqueur, lat. *trahere*, etc., *Urk. Spr.* 136 ; voir *yoh, diloh*.

Trebez trépied C, pl. *you, ou*, van. *trepe* pl. *yeü*, tréc. *trebe* pl. *o* Gr., *trepé, trebé* m. l'A., *trepé* L. *el l.* 154, *trepi Voc.* 1863 p. 46, haut van. *strebi Rev. celt.* VII, 330 (cf. IX, 379, 380; *Rev. Morb.* I, 365); pet. tréc. *trébe*; *trèbe ë gouk* la clavicule, cf. gall. *trybedd yr ysgwydd*. De là prob. **Le Trépézec** n. d'ho. en 1588 *Inv. arch. Morb.* V, 174; de *T.* xve, xive s. Nobil. Voir *M. lat.* 213.

Trechy l. supereminco, **trechus** l. supereminens *Cb* v. *gneniff*; *trec'hy* vaincre D 149, *trec'hus* victorieux (*da, de*) *Trub.* 26 ; *trec'h d'ar pec'het* (puissance) supérieure au péché D 139, *treac'h* victorieux, vainqueur, sup. *an trec'hâ* « le vainqueur des vainqueurs » Gr., gall. *trechaf*, irl. *tressam*; TREAC'HER vainqueur Gr., *trec'her* (être) vainqueurs (au pl.) Mo. 250, *trec'hour* id. 266, plur. *trec'hourien* id. 284, gall. *trechwr*. Voir *tré*.

Tredé troisième D 187, *trede, tryde*, avec l'art. *an d.*, m. et f. Gr., *an trede gourc'hemen* le 3e commandement *Cat. imp.* 52; *tredeecq, trédeocq, tredeeucq, trydeecq* tierce main; *trede-rann, trederenn, tredearn*, van. *terderann* f. tiers Gr., *tredearn, trederen, tredern* Pel., *tréderren* f. Jac. *ms* 40, *terdran* f. L. *el l.* 190, *derderann* m., pl. *eu* l'A., voir *parefarth; trederanna* van. *-neiñ, terderanneiñ* tiercer Gr., *derderannein, -anein, séhuel enn derderann* id. l'A., *trédérenni* partager en trois parties égales Hingant, *Gram.* 212; *trederanner* f. *és, -nour* f. *trederannourés*, van. *terderannour* f. *es* tierciaire Gr., *trederennerés, derderennerés* douairière, « tierciere » Chal. *ms; trederanna a dle, trederanner eo, trederannour eo* le tiers de l'héritage lui est acquis; *trederenn* pl. *ou* douaire, *-erés* douairière Gr., *-erés; tredemars* merveille, chose très étonnante Pel., *eun t.* (ce n'est pas) étonnant *Trub.* 74. Voir *Urk. Spr.* 137.

Treff (Trèves) C, *Trev* id. *B. s. Gen.* 19, 29, *Trev* 22, *Treves* 17.

Treffeus trève C, *treués* « tretues » Nom. 187, *treff* f., pl. *ou, trevou; trèvers* m. et f., pl. *ou* Gr., *trevers* Pel.; cette forme semble influencée par *avel trèvers, avel drèvers* traversier, vent qui vient d'un cap à l'autre, cf. *trèverser* pl. *tréversidy* traversier ou tartane, petit vaisseau Gr.

Treffu. Trefu trouble, peine D 125; *trefued* effaré *Sup. aux dict.* 82. On peut ajouter *treffoëdd* (mot, langage) impropre, *langaich treffoëdd* ou *trevoëdd* dialecte Gr., *teaöut trefoüet* langage d'un autre canton Pel., *tréfoet, tréouet* Gon.

Tregontt trente, *tregondatt* m., pl. *-adeu* trentaine l'A.; *a drëgont hilinad ha deg a huelder* de quarante coudées de hauteur Mo. 267, 269.

Treguer Tréguier, *Tregueryad* pl. *-ris* qui est du diocèse de Tréguier Gr., « l'evesque de Triguer » *Arch. de Bret.* VII, 49; voir *lann.*

TREHOLLIA verser, parl. d'une charrette Trd, *ar vag a droc'holiaz* la barque chavira *Nikol.* 143, *troc'holiet* (barque) chavirée, exemple cité P 273; *treüelet* (ce cocher nous a) versés (par malice); (notre carrosse a) versé Chal. *ms*; prob. de *trechoeliaff*, composé de *tre-* et de la rac. de *ahoel, hoalat;* cf. gall. *dymchweyd, dymchwel, diwel, diwelu, chwelyd.*

Ces mots diffèrent du pet. tréc. *pen-draoulheign* renverser, à Tréméven *pindraouiyein* dégringoler les escaliers, etc., cf. *traoulh* manivelle pour serrer les cordes d'une charrette, moy. bret. *traoill* dévidoir, voir ce mot et *Rev. celt.* IV, 169.

A la forme française *treuil*, *trueil (cf. haut bret. *dueil* deuil) se rattachent, je crois, le van. *him drueilhat* se rouler Gr., *trueilla* se vautrer Pel. v. *truill*, *trueillat*, *him druïellat* se vautrer Chal., *truïëllaït* l'A.; le cornou. *truilla* verser, parl. d'une charrette H. de la Villemarqué; le léon. *treilla* renverser, tourner, virer Pel.; le tréc. *ar c'har-ze'ha d'an drulh, d'an drelh* cette voiture va au grand galop, cf. *Rev. celt.* IV, 169; voir *druill*. Peut-être ces mots ont-ils subi diverses influences analogiques; voir *trullien*, *treiff*. Trd donne *treillia* et *treinia* verser, parl. d'une charrette; cette dernière forme semble accommodée à *trein* train, allure, voir *trahinaff*. M. Loth, éd. de Chal. 91, regarde *trueillat*, *him druïellat* comme dérivé de *turiat*, *turc'hat* fouiller la terre comme les porcs, bas van. *tourhiellat*. Mais la différence de sens et la constance de l'initiale *tru-* me font penser qu'il faut séparer *trueillat* du van. *turhyellat* tourner la terre, parl. des pourceaux Gr., *turiellat* « patroüiller » Chal. *ms*. La variante *tourhiellat* est due à l'influence de *tourh* verrat l'A., cf. *houc'hellat* id. Gr., de *houc'h*; *gozellat* tourner la terre, parl. des taupes Gr., de *goz*; voir *finesaff*.

Treiff à l'inf. n'est pas dans H. Voir *tro*.

Treill treille, vigne *Cb*; *guinyenn treill* vigne sauvage *Cc*; *buhalyer, al'r traill* « petite distance entre les ays » *Cb*; *dreilh*, *trilh* pl. ou treille Gr., *treillênn* f., pl. *eu* l'A.; *un dreillennic* (un petit treillage) *Sup. aux dict.* 106; *treilh* van. *-eriçz* treillis Gr., voir *mat*, p. 397; *fach*.

Treiz en 1572, *treth* en 1237, passage sur une rivière ou un bras de mer, **trethur** passeur Cartul. de Quimperlé, *Chrest.* 235; *barq euit vn treiz pe passaig* barque de passage Nom. 149; *treiza anezo* les faire passer, les avaler (des remèdes) *Bali* 241, *treiza dioc'h an amser* temporiser Maun., *treiza diouc'h an amser, treiza an amser*; *treizeur* pl. *yen* temporiseur; *treiz* pl. *you* passage, trajet par eau Gr.; v. bret. *treith, treth* passage *Chrest.* 169; van. *trébig* m. bachot l'A., *treihage* m. batelage *Sup.* Voir *traezer*; *Rev. celt.* XI, 197.

Trelatet frénétique, fou D 155, *trelachet* 109; *trélati* être transporté de colère Gr., *trelachi* s'impatienter; *trelach* impatience Trd, *trelat'* délire; *trelatein* affoler, rendre ou devenir fou Chal. *ms*, *terlatein* affoler; *terlattein* traduire, *-ttereah* m. traduction, *trelattour* traducteur l'A.; cf. moy. br. *translataff* transporter, etc.

Tremén m. (la mort est un) passage *Choæs* 119, *trémen* pl. *you* passade, la traversée d'un pays Gr., *evit un tremen* (nous ne sommes ici-bas qu')en passant *Bali* 47, pet. tréc. *vid eun dremenaden; en nehuetedeu e dremen ér harter* les choses qui se passent, les nouveautés du quartier *L. el l.* 26, *trémen hep, hep qet a, èn em drémen eus a* s'abstenir de, *trémen diouc'h ur re* s'accommoder à l'humeur de qqn Gr., *tremeinein* suffire l'A., *trémen* passer, trépasser *Choæs* 48, *er-ré tremenet* les morts 85, *nehué tremeinet* morte récemment *B. er s.* 259; *tremen tregont vloa* plus de trente ans *Miz Mari* 1863, p. 152, voir *couyorun*; *trémen-hend* m. passade, charité à un voyageur; passavant; *trémen-amser* pl. *trémenyou-amser* passe-temps Gr.; *tremengaë* le passage du chemin dans un champ, selon un vieux diction., Pel., cf. *pors-kaé* id. Gon.; *trémélec'h* id. H. de la Villemarqué (*tremen-lec'h* passage Trd); *tremenell* id. Pel.; *trémenadur* passage, action de passer; *trémenidiguez* id., transgression Gr.; *trameniat* passade Chal. ms; *tremeniat* passant, pèlerin, étranger Pel., *trémenyad* pl. *-nidy*, van. *trémenour*, f. *trémenyadès*, *trémeneurés*, van. *-noures* Gr., *tremenedi* passants, voyageurs, vagabonds Mo. 299, Jac. 72, *labous trémenyad* pl. *laboused trémenidy* oiseau passager Gr.; pet. tréc. *tremener ler* corroyeur; *trémenvan, trémenvoë* passage de cette vie à l'autre, trépas, *trémenvan* pl. *ou* passée, grand échalier de pierre Gr., *tremenvoe* passage Maun.; *quer buan eheont evel tremenvoaet* (mes chevaux) vont comme des enragés st Guénolé, ms. celt. 97 de la Bibl. Nat., f° 21. Voir *queinyff*, p. 529; *Rev. celt.* XIII, 352, 353.

Trèncq van. *trencq, treancq* aigre, acide Gr., *trenc* Maun., *trenk* Pel., *treang* l'A., voir *neff*, p. 441; *trenkwezen* sauvageon, arbre sauvage Pel., *trencqezenn* pl. *ou* Gr., *treñkezen* f. Gon.; *tréncqic* aigret; *tréncqa, tréncqaat*, van. *treancqeiñ, treincqeiñ* rendre ou devenir aigre Gr., *trenca* Pel., *treanguein* l'A., *treñka, -kaat* Gon., *trenka ar sperejou* aigrir les esprits *Nikol.* 75; *tréncqdèr, -qded*, van. *treancqadur* aigreur Gr., *treangadur* l'A.; *tréncqailhès* mélange de choses aigres Gr. Cf. gall. *trwnc, trwyth* urine; bret. moy. *troazaff* urine, *trinchonenn* oseille; grec τάργανον, etc., voir *Urk. Spr.* 138.

Trepas pl. *you* allée, galerie, corridor Gr.

Tret étourneau C, voir *degrez*, p. 150 ; dim. dans *An* **Trédic** n. d'ho. en 1477 *Inv. arch. Fin.* A, 13. Voir *Urk. Spr.* 139, 334.

Tretaff oindre N 1887, etc., cf. *træt, treat* « cerot » Nom. 278, onguent pour les plaies Gr., *tréat, tret* m., pl. *ou* Gon., tréc. *tret* ; cf. van. *attret* Gr., *antrétte* m., pl. *eu* recette, *antrætte* onguent l'A. (voir aussi *suppositoire, suppuratif*), *antrætt* s. v. *ingrédient* ; du v. fr. *entrait*, que l'A. emploie s. v. *tirant. Goall tretto* il maltraitera D 140 ; *træt* (cela) traite (de) 18, part. *trettet* 91, *treta, tréti* traiter Gr. ; *træt vn bro* « traict d'un pays » (territoire) Nom. 228, *an tretou* les traits, les freins *Trub.* 297, (s'attirer) les traits, la vengeance (de Dieu) 217 ; *traidænn* f., pl. *eu* trait, à tirer l'A., cf. v. *sou-ventrière, surdos* ; *tretedou* traités (avec les autres pays) *T. Ger.* 32, *trēted* pl. *trétédou* traité, discours ; *trétadurez* pl. *ou* traité, convention entre rois ; *trétapl* van. *tretabl* traitable ; *trétand* pl. *ed* traitant ; *trétamand* pl. *-nchou, trétançz* pl *ou* traitement ; *tréteur, -tour*, pl. *yen* traiteur Gr.

Treu passage, trajet par eau, traversée, pl. *treuou* ; *monnet treu-didreu* traverser entièrement, *trémen un treu* faire le trajet d'une rivière Gr., *dreuein* traverser Chal. *ms* ; gall. *traw* au delà. Grég. donne aussi *tre*, pl. *treou*, trajet, et *treucg*, pl. *treugou*, traversée ; cf. *treuzi, tre, didre* traverser Maun. Voir *dydreu, tre, treux*.

Treut quy maigre comme un chien Nom. 269, *dervezzou tredd* jours maigres, *an tredd* le maigre *Trub.* 270, *en tréd Voc.* 1863, p. 39 ; *treudiff* languir, *treudet* pourri, **treuderez** pourriture Cb v. *goeffaff* ; *treudi*, van. *tredteiñ* devenir maigre, *treudtaat*, van. *tredtât* rendre maigre Gr., *trætatt* devenir maigre, *trædein* rendre maigre l'A., gall. *tlodi* rendre ou devenir pauvre ; *treudicq* maigret Gr., *trædic* pl. *-iguétt* l'A. ; *treuder, treudôny*, van. *tredér* maigreur Gr., *trædonni* m., pl. *-nyeu* l'A. Voir *tleünv* ; *Rev. celt.* IV, 147.

Treux. A dreus hac a hed ab hoc et ab hac, confusément Gr., *treuz un dewez-aret* à la distance d'un journal de terre (une étincelle a jailli) *G. B. I.*, I, 232, *tréss* m., pl. *trézeu* trajet l'A., *coueh guet scontt a dresquil* tomber à la renverse de frayeur *Voy.* 106 ; *treuz-gouzoucq* m. trachée-artère ; *treuzyaud* chiendent Gr., *treusgheäot* Pel. ; *treuz-koat* id. Trd ; *treuscam, treuset* tortu, qui marche de travers Pel., *treid treuz* pieds tortus Gr. *Treuspluffec* traversin Cc, *trus-* C, *treus pleunec* Maun., *treuspluet* chevet du lit Nom. 167, van. *tresplég B. er s.* 66,

311, *tréz-plu* m. oreiller *Voc.* 1863, p. 54, voir *Rev. celt.* VII, 313 ; *tressquiss* ou *dre-*, pl. *-izeu* passage à l'eau au travers des sillons ensemencés l'A., voir *Quisidic*. Grég. donne, entre autres composés de *treux*, *treuzplanti* transplanter ; on lit *tresplantein* l'A., cf. *L.* el *I.* 64, *tresplanta Bali* 12, *treuzplant*, *-adur* m. transplantement Gr., *tresplantadurr* l'A. ; *treuz-goazyet* (sang) extravasé Gr. ; *e treuz-comze* il déraisonnait, délirait (dans la fièvre) *Bali* 162, part. *treuz comzed* 163 ; *treüs-komzou* paroles insensées, mensonges, blasphèmes *Trub.* 57 ; à Trévérec et Tréméven *treuzvariet* troublé, épouvanté, cf. *travaliet* (esprit) troublé (par la douleur) *Miz... s. Anna* 238 ; cornou. *trevalia* faire des châteaux en Espagne, déraisonner Trd ; *treuari* délire, *treuariet é* il a perdu l'esprit Chal. ms. M. Loth, qui imprime *trevari* et *trevariet*, éd. de Chal. 106, compare avec doute le gall. *tryfar* rage folle (de **tri-bar-*) ; je crois que le second élément des mots bretons est le même que dans *varya* avoir des absences d'*esprit*, par des transports Gr., voir *variant*.

Dérivés : *treuzi*, *treuza*, van. *trezeiñ*, *treu-* traverser Gr., *treuja* en léon. tordre, en cornou. traverser Pel., *treûza hé c'hénou* tordre la bouche, *treûzed* pl. *-zidi* homme qui a les jambes torses Gon., voir *traezer* ; *treziatt* trait, de temps l'A. ; *treuziaden*, *treuzel* traverse, pièce en travers *Sup. aux dict.* 106, *treuzell* pl. *ou*, *truzellenn* pl. *treuzellennou*, van. *trezell* pl. *eü* id., *treuzell* petit pont de bois, arbre équarri sur lequel on passe un ruisseau ; biais, ruse frauduleuse Gr., *treûzel* f., *-llen* ; *treûzella* biaiser, gauchir, ne pas agir franchement Gon. ; *querhein tresellec* clopiner Chal. ms ; *treuzigella* chanceler en marchant Trd ; *trézour* traverseur Chal. ; voir *Rev. celt.* IV, 169.

Trev, *tref*, *tre* territoire d'une succursale, mot fréquent dans les noms de lieu, cf. *Rev. celt.* VIII, 72, 73 (XIIIe s.) ; IX, 126 ; *Chrest.* 234 ; *tre* et *treou* Maun. ; *treff*, *tré* f., pl. *treffou*, *trevou*, *tréou*, van. *tré*, *tréü*, pl. *trëéü*, *treüéü*, *treau* succursale, *tre*, *treff* cure, annexe de paroisse, *an Ilis tré*, *an dré Ilis* l'église succursale Gr. ; *tréf*, *tréo*, *trew* pl. *treviou*, *trevou* Pel. ; *tréf*, *trév*, *tréô*, hors de Léon *tré* f., pl. *tréfiou*, *tréviou*, *trévou* Gon. ; *træhuë* f., pl. *træhuëyeu* succursale, *iliss træhuë* église succursale l'A., *treu'* succursale, *un driu'*, *un treu* « fillette » Chal. ms, *dréau* pl. *dreaueu* « feillette » Chal. ; *eur streo* Alm. 1877, p. 50 ; pl. *Le Treffaou* n. d'ho. reg. Plouezec 20 ; ce doit être le même mot qu'on trouve, avec un sens plus général, dans *dré bé dré* par où ? l'A. v. *où*, *dre pé dré* v. *par*. Il a passé dans le français de Bretagne, où il est tantôt masc. : « en la parroisse de Pedernec, ou treff de Treglanus » xvᵉ s. *Arch. de Bret.* VI, 233 ; « du tref de saint clezeuf » (auj. Sᵗ-Clet) p. 5 du testament cité v. *Douaren*; tantôt fém. : « la treffue de Treglafuïs » reg. Péd. II, 33 b, « la treffe de sᵗ Michel » 22 b (1640, 1629), « succursale, tréve ou aide de Paroisse » Gr., « tréve, hameau, tas de maisons ou villages attachés à une petite Eglise dépendante de la Paroissiale » Pel., « tréve, feillette » Chal. v. *dréau* (et non *trève* comme l'imprime M. Loth), etc.

Dérivés : dim. « sieur et dame de **Trévic** » en 1544 *Inv. arch. Morb.* V, 241 ; *an Ilis* TREFFYAL ou *trevyal* l'église succursale Gr., lat. *treuialis* (ecclesia) reg. Péd. 24 b (1569), fr. « l'église tréviale » en 1629 *Inv. arch. Morb.* V, 140; *treffyan* pl. *ed*, *trevyan* pl. *ed*, *is*, *trevys* celui qui dépend d'une succursale Gr. ; *tréfad*, *trévad*, pl. *tréfiz*, *tréviz*, et *tréfian*, *trévian* pl. *trévianed*, -*niz* celui qui habite un lieu dépendant d'une succursale, f. *tréfadez*, etc. Gon. ; *tréhuianniss* « qui est de cette succursale » l'A., cf. *parosyan* pl. *ed*, *is* paroissien Gr. ; *tréviad*, *bélek eunn dré* « succursaliste, prêtre qui dessert une trève » du Rusquec. V. bret. *treb* village, cornique *tre*, *trev*, gall. *tref*, cf. gaul. *Atrebates*, etc., voir *Urk. Spr.* 137.

Il faut rapporter à la même origine *treuat* moisson C, *trevat* Maun., *trévad* Gr. id. ; *en é trevat* (celui qui tue un animal domestique ayant fait des dégâts) dans sa récolte D 105, pl. *an treuagou* ms. de sᵗ Divi f° 23 v; *leûn a zrevajou mad Trub.* 45 ; tréc. *trevajo* (cf. *gaolajo*, pl. de *gaolad*, voir *gafl*, *marchat-læch*). Pel. dit que, selon un ancien et habile Breton, *trévat* est en bas cornou. « la semence mise en terre, laquelle ne produit pas ce qu'on avoit espéré », et que TREVIDIC est un champ labouré. Trd donne en cornou. *trevad*, *trefad* m. produit de la terre en général, moisson, récolte, champ ensemencé ; *reg-ann-trevad* assolement (voir *reguenn*); *trevedik*, *trevidik* m. pièce de terre chaude ou propre à la culture. On lit *Le Trividic* n. d'ho. xviiiᵉ s. *Inv. arch. Fin.* B, 213 ; *Porz-Trividic*, *Tyvidic* noms de convenant *Inv. arch. C.-d.-N.* E, 35. Le mot *trividigez* existe dans les Côtes-du-Nord, je crois qu'il signifie récolte. Cornique *trevas* culture, *trevedic* campagnard; irl. *treabhaim*, anciennement *trebaim* habiter, cultiver ; voir Macbain v. *treabh*.

Try trois C, *triezec* treize Cb v. *contaff*, *tryuguent* soixante Cc, *triuguent* D 70 ; *tri person* Choæs 27, *tri bred* trois repas *Nikol*. 94 ; *try ty*, *try zy* Gr., *tri tad abad* L. el l. 204, *tri zra Nikol*. 85, *tri hand* trois cents *Voc*. 1863, p. 31, *tri goraiz* trois carêmes *Nikol*. 208, *tri zen* trois hommes 731, *try den* Gr., *tri vap* Cat. imp. 14 ; *trihuéh* dix-huit *Voc*. 1863, p. 32, *en drihuéhvéd* le ou la dix-huitième 34, *triouec'h-ugent* trois cent soixante Gon., *Gram*. 57, voir *Rev. celt*. III, 152 ; *Ztschr. f. celt. Phil*. I, 44 [1] ; *en drizécvéd* le ou la treizième *Voc*. 1863, p. 34, *tryzecg uguent* deux cent soixante Gr., *Gram*. 55 ; *trizégatt* m. « trézaine » l'A., Sup. ; *tri-dec* trente Trub. XIV, cf. *Rev. celt*. IV, 101 ; van. *tri-uiguénd* m. soixante Celt. Hex. III, 7, f. *tair-uiguénd rouannès* soixante reines VI, 8, *décvéd ha tri-uiguénd* soixante-dixième *Voc*. 1863, p. 34 ; *tryved* m. troisième, *an dryved* le troisième Gr., *ann trived* Gon., *en drivéd Voc*. 1863, p. 33, *en drivéd dé* le troisième jour *Guerz Guill*. 101 ; *tryveder* ternaire, nombre de trois Gr., *trivéder* adj. ternaire, composé de trois Gon. ; *tairdaitt* f., *tridaitt* m. triplicité l'A.

Composés : *try-doupl*, *try-zoubl* van. id. triple, *trydoubla*, *tryzoubla* tripler, *tryzoublder* triplicité Gr. ; *tridantec* croc à trois dents C, *trydantecq* qui a trois dents Gr., *vn træzant trybisecq* « fourchefiere, l. fuscina, tridens » Nom. 174, *try-dant*, *trezant*, *treant* m. trident Gr., *tréantt* m. harpon pour darder la baleine l'A., *treant* pl. *ou* Gr., *tréant* m., pl. -*ñtou*, -*ñchou* Gon., *tréantein* harponner, darder l'A., *treanti* Gr., *tréañti* Gon., *gant va forc'h houarn certen m'ho treanto* je vous percerai certainement de ma fourche de fer Jac. 70, *treantet* (cœur) pénétré (de douleur) 8, Mo. 236, 265. Le sens de ce mot a été étendu, sans doute sous l'influence de *tre* : *treanti* pénétrer, s'imbiber ; *tréanti* transir, part. pénétré (par la pluie), transi (de froid, de peur), *treant* m., *treander* pénétration, *tréand*, *tréandèr* transe, *treantabl* pénétrable, -*tus* pénétrant Gr. ; Gon. donne comme cornou. *tréañti* pénétrer, etc. *Tric'hoign*, *tric'horn* triangle, *tryc'hoignecq*, *tryc'hornecq* triangulaire Gr., *tri-cornêc* l'A. ; *try-combout* maison

---

[1]. L'emploi de dix-huit au sens indéterminé où l'on dit en franç. le double, « trente-six », se trouve dans *Les propos rustiques* de Noël du Fail (éd. A. de la Borderie, Paris, 1878, p. 53) : « Il me menoit par la main, iazant auec son compere Triballory, homme fort rusé, et asseuré menteur. Lesquelz assemblés en comptoyent en dixhuict sortes ».

à trois chambres de plain-pied, et à trois cheminées; *try-bac'h* m. croc à trois dents; *try-furm* qui a trois faces Gr.; *ar pavillon triliou* le drapeau tricolore *T. Ger.* 63; *try-zrouc'h, try-rann* trisection; *trybloazyad* triennal; qui a trois ans; *try-mizyad* qui a trois mois; *try-dezyad* qui a trois jours; *téyr-sizunyad* qui a trois semaines Gr.; *try-troadecq* (pot) à trois pieds Nom. 162, *tryzroadecq* Gr.; *trybeseeq* (fourche) à trois dents Nom. 178, *trybiseeq* 174, *try-beseq, trybegueeq* à trois pointes Gr., *tribisiæc* l'A. v. triangle; *tryphennecq* (monstre) à trois têtes Gr., etc. Voir *téyr, trede*.

Triael -e C, voir *Rev. celt.* XV, 344.

Tribuil. Trubuilh pl. *ou*, van. *tribuilh* pl. *eü* tribulation, *trubuilha* van. *tribuilheiñ* donner de la tribulation Gr.; *trubul* peine, punition r. à *diskorpul Trub.* 270, *trebil* trouble *Chœs* 92, pl. *-illeu* 211; *en treboulance* le trouble (de son esprit) *Voy.* 67; *trubuilluz* qui intimide *Sup. aux dict.* 60; voir *Rev. celt.* XIV, 285. — *Tribun* tribun C, *trybun* pl. *ed* Gr.; *tribunal* tribunal *Guerz. Guill.* 4, m. *Voc.* 1863, p. 7, f. *Nikol.* 745; *tribut* une tribu Mo. 164, 194, 234, *tribu* 194, m. l'A.; *tributt* un tribut l'A, *tribut* C, etc.

Tricheboul, voir *Rev. celt.* XIV, 312; *Le Tricher* n. d'ho. en 1782 *Inv. arch. Fin.* B, 369; *bo comzou-u... a so meurbet tricher* vos paroles sont très trompeuses *Avant.* 24, voir *goap, gou, tromperez*; *triñchezr, trichezr*, van. *trichour* tricheur, f. *trichezrès*; *triñcherus, trichus* qui est sujet à tricher; *triñchezrez, trichezry* pl. *ou*, van. *trichereah* pl. *-reheü* tricherie; TRICHA, *triñcha*, van. *tricheiñ* tricher Gr., quelques-uns prononcent *trucha* Pel.

Trihori, *trihorry, triori, tri hory* m. sorte de danse de Basse-Bretagne, dans les textes français du XVIe siècle, La Curne de Sainte-Palaye, v. *trihoris, trioris*; *Rev. de Bret.*, de Vendée et d'Anjou, mars 1889, p. 209, 211; H. de la Villemarqué, *Bull. de la Soc. archéol. du Finistère*, 1883, p. 29. *Saltatio trichorica*, Eutrapel, chap. XIX, n'est qu'une latinisation fantaisiste de l'expression « la danse du Triori »; mais il est probable que *tri-* veut bien dire ici « trois ». Voir *Rev. celt.* XVI, 168, 181, 182.

Trinchonenn oseille C, *triñchinen, triñchenen*, van. *trechonen* feuille d'oseille, pl. *triñchin*, etc.; *triñchina* van. *trechoñneiñ* cueillir de l'oseille Gr., *trechonnein* agacer les dents, *trechon* agacement des dents l'A.; cf.

trechod m. laiche, carex Trd, *tréchod* Liégard 119 ? Voir *trencq*; Rev. celt. V, 224.

Trindet. Trinité D 151, *Treindet* 20, *an drindet* H 5, 53, *an drcindet* 7, 26, 30, 31, *an dreyndet* 36 (*Trinité* D 48, du fr.); *lousaouenn an dreinded*, *bocqejou an dreinded* « pensée, petite plante qui porte une fleur de trois couleurs » Gr., gall. *llysiau y Drindod*.

Tripal, *trimpal* danser, sauter en jouant, en se divertissant Pel., *tripal* danser, sauter, sautiller, *trèpal* trépigner Gr., *tripa*, *trèpa*, *tripal* danser, sauter, sautiller, trépigner, piétiner Gon., pet. tréc. *tripal* tressaillir, s'agiter d'impatience, comme un enfant à qui on montre un jouet; *triper* danseur, f. *és* Pel., *tripèr* danseur de profession, *triperès* danseuse; *trépadurez*, *trépamand* trépignement Gr.; *tripérez* m. action de danser, de sauter, trépignement Gon.; *treppein* trépigner, *trepiquial* id., se trémousser, *treppadur* trépignement, *trepiquereah* id., trémoussement l'A.; cf. v. fr. *treppir* danser, Les propos rustiques 23, etc., voir Kœrting 8328[a].

Peut-être faut-il ajouter *trivia*, *trefia*, selon Roussel *drevia* frémir, avoir peur; effrayer, faire peur Pel., *trivlya* tressaillir Gr., *trivia*, *trivlia* Gon.; *trivlyaden* pl. -*nnou* tressaillement Gr., *triviaden*, *trivliaden* f. Gon.; *trifliet* (tête) perdue, bouleversée Sauvé 443, *trivilet* id. Trub. 55.

Trist. *Pep trist* chaque malheureux D 157; *é driste* (2 s.) *buhé* sa triste vie Choæs 97, *un trist ha méhus silance* 172, cf. Rev. celt. XI, 187, 188; TRISTIC triste, tristement D 154, *tristicq* (un peu) triste Gr., pet. Trég. *tristeq*; *tristidic* triste, malheureux D 172, TRISTIDIGUEZ tristesse 29, 120 Gr., -*igez*, f. Gon., van. -*igueah* Gr., *tristedigueah* 4 s. Choæs 37, *distridiguez* (avec mutation) Cat. imp. 105, 130, 143. Voir *quen* 1, p. 544.

Triumph. *Triomphou* triomphes D 171, *triomphant* triomphant 23, 40, *triompheur* triomphateur 33; *tryomphl*, van. -*omph* triomphe Gr., *triomf* L. el l. 189, -*omfl* m. Guerz. Guill. 149, 173; *tryomphl* f. tourne, la carte qui retourne sur le talon; *tryomphla*, van. -*ompheñ*, -*omphal* triompher; *tryomphler*, van. -*omphour* triomphateur, *tryomphlus*, van. -*phus* triomphant Gr.

Tro. *Oar vn tro* ensemble Cb v. *couuiaff*; *oar vndro*, v. *pentaff*, *war-ann-dro*, *war ann dro* id. Kant Z. V. 26, *wardro gant* en même temps que 34, 56; *ar un dro* ensemble *Guerz. Guill.* 29, *d'un dro* (un seul) à la fois *B. er s.* 145; *pe var an tro* (l'an 4040) ou environ D 62, auj. *pe war dro*; *ar é dro* autour de lui *Choæs* 71, (les habits qui seront) sur lui *L. el l.* 224, cf. *G. B. I.*, I, 86; *tro-var-tro* tout autour, aux environs, de tout côté D 189, *tro voar tro* 193, van. *tro ha tro L. el l.* 40, cf. *Celt. Hex.* II, 6; IV, 12; VII, 2, pet. Trég. *tro-a-zro; ar vuez a iaa buan en-dro* la vie passe vite, *Bali* 214, *pa 'z a ann traou enn dro evelse* quand les choses vont, marchent ainsi *Nikol.* 113; *a rojont... enn dro* ils (lui) rendirent (ce qu'ils avaient volé) 711; cf. *G. B. I.*, I, 134, 142; *troarall* autrefois *Cb* v. *guez aral*; *kenta tro ma* la première fois que *Nikol.* 245; *en d-euz tro da lavaret* il a sujet, occasion de dire *Bali* 154, cf. 256; *troyeu* tours, actions (cachées) *Choæs* 86, *fal droyeu* mauvais tours, méfaits 150; *trô-bleg* f. ruse, tromperie *Trub.* 155, pl. *troiou pleg* 76; *tro varzu an Ee* tourné vers le ciel 214, voir *ac'hubi*.

Dérivés : *trey* tourner D 172; *treï war hi geno* (l'embarcation va) chavirer *G. B. I.*, I, 132; *troein* tourner i s. *Choæs* 52; en parl. du lait *L. el l.* 134, *troui* tourner, rôder *Cat. imp.* 136, voir *treiff*; *troënn, troënn vor* f. tournant, endroit de mer où les vaisseaux tournent et sont en péril Gr., *poultroenn* l. vortex *Cms*, gall. *tröen*; pet. tréc. *troiq* petit tour, cf. Quellien, *Chansons et Danses* 211; van. *troad* pl. *éü* tournée; *troadur* tournoiement de tête, maladie du cerveau; traduction, version Gr. ; *troell* « iargerie », l. erugo, mauvaise herbe qui gâte les blés *Cb* v *mercl*, *troëll* tournelle, mauvaise herbe qui gâte les jardins, etc., *troell* vrille, mauvaise racine semblable au chiendent Gr., *trôel* f. liseron, liset, volubilis, convolvulus Gon., *troel, troen* f. liseron Trd; *vr poues, vn droël da nezaff* peson, vertoil (d'une quenouille) Nom. 169, *troëll* t., pl. *ou* peson de fuseau Gr., *troell* manivelle Trd; gall. *troell*; dim. Troëllic n. de convenant *Inv. arch. C.-d.-N.*, E, 67; *vn tocq euit troidellat voar dro'n gouzoucq* chapeau (de fleurs) pour environner le col Nom. 78, *troïdellat* (tournoyer) 245, *troydellat* part. *-llet* tournoyer Gr., *troidella* tourner, aller à l'entour, entourer Pel., *trô-* tournoyer, pirouetter; fig. chercher des détours, tricher, tromper, biaiser, tergiverser Gon., *o zroïdelha* les tromper *Trub.* 76; *troidell* tour de promenade Pel., *troydell* pl. *ou* biais, ruse frauduleuse Gr., *trôidel* f. Gon., *troïdel* (répondre sans) détour *Trub.* 53; *troidellat* tournée, allée et venue

Pel.; *troïdeller* celui qui tournoie; qui triche, qui trompe, qui biaise Gon., *troïdelher neçza* celui qui trompe son prochain *Trub.* 235; *troydellus* tortueux; *-llérez*, *-lladur* (mal imp. *-dnr*) tournoiement, tour et retour Gr., *-lladur ar goad* la circulation du sang *Fanch-Coz* 5; *troïdellamant pen* « étourdissement de tête » Nom. 256; *troyellou*, *troquelleu* figures (pour l'ornement du discours) l'A. v. *mensonge*; *troqueell* f. (ruse, moyen détourné) v. *brigue*, pl. *troquelleu* v. *briguer*; *troyellein*, *-llat* tournoyer; *troyelléc* (chemins) contournés, embrouillés, v. *labyrinthe*; *troquéllereab* manigance l'A., pour ces dérivations, cf. van. *doriqell* battant de porte Gr.; TROYDIGUEZ f. traduction, version Gr., *tróidigez* id. et action de tourner, de cerner, de tordre Gon., gall. *tröedigaeth* tour, conversion. *Trolèrnein* être étourdi, ébloui, avoir la berlue en pet. tréc., de *lern* renards? Voir *sam*, *trabell*, *tré*, *trebollia*; *Rev. celt.* IV, 169; XI, 112. Il y a de *tro* deux étymologies contradictoires, *Urk. Spr.* 136 et 156.

Troaeyen de Troie, l. troianus *Cc.*

Troat-boull (*vn*) qui a les pieds courbés et tournés en dehors Nom. 273, *troad-boul* pied-bot Gr., du fr. *boule; ridek t'er piar zroed* partir au grand galop, en parl. d'un cheval *L. el l.* 112; *troaz-ruz* pl. *et* chevalier, oiseau de mer Pel., *troaz-rûz* m. petit chevalier Gon.; *troadet* emmanché *Cb*, inf. *troaidein* l'A., *troada ur zonj... en e spered* se mettre une pensée dans l'esprit *Bali* 141; *troader* emmancheur Gr.; *troaidadur* m. emmanchement l'A., *Sup.*; *troattat* pied, mesure *D* 193, *troadad* pl. *ou*, van. *troedad* pl. *ëu* Gr., *troatat* sing. *troataden* pl. *troatadou*, *-adiou*, *-ajou* Pel., *troeted* m. *L. el l.* 16, 86, *troëtëd Voc.* 1863, p. 28; Le *Troedic* reg. Guing. 10ᵇ v, *troadic*, van. *troedicq* petit pied Gr.; Le **Troadec** reg. Plouezec 11, reg. Quemp. 3ᵃ v, *troadecq* pl. *-déyen*, van. *troedecq* pl. *-digued* qui a de grands pieds Gr., gall. *troedog*, *troediog*. Voir *tré*.

Troaza, van. *treaheiñ*, *tróeheiñ* uriner; TROAZ, van. *treah*, *troëh* urine, *troaz ruz* urine échauffée Gr., *troas* Pel., *troaz* Maun.; m., ne se dit que des personnes Gon., *treah* pl. *eu* l'A., gall. *trwyth*, *troeth* m., voir *tréncq*; *troazer*, van. *troéc'hour*, *tréac'hour* pisseur Gon., *treaihérr* l'A.; *troazérez* m. pissement Gon., *troaziguellat* pissoter; *remed troazus* diurétique; *troazur* persicaire, curage, poivre d'eau Gr., m. 2 s. Gon.

Tromperez tromperie C*b* v. *ober*, D 99, *troumplérez* pl. *ou* abus, tromperie Gr., *trompereah* 3 s. *Choæs* 90, pl. *eu Guerz. Guill.* 40; *trompeur* faux, décevant C*b* v. *fals*; f. *tromperes* C*c* v. *cauillation;* *troumpeur*, f. *-peres* C*b*, *trompér* (le monde) trompeur *Choæs* 116, *promesseu trompér* promesses trompeuses *Guerz. Guill.* 25, voir *goap*, *tricheboul; en trompus espérance* la trompeuse espérance *Choæs* 11; *troumpaff* tromper C*b*, *trompa* D 18, *troumpla* abuser d'(une fille) Gr.; *an troumpill pe musell vn eleffant* la trompe ou museau d'un éléphant Nom. 28, *trompilh* f. id. et une trompette; *-icg* trompe de laiton ou d'acier qu'on met entre les dents, et que l'on touche du pouce Gr.; *trompilla* jouer de la trompette Pel.; *troumpiller* un trompette Nom. 290; *trompilhérez*, van. *-lhereah* son, jeu de la trompette Gr., du v. fr. *trompille*; van. *trompet* pl. *éü* une trompette Gr., *-pêtte* m. l'A., *-pet* m. *Choæs* 93, *-pêt* m. L. el l. 110, pl. *en trompetteu Guerz. Guill.* 169; *tromp* trompe Pel.

1. *Tron* m. ciel *G. B. I.*, II, 192, 198; Mo. 187, 230; *Trôn Histor...* *a vuez Santez Helena* chez la veuve Le Goffic, p. 6.

2. *Trôn* trône C*b*, abréviation pour *tronn; trôn* pl. *you* van. *tronéü* Gr., *troneu* L. el l. 178, *trôneu Guerz. Guill.* 147, *en Trônet* les Trônes (anges) *Choæs* 186.

Tronçza, -çzal, van. *trouçzal, -çzeiñ* trousser Gr.; *tronsse-loste* m. trousse-queue l'A.; **troucer** recourseur, l. *succinctor* C*c* v. *crisaff*, *trouceres* surcinte, l. *succintorium* C*b*, *tronceres* C*a*; *tronçzad* pl. *ou*, van. *trou-* pl. *éü* trousse, faisceau, *tronçzad birou*, van. *trouçzad biréü* trousse, carquois plein de flèches; *trouçzell*, *tron-* trousseau d'une fille qui se marie Gr.; *trouceell* pl. *eu* trousseau, *trussæll* f. trousseau de clefs l'A.; *tronç, tronss* trousseau, provision de hardes Pel.

Tronnos après-demain C, *antronos mintin* D 193, *an tronnos mintin* 187, le lendemain matin, *a grær tro nos an oeufret* (le banquet) qu'on fait le lendemain des noces Nom. 54, *en trenoz* le lendemain L. el l. 164, *bet en trenoz vitin* jusqu'au lendemain matin 34, de **trom-nos*, **trem-nos*, cf. v. gall. *trennid* le lendemain, de **trem-did*. Je crois que la forme **trom-* se montre dans le v. br. *tromden* gl. peruolauit. On a comparé cette syllabe au bret. mod. *trum* prompt, mais la voyelle primitive de celui-ci devait être *i* plutôt que *o*. Cf. v. br. *tre-orgam* gl. per-foro; v. irl. *trem-feidligfet* gl. per-manebunt, Z^2 879, etc.; *Urk. Spr.* 130. Voir *tre*.

Troquer dans *Parc-Troquer* n. d'une pièce de terre *Inv. arch. C.-d.-N.*, E, 70 est le n. d'ho. *Le Troquer* qui existe à Tressignaux, Pléguien, etc., = *trocqèr, trocqler* troqueur, van. *trocqour* id. et saunier Gr., *troker* brocanteur Trd, *troquérr* troqueur, *tronquérr* saunier l'A.; TROCQA, *trocqla* van. *trocqeiñ* troquer Gr., *treki*, part. *troket*, cornou. *trekli* Trd, *trokein* L. el *l*. 14, *e drokas hé bihan doh* (la fée) mit son petit à la place (de l'enfant) 30, pet. tréc. *klokañ*; *trocq* pl. *ou*, van. *éü*, *trocql* pl. *ou* troc, échange Gr., *en troq eus* en échange, à la place de *Avant*. 8; du fr.

Trotal van. *-teiñ* trotter Gr., *trota* Pel., *trotal* L. el *l*. 122, pet. tréc. *troqyal*, gall. *trottal*; *trot* m. trot Gr., *trott* m., pl. *eu* l'A.; *trotèr* van. *-tour* trotteur, *marc'h trot, marc'h troter* cheval trotteur; *troterès* trotteuse, femme qui aime à courir çà et là; *trotericq* « trotin, petit laquais à faire des messages »; *trotinal, trotellat* « trotiner, faire plusieurs petits voyages » Gr., *trotella* Trd; *trottereah* m. action de trotter l'A. Trd donne *piltrotik* m. « Trotte-menu. *Mont d'ar piltrotik*, aller à cheval au petit trot, au trot de curé, comme on dit dans la cavalerie »; on lit dans le *Sup. aux dict. bret.*, p. 106 : *d'an drotic, d'ar pildrotic* au petit trot; verbe, *pildrotal*. Cf. « Celui-ci s'en va... en trottinant d'un petit trot pilé dont chaque réaction le secoue du haut au bas » Marcel Luguet, *Élève-martyr*, Paris 1889, p. 135.

Trotant N 794. Au lieu de « cependant, en attendant », je traduirais aujourd'hui « continuellement, sans relâche »; = van. *troittant* toujours Chal. *ms v. marcher; m'er c'honduou truettant drɛ vn heent n'en des quet a veen* « je le mènerai tambour battant par un chemin où il n'y aura pas de pierres », v. *mener; Haval gueneign perpet é huélan un anqueu... Erbad e mès ridéq... Troædant é vai gueneing* il me semble toujours voir un spectre; j'ai beau courir, il est continuellement avec moi *Voy*. 103. Cette variante confirme l'explication de la 1re syll. de *trotant* donnée v. *entre* 2; *tro-*, van. *troé-*, est la prép. d'origine celtique étudiée au mot *tre*, etc. Aux locutions qui conservent la forme *tro*, on peut ajouter en tréc. *etro pade an offiçou* tant que duraient les offices *Ar c'his anciana*, chez Lédan, p. 4; *tro ma oa bew* pendant qu'elle vivait *Soniou Br. Iz.* II, 288; et en van. *tro guet : ne zigouscan gran tro guet en nos* « je dors la nuit tout d'une *pièce* » Chal. *ms*, litt. **non dedornio grano trans cum nocte.*

Troubl (temps, eau, vin) trouble Gr., *tromble; guin tromble* vin bourru l'A.; *troubla, -bli* troubler Gr., *-blein* Choæs 87, *tromblein* l'A.; *troublamand, -blidiguez* trouble, inquiétude Gr., *-blienn* f. (style sacré) Moal.

Trouc'h, troc'h coupe, coupure Pel., *trouc'h* pl. *ou*, van. *troh* m.; *trouh* pl. *eü* id., *bézin-troc'h* goémon cueilli sur les rochers, *lousaouenn an trouc'h* « la petite consolide, ou consire » Gr., *troh* entaille L. el l. 90; (ce tailleur n'a pas une bonne) coupe 28, *énn unn trouh* tout à la fois l'A., à forfait *Sup.*, pet. tréc. *rust e 'n troc'h gantan* il est de mauvaise humeur, *gwel rust e 'n troc'h trezé* ils se disputent beaucoup; à Auray *in troc'h* une grande quantité, beaucoup; *trouc'ha*, tréc. *troc'han*, van. *trouhein* couper Gr., *troc'hi* Alm. 1877, p. 27; *trouc'ha e déaud da* abattre, rabattre le caquet à Gr., *trohein* couper (un taureau) L. el l. 106, *trohet é raug en droug* prévenez le mal 138; *troc'hat* taille, figure, forme, mine, *un den a troc'hat mat* un homme de bonne mine, bien taillé Pel., *troc'had* tronçon *Sup.* aux dict. 106, *trouc'had* m., pl. *ou* balafre Trd; *troc'hadenn* coupure, *troc'hadek* action de couper ensemble *Rev. celt.* IV, 146; *trouchadur an iuinou* la taillure des ongles Nom. 15, *trouhadur* m., pl. *eu* coupure, taillade l'A.; TROUC'HER *ar yalc'h* coupeur de bourses Gr., *trouc'her-moc'h* celui qui tue les pourceaux Trd, en pet. tréc. *troc'her môc'h* est celui qui coupe les verrats; *trouc'her-buzug* coupeur de vers de terre, sobriquet des laboureurs Trd, cf. *Rev. celt.* V, 219, cornique *troher* coutre, gall. *trychwr* celui qui coupe; *dre* **troucherez** l. lacerue *Cb* v. *pillotadur*; cornou. *a-droc'hamant* de suite, *a-droc'h-tranch* sans délai, sans prévenir personne, sans permission Trd; *trouhuss* coupant l'A. Voir *Urk. Spr.* 136.

Trous bruit, m. Choæs 95, *trous-bras* grand bruit Gr., *un trous bennâc* quelque dispute T. Ger. 60, *trouss* m., pl. *trouzieu* bruit l'A.; f. : *un drouz vras* L. el l. 166; TROUSIAL faire du bruit Maun., *trousal*, van. *trousyal* tempêter, criailler Gr., *trouzal* L. el l. 24, *trousia* Pel., *trouza, trouzal, trousia* Gon., *trouzia, trouzial* Trd, cf. gall. *trwstio, trystio; trouzèr* celui qui fait du bruit, *trouser* clabaudeur; *trousus* bruyant, fulminant Gr., *trouzus* L. el l. 44, 74; tréc. *trouziq* petit bruit.

Trousquen *an gouly* la croûte de la plaie Nom. 265, *trousquen ar gouli* Maun.; *trousq en fry* Nom. 263, *trousqen fry*, pl. *trousq fry* polype; *trusqenn, trousqenn* pl. *ou* croûte d'une plaie Gr., *trousk, trousken* Pel., pet. Trég. id.; *trousken, trusken* f. croûte, écaille sur la peau Gon.; cornou. *druskenn* f. couche de plâtre, de chaux, etc. Trd; *trouskenna* se former en croûte; se couvrir d'écailles, en parl. de la peau Gon.; v. irl. *trosc* lépreux, de **trod-c-*, cf. gotique *thrutsfill* lèpre, etc., *Rev. celt.* II, 190; *Urk. Spr.* 139. Il est possible que le tréc. *tousqann* mousse terrestre, mousse rampante Gr., *touskan* m. Gon., Trd, *ar gador douskan* « le fauteuil de mousse » *Rev. de Bret. et de Vendée*, 1864, p. 472, ait la même origine : j'ai toujours entendu dire *trouskañn*, en petit Tréguier et en Goëllo, pour la mousse qui vient sur le tronc des arbres. Pour le sens, on peut comparer ce que Flaubert fait dire au Sphinx (*La tentation de saint Antoine*, éd. Charpentier, p. 281) : « Le lichen, comme une dartre, a poussé sur ma gueule. »

Truag et *truager* sont d'origine française, cf. *Dict. étym.*, v. 404. *Truach* impôt, tribut Mo. *ms* 114, Jac. *ms* 52, Ricou 65, pl. *-ou* Jac. 70. Ce mot se dit encore en petit Tréguier.

Truez f. pitié G. B. I., I, 76, *true* 126; *truezus* (vie) misérable D 156, *truhéus* miséricordieux *Choæs* 49, *truhéus bras hoai bet guélet* ce fut grand pitié de voir 197; truézek enclin à la pitié Gon., cornique *triwadhec*; c'est peut-être le van. *truhecq* pl. *-higued* gredin, malotru Gr., *truhêc* misérable *Guerz. Guill.* 100, *-hek* mauvais (ouvrier) L. el l. 44, d'où *truhégueah* 3 s. misère *Choæs* 38; *trueza* avoir pitié, faire miséricorde Pel., *truezi eunn den* assurer que qqn est digne de compassion, *truezi d'ann amzer* regretter le temps passé Trd; **trugarezus** miséricordieux Catech. 20, D 124, 125, Gr., *trugareus*, 3ᵉ s. r. à *buez* D 119 (cf. *caranteus*, 3ᵉ s. r. à *bemdez, yvez* ibid.), *trugaréẑuz* Gon., tréc. *-eüs; trugarec* miséricordieux Maun.; xviiᵉ s., *Ann. de Bret.* III, 408; *trugarequeyt deomp* ayez pitié de nous Cb v. *autrou, -queas* il remercia D 194. Voir *Rev. celt.* XI, 188; *Urk. Spr.* 138; Macbain v. *truagh*.

Trufl il trompe Catech. 8 v, *trufla* soutirer Maun., tirer par adresse en flattant, gueuser Pel., soustraire, enlever, détourner Gr., *trufler* trufleur Cb, soutireur Maun., *truflèr* celui qui soustrait, pl.

-*éryen*, f. -*erès* Gr., *truflurien* trompeurs, f. pl. *trufleureuset* D 106 ; **truflerez** mensonge C*b*, C*c*, v. *gou*.

Trullien, voir *druill*. Les mots cités dans les 8 premières lignes de cet article doivent être séparés des suivants, voir *traoill*.

A *truilhou* guenilles Gr., pet. tréc. *drulho, druyo*, on peut ajouter : *truill* guenille, lambeau de drap, serge, linge, etc., sing. -*en*, pl. *truillou; truilla* déchirer les habits, *truillaoui* chercher par les maisons des guenilles, pour faire du papier Pel., *truillaoua* ramasser des guenilles, des chiffons; *truillaouer* chiffonnier Trd, *trulenna* (par *l* mouillé) couvrir de guenilles Gon.

Grég. donne en van. *en un druylhad* pêle-mêle; *un druylhad tud* un peloton de monde; Trd a *truillad* f. botte (de légumes), groupe (de soldats); *enn eunn druillad* en un bloc, pêle-mêle; on dit en pet. tréc. *eun drulhad alc'houeo* un trousseau de clés, *eun drulhad dilhad* un paquet de hardes, *eun drulhad tud* une bande de gens. C'est une altération de *en un duylhad* pêle-mêle; *un duylhad tud* un peloton de monde Gr.; *duillad* m. poignée (de lin, de chanvre), botte ou paquet (de légumes) Trd, de *duill* (et *druill*) id. Trd, *duylh* (pl. *ou*) *gloan, un duylhicq gloan* peloton de laine, flocon de laine Gr., elle a été amenée prob. par l'influence de *truilhou* guenilles; voir *duyll*.

TRUM promptement, diligemment, en bas Léon, *trumoc'h* « plutôt » (i. e. plus tôt) Gr., *trumm* prompt, diligent, diligemment, « ce mot n'est guère connu que dans le Bas-Léon » Gon., *trum* promptement, vite, en cornou. Trd, *enn eunn taol trumm* (il mourut) subitement *Nikol.* 188; *trumder* diligence Gr., m. promptitude, diligence, impatience Gon.; cf. gall. *cythrym* instant. Voir *tronnos*.

TRUTAL « soustraire, enlever, détourner, derober par soi ou par autrui » Gr., *trutein* « escornifler » Chal. *ms; truter* « celui qui soustrait des meubles, des papiers, par soi, ou par autrui » Gr., *truter* écornifleur Chal. *ms*, pl. *en truterion* v. *vivre; trutell* pl. *ed* celle qui soustrait; affronteuse Gr., en pet. tréc. commère, bavarde *Rev. celt.* IV, 169; du v. fr. *trut* tour, finesse, Du Cange, v. *trufa*, etc., voir *Rev. celt.* XV, 367 ; cf. gall. *truth* flatterie interessée, *truthio* flagorner, enjôler.

Le bret. *trucha* tirer par adresse, en flattant, etc.; gueuser, trucher Pel., *truchal, -cho,* van. *-chal, -cheiñ* trucher, gueuser; *-chèr* van. *-chér, -chour* trucheur, f. *-cherés* Gr., *trucher* séducteur; *truchèn* gueuse, coureuse Pel., se rattache aux mots fr. *truc, trucher, trucheur,* qui paraissent d'origine argotique, cf. L. Rig., L. Larchey, etc., voir *Rev. celt.* XIV, 289.

Tu m. : *dou tu dehou* deux dextres *Cb*; (avoir le) moyen, facilité *Guerz. Guill.* 55, *a pe vehé tu* s'il y avait moyen *L. el l.* 114; *he lakeas tû gaer da huela* il donna raison au bon droit, à celle des parties qui était innocente *Trub.* 217, *tû*, pl. *tuiou* Gon. *M'er c'hav diouc'h ho tu* je le trouve (ce manteau) à votre convenance Mo. 270; *atao var e zu* (elle est) toujours de bonne humeur *Bali* 6; *ne veze ket var he zu* (quand sa supérieure remarquait) qu'elle n'était pas à l'aise, bien portante *Nikol.* 33; *pel duhont* au loin, dans le lointain *L. el l.* 44, 196, *én tural d(e)* au-delà de 44; *duman* par ici *G. B. I.*, I, 146, je doute de la forme *tuz*, qu'on lit p. 100; *tûa* transporter en cachette, cacher ce que l'on porte, en léon. dérober, mettre à part, à l'écart, pour l'emporter ensuite Pel., *tui* recéler Gr., *tua, tui* id. et soustraire, recéler, frauder, faire la contrebande Gon.; *tuat,* sing. *tuaden* cache, cachette, transport clandestin de meubles, etc. Pel.; *tuaden* f., pl. *-nnou* id. et fraude, contrebande Gon.; *tuèr* receleur, celui qui détourne qq. ch. d'une succession, d'une maison, etc. Gr., *tuer* receleur, fraudeur; *tuérez* m. action de mettre de côté, de soustraire, de recéler Gon.; *tuôny, tuoñny* réserve, garde Gr., *tuoni* f. Gr., m., cornou. Trd; tréc. *tuek* adroit Trd. Voir *an* 1, *tre, voar*; *Rev. celt.* V, 127; XII, 160; XV, 384, 387; *Urk. Spr.* 133. M. Macbain rapporte *tu*, v. irl. *tóib*, gaél. *taobh* = *toibos* à la rac. *steibh*, parente de *sti* être raide, solide, cf. lat. *tībia*, grec στῖφος; voir *toas*.

Tudoal C, *Parc-Tugduall* n. d'une pièce de terre, xvᵉ ou xvɪᵉ s. *Inv. arch. C.-d.-N.*, E, 234; *Tuzoual, Tudal, Tudel, Tual* Tudual Gr., dim. **Tualic** dans *Kerdualic* n. de l. en 1572 *Inv. arch. Morb.* IV, 296. Voir *Chrest.* 170, 171; *Rev. celt.* XV, 225; Quellien, *L'argot des nomades* 29, 48; *Bezz. Beitr.* XXI, 223, 224.

Turgenn le tour, instrument C après *teurell; teürgn* Pel., *tuirgn* pl. *you, teurgn* pl. *ou*, van. *turn* pl. *éü* Gr.; *turgnaff* tourner, faire au tour C, *tuirgna, -gnat, teurgnal*, van. *turneiñ* Gr., *teürgni* Pel.; *Le* **Turnyer** reg. Péd. 25 (1570), *Le Turnier* n. de convenant *Inv.*

arch. C.-d.-N., E, 85, *tuirgner, teurgner*, van. *turnour* tourneur Gr., *teürgner* Pel.; *tuirgnerez, teurgnerez*, van. *turnereah, turnadur* tournure, l'art ou l'ouvrage des tourneurs Gr. Voir *Rev. celt.* IV, 169; XV, 360, 361.

TURIA, *turiat*, nouveau dict. *turc'hat* fouir Pel., *turc'hat, turyat*, part. *et*; van. *turhyellat* labourer la terre, parl. des cochons et des taupes Gr.; *turieller-douar* mauvais laboureur, à S¹-Mayeux; tréc. *turian* fouir, fouiller; *turyadenn goz* taupinée Nom. 231, *turiaden* taupinière Pel.; gall. *turio* fouir; cf. τορύνη, lat. *trua*. Voir *trehollia*; *Rev. celt.* IV, 169; XIV, 276; XV, 360.

Turzunell tourterelle C, *an druzunel* Bali 81, *ann drujenel* à Douarnenez *Rev. celt.* V, 173, *truhunel* Choœs 152, 212. L'*n* vient de *r*, cf. *mandragoun* mandragore Gr., etc., voir *bez*, p. 66. Voir aussi *paluhat*, p. 457, et *Rev. celt.* XIV, 320.

Tut. Ho *tut*, *ho tud* leurs parents D 98, *tud* hommes 22, 161, *an dut* 52; *an tut gentil* les gentilshommes Pel., *en dudchentil* les bourgeois L. el l. 14; *tudennou* quelques hommes, certaines personnes; *tuta* chercher du monde, assembler beaucoup d'hommes Pel.; van. *tud, tudëu* gens Gr., *tudigou*, van. *-geu* petites gens, populace Trd. Voir *Rev. celt.* IV, 169, 469; VIII, 72, 73; XVI, 214; *Urk. Spr.* 131.

U

Ufern, uvern m. cheville du pied Gr., Gon., gall. *uffarn, ucharn*, irl. *odbrann*. Composé de *od-* = grec ποδ- pied (*Urk. Spr.* 28), cf. *Rev. celt.* II, 325, et de la rac. celt. *brend* enfler, s'élever *Urk. Spr.* 184? La syll. *od-* est comparée à l'irl. *aided* mort violente, *ess* chute d'eau, l. *pestis*, etc., *Urk. Spr.* 329; M. Macbain, v. *aobrann*, admet un composé *ud-brunn- « out-bulge », cf. angl. *out* (voir *aber*) et gaél. *brù* ventre. On pourrait aussi couper *odb-rann*, cf. irl. *odb* nœud, gall. *oddf* excroissance *Urk. Spr.* 50, mot assimilé au lat.

offa Bezz. *Beitr.* XXI, 111-113. La terminaison brittonique s'est peut-être modelée sur des mots de sens voisin, comme *asquornn*; voir *migourn*, *mudurun*; cf. gall. *ffern* équivalent de *ffèr*, voir *fer*.

Vhell haut Cb v. *roch*, *a vhel* (regarder) d'en haut Cb, sup. *uhelafu*, *vhelafu* H 46, *huela* D 106; dame de *Huhelfau* en 1583, seigneur d'*Uhelfau* en 1586 *Inv. arch. Morb.* IV, 288, sieur de *Couetihuel* en 1592 et 1598, V, 272, 273; *inhuel* haut *Chœs* 175, *tud inhuel a galon* gens fiers 208, *douareu-ihuel* coteaux *Celt. Hex.* II, 8; « le guern *K(er)uhelbar* », prob. pour Le Guern de Keruhelbar Ann. de Trég. 17, nom de lieu composé de *uhelbar* = *uhel-varr* gui Gr., *ihuel-varre* m. l'A., *ehüel var'* Chal. ms, *ihuel var* L. el l. 224, tréc. *huelvar*, gall. *uchelfar*, litt. « haute branche ». L'appellation contraire se montre en van. : « *deure derf*, ici *isél-varre* » Chal. (« ici » veut dire « à Sarzeau »), *isel-varr* Gr., v. bret. *hisælbarr* Ztschr. f. celt. Philol. I, 18, 19, 23. Le mot *izel* bas doit être pour quelque chose dans le changement vannetais d'*u* en *i* dans *uhel* haut. Voir *liac'h*.

Dérivés : **huelic** un peu haut dans *Kaerhuelic* n. d'ho., voir *huelic*; *Kerhuellic* n. de lieu en 1609, Sébastienne de *Kerhuillic* en 1618 *Inv. arch. Morb.* V, 8, demoiselle de *Kerhuilic* V, 9; **vheltet** « hautesse » Cb v. *gourren*, *uhélded* altesse Gr., *ihueldaitt* m. l'A., *huelded* van. *jhuelded* hauteur Gr., *inhueldætt* m. l'A.; *uhelded* élévation, lieu élevé, *uhelenn* pl. *ou*, *leac'h uhel* id., éminence; *uhellidiguez* haussement Gr.

A l'expression *a vz ma penn* au-dessus de ma tête N 889, cf. *uz d'ac'h*, *uz d'ho penn* G. B. I., I, 158, *a ust d'an den Miz Mari* 1863, p. 160 (*hust* en haut *Mezellour* 11), il faut ajouter *auch an prat bihan* au-dessus du petit pré, en 1450, *Chrest.* 236, *a euch d(a)* Æl 74, 136; cornique *a uch*, cf. gall. *uch eu penn* au-dessus de leur tête *Mabinogion* III, 264. Il s'est fait un mélange de ce mot avec *ouz*, voir *diouz* au *Dict. étym.*; ceci aide à comprendre les transformations bizarres de **urth* en bret. moy.; voir *dious*, *ouz*, et Ztschr. f. celt. Philol. I, 41, 42. Voir Idg. Forsch. IV, 280.

Vy. Vuy œuf Cb v. *creis*; *vy* pl. *ou*, tréc. *u* pl. *üo*, van. *u*, *üy* pl. *üyëu* Gr., *ui* m., pl. *uïeu* l'A.; *vyaoüa*, van. *üyëuëiñ* étendre des œufs sur (des crêpes) Gr., tréc. *uoañ* Gon., pet. tréc. *uoeign* id.; en Goello *uoa* aller chercher des œufs dans les maisons, *uoâr* f. *es* revendeur d'œufs. La prononciation *ui* est la plus ancienne, mais il est probable qu'on disait en Léon *vi* dès l'époque du moy. breton. Voir *Urk. Spr.* 49; Macbain v. *ubh*.

Un. Auoun costez d'un côté, *a vng bro* d'un pays *Cms; vn het ann dez ha nos* (égale longueur du jour et de la nuit) *Cb* v. *quehidell; vr* un, devant des consonnes Nom. 239, 240, etc. *Le Doctrinal* emploie aussi *ur*, même devant *l* : *ur Juzeau* un juif 131, *ur veag* un voyage 88, *ur laëzr* un voleur 151, *ur lann* une lande 167, *ur lé* un serment 95, *ur Lesen* une loi 40, *ur lozen* une bête 124, *ur loüarn* un renard 88, *ur lefr* un livre 194, *ur lefren* un levrier 194, *un lestr* un vaisseau 105, etc. Les exceptions portent surtout sur l'*s* initiale : *un som* une somme 106, *un Soudart* 16, *un certain prix* 68, *un certen nombr* 88, cf. 87; voir *seurt*. On lit *un charm* un charme 88, *un boc'hat* un soufflet 30; et *ur sabat* 175, *ur sorty* 126, *ur spaç* 197, etc.

Sur *en un*, particule rendant l'idée du participe présent, voir *Ztschr. f. celt. Philol.* I, 39, 40; cf. *en eur gass* en menant *Miz Mari Lourd* 3, *en or guruni* en couronnant 4, *en or sonjal* en pensant, *en or zigass* en amenant *VII*, *en or zont* en venant *X*, etc.

Locutions diverses : *en un tu ganti* (être) de son parti à elle, favorable à son dessein *Bali* 234; *en ti-zé e zou bet ur haër* cette maison a été belle *Voy.* 142, *te zou ur vràhue* tu es belle *Celt. Hex.* IV, 1 (van.); *ur peder pe bemp fleuren* (prendre) quatre ou cinq fleurs *Intr.* 95, *eun daou pe eun tri de* deux ou trois jours Mo. 204, *un eiz dewez a dermenn* une huitaine de jours de délai *G. B. I.*, I, 116; tréc. *eur brago* une culotte, cf. « vnes brayes » Villon, *Grant Testament* 1454 (éd. Longnon); *evit eur james* pour jamais *B. s. Gen.* 28, cf. « Trois jours après que les yeux furent clos Pour un jamais à la mere Lenclos » Scarron, *Épître à Sarrasin;* *mar plich gant eun Doue* s'il plaît à Dieu *B. s. Gen.* 15.

Emploi de *un* comme pronom : *un ann ez-he* un d'entre eux *G. B. I.*, I, 80, *un' he verc'hed* une de ses filles 160, *eun hepken 'zo gwirion* (de toutes les religions) une seule est vraie *Trub.* 254, etc., voir mon second article de la *Ztschr. f. celt. Phil.*

Nous avons vu plus haut, p. 390, 539, le moy. br. *vnuan* égal, semblable; on lit *vn moan* « celuy mesmes » *Cb, Cc* v. *hennez; vruan int* « ils sont de mesmes », *vruan eo din me* ce m'est tout un

Maun., *unvan*, *urvan* unanime, *beza unvan* ou *urvan gand* être accord avec Gr.; *unvan priejou*, *unvan-vad ar priejou* l'union des époux *Trub.* 194, *unvaniez* id. 194, réconciliation 11, *unvanyez*, *unvanded* union, accord, unanimité, conciliation; *unvana*, *unvani* unir, accorder Gr., *unvania Trub.* 51, 194, part. 36; *unvaner* conciliateur; *unvanus* (la vie) unitive Gr. Voir *queinyff*, p. 529; *Rev. celt.* XVII, 301.

Autres dérivés : *unan*, van. id. et *unon* un Gr., *unon* r. on *Choæs* 27; *eveldho ho-unen* comme eux-mêmes, r. *en Trub.* 196, *'nan G. B. I.*, I, 134, pet. tréc. *ënañn*, *'nañn*. Tréc. *eur c'hoz unan* un vieux (angl. *an old one*), *eur gaer unan* une belle, etc.; *unan zôd* un fou, litt. quelqu'un de fou. *Comps outaff ehunan* « parolle à soy mesmes » *Cb*, *deza é hunan* à soi-même *D* 31, *me va hunan eo* c'est moi-même, *é hunan* (lui) seul 152; *istim à nehou é huénan* estime de soi-même l'A. v. vanité, *mæstronni d'unan e huenan dréss er real oll* « despoticité » *Sup*. *Enn unan pe unan euz ann teir feson-ze* de l'une ou l'autre de ces trois façons *Nikol*. 279. *A-unan* unanimement Gr., *a-uénan* l'A., *a unan gand* être d'accord avec Gr., *mar beset aunan da guemerret pried* si vous consentez à prendre femme Jac. *ms* 49. *Unan varnuguentvet quentel* vingt-et-unième leçon *Cat. imp.* 106 (*diou varnuguent q.* 22ᵉ 108; *teir varnuguent q.* 23ᵉ 110, *trede-varnuguent q.* id. 111; *pedirvet-varnuguent q.* 24ᵉ 111). Pl. *gant unanou benac eus e gamaradet* avec quelques-uns de ses camarades *Æl* 74. Dim. *e-unanicq*, *e-unanicq-penn* seulet Gr., tréc. *unanik* un petit. *Unani* réunir Gr., Mo. 246, *hum unanet ged n-ein* unissez-vous à moi *L. el l.* 80; *unvez* unité Gr., voir *dister*; *Glas*, p. 258. Cf. *Urk. Spr.* 47.

Unction. *An diuezafu unction* l'extrême-onction H 51, du fr.

Unia unir D 145; *unic* unique H 59, *vnic* 5; *unité* unité D 46; *universel* universel 20, *-sal* id., *-ou* universaux Gr.; *uniuerssite* universalité H 48.

Urz Ordre, sacrement D 127, *an neurs* Mo. *ms* 143, *an urzou sacr* les ordres sacrés 189, *urzou* van. *urhëu* id.; *urzou*, *urzidiguez* ordination Gr.; *urza* mettre en ordre, disposer, préparer *B. s. Gen.* 18, *urzet* ordonné, commandé *Trub.* 113, 114, *Miz Mari* 1863, p. 160.

Vs usage C, *kalèt t'oh en uz* (l'ormeau si) dur [à l'usage] L. el l. 76, *uss* usure (action d'user) l'A.; c'est peut-être le même mot qu'on trouve dans *teennein debou enn deure dré uzz* imbiber, *monèit dré uzz, trezein dré uzz* s'imbiber l'A. *Vsafu* se servir (et non *us-*) H 103, *usaich* usage D 80, 164, (visage souillé par leur) mauvais traitement 150, pl. *ou* Gr. v. *abus, usageou* Catech. 5; *drouevsag* abus Cb; *usadur* action d'user Gr., *uzadur* m. l'A.; *usancz* pl. *ou* usage, usance Gr.; *vsur* usure (et non *u-*) H 48, *vsur, vsurerez* usure Nom. 203, *usurierez* D 114, *-yerez* 98, *usurérez, usulyérez*, van. *usureah* Gr., *izule* pl. *-lieu* l'A.; usurier usurier D 124, *usurèr, usureur*, van. *usurour* Gr., *izulérr*, f. *-leréss* l'A.; *usuryus* usuraire Gr., *izuliuss* l'A.; *usurpatif* (blasphème) qui attribue aux créatures ce qui est essentiel à Dieu D 90; *utilité* -té D 85, 91.

Vsen. *Læz vsen* « lait caillé, lait premier » l. colostrum, lac novum Nom. 65, *léaz uzen* du Rusquec, cf. gaél. *nòs, bainne nùis*, irl. *nus*. Ce mot breton m'empêche d'admettre l'explication de *nòs* que donne M. Macbain, par *nua-ass* nouveau lait. La rac. est plutôt celle de l'irl. *snuadh* fleuve, gaél. *snodhach* sève, grec νέω, etc.; voir *Urk. Spr.* 316, *yell*, et *cuz* 2.

La forme *lais-lusen* Pel., *léaz-lusén* Gon., voir *lotrucc*, peut s'expliquer par une étymologie populaire d'après *lusen, luzen* brouillard épais (voir *lusen*). Le premier lait de la vache, et aussi le lait qu'on a fait cailler s'appellent en pet. tréc. *léz peket*, litt. « lait collé ».

Ussien écorce de l'avoine mondée; criblures de blé vanné Pel., *usien* 2 s. Gon., *uczyen* Gr., cornou. *usien, uchen* Trd. Ces deux auteurs font *usien* du fém., mais Perrot écrit *usien kerc'h*, p. 176. C'est le gall. *usion* balle, paille, voc. corn. *usion* paille, qui semble le plur. de *us*, gall. moy. et mod., Z^2 1080. Le singulatif gall. de ce mot est *usyn*, qui rappelle beaucoup *eisin, usun* du son, de la balle, plur. v. bret. *eusiniou Rev. celt.* I, 356, 357, voir *Yusynec*; pour les suffixes *-yon, -yen* et *-in*, cf. ibid. VII, 149. Sur le tréc. *usmol*, syn. d'*usien* Gr., voir *mol*. Le pet. tréc. *uzor* fragments qui voltigent quand on travaille le lin, peut être un ancien plur. en *-ār*, comme *clogor*; voir mon second article de la *Ztschr. f. celt. Philol.*

V

Va mon Am. v. *drouin* (2 fois), *harp*, etc.; D 137, Nom. 332, 333, 334, etc., léon. *va*, gall. *fy*; voir *Dict. étym.* v. *ma* 1.

Vacaff. Vacqui vaquer, s'occuper de D 198; *ebars em dever vac* (je ne resterai point) inoccupé, sans souci de mes devoirs d'état Jac. 43; *ar vuez vag pe dilabour* la vie oisive T. Ger. 45; *vacq* oisif, *vacq aboalc'h eo varnezd* il est assez libre (pour); *vacqi, beza vacq* vaquer, être vacant; *vacançz* vacance (d'un bénéfice), *vacqançz* pl. ou vacances, suspension d'affaires ou d'études; *vagder* oisiveté Gr.

Vaen. Vean vain 1 s., r. *an* D 123, *é væn* en vain 80; *carer a vanagloer* Cms, *carer avanegloer* Cb, *vanegloar* D 101, 113, *væna gloar* Quiquer 1690, p. 166, *vean-gloar* Gr. vaine gloire, cf. *malagresse* indignation l'A., *malagresse* fâcherie Chal. (c'est ainsi que j'ai lu; l'éd. de M. Loth porte *malagreste*), du v. fr. *malegrâce*, qui se dit encore en Bretagne; voir *Clauda*, etc. *Veanded, vaënded, vænded* vanité Gr., *vaniteou* vanités D 60; *vaen* faible; *vænat* affaiblir, *vanet* affaibli Chal. ms, *vainat* tomber en faiblesse v. *manquer*; *vænadur* défaillance, *vénadurr* évanouissement l'A., *vainison* faiblesse (d'un malade) Chal. ms, v. *traittable*; faiblesse, pâmoison v. *manquer*; *vænison* affaiblissement Chal. ms. Ce suffixe est le même que dans le fr. *trahison*, moy. bret. *trayson*, et dans le bret. *hardizon* hardiesse Gr. (cf. fr. *s'enhardir*); voir *songeou*.

Vagaff. Vacabonet vagabonds Æl 173.

Vandangaff, -dagaff, vendagaff vendanger; *vendag* vendange; *-er* vendangeur. Les formes par un seul *n* sont confirmées par Grég., qui ne donne que *véndaich* vendange, *véndachi* vendanger, *véndaicher* vendangeur; elles s'expliquent par l'influence du suffixe *-ach* = fr. *-age*.

Vantaff vanter C. Le Cc renvoie à *vanter*, v. *pompadaff*, par un gallicisme contraire aux bretonismes signalés v. *fouzaff*; à moins que l'auteur n'ait pensé à un correspondant léon. du van. *vantour* vanteur Gr.; *vantereh* pl. *eü* vanterie Gr.

Variant inconstant, qui change D 164, 171, (chose) vile, sans valeur 175; *varyamand*, *varyadurez* variation, variété, inconstance, *varyançz*; *varyanded* variété, diversité Gr. Voir *treux*, p. 717.

Veag. Ar *veaig* le voyage D 35, pl. *beachou* 192; *béaich*, bas léon. *güeaich* pl. *ou*, van. *béch*, *beich* pl. *eü* Gr., *baige* f., pl. -*geu* l'A., voyage *Choæs* 52, *boyage Guerz. Guill.* 96; *béagi*, *güeaichi*, van. *begeiñ* voyager; *béager*, *güeaicheur*, van. *béejour* voyageur Gr., *baijourr*, *vaijour* l'A., pl. *voyajerion Voc.* 1863, p. 8; *béajadurez*, *güeajadur* viatique, provision pour un voyage Gr.

Vece vesce *Cms* v. *charronce*, voir *beçz*; *béngz*, *beçz* Gr., tréc. *veus vesce* cultivée (par opposition à *gwek* vesce sauvage, vesceron). Voir la *Préfac*, § 4.

Vellis. *Meliscr* mélisse Nom. 79, cf. le rapport de *caliçz* calice, van. Gr., *calice* l'A. à *calizr* Maun., etc.

Vendicaff. *Vendicatif* vindicatif, fragment de mystère *ms* (épilogue); *uengeancz* vengeance H 56, *vengeancz* 48, *vengence* Cb v. *cannaff*, *vengeanç* D 98, 105, *veñgeançz* pl. *ou* Gr., *vanjançe Choæs* 3, *vejance* f. l'A. (cf. *setançz* sentence Gr.); *am bombans beza vangeançou*, r. *us*, lis. *vangeançus* (j'espère) expier, faire pénitence de mes frédaines D 126, *vanjanciuss* vindicatif l'A., -*ius* 4 s. *Choæs* 160; *vangy* se venger 178, *veñgi*, van. *vañgeiñ* venger Gr., *vangein Choæs* 33, -*jein* L. el *l*. 124, *vejein* l'A.; *veñger* vengeur, f. -*crès* Gr., *vanjour* (le feu) vengeur *Guerz. Guill.* 31, -*geour* 43; *veñjus*, van. *vañjus* vindicatif Gr.

Venerabl vénérable Cb v. *grefaff*, *ue-* H 44, 55, du fr.

Venin venin *Cms* v. *ampoeson*, *binym*, *benym*, *vinym*, *venym*, *velyn*, *binymadur*, van. *velym*, -*adur* Gr., *velim* m., pl. *eu* l'A.; *binin* poison Nom. 278, *velim* venin, méchanceté *Choæs* 13; *binimus* (crime) horrible D 161, *binymus*, *vinymus*, *velymus* venimeux Gr., *velimuss* l'A., *velimus Choæs* 173; *binima*, van. *velimeiñ* envenimer Gr., *vélimet* (plaie) envenimée *Guerz. Guill.* 104.

Veritabl véritable C*b* v. *guir*, *Choæs* 69, *véritable* (larmes) sincères 4; adv. *véritablement* Cathell 22, voir *maru*.

Veronyc Véronique H 37.

Uertuz vertu (et non *vé-*) H 24, 56, *uertu* (et non *ve-*) 48, f. : *teir* 50, pl. *uertuzyou* (et non *ve-*) 47, 56; *vertuz* vertu D 39, *vertus* 50, efficacité 15; pl. *-uziou* 16, 131, *-uzyou* 63, *-usyou* 181, *-uyou* 148; *vertuzus* vertueux 77, (sang) précieux, divin 21, *-usus* 181; *vertuz* vertu, pl. *-uzyou*, van. *vertu* pl. *-uyéü*, *-uéü*; *vertuzus*, *-tuus* vertueux Gr., *-tuus* Voc. 1863, p. 42, *-tuyuss* l'A.; *vertuyeuse-matt* vertueusement l'A., voir p. 395, note.

Veruen verveine C, pet. tréc. *vervéen* 3 s.

Ves de H 48, 54, *ues a* 58, *uez* 2, 3, 15, 58, 59, *uez a* 5, 16, *a vez* Am., v. *orghet*, *pe a uez tra* de quoi Catech. 5 v, *ves* Nl 53, 458, D 26, 41, Jac. ms 95, *vez* D 27, *ves a* 30, *ves a* Jac. ms 83, *an viçc á ves an pres* la vis de la presse Nom. 148, *vés a*, *evés a* Gr., cf. v. *fiancé*, etc. M. Stokes a comparé (H 101) le cornique *a-ves* hors de, *dhe vés* dehors, gall. *y maes*, voir *maes*. La voyelle contractée a complètement éliminé les deux diphtongues du mot *maes*, *meas*, pris dans cette acception atténuée; cf. la simplification des « mots vides » *'n én on* = *eun den* un homme, *dë gé* vers pour *da gavet* à trouver, en trécorois, etc. L'*m* radical paraît dans *ames* de D 36, *pe ames à hini* dont (nul n'est exempté) 114, et dans *pe à mæs à lec'h* d'où (monta-t-il au ciel) 35, où la notation *æ* semble due à une réminiscence du mot *mæs*, *maes*. *Amez* de, rime en *ez* D 154, cf. *vez*. Voir *eux* 1.

Vestl fiel J 143, D 151, Intr. 366, *uestl* C, *guëstl*, *ar guëstl*, *ar vestl* Gr. (voir *mouien*, p. 431), *velstr* Cat. imp. 10, 32, *veisstre*, *visstre* f. l'A., *vistr* Choæs 63, pet. tréc. *vést*; *Le Vestle* n. d'ho. en 1539 Inv. arch. Fin., A, 10. Voir Dict. étym. v. *bestl* (forme insuffisamment attestée pour le bret. moy.); Urk. Spr. 175.

Vetez, voir *bet nary*. Van. *bete ne zeï* il ne viendra pas ce soir, *donnet e reï bete* elle viendra ce soir Gr.; tréc. *fed-a-noz* (que j'aille à Paris) cette nuit G. B. I., II, 58.

Veturier voiturier C, *vyturèr*, *vyturaicher* Gr.; *voetur* voiture C*b*, *vytur* pl. *you*, *vyturaich* pl. *ou* Gr., pet. tréc. *goetur* f., voir *youst*, p. 339; *vytura*; *vyturaichi* voiturer Gr.

Veu. Uoeu vœu H 50, *vœuou* vœux D 72; des ex-voto 169; *imachou votif* images votives 86.

Viaticq -ique D 115. — *Vicaer. Vicquær* vicaire D 197, *viqél*, pl. *viqélyen, viqéled; viqél vras* grand vicaire Gr., *viquéle* pl. *-lieu* l'A.; *viqélaich, viqélded* vicariat, fonction de vicaire; *viqélyaich* pl. *ou* vicairie, cure desservie par un vicaire perpétuel Gr., *viquélage* m. vicariat, vicairie l'A. — 1. *Vicc. Viçz* pl. *ou* vice Gr., *viçou* D 123, *vinceu Choæs* 21; *vicius* vicieux D 40, *vincius Voc.* 1863, p. 42. — 2. *Vicc. Viçz* f., pl. *ou* vis Gr., *binçz* f. id., v. *écrou, biñs* pl. *ou, ur viñs, ar viñsou* vis, escalier en rond Gr., *vince* f., pl. *eu* vis; escalier; *vinsage* m., pl. *-geu, vinceéll* f., pl. *eu* écrou l'A., *vincélleu* v. *taraud; vincéllein* tarauder l'A. — *Victor* victoire *Cb* v. *ioa,* D 33, pl. *you* Gr., *ieu* l'A., sing. *victoére* f. l'A., *-toër Choæs* 34, *-toër* 92, *vikluer* L. *el l.* 112; *victorianes* victorieuse Peng. I, 230; *victorius -ieux* D 33, *-yus* Gr.

Viel vielle *Cb* v. *harp; byell* pl. *ou* id.; *byella* vieller, *byeller* vielleur Gr., bas cornou. *viella* être oisif, perdre le temps, aller çà et là, *vieller*, f. *ès* oiseux, *viell, vihell* oisiveté Pel.; du fr. *vielle, vieller*; pour le sens figuré de ce mot, qui est celui du bret. *viella*, on peut comparer l'allem. *leiern. Vyol* pl. *ou* viole, *vyolons* pl. *ou* violon Gr., *violon* m., pl. *eu* l'A.; *vyoloncér* joueur de violon Gr.

Vigil -e Cb v. *dihuner;* la veille (d'une fête) D 77, pl. *ou* 80, 83, 111, H 34, *uigilou* 17; *vigile* m., pl. *-lieu* vigile l'A., *vigel, dez vigel* id. Nom. 225, *vigel,* van. *vigil* abstinence de viande Gr., pet. tréc. *dé vijel* jour maigre; *vygelès,* van. *vigilés* vigiles, l'office des morts Gr., *vigiléss* f., pl. *-ézeu* l'A.; *vigellant* vigilant Mo. *ms* 163. — *Vigour* vigueur, *-us* vigoureux Gr.

Vil (péché) hideux *Choæs* 50, *vil amprehon* chétif insecte 72, *na dré vil na dré gair* ni par force, ni par ruse 121; *viléss* pl. *-ézétt, vilézig* laideron l'A.; *vileit* (il a) gâté (une chanson) L. *el l.* 30; *viltæd* m. laideur l'A.; *er vileté-zé* (se plaindre de) cette indignité *Stationeu*... J.-C., 1829, p. 21; *viltançz* pl. *ou,* van. *éü* vilainie, difformité Gr., *mil viltanç* mille infamies, péchés infâmes D 123, cf. v. fr. *aviltance* avilissement, déshonneur, mépris; *vilguenn* pl. *ed, ou* vilaine, femme de mauvaise vie Gr., cf. pet. tréc. *lousken* salope, de *lous* sale. C'est sans doute l'influence de *vil* et de son composé *auil* qui a fait tirer du fr. *révérer* le bret. moy. *reuil*, respect, égard, forme plus fréquente que *reuir*.

Villain, *vileny*, *vileniet*, voir *bilen* au *Dict. étym*. *Toull an vileniou* égout d'immondices Nom. 230; léon. *villagenn* pl. *ou* village Gr., *vilagennou* Nom. 226, trec. *willagenn* pl. *o* Gr. Du fr. *vilain*, etc.

Uiolancc violence H 12, *-ancz* 50, *violanç* D 99, 149; *violant* 3 s. violent Choæs 160; *violamant* viol D 101; *vyolerez*, van. *-ereh* id. Gr., *violereah* m., pl. *eu* violement, violation, viol l'A.; *vyoli* violer; *-ler*, van. *-lour* violateur Gr.

Violet violette Cb, *vyolaitte* m. l'A., *vyoletenn* id., *vyoleies* de la violette, des fleurs de violette; violier, giroflée Gr.; *violêtt* violet l'A.; v. br. *uileou* gl. uiolas (de *uiloou, *uiolou ?).

Virginal virginal Cb v. *guerch*, D 27; *uirginitez* (et non *vi-*) virginité H 50.

Visaff viser C, *bisa*, *visa* Gr., *vizein* l'A.; *bisadur*, *visadur* visée, action de viser Gr., *visereah* m., pl. *eu* l'A.; *laquad enn vize* coucher en joue l'A.; *bisicq-ha-bisicq* but-à-but (à conditions égales) Gr.; *visavis da* vis-à-vis de D 192, *vis-a-vis d(e)* Choæs 162; *visaig* visage Cms, D 40, *bisaich* pl. *ou*, *ar visaich* Gr., visage Choæs 59, pet. trec. *bijas*, cf. *o pijase* r. *as* votre visage Jac. ms 34 (voir *paluhat*); voir *bisag*, et *Dict. étym*. v. *bisaig*. Dim. dans *fals* **visachic** petit faux visage, l. laruula Cb v. *gueen*. *Visiblamant* visiblement Mo. ms 234; *vision* la vue (de Dieu) D 32, *visionet mat* qui a une bonne physionomie Chal. ms v. *bon*. *Visitaff* visiter n'est dans H qu'à l'impér. *visit*, p. 19; *visita* D 71, 72, 169, *bisydta* van. *bisyteiñ*, *visiteiñ* Gr., *-tein* l'A., Choæs 25; *Visitation* la visitation D 70, *visitation er Huérhiès Guerz*. Guill. 144; *bisyd* f., pl. *ou*, van. *bisyt* pl. *eü* visite Gr., *visite* m. l'A., *visit* Choæs 147; *bisydter*, *-dtour* visiteur Gr., *visitourr* l'A

Vitaill. *Bytailh*, van. *vytailh* victuailles Gr., *vitaill* m., pl. *eu* l'A.; *bytailhèr* victuailleur Gr., *vitaillour* l'A.; *neb a vitaill* « celuy qui vitaill » Cc v. *bitaillaff*, *bitailha* ravitailler Gr., voir *Ét. van*. III, 6. **Uiuiffiet** vivifié H 7; *vif* vif D 173, vive (image, représentation) 134, *vist* r. *if*, lis. *viff* 151, pet. trec. *vif* (homme) vif, *vif vel ē̆ poult* vif comme la poudre; *vivament* vivement (touché) Mo. ms 130.

Voar, *var*, van. moy. *houar* sur, dans « dame... de *Tivoarlan* »

en 1594 *Inv. arch. Morb.* IV, 246 ; la maison *Tyvarlen* en 1539 *Inv. arch. Fin.*, A, 7, cf. A, 10, *Tyhouarlen* en 1587 *Inv. arch. Morb.* V, 189. *Var va maro* (les derniers mots que je prononcerai) à ma mort, avant de mourir *Aviel* 1819, I, 77 ; *var a zonj darn* à ce que pensent quelques-uns (des docteurs) *Bali* 151 ; *var n'o devo offanç* pourvu qu'ils ne soient pas détériorés (mes vases, ma vaisselle) Mo. 227. *Varneza* sur lui *Bali* 256, *varna* 201, 232, f. *varni* 227, *war nizhi, warnizhi* Trub. 103, pl. *varno Bali* 227. *Var zu* vers D 118, 163, *varzu* 168, 193, *vazun tan* vers le feu 126, *var o zu* vers eux Jac. 5, *varzu ar guêr* (rentrons) à la maison, chez nous Mo. 272. Voir *dastum, entresea ; har, oar, tarauat*, p. 678, *tre* ; *Urk. Spr.* 283, 284.

Cette préposition est identique au préfixe *gour-*, qui est tantôt intensif, tantôt diminutif. En ce dernier sens MM. Loth et Stokes y voient un mot différent, cf. *Bezz. Beitr.* XXI, 125 ; je crois que le second emploi est dû surtout à l'influence de l'ancien préfixe diminutif *gou-*. Voir *gounj, gour-veau, gouzavi*, etc. ; *Rev. celt.* XVI, 190, 191. Aux exemples que j'ai donnés de semblables échanges, dans l'article de la *Revue Morbihannaise* cité v. *souffisant* et p. 429, on peut ajouter la méprise rapportée par Galland, *Les paroles remarquables... des Orientaux*, Paris, 1694, p. 75 : « Un Medecin Grec d'Antioche estoit convenu pour une somme d'argent de guerir un malade de la fiévre tierce ; mais... les remedes qu'il lui donna firent changer la fiévre tierce en demi-tierce, de sorte que les parens le renvoïerent... Il leur dit : Païés-moi donc la moitié de la somme... puisque j'ai chassé la moitié de la maladie... Il s'arrestoit au nom, et... croïoit que la fiévre demi-tierce estoit moins que la fiévre tierce, quoi qu'elle soit double de la tierce » (double pour le nombre des accès ; aussi l'appelait-on en franç. « double tierce »). On peut rappeler encore les diverses erreurs relatives à l'emploi de la négation, qui sont citées plus haut, v. *burzudus, na*, p. 437, et *Bulletin mensuel de la Faculté des Lettres de Poitiers* VII, 240, 241 ; VIII, 98, 99. Il serait facile d'en multiplier les exemples. Dans *Les odeurs de Paris* (6e éd., p. 203, 204), L. Veuillot critique à ce point de vue une phrase de la *Revue des Deux-Mondes* : « Moins encore que l'auteur d'*Hamlet* et l'auteur de *Faust*, l'auteur de *Don Juan* et de la *Flûte enchantée* ne doit porter la responsabilité de son génie ».

Uolontez volonté H 2, 14, 58 (et non *vo-*; pas de forme *voluntez*); *volontez* D 113, *volonté* 24, 97, 113; r. é, 52, *volontez*, *bolonté*, van. *volanté*, *bolanté* f. Gr., *volanté*; *volantéussoh* plus volontiers l'A., Chal. donne aussi cette forme, en ajoutant : « selon M. de Guerne »; **uoluntaer** volontaire adj. H 48, *volonter* D 95, empressé (à aider son prochain) 181, *volontér* pl. *ed* « volontaire, qui sert le Roi sans solde » Gr.; *volonteramant* volontairement D 136, *-airamant* 150, voir *maru*; *volupteou* voluptés D 163, *-éou* 61.

Vost ho stat l'éclat de leur pompe P 238; *ho vost, ho stat* leur prestige, leur grandeur 242; *ober vost a enep e azrouant* « faire assault » Cb v. *assaut*; van. *ober uost'* faire figure Chal. ms, v. *faire; a vostad* en foule L. el l. 50, 166, *Martired Castelfidardo* 222, B. er s. 132, *Guerz. Guill.* 84, *a vostat Choæs* 25, *a-vostad* 86.

ERRATA

Page 16, v. *ac'hubi*, ligne 5, au lieu de *pailhoro* lisez *palhoro* (je représente *l* mouillé par *lh*).

Page 17, v. *acquet*, ligne 3 de la note 1, au lieu de M.DCCC.LXXVII lisez M.DCC.LXXVII. L'auteur du *Dictionnaire roman*, qui n'est pas nommé dans cette édition, est Lacombe.

Page 30, v. *anhez*, l. 7 de l'article, au lieu de « peut-être » lis. « peut être ».

Page 31, article *anoet*, ajouter : Cf. irl. *anfud*, gaél. *onfhadh* tempête.

Page 34, art. *ar-*, § 3, ajouter : Cf. *ema brepet ar uoulg', ar lusqu'* il a toujours un pied en l'air, syn. de *forh boulgeant é* (il est très remuant) Chal. *ms*, v. *air*.

Ibid., § 4, fin de la l. 1, lis. *arouarec*.
— fin de la l. 2, lis. *ar-ouarêc*.

Page 37, art. *ar-enep*, ajouter : Voir *gar-*.

Page 41, art. *arzornn*, ajouter : *diberdé* de *diberdérr* oisif l'A.

Page 44, v. *ausaff*, lis. à la fin de l'art. : Voir *dieznes*, *penaux*.

Page 45, v. *Aualeuc*, avant-dern. l., au lieu de « voir *oleau* » lis. : voir *Olier*, *fau*, *caut*, *Galperouet*, *perenn*, et *bezeuenn* aux Errata.

Page 54, l. 2 (art. *bara*), ajouter : Voir Bezz. Beitr. XXI, 129.

Page 57, art. *beler*, ajouter : Voir Macbain v. *biolaire*.

Page 65, art. *beuez*, ajouter : Peut-être faut-il voir dans *bibid* une formation redoublée (cf. βέβαιος), de la même racine que *bezuout*; pour le sens, cf. lat. *adstringi furti*, ἐνέχεσθαι κλοπῆς.

Page 67, art. *bezeuenn*, ajouter : Gr. donne *bézvenn* pl. *ed*, *bévenn* pl. *ed*, *ou*, tréc. *béoüenn* pl. *o*, van. *béüeenn* pl. *béüennéü*, *béü* bouleau; *bézv*, *bézo*, *coad béau*, van. *béü*, *coëd béü* du bouleau; on lit *bezo*, *coet beu'* Ch. *ms*, *béau*, *béué*, *baiuë* l'A. De là BEUEC, *béauec* m. boulaie l'A., *bézvennec*, *bévennec* pl. *-egou*, tréc. *béoüennec* pl. *-ego* Gr. Le n. d'ho. actuel Le BEZVOËT doit avoir eu le même sens; cf. l'autre nom Le *Vezu*. Voir *Aualeuc*, *fau*, etc., et Urk. Spr. 166.

Ibid., art. *bezin*, ajouter : Voir *Idg. Forsch., Anz.*, VI, 196 ; Macbain v. *ditionn.*

Ibid., après l'art. *bezin*, ajouter :
 Bezuout liseron, voir *mouien*, p. 431, note, et *beuez* aux *Errata*.

Page 69, v. *blaouah*, l. 2, lis. odieux.

Page 72, art. *boas*, ajouter : Gr. donne en van. *boëz* habitude, pl. *ëu* ; on lit *uouës* habitude, *uouezet de* habitué à Chal. ms. Voir *roe*, p. 581 ; Macbain v. *beus*.

Page 83, art. *brezell*, ajouter : Le basque *berdella* doit venir d'une forme espagnole du lat. *viridis*.

Page 84, v. *broch*, l. 3, au lieu de *bro'ched* lis. *broc'hed*.

Page 87, v. *buch*, 2ᵉ §, l. 3, au lieu de *gañti* lis. *gañti*.

— art. *bugad*, ajouter : Voir *Bezz. Beitr.* XXI, 130.

Page 91, v. *caffou*, l. 4, au lieu de « cité » lis. « citée ».

— v. *cahun*, ajouter : Voir *Scahunec*.

Page 101, art. *caut*, ajouter : Voir *Galperouet*.

Page 105, art. *cleyz*, ajouter : Voir *glueiz*.

Page 110, art. *coar*, lire : *Euel e coar* N 902 veut dire « comme (si la pierre eût été) en cire » ; c'est ce que prouve la Vie latine de sᵗᵉ Nonne (voir l'éd. de l'abbé Sionnet, préface).

Page 111, art. *coat*, ajouter : Voir *hañvesqenn*, p. 313.

Page 127, v. *coulet*, l. 1, lis. : Le van. CAOÜLEIN.

Page 134, art. *crin*, ajouter : Voir Macbain v. *crion*.

Page 135, v. *cronicquou*, l. 3, au lieu de *darrasscle* lis. *darasscle*.

Page 148, art. *de-*, § 3, ajouter : Voir *qelastrenn*, et *laz* aux *Errata*.

Page 153, après l'article *deualher*, ajouter :
 Deuesquer, diuesquer jambes, voir *scarra*, et mon second article de la *Ztschr. f. celt. Philol.*

Page 156, avant *Dic'hreunya*, ajouter :
 Dic'hlanna déborder, voir *glann* au *Gloss.* et aux *Errata*.

Page 164. L'article *didalchus* est joint à tort à l'article *dideureul*, qui doit suivre l'art. *didan*.

Page 165, v. *dieznes*, l. 4, au lieu de « second » lis. « premier ».

Page 181, v. *disleber*, ajouter : Grég. donne *disleber* et *dislebet* chétif.

Page 183, l'art. *dispos* devrait venir après l'art. *displigaff*.

Page 186, v. *distribilla*, 2ᵉ §, ajouter à la première phrase cette note :
 L'attelage se compose habituellement de trois chevaux ; Grég. les appelle : *marc'h limon* « cheval limonnier » ; *marc'h creiz*, en Trég. *marc'h an tret qarr* « cheval du milieu de l'attelage » ; *marc'h bleyner*, *marc'h bleyn*, en Trég. *marc'h ambilh* « cheval qui est le premier de

l'attelage ». En pet. tréc. *an tret kar* a un syn. *tirlêr, tirlë*. Quand il y a cinq chevaux, le troisième s'appelle à Pédernec *foz-añbilh*, litt. « faux premier », parce qu'il tient la place occupée d'ordinaire par le premier ; celui-ci est toujours *añbilh*; le second *zourbilh*, litt. « sur- ou sous-premier » (voir *souffisant*).

Page 189, art. *diverraff*, ajouter : Voir *Bezz. Beitr.* XXI, 129.

Page 192, art. *dogan*, ajouter : Chal. *ms* donne *dogan* avant *doguet*, ce qui permettrait aussi de voir dans ce dernier un pluriel, comme l'a fait M. Loth, éd. de Chal. 100. L'A. a le plur. régulier *doganett*.

Ibid., art. *dor*, ajouter : Voir *torz*.

Page 197, art. *dresen*, ajouter : Voir *perenn*.

Page 199, art. *druill*, ajouter : Voir *trehollia, trullien*.

Page 202, v. *eben*, l. 3, au lieu de « coté » lis. « côté ».

— l. 4, au lieu de « me » lis. « mes ».

Page 204, art. *ebanaff*, ajouter : M. Stokes tire ce mot de *ex-an-*, cf. irl. *anaim* demeurer, et peut-être μένω, lat. *maneo*, etc. *Bezz. Beitr.* XXI, 131 ; voir *Urk. Spr.* 210.

Page 224, art. *eugenn*, ajouter : M. Loth propose de corriger le plur. *ehin* que donne Chal., v. *ejon*, d'après *eheine*, qui se trouve v. *ijonn*; mais on lit *ohin* ibid. v. *gourvéein*; Chal. *ms* a ces deux formes *ohin* et *ehin* répétées v. *bœuf*, et v. *bouvier*.

Ibid., art. *eureugou*, ajouter : Le Gon. fait *eûred* masc. ; il a ce genre dans certaines localités trécoroises, comme Lanrodec, et est fém. dans d'autres, comme Trévérec, Kerfot, Pédernec. L'A. donne *ëræd* m., pl. *eu*.

Page 245, v. *Franccees*, l. 3, au lieu de « matière » lis. « manière ».

Page 246, v. *froan*, l. 1, au lieu de 29 lis. 19.

Page 247, v. *froezaff*, l. 5, au lieu de *frouëzaër* lis. *frouëzaër*.

Page 257, v. *glann*, l. 4, ajouter après « Chal. *ms* » : litt. « inondation d'eau débordée » ; *dillan* inondation, *dillaniein* inonder ; *dislan en deur* déluge, *un dislan, ur ster dislanniet* débordement de rivière Chal. *ms*; *dic'hlann, dic'hlaign* pl. ou id., *dic'hlanna, dic'hlaigna* déborder Gr.

Page 258, art. *glauaff*, ajouter : Voir *Bezz. Beitr.* XXI, 134 ; *Urk. Spr.* 285.

Page 259, v. *glec'h*, à la fin de la l. 6, lis. : *gall*.

Page 262, art. *glueiz*, ajouter : Voir *quen* 1, p. 546.

— v. *go*, l. 4, au lieu de « cet y » lis. « ce son y- ».

Pages 268-276. La question traitée à l'article *goaz* 3 est reprise à un point de vue différent, v. *quen* 1.

Page 277, art. *goezreu*, ajouter : Voir *meur*, p. 413 ; *rudher*.

Page 280, art. *goret*, ajouter : Voir *porc*.
— art. *gortos*, ajouter : Voir *mennat*, p. 405.
Page 287, v. *gourmandis*, au lieu de « gonrmandise » lis. « gourmandise ».
Page 291, art. *gouzroucquet*, ajouter : Voir *porc*.
Page 295, art. *gruech*, ajouter : Voir *squeuent*.
Page 296, art. *guec*, ajouter ; Voir *vece*.
Page 297, l. 15, au lieu de Gueler lis. Güeler.
Page 298, 1ᵉʳ art. *guenn*, ajouter : Voir Bezz. Beitr. XXI, 98, 99, 126.
Page 300, après l'art. *guenuer*, ajouter :
 Gueodet dans *Cozgueodet* xiiiᵉ s., etc., cité, du lat. *civitatis*, voir *Préface*,
 § 16.
Page 305, 4ᵉ art., au lieu de *Guilar* lis. Guilar.
Page 313, art. *hardy*, ajouter : Voir *vaen*.
Page 315, art. *hec*, ajouter : Voir *tennaff* aux *Errata*.
Page 316, art. *heizes*, ajouter : Il semble que ce mot se soit mêlé avec *guis*
 truie, dans *ur huiés*, *heies* laie, femelle d'un sanglier Chal. ms. En pet.
 trec. *heies* se dit d'une femme vive et bruyante. M. Macbain v. *sithionn*,
 explique le gall. *hydd* par *sedi-* et compare l'ancien irl. *ség*, ce qui me
 semble peu probable.
Page 329, art. *huytout*, ajouter : Voir *souyz*.
Page 330, art. *ialch*, ajouter : Voir *lapous*.
Page 340, art. *Yusynec*, ajouter : Voir *ussien*.
Page 355, avant l'art. *lazaff*, ajouter :
 Laz latte, verge, voir *qelastrenn*. C'est prob. le verbe de ce mot qui se
 trouve en moy. bret. dans l'expression *pe laz dimp ny* que nous
 importe, litt. en quoi cela nous touche-t-il, et en van. dans *lah
 arnehou* « donne dessus » (frappe-le) Chal. ms.
Page 363, v. *lentilus*, l. 3, au lieu de « Le Tirant » lis. « Le Tuaut ».
Page 366, art. *liac'h*, ajouter : Voir *vhell*.
Page 370, v. *Lissineuc*, l. 3, au lieu de « *lysen* lis, de » lis. « de *lysen* lis ».
Page 372, art. *loet*, ajouter : Voir *louan*.
Page 374, v. *lotrucc*, 2ᵉ §, ajouter : Voir *vsen*.
Page 381, ajouter à l'art. *lusqu'* : Voir *ar*- aux *Errata*, et Macbain v. *luaisg*.
Page 386, v. *mâle*, fin de la 3ᵉ l., lis. « étymologie ».
Page 413, l. 6 (v. *meur*), au lieu de *hudurnez* lis. *hudurnez* Gon., voir
 quaez.
Page 414, art. *Mezec*, ajouter : Voir *quaez*.
Page 420, v. *mintinyus*, l. 10, après *penn*, ajouter : Cf. Bréal, *Mém. de la
 Soc. de ling.* IX, 36, 37.
Page 422, art. *moean*, ajouter : Voir *quen* 1, p. 539.

Page 426, après l'art. *morgo*, ajouter :
 Mor-gui pl. *mor-chaçz* requin Gr., *môr-gî* Gon., litt. « chien de mer », cf. *qy-vor* pl. *chaçz-vor* id. Gr., *ki-vôr* m. Gon., qui morr l'A.; gall. *morgi*, irl. *Muirchú* n. d'ho., de *mori-kuô*, Bezz. Beitr. XXI, 131, 132.
Page 427, art. *morzol*, ajouter : Voir *pri*.
Page 460, v. *par* 2, dernière l., au lieu de *genouefe* lis. *Genouefe*.
Page 473, v. *penguen*, § 1, dernière l., lis. : et πυγή, πυγών.? *Cuing* est expliqué par *co-jungi- Bezz. Beitr. XXI, 132.
Page 483, v. *peul*, 3ᵉ l. avant la fin, au lieu de *à* lis. *à*.
Page 490, art. *pylat*, ajouter : Voir *trotal*.
Page 507, l. 6 (art. *pot*), après « d'étain », ajouter : van. *podourr steinn* potier d'étain l'A.
Page 522, art. *quarc*, ajouter : Voir *scouaç'h*.
Page 526, art. *queguin*, ajouter : Cependant Trd donne à *kesteurenn* f. un autre sens, celui de bedaine, panse, ce qui se dit quelquefois à St-Clet. Dans son Dict. fr.-bret., v. *ventre*, il emploie le dérivé *kesteurennad* ventrée ; v. *panse*, il propose une explication par *kest teurenn* « panier de la panse, capacité de la panse », voir *qèst*. Je crois qu'il vaut mieux partir de *co-s-torr-*, voir *torr* ; cf. gall. *cys-tal* aussi bon (et *do-s-*, voir *discomboé*, et *trousquen* aux *Errata*). Pour l'assimilation des voyelles dans *qeusteurenn*, voir *couffabrenn, ebeul, qeur-eucg, queunet*.
Page 543 (v. *quen* 1), l. 17, après -*at*, -*añt*, ajouter cette note :
 Voici des exemples de cette terminaison, très usitée à Lanrodec, en Goello : *kaerad e* que c'est beau ! *huelad e* que c'est haut ! *bianad e dë dreid* que tes pieds sont petits ! *gwasad e* que c'est mauvais ! *gwasad e tom* qu'il fait donc chaud ! *o matad e o chist* oh que votre cidre est bon ! *kaerad devez* quel beau jour ! *teriplat bugel 'peus aze* quel fort garçon vous avez là ! *zelet vurad dén e hennes* voyez comme cet homme est fin ! Dans cette dernière phrase la proposition exclamative peut être regardée comme dépendante du verbe précédent. Ceci n'est pas commun en van. (cf. *goaz* 3, p. 272) ; pourtant on lit (avec répétition fautive sans doute de *n'a*) : *seèllèt hi n'a n'a gloriussæd-è guet bé dillad caër* litt. « regardez-la comme elle est fière avec ses beaux habits » *Magasin spirituel er beurerion*, Vannes, 1790, p. 223.
Page 548, art. *quenn*, ajouter : Voir Bezz. Beitr. XXI, 107-111, 124, et *trousquen* aux *Errata*.
Page 568, art. *ren*, 1ᵉʳ §, ajouter : On lit en cornou. l'infinitif nouveau *rendaela ouz-in* me chercher querelle Barz. Br. 432 ; voir *tennaff* aux *Errata*.
Page 572, art. *reter*, 2ᵉ §, 2ᵉ l., après « *reuil* respect », ajouter : (voir *vil*).
Page 583, 2ᵉ l. (v. *Rompl*), au lieu de *roñfl* lis. *roñfl*.

Page 597, art. *sanell*, ajouter : Voir *staffn*.

Page 598, art. *sardonenn*, § 1, ajouter : A Kerfot, *tronn* m. se dit d'un bruit confus, comme le bourdonnement des abeilles dans un arbre.

Page 630, 1ᵉʳ § (art. *siχl*), ajouter : L'explication donnée Bezz. Beitr. XXI, 136, ne tient pas compte du χ de *siχl*.

Page 634, l. 3 (art. *songeou*), ajouter : *açzamblésoun* assemblage Gr. Voir *vaèn*.

Ibid., art. *sort*, § 1, ajouter : En van. *sort* est syn. de *mar* et de *ken*, tant : *sort ihuel é* tant il est élevé; *sort kåred é* tant il est aimé *Grammaire* de l'abbé A.-M. Le Bayon, Vannes 1896, p. 56; cf. *d'er sort m'en dai mad* tant il est bon *Mag. spir.* 10, et le rapport de *enn Nivérr a ouai anohai* tant le nombre en était grand l'A. à *d'en nivér* (v. *niuer*). Voir *quen* 1, p. 537.

Page 671, art. *taër*, ajouter : Voir *tourz*, *teffal*.

Page 679, 6ᵉ l. avant la fin (art. *tarauat*), au lieu de *to lis. **to-*.

Page 680, art. *tarauat*, ajouter : Voir *trousquen* aux Errata.

Page 685, art. *teffal*, ajouter : Inversement, on a extrait de *sclærigenn* clarté, *calmigenn*, *-ygenn* calme, tranquillité Gr. les verbes *sclærigea* luire, *calmigea* calmer, se calmer, parl. du temps Gr.

Page 687, art. *tennaff*, ajouter :

L'expression *ober tennaëc ouz e dad* « fascher son pere » Maun. ne contient pas un dérivé de ce mot, mais un juxtaposé = *tenna hec*, cf. *ober ann heg ouz he vamm* rudoyer sa mère, voir *hec*; le rapport des deux expressions est le même qu'entre *rendaël* et *ober an daël*, voir *ren*.

Page 691, art. *teurel*, ajouter : Voir Rev. celt. XI, 362.

Ibid., art. *teūs*, ajouter : Voir Rev. celt. XIII, 496.

Page 698, v. *tolsen*, l. 5, au lieu de *caïeu* lis. *caïeu*.

Page 705, art. *tourch*, ajouter : Voir *sam*, p. 595.

Page 713, v. *trehollia*, l. 4, après Chal. *ms*, ajouter : *trebullét* (la voiture est) renversée *Magasin spir.* 164.

Ibid., l. 5, au lieu de *dymchweyd* lis. *dymchwelyd*.

Page 716, v. *treux*, l. 4, après Voy. 106, ajouter : *dresquilein a ra* il va à reculons Chal. *ms* v. *à*.

Page 727, art. *trousquen*, ajouter : Si la forme *trouskann* est due à une étymologie populaire, on peut décomposer *tousqann* en *tou-s-qann*, de la même racine que *quenn*; cf. cornou. *tousmac'h* m. tumulte, trouble, bruit des voix de personnes qui parlent à la fois Trd, de *tou-s-* et cf. van. *mah* f. foule Gr., m. l'A.; voir *tarauat*, et *queguin* aux Errata.

Page 736, v. *vece*, l. 3, lis. Préface.

Page 737, v. *veturier*, l. 3, lis. *vytura*, *vyturaichi*.

Page 739, art. *visaff*, fin, lis. l'A.

Page 740, § 2, l. 5 (art. *voar*), ajouter *gar-*, avant *gounj*.

INDEX DU TOME PREMIER

Des Études Grammaticales sur les Langues Celtiques

GAULOIS

a-, préfixe, forme les composés :
   A-brinc-atu-i, 30.
   A-texto-rix, 38*, 39*.
   A-treb-ates, 30*.
Ab-allo, « pommeraie », 65*, 107*.
Abodi-acum, 20*, variante d'Abudiâcum, 20*, 21*.
Abrextu-bogius, 38*.
A-brinc-atu-i, « conducteurs, chefs », 30.
Abud-ia, 21*, dérivé d'Abudos, 21*.
Abudi-âcum, « domaine d'Abudius », 20*, 21*.
Abud-ius, 21*, dérivé d'Abudos, 21*; forme lui-même le dérivé Abudi-âcum, 20*, 21*.
Abudos, 21*. Dérivés :
   Abud-ia, 21*.
   Abud-ius, 21*.
Ἀχιχ-ώριος, 117*.
Acinco-vepus, 93*.
Acitorizi-âcum, 20*.
-âco-s, -âcus, -âca, -âcum, 15*—27*, 59*, 3, 44, 61. A l'aide de ce suffixe sont dérivés :
   Abodi-âcum, 20*.
   Abudi-âcum, 20*, 21*.
   Acitorizi-âcum, 20*.
   Albini-âcum, 25*.
   Antunn-âcum, 19*.
   Arri-âca, 18*, 21*.
   Arsuni-âcus, 20*.

Arti-âca, 19*.
Aθedi-âci, 33*, 34*.
Aunedonn-âcum, 19*.
Aviti-acum, 24*.
Bag-âcum, 19*.
Βαίν-ακος, 20*.
Bedri-âcus, 20*.
Bên-âcos, 20*.
Βήν-ακος, 20*.
Blabori-âcum, 20*.
Bremeton-âci, 19*.
Bricti-acum, 24*.
Brisi-âcum, 19*.
Brovon-âcæ, 19*.
Cabardi-âcus, 20*.
Caburi-âcum, 25*.
Cal-âcum, 19*.
Camar-âcum, 19*, 106*.
Capp-âcum, 18*.
Carat-âcus, 17*, 109*.
Cat-âcus, 22*.
Catui-âcum, 19*.
Catuli-âcum, 25*.
Caturni-âcus, 20*.
Catusi-âcum, 19*.
Con-gonneti-âcus, 22*.
Corn-âcum, 20*.
Crossili-âcum, 20*.
Curmili-âca, 19*.
Derv-âcus, 22*.
Diviti-âcus, 16*, 17*.
Dumn-âcus, 16*, 106*.
Ἐβόρ-ακον, 19*.

Ebur-âcum, 19*.
Ἐπεί-αχον, 19*.
Epi-âcum, 19*, 21*.
Galg-âcus, 17*, 106*.
Gardell-âca, 20*.
Gesori-âcum, 19*, 117*.
Gravi-âcæ, 20*.
Icini-âcum, 20*.
Jovi-âcum, 20*.
Juli-âcum, 19*, 21*.
Laci-acæ, 20*.
Laci-âcum, 20*.
Lambri-âca, 18*.
Laudici-âcum, 20*.
Lauri-âcum, 20*.
Lovern-âcus, 22*.
Magunti-âcum, 19*.
Marti-âcum, 25*.
Marulli-âcum, 25*.
Masci-âcum, 20*.
Mauri-âcum, 25*.
Mederi-âcum, 19*.
Miliel-âcus, 20*.
Minari-âcum, 19*.
Mogunti-âcum, 19*.
Nemet-âcum, 19*.
Olim-âcum, 20*.
Orsologi-âcum, 20*.
Pernici-âcum, 19*.
Pisuni-âcus, 20*.
Quinti-âcus, 20*, 21*.
Romani-âcum, 25*.
Rosologi-âcum, 20*.
Sabini-âcum, 25*.
Scantini-âcus, 20*.
Segonti-âci, 17*.
Sen-âcus, 22*.
Septimi-âca, 20*, 21*.
Solimari-âca, 19*, 21*.
Solini-âcum, 25*.
Stan-âcum, 20*.
Stant-âcus, 20*.
Sulloni-âcæ, 19*.
Tegern-âcus, 22*.
Teuto-bôdi-âci, 17*.
Tiberi-âcum, 19*, 21*.
Tolbi-âcum, 19*.
Tovis-âcus, 22*.
Turn-âcum, 19*, 21*.

Ugultuni-âcum, 18*.
Urbi-âca, 18*.
Vagni-âcæ, 19*.
Valeti-âcus, 17*.
Virovi-âcum, 19*.
Vogdori-âcum, 19*.
-acta-, -acte, féminin de -acto-s, 55*, 106*, 4. Dérivés à l'aide de ce suffixe :
  Bibr-acta, 106*.
  Carpentor-acta, 117*.
  Carpentor-acte, 117*.
  Ep-asn-actus, 106*.
ad-, préfixe qui forme les composés :
  Ad-bogius, 15*.
  Ad-buc-illus, 114*.
  Ad-iantonus, 11*.
  Ad-iatu-mârus, 7*, 111*.
  Ad-ledus, 11*.
  Ad-minius, 14.
  Ad-namtus, 11*.
Ad-bogius, 15*.
Ad-buc-illus, 114*.
addedo- (les deux premiers d barrés), thème écrit aussi adsedo-, assedo-. Voyez ces mots.
Addedo-mâros (les deux premiers d sont barrés), 8*, 34*, 76*.
Ad-iantonus, 11*.
Ad-iatu-mârus, 7*, 111*.
Ad-ledus, 11*.
Ad-minius, « très mince » ou « très tendre », 14.
Ad-namtus, 11*.
Adsed-ilus, 38*, dérivé d'Adsedus, 38*.
Adsedo-, Assedo-, Addedo- (les deux premiers d barrés), thème d'Adsedus, 38*, d'où les dérivés Adsed-ilus, 38*, Aθedi-aci, 33*, 34*, et le composé Addedo-mâros (les deux premiers d barrés), 8*, 34*, 76*; Assedo-mârus, 8*, 34*, 38*.
Aedu-i, 17*, 28*, 29*, dérivé du thème aedu-, « feu ».
Aginnum, 66*.
-ago-s, 106*, 36. A l'aide de ce suffixe sont dérivés :

INDEX GAULOIS

Arvir-agus, 106*.
  Coin-agus, 106*.
alauda, « alouette », 20.
allo-, « autre », 13 ; forme le composé Allo-broges, 75*, 13.
Allo-broges, « (hommes) d'un autre pays », 75*, 13.
-allo, génitif -onis, suffixe dérivé de allo-(s), forme lui-même le dérivé Ab-allo, 65*, 107*.
-allo-s, -alla, 107*. A l'aide de ce suffixe sont dérivés les mots :
  Cab-allos, 107*.
  Ούέξ-αλλα, 107*.
  Voyez aussi les suffixes dérivés -allo, génitif -onis, et -illonum.
ambi , « autour », 51*, 2, 28. Premier terme des composés :
  Amb-ili-atus, 113*.
  Ambi-touti, 30*.
Amb-ili-atus, 113*.
Ambi-touti, 30*.
Anate-morus, 12*.
And-arta, 41*, composé de ande-, 29, et du thème arto-, 41*, 42*, 10.
ande-, particule intensive, 29. Premier terme des composés :
  And-arta, 41*.
  Ande-cavi, 16*, 77*.
  Ande-roudus, 28*, 29*.
Ande-cavi, 16*, 77*.
Ande-roudus, « très rouge », 28*, 29*.
-ano-s, 107*, 40 ; à l'aide de ce suffixe est dérivé :
  lit-anos, 107*, 40.
-âno-s, 107*; à l'aide de ce suffixe est dérivé le mot :
  Germ-ânus, 107*.
-anto-s, 107*, suffixe à l'aide duquel est dérivé le mot :
  Car-antus, 25*, 107*.
Antunn-âcum, 19*.
ar-, 85*. Préfixe intensif, premier terme du composé
  Ἀρ-χύνιος, 85*, 86*, 90*.
  Voyez les variantes er-, her-, 85*.

Ἀρ-χύνιος, « très haut », 85*, 86*, 90*.
-arcus, 108*, suffixe à l'aide duquel est formé le dérivé
  em-arcus, 108*.
Ardu-inna, 114*, dérivé du thème ardu-, « haut ».
are-, « près de », 85*, 86*; premier terme des composés
  Are-brigium, 86*.
  Are-comici, 86*.
  Are-latæ, 86*.
  Are-late, 86*, 109*.
  Ἀρε-λᾶτον, 86*.
  Are-morica, 86*.
  Are-morici, 86*.
Are-brigium, 86*.
Are-comici, 86*.
Are-latæ, 86*.
Are-late, 86*, 109*.
Ἀρε-λᾶτον, 86*.
Are-mori-ca, « pays près de la mer », 86*.
Are-mori-ci, « ceux qui sont près de la mer », 86*.
Arg-ento-, 112*, premier terme des composés Arg-ento-magus, Arg-ento-ratum.
Ario-, 18*, thème qui a formé les dérivés Ariô, 18*, Ario-manus, 18*, 116*, et le composé Ario-vistus, 18*.
Ariô, 18*, dérivé du thème Ario-.
-ârio-, 108*. Suffixe à l'aide duquel sont formés les dérivés :
  Duc-arius, 108*.
  Lut-arius, 108*.
  Voc-arium, 108*.
  Cf. le suffixe -ôrio-, 117*.
Ario-manus, 18*, 116*.
Ario-vistus, 18*.
-arno, 109*, 42. Suffixe à l'aide duquel est formé le dérivé
  Is-arno, 109*.
-aro-s, 109*, 41. Suffixe à l'aide duquel est formé le dérivé
  Lab-aros, 109*.
Arri-âca, « domaine d'Arrius », 18*, 21*.

Arrio, 18*, variante d'Ario, 18*.
Arrius, 21*. De là les dérivés Arrio, 18*, et Arri-âca, 18*, 21*. Voyez le thème Ario-, 18*.
Arsuni-âcus, 20*.
Art-anius?, 42*. Dérivé du thème arto-, 41*, 42*, 10?
Arti, 19*, 41*, génitif d'Artus ou d'Artius.
Arti-âca, « domaine d'Artius », 19*.
Art-inus, 42*, dérivé d'Arto-, 41*, 42*, 10.
Artio-, thème formé d'Arto-, 41*, 42*, 10, et d'où sont dérivés : Arti-âca, 19*, et Artio, 41*.
Artio, 41*, dérivé du thème Artio-.
Art-malus, 42*.
arto-, « pierre »?, 41*, 42*, 10.
Ce thème forme les dérivés :
Art-anius?, 42*.
Art-inus, 42*.
Artio-, voir plus haut.
Art-orio-?, 42*.
Il est le premier terme du composé Arto-briga, 41*.
Il est le second terme du composé And-arta, 41*.
Arto-briga, 41*.
Art-oria?, 42*, du thème Artorio-.
Art-orio-, thème des mots Art-orius, 42*, Art-oria, 42*; dérivé d'Arto-, 41*, 42*, 10?
Art-orius?, 42*, du thème Artorio-.
Arvir-agus, 106*.
asn-, pour asan-, « âne »?, second terme du composé Ep-asn-actus, 37*, 106*.
Assedo-, thème écrit aussi Adsedo-, Addedo- (les deux premiers d barrés).
Assedo-mârus, 8*, 34*, 38*, écrit aussi Addedo-mâros (les deux premiers d barrés), composé du thème assedo-, adsedo, addedo- (les deux premiers d barrés).
at-, préfixe, variante de ate- devant e.
-ata-, 109*, 110*. Suffixe d'où dérive le mot Γαισ-άται, 109*.

-at-âco-s, 109*, 37, double suffixe formé de -ato- et de -âco-s. Sert à former le dérivé Car-atacus, 17*, 109*.
ate-, at-, préfixe, premier terme des composés :
Ate-bodu-us, 22*.
Ate-gnâ-to-s, 120*.
At-ep-ilo-s, 92*.
At-epo-mâro-s, 6*.
At-epo-mârus, 6*, 7*, 10*, 92*.
Ἀτ-επό-ρειγος, 92*.
At-epo-rix, 92*.
Ate-bodu-us, 22*.
Ate-gnâ-to-s, « connu », 120*.
At-ep-ilo-s, 92*.
At-epo-mâro-s, 6*.
At-epo-mârus, 6*, 7*, 10*, 92*.
Ἀτ-επό-ρειγος, 92*.
At-epo-rix, 92*.
A-texto-rix, « prince de ceux qui vont vite », 38*, 39*.
Aθedi-aci, 33*, 34*. Dérivé du thème addedo- (les deux premiers d barrés), adsedo-, assedo-.
-ati-s, 109*, 110*, 37. Suffixe au moyen duquel est formé le dérivé Lixovi-atis, 109*.
-ato-s, 109*, 113*. Suffixe par lequel sont dérivés :
Amb-ili-atus, 113*.
Γαισ-άτοι, 109*.
Ili-atus, 113*.
A-treb-ates, « les habitants », 30*.
-atu-, 109*, 111*. Suffixe par lequel sont dérivés :
Ad-iatu-marus, 111*.
Bel-atu-cadrus, 111*.
Bel-atu-mara, 109*, 111*.
Aucto-mârus, 8*.
Augusto-magus, « champ d'Auguste », 25*.
Aunedonn-âcum, 19*.
Autessio-durum, 76*.
-ava, 111*, 41, 63. Suffixe par lequel est dérivé : Gen-ava, 111*, 41, 63.
Aven-io, 115*.
avent-, « juste », 4. De ce thème

sont dérivés : Avent-ia, 4 ; Avent-icum, 114*, 4.
Avent-ia, « justice », 4.
Avent-icum, 114*, 4. Dérivé d'Aventia, 4.
Avi-cantus, 76*. Composé dont le second terme est le thème canto-, 76*.
Ax-ona, 117*.
Bag-âcum, 19*.
Βαίν-αχος, « cornu », 20*. Variante de Βήναχος, 20*.
Balanus, 75*. Comparez Belenus, Belinos, 75*.
Bardo-magus, « champ du barde », 25*.
bardo-s, bardus, « barde », 53*, 27.
Bedri-âcus, 20*.
belatu-. Thème qui est le premier terme des composés : Belatu-cadrus, 43*, 111* ; Belatu-mâra, 8*, 109*, 111*.
Belatu-cadrus, 43*, 111*.
Belatu-mâra, 8*, 109*, 111*.
Belenus, 75*. Cf. Balanus, Belinos, 75*.
Belinos, Belinus, 75*. Cf. Balanus, Belenus, 75*. C'est le second terme du composé : Cuno-belinus, 75*.
Bên-âcos, « cornu », 20*. Variante : Βαίν-αχος, 20*.
Βήν-αχος, 20*. Voyez Bên-âcos.
benno-. Thème qui forme le second terme du composé : Canto-bennum, 76*.
Bibr-acta, 106*.
βιδου-, 33*. Transcription grecque du thème vidu-, « arbre », 65*, 3, 18. C'est le premier terme du composé Βιδου-κάσιοι, 33*.
Βιδου-κάσιοι, 33*. Variante grecque de Vidu-casses, 33*.
bitu-, « monde », 66*, 3, 25. Premier terme du composé :
Bitu-riges, 66*.
Bitu-riges, 66*.
Blaborici-âcum, 20*.
Bocio-, variante de bogio-, 15*,
est le second terme du composé : Touto-bocio-s, 31*.
bôdi-, « victoire », 22*, 30*, 60*. Dérivés de bôdi- :
-bôdi-âci, 17*.
Bôdio-, 33*, 34, 75*.
-bôdi-âci, « victorieux », 17*. Dérivé de bôdi-, 22*, 30*, 60* ; est le second terme du composé : Teuto-bôdi-âci, 17*.
bôdio-, 33*, 34*, 75*. Thème développé de bôdi-, « victoire », 22*, 30*, 60*. C'est le premier terme des composés :
Bôdio-casses, 33*, 75*.
Bôdio-cassinus, 34*.
bodu-, thème d'où dérivent Boduia, 22*, et Boduo-s, 21*.
Bodu-ia, 22*, dérivé du thème bodu-.
Boduo-genus, 76*.
Boduo-gnatus, 22*.
Boduo-s, 21*. Ce thème boduo-, développé de bodu-, est le premier terme des composés Boduogenus, 76*, Boduo-gnatus, 22*, et le second terme du composé Ate-bodu-us, 22*.
bogio-, « conquérant », 15*. Cf. Boii, 9*, 15*. Dérivés dont bogio- est le dernier terme :
Ad-bogius, 15*.
Con-bogius, 15*.
Tolisto-bogii, 15*.
Ver-com-bogius, 15*.
Boii, 9*, 15*. Cf. le thème bogio-, 15*. Le thème de Boii est le second terme du composé Comboio-marus, 10*.
Βολ-έριον, 113*.
Bon-ônia, 117*.
braca, « braie », 65*, 1, 17.
brâtu-, « jugement », 4. Premier terme du composé Bratu-spantium.
Bremeton-âci, 19*.
breto-, « jugement », second terme du composé Vergo-bretos, 75*.
briga, « colline », 75*, 23, 60. Du thème brigo- de ce mot sont

dérivés : Brig-antes, 75*; brigio-.
Composés dont briga est le
second terme :
Nerto-briga, 42*, 75*.
Sego-briga, 75*.
Brig-antes, 75*, dérivé du thème
brigo-.
brigio-, thème développé de brigo-;
forme les mots Brigius, 75*, et
Brigio, 75*.
Composé dont brigio- est le
second terme :
Are-brigium, 86*.
Brigio, 75*, dérivé de brigio-,
thème de Brigius.
Brigius, 75*, thème brigio-.
Brisi-âcum, 19*.
Brito, 72*. Variante Britto, 72*.
Brittania, 48*, 12.
Britto, 72*. Variante Brito, 72*.
Britto-mârus, 6*.
briva, « pont », 75*. Premier terme
du composé Briva-Isaræ, 75*;
second terme du composé :
Samaro-briva, 75*.
Briva-Isaræ, « Pont-oise », 75*.
brogi-, « pays », 54*, 65*, 6, 17, 31.
Composés dont brogi- est le
premier terme :
Brogi-mâra, 8*, 10*.
Brogi-mârus, 10*.
Brogi-taros, 75*.
Composé dont brogi- est le second
terme :
Allo-broges, 75*, 13.
Brogi-mâra, 8*, 10*.
Brogi-mârus, 10*.
Brogi-taros, 75*.
Broho-maglus, 3*.
Brovon-âcæ, 19*.
Burdigala, 65*.
Bussu-mârus, 9*.
Cab-allo-s, « cheval », 107*. Forme
le dérivé Cab-illo-num, 107*.
Cabardi-âcus, 20*.
Cab-illo-num, 107*, dérivé de Cab-
allo-s, 107*.
cadro-s, « beau », 45*, 51*, 53*, 10,
42, 43, 65.

C'est le second terme du composé
Belatu-cadrus, 43*, 111*.
Cæsaro-magus, « champ de César »,
25*.
Cal-âcum, 19*.
cal-eti-s, « dur », 45, dans Cale-
tes.
Camar-âcum, 19*, 106*.
cambo-, « courbe », 1, 26, 34, premier terme du composé Cambo-
dûnum.
cami-sia, « chemise », 119*.
Camulo-genus, « fils de Camulos »,
76*.
canto-, 76*. Thème qui forme le
dérivé Cantium, 76*. C'est le premier terme du composé Canto-
bennum, 76*, et le second du
composé Avi-cantus, 76*.
Cant-ium, 76*, dérivé du thème
canto-, 76*.
Canto-bennum, 76*.
Cape-dûnum, 18*. Composé dont
le premier terme est le thème
de Cappæ, 18*.
Capp-âcum, 18*. Dérivé du thème
de Cappæ, 18*.
Cappæ, 18*. Du thème de ce
mot viennent le dérivé Capp-
âcum, 18*, et le composé Cape-
dûnum, 18*.
cap-tus, « esclave », 89*. C'est le
second terme du composé Moeni-
captus, 88*, 89*.
Caractacus, mauvaise leçon, pour
Car-at-âcus, 17*, 109*, 2, 37.
Car-addou-na (par deux d barrés),
32*, 34*, variante orthographique
de Car-assou-na, 34*, féminin de
Car-assou-nus, 32*, 34*, Car-ath-
[ou-nus], 34*.
Car-ant-illus, 1. Dérivé du thème
car-anto-.
Car-ant-ius, 1. Dérivé du thème
car-anto-.
car-anto-. Thème de Car-antus,
25*, 107*. Forme les dérivés Car-
ant-illus, 1, Car-ant-ius, 1, Car-
ant-onius, 1. C'est le premier

terme du composé Car-anto-magus, 25*.
Car-anto-magus, « champ de Car-antos », 25*.
Car-ant-onius, 1, dérivé de Car-anto-.
Car-antus, 25*, 107*, thème Car-anto-.
Car-assou-na, 34*, variante orthographique de Car-addou-na (par deux d barrés), 32*; 34*.
Car-assou-n-ius, 32*, 34*, dérivé de Car-assou-no-, thème de Car-assou-nus, 32*, 34*.
Car-assou-nus, 32*, 34*, écrit aussi Car-ath[ou-nus], 34*. Forme le dérivé Car-assou-n-ius, 32*, 34*.
Car-at-âcus, « aimable », 17*, 109*, 2, 37.
Car-ath[ou-nus], 34*, variante orthographique de Car-assou-nus, 32*, 34*.
Carbant-or-acte, 108*, variante de Carpent-or-acte, 89*, 108*, 117*, 33. Cf. Καρϐαντό-ριγον, 108*.
Carisius, 34*, paraît dérivé de Kariθa, 33*, 34*.
Carpent-or-acte, « endroit où l'on fabrique des chars », 89*, 108*, 117*, 33.
carpentum, « char », 89*, 108*. D'où le dérivé Carpent-or-acte, 89*, 108*, 117*, 33.
Καρσί-γνατος, 33*, variante de Cassi-gnâtus, 33*.
Carssouna, 34*, variante de Carassouna, 34*.
Carussa, 34*, cf. Kariθa, Carisius, 34*.
χασιο-, 33*, thème développé de cassi-, 33*, 34*. C'est le second terme des composés :
  Βιδου-χάσιοι, 33*.
  Τρι-χάσιοι, 33*.
Cassi-, Καρσι-, 33*, 34*. Thème de Cassi-bus, 33*. Forme les dérivés :
  χασιο-, 33*.

cassi-no-, 34*.
Composés dont Cassi-, Καρσι, est le premier terme :
  Καρσί-γνατος, 33*.
  Cassi-gnâtus, 33*.
  Cassi-mâra, 6*, 34*.
  Cassi-vellau-nus, 33*, 88*.
Composés dont cassi- est le second terme :
  Bodio-casses, 33*.
  Tri-casses, 33*.
  Velio-casses, 33*.
  Ver-cassi-vellaunus, 33*, 88*.
  Vidu-casses, 33*.
  Velio-caθi, 33*.
Cassi, 33*, 76*, du thème Casso-.
Cassi-bus (datif pluriel), 33*, thème cassi-, 33*, 34*.
Cassi-gnâtus, 33*; a une variante : Καρσί-γνατος, 33*, 38*.
Cassi-mâra, 6*, 34*.
-cassi-no-, 34*, thème qui est le second terme des composés :
  Bodio-cassi-nus, 34*.
  Tri-cassi-n[o]-, 33*.
  Velio-cassi-nus, 34*.
Cassi-vellau-nus, 33*, 88*.
casso-, variante du thème cassi-, 33*, 34*. De là le mot Cassi, 33*, 76*, et le composé Velio-cassis (datif pluriel), 33*.
cata-, 52*, 17, 29. Premier terme du composé Cata-lau-ni, 23.
Cat-âcus, « guerrier », 22*, dérivé de catu-, 22*.
Cata-lau-ni, 23.
Cattos, « chat », 43*, 51*, 58*, 71*, 1, 26, 27.
catu-, « bataille », 22*.
De là les dérivés :
  Cat-âcus, 22*.
  Catu-i-âcum, 19*.
  Catu-rni-âcus, 20*.
  Catu-si-âcum, 19*.
Composés dont catu- est le premier terme :
  Catu-gnatus, 22*.
  Catu-mârus, 10*, 22*.
  Catu-rix, 22*.

Catu-vellauni, 22*.
Catu-volcus, 22*.
Composé dont catu- est le second terme :
Vello-catus, 22*.
Catu-gnatus, « habitué à la bataille », 22*.
Catu-i-âcum, 19*, dérivé secondaire de catu-, 22*.
Catu-mârus, « grand dans la bataille », 10*, 22*.
Catu-rix, « roi de la bataille », 22*.
Catu-rni-âcum, 20*, dérivé secondaire de catu-, 22*.
Catu-si-âcum, 19*, pour Catu-ssi-âcum, de Catu-ss-ius, dérivé de Catu-ssa, qui vient de catu-, 22*.
Catu-vellau-ni, 22*.
Catu-volcus, 22*.
Ceb-enna, « dos », 112*, 12, 60.
Celt-illus, 114*, dérivé du thème de Celta.
Chio-mâra, 10*.
Χιο-μάρα, 10*.
Chrixus, 28*.
Cil-urnu-m, 121*, 6, 63.
Cingeto-rix, 88*.
cintu-, « antérieur », 3. Premier terme du composé Cintu-genus, 76*.
Cintu-genus, 76*.
-cno-s, « fils », second terme du composé Gobanni-cno-s, 6.
Cob-nertus, 42*, 43*, 78*.
Cobro-mâra, 10*.
Cobrovo-mârus, 9*, 76*.
Cogi-dumnus, 117*.
Coin-agus, 106*.
com-, con-, « avec », 3, 28. Premier terme des composés :
Com-boio-mâros, 10*.
Ver-com-bogius, 15*.
Comati-mâra, 10*.
Comatu-mârus, 10*.
Com-boio-mârus, 10*.
Com-bolo-marus, mauvaise leçon pour Com-boio-marus, 10*.
con-, com-, « avec », 3. Premier terme des composés :

Con-bogius, 15*.
Con-conneto-dumnus, 22*.
Con-draussius, 25*.
Con-drusi, 25*.
Con-gonneti-acus, 22*.
Con-textos, 38*, 39*.
Con-toutos, 31*.
Con-victo-litavis, 40*.
Con-bogius, 15*.
Con-conneto-dumnus, 22*. Cf. Con-gonneti-acus, 22*.
Con-draussius, 25*.
Con-drusi, 25*.
Con-gonneti-acus, 22*, dérivé du thème qui forme les deux premiers éléments du composé Con-conneto-dumnus, 22*.
Con-textos, 38*, 39*.
Con-toutos, 31*.
Con-victo-litavis, 40*.
Corn-âcum, 20*.
Κορν-αύτοι, 118*.
Corn-avii, 1*.
Corn-ovia, 118*.
Cornubia, 1*.
cottos, « vieux », 6, 26, dans Atacotti.
Coudo-mârus, 8*.
Cou-nerta, 43*.
Cou-nertus, 43*, 78*.
Covi-nertus, 43*.
Crossili-âcus, 20*.
cuc-ulla, « capuchon », 121*.
-cunios, « haut », 86*, dérivé de cuno-, 56*, 22, 65.
C'est le second terme des composés :
Αρ-κύνια, 90*.
Αρ-κύνιος, 85*, 86*.
Comparez Her-cuniates, 85*.
Her-cynios, 85*, 86*.
cuno-, cuna-, « haut », 56*, 22, 65.
Dérivés :
-cunios, 86*.
Cuno-tamos, 65.
Composés dont cuno- est le premier terme :
Cuno-belinos, 76*.
Cuno-belinus, 75*, 78*.

Cuno-pennus, 77*, 93*.
Cuno-belinos, 76*.
Cuno-belinus, 75*, 78*.
Cuno-morus, 12*.
Cuno-pennus, « qui a la tête haute », 77*, 93*.
Cuno-tamos, « très haut », 65*.
Curmili-âca, 19*.
Dago-mârus, 7*.
Danno-mârus, 7*.
deivo-, dêvo-, « dieu », 54*, 15. Voyez dîvo-, 76*.
Derva, 122*, dérivé de dervo-, 2, 7, 25, 53, 61, 67.
Derv-âcus, 22*, dérivé de dervo-, 2, 7, 25, 53, 61, 67.
Derv-enti-one, 112*, 122*. Dérivé secondaire de dervo-, 2, 7, 25, 53, 61, 67.
dervo-, « chêne », 2, 7, 25, 53, 61, 67. Dérivés :
    Derva, 122*.
    Derv-âcus, 22*.
    Derv-entione, 112*, 122*.
    Derv-onia, 122*.
    Dervum, 122*.
Derv-onia, 122*, dérivé de dervo-, 2, 7, 25, 53, 61, 67.
Dervum, 122*, du thème dervo-.
dex-avo-, « droit », 8, thème dont Dexsiva est un affaiblissement.
Dino-mogeti-mârus, 7*, 14*.
Dirona (par d barré), « étoile », 36*. Variante orthographique, Sirona, 36*.
Diviti-âcus, 16*, 17*. Dérivé secondaire du thème dîvo-, 76*.
Di-vixta, 38*, 39*.
Di-vixtus, 38*.
dîvo-, « dieu », 76*, de deivo-, 54*, 15. Dérivé secondaire :
    Div-iti-acus, 16*, 17*.
Composé dont dîvo- est le premier terme :
    Divo-durum, 76*.
Divo-durum, « forteresse divine », 76*.
Domn-onia, 1*, dérivé de dum-no-s, « profond », 117*, 13, 25.

Δούμνα, « profonde », 117*, féminin de dum-no-s, 117*, 13, 25.
Drausus, 25*, variante de Drûsus, 25*. Dérivé : Draussius, dans le composé Con-draussius, 25*.
Druso-magus, « champ de Drusus », 25*.
Drûsus, 25*, variante de Drausus, 25*. Composé dont Drusus est le premier terme :
    Druso-magus, 25*.
Composé dont Drusus est le second terme : Con-drusi, 25*.
dub-no-, « profond », 8, 25 ; variante, dumnos, 117*, 13, 25.
Composé dont dubno- est le premier terme :
    Dubno-talos, 77*, 78*.
dub-ro-n, « eau », 8, 65, second terme du composé :
    Verno-dubrum.
Duc-arius, 108*.
Dumn-âcus, 16*, 76*, 106*, dérivé de dum-no-s, 117*, 13, 25.
Dumn-onii, 1*, dérivé de dum-no-s, 117*, 13, 25.
Dumno-rix, 16*, 76*.
dum-no-s, « profond », 117*, 13, 25 ; féminin Δούμνα, 117*. Variante de dub-no-, 8, 25. Dérivés :
    Domn-onia, 1*.
    Dumn-âcus, 16*, 76*, 106*.
    Dumn-onii, 1*.
Composé dont dum-no-s est le premier terme :
    Dumno-rix, 16*, 76*.
Composés dont dum-no-s est le dernier terme :
    Cogi-dumnus, 117*.
    Con-conneto-dumnus, 22*.
    Τογό-δουμνος, 76*, 117*.
    Ver-jugo-dumnus, 76*, 117*.
dûnum, « forteresse ».
Composés dont dûnum est le second terme :
    Cape-dunum, 18*.
duro-, thème du gaulois latinisé durum, « forteresse », 76*.

Glossaire moyen-breton.   48

Composés dont duro- est le premier terme :
Duro-brivae, 76*.
Duro-casses, 76*.
Duro-cornovium, 76*.
Duro-cortorum, 76*.
Duro-levum, 76*.
Duro-litum, 76*.
Duro-vernum, 76*.
Composés dont durum est le second terme :
Autessio-durum, 76*.
Divo-durum, 76*.
Epa-manduo-duro, 91*.
Epo-manduo-durum, 91*.
Duro-brivae, 76*.
Duro-casses, 76*.
Duro-cornovium, 76*.
Duro-cortorum, 76*.
Duro-levum, 76*.
Duro-litum, 76*.
Duro-vernum, 76*.
Ἐϐόρ-αχον, 19*, variante d'Eburâcum, 19*.
Ebur-âcum, 19*, dérivé d'Eburus, 19*.
Eburus, 19*. De là le dérivé Ebur-âcum, Ἐϐόρ-αχον, 19*.
Eci-mârius, 11*.
Egrito-mârus, 6*.
Elio-mâra, 9*.
Elio-mârus, 9*.
-ello-s, 112*, 47. A l'aide de ce suffixe est dérivé ux-ello-, 59*, 112*.
Elvio-mar[os], 76*.
Elvio-mârus, 9*.
em-arcus, « espèce de vigne », 108*.
-enna, 112*. A l'aide de ce suffixe est dérivé Ceb-enna, 112*.
-ëno-s, 112*. A l'aide de ce suffixe sont dérivés Rut-êni, 112*. Rutênicus, 112*.
-enti-, 112*, suffixe développé en -enti-on-, dans Derv-entione, 112*.
-ento-, 112*. A l'aide de ce suffixe est dérivé Arg-ento-, 112*.
Epad (par d barré), « cavalier » ou

« chevalier », 37*, dérivé d'epo-s, « cheval », 91*, 92*, 93*, 103*, 2.
Epad, 37*, variante d'Epad (par d barré), 37*.
Epa-manduo-duro, 91*. Voyez Epomanduo-durum, 91*.
Ep-asn-actus, « mulet » ?, 37*, 106*.
Epaticcus, 37*, 92*, dérivé d'Epad, « cavalier » ou « chevalier », 37*.
Ἐπεί-αχον, 19*, 92*, dérivé d'Epius, variante d'Epp-ius, 19*, 21*, 92*.
Ep-enos, 92*, dérivé d'epo-s, « cheval », 91*, 92*, 93*, 103*, 2.
Epi-âcum, 19*, 21*, variante d' Ἐπεί-αχον, 19*, 92*.
Ἔπ-ίδιοι, 92*, dérivé d'epos, « cheval », 91*, 92*, 93*, 103*, 2.
Ἔπ-ίδιον, 92*, dérivé d'epos, « cheval », 91*, 92*, 93*, 103*, 2.
Ep-illos, 92*, dérivé d'epos, « cheval », 91*, 92*, 93*, 103*, 2.
Ep-ilos, dérivé d'epo-s, 91*, 92*, 93*, 103*, 2, dans le composé At-epilos, 92*.
Epo-isso, 90*, 91*, dérivé d'epos, « cheval », 91*, 92*, 93*, 103*, 2.
Epo-issum, 90*, 91*, dérivé d'epos, « cheval », 91*, 92*, 93*, 103*, 2.
Epo-manduo, 91*.
Epo-manduo-durum, 91*.
Epo-medos, 92*.
Epo-na, 90*, 92*, dérivé d'epos, « cheval », 91*, 92*, 93*, 103*, 2.
Epo-redia, 90*, 91*.
Epo-redias, « bonos equorum domitores », 91*.
Epo-redi-rix, 92*.
Epo-redo-rix, 91*-92*.
Ἐπο-ρέδο-ριξ ? 92*, correction proposée pour Πορέδοραξ, 92*.
epo-s, « cheval », 91*, 92*, 93*, 103*, 2.
Dérivés :
Epad (avec d barré), 37*.
Ep-enos, 92*.
Ἔπ-ίδιοι, 92*.
Ἔπ-ίδιον, 92*.
Ep-illos, 92*.

-ep-ilos, 92*.
Epo-isso, 90*, 91*.
Epo-issum, 90*, 91*.
Epo-na, 90*, 92*.
Epo-tus, 92*.
Composés dont epo- est le premier ou le second terme :
  At-epo-maros, 6*.
  At-epo-marus, 6*, 7*, 10*, 92*.
  Ἀτ-επό-ρειγος, 92*.
  At-epo-rix, 92*.
  Epa-manduo-duro, 91*.
  Ep-asn-actus, 37*, 106*.
  Epo-manduo, 91*.
  Epo-manduo-durum, 91*.
  Epo-medos, 92*.
  Epo-redia, 90*, 92*.
  Epo-redias, 91*.
  Epo-redi-rix, 91*-92*.
  Ἐπορέδοριξ? 92*.
  Epo-so-gnatos, 90*, 91*.
  Epo-stero-vidus, 92*.
Voyez eppo- et equo-, variantes du thème epo-.
Epo-so-gnatos, « bien habitué au cheval », 90*, 91*.
Epo-stero-vidus, 92*.
Epo-t-ius, 92*, dérivé d'Epo-tus, 92*.
Epo-tus, 92*, dérivé d'epos, « cheval », 91*, 92*, 93*, 103*, 2; forme lui-même le dérivé d'Epo-t-ius, 92*.
Epp-illus, 21*, 92*, variante d'Ep-illos, 92*; dérivé du thème epo-.
Epp-ius, 19*, 21*, 92*, dérivé du thème eppo-; devait avoir une variante Epius, d'où le dérivé Ep-iâcus, 19*, 21*.
Eppo-, variante d'epo-, « cheval ». De là les dérivés :
  Epp-illus, 21*, 92*.
  Epp-ius, 19*, 21*, 92*.
  Epp-o, 92*.
  Epp-onina, 92*.
Epp-o, 92*, dérivé du thème eppo-.
Eppo-n-ina, 92*, dérivé d'Eppo-na, variante d'Epo-na, 90*, 92*, tirée du thème eppo-.

Equæsi, 90*, pluriel d'une variante du même thème qu'Epo-isso, Epo-issum, 90*, 91*, tirée du thème equo-.
equo-, variante d'epo-, eppo-, « cheval ». De là les dérivés :
  Equæsi, 90*.
  Equo-nius, 90*.
Equo-nius, 90*, dérivé d'Equo-na, variante d'Epo-na, tirée du thème equo-.
er-, 85*. Variante de her-, ar-, 85*.
-έριο-ν, 113*. Suffixe à l'aide duquel est dérivé :
  Βολ-έριον, 113*.
Esu-nertus, « force d'Esus », 42*.
-eti-s, 113*, 45. Suffixe à l'aide duquel sont dérivés :
  Cal-etes, 45.
  Namn-etes, 45.
  Ven-etes, 113*, 45.
ex-, 59*, 18. Préfixe, premier terme du composé Ex-omnus.
Excingo-mârus, 7*.
Gabali, 65*.
gabro-, « chèvre », 51*, 12, 33, 65, premier terme du composé Gabro-sentum.
gaesum, « javelot », 19*, 109*. Dérivés :
  Γαισ-άται, 109*.
  Γαισ-άτοι, 109*.
  Ges-ori-âcum, 19*, 117*.
  Γαιζ-ατ-όριος, 117*, dérivé de Γαισ-άται, Γαισ-άτοι, 109*.
Γαισ-άται, « armés du gaesum ou javelot », 109*, forme le dérivé Γαιζ-ατ-όριος, 117*.
Γαισ-άτοι, 109*, variante de Γαισ-άται, 109*.
Galg-âcus, « champion », 17*, 106*.
Gall-itæ, 115*.
Gardell-âcæ, 20*.
Geddus (par deux d barrés), 35*.
Gen-ava, « embouchure », 59*, 66*, 111*, 8, 17, 41, 63.
-geno-s, « fils de », 76*, 79*, 2.

Dérivés dont -geno-s est le second terme :
  Boduo-genus, 76*.
  Camulo-genus, 76*.
  Cintu-genus, 76*.
  Litu-gena, 76*.
  Litu-genus, 23*.
  Matu-genos, 76*.
  Ogri-genus, 76*.
  Rectu-genus, 76*.
  Uro-geno-nertus, 76*.
  Veia-genus, 76*.
Ges-ori-âcum, 19*, 117*, dérivé secondaire de gaesum, « javelot », 19*, 109*.
Gobanni-cno-s, « fils du forgeron », 6.
gobanno-, « forgeron », 6, premier terme du composé :
  Gobanni-cno-s, 6.
Granno (datif), 14*.
Gravi-âcæ, 20*.
her-, 85*. Voyez ar-, er-.
Her-cuniates, 85*. Dérivé d'Hercynios, « très haut », 85*, 86*.
Her-cynios, « très haut », 85*, 86*, variante de Ἀρ-κύνιος, 85*, 86*, 90*.
-ίθα, 113*. Suffixe à l'aide duquel est formé le dérivé :
  Οὐολ-ίθα, 113*.
Iblio-mârus, 7*.
Icini-âcum, 20*.
-iccus, 11*. Suffixe à l'aide duquel sont dérivés :
  Litav-iccus, 7*.
  Mâr-iccus, 11*.
-icum, 114*. Suffixe à l'aide duquel est dérivé :
  Avent-icum, 114*.
Ili-atus, 113*.
Illio-mârus, 7*.
-illo-s, illus, 114*. Suffixe qui sert à former les dérivés :
  Ad-buc-illus, 114*.
  Celt-illus, 114*.
  Ep-illos, 92*.
  Epp-illus, 21*, 92*.
Indutio-mârus, 6*.

-inna, 114*. Suffixe à l'aide duquel est dérivé Ardu-inna, 114*.
-ino-s, 114*. Suffixe à l'aide duquel est dérivé Mor-ini, 114*.
-io, -ionis, 115*. Suffixe à l'aide duquel est dérivé Avenio, 115*.
-iones, 64*, pluriel du suffixe -io, -ionis, 115*.
-io-s, 115*, 53. Suffixe à l'aide duquel est formé le dérivé novio-s, 115*, 53.
isarno-, « fer », 53*, 109*, 15. Premier terme du composé Isarnodorum.
-issa, 115*. Suffixe à l'aide duquel sont dérivés Moget-isssa, 115*. Vindon-issa, 115*.
-ita, 115*. Suffixe à l'aide duquel est dérivé Gall-itæ, 115*.
Jam-mârus, 8*, 9*, probablement identique à Jantu-mârus, 7*, 9*.
Jantu-mâra, 9*, 10*, féminin de Jantu-mârus, 7*, 9*.
Jantu-mârus, 7*, 9*.
Jentu-mârus, 9*. Variante de Jantu-mârus, 7*, 9*.
Jovi-âcum, 20*, dérivé de Jovius.
Juli-âcum, 19*, 21*, dérivé de Julius.
Καρβαντό-ριγον, 108*, dérivé dont le premier terme est une variante de carpentum, « char », 89*, 108*. Cf. Carbant-or-acte, 108*.
Kariθθa-, 33*, 34*, forme probablement le dérivé Caris-ius, 34*.
karn-itu (pour carn-idu), « il entassa », 68.
Καρσί-γνατος, 33*, 38*, variante de Cassi-gnâtus, 33*.
Κομοντ-όριος, 117*.
Κορν-αύιοι, 118*.
Lab-aro-s, 109*.
Laci-acæ, 20*.
Laci-âcum, 20*.
laina, « sorte de vêtement », 4, 17, 23; variante, linna, 61.
Lambri-âca, 18*, dérivé de Lambrus*, 18*.

Lambrus, 18*, forme le dérivé Lambri-âca, 18*.
Laudici-âcum, 20*.
-launo-s, « joyeux », 20, 23. Second terme du composé Cata-launi, 23.
Lauri-âcum, 20*.
lau-tro-n, « balneum », 120*, 11, 23, 50.
Lavo-mârus, 9*, 76*.
Λεοvv-όριος, 117*. Variante, Λεωvv-ώριος, 117*.
Leuci-mâra, 9*.
leuga, « lieue », 54*, 13.
Λεωvv-ώριος, 117*. Variante, Λεοvv-όριος, 117*.
Liger, 65*.
Lingo, -onis, 117*.
Ling-onu-s, 117*, variante de Lingo, 117*.
linna, « sorte de vêtement », 61. Variante : laina, 4, 17, 23.
Lit-ana, « large », 54*, 58*, 66*, 86*, 87*, 107*, 1, 3, 25, 40. Féminin du thème lit-ano-.
Litav-iccus, 7*. Dérivé du thème qui est le dernier élément du composé Con-victo-litavi-s, 40*.
Λιτου-μαρεος, 7*, 11*, dérivé du thème Litu-mâro-, 7*.
litu-, « fête », 23*. Premier terme des composés :
    Litu-gena, 76*.
    Litu-genus, 23*.
    Litu-mâra, 7*.
Litu-gena, 76*.
Litu-genus, 23*.
Litu-lla, 30*.
Litu-mâra, 7*. Féminin du thème Litu-mâro-, d'où le dérivé Λιτου-μαρεος, 7*, 11*.
Liv-ius, 8.
Lixovi-atis, 109*.
-llo-, suffixe à l'aide duquel sont dérivés :
    Litu-lla, 30*.
    Meddi-llus (par deux **d** barrés), 32*, 38*.
Louc-etio-s, « brillant », 56*.

Λουέρv-ιος 22*, dérivé d'un thème loverno-, « renard ».
Lovern-âcus, 22*, dérivé d'un thème loverno-, « renard ».
Luct-erius, « combattant », 40*. Variante, Luxt-erio-s, 38*, 39*.
Lut-arius, 108*.
Lutu-mârus, 9*.
luxu-, « mare », 18. Dérivé : Luxov-ium, 18.
Luxov-ium, 18, dérivé du thème luxu-, 18.
Luxt-erios, « combattant », 38*, 39*. Variante : Lucterius, 40*.
Maci-mârus, 10*. Variantes : Mage-mârus, 9*; Magi-mârus, 9*.
Mag-al-ius, 2*, dérivé de Magalo-s.
Mag-alo-s, « grand », 2*, 4*, 13*, 15*, 121*. Variantes :
    Mag-alus, 2*.
    Mag-ilos, 2*, 4*, 14*, 15*, 121*.
    Mag-la, 3*.
Dérivé : Mag-al-ius, 2*.
Mag-alus, 2*, variante de Magalo-s.
Mage-mârus, 9*. Variantes : Maci-mârus, 10*; Magi-mârus, 9*.
Mag-il-ius, 3*, dérivé de Mag-ilo-s, 2*, 4*, 14*, 15*, 121*.
Mag-il-o, 3*, dérivé de Mag-ilo-s, 2*, 4*, 14*, 15*, 121*.
Mag-ilo-s, « grand », 2*, 4*, 15*, 121*. Variante de Mag-alo-s, 2*, 4*, 13*, 15*, 121*.
Μάγιλος, 14*. Voyez Mag-ilo-s.
Magi-mârus, 9*. Variantes : Maci-mârus, 10*; Mage-mârus, 9*.
Mag-la, 3*. Féminin du thème mag-lo-, variante de Mag-alo-, « grand », 2*, 4*, 13*, 15*, 121*. Dérivé :
    Mag-l-ius, 3*.
Mag-l-ius, 3*. Dérivé de Mag-lo-, « grand », 3*.
Maglo-cunus, 3*.
Mag-onti-âcum, 108*. Variante de Mog-unti-âcum, 14*, 19*.
magos, « champ », 69*, 76*, 77*. Second terme des composés :
    Augusto-magus, 25*.

Bardo-magus, 25*.
Caesaro-magus, 25*.
Caranto-magus, 25*.
Druso-magus, 25*.
Moso-magus, 77*.
Novio-magos, 77*.
Ratu-macos, 77*.
Ratu-magos, 77*.
Seno-magus, 26*.

Mag-ul-io, 121*. Dérivé de Mag-ulo-s, 121*, 14, 59.

Mag-ulo-s, « serviteur », 121*, 14, 59. Dérivé :
Mag-ul-io, 121*.
Second terme du composé :
Taxi-mag-ulus, 121*.

Mag-unti-âcum, 14*, 19*. Variantes :
Mag-onti-âcum, 108*.
Mog-unti-âcum, 14*, 19*.

magus, « champ », 51*, 54*, 77*. Voyez magos.

Mam-accas, 106*.

-mano-s, 116*. Suffixe à l'aide duquel est dérivé :
Ario-manus, 116*.

mapo-, « fils », 1, 30. Dérivé :
Maponos, 93*.

mapo-no-s, 93*, dérivé de mapo-, « fils », 1, 30.

maqas, maquas, au génitif maqui « fils », 94*, 30.

marca-, « cheval », 1, 22, 34. Voyez marco-s.

marco-s, « cheval », 53*, 55*, 71*, 19, 22. Second terme du composé Τρι-μαρχι-σία, 29*, 119*.
Μαρ-εος variante de Mâr-ius, second terme du composé :
Λιτου-μαρεος, 7*, 11*.

Mâr-icca, 11*, féminin de Mâr-iccus.

Mâr-iccus, 11*, dérivé de mâro-s, « grand ».

Mâr-io, 11*, dérivé de mâro-s, « grand ».

Mâr-ius, 11*, dérivé de mâro-s, « grand ». Forme le dérivé Mâr-io, 11*, et les composés Soli-mârius, 8*, 11*, Su-mârius, 11*.

mâro-s, mâru-s, « grand », 5*, 6*, 8*, 9*, 11*, 12*, 13*, 14*, 15*, 52*, 76*, 118*, 4, 15, 34, 65.

Dérivés :
Mâr-icca, 11*.
Mâr-iccus, 11*.
Mâr-io, 11*.
Mâr-ius, 11*.
Mâr-ulus, 11*.

Dernier terme des composés :
Addedo-mâros (les deux premiers d sont barrés), 8*, 34*, 76*.
Adiatu-mârus, 7*, 111*.
Assedo-mârus, 8*, 34*, 38*.
At-epo-mâros, 6*.
At-epo-mârus, 6*, 7*, 10*, 92*.
Aucto-mârus, 8*.
Britto-mârus, 6*.
Brogi-mâra, 8*, 10*.
Brogi-mârus, 10*.
Bussu-mârus, 9*.
Cassi-mâra, 6*, 34*.
Catu-mârus, 10*, 22*.
Chio-mâra, 10*.
Χιο-μάρα, 10*.
Cobro-mâra, 10*.
Cobrovo-mârus, 9*, 76*.
Comati-mâra, 10*.
Comatu-mârus, 10*.
Com-boio-mârus, 10*.
(*Combolomarus, 10*).
Coudo-mârus, 8*.
Dago-mârus, 7*.
Danno-mârus, 7*.
Dino-mogeti-mârus, 7*, 14*.
Eci-mârius, 11*.
Egrito-mârus, 6*.
Elio-mâra, 9*.
Elio-mârus, 9*.
Elvio-mar[os], 9*, 76*.
Excingo-mârus, 7*.
Iblio-mârus, 7*.
Illio-mârus, 7*.
Indutio-mârus, 6*.
Jam-mârus, 8*, 9*.
Jantu-mâra, 9*, 10*.

INDEX GAULOIS 763

Jantu-mârus, 7*, 9*.
Jentu-mârus, 9*.
Lavo-mârus, 9*, 76*.
Leuci-mâra, 9*.
Litu-mâra, 7*.
Lutu-mârus, 9*.
Maci-mârus, 10*.
Mage-mârus, 9*.
Magi-mârus, 9*.
Mato-mârus, 10*.
Matu-mârus, 10*.
Miletu-mârus, 10*.
Moecti-mârus, 7*.
Mogit-mârus, 10*, 14*.
Nerto-mârus, 9*, 10*.
Redso-mârus, 9*.
Ressi-mârus, 9*.
Reti-mârus, 10*.
Sego-mârus, 8*.
Smerto-mâra, 10*.
Soli-mâra, 8*.
Soli-mârus, 8*, 10*.
Trogi-mârus, 9*.
Trouceti-mârus, 10*.
Veni-mârus, 9*.
Virdo-mârus, 5*, 6*.
Virdu-mârus, 5*, 6*.
Viro-mârus, 8*.
Mâr-ul-ina, 11*, dérivé de Mâr-ulus, 11*.
Mâr-ulus, 11*, dérivé de mâ-ro-s, « grand », forme lui-même le dérivé Mâr-ul-ina, 11*.
Masci-âcum, 20*.
Mato-mârus, 10*.
ma-to-s, « bon », 66*, 120*, 34, 42.
Matu-genos, 76*.
Matu-mârus, 10*.
meddi- (par deux d barrés), 32*.
  Variante orthographique :
    Messi-, 32*.
  Dérivés :
    Meddi-llus, 32*, 38*.
    Meddi-lus, 32*.
    Meddi-rus, 32*.
  Composé dont meddi- (par deux d barrés) est le premier terme :
    Meddi-gnatius, 32*.

Meddi-gnatius (par deux d barrés), 32*.
Meddi-llus (par deux d barrés), 32*, 38*, dérivé de meddi-, 32*.
  Variante orthographique : Medsi-llus, 38*.
Meddi-lus (par deux d barrés), 32*, dérivé de meddi-, 32*.
Meddi-rus (par deux d barrés), 34*, dérivé de Meddi-rus (par deux d barrés), 32*.
Meddi-rus (par deux d barrés), 32*, dérivé de meddi-, 32*.
meddu- (par deux d barrés), « jugement », 32*, 34*. Variante :
  Messu-, 32*, 34*.
  Dérivé :
    Meddu-lus, 32*.
  Composé dont meddu- est le premier terme :
    Meddu-gnatius, 32*, 34*.
Meddu-gnatius (par deux d barrés), 32*, 34*.
Meddu-lus (par deux d barrés), 32*, dérivé de meddu-, 32*, 34*.
Mederi-âcum, 19*.
Medi-vixta, 38*, 39*.
Medsi-llus, 38*, variante orthographique de Meddi-llus (par deux d barrés), 32*, 38*.
medu-, « hydromel », 28*.
  Dérivés :
    Medu-na, 28*, 29*.
    Medu-ssa, 28*, 29*.
    Medu-ttio, 28*, 29*.
  Composé dont medu- est le premier terme :
    Medu-genus, 28*, 29*.
Medu-genus, « fils de l'hydromel », 28*, 29*.
Medu-na, 28*, 29*, dérivé de medu-, 28*.
Medu-ssa, 28*, 29*, dérivé de medu-, 28*.
Medu-ttio, 28*, 29*, dérivé secondaire de medu-, 28*.
meliddi- (par deux d barrés), « doux », 33*. Variantes :

meliss-, milisi. Dérivé : Meliddi-us, 32*, 34*.
Meliddi-us (par deux d barrés), 32*, 34*; dérivé du thème Me-liddi-, 33*.
Meliss-a, 33*, dérivé de meliss-, variante de meliddi- (par deux d barrés), 33*.
Melisei (génitif), 33*, 34*, dérivé de meliss-, variante de meliddi- (par deux d barrés), 33*.
Meliss-us, 33*, dérivé de meliss-, variante de meliddi- (par deux d barrés), 33*.
menta, « menthe », 31.
Messava, 32*, dérivé de messu-, 32*, 34*.
Messi-lus, 32*, dérivé de messi-, variante de meddi- (par deux d barrés), 32*.
messu-, « jugement », 32*, 34*.
Variante : meddu-, 32*.
Dérivés :
  Messava, 32*.
  Messu-lus, 32*, 34*.
Messu-lenus, 32*, dérivé de Messu-lus, 32*, 34*.
Messu-lus, 32*, 34*, dérivé de messu-, 32*, 34*.
Miletu-mârus, 10*.
Milieli-âcus, 20*.
Milisi-âcum, 33*, dérivé de milisi-, variante de meliddi- (par deux d barrés), « doux », 33*.
Minari-âcum, 19*.
Moecti-mârus, 7*.
Mœni-captus, « esclave du dieu Mœnus », 88*, 89*.
Mœno-s, « grand », 88*, 89*.
mog-ent-, « grand », 14*. Variantes :
  Mag-onti-, 108*.
  Mog-unti-, 14*, 19*.
  Mogeto-, 14*.
Dérivés :
  Mogonti (dat.), 14*, 15*.
  Mogunti-acum, 14*.
Mogeti-ana, 14*, dérivé du thème mogeto-.

Moget-illa, 14*, dérivé du thème mogeto-.
Moget-illus, 14*, dérivé du thème mogeto-.
Moget-io, 14*, dérivé de Moget-ius, 14*. Variante : Mogt-io, 14*.
Moget-issa, 14*, 115*, dérivé du thème mogeto-.
Moget-ius, 14*, dérivé du thème mogeto-.
Variante : Mogs-ius, 14*.
Forme lui-même le dérivé :
  Moget-io, 14*.
mogeto-, mogeti-, mogit-, « grand ».
Variantes : mogent-, 14*, mogto-.
Dérivés :
  Mogetiâna, 14*.
  Mogetilla, 14*.
  Mogetillus, 14*.
  Mogetissa, 14*, 115*.
  Mogetius, 14*.
  Mogetus, 14*.
Premier élément du composé :
  Mogit-mârus, 10*, 14*.
Mogetus, « grand », 14*, du thème mogeto-.
Mogit-mârus, 10*, 14*, du thème mogeto-.
Mogonti (datif), 14*, 15*. Du thème mogont-, « grand », 14*. Dérivé :
  Mogunti-âcum, 14*, 19*.
Mogouno (datif), 14*, 15*. Variante : Mouno, 14*, 15*.
Mogs-ius, 14*. Variante de Moget-ius, 14*.
Mogtio, 14*. Variante de Moget-io, 14*.
Mogunti-âcum, 14*, 19*. Dérivé du thème mogonti-, mogent-, 14*.
mori-, « mer », 56*, 86*, 6, 34.
Dérivés :
  mori-co-, 86*.
  Mori-ni, 114*.
mori-co-, thème dérivé de mori-, 56*, 86*, 6, 34 ; est le second élément des composés :
  Are-mori-ca, 86*.
  Are-mori-ci, 86*.

INDEX GAULOIS

Morini, 114*, dérivé de mori-, 56*, 86*, 6, 34.
Moso-magus, 77*.
Mouno (datif), 14*, 15*. Variante de Mogouno, 14*, 15*.
Mounti (datif), 14*, 15*. Variante de Mogonti, 14*, 15*.
Mountibus, 14*, datif pluriel du même thème que Mounti, 14*, 15*.
Muxtu-llus, 38*.
-na, 116*. Suffixe par lequel sont dérivés :
    Δούμ-να, 117*.
    λαῖ-να, 61.
Namn-etes, 45.
Nemet-âcum, 19*, dérivé du thème de nemeton, 19*.
nemeton, « temple », 19*.
Nept-âcus, 89*.
Nerta, 42*, féminin du thème nerto-.
nerto-, « force », 27*, 41*, 42*, 43*, 58*, 71*, 2, 27, 28.
  Premier terme des composés :
    Nerto-briga, 42*, 75*.
    Nerto-mârus, 9*, 10*, 42*.
  Dernier terme des composés :
    Cob-nertus, 42*.
    Esu-nertus, 42*.
    Uro-geno-nertus, 43*.
Nerto-briga, 42*, 75*.
Nerto-mârus, « grand par la force », 9*, 10*, 42*.
-nna, 60. Suffixe par lequel sont dérivés :
    li-nna, 61.
    Cebe-nna, 60.
-no-, 60. Suffixe par lequel sont dérivés :
    om-no-s, « crainte », 60.
    dum-no-s, 117*.
Novi-entum, « ville neuve », 49.
nov-io-, « nouveau », 55*, 56*, 59*, 60*, 115*, 3, 28, 53.
  Dérivé :
    Novi-entum, 49.
  Composé dont novio- est le premier terme :
    Novio-magos, 77*.
Novio-magos, « nouveau champ », 77*.
-o, onis, 117*. Suffixe par lequel est dérivé :
    Lingo, 117*.
ob-na-, « crainte », 11, variante de om-no-, 11, 60.
Ogri-genus, 76*.
Olim-âcum, 20*.
om-no-s, « crainte », 11, 60. Second terme du composé Ex-omnus.
-ona, 117*. Suffixe par lequel est dérivé : Ax-ona, 117*.
-ônia, 117*. Suffixe par lequel est dérivé :
    Bon-ônia, 117*.
-onti-, 108*. Suffixe par lequel est dérivé :
    Mag-onti-acum, 108*.
-onu-s, 117*. Suffixe à l'aide duquel est dérivé :
    Ling-onus, 117*.
-or-acte, 108*, 117*. Double suffixe à l'aide duquel est dérivé :
    Carpent-or-acte, 108*, 117*.
-ori-acum, 117*. Double suffixe à l'aide duquel est dérivé :
    Ges-ori-acum, 117*.
-orio-s, 117*. Suffixe par lequel sont dérivés :
    Γαιζατ-όριος, 117*.
    Κομοντ-όριος, 117*.
    Λεονν-όριος, 117*.
  Variante : -ôrio-s, 117*.
-ôrio-s, 117*. Suffixe par lequel sont dérivés :
    Ἀκιχ-ώριος, 117*.
    Λεωνν-ώριος, 117*.
  Variante : -orio-s, 117*.
Orso-logi-âcum, 20*. Variante : Roso-logi-âcum, 20*.
-ôsa, 118*. Suffixe par lequel est dérivé :
    Tol-ôsa, 118*.
Οὐέξ-αλλα, 107*.
οὐέρ-τραγοι, « bons coureurs », 30*.
  Transcription latine : vertragus, 30*, 14.

Οὐολ-ίβα, 113*.
[o]ux-ello-s, « haut », 59*, 112*, 9, 18, 20, 28, 42, 47. Premier terme du composé Uxello-dunum, 112*.
-ov-ia, 118*. Suffixe par lequel est dérivé :
   Corn-ovia, 118*.
Parisii, « actifs », 93*.
pempe, « cinq », 92*, premier terme du composé pempe-dula, 92*.
pempe-dula, « quintefeuille », 92*.
Penn-ausius, 93*, dérivé de penno-s, « tête », 53*, 77*, 93*, 2, 30.
Penno-crucium, 93*.
Penno-luccos, 93*.
Penno-ouindos, « à la tête blanche », 77*, 78*, 93*, 94*, 115*.
penno-s, « tête », 53*, 77*, 93*, 2, 30. Dérivé :
   Penn-ausius, 93*.
   Composés dont penno-s est le premier terme :
     Penno-crucium, 93*.
     Penno-luccos, 93*.
     Penno-ouindos, 77*, 78*, 93*, 94*, 115*.
   Composé dont penno-s est le second terme :
     Cuno-penus, 93*.
Pernici-âcum, 19*.
petor-, « quatre », 90*. Variante : petru-, 93*. Dérivé :
   Petuaria, 93*.
   Premier terme du composé :
     Petor-ritum, 90*, 93*.
Petor-ritum, « char à quatre roues », 90*, 93*.
Petro-mantalum, 93*. Variante de Petru-mantalum, 93*.
petru-, « quatre ». Variante de petor-, 90*.
   Premier terme des composés :
     Petru-corii, 65*, 93*.
     Petru-mantalum, 93*.
Petru-cori, 93*.
Petru-corii, 65*, 93*.
Petru-mantalum, 93*. Variante :

Petro-mantalum, 93*.
Petuaria, 93*.
Pictavos, 77*.
Pisuni-âcus, 20*.
Pixt-ilos, 38*.
Πορέδοραξ ?, 92*.
Proc-illus, 114*.
Prud-ca (par d barré), 37*.
Prus-cia, 37*. Dérivé d'une variante orthographique de Prud-ca (par d barré), 37*.
Quinti-âcus, « (domaine) de Quintius », 20*, 21*.
Ratu-macos, 77*, variante orthographique de Ratu-magos, 77*.
Ratu-magos, 77*.
Rectu-genus, 76*.
rêda, « char », 91*.
   Dérivé :
     -red-ia-s, « cocher », 91*.
-red-ia-s, « cocher », 91*, dérivé de rêda, « char », 91*.
   Second terme du composé :
     Epo-redia-s, 91*.
Rêdones, 53*, 65*, 14.
Redso-mârus, 9*. Variante orthographique : Ressi-mârus, 9*.
Rêmi, 14.
Ressi-mârus, 9*, variante orthographique de Redso-mârus, 9*.
Reti-mârus, 10*.
ro-, particule augmentative, 85*, 86*. Premier terme des composés :
   Ro-smerta, 86*.
   Ro-touta, 31*.
-ro-n, 65. Suffixe à l'aide duquel est dérivé :
   dub-ro-n, 65*.
-ro-s, 118*, 65. Suffixe par lequel sont dérivés :
   cad-ro-s, 45*, 51*, 53*, 10, 42, 43, 65.
   gab-ro-, 51*, 12, 33, 65.
   mâ-ro-s, 5*, 6*, 8*, 9*, 11*, 12*, 13*, 14*, 15*, 52*, 76*, 118*, 4, 15, 34, 65.
Rosc-illus, 114*.
Ro-smerta, 86*.

Roso-logi-âcum, 20*. Variante :
 Orso-logi-âcum, 20*.
Ro-touta, « très forte, très grande »,
 31*.
Roud-elius, 28*, 29*, dérivé de
 roudo-s, « rouge », 28*, 29*, 9,
 22, 26.
roudo-s, roudu-s, « rouge », 28*,
 29*, 9, 22, 26. Dérivé :
 Roud-elius, 28*, 29*.
Ructi-oni (génitif), 11*.
Rut-êni, 112*.
Rut-en-icus, 112*.
sagum, « sorte de vêtement », 65*.
Samaro-briva, « pont sur Somme »,
 75*.
Scantini-âcus, 20*.
Scottus, 72*, variante de Scôtus,
 72*.
Scôtus, 72*, variante de Scottus,
 72*.
Sego-briga, 75*.
Sego-mârus, 6*, 8*.
Segontia, 17*.
Segonti-âci, 17*. Dérivé du thème
 de Segontius, 8*, 17*, Segontia,
 Segontium, 17*.
Segontium, 17*.
Segontius, « beau, majestueux »,
 8*, 17*.
Sen-âcus, 22*, dérivé du thème
 seno-, « vieux ».
seno-, « vieux ». Dérivé :
 Sen-âcus, 22*.
 Premier terme du composé :
 Seno-magus, 22*, 26*.
Seno-magus, « vieille plaine », 22*,
 26*.
Septimi-âca (castra), « de Septi-
 mius », 20*, 21*.
Sequana, 90*.
Sequani, 90*.
-sia, 119*. Suffixe d'où dérivent :
 cami-sia, 119*.
 τρι-μαρκι-σία, 29*, 119*.
Sirona, « étoile », 36*. Variante
 orthographique de Dirona (par
 un d barré), 36*.
Smerto-mâra, 10*.

so-, « bien », 90*, 91*. Variante de
 su-, 58*, 3.
 Second terme du composé :
 Epo-so-gnâtos, 90*, 91*.
Soli-mâra, 8*.
Soli-mari-âca, 19*, 21*, dérivé de
 Soli-mârius, 8*, 11*.
Soli-marius, 8*, 11*, dérivé de
 Soli-mârus, 8*, 10*.
Soli-mârus, 8*, 10*.
Stan-âcum, 20*.
Stant-âcus, 20*.
su-, « bien », 58*, 3. Variante :
 so-, 90*, 91*.
 Premier terme des composés :
 Su-caros, 3.
 Su-mârius, 11*.
Su-caros, « aimable », 3.
Sulloni-âcæ, 19*.
Su-mârius, 11*.
talo-s, « front », 24.
 Second terme des composés :
 Dubno-talos, 77*, 78*.
 Vepo-talo-s, 77*, 78*.
-tamo-s, terminaison de superlatif,
 65. Au moyen de ce suffixe est
 dérivé :
 Cuno-tamo-s, 65.
tar-vo-s, « taureau », 57*, 59*, 60*,
 7, 23, 61, 67.
Taxi-magulus, 121*.
tecto-, « fuyard », 39*. Variante :
 texto-, 39*.
 Premier terme du composé :
 Tecto-sagi, 39*.
Tecto-sagi, « ceux qui atteignent
 les fuyards », 39*.
teddi- (par deux d barrés), 32*.
 Variante orthographique de ce
 thème : tessi-, 32*.
 Dérivé : Teddi-atius (par deux
 d barrés), 32*.
 Premier terme du composé :
 Teddi-cnius (par deux d barrés),
 32*.
Teddi-atius (par deux d barrés),
 32*, dérivé du thème teddi-
 (par deux d barrés), 32*.
Teddi-cnius (par deux d barrés),

32*. Variantes orthographiques :
   Tessi-gnius, 32*.
   Teθθi-cnius, 32*.
Tegern-âcus, 22*, dérivé d'une variante de Tigernum, 22*, 5.
tessi-, 32*. Variante orthographique de teddi- (par deux d barrés), 32*. Dérivés :
   Tessi-a, 32*.
   Tessi-lo, 32*.
Tessi-a, 32*, dérivé du thème tessi-, 32*.
Tessi-gnius, 32*. Variante orthographique de Teddi-cnius (par deux d barrés), 32*.
Tessi-lo, 32*. Dérivé secondaire de tessi-, 32*.
Teθθi-cnius, 32*. Variante orthographique de Teddi-cnius (par deux d barrés), 32*.
teu-to-, « grand, fort », 30*, 100*. Variante : tou-to-, 30*, 100*. Premier terme des composés :
   Teuto-bôdiâci, 17*, 30*.
   Teuto-malius, 30*.
   Teuto-matus, 30*.
Teuto-bôdiâci, 17*, 30*.
Teuto-malius, 30*.
Teuto-matus, 30*.
texto-, 39*. Variante :
   tecto-, 39*.
   Second terme des composés :
   A-texto-rix, 39*.
   Con-texto-s, 39*.
Tiberi-âcum, « domaine de Tiberius », 19*, 21*.
Tigernum, 22*, 5.
Τογό-δουμνος, 76*, 117*.
Tolbi-âcum, 19*.
Tolisto-bogii, 15*.
Tol-ôsa, 118*.
-to-s, 120*, 42. Suffixe au moyen duquel sont dérivés :
   ma-to-s, 66*, 120*, 34, 42.
   tec-to-, 39*.
   teu-to-, 30*, 100*.
   tex-to-, 39*.
   touto-, 30*, 100*.
   touta-, 30*, féminin du thème tou-to-, 30*, 100*. Second terme du composé :
   Ro-touta, 31*.
Tou-tio, 11*, dérivé de tou-to-, 30*, 100*.
tou-to-, « grand, fort », 30*, 100*. Thème dont le masculin est Tou-tos, Tou-tus, 30*, 56*, 60*, 100*, 9, et le féminin Tou-ta, 30*. Variante : teu-to-, 30*, 100*. Dérivé :
   Tou-t-io, 11*.
Premier terme du composé :
   Touto-bocio-s, 31*.
Second terme des composés :
   Ro-touta, 31*.
   Vogi-toutus, 31*.
Touto-bocio-s, 31*.
Tou-tos, Tou-tus, 30*, 56*, 60*, 100*, 9.
Tovis-âcus, « prince », 22*.
trago-s, « coureur », 30*, 14. Second terme du composé :
   οὐέρ-τραγοι, 30*.
   ver-tragus, 30*, 14.
tri-, « trois », 29*. Premier terme des composés :
   Tri-casses, 33*, 75*.
   Tri-cassi-n[o]-, 33*.
   Τρι-κάσιοι, 33*.
   tri-garanus, 29*, 40.
   τρι-μαρκισία, 29*, 119*.
Tri-casses, 33*, 75*.
Tri-cassi-n[o]-, 33*.
Τρι-κάσιοι, 33*.
tri-garanus, « aux trois grues », 29*, 40.
τρι-μαρκι-σία, « compagnie de trois cavaliers », 29*, 119*.
Trogi-mârus, 9*.
-tro-n, 120*, 50. Suffixe à l'aide duquel est dérivé :
   lau-tro-n, 120*, 50.
Trouceti-mârus, 10*.
-tu-, 42. Suffixe à l'aide duquel est dérivé :
   brâ-tu-, 4, 42.
Turn-âcum, 19*, 21*, dérivé de Turnus, 19*.

INDEX GAULOIS

Turnus, 19*. Forme le dérivé Turn-âcum, 19*, 21*.
Turonos, 19*, peut être une variante de Turnus, 19*.
Ugultuni-âcum, 18*.
-ulla, 121*, 63. Suffixe à l'aide duquel est dérivé :
   cuc-ulla, 121*, 63.
-ulo-s, 121*, 59. Suffixe par lequel est dérivé :
   Mâr-ulus, 11*.
Urbi-âca, 18*.
-urno-n, 121*, 63. Suffixe par lequel est dérivé :
   Cil-urnum, 121*.
Uro-geno-nertus, 43*, 76*.
Ux-ello-dunum, « haute forteresse », 112*. Le premier terme de ce composé est ouxellos, 59*, 112*, 9, 18, 20, 28, 42, 47.
Vagni-âcæ, 19*.
Val-eti-âcus, « vigoureux », 17*.
Vapincum, 66*.
Varcia, 7*.
vasso-s, « serviteur », 1, 18. Second terme du composé :
   Dago-vassus.
vecti-, 40*. Thème qui forme le dérivé Vecti-ssus, 40*, et le composé Vecti-mârus, 8*, 40*.
Vecti-mârus, 8*, 40*.
Vecti-ssus, 40*. Dérivé du thème vecti-, 40*.
Veia-genus, 76*.
Velio-casses, 33*, 75*.
Velio-cassinus, 34*.
Velio-cassis (datif pluriel), 33*.
Velio-cassium (génitif pluriel), 33*.
Velio-caθi, 33*, 34*, 75*.
-vellau-no-s, 18. Dérivé de Vellavo-s, 18. Dernier terme des composés :
   Cassi-vellau-nus, 33*, 88*.
   Ver-cassi-vellau-nus, 33*, 88*.
Vellavos, 18.
Vello-catus, 22*.
Vendu-maglus, 3*.
Ven-etes, 113*, 18, 45.
Venextos, 38*.

Veni-mârus, 9*.
Vepo-talo-s, 77*, 78*.
ver-, particule augmentative, 88*, 30. Premier des termes composés :
   Ver-cassi-vellau-nus, 33*, 88*.
   Ver-cingeto-rix, 88*.
   Ver-com-bogius, 15*.
   Ver-jugo-dumnus, 76*, 117*.
   ver-tragus, 30*, 14.
Veratius, 7*.
verbi-, 65*. Thème qui forme le dérivé Verbi-num, 65*, et le composé Verbi-genus, 65*.
Verbi-genus, 65*.
Verbi-num, 65*.
Ver-cassi-vellau-nus, 33*, 88*.
Ver-cingeto-rix, 88*.
Ver-com-bogi (génitif), 15*.
Ver-com-bogius, 15*.
vergo-breto-s, 75*.
Ver-jugo-dumnus, 76*, 117*.
ver-tragus, « bon coureur », 30*, 14.
victo-, 40*, 41*. Deuxième terme du composé :
   Con-victo-litavis, 40*.
vidu-, « arbre », 65*, 3, 18. Premier terme du composé :
   Vidu-casses, 33*.
Vidu-casses, 33*, composé de vidu-, 65*, 3, 18.
Vindo-bona, 78*, 115*, composé de vindo-s.
Vindo-n-iss-a, 115*, dérivé de vindo-no-, thème de Vindonus.
Vindo-nu-s, 115*, dérivé de vindo-; a lui-même pour dérivé Vindo-n-issa, 115*.
vindo-s, « blanc », 53*, 55*, 60*, 115*, 3, 18, 27, 28, 29. Dérivé : Vindo-nus, 115*.
Composé dont le premier terme est vindo- :
   Vindo-bona, 78*, 115*.
Composé dont le dernier terme est vindo-s :
   Penno-ouindos, 77*, 78*, 93*, 94*, 115*.
Virdo-mârus, 5*, 6*.

Virdu-mâros, 5*.
Virdu-mârus, 6*.
Viro-mârus, 8*.
Virovi-âcum, 19*.
vixto-, « bataille »? 39*, 41*.
  Second terme des composés :
  Di-vixta, 38*, 39*.
  Di-vixtus, 38*.
  Medi-vixta, 38*, 39*.

vo-, « sous », 56*, 57*, 8, 12, 30.
-vo-, 122*, 53, 61, 67. Suffixe à l'aide duquel sont dérivés :
  der-vo-, 2, 7, 25, 53, 61, 67.
  tar-vo-s, 57*, 59*, 60*, 7, 23, 61, 67.
Voc-arium, 108*.
Vogdori-âcum, 19*.
Vogi-toutus, 31*.

IRLANDAIS

A pour ad, préfixe, dans atre-baim, 30*.
-ach, suffixe, 59*; thème -âco-.
-acht, suffixe, 106*; thème -actâ.
Ac-us, voisin, 7; thème ancastu-. Variante de ocus.
Aed, feu, 28*; thème aedu-.
Aedan, nom propre dérivé d'aed, feu, 28*.
Aen-ach, fête publique, foire, 4*; thème aginâco.
Aesc, poisson, 87*; thème [p]êsca-. Variante de iasc.
Âg, bataille, 4*.
Aidan, variante d'Aedan, 4*.
Aig, glace, 59*; thème iagi-.
Aim-ser, temps, 50*, 1, 2, 69; thème amserâ.
Ain-m, nom, 55*, 7, 20, 61; thème anman-.
Air, sur, 85*; de are.
Â-m, troupe de soldats, 4*.
Amal, comme, 26.
An-cride, chagrin, 51*, 5; thème ancridio-.
Anim, âme, 2.
À-r, massacre, 4*.
Ar, préfixe, dans ar-fich-im, 39*. Variante de air.
Arc-o, je demande, 87*.
Ar-fich-im, je défends, 39*.
Art, pierre, 41*, 30; thème arto-.
Art, haut; Dieu, 41*.

Asil, membre, 2.
At-chous, j'annoncerai, 37*, de *ad-coud-su.
Athir, père, 87*, 95*.
A-treb-aim, j'habite, 30*.
Bachall, bâton, 4.
Bachl-ach, berger, dérivé de bachall, bâton, 4; thème bacu-lâco-.
Bair-g-en, pain, 26; thème baraginâ.
Bais, tu montreras, 37*, de *bat-sis.
Banb, porc, 7; thème banvo-.
Bâr-ach, matin, 112*, 31, 43, variante mâr-ach, 31, 43.
Beann, corne, forme moderne de benn, 20*; thème benno-.
Beann-ach, cornu, forme moderne de benn-ach, 20*; thème bennâco-.
Bear-r, court, 64; thème bir[g]ro-.
Becc, petit, 5, 40; thème becco-.
Ben, femme, 101*.
Benn, corne, 20*; thème benno-.
Benn-ach, cornu, 20*, dérivé de benn; thème bennâco-.
Bê-s, coutume, 49*, 14, 31; thème bêttu-.
Biad, nourriture, 14*, thème gvêto-.
Biu, vivant, 55*.
Blas, goût, 27.
Blâth, fleur, 4.
Bled, loup, 53*, 12.

Bliad-an, année, 53*, 54*, 59*, 65*, 27 ; thème blêdanâ.
Bocc, bouc, 71*, 19.
Bô-chail, berger, 9, 31 ; thème boucali-.
Boch-t, il brisa, prétérit en t de bong-aim, 15*.
Bod-ar, sourd, 49*.
Bong-aim, je brise, 15*.
Brâth, jugement, 4 ; thème brâtu-.
Brecht, tacheté, variante de mrecht, 71*.
Bressa, batailles, 49*.
Breth, jugement, 75*.
Brô, génitif brô-on, meule de moulin, 122* ; thème bravon-.
Brôt, aiguillon, 56*, 8.
Bûad-ach, victorieux, 17*, dérivé de bûaid ; thème bôdiâco-.
Bûaid, victoire, 22*, 60* ; thème bôdi-.
Bun, racine, fond, 99*.
Bun-ad, origine, fondement, 99*, dérivé de bun.
Bu-s, génitif buis, bouche, lèvre, 68 ; thème bucso-.
Câch, chacun, 57*, 93*, 94*, 3, 30 ; thème casco-.
Cach-t, esclave, 48*, 88*, 89* ; thème cacto-.
Caimm-se, chemise, 52*, 20, 34, 65 ; thème camisia.
Cairb, chariot, 23, 33 ; thème carpi-.
Cair-imm, j'aime, 29.
Cairb-re, charpentier, 53 ; thème carpario-.
Cais, œil, 35* ; thème casti-.
Cais-iu, acte de voir, 35* ; thème casten-.
Cara, jambe, 17, 27.
Carb-at, chariot, 33, dérivé de cairb ; thème carpento-.
Car-it, parents, amis, 1 ; pluriel du thème carant-.
Car-th-ach, aimable, 17* ; thème caratâco-.
Cas-ad (en gaélique d'Ecosse), toux, 29.

Casc, pâque, 95*.
Ca-thir, ville, 12, 50 ; thème ca[s]trac-.
Ce, ou, 30.
Cearc, poule, 24.
Cei-m, ceim-m, pas, 34, 59 ; thème cengman-.
Cel-e, compagnon, 44 ; thème celio-.
Cenn, tête, 93*, 94*, 30 ; thème qenno-.
Cert, côté, 47*, 94*.
Cêt, cent, 2 ; thème cento-.
Cet-al, leçon, 107*, 47 ; thème cantâlâ.
Cethar, quatre, 90*. Variantes : cethir, cethor.
Cethir, quatre, 93*, 94*, 95*, 29. Variantes : cethar, cethor.
Cethor, quatre, 90*. Variantes : cethar, cethir.
Cethor-cha, quarante, 90*, composé de cethor, quatre.
Ci, quel, 29.
Cia, qui, (interrogatif), 93*, 94*, 14, de *cê = *quai.
Ciad, bois, 14 ; thème cêto-.
Ciad-colum, colombe de bois, 10.
Ciall, intelligence, 94*, 14, 30 ; thème qêllâ.
Ciar-mag, nom de lieu, 26*.
Cil-ornn, baquet, 63 ; thème cilurno-.
Claid-eb, épée, 65*, 2, 16, 43 ; thème cladibo-.
Cland, progéniture, 94*.
Clâr, table, objet plat, 24*.
Clâr-ach, nom de lieu dérivé de clâr, 24*.
Clê, gauche, 13 ; thème clêvo-.
Clum, plume, 95*.
Cno-cc, montée, 56*, 22.
Co-, avec (préfixe), 39* ; variante de com.
Coic, cinq, 84*, 89*, 92*, 95*, 29 ; de quinc.
Coic-ed, cinquième, 92* ; dérivé de coic.

Côim, débonnaire, 56*, 9; thème cômi-.
Côin-im, je me plains, 116*.
Coirce, avoine, 71*, 19.
Coire, chaudron, 93*.
Col-in, corps, chair, XV.
Col-mmene, nœud, 59; thème colmmania.
Com-, avec (préfixe), 15*.
Com-bach, il brisa, 15*, de com-bong-aim.
Com-bong-aim, je brise, 15*.
Conn, nom d'homme, 106*.
Conn-acht, Connaught, dérivé de Conn, 106*.
Corcur, pourpre, 95*.
Corp, corps, 57*, 16, 32; thème corpo-.
Co-tech-t, réunion, 39*; thème costigtu-.
Crann, arbre, 93*, 94*, 30; thème qranno-.
Crê, argile, 5, 30; thème qreit-.
Cre-n-im, j'achète, 94*, 30.
Cretem, foi, 6, 25; thème cretimâ.
Cria-thar, crible, 65; thème crêtro-.
Cride, cœur, 12, 16; thème cridio-.
Crin, sec, 24*.
Crion-ach, nom de lieu dérivé de crin, 24*.
Croc-enn, génitif croc-ainn, peau, 49; thème crocenno-.
Cromb, courbe, 52*, 34.
Cruim, ver, 93*, 33, 61; thème quremi-.
Cruimh, forme moderne de cruim, 30.
Cruimther, prêtre, 95*.
Cruind, rond, 3; thèmes crundi- et crundo-.
Cû, chien, 5.
Cucann, boulangerie, 84*, 89*, 93*.
Cû-chulainn, nom d'homme, littéralement « chien de Culann », 78*.
Cuir-im, je pose, 93*.
Cuit, part, 56*; thème quati-.
Cûl, dos, 5.

Cu-lian, petit d'un animal, 6; thème culêno-.
Cû-roi, nom d'homme, littéralement « chien du champ de bataille », 78*.
Da, deux, 95*.
Dar-mag, nom de lieu, littéralement « plaine du chêne », 26*.
Daur, génitif dar-ach, chêne, 61; thème darvac-.
Dead, fin, 48*, 52.
De-l, bout de sein, 28*.
Derrit, caché, 24*.
Derth-ach, nom de lieu dérivé de derrit, 24*.
Dia-de, divin, 17*; thème deivatio-.
Die, jour, 12, 27.
Di-th, il suça, 28*.
Dlig-ed, loi, 3, 25, 37; thème dligito-.
Do, ton, 25.
Do, à; préfixe, 39*.
Do-fich-im, je venge, 39*.
Domun, monde, 16*; thème dumno-.
Dor-us, porte, 29*, 6; thème dorassu-.
Dub, noir, 9; thème dubi-.
Dûn, génitif dûine, forteresse, 36*; thème dûnes-.
Durn, main, 8; thème durno-.
Ê, ils, 6, de *sê, *sai.
Ech, cheval, 93*; thème eqo-.
Eidh-eann, lierre, 23.
Ein-each, face, 30, forme moderne d'en-ech.
Ein-ech, 49, variante d'ein-each, face.
Ê-n, oiseau, 87*.
En-ech, face, visage, 94*.
Eoch-aid, génitif Ech-dach, nom propre, 37*, 92*; dérivé secondaire d'ech, cheval. Thème equatac-.
Eog-an, nom d'homme, 106*.
Eog-an-acht, nom d'une tribu irlandaise, 106*; dérivé d'Eog-an.
Es-ce, lune, 37*; thème aidcio-.
Êt-ar, il est trouvé, 87*.

Eth-im, je mange, 37*.
Fail-t-e, bienvenue, 17*; thème valentiâ-.
Faith-ce, prairie, 24.
Fann-all, hirondelle, 47; thème *vatnallo-.
Far-n, votre, littéralement « de vous », 74*; de *svaran.
Fech-t, bataille, 39*, 41*; thème victo-.
Fech-t, fois, 39*, 22.
Fec-th-a, vaincu, 32; thème victio-.
Fêi-th, veine, 120*, 69; thème vêti-.
Fê-n, char, 40*; thème vegno-.
Fer-aim, je fais, je donne (la bienvenue), 17*, 17.
Ferc, colère, 20, 26; thème vergâ.
Fern-mag, nom de lieu, littéralement « plaine de l'aune », 26*.
Fescor, veille de fête, 95*, 17.
Fes-s, « les choses sues », 35*; thème vid-to-.
Fiad, devant, 59*, 20, 68.
Fiair ou siair, datif de siur, sœur, 41; pour *svi[st]ari.
Fich, combat, vendetta, 39*.
Fich-im, je combats, 39*.
Figh-im, je tisse, 3.
Find, blanc, 60*; thème vindo-.
Finn, variante de find, blanc, 60*.
Finn-mag, nom de lieu, 26*; littéralement « plaine blanche ».
Fir, vrai, 54*, 5.
Fir-ian, vrai, juste, 58; dérivé de fir.
Fir-inn-e, vérité, justice, 28, 52, 58, dérivé de fir-ian; thème virionniâ.
Fis, vision, 35*, 68, 69; thème vidti-.
Fiss, vision, 44; variante de fis.
Fiss, science, 35*; variante de fius.
Fiuch, je combats, 39*; variante de fichim.
Fius, science, 35*; thème vidtu-.
Fo, sous, 88*.
Fo-dam-, souffrir, 68*.
For, sur, 88*.

For-cetal, enseignement, 47; composé de cetal.
For-n, votre, variante de far-n, 74*.
Foss, serviteur, 49*; thème vasso-.
Fo-thrucad, se baigner, 16; thème votruncatu-.
Frith, contre, 37*.
Frith-t-ai-sed, il opposerait, 37*; de *vritdo[p]entseto.
Fu-llug-aimm, je cache, 6.
Gab-ul, fourche, 52*, 11.
Gair-m, cri, 59; thème garman-, où garmann-.
Gal-arch-e, maladie, 108*.
Galgat, champion, 17*.
Garbh, rude, 7; thème garvo-.
Geas-aim, je prie, 35*; forme moderne de gess-im.
Geis, sortilège prohibitif, originairement prière, 35*; thème gedti-.
Gess-im, je prie, 35*; de *gedtâmi.
Glû-n, genou, 58*, 60*, 5; 23; thème glûnes-.
Gnâ-s, coutume, 52*, 4, 17, 69; thème gnâttâ.
Gnû-s, coutume, 64; thème gnâttu-.
Goba, forgeron, 6, 32; thème gobann-.
Gort, jardin, 68*, 2.
Grân, grain, 4; thème grâno-.
Grian, soleil, 36*.
Guid-im, je prie, 35*.
Hoin, un, 95*; variante de ôin.
I pour in, dans, 4.
Iasc, poisson, 29; thème [p]esco-.
Ib, il boit, 65*; de [p]ibi.
Ibar, if, 6, variante d'ibur; thème iburo-.
Ib-im, je bois, 87*; de *[p]ibâmi.
Ibur, if, 33; thème iburo-.
Il, nombreux, 87*.
Im, imb, autour, 52*, 2, 37*.
Imb-râti, pensées, 52*, 2.
Im-roi-m-set, ils pécheront, 37*, de *ambiromedsonti.
In, dans, 20, 68.
In-diu, aujourd'hui, 53*.
In-gen, fille, 76*.

Ing-or, ancre, 3, 62; thème in-cora.
Inis, île, 3; thème inissi-.
In-nocht, cette nuit, 48*.
In-sce, discours, 94*.
Is-el, bas, 47.
Is-il, bas, 49*, 5; variante d'is-el; thème ixila-.
I-sin-bliadin-sin, en cette année, 4.
I-stais, ils mangeraient, 37*, d'ethim.
I-th, froment, 87*; thème [p]itu-.
Iubh-ar, if, 33; forme moderne d'ib-ur, thème iburo-.
Lâm, main, 87*; thème [p]lâmâ.
Lân, plein, 87*, 4, 30; thème [p]lâno-.
Lâr, sol, 4.
Leac-ach, nom de lieu, dérivé de lia, leicc, pierre, 24*.
Leacc-mag, nom de lieu, 26*.
Lêim-m, saut, 59; thème leng-man.
Leth, partie, 40; thème letes-.
Leth-an, large, 86*; thème [p]litano-.
Lia, leicc, pierre, 24*, 53*, 4, 18; thème leic-.
Lia, plus, 87*.
Liacc (génitif), pierre, 59*, de *lêcas.
Lith, fête, 23*, 23; thème [p]lîtu-.
Loa-thar, peau, 23, 65.
Lôch-e, éclair, 46; thème lôcent-.
Lôeg, veau, 4; thème lôigo-.
Luach-arn, éclat, 9, 51; thème loucernâ.
Luath, cendres, 66.
Lub, arbre fruitier, 68*.
Lub-gort, jardin, 44*, 47*, 58*, 68*, 71*, 80*, 2, 6, 27.
Lucht-aire, maître d'escrime, 39*; thème luctario-.
Lug-e, serment, 3, 17, 44; thème lugio-.
Lug-mag, « plaine de Lug », 26*.
Lus, herbe, 41.
Mâ-a, plus grand, 15; de *mâ[g]iâs.

Macc, génitif maicc, fils, 93*, 94*; thème maquo-.
Mâ-el, chauve, 114*, 121*, 14; thème magulo-.
Mag, plaine, 26*, 50*; thème mages-.
Mag-en, lieu, 34, 61, dérivé de mag; thème maginâ.
Ma-il, variante de mâ-el, chauve, 14.
Mâ-l, tout ce qui est élevé : roi, poète, guerrier, 4*, 121*; thème maglo-.
Mâ-m, servitude, 4*, dérivé de mog.
Maon-mag, nom de lieu, 26*.
Mâ-r, grand, 13*; thème magro-.
Mâr-ach, matin, 31.
Mar-b, mort, 7; thème mar(t)vo-.
Maith, bon, 42; thème mati-, mato-.
Mê, moi, 73*, 4.
Med-ôn, milieu, 118*, thème medio-vano-.
Mê-it, quantité, 49; thème maganti-.
Meli-s, doux, 35*; thème melitti-.
Mes, jugement, variante de mess, 35*; thème medtu-.
Mes-c, ivre, 37*; thème medco-.
Mess, jugement, 34*, 35*; thème medtu-.
Mid, hydromel, 28*.
Mid-iur, je juge, 34*.
Milis, doux, 34*, variante de melis.
Mîn, mince, 14.
Mlach-t, lait, 47*, 55*, 71*, 12, 34, 68.
Moch-ta, amplifié, loué, 14*; thème *mogtio-.
Mog, serviteur, 4*, 121*; thème magu-.
Moi-dim, je vante, je loue, 14*; de *mogetimi.
Mol-aim, je loue, 56*, 4.
Molt, mouton, 55*, 11; thème multo-.
Mrecht, tacheté, 48*, 55*, 71*, 31. Variante : brecht.

Mrug, pays, 17, 31 ; thème mrogo-, brogo-.
Muc-c, cochon, 58*, 6, 55 ; thème muccâ.
Mu-ch, fumée, 54.
Mug, serviteur, 14 ; thème magu-. Variante : mog.
Muing, crinière, 15 ; thème mungi-.
Na, ne pas, 28.
Na-ithir, serpent, 50 ; thème na-trac-.
Na-nd, non, 28, composé de na, ni, négation, et du verbe substantif.
Necht, nièce, 88* ; thème necti-.
Ner-t, force, 47* ; thème nerto-.
Nessa, voisin, 26, de *naksyâs.
Ni, nous, 5, de *nis.
Ni, ne pas, 28.
Niae, génitif niath, neveu, 88*, 5 ; thème ni[p]at.
No, particule verbale (maintenant), 86*.
Nocht, nuit, 48*, 14, 28.
Nû-e, nouveau, 60*.
Oac, jeune, 11 ; thème jovanco-.
Ocht, huit, 47*.
Oct, huit, variante de ocht, 12 ; de *octen.
Oc-us, voisin, 64 ; thème ancattu-. Variante de acus.
Ôen, un, 9 ; variante de ôin. Thème oino-.
Og, œuf, 115*.
Ôin, un, 56*, 4, 65 ; variante de ôen. Thème oino-.
Ôin-ach, fête, publique, foire, 4* ; variante de âen-ach. Thème aginâco-.
Oin-tam, célibataire, 6, 65, dérivé de ôin. Thème oinotamo-.
-ôir, suffixe, 8 ; thème -ôri-.
Ôi-s, âge, 42 ; thème aivittu-.
Omun, crainte, 56.
Orc, porc, 87*.
Ord, ordre, 49*.
Ostrin, huître, 6.
Patricc, saint Patrice, 95*.
Primite, prémices, 95*.

Quen-vend-an, « à tête blanche », 94*.
Quic, cinq, 95, ancienne forme de coïc.
Rech-t, loi, 47*, 57*, 12, 22 ; thème rectu-.
Re-nim, je vends, je donne, 87*.
Rêu-d, gelée, 13 ; thème [p]rauto-.
Riad, char, 91* ; thème rêdo-.
Riad-aim, je voyage, 91*, dérivé de riad.
Ria-m, auparavant, 85*, 95* ; = *[p]rêm.
Ro, trop, 56*, 85*, 86*, 3 ; = *[p]ro.
Ro-gad, j'ai prié, 35* ; parfait de guidim.
Ro-mac-d-acht, superadulta, 26, 52 ; thème [p]romagatactâ.
Ruad, rouge, 28*, 49* ; thème roudo-.
Rûsc, écorce, 58*, 9.
Saball, grange, 36*.
Sag-im, j'atteins, 39*.
Sâ-l, talon, 25.
Sam-ail, semblable, 55*, 3, 33 ; thème samali-.
Sam-il, semblable, 20, 47 ; variante de samail.
Scam-an, poumon, 66*.
Scâth, ombre, 4.
Scei-th, vomir, 19 ; = *spoit.
Sciad, écu, 15 ; = *scêt.
Sealg, rate, 18, 32 ; thème s[p]elgan-.
Sebocc, faucon, 72*.
Sech, sans, 94*, 20, 30.
Secht, sept, 47*, 88*.
Sêgdæ, beau, majestueux, 17* ; variante de sêgunda.
Sêgunda, beau, majestueux, 17* ; thème segontio-.
Seid-eadh, souffle, 48*.
Selg, rate, 88* ; variante de sealg ; thème s[p]elgan-.
Selg, chasse, 7, 18.
Sen, vieux, 2 ; thème seno-.
Sen-mag, vieille plaine, 26*.
Ser-b, amer, 7, 19 ; thème svervo-.
Serc, amour, 19, 25 ; thème sercâ.

Se-ssa-m, action de se tenir debout, 36*; = *sestam.
Sét, chemin, 20, 53; thème sento-.
Set-che, épouse, 53, dérivé de sêt.
Sethar, génitif de siur, sœur, 41.
Sgoilt-im, je fends, 11, 32.
Si, elle, 73*, 5.
Sib, vous, 5; = *svis.
Siair, 41, datif de siur, sœur.
Sir, long, 5, 20.
Siur, sœur, 41; = *svi[s]ur.
Slige, route, 24*.
Slige-ach, Sligo, 24*, dérivé de slige.
Sluc-aim, avaler, 27.
Smêur, mûre, 15, 27.
Snâ-mh, nage, 27, 29, 60.
Snâ-th, fil, 2, 5, 26; thème snâto-.
Snâ-thad, aiguille, 2, 26; dérivé de snâth.
Snâ-thaim, je file, 26.
Snâ-the, fil, 2.
Sneadh, lente, 27; thème snedâ. Forme moderne de sned.
Sned, lente, 48*; thème snedâ. Ancienne forme de sneadh.
Sreod, éternuement, 25.
Srô-n, nez, 31.
Sru-th, torrent, 8, 32; thème srutu-.
Su-, bien, 3.
Sua-n, sommeil, 88*.
Su-lbair, éloquent, 3.
-t, suffixe féminin, 68; thème -tâ.
Tabhal, fronde, 11.
Tan-a, mince, 29*.
Tara-thar, tarière, 65.
Tarbh, taureau, 60*; thème tarvo-.
Tê, chaud, 88*.
Tech-im, je fuis, 39*.
Tech-t, acte d'aller, 68; thème tictâ.
Tem-el, obscurité, 33, 40; thème temillo-.
Tene, feu, 53*, 1, 24; thème tenet-.
Teoir, trois (féminin), 73*; de *tisores.

Tes, tess, chaleur, 36*; thème testu-.
-thar, suffixe qui se trouve dans tara-thar, 65; thème -tro-.
Tiag-aim, je vais, 39*.
Tigerne, seigneur, 22*, 23*; thème tigernio-.
Tim-me, chaleur, 59, thème tipmio- ou tipmiâ.
Tiug, gros, 13, 24, 61; thème tigu-.
To-bach, action de prendre violemment, 15*.
To-bong-aim, je prends, 15*.
Tô-gu, je choisis, 9, de *do-vogus-u.
Tôib, côté, 9, 24.
To-isech, prince, 56; thème tovittico-.
Torc, porc mâle, 71*, 19.
Traig, pied, 30*; thème traget-.
Treb, habitation, 30*.
Treb-aim, j'habite, 30*, dérivé de treb.
Treb-aire, féminin, prudence, sagesse, 108*.
Treb-aire, masculin, maître de maison, 108*.
Trê-n, fort, 18; thème tresno-.
Tres-a, plus fort, 18*, de *tresyâs.
Tress-a, variante de tres-a, 57*, 18.
Tri, trois, 29*, 73*, 95*.
Trócaire, miséricorde, 65*, 9, 24, 28, 42; thème trô[go]cariâ.
Tû, tu, 29*, 3, 24.
Tûa-th, peuple, 30*, 60*; thème toutâ.
Tug-im, je couvre, 39*.
Tui-c-se, choisi, 36*, 9; thème dovogustio-.
Tul, éminence, 24*.
Tul-ach, nom de lieu, 24*; dérivé de tul.
Uath, terreur, 48*.
Uil-e, tout, 6; thème holio-.
Uis-ce, eau, 37*; thème udcio-.

GALLOIS

Ab-all (vieux gallois), pomme, 52*, 65*, 33.
Ael-wyd, foyer, 4, 45.
Ag-os, près de, 7.
-ail, suffixe à l'aide duquel sont formés les mots gof-ail, ces-ail, 107*.
Allt, rivage, 10.
Al-traw, parrain, 10.
Am-ddi-fad, orphelin, 49*.
Am-ser, temps, 50*.
Ar-adr, charrue, 23.
Art-beu, 42*, 78*.
Arth, ours, 41*.
Arth-al, aboyer, 41*, 47*.
Arth-ur, nom d'homme, 42*.
Ar-wydd, signe, 70*.
-auc, suffixe = -áco-s, 59*.
-awc, suffixe, = -áco-s, 59*.
Aw-el, vent, 59*.
-awl, suffixe, variante de -ol, 48.
Bagl-og, qui a une béquille, 4.
Ba-th, pluriel ba-thau, coin, pièce de monnaie, 68.
Bawd, pouce, 34.
Bedd, tombe, 49*.
Bed-ydd, baptême, 53.
Ben-dith, bénédiction, 8.
Ben-yw, femme, 101*.
Ber, courte, 64; féminin de byr.
Bet-id (vieux gallois), baptême, 25, 26.
Bis (vieux gallois), doigt, 5.
Blawd, fleur, farine, 4.
Blwydd, an, 59*.
Blwydd-yn, an, 6, 48.
Bodd-i, noyer, 4, 27.
Boduoc, 21*.
Bor-e (moyen gallois), matin, 112*.
Brecheniauc (moyen gallois), nom de lieu dérivé de Brachan, 24*.
Bres-el, guerre, 49*.

Bri, puissance, 23.
Brith, moucheté, 48*.
Brith-yll, maquereau, 47.
Broc-mail (vieux gallois), nom d'homme, 3*.
Bry-n, colline, 23, 60; pluriel bry-ni-au, 60.
Budd, profit, 60*.
Bydd-ar, sourd, 49*.
Byr, court, 64.
Cad-auc, (moyen gallois), nom d'homme, 24*.
Cad-oc-us (moyen gallois), variante de Cad-auc, 24*.
Cae-th, captif, 48*.
Cait-oir (vieux gallois), saleté, 64.
Cal-af, paille, 7, 61; pluriel cal-af-on, 107*, 7, 61.
Cann-uill (vieux gallois), chandelle, 7.
Car-ad, amitié, 17*.
Car-ad-auc (moyen gallois), nom d'homme dérivé de carad, 24*.
Car-ant-ocus (moyen gallois), nom d'homme, latinisé, 24*.
Car-at-auc (moyen gallois), nom d'homme, variante de Cara-dauc, 24*.
Car-at-ocus (moyen gallois), nom d'homme, variante latinisée de Caratauc, 24*.
Car-enn-ydd, amitié, 53.
Carn-edd, amas, 23, 68, d'où
Carn-edd-u, entasser, 23, 68.
Cat-mail (vieux gallois), nom d'homme, 3*.
Cat-ocus (moyen gallois), nom d'homme, variante latinisée de Cadauc, 24*.
Catuc, 23*.
Ceby-n (moyen gallois), dos, 60.

Ceiu-tir-v (vieux gallois), cousins, 67.
Cel-wrn, baquet, 6.
Cerddin, sorbier, 58.
Cer-ydd, réprimande, 8, 53.
Ces-ail, aisselle, 47.
Chuyth, souffle, 48*.
Chwaer (moyen gallois), sœur, 41.
Chwe-dl, nouvelle, 59.
Chwer-w, amer, 7.
Chwior-yd (moyen gallois) sœurs, 41; pluriel de chwaer.
Chwydd, enflure, 54.
Chwyf-io, remuer, 57*, 32.
Chwyn, mauvaise herbe, 54.
Chwyn-ogl, sarcloir, 54; dérivé de chwyn.
Chwyn-u, sarcler, 54; dérivé de chwyn.
Chwy-s, sueur, 50*, 118*, 19.
Chwys-ig-en, vessie, 46, 57.
Cil-id (vieux gallois), compagnon, 44.
Cimer (vieux gallois), proportion, 55*, 32.
Clawdd, fossé, 49*.
Cled (vieux gallois), gauche, 12.
Cloc-ian, glousser, 26.
Clwc-ian, glousser, 26; variante de cloc-ian.
Clyw, ouïe, 13.
Cneif-io, tondre, 22.
Cneif-ion, toison, 22.
Cneu-enn, noix, 22.
Cnw-c, montée, 22.
Cod-en, poche, 17.
Co-l-wyn, petit d'un animal, 48.
Conetoc, 21*, 22*.
Craw-en, croûte, 4.
Cred-am (vieux gallois), je marche, 49*.
Cri-p (vieux gallois), peigne, 5.
Croes, croix, 50*.
Crwn, rond, 3.
Crwys, croix, 50*; variante de croes.
Crych, ride, 28.
Cudd-iaw, cacher, 37; variante de cudd-io.

Cudd-io, cacher, 48*.
Cwm-wl, nuage, 63.
Cwn, sommet, hauteur, 86*.
Cwydd, chute, 48*.
Cwyn-o, gémir, 12.
Cyf-faith, tan, 22.
Cyl-ion, mouches, 57.
Cyrch-yn, qui entoure, 49.
Dac-r (vieux gallois), larme, 53*, 10.
Dar-par-u, préparer, 33.
Da-tl (vieux gallois), « forum », 58*, 10, 48.
Dauv (vieux gallois), gendre, 2.
Deg-wm, dîme, 13.
Der-w, chêne, 22*.
D-et-wyd, sage, 79*.
Di circhu (vieux gallois), auprès de, 22.
Din-as, forteresse, 36*.
Diw-edd, fin, 52.
Dof, apprivoisé, 28.
Drwg, mauvais, 8.
Dui (vieux gallois), deux (féminin), 14.
Duw, dieu, 48.
Duw-iol, divin, pieux, 48; dérivé de Duw.
Duw-iol-aeth, théocratie, 48; dérivé de duwiol.
Dwr-n, main, 8.
Dy, ton, 25.
Dyl-ed, dyl-id, devoir, 37.
Dyw-edd-af, dernier, 48*.
Edd-iw, lierre, 53*.
Edy-n, oiseau, 49*.
Eidd-ew, lierre, 23; variante de edd-iw.
Ell-yn, rasoir, 10.
En-ep, visage, 94*.
Ep, cheval, 93*.
Ep-ill (vieux gallois), cheville, 20, 58.
Er-, préfixe augmentatif, 85*, 86*.
Erch-im (vieux gallois), demander, 87*.
Er-chyn-od, élévation, 86*.
Er-chyn-u, élever, 86*.

INDEX GALLOIS

Erf-in, navets, 5, 58; pluriel de erfinen, 58.
Et-bin-am (vieux gallois), je coupe, 34.
-et-ic (vieux gallois), suffixe = -at-ico-s, 56.
Et-n (vieux gallois), oiseau, 49*, 87.
Ew-yll, volonté, 14.
Ew-ythr, oncle, 13.
Ffer-f, ferme, solide, 7.
Ffrae-th, éloquent, 32.
Ffrwy-th, fruit, 48*.
Ffryd-io, jaillir, 6.
Gae-m (vieux gallois), hiver, 33.
Gar-an, grue, 29*.
Gar-th, haie, enclos, 47*, 68.
Garth-ou, aiguillon, 47*.
Giar, poule, 24.
G-lyf-oer, bave, glaire, 2, 12.
Go-dro, traire, 15.
Gof-ail, forge, 47.
Go-gledd, « nord », littéralement « ce qui est à gauche », 14, 22.
Go-gui-th (vieux gallois), vaincu, 39*.
Gordd, maillet, 54*, 20.
Guard-am (vieux gallois), je ris, 49*, 27.
Guar-oi (vieux gallois), jeu, 6, 54.
Guass, jeune homme, 49*.
Guel-i (vieux gallois), lit, 3, 44.
Guirg-iri-am (vieux gallois), je hennis, 57*, 20.
Gui-th (vieux gallois), vaincu, 41*, 32.
Gui-th-en (moyen gallois), veine, 120*, 69.
Guith-lau-n (vieux gallois), « plein de bataille », 39*.
Gunli-auc (moyen gallois), nom de lieu, 24*; dérivé de Gundlei.
Guo (vieux gallois), sous, 88*.
Guollung (vieux gallois), vide, 6.
Guor (vieux gallois), sur, 88*.
Guou-n (vieux gallois), plaine, prairie, 24.
Gur-eic (vieux gallois), femme, 17.

Gwae-n, plaine, prairie, 24; forme moderne de guoun.
Gwai-th, travail, bataille, fois, 39*.
Gwar-e, jeu, 54, forme moderne de guaroi.
Gwefl, lèvre, 13.
Gwe-fu-s, lèvre, 17, 68.
Gwei-th, travail, bataille, fois, 39*; variante de gwaith.
Gweith-on, cette fois, 39*, composé de gweith.
Gwell-eif-iau, ciseaux, 29.
Gwellt, herbe, 58*, 13, 17, 24.
Gwenn-awl, hirondelle, 107*, 47.
Gwerth-u, vendre, 47*.
Gwerth-yd, fuseau, 47*.
Gwiwer, écureuil, 31.
Gwlad, possessions, 17.
Gwla-n, laine, 18, 60.
Gw-law, pluie, 17.
Gw-li-th, rosée, 48*, 58*, 17.
Gw-lyb, humide, 17.
Gwni, couture, 22.
Gwr-ach, vieille femme, 18, 39.
Gwreidd-yn, racine, 49*, 17.
Gwrth, contre, 19.
Gwydd, science, 44.
Gwyllt, sauvage, 27.
Gwyn, blanc, 60*.
Gwys-tl-on, otages, 120*.
Gwy-then, veine, 2, forme moderne de guithen.
Gyrdd, maillets, 20; pluriel de gordd.
Ham (vieux gallois), été, 1, 33.
Heb, il dit, 94*; variante de hep.
Hebauc, faucon, 72*.
He-br-wng, conduire, 30.
Hefys, chemise, 20.
Hel-ic (vieux gallois), saule, 45.
Hep, il dit, 103*.
Hep, sans, 94*.
Hir-aeth, impatience, 52.
Hoe-dl, âge, 20.
Hog-al-en, pierre à aiguiser, 6; forme moderne de ocoluin.
Hu-cc (vieux gallois), cochon, 58*, 8.
Hu-n, sommeil, 88*.

INDEX GALLOIS

Hwyad, canard, 15.
Hydd-od, cerfs, 12; pluriel de hydd.
Ia-in, froid, 2.
Iaith, langue, 2.
-id (vieux gallois), suffixe qui se trouve dans cilid, tritid, 44.
Ieu-enc-tyd, jeunesse, 66.
Im-raud (vieux gallois), « mens », 2.
Iou (vieux gallois), joug, 13, 17.
Is-el, bas, 49*.
I-t (vieux gallois), blé, 87*.
Kaf-n, auge, 59.
Kef-n, dos, 112*, variante orthographique de cef-n.
Kefy-n (moyen gallois), dos, 112*, 12; variante de kef-n.
Kledd-yf, épée, 3.
Lad-am (vieux gallois), je tue, 48*.
Lau (vieux gallois), main, 87*.
Lau-n (vieux gallois), plein, 87*.
Leguen- (vieux gallois), joyeux, 20.
Leguen-id (vieux gallois), joie, 20, 33.
L-iaus (vieux gallois), plusieurs, 87*, 3.
Lic-at (vieux gallois), œil, 2.
Ligess-auc (moyen gallois), nom d'homme, 24*.
Lit-an (vieux gallois), large, 86*.
Lou-ber (vieux gallois), éclat, lustre, splendeur, 53.
-louich-etic (vieux gallois), éclairé, 9.
Lladd-af, je tue, 48*; forme moderne de ladam.
Llaeth, lait, 47*.
Lla-fr, anus, 44.
Llai-th, humide, 12.
Llan-w, marée, 61.
Llaw-dr, pantalon, 50.
Llawen-ydd, joie, 53; forme moderne de leguenid.
Lle-dr, cuir, 65.
Llo-dr-au, pluriel de llawdr, pantalon, 50.
Llud-w, cendre, 66.
Llw, serment, 3, 44.

Llwdn, bête, 15.
Llys-au, herbes, 41.
-m, suffixe à l'aide duquel est formé le mot est twym, 7, 59.
Ma-d, bon, 48.
Mad-ol, bon, 48, dérivé de mad.
Maes, campagne, 50*.
Mag-wyr, mur, 4, 50.
Ma-il (vieux gallois), « mutilus », 121*.
Mai-r (vieux gallois), maire, 12.
Mal-u, moudre, 34.
Mam-ol-iaeth, maternité, 48.
Map, fils, 93*.
March-og-es, femme qui va à cheval, 106*.
Marw-ol, mortel, 47.
Mau-r, grand, 13*.
Maw-r, grand, 13*, variante orthographique de maur.
Med (vieux gallois), hydromel, 28*.
Me-int, quantité, 49.
Mell-tith, mel-tith, malédiction, 48*, 8.
Melv-et (vieux gallois), limaçons, escargots, 20.
Men-wyd, pensée, 7.
Me-wn, milieu, 118*.
Min-id (vieux gallois), montagne, 34.
Mis, mois, 49*.
Modr-eb (vieux gallois), tante, 15.
Mo-el, chauve, 121*, forme moderne de mail.
Mol-im (vieux gallois), louer, 4.
Môr-çant (vieux gallois), nom d'homme, 12*.
Mordd-wyd, mordd-wyt, cuisse, 49*, 45.; forme moderne de morduit.
Mord-uit (vieux gallois), cuisse, 3.
Môr-iud (vieux gallois), nom d'homme, 12*.
Morth-ol, marteau, 47*.
Morth-wyl, marteau, 47*, variante de morthol.
Mwg, fumée, 54.
Mwng, crinière, 54*, 15.

Mwyar, mûres, 15.
Myrth-wl, marteau, 47*, variante de morthol.
Myw-ion-yn, fourmi, 57.
Na-tr (vieux gallois), serpent, 10.
Naw-f, nage, 29.
Nedd, lente, 48*.
Nei, neveu, 88*.
Ne-idr, serpent, 50; forme moderne de natr.
Ner-th, force, 47*.
Nev-et (moyen gallois), nom d'homme, 19*.
New-ydd, nouveau, 60*.
Noe-th, nu, 48*.
No-s, nuit, 50*, 59*.
No-t-uid (vieux gallois), aiguille, 66*, 2, 7, 25, 43, 64.
Nydd-u, filer, 3, 5, 26.
Nyth, nid, 48*, 12.
-oc, suffixe = -âco-s, 59*; variante de -awc.
Oc-ol-uin (vieux gallois), pierre à aiguiser, 102*, 4, 6, 48, 62.
-oir (vieux gallois), suffixe = ôri-s, 64.
-ol, suffixe = -âlo-s ou -ali-s, 48, variante de -awl.
Pair, chaudron, 93*.
Par-am (vieux gallois), je fais, 93*.
Parth, côté, 47*, 94*.
Pau-p (vieux gallois), chaque, 52*, 3.
Paw-r, pâturage, 29.
Pedeir (vieux gallois), quatre (féminin), 33.
Pedwer-ydd, quatrième, 25.
Pedwyr-yd, quatrième, 44; variante de pedwerydd.
Pen-def-ig, prince, 56.
Penn, tête, 93*.
Pen-yd, pénitence, 58.
Petguar (vieux gallois), quatre, 93*.
Pil-yn-au, haillons, 5.
Pimp (vieux gallois), cinq, 92*, 3.
Pimp-et (vieux gallois), cinquième, 92*.

Pinnac (vieux gallois), quelconque, 57*, 31.
Pisc (vieux gallois), poisson, 29.
Piser, pot, 22.
Plant, progéniture, 94*.
Porth, porte, 47*.
Prem (vieux gallois), ver, 93*.
Pre-nn, arbre, 93*.
Pri-od, époux, 48.
Pri-od-ol, marié, 48; dérivé de priod.
Pry-n-u, acheter, 94*.
Pryv, ver, 30, forme moderne de prem.
Pui (vieux gallois), qui, 93*, 14.
Pwyll, intelligence, 94*.
Rei-th, arrangement, 47*.
Rhaid, nécessaire, 54.
Rhe-fr, anus, 13, 44.
Rhisgl, écorce, 9.
Rhodd, don, 22.
Rhudd, rouge, 49*.
Rhwyd, filet, 66.
Rhwyg, déchirure, 7.
Rhwyg-o, déchirer, 4.
Rhwys-tr, obstacle, 66; dérivé de rhwyd.
Rhy, trop, 85*.
Sal-tra, faiblesse, pauvreté, maladie, 10.
Sar-n-u, étendre, 36*.
Saw-dl, talon, 25, 59.
Sedd, siège, 22.
Sef-yll, se tenir debout, 36*.
Seith, sept, 47*.
Ser, étoiles, 36*; pluriel de seren, 36*.
Siwmwl, aiguillon, 36*; forme moderne de suml.
Steb-ill (vieux gallois), chambres, 36*.
Suml (vieux gallois), aiguillon, 36*.
Tafawd (moyen gallois), langue, 13.
Tafl, coup, jet, 11.
Tal-u, payer, 67*.
Tardd, lézarde, 27.
Tardd-u, crevasser, 49*.
Tei-th-, voyage, 68.
Teith-drwydded, passe-port, 68.

Tel-yn, harpe, 48.
Ti (vieux gallois), tu, toi, 29*, 24.
To-i, couvrir, 39*.
Trae-th, sable, 47*.
Tri, trois, 29*.
Tri-t-id (vieux gallois), troisième, 66*, 25, 44.
Trug-ar-edd, miséricorde, 42.
Try-d-ydd, troisième, 25, forme moderne de tritid.
Tu-edd, penchant, 53*, 22.
-t-uid (vieux gallois), suffixe dans notuid, 43.
Twng, serment, 8.
Twy-m, chaud, 7, 59.
Tyng-u, jurer, 8, dérivé de twng.
Tyw-yll, sombre, 2, 40.
Tyw-ys-og, prince, 22*.

Uch-el, haut, 28.
-uid (vieux gallois), suffixe = -eio-s, -eia, 64.
Urdd, ordre, 49*.
Vor-tigern (vieux gallois), nom d'homme, 23*.
Wy, ils, eux, 73*, 6.
Wyth, huit, 47*.
Y-ma-n, ici, 2.
Yme-un (moyen gallois), au milieu, 63.
Yn-o, là, 3.
Ysgryd, frisson, 21.
Ysnod-en, fil, 2.
Ystaf-ell, chambre, 36*.
Ystrew, éternuement, 25.
Ystwng, se baisser, 15.

CORNIQUE

Ag-os, voisin, 7.
Ail (vieux cornique), ange, 12.
Al-trou, mari de la mère, 10.
An-cres, chagrin, 5.
As, votre, 18.
Av-on, rivière, 49.
Bedh, tombe, 49*.
Blot (vieux cornique), farine, 25.
Brem-myn, pets, 59.
Brith-il (vieux cornique), maquereau, 47.
Caid, captif, 48*.
Cerd (vieux cornique), marche, 27.
Cherhit (vieux cornique), héron, 12.
Col-men, nœuds, 59.
Col-widen (vieux cornique), coudrier, 3.
Coth, vieux, 48*.
Crev-an, croûte, 4.
Cruc, colline, 47.
Cud-in, écheveau, 48.
Cuth-e, cacher, 48*.
Dar, tristesse, chagrin, 41.

Di-fun-e, réveiller, 32.
En-chine-thel (vieux cornique), géant, 56*, 23.
Eth, huit, 47*.
Ethe-n, oiseau, 49*.
Ew-iter, oncle, 13.
Fr-eg, femme, 32; variante de greg.
Garth-ou, aiguillon, 47*.
Gr-eg, femme, 32.
Grou (vieux cornique), gravier, 8, 40.
Gue-n (vieux cornique), plaine, prairie, 24.
Gui-d (vieux cornique), veine, 2.
Guill (vieux cornique), sauvage, 27.
Guit (vieux cornique), sauvage, 27; variante de guill.
Gurhth-it, fuseau, 47*.
Gweldzh-ow, ciseaux, 29.
Hal-oin (vieux cornique), sel, 19, 48.
He-noid, cette nuit, 48*.

Hevis (vieux cornique), chemise, 20.
Hverth-in, rire, 49*.
Hweth, souffle, 48*.
Ieu (vieux cornique), joug, 13.
Kel-in (vieux cornique), houx, 49.
Kerd, marche, 49*.
Ketep-onan, chacun, 18.
Ladh, tuer, 48*.
Lait[h], lait, 47*.
Luch-et (vieux cornique), éclair, 46.
Lus-ow, cendre, 66.
Luw-orth, jardin, 47*.
Mah-th-eid (vieux cornique), jeune fille, 26.
Mal (vieux cornique), désir, 30*.
Menv-ion-en (vieux cornique), fourmi, 22, 57.
Mord-oit, cuisse, 49*.

Neid, nid, 48*.
Ner-th, force, 47*.
Od-ion (vieux cornique), bœuf, 21.
Og-os, près de, 64 ; variante de agos.
Parth, côté, 47*.
Prider-us (vieux cornique), soigneux, soucieux, 67.
Scaff, léger, 29.
Scruth, frisson, 21.
Scub-il-en (vieux cornique), balai, 48.
Seyth, sept, 47*.
Stlyntya, glisser, 21.
Tewl-el, jeter, 22.
Toi-m (vieux cornique), chaud, 7.
Trai-t, sable, 47*.
Tym-myn, morceaux, 59.
Yn kerghen, auprès de, 22.

BRETON

A, de, 81*, 11, 20, 23, 28.
-a, suffixe = -agos, 106*, 36.
Ab-, fils, 34 ; variante de mab.
A-barh (Breton de Vannes), dans, 47*.
A-ba, depuis que, 62*, 63*, 68*, 69*.
A-bell, de loin, 69*.
Abostol, apôtre, 57*, 66*, 31.
Abrant, sourcil, 52*, 30, 40.
A-bred, à temps, 69*.
Ac'h, de, 18, 28.
-ac (breton de Vannes), suffixe, 24*.
-ac'h, suffixe = -acco-s, -accâ, 106*, 39, 52, 55.
-ac'h, suffixe = -actâ, 39, 52, 55.
-ach, suffixe, du français -age, 21, 39.
-ach, suffixe = -actâ, 39, 52, 55.
Ac'h-an-o, de là, 28.

A-c'houe-z, publiquement, 59*, 20, 68 ; forme moderne de agoez.
-ad, suffixe = -ata, -atu-s?, 109*, 36, 54.
-ad, suffixe = -ati-s, 110*, 37, 55.
-ad, suffixe = -ato-s, 109*, 55.
-ad, suffixe = -atu-s, 111*, 37, 54.
-ad, suffixe = -ito-n, 116*, 37.
-ad-ek, suffixe = -at-âco-s, 109*, 37, 45.
-ad-ek, suffixe = -at-icâ, 109*, 37, 45, 46.
-ad-el, suffixe = -at-ellâ, 37, 47.
-ad-en, suffixe = -at-innâ, 110*, 37, 48.
-ad-ez, suffixe = -at-issâ, 110*, 38, 53.
-ad-our, suffixe = -at-ôri-s, 110*, 38, 64.
-ad-ur, suffixe = -at-ôro-s?, 110*, 111*, 38, 69.

-ad-ur-ez, suffixe = -atôr-actâ, 110*, 39, 52.
-ad-ur-ez, suffixe = -atôr-issâ, 39, 53.
Ael (moyen breton), ange, 12.
A-er, serpent, 119*, 10, 50, forme moderne de a-zr.
-aer, suffixe = -atir, 110*, 39, 50, 65.
-aer, suffixe = latin -ator, 110*, 39.
-aer-ez, suffixe = -atir-issâ, 110*, 39, 53.
-aez (moyen breton), suffixe = -actâ, 4, 52.
A-goe-z (moyen breton), publiquement, 59*, 20, 68.
-al, suffixe = -allo-s, 107*, 40.
-al, suffixe = -atlo-n, 110*, 40.
-al, suffixe = -illo-s, 114*, 40.
-al, suffixe = -ulo-s, 121*.
Alan, haleine, 40, forme moderne de alazn.
Ala-r, charrue, 57*, 120*, 1, 23; forme moderne de ara-zr.
Alazn (moyen breton), haleine, 40.
Alc'houedez, alouette, 20.
Alc'hou-ez, clef, 53; pluriel alc'hou-es-iou.
Alc'houez-er, serrurier, 50; dérivé de alc'houez.
All, autre, 13.
Aloubi, prendre le bien d'autrui, 23.
Aluzen, aumône, 1.
A-ma-n, ici, 2.
-amand, suffixe, 40.
Amanenn-erez, celle qui fait ou vend du beurre, 51.
Ambroug-erez, conductrice, 51.
Am-brouk, conduire, 30.
Amez-egez, voisinage, 46, 52.
Amez-egez, voisine, 47.
Am-ez-ek, voisin, 46, forme moderne de amnesec.
Amieg-ez, accoucheuse, 53.
Am-nes-ec (moyen breton), voisin, 52.

Am-nes-egu-ez (moyen breton), voisinage, 105*.
Am-zer, temps, 50*, 109*, 1, 2, 69.
An (moyen breton), le, 71*, 81*, 2, 28.
An-, particule négative, 55*, 5.
An-, particule intensive, 29.
-an, suffixe, 107*, 40.
An-al, haleine, 40.
Anaoud-egez, connaissance, 46.
A-na-ou-d-ek, connaisseur, 44.
An-aoun, les âmes des défunts, 114*, 8; forme moderne de an-av-on.
A-na-t, connu, 120*, 2, 65.
Anau-gen (vieux breton), nom d'homme, 79*.
An-av-on (moyen breton), les âmes des défunts, 8.
An-er, corvée, 50.
Anev-al, animal, 55*, 66*, 33.
-an-ez, suffixe = -ant-issâ, 108*, 40, 53.
-ank, suffixe, 112*, 40.
An-kel-c'her, lutin, 29.
An-ko-ffn-ez (moyen breton), oubli, 19.
Ank-ou, mort, 111*, 8, 63.
An-ko-un-ac'h, oubli, 55*, 58*, 19, 39; forme moderne de an-koffnez.
Ann, le, 22.
Anoued, froid, 67, d'où anoueduz, qui rend froid, 67.
-ans, suffixe, 40.
-ant, suffixe = -ento-, -entâ, 112*, 40, 41.
-antez, suffixe = -antiâ, 41, 49, 53.
-antez (moyen breton -antes), suffixe, 41.
-ao, suffixe = -avo-s, 111*, 41.
Aod, rivage, 10.
Aot-en, rasoir, 10, 30.
Aot-er, autel, 51*, 55*, 108*, 10, 50.
Aotre, octroi, 11.
Ao-tr-ou, seigneur, 111*, 120*,

8, 10, 63, 66; pluriel ao-tr-oun-ez, 111*.
Ao-tr-oun-iez, seigneurie, 57.
-aou, suffixe, 111*, 41.
-aou-ek, suffixe, 118*, 41, 45.
-aou-enn, suffixe, 111*, 41.
Aou-n, peur, 11, 60.
-a-oun, suffixe, 114*.
Aonn-ik, peureux, 56.
Aour, or, 52*, 11.
-aour, suffixe, 41.
A-oz, manière, 64.
Ar, le, 62*, 64*, 68*, 71*, 22; variante de an n, an.
Ar-, sur, devant, 85*.
-ar, suffixe = -aro-s, 109*, 41.
-ar, suffixe = -(t)ur, 120*, 41, 50.
Arabad-iez, badinerie, 57.
Ar-adurez, labour, 39.
A-raok, devant, 11.
Ara-r, charrue, 65, forme moderne de arazr.
Ara-zr (moyen breton), charrue, 57*, 23.
Ar-benn, rencontre, 69*.
Arc'h-ant, argent, 54*, 75*, 112*, 18, 41.
Arc'henn-ad, chaussure, 37.
Arc'h-ik, cassette, 71*, 19.
-ard, suffixe, 41.
-ard-ez, suffixe, 42, 53.
-ar-ez, suffixe = -ario-s, -ariâ, 108*, 42, 52.
Ar-gad, huée, trac, 17.
Ar-gad-en, attaque, 67*, 48.
Ar-gil, recul, 17.
Ar-goad, contrée forestière, 17.
Ar-goad-ek, forestier, 45.
Argoad-erez, celle qui habite la pleine terre ou les forêts, 51.
Ar-goez (moyen breton), signe, 70*, 80*.
Ar-gou-rou, dot, 17.
Ar-mel, nom d'homme, forme moderne de Arth-mael, 3*, 4*.
-arn, suffixe, 109*, 42.
Ar re, ceux, 70*.
Arreb-euri, mobilier, 52.

Arth-mael (vieux breton), nom d'homme, 3*, 4*, 42*.
Arth-veu (vieux breton), nom d'homme, 42*; variante de
Arth-viu (vieux breton), nom d'homme, 42*.
Art-on (vieux breton), aboyer, 41*.
Ar-var, doute, 69*.
Arvest-iad, spectateur, 55.
Ar-voez (moyen breton), signe, 80*; variante d'argoez.
Ar-vor, endroit voisin de la mer, 69*, 77*, 33.
Arvor-ad, habitant du voisinage de la mer, 37.
Arvor-adez, celle qui habite près de la mer, 38.
Arvor-iad, féminin arvor-iadez, 55, variantes d'arvorad, arvoradez.
Ar-wez, signe, 70*; forme moderne d'argoez.
Arz-el, jarret, 71*, 27.
Arz-el, nom d'homme, 3*, 42*; variante de Armel.
Arz-mail (moyen breton), nom d'homme, 42*; variante plus récente de Arth-mael.
Ar-zourn, poing, 27.
As, te, toi, 74*.
Ask-ourn, os, 58*, 121*, 16, 64.
Askourn-egez, celle qui a de gros os, 47.
Askr-e, sein, 36, 43.
Askré-ad, plénitude du sein, 36.
As-tenn, étendre, 2.
A-uz, au-dessus, 59*, 28.
Av-al, pomme, 52*, 64*, 65*, 107*, 33, 40.
Aval-ennek, lieu planté de pommiers, 44.
Av-ank, castor ou bièvre, 40.
Avant-ach, avantage, 21, 39.
Av-el, vent, 59*, 32, 47.
Av-en, rivière, 117*, 49.
Aven, mâchoire, 37.
Aven-ad, soufflet, 37; dérivé de aven, mâchoire.

Aven-egez, celle qui a une grosse mâchoire, 47.
A vern, en tas, 62*, 63*.
Aviel, évangile, 54*, 1, 5.
Avi-us, envieux, 67.
Avoul-tr, adultère, 119*, 33, 66.
Az, te, toi, 74*.
-az, suffixe, 42.
A-ze, là, 34.
A-ze-de-ze (breton de Vannes), de jour en jour, 50*.
A-zeheu (breton de Vannes), à droite, 50*.
A-zeiz-da-zeiz (breton de Léon), de jour en jour, 50*.
A-zeou (breton de Léon), à droite, 50*, 68*.
Azeul-i, adorer, 56*, 65*, 4, 23, 27.
A-zevri, tout de bon, 50*.
A-zez-a, asseoir, 27.
A-zianvez (breton de Vannes), du dehors, 50*.
A-ziaveaz (breton de Léon), du dehors, 50*.
-azl (moyen breton), suffixe, 110*.
A-zorn-de-zorn (breton de Vannes), de main en main, 50*.
A-zourn-da-zourn (breton de Léon), de main en main, 50*.
A-zr (moyen breton), serpent, 10.
Bad-ez, baptême, 67*, 25, 26, 53.
Bad-is-iant, baptême, 26, 55.
Bad-iz-iant, baptême, 41.
Bael-ec (moyen breton), prêtre, 4.
Bag-ad, « foule », littéralement « contenu d'un bateau », 36.
Bage-erez, batelière, 51.
Ba-h (breton de Vannes), bâton, 48*.
Bak, bateau, 36.
Balan, genêt, 110*, 40; forme moderne de balazn.
Balazn (moyen breton), genêt, 40.
Balc'h-der, hardiesse, 43.
Balc'h-ez, femme hautaine, 53.
Bal-é, marche, 38, 43.
Bale-aden, promenade, 38.
Bale-erez, marcheuse, 51.

Ban-al, genêt, 110*, 40; forme moderne de banazl.
Ban-azl (moyen breton), 110*.
Banazl-ec (moyen breton), nom de lieu, 24*.
Ban-el, venelle, 1, 31.
Banh-ech (moyen breton), goutte, 43.
Bann-é, goutte, 43.
Ban-o, truie, 7.
Banv-es-iou, banquets, 53; pluriel de banvez.
Banv-ez, banquet, 53.
Bao-t, voûte, 10.
Bar-a, pain, 107*, 30, 36, 50.
Bara-er, boulanger, 50.
Bara-erez, boulangère, 51.
Bara-erez, boulangerie, 51.
Bar-az, baquet à anses, 36, 42.
Baraz-ad, contenu d'un baquet à anses, 36.
Barged-erez, badaude, 51.
Barlen, giron, 36.
Barlenn-ad, plénitude du giron, 36.
Barn, jugement, 67*.
Barn-edigez, action de juger, 46.
Barn-er, juge, 50.
Barn-our, juge, 64.
Baro, barbe, 52*, 7.
Barv-egez, femme barbue, 47.
Barz, barde, 53*, 27.
Barz-a (moyen breton), nom de femme, latinisé, 43*, 79*.
Barze (moyen breton), nom d'homme francisé, 43*.
Barz-ez, femme qui fait des vers, 115*, 53.
Bastard-ez, bâtarde, 53.
Bastard-iach, bâtardise, 55.
Bastard-iez, bâtardise, 57.
Batar-az, massue, 42.
Bav-a, engourdir, 56.
Bav-edik, engourdi, 46.
Bav-et, engourdi, 56.
Bav-idik, engourdi, 56.
Ba-z (breton de Léon), bâton, 48*, 62*, 67*, 26, 37, 68.
Baz-ad, coup de bâton, 37.

Bazat-aer, donneur de coups de bâton, 39.
Be (breton de Vannes), tombe, 49*.
Be-ach, voyage, 21, 31, 39.
Beac'h, fardeau, 67*.
Bed, monde, 66*, 3, 25.
Beg-ad, becquée, 36.
Begel, nombril, 54.
Begel-iad, ventre d'une femme grosse, 54.
Bek, bec, 36.
Beleg-i, ordonner prêtre, 17.
Beleg-iach, prêtrise, 55.
Beleg-iez, prêtrise, 57.
Bel-ek, prêtre, 4, 16, 17, 44; forme moderne de baelec.
Beli, puissance, 23.
Bem-dez, chaque jour, 31, 34.
Ben-a, tailler, 52*, 30.
Ben-dem (breton de Vannes), vendange, 31.
Beni-ad, fil que contient une bobine, 54.
Bennak, quelconque, 57*, 31.
Benn-oz, bénédiction, 8, 64.
Benn-y, instrument, 54; singulier inusité de biniou.
Bent, mente, 31; variante de ment.
Beo, vivant, 78*, 98*, 99*, 101*, 13, 31.
Be-pred, toujours, 31.
Ber, broche, 57*, 59*, 31, 54.
Ber-ad, goutte, 37.
Ber-aff (moyen-breton), couler, 80*.
Ber-boell, inconstance, 69*.
Ber-iad, brochée, 54.
Berjez, verger, 31.
Ber-n, monceau, 23, 60; pluriel ber-ni-ou, 60.
Ber-r, court, 69*, 70*, 80*.
Berr-wel, qui voit court, myope, 70*.
Berv-et, bouilli, 56.
Berz-el (breton de Vannes), maquereau, 49*.
Bes-iad, contenu d'une tombe, 54.

Bes-ken, « dé à coudre », littéralement « gaîne de doigt », 59*, 16.
Bes-tl, fiel, 66.
Beur-é, matin, 112*, 31, 43.
Beuz, buis, 58*, 4.
Beuz-i, noyer, 4, 27.
Beuz-id, lieu plein de buis, 56.
Beuz-iff (moyen-breton), noyer, 44*.
Bev-a, vivre, 3, 56.
Bev-ans, vie, vivres, 40.
Bev-et, vécu, 56.
Bev-in, viande de bœuf, 3.
Bez (breton de Léon), tombe, 49*, 54.
Bez-a, être, 44*, 67*, 98*, 99*, 100*, 28.
Beza-nd, présent, 60.
Bez-ans, présence, 40.
Bez-o, bouleau, 28.
Bi-an, petit, 5, 31; variante de bihan.
Biel, vielle, 31.
Bih-an, petit, 5, 40.
Bihan-ez, petitesse, 52.
Bil-en, roturier, 31.
Binim, poison, 31.
Bin-iou, instruments, 54.
Bio-c'h, vache, 7.
Birv-i, bouillir, 56.
Birv-idigez, bouillonnement, 57.
Birv-idik, bouillant, pétulant, 56.
Bis, doigt, 27.
Bis-ier, bâtons, 26; pluriel de baz.
Bis-koaz, jamais, 16.
Bis-ou, bijou, 63.
Biv-idik, vivifiant, 56.
Biz, doigt, 5, 27; variante de bis.
Blaz, goût, 27.
Bled (vieux breton), loup, 65*, 27.
Bled-ic (vieux breton), nom d'homme, 79*.
Bleiz, loup, 53*, 65*, 67*, 79*, 12, 27; forme plus récente de bled.
Bleo, poil, 13, 23.
Bleu-d, farine, 4, 25.
Bliz-en, année, 53*, 114*, 6, 33, 48.
Bloas-iad, âgé d'un an, 55.

Bloaz, an, 53*, 59*, 65*, 68*, 27.
Bloaz-iad, 68*, variante de bloa-siad.
Bo-arr (breton de Vannes), sourd, 49*.
Boa-z, coutume, 14, 31.
Boaz-a (breton de Léon), accoutumer, 49*, 22.
Boc'h, joue, 19.
Boe-d, nourriture, 14, 42.
Boez-ein (breton de Vannes), accoutumer, 49*.
Bol-z, voûte, 71*, 10, 27, 31.
Bot-gardus (vieux breton), nom de lieu latinisé, 44*.
Bot-garth (vieux breton), nom de lieu, 44*.
Bouc'h, bouc, 71*, 19.
Bouc'h-al, hache, 40.
Bouec'h (breton de Vannes), voix, 18.
Boue-d, nourriture, 31 ; variante de boed.
Bouh-azl (moyen-breton), hache, 40.
Bourc'h, bourg, 18.
Bourr-a, s'accoutumer, 22 ; variante de boaza.
Bou-t, être, 67*.
Bouz-ar (breton de Léon), sourd, 49*, 41.
Bouz-ell (moyen-breton), boyau, 80*.
Bouzell-en, boyau, 28, 47.
Brae, instrument à briser le chanvre, 10, 30.
Brag-ez, culotte, 65*, 67*, 1, 17.
Bram-m, pet, 59.
Bra-n, corbeau, 22*, 31.
Bran-oc (vieux breton), nom d'homme, 22*.
Brans-igel, balançoire, 57.
Brao, beau, 7, 33.
Bras, grand, 27.
Brav-a, le plus beau, 33 ; superlatif de brao.
Brav-entez, beauté, 49.
Braz, grand, 27 ; variante de bras.
Braz-ez, femme grosse, 53.

Braz-ouniez, grandeur, 117*, 63.
Brec'h, bras, 2.
Breh (breton de Vannes), Bretagne, 48*.
Breih (breton de Vannes), Bretagne, 48*.
Brein, pourri, 67*.
Breiz (breton de Léon), Bretagne, 48*, 12.
Brenn-id, poitrine, 56.
Bre-o, meule de moulin, 122* ; variante de breou.
Breo-lim, meule à aiguiser, 3.
Bre-ou, meule de moulin, 52* ; 122*, 31, 63.
Bres-el (moyen-breton), guerre, 22*, 57*, 27.
Bresel-ec (moyen-breton), nom d'homme, 23*.
Bresel-oc (vieux breton), nom d'homme, 22*, 23*.
Bret-on, breton, 8 ; variante de bretoun.
Breton-ez, bretonne, 53.
Bret-oun, breton, 8.
Breu-d, plaidoirie, 42.
Breu-deur, frères, 102* ; pluriel de breur.
Breu-r, frère, 67*, 102*, 119*, 65 ; forme moderne de breuzr.
Breur-iez, confrérie, 57.
Breu-t, plaidoirie, 4 ; variante de breud.
Breut-aer, plaideur, 39.
Breu-zr (moyen-breton), frère, 65.
Brev-adur, action d'écraser, 38.
Brez-el (breton de Léon), maquereau, 49*, 47.
Brez-el, guerre, 57*, 27 ; forme plus moderne de bresel.
Brezel-iad, guerrier, 55.
Brez-ounek, breton, 27.
Brien-en, fragment, 30.
Brih (breton de Vannes), moucheté, 48*.
Briz (breton de Léon), moucheté, 48*, 55*, 71*, 31.
Bro, pays, 54*, 65*, 67*, 6, 17, 31.
Broenn-ek, couvert de joncs, 45.

Broenn-ek, lieu couvert de joncs, 45.
Bro-erec (moyen-breton), nom de lieu, 23*.
Bronn, mamelle, 56.
Broud, aiguillon, 56*, 8.
Brug, bruyère, 45.
Brug-ek, couvert de bruyères, 45.
Brug-ek, lieu couvert de bruyères, 45.
Bruk, bruyère, 45; variante de brug.
Bu-an, prompt, 44, 46.
Buan-der, vivacité, 43.
Buan-egez, emportement, 46.
Buan-ek, emporté, 44, 46.
Bu-c'h, vache, 7, 9, 19.
Bud-ic (vieux breton), nom d'homme, 12*, 60*.
Bud-oc (vieux breton), nom d'homme, 22*.
Bu-ez, vie, 55*, 10, 52.
Buez-egez, vie, 46.
Buez-ek, vivant, vif, 44; forme moderne de buhedoc.
Bu-gal-e, enfants, 67*; pluriel de bugel.
Bugale-ach, enfance, 39.
Bu-gel « enfant », proprement « berger », 9, 31.
Bugel-ez, bergère, 53.
Buhed-oc (vieux breton), vivant, vif, 44.
Buns, muid, 36.
Buns-ad, plénitude d'un muid, 36.
Buo-c'h, vache, 98*, 101*, 7; variante de buc'h.
Bur-hutt (breton de Vannes), miracle, 47*.
Burut-el, bluteau, 37.
Burutell-ad, plénitude d'un bluteau, 36.
Bur-zud (breton de Léon), miracle, 47*, 58*, 121*, 9, 31, 67.
Busell-aden, mugissement, 38.
Cacc (moyen-breton), envoyer, 80*.
Cad-o-dal (moyen-breton), nom d'homme, 78*.

Cad-ou-dal, nom propre, 78*; forme moderne de Catwotal.
Cad-r (vieux breton), beau, 65.
Cad-uc (vieux breton), nom d'homme, 23*.
Cad-vezen (moyen-breton), nom d'homme, 41*.
Can (moyen-breton), chant, 80*.
Can-fenn, je chanterais, 57*.
Can-senn, je chanterais, 57*.
Cant-oel (moyen-breton), chandelle, 7.
Can-zenn, je chanterais, 57*.
Caot-er, chaudière, 53*.
Car (moyen-breton), ami, 80*.
Car-ad-euc (moyen-breton), nom d'homme, 23*.
Car-ad-oc (moyen-breton), nom d'homme, 17*.
Car-ad-uc (moyen-breton), nom d'homme, 23*.
Car-am (vieux breton), j'aime, 55*.
Car-ann, j'aime, 55*; forme moderne de caram.
Cat (vieux breton), bataille, 23*.
Cat-maglus (vieux breton), nom d'homme, latinisé, 3*.
Cat-nemet (vieux breton), nom d'homme, 19*.
Cat-oc (vieux breton), nom d'homme, 23*.
Cat-wo-dal (vieux breton), nom d'homme, 78*.
Cat-wo-tal (vieux breton), nom d'homme, 78*.
Caz, chat, 51*.
Caz-r (moyen breton), beau, 43*, 45*, 10, 65.
-c'h, suffixe = -co-s ou -cu-s, 111*, 55.
-c'h-, suffixe = -c-s, 118*, 119*.
Chad-en, chaîne, 21.
Chalm-et, charmé, 21, 23.
Chat-al, bétail, 53*, 21.
Che-de, voici, 22.
Che-t-u, voici, 57*, 21.
Chipot-a, chipoter, 21.
C'hoal-en, sel, 57*, 19.
C'hoalen-ouer, saloir, 63.

Glossaire moyen-breton.

C'hoanch-ou, désirs, 21; pluriel de
C'hoant, désir, 19, 21.
C'hoant-ek, qui désire, 44.
C'ho-ar, sœur, 57*, 120*, 19, 41.
C'hoar-i, jeu, 112*, 6, 19, 48, 54.
C'hoari-el, jouet, 32, 48.
C'hoarz-aden, éclat de rire, 38.
C'hoarz-ann, je ris, 27.
C'hoarz-in (breton de Léon), rire, 49*.
C'hoaz, encore, 16.
Chom, rester, 21.
Chono-môrem (vieux breton), nom d'homme, latinisé, à l'accusatif, 12*.
C'houec'h, six, 18, 19.
C'houe-d-a, vomir, 19.
C'hou-ek, doux, 19.
C'houe-n, à la renverse, 19.
C'houen-gl, sarcloir, 111*, 54.
C'houenn-a, sarcler, 38, 54.
C'houenn-adek, jour et travail des sarcleurs, 37.
C'houenn-adur, sarclure, 38.
C'houer-o, amer, 57*, 7, 19.
C'houerv-der, amertume, 43.
C'houerv-entez, amertume, 112*, 49.
C'houerv-oni, amertume, 62.
C'houevr-er, février, 54*, 20.
C'houez, souffle, 48*.
C'houe-z, sueur, 50*, 118*, 19.
C'houez-aden, souffle, 37.
C'houez-egel, vessie, 58*, 114*, 46, 54.
C'houe-zek, seize, 50*.
C'houez-erez, action de suer, 51.
C'houez-igel, vessie, 114*, 46, 54, 57.
C'houi, vous, 5, 19.
C'houiban-ad, coup de sifflet, 37.
C'houibu, moucherons, 32.
C'houili-a, fouiller, 63.
C'houili-orez, frelon, 63.
C'houirin-aden, hennissement, 58*, 19, 38.
C'houitell-aden, sifflement, 38.
Chtrih (breton de Vannes), étroit, 48*.

Civol-ez, ciboule, 33.
Clay (breton de Vannes), fossé, 49*.
Cleo, ouïe, 102*.
Cleu (breton de Vannes), fossé, 49*; variante de clay.
Cloar-ek, clerc, 52*.
Clu-gen (vieux breton), nom d'homme, 79*.
Co- (vieux breton), avec, XV, 55*, 59.
Coant-es (moyen-breton), belle, 58.
Coat (moyen-breton), bois, 21.
Cofrit (vieux breton), ensemble, XV, 32.
Coh (breton de Vannes), vieux, 48*.
Col-en, petit d'un animal, 112*.
Col-off (moyen-breton), paille, 80*.
Con (moyen-breton), chiens, 80*, 98*; pluriel de qui.
Con-gen (vieux breton), nom d'homme, 79*.
Con-môrin (vieux breton), nom d'homme, 12*.
Cono-maglus (vieux breton), nom d'homme, latinisé, 3*.
Con-vili (vieux breton), nom d'homme, 78*.
Coueh-ell (breton de Vannes), tomber, 48*.
Covrant-gen (vieux breton), nom d'homme, 79*.
Coz, vieux, 48*.
Coz-gueodet (moyen-breton), nom de lieu, 24.
Coz-yaudet, nom de lieu, 24, forme moderne de Cozgueodet.
Coz-yeaudet, nom de lieu, 52*.
Creac'h, montée, 56*.
Cred-am (vieux breton), je marche, 45*.
Croc'h-en, peau, 112*.
Croe-aff (moyen-breton), créer, 54*, 9.
Croe-er (moyen-breton), créateur, 9, 50.
Croe-ss (breton de Vannes), croix, 50*.

INDEX BRETON

Cuh-et (breton de Vannes), cacher, 48*.
Cun, débonnaire, 56*.
Cun-mailus (vieux breton), nom d'homme, latinisé, 3*.
-d, suffixe = -to-s, 120*, 42, 68.
-d, suffixe = -tu-, 120*, 42, 68.
Da, à, 56*, 2, 6, 29; forme moderne de do.
Da, ton, toi, 58*, 62*, 63*, 69*, 70*, 81*, 25.
Da-el, dispute, 58*, 120*, 10, 48.
Dae-l-ou, larmes, 23.
Dae-r-, larme, 51*, 53*, 100*, 118*, 10, 65.
Daer-aou-uz, qui doit être pleuré, 67.
Daer-ou, larmes, 25.
Daffn-y (moyen-breton), condamner, 11.
Dalc'h, tenue, maintien, 19.
Dalc'h-edigez, assujettissement, 46.
Dalc'h-idigez, assujettissement, 57.
Dale, retard, 1.
Dale-idigez, action de tarder, 57.
Dale-jenn, je tarderais, 21.
Dale-senn (moyen-breton), je tarderais, 21.
Dale-uz, tardif, 67.
Dalif-ez, fille posthume, 53.
Dall, aveugle, 68*.
Dall-edigez, cécité, 46.
Dall-entez, cécité, 49.
Dall-uz, qui aveugle, 67.
Damant, pitié, soin, souci, 41.
Damant-uz, pitoyable, 67.
Dam-glevout, entendre à demi, 67*.
Dam-zigeri, entr'ouvrir, 68*.
Dan, gendre, 2.
Danev-el, nouvelle, 47.
Dant, dent, 99*, 25.
Dant-ek, qui a des dents, 68*, 80*, 44.
Dant-uz, mordant, 67.
Daon-i, condamner, 51*, 55*, 11.
Daon-idigez, damnation, 57.
Daou, deux (masculin), 62*, 68*, 81*, 11, 25.

Daougan-iez, cocuage, 57.
Daou-zek (breton de Léon), douze, 50*.
Darev-i, préparer, 33.
Daspren-adurez, rachat, 39.
Das-tum, recueillir, 28.
Daz-l- (moyen-breton), larme, 10.
Deac'h (breton de Léon), hier, 18, 25.
Debr-on, démangeaison, 55*, 8; forme moderne de debruan.
Debr-uan (moyen-breton), endroit où l'on éprouve une démangeaison, 80*, 8.
Debr-uz, mangeable, 67.
Dec'h, hier, 18, 25.
-ded, suffixe, 119*, 42, 65.
Deh-ou, droit, 63.
Deis-iad, éphémère, 55.
Deiz, jour, 12, 25, 26, 27, 28.
Dek, dix, 97*, 98*, 99*, 25.
Dek-ved, dixième, 116*, 67.
Del-ien, feuille, 68*.
Dem-zu, noirâtre, 68*.
Den, homme, 68*, 3, 6, 25.
De-n-a, téter, 97*, 99*, 100*.
Dent-adur, dentelure, 38.
Deog, dîme, 13.
Deo-n (breton de Cornouaille), fond, 13; variante de doun.
De-ou, droit, 68*, 8; variante de dehou.
Deou-iad, droitier, 55.
Deou-iadez, femme qui se sert de la main droite, 55.
-der, suffixe, 119*, 43.
Derc'h-el, tenir, 102*, 25.
Der-c'hent, avant-hier, 22.
Der-f, chêne, 122*, 22, 45, 53; variante de derv.
Der-gen (vieux breton), nom d'homme, 79*.
-der-i, suffixe, 43.
Der-o, chêne, 52*, 102*, 122*, 2, 7, 25, 61; variante de derv.
Der-v, chêne, 122*, 32, 45, 67.
Derv-ek, où il y a des chênes, 45.
Derv-ek, lieu où il y a des chênes, 45.

Der-vez, journée, 22.
Desk-ann, j'apprends, 3, 16.
Det-wid- (vieux breton), sage, 79*.
Detwid-hael (vieux breton), nom d'homme, 79*.
Deuff (moyen-breton), gendre, 2.
Deu-zek (breton de Vannes), douze, 56*.
Deveh-an (breton de Vannes), dernier, 48*.
Devez-our, journalier, 64.
Devez-ourez, journalière, 64.
-dez, suffixe, 119*, 43, 52.
Dez-quent (moyen-breton), avant-hier, 22.
Di-, préfixe, « à », 6.
Dia-barz, intérieur, 94*.
Diaoul, diable, 12.
Diaraog-en, tablier, 48.
Dia-ves-iad, étranger, 55.
Di-benn, étourdi, 69*, 77*.
Di-bennaff (moyen-breton), décapiter, 80*.
Di-berc'hen, qui n'a pas de maître, 69*.
Diberc'henn-iez, aliénation, 57.
Di-boell, folie, 62*, 69*.
Di-boell, fou, 80.
Dibr-iad, mangeur, 55.
Dic'haou-idigez, dédommagement, 57.
Di-c'harza, arracher une haie, 68*.
Di-c'hlan, impur, 68*.
Dic'hlan-ded, impureté, 68*.
Di-damallout, disculper, 70*.
Di-dan, sous, 29.
Di-dana, éteindre, 70*.
Di-drec'huz, invincible, 70*.
Di-droada, démancher, 70*.
Di-dronsa, détrousser, 29.
Di-drouz, qui ne fait pas de bruit, 70*.
Dieg-i, paresse, 54.
Di-ek, paresseux, 54.
Difenn-er, défenseur, 28.
Di-funa, réveiller, 57*, 32; variante de dihuna.
Di-garez, excuse, 67*, 53; pluriel digaresiou, 53.

Di-gaçç (moyen-breton), envoyer, 80*.
Di-gas, envoyer, 62*, 63*, 6.
Digeri, ouvrir, 68*.
Di-golmaff (moyen-breton), dénouer, 80*.
Di-goulma, dénouer, 67*.
Di-gousket, réveiller, 80*.
Di-gweza, arriver; 6.
Diherberc'h-iad, inhospitalier, 55.
Di-huna, réveiller, 57*, 67*, 32.
Di-jentil, gentilhomme, 6.
Dill-ad, vêtements, 21, 37; pluriel dilladou, dillajou.
Din-dan, sous, 29.
Din-er, denier, 50.
Diot-ach, sottise, 39.
Diot-iez, sottise, 57.
Diou, deux (féminin), 68*, 14.
Diou-gan, prophétie, 67*, 80*.
Dir, acier, 5.
Di-redek, accourir, 6.
Dir-iou, jeudi, 22.
Diskenni, descendre, 28.
Disk-i, apprendre, 53*, 57*.
Disk-ibl, disciple, 53*, 16.
Dismeg-ans, injure, outrage, 40.
Di-uset (moyen-breton), choisi, 80*.
Di-uz, choix, 9.
Di-vadez, sans baptême, 67*.
Di-varc'ha, désarçonner, 69*.
Di-veac'ha, décharger, 67*.
Di-vent, démesuré, 69*.
Di-veraff (moyen-breton), dégoutter, 80*.
Di-verglaff (moyen-breton), dérouiller, 80*.
Di-verraff (moyen-breton), abréger, 80*.
Div-esker, les deux jambes, 27.
Di-vez, impudeur, 80*.
Di-vez, fin, 52.
Divez-a (breton de Léon), dernier, 48*.
Di-vezvi, désenivrer, 69*.
Di-visquaff (moyen-breton), déshabiller, 80*.
Di-vogeria, démurer, 69*.

Di-vouzellaff (moyen-breton), ôter les boyaux, 80*.
Di-vrageza, déculotter, 67*.
Diwar-benn, touchant, au sujet de, 69*.
Di-welia, dévoiler, 70*.
Di-wen, qui n'est pas flexible, maladroit, 70*.
Di-westla, dégager, 70*.
Di-wisk, dépouillé, 70*.
Di-zantek, édenté, 68*, 80*.
Di-zelia, effeuiller, 68*.
Diz-iaou, jeudi, 55*, 24.
Di-zoaré, informe, 62*.
Di-zornet, sans mains, 80*.
Di-zougen, apporter, 68*.
Di-zourn, sans mains, 68*.
Di-zreinaff (moyen-breton), ôter les épines, 80*.
Di-zremen, repasser, 81*.
Dlé, dette, 3, 25.
Dle-ad, devoir, 116*, 37.
Dle-our, débiteur, 117*, 64.
Dlé-uz, redevable, 67.
Do (vieux breton), à, 56*, 2, 6, 28, 29.
Dobr-oc (vieux breton), aqueux, aquatique, 44.
Don, apprivoisé, 28.
Don-edigez, venue, 46.
-doni, suffixe, 43, 54, 62.
Don-t, venir, 46.
Dor, porte, 29*, 53*, 98*, 6, 25.
Dor-gen (vieux breton), nom d'homme, 79*.
Dor-ien (vieux breton), nom d'homme, 79*; variante de Dorgen.
Dor-ikel, petite porte, 56.
Dor-n, main, 80*, 6.
Douar-erez, enterrement, 51.
Doué, dieu, 54*, 15.
Dou-elez, divinité, 48.
Doug-en, porter, 68*.
Douj-ans, crainte, 40.
Dou-n, profond, 117*, 8, 13, 15, 60.
Dou-r, 8, 65.
Dour-ek, aqueux, aquatique, 106*,
44; forme moderne de dobroc.
Dour-gi, « loutre », littéralement « chien d'eau », 62*, 63*, 67*.
Dour-gon (moyen-breton), loutres, 80*; pluriel de dourgi.
Dour-n, main, 68*, 6, 8, 36.
Dourn-ad, poignée, 36.
Dourn-erez, action de battre, 51.
Dour-uz, aqueux, 67.
-doz, suffixe, 119*, 43.
Dre, par, 68*, 69*.
Drein, épines, 80*.
Dremm, vue, face, 59.
Drem-rud (vieux breton), à la face rouge, 28*.
Droug-iez, méchanceté, 113*, 57.
Drouk, mauvais, 8.
Druz-oni, graisse, 62.
Du, noir, 68*, 9, 41.
Du-adur, action de noircir, 38.
Du-ard, noiraud, 41.
Du-ardez, noiraude, 42.
Dubr-ien (vieux breton), nom d'homme, 79*.
Du-der, noirceur, 43.
Dur-gen (vieux breton), nom d'homme, 79*.
E, son, sa, ses, 81*.
-é, suffixe = -ego-s?, 112*, 43.
-é, suffixe = -ibo-s, 113*, 43.
-é, suffixe = -imu, 114*, 44, 61.
-é, suffixe = -io-s, -iâ, -io-n, 115*, 44.
-é, suffixe = -ov-iâ, 118*, 44.
-é, suffixe d'origine incertaine, 43.
Eah-uss (breton de Vannes), terrible, 48*.
E-al, poulain, 2.
Eal, ange, 12.
-eb, suffixe, 49.
E-barh (breton de Vannes), dans, 47*.
E-barz (breton de Léon), dans, 47*, 69*, 94*.
Eb-eul, poulain, 92*, 93*, 96*, 99*, 2.
E-d, blé, 87*, 120*, 3, 30, 42.
-ed, suffixe = -âto-s, -âtâ, 110*, 45.

-ed, suffixe = -âtus, 111*, 45.
-ed, suffixe = -êtâ, 113*, 45.
-ed, suffixe = -eti-s, -ete-s, 113*, 15, 45.
-ed, suffixe = -itâ, 115*, 37, 45.
-ed, suffixe = -itu-s, 116*, 45.
-ed, suffixe = -to-s, 46.
-ed-elez, suffixe secondaire, 109*, 46, 52.
-ed-en, suffixe secondaire, 113*, 46.
-ed-igez, suffixe secondaire, 110*, 46, 52.
-ed-ik, suffixe secondaire, 109*, 37, 46, 52, 56.
Ee-n, oiseau, 30.
Eeu-n, juste, 4.
Eeun-der, droiture, 43.
-eg-el, suffixe secondaire, 114*, 46.
-eg-ez, suffixe secondaire = -âc-actâ, 105*, 45, 46, 52.
-eg-ez, suffixe secondaire = -âc-io-s, 106*, 45, 46.
-eg-ez, suffixe secondaire = -âc-issâ, 106*, 45, 47.
-eg-iez, suffixe secondaire, 47.
E-gile, l'autre, 44.
Eh (breton de Vannes), huit, 47*.
Eih (breton de Vannes), huit, 47*.
Eil, second, 13.
Ei-n (breton de Vannes), oiseau, 49*.
Eiz (breton de Léon), huit, 47*, 12, 68.
Eiz-ved, huitième, 67.
Ej-enn, bœuf, 21.
-ek, suffixe = -âco-s, 23*, 24*, 26*, 27*, 59*, 106*, 3, 44.
-ek, suffixe = -aci-s, 106*, 44.
-ek, suffixe = -ico-s, 114*, 45.
E-kichen, auprès de, 5, 22.
-el, suffixe = -ali-s, 107*, 47.
-el, suffixe = -âli-s, 107*, 47, 48, 62.
-el, suffixe = -âlo-s, 107*, 47, 48.
-el, suffixe = -ello-s, -ellâ, 112*, 47, 62.
-el, suffixe = -ilo-s, 114*, 47.

-el, suffixe = -illo-s, 114*, 47.
-el, suffixe = -tlâ, -tlo-n, -tro-n, 119*, 48.
-el-en, suffixe secondaire, 114*, 48.
-el-ez, suffixe secondaire, 107*, 52.
Elf, tremble, 7, 32.
El-io, lierre, 53*, 23.
-ell, suffixe, 47.
-ell-en, suffixe secondaire, 48.
Elo, tremble, 7.
Elv, tremble, 7, 32.
Em, particule de réciprocité, 51*, 2.
Em-em (moyen-breton), particule redoublée qui a le sens de réciprocité, 28.
E-metou, au milieu, 63.
Em-gann, rixe, 67*.
Em-zi-ñvad (breton de Léon), orphelin, 33.
Em-zi-vad (breton de Léon), orphelin, 49*.
En (moyen-breton), article au datif, 22.
En-, particule intensive, 29.
-en, suffixe = -âno-s, 107*, 48.
-en, suffixe = -enno-s, -ennâ, 112*, 49.
-en, suffixe = -êno-s, 112*, 48.
-en, suffixe = -innâ, 114*, 48, 66.
-en, suffixe = -ino-s, -inâ, 114*, 49.
-en, suffixe = -ono-s, -onâ, 117*, 49.
Enaou-i, allumer, 55*, 9.
Enaou-idigez, animation, 57.
Endra, tant que, 62*, 67*, 70*.
En-é, âme, 114*, 2, 44.
En-eb, contre, vis-à-vis, 49.
Eneb-arz, douaire, 31.
Enebarz-erez, douairière, 2.
Eneb-iez, contradiction, 57.
Eneb-our, ennemi, 64.
En-em, particule de réciprocité, 28.
En-ep, visage; contre, vis-à-vis, 94*, 29, 49.
Enep-gwerc'h, douaire, 19.
Enep-uuert (vieux breton), « douaire », littéralement « prix de face », 19, 31.

Enes-iad, insulaire, 55.
Enes-iadez, insulaire (féminin), 55.
En-e-vad (breton de Vannes), orphelin, 49*.
En-ez, île, 115*, 3, 53.
Enez-iad, insulaire, 113*.
Enez-iadez, insulaire (féminin), 113*.
En-gwestl-adur, « enrôlement », littéralement « engagement », 38.
Enk-adur, rétrécissement, 38.
Enk-ded, rétrécissement, 42.
En-kel-c'her, lutin, feu follet, 19.
En-kel-er, lutin, feu follet, 56*, 23, 29.
En-mat (moyen-breton), bien, 22.
-enn, suffixe, 112*.
En-o, là, 3, 28.
Enor, bonneur, 3.
En-quele-zr (moyen-breton), lutin, feu follet, 19, 23.
En-quichen (moyen-breton), auprès de, 22.
-ent, suffixe, 108*, 49.
En-tan-adur, action d'incendier, 38.
-ent-ez, suffixe secondaire, 112*, 41, 49, 53.
-ent-i, suffixe secondaire, 112*, 49, 54.
-ent-iez, suffixe secondaire, 112*, 49.
Env, ciel, 2.
Eñvor, mémoire, 33.
Eo, il est, 13.
-eo, suffixe, 118*, 49.
Eog-der, maturité, 43.
-e-on, suffixe secondaire, 114*.
Eon-tr, oncle, 51*, 52*, 13, 66.
É-ôr, ancre, 118*, 3, 6, 62.
Eost-ik, rossignol, 56.
-ep, suffixe, 49.
-er, suffixe = -âre, 108*, 50.
-er, suffixe = -ârio-s, -âriâ, 108*, 117*, 50.
-er, suffixe = -âri-s?, 50.
-er, suffixe = -atir, 110*, 39, 50.
-er, suffixe = -êriâ, 113*, 50.
-er, suffixe = -ero-s, 113*, 50.

-er, suffixe = -tir, 119*, 65.
-er, suffixe, = -tro-n, 120*, 50, 65.
-er, suffixe = -tru, 120*, 50.
Ere-adur, action de lier, 38.
-Erec (moyen-breton), nom d'homme, 23*.
Ere-edigez, liaison, 46.
-er-ez, suffixe secondaire = -ârio-s, -âria, 108*, 42, 51, 52.
-er-ez, suffixe secondaire = -âri-actâ, 108*, 51.
-er-ez, suffixe secondaire = -ârissâ, 109*, 51, 53, 63.
Er-gerz, course, promenade, 67*.
-er-i, suffixe secondaire, 108*, 51, 54, 58.
Er-mel, nom d'homme, 4*; forme moderne d'Arthmael.
Er-mes-iad, étranger, 54.
Ermes-iadez, étrangère, 55.
Er-môr (vieux breton), nom d'homme, 12*.
-ern, suffixe, 109*, 51.
Er-o, sillon, 7, 61.
Erru-out, arriver, 10.
Er-vad, bien, 22; forme moderne d'en-mat.
Es-, préfixe, 59*, 26.
-es (moyen-breton), suffixe = -es, 53.
-es (moyen-breton), suffixe = -issâ, 53.
-es (moyen-breton), suffixe = -isi-s, 53.
Esae, essai, 10.
Es-kemm-a, échanger, 26.
E-teo, tison, 13.
-euc (moyen-breton), suffixe, 23*, 27*.
-eud, suffixe, 121*, 52, 58, 67.
-eud-i, suffixe secondaire, 52, 54.
-eud-ik, suffixe secondaire, 109*, 46, 52, 56.
-euk, suffixe, 106*.
Eu-n (breton de Léon), oiseau, 59.
-eun, suffixe, 107*.
Eunn, un, 56*, 4.
-eur, suffixe, 52.

-eur-i, suffixe secondaire, 108*, 52, 54.
Eur-uz, heureux, 67.
Euz, de, 18.
Euz-ik, effrayant, 56.
Euz-us (breton de Léon), terrible, 48*.
Ev, il boit, 65*.
Ev-a, boire, 65*, 33.
Ev-ach, breuvage, 39.
Ev-ann, je bois, 87*, 30.
Ev-el, comme, 57*, 26.
Eves-lad, garde, 55.
Eves-iant, vigilant, 55.
Ev-n (breton de Léon), oiseau, 49*, 87*, 60.
Evnet-aer, oiseleur, 39.
Ewin-ek, qui a de grands ongles, 23*.
-ez, suffixe = -actâ, 106*, 4, 39, 46, 52, 55, 57.
-ez, suffixe = -es, 53.
-ez, suffixe = -io-s, -iâ, -io-n, 108*, 115*, 52, 53.
-ez, suffixe = -issâ, 115*, 42, 47, 53, 58.
-ez, suffixe = -issi-s, 115*, 53.
Ezan-s, encens, 29.
Ez-el, membre, 2.
Ez-n (breton de Léon), oiseau, 49*.
Ez-oni, facilité, aisance, 62.
Ez-veza-nd, absent, 67*, 60.
Ez-vez-ans, absence, 40.
-f, suffixe, 122*, 53.
Fa, fève, 32.
Fae-z, vaincu, 39*, 10, 32.
Fagod-iri, lieu où l'on met les fagots, 58.
Fal, mauvais, 58*, 32.
Falaouet-aer, oiseleur, 39.
Falc'h, faux, 19.
Falc'h-adek, action de faucher, 37.
Falc'h-on, faucon, 19.
Fall-agr-iez, méchanceté, 57.
Fall-entez, méchanceté, 49.
Fall-oni, perfidie, 62.
Fank, fange, 58.
Fank-igel, bourbier, 58.
Fa-o, hêtre, 11, 32, 61.

Faout-a, fendre, 11.
Faout-ann, je fends, 32.
Fao-z, faux, 10.
Fari-el, bagatelle, 32.
Fa-v, hêtre, 54*, 33.
Fav-en, hêtre, 33.
Feaz, vaincu, 32.
Feiz, foi, 65*, 12.
Felc'h, rate, 88*, 18, 32.
Fel-u, sorte d'algue, 66.
Fenn-a, répandre, 3, 28.
Fe-noz, cette nuit, 32.
Fer-o, rigide, cruel, 7.
Fer-v, rigide, cruel, 7.
Fer-der, férocité, 43.
Fest-gen (vieux breton), nom d'homme, 79*.
Fest-ien (vieux breton), nom d'homme, 79*; variante de Festgen.
Fe-teiz, aujourd'hui, 24, 32.
Fetiz, gros, 42.
Fetiz-ded, grosseur, 42.
Feunt-eun, fontaine, 107*, 4, 32.
Feur, prix, 4.
Fili-or, filleul, 22.
Fill-idigez, faiblesse, 57.
Fin-ich, faines, 58; pluriel de Fin-ijen, faine, 58.
Fin-uez (moyen-breton), fin, 80*.
Finv-al, remuer, 57*, 32.
Fizi-ans, confiance, 40.
Flae-r (moyen-breton), puanteur, 12.
Flastr-erez, action d'écraser, 51.
Flea-r, puanteur, 12; forme moderne de flaer.
Fled, lit, 32.
Fleri-us, puant, 67.
Flis-tra, jaillir, 6, 26, 66.
Fl-oc'h, écuyer, XV, 32, 62.
Flour, doux, velouté, 32.
Fo, hêtre, 7; variante de fao.
Foen, foin, 32.
Foenn, foin, 14, 45.
Foenn-ek, prairie, 45.
Forc'h, fourche, 53*, 71*, 6, 19, 32.
Forn, four, 6.
Fouenn, foin, 15.

Founn, abondant, 8.
Fourn, four, 54*, 58*, 8, 32.
-fr, suffixe, 111*, 53.
Frae-z, éloquent, 32.
Freh-enn (breton de Vannes), fruit, 48*.
Freil, fléau, 22.
Fro-n, narine, 57*, 31.
Frou-d, torrent, XV, 6, 8, 26, 31, 42, 66.
Froue-z, fruit, 15, 32.
Frouez-en (breton de Léon), fruit, 48*.
Fubu, moucherons, 32.
Fun, corde, 9.
Fur-nez, sagesse, 60.
Fust, manche, fût, 58*, 9, 32.
-g, suffixe, 111*, 54.
Gae, gai, 54*, 10.
Gag-erez, bégayement, 51.
Gall, Français, 54*, 55*, 16.
Gall-oud, pouvoir, 63.
Galloud-egez, puissance, 46.
Galloud-ez, puissance, 52.
Galloud-uz, puissant, 67.
Gall-uz, possible, 67.
Galv-aden, appel, 37.
Gan-az, traître, 42.
Gan-edigez, naissance, 46.
Gan-et, né, 76*, 2, 56.
Gant, avec, 52*, 17, 29.
Gaol, fourche, 52*, 11.
Gaou, mensonge, 66*.
Gaou-iad, menteur, 55.
Gaou-iadez, menteuse, 55.
Gaou-r, chèvre, 51*, 12, 65.
Gar, jambe, 68*, 17, 27.
Gar-an, grue, 29*, 40.
Gar-gamm, « boiteux », littéralement « qui a la jambe courbée », 68*.
Gar-h (breton de Vannes), haie, enclos, 47*.
Garh-eu (breton de Vannes), haies, 44*; pluriel de garh.
Garh-eu (breton de Vannes), aiguillon, 47*.
Garl-antes (moyen-breton), guirlande, 41.

Garl-antez, guirlande, 41.
Gar-m, cri, 116*, 1, 16, 59.
Gar-o, rude, 68*, 99*, 7, 23.
Garu-entez (moyen-breton), dureté, 49.
Gar-v, rude, 99*.
Garv-entez, dureté, 49.
Gar-z (breton de Léon), haie, enclos, 47*, 68*, 2, 17, 27, 63, 68.
Garz-o (moyen-breton), haies, 44*; pluriel de garz.
Garz-ou, aiguillon, 47*, 63.
Gast, prostituée, 68*.
Gat, avec, 29; variante de gant.
Gav-ed, joue, 7, 21.
Gav-r, chèvre, 33.
-gel, suffixe, 111*, 54.
-gen, suffixe, 79*.
Gen, joue, 16.
Gen-aou, bouche, 58*, 66*, 111*, 17, 41.
Genaou-ad, bouchée, 36.
Genaou-ek, qui a une grande bouche, 44.
Gen-el, engendrer, 76*, 97*, 98*, 99*, 100*, 102*, 2, 17, 56, 58.
Gen-ou, bouche, 8, 17, 36, 63.
Genv-eur, janvier, 55*, 17.
Geo, joug, 13, 17.
Ge-ol, gueule, 13.
Geot, herbe, 13, 17, 24.
Ger, parole, 68*, 102*, 1.
Gerv-el, appeler, 102*, 16.
Ge-uz, lèvre, 17; variante de gweuz.
Gev-er, gendre, 66*, 113*, 33, 50.
Gev-ier, mensonges, 66*; pluriel de gaou.
Geziquael (moyen-breton), nom d'homme, 43*, 79*.
Gin-idik, natif de, 109*, 56.
Gin-ivelez, naissance, 114*, 48, 58.
Giziquael (moyen-breton), nom d'homme, 43*, 79*.
-gl, suffixe, 111*, 54.
Glac'har, douleur, 108*.
Gla-d, possessions, 17.
Glan, pur, 68*.

Glan-ded, pureté, 68*.
G-lao, pluie, 11, 17.
Glaou, charbon, 11, 17.
Glaou-aer, charbonnier, 39.
Glaou-aerez, charbonnière, 39.
G-laou-r, bave, glaire, 2, 12.
Gla-s, vert, pâle et bleu d'azur, 98*, 102*.
G-leb, mouillé, 17.
Gleb-or, humidité, 62.
Gli-n, genou, 58*, 60*, 5, 17, 23.
G-li-z (breton de Léon), rosée, 48*, 58*, 17.
Gliz-i, crampe, 54.
Gliz-ien, le serein, 57.
Gloa-n, laine, 18, 60.
Gloan-eri, lieu où l'on travaille la laine, 51.
G-loue-h (breton de Vannes), rosée, 48*.
Glout-oni, gloutonnerie, 62.
Gloz-ard, mâle de la fauvette, 42.
Gloz-ardez, fauvette femelle, 42.
Go-, sous, 57*, 30.
Goa-ñv, hiver, 97*, 99*, 14, 17, 33.
Goap-aer, moqueur, 39.
Goap-aerez, moqueuse, 39.
Goass (breton de Vannes), homme, 49*.
Goaz (breton de Léon), homme, 49*.
Go-br, salaire, 17.
God, poche, 17.
God-el, poche, 17.
God-ouer, cabane mobile de berger, 63.
Go-ero, traire, 58*, 15.
Goez (moyen-breton), présence, 20, dans le composé a-goez.
Gof, forgeron, 6, 32.
Gog-é, tromperie, 43.
Golc'h-ed, matelas, 115*, 7, 17, 19, 45.
Gol-o, couverture, 61.
Gol-vaz, « battoir », littéralement « bâton de lessive », 67*.
Gonid-ek, gagnant, 46.
Go-pr, salaire, 30.
Gopr-aer, mercenaire, 39.

Gopr-aerez, journalière, 39.
Gou-, sous, 56*, 8, 12.
Gou-laou-i, éclairer, 56*, 11.
Goulaou-uz, lumineux, 67.
Goul-i, blessure, 8, 54.
Goullo, vide, 6.
Gou-lou, lumière, 8.
Goun-id, gain, 44, 46, 56.
Gounid-egez, gain, 46.
Gounid-ek, celui qui gagne, 44.
Gour, homme, 58*, 17.
Gour-, sur, 30.
Gour-dad-ou, aïeux, 70*, 77*.
Gour-ienn (breton de Vannes), racine, 49*.
Gourrisi-aden, hennissement, 58*, 19.
Gourrisi-ann, je hennis, 57*, 19, 26.
Gourvenn-uz, envieux, 67.
Gousper-, veille de fête, 53*, 17, 50.
Gousper-ou, vêpres, 50.
Gou-zanv, souffrir, 68*.
Gouz-out, savoir, 65*.
Gou-zronk-ed, gou-zronk-et (moyen-breton), se baigner, 16, 22.
Gov-el, forge, 47.
Goveli-a, forger, 47.
Goz, taupe, 42.
Goz-ard, noir, 42.
Goz-ardez, femme noire, 42.
Go-zro (moyen-breton), traire, 81*, 15.
Go-zronqu-et (moyen-breton), se baigner, 58*, 81*.
Gra-, faire, 17.
Graalendis (vieux breton), nom d'homme, 13*.
Grad, degré, 2.
Grad-lon (moyen-breton), nom d'homme, 12*.
Grag-ez, femmes, 17 ; pluriel de greg.
Gr-eg, femme, 17, 44.
Gr-ek, femme, 44.
Greu-n, grains, 4.
Greun-ek, grenu, qui a des grains, 44.
Gri, couture, 22.

Gris-ien, gris-ienn (breton de Léon), racine, 49*, 57*, 5, 17, 26.
Gris-iou, racines, 26; pluriel de grisien.
Griziaz, ardent, 98*.
Griz-ien, racine, 44.
Gro-ac'h, vieille femme, 106*, 18, 39.
Gro-ek, femme, 106*, 44.
Grou-an, gravier, 8, 40.
Grouez, chaleur, 98*, 102*.
Guedhen-ocus (moyen-breton), nom d'homme, latinisé, 40*.
Gue-fl (moyen-breton), gueule, 13.
Gueh-ein (breton de Vannes), vendre, 47*.
Guehen-ac (breton de Vannes), nom de lieu, 24*.
Guen-goloff (moyen-breton, « septembre », littéralement « [mois de la] paille blanche », 80*.
Guen-vet, bonheur, 114*.
Guer-ach, verroterie, 39.
Guerh-ein (breton de Vannes), vendre, 47*.
Guerh-ett (breton de Vannes), fuseau, 47*.
Guethen (moyen-breton), nom d'homme, 24*, 40*.
Guethen-car (moyen-breton), nom d'homme, 40*.
Guethen-oc (moyen-breton), nom d'homme, 40*.
Gueu-n (moyen-breton), marais, 24.
Guez (moyen-breton), manière, 80*.
Guez-en- (moyen-breton), « fort à rompre », 41*.
Guezen-och (moyen-breton), nom d'homme, 40*.
Guez-n (moyen-breton), « fort à rompre », 41*, 45*.
Guin-hezl (moyen-breton), piqueur, 50.
Guin-hezr (moyen-breton), piqueur, 39, 50.
Guir-yonez (moyen-breton), vérité, 58.
Guis-k, vêtement, 80*.

Guor-vili (vieux breton), nom d'homme, 79*.
Gwal, mauvais, méchant, 58*, 68*, 32.
Gwal-arn, vent du nord-ouest, 42.
Gwalc'h-erez, action de laver, 51.
Gwal-deod, mauvaise langue, 70*.
Gwa-ler-n, nord, 14, 22.
Gwall, mauvais, méchant, tort; 18, 46.
Gwall-egez, négligence, 46.
Gwall-ek, négligent, 46.
Gwall-vab, mauvais fils, 69*.
Gwall-varn, mauvais jugement, 67*.
Gwall-zen, méchante personne, 68*, 77*.
Gwall-wilioud, accouchement malheureux, 70*.
Gwar, tortu, arqué, 18.
Gwar-igel, biais, 57.
Gwask-a, presser, 48.
Gwasked, abri, 45.
Gwask-el, pressoir, 48.
Gwass-oniez, domesticité, 117*.
Gwast-adour, celui qui dévaste, 38.
Gwaz, oie, 100*.
Gwaz, homme, serviteur, domestique, 1, 18.
Gwa-zen, veine, 120*, 2, 18, 69.
Gwaz-oniez, domesticité, 57, 62.
Gwe-a, tisser, 3, 18.
Gweach, fois, 22.
Gwel, voile, 70*, 18.
Gwel-aden, visite, 110*, 38.
Gweladenn-i, visiter, 38.
Gwel-é, lit, 115*, 3, 32, 44.
Gwel-edigez, vision, 110*, 46, 52.
Gwele-oud, couches, 63.
Gwel-ien, eau qui a servi à laver la vaisselle, 57.
Gwell, meilleur, 18.
Gwella-en, amélioration, 48.
Gwel-out, voir, 70*, 38, 46.
Gweltre-ou, ciseaux, 29.
Gwel-van, pleurs, 67.
Gwe-n, souple, fort, habile, 45*, 70*.
Gwen-ded, flexibilité, 43.

Gwen-der, blancheur, 119*, 43.
Gwen-der, flexibilité, 43.
Gwen-ed, Vannes, 113*, 18, 45.
Gwened-ad, vannetais, 37.
Gwened-adez, vannetaise, 38.
Gwen-goad, « aubier », littéralement « bois blanc », 67*.
Gwen-golo, « septembre », littéralement « paille blanche », 62*, 67*.
Gwenn, blanc, beau, heureux, 53*, 55*, 60*, 67*, 3, 18, 27, 28, 56.
Gwenn-adek, blanchisserie, 109*, 37, 44.
Gwenn-ard, blanchâtre, 42.
Gwenn-ardez, femme blanchâtre, 42.
Gwenn-el, hirondelle, 107*, 47.
Gwenn-ik, saumon blanc, 56.
Gwenn-oden, sentier, 61, 62.
Gwenn-ojen, sentier, 62.
Gwen-oden, sentier, 21.
Gwen-ojen, sentier, 21.
Gwentle-ou, ciseaux, 29.
Gwen-tr, tranchée, 66.
Gwen-vet, bonheur, 56.
Gwen-vidik, heureux, 114*, 56.
Gwer, verre, 18.
Gwera-erez, verrerie, 51.
Gwera-erez, vitrerie, 51.
Gwerc'h, vierge, 58*, 18.
Gwerc'h-ded, virginité, 119*, 42.
Gwer-z, vers, 18.
Gwerz, vente, 18.
Gwerz-a (breton de Léon), vendre, 47*.
Gwerz-id (breton de Léon), fuseau, 47*, 116*, 18, 27, 56.
Gwes-tl, gage, 70*, 120*, 26, 66.
Gwethen (vieux breton), nom propre, 41*.
Gwe-u-z, lèvre, 119*, 17, 68.
Gwev-adurez, flétrissure, 39.
Gwev-i, flétrir, 39.
Gwez, arbres, 3, 18; pluriel de gwezenn.
Gwez, sauvage, 27.
Gwez-enn, arbre, 65*.
Gwi-ad, tisser, 37.

Gwiad-erez, tissanderie, 51.
Gwiber, écureuil, 31.
Gwifl, chevron, 18.
Gwik, bourg, 36.
Gwik-ad, plénitude d'un bourg, 36.
Gwil-er, place publique, 50.
Gwili-oud, accouchement, 70*, 44.
Gwin, vin, 5, 18.
Gwin-aer, piqueur, chasseur, 39.
Gwin-er, piqueur, 50.
Gwin-i, vignes, 113*, 54.
Gwini-ez, vigne, 52.
Gwinv-al, remuer, 32.
Gwir, vrai, 54*, 5, 18.
Gwir-idik, sensible, 56.
Gwir-ion, vrai, 115*, 58.
Gwirion-ez, vérité, 115*, 28, 52, 58.
Gwis-k, vêtement, 70*, 112*, 16, 18, 42.
Gwisk-amand, vêtement, 40.
Gwisk-et, vêtu, 70*, 78*.
Gwitib-unan, chacun, 18.
Gwizieg-ez, science, 52.
Gwi-zi-ek, savant, 119*, 18, 27, 44, 69.
Gwyr-ben (moyen-breton), nom de lieu, 79*.
Hael, généreux, 12.
Hael-detwid (vieux breton), nom d'homme, 79*.
Hael-oc (vieux breton), nom d'homme, 23*.
Hae-zl (moyen-breton), manche de la charrue, 40, 59.
Hail (vieux breton), généreux, 12.
Haleg-ek, saussaie, 44.
Haleg-en, saule, 20.
Hal-ek, saule, 45.
Hal-o, salive, 20.
Ha-n, été, 116*.
Han-o, nom, 55*, 116*, 3, 7, 20, 33, 61.
Han-ter, demi, 119*, 2, 20, 66.
Hanter-beu (moyen-breton), à demi vif, 81*.
Hanter-boaz, à demi cuit, 69*.
Hanter-calon (moyen-breton), demi-cœur, 81*.

Hanter-c'haro, à demi rude, 68*.
Hanter-dall (moyen-breton), à demi aveugle, 81*.
Hanter-danet, à demi brûlé, 70*.
Hanter-griz, à demi cru, 67*, 76*.
Hanter-our, médiateur, 64.
Hanter-ourez, médiatrice, entremetteuse, 64.
Hanter-ourez, entremise, 64.
Hanter-poas (moyen-breton), à demi cuit, 81*.
Hanter-torret (moyen-breton), à demi rompu, 81*.
Hanter-vezo, à demi ivre, 69*.
Hanter-vrein, à demi pourri, 67*.
Hanter-wisket, à demi vêtu, 70*, 78*.
Hanter-zall, à demi aveugle, 68*.
Ha-ñv, été, 116*, 1, 20, 33, 61.
Hanv-ann, je nomme, 3.
Hao-der, maturité, 43.
Harh-al, harh-all (breton de Vannes), aboyer, 41*, 47*.
Harn-ez, ferraille, 52.
Harth-oc (vieux breton), nom d'homme, 25*, 26*, 42*.
Harz-a (breton de Léon), aboyer, 41*.
Harz-al (breton de Léon), aboyer, 47*.
He, son, sa, ses ; lui, elle, 68*, 69*, 70*, 72*, 73*, 82*, 20.
He-, préfixe, « bien », 58*, 3.
Heal, généreux, 12.
He-al, manche de la charrue, 40, 59 ; forme moderne de haezl.
He-gar, aimable, 78*, 3.
Hegarad-ded, amabilité, 42.
He-garat (moyen-breton), aimable, 80*.
Heian-guethen (moyen-breton), nom d'homme, 40*.
Heiarn-ien (vieux breton), nom d'homme, 79*.
Heiz, orge, 28.
Heiz-ez, biche, 12, 53.
He-lavar, éloquent, 3, 41.
Hem-olc'h-i, chasser, 7, 18, 20.
Hemolc'h-iad, chasseur, 55.

Hen, vieux, 2, 20.
Hen, il, 20.
Hena-our, aîné, 64.
Hena-ourez, aînée, 64.
Henav-elez, aînesse, 48.
Hen-bont (vieux breton), nom de lieu, 79*.
Hench-ad, voyage, 36.
Hench-ou, chemins, 58*, 21 ; pluriel de hent.
He-neah (breton de Vannes), cette nuit, 48*.
He-noz (breton de Léon), cette nuit, 48*.
Hent, chemin, 58*, 20, 36, 37, 53.
Hent-adurez, fréquentation, 39.
Hent-ez, prochain, 53.
Hent-i, fréquenter, hanter, 39.
Heñv-el, semblable, 55*, 20, 33, 47, 52.
Heñv-el, nommer, 3, 33.
Heol, soleil, 36*, 56*, 13.
He-ôr, ancre, 20.
Heor-ach, ancrage, 39.
Heor-ez, ancrage, 39, 52.
Hep, sans, 94*, 20, 30.
Herberc'h-iad, hospitalier, 55.
Her-der, hardiesse, 43.
Hev-el, semblable, 107*, 3.
Heveleb-edigez, conformité, 52.
Hevel-ep, semblable, 49, 52.
He-vlen-e, cette année, 4, 33.
Hi, elle, 5, 20.
Hi, ils, 6, 20.
Hib-il, cheville, 20.
Hiboud, murmure, 63.
Hig-en, hameçon, 48.
Hig-olen, pierre à aiguiser, 102*, 120*, 4, 6, 48, 62.
Hili, saumure, 48.
Hili-en, sauce, 48.
Hillig-uz, chatouilleux, 67.
Hill-ik, chatouillement, 56.
Hinch-ad, voyage, 37.
Hinkane, haquenée, 29.
Hi-noah (breton de Vannes), cette nuit, 48*.
Hiñvi-z, chemise de femme, 52*, 5, 20, 34.

Hir, long, 5, 20.
Hir-ded, longueur, 43.
Hir-der, longueur, 43.
Hi-rio, aujourd'hui, 53*, 22.
Hir-nez, longueur, 60.
Hirr-ez, impatience, 52.
Hirvoud, gémissement, 63.
Histr, huîtres, 6, 45.
Histr-ek, abondant en huîtres, 45.
Histr-ek, lieu abondant en huîtres, 45.
Hi-ziu, aujourd'ui, 22.
Ho (breton de Léon), les, eux; leur, 50*, 72*, 73*, 82*, 20.
Ho, votre; vous, 74*, 82*.
Hoa-l, âge, 20, 59.
Hoarh-et (breton de Vannes), rire, 49*.
Hoa-zl (moyen-breton), âge, 59.
Ho-car (vieux breton), nom d'homme, 78*.
Hoc'h (breton de Léon), votre, vous (devant une voyelle), 74*, 18.
Ho-gar (moyen-breton), nom d'homme, 78*.
Hog-oz, presque, 111*, 7, 64.
Hoiarn-gen (vieux breton), nom d'homme, 79*.
Hol-en, sel, 48.
Holl, tout, 57*, 6, 20.
Hon, nous, notre, 71*.
Hor, nous, notre, 71*.
Horolach, horloge, 54*, 21.
Horz, maillet, 54*, 20.
Hou (breton de Vannes), les, eux, leur, 50*.
Hou-arn, fer, 53*, 54*, 109*, 15, 20, 42.
Houarn-ek, qui renferme du fer, 45.
Hou-c'h, cochon, 58*, 8, 20.
Hous (breton de Vannes), vous, votre (devant une voyelle), 18.
Huar-wethen (moyen-breton), nom d'homme, 40*.
Hudur-ez, saleté, 52.
Hudur-nez, saleté, 60.

Hueh (breton de Vannes), souffle, 48*.
Hu-el, haut, 59*, 112*, 9, 20, 47.
Huerv-entez (moyen-breton), amertume, 49.
Hue-s (moyen-breton), sueur, 118*.
Hue-zek (breton de Vannes), seize, 50*.
Hui-s (breton de Vannes), sueur, 50*.
Hu-n, sommeil, 59*, 88*, 9, 20, 30, 32.
Hun-a, dormir, 67*, 22.
Hunvré, rêve, 65.
-i, suffixe = -êio-s, 112*, 54.
-i, suffixe = -iâ, 113*, 54.
-i, suffixe = -io-s, -iâ, -io-n, 115*, 54.
-iach, suffixe, 39, 55.
-iad, suffixe = -i-ati-s, 113*, 37, 54, 55.
-iad, suffixe = -i-ato-s, -iatâ, 113*, 36, 54.
-iad-ed, suffixe secondaire, 55.
-iad-ez, suffixe secondaire, 113*, 53, 55.
-ian, suffixe, 55.
-ian-ez, suffixe secondaire, 53, 55.
-iant, suffixe, 55.
Iaou, jeudi, 11, 24.
Iaou-ank, jeune, 112*, 11, 24, 40.
Iaouank-tiz, jeunesse, 66.
Iar, poule, 24.
Iarn-detwid (vieux breton), nom d'homme, 79*.
Ib-il, cheville, 114*, 58.
-ich, suffixe, 58.
-id, suffixe = -îto-s, -îtâ, -îto-n, 116*, 56.
-id, suffixe = -i-tu-s, 116*, 45.
-id (vieux breton), suffixe = -io-s, -iâ, -io-n, 53.
-id, suffixe d'origine douteuse, 56.
-id-el, suffixe secondaire, 56.
-id-i, suffixe secondaire, 54, 55.
-idig-aez (moyen-breton), suffixe secondaire, 57.
-idig-ez, suffixe secondaire, 110*, 52, 57.

-id-ik, suffixe secondaire, 109*, 37, 46, 52, 56.
Iec'h-ed, santé, 116*, 45.
I-en, froid, 115*, 60*, 2, 24, 49.
-ien, suffixe pluriel, 64*, 115*, 53, 57.
-ien, suffixe singulier, 57.
Ien-der, froid, 43.
Ien-ien, froid, 57.
Ieo, joug, 13, 17.
Ieot, herbe, 58*, 24.
-ier, suffixe, 57.
Ieu-n, marais, 24.
Iez, langage, 2.
-iez, suffixe, 113*, 52, 55, 57.
Ifer-n, enfer, 54*.
-ig-el, suffixe secondaire, 114*, 45, 46, 57.
-ig-ez, suffixe secondaire, 114*, 52.
-ij-en, suffixe secondaire, singulatif de -ich, 115*, 58.
-ij-en, suffixe secondaire, = -itioni-s, 58.
I-jin, artifice, 6.
Ijin-uz, adroit, 67.
-ik, suffixe = -ico-s, 114*, 55.
-ik, suffixe = -ico-s, 114*, 56.
-ik, suffixe féminin, 56.
-ik-el, suffixe secondaire, 56.
-il, suffixe, 114*, 58.
Il-in, coude, 115*, 36, 58.
Ilin-ad, coudée, 36.
Il-io, lierre, 23.
Ilis, église, 53*, 6, 16.
Impal-aer, empereur, 10, 23, 39.
Impalaer-ez, impératrice, 39.
I-n (breton de Vannes), oiseau, 49*.
In (vieux breton), dans, 28.
-in, suffixe, 115*, 58.
In-krez, chagrin, 51*, 5.
In-tanv, veuf, 56*, 119*, 6, 65.
Intanv-elez, veuvage, 48.
Io-d, bouillie, 6, 24.
-ion, suffixe = -iono-s, 115*, 58.
-ion (breton de Vannes), suffixe = -iones, 57.
-ion-ez, suffixe secondaire, 115*, 53, 58.

Iot-aer, mangeur de bouillie, 39.
Iot-aerez, mangeuse de bouillie, 39.
-iou, suffixe, 54.
Iou-l, volonté, 59*, 66*, 14.
I-our (breton de Vannes), ancre, 3.
-ir-i, suffixe secondaire, 51, 54, 58.
Irin, prunelle, 45.
Irin-ek, abondant en prunelles, 45.
Irin-ek, lieu abondant en prunelles, 45.
Irv-in, navets, 5, 58; pluriel d'irvinen.
Irvin-en, navet, 58.
-is, suffixe, 55.
Is-el (breton de Vannes et moyen-breton), bas, 49*, 114*, 27.
-it, suffixe, 121*, 52, 58, 67.
I-tron, dame, 120*, 66.
Iud-môrin (vieux breton), nom d'homme, 12*.
-iv-elez, suffixe secondaire, 114*, 58.
Iverd-on, Irlande, 55*, 25.
Iver-n, enfer, 54*.
Iv-in, if, 6, 33, 58.
Iv-in, ongle, 32, 58.
Ivin-ek, qui a de grands ongles, 45.
Iwen-ec (moyen-breton), nom d'homme, 23*.
-iz, suffixe singulier, 53, 58.
-iz, suffixe pluriel, 55.
Iz-el (breton de Léon), bas, 49*, 5, 27, 47.
Jao, monture, 55*, 11, 21.
Jaod-ré, rêverie, 65.
Jav-ed, joue, 54*, 21.
Jo-d, jo-t, joue, 7, 21.
Judic-ael (vieux breton), nom d'homme, 43*, 79*.
Judic-al (vieux breton), nom d'homme, 79*.
Juzeth (moyen-breton), nom de femme, 43*.
-k, suffixe, 112*, 42.
Kab-el, coiffure, 47.
Kabes-tr, licou, 66*, 31, 66.
Kac'h, excrément, 7.

Kac'h-aden, cacade, 38.
Kad, bataille, 67*.
Kador, chaise, 53*, 7.
Kadre (moyen-breton), nom d'homme, francisé, 43*, 45*.
Kae, haie, 10.
Kae-r, beau, 45*, 51*, 53*, 10, 42, 65.
Ka-er (moyen-breton), village, 50.
Kaer-ded, beauté, 42.
Kaer-der, beauté, 43.
Kaez-our, saleté, 64.
Kaezour-egez, fille pubère, 47.
Kaf-out, trouver, 32 ; variante de kavout.
Kakouz-eri, corderie, 51.
Kakouz-ez, femme d'un cordier, 53.
Kalc'h, testicule, 56.
Kal-ed, dur, 45, 48.
Kaled-en, durillon, 48.
Kale-der, dureté, 43.
Kaliar, crotte, 48.
Kaliar-en, souillon, 48.
Kall, testicule, 56.
Kall-oc'h, entier (cheval), 117*, 62.
Kal-on, cœur, XV, 117*, 62.
Kal-oun, cœur, 36.
Kaloun-ad, plénitude du cœur, 36.
Kaloun-en, cœur d'arbre, 48.
Kaloun-iez, cordialité, 57.
Kalv-ez, charpentier, 5, 23, 33, 53.
Kal-z, « beaucoup », littéralement « amas », 23, 38, 68.
Kalz-a, entasser, 23, 68.
Kalz-aden, monceau, 38.
Kamb-oul, vallée, 63.
Kamm, courbe, courbé, boiteux, 68*, 1, 26, 34, 59.
Kamm-el, crosse, 47.
Kamp-oul, vallée, 63.
Kamp-s, aube, 119*, 65.
Kan, chant, 67*.
Kan-a, chanter, 5.
Kan-ab, chanvre, 31.
Kanab-ek, chenevière, 45.
Kan-aou-enn, chanson, 111*, 41.
Kan-der, blancheur éclatante, 43.
Kandi-erez, blanchissage, 51.
Kan-er, chanteur, 50.

Kan-erez, chanteuse, 51.
Kanfard-ez, élégante, 53.
Kan-it, vous chantez, 5.
Kan-jenn, je chanterais, 57*.
Kann, bataille, 67*.
Kann-erez, blanchisseuse, 51.
Kan-ol, canal, 107*, 62.
Kan-omp, nous chantons, 7.
Kan-ont, ils chantent, 7.
Kant, cent, 102*, 2, 41.
Kant-ol, chandelle, 54*, 112*, 7, 24, 62.
Kantre-erez, coureuse, 51.
Kant-ved, centième, 67.
Kant-vloaziad, âgé de cent ans, 68*.
Kañv-al, chameau, 33, 40.
Kao, cave, 51*, 11.
Kaoc'h, excrément, 7, 38.
Kaol, choux, 52*, 11.
Kaol-ek, abondant en choux, 45.
Kaol-ek, lieu planté de choux, 45.
Kao-t, colle, 10.
Kaot-er, chaudière, 10, 24, 50.
Kaou-ad, accès, 37.
Kaou-ed, cage, 66*, 110*, 36, 45.
Kaoued-ad, contenu d'une cage, 36.
Kar, ami, parent, 107*, 1.
Kar-adek, aimable, 17*, 109*, 2, 37.
Kar-ann, j'aime, 29.
Kar-antez, amitié, 41, 53.
Kar-di, « remise », littéralement « maison de chars », 70*.
Kar-ez, reproche, 67*.
Karn, corne, 67*, 44.
Kar-o, cerf, 61.
Kar-out, aimer, 5.
Karr, char, 70*.
Karr-ek, rocher, 27, 45.
Karr-igel, chemin, traces de charrette, 58.
Kar-v, cerf, 67.
Kas, envoyer, 63*.
Kav-aden, trouvaille, 38.
Kav-el, berceau, 36, 47.
Kav-ellad, contenu d'un berceau ou d'un panier, 36.
Kav-out, trouver, 32, 38, 59.

Kaz, chat, 58*, 71*, 1, 26, 27.
Kazarc'h-uz, sujet à la grête, 67.
Kaz-el, aisselle, 47.
Kazel-iad, ce qu'on tient sous l'aisselle, 54.
Kaz-oni, haine, 62.
Kear, village, 12.
Kea-z (breton de Léon), pauvre, cher, 48*, 51*, 12, 27, 68.
Kebr, chevron, 18.
Ke-el, nouvelle, 59.
Kef, tronc d'arbre, 57*, 71*, 32.
Kef-, préfixe, « avec », 3.
Kefer, proportion, 55*, 32.
Kefret, ensemble, 32, cf. kevred.
Kef-rid-i, commission, message, 54.
Ke-gel, quenouille, 65*, 111*, 17, 54.
Kegel-iad, quenouillée, 113*, 54.
Keg-in, cuisine, 3, 16.
Keg-il, ciguë, 5, 58.
Ke-h (breton de Vannes), pauvre, cher, 48*.
Kei-n, dos, 112*, 12, 60.
Kein-a, gémir, 12.
Kein-van, gémissement, 116*, 67.
Kelas-tren, houssine, 66.
Kelc'h, cercle, 19.
Kel-en, houx, 49.
Kelenn-ek, houssaie, 44.
Kel-ien, mouches, 57.
Kell-id, germe, 56.
Kel-orn, sorte de baquet, 121*, 6, 63.
Kel-vez, coudrier, 3, 56.
Kem-en-er, tailleur, 34, 50.
Ke-menn, commander, 28.
Kemer-out, prendre, 34.
Kemm-a, changer, 2, 34, 38.
Kemm-adur, changement, 38.
Ken-, préfixe, « avec », 70*, 3, 28.
Ken-der-v, cousin, 67.
Kenderv-iez, cousinage, 57.
Ken-drec'hi, convaincre, 70*.
Ken-ed, beauté, 45.
Kened-uz, joli, 67.
Kent, avant, 3.
Ken-t-el, leçon, 107*, 47.

Kentel-iou, leçons, 47; pluriel de kentel.
Ken-tr, éperon, 55*, 29, 37, 66.
Kentr-ad, coup d'éperon, 37.
Ken-vreur, confrère, 67*, 28.
Ken-vro, compatriote, 67*, 75*.
Ker, village, 50, 54.
Kerc'h, avoine, 71*, 19, 44.
Kerc'heiz, héron, 12.
Kerc'h-ek, champ semé d'avoine, 44.
Ker-é, cordonnier, 114*, 44.
Ker-ent, parents, 107*, 1, 49.
Kerent-iez, parenté, 49.
Kere-on, cordonniers, 114*.
Kere-our, cordonnier, 64.
Kere-ouri, cordonnerie (métier et boutique), 64.
Kerez, cerises, 52*, 16.
Kerh-ann (breton de Vannes), je marche, 45*.
Ker-iad, le contenu d'un village, 54.
Ker-iad, habitant d'un village, 54.
Ker-martin, nom de lieu, « village de Martin », 25*.
Ker-mel, nom de lieu, 4*.
Ker-melec, nom de lieu, 4*.
Kern, sommet de la tête, 60.
Kern-é, Cornouaille, 118*, 44.
Kern-eo, Cornouaille, 118*, 44, 49.
Kernev-ad, Cornouaillais, 109*, 37.
Kernev-adez, Cornouaillaise, 38.
Kernez, cherté, 60.
Kerz, marche, 67*, 27.
Kerz-ann (breton de Léon), je marche 45*.
Kerz-ed (breton de Léon), marche, 49*, 45.
Kerzin, alise; alisier, 58.
Keun-eud, bois à brûler, 121*, 52.
Keuz-eudik, contrit, 52.
Ke-vez, sorte de tenure, 69*, 77*.
Kevi-adur, action de creuser, 38.
Kevred, ensemble, XV.
Kevred-igez, accord, concert, XV, 114*, 58.
Kevrenn-idigez, partialité, 57.
Kez-ez, une malheureuse, 53.

Kez-nez, misère, 116*, 60.
Ki, chien, 63*, 67*, 98*, 5, 8, 16, 41.
Kib-el, cuve, 66*, 5, 31, 47.
Kich-en, voisin de, 49.
Kil, dos. 5.
Kilc'h-adur, clignement d'œil, 38.
Kili-ok, coq, 106*, 61.
Kilpenn-egez, femme opiniâtre, 47.
Kilv-id, coudraie, 56.
Kilviz-erez, charpenterie, art du charpentier, 108*, 51.
Kilvizia, charpenter, 5.
Kimi-ad, congé, 55*, 111*, 34, 37.
Kimiad-erez, celle qui dit adieu, 51.
Kin-erez, écorcherie, 51.
Kini-a, écorcher, 38.
Kin-iad, chanteur, 55.
Kini-aden, écorchure, 37.
Kin-iat, chanteur, 5.
Kiri-egez, cause, 46.
Kiri-ok, cause, 61.
Kis-ier, chats, 58*, 26; pluriel de kaz.
Kivich, tan, 22.
Kiz-idigez, sensibilité, 57.
Kiz-idik, sensible, 56.
Klanv, malade, 56.
Klanv-idik, maladif, 56.
Klanv-our, malade, 64.
Klanv-ourez, femme malade, 64.
Klask-erez, mendiante, 51.
Kle-ier, cloches, 3; pluriel de kloc'h.
Kleis-iad, gaucher, 55.
Kleiz, gauche, 12, 28.
Kleiz-iadez, gauchère, 55.
Klem-van, plainte, 67.
Klenv-ed, maladie, 21, 45.
Klenvej-ou, maladies, 21; pluriel de klenved.
Kleo, ouïe, 13.
Kleuz (breton de Léon), fossé, 49*, 80*.
Kleuz-a, creuser, 67*.
Klev-out, entendre, 67*.
Klez-é, épée, 65*, 113*, 2, 3, 16, 43.

Kleze-iad, homme d'épée, 55.
Kloareg-iez, cléricature, 57.
Kloar-ek, clerc, 53*, 114*, 14, 16, 45.
Kloc'h, cloche, 3.
Kloc'h-erez, poule qui glousse, 51.
Klok-ded, perfection, 42.
Klok-der, perfection, 43.
Klouar-ded, tiédeur, 42.
Klouar-der, tiédeur, 43.
Kloued, claie, 15.
Klo-z, clos, 7.
Klù-n, fesse, 16, 60.
Klun-ieu (breton de Vannes), fesses, 60; pluriel de klûn.
Kneau (moyen-breton), toison, 22.
Knech (moyen-breton), montée, 22.
Kno-enn (moyen-breton), noix, 22.
Koad, bois, 14, 16, 21.
Koad-ach, boiserie, 39.
Koaj-ou, bois, 58*, 21; pluriel de koad, koat.
Koan, souper, 52*, 14, 16.
Koani-erez, celle qui soupe, 51.
Koant, joli, 56*, 14.
Koant-eri, gentillesse, 51.
Koant-idigez, enjolivement, 57.
Koant-ik, écureuil, 56.
Koant-iz, belle, maîtresse, 58.
Koar, cire, 52*, 14, 16.
Koat, bois, 58*, 67*.
Kof, ventre, 36.
Kof-ad, ventrée, 36.
Kolc'h-ed, matelas, 71*.
Ko-l-en, petit d'un animal, 6, 48.
Koll-a, perdre, 56.
Koll-ad, perte, 37.
Koll-et, perdu, 56.
Koll-idigez, perte, 57.
Koll-idik, avorton, 56.
Kolm-aff (moyen-breton), nouer, 80*.
Kol-o, chaume, paille, 67*, 107*, 7, 45, 61.
Kolo-ek, lieu où l'on conserve de la paille, 44.
Kom-m, auge, 117*, 38, 59.
Komm-adur, action de fouler le drap, 38.

Kompoez, plat, poli, uni, 62.
Komps-erez, parleuse, 51.
Konikl, lapin, 6.
Konk-oez, gourme, 62.
Konta-mm, poison, 59.
Kontamm-i, empoisonner, 34.
Kont-el, couteau, 6, 29, 65.
Kontell-erez, coutellerie, 51.
Kontill-i, couteaux, 65, pluriel de kontel.
Kontr-on, vers qui rongent les cadavres, 62.
Kordenn-erez, corderie, 51.
Korf, corps, 57*, 71*, 16, 32.
Korf-egez, celle qui a du corps, 47.
Kork-erez, quêteuse, 51.
Korn-aoue-k, vent d'ouest, 118*, 41.
Korn-igel, toupie, 57.
Kornigell-aden, pirouette, 38.
Koroll-erez, danseuse, 51.
Korr-ez, naine, 27, 53.
Korv-igel, état de ce qui est embrouillé, 57.
Kos-oc'h, plus vieux, 26.
Kouez-a (breton de Léon), tomber, 48*.
Koug-oul, capuchon, 121*, 63.
Koulm, colombe, pigeon, 56*, 8, 16.
Koul-m, nœud, 67*, 10, 57, 59.
Koumm-oul, nuage, 44, 63.
Koumm-oul-ek, nuageux, 44.
Koun, chiens, 8; pluriel de ki.
Kounikl, lapin, 8.
Koun-nar, rage, 41.
Kount-el, couteau, 8.
Kou-rronk-a, se baigner, 58*, 16, 22.
Kousk-eden, couchée, 46.
Kousk-et, dormir, 80*.
Koz, vieux, 6, 26, 27.
Koz-iad, vieillard, 55.
Koz-ni, vieillesse, 60.
Krafin-aden, égratignure, 38.
Kraoun, noix, 22.
Kr-eac'h, montée, 22.
Kred-en, croyance, 25, 48.
Kred-oni, crédulité, 62.

Kreiz, milieu, 68*, 100*, 12, 16, 26.
Krenn, rond, 3, 16, 28.
Kreon, toison, 22.
Kres-teiz, midi, 75*, 24, 26.
Kreu-n, croûte, 4.
Krev-ia, tondre, 22.
Krib, peigne, 5.
Krid-i, croire, 5.
Kris-der, crudité, cruauté, 53*, 26, 43.
Kris-der-i, cruauté, 43.
Krist-en, chrétien, 107*, 48.
Kristen-ez, chrétienté, 52.
Kristen-ez, chrétienne, 53.
Kristen-iez, christianisme, 57.
Kristili-aden, hennissement, 38.
Kriz, cru, cruel, 67*, 76*, 5, 28.
Kroa-z (breton de Léon), croix, 50*, 119*, 14.
Kroc'h-en, peau, 49.
Krop-a, engourdir, 38.
Krop-adur, engourdissement, 38.
Krou-adur, créature, enfant, 38.
Krou-adurez, petite fille, 39.
Krou-er, créateur, 9, 50.
Kroue-r, crible, 36, 54, 65.
Krouer-ad, contenu d'un crible, 36.
Krouer-iad, contenu d'un crible, 54.
Krou-i, créer, 54*, 9.
Krou-idigez, création, 57.
Kroumm, courbe, 52*, 34, 38, 47.
Kroumm-adur, courbure, 38.
Kroumm-el, anse, 47.
Kroumm-ellen, arçon, 48.
Kroz, réprimande, 8.
Krug-el, colline, 47.
Kud-en, écheveau, 48.
Kudon, ramier, 10.
Kul-der, embonpoint, 43.
Kun, débonnaire, 9.
Kun-ded, douceur d'humeur, 42.
Kunv-elez, douceur d'humeur, 48, 52.
Kur-un, tonnerre, 67.
Kurun-en, couronne, 9.
Kurun-idigez, couronnement, 57.
Kurun-uz, qui menace de tonner, 67.

Kustum, coutume, 9.
Kutul-erez, action de cueillir, 51.
Kuz-a (breton de Léon), cacher, 48*, 37.
Kuz-iadel, cachette, 37.
Kuz-idigez, action de se cacher, 57.
Kuz-ul, conseil, 9.
-l, suffixe = -tlo-n, -tro-n, 119*, 59, 66.
-l, suffixe = -ulo-s, 59.
Labez-a, lapider, 23.
Labouset-aer, oiseleur, 39.
Lac'h-ann (breton de Vannes), je tue, 45*.
Lac'h-as (breton de Tréguier), il tua, 45*.
Lac'h-et (breton de Tréguier), tué, 45*.
Lad-am (vieux breton), je tue, 45*, 65*, 16.
La-er, voleur, 51*, 120*, 10, 23, 50.
Laeron-si, larcin, 65.
Laer-oun, voleurs, 8 ; pluriel de la'er.
Lae-z (moyen-breton), lait, 12.
Lag-ad, œil, 37.
Lagad-ad, œillade, 37.
Lagad-ek, qui a de grands yeux, 44.
Lag-at, œil, 2.
Lah-ein (breton de Vannes), tuer, 48*.
Lak-aat, placer, 16.
Lam-m, saut, 59.
Lan (vieux breton), monastère, 26*.
Lan-drev-arzec, nom de lieu, 25*, 26*.
Lan-Loeseuc (moyen-breton), nom de lieu, 23*.
Lan-meilec (moyen-breton), nom de lieu, 23*.
Lan-o, marée, 111*, 2, 61.
Laosk-a, lâcher, 11.
Laosk-entez, état de ce qui est lâche, 49.
La-ouen, joyeux, 121*, 23, 63.
Laou-er, auge, 11, 23.
Laouer-iad, augée, 54.

Lard, gras, 21, 24.
Larj-es, graisse, 21.
Larj-ouer, lardoire, 63.
Lart-aat, engraisser, 24.
Lav-ar, parole, 109*, 41.
Lavr-ek, culotte, 111*, 44.
Laz-a (breton de Léon), tuer, 48*, 16, 23.
Laz-ann (breton de Léon), je tue, 45*, 65*.
La-zr (moyen-breton), voleur, 10.
Lazr-on (moyen-breton), voleurs, 8 ; pluriel de lazr.
Le, serment, 3, 17, 44.
Léac'h, lieu, 2.
Leac'h, pierre sépulcrale, 18.
Lea-h (breton de Vannes), lait, 47*.
Le-an, religieux, 70*.
Lean-di, couvent, 70*, 80*.
Lea-z (breton de Léon), lait, 47*, 55*, 71*, 119*, 12, 27, 34, 68.
Lec'h, lieu, 119*, 2.
Lec'h, pierre sépulcrale, 53*, 59*, 4, 18.
Lec'h-id, vase, limon, 56.
Led-an, large, 54*, 58*, 66*, 107*, 1, 3, 25, 40.
Le-h (breton de Vannes), lait, 47*.
Lei-z, humide, 12.
Lemm, aigu, 3.
Lenk-ern-en, ver intestinal, 51.
Le-nn, couverture de lit, 54*, 4, 17, 23, 61.
Le-nn, étang, 36, 60.
Le-nn, lire, 46.
Lenn-ad, plénitude d'un étang, 36.
Lenn-adur, lecture, 38.
Lenn-egez, science, 46.
Lenn-ek, savant, 46.
Lent, timide, 46.
Lent-egez, timidité, 46.
Leo, lieue, 54*, 13.
Leor, livre, 52*, 13.
Le-r, cuir, 23, 65.
Les-, préfixe, 69*.
Les-aer, laitier, 110*, 39.
Les-aerez, laitière, 110*, 39.
Lesk-i, brûler, 56.

Lesk-idik, brûlant, 56.
Les-tr, vaisseau, 66.
Les-vab, beau-fils, 69*.
Les-vam, belle-mère, 69*.
Les-verc'h, belle-fille, 69*.
Let, largeur, 40.
Leûe, veau, 4.
Leu-n, plein, 57*, 87*, 2, 4, 30, 60, 61.
Leun-der, plénitude, 43.
Leu-r, sol, aire, 4, 30, 65.
Leu(z)r-idigez, députation, destination, 57.
Leven-ez, joie, 33, 53.
Lev-idigez, pilotage, 57.
Lez, cour, 3.
Lez-eu (breton de Vannes), herbes, 41.
Lezir-egez, paresse, 46.
Le-zr (moyen-breton), cuir, 23.
Lia-mm, lien, 56*, 116*, 34, 59.
Li-d, fête, 23.
Lien-ach, toilerie, 39.
Li-es, li-ez, plusieurs, 87*, 118*, 3.
L-ik, laïc, 114*, 55.
Lin, lin, 38.
Li-n, pus, 60.
Lin-aden, ortie, 38.
Li-orh (breton de Vannes), jardin, 47*.
Li-orz (breton de Léon), jardin, 44*, 47*, 58*, 68*, 71*, 80*, 2, 6, 27.
Liou, couleur, 58*, 66*, 8.
Lis (vieux breton), cour, 3.
Lis-iou, lessive, 14.
Liss-iou, lessive, 54*.
Lit-oc (vieux breton), nom d'homme, 23*.
Liv-a, peindre, 39.
Liv-ach, peinture, 39.
Liv-adurez, action de peindre, 110*, 39.
Livir-it, vous dites, 5.
Liv-orch (breton de Vannes), jardin, 44*.
Liv-ou, couleurs, 8; pluriel de liou.
Lizer, lettre, 27.

Lizer-en, lettre, 54*, 5.
Loa-iad, cuillerée, 54.
Loen, bête, 58*, 15.
Loen-iach, bestialité, 55.
Lo-er, un bas, 50.
Loes-euc (moyen-breton), nom d'homme, 23*.
Loes-uc (moyen-breton), nom d'homme, 23*.
Log-el, loge, 47.
Log-od, souris, 24; pluriel de
Logod-en, souris, 61.
Logot-a, prendre des souris, 24.
Logot-ouer, souricière, 63.
Lonk-a, avaler, 27.
Lont-egez, gourmandise, 46.
Lor-é, laurier, 43.
Lor-nez, lèpre, 60.
Losk-et, brûlé, 56.
-lou, suffixe, 8.
Lou-arn, renard, 22*, 15, 42.
Louc'h, mare, 18, 56.
Loudour-ach, saleté, 39.
Loudour-ez, saleté, 39, 52.
Lou-er, auge, 120*, 50.
Lou-ern, renard, 23.
Lou-et, pué, 56.
Lou-i, puer, 56.
Lou-idik, puant, 56.
Louz-aou, herbes, 41.
Louz-doni, saleté, 43.
Louz-ou, herbes, 63.
Lovr-entez, lèpre, 49.
Luc'h-a, luire, 9.
Luc'h-eden, éclair, 113*, 46.
Lud-u, cendre, 118*, 66.
Ludu-ek, cendreux, 45.
Lu-fr, éclat, 111*, 53.
Lug-ern, éclat, 55*, 109*, 9, 23, 51.
Lu-orz, jardin, 27.
Lur, [une] livre, 10.
-m, suffixe = -mano-s, -manâ, -mani-s, 116*, 59.
-m, suffixe = -min, 116*, 59.
-m, suffixe = -mo-s, 116*, 59.
-m, suffixe = -no-n, 117*, 59.
Ma, moi, mon, 73*, 82*.
Mab, map, fils, 69*, 1, 34.

Mab-erez, filiation, 108*, 51.
Ma-d, bon, 120*, 34, 42.
Mad-ec (moyen-breton), nom d'homme, 23*.
Mad-elez, bonté, 66*, 106*, 107*, 48, 52.
Mae, mai, 10.
Mael (vieux breton), nom d'homme, 4*, 15*, 42*.
Mael-cat (vieux breton), nom d'homme, 3*.
Mael-oc (vieux breton), nom d'homme, 4*.
Mael-uc (vieux breton), 23*.
Maen (moyen-breton), pierre, 54*, 10.
Mae-r, maire, 55*, 10.
Maer-ounez, marraine, 10.
Mae-s, mae-z (moyen-breton), champ, 51*, 54*, 118*, 8, 12, 53.
Mag-a, nourrir, 34, 69.
Mag-adur, nourriture, 38.
Mag-adurez, nourriture, 39.
Mag-er, celui qui nourrit, 108*, 50.
Mag-erez, nourrice, 109*, 51.
Mag-lus (vieux breton), nom d'homme, latinisé, 3*, 4*, 15*.
Mag-uz, nourrissant, 118*, 67.
Mail- (vieux breton), nom d'homme, 4*, 15*.
Main (vieux breton), pierre, 54*, 10, 12.
-mal, 42*, note 2.
Mal-a, moudre, 34.
Mal-adek, droit de mouture, 37.
Mal-adur, action de moudre, 38.
Mal-erez, action de moudre, 51.
Mall, empressement 30*.
Mallo-h (breton de Vannes), malédiction, 48*.
Mallo-z (breton de Léon), malédiction, 48*, 8, 64.
Mal-o, mauve, 7.
Mam, mamm, mère, 69*, 34.
Mamm-elez, maternité, 48.
Ma-n, lieu, 8; voyez Mann.
Man-ac'h, moine, 2.

Manac'h-erez, monachisme, 51.
Man-ek, gant, 45.
Ma-nn, lieu, 115*, 61; voyez Mann.
Mantr-uz, accablant, 67.
Mao-der, enjouement, gaieté, 43.
Maou-ez, femme, 11, 53.
Maour (moyen-breton), nègre, 7.
Maout, mouton, 55*, 69*, 11.
Map, mab, fils, 93*, 1, 30.
Mar, doute, 69*.
Marb-igel, petite faucille, 57.
Marc'h, cheval, 53*, 55*, 69*, 71*, 75*, 1, 19, 22, 34.
Marc'h-ad, marché, 1.
Marc'h-ad-our, marchand, 110*, 2, 38, 64.
Marc'hadour-ez, marchandise, 118*, 64.
Marc'heg-er, cavalier, 50.
Marc'h-egez, femme qui va à cheval, 106*, 47.
Marc'h-egez, équitation, 46.
Marc'h-egiez, équitation, 47.
Marc'h-ek, cavalier, 16.
Marc'hek-aden, cavalcade, 38.
Marchosi, écurie, 53*, 22.
Marc-oc (vieux breton), nom d'homme, 23*.
Mar-ec (moyen-breton), nom d'homme, 23*.
Marek-aour, cavalier, 41.
Marell-adur, bigarrure, 38.
Marh-òll (breton de Vannes), marteau, 47*.
Marh-uc (vieux breton), nom propre, 23*.
Mar-o, mort, 3, 7, 34.
Marv-el, mortel, 47.
Mar-z, merveille, 2, 27, 34.
Ma-t, bon, 23*, 66*.
Ma-t-ez, servante, 26, 52.
Mat-oc (vieux breton), nom d'homme, 23*.
Maut-guen (moyen-breton), peau de mouton, 80*.
Me, je, moi, 45*, 4.
Me (breton de Vannes), mon, ma, 45*, 46*, 50*.

Mean, pierre, 54*, 12, 45, cf. men.
Mea-r, maire, 12, 52.
Me-az (breton de Léon), champ, 50*, 51*, 54*, 69*, 12.
Mecher, métier, 21.
Med-erez, moisson, 51.
Meil-ec (moyen-breton), nom d'homme, 23*.
Mein-ek, pierreux, 45.
Mein-ek, lieu pierreux, 45.
Mel (moyen-breton), nom d'homme, 4*, 13*, 15*.
Mel, miel, 2.
Melc'hou-ed, limaçons, escargots, 20.
Mel-en, jaune, 2, 49.
Melen-adur, action de jaunir, 38.
Melen-ard, jaunâtre, 42.
Melen-ardez, femme qui a le teint jaune, 42.
Melen-der, état ou qualité de ce qui est jaune, 43.
Melin-hezr (moyen-breton), meunier, 50.
Mel, ballon, 37.
Mell, jointure, 52.
Mell-ad, jeu du ballon, 37.
Mell-ez, suture du crâne, 52.
Mel-ré, souci, 65.
Men, pierre, 81*, cf. mean.
Mendem (breton de Vannes), vendange, 34.
Menec'h-i, asile, refuge, 54.
Menes-iad, montagnard, 55.
Menes-iadez, montagnarde, 55.
Menesi-ou, montagnes, 53; pluriel de menez.
Men-ez, montagne, 3, 34, 53.
Men-gleuz, « carrière », littéralement « trou de pierre », 67*, 80*.
Menn-ad, demande, offre, 37.
Menn-oz, pensée, 7.
Men-oz, pensée, 64.
M-ent, grandeur, quantité, 69*, 108*, 31, 49.
Me-r, maire, 52; variante de mear.
Mer-a, administrer, 52.

Merc'h, fille, 69*, 18, 61.
Merch-ed, merc'het, filles, 24.
Merc'het-a, courir les filles, 24.
Merc'het-aer, coureur de filles, 39.
Merc'h-oden, poupée, 110*, 61.
Merde-ad, marin, 25, 37, 39.
Merde-adurez, navigation, 39.
Mer-er, fermier, 50, 64.
Mer-eri, ferme, 51.
Mer-eur, fermier, 50, 52, 64.
Mer-euri, ferme, 51, 52.
Mergl-aff (moyen-breton), rouiller, 80*.
Mer-ien, fourmis, 115*, 45, 57.
Merienn-ek, fourmilière, 45.
Mer-ion (breton de Vannes), fourmis, 57.
Merion-en, fourmi, 22.
Merkl-adur, rouillure, 38.
Mer-our (breton de Cornouaille), fermier, 50, 64.
Merv-el, mourir, 3.
Mer-vent, vent du sud-ouest, 3.
Merv-ent, mortalité, 49.
Merv-enti, mortalité, 49.
Merzer, martyr, 2.
Mes-iad, campagnard, 55.
Mesk-aden, mêlée, 38.
Me-ss (breton de Vannes), campagne, 50*.
Met-ou, milieu, 118*.
Meubl-ach, mobilier, 39.
Meud, pouce, 34, 36.
Meud-ad, pincée, 36.
Meul-eudi, louange, 52.
Meul-i, louer, 56*, 4.
Meu-r, grand, 13*, 15*, 52*, 118*, 4, 15, 34, 65.
Meu-r (moyen-breton), nom d'homme, 13*.
Meur-ded, grandeur, 42.
Meur-dez, majesté, 119*, 43.
Meurz, mars; mardi, 51*, 4.
Mev-el, valet, 114*, 121*, 2, 47.
Mez, honte, 80*.
Mez-egez, déshonneur, 46.
Mez-ek, médecin, 45.
Mez-o, ivre, 69*, 7, 61.
Me-zur, nourriture, 120*, 69.

Mez-uz, honteux, 67.
Mezv-enti, ivresse, 49.
Mezv-i, enivrer, 69*.
Mezv-idigez, ivresse, 57.
Mezv-uz, enivrant, 67.
Miaou-erez, miaulement, 51.
Mibil-iez, enfantillage, 57.
Mibil-iuz, puéril, 67.
Micher-our, ouvrier, 64.
Mil-in, moulin, 56*, 6.
Milin-er, meunier, 50.
Millig-aden, malédiction, 38.
Minion-ach, amitié, 39.
Minioni-ach, amour, 39.
Min-ouer, boucle de museau, 63.
Mintin, matin, 29.
Mis (moyen-breton), mois, 29.
Miss (breton de Vannes), mois, 49*.
Mitin, matin, 29.
Mitis-ien, servantes, 26; pluriel de matez.
Miz (breton de Léon), mois, 49*, 56*, 29.
-mm, suffixe, 116*, 59, 61.
Mo-al, chauve, 114*, 121*, 14, 59.
Moal-der, calvitie, 43.
Moan, mince, 14.
Moan-ard, qui a la taille mince, 42*.
Moan-ardez, celle qui a la taille mince, 42.
Moan-der, état de ce qui est mince, 43.
Mo-c'h, cochon, 58*, 111*, 6, 55.
Moc'h-ach, cochonnerie, 39.
Moc'h-aer, marchand de porcs, 39.
Moc'h-ik, cloporte, 56.
Moer-eb, tante, 52*, 58*, 15, 49, 65.
Moet-gen (vieux breton), nom d'homme, 79*.
Moet-ien (vieux breton), nom d'homme, 79*; variante de Moetgen.
Mog, feu, 111*, 45, 46, 54, 56.
Mog-ach, fouage, 39.
Mog-ed, fumée, 45, 46, 56.
Mog-eden, vapeur, 46.

Mog-er, mur, 52*, 65*, 69*, 113*, 4, 7, 17, 50.
Mog-idel, fumeron, 56.
Moneiz, monnaie, 54*, 8, 12, 28.
Mon-id (vieux breton), montagne, 3, 34, 53.
Môr (vieux breton), grand, 13*, 15*.
Mor, mer, 56*, 67*, 69*, 6, 34.
Môr-alt (vieux breton), nom d'homme, 12*.
Môr-annuit (vieux breton), nom d'homme, 12*.
Môr-cant (vieux breton), nom d'homme, 12*.
Mor-c'hast, sorte de poisson, 68*, 76*.
Morc'h-ed, assoupissement, 19.
Morc'hed-uz, assoupissant, 67.
Môr-cobris (vieux breton), nom d'homme, 12*.
Môr-con-delu (vieux breton), nom d'homme, 12*.
Mor-ek, maritime, 45.
Môr-gen-munoc (vieux breton), nom d'homme, 12*.
Morh-att (breton de Vannes), cuisse, 49*.
Môr-huarn (vieux breton), nom d'homme, 12*.
Môr-ian, nègre, 7, 55.
Môr-ianez, négresse, 55.
-môr-in (vieux breton), 12*.
Mor-larj-ez, carnaval, mardi gras, 7.
Môr-livet (vieux breton), nom d'homme, 12*.
Mor-man (vieux breton), nom d'homme, 12*.
Morm-ouz, morve, 64.
Mor-oc (vieux breton), nom d'homme, 12*, 23*.
Mor-van, nom d'homme, 12*.
Mo-vaout, « cormoran », littéralement, « mouton de mer », 69*.
Mor-varc'h, « baleine », littéralement « cheval de mer », 69*.
Mor-vleiz, « requin », littéralement « loup de mer », 67*.

Môr-wet (vieux breton), nom d'homme, 12*.
Môr-weten (vieux breton), nom d'homme, 12*.
Môr-wethen (vieux breton), nom d'homme, 40*.
Morz-a, engourdir, 19.
Morz-ed (breton de Léon), cuisse, 49*, 3, 45.
Morz-ol (breton de Léon), marteau, 47*, 51*, 112*, 7, 62.
Mouar, mûre, 15, 27.
Moud-en, motte, 48.
Moué, crinière, 54*, 15.
Mouec'h (breton de Vannes), voix, 28.
Moues, voix, 58*, 34.
Mouez, voix, 59*, 118*, 15, 18, 28.
Moug-aden, étouffement, 38.
Moug-adur, action d'étouffer, 38.
Mouneiz, monnaie, 8.
Mouz-a, bouder, 34.
Mouz-erez, bouderie, 51.
Mozr-eb (moyen-breton), tante, 15, 49, 65.
Mu-d, muet, 9, 42.
Muer (moyen-breton), grand, 12*.
Mui, plus, 56*, 15, 34.
Mun-ud, menu, 121*, 9, 67.
Munud-ik, serpolet, 56.
Mu-r (moyen-breton), grand, 12*.
Muz-ul, mesure, 121*, 23, 67.
-n, suffixe = -(e)nno-s, -(e)n-nâ, 112*, 60.
-n, suffixe = -ento-s, 59.
-n, suffixe = -mâ, 116*, 60.
-n, suffixe = -min, 116*, 60.
-n, suffixe = -mo-s, 116*, 60, 61.
-n, suffixe = -ni-s, -ani-s, -no-s, -nâ, 116*, 60.
Nac'h-a, nier, 54*, 65*, 18.
Na-d-oez (moyen-breton), aiguille, 7.
Nados-iad, aiguillée, 54.
Na-d-oz, aiguille, 66*, 112*, 119*, 2, 7, 25, 26, 28, 43, 64.
Na-nn, non, 28.
Nao, neuf, 11, 28.
Naon-ed, Nantes, 45.

Naon-egez, famine, 46.
Naon-ek, affamé, 45.
Na-oz, manière, 52*, 11, 64.
Na-ved, neuvième, 67.
-nd, suffixe, 60.
Neat, net, 24.
Neh (breton de Vannes), nid, 48*.
Neh (breton de Vannes), lente, 48*.
Neiz (breton de Léon), nid, 48*, 12, 27, 54.
Neiz-iad, nichée, 54.
Nemor-ant, reste, demeurant, 28.
Ne-nd (moyen-breton), ne pas, 28.
Ner-h (breton de Vannes), force, 47*.
Nerv-en, nerf, 48.
Ner-z (breton de Léon), force, 27*, 43*, 47*, 58*, 71*, 2, 27, 28.
Nes, proche, 26, 28, 46.
Nes-a, prochain, 43.
Nesan-ded, proximité, 43.
Nes-ted, proximité, 65.
Net-aat, nettoyer, 24.
Neu-d, fil, 2, 5, 26.
Neu-n, nage, 116*, 26, 29, 60.
Neuñv-i, nager, 33.
Neu-z, coutume, 120*, 4, 11, 17, 69.
Nev-ez, nouveau, 55*, 56*, 59*, 60*, 3, 28, 53.
Nevez-enti, nouveauté, 49.
New-eth (vieux breton), nouveau, 55*, 56*.
Nez (breton de Léon), lente, 48*, 27.
-n-ez, suffixe, 116*, 52, 60.
Nez-a, filer, 3, 5, 26.
Nez-adek, filerie, 37.
Ni, neveu, 88*; pluriel niett.
Ni, nous, 5.
-ni, suffixe, 54, 60, 62.
Niv-er, nombre, 66*, 6, 50.
Niz (moyen-breton), neveu, 88*, 5.
-nn, suffixe = -nno-s, -nnâ, 60.
-nn, suffixe = -ino-s, -inâ, 114*, 61.
Noaz (breton de Léon), nu, 48*, 14, 28.
Noaz, querelle, 14.
Nobl-ans, noblesse, 40.

Noeh (breton de Vannes), nu, 48*.
Nor, porte, 28, pour d'or.
No-ss (breton de Vannes), nuit, 50*.
Nov-id (vieux breton), nouveau, 3, 53.
Now-id (vieux breton), nouveau, 55*, 56*, 60*.
No-z (breton de Léon), nuit, 50*, 59*, 118*, 28.
Nuah (breton de Vannes), nu, 48*.
-**nv**, suffixe = -mi-s, 116*, 61.
-**nv**, suffixe = -mo-s, 116*, 61.
-**o**, suffixe = -amu, 107*, 44, 61.
-**o**, suffixe = -avo-s, 111*, 61.
-**o**, suffixe = -min, ou -men, 116*, 61.
-**o**, suffixe = -vo-s, 122*, 61.
-**o**, suffixe = -vu, 122*.
Oa-d, âge, 42.
Oal-ed, foyer, 113*, 4, 14, 45.
Oa-n, agneau, 54*, 14, 60.
Ob-er, action, 50.
Ober-iad, homme actif, agissant, 55.
Ober-iadez, femme active, agissante, 55.
Ober-our, ouvrier, 64.
-**oc'h**, suffixe = -ios, -ius, 18.
-**oc'h**, suffixe = -occo-s, -ucco-s, 117*, 62.
Oc'h-en, bœufs, 59*, 6, 18.
-**od**, suffixe, 110*, 61.
-**od-en**, suffixe secondaire, 110*, 48, 61.
-**oez**, suffixe, 62.
Ofer-enn, messe, 28.
-**oj-en**, suffixe secondaire, 62.
-**ok**, suffixe, 106*, 61.
-**ol**, suffixe = -âli-s, 107*, 47, 62.
-**ol**, suffixe = -êlâ, 112*, 62.
-**ol**, suffixe = -ello-s, 112*, 47, 62.
-**ol**, suffixe = -ulâ, 120*.
-**ol-en**, suffixe secondaire, 120*, 62.
Oleo, huile, 13.
Oleou, huile, 8.
-**on**, suffixe, 117*, 62.

-**oni**, suffixe, 43, 54, 60, 62.
-**oni-ez**, suffixe secondaire, 117*, 62, 63.
-**or**, suffixe = -bro-s, -bro-n, 111*, 53, 62.
-**or**, suffixe = -oro-s, -orâ, -oro-n, 118*, 62.
-**or-ez**, suffixe secondaire, 109*, 53, 63.
-**orn**, suffixe, 121*, 63.
-**ou**, suffixe = -avo-s, -avâ, -avo-n, 111*, 63.
-**ou**, suffixe = -avu, 111*, 63.
-**ou**, suffixe = -ovano-s, -ovono-s, 118*, 63.
-**ou**, suffixe = -vu, 122*, 63.
Ouad, canard, 15.
Ouc'h, contre, 19.
Ouc'h-en, bœufs, 8.
-**oud**, suffixe, 63.
-**ouen**, suffixe, 121*, 63.
-**ouer**, suffixe, 63.
-**oul**, suffixe, 121*, 63.
-**oun-ez**, suffixe secondaire, 111*.
-**ouni-ez**, suffixe secondaire, 117*, 62, 63.
Ou-nn, je suis, 9.
Ou-nn, frêne, 55*, 9.
-**our**, suffixe, 117*, 8, 64.
-**our-ez**, suffixe secondaire = -arissâ, 109*, 63, 64.
-**our-ez**, suffixe secondaire = -oriactâ, 117*, 64.
-**our-i**, suffixe secondaire, 54, 64.
-**ourn**, suffixe, 121*, 64.
Ouz, contre, 19.
-**ouz**, suffixe, 64.
Oz (moyen-breton), votre, vos, 82*.
-**oz**, suffixe = -astu-s, -attu-s, 111*, 64.
-**oz**, suffixe = -êio-s, 64.
Pa, quand, 70*.
Pad, durée, 26.
Pad-elez, durée, 48.
Pae-a, payer, 96*, 10.
Paer-oun, parrain, 8, 10.
Paol, pieu, 11.
Paol, Paul, 11.

Pao-t, beaucoup, plusieurs, abondant, 11, 65.
Pao-tr, garçon, 29, 39, 66.
Paoues-van, trépas, décès, 67.
Paour-entez, pauvreté, 49.
Paper-aer, papetier, 39.
Paradoues (moyen-breton), paradis, 7.
Paradoz, paradis, 7.
Par-edigez, guérison, 46.
Part-ach, partage, 39.
Parz, côté, 69*.
Pasciwent (vieux breton), nom d'homme, 24*.
Paun, paon, 9.
Paz, toux, 29.
Pazr-on (moyen-breton), parrain, 8, 10.
Pé, quel, 70*, 90*, 93*, 96*, 98*, 99*, 29.
Pé, ou, 30.
Pec'h-ed, péché, 111*, 40.
Pec'h-er, pécheur, 50.
Pec'h-ezr (moyen-breton), pécheur, 50.
Ped, combien, 56*, 29.
Ped, il prie, 69*.
Peder, quatre (féminin), 33, 67.
Peder-ved, quatrième (féminin), 33, 67.
Ped-i, prier, 96*.
Pe-du (moyen-breton), de quel côté?, 81*.
Peh (breton de Vannes), pis de vache, 48*.
Peiswent-oc (vieux breton), nom de lieu, 24*.
Pell, loin, 69*.
Pemp, cinq, 92*, 3, 29.
Pemped, cinquième, 120*, 46.
Pem-ved, cinquième, 92*.
Pem-zek, quinze, 50*.
Pen-an-garheu (breton de Vannes), nom de lieu, littéralement « le bout des haies », 44*.
Pen-an-garzo, forme plus ancienne, du nom de lieu Pen-an-garheu, 44*.
Pe-naoz, comment, 11.

Pen-goat, « massue », littéralement « bois à tête », 67*.
Pen-gôt, massue, 7.
Penn, tête, bout, 53*, 69*, 79*, 80*, 93*, 2, 30, 56.
Penn-ad, boutade, 37.
Penn-gamm, celui qui a la tête penchée, 68*.
Penn-garn, « bec », littéralement « corne de tête », 67*.
Pens, fesse, 29, 30.
Pens-el, pièce, 29.
Peoc'h, paix, 59*, 119*, 7, 18.
Pep, chaque, 52*, 53*, 57*, 93*, 3, 30.
Per, poires, 93*, 3.
Perc'hen, propriétaire, 69*.
Perc'henn-iach, propriété, 55.
Perc'henn-iez, propriété, 57.
Pers-ier, cours, portes, 26, pluriel de porz.
Persoun, recteur, 8.
Pesk, poisson, 56*, 29.
Pesk-er, pêcheur, 50.
Pesket-aer, pêcheur, 39.
Pesket-aerez, pêcheuse, 39.
Pesquezr (moyen-breton), pêcheur, 50.
Peuc'h, paix, 7.
Peul, pieu, 11.
Peur, pâturage, 29.
Pevar, quatre (masculin), 56*, 93*, 29, 32, 67.
Pevar-e, quatrième, 25, 44, 67.
Pevar-ved, quatrième, 67.
Pevar-zek (breton de Léon), quatorze, 50*.
Pez (breton de Léon), pis de vache, 48*.
Pezr, Pierre, 28.
Pib-i, cuire, 14.
Picher, pot, 22.
Pid-i, prier, 6.
Pill, haillons, 5.
Pill-ik, poêle, 56.
Pini-adek, montée, 37.
Pin-ijen, pénitence, 58.
Pins-in, piscine, 29.
Pin-vid-ik, riche, 56.

Piou, qui, 53*, 90*, 98*, 103*, 14.
Pir (vieux breton), poires, 3.
Pirc'hirin, pèlerin, 18.
Piz-oni, avarice, 62.
Pl-ac'h, jeune fille, 39, 66.
Plij-out, plaire, 52*, 21.
Ploe-meur (moyen-breton), nom de lieu, littéralement « la grande paroisse », 13*.
Plo-ermel, nom de lieu, 4*.
Plou-arzel, nom de lieu, 42*.
Plou-fragan, nom de lieu, 25*.
Ploué, paroisse, 53*, 15, 55.
Ploue-z-ad, villageois, 37.
Ploue-z-adez, villageoise, 38.
Ploui-z-iad, villageois, 55.
Ploui-z-iadez, villageoise, 55.
Ploui-z-iz, villageois, 55; pluriel de plouiziad.
Plum-achen, plumet, 39.
Plu-n, plume, 116*, 9, 29, 60.
Plun-ek, oreiller de plumes, 44.
Poan, peine, 64*, 68*.
Poan-vugale, mal d'enfant, 62*, 67*.
Poa-z, cuit, 69*, 14, 27, 68.
Pobl, peuple, 6, 29, 31.
Poell, intelligence, bon sens, 69*, 80*, 94*, 14, 30.
Poez, poids, 15.
Poez-a, peser, 14.
Pok, baiser, 7, 16.
Pok-erez, baiser, 51.
Pont, pont, 8.
Porc'h-el, pourceau, 19, 47.
Porh (breton de Vannes), cour, 44*, 47*.
Porh-er-guer (breton de Vannes), nom de lieu, littéralement « cour du village », 44*.
Porz (breton de Léon), cour, porte, 47*, 6, 28.
Poud, pot, 8.
Pouez, poids, 56*, 15.
Pounn-er, lourd, pesant, 28.
Pount, pont, 8.
Pred, temps, repas, 69*, 21.
Prederi-uz, soigneux, soucieux, 67.
Pred-ou, repas, 21; pluriel de pred.
Preiz, proie, 65*, 12, 27.

Prej-ou, repas, 21; variante de predou, pluriel de pred.
Pre-n-a, acheter, 94*, 30.
Prenest, fenêtre, 54*, 30.
Prenn, bois, arbre, 93*, 30.
Pre-nv, ver, 93*, 116*, 30, 33, 61.
Pret (moyen-breton), temps, repas, 21.
Prezec, prêcher, 65*.
Pri, argile, 5, 30.
Pri-ed, époux, 45.
Pried-elez, mariage, 109*, 46, 48, 52.
Pri-et, époux, 58*, 24.
Priet-aat, se marier, 58*, 24.
Puar-zek (breton de Vannes), quatorze, 50*.
Puem-zek (breton de Vannes), quinze, 50*.
Pul, abondant, 11.
Puns, puits, 29.
Quae-z (moyen-breton), pauvre cher, 51*, 12.
Que-hezl (moyen-breton), nouvelle, 59.
Quel-en, houx, 24*.
Quelen-ec (moyen-breton), nom de lieu, proprement « houssaie », 24.*
Quen-ech (moyen-breton), montée, 56*, 22.
Quenn (moyen-breton), peau, 80*.
Querh-ett (breton de Vannes), marche, 49*.
Que-vaes (moyen-breton), sorte de tenure, 80*.
Qui, chien, 80*.
-r, suffixe = -ro-s, -râ, -ro-n, 118*, 64, 65.
-r, suffixe = -ru, 118*, 65.
-r, suffixe = -tir, 119*, 39, 65.
-r, suffixe = -tro-n, 120*, 65.
Ra, que, 86*, 5.
Rad-en, fougère, 24*.
Raden-uc (moyen-breton), nom de lieu, littéralement « fougeraie », 24*.
Rah (breton de Vannes), rat, 48*.
Rak, devant, 11.

Ramb-ré, rêverie, 65.
Ramp-aden, glissade, 38.
Raoz, roseau, 11, 44.
Raoz-ek, lieu où il vient des roseaux, 44.
Rast-el, râteau, 36.
Rastell-ad, ce qu'on ramasse d'un coup de râteau, 36.
Rât, pensée, 52*, 2.
Rat-ouz, tondu, 64.
Rat-oz, réflexion, 64.
Ratten-uc (moyen-breton), variante de Radenuc, « Fougeraie », 24*.
Ravench-ou, des sentiers, 21.
Raz (breton de Léon), rat, 48*, 1.
Re, trop, 56*, 69*, 81*, 86*, 3, 30.
-re, suffixe, 65.
Red-aden, course, 38.
Red-erez, action de courir, 51.
Red-i, nécessité, 54.
Re-ffr (moyen-breton), derrière, 13, 62.
Re-fr, derrière, 53.
Reg-i, déchirer, 22.
Reh, reih (breton de Vannes), arrangement, 47*.
Reiz (breton de Léon), arrangement, droit, 47*, 57*, 120*, 12, 22, 68.
Reiz-idigez, action de mettre en ordre, 57.
Rejimanch-ou, régiments, 21.
Renk-adurez, alignement, 39.
Renn, sorte de mesure, 36.
Renn-ad, contenu de la mesure appelée renn, 36.
Reo, gelée, 13.
Re-ol, règle, 120*, 13.
Re-or, derrière, 111*, 13, 22, 44, 62.
Ret, nécessaire, 54.
Reud, raide, 4.
Reug-a, déchirer, 4.
Reun, crin, 4, 23.
Reus-tl, confusion, 53*, 4.
Rev-et, gelé, 56.
Rev-i, geler, 56.
Ribl, bord, 22.
Rid-gen (vieux breton), nom d'homme, 79*; variante de Ritgen.
Rid-ien (vieux breton), nom d'homme, variante de Ridgen, 79*.
Rit-gen (vieux breton), nom d'homme, 79*.
Riv-idik, frileux, 56.
Ro, don, 22.
Ro-adur, action de donner, 38.
Roaz-on, Rennes, 3*, 65*, 14.
Rod-el, boucle (de cheveux), 47.
Rodell-a, rouler, 38.
Rodell-adur, roulement, 38.
Roe-nv, rame, 53*, 14, 33, 61.
Rog, déchirure, 7.
Rog-entez, arrogance, 49.
Rog-et, déchiré, 22.
Rog-i, déchirer, 55*.
Rog-oni, arrogance, 62.
Rok-eden, casaque, 46.
Ros-kof, Ros-koff, nom de lieu, littéralement « tertre du forgeron », 75*, 16.
Rou-aned, rois, 15; pluriel de roué.
Rou-anez, reine, 108*, 15, 22, 40.
Rouant-elez, royaume, 48, 52.
Roué, roi, 15, 22.
Roued, filet, 53*, 4, 15, 22, 26, 66.
Roues-tl, brouillerie, confusion, 4, 66.
Rouestl-a, brouiller, 26.
Ru (breton de Vannes), rouge, 49*.
Rud (vieux breton), rouge, 28*, 65*, 98*, 26.
Ruj-oden, rouge-gorge, 61.
Run, colline, 9, 16, 23.
Rus-ia, rougir, 26.
Rusk, écorce, 58*, 9.
Ruz (breton de Léon), rouge, 28*, 49*, 65*, 98*, 9, 22, 26, 42.
Ruz-ard, rougeâtre, 42.
Ruz-ardez, femme qui a le teint rouge, 42.
Ruz-der, rougeur, 43.
-s, suffixe = -s, 118*.
-s, suffixe = sià, 119*, 65.
Sac'h, stagnant, 36*.

Sac'h, sac, 36.
Sac'h-ad, contenu d'un sac, 36.
Sadorn, samedi, 6, 25.
Sae, robe, 51*, 65*, 10, 54.
Sa-ez (moyen-breton), flèche, 12, 17, 25, 27.
Saill, seau, 54*, 2, 36.
Saill-ad, contenu d'un seau, 36.
Sali-a, sauter, 24.
Sank-a, piquer, 58*.
Sank-aden, piqûre, 38.
Sant-el, saint, 47, 48.
Sant-elez, sainteté, 48.
Sant-ez, sainte, 53.
Sao-tr, saleté, ordure, 10, 66.
Saoz, saxon, anglais, 52*, 11.
Sapr, sapin, 22.
Sav, action de se tenir debout, 36*.
Sav-ann, je me lève, 3.
Sclaer (moyen-breton), clair, 12.
Seac'h, sec, 53*, 71*, 2, 19.
Seaz, flèche, 12.
Sebez-a, étourdir, 36*, 25.
Sebez-adurez, éblouissement, 39.
Sec'h-der, sécheresse, 43.
Séc'h-or, sécheresse, 62.
Seg-al, seigle, 52*, 65*, 17.
Seh (breton de Vannes), sept, 47*.
Seh-un (breton de Vannes), semaine, 48*.
Seih (breton de Vannes), sept, 47*.
Seiz (breton de Léon), sept, 47*, 57*, 12, 25, 68.
Seiz-ved, septième, 67.
Selaou-idigez, action d'écouter, 57.
Sellet-hu, « voici », littéralement « voyez-vous », 57*, 21.
Sell-te, « voici », littéralement « vois-tu », 22.
Sempl-adurez, affaiblissement, 39.
Sempla-en, évanouissement, 48.
Sempl-ded, faiblesse, 43.
Sent-idigez, obéissance, 57.
Seo, sève, 13.
Serc'h, concubinaire, concubine, 19, 25.
Serc'h-erez, concubinage, 51.
Séul (breton de Vannes), chaume, 36*.

Seu-l, talon, 120*, 25, 59.
Seurt, sorte, 4.
Seu-zl (moyen-breton), talon, 59.
Sev-el, se lever, 36*, 3, 25.
Seven-idigez, honnêteté, 57.
-si, suffixe, 54, 65.
Sich, siège, 22.
Sifern-i, enrhumer, 26.
Simin-al, cheminée, 53*, 26.
Sioul-ded, tranquillité, 43.
Siz-un (breton de Léon), semaine, 48*, 53*, 116*, 5, 9, 67.
Skan, léger, 29.
Skan-benn, qui a la tête légère, 69*.
Skañv, léger, 33, 49.
Skanv-der, légèreté, 43.
Skaon, banc, 11.
Skaot-a, échauder, 10, 24, 26.
Skarz-der, petitesse, 43.
Skarz-erez, action de diminuer, 51.
Skej-a, couper, 53*, 21.
Skej-adur, incision, 39.
Skeud, ombre, 4.
Skeud-en, image, figure, 48.
Skeul, échelle, 4.
Skeuli-adur, escalade, 38.
Skev-ent, poumons, 66*, 33, 49.
Ski-ant, intelligence, science, 5, 41.
Skilf-ad, coup de griffe, 37.
Skiltr, éclat, 67.
Skiltr-uz, éclatant, 67.
Skin-adur, débordement, 38.
Sklas, glace, 26.
Sklav-erez, esclavage, 51.
Sklear, clair, 12, 26.
Skler-der, clarté, 43.
Skler-idigez, éclaircissement, 57.
Skler-ijen, clarté, 58.
Sklok-a, glousser, 26.
Skoaz, épaule, 14.
Skoaz-el, épaulée, 47.
Skoet, frappé, 16.
Skol, école, 6.
Skol-aer, écolier, 39.
Skop-aden, crachat, 38.
Skop-adur, action de cracher, 38.
Skou-arn, oreille, 15, 25, 42.
Skouarn-ek, qui a de grandes oreilles, 44, 45.

Skoued, écu, 15.
Skouer, exemple, 83*.
Skrab-a, gratter, 26.
Skrab-aden, égratignure, 38.
Skrap-erez, action de ravir, 51.
Skrij-a, trembler de peur, 21.
Skub-elen, balai, 114*, 48.
Skub-ien, balayures, 9.
Skud-el, écuelle, 9, 36, 47.
Skudell-ad, écuellée, 36.
So, [il] est, 36*.
Soavon, savon, 6, 14.
Soub-en, soupe, 66*, 31.
Souc'h, soc, 8.
Soueh-et (breton de Vannes), surpris, 48*.
Souez-et (breton de Léon), surpris, 48*.
Soul, chaume, 36*, 9, 25.
Sout, bergerie, 8.
Spana-en, cessation, 48.
Sparfel, épervier, 23.
Sparl, barre, 23, 25.
Spaz, eunuque, 27.
Spaz-ard, impuissant, 42.
Sper-ed, esprit, 54*, 4, 45.
Sper-n, épine, 25, 45.
Spern-ek, épineux, 45.
Spern-ek, lieu où il y a des épines, 45.
Speuni-adur, glapissement, 38.
Splan-der, clarté, 43.
Spoué, éponge, 15.
Spount-a, épouvanter, 8, 26.
Stag-a, attacher, 48.
Stag-el, attache, 48.
Sta-mm, tricot, 34, 59.
Stamp-erez, action d'enjamber, 51.
Stank, étang, 37.
Stank-ad, contenance d'un étang, 37.
Stard-der, état de ce qui est ferme, 43.
Stard-erez, action d'affermir, 51.
Staol, étable, 11.
Staol-iad, contenance d'une étable, 54.
Staon, étrave, 11.
Stao-t, urine, 57.

Staot-igel, urinoir, 57.
Stean, étain, 12.
Sten-adur, action d'étendre, 38.
Ster, étoiles, 36*.
Ster-eden, étoile, 46.
Ster-en, étoile, 36*, 48.
Steu-nen, trame, 29.
Steu-ven, trame, 116*, 33, 68.
Stiv-el, étuve, 65*, 33.
Stlak-aden, claque, 38.
Stlap-erez, action de jeter, 51.
Stlej-a, ramper, 21.
Stlenj-a, ramper, 21.
Stou-i, se baisser, saluer, 15.
Strefi-aden, éternuement, 25, 38.
Strefi-erez, éternuement, 51.
Streh (breton de Vannes), étroit, 48*.
Strip-en, tripe, 26.
Striz (breton de Léon), étroit, 48*, 27.
Sul- (vieux breton), 19*.
Sut-aden, coup de sifflet, 38.
Suz-un, semaine, 6.
-t, suffixe, 120*, 65.
Tabut-erez, action de se disputer, 51.
Tach-erez, clouterie, 51.
Tad, père, 53*, 70*, 25.
Tad-elez, paternité, 48.
Tad-ou, pères, 70*; pluriel de tad.
Tag-erez, action d'étrangler, 51.
Tak-en, goutte, morceau, 48.
Tak-on, pièce, 62.
Takon-erez, friperie, 51.
Tal, front, 77*, 24.
Tal-adur, doloire, 38.
Tal-benn, « pignon », littéralement « tête de façade », 69*.
Talm, fronde, 37.
Talm-ad, coup de fronde, 37.
Tal-voud, valoir, 44, 46.
Talvoud-egez, valeur, 46.
Talvoud-ek, qui a de la valeur, 44, 46.
Tal-vout, valoir, 67*.
Ta-m, morceau, 59.
Tamall-out, accuser, 70*.
Tam-m, morceau, 116*.

Ta-n, feu, 53*, 70*, 1, 21, 24, 67.
Tan, sous, 29.
Tan-ao, mince, 29*, 98*, 41.
Tanav-der, ténuité, 43.
Tan-chi (vieux breton), nom d'homme, 78*; variante de Tanki.
Tan-et, brûlé, 70*.
Tan-ghi (vieux breton); voir Tanki.
Tan-gi, Tan-gui (moyen-breton), variantes du nom d'homme Tanki.
Tan-ijen, inflammation, 115*, 21, 58.
Tan-ki (vieux breton), nom d'homme, proprement « chien de feu », 78*.
Tan-o, mince, 7.
Tant-ad, feu de joie, 24.
Tan-uz, brûlant, 67.
-tanv, suffixe, 119*, 65.
Tañv-a, goûter, 33.
Taol, table, 51*, 11, 54.
Taol, jet, coup, 55*, 11, 22.
Taol-iad, ce qu'on peut mettre sur ou autour d'une table, 54.
Tara-r, tarière, 65.
Tarh-ein (breton de Vannes), crevasser, 49*.
Tar-o, taureau, 57*, 59*, 7, 23, 61, 67.
Tarz, crevasse, lézarde, 27.
Tarz-a (breton de Léon), crevasser, 49*.
Tas-a, taxer, 26.
Tat, père, 53*, 25.
Tavanch-er, tablier, 21.
Tavant-egez, misère, 46.
Tavarn-ier, cabaretier, 57.
Taved-egez, taciturnité, 46.
Te, tu, toi, 29*, 57*, 58*, 3, 24.
Tear, vif, prompt, 42.
Tech, habitude, 53*, 22.
Tec'h-ann, je fuis, 39*.
-ted, suffixe, 65.
Teir, trois (féminin), 73*, 12, 67.
Teir-ved, troisième, 67.
-tel, suffixe, 65.
Tel-en, harpe, 48.

Ten-er, tendre, 50.
Tenn-adek, assemblée de personnes qui arrachent le chanvre ou le lin, 37.
Tens-adurez, réprimande, 39.
Teñv-al, sombre, 114*, 2, 33, 40.
Tenzor, trésor, 52*, 7, 28.
Te-o, gros, 13, 24, 41, 61.
Te-od, langue, 70*, 110*, 13, 37, 45, 61.
Teod-ad, coup de langue, 37.
Teod-ek, babillard, 45.
Te-ol, tuile, 120*.
Teol-erez, tuilerie, 108*, 51.
Teol-ier, tuilier, 57.
-ter, suffixe, 119*, 66.
Ter-ded, pétulance, 42.
Ter-ijen, pétulance, 58.
Terr-idigez, action de rompre, 57.
Teur, ventre, 36.
Teur-ek, ventru, 44.
Teur-el, jeter, 55*, 22.
Teuz-adur, action de fondre, 38.
Teuz-erez, action de fondre, 51.
Tev-al, sombre, 40.
Teval-ded, obscurité, 43.
Teval-der, obscurité, 43.
Teval-ijen, obscurité, 58.
Tev-ard, épais, 41.
Tev-ardez, femme épaisse, 42.
Ti (breton de Vannes), tu, toi, 29*.
Ti, maison, 65*, 70*, 80*, 99*, 5, 26, 36.
Ti-ad, maisonnée, 36.
Tiarn-oc (vieux breton), nom d'homme, 23*.
Ti-egez, ménage, 106*, 46.
Ti-egez, ménagère, 47.
Ti-ek, chef de maison, 44.
Tig (vieux breton), maison, 99*.
Til-adur, action de tiller le chanvre, 38.
Tili-adek, lieu où l'on tille le chanvre, ou assemblée de ceux qui tillent le chanvre, 37.
Tin-el, pavillon, berceau de feuillage, 6.
-tiz, suffixe, 66.
Ti-z, diligence, allure, 68.

-tl, suffixe, 119*, 59, 66.
Tnou (moyen-breton), vallée, 22.
To-az, pâte, 42.
To-m, chaud, 7, 30.
Tom-der, chaleur, 43.
Tom-m, chaud, 88*, 102*, 116*, 59.
Tomm-adur, action d'échauffer, 38.
Tomm-ijen, chaleur modérée, 58.
Ton-ell, tonneau, 37.
Tonell-ad, contenu d'un tonneau, 37.
Tor, ventre, 44.
Tor-ad, contenu du ventre, 36.
Torith-gen (vieux breton), nom d'homme, 79*.
Tort-el, botte, 38.
Tortell-adur, bottelage, 38.
Touell-a, charmer, tromper, 38.
Touell-adur, prévention, 38.
Touell-uz, qui trompe, 67.
Tou-erez, action de jurer, 51.
Tou-et, jurer, 8.
Toull, trou, 36.
Toull-ad, contenu d'un trou, 36.
Tourc'h, porc mâle, 71*, 19.
Tourmanch-ou, tourments, 21.
Tous-er, touz-er, tondeur, 50.
-tr, suffixe = -tero-s, -tero-n, 119*, 66.
-tr, suffixe = -tri-s, 66.
-tr, suffixe = -tro-n, 66.
Traon-ien, vallée, 22.
-traou, suffixe, 66.
Trea-c'h, plus fort, 18.
Treal-erez, action de haleter, 51.
Tre-az (breton de Léon), sable, 47*.
Treb (vieux breton), territoire d'une succursale, 30*, 52*, 7, 32.
Tre-c'h, trea-c'h, plus fort, 57, 18.
Trec'h-i, vaincre, 70*.
Trec'h-uz, qu'on peut vaincre, 70*.
Tre-de, troisième, 66*, 3, 25, 44, 67.
Tref, territoire d'une succursale, 26*, 52*, 32.
Tref-ad, habitant d'une « trêve », succursale, 37.
Tref-adez, celle qui habite une succursale, 38.

Tre-garantec, nom de lieu, 25*.
Tregeri-ad, celui qui habite le pays de Tréguier, 37.
Tregeri-adez, celle qui habite le pays de Tréguier, 38.
Tre-h (breton de Vannes), sable, 47*.
Trein-ded, trinité, 54*, 13.
Treit-gen (vieux breton), nom d'homme, 79*.
Tre-men, passer, 29*, 81*.
Tremen-iad, passant, étranger, 55.
Tremen-iadez, femme qui passe, étrangère, 55.
Tremen-van, agonie, 67.
Trenk-der, aigreur, acidité, 43.
Treo, territoire d'une succursale, 7.
Treud-der, maigreur, 43.
Trev, territoire d'une succursale, 26*, 30*.
Trev-adez, celle qui habite une succursale, 110*.
Trez-erez, prodigalité, 51.
Tri, trois (masculin), 29*, 72*, 73*, 82*, 67.
Trin-ded, trinité, 42.
Trip-erez, action de danser, 51.
Tri-ved, troisième, 67.
Trivi-aden, tressaillement, 38.
Tri-zek, treize, 50*.
Tro, tour, 81*, 56.
Troa-d, pied, 14, 24, 36.
Troad-ad, pied (mesure), 36.
Troa-t, pied, 30*, 70*.
Troaz-erez, action d'uriner, 51.
Tro-idel, ruse, 56.
Tro-idigez, action de tourner, 57.
-tron, suffixe, 66.
-trou, suffixe, 120*, 63, 66.
Trouc'h-a, couper, 8.
Trouc'h-ad, taillade, 37.
-troun, suffixe, 120*.
Trouz, bruit, 70*.
Truant-erez, mendicité, 51.
Trubard-erez, perfidie, 51.
Tru-ez, pitié, 51.
Trugarekaat, remercier, 50*.
Trugar-ez, miséricorde, 65*, 9, 24, 28, 42.

Glossaire moyen-breton.   52

Truill, guenilles, 44.
Truli-ek, couvert de guenilles, 44.
Tu, côté, 81*, 9, 24.
Tu-d, tu-t, hommes, gens, 30*, 56*, 60*, 100*, 9.
Tun, colline, 28.
Tu-oni, cachette, 62.
Turhun-el (breton de Vannes), tourterelle, 47*.
Turi-aden, taupinière, 38.
Turzun-ell (breton de Léon), tourterelle, 47*.
Tu-t, hommes, gens, 30*, 56*, 60*, 100*, 9.
-u, suffixe, 118*, 66.
Ua-se (moyen-breton), là, 34.
Uc'h-el, haut, 59*, 112*, 9, 18.
-ud, suffixe = -ûti-s, 121*, 67.
-ud, suffixe = -ûto-s, -ûtâ, 121*, 58.
U-gent, vingt, 58*, 9, 49.
Ugent-ved, vingtième, 67.
Uh-el, haut, 42.
Uhel-ded, hauteur, 42.
Uhell-oc'h, plus haut, 18.
Ui, œuf, 54.
-ul, suffixe, 121*, 67.
Un, un, 56*, 6.
-un, suffixe, 116*, 67.
Un-an, un, 56*, 9.
Urb-gen (vieux breton), nom d'homme, 18*.
Urh (breton de Vannes), ordre, 49*.
Urz (breton de Léon), ordre, 27*, 49*, 27.
Uvel (moyen-breton), humble, 9.
Uz, au-dessus, 59*, 28.
-uz, suffixe, 118*, 27, 67.
-v, suffixe, 122*, 67.
Va (breton de Léon), mon, ma, mes, 45*, 50*, 72*, 73*.
-van, suffixe, 116*, 67.
-ved, suffixe, 116*, 67.
-ven, suffixe, 116*, 68.
Ve-tez (moyen-breton), aujourd'hui, 32.
Vet-noz (moyen-breton), cette nuit, 32.

-vezen (moyen-breton), souple, flexible, 41*.
Vi, œuf, 115*, 33, 54.
Vilt-ans, vilenie, 40.
-vr-ek, suffixe secondaire, 111*.
Vuel, humble, 9.
Vur-bili (vieux breton), nom d'homme, 78*.
Vur-vili (vieux breton), nom d'homme, 79*; variante de Vurbili.
Vur-gen, Vurm-gen (vieux breton), nom d'homme, 79*.
War, sur, 69*, 30.
War-ocus (vieux breton), nom d'homme, latinisé, 21*, 23*.
Wet-en (vieux breton), nom d'homme, 40*, 41*, 45*.
Weten-oc (vieux breton), nom d'homme, 40*.
Weth-en (moyen-breton), nom d'homme, 40*.
Wethen-oc (moyen-breton), nom d'homme, 40*.
Wethn-oc (moyen-breton), nom d'homme, 40*.
Win-morin (vieux breton), nom d'homme, 12*.
Winn-ocus (vieux breton), nom d'homme, latinisé, 21*.
Wor-bili (vieux breton), nom d'homme, 78*.
Wor-detwid (vieux breton), nom d'homme, 79*.
Wor-gen (vieux breton), nom d'homme, 79*.
Wor-vili (vieux breton), nom d'homme, 78*.
-z, suffixe = -ido-s?, 68.
-z, suffixe = -os, -s, 118*.
-z, suffixe = -s, 118*.
-z, suffixe = -so-, -sâ, 119*, 68.
-z, suffixe = -siâ, 119*.
-z, suffixe = -t, 119*, 42, 68.
-z, suffixe = -ti- (?), 68.
-z, suffixe = -to-s, -tâ, 68.
-z, suffixe = -ttâ, 120*.

-z, suffixe = -ttu-, 68.
-z, suffixe = -tu-, 120*, 42, 68.
-zen, suffixe, 120*, 48, 69.
-zer, suffixe, 119*, 69.
-zi, suffixe, 119*, 54, 69.
-zur, suffixe, 120*, 38, 69.

LATIN

Ac-tus, fait, 74*; participe passé d'ago.
Acu-leus, aiguillon, 20, 58.
Adôr-are, adorer, 56*, 65*, 4, 23, 27.
Ad-ripare (bas latin), arriver, 10.
Ad-ul-ter, adultère, 33, 66.
Ag-in-e (sabellique), fête (à l'ablatif), 4*.
Ag-men, troupe de soldats, 4*.
Ag-nus, agneau, 54*, 14, 60.
Ag-o, conduire, faire, 74*, 54.
Ag-oni-um, fête, 4*.
-âli-s, suffixe, 107*, 62.
Alt-âre, autel, 51*, 55*, 108*, 10, 50.
-âmen, suffixe, 61.
Anc-ora, ancre, 118*, 3, 62.
Ang-aria, corvée, 50.
Angelus, ange, 12.
Anim-al, animal, 55*, 66*, 33.
An-im-are, animer, 55*, 9.
-ânu-s, suffixe, 107*, 48.
Api-cula, petite abeille, 66*.
Apostolus, apôtre, 57*, 66*, 31.
Aquitania, Aquitaine, 65*.
Ara-trum, charrue, 1, 23.
Arca, arche, coffre, 71*, 19.
-âre, suffixe, 108*, 50.
Arelat-ensis, d'Arles, 86*.
Arg-entum, argent, 54*, 112*, 18.
-âri-s, suffixe, 50.
-âri-u-s, suffixe secondaire, 50.
Art-iculus, petit membre, 71*, 27.
Ar-vo-m, ar-vu-m, sillon, 7, 61.
-âta, suffixe, 109*, 110*, 45.
-at-icu-s, suffixe secondaire, 109*, 56.
-ator, suffixe, 110*, 39.
-atôri-s (bas latin), suffixe, 110*, 38.
-atûr-a, suffixe, 110*, 111*.
-âtu-s, suffixe, 111*, 37, 45.
Auguri-ôsu-s (bas latin), heureux, 67.
Auru-m, or, 52*, 11.
Av-êre, souhaiter, 59*, 66*, 14.
Avun-culus, oncle, 13, 66.
Ba-culu-m, bâton, 16.
Barb-a, barbe, 52*, 7.
Ba-ttu-ere (bas latin), battre, 48*, 68.
Ba-tu-ere, battre, 48*, 68.
Bene-dic-tio, bénédiction, 8.
Bene-dic-tus, béni, 64.
Bi-bere, boire, 33.
Bod-ellus (bas latin), boyau, 28.
Bo-s, bœuf, 98*.
Bot-ellus, boyau, 28.
Bov-inus, de bœuf, 3.
Brachium, bras, 2.
Brevis, bref, court, 64.
-bru-m, suffixe, 62.
Bucca, bouche, 19, 68.
Bux-êtum, lieu plein de buis, 56.
Buxus, buis, 58*, 4.
Caballus, cheval, 65*.
Cal-amu-s, chaume, paille, 7.
Calci-trare, ruer, 55*.
Cald-âria (bas latin), chaudière, 53*, 10, 24, 50.
Calx, chaux, 27.
Camelu-s, chameau, 33.
Caminus (bas latin), chemin, 34.
Cami-sia, chemise, 119*, 5, 20, 34.

824　INDEX LATIN

Camp-ania, plaine, 25*.
Can-âli-s, canal, 107*, 62.
Cand-êla, chandelle, 54*, 112*, 7, 24, 62.
Cani-s, chien, 98*.
Cape-re, prendre, 59.
Capis-trum, licol, 66*, 31, 66.
Capit-ale, capital, avoir, 21.
Cap-tus, pris, 48*, 88*, 68.
Carpent-arius, charron, charpentier, 33, 53.
Carp-entu-m, char, 89*, 23, 33.
Cas-tru-m, retranchement, 12.
Catedra, siège, chaise, 53*, 7.
Caten-a, chaîne, 21.
Cat-ulu-s, petit chien, 43*.
Cauli-s, chou, 52*, 11.
Cav-âta, creuse, 66*, 110*, 45.
Cav-ère, prendre garde, 15.
Cav-us, creux, 51*, 11.
-cell-a (bas latin), suffixe, 111*.
Cên-a, souper, 52*, 14, 16.
Cêr-a, cire, 52*, 14, 16.
Cerasu-s, cerisier, 52*, 16.
Cere-bru-m, cerveau, 62.
-cêtu-m, réunion d'arbres ; pâturage, 14.
Chors, basse-cour, 26.
Christi-ânu-s, chrétien, 107*, 48.
Ci-conia, cigogne, 65*.
Cic-ûta, ciguë, 5, 58.
Cippu-s, tronc d'arbre, 57*, 71*, 32.
Circ-a, vers, auprès de, 5, 22.
Circ-um, autour de, 5, 22.
Circu-s, cirque, 19.
Clâdes, défaite, 2, 16, 23.
Clau-sus, clos, fermé, 7.
Clavi-s, clef, 50.
Clêr-icus, clerc, 52*, 53*, 114*, 14, 16, 45.
Clêta (bas latin), claie, 15.
Clû-ni-s, fesse, 16.
Coc-tu-s, cuit, 14, 27, 68.
Columba, colombe, 56*, 8, 16.
Colus, quenouille, 17.
Com-me-atu-s, congé, 55*, 111*, 34, 37.
Com-mi-atu-s (bas latin), congé, 37.
Com-minû-tus, com-minû-ta, coupé, 121*, 52.
Con-rêdum (bas latin), corroi, 27.
Consilium, conseil, 9.
Con-sobr-inus, cousin, 67.
Con-suê-tû-do, coutume, 31.
Con-ta-men, souillure, 59.
Conta-min-are, souiller, 33, 34.
Conu-cella (bas latin), quenouille, 111.
Conu-cula (bas latin), quenouille, 65*, 17, 54.
Coqu-ere, cuire, 14.
Coqu-ina, cuisine, 3, 16.
Cor, cœur, 100*.
Cornu, corne, 44, 19.
Cornubia (bas latin), Cornouaille, 44.
Corôna, couronne, 9.
Corp-us, corps, 57*, 71*.
Corti-s (bas latin), basse-cour, 44*.
Corylu-s, coudrier, 3.
Costum-a (bas latin), coutume, 9.
Cre-are, créer, 50.
Crox (bas latin), croix, 50*, 118*, 14.
Crû-du-s, cru, cruel, 53*, 5, 26.
-cru-m, suffixe, 54.
Crux, croix, 119*, 14.
-cul-a, suffixe, 54.
Culc-ita, matelas, 71*, 115*, 7, 17, 19, 45.
Cul-tellu-s, couteau, 29.
-culu-m, suffixe, 54.
Cûlu-s, derrière, 5.
Cuniculus, lapin, 6, 8.
Cun-tellu-m (bas latin), couteau, 6, 8, 65.
Cun-tellu-s (bas latin), couteau, 29.
Cûp-a, cuve, 72*.
Cûp-ella, petite cuve, 66*, 5, 31, 47.
Cupp-a, coupe, 72*.
Damn-âre, condamner, 51*, 55*, 11.
Dec-em, dix, 97*, 98*.
Dec-ima, dîme, 13.
Défend-o, défendre, 28.
Dên-ârius, denier, 50.

Diabolus, diable, 12.
Di-es, jour, 25, 28.
Dies-Jovis, jeudi (jour de Jupiter), 55*, 24.
Disc-ere, apprendre, 53*, 57*, 3, 16.
Disc-ipulus, élève, 53*, 16.
Dû-ru-s, dur, 5.
-ea, suffixe, 113*.
Ecclèsia, église, 53*, 6, 16.
-êla, suffixe, 112*, 62.
Elemosina (bas-latin), aumône, 1.
-ella, suffixe, 47.
-ellu-s, suffixe, 112*, 62.
E-min-êre, s'élever, 34.
Equ-es, cavalier, 37*, 92*.
Equ-us, cheval, 99*.
-êria, suffixe, 113*.
-êria (bas latin), suffixe, 113*, 50.
-eru-s, suffixe, 50.
-êtu-m, suffixe, 56.
Evangelium, évangile, 54*, 1, 5.
Ex, de, hors de, 18.
Ex-cald-are (bas latin), échauder, 10, 24, 26.
Ex-pav-ent-are (bas latin), épouvanter, 8, 26.
Ex-tendere, étendre, 2.
Fab-a, fève, 65*, 11, 32.
Fâg-us, hêtre, 54*, 32, 53.
Falsus, faux, 10.
Falx, falci-s, faux, 19.
Februârius, février, 54*, 20.
Fêcundus, fécond, 8.
Fê-l-âre, sucer, 97*.
Fenestra, fenêtre, 54*, 30.
Fê-num, foin, 14, 15, 32.
Fer-mentum, ferment, 30.
Fid-es, foi, 65, 12.
Filiolus, filleul, 22.
Filix, fougère, 25*.
Fi-o, je deviens, 98*, 100*.
Firmus, ferme, 7.
Flagellum, fléau, 22.
Flâ-vu-s, jaune, 102*.
Font-âna (bas latin), fontaine, 107*, 4, 32.
For-es, porte, 98*.
Forum, place publique, 4.

Frag-ilis, fragile, 65*.
Fragr-âre, sentir, 12.
Fragr-ôsus (bas latin), qui sent fort, 67.
Frang-ere, briser, 10, 30, 64.
Frons, fronti-s, front, 39.
Fruc-tus, fruit, 48*, 15, 32.
Fund-ere, verser, 3, 28.
Fund-us, fond, 99*.
Fûnis, corde, 9.
Furc-a, fourche, 53*, 71*, 6, 19, 32.
Fur-nu-s, four, 54*, 58*, 98*, 6, 8, 32.
Fusti-s, bâton, 58*, 9, 32.
Gabata, écuelle, jatte, 54*, 7, 21.
Gall-us, Gaulois, 54*, 55*, 16.
Gen-er, gendre, 76*.
Gen-us, race, genre, 76*, 100*, 102*.
Germ-ânu-s, Germain, 107*.
Gi-gnere, engendrer, 76*, 97*, 98*, 17.
Glad-ius, glaive, 2, 3, 16.
Grâ-nu-m, grain, 4, 40.
Gratiano-polis, Grenoble, 66*.
Grâtum, gré, 2.
Grav-i-s, lourd, grave, 99*.
Gus-tus, goût, 9.
Hab-êre, avoir, 65*.
Hed-era, lierre, 23.
Hel-vus, jaune, 98*.
Hi-em-s, hiver, 97*, 17, 33.
Honor-âta, honorée, 66*.
Hor-tus, jardin, 47*, 2.
Hum-ilis, humble, 9.
-ia (bas latin), suffixe, 113*, 54.
-ic-ula, suffixe secondaire, 144*.
-icu-s, suffixe, 45, 55.
Ig-ni-s, feu, 14, 54.
Imperâtor, empereur, 10, 23.
Incensum (bas latin), encens, 29.
In-cli-n-âre, incliner, 4, 9, 16, 23.
In-clu-tus, illustre, 102*.
Infernum, enfer, 54.
Infer-us, inférieur, 29.
Inf-imus, le plus bas, 29.
Ingeni-ôsus, ingénieux, 67.
In-gen-ium, génie, 6.

INDEX LATIN

Invidi-ôsus, envieux, 67.
Iradam (bas latin), irritée (accusatif), 66*.
-ita, suffixe, 45.
-it-io, suffixe secondaire, 58.
-itu-m, suffixe, 56.
-itu-s, suffixe, 45.
Jânu-ârius, janvier, 55*, 17.
Jovi-s, génitif de Jupiter, 11, 24.
Jûg-er-um, arpent, 13.
Julius, Jules, 19*.
Jû-mentum, bête de somme, 55*, 11, 21.
Jû-s, jus, 6, 24.
Juveni-s, jeune, 11.
Juven-cus, jeune taureau, 11, 24.
Lac, lact-is, lait, 47*, 12, 68.
Lac-er-âre, déchirer, 55*, 22.
Laen-a, surtout, couverture, 23, 61.
Laetu-s, joyeux, 23*.
Laevu-s, gauche, 13.
La-icus, laïc, 114*, 55.
Lâ-na, laine, 23.
Lapidâre, lapider, 23.
Latro, voleur, 51*, 10, 23.
Lav-âre, laver, 11.
Lav-erna, déesse des voleurs, 15.
Lax-âre, lâcher, 11.
Leuc-esi-e, surnom de Jupiter dans le chant des Saliens (au vocatif), 56*.
Lib-âre, faire une libation, 12.
Liber, un livre, 52*, 13.
Libra, une livre, 10.
Ligâ-men, lien, 56*, 116*, 34, 59.
Limides (bas latin), limites, 66*.
Limites, limites, 66*.
Liqu-idus, liquide, 48*, 12.
Litter-a, lettre, 54*, 5, 27.
Liv-idus, pâle, livide, 8.
Liv-or, pâleur, 58*, 66*, 8.
Lix-ivi-um, lessive, 14.
Lix-ivi-us, lessivé, 54*.
Loc-âre, placer, 16.
Loc-ella (bas latin), loge, 47.
Loc-us, lieu, 2.
Locusta, sauterelle, 65*.
Louc-eti-a (vieux latin), nom propre, 11.

Louc-in-a (vieux latin), nom propre, 11.
Lûc-êre, luire, 55*, 23.
Lûx, lumière, 8.
-ma, suffixe, 116*, 60.
Mac-er, maigre, 31.
Mâc-eria, muraille, 52*, 56*, 113*, 4, 7, 17, 50.
Mâc-êria (bas latin), muraille, 113*, 4.
Mag-nus, grand, 4*.
Mâius, mai, 10.
Mâj-or, plus grand; maire, 55*, 10, 12, 52.
Male-dic-tio, malédiction, 8.
Male-dic-tus, maudit, 48*, 64.
Mal-va, mauve, 7.
Mamm-a, mère, 34.
-mana (bas latin), suffixe, 116*, 67.
Mandâtum, commandement, 37.
Man-ica, menotte, gantelet, 45.
Man-sus, resté, 74*.
Mâr-o, nom d'homme, 11*.
Martellus, marteau, 47*, 52*, 112*, 7.
Martis, génitif de Mars, 4.
Martius, mars, 51*, 4.
Martyr, martyr, 2.
Mâ-ter, mère, 52*, 15.
Mâter-tera, tante, 15.
Maurus, maure, nègre, 7.
Me, moi, 4.
Med-icus, médecin, 45.
Med-itâri, méditer, 34*.
Melancholia, mélancolie, 65.
Me-min-i, je me souviens, 55*.
Me-mor-ia, mémoire, 33.
-men, suffixe, 116*, 59, 68.
Mênsis, mois, 49*, 56*.
Men-s-ûra, mesure, 121*, 23, 67.
Mercatôris (bas latin), marchand, 110*, 2, 38, 64.
Merc-âtus, marché, 1.
-mina, pluriel du suffixe -men, 116*, 68.
Minû-ta, menue, féminin de minûtus, 66*.
Minû-tus, menu, 121*, 9, 67.

Mol-inum (bas latin), moulin, 56*, 6.
Monachus, moine, 2.
Mon-êda (bas latin), monnaie, 54*, 12, 28.
Moned-agium (bas latin), monnayage, 28.
Mon-êta, monnaie, 54*, 12, 28.
Mor-t-uus, mort, 7, 34.
Mov-eo, mouvoir, 54.
Mûc-us, mucosité, 55.
-mus, suffixe, 61.
Mutilus, mutilé, 11.
Mû-tus, muet, 9, 42.
Nâ-tû-ra, nature, 4.
Negare, nier, 54*, 65*, 18.
Nepo-s, neveu, 88*, 5.
Nepti-s, nièce, 88*, 89*.
Nê-re, filer, 28.
Nidu-s, nid, 48*, 12.
-ni-s, suffixe, 60.
No-s, nous, 5.
Nox, nuit, 48*, 50*, 59*, 28.
Nûdus, nu, 48*.
Num-erus, nombre, 66*, 6, 50.
Nun-c, maintenant, 86*.
-nu-s, suffixe, 60.
Oct-o, huit, 47*.
Odi-ôsus, odieux, 48*.
Of-fer-enda, offrande, 28.
Oi-no-s (vieux latin), un, 4.
Oliva, olive, 8, 13.
Op-era, œuvre, 50.
-or, -ori-s, suffixe, 8.
-ora, suffixe, 118*.
Ordo, ordre, 27*, 49*, 27.
Ornu-s, frêne, 9.
Os, ossi-s, os, 16, 64.
-ôsu-s, suffixe, 27, 67.
Pâ-bulum, pâturage, 29.
Pag-are (bas latin), payer, 10.
Pâg-êsis (bas latin), pays, 66*.
Pallium, manteau, 5.
Palma, paume, 87*.
Pâlus, pieu, 11.
Paradêsus (bas latin), paradis, 7.
Pascha, pâque, 95*.
Pascere, paître, 30.
Pa-ter, père, 87*.

Patr-icius, Patrice (saint), 95*.
Patr-ônus, patron, 8, 10.
Paulus, Paul, 11.
Pavonis (bas latin), paon, 9.
Pâx, paix, 59*, 119*, 7, 16, 18.
Pecc-âtu-s (rare), péché, 111*, 45.
Pec-tus, poitrine, 48*.
Pen-na, plume, 87*.
Pênsare, peser, 14.
Per, par, à travers, 85*, 86*.
Peregrinus, pèlerin, 18.
Per-fec-tus, parfait, 86*.
Persôna, personne, 8.
Pêsare (bas latin), peser, 14.
Pet-ere, demander, 6.
Pet-ia (bas latin), pièce, 56*, 29.
Petra, pierre, 30.
Pisci-s, poisson, 56*, 87*.
Plac-êre, plaire, 52*, 21.
Plac-itum, supin de placere, 21.
Plêb-s, peuple, 53*, 15, 37, 38.
Plê-nus, plein, 87*, 4, 30, 60.
Plû-ma, plume, 95*, 116*, 9, 29, 60.
Plû-s, plus, 87*.
Poe-na, peine, 64*.
Pond-ere, ablatif de pondus, poids, 28.
Populus, peuple, 6, 29, 31.
Porc-ellus, pourceau, 19, 47.
Porc-us, porc, 87*.
Porta, porte, 47*, 6, 26.
Pô-tus, boisson, 8.
Prae, devant, 85*.
Praeda, proie, 65, 12, 27.
Prae-dic-âre, prêcher, 65*.
Prec-or, je prie, 87*.
Prêda (bas latin), proie, 12.
Presbyter, prêtre, 95*.
Prim-itiae, prémices, 95*.
Pri-mu-s, premier, 16*, 85*.
Prî-mo, d'abord, 85*, 95*.
Priv-âtus, privé, propre, 45.
Pro, devant, pour, 85*.
Pro-min-êre, s'avancer, 34.
Pro-mun-to-rium, promontoire, 34.
Pru-ina, gelée, 13.
Pul-su-s, poussé, éloigné, 74*.

Pûn-itio, punition, 58.
Purpura, pourpre, 95*.
Putius (bas latin), puits, 29.
Quatuor, quatre, 56*, 94*, 29.
Quer-cu-s, chêne, 30.
Quer-nu-s, de chêne, 94*.
Qui-d, quoi, 29.
Quin-que, cinq, 89*, 92*, 3, 29.
Quin-tu-s, cinquième, 92*, 46.
Qui-s, qui ?, 90*, 94*, 98*, 99*.
Quis-que, chacun, 94*, 30.
Quoquere (vieux latin), cuire, 89*.
Quot, combien, 29.
Quotu-s, quantième, 56*.
Radi-x, racine, 49*, 57*, 17, 26.
Rattus (bas latin), rat, 48*, 1.
Re-calcitrâre, regimber, 13.
Rec-tu-m, le droit, 47*, 12.
Rec-tu-s, droit, 120*.
Rêg-ina, reine, 66*.
Rêg-ula, règle, 16*, 120*, 13.
Rê-mus, rame, 53*, 14, 33, 61.
Rête, filet, 53*, 4, 15, 22, 26, 66.
Re-tro, en arrière, 13, 22, 62.
Rip-ula, petite rive, 22.
Rot-ulu-s, boucle, 47.
Rub-eus, rouge, 98*.
Rûfu-s, roux, 98*, 22.
Saeculum, siècle, 16*.
Sag-itta, flèche, 12, 17, 27.
Sag-um, sayon, 51*, 54*, 10.
Sal-iva, salive, 20.
Sal-ix, saule, 20.
Sanc-tu-s, saint, 47.
Saturni dies, samedi (jour de Saturne), 25.
Sax-o, Saxon, 52*, 11.
Scâla, échelle, 4.
Scalp-ere, gratter, graver, 26.
Scam-nu-m, banc, 11.
Schola, école, 6.
Sci-entia, science, 5.
Scind-ere, couper, 53*, 21.
Scôpa, balai, 9, 48.
Scrîb-ere, écrire, 74*.
Scrip-tu-s, écrit, 74*.
Sculp-ere, sculpter, 26.
Scut-ella, écuelle, 9, 47.
Sêbo, savon, 6, 14.

Sec-ale, seigle, 52*, 65*, 17.
Sec-us, le long de, 20, 30.
Sed-êre, être assis, 27.
Sen-ex, vieillard, 2, 20.
Septem, sept, 47*, 88*.
Septim-ana (bas latin), semaine, 48*, 53*, 116*, 5, 9, 67.
Seques-tr-âre, séparer, mettre à part, 20, 30.
-sia (bas latin), suffixe, 119*.
Siccu-s, sec, 53*, 71*, 2, 19.
Sid-us, astre, 29.
Sim-ili-s, semblable, 33, 47, 52.
Sim-ul, ensemble, 57*, 26.
Singulu-s, seul, 16*.
Sit-ula, seau, 54*, 2.
Soccus, soc, 8.
Sol-idu-s, massif, solide, 6, 20.
Sollo-s, sollu-s (vieux latin), entier, 57*, 6, 20.
Som-nu-s, somme, sommeil, 20.
Sord-êre, être sale, vil, 31.
Spado, eunuque, 27.
Spar-su-s, épars, 74*.
Sparus, dard, 25.
Spata, épée, 66*.
Spatium, espace, 26.
Spir-itu-s, souffle, esprit, 54*, 4, 45.
Spong-ia, éponge, 15.
Spû-t-âre, cracher, 19.
Sta-blum (bas latin), étable, 11.
Sta-bulum, étable, 36*, 11.
Stâ-men, trame, 59, 68.
Stâ-mina, pluriel de stamen, trame, 116*, 29, 33, 68.
Sta-re, se tenir debout, 36*, 25.
Stel-la, étoile, 36*.
Stern-ere, jeter à terre, 36*.
Ster-nu-ere, éternuer, 26.
Sti-mulu-s, aiguillon, 36*.
Stipula, paille, 36*, 9, 25.
Stric-tu-s, étroit, 48*, 27.
Stub-a (bas latin), étuve, 65*, 33.
Stup-id-are (bas latin), jeter dans la stupeur, 36*, 25.
Suâv-i-s, doux, suave, 19.
S-ub, sous, 88*, 30.
Sudi-s (bas latin), bergerie, 8.
Sûd-or, sueur, 50*, 118*, 19.

Sûdu-s, serein, 27, 29.
Supa (bas latin), soupe, 66*, 31.
S-uper, sur, 88*, 30.
Sup-inu-s, couché sur le dos, 19.
Su-s, cochon, 58*, 20.
Tabla (bas latin), table, 11.
Tabula, tableau, tablette, 51*, 11.
-ta-min-âre, toucher, 33; second élément du composé contaminare.
-tâti-s (bas latin), suffixe, 119*, 42.
Tauru-s, taureau, 57*, 23.
Teg-ere, couvrir, 39, 99*.
Tôg-ula, tuile, 120*.
-tellum (bas latin), suffixe, 65.
Tensauru-s, trésor, 28.
Ten-u-i-s, mince, ténu, 29*, 98*.
Tep-ens, tiède, 88*.
Tep-idus, tiède, 102*, 30.
Tep-or, tiédeur, 36*.
Thênsauru-s, trésor, 52*, 7.
Tim-ere, craindre, 33.
Tim-or, crainte, 33.
Ton-su-s, tondu, 50.
Trac-tu-s, étendue, 47*.
Trans, au delà, 29*.
Trini-tâti-s (bas latin), trinité, 66*.
Triginta, trente, 54*, 13, 42.
-tris (bas latin), suffixe, 66.
Trunc-âre, tronquer, couper, 8.
Trunc-atu-s, coupure, 37.
-ttu- (bas latin), suffixe, 68.
Tû, tu, toi, 29*, 57*, 58*.
Tu-m-ulu-s, une hauteur, 28.
Tund-ere, frapper, 16.
-tu-s, suffixe, 120*, 68.
Tu-us, ton, 58*.
-ula, suffixe, 120*.
Ul-na, coudée, aune, bras, 58.
Ungu-i-s, ongle, 32, 58.
-ûra, suffixe, 121*, 67.
-ûta, suffixe, 121*, 58.
-ûti-s (bas latin), suffixe, 121*, 67.
-ûtu-s, suffixe, 121*, 52, 67.
Vacca, vache, 19.
Vad-i-mon-ium, gage, 66.
Vag-ina, gaine, 59*, 66*, 16.
Vale, salut, adieu; littéralement « porte-toi bien », 17*.

Varus, cagneux, courbé, 18.
Vast-âre, dévaster, 66*.
Vast-âtôri-s (bas latin), ravageur, 38.
Veh-ere, transporter, 40*.
Vêl-âmen, un voile, 61.
Vêl-um, voile, 18.
Vê-na, veine, 18, 69.
Vên-âtio, chasse, 56.
Vên-âtor, chasseur, 39.
Ven-ter, ventre, 66.
Ven-tri-s (bas latin), ventre, 66.
Ver-bu-m, parole, 32.
Ver-mi-s, ver, 30, 33.
Ver-su-s, un vers, 18.
Ver-su-s, vers, contre, 19.
Vert-ere, tourner, 47*, 18, 27.
Ver-u, broche, 57*, 31.
Vêrus, vrai, 18.
Vês-îc-ula, vésicule, 58*, 114*.
Vespera, soir, 53*, 95*, 17, 50.
Vesperae, vêpres, 50.
Ves-ti-s, vêtement, 16, 18, 42.
Vic-ârius, représentant, 65*.
Vic-e, fois (à l'ablatif), 39*.
Vic-es, vicissitudes, 39*.
Vic-issim, tour-à-tour, 39*.
Vic-tu-s, vaincu, 39*, 10, 32, participe passif de vinco.
Vic-tu-s, nourriture, 14, 31.
Vid-ère, voir, 59*, 18.
Vi-ere, lier avec de l'osier, 3, 18.
Viginti, vingt, 58*.
Vill-are (bas latin), village, 50.
Vinc-ere, vaincre, 39*.
Vin-dem-ia, vendange, 31, 34.
Vîn-ea, vigne, 113*, 54.
Vin-ia (bas latin), vigne, 113*, 54.
Vînum, vin, 5, 18.
Vipera, vipère, 66*.
Vir, homme, 58*.
Virgini-tâti-s (bas latin), virginité, 119*, 42.
Virgo, vierge, 58*, 18.
Vir-tus, courage, vertu, 2, 27, 34.
Virtûti-s (bas latin), miracle, 47*, 58*, 121*, 9, 31, 67.
Vi-su-s, vue, 20.
Vi-ta, vie, 42.

Vi-trum, verre, 18.
Viv-ere, vivre, 3.
Viv-us, vivant, 55*, 98, 13, 31.
Vol-ta (bas latin), voûte, 71*, 10, 27, 31.

Vo-s, vous, 5, 19.
Vôx, voix, 58*, 59*, 118*, 18, 28, 34.
Vul-nus, blessure, 8, 54.

GREC

Ἄ-ελλα, coup de vent, 32, 47.
Αἴγλη, éclat, 14.
Ἄρο-τρο-ν, charrue, 23.
Ἀστήρ, astre, 36*.
Βαθύ-ς, profond, 27.
Βαρύ-ς, lourd, 99*.
Βίο-ς, vie, 98*, 99*, 31.
Βου-κόλο-ς, bouvier, 31.
Γάμο-ς, mariage, 66*.
Γείνο-μαι, je nais, 97*, 98*.
Γέν-ος, race, 100*, 101*.
Γέν-υς, menton, mâchoire, 17.
Γλαυ-κό-ς, brillant, verdâtre, 11.
Γραυ-νό-ς, tison, 17.
Γρου-νό-ς, tison, 11.
Δάκ-ρυ, larme, 51*, 100*, 118*, 10.
Δέκα, dix, 97*, 99*.
Δόρυ, bois de lance, 25.
Δρῦ-ς, chêne, 102*, 25.
Εἴπ-ω, j'aurai dit, 59.
Ἐλάσ-σων, moindre, 103*.
Ἑλ-ίκη (arcadien), saule, 45.
Ἐ-ρείκ-ω, je brise, 4.
Ἔ-ρευθ-ος, rougeur, 28*.
Ἐρυθ-ρό-ς, rouge, 28*.
Ζεῦγ-ος, joug, 13.
Θη-λή, mamelle, 28*.
Θῆ-σθαι, traire, sucer, 28*.
Θύρα, porte, 29*, 53*, 98*, 25.
Ἵππο-ς, cheval, 92*, 99*.
Ἴς, ἰνός, nerf, 69.
Καρδ-ία, cœur, 100*, 5, 12.
Κατά, contre, 17.
Κέλ-ης, coureur, 66.
Κλέο-ς, gloire, 102*.
Κῦ-μα, fœtus, 7.

Κύ-ος, fœtus, 7.
Λαιό-ς, gauche, 13, 28.
Λαῖ-να (gaulois), sorte de vêtement, 61.
Λακ-ίς, lambeau, 23.
Λάχ-νη, laine, 23.
Λού-ειν, laver, 11.
Μάμμα, mère, 34.
Μεγαίρ-ω, j'envie, 13*.
Μεγαλο-, grand, 4*, 13*, 121*.
Μέγαρο-ν, grande salle, 13*.
Μέγα-ς, grand, 4*.
Μέθυ, vin doux, 28*, 7.
Μέλι, miel, 35*.
Μῆκ-ος, longueur, 34.
Μικ-ρο-ς, petit, 31.
Μίτυλος, mutilé, 11.
Νᾶ-μα, action de couler, 34.
Νήθω, filer, 26.
-νι-ς, suffixe, 60.
Ὀδούς, ὀδόντ-ος, dent, 99*.
Ὅλο-ς, tout entier, 6.
Ὀ-φρύ-ς, sourcil, 52*, 30, 40.
Παρά, auprès de, 85*.
Πάρος, auparavant, 85*.
Πέμπε (éolien), cinq, 92*.
Πέμπ-το-ς, cinquième, 92*, 46.
Πέπ-ων, mûr, 93*.
Περί, autour, au-dessus de, 85*.
Πέρ-νη-μι, je vends, 87*.
Πλατύ-ς, large, 86*.
Πλε-ίων, plus nombreux, 3 ; comparatif de
Πολύ-ς, nombreux, 87*.
Πρό, devant, avant, 85*, 3.
Πυθ-μήν, fond, 99*.

Ῥαφ-άνη, rave, 5, 58.
Ῥη-τός, dit, 32.
Ῥίζα, racine, 17.
-ρυ, suffixe, 118*, 65.
Σειρά, corde, 5.
Σελ-ήνη, lune, 36*.
Σκαμβό-ς, courbé, 26.
Σκελ-ίς, gigot, 27.
Σκέλ-ος, jambe, 17, 27.
Σμικ-ρό-ς (attique), petit, 31.
Σπλάγχ-νο-ν, entrailles, 88*.
Σπλή-ν, rate, 88*, 32.
Στέγ-ος, toit, 99*, 26.
Στείχω, je marche, 39*, 68.
Στοργ-ή, amour, 25.
Ταχ-ύ-ς, rapide, 39*.
Τι-θή-νη, nourrice, 97*, 99*, 100*.
Τί-ς, qui ?, 90*, 99*.

-το-ς, suffixe, 46.
Τύ (dorien), tu, toi, 29*.
Ὑπέρ, sur, 88*, 30.
Ὕπ-νος, sommeil, 88*, 30.
Ὑπό, sous, 88*, 8, 30.
Φηγός, hêtre, 32, 33.
Φόνο-ς, meurtre, 52*, 30, 34.
Φύ-ομαι, je deviens, 99*, 100*.
Χεῖ-μα, hiver, 14, 17.
Χει-μών, hiver, 97*, 99*, 33.
Χήν, oie, 100*.
Χθές, hier, 18.
Χλαῖ-να, manteau, 54*, 17, 23, 61.
Χλό-ος, verdure, 102*.
Χόρ-το-ς, enclos, 2, 17.
Ὠλ-ένη, le haut du bras, 58.
Ὠό-ν, œuf, 33, 54.

FRANÇAIS

Abeille, 66*.
-age, 110*, 21, 39, 56.
Agen, 66*.
Aisne, 117*.
-ance, 40.
Anjou, 77*.
-ard, 41.
Ardennes, 114*.
Arras, 30*.
Arriver, 10.
Auxerre, 76*.
Avallon, 65*, 107*.
Avantage, 21, 39.
Avenche, 114*.
Avessac, 24*.
Avignon, 115*.
Avoir, 65*.
Balancer, 57.
Bayeux, 75*.
Bessin, 34*.
Beuvray, 106*.
Blasé, 27.
Bordeaux, 65*.

Bouder, 34.
Bourg, 18.
Bourges, 66*.
Bouvillon, 66*.
Brave, 7, 33.
Briec, 24*.
Brithiac (vieux français), 24*.
Briziac (vieux français), 24*.
Campénéac, 25*.
Carpentras, 108*.
Cent, 103*.
Charmé, 21, 23.
Chatel (vieux français), 53*, 21.
Cheminée, 53*, 26.
Cheptel, 53*, 21.
Cheval, 65.
Chipoter, 21.
Chômer, 21.
Ciboule, 33*.
Cigogne, 65*.
Clair, 26.
Cointe, 56*, 14.
Commander, 28.

Congé, 37.
Coupe, 72*.
Cuve, 72*.
Délai, 1.
Der, 122*.
Dérober, 23.
Détrousser, 29.
Devantier, 21.
Dreux, 76*.
Duvet, 66*.
Eclairer, 12.
-ée, 109*, 113*.
Enchifrener, 26.
-ence, 40.
Epervier, 23.
Esclair (vieux français), 12.
Esparre (vieux français), 23.
Espede (vieux français), 66*.
Espée (vieux français), 66*.
Esquerre (vieux français), 83*.
Essai, 10.
Estain (vieux français), 12.
Estamine (vieux français), 34.
Estiquer (vieux français), 58*.
Etuve, 65*, 33.
Falcon (vieux français), 19.
Felkeriac, 25*.
Fesse, 29, 30.
Fève, 65*.
Fougeray, 25*.
Frêle, 65*.
Fulkeriac, 25*.
Gai, 54*, 10.
Gaine, 66*.
Gap, 66*.
Gâter, 66*.
Gendre, 76*.
Genève, 111*.
Genre, 76*.
Gentil, 6.
Gévaudan, 65*.
Glace, 26.
Grenoble, 66*.
Guivre, 66*.
Guyenne, 65*.
Haquenée, 29.
Herbiniac, 24*.
Honorée, 66*.
Honurede (vieux français), 66*.

Horloge, 54*, 21.
-ier, -ière, 16*, 108*.
Ivoy, 90*.
Jus, 24.
Langouste, 65*.
Livre, 10.
Loire, 65*.
Luxeuil, 18.
Marche, 17.
Marsac, 25*.
Mauréac, 25*.
Mazelaine (vieux français), 65*.
Mélisey, 33*, 34*.
Menude (vieux français), 66*.
Menue, 66*.
Mérillac, 25*.
Métier, 21.
Missery, 34*.
Moucher, 55.
Mouzon, 77*.
Noise, 14.
Nouveau, 66*.
Novero (italien), nombre, 66*.
Noyon, 77*.
Octroi, 11.
Onor (vieux français), 3.
Otrei (vieux français), 11.
Paille (vieux français), 56.
Partage, 39.
Payer, 96*.
Pays, 66*.
Périgueux, 65*.
Piscine, 29.
Plumage, 39.
Poids, 56*, 15.
Poitou, 77*.
Québriac, 25*.
Quédillac, 25*.
Raide, 4.
Reine, 66*.
Reminiac, 25*.
Rennes, 14.
Rober (vieux français), 23.
Roide, 4.
Rouen, 77*.
Rouergue, 112*.
Sale, saleté, 66.
Sapin, 22.
Sève, 13.

Sévignac, 25*.
Sorte, 4.
Sulniac, 25*.
Tancer, 39.
Tannegui, 78*.
Taxer, 26.
Tonnelle, 6.
Toulouse, 118*.
Trente, 66*.
Trève, 37.
Tripe, 26.
Troyes, 76*.
Vanneau, 107*, 47.

Velours, 32.
Venelle, 1, 31.
Venimeux, 31.
Venin, 31.
Verger, 31.
Vervins, 65*.
Vexin, 34*.
Vielle, 31.
Viguier, 65*.
Vilain, 31.
Voix, 15.
Voyage, 21, 31, 39.

ÉTUDES GRAMMATICALES

SUR LES

LANGUES CELTIQUES

PAR

H. D'ARBOIS DE JUBAINVILLE

Membre de l'Institut, Professeur au Collège de France

ET PAR

ÉMILE ERNAULT

Professeur à la Faculté des Lettres de Poitiers, Lauréat de l'Institut.

TOME II

GLOSSAIRE MOYEN-BRETON

PAR

ÉMILE ERNAULT

DEUXIÈME ÉDITION CORRIGÉE ET AUGMENTÉE
Avec une Préface et les index du tome I

DEUXIÈME PARTIE

(**H - V** ET **Errata**)

PARIS
LIBRAIRIE E. BOUILLON, ÉDITEUR
67, RUE DE RICHELIEU, AU PREMIER

1896
Tous droits réservés.

EN VENTE A LA MÊME LIBRAIRIE

OUVRAGES DU MÊME AUTEUR

Étude sur le dialecte breton de la presqu'île de Batz. Saint-Brieuc, 1883, gr. in-8, br.   1 50
Études comparatives sur le grec, le latin et le celtique. I. La voyel'. brève « *ou* ». Poitiers, 1885, gr. in-8, br.
Du parfait en grec et en latin. Paris, 1886, gr. in-8, br.
De Virgilio Marone, grammatico tolosano. Thesim Facultati ... rarum Parisiensi proponebat. Paris, 1886, in-8, br.   3 »
La versification homérique, I. Poitiers, 1888, in-8 ... rait du *Bulletin mensuel de la Faculté des Lettres de Po...*   1 »
Manuel d'ortografe française simplifiée. P... , in-8, br. (En collaboration avec M. E. Chevaldin   3 50
Le mystère de sainte Barbe, tragédie ... Texte de 1557, publié avec la traduction française, in... uction et dictionnaire étymologique du breton moyen. Paris, 1888. Librairie Thorin et fils.   24 fr.

Cojou-Breiz. Légendes, poèmes et contes. 1re partie : Plougasnou, par H. de Kerbeuzec. Un vol. petit in-8°.   4 fr.
Études grammaticales sur les langues celtiques. 1re partie : Introduction, phonétique et dérivation bretonnes, par H. d'Arbois de Jubainville. Un vol. gr. in-8.   8 »
Les noms gaulois chez César et Hirtius « de bello gallico, 1re série ». Les composés dont *Rix* est le dernier terme, par le même. Un vol. in-18 jésus.   4 fr.
Dictionnaire français-breton, par H. Du Rusquec. Un vol. gr. in-8.   20 »
L'émigration bretonne en Armorique par A. de la Borderie (extrait de la *Revue celtique*). In-8.   1 »
Gwerziou Breiz-Izel. Chants populaires de la Basse-Bretagne, recueillis et traduits par F.-M. Luzel. Deux vol. in-8.   18 »
Soniou Breiz-Izel. Chansons populaires de la Basse-Bretagne, recueillies et traduites par le même avec la collaboration de M. A. Le Braz. Deux vol. in-8.   16 »
Vocabulaire vieux-breton avec commentaire contenant toutes les gloses en vieux-breton, gallois, cornique, armoricain connues. Précédé d'une introduction sur la phonétique du vieux breton et sur l'âge et la provenance des gloses par J. Loth. Un vol. gr. in-8.   10 »
Chrestomathie bretonne (armoricain, gallois, cornique). 1re partie : breton-armoricain, par le même. Un vol. gr. in-8.   10 »
Les mots latins dans les langues brittoniques (gallois, armoricain, cornique). Phonétique et commentaire avec une introduction sur la romanisation de l'Ile de Bretagne, par le même. Un vol. gr. in-8.   10 »
Monographie de la cathédrale de Quimper (XIIIe-XVe siècle), par R. F. Le Men. Un vol. in-8° avec un plan.   6 »

DEUX MANIÈRES D'ÉCRIRE L'HISTOIRE
Critique de Bossuet, d'Augustin Thierry et de Fustel de Coulanges
Par **H. D'ARBOIS DE JUBAINVILLE**, membre de l'Institut.
Un vol. in-18 jésus. — Prix : 4 francs.

DICTIONNAIRE DU LANGAGE POPULAIRE VERDUNO-CHALONNAIS
(Saône-et-Loire)
Par **F. FERTIAULT**
Livraisons 1 et 2.
Un fort volume in-8 à deux colonnes. — Prix : 15 francs.

JEAN BALUE, ÉVÊQUE D'ANGERS (1421 ?-1491)
Par **H. FORGEOT**
Un volume gr. in-8. — Prix : 7 francs.

SAINT-CÉSAIRE, ÉVÊQUE D'ARLES (503-543)
Par **A. MALNORY**
Un volume gr. in-8. — Prix : 8 francs.

LE ROMAN DE RENARD
Par **G. PARIS**, membre de l'Institut.
Brochure in-4. — Prix : 3 fr. 50.

ÉTUDE SUR LA VIE ET LE RÈGNE DE LOUIS VIII (1187-1226)
Par **Ch. PETIT-DUTAILLIS**
Un fort volume grand in-8. — Prix : 16 francs.

LES GLOSES DE VIENNE
VOCABULAIRE RÉTO-ROMAN DU XIe SIÈCLE
Publié d'après le manuscrit, avec une introduction, un commentaire et une restitution critique du texte.
Par **P. MARCHOT**, docteur ès lettres
Brochure in-8. — Prix : 2 francs.

LES FABLIAUX
Études de littérature populaire et d'histoire littéraire du moyen âge
Par **J. BÉDIER**, maître de conférences suppléant à l'École normale supérieure.
DEUXIÈME ÉDITION REVUE ET CORRIGÉE
Un fort volume grand in-8. — Prix : 12 fr. 50.

Traité de la formation des mots composés dans la langue française
COMPARÉE AUX AUTRES LANGUES ROMANES ET AU LATIN
Par **A. DARMESTETER**
Deuxième édition, revue, corrigée et en partie refondue, avec une préface de Gaston Paris, membre de l'Institut.
Un volume gr. in-8. — Prix : 12 francs.

LA ROSE
Dans l'antiquité et au moyen âge. — Histoire, légendes et symbolisme
Par **C. JORET**
Professeur à la Faculté des lettres d'Aix, correspondant de l'Institut.
Un vol. in-8. — Prix : 7 fr. 50.

CHRESTOMATHIE DE L'ANCIEN FRANÇAIS
Par **L. CONSTANS**
Deuxième édition revue et considérablement augmentée
IXe-XVe SIÈCLES
Un fort volume in-8 cartonné. — Prix : 7 fr.

DICTIONNAIRE DE L'ANCIENNE LANGUE FRANÇAISE
IXe AU XVe SIÈCLE
Par **F. GODEFROY**
Livraisons 1 à 85. — La livraison : 5 francs.

LE MOYEN AGE
REVUE MENSUELLE
DIRIGÉE PAR
MM. A. MARIGNAN, M. PROU et M. WILMOTTE

Prix d'abonnement : Paris .... 10 fr.
    —   Départements et Union postale .... 11 fr.

REVUE DES BIBLIOTHÈQUES
RECUEIL MENSUEL
Dirigé par MM. E. CHATELAIN et L. DOREZ.

Prix d'abonnement : Paris .... 15 fr.
    —   Départements et Union postale .... 17 fr.

REVUE CELTIQUE
Fondée par H. GAIDOZ
Publiée sous la direction de H. D'ARBOIS DE JUBAINVILLE
Membre de l'Institut.

Avec le concours de J. LOTH, doyen de la Faculté des lettres de Rennes ; E. ERNAULT, professeur à la Faculté des lettres de Poitiers, et de plusieurs savants des Iles Britanniques et du continent.

Prix d'abonnement : Paris .... 20 fr.
    —   Départements et Union postale .... 22 fr.

REVUE DE PHILOLOGIE
Française et Provençale
Recueil trimestriel publié par L. CLÉDAT

Prix d'abonnement : Paris .... 15 fr.
    —   Départements et Union postale .... 16 fr.

ROMANIA
RECUEIL TRIMESTRIEL
Consacré à l'étude des langues et des littératures romanes
PUBLIÉ PAR
MM. P. MEYER et G. PARIS
Membres de l'Institut.

Prix d'abonnement : Paris .... 20 fr.
    —   Départements et Union postale .... 22 fr.

www.ingramcontent.com/pod-product-compliance
Lightning Source LLC
Chambersburg PA
CBHW070857300426
44113CB00008B/873